U0909686

域外漢籍珍本文庫編纂出版委員會

域外漢籍珍本文庫

第一輯
史部

西南師範大學出版社
人民出版社

東國輿地志

提 要

《東國輿地志》九卷，朝鮮佚名編，韓國奎章閣藏高麗刊本。每半葉十行二十字，四周雙邊，雙魚尾，白口，注文小字雙行，行同正文。編者因《東國輿地勝覽》頗為繁蕪，故刪補該書，其體例與內容則略同。卷一記載京都之漢城、開城兩府，卷二記載京畿各州縣，卷三記載忠清道各州縣，卷四記載慶尚道各州縣，卷五記載全羅道各州縣，卷六記載黄海道各州縣，卷七記載江原道各州縣，卷八記載鹹鏡道各州縣，卷九記載平安道各州縣。

東國輿地志事要總目

各邑 東至某邑界幾里南至某邑界幾里西至某邑界幾里北至某邑界幾里距京都幾里

旱田幾千幾百頃零折等 即上〻下〻之類○有上下錯者則連書上錯或下錯

水田幾千幾百頃零折等

建置沿革

郡名

形勝

風俗

山川 山峯嶺峴原巖洞或谷峡串海江河川湖溪浦灘潭或淵池井泉洲渠堤島

土産

城郭 某時石築或甓築土築周幾里幾步高幾丈幾尺用周尺立門幾東曰某南西北曰某〻內有泉井幾

公署 觀察使營節度使營僉節制使鎮萬戶鎮察訪司

學校 書院附

宮室 客館鄉財堂鍊武廳樓亭臺榭附

倉庫 唯載都倉若貢稅串倉可興倉之類

烽燧

郵驛 站院附

關梁 關隘口戍寨堡橋○津渡附

祠廟 祀壇附

陵墓

寺刹

古蹟

名宦 唯德政功績卓爾可傳者得載

流寓

人物 道德事業節行文章表著者得載勝覽凡人物皆以遠祖本貫系而載之實非其地之人是以世居南方而載於北方者有之世居東方而載於西方者有之四方州縣無不皆然甚非考圖籍論人物之本意今當以其生長保籍之地從實載之

列女

修正東國輿地志凡例

一此書曰輿地勝覽增修而其間條列合變通者亦有所釐正云東國舊無州郡圖志令之可考者賴有勝覽一書祖宗特命纂輯之意豈偶然哉但其書頗繁蕪亦嘗屢命刪正而非准草創文字未易訛精當初執筆之臣多是藻華無實之人故條列尚多未盡者至其時流浮辭漫作不干地志者俱收并載使輿地實跡反類雜說是爲遺恨耳令以大明一統志爲式而參取歷代史志及諸書以正之○其中記文則擇其事實可考據者題詠則擇其形致善模寫者存之其餘冗雜者悉刪去勝覽之書成於成任徐居正諸人金佔俾嘗承命刪繁而釐正未畫後任士洪續成其後又李荇等增續成之

一本國總叙著於卷首勝覽畧論於序文中而無總叙令考歷代史志撮其彊理分合之大槩編爲總叙以補之

一各道總叙前代沿革史志俱有可據而勝覽只仍高麗史志爲編令添補就備且其舛誤處則從實改正凡添補處俱載本文改正處俱有下說分註見之

一本國分野在前無明言者勝覽亦止附論於平安道矣令當考定著載各道漢書云尾箕幽州又云自尾四度至斗六度爲析木之次燕之分其地得漁陽右北平遼西遼東上谷代郡鴈門涿郡之易容城范陽新城故安涿縣良鄉新昌及渤海之安次樂浪玄菟亦宜屬焉又云玄菟樂浪武帝時置皆朝鮮濊貊句麗蠻夷晉書云自尾十度至南斗十一度爲析木燕之分野屬幽州又云尾箕燕分涼州入箕中十度上谷入尾一度漁陽入尾三度右北平入尾七度西河上郡北地遼西遼東入尾十度涿郡入尾十六度渤海入箕一度樂浪入箕三度玄菟入箕六度廣陽入箕九度又唐書一行以爲天下山河之象存乎兩戒以南北兩河之象與雲漢之所始終而推究其分野其論析木之次曰尾箕析木津也初尾七度中箕五度終南斗八度自渤海九河之北得漢河間涿郡廣陽及上谷漁陽右北平遼西遼東樂浪玄菟尾屬雲漢之末派當九河之下流濱于渤碣皆北紀之所窮也一行又云北戒自三危積石負終南地絡之陰東及太華逾河并雷首太行北抵常山之右乃東循塞垣至濊貊朝鮮是謂北紀箕與南斗相近爲遼水之陽盡朝鮮三韓之地在吳越東今按漢晉唐書凡方域所入宿度微有先後之差而大槩皆同以此觀之則本國宜通爲尾箕分矣[illegible]然相傳本國雖屬尾箕分其南又與吳越同分蓋斗八度巳與尾箕同入析木之次而文漢書謂元封中星孛于河戍其占曰北戍爲胡門南戍爲越門時漢兵拔朝鮮置樂浪玄菟郡朝鮮居北方胡之域也在海中越之象也唐書貞觀十九年月掩南斗太白入大微光芒相及占者謂箕斗間漢津麗地太白罰星也云云然則本國屬於於折木之次而兼入斗分也審矣今忠清以上諸道皆爲尾箕分爲湖嶺兩南則當爲箕斗分

一各邑之首必著其田頃之數一從元籍勿論墾荒書旱田幾千幾百頃零折等○○如上上或下下之稱水田幾千幾百頃零折等○○田頃及等品分數今未可詳各邑四至之下空其次二行以待國家修正田制書填○折等者折高補下以就衰而等其槩也總其一邑之田如中中等四分中上等三分中下等二分下上等二分則折作中中他皆做此推之若折補就等而有奇餘難齊者則其雜入於上者曰上錯其雜入於下者曰下錯按兩漢以來地志州郡皆載戶口夫戶口之無常其數者猶必載之況田地乎蓋古者主地計之而人在其中故封建率以百里七五十里而千乘百乘從可知焉秦漢以後以人爲主其封食邑之類以千戶百戶後漢黃瓊所謂令諸侯以食邑爲制不以里數爲限者此也蓋井田廢

後如此或曰此田品之等與禹貢九州田等其賦異如何曰上田分等之意則本無所異但禹貢舉其上品之大槩而以九州相較為次第此則一從其田之原等而每邑各自折衷為率也蓋禹貢雍州之田豈盡上上亦間有不好處而好者為多揚州之田豈盡下下亦間有好處而不好者為多耳此本舉其大槩之言也

一凡郡縣沿革叙自三國蓋三國以前不可得以考也三國地分本史及高麗史既指據其界而其於郡縣則間有晚落叅錯以致不明者如此等處今畧加櫽括以正之金富軾三國史地理志以為百濟之地東極新羅西南俱限大海北際漢江而其所叙郡縣則漢南之地如今廣州驪州利川水原南陽富平仁川安山衿川果川陰竹竹山安城陽城龍仁振威稷山鎮川清安之類百濟志全闕焉而皆係於高勾麗鄭麟趾高麗史亦云漢江以北為高勾麗以南為百濟而惟廣州稷山添改就正而其餘諸郡悉因富軾之舊此雖緣百濟時邑號既闕失無可據而然ゝ既謂百濟之地而郡縣只稱本高句麗某郡則若相抵捂而彊界因而不明矣又今關西之地三國史以為鴨綠內外皆是高勾麗地而其叙郡縣則浿江以西全闕不載高麗史亦云北界本朝鮮故地在三國為高勾麗所有而惟中和祥原等數邑外舉無高勾麗時名號載籍不明一至此哉其邑名則今不可復考然勝覽於嶺北郡邑皆書本高勾麗地猶可辨其某時為某地分矣今依此例於漢南百濟舊地皆書本百濟地於關西平壤以北地書本高勾麗地云

或曰此志之體郡邑於往代不知其名者則自當闕之今來詳其邑名而必著某國地何也曰歷代相承則不知其名者闕之可也諸國分峙則不可不著其地分事理如此至於嶺北關西則主國之後久為渤海女真所據若不先書本高勾麗地字則元不成為高勾麗地矣

一凡沿革主其所治者歷叙沿革而其廢縣并入者則附載於古蹟下此其例也本國郡邑間有合兩縣為名者國初合縣時并抹兩縣名為名者多如此者勝覽乃先書一縣沿革又書一縣沿革然後緫而書之曰某時合二縣改今名是徒主其名而不顧其實也一統志無一如此者今改其例一以今邑所治縣主叙沿革而係之曰某時以某縣省入改為某郡即今邑名○或云并某縣改今名隨其文勢其為廢縣者則載於古蹟而附見其在前沿革云如龍仁縣本并龍駒處仁為縣而今之龍仁仍治龍駒縣則以龍駒為主而處仁沿革載於古蹟條處仁廢縣下之類

一郡縣之徙治他境仍前名而於其古地今復置郡改他名者本國郡邑間有如此者勝覽以名為主其古邑時沿革悉載於今所徙邑而於其古邑之郡即後復置郡而稱他名者則反闕焉所係事實形勝之類皆不干於其地今改其例以地為主古定州即今龜城高麗時以龜州兵馬使朴犀守城有功因陞龜州為定州其後移於隨川郡而仍稱定州即今定州也後復析置龜城郡於古定州即今龜城也勝覽以定州為龜州時朴犀守城等事載於今定州沿革而於今龜城反沒之隨川郡則但附於定州古蹟下而註其沿革矣慶源之於慶興揚州之於漢城亦如此而准漢城府勝覽不用此例○一統志凡徙邑而其古邑在今境內者仍以其名為主而叙其沿革今為他境者則以其他

為主而叙其沿革若置新邑於兩邑間地而非仍
舊名者則其例又變書曰本某代某々二郡地某時
代又為某郡地始於此置某郡或分某代屬某二郡其兩皆郡者則曰某郡及某縣郡令所置郡名為有命名之由則并請之曰省某二郡
即古名併入云々而其古邑則皆為府縣附埋於古蹟而註其在前沿革令從此例
或曰以郡治為主似不至甚非曰苟如此則設令梁州移於冀州而仍名梁州則命其形勝曰
華陽黑水書其事蹟曰岷嶓既藝潛沱既導可乎
一本國州縣多有因人功罪陞降者自高麗以來以土人功罪陞降
其邑甚猪縣其土人而為其姓本所出陞降之其初本出麗志而勝覽具
書其功罪所因事文多繁冗高麗史地志亦然今改其例
但書陞為某州郡降為某郡縣而其功罪事由則
註於其下如水原府元宗十二年叛梁防戍蒙古兵入大部島侵掠居民島人忿憤殺蒙古兵以叛副使安悅率兵討平之以功陞為水原府令改書元宗時陞為水原府而分註其事於下
又如南陽府忠烈王以邑人洪茶丘仕元為征東行省右丞陞為知益州事令改書忠烈王時陞為知益州事而分註其事之類此亦始存其舊而已
一沿革陞降勝覽多著其年此失地復地等緊關事
外其餘陞降改號之類今皆不書年但書某王時
惟本朝以後仍書其年前代不書年省煩文也本朝書年詳于近也其
數年之內陞降分合紛紜不一者不復致煩從其
傳久者書之如江原道沿革下恭愍五年江陵道改稱江陵朔方道六年稱江陵道九年稱江陵朔方道十五年改稱江陵道令只書恭愍王時江陵道改稱江陵朔方道尋還稱江陵道
又如扶安縣 太宗十四年保安合于扶寧改令名十五年又析之八月復合之明年七月又析之

十二月又合二縣之類○令只書 太宗朝以保安省入改為扶安縣之類○令國制邑人有罪犯惡逆者則
雖其小民女子並坐其邑州府降為縣縣々革合傍邑十年還復故積至數百年一國郡縣幾於盡更
降革或有至五六度者此等升降革復一々盡載則煩亂莫甚恐非地志之體其永為降革外十年
例坐者不必畫書可也
中國州縣率皆常久苟其土地形勢可合變通者則變通之後亦常久無他其為志者亦志其
所當志而不干於地理者不錄之故一統志所書沿革不過周為某國地漢時為某郡晉宋若
唐為某郡某州而已東國郡縣一分地定制則未間得宜而升號降號紛紜成例一君之世升降
者或至再三而為志者又一々書其年月繁蕪之甚東史所傳歷代不久故如此而人不深覺
其非果無變其例而積累百千年則未論其制之當否其為志也亦何據書耶觀者苟一留思
則自可知矣
一各邑所併廢縣皆是一體而勝覽或作屬縣列於
首條下或作廢縣載於古蹟下未知何所據也蓋
中國則府以統縣々各有邑有官故一統志各府
首條之下列其屬縣令本國州府郡縣各自為治
其中所併古縣直是廢縣非有邑有官而為其領
屬之比也令皆移於古蹟勝覽屬縣若楊根之迷原縣水原之雙阜縣楊
州之豐壤縣之類○又按一統志書例九縣之自為一縣而為府州屬邑者則下屬字省併而為府
縣者則曰以某縣省入或省某縣併入或省入於某邑云而勝覽則其省併為廢縣者皆書曰來屬
或屬于某州郡自高麗史已然失其下字之當矣蓋高麗時州郡任內諸小縣無其邑官而只有鄉
吏土地人民直治於州郡 其不置監務以前則雖有縣名實乃省入也至於 本朝則又併為一邑

其所併之縣直是廢縣而猶襲其謬書曰來屬尤為不當矣今依一統志例書以省入或併入云

一各邑首條之末皆書其掌面數勝覽闕此今添補之○本國之面即中國之鄉也古者百家為族五百家為黨唐時百家為吏五百家為鄉在城邑者為坊在田野者為村大明之制亦百家為里五百家為鄉一統志所載編戶幾里者即此也本國州縣所掌之鄉例皆稱面而其中或有稱道稱里稱村者黃海平安道多稱坊咸鏡道多稱社蓋國無定制而然也今從俗稱面而其土稱有異者亦註觀其下云

一凡自傍邑割入之地則不必煩載於彼此沿革其曰此有陞降者載之當付於併入邑古蹟下而分註曰在府郡縣隨其實某方幾里本某邑志某時割入或云本某邑地某時割某縣進東若南地併入隨其事實其微細者不必著之

一郡名蓋為州郡古今名稱不一今名之外往時舊名亦有世所慣習者故表為之目也一統志郡名每府不過二三一統志每府標出歷代所久稱者秦名漢名或唐宋名不過二三或一府一名其名下各註其時代如北京順天府郡名光陽註曰漢名燕山註曰宋名之類勝覽前代郡名與夫別號僻稱之類相雜別錄或至十餘本國三國時邑名絕不傳稱且多不雅高麗以來陞降變革朝暮紛紜今依一統志例標其明白久傳者以為郡名其註某時名則東史所傳歷代不多姑闕之又東國郡邑多有所謂別號者其初蓋出於高麗成宗所作而或曰後人一時詩句浮稱以為號者亦有之此則既非真名當悉刪去而但其中有人所慣稱曰見傳籍者故姑為分註附見若無郡名處從實闕之或以為郡名非但為人傳稱既載前代地志則亦以備其考閱也曰此則既一一盡載於沿革條矣其下即又一一盡載於郡名則一篇之中無乃太為重疊乎

一形勝者總其地之山川形勢古蹟者記其地之城邑往跡斯二者皆是實事而勝覽所載形勝則只為詩句浮華之資古蹟則例多俚俗荒誕之說如此者今悉刪正

一凡風俗中國一府屬邑多至十數縣地方皆數百里或至千里故風俗各有可記本國州縣不相統屬故不得不各自為志而郡縣地方不過數十里或百里之內四五邑接境而人民絕鮮風俗例同則無復各邑風俗之可別矣勝覽例多標摘詩句別作風俗徒供異觀而實非其真矣今從實改正又鎮管大府風俗下註曰某某邑同云又如開城府八關會擊毬戲慶州風月主花郎等係其一時國制非關土地風俗而勝覽錄之者欲以作題目記古事而己實非因風氣察民俗之本意如此之類亦頗刪正

一勝覽或有山川之甚微細不足紀而為詩文而載之者如此者今從實刪正雖微細其要時有名者不在此例其或高大可紀而遺漏者添補之山川之有事跡可紀者皆註其事實其有

牧場魚梁鹽盆之類者則亦必附見

一山川之有定名理固然也中國川瀆皆有定名江淮河漢以至諸溪澗小水無不盡然如涿水易水涇水渭水檀水溪潕溪之類只是一名而源流同稱是以江河所經之地無慮十數州府而一統志皆書曰黃河大江而無異名大江至南京名為楊子江則南京亦書以大江而註曰在本府界者二百餘里名楊子江其他諸水所經邑皆書以一名但大江發源如成都重慶夔州等府書曰岷江然夔州以上皆名岷江而無逐邑殊稱東國諸水惟逐地異稱而無其定名者多國內諸水多無定名而隨處以其津灘之號曰稱其水如猪灘水源出遂安郡稱黑石灘川其下稱春灘川至新溪縣則稱沙八赤灘川至平山府則稱[illegible]灘水其下稱箭灘水又其下稱猪灘水至江陰縣則稱助邑浦至闗城府則稱梨浦其下稱錢浦津水又其下稱碧瀾渡水又其下稱禮成江至白川郡則稱金谷浦之類其他皆然小水尤為曲曲殊稱蓋中國則曾經古聖人經理故凡禮樂典章之外以至山川名義亦皆明備本國在三國以前荒蒙無稽至新羅統合景德王始改郡縣名至高麗初始定職官名於是乃變夷音而至於山川名號之類則有未及焉是以今山名往往出於緇髡而水則多無定名只從俚俗逐其村居而各為之稱而已也而勝覽所書皆隨俗稱故一水而處處異號矣勝覽惟鴨綠豆滿兩江外凡一水所經每邑異書如漢水洛東等江則既是定名而與無定名者一縣隨其俗稱其沿流數十邑皆書以某灘某津某浦而已非但處處異號難於察識揆諸事理失其條紀蓋狃習目前不能覺察而然也其有定名者今改正之漢江洛東江之類則其所經邑皆書以漢江洛東江或有其地別名則依楊子例附見於註中其津渡則本合在關梁條故依一統志移於關梁惟載其附渡者○若灘則自當別書

亦其時異有名皆為然一統志夔州府既載岷江而又載虎鬚龍脊御史等灘馬湖府既載馬湖江而又載鐵鎖灘事理固然此與既載其無定名者不得已仍海而又載海浦其致一也舊云右所定諸水外其他無定名者仍舊所書○如他日國家經紀山川修正職方則當自朝廷定其名使源流無異稱如中國諸水及我鴨綠江而其非大水則本地大夫士亦隨宜命名今俗因習可也

一土產凡先書陸物後書水物陸物先玉石銅鐵之類次以服用食物藥材之類水物鹽先於魚產之類大槩水陸物皆先其重且盛者其書例當如此勝覽多首書魚物又多雜亂無次非其土產而書者亦有之此則因今各司貢物案而書之故也今貢案本其時率意分定多非土產蠶次載之而一從其實云

一城郭尺數白沙李公嘗受　命巡審諸城以為勝覽所載或以地尺或以布帛尺長短不一不可槩以為準云嘗驗之信然城周極狹而書曰周七八千尺或稍寬而曰二三千尺者多有之然今難覈實不得已皆仍其舊若要整齊宜令各邑鎮一以步里法更為打量牒報從實載之也城高則勝覽雖云高幾尺然諸邑城高皆載其實至於山城廢城之類則尤是虛錄蓋城之高低一城南北不必一齊且至數十百年則其間之頹落增修亦多有之雖欲定數以記不可得此尺可隨時置簿於兵部而不必煩載於地志也唯城周當載而勝覽亦書曰幾尺殊屑非例宜紀以里步載之不但城郭如此凡堤堰之類亦當如此○周尺六尺為步三百步為里其步尺各邑不無

長短之弊的定見樣須送以此準量爲當

一公署勝覽作關防今從一統志改以公署勝覽所載或有地係形要時遣兵戍而非設鎮處如此者移載於關梁條

或曰關防之目似不必改中國各衛各所在處有之本國則兵水營僉萬户但列在沿邊事既若茲何必強傚於彼曰非為強傚如此然後名義得其當也凡營鎮本是公署若以為設在沿邊各有城池而合稱關防則中國衛所之在邊地或雄本邑數百里城池之壯百倍我國而皆稱公署未見其不合也若以為主兵而合稱關防則我國在京總兵衙門既皆稱公署矣何獨於外方異其目乎且今營鎮皆設極邊者乃一時適然之規非萬世不易之法近年忠清兵營移設清州此將以何目乎兵營則雖內地稱以關防猶或可也監營他衙門亦可目而關防乎其所主在衙門關防云者其所主在形要為其形要是故有地而從防戍是以地係形要則雖時遣兵戍而非設鎮處勝覽皆載關防條衙門則雖非關隘載之公署有關隘則雖無衙門載之關梁若衙門兼設於關隘雖同在一處各載本条如山海衛雖設於山海關山海衛則載於公署山海關則載於關梁苟精察之則俱各有當矣今營鎮目以關防若果為其防守關隘也營鎮移設之後其地有何關隘之可紀乎苟如此則當稱公署而不當稱關防明矣

一書院附於學校條唯賜額及表著者載之書院本為士子藏脩而作而因以祀其鄉賢以為矜式之地耳非但為祠祀而設也近世黨[illegible]成風事多虛僞有不合祠而祀爭立祠宇名為書院者凡係一時之私而不可永久者不必盡載也

一宮室客館之類勝覽或載或否蓋有詩文者載之無詩文處并與宮室而不載矣今每邑載之

一凡樓亭當入宮室條一統志亦如此而勝覽別目為一條今改其例合於宮室又按一統志凡臺榭并附於宮室今亦從之○如遼東障鷹臺其註曰閭山西南第一峯潭洲臨潭臺其註曰在登高山之巔據漢山最勝處云而皆附宮室條

或曰守令衙舍不書何也曰此若載之則當係公署不當係於宮室然既曰某府若郡則守令所居之室在其中矣蓋所謂宮室者唯館宇樓觀之類得載之官員居室自不當載也一統志勝覽皆不書此者蓋此意也

一諸條所載序記詩賦撰人必著其時世高麗則曰高麗某人本朝則曰本朝某人其一邑中再見者不復著其世

一倉庫仍勝覽止載國倉國倉國家漕倉若忠州可興倉牙山貢稅串倉沃溝山倉之類也止載國倉若各邑官庫及社倉則不必載

或曰倉庫一邑之所重也各邑官庫亦似當書曰官庫有邑之所必有不必別立一目以書也曰若以必有之物而不書則社壇學校亦邑所必有而書之何也曰一統志不載社壇而勝覽載之故今仍勝覽然社壇學校則雖邑所皆有或與官府近遠或東西不一至於官庫則必同在一處又倉庫雖重其與社稷學校則事體亦當有辨且以其所重而皆書則軍器庫亦豈非緊重者乎且倉庫殘盛難定我國平時列邑至有二三倉者今皆為一倉如江華廣州等地往時止有一倉今為聚糧之所增立三四倉又諸邑倉庫之類有司倉有官廳監營本邑則無有營庫糧餉庫兩西邑則近歲添立管餉泉流庫兵水營諸鎮所在又各有庫雖大小不一亦皆必有者如此之類盡為列書乎將擇而書之乎至於社倉則今雖自官典之本是鄉社之倉非但羣社所設不可盡載於地志其為倉也亦殘盛無準廢置不常若一一書之則或有可笑不

實處又不可書其盛而沒其殘蓋此本非地志所必載故欲書則有許多難處之端也蓋一國通志異於邑籍欲百事皆錄則反致繁雜而失其詳畧之當矣今縣各自別地止數十里無事可錄故見其志者意皆忘繁而便欲致詳於不必詳之地若如中國及前朝縣屬於府而合為一志則不待言而自知其不當載矣夫至當無二苟縣屬府時不當載則縣不屬府時異其當乎

一院宇附於郵驛條蓋院宇本不必載而今有所不能釐正故姑仍舊載之云（站之有舍所以接行旅不可無者然本國所謂院則其為制失當所以毁廢不久昔時院宇徒有空名而百不存一也蓋道路本當量度程里開設站店以主行旅其衝形要害處則兼為置關以防察盜賊而今也不然只作無主空宇故雖建還廢此乃本國規制之未盡者也其在事例本宜刪去而今不能改姑仍舊載之○院宇本非旅舍之名而本國在前站路人曠處建設舍宇以為行旅所接而俗尚佛法故名之以院蓋寺院之院而慈悲濟人之意也國家間或置田募人主之然本是空舍故人毁廢無常又其建造類多僧徒勸緣為之故稀踈無準與古者廬宿候亭之制不相侔矣且院本非郵驛之比蓋院之於驛猶鄉閭書堂之於州縣學校地志只載州縣學校而鄉閭書堂有不可盡收則院宇亦不可盡書其事體如此而勝覽乃立目為驛院名例未當今以郵驛為目而院則姑存其舊附而見之○勝覽既目為驛院而於諸驛之有院無驛處則改其目曰院宇至如有墓無陵處亦改目陵墓為塚墓按一統志陵墓關梁條雖有墓無陵有橋無關或只有隘口津渡而無關橋之邑其目則皆書陵墓關梁蓋各邑所載則一從其地之有無而至於定目不可逐處而變[illegible]從其例而於郵驛亦然云）

一關梁勝覽目為橋梁而只書諸橋今從一統志改以關梁凡道路關隘之可紀者并載之（或曰中國有關門處多故目以關梁本國則既無關門何必改之曰關者本關隘之意設關防察必於關隘之處故目謂之關也然則非必設關屯戍然後乃可紀也凡道路徑由地形關隘處皆可入於關之類也地志所以必著關梁者意非徒然也夫如是故一統志所載亦非盡設關門處或古有關戍而今無者或地形關塞稱口稱隘者皆載之本國地方雖小山溪險隘甚多古時設關處亦不全無矣若鳥嶺大關嶺鐵嶺竹嶺關嶺磨雲嶺八良嶺之類皆古時設關處今亦有城門遺址何可闕其所不當闕而變目以橋梁乎）

一祠廟勝覽祀典正祠外如民間淫祀不經之類亦多載之如此者今悉刪正（古昔聖王之制祭祀也法施於民則祀之以死勤事則祀之以勞定國則祀之能禦大災則祀之能捍大患則祀之非此族也不在祀典故凡有道有德者使教焉死則祭於瞽宗凡立學則釋菜其次鄉人祭於社後世如忠臣義士蹈白刃禦患難如張巡許遠立廟睢陽之類亦是正當然其祀宇須嚴其事體不與民間瀆褻乃為合禮世教不明民俗好恠今在處有淫祀號曰神堂稱為某人神或稱為某山神羣聚禱咀此則王政之所當嚴加禁撤者也宜悉刪去不載至如明山大川國祀典所載然今多立祠像設有如叢祠亦為民俗巫禱之所誠可駭異張南軒之言曰山峙川流是其形也而人之也何居其氣之流通可以相接也而宇之也何居是宜為壇而不可為祠也亦明矣然此則本是正祀不可以刪而今不為壇不得已仍舊書某山祠以俟國家修正祀典改之）

一寺刹勝覽作佛宇今改之（韻書曰刹僧寺也）中寺以上得載小菴堂則有名勝及事蹟者外不必載（或附見於傍寺註中）其往時寺刹今廢為遺址者曰刹則移附於古蹟其餘直刪去

一古蹟勝覽所載某鄉某部曲某所某處某莊者蓋

新羅建置州縣時其田丁未堪為縣者置鄉及部曲以屬于本邑其稱所之類則高麗時有金銀鐵銅綵紬紙瓦鹽炭等所各收其物納于諸宮院者也三國史地理志及高麗史皆不載而勝覽載之恐非事例之所當書其未有古蹟可紀者今悉刪去其與本邑偏遠越入他境者姑載之以備國家他日損益之考云

一名宦觀察使及節度使有德政功績者亦以其本營所在邑載之勝覽兩界則觀察使兼府尹故載之其餘則以其統治而不專一邑故不書是以其所謂名宦者類多下邑微官之無政可紀者而至於名人有德績者則反不與焉實非著名宦之本意按一統志晋桓沖陶侃輩俱以大將節度兼領千里而以所鎮之州而載之大明于謙劉大夏為浙江布政參議而載於杭州府○又按一統志如南京在漢為揚州刺史治吳為建康晋為丹陽郡唐初置蔣州後為昇州宋仁宗時為江寧府後為建康至大明為應天府其名官漢魏相則曰揚州刺史晋羊曼溫嶠則皆曰丹陽尹唐盧祖尚則曰蔣州刺史顏真卿則曰昇州刺史宋曹彬則曰為昇州行營都部署蘇易簡呂蒙正則皆曰通判昇州張方平則曰知江寧府張浚則曰判建康府至大明以後諸人皆曰應天府尹勝覽則令京城[illegible]百濟高句麗為北漢山郡新羅為北漢山州景德王改為漢陽郡高麗初改楊州文宗陞為南京忠烈王改為漢陽府本朝改為漢城府其名宦新羅金大問邊巖不曰北漢山都督而只曰為都督高麗韓文俊王琫不曰為南京留守而只曰為留守諸郡皆然而本朝以後諸人本不著邑名夫古今沿革不常名號亦變而官不係以當時邑名殊久傳久者信之意宜各從實具書

一名宦勝覽所載如司錄掌書記之類最表著及有事績者外當刪之且本朝以後名宦則泛載者多或有拘於其時形勢而載之者如此之類當考諸傳記正之今傳記不備未及刪正者亦多其於人物条亦然○又其事蹟闕訛者多亦緣傳記未備而然也

一人物其地之人也流寓流徙之人也而一統志流寓先於人物者蓋有流寓而曰以世居者其子孫載於人物條而曰某之子若孫故也今亦從一統志例

一人物勝覽皆從遠祖本貫載之實非其地之人麗史亦多如此其有傳狀可考者從實移載無可考者仍其舊今續載者則一以其人生長係籍之地云自父祖來居而已亦生長其地者即為其地人物○東國俗重世閥士族之家必著遠祖所從起之地以為本貫雖子孫移居南北百代而不易其貫今之籍案亦著本某地居某地是也此只可以辨其族姓之所從出而已若以為其地之人而載於地志則誣其實矣麗史不察一以本貫仍作土人勝覽又從而襲謬因循不改今夫三韓之族其遠祖起家貴顯或家於京或散居他處皆數十世亦且數百千年矣其子若孫曾之世則雖居他處附載於本貫猶或可也至於後裔則渺漠荒遠於其地足不一涉目不一睹而徒以本貫之故而仍作其地之人其於考圖籍論人物之意果如何耶中國作史志者未聞以宋氏孔氏系出殷湯而皆載於亳列國諸侯之後系出文武而皆載於岐而東國則系出新羅者麗祖之初移仕居松京五百年入我朝後居漢陽且三百年而作志者猶皆載於慶州作傳若狀者猶直曰慶州人其亦異矣至於他處無不皆然如此者今悉改正○按一統志韓愈先世昌黎人而其曾

祖自昌黎移河陽故昌黎人物不載韓愈而載於
今懷慶府河內縣呂祖謙先世東萊人其六代祖庚
簡載萊州府而祖好問隨高宗南渡居于金華故
萊州不載祖謙而載於金華府邵雍范陽人而寓
居河南故順天府人物載邵雍而又載河南府流
寓子伯溫則載於河南府人物○又按漢時遷田
景之族於關中即以三輔為鄉閭不復係之於齊
楚東晉之時江左流寓之家悉以所載土斷著籍
識者咸以為是據此亦可見古人已有定法矣今
若考歷世戶籍則可知諸人所係處但恐累經兵
亂京外版籍多遺失耳○又嘗考之史牒誌狀前
朝之人則雖祖未遠往往仍居其鄉雖以本貫而
不甚失實者多矣至我朝以後則士夫之後仍
居本貫者絕鮮矣尤當從實改正無使南方之人
喫作北方之人可也

一人物記其有道德節行事業之人也有孝行者當同入於人物條一統志亦如此而勝覽目為孝子與人物分為兩條今改其例通載於人物一統志有孝行者通載於人物而註著其孝行之實然行蹟表表如王祥李密者得載之勝覽則別目為一條苟以孝子名通朝家而許旌門者盡數列之往往多閭巷刺草之民而其所書行蹟無他語但廬墓斷指數字而已蓋國俗廬墓斷指例皆旌表故也今只取行義明著載之○父母之喪廬墓三年者例以孝子旌表何也前代俗尚佛法喪制廢墜百日之外人皆除服唯誠孝篤至不拘俗習者乃能行喪三年俗既如彼則行三年者反有異於人故於是有不與人接而廬於墓側之規人稱之為孝子而國家從而旌之者蓋以此也然墓者體魄之所藏也魂氣則歸于家故三虞以安之廬墓非先王之制也列聖教隆近世以來喪制之禮明備三年通喪達乎國中則士夫之賢孝者皆知自盡於禮制矣又何廬墓之可論蓋在前廬墓者雖不合禮不可不許其誠孝雖許其誠孝不可不知其非禮也觀者詳之○又按斷指割股於古訓未聞或問於朱子曰割股事如何朱子曰割股不是又大明洪武中青州民以母病割脇肉食之禮部議曰人子之事親居則致其敬養則致其樂有疾則托良醫投善藥至於呼天告神情文懇切之至此為人子所當為也卧冰割股前古所無雖出於後世亦是間見且父母有子割股或至喪生卧冰或至凍死使父母無嗣反為不孝之大者此皆愚昧之徒務為驚世之事遠道殘害莫此為甚自今人子遇父母有疾醫治不愈無所控訴不得而已割股亦聽其所為不在旌表之例以此見之則割股斷指雖出於人子痛切之至司教化者亦不可旌而勸之也明矣

一列女勝覽稱烈女而只載為夫立節者其有孝行者列於孝子條今改以列女依列女傳及一統志凡婦人之有節義德行者并載之其列於孝子而可錄者亦移錄焉

一此書修正增補處頗多然四方地形山川風俗人物事跡非一人見聞所能悉其所修正未免有詳略故別作目錄附於卷末逐邑加圈與點以識之以俟後之君子考正其已詳悉無遺者下一圈其身經其地而略為歷覽或得其邑志而身不經覽者下一點其餘無圈與點不得身經熟知處其山川之遺大錄小形勝土產之失其實之類多未能修正

纂輯諸書

輿地勝覽　三國史
高麗史　東國通鑑
東國史畧　東史纂要
大明一統志　史記
漢書　後漢書
三國志　晋書
南北史　周書
隋書　唐書
五代史　宋史
遼史　金史
元史　資治通鑑
資治通鑑綱目　杜氏通典
文獻通考　東文選
續東文選　諸家文集東方文集隨得隨考見于東方文列
平壤志尹斗壽撰　目中此不能盡記其名目○後當別列於諸書之下
成川志李　箕子志亦尹斗壽撰
一善志崔晛李峻撰　昇平志李睟光撰
商山志尚州也　耽羅志李
松都志金堉撰　延安志尹斗壽撰

芭山志金半考玄風　安邊志金堉撰
水城志李植撰杆城志　黃驪志尹暉撰
洪陽志李睟光撰　首陽志
福州志鄭逑撰安東　春州志嚴惺撰春川
同福志　昌山志昌寧
臨瀛志江陵　通川志
忠州志已上亦皆鄭逑撰　咸安志
咸安志提要二志皆許穆撰　宜春志提要
東國名臣錄　陟州志許穆撰三陟
續三綱行實　三綱行實
已卯錄　新續三綱行實
龍飛御天歌　闕北紀事
大東韻玉　攷事撮要紀年
各邑生生案已考扶安樓山　湖南義錄安邦俊撰
海運判官所屬官案

東國輿地目録後

卷之一

京都

漢城府

開城府

卷之二

京畿

廣州鎮 驪州 利川 楊根 砥平 竹山

陰竹 陽智 果川 水原鎮 富平 南陽

仁川 安山 安城 振威 龍仁 陽川

金浦 衿川 陽城 通津 楊川鎮 坡州

高陽 永平 抱川 積城 交河 加平

長湍鎮 江華 豐德 朔寧 麻田 漣川

喬桐

卷之三

忠清道

忠州鎮 清風 丹陽 槐山 延豐 陰城

永春 堤川 清州鎮 天安 沃川 文義

稷山 木川 懷仁 清安 鎮川 報恩

永同 黄澗 青山 公州鎮 林川 韓山

全義 定山 恩津 懷德 鎮岑 連山

尼山 扶餘 石城 燕岐 洪州鎮 舒川

瑞山 泰安 沔川 温陽 平澤 鴻山

德山 青陽 大興 庇仁 藍浦 結城

保寧 牙山 新昌 禮山 海美 唐津

卷之四上

慶尚道

慶州鎮 蔚山 梁山 永川 興海 東萊

清河 延日 長鬐 機張 彥陽 安東鎮

寧海 青松 醴泉 榮川 豐基 義城

盈德 奉化 真寶 軍威 比安 禮安

龍宮 大丘鎮 宻陽 清道 慶山 河陽

仁同 玄風 義興 靈山 昌寧

卷之四下

尚州鎮 星州 善山 金山 開寧 知禮

高靈 聞慶 咸昌 晋州鎮 陜川 草溪

咸陽 昆陽 南海 居昌 泗川 三嘉

宜寧 河東 山陰 安陰 丹城 金海鎮

昌原 咸安 巨濟 固城 漆原 鎮海

熊川

卷之五

全羅道

全州鎮　益山　金堤　古阜　錦山　珍山
礪山　萬頃　臨陂　金溝　井邑　興德
扶安　沃溝　龍安　咸悅　高山　泰仁
羅州鎮　光州　長城　靈巖　靈光　咸平
高敞　茂長　南平　務安　長興鎮　珍島
康津　海南　濟州鎮○大靜　旌義附
南原鎮　潭陽　淳昌　龍潭　昌平　任實
茂朱　谷城　玉果　雲峯　鎮安　長水
順天鎮　樂安　寶城　綾城　光陽　興陽
同福　和順　求禮

卷之六

黃海道

黃州鎮　平山　瑞興　鳳山　安岳　載寧
遂安　谷山　信川　新溪　牛峯　兎山
文化　長連　海州鎮　豐川　延安　白川
甕津　松禾　殷栗　康翎　長淵　江陰

卷之七

江原道

江陵鎮　三陟　襄陽　平海　杆城　高城
通川　蔚珍　歙谷　原州鎮　春川　旌善
寧越　平昌　橫城　洪川　麟蹄　淮陽鎮
鐵原　楊口　狼川　金城　金化　伊川
安峽　平康

卷之八

咸鏡道

咸興鎮　永興　定平　高原　安邊鎮　德源
文川　北青鎮　端川　利城　洪原　甲山鎮
三水鎮　鏡城鎮　吉州　明川　會寧鎮　鍾城鎮
穩城鎮　慶源鎮　慶興鎮　富寧鎮

卷之九

平安道

平壤鎮　中和　龍岡　三和　江西　甑山
順安　咸從　安州鎮　定州　肅川　嘉山
永柔　義州鎮　鐵山　龍川　昌城鎮　朔州鎮
龜城鎮　宣川　郭山　寧邊鎮　雲山　熙川
博川　泰川　成川鎮　德川　价川　順川
慈山　祥原　三登　陽德　孟山　江東
殷山　江界鎮　渭原鎮　理山鎮　碧潼鎮　寧遠鎮

東國輿地志總叙

惟東國一隅連陸三面阻海（東西一千里南北二千三百里）直中國古青徐二州之東自檀君肇國（東方初無君長唐堯戊辰歲有神人降于太伯山檀木下國人立為君都平壤號檀君是為前朝鮮）箕子受封皆都平壤號曰朝鮮（周武王克商封箕子于朝鮮都平壤是為後朝鮮傳至四十世孫朝鮮侯否秦并天下否服屬於秦其子準嗣立為燕人衛滿所襲奪○吳澐東史地志以為遼河以東漢水以北皆箕氏地今按涵虛子曰周史云昔箕子率中國五千人入朝鮮其詩書禮樂醫巫陰陽卜筮之流百工技藝皆從而往焉故曰半萬殷人渡遼水又魏略曰箕子之後朝鮮侯見周衰燕自尊為王欲東略地朝鮮侯欲興兵逆擊燕以尊周其大夫禮諫之乃止使禮西說燕燕亦止不攻後子孫稍驕虐燕乃遣將秦開攻其西方取地二千餘里至滿潘汗為界朝鮮遂弱及秦并天下築長城至遼東朝鮮王否畏秦服屬於秦否死子準立十餘年秦滅漢初盧綰為燕王朝鮮與燕以浿水（即今鴨綠江）為界燕人衛滿亡命渡浿水求居西界襲準據其地漢書班固曰玄菟樂浪本箕子所封唐書裴矩溫彥博曰遼東本箕子國遼史地理志遼東本朝鮮地周武王釋箕子囚去之朝鮮因以封之又遼東志云遼東箕子所封之地然則遼河以東為箕氏地明矣）逮衛氏竊據漢開其地置四郡尋合為二郡（衛滿既逐箕準據其地稱王是為衛朝鮮會漢惠帝高后時中國初定滿得以兵財侵降旁邑地方數千里傳國至孫右渠所誘漢亡人滋多辰國欲上書見天子又壅遏不通武帝遣使諭右渠不奉詔元封三年遣楊僕荀彘等滅右渠遂定朝鮮地置樂浪臨芚玄菟真番四郡樂浪郡治朝鮮縣即今平壤臨芚郡治東暆縣即今江陵玄菟郡治沃沮城即今咸鏡道真番郡治霅縣在今遼東境內昭帝始元五年以臨芚并於樂浪真番并於玄菟為樂浪玄菟二郡玄菟復徙居高句麗西北更以沃沮濊貊悉屬樂浪二郡所屬并二十八縣○東國史略謂昭帝始元五年以樂浪臨芚郡為東府都督府玄菟平那郡為平州都督府東府都督府即樂浪郡平州都督府即玄菟郡平那乃真蕃也）其南即三韓之地馬韓有五十四國辰韓弁韓各有十二國並古之辰國也（箕準既為衛滿所攻奪乃率其左右南奔至韓地金馬郡立為馬韓王辰韓秦之亡人避役入韓韓地馬韓割東界以與之常用馬韓人作主雖世世相承而不能自立制於馬韓弁韓亦曰弁辰屬於辰韓與辰韓雜居馬韓在西有五十四國其北與樂浪南與倭接辰韓在東十有二國其北與濊貊接弁辰在辰韓之南亦十有二國其南亦與倭接凡七十八國大者萬餘戶小者數千家各在山海間東西以海為限皆古之辰國也）然皆國史無傳莫得詳考及至三國漸大鼎峙分疆高句麗之地東至海南至漢水西北踰遼河新羅東南至海西至智異山北至漢百濟東至智異西南至海北至漢（高句麗朱蒙以漢元帝建昭二年起於卒本始屬玄菟漸并荇人蓋馬沃沮等國後據樂浪玄菟遼東之地新羅赫居世以漢宣帝五鳳元年始起累號徐羅伐斯盧斯羅後定為新羅起於辰韓又并弁韓漸收悉直沙伐等國百濟溫祚以漢成帝鴻嘉三年始起於慰禮城初屬馬韓漸拓境滅馬韓并收諸邑於是三國強大鼎峙高句麗之地東至海南至漢水西北踰遼河新羅之地東南至海西至智異山北至漢水百濟之地東至智異山西南至海北至漢水○新羅并弁韓悉直沙伐高句麗并荇人蓋馬沃沮百濟滅馬韓之類則三國史皆有時世可考而樂浪郡為高句麗所并則未詳的在何時按三國史漢光武建武中高句麗大武神王襲滅樂浪建武二十年帝遣兵渡海伐樂浪取其地為郡縣此後更無高句麗取樂浪事考之兩漢史志及魏晉諸史樂浪終西漢以及東漢魏世猶為中國郡蓋於晉懷愍之際為高句麗所有諸說具平安道序下玄菟遼東郡自漢至魏晉慕容燕時皆為中國郡後魏末為高句麗所有蓋高句麗盛時盡有朝鮮舊域而跨遼河為界即今遼瀋金復海蓋等處皆高句麗地也）累百年間迭相攻略及新羅并濟麗幅員浸廣

百濟至義慈王時唐高宗顯慶五年遣蘇定方與新羅武烈王攻滅之百濟凡五部三十七郡二百城唐以其地分置熊津馬韓東明金漣德安五都督府未幾唐師還新羅盡并其地高句麗至寶藏王時唐高宗總章二年遣李勣與新羅文武王攻滅之高句麗凡五部百七十六城唐以其地分為都督府新城遼城哥勿衛樂含利居素越喜去旦建安九都督府唐師尋還其地多入靺鞨渤海而新羅得其南地景德王分置九州本國界內置三州王城東北曰尚州王城南曰良州西曰康州於故百濟地置三州百濟故城北熊津口曰熊州次南曰全州次南曰武州於故高句麗南界置三州從西第一曰漢州次東曰朔州又次東曰溟州九州所管郡縣四百五十新羅地理之極止於此至其衰裔萓叛據土地潰裂弓裔據北稱高麗甄萱據湖南稱後百濟高麗太祖統合為一成宗始定十道分國內為十道曰關內曰中原曰河南曰江南曰嶺南曰嶺東曰山南曰海陽曰朔方曰浿西其所管州縣共五百八十餘至顯宗又增損州縣置三京四都護八牧五十六知州郡二十八鎮將二十縣令二十是後定為五道兩界曰楊廣曰慶尚曰全羅曰交州曰西海曰東界曰北界其西北以鴨綠江都連浦為界東南以海為限地理之盛極於此矣東南盡有新羅之地西北則不及高句麗本朝受命奄有大東拓地至豆滿江西仍以鴨綠為界而北拓地至豆滿江定為八道曰京畿曰忠清曰慶尚曰全羅曰江原曰黃海曰咸鏡曰平安以統府州郡縣總之京二府四大都護府四牧二十都護府四十四郡八十三縣一百七十三本朝州縣中廟以前其數如此後來陞降者又多即今府　大都護府　牧　都護府　郡　縣　而邊陲之地則錯置僉節制使萬户鎮以為防禦蓋以表裡山河經緯蓋

固云

東國輿地志卷之一

京都

古朝鮮之域北鎮華山有龍盤虎踞之勢南以漢江為襟帶左控關嶺右環渤海其形勝甲於東方誠山河百二之地也百濟中葉自漢山而徙居未幾播遷南土高麗肅宗雖置南京有時来巡而已皆不足以當形勢之勝至我太祖康獻大王受天明命定邑于此以均四方来廷之道里以建萬世不拔之閎基猗歟盛哉

城郭京城我太祖康獻王五年用石築之世宗四年改修周三十三里七十五步高四丈立門八正南曰崇禮正北曰肅靖正東曰興仁正西曰敦義東北曰惠化西北曰彰義東南曰光熙西南曰昭德

宮城在京城之中周八里高二丈一尺立門四南曰光化舊名正門北曰神武東曰建春西曰迎秋○鄭道傳名午門曰正門並書所名之義以進曰天子諸侯其勢雖殊然其南面出治則皆本乎正蓋其理一也若稽古典天子之門曰端門端者正也今稱午門曰正門命令政教必由是門而出審之既允而後出則讒說不得行而矯偽無所托矣數奏復逆必由是門而入既允而後入則邪僻無自進而功緒有所稽矣闔之以絶異言奇邪之民開之以来四方之賢此皆正之大者也

宮闕

景福宮太祖三年建命鄭道傳名之其文曰殿下即位之三年定都于漢陽先建宗廟次營宮室越明年十月乙未親服衮冕享先王先后于新廟宴羣臣于新宮蓋廣神恵而綏後禄也酒三行命臣道傳曰今定都享廟而新宮告成嘉與羣臣宴享于此汝宜早建宮殿之名與國匹休於無疆臣受命謹拜手稽首誦周雅既醉以酒既飽以德君子萬年介爾景福請名新宮曰景福庶見殿下及子孫與享萬年大平之業而四方臣民亦永有所觀感焉然春秋重民力謹土功豈可使為人君者徒勤民以自奉哉燕居廣厦則思所以庇寒士涼生殿閣則思所以分清陰然後庶無負於萬民之奉矣

勤政殿受朝賀正殿也南曰勤政門又其南曰弘禮門東曰日華門西曰月華門弘禮門內有御溝橋曰錦川東西有水閣○鄭道傳文曰天下之事勤則治不勤則廢比必然之理也小事尚然況政事之大者乎書曰儆戒無虞罔失法度又曰無教逸欲有邦兢々業々一日二日萬幾無曠庶官天工人其代之舜禹之所以勤也又曰自朝至于日中昃不遑暇食用咸和萬民文王之所以勤也人君之不可不勤也如此安養既久則驕逸易生又有諂諛之人從而道之曰不可以天下國家之故疲吾精而損吾壽也又曰既居宗高之位何獨猥自卑屈而勞苦哉於是或以女樂或以遊畋或以玩好或以土木凡所荒淫之事無不道之人君以為是愛我尊不自知其入於怠荒漢唐之君所以不三代若者此也然則人君其可一日而不勤乎然徒知人君之勤而不知所以勤則其勤也流於繁碎苛察不足觀矣先儒曰朝以聽政晝以訪問夕以修令夜以安身此人君之勤也又曰勤於求賢逸於任賢臣請以是為獻

思政殿在勤政殿北○鄭道傳文曰天下之理思則得之不思則失之蓋人君以一身據崇高之位萬人之衆有智賢愚不肖之混萬事之繁有是非利害之雜為人君者苟不深思而細察之則何以別事之當否而區處之人之賢否而進退之自古人君孰不欲尊榮而惡危殆哉親近匪人為謀不臧以至禍敗者良由不思耳詩曰豈不爾思室是遠而孔子曰未之思也夫何遠之有書曰思曰睿睿作聖思之於人其用至矣是殿也每朝視事於此萬機荐臻皆稟殿下降勅指揮尤不可不之思也臣請名之曰思政殿

康寧殿在思政殿北○鄭道傳文曰臣按洪範九五福三曰康寧蓋人君正心修德以建皇極則能享

康寧乃五福之一，舉其中以該其餘也。然所謂正心修德，在衆人共見之處，亦有勉強而為之者，在燕安獨處之時，則易失於安佚，而儆戒之志每至於怠矣，而心有所未正，德有所未修，皇極不建，而五福虧矣。昔者衛武公自戒之詩曰：視爾友君子，輯柔爾顏，不遐有愆，尚在爾室，尚不愧于屋漏。武公之戒謹如此，故享年過九十，其建皇極而享五福，明驗已然，蓋其用功當自燕安幽獨之處始也。願殿下法武公之詩，戒安佚而存敬畏，以享皇極之福，聖子神孫繼繼繩繩，傳于萬世矣。於是稱燕寢曰康寧。

延生殿　**慶成殿**　鄭道傳文曰：天地之於萬物，生之以春，成之以秋；聖人之於萬民，生之以仁，制之以義。故聖人代天理物，其政令施為一本乎天地之運也。東小寢曰延生，西小寢曰慶成，以見殿下法天地之生成，以明其政令也。

交泰殿　在康寧殿北。

含元殿　在康寧殿西北。

養心堂　在康寧殿西北。

丕顯閣　在思政殿東偏。

麟趾堂　**紫薇堂**　**清讌樓**　皆在交泰殿東。

隆文樓　**隆武樓**　勤政殿東閣樓曰隆文，西閣樓曰隆武。

慶會樓　在思政殿西。○太祖初建，環樓為池，種以芙蕖，中有二島。太宗朝以地潤基不固，樓將傾危，命改修，仍環為太池。樓既成，召集勳舊與之為樂，名曰慶會。有河崙記。○尹淮詩：華山南畔漢水頭，虎踞龍蟠天作區。聖神勃興定神都，龜筮協從符人謀。廟社既成次宮室，寢殿西角營層樓。朝罷清讌為登臨，欲節勞逸非觀游。吁嗟地潤基不固，歲久欹傾良可憂。我后聞之念堂構，爰命有司其往修。撤舊西移因崇基，下甃清池環四周。王曰勿亟民爭趨，渠渠不日干斗牛。軒楹敞豁廉陛尊，遐矚不遺窮冥搜。搜告成新賜慶會名，儲君題扁橫銀鉤。俯瞰南江千丈深，夭矯龍起雲油油。首北岳萬仞高，嶢嵲虎嘯風颼颼。天低日麗薰風重，鬱葱葱嘉氣浮。華而不奢儉不陋，允矣君子茲焉休。休休龍顏穆穆，正南面秩秩，左右羅公侯。元首嘉哉股肱起，都俞吁咈何優優。鹽梅啓沃濟川舟，同聲相應同氣求。有時命工歌鹿鳴，兕觥其觩旨酒柔。鼓瑟吹笙奏壎篪，徵招角招思悠悠。君臣燕譽樂有儀，家家旅語皆大猷。臣鄰醉德拜稽首，載賡天保祈千秋。明良相得罕今古，巨魚縱壑寧足倚。徽臣幸生太平世，極目仰攀長夷猶。顧言居高更思危，永使萬姓均庇庥。

欽敬閣　在康寧殿西，莊憲王朝建。○金墩記：若稽帝發政成務，必先於明曆授時，而授時之要，實在於觀天察候，此璣衡儀表所由設也。然考驗之方，極於精至，容非一器一象所能取正。我主上殿下命攸司制諸象儀，若大小簡儀、渾儀、渾象、仰釜日晷、日星定時、圭表、禁漏等，皆極精巧，夐越前古，猶慮制度未盡，且諸器皆設於後苑，難以時時占察，乃於千秋殿西庭建一間小閣，糊紙為山，高七尺許，置於其中，內設玉漏機輪，以水激之。用金為日，大如彈丸，五雲繞之，行於山腰之上，一日一周，晝見山外，夜沒山中，斜勢準天行，去極遠近，出入之分，各隨節氣，與天日合。日下有玉女四人，手執金鐸，乘雲而立於四方，寅卯辰初正，在東者每振之；巳午未初正，在南者振之；西北皆然。下有四神，各立其方，皆面山，寅時至則青龍北向，卯時至則東向，辰時則南向，巳時則還復西向，而朱雀復東向，以次向方，如前他倣此。山之南麓有高臺，司辰一人具絳公服，背山而立。有武士三人皆具甲冑，一執鍾椎西向立於東，一執鼓桴東向立於西近北，一執鉦鞭亦東向立於西近南。每時至則司辰回顧鍾人，鍾人亦回視司辰，乃擊鍾；每更鼓人擊鼓，每點鉦人擊鉦，其相顧亦如之。更點鉦鼓之數，並如常法。又其下平地之上，十二神各伏其位。十二神之後，各有穴常開，子時至則鼠後之穴自開，有玉女執時牌出，而鼠起於前；子時盡則玉女還入其穴，還自閉，鼠還伏。丑時至則牛後之穴自開，玉女亦出，牛亦起。十二時皆然。午位之前又有臺，臺上置欹器，器北有官人執金瓶以注之，用漏之餘水，源源不絕，虛則欹，中則正，滿則覆，皆如古訓。又山之東則作春三月之景，南則夏三月之景，秋冬亦然。依豳風之圖，刻木為人物禽獸草木之形，按其節候而布之，七月一篇之事無不備具。閣名曰欽敬，取堯典欽若昊天，敬授民時之義也。夫自唐虞測候之器，代各有制，唐宋以來，其法寖備，若唐之黃道游儀、水運渾天，宋之浮漏、表影、渾天儀象以至元朝仰儀、簡儀，皆殫精妙，然大率各成一制，未得兼考，而運用之機多借人為。今則天日之度、晷漏之刻與夫四神十二神鼓人鐘人司辰玉女凡百機關以次俱作不由人力自行自擊若神使然觀者駭愕莫測其由而上與天行不差毫釐制作之規可謂妙矣而又用漏之餘水作欹器以觀天道盈虛之理山之四方陳豳風以見民生稼穡之艱其法天順時欽敬之意至矣盡矣而愛民重農仁厚之德當與周家並美而傳於無窮矣

報漏閣

○在慶會樓南 世宗朝建 金墩記 上以舊漏未臻精審命改造漏器播水壺四大小有差受水壺二迭遞水時更用之長十一尺二寸圓徑一尺八寸箭二長十尺二寸面分十二時每時分八刻并初初正餘分爲百刻〻作十二分夜箭舊二十有一徒煩遞用更擾授時曆晝夜分升降率約二氣當一箭凡十三箭與簡儀參考不失毫釐 上又慮報時者未免差謬命護軍臣蔣英實制司辰木人隨時自報不假人力其制先建閣三楹東楹之間設座二層上層立三神一司時鳴鐘一司更鳴鼓一司點鳴鉦中層之下設平輪循輪列十二神各以鐵條爲幹而能上下各執時牌更迭報時其機運之術中楹之間置樓上列播水壺下置受水壺壺上植方木中空面虛長十一尺四寸廣六寸厚八分深四寸空中有隔去面入一寸許左設銅板長準箭廣二寸板面穿十二竅以受銅小丸大如彈丸竅皆有機令可開閉主十二時右設銅板長準箭廣二寸五分板面穿二十五竅亦受銅小丸如左板準十二箭凡十二板隨節氣遞用主更點受水壺浮箭〻首擊横鐵如箭長四寸五分壺前有陷〻中斜置横板〻首接方空[illegible]低尾達東楹座下設隔四如角道狀隔上安大鐵丸大如鷄卵左十二主時中五主更及每更初點右二十主點其安丸處皆有環開閉且設横機其機狀類匙一端曲可以拘環一端圓可以受丸中腰皆有圓軸令低昂其圓端當銅筒之竅銅筒有二斜設於隔上左長四尺五寸圓徑一寸五分主時下面穿十二竅右長八尺圓徑如左筒主更點下面穿二十五竅〻皆有機初令竅〻盡開銅板之小丸墜注動機則機自掩竅以爲次丸轉過之路次〻皆然東楹座上層之下左懸短筒二一受丸一内〻設機匙〻之圓端半出當受丸筒底右立圓柱方柱各二圓柱中空内設機形亦如匙半出半入左柱則五右柱則十方柱斜貫小筒每柱爲四一端爲蓮葉一端爲龍口蓮葉則受丸龍口則吐丸龍口蓮葉上下相當其上別有懸短筒二一受更丸一受點丸右方柱每蓮葉下各附直短筒二横短筒一其横筒一端接於左方柱蓮葉下左圓柱之五匙右圓柱之五匙其圓端半入直筒之内漏水下注於受水壺則浮箭漸升應是撥左銅板竅機而小丸墜下轉入銅筒從竅墜撥其機〻開而大丸墜轉入座下懸短筒墜動機匙則機一端自筒内上觸司時神之肘即鳴鍾更點亦然但更丸則注入懸短筒墜撥機匙自左圓柱中上觸司更神之肘鳴鼓轉入點筒復撥初點之機自右柱中上觸司點神鳴鉦而止于蓮葉下直小筒其轉入處設機初閉更丸之路及其轉入則所入之路閉而更路開餘更皆然待五更終抽扁出之每更二點以下丸則墜注懸短筒轉入蓮葉撥其點之機而止次點之丸轉過亦撥其點之機而止其止丸之筒有竅加扁閉之及五點之丸墜動其最下之機則連機鐵繩以次抽諸扁與前三點之丸一時俱下矣其主時大丸次墜注懸短筒轉入于附圓柱筒墜踏横木北端木長六尺六寸廣一寸五分厚一寸七分當横木中腰立短柱俠横木接以圓軸令可低昂於木如指長二尺二寸當報時神之足下足端有小輪軸大丸墜壓北端則南端仰而擎神之足升座中層之上横木北端之北立小板令可開闔板有鐵繩上連主時懸筒之機匙〻動則板開令出前凡横木南端低而報時神還於輪面次時神即代升其輪轉之制輪外横置小板長尺許坎其中四五寸許令銅板横跨其上其勢順傾一端設軸令可開閉報時之足初入銅板下半寸許升則開銅板而上〻則還閉及其時盡而還輪面則足端鐵輪順轉銅板而下暫不能往次時神亦然凡諸機械皆藏隱不現而所見者具冠帶木人而已此其大率也

簡儀臺

在宮城西北隅○金墩記曰宣德壬子秋七月日 上御經筵論曆象之理仍謂藝文館提學臣鄭麟趾曰我東方邈在海外凡所施爲一遵華制獨觀天之器有闕卿既提調曆筭矣與大提學鄭招講求古典創制儀表以備測驗然其要在乎定北極出地高下耳可先制簡儀以進於是臣鄭招臣鄭麟趾掌稽古制中樞院

使臣李蕆掌督工役先制木樣以定北極出地三十六度少與元史所測合符遂鑄銅爲儀將成命戶曹判書臣安純乃於後苑慶會樓之北築石爲臺高三十一尺長四十七尺廣三十二尺繚以石欄顛置簡儀專正方案於其南臺之西植銅表高五倍八尺之臬斲青石爲圭ヽ面刻丈尺寸分用影符取日中之影推得二氣盈縮之端表西建小閣置渾儀渾象儀東象西渾儀之制曆代不同今依吳氏書纂所載漆木爲渾儀象之制漆布爲體圓如彈丸圍十尺八寸六分縱橫畫周天度分赤道居中黃道出入赤道內外各二十四度弱徧布列舍中外官星一日一周而過一度用繩綴日絡於黃道每日却行一度與天行合其激水機運之巧藏隱不見此五件者古史詳之矣慶會樓之南建閣三楹而置漏器名曰報漏閣東楹之間設座二層三神在上司時者撞鐘司更者擊鼓司點者扣鉦十二神在下各執辰牌不假人爲隨時自報千秋殿西建小閣名曰欽敬閣糊紙爲山高七尺許置於閣中內設機輪用玉漏水激之五雲繞日而出沒玉女隨時而振鐸司辰武士自相顧視四神十二神轉向起伏山之四面陳豳風四時之景所以念生民衣食之艱也置欹器以承漏水之餘所以察天道盈虛之理也簡儀雖簡於渾儀難於轉用作小簡儀二件蓋儀雖極簡而用同於簡儀者也一置千秋殿西一賜書雲觀愚夫愚婦昧於時刻作仰釜日晷二件內畫時神蓋欲愚者俯視知時也一置惠政橋畔一置宗廟南街晝之測候器已備矣至於夜則無所考驗作晝夜知時之器名曰日星定時儀爲四件一置萬春殿東一賜書雲觀二分賜東西兩界元帥營日星定時儀重不便於軍行作小定時儀其制大同小異此六件者各有序名畫之矣

東宮在日華門外

璿源殿在文昭殿東北奉安先王先后睟容之所嘉靖初始建○己上宮殿萬曆壬辰俱燬於兵火

昌德宮在北部廣化坊　**仁政殿**受朝正殿南曰仁政門又其西南曰進善又其南曰敦化東曰建陽又其東曰宣仁西曰金虎北曰廣智　**宣政殿**在仁政殿東　**寶慶堂**在仁政殿西　**東宮**在建陽門外舊求賢殿廣延亭之基前有蓮池成化二十二年建改稱春宮　**匪躬堂**即昌德宮南賓廳在延英門外○己上宮殿萬曆壬辰俱燬於兵火萬曆己酉重建

昌慶宮在昌德宮東舊壽康宮之基成化癸卯成宗爲貞熹王后仁粹王大妃安順王后三宮而建　**明政殿**成宗每當正至率羣臣賀三宮仍御是殿受朝東曰明政門又其東曰弘化門ヽ內有御溝橋曰玉川　**文政殿**在明政殿南　**仁陽殿**在明政殿西　**景春殿**在壽寧殿北　**通明殿**在景春殿北　**養和堂**在歡慶殿北　**麗暉堂**在通明殿西　**歡慶殿**在景春殿東　**壽寧殿**在仁陽殿北　**環翠亭**在通明殿北○金宗直記略曰昌慶宮之後苑有新亭曰環翠直通明殿之北奧岡巒體勢旁橫側展長松萬條環擁而立又植竹數千挺以補其隙前臨大內結搆叅差鴛鱗碧鏤莎階苔甍相助爲翠微之氣自通而遠則宗墉之外有闤闠之外有郛郭郛郭之外有叢岫終南之烟雲東郊之草樹攢青抹綠爭效奇於欄楯之下者千萬其狀此亭之所以得名也然其所以爲人主燕息之所則實在彼而不在是焉願殿下毋息毋荒永肩一心每登眺之際深俱玩愒之易流以必以懷保小民爲祈天永命之實則我朝鮮億萬世無彊之休也○已上宮殿萬曆壬辰俱燬於兵火萬曆丙子重建

慶運宮在西部皇華坊萬曆壬辰景福昌德昌慶宮俱燬於兵火　宣祖還都後御于此稱行宮光海朝改稱慶運

慶德宮在仁慶宮南光海朝建

壇廟

社稷壇在京城內西仁達坊社在東稷在西兩壇各方二丈五尺高三尺四出陛各三級壇飾隨方色燾以黃土社有石柱長二尺五寸方一尺剡其上培其下半當壇南陛之上四門同一壝方二

十五步繚以周垣國社國稷神座並在南北向后土神配國社后稷神配國稷各在正位之左近北東向○祀典載大祀**風雲雷雨山川城隍壇**在南郊方二丈三尺高二尺七寸四出陛兩壝二十五步風雲雷雨神座居中山川居左城隍居右並在北南向**嶽海瀆壇**在南郊制與風雲雷雨同唯一壝無壇有廟三間○嶽南智異山在南原中三角山西松嶽在開城北鼻白山在定平○海東海在襄陽南海在羅州西海在豐川○瀆南熊津在公州伽耶津在梁山中漢江西德津在長湍平壤江在平壤鴨綠江在義州北豆滿江在慶源**先農壇**在東郊制與風雲雷雨同神座在北南向成宗七年築觀耕臺於壇南十步正月親祀先農行籍田之禮**先蠶壇**在東郊制與風雲雷雨同神座在北南向成宗九年春又築壇于昌德宮後苑王妃率命婦親祭行親蠶之禮**雩祀壇**在東郊制與風雲雷雨同唯方四丈句芒祝融后土蓐收玄冥后稷神座俱在北南向西上○已上載中祀**靈星壇**在南郊方二丈一尺高二尺五寸四出陛一壝二十五步神座在北南向**老人星壇**在南郊**馬祖先牧馬社馬步壇**俱在東郊**禡祭壇**在東北郊**司寒壇**在南郊制與靈星同**名山大川壇**制與靈星同神座在北南向無壇有廟三間○名山東雄岳山在原州南溪龍山在公州竹嶺山在丹陽兮佛山在蔚山州主屹山在聞慶錦城山在羅州中木覓山西五冠山在長湍牛耳山在海州北紺岳山在積城義館山在淮陽○大川南陽津溟所在忠州揚津在楊州西長山串在長淵阿斯津松串在長連清川江在安州九津溺水在平壤北德津溟所在淮陽沸流水在永興○若時旱望祈則就北郊設岳海瀆及諸山川神位各於其方俱內向**厲壇**在北郊制與靈星同神座城隍在壇上北南向無祀鬼神在壇下左右相向○已上載小祀

宗廟在京城內東蓮花坊太室居中南向凡七間前有三階東西各有俠室二間俠室之南各有廊庭東西又各有廟三間西藏七祀神主東藏配享功臣神主神座 太祖一位昭穆各二位各於室內南向西上七祀神主座在廟庭西東向功臣神座在廟庭東西向**永寧殿**在宗廟西太室座北南向凡四間前有三階奉安遷主○已上載大祀**文昭殿**在景福宮城內之東後寢五間前殿三間各有龜室前有三階神座殿前 太祖居中南向昭二位在東西向穆二位在西東向後寢則並在北南向西上朔望祭後寢四時大饗出主前殿合祭○有祭奉二人**延恩殿**在景福宮城內西北隅成宗奏請朝廷追尊懷簡王既祔宗廟仍建此殿奉安神御其享祀視文昭殿○有叅奉二人**孝思廟**在北部鎮長坊**文廟**在成均館明倫堂之南大成殿坐北南向凡五間前有二階庭東西各有廡神廚在西廡西北典祀廳又在其西○神座大成至聖文宣王居中南向配享兗國復聖公顏子沂國述聖公子思在正位東南西向郕國宗聖公曾子鄒國亞聖公孟子在正位西南東向俱北上殿內從享費公閔損薛公冉雍黎公端木賜衛公仲由魏公卜商在東壁並西向鄆公冉耕齊公宰予徐公冉求吳公言偃潁川侯顓孫師在西壁並東向俱北上東廡從享金鄉侯澹臺滅明任城侯原憲汝陽侯南宮适萊蕪侯曾點須昌侯商瞿平輿侯漆雕開睢陽侯司馬耕平陰侯有若東阿侯巫馬施陽穀侯顏辛上蔡侯曹邮枝江侯公孫龍馮翊侯秦商雷澤侯顏高上邽侯壤駟赤成紀侯石作蜀鉅平侯公夏首膠東侯后處濟陽侯奚容箴富平侯顏祖塗陽侯句井疆甄城侯秦祖即墨侯公祖句兹武城侯縣成汧源侯燕伋宛句侯顏之僕建成侯樂欬堂邑侯顏何林慮侯狄黑鄆城侯孔忠徐城侯公西箴臨濮侯施之常華亭侯秦非文登侯申棖濟陰侯顏噲泗水侯孔鯉蘭陵伯荀況睢陽伯穀梁赤萊蕪伯高堂生樂壽伯毛萇彭城伯劉向中牟伯鄭衆緱氏伯杜子春良鄉侯盧植滎陽伯服虔司空王肅司徒杜預昌黎侯韓愈豫國公程顥新安伯邵雍溫國公司馬光華陽伯張栻魏國公許衡在東西向西廡從享單父侯宓不齊高密侯公冶長北海侯公晳哀曲阜侯顏無繇共城侯高柴壽長侯公伯寮益都侯樊須

鉅野侯公西赤千乘侯梁鱣臨沂侯冉孺沭陽侯伯虔諸城侯冉季濮陽侯漆雕哆高苑侯漆雕徒父鄒平侯商澤當陽侯任不齊牟平侯公良孺新息侯秦冉梁文侯公肩定聊城侯鄡單祈鄉侯罕文墨溜川侯申黨厭次侯榮旂南華侯左人郢朐山侯鄭國樂平侯原亢胙城侯廉潔博平侯叔中會高堂侯邽巽臨朐侯公西輿如内黃侯蘧伯玉長山侯林放南中侯陳亢陽平侯琴張博昌侯步叔乘中都伯左丘明臨淄伯公羊高乘氏伯伏勝考城伯戴聖江都伯董仲舒曲阜伯孔安國歧陽伯賈逵扶風伯馬融高密伯鄭康成任城伯何休偃師伯王弼新野伯范甯道國公周敦頤洛國公程頤郿伯張載微國公朱熹開封伯呂祖謙在西東向俱北上○本國弘儒侯薛聰文成公安珦文敬公金宏弼文正公趙光祖文純公李滉在東廡西北向東上文昌公崔致遠文忠公鄭夢周文獻公鄭汝昌文元公李彥迪在西廡南北向西上載中祀○太宗朝立碑下季良撰碑銘曰永樂七年歲在己丑秋九月國王殿下命臣季良若曰惟我先考太祖受天明命肇造家邦定都漢陽亟建廟學所以尊先聖而重文教也予承王緒聿遵成憲重新廟宮既成矣學官崔誠等請文之石垂示將來汝其筆之臣季良承命蹐越退而徵其始末歲甲戌太祖既建都其宗社朝市城郭宮室之制咸底厥宜即謀營廟學度地於都之東北隅山止土行水環以流厥位面陽命驪興府院君臣閔霽治之鳩工庀材經始於丁丑之三月蕆事於戊寅之七月聖哲崇宇從祀旁序學在廟後中明倫堂左右有夾引偏廊于兩夾之南左夾之東有廳有廊師生之位正齋所處無一不完規模宏敞締築堅緻凡爲屋大小以間計者九十六置田以供粢盛廩生徒復户以應洒掃足使令廟學之事可謂備矣而火于庚辰二月其年十一月殿下即位于松京詣學謁先聖命胄子就學歲己酉還都親奠于先聖先師越三年丁亥正月命即廟之舊基而新之星山君臣李稷暨中軍同知摠制臣朴子青董役晨夕督視心計指授工師用勸四閱月而廟成棠深端大比舊有加位神廚于廟之西東西門于兩序之下加給田口田至萬餘畝口以百計者三矣用議政府左政丞臣河崙獻議蹐郕沂二公於配位陞子張於十哲廟宮之制益無憾焉臣竊惟聖人之道大矣不可得而讚也雖強有言其不類於繪天地而畫日月者幾希吾夫子生於周末集羣聖之大成而折衷往百王之大典而垂教功極於化初澤流於無窮既生民以來未有其盛宰予所謂賢於堯舜者其有以夫自唐以來際天蟠地廟貌相望崇祀不咸秩吾東方爰自古昔俗尚禮義服箕子八條之教彝倫之叙典章文物之備侔擬中國吾夫子蓋嘗有欲居之志矣則營建廟學興崇文教固非他邦之比也恭惟太祖康獻大王應天順人草創鴻業奄有東方定都之初即以崇聖祀興儒術爲先蓋其尊德樂道之誠出乎天性而卓然有見於出治之本源當務之爲急矣所以貽謀垂裕淑人心而壽國脉者嗚呼至哉殿下仁孝謙恭剛健睿智光紹先業臨政之暇樂觀經史每至夜分卷不釋手以極格致誠正之學以盡持盈守成之道焉求之前古蓋亦絕無而僅有矣世道方亨人文宣明一時勳親大臣百僚庶府以至宿衛之臣莫不嚮學非我太祖右文興化育養人材而我殿下弘大前烈躬行於上以鼓舞多士作新斯民之致然興肄業有學承祀有廟周旋登降愀然對越觀感開發勉勉循循由門而堂以求其室成德達材致君澤民者接踵而出駸駸乎三代作人之盛可驗也豈有改觀易聽焜耀一時而已哉實我朝鮮宗社萬世之福也臣季良謹拜手稽首而獻銘銘曰於穆宣聖應時而生包羲迄周集厥大成自生民來孰盛與京赫我宗祀周于普天矧曰箕封禮義惟先揖讓俎豆從古則然天錫太祖神聖武文昭受帝命克集大勳翼翼神都惟漢之原迺經學宮聖廟在中奠薦講肄多士景從明明我王纘緒增功緝熙聖學今古罕同有偉新宮躋祀二公元良入學國本攸隆我作我述先聖是崇人材是育風化是懿孰無秉彝而自暴棄人日進學世日趍治登三咸五刻日以俟華山嶙嶙漢水亹亹與國無疆惟聖之祀窮石琢詞于永厥視

纛神廟 在禮曹西神座在北南向

苑囿

景福宮後苑 有序賢亭翠露亭闗雎殿忠順堂

昌德宮後苑 與昌

慶宮後苑通有閱武亭、傍有四井曰摩尼曰玫瑰曰琉璃曰玉井　世祖時所鑿含春苑
在昌慶宮東
文職公署宗親府在北部觀光坊宗室諸君之府其屬典籤司附焉○宗親無定數典
籤一人正四品典簿一人正五品議政府在光化門南之左一在昌德宮仁政殿西其任
總百官平庶政理陰陽經邦國其屬舍人檢詳二司附焉○領議政左右議政各一人正一品左右
賛成各一人從一品左右叅賛各一人正二品舍人二人正四品檢詳一人正五品司錄二人正八
品忠勲府在北部光化坊諸功臣之府其屬經歷所附焉○正一品親功臣王妃父則稱
府院君其餘至從二品俱稱君無定數經歷一人從四品都事一人從五品經歷都事官品他司同
○燕山甲子撤舊府中宗初移創于中部寬仁坊儀賓府在中部貞善坊尚公主翁主者
之府其屬經歷所附焉○從二品以上稱尉正三品堂上官則稱副尉堂下官則稱僉尉從三品亦
稱僉尉俱無定數經歷都事各一人燕山甲子撤移他所中宗十一年建于北部廣化坊敦
寧府在中部貞善坊王親外戚之府○領事一人正一品判事一人從一品知事一人正二
品同知事一人從二品都正一人正一人皆正三品副正一人從三品僉正二人從四品判官二人
從五品主簿二人從六品直長二人從七品奉事二人從八品叅奉二人從九品○領事至叅奉官
品他司同義禁府在中部堅平坊掌奉教推鞫之事其屬經歷所附焉又有當直廳郎廳一
員更日遞直掌士庶申訴告牒等事○判事知事同知事凡四人皆以他官兼經歷都事凡十人皆
以前資帶吏曹在議政府南掌文選勲封考課之政其屬有文選考勲考功三司忠翊府內侍
府尚瑞院宗簿寺司饔院內需司掖庭署隷焉○判書一人正二品叅判一人從二品叅議一人正
三品正郎三人正五品佐郎三人正六品他曹同唯兵曹加叅知正郎佐郎各一人刑曹加正郎佐
郎各一人戶曹在漢城府南掌戶口貢賦田粮食貨之政其屬有版籍會計經費三司內資寺

內贍寺司導寺司贍寺軍資監濟用監司宰監豐儲倉廣興倉典艦司平市署司醞署義盈庫長興
庫司圃署養賢庫五部隷焉禮曹在光化門南之右掌禮樂祭祀宴享朝聘學校科擧之政
其屬有稽制典享典客三司弘文館藝文館成均館春秋館承文院通禮院奉常寺校書館內醫院
禮賓寺掌樂院觀象監典醫監司譯院世子侍講院宗學昭格署宗廟署社稷署氷庫典牲署司
畜署惠民署圖畫署活人署歸厚署四學隷焉兵曹在司憲府之南一在昌德宮金虎門外掌
武選軍務儀衛郵驛兵甲器仗門戶管鑰之政其屬有武選乘輿武備三司五衛訓鍊院司僕寺軍
器寺典設司世子翊衛司隷焉刑曹在兵曹之南掌法律詳讞詞訟奴隷之政其屬有詳覆考
律掌禁掌隷四司掌隷院典獄署隷焉工曹在刑曹之南掌山澤工匠營繕陶冶之政其屬
有營造攻冶山澤三司尚衣院繕工監修城禁火司典涓司掌苑署造紙署瓦署隷焉司憲
府在中樞府南掌論執時政糾察百官正風俗伸究抑禁濫偽等事其屬甘察房附焉○大司憲
一人從二品執義一人從三品掌令二人正四品持平二人正五品監察二十四人正六品忠
翊府在北部陽德坊原從功臣之府○都事二人承政院在月華門外一在昌德宮
仁政殿東一在昌慶宮金馬門南掌出納王命○都承旨左右承旨左右副承旨同副承旨各一人
正三品注書二人正七品掌隷院在工曹之南掌奴隷簿籍及決訟之事○判決事一人正
三品司議三人正五品司評四人正六品司諫院在北部觀光坊掌諫諍論駁之事○大司
諫一人正三品司諫一人從三品獻納一人正五品正言二人正六品弘文館在承政院
西即古之集賢殿有藏書閣一在昌德宮都揔府之南即古舍人司一在昌慶宮承政院之東掌內
府經籍及經筵文翰之任○領事一人大提學一人正二品提學一人從二品皆以他官兼副提
學直提學各一人皆正三品典籍一人從三品應教一人正四品副應教一人從四品校理二人正
五品副校理二人從五品修撰二人正六品副修撰二人從六品博士一人正七品著作一人正八

品正字二人正九品大提學提學直提學應教博士著作正字官品他司同成均館在東部崇教坊掌儒生教誨之任明倫堂在文廟北尊經閣在堂之東享官廳在堂之北堂之北萬松森爵號碧松亭其屬正錄廳附焉中學東學南學西學隷焉○知事一人同知事二人皆以他官兼大司成一人正三品司成二人從三品司藝三人正四品直講四人正五品典籍十三人正六品博士三人正七品學正三人正八品學錄三人正九品學諭三人正九品尚瑞院在報漏閣南掌守璽寶符牌節鉞○正一人都承旨兼判官直長各一人副直長二人正八品副直長官品他司同春秋館在尚瑞院西掌記時政○領事一人監事知事同知事各二人修撰官正三品編脩官從四品以上記注官從五品以上記事官正九品以上皆以他官兼藝文館在景福宮承政院西掌制撰辭命○領事大提學提學各一人皆以他官兼直提學一人都承旨兼應教一人弘文館直提學以下校理以上兼奉教二人正七品待教二人正八品檢閱四人正九品承文

院在弘禮門外掌事大交隣文書○判校一人正三品參校一人從三品校勘一人從四品校理二人從五品校檢二人正六品博士著作正字各二人副正字二人從九品通禮院在西部積善坊掌朝賀祭祀贊謁等事○左右通禮各一人正三品相禮一人從三品奉禮一人正四品贊儀一人正五品引儀八人從六品奉常寺在西部餘慶坊掌祭祀及議謚等事東籍田西籍田屬焉○正副正各一人僉正判官主簿各二人直長奉事各一人副奉事一人正九品參奉一人副奉事官品他司同宗簿寺在中部貞善坊掌撰錄璿源譜牒糾察宗室愆違之任○正僉正主簿直長各一人校書館在景福宮司饔院南者稱內館在南部薰陶坊者稱外館掌印頒經籍及香祝印篆之任文武樓書籍亦主出納　世祖時以從五品衙門例為典校署成宗朝復舊名陞正三品○判校一人以他官兼校理一人博士著作正字副正字各二人校理博士以下官品與承文院同又有別坐別提凡四人皆以前資帶司饔院在承政院南一在昌

德宮承政院東一在昌慶宮明政殿北掌供御膳及闕內供饋等事○正僉正判官主簿各一人直長一人奉事參奉各三人又有提舉提檢凡四人皆以前資帶內醫院在觀象監南掌和劑御藥○正僉正判官主簿各一人直長三人奉事二人副奉事二人參奉一人尚衣院在迎秋門內掌供御衣襨及內府財貨金寶等物○正僉正判官各一人別提別坐凡二人主簿一人直長二人司僕寺在中部壽進坊內司僕在迎秋門內一在昌慶宮弘文館南掌輿馬廐牧之政○正副正僉正判官各一人主簿二人兼司僕五十人內乘三人其一正兼軍器寺在西部皇華坊掌造兵器火藥庫在昭格署洞紫門監在闕內○正副正各一人僉正判官別坐別提主簿各二人直長奉事副奉事參奉各一人內資寺在西部仁達坊掌內供米糆酒醬油蜜蔬果內宴織造等事○正副正僉正判官主簿直長奉事各一人內贍寺在北部俊秀坊掌諸宮殿供進酒及倭野人供饋織造等事○正副正僉正判官主簿直長奉事各一人司

導寺舊在內醫院南今移于昌德宮金虎門外掌御廩米穀芥醬等物○正副正僉正主簿直長各一人禮賓寺在議政府南掌賓客宴享宗宰供饋等事○正副正僉正各一人提檢別坐別提凡六人判官主簿直長奉事參奉各一人司贍寺在東部崇教坊掌造楮貨及諸道奴婢貢布等事○正副正僉正主簿直長各一人軍資監在西部餘慶坊分監在崇禮門內江監在龍山江北掌軍需儲積○正副正各一人僉正二人判官主簿各三人直長奉事副奉事各一人濟用監在中部壽進坊掌進獻苧麻布皮物人參賜與衣服及紗羅綾段布帛綵染織造等事○正副正僉正判官主簿直長奉事副奉事參奉各一人繕工監在北部義通坊在龍山江曰江監在昌德宮金虎門外曰禁門監掌土木營繕○正副正僉正判官主簿直長奉事副奉事參奉各一人司宰監在北部義通坊掌魚塩燒木柤炬等事○正副正僉正主簿直長參奉各一人掌樂院在西部餘慶坊掌雅俗樂教閱○正僉正主簿直長各一人

觀象監在尚衣院南一在北部廣化坊掌天文地理曆數占筭測候刻漏等事監內設觀天臺○領事一人正副正僉正各一人判官主簿各二人天文地理教授各一人從六品直長奉事各二人副奉事三人天文地理學訓導各一人從九品命課學訓導二人參奉三人教授訓導官品他司同典醫監在中部堅平坊掌供醫藥○正副正僉正判官主簿各一人醫學教授直長奉事各二人副奉事四人醫學訓導一人參奉五人司譯院在西部積善坊掌譯諸方言語○正副正僉正各一人判官二人主簿一人漢學教授四人直長二人奉事三人副奉事二人漢學訓導四人蒙學倭學女真學訓導各二人參奉二人世子侍講院掌侍講經史規諷道義○師一人傅一人正一品貳師一人從一品左右賓客各一人正二品左右副賓客各一人從二品皆以他官兼輔德一人從三品弼善一人正四品文學一人正五品司書一人正六品說書一人正七品宗學在北部觀光坊掌宗室教誨之任○導善一人正四品典訓一人正五品司誨

二人正六品皆以成均館兼修城禁火司在鍾樓東掌宮城都城修築及閭內公廨坊里救火等事○提檢四人三以他官兼別坐六人四以他官兼別提三人一以他官兼典設司在弘禮門東掌供帳幕○守一人正四品提檢別坐別提凡五人守官品他司同豐儲倉在北部義通坊掌米豆草芚紙地等物○守主簿直長奉事副奉事各一人廣興倉在西江北掌百官俸祿○守主簿直長奉事副奉事各一人典艦司在中部澄清坊外司在西江掌京外舟艦其屬京畿左右道水站○提檢別坐別提凡五人典涓司在弘禮門西掌涓治宮闕之任○提檢別坐別提凡五人直長奉事各二人參奉六人內需司在西部仁達坊掌內用米布雜物及奴婢○典需一人正五品別坐別提凡二人副典需一人從六品典會一人從七品典穀一人從八品典貨二人從九品社稷署在社稷壇外北掌洒掃壇壝○令一人參奉二人宗廟署在宗廟垣內東掌守衛寢廟○令直長奉事副奉事各一人

平市署在中部堅平坊掌勾檢市廛平斗斛丈尺低昂物貨等事○令直長奉事各一人司醞署在西部積善坊掌供酒醴○令主簿直長奉事各一人義盈庫在西部積善坊掌油蜜黃蠟素物胡椒等物○令主簿直長奉事各一人長興庫在南部好賢坊掌席子油芚紙地等物○令主簿直長奉事各一人氷庫掌藏氷發氷西庫在屯智山供御廚頒百官東庫在豆毛浦供祭祀○別坐別提別檢凡四人掌苑署在北部鎮長坊掌苑囿花果○掌苑一人正六品別提三人司圃署在北部俊秀坊掌苑圃蔬菜○司圃一人正六品別坐別檢凡七人養賢庫在成均館北掌供成均館儒生米豆等物○主簿直長奉事各一人皆以成均館兼典牲署在木覓山南掌養犧牲○主簿直長奉事參奉各一人司畜署在毋岳南掌飼雜畜○司畜一人從六品別提二人造紙署在彰義門外掌造表箋咨文紙及諸般紙地○司紙一人從六品別提四人惠民署在南部大坪坊掌醫療民

庶疾病及教習醫女○主簿一人醫學教授二人直長奉事醫學訓導各一人參奉四人圖畫署在中部堅平坊掌繪畫之事○別提二人典獄署在中部瑞麟坊掌獄囚○主簿奉事參奉各一人活人署掌救活人疾病一在東部燕喜坊一在龍山城中患疫者皆就治療○別提四人參奉二人瓦署在龍山東掌造磚瓦○別提三人又有別署掌燔瓦和賣別提二人歸厚署在龍山江掌造棺槨分署在南部好賢坊掌禮葬諸事○別提六人中學在北部觀光坊掌訓誨小學之士○教授訓導各二人皆以成均館兼常養儒生一百人他學同南學在南部誠明坊西學在西部餘慶坊東學在東部彰善坊中部在澄清坊掌管內檢察非法及橋梁道路頒火禁火里門警守家址打量人屍檢驗等事○主簿一人參奉二人他部同○所管八坊曰澄清曰瑞麟曰壽進曰堅平曰寬仁曰慶幸曰貞善曰長通東部在蓮花坊所管十二坊曰崇信曰蓮花曰瑞雲曰德成曰崇教曰燕喜曰觀德曰泉達曰興盛曰彰

善曰達德曰仁昌**南部**在明禮坊所管十一曰廣通曰好賢曰明禮曰大平曰薰陶曰誠明曰樂善曰貞心曰明哲曰誠身曰禮成**西部**在中部瑞麟坊所管八坊曰仁達曰積善曰餘慶曰皇華曰養生曰神化曰盤松曰盤石**北部**在中部澄清坊所管十坊曰廣化曰陽德曰嘉會曰安國曰觀光曰鎮長曰明通曰俊秀曰順和曰義通**內侍府**在北部俊秀坊宦侍之府掌大內監膳傳命守門掃除之任共一百四十人**新增內班院**在慶會南門西一在昌德宮宣政門內東○全宗直記自國初置內侍府于延秋門外又於掖庭永巷之側闢內小房為承侍給事者夙夜趍蹌之所建我聖上肇錫名以內班院**耆老所**在中部澄清坊二品以上年七十者相會之所**今增備邊司**在敦化門西明宗十年始設宰樞會議邊事之事

武職公署中樞府在禮曹南待文武堂上官之無所任者其屬經歷所附馬○領事一人判事二人知事六人同知事七人僉知事八人正三品經歷都事各一人**五衛都摠府**在光化門內東一在昌德宮仁政殿西一在昌慶宮弘化門內南掌治五衛軍務其屬經歷所附馬○都摠管正二品副摠管從二品共十人以他官兼經歷都事各四人**義興衛**中衛甲士補充隊屬焉**龍驤衛**左衛別侍衛隊卒屬焉**虎賁衛**右衛族親衛親軍衛彰排屬焉**忠佐衛**前衛忠義衛忠贊衛破敵衛屬焉**忠武衛**後衛忠順衛正兵壯勇衛屬焉○衛將十二人從二品以他官兼部將二十五人從六品**宣傳官**凡八人輪直禁內**內禁衛**凡一百九十人宿衛正殿南廊將三人以他官兼〻司僕將同**訓鍊院**在南部明哲坊掌料試武才習讀武經之事○知事一人以他官兼都正二人一人以他官兼正一人副正僉正判官主簿各二人參軍二人正七品奉事二人**世子翊衛司**掌陪衛東宮○左右翊衛各一人正五品左右司禦各一人從五品左右翊贊各一人正六品左右衛率各一人從六品左右副率各一人正七品左右侍直各一人正八品左右洗馬各一人正九品**新增定虜衛**恭僖王七年始設屬兼司僕將一千五百人**今增訓鍊都監**在南部明哲坊宣祖二十七年始設募兵鍊炮射刼三技長從給衣糧今為五千餘人置營於昌德宮北分番屯守有提調大將中軍把摠哨官皆以他官兼**御營廳**

漢城府 東至楊州界十里南至果川縣界十里西至高陽郡界十里北至楊州界十里

旱田

水田

建置沿革 本百濟北漢山城 近肖古王自南漢山徙都於此至蓋鹵王時高句麗長壽王攻取之 長壽王來圍都城蓋鹵出走遇害子文周王移都熊川百濟都北漢者凡一百五年 置北漢山郡尋改名南平壤後新羅真興王至此定封疆復為北漢山州景德王時改漢陽郡高麗初改為楊州成宗初置楊州左神策軍與海州為左右二輔顯宗時降知楊州事文宗時陞為南京肅宗時金渭磾據道詵秘記請遷都南京乃營建宮闕 衛尉丞金渭磾據道詵秘記上書請遷都南京日者文象從而和之王親相之命平章事崔思諏知奏事尹瓘董其役五年而成 忠烈王時改為漢陽府 本朝 太祖三年定都于此改漢城府掌坊四十九 京府又設五部以管諸坊中部管八坊東部管十二坊南部管十一坊西部管八坊北部管十坊五部令隸户曹皆有官員詳見京都

官員 判尹 一人正二品 左尹右尹 各一人從二品 庶尹 一人從四品 判官 二人從五品 叅軍 三人正七品一以他官兼

郡名 北漢山 南平壤 漢陽 楊州 南京

形勝 北據華山南臨漢水 高麗史北據華山南臨漢水土地平衍富庶繁華 五德之地 高麗金謂磾上書三角山南為五德之地五德者中有面岳為圓形土德也北有紺岳為曲形水德也南有冠岳尖銳火德也東有楊州南行山直形木德也西有樹州北岳方形金德也可合建都 山河重阻道里正均 本朝朴宜中漢都詩 天作之固 本朝權近詩華山峨峨漢水湯湯天作之固壯于金湯又云道里攸均舟車畢達 虎踞龍盤 本朝權遇詩虎踞龍盤金城天府 天險之國 本朝柳成龍曰東國形勢無如漢都之險漢江與臨津環繞前後而東北有高山大嶺之阻西有大海環之即所謂天險也 北岳後聳南峯前峙 大明倪謙大平樓賦北岳後聳宮殿增輝南峯前峙城郭四圍

山川明麗 山川明麗冠於國中

風俗 崇尚信義而篤儒術 經虛子人皆崇尚信義而篤儒術釀成中國之風 衣冠制度悉同中國 同上衣冠制度悉同中國故曰詩書禮樂之邦仁義之國也 天性柔順 後漢書天性柔順異於三方 人物英明 地志 民物阜成 大明倪謙賦 禮義之區 大明陳鑑賦朝鮮為東藩重國禮義之區詩書之藪故特為之稱首 詩書教士 風俗帖詩書教士喪必三年雖奴僕軍卒亦許行以成其孝士大夫家宗子皆立家廟以祭其先 以門閥為重 同上國俗以門閥為最重先世嘗為文武官者謂之兩班世列兩班者非其類則皆不為之禮貌兩班子弟止許讀書不習雜藝或所行不善則國人共非之 婚嫁謹媒妁 大明董越朝鮮賦叙昏嫁謹媒妁俗恥再嫁再嫁所生失行婦女之子及庶妾之子雖多學亦不得入士流登仕版 士女從一 士族之女夫死不再嫁皆守信終身也○已上一國風俗大抵皆同而京都特盛且為根本故著之於此諸邑之俗於大同中有小別者則各著于本邑下

山川 三角山 在楊州之境一名華山新羅稱負兒岳自江原道平康縣之分水嶺連峯疊嶂起伏迤邐而西五百餘里至楊州西南為道峯山又為三角山實京城之鎮山也高句麗東明王之

子沸流溫祚南行至漢山登負兒岳相可居之地即此山也其上峯曰白雲峯其傍又有國望峯仁壽峯巍峩聳拔雲霧多在其上○高麗李藏用詩試攀崎嶇石徑斜漸出叢籠巖蔭隔俯臨絕谷但蒼茫上到危巔增踸踔晴峯距日幾數尋雲棧凌虛幾千尺一回徙倚獨嗟咨八極須臾可揮斥○高麗李穡詩三峯削出太初時仙掌指天天下稀自少已知真面目人言背後玉環肥○本朝金時習詩東聳三峯貫太清登臨可摘斗牛星非徒嶽峀興雲雨能使邦家萬世寧

白嶽在京都北自三角山南迤復起為此岳城緣其岡

仁王山在白岳西都城緣其上

木覓山即京都南山一名引慶山自仁王山低平南迤東轉起為此山都城緣其上漢江遶其外北顧城內宮闕苑囿九街百司皆在望中每春和時花柳滿城和氣可挹為京城十景之一名曰木覓賞花本朝李承召詩南山坐對曾城高御溝楊柳拂虹橋上苑花發蒸紅霞太液波煖漲葡萄甲第連雲春滿塢東風吹送如酥雨萬紫千紅總含姿相催不用臨軒鼓

酡酪山在京都東城連其上

毋岳在都城西六里一云鞍峴一云岐峯上有古城基仁祖時元帥張晚破李适於此

綠礬峴在城都西十里弘濟院西

龍山在都城西南九里毋岳南支回護京都盡於江邊名曰龍山其下為龍山浦大明一統志龍山在國城漢江之東者即此

蠶頭峯俗稱加乙頭又名龍頭峯在都城西十四里楊花渡東岸○本朝姜希孟叙西湖距都城不能十里而形勝甲東方湖之陽有斷阜狀如蠶頭或謂之曰蠶頭馬阜趾針湖中勢且高湖中之勝得其全焉○大明祁順詩步上龍頭第一峯烟光無限興何窮四旁山水詩情外萬里乾坤望眼中村舍北連城郭近漁舟西去海門通主人置酒頻留客不覺殘陽失晚紅

重興洞在三角山西南上有重興寺因為名左右峯巒洞壑幽邃巖石盤陀潔白川流或懸瀑或成潭曲、可翫為都人遊賞之所

東郊在都城東十里俗稱箭串其地平曠水草甚饒統以周陸牧養國馬廣袤三十餘里南臨漢江本朝鄭麟趾序東郊土性肥水草美宜於牧養

漢江古稱漢山河新羅時為北瀆載中祀其源出自江陵府五臺山至忠州西北與達川水合至原州西與蟾水合至楊根西與淮水合至廣州界過斗迷津廣津三田渡至京城東為豆毛浦漢江渡自此而西流過露梁渡龍山浦又西為西江揚花渡至揚川北過孔巖渡至交河西與湍水合至通津北為祖江入于海○大明祁順漢江辭序朝鮮國城南十里許有水曰漢江源出五臺金剛二山合流入海其景以幽勝聞而臨江有樓可以登眺故前輩自中朝至者咸往遊焉成化丙申春余奉使于斯有以遊漢江請者時宿雨新霽山川明媚天光與水色相連登樓縱觀舉酒相酌既而相與登舟泝流而下十數里至龍山浦乃各道軍餉所聚處又數里至楊花渡登龍頭峯、瞰水涯隔岸人家海島風帆畢入望中夫朝鮮去中國數千里非王事不得至焉則漢江之遊豈偶然哉辭曰江水兮悠悠車馬雜遝兮江之頭駕樓舡兮橫波騫吾渡兮安流合豐隆兮追隨命飛廉兮前驅山紛紛兮來迎雲飄飄兮護予放懷兮浩歌舉杯兮延滯入影兮波心鳥飛兮天際擘幽蘭兮東皐采芳芷兮南浦思美人兮不來結佩纕兮容與○本朝柳成龍詩迢迢漢江水出自五臺山西流一千里湫湫生層瀾白雲城闕高滄海浩漫漫自有朝宗意寧辭萬折難○本朝許稿詩天開兩岸長一水其中由奔放自太古滔滔無時休泛舟秋雨後波漲彌長洲俯壓千丈深睥睨觀龍虬長嘯傲乾坤鼓枻凌中流荏苒江上山縹緲江上樓晚泊沙洲際烟波浩悠悠

新浦在廣州境去都城二十七里廣津渡下漢水溢為岐流其正派趨三田渡岐流號為新浦旱則徒涉水漲為二江許稿三田渡詩二江流水澄秋色是也至楮子島下合為一中宗朝以其水勢直衝宣陵發卒運石塞岸齧處竟不能焉

豆毛浦在都城東十里漢水有沱渟滙成湖謂之東湖本朝沈守慶詩東湖勝槩世人知者即此又稱二水浦

龍山浦在都城西南十里龍山下漢江水至此分為二派一派為龍山浦麻浦西江一派直自衿川縣界西流至揚花渡復合為一高麗李仁老龍山詩二水溶溶分燕尾者即此也海潮相通慶尚江原忠清京畿上流漕轉皆集于此

麻浦在都城西十里上連龍山浦下接西江

西江在都

城西十五里黃海全羅忠清京畿下流漕轉皆集于此其下為楊花渡與龍山浦麻浦通稱西湖○本朝徐居正西湖詩楊花渡口繫蘭船須信人間別有天不必神仙同鶴駕要將圖畫倩龍眠日明鼇背黃金浪風撼龍頭碧玉澱須把西湖比西子江上其奈興相牽

開川 白岳仁王木覓諸谷之水合流橫貫都城中東出三水口九里許與中梁川合入于漢江○莊憲王朝衛士李賢老以風水之說請於都內川渠禁投穢物以清明堂之水集賢校理魚孝瞻上疏曰地理之說三代以前無有兩漢以降始有其術然其所謂明堂有臭穢之水不吉之象者論葬地吉凶非所論於國都也都邑之地人烟繁盛既庶且繁則臭穢斯積必有通溝廣川經緯乎其間以流其惡然後可以肅清都下其水無可清之理今欲使都邑之水一如山間之清淨則非惟勢不能行塚地之事豈可用於國都乎 上曰孝瞻之論是遂不用賢老言

中梁川 又名涑溪在都城東十三里水自揚州經箭串郊南流至豆毛浦入於漢江

桃夭淵 在箭串郊

南池 在崇禮門外種蓮號蓮池

西池 在敦義門外慕華館南又名盤松池〻畔古有盤松可蔭數十步高麗王嘗幸南京避雨於此本朝初其松猶在因以得名

東池 在興仁門外有蓮

椒井 在仁王山下浴之已疾 孝宗今上嘗幸於此

栗洲 在都城西南十五里漢江龍山浦中俗稱栗島其長七里有桑林又有樂田種樂

羅衣洲 在都城西十五里西江中俗稱仍火島本與栗洲相連因潦漲水割為二有畜牧場分遣司畜署典牲署官員監牧

三田洲 在都城東二十九里三田渡新浦之間其中沙土良沃分屬司圃署治圃供上又有桑林

楮子島 在都城東二十五里漢江中有小嶼屹立前對洲渚高麗韓宗愈置別墅于此本朝世宗以島賜貞懿公主公主之子安貧世築亭其上命工圖畫一時題咏甚多有鄭麟趾序○韓宗愈詩十里西湖細雨過一聲長笛隔芦花直將金鼎調羹手還把漁竿下晚沙

土産 陶器 唐桃 紫桃 俱掌苑署出 栗 玄參 蘿蔔最佳出東郊 鹽硝 飴糖 秀魚 錦鱗魚 葦魚 訥魚 鯽魚 白魚 豚魚

宮室 **鍾樓** 在都中康衢我 太祖四年建閣 世宗朝改搆為層樓東西五間南北四間懸大鍾以警晨昏○權近鍾銘序略曰惟朝鮮受命之三年定都于漢水之陽越明年始營宮寢其夏命攸司鑄大鍾既成建閣于大市街以懸之所以勒成功垂鴻休也自昔有國家者建大功定大業則必銘于鍾鼎故其休聲鏗鍧聳動人之耳目且於通都大邑中晨昏撞擊以嚴人民作息之限鍾之用大矣恭惟我 殿下自在潛邸德望日隆天命人心之歸自有不能已者羣賢勵翊咸効其智力而一朝代高麗氏而有之宵旰憂勤立經陳紀以基子孫萬世之太平功可謂建而業可謂定矣是宜銘之昭示後來銘曰於穆我 王受命溥將聿來新邑于漢之陽昔在松都國步斯蹶我 王代之際虐以德民不見兵會朝清明賢智効力躋于太平遠近始歸既庶既繁乃鑄厥鍾乃聲晨昏我功我烈是勒是鐫鎮于新都於千萬年

鍾閣 在景福宮光化門外西 世祖鑄大鍾初欲置思政殿後搆閣于此懸之以號令禁軍而整齊之申叔舟作刻銘

大平館 在崇禮門內待中朝使臣之所館後有樓前後一詔使及本國人題咏甚多○大明張城詩 皇風一掃胡元俗玉帛捋抗來萬國熙熙皞皞百年間處處人歌太平曲太平曲聞來久不道此名復何有一朝將命朝鮮城分明公館名太平當時扁此豈無意應顧長安太平世我聞斯土舊箕封淳厖不與諸藩同男耕女織士勤學衣冠藹藹中華風推誠宣力盡臣職天子非常賜顏色嗣皇臨御政惟新慶禮初成來寵錫綸音已布絲幣頒驗馳數月今始開同行金太僕拉余登館樓樓高爽氣多五月如三秋眼前風景總堪惜那更賢王能好客大張華宴慰遠勞醉裏登臨思何極畫欄深處午烟迷野馬不來簾下嘶濤聲響遍老松巔鷺投織畫垂楊堤南山北岳翠如黛過雨柔麻綠成帶 天王有龍國無虞又見一番新氣象太平館今已到更上高樓發長笑

慕華館 在敦義門外西北本慕華樓

世宗十二年改爲館。大明倪謙詩春城珂馬曉驕闐遠駐青山敞別筵詩禮久承人好學冠裳相並國多賢歸心夜繞滦河月離思晨衝漢水煙此去深情倍追憶錦囊珠玉況連篇

東平館 在南部樂善坊

北平館 在東部興盛坊待野人之來朝者

待日本諸國使

讀書堂 舊龍山廢寺在江北岸 康靖王改搆爲堂以爲弘文館儒臣賜暇讀書之所 恭僖王十年移搆在豆毛浦西岸上

南別館 在中部 坊

濟川亭 在漢江渡北岸 國初作亭以其俯臨津渡名曰濟川每詔使之至遊宴于此仍泛舟漢江華使及國人題咏多刻其上。大明張寧詩東國有高樓、前漢水流光搖青雀舫影落白鷗洲望遠天疑盡凌虛地欲浮八牕風日好下榻重淹留。春水鴨頭綠晚山螺髻青斷雲依遠岫孤鴈沒長汀異域傷靡盬明時笑獨醒何因忽來此詩思入蒼冥。路遠輪蹄少春深景物多烟開山似畫風澹水如羅樂事酬佳節清尊發浩歌由來文物地隨處好經過。祁順詩樓前風捲白雲開坐看羣山紫翠堆百濟地形臨水盡五臺泉脉自天來題詩愧乏崔郎句對酒難辭太白杯花鳥滿前春景好不妨談笑更遲回。本朝徐居正詩樓中佳麗錦筵開樓外青山翠似堆風月不隨黃鶴去煙波長送白鷗來登臨酬唱三千首賓主風流一百杯更待夜深吹玉笛月明牛斗共徘徊

樂天亭 在箭串郊東新浦北岸 太宗命建。卞季良記樂天亭我主上殿下時觀遊之所也。殿下在位之十九年禪位于我主上殿下迺以農隙出游東郊有一丘焉高亢穹窿狀如覆釜名曰臺山登焉四顧則大江回塘縈紆演洋而連峯疊嶂迭現層出環丘來朝勢若星拱殿下命建離宮於丘之艮隅取庇風雨遂作亭於丘上命左議政臣朴訔名亭訔取易繫樂天二字以進蓋揔一殿下行事之實而寓之於亭名且以志今日之樂也

華陽亭 在箭串我世宗朝建。柳思訥記華山之東漢水之北有郊焉土地平衍延袤十餘里衆山回抱川澤縈紆我太祖定都之初以爲牧場焉歲壬子主上殿下命司僕提調判中樞院事崔潤德等搆亭於樂天亭北岡以謂天下樓臺亭榭皆有其名而獨此亭無名可乎因取周書歸馬于華山之陽之義名之曰華陽惟我太祖應天順人化家爲國列聖相承偃武修文歸馬放牛維其時矣

望遠亭 在楊花渡東岸本孝寧大君喜雨亭初孝寧作亭於此世宗省農西郊乃幸此亭時播種憂旱適臨亭雨作因賜名曰喜雨其後亭廢成宗朝月山大君改搆名以望遠每歲省農及觀水戰時常御此亭。卞季良喜雨亭詩序亭之制不侈不陋華岳負其背漢江盪其腹而西南諸山蒼茫杳靄隱見出沒於雲空烟水之外矣俯見魚蝦歷歷可數風帆沙鳥往來几案之下清風颯來帆然如揷翼而登冥也詩曰翬彼新亭如鳳斯騫誰其作之君侯之賢王出西郊非游非畋民方播種憂旱于田王在于亭時雨霈然王宴君侯其鼓淵淵錫之亭名榮耀無前君侯稽首聖德如天君侯稽首我后萬年思託文人以永厥傳臣拜撰辭爲多士先瞻彼華峯維石可鐫刊此頌章千古昭宣。金宗直望遠亭詩結搆鰲頭控遠形八窻迤邐展新屛檻前朝海揚花白郭外攙天毋嶽青小市人歸撐畫舫遙空鶴下颭。回汀翠華昔日曾觀稼此是西郊喜雨亭。乾坤納納蒸難窮一片樓臺壽醉翁地接鳳城烟樹合江輸蜒蜑海杳通漁歌嫋嫋悲珠客宸翰煌煌伏弩工應有野人來擷棹鄂君香被月明中

榮福亭 在西江北岸讓寧大君別墅世祖嘗臨幸手寫榮福二字爲亭扁仍以榮一世福百年六字釋其意賜之

風月亭 月山大君搆亭于安國坊宅之西園康靖王親臨賜風月二字爲扁製詩六首命文臣和之。徐居正詩十二欄干面碧塘高懸金額動龍光天慳地秘千年勝折暗花明百和香簾幕受風全退暑池臺得月嫩生凉東平樂善人無間鷄狗何曾數孟嘗

皇華亭 在豆毛浦北岸上燕山搆此亭以爲遊幸之所中宗朝賜齊安大君

戴恩亭 在都城南十里江西岸攀坪大君亭

綾原亭 在戴恩亭右本柳希發月波亭後綾原大君拓其基改搆。本朝許筠詩高樓新架層岩上俯壓平湖瀲不流渚島初暉浮遠者亲林晚靄鎖長洲却疑真境區中在始信朝英物外求靜對烟波伴魚鳥世間榮樂總悠悠。歸槎晩駐漢江洲獨上荒樓俯碧流風急馮

夷撾鼓舞日斜神女美珠遊西山紫翠寒光瞰北渚雲烟暝色浮回首鳳城人擾擾綠窓寥寂鎖深秋

烽燧木覓山烽燧東第一應楊州峩嵯山乃咸鏡江原道之烽也第二應廣州穿川峴乃慶尚道之烽也第三應毋岳東峯乃平安黃海道陸路之烽也第四應毋岳西峯乃平安黃海道海路之烽也第五應陽川縣開花山乃全羅忠清道海路之烽也 毋岳烽燧東峯西應高陽郡所叱達山南應木覓山第三烽西峯西應高陽郡烽峴南應木覓山第四烽

郵驛盧原驛在興仁門外四里 青坡驛在崇禮門外三里○右二驛直隸兵曹 普濟院在興仁門外三里有樓耆老嘗會飲于此趙末生有序 洪濟院在都城西八里有樓中朝使更衣之地 利泰院在木覓山南 箭串院在箭串橋西北

關梁沙峴隘在都城西俗稱沙峴北聯仁王山南聯毋岳中通一路乃郭外關隘之地大明董越朝鮮賦云自洪濟院東行不數里天造一關南北皆山中通一騎驗莫過焉 廣通橋有大小二廣通橋皆在都城中鍾樓南街 惠政橋在鍾樓西街橋之東偏有仰釜日晷臺 通雲橋在鍾樓東 蓮池洞橋在蓮池洞橋東 東橋在通雲橋東 廣濟橋在廣通橋東 長通橋在廣濟橋東 水標橋在長通橋東橋西水中立石標刻尺寸之數凡雨水以知深淺 新橋在水標橋東 永豊橋在新橋東 大平橋在永豊橋東已上諸橋皆在都城中跨開川 永渡橋在興仁門外二里跨開川下流橋頭有碑刻永渡橋三字 濟盤橋在箭串郊去都城十五里 洪濟橋在都城西十里洪濟院傍 三田渡在廣州之境去都城三十里即漢江津渡處置渡丞一人謙寮出八 漢江渡古稱沙平渡俗號沙里津在都城東南十里木覓山外置渡丞一人○本朝金世濂詩江頭舸艦簇青龍從古長津控四衢盡日行人來冉冉暮春烟浪綠溶溶 露梁渡又名鷺梁渡在

都城南十里有渡丞一人其北岸沙場寬平今爲京軍演操之處 楊花渡在都城西十四里有渡丞一人與露梁亦皆漢江津渡處○大明倪謙詩漢江古渡說楊花即此

祠廟白嶽神祠在白嶽頂每春秋行醮祭○中嶽三角山神祠于此三角神在北南向白嶽神在東西向 木覓神祠在木覓山頂每春秋行醮祭 漢江壇在漢江渡北岸每春秋致祭 關王廟二一在崇禮門外三里一在興仁門外三里漢將軍關羽之廟萬曆丁酉中朝將吏征倭時建

陵墓貞陵在城東惠化門外五里 神德王后陵太祖初葬都城中皇華坊 太宗初

寺刹藏義寺在彰義門外新羅與百濟兵戰於黃山之野長春郎罷郎死于陣太宗武烈王爲二人創是寺○本朝鄭以吾詩澗絕層氷積風沸萬竅鳴山形冬更瘦雪色夜猶明孤苔月中影疎鍾雲外聲梵香禪室煥端坐不勝清 香林寺在三角山○高麗顯宗庚戌之亂移安太祖梓宮于是寺七年丙辰還葬顯陵九年契丹蕭遜寧來侵又移安于是十年復葬顯陵 重興寺在三角山重興洞○高麗僧普愚嘗住寺之東峯扁以太古及死李穡撰碑銘 僧伽寺在三角山○高麗李𩔗重修記云崔致遠文集有新羅狼迹寺僧秀台逆勝于三角山之南面開岩作窟刻石摸僧伽形者即此○本朝鄭麟趾詩巉岩山路嶮崎扶更攀蘿薔除行雲宿窓前瀉瀑多煑茶餅細叶汲水井微波數箇高僧在觀空或放歌 津寬寺在三角山寺本高麗舊刹本朝太祖增建水陸社壇 積石寺在三角山 清涼寺在三角山高麗李資玄在春州清平山霽宗行南京召赴行在乞還不從命留清涼寺即此寺 三川寺在三角山有高麗李靈幹所撰碑銘 文殊寺在三角山○高麗李藏用詩奇哉不世青蓮宮誰識法界玄關闢石窟呀開若蘇班林龕眩晃丹青射我來適值雲物秋僧留勸賞山色夕倚簷列峀王嵯峨當檻遙林錦狼

籍景嶙禪榻靜寥廓暫借蒲團寄安適擬退台崖招手人却愢䗪嶽攢眉容○高麗僧坦然詩一室何寥廓萬緣俱寂寞路穿石罅通泉透雲根落皓月桂簷搖凉風動林壑誰從彼上人清坐學真樂

道成菴在三角山東

古蹟

北漢山城在三角山重興洞跨緣絕頂盡谷口石門周九千四百尺即三國時北漢山城俗稱重興洞石城中有山聳峙如露積謂之露積峯

長漢城在漢江上新羅時重鎮初為高句麗所據羅人舉兵取之作長漢城歌以紀其功○按今廣津上峩嵯山東崖有古土城俯臨漢水相傳三國時防戍處疑即此城見揚州

星落營新羅武烈王時高句麗與靺鞨合軍攻新羅述川城不克移攻北漢山城高句麗營其西靺鞨屯其東圍攻浹旬城中危懼忽有大星落於麗營又雷雨震擊麗將疑駭與靺鞨解圍而去

面嶽高麗肅宗九年命崔思諏尹瓘等相南京之地思諏還奏云臣等就盧原驛海村龍山等處審視山水不合建都唯三角山面嶽之南山形水勢符合古文請於主幹中心壬坐丙向隨形建都從形勢東至大峯南至沙里西至岐峯北至面嶽為界○今按面嶽冣白嶽

冨原廢縣在都城西十里本果川龍山處高麗忠烈王陞為冨原縣本朝初併于高陽郡又以京畿十里地八漢城府今稱龍山里

古貞陵在西部皇華坊○洪武丁丑我太祖葬神德王后于此今移城東惠化門外五里

衍禧宮在毋岳山西我恭靖傳位于太宗居閑於此宮今廢有遺址舊係揚州今以十里內移於此

仁慶宮在都城內仁王山下光海朝撤入家建仁孝宗朝撤毁

神穴寺在三角山高麗顯宗嘗為千秋太后所忌祝髮寓此寺太后屢遣人謀害寺有老僧穴地於室而匿之上置臥榻以防不測一日王偶題溪水詩云一條流出白雲峯萬里滄溟一路通莫道潺湲岩下在不多時日到龍宮及穆宗不豫召八即位

興天寺舊在西部皇華坊太祖既葬神德王后于貞陵建寺其東是為禪宗命權近記之後陵移於他寺則仍舊患㝡王鑄大鐘以懸之今寺廢為閭閻

興德寺舊在東部燕喜坊恭靖王於潛邸舊第之東別搆德安殿捨為寺是為教宗後寺廢為閭閻

圓覺寺舊在中部慶幸坊古名興福寺太祖時為曹溪宗本社後廢為公廨世祖時改創號圓覺以搖計者三百有餘觚棱金碧無與為比庭中建十三層石塔又使金守溫撰碑今寺廢其址為閭閻所居塔碑猶存

昭格署舊在北部鎮長坊有三清殿掌三清星辰醮祭中宗朝趙光祖啓罷之已而復南衮等復設至宗時乃永革之其洞望清與為都中第一名曰三清洞崔淑精嘗游覡有詩云四面建岩巒三清迥絕塵山中微雨足階上落花新髩鬚逢毛女依俙見羽人道流多事在半夜又朝真

淡淡亭舊址在麻浦北安平大君瑢作此亭於湖上藏書萬卷招延文士作十二景詩又作四十八咏或張燈夜宴或乘月泛舟占聯酬唱一時名士無不往來安平死後為申叔舟所有今亭廢有遺址○姜希孟詩寒雲漠漠水悠悠兩岸青楓無盡愁坐對孤燈過夜半一江風雨暗蒼洲

土亭在麻浦上本朝宣祖時李之菡所築之菡有高行異識隱居玩世嘗作小亭築以土自號土亭居士今有遺址仍稱其地為土亭

柳寬宅在城東興仁門外其基後傳于外裔孫今為李睟光所居睟光嘗別搆草堂取寬雨傘庇雨事名以庇雨

安平宅在坊即安平大君瑢所居瑢嘗作書堂名以匪懈日會文游藝於其中後廢圯光海時建仁慶宮於仁王山下地入宮基今毀為閭閻

趙光祖宅在尉居

鄭光弼宅在觀德坊駝駱山麓光祖嘗名其書室曰靜菴其基今為判書金藎國園亭

在

名宦

新羅

邊品真平王時為北漢山州都督與諧德之子奚論與兵襲取百濟椵岑城

金大問聖德王三年為北漢山都督

聰明憲德王十七年為北漢山都督憲昌子梵文與高達山賊壽神等百餘人謀叛欲立都於北漢山州聰明率兵捕殺之

高麗

韓文俊仁宗朝為南京副留守有惠政

庾應圭毅宗時出倅南京政尚清簡一介不取於人其

妻嘗得乳疾但毀菜羹有衙吏蜜餌隻鷄妻曰良人平生未嘗受餽遺豈可以我口腹累清德耶吏慚而退

吳訶元宗朝以東宮侍學登科調南京司錄在任寬簡無華知大體

王珪爲南京留守有惠政

洪子藩爲南京留守判官有遺惠

尹宣佐忠肅朝以民部典書出尹漢陽既而王及公主如龍山謂左右曰尹尹清儉故使牧民汝曹愼勿擾溷

鄭瑎忠宣朝爲南京留守遇事不撓多惠政

朴達祥恭愍朝爲漢陽尹

本朝

沈德符國初以領三司事監築都城

李原恭定王朝再判漢城府事斷事明愼

韓確莊憲王朝判漢城府事剸治煩劇裁決悉當

李石亨世祖朝判漢城府事時設彌辟五年不就時除石亨揔治

安瑭恭僖王朝爲漢城府判尹擧法必行詞訟一視曲直未嘗以權勢沮撓請托不敢到

流寓

閔霽其先驪興人世居開城府高麗末尹漢陽我太祖開國爲右僕射隨以從居焉太宗即位以王妃之父封驪興府院君及寢疾上幸其第

黄喜本長水縣人本朝初隨官因家京都世宗朝爲領議政居相府凡二十四載論決國事務從寬大居家嘗獨步園中隣有狂童投石有梨方熟零落滿地喜呼侍僕狂生謂必拏已去皆走匿暗中侍僕至則曰將柳筥來將梨以與隣生竟無一言其度量如此

許稠本河陽縣人本朝初從仕因家焉莊憲王朝爲左議政世稱賢相守法剛正人不敢干以私凡周以判漢城府事致仕家居稠每政府合坐鷄鳴必先詣周家屛從者下車步八周亦知其必至每夜正衣冠張燈設坐以待稠至必酌一二杯稠問今日府中有某事何以處之周曰以吾之意理當如此稠決事退而喜曰人樂有賢父兄此之謂也弟稠官至二品亦以直諫知名當世

柳寬其先儒州人世居開城國初移家焉莊憲王朝以右議政致仕世稱賢相寬素清貧所居唯茅屋衡門又拜相入勸築門墻寬曰今爲相未益公事而築私門可乎嘗霖雨屋漏寬手傘庇雨憂曰無傘之人何以堪夫人曰無傘人家屋必好寬顧笑而已太宗知寬清寒命繕工監夜設把子於其第勿令知之

人物

高麗

韓宗愈魁顔偉幹望之儼然少豪放不羈與一時名士羣飲無虛日醉則起舞歌楊花詞號楊花徒忠烈朝擢第忠肅朝累遷藝文應教時王留元濬王與王相持國人頗惑宗愈慨然爲王訟理乃與李兆年等爲書如元獻之王擢爲代言忠穆嗣位幼沖宗愈奉帝詔輔政拜右政承後以府院君退老其鄉謚文節

本朝

趙仁璧

趙仁沃俱見咸鏡道德源府

趙温三司左使仁璧之子其母即我太祖之姊也從太祖爲開國功臣太宗朝又參定社佐命功臣封漢川府院君

趙涓温弟從太祖爲開國功臣常以雲釣不難左右太宗朝拜右議政封漢平府院君子惠官至判中樞院事

趙英茂從太祖策開國功臣累官至政承封漢山府院君

趙末生恭定王初魁文科爲莊憲王所器重官至領中樞院事謚文剛

瑢世宗第三子封安平大君好學能詩善屬文書法奇妙爲天下第一又善畫圖琴瑟好古愛士一時名儒皆與招延號匪懈堂

溥父廣平大君璵世宗第五子博通經傳好善不懈書法射御音律算數皆極其妙年二十卒溥封永順君自幼謹愼有雅量善屬文世祖朝中登俊試參敵愾翊戴功臣歷事三朝參掌機密遇人究盡多所伸理居第在安國坊起數間屋聚書數千卷每公退正坐手不釋披存心敬畏爲宗戚儀表成宗初卒年二十七聞者莫不嘆惜謚恭胎

浚子封龜城君世祖時北邊爲上將與曹錫文康純南怡等討平之爲功臣都揔管浚南怡誅而浚廢

婷德宗長子成宗之兄封月山大君有風槩善詩文號風月亭

金宗瑞其先順天人生長京都有文武才畧常以經濟自任世宗經營北邊以宗瑞爲咸吉道觀察使秩滿移授本道都節制使排羣議專委任之宗瑞竟建置四鎭上曰雖有寡人若無宗瑞不能以辦此事雖有宗瑞若無寡人不能以主此事嘗北征夜饗將士有飛矢中酒樽左右驚擾宗瑞自若曰奸人試我耳終不動後爲左議政魯山嗣位宗瑞與皇甫仁俱受遺命輔相靖難時被誅

許詡稠子事親色養擧文科事世宗立朝二十年謹身守戒文宗甍遺金宗瑞皇

甫仁輔幼主詡爲右叅贊及宗瑞等被戮世祖置酒召諸宰詡流涕不食肉世祖雖怒摘重其才德寬于外李季甸勸殺之子徒爲修撰亦死

許誠 稠兄周之子官至吏曹判書奉公守正門絕請謁常曰貪位慕祿可愧之甚年六十餘因攬鏡曰吾不知老之至此遂辭職不出謚恭簡

柳孟聞 寬子登科事太宗世宗官至禮曹叅判

柳季聞 孟聞弟博學惇行善屬文擢文科世宗朝累官至刑曹判書修文殿提學謚安肅子暁成宗朝爲兵曹叅判

黃致身 喜子恭定王聞其志學曰無愧董仲舒之下惟賜名董授恭安府副承後以其名不類昆弟改賜名官至判中樞府事寬厚勤恪惠莊王巡幸每以爲留都將善射藝嘗爲忠清節度使出畋矢貫獸着于木不可拔年八十八卒謚湖安子事孝官至同知中樞府事

黃守身 致身弟幼英異與齊類遊興天寺惠莊王在潛邸適至招使誦詩甚奇之及長赴監試爲試官所辱發憤曰澤民濟世豈由科第棄舉業博涉經史惠莊王朝叅佐翼功臣官至議政府領議政封南原府院君謚烈成

奇虔 其先幸州人居在青坡常徒步往來泮宮必暗誦中庸大學世宗朝以行義擢拜持平累遷大司憲至判漢城府尹廉介絕人累典州府多德政嘗山時休官杜門手抄四書三經左傳綱目世祖將受禪三往其第虔托以青盲一日持針擬刺以試之虔瞪視不搖竟不能起謚貞武

李塏 高麗韓山君穡之曾孫祖種善知中樞院父季疇爲正郎塏生而能文有祖風世宗朝登科選爲集賢殿學士與成三問朴彭年嘗被眷遇及文宗薨魯山幼沖世祖受禪塏與三問彭年及河緯地俞應孚柳誠源謀復魯山事泄世祖鞫之甚酷塏顏色不變與三問等同死世謂之六臣

柳誠源 高麗僉議贊理陞之六世孫及世宗朝登文科久在集賢殿還成均館司藝及世祖受禪與成三問朴彭年李塏等謀復魯山事泄自到死

李蓄 塏三從弟家直種善之孫世宗朝累爲司憲府掌令官至黃海道觀察使後退居高陽杜門不復出者十餘年以卒

金時習 生八月自能知書五歲通經傳人稱神童莊憲王聞其名召見試製三角山詩上嘉嘆曰宜晦養待其學成將大用賜帛以還及長益力學勵行及世祖受禪乃佯狂逃世托跡緇門放曠山水間以終身自號東峯又號清寒子性理陰陽醫卜百家無不究解文章浩汗自肆所著有梅月堂集歷代年紀金鰲新話識者謂時習本朝伯夷云

許識 稠姪子博學善屬文登第官至慶州府尹性卓犖有高識恬於勢利常退居豐德田舍彈琴漁釣以爲娛成宗累召爲承旨副提學皆未久辭退南孝溫每稱奇士有許氏風烈云

權健 權近之曾孫父擥以世祖功臣爲左議政封吉昌府院君健端重文雅早登科歷事臺閣官至知中樞府名重當世謚忠敏

南怡 爲人短小精悍勇力如神能緣城壁而走惠莊王朝年十八補宣傳官獲飛彪超拜兵曹判書討李施愛先登有功與魚有沼征建州衛斬李滿住勦其巢穴大捷而還睿宗皇帝特遣使賜賚襄悼王初柳子光誣以謀叛坐誅時年二十六

李石亨 父護軍懷林有孝行禱於三角山而生石亨少博學強記莊憲王朝魁進士生員文科三榜累遷直提學康靖王朝叅佐理功臣官至領中樞府事封延城府院君清慎節儉累典藩臬皆著政聲謚文康所著有樗軒集

尹子雲 祖淮世宗朝爲大提學子雲沈毅有度量文辭贍敏少擢科世祖朝爲佐翼功臣官至議政府領議政封茂松府院君李施愛之亂子雲爲咸吉道體察使至咸興則亂兵殺監司申㴐排闥圍子雲子雲整坐自若賊不敢害卒得全還

成任 其先昌寧人右議政念祖之子念祖父相結貴顯因家於京任爲人寬厚博雅善屬文書法妙一時世宗朝登文科世祖朝建在館閣官至議政府左叅贊謚文安

成侃 任弟小聰悟博覽廣記徐居正嘗直集賢殿侃從而求見秘書窮日夜閱盡終不忘登科官至集賢修撰年三十卒時人惜之有眞逸集

成俔 侃弟惠莊王朝登文科康靖王朝累官至禮曹判書大提學謚文戴性踈豁不拘文思湧發嘗奉使中朝又於詔使之至相與酬唱華人歎服嘗以承旨罷官與叅壽野服攜琴遊金剛諸山探奇窮勝人莫知爲誰也所著有虛白堂集三十卷又有

風雅錄慵齋叢話錦囊行跡成俊知中樞擒之孫
樂學軌範桑楡備覽等書少讀書便成誦
有器局能射御第文科康靖王朝累為諫官論
作不避權貴二十二年以右叅贊特拜永安道節
度使副許琮征北虜無山時為領議政嘗於內宴
主見妓妖艷身押之俊曰老臣不死殿下決不得
如此主嬋而止甲韓繼禧祖尚敬封西原府院君
子竟被殺謚明肅繼禧登文科惠莊王
朝為吏曹判書康靖王以為議政府左贊成賜
翊戴佐理功臣號封西平君謚文靖嘗在集賢殿
無書不讀人比之虞世南諸僚相會多閑談繼禧獨
端坐目書不左右酬答兄繼美亦為惠莊王朝
功臣封西李繼孫登文科累歷清顯襄悼王初
平府院君出為永安道觀察使力與學校
自此北方之人始知為學許琮其先陽川人埜堂
官至兵曹判書謚敬憲錦之玄孫後家京
都琮幼有器量惠莊王初登文科言事切直
上召入見其瓌偉欲試心膽命捽下扶之取匣釼
橫膝命力士曰俟吾拔釼盡匣斬之釼未盡露琮
色不動隨問辨對上還釼命酒曰真丈夫也十
三年以咸吉道節度使與平李施愛策勳功臣
康靖王朝叅佐理功臣累封陽川府院君後以
永安道觀察使仍為元帥征北虜尼亦車官至議
政府右議政謚忠貞琮魁顏廣顙美鬚髯身長十
一尺姿表出於萬人大明詔使董越抗甚及見
琮歎曰願公早來朝使中國知海外有此人也乎
生無疾言遽色身係　國許琛琮弟能詩善屬文登
家輕重者三十餘年科累官至議政府左
議政清白聞許葟登科官至晉州李陸鐵城府院
於世謚文貞牧使有孝行君原之孫
惠莊王朝擢文科康靖王朝官至司憲府大司
憲自號青坡居士性明敏正直一心奉國博通經
史所著有李則陸從弟登科累官至知中樞府柳
青坡劇談事謚貞肅有文名性倜儻不羈
輊高麗贊成墩之後登科康靖王朝叅佐理功
臣官至議政府右贊成封文陽君謚平簡公
柳濱墩之後登科累官至李坡愷從弟父季甸為
吏曹判書謚忠定韓城府院君坡早
擢第選入集賢殿世祖時遷至都承旨成宗
朝累官禮曹判書議政府左贊成為人聰明多識

典古弟封官刑曹李塤蕃子世祖時累遷京兆
判書亦有文名秋官成宗朝叅佐理功
臣封韓城君官至議政府左叅贊子惟清官左議
政封韓原君孫彥浩為全羅道觀察使
李穆其先全州人五世祖伯由為開國功臣封完
城君穆少師金宗直博學力行慷慨有峻節
成宗嘗有疾大妃使女巫設淫祀于泮宮側
穆率諸生逐之大妃怒欲罪上命悉錄入其
名諸生皆亡匿穆獨不匿上乃召大司成命之曰
卿能導諸生以正特賜酒時相尹弼商陰勸上奉
佛穆又率諸生上䟽請罪指為奸鬼上大怒親
詰問穆對曰所行如彼而人不知所以為鬼乃諭
配公州後魁文科出為永安南道評事燕山時擢
史禍與金馹孫等同被害年二十八孫世璋官至
觀察許磐少師金宗直燕山時登科為承文院正
使字擢史禍死南孝溫嘗云磐志於性理
之學恬於進取欲事ゝ南孝溫自號秋江居士事
慕古大獻服其端雅毋至孝入入冲澹
弘毅灑然無塵累嘗受學於金宗直宗直不以名
必曰吾秋江與金時習金宏弼鄭汝昌金馹孫相
善成宗時年十八上疏請復昭陵不省遂絕意
當世遍遊國內名山勝地以發其趣所著六臣忠
義傳ゝ李胄高麗鐵城府院君嵒之後曾祖原
於世太宗朝為名相胄少師金宗直登第
拜司諫院正言慷慨有氣節文章逼古嘗以書狀
官入北京至通州登樓有詩云寒烟秋落渚獨鳥
暮歸遼中國人淺見我使必問安否稱之曰獨鳥
暮歸遼先生燕山時羅史禍謫珍島被殺有忘軒
集傳李黿高麗政丞齊顯之後父縣令嶙娶朴彭
世年女昏夕得異夢聞知捕鱉取活之及
生子皆奇俊因以名之人比荀氏八龍黿少師金
宗直天資豪邁風節傾一世博究經史詩文峻潔
如其人嘗著格物之格說南孝溫嘗曰可以托六
尺之孤者此人也成宗朝登第為禮曹郎燕山
時羅史禍謫羅州被殺中宗初贈姜景叙少力
都承旨黿兄弟鼉鼇皆知名當時學博
通經史成宗朝登科累遷弘文館校理燕山時坐
史禍謫會寧中宗初復起為大司諫多直諫景
叙性廉介寡言笑不營勢利及沒窮不克殮宰相
啓其清貧賜棺槨以葬所著有草堂詩集二子昱

官觀察使還戶曹判書
深源恭定大王子君之曾孫封朱溪君資性剛明學問精深有鑑識兼通醫術康靖王朝累上書論治道時侍從官論任元濬及其子士洪奸邪見罷士洪妻即深源之姑備知其父子情狀詣闕極陳其陰邪曰殿下不聽則終必誤國因泣曰士洪實臣姑夫不敢以私上負祖宗在天之靈上感悟竄士洪於外至燕山亂政士洪誣構深源殺之用事十年魚肉士類國祚幾亡人皆服其先見恭僖王特贈爵諡閭子幼寧登科為掌令與其父同被殺
貞恳恭定大王子益寧君拸之子封秀川君為人篤厚自謙聰明有識量為學先行後文君為詩先格後辭為德先內後外時人未之知也又妙解音律嘗游聖居山以琴自適聽者皆感而泣下參判金紐聞之曰潤邊梅花格也孫咸川君精書史善琴律有祖風云
賢孫宗室封鳴陽正與金宏弼為友篤行亞於宏弼喪祭一遵禮蕭灑出塵喜文雅早卒世傳其詩
揔太宗大王子君之孫封茂豐正自號鳴鷺主人游宕不羈好讀書博通經史善辭賦解音律俱極其妙結舍西湖漁釣為娛與金宏弼金馴孫李胄鄭希良善燕山時被害
金壽童上洛府院君士衡之後善搢紳康靖王朝苐文科累廷政府舍入燕山時為相為人溫重多智當無道之世被寵任相而亦能隨時低昂上不獲罪下能活人當時在位者競治苐宅壽童獨不然成希顏往告反正之由壽童曰此國之大事遽從一宰言而奔走可乎卽臥曰君持吾首去希顏告以立大君之意曰然則吾當往矣先往入稱其量恭僖王即位參靖國功臣封永嘉府院君陞領議政諡文敬
柳順汀高麗政堂文學均之後為人沈厚喜讀書善射御史文科歷敘中外燕山末為吏曹判書與成希顏朴元宗迎立恭僖王策靖國功臣封菁川府院君官至領議政諡文成
朴元宗平陽君仲善之子射御絕人中武舉康靖王朝拜兵曹參議燕山時為都摠管主淫虐日甚月山夫人元宗妹也被污死元宗與成希顏柳順汀決策迎立恭僖王策靖國功臣封平城府院君官至領議政諡武烈
成希顏早登科埋卒有大節康靖王朝在近侍累被寵眷燕山末宗社將危希顏與朴元宗柳順汀決策迎立恭僖王策靖國功臣封昌山府院君官至議政府領議政諡忠定
柳聃年季聞之孫登武舉屢典征討有名望恭僖王朝官至兵曹判書迁議政府左參贊諡襄武趙光祖謂聃年知人善任當久長兵曹
黃衡檜山君石奇之後登武舉有將才膽勇絕人目光如電聲聞十里累典征伐恭僖王朝官至工曹判書諡莊武子璟為漢城判尹琦京畿觀察使
宋軼累世京都高麗政丞瑞之六世孫登科恭僖王朝官至議政府領議政參靖國功臣封礪原府院君諡肅靖孫寅尚恭僖王女封礪城尉文行書去名一時
金訢淡寄自知之曾孫少好學學詩文雅絜康靖王朝擢魁科累廷藝文直提學陞工曹參議早卒為人精直不撓嘗以書狀官奉使日本至對馬島而還舟中遇風人皆錯愕訢獨端坐恬然兄諶為判書兄弟俱有文名訢子安老恭僖王朝為左議政
金詮訢弟文科恭僖王朝累官至議政府領議政諡忠貞孝友廉白能文章兄弟三入為世所稱
申從濩高靈府院君叔舟之孫博洽羣書擢文科性豪氣邁以詩文名世官至禮曹參判早卒
申用溉從濩從弟父澌為咸吉道觀察使用溉性豪逸為詩文出衆登科事康靖王累迁直提學恭僖王朝為兩館大提學官至議政府左議政諡文景
朴誾幼穎秀十五能文章申用溉見而奇之妻以女擢科為弘文館修撰在經筵五年遇事必言不少避燕山惮之甲子被害年二十五居在南山下名其軒曰挹翠有詩集行于世世謂朴誾之詩金馴孫之文國朝以來罕有其比〻子寅亮官至參判
鄭佸父昌孫惠莊王朝為領議政佸中文科恭僖王朝累官至議政府左議政諡恭甫
鄭光弼判書蘭宗之子識量恢曠沈厚寡言笑少有公輔之望恭僖王朝累試內外皆著績效由咸鏡道觀察使八拜右相陞至領議政及士禍作南袞等將庭殺趙光祖諸人光弼牽裾泣諫事得火弛光弼雖罷相家居朝野倚重後為金安老所斥謫金海及召還都人以手加額身繫國家輕重者二十餘年諡文翼配享恭僖王廟庭弟光輔子士龍以詩文名世官至禮曹判書大提學

安琛高麗名臣珣之後苐文科官至工曹判書爲人簡靜未嘗言人過失然於國事亦不避成宗朝爲應教力論任士洪姦邪老八代與柳洵李蓀結爲耆年會酬唱優游安瑭孫苐文科中宗朝官至議政府左議政性清儉莊重寡言守正好善四爲大司憲振肅頹綱及判吏曹痛革奔競之習量才授任從祀鄭夢周薦擢趙光祖金湜金淨皆瑭所主也士禍作坐黨籍被黜三子處議處誠處謹俱文科有志行後以誣死并及於瑭後追謚貞愍三子皆贈職任由謙苐文科事中宗官至刑曹判書謚昭簡性端謹好經學教子弟以義方諸子皆顯每增一級輒不悅曰無己許硡琛子少寡言有識量伯父琮嘗曰繼我過乎者必此子也登科中宗朝觀察四道皆有政績官至議政府左贊成立朝敢言性儉素食不重肉四方無田園趙元紀溫曾孫登科事中宗累遷大司憲刑曹判書上問廷臣有能清直素著至老不變者乎政府對以元紀上嗟歎命擢判義禁府事元紀孝親睦族見時嘗冢戲父衆孫語其母曰吾兒已學無益之事何以成立乎元紀聞之泣告父母曰吾偶然學之若害于身豈敢貽父母憂遂終身不爲謚文節趙光祖元紀孔子天資極高少有求道之志聞金宏弼學有淵源往從之得聞爲學之方篤信力行非禮不動中宗朝以孝廉擢除六品官光祖曰虛譽的然吾甚耻之古今不同寧由科舉以通行道之捷應舉擢苐八弘文館常在經幄歲中超遷至大司憲爲上下倚重以格君心爲興端興入才成至治爲已任爲南衮等所搆遠謫被害東方道學自金宏弼以來至光祖而大著學者稱爲靜菴先生宣祖朝追贈領議政謚文正後又從祀孔子廟庭金絿之曾孫幼判書禮蒙穎異博學工書年二十俱魁生進考官驚嘆曰退之往義之書也中宗朝登科累遷弘文館副提學與趙光祖金淨同心啓沃羅士禍流南海後放還卒贈孝義忠清於藝無不通筆法自成一家居在仁壽坊故世謂仁壽體金湜少孤力學理數文章無不淹貫中宗朝興趙光祖同被薦累轉拜掌令及設賢良科選苐一上曰金湜賢者喜得此人爲師儒之長廷爲成均館大司成士禍

作謫死孫擢官至參判封清風君光海將廢母后權獻議正諫人謂能世其家奇遵曾孫年十七八慨然以求道爲意從趙光祖講學中宗朝舉文科累迁弘文館典翰與光祖協心贊治士禍作謫穩城賜死年三十有德陽遺稿行于世子大恒官漢城判尹曾孫自獻光海時爲左議政柳藕父自濱爲司贍寺正藕學於金宏弼及宏弼遭禍心喪三年勵志勤苦多所自得訓進後學其功多焉天文卜筮書樂諸藝皆極其妙嘗曰東方取士專倚科目甚不經若有以門蔭薦辟則士從之以出於義不害或曰若然則終不得近君而行志曰若使道可行徵辟尚及岩穴況冠冕者乎漾世祖大王子德源君曙之子封嵩善正天資粹義潛心正學與趙光祖爲友行義甚篤於音律算數無不精深嘗述璿璣之制著於世士禍作坐黨籍謫蔚山後放還卒同時宗室巳陵君璥亦有文行士禍作詣闕涕泣陳光祖等無罪被謫黜正叔宗室封詩山正朱中宗朝家印程封事進曰爲治之道無過於此上喜賜書籍又隨事上書革弊政人謂漢之劉向後坐士禍死祺儼俱宗室祺封江寧副正儼封長城守儼善屬文中宗朝與祺正叔上書華女樂後坐士禍被削而終祺之奴金同亦以忠義著名燕山特嬖妓奪祺苐訴祺喉奴罵妾燕山怒囚祺及金同將訊之同曰罪在奴非主所知或謂曰汝與主異居若云不知可免同曰陷主自活吾所不忍臨刑顔色不變見者莫不傷嘆中宗朝命旌其閭金安國苐文科中宗朝歷敭中外皆有治效累遷議政府左參贊坐士禍放居驪州後復起爲左贊成兩館大提學安國學問該博以德望文章名世嘗以宣慰使接日本差㴑中㴑中見其禮容詩什曰吾朝上國聘鄰邦至於再三未見有如此入詔使華察薛廷寵至安國爲館伴察等深加敬服安國自以早喪父母終身哀慕扁其堂曰慕齋卒謚文敬配享仁宗廟庭所著有慕齋集金正國安國苐中宗朝登甲科苐一歷敭臺閣出爲黃海道觀察使坐士禍罷居高陽幾二十年不廢講論後復爲兵曹參判正國學於金宏弼超詣絶俗善屬文長於政事操履修潔一世敬重孔瑞麟剛直不拘小節中宗朝登科累

還承旨士禍作瑞麟上疏斥論權姦坐黨削職後還敘官至司憲府大司憲

成世昌 俔子少學於金宏弼登第累遷承旨與李耔金淨相善每戒其鋒穎大露士禍後散官家居後為副提學劾金安老坐竄平海及安老敗召還官至右議政世昌居官不避險易在家不治産業天資英偉有學識屬文典雅掌文衡為士林式書畫音律皆極精妙時人目以三絶號遯齋

成夢井 任之族孫第文科官至吏曹參判封夏山君廉簡有鑑識事親至孝其母嘗語人曰此兒在腹也吾不憂其細也衣以三綜布無慍色老而受報乃如此卒贈禮曹判書謚襄景

成世純 任族孫登文科中宗朝官至大司憲知中樞府事遇事明果峻潔少許可不隨俗俯仰屢為臺諫有直臣風謚思肅

申鏛 左議政槩之曾孫究心學問與趙光祖李耔相友善擧文科中宗朝累官至吏曹判書時賢士滿朝慁於有為鏛憂其峭激欲調劑兩間冀不至敗而竟未果及士禍作罷散家居而卒謚文節鏛持公正利害不為動念一時推服孫礎封平川府院君碚為節度使

李耔 高麗韓山君穡之後父禮堅為大司諫耔登甲科第一中宗朝官至議政府右參贊與趙光祖申鏛志同道合士禍後罷居陰城自號陰崖耔沉靜好學老而不倦為於孝友撫其兄耘如溫公之於伯康嘗共省墓耘先至邑宰成霖訪之挾勢使氣仇視清流若無人耔度焉處衣八學霖不覺沮喪屏息流汗出日自爾有敬畏之心後追謚文敬

李延慶 廣陽君世佐之孫勵志為學與趙光祖相友善不屑擧業以行義授六品職擧賢良科迁至弘文館校理及士禍作廢居忠州龍淵上號灘叟南袞死復起除職不就延慶資高學邃見識超詣當官正直誨人不倦嘗曰學者須洗去塵雜使心地清明然後庶可得入道蹊徑而先趨於小人之域矣

李思鈞 拜登第中宗朝官至吏曹判書謚文剛性倔強不拘小節

任樞 由謙子聰明好學中宗朝登科官至慶尚道觀察使子帝臣亦為慶尚道觀察使官至戶曹判書謚貞簡父子兄弟皆立朝清直世稱良宰

任權 樞弟少聰敏與兄共居力學中宗朝登科累輔舍人輔德仁宗在東宮講官皆抄選一時而權獨為冠中宗見其勸戒之辭曰輔導之任顧不當如是耶官至兵曹判書謚貞憲家貧晏如嘗語子弟曰吾豈有過人者但獨憂無自欺對人無諱事而已

柳灌 左議政亮之五世孫父廷秀為掌令以直臣名灌登科中宗朝累官至議政府左議政明宗初為尹元衡鄭順明等所構與柳仁淑同被殺

柳仁淑 中宗朝登科累遷為承旨坐士禍廢居南袞等死復敘為吏曹判書明宗初為鄭順明所構論死

蔡世英 中宗朝登科累官至議政府左參贊為人端重平居足不踏權門當士禍時世英為檢閱執筆在諫袞黨奪筆欲自書諸賢罪案世英還奪曰此史官非他人所用左右縮頸道路指之曰此上前奪筆公也天文曆數以至漢語亦皆通號

申光漢 用溉從弟資性廉簡博學能文中宗朝擢科累遷為承旨後坐士禍作居驪州南袞等死復敘為吏曹判書大提學明宗初拜左贊成封靈城府院君謚文簡詔使張承憲至國光漢為儐承憲見其酬唱動容歎服自號駱峯又號仙齋有集行世

申潛 從漢子有風度雅量能文善書畫人謂之三絶中宗朝被薦登賢良科為藝文檢閱坐士禍罷科遯居楊州峩嵯山下後復起守義仁尚州皆以治行第一聞陞秩通政號靈川子

沈連源 青松府院君澮之曾孫第文科事中宗明宗兩朝官至議政府領議政歷任內外所至有治效忠慎謙恭世稱賢相謚忠惠子鋼恭憲王朝以國舅封青陵府院君鋼子義謙大司憲忠謙判書

沈逢源 連源弟登科遷至承旨自以多病節嗜欲定心志務養真源又戒門戶盛滿築室南山下扁以友松杜門謝客恭憲王以其恬退特加同知中樞府事弟通源為左議政

曹光遠 父紬商封昌寧君光遠少雄健善射御登文科明宗時累轉工曹判書佐把湖南為慶尚道巡察使兼察湖南入為左參贊官至判中樞府事居官務遵大體不喜紛華立朝四十年釐典藩閫先業之外不長尺寸

鄭希登 父球以行義著名官止僉正希登天資剛方中宗朝登科八臺閣正直立朝為羣邪所忌仁宗在世子希登為弼善侍講聞其孝行賜書籍以嘉之明宗即位尹元衡以文定密旨嗾臺諫將殺三大臣希登以

掌令叅坐正色曰此國家大事豈可以内旨爲也
不從遂與朴光祐同被拷死其母哭曰子平生正
直以此獲罪何愧於心有司籍家産家人無以歛
都中人士夜合綿布三百餘疋以遺之不言姓名
而
去
朴光祐 懷慨力學屬文曲雅操紙立就中宗時趙光祖等被殺光祐以太學生
八闕哭訟究後登文科 明宗初爲司諫
尹元衡以内旨將搆士禍光祐正色不撓與
鄭希登同
下獄死 朴忠元 其先入寧山君仲孫之後登第屢官 明宗朝以爲吏曹
叅議忤尹元衡爲寧越郡守有善政八爲承旨
累官至諸道觀察使 判書兩館大提學子啓
賢歷諸道觀察使 判書
曾孫承宗光海時爲左議政 尹溉 恭僖王朝登科爲吏曹佐郎坐
士禍作爲外官 明宗朝累官至左議政善華語以
孫覃休有文行官至副提學曾孫知敬爲承旨以
直諫聞 權轍 賛成踶之玄孫 恭僖王朝登科恭憲王朝累官全羅慶尚觀察使吏曹判
書拜右議政 昭敬王即位陞領議政歷事四朝
爲相務遵刑法嘗曰我屢執刑柄不敢輕用人命

李潤慶 延慶從弟 恭僖王朝登科歷敭臺閣明宗時出尹全州倭冦南邊以觀察令往
守靈岩城戰守有功進秩陞全羅觀察使累遷爲
兵曹判書潤慶平居清儉遇事忘私奉公及卒朝
野惜之
謚正獻 李浚慶 潤慶弟 賛性嚴整有兕局 中宗朝登科 明宗朝累遷兵曹判書
倭冦南邊浚慶以都元帥往禦之官至議政府領
議政 明宗大漸無嗣時詔使許國以 穆宗皇
帝登極已至境上中外洶洶浚慶請遺教迎立
宣祖宅恤延詔叅定吉凶儀注兩得其當上下晏
然侊偉之徒或以定策爲功浚慶曰事自内定臣
下何與焉人不敢復言輔新政黜權奸伸冤枉革
弊法卒謚忠正配享 昭敬王廟庭浚慶守儉約
絶玩好定大計處大事不動聲色國朝以來論相
業者必
稱浚慶 安玹 瑭之 中宗朝登科累遷臺侍以直亮聞出爲全羅慶尚觀察使皆
有治效 明宗朝官至議政府左議政玹端
重寡言笑不受私與不通関節世稱名臣 趙彦
秀 末生五世孫質淳有文行登科 明宗朝以大司憲赴帝京賀節禮部尚書邀請私第曰愛公

德容越禮相見因贈以四書口訣後按咸鏡江原道
皆有惠政官至刑曹判書清白無比死後家無遺財
謚貞簡弟士秀登科爲右
賛成有文名清節謚文節 李澤 陸派力學工書又善射御第文科
明宗朝累迁承旨七爲觀察使二爲節度
使以禮曹叅判卒性廉謹所至有政聲 閔箕 幼穎
異稍長益力學時趙光祖諸賢被禍人皆以學問
爲諱箕發憤沈潛四書就質於金安國安國曰閔
生之學非世儒所及登科選爲弘文正字 恭憲王
朝累遷吏曹判書 昭敬王即位拜右議政卒謚文
景箕立朝廉静論人取長棄短少嘗謂古人於聖
賢書必熟講深思而後解故多得力於讀書今則
先儒訓釋昭然寓目知其文義實無
自得於心乃手書四書正文以讀之 李鐸 高麗太師棹之
後剛正有風力登文科 明宗朝爲大司憲與朴
淳論劾尹元衡 宣祖朝官至議政府領議政其
判吏曹建白才行之士不拘常規除用由是名士
不沈於下庶官得人前後掌銓者皆莫及謚景肅
子海壽官至大司諫
清直敢言以孝行聞 鄭惟吉 光弼孫中文科第一明宗朝累遷吏曹判
書兩館大提學 昭敬王朝官至左議政和厚有
風度詩文富麗詔使韓世能陳三謨至國惟吉爲
儐一見加敬所著有林塘遺稿
兒子芝衍 昭敬王朝亦拜相 南致勤 勇力過人有威猛喑
啞叱咤人不敢仰視中武舉官至漢城判尹
恭憲王時倭冦南邊連陷州鎮致勤以防禦使
往禦之破賊於羅州又
捕平黄海土賊林巨正 白仁傑 幼穎異稱孝兒長從趙光祖學 中
宗末登科 明宗初爲獻納以直諫久謫北方
宣祖時官至議政府右叅賛仁傑立朝讜言不撓
威勢好賢樂善老而不倦 宣祖嘗賜手札曰卿
忠誠可以貫日月節義可以凌氷霜子惟咸官至
承
旨 趙昱 平壤伯仁規之後少有求道之志從趙光祖學沈潛研究至忘寢食光祖曰求道之
篤無知趙君者兄晟亦志學多聞與昱并有重名
人比二程及士禍作昱乃作兩雪詞以見意隱于
砥平縣龍門山 恭憲王朝薦爲
長水縣監治以新民善俗爲務 李恒 高麗星山君長庚之後小
豪逸雄健好游俠年近三十自悔悟立謝其黨折
節讀大學鋭意求道不盥手上服不對案登道峯

山端坐誦思要必體認心得嘗於馬上執簡沈思
忽犯辟僕驚馬行而莫之覺其刻苦類此奉母南
歸泰仁力田養母　恭憲王
時累徵拜遷至司憲府掌令　**成守琛** 世純子少有高行與弟守
琮俱受學於趙光祖人稱二孝家在白岳山下築
書室於園北松林扁曰聽松月誦性理諸書惜旣
力踐學為樂見世道衰喪隱居坡州　明宗時有
薦其賢者起除禮山縣監不起守琛天稟其高德
器渾成識與不識者皆稱先生筆法洒落通
古論者謂觀其心畫亦可見有道者氣象　**成運**
守琛從弟有高志篤行見士禍屢作絕意當世適
居報恩俗離山下　明宗時有薦者徵拜六品職
上章乞還　宣祖累徵以寺正終不就運平居口
不談時政對妻孥如賓以學為樂忘其貧焉兄子
允諧風姿偉厚外坦夷而內方嚴　明宗末隱居
尚州　宣祖聞其行義累除官皆不就運嘗曰允
諧氣稟加人數等晩年成就非吾所及　**李夢奎** 係出慶州高祖延孫為參判夢奎風骨秀
異十餘歲文義已就宰相金克成見而奇之妻以
女行義純篤觀其喪祭者皆感歎金正國就與論
學尤敬重焉中成均生員　仁宗覺夢奎見世道亂
適居保寧以終身嘗有銓官欲薦之夢奎之友為
止之曰吾知其心必不肯屈徒益其名爾名
乃彼所惡何必益其所惡哉識者高其操　**李仲虎** 孝寧大君補之後資稟勇敢少以能詩名嘗讀孟子書慨然有求道之志晝誦夜思至忘寢食
日動靜語嘿皆天也一毫之差生理便息篤行力
踐深有自得從學者甚衆稱為履素齋先生　恭
憲王朝臺諫薦之超授六品職未幾卒所著
有心性圖性理明鑑及自警詩文數百篇　**瑢** 宗室
世宗之玄孫以宗室初封順川守資稟粹美孝
友好禮法與李仲虎讀書山齋殆若十年仲虎學
旣高明乃師事之　恭憲王朝以操履篤宗陞封
順川君兄錦川君弟洪川守皆有賢行錦川之子
誠中官至判書以文行稱
敬中養中亦皆為名臣　**壽崑** 世宗子臨瀛大君之後以宗室初封
節慎守少喜讀書長益勤學以試藝陞正孝友篤
至親喪毀瘠三年隣里皆觀感壬辰倭亂扈從多
著忠勤　昭敬王陞封
為君以忠孝旌其門　**鄭礥** 父順朋　恭憲王時為右議政礥自少聰
悟絕人沖虛高明博通經傳天文地理醫藥卜筮
曆筭律音皆能神解至仙方佛乘亦皆契驗嘗在
山寺試他心通術能知山下百里間事隨父赴中
國見華人便作華語遇琉球使能作琉球語與之
論易琉球使亦異人也在其國卜之曰此行當見
一真人云嘗為抱川縣監未久辭還順朋之構士
禍礥涕泣諫不從遂自韜晦以終身死時有異人
以為尸解自號北窓論者謂其悟類禪其跡類老
子而其歸則以聖賢為宗云弟碏亦沖澹善詩旁
通方藥風鑑之術早喪妻不復娶斷色三十六年
而終有北窓古玉
遺稿各一卷　**李之菡** 麗季名臣穡之後兄郡守之蕃有高識之菡從
而學博通百家語尤邃天文地理脫落名利國內
山川無遠不遊凡貴賤飢飽苦樂無不身驗或為
玩世絕俗之事其知人善惡吉凶時事治亂先見
如神居家行義甚高　昭敬王朝被薦為抱川牙
山縣監愛民如子亦不久於其職所居室
築以土因自號土亭一時名流皆敬之　**李山海** 之蕃子十餘歲已有文名早擢科　宣祖朝累官吏曹判書兩館大提學至議政府領議政所著有
鵝溪集子慶全封
韓平君亦有文名　**李珥** 系出德水知敦寧明晨五代孫　明宗末舉進士文
科皆第一　宣祖朝久在臺閣累遷吏曹判書兩
館大提學官至議政府右贊成珥資稟超詣學問
高明常以經濟自任以修己用賢革弊與治之說
勸上前後懇懇累數萬言然不合則輒引退　上
眷欲委任年四十九遽卒窮鄉村氓無不相弔太
學生及禁軍皆來哭奠謚文成學者稱為栗谷先
生所著有聖學輯要擊蒙
要訣又有文集數十卷　**李至男** 性至孝嘗從李仲虎學篤志力
行父彥忱以掌令論事謫沒至男親負土以葬廬
於墓側涕淚所逆茨草為枯事母安氏至誠疾病
多孝感鄉黨皆化不肖者亦變為孝順　昭敬王
朝以學行拜參奉吏隷皆愛敬如父不忍欺年四
十九卒學者稱為永膺先生子基稷基卨俱篤學
純孝如其父安氏嘗久病曰吾有孝子又有孝孫
吾病雖苦吾心安焉至男沒二子水漿不入口哀
動天地弔者無不變容流涕基稷早沒基卨官至
郡守世稱冰蘗
採者必歸基卨　**許曄** 少學於徐敬德英銳博識登科事　昭敬王歷敬臺閣有

聲望出爲慶尚道觀察使以卒子晟勤學有操守累官吏曹判書篈有才華官弘文館典翰以工詩名世有荷谷集

南彥經

權擘 贊成近之後登科昭敬王朝官至叅議性廉簡博覽強記詩律精深有習齋集子韠豪逸工詩凡有題詠一時傳倡光海時坐詩案死有石洲集行世

沈守慶 豐山君邑嶺之後曾祖膺封豐山君祖貞恭僖朝爲左議政守慶少孤力學登科苐苐一昭敬王朝爲道觀察使所至有治效官至議政府右議政致仕居閑年九十餘卒謹厚清白有文武才立朝五十年四方無田宅自號聽天堂

金孝元 有爲才善屬文登科苐一昭敬王朝薦爲吏曹郎與沈義謙不合遂有東西黨之目宰相請兩出之義謙爲開城留守孝元爲三陟府使後守安岳永興皆有政績弟信元官至贊成

李濟臣 少好讀書善屬文登科歷任蔚山晉州皆以剛明爲治後爲咸鏡北道節度使濟臣器局峻整清直慷慨倭寇之亂昭敬王曰濟臣若在必使君父紓憂矣號清江子命俊累官兵曹叅判以剛直善擧職名孫曾爲顯官者數十人曾孫行遠仁祖朝爲右議政

姜緒 父士尚昭敬王朝爲相緒性明達不拘小節昭敬初登第歷仕至左承旨因事陳戒多不諱時東西黨議起緒杜門不交人讀書鼓琴醉輒放歌以自晦嘗曰觀天時人事不久亂作後侍上流涕入帷之出曰大難作主上辟氣間其兆已見矣後數年果有倭寇凡事物之來先見如神言人善惡吉凶無不符驗

尹斗壽 性重厚博覽善屬文登科遷至承旨昭敬王朝觀察全羅平安道皆有政聲倭寇之亂從上西幸至開城府拜爲右相尋陞領議政盡心國事接應中朝將吏咸得其宜以光國扈聖功封海原府院君諡文靖四子皆顯官昉爲領議政

尹根壽 斗壽弟少聰穎力學善屬文登科昭敬王朝屢遷禮曹判書倭亂上西幸扈從至義州拜兩館大提學時倭兵日逼根壽半載間三赴廣寧六赴遼東告急請兵中朝諸將之來屢爲儐接官至議政府左贊成以光國扈聖功拜海平府院君諡文貞根壽博雅善辭命能華語四使中國以文見稱倡爲古文變時文之弊酷好司馬遷史老不釋卷所著有月汀集

洪聖民 高麗中丞奎之後父春卿爲觀察使有能詩名聖民少孤力學屬文清麗登科昭敬王朝屢官至禮曹判書兩館大提學以改宗系有功封益城君性清簡門無閑節嘗使中國力辨宗系之誣還國口不言功及帝降勅國人始知之子瑞翼官叅議孫命考命夏皆爲卿宰孫曾爲顯官者數十人

具思孟 高麗沔城君藝之後登科昭敬王朝累官至議政府左贊成性謙謹世婚王室豪貴遇列而不有權勢子宬以扈從功封綾海君容縣監有能詩名宏及宬子仁垕俱以靖社勳封院君府女爲仁獻王后誕仁祖

權慄 轍子篤志力學昭敬王十五年登明經科二十五年倭再入寇慄爲光州牧使破倭于南原梨峴尋陞本道觀察使率兵勤王至高陽之幸州山城時諸酋皆會京城賊勢甚盛舉衆來攻慄力戰大破之拜爲都元帥卒贈領議政封永嘉府院君慄重厚有氣量御下以誠不專以嚴毅故能得人死力爲帥後名將名聞天下幸州之捷中朝提督李如松在開城遣游擊查大受請與相見嘆曰權家軍非他陣比外國有真將也倭酋逢我人必問權元帥安否

李元翼 貞恩曾孫父封咸川君元翼少力學昭敬王朝登文科爲黃海都事觀察使李珥擧籌謀委之元翼剖斷明允人無再許者珥還朝薦於上曰元翼年雖少可大用後由承旨出牧安州三年民愛如父母入爲大司憲倭寇之亂上將西幸以元翼有遺惠夜召爲平安巡察使不入其家而去時七路蕩殘唯浿西獨全中朝大兵來援事務浩繁元翼左右酬應皆中其宜居四年召拜相後陞至領議政錄扈從功封完平府院君光海初議建宣惠廳均賦繇甸光海將廢母后元翼切諫坐放黜仁祖立復召爲領相乞退居衿川卒謚文忠元翼天資近道接人處事一出於誠立朝五十年清謹如一國人皆曰賢相

李廷馣 登文科昭敬王朝累遷吏曹叅議倭寇之難上西幸廷馣請據形便守禦至延安募入城守倭將張政百計圍攻塡塹蟻附廷馣率其子坐積蒭城陷自焚聞者感泣死戰賊死傷過半夜遁卒以城全上特加嘉善爲黃海觀察使後封月川君贈右贊成

金汝岉 倜儻

好義氣善屬文便弓馬昭敬王初登文科第一累遷爲義州牧使時西路至者爭事遊宴汝岉撤去聲樂修飭邊備倭寇之難從申砬徃禦倭至忠州謂砬曰賊衆我寡難與爭鋒宜固守鳥嶺據險擊之砬不聽退爲背水陣汝岉知其必敗爲書付其子曰三道徵兵無一人至者吾輩只張空拳男兒死國固其所也但國恥未雪壯心成灰仰天噓氣而已既而賊大至軍敗與砬赴水死子灤仁祖時以靖社元勳爲領議政封昇平府院君

申砬 鐠孫登武科昭敬王朝爲穩城府使擊破叛胡尼湯介北人畏之累遷漢城判尹倭寇之難以巡邊使禦賊于忠州兵敗赴撻川死子景禛以武顯仁祖時以靖社元功封平城府院君爲左議政

柳珩 系出晋州世居京都判書辰仝孫少慷慨善騎射讀書通大義倭兵之難伏釼入江都從金千鎰既已西赴行在昭敬王以爲宣傳官俄中武舉爲海南縣監從李舜臣擊倭有功擢爲慶尚右水使轉忠清全羅水使陞統制使後累爲咸鏡平安黃海節度使皆有聲績李德馨嘗問李舜臣曰誰可代公者舜臣曰柳珩忠義有膽略官雖卑可大用子李傑驍勇有父風仁祖朝討李适有功封晋陽君孫赫然登武科爲統制使從弟琳以武顯累歷節度使至統制使

金應南

尹承勳 祖設弼中宗朝爲叅判以直臣名承勳登科事宣廟官至領議政清直長於吏才累至觀察使訴牒委積而剖決如流兄承吉官至左贊成

洪可臣 不事科業篤志問學昭敬王初以行義薦爲司憲府持平後牧洪州討平逆賊李夢鶴策功封寧原君累爲刑曹判書貴戚畏忌獄訟稱平歸老牙山海上不起自號晩全弟慶臣善屬文登第官至副提學

沈喜壽 逢源孫美容儀有詞彩登科昭敬王朝歷兩館提學官至議政府左議政有一松集

崔岦 登科第一昭敬王朝歷莅州郡官至同知中樞府事性元直博學通經史百家篤好古文爲文章奇古雄健嘗四使中國賫畫刘黃裳見其呈文薰沐而後乃讀曰不啚今日復見兩漢文章所著有簡易堂集及易本義口訣附說行于世

韓百謙 繼禧五世孫天資端詳少從閔純學力行不求人知昭敬王朝屢除州郡政先教養所至有治效官止戶曹叅議樂善好禮於書探討明辨多所自得晩久益篤所著其箕田說深衣說揲蓍辨四端七情說颶風說等篇子興一仁祖朝拜右議政

韓浚謙 百謙弟博學善屬文昭敬王朝登科歷臺省以禮曹叅判拜都元帥入爲戶曹判書光海時坐廢放居及遼東陷虜復起爲都元帥鎭關西仁祖即位以國舅封西平府院君領敦寧府事爲人忠厚有度量舉止凝重少與李恒福李德馨友善俱負公輔之望觀察四道所至有政績及爲戚親遠避權勢四方無田宅謚文翼

李好閔 曾祖淑琦封延安君好閔昭敬王朝登甲科累歷臺館官至議政府左贊成兩館大提學以扈從功封延陵府院君詩文清敏倭寇之難文書旁午大小教檄多出其手筆無停滯謚文僖所著有五峯集弟尚閔子景義官吏曹叅判有詩名

李粹光 恭定王之後父希儉爲兵曹判書粹光昭敬王朝登科累遷副提學仁祖朝官至吏曹判書謚文簡性恬靜以詩文名世所著有芝峯集子聖求爲左議政敏求官叅判有詩名

李真彦 初名時彦孝寧大君補五世孫昭敬王時登科歷任內外公謹称職累遷漢城判尹浚官至右贊成性清直老而不衰門無關節光海廢母時杜門不興廷議仁祖朝從幸江都上疏極言和議之非

洪履祥 其先安東人高麗國學之慶之後之從爲京都人初名麟祥少好讀書昭敬王朝登甲科第一上謂從臣曰觀其策非近日科舉之文也累遷直提學觀察慶尚京畿兩道官至大司憲性孝友執喪不脫衰絰平居不喜紛華諸子皆顯仕孫柱元尚昭敬王女封永安尉

李光庭 都觀察使貴山之後登科事昭敬王倭寇之難扈從西塞有功封延原府院君兼判吏曹莅官清白家法甚嚴子袨爲平安觀察使孝友清直居官盡戒

李尚毅 繼孫五世孫昭敬王朝登第累官吏曹判書至議政府左贊成資禀寬和平生無疾言遽色子志安登第歷館閣官至議政府右叅贊兩世皆有文名有黃驪世稿行于世

黃愼 衛曾孫少聰敏學於成渾宣祖朝魁文科遷至掌令倭兵之難久隨游

擊沈惟欲策應有勞又從勅使楊邦亨往還日本
倭人多所恐刼慎不為動後倭人必問其安否出
為全羅觀察使官至戶曹判書性勤直鮮許可
文辭精鍊尤工於四六子一皓為義州府尹**申欽**
祖瑛為叅贊欽少孤好讀書昭敬王朝登科久
掌文翰累遷禮曹判書仁祖朝拜大提學官至
領議政欽有標望詩文蘊籍所著象村集行世
子翊聖尚昭敬王女封東陽尉以工書名**李**
廷龜石亨四世孫宣祖朝登科累歷華顯至禮
曹判書仁祖時官至議政府左議政廷龜
善屬文再為大提學國家文書多出其手中朝
晝丁應泰搆捏本國宣祖遣李恒福及廷龜辨
誣廷龜撰其奏文華人傳賞之所著**吳允謙**學於
有月沙集子明漢官至吏曹判書成渾
宣祖朝蔭補平康縣監有惠政及登科由吏曹郎
累遷承旨光海時奉使日本閔白以下皆敬待歸
俘虜百餘人仁祖朝官至議政府左議政允謙
慈祥寡欲不為高遠之論而能飭躬砥行謚忠貞
姪子達濟仁祖朝為弘文修**鄭曄**幼爽從學
撰以斥和臣被執入瀋陽死於李珥成渾

有志行宣祖朝登科累遷大司諫出守舒川水
原鍾城洪州皆有政績仁祖初官至議政府左
叅贊曄有士林重望故久為大司成階至一品而
常兼任好古力學事親至孝待人以誠光海時遯
居於外有告以靖社謀者不應曰吾知**金尚容**宣祖
守經而已歸守夢所撰有近思錄釋疑
朝登科累遷大司諫光海時為刑曹判書至仁
祖時官至議政府左議政丙子虜難以宰臣入江
都及虜兵渡江尚容登城樓自焚死性廉靜孝友
不通關節善篆隸國家廟主銘旌必須其筆子
光炫官吏**金尚憲**尚容弟少善屬文登第歷數清
曹叅判顯仁祖時為吏曹判書大提
學性剛介門絕請謁丙子虜難扈從南漢上出
城尚憲自縊不死徑歸嶺南不入京虜賫本國助
兵攻大明尚憲上疏切諫久之虜執尚憲拘幽瀋
陽見其不屈遂還之故居揚州一世重其名孝
宗朝拜左議政謚文正所著有清陰集**李曙**孝寧
孫壽興為戶曹判書壽恒為吏曹判書大君
補七代孫中武舉歷任州郡光海時為長湍府使
興申景禛金瑬等密贊仁祖靖社策功一等官

至兵曹判書封完豐府院君在功臣中稱廉簡**鄭文孚**工詞善射宣祖
時登科出為北道
兵馬評事倭冦之難北路盡陷叛民執南北節度
使王子宰臣迎降於賊文孚亦竄匿海濵與鏡城
人士起義兵討叛賊復諸城累擊倭捷獲北路之
平多其力云宣祖命陞秩通官政至全州府尹
仁祖初被誣獄死至**張晚**宣祖朝歷為五道觀察
今上朝追贈右贊成使能舉其職光海時以
體察副使赴昌城收招深河潰卒入為兵曹判書
上書論時政罷居通津仁祖初拜都元帥鎮平
壤副元帥李适舉兵叛直逼京城上幸公州晚
追至鞍峴大破之适為其下所斬隆以功封玉城
府院君拜議政府左贊成晚長於御衆有識慮嘗
奉使朝京道遇建虜之入貢者語人曰此虜終為
天下患異日天朝徵**李弘冑**恭靖王子宣城君之
兵吾輩行且見之五世孫宣祖朝登
科光海時累遷兵曹叅判奉使朝京時遼東喪師
弘冑請禮部辭宴部欲折宴以銀又辭之尚書服
其知禮仁祖朝代張晚為都元帥未久力辭而
還官至議政府領議政謚忠貞寬弘寡言笑性儉

約無嗜好所居**李安訥**其先德水人世居京都曾
只數間矮屋祖荇詩文名世恭僖王
朝左議政安訥登科仁祖朝累遷咸鏡道觀察使
至禮曹判書以清白稱工於詩一時詩人皆莫能
及所著有東岳集族姪植亦善**張維**父雲翼魁文
詩文官至吏曹判書大提學科宣祖朝
為刑曹判書維好古文博覽強記光海朝登科入
史局坐罷屏居仁祖立叅靖社功臣封新豐居
累遷吏曹判書再為兩館大提學後持母服起復
為右議政固辭不拜而卒才稟超邁文章平順渾
注本於經術事大交鄰文書多出其手謚
文忠有溪谷集行于世女為孝宗王妃**任叔英**
曾祖說為判尹以文名叔英聰明絕人凡經史子
志一過眼終不忘文詞逼古又長於四六光海朝
對策斥論時政光海怒命削科大臣諫而復科資
性簡直不隨世俯仰仁祖初為司憲府持平直言
不撓家貧饘粥屢絕晏**李時稷**石亨六世孫仁
如也有踈菴集行世祖時年五十餘登
科歷掌令還至奉常寺正丙子虜難入江華見諸
人無意守備嘆曰人謀不臧雖有天塹將安恃也

及虜渡江爲書付其子曰宗社淪亡萬姓魚肉義不苟活甘心自殃殺身成仁俯仰無怍乃自縊死

沈詵 連源族曾孫　仁祖朝以蔭仕官至敦寧都正丙子虜難入江華謂其妻宋氏曰賊若渡江吾當捐軀宋氏曰公爲忠臣妾獨不得爲忠臣婦乎及賊迫城詵書遺疏北向四拜夫婦盡沃易服自決後　上見其疏曰國家於沈詵無深仁厚澤而臨亂死節先於重臣若非君子何以至此並其妻旌表門閭弟諿登科官刑曹判書

鄭廣成 昌衍子

金堉 湜四代孫少家貧躬耕自給　仁祖朝登科累遷禮曹判書　孝宗初拜議政府領議政堉居官狷介及爲相建設忠清道大同均役法欲推行他道又請用錢累建白臨終遺疏請行大同於湖南子佐明官兵曹判書佐明令　上封清風府院君

李敬輿 登第　仁祖朝累官至議政府左議政性廉直所莅清簡有政聲謚文忠

金世濂 孝元孫端重好學登第々一光海時爲正言斥廢母論謫西塞　仁祖立召爲弘文館修撰累官至戶曹判書嘗奉使日本其國所贈一不受賜還以其供遺分給諸倭館者其酋知之賀黃金百七十錠追及於路與同使約投之淺流倭人嘆服得其一詩爭傳誦之每日使者必問安否平生手不釋經籍所著有東溟集

李必行 浚慶孫兄必榮爲漢南君必行剛介有節操　仁祖初登科還至丙子亂後遯居驪州村舍絕意仕宦躬耕自給累徵以司諫終不赴徵

趙絅 淯裔孫博學善屬文　仁祖時登第々一累入臺閣有直聲後官至吏曹判書大提學性剛狷清白一節至老不變所著有龍洲集

許厚 其先陽川人判典理錦之後曾祖磁　明宗世爲吏曹判書厚少嗜學飭勵自立　仁祖時仕爲諸曹郎出監三縣當事必持法盡誠雖顛躓不顧晚有薦其賢者除司憲府掌令固辭終不就入有問者曰可以言矣厚曰無益要名吾不爲也吾本祿仕立朝行道非初心所期厚方正嚴毅篤於人倫如禮儀田賦兵律刑書天文地理陰陽之運化無所不究從弟穆嘗曰學力何事厚曰惡衣惡食與人居而不恥嘗論天人之際曰自動靜云爲之則天地萬物位育之妙可推而見也

列女

恭慎翁主 本朝康靖大王之女性行端潔嫁清寧尉韓景琛早寡燕山時流于牙山抱神主以行朝夕必哭奠　恭僖王旌閭

柳氏 本朝左議政許琮妻琛沒朝夕親具奠饌時燕山短喪法極嚴柳氏猶不畏禍守禮以終三年　恭僖王旌閭

安氏 觀察使崇孝女貧成姜希孟之妻執婦道甚謹治家有法康靖王時元子有疾避寓民間政院請擇將相法家養之啓移安氏家安氏調護有方旬日而氣健居四年忽一日元子誤吞綵錘子喉塞頗危諸從者但蒼皇呼號安氏奔見曰豈可使吞物之兒仰臥益令深入即令乳媼扶起安氏以指挑錘子出諸從者叩頭謝曰夫人豈徒活我輩命國本賴夫人得安矣安氏戒勿言絕口不及其事其重慎如此內間聞其有家法賜賚給繹及病上特賜醫藥歿賜賻布棺槨

金氏 大司諫姜詗妻燕山時詗以直諫被殺金氏號哭不食踰月而死恭僖王朝旌閭

朴氏 承旨姜景叔妻有賢德嘗有一丘卒遺子兒以雞卵朴氏卻之曰豈可以兒故良入清德子燕山時景叔坐士禍杖流會寧朴氏憂傷不食愈年而死恭僖王朝旌閭

鄭氏 孝子李至男之妻事父母舅姑極孝敬至男哀毀踰禮目爲之盡枯平生以未亡人自處姑沒賣衣服喪葬以禮教子基稷基禹一以義方世稱爲孝婦列女義母

李氏女 李至男之女生有至行不教講學而自能解文及遭父喪泣盡血出遂以毀死臨終謂兄基稷基禹曰從先人於地下死無所憾但病母在堂不得終養爲恨耳言未終而逝事聞　宣祖命賜祭至男既有篤行而基稷兄弟以純孝聞人謂天下孝義萃於一家

李氏 李妻適孝經小學列女傳精於女工孝友天至奉祭以誠未嘗一作巫覡淫祀事兄弟族親有窮乏賙之惟恐不及居家雖不困匱亦無遺儲常曰身不至飢寒可也豈必多積哉二子首慶重慶皆登第顯官嘗隨子赴溫陽任所勉飭莅官不喜珍厚之味或供進過豐則輒卻不食曰恐出民力溫民聞之感德稱爲孟母

柳氏女 文原君李希輔之女外祖尹俔爲大丘府使柳年十四隨任大丘府倭寇之亂與外祖母金氏投江舟人欲以手援之柳仰天長呼曰苟且求活不如潔身而死遂溺死

昭敬王命旌其閭 權氏 成傳妻傳有孝行權氏性亦端直宣祖時倭賊陷京城賊殺其夫欲犯之權氏以石擊賊遂與夫同死 昭敬王朝旌門 宋氏 都正沈覲妻仁祖時清虜犯京城避亂江華覲謂宋氏曰賊若渡江我當指艫宋氏曰公為忠臣妾獨不得為忠臣婦乎及城潰夫妻盥沐易服自決 上聞之曰國家於沈覲無深仁厚澤而臨亂死節若非君子何以至此其妻宋氏同死之節尤可嘉 并旌閭錄用其子孫 李氏 完平府原君李元翼庶女其夫朴允章傍死李氏誓心必死不食哭斷齋苦形衰麻不去身五年而死人莫不酸鼻其妹為宰相李恒福庶孫婦仁祖時避虜難於江華及江華陷虜驅于女而歸其妹立號衆中曰妾故完平李相國之女子也遂自勁死之

開城府 東至長湍府界十一里南至豊德郡界十九里西至碧瀾渡黃海道白川郡界三十六里同道江陰縣界三十五里北至同道牛峯縣界五十七里距京都一百六十六里

旱田

水田

建置沿革本高句麗扶蘇岬冬比忽二縣地新羅時為松岳郡及開城郡地高麗太祖初定都于松岳之陽并跨開城地改為開州光宗時改開京稱皇都成宗時更為開城府顯宗九年罷府置縣令管貞州德水江陰三縣直隸尚書都省文宗十六年復置開城府都省所領諸縣屬焉 貞州等三縣及長湍縣所管松林臨津兎山臨江積城坡平麻田凡十一縣皆屬焉又割西海道牛峯郡以隸之 忠烈王三十四年以府掌都城內別置開城縣屬于府掌都城外本朝 太祖三年遷都漢陽 高麗凡四百七十五年 改為松都開城留後司省開城縣 世宗二十年改開城府掌坊 本府又設四部東部在仁興坊管幾坊南部在禮安坊管 西部在義興坊管 北部在智安坊管 ○高麗太祖二年立市廛辨坊里成宗顯宗又改定五部三十五坊東部七坊曰安定曰奉香曰令昌曰哲令曰揚堤曰弘仁曰蒼令南部五坊曰德水曰德豊曰安興曰德山曰安甲西部五坊曰森松曰五正曰乾福曰鎮安曰香川北部十坊曰正元曰法王曰興國曰五冠曰慈雲曰王輪曰堤上曰舍乃曰獅子岩曰內天王中部八坊曰南溪曰興元曰弘道曰鷲溪曰由岩曰変羊曰廣德曰成化本朝世祖時以開城外官不可仍舊制遂省為四部四坊令為幾坊

官員留守 二人從二品一京畿觀察使兼 經歷 一人從四品 都事 一人從五品 教授 一人從六品

郡名扶蘇岬 松岳郡 開州 宋史高麗王居開州蜀莫郡曰開城府依大山置宮室立城壁按此云蜀莫郡疑松岳郡之訛 開京 松都

形勝天府名墟 高麗太祖十年十七道詵復至請見曰足下應百六之運生於天府名墟三季蒼生待君弘濟 八仙住處 世傳唐時有中國人來登鵠嶺南望曰此地必成都邑又曰真八仙住處也 控引形勢蟠起鳳舞 高麗李奎報記門千戶萬若鱗錯櫛化而控引形勢蟠起鳳舞 北據嵩山南控龍首洛河遶其東碧瀾吻其西 本朝俞好仁松都錄北據嵩山南控龍首洛河遶其東碧瀾吻其西真天府之地也 聯絡三京 大明祁順詩 山高水麗 地志

風俗箕子遺風 宋史高麗習箕子之餘風撫朱蒙之舊俗 仁柔惡殺 同上性仁

柔惡殺不屠宰**風俗類中國**宋史高麗地宜秔稻風俗類中國無橐駞水牛驢有僧無道士**官吏閑威儀**宋徐兢高麗圖經云飲酒用俎豆文字合楷隸上而朝列官吏閑威儀而足辭采下而閭巷經館書社三兩相望子弟未昏者則羣聚從師稍長則擇友講習**士尚聲律**宋史高麗有國子監四門學學者六千人貢士三等王城曰士貢郡邑曰鄉貢他國人曰賓貢士尚聲律少通經**士人以族望相高**同上高麗士人以族望相高柳崔金李四姓為貴種**士女尚素服**同上**人物雄秀**府志**女人多以貞潔自守**府志女入多以貞潔自守雖閭里下賤恥於改嫁出必戴羃笠遇人則傾面避之髮不膏沭面不指粉朴素可嘉**民業行商**同上府之凡役皆出於戶口田地之役甚歇而戶口之役煩若男踰十歲便業行商女入十守終歲結草笠東南下里鍮鑄為業每日開市交易以為生**貨用錢貝**同上國內錢貝不行而此府獨用之故人給家足多富商大賈

山川松嶽在府北五里鎮山初名扶蘇又稱鵠嶺新羅監干八元善風水到扶蘇郡見山形勝而童吉康忠曰若移郡山南植松使不露岩石則統合三韓者出矣康忠與郡人徙居山南栽松遍岳因稱曰松岳又名崧山又名神嵩又王昌瑾鏡文云巳年中二龍見一則藏身青木中青木松也謂松岳也○勝覽曰百濟始祖十年靺鞨冠百濟北境王遣兵二百拒戰於昆彌川上百濟軍敗績依青木山自保所謂青木山疑即此○松都八詠其一曰鵠嶺春晴高麗李齊賢詩八仙宮佳翠微峯繚繳烟霞幾萬重一夜長風吹雨過海龍擎出玉芙蓉○大明祁順詩中國有嵩岳降神生甫申一時建功烈萬古揚芳塵神嵩在三韓雄勝亦有聞英靈賦人物嘗作邦家珍乾坤氣不息山水名猶新生才不限地熟謂秦無人**龍岫山**一作首在府南二里即外城基**進鳳山**在府東南九里山內外杜鵑花盛開世稱進鳳山躑躅**男山**在城中有山如蚕頭陡立俯瞰一都李奎報記負鵠嶺腋龍首抱四方之會據神京之中葱葱有佳氣可掬者男山也**鳳鳴**

山在城西二十四里**天磨山**在松岳北諸峯嵳峩柳天望之擬翠故名天磨○大明董越詩數峯高聳碧天齊俯瞰晴雲落日低鼇背蓬壺淩弱水仙家樓觀絕丹梯長迷渡海扶搖翼應礙行空躡蹻蹄安得羽翰生兩腋直從絕頂一留題**蜈蚣山**在松岳西其形如鼓又松岳有石如鼓世謂之左右鼓山**土嶺**在府北四十一里**葛峴**在府北五十八里**龍峴**在府西三十五里**國清峴**在府西十三里**虎峴**在府南十九里**大蛇峴**在府東十五里**吹笛峯**在府東五里天壽院西**戟巖**在府北三十一里高麗吳世才詩北嶺石巉巉邦人號戟岩者此也**德巖**在府東九里**紫霞洞**在松岳下洞府幽阻溪山清連最為勝絕高麗時左相蔡洪哲作中和堂於洞中邀國老八人為耆英會有所製紫霞洞曲**大興洞**在天磨聖居兩山之間距府北五十九里自朴淵而上山漸高水益清岩石益奇峻至觀音窟前水深成池有石出水曰龜潭又上數里石白光潔川流布其上瀉為深湫澄澈四面皆

恠石矮松又上數里有川出自東崖曰普賢洞又上數步曰馬潭又上數里有大興寺古址其上又有圓通詩穴禪岩寂照諸菴及海印聚雲法林泰安雲谷等廢址泰安乃高麗太祖胎室也大槩洞中樹木蓊鬱日光不到夏則木蓮盛開秋則楓葉映水真佳境也○本朝南孝溫詩一入大興洞十里不見天葉落石門深溪回入馬淵扶笻行且吟石峻麻鞋穿○本朝徐敬德詩紅樹映山屏碧溪瀉潭鏡行吟玉界中陡覺心清淨**月老洞**在府北十里**東郊**崇仁保定青郊籍田等皆是**西郊**午正門外黃橋等處是**禮成江**又名後西江即黃海道江陰縣助邑浦之下流入本府界過梨浦錢浦碧瀾渡又東迴南轉流入于海高麗時朝宋使臣於此江發船故謂之禮成○本朝宋史自明州定海縣遇便風三日入洋又五日抵黑山入其境自黑山過島嶼詰曲嶕石間舟行甚駛七日至禮成江江居兩山間東以石峽湍激而下所謂急水門最為險惡又大明一統志急水門在開城南海中宛然如巫峽○高麗史樂志有禮成江曲初唐商賀頭綱善棋嘗

至江上見一美婦欲賭之與其夫佯不勝倍輸物其夫利之以妻注頭綱一擧賭之載而去其夫悔作是歌婦去時粧束甚固頭綱欲亂之不得舟至海中盤旋不行卜之曰節婦所感頭綱還之婦亦作歌○高麗李穀詩河海東流想禹功南檣北楫遠相通何人睠足連江雨有客愁深盡日風一葉戢掀冥海裡群山出沒有無中敢希魯國乘桴叟擬向磻溪問釣翁○高麗鄭誧詩風靜長江綠潑油征帆一一集潮頭篙師放火鳴鼉鼓知是東南賈客舟○青山如畫滿篷窗細雨如絲洒石矼已是夜闌清不寐舟人更唱禮成江

新里東方浦在府西二十三里其源二一出松岳北月老洞一出大井至余乎里合流為此浦又西流入禮成江李齊賢松都八詠南浦烟蓑者是

馬潭在府北六十二里有岩斷絕飛泉雙垂狀如白虹諺云潭神如馬故名之詳見大興洞

熊川在府南七里其源有三一出進鳳山一齊陵山北一出真觀寺東至圓明寺西合流東過青郊驛前入于豐德郡之沙川

鶯溪在智安坊有二源一蜈蚣山一出龍首山至大川攜合流東過本府前為鶯溪西流入禮成江

大井在府西二十二里有泉湧出深二尺許有竇潛通山腹驚溜泌沸而即于井其下可灌數千頃傍有井祠每春秋致祭凡有禱亦祀之諺云井水赤濁則有兵變恭愍王十年井水黃沸

陽陵井在州南八里大明洪武三年帝遣朝天宮道士徐師昊祭高麗山川師昊又載石而來問都城南楓川何地乃以是井對師昊致祭遂竪碑而去○其祭文曰皇帝遣朝天宮道士徐師昊致祭于高麗首山及諸山之神首水及諸水之神高麗為國奠于海東山勢磅礴水德汪洋實皆灵氣所鍾故能使境土安寧國君世享富貴尊慕中國以保生民神功為大朕起自布衣今混一天下以承正統比者高麗奉表稱臣朕喜其誠已封王爵考之古典天子於山川之祀無所不通是用遣使敬將牲幣修其祀事以答神灵惟神鑑之高皇帝親製也

炟艾井在府北五里○高麗神宗初崔忠獻奏黜內侍閔湜等七十餘人以俗傳王飲炟艾井則官者用事乃毀之乃以廣明寺井為御水俚語藤梨謂之炟艾

東池在府北五里

蓮池在壽昌宮西

龍化池在府東七里李齊賢記云京城之南有池可方百畝環而居者閭閻烟火之舍鱗錯而櫛比

甑池在府東二十四里李穡詩東郊籍田有圓峯峯下有池蟠老龍即此

土產 松蕈 栗 飴糖 秀魚 錦鱗魚 訥魚 葦魚

城郭

羅城即外城高麗顯宗時姜邯贊請城京都王命李可道築之為城凡二十一年而畢城周四十五里羅閣四千九百一十間有崇仁宣旗保定光德德山會賓仙溪泰安弘仁乾德保泰宣義猊定平仙岩慈安彰義迎陽安和成道會昌安定二十二門今皆頹壞

內城我太祖開國二年以石築內城周二十里四十步有東大南大東小西小北小五門

公署

開城府本司在西部岩串里

惠民局在南大門外通達有層閣

軍器監在芚峴南

司圃署在保定門外即開國寺古基

奉常寺在府內北部報恩里藏齊厚陵及成均館奠物

訓鍊廳在

學校

成均館在炭峴門內大聖殿安五聖十哲位版東西廡安七十子及歷代諸賢位版殿前有明倫堂置教授官一人

崧陽書院在府東北四里花園北本鄭夢周舊居宣祖初府又就建書院立祠祀之以徐敬德配食命賜扁額經籍矣

宮室

敬德宮在楸洞我太祖潛邸舊宅及即位增修為宮今置別提二人守之○己卯九月恭定王在此邸一日曉白龍見于寢室之上大如椽光彩燦爛俄而雲霧不知所之

穆清殿在崇仁門內亦太祖舊宅恭定王命建是殿奉安太祖御容有叅奉二人

太平館在本司西高麗時為征東省今為使華止宿之所○本朝初權近奉使入朝○大明高皇帝賜以御製開城古京詩詩曰遷遺井邑市荒凉莽蒼盈眸過客傷園苑有花蜂釀蜜殿臺無主兎為

鄉商狂道從新郭坐賈移居慕舊坊此是昔時王氏業檀君逝久幾更張○本朝李孟昀詩五百年來王氣終操鷄搏鴨竟何功英雄一去山河在入物南遷市井空上苑鶯花微雨後諸陵草樹夕陽中秋風容恨知多少往事悠悠水自東

迎賓館在午正門外今為迎詔及使送迎之所舊有迎恩館順天館即此館而隨時異名耳一撫高麗毅宗置迎賓會仙二館以待諸國使臣

南樓即城南門樓懸鐘以警最昏○本朝權韜詩雪月前朝色寒鐘故國聲南樓愁獨立殘郭曉烟生

烽燧

松岳國師堂烽燧在府北十一里北應黃海道江陰縣山城東應長湍府天壽山

松岳城隍堂烽燧在府北十一里南應豐德郡德積山西應首鴨山

首鴨山烽燧在府西三十四里東應城隍堂南應神堂

神堂烽燧在府南三十六里北應首鴨山西應黃海道白川郡夫毛里

郵驛

青郊驛在保定門外五里

狻猊驛在城西二十里世傳高麗時遼使狻猊死於此故因名云

天壽院在城東即天壽寺古址也我成宗七年留守李芮搆亭於院傍吹笛峯下曰記之曰余嘗聞高麗舍人崔斯立有詩云天壽門前柳絮飛一壺來待故人歸眼穿落日長程畔多少行人近却非竊以為天壽門是高麗五百年迎賓送客之地也成化甲午余留守于茲府之人猶踵故事就其西峯除地為臺有大賓客則必於此而送迎焉一日送客于此試問其處則曰吹笛峯也乃知高麗全盛時士大夫相與送迎于此而遊衍焉因惟一代人物之所會冠蓋車馬之所趍何無亭榭臺閣之勝斯立所謂天壽門者亦不知其何處也蓋自聖朝定鼎于漢陽人物之南遷年代之久遠雖有池臺亭榭其頹廢蕪沒宜無怪矣於是弭節訪古徘徊移日院主康邑壽者進曰儂父子相繼為院主具悉廢興之由天壽寺是前朝大刹也世傳千字萬間今遺址皆為田壠所存者只行旅投宿之小院耳舊有高樓數楹亦皆頹盡無餘余於院主之言盖有感焉國家於此院置主給田盖無忘賓旅之意也以舊都大府賓客之繁迎送必于此地則藉草野開帳幕其轉輸之勞不貲或值雨雪賓主遑遑無以為禮況府西有迎賓普通之院而東獨無有豈非一欠遂相府與謀畫倩遊手作亭峯下松樹之間既訖工偕僚佐以登賞四顧開豁遠山集於前長川繞於下道途之逶迤人馬之來去落照晚景果如斯立之詩矣○高麗李仁老破閑集都門一百步連峯起於後平川瀉於前野挂數百株挾路成陰行道必憩息于其下輪蹄闐咽謳歌樵笛之聲不絕而丹樓碧閣半出於松杉烟靄之間公子王孫携珠翠引笙歌迎餞必於此睿王朝畫手李寧為其畵付宋商後王求名畫於宋得一美畫而來李寧曰此臣所畫天壽南門畵也○高麗李奎報詩連天草色碧烟昏満地梨花白雪繁此是年年離別處不因送客亦消魂○本朝成任詩繁華事散野雲飛流水無情去不歸詩句尚留迎送地市朝人物已全非

樂王院在進鳳山下

大悲院在西補國寺傍高麗忠肅王時僧蜀仙勸王創院聚城中病人救藥饍衣食

汪波院在城西南

西普通院在土城永平門外

南溪院即開國寺南路也前有雙竿立石及長明燈

關梁

青石峪口在府西三十里東西山崖峻陝路經其中盤旋偪側十五里始出平地乃松京關隘之地峪中石色皆青故名舊有青石洞院以接行旅防察盜賊

槖駝橋在保定門內古稱萬夫橋高麗太祖時契丹遣使歸槖駝五十匹王以契丹嘗與渤海連和一朝殄滅無道之甚不足遠結為鄰絕其交聘流其使三十人于海島繫槖駝于橋下皆餓死因名槖駝橋今俗或稱夜橋○明宗時李義旼自槖駝橋至猪橋築堤種柳人稱新道

黃橋在午正門外權近詩曾讀松都八詠詩黃橋晚照最閑思即此

仙人橋在紫霞洞

壽昌橋即壽昌宮前橋十川流過其下

白金石橋在市街

楓友橋在南大門外水曰白川

鶴橋在蛇洞

善竹橋在坐犬里北高麗鄭夢周死節於此後人立碑橋頭刻善竹橋三字以表之

猪友橋在南大門外水曰黑川 傘石橋在市街 永義署橋在泉洞 王粧橋在板房洞 大橋在城西十里潮水往来 十水川橋在板房洞 兵部橋在延慶宮東南橋石滑澤本朝韓濩兒時習書於此 大平橋在大平館前 勞軍橋在兵部橋東 羅伏橋在天壽院東五里新羅敬順王金傅来降麗祖親往以受頃都往觀羅臣有墜於橋下而死者 碧瀾渡在府西南三十六里即禮成江渡涉處權近記松都西北衆壑之水會為長江流入于海其渡處曰碧瀾近國故涉者衆近山故流駛近海故潮悍而涉者亦甚病 錢浦渡在府西三十五里亦禮成江津渡其流又有梨浦渡

祠廟 松岳山祠上有五宇一曰城隍二曰大王三曰國師四曰姑女五曰府女未知指何神 八仙宮在松岳頂高麗李穡詩石路縈回到上頭八仙宮觀俯神州即此 龍首山祠毅宗時咸有一不惑淫祀盡焚諸神祠至龍首山祠焚之王夢有神来求救令復構 宋衆

賢祠在城外春秋致祭

陵墓 高麗世祖陵世祖即太祖之考王隆太祖追封陵號曰昌陵在禮城江上永安城 太祖陵號顯陵在松岳山西巴只洞南○本朝成任詩朝出郭門西行渡普通溪偶入顯陵山路成高低麗祖古陵寢石上大字題象設半埋沒荒草何萋萋三國昔鼎峙地醜德又齊干戈日糜爛風塵千里迷王提三尺釖民望如雲霓三韓歸統合搏鴨又操雞人知奠抚樂一家誰相擠大惠及百世厥功無與濟一朝蘇已訖往事令人悽守陵數户在寂寞無輪蹄我来三歎息羸馬迎風嘶陵丁蹯我至帶来數樵兒我向陵丁說遺澤在蒸黎謹守苟火慢致禍難噬臍年年禁樵採無俾及耕黎 惠宗陵號順陵在炭峴門外景德寺北俗號繳王陵 定宗陵號安陵在南小門外 光宗陵號憲陵在松岳山北麓狄踰峴 景宗陵號榮陵在進鳳山下 成宗陵號康陵在南郊 穆宗陵號義陵在城東 顯宗陵號宣陵在松岳西麓 德宗陵號肅陵在北郊 靖宗陵號周陵在北郊 文宗陵號景陵在佛月寺南麓 順宗陵號成陵在進鳳山南壞陽峴 戴宗陵號泰陵在鳳鳴山下 宣宗陵號仁陵在東城 獻宗陵號隱陵在城東 睿宗陵號裕陵在城南 仁宗陵號長陵在城西碧串洞 毅宗陵毅宗在慶州遇弑藁葬其地明宗四年趙位寵起兵聲言李義方弑君不葬之罪故五年發喪返葬于城東號禧陵 神宗陵號陽陵在城南 康宗陵號厚陵 元宗陵號韶陵在府北十五里 忠烈王陵號慶陵在府西十二里 忠宣王陵號德陵在府西十二里 忠肅王陵號毅陵 忠惠王陵元遣大卿朶赤等執王而去流揭陽未至明年薨其年六月喪至自元遂葬于此號永陵 忠穆王陵號明陵在府西十二里 忠定王陵號聰陵在城南 恭愍王陵號玄陵 魯國大長公主陵即恭愍王之妃號正陵俱在城西鳳鳴山中 朴尚衷墓在崇仁門外五里燕子洞

寺刹 王輪寺在松岳山麓高麗為大刹忠烈二年造成丈六像王與公主親設法會 龜山寺在松岳山昭格殿東旁有仙月寺○高麗文宗幸此寺置酒邑臺太子宰樞侍宴夜半乃還忠烈王幸寺視九齋夏課 金鍾寺在松岳山麓○高麗李穡詩已愛金鍾樓更愛金鍾樹蕭欏懸虚堂朝夕生烟霧仰見赤日避疑是飛雲度况聞幽澗泉悠然發奇趣真堪追冥搜直欲到玄圃 石房寺 乾聖寺俱在松岳山 廣明寺在延慶宮北松岳山南麓即高麗世祖王隆舊宅太祖統合後捨家為寺舊有穆宗真○俗傳懿祖作帝建娶龍女自永安城卜地至此營第居焉北階下有井龍女常遊井中一日化為龍入井不還云又寺北有小丘謂之溫鞋陵俗傳龍女不還只葬所遺之鞋因稱溫鞋陵 安和寺在松岳山紫霞洞有連潏亭紫翠門李仁老破閑集安和寺睿宗所創大宋皇帝聞創是寺特遣使以殿財像設送之親題殿

額命蔡京榜於門其丹青營搆之巧甲於海東出寺至御花園纔六七里丹崖翠嶂橫張側展有溪沿石徑而流四畔松栢參天往來者如在畫屏中○李齊賢云靖國安和寺有石刻睿王唐律四韻一篇其云太子某書者仁王諱也是時王與太子皆勵精向學延訪儒雅彬彬有中華之風後世莫及○高麗柳公權應製詩松徑崎嶇石自層不教凡骨到仙洲鸞輿忽幸黃金刹鳳輦俄臨白玉樓霞月勸留三日賞溪山共鮮萬機憂風蟬噪罷秪園靜谷鳥啼殘小室幽庭柏依然溫室樹軒溪即是醴泉流禪僧詩句碧雲暮法部笙歌紅葉秋北塞近聞妖霧捲南州已報瑞雲披太平多暇揮神翰巨筆成篇記勝遊過沛宴酣何足羨橫汾樂極亦應羞微臣濫與賡歌列自愧無鹽倚莫愁

觀音窟 在朴淵上流寺後有岩竅如屋中有觀音二石曰以為名上有正慈實相首頂菩提觀佛等庵高麗光宗始立屋其傍我太祖潛邸時重營李穡為記

知足菴 在天磨山清涼峰下菴後石壁千尺四面攢峯如列畫幛南望滄海眼界無礙世傳中朝人嘗摸寫山形而去寺僧又有高禪寂滅性海圓寂樂道雲住善觀見性清涼聖燈佛教永安寶聖等菴○李穡詩天磨絕頂入雲端萬壑松風脚底寒自是道情方自得更無塵事敢相干

福靈寺 在松岳西麓上有曉星窟○本朝朴誾詩伽藍却是新羅舊千佛皆從西竺來終古神人迷大隗至今福地似天台春陰欲雨鳥相語老樹無情風自哀萬事不堪供一笑青山閱世只浮埃

甘露寺 在五鳳山崖前臨江水庭中有九層浮屠高麗昌華公李子淵入元朝登潤州甘露寺愛湖山勝致謂從行三老曰宜審視形勢載胸臆間及還與三老約曰天地間凡有形者無不相似況我國山川清秀其形勢豈無與京口相近者予汝宜以扁舟短棹無遠不尋三老凡六涉寒暑始得之於府城西湖潤州甘露寺雖美特營搆儈飾之工勝耳至於天作地設自然之勢殆未及此凡樓閣制度一一倣潤州高麗時題詠者幾千餘篇○高麗李奎報詩金碧樓臺似鳥翬青山還繞水重圍霜華照日添秋露海氣干雲散夕霏鴻鴈偶成文字去鷺鷥自作畫圖飛微風不起江如鏡路上行人對影歸○高麗金富軾詩俗客不到處登臨意思清山形秋更好江色夜猶明白鳥高飛盡孤帆獨去輕自慚蝸角上半世覓功名○本朝鄭以吾詩窓扉歷歷倒江流江上招提境轉幽細下湖生風滿座軒前雲盡水明樓聳空高塔臨蛟室搖月踈鍾落釣舩幸是官閑偏適意出城二日飽清遊

神孝寺 在廣德山一號墨寺

古蹟

開城廢縣 在城西二十五里即高句麗冬比忽新羅為開城郡高麗初併入開城府顯宗九年罷府置開城縣令管貞州德水江陰三縣直隸尚書都省文宗十六年復開城府以都省所管諸縣隸焉忠烈王三十四年以開城府掌都城內別置開城縣令掌城外本朝初省縣

永安城 在開城縣西禮城江上有土城名曰永安城一面依斷岡斗入港口世傳高麗懿祖作帝城建所居世祖王隆昌陵亦在於此

王隆舊居 在松岳南麓初作帝建自永安城移居于此乃康忠舊基至王隆仍家焉今為廣明寺

王隆南第 王隆又營第於舊居之南道詵過其門而嘆曰此地當出聖人種穄之田何種麻耶夫人聞而告隆倒屣追及一見如舊遂相與登松岳究覽山脉曰此地自白頭山水母木幹來落馬頭明堂君又水命宜從水數作宇後二年必生貴子因作實封題其外云謹奉書于未來統合三韓大原君子進隆曰既長可以授之時唐僖宗乾符二年新羅憲康王元年也隆從其言築室以居後二年果生太祖于南第即延慶宮基也

勃禦塹城 王隆以松岳郡沙粲歸于弓裔〻〻大喜拜金城太守隆因說裔曰大王若欲王朝鮮肅慎卞韓之地莫如先興松岳之地裔即使太祖築勃禦塹城仍為城主即今歸仁門俗號菩提塹門時太祖年二十後裔自鐵圓移都松岳居三年還都于鐵圓

延慶宮 在松岳山下術家謂明堂之地高麗太祖二年所創也世傳初創時不欲傷地脉故隨岡勢累石為階高皆數十尺其正殿曰乾德殿或稱大觀南門曰廣化東曰東華西曰西華北曰玄武仁宗朝為李資謙所焚恭愍王時又經紅賊之亂不復修建今稱本大闕其南闕庭謂之毬庭

正陽宮 顯宗改上陽宮為正

陽明福宮景宗改黃州院為明福麗正宮文宗祀太一於是宮以火災安

壽宮睿宗改延平宮為安壽崇德宮睿宗改長慶宮為崇德福源宮睿宗

毅宗嘗親醮于是宮興盛宮宣宗舊宅元禧宮宣宗改興慶院為元禧保寧

宮宣宗改崇慶宮為保寧壽德宮毅宗所建有殿曰天寧館北宮毅宗嘗奪

民家增加修飾作窟室築臺飾以金玉窮極奢麗星北洞別宮本侍中金敦時私第

毅宗以為宮安昌宮本侍中王忠第毅宗以為宮靜和宮本參政金正純第毅

宗以為宮連昌宮本平章庾黔弼第毅宗以為宮慶明宮毅宗以鄭誠第為宮陰陽

家以為犬舉頭吠主之勢不宜臨御者此也堤上宮大明宮仁宗改順天館

為大明宮嘗餞金使于是昌樂宮明宗為崔忠獻所逼出于是宮和平宮明宗所御

景禧宮壽昌宮在西小門內自延慶宮焚後王皆御是宮蓋成穆間所建也

我太祖亦即位于是宮今頹廢為開城府倉廩○本朝許琛詩扶蘇王氣欲沉淪仲父潛謀巧奪

秦尚有童心窮逸樂豈知天人屬真人無情鳥語珠攔曉滿目苔斑玉座春莫向前朝耆舊說摩挲

銅狄會添中義昌宮德慈宮忠宣王於是宮率百官奉箋上尊號于太上王

玄德宮延德宮李資謙犯闕仁宗出御延德景靈殿高麗奉安祖宗

睟容含慶殿改福向觀樂殿八關燃燈時所御長生殿光宗嘗宴群臣

於是殿詳政殿成宗所御穆宗時災元和殿思賢殿成宗日南至嘗

御是殿受群臣朝天成殿穆宗朝震殿鴟吻長春殿乾化殿穆宗

有疾設祈禱道場祥和殿初號雍和殿天福殿或設道場或宴羣臣或迎金宋

使宣德殿純福殿萬寶殿仁宗改玄德殿為萬寶肅和

殿仁宗改正陽殿為肅和天寧殿毅宗宴近臣延康殿初號中和殿崇文

殿在大明堂和平殿在壽昌宮明仁殿寬仁殿重華殿

八角殿在花園中恭愍王立二層八角殿殿後聚石為假山周植奇花異卉以為燕遊之所

○辛禑十四年禑與崔瑩謀遣我太祖及曹敏修等攻遼及太祖回軍禑徵諸道兵入援聚車

塞巷口拒之太祖由崇仁門入瑩奔還花園不勝憤怒以懲洞刺守者乃入諸軍圍園數百重禑

與瑩在八角殿諸軍毀垣闌入執瑩於是禑亦放于江華○本朝許琛詩血射無成便自嗔到頭兵

氣繞鉤陳蒼皇一罷繁華夢廢苑殘花寂寞春滿月臺在延慶宮即乾德殿前階也○本朝

俞好仁遊松都錄云雕鑾鏤藻結瑤構瓊者俱已埋沒但見環數里間礎砌縱横陛級儼然而已攀

梯而上若鳳縮頸而欲飛者乾德殿基也面勢高平正值其地俗號滿月臺東偏甃石為隄者曰東

池今為稻畦睿之朝往往泛龍舟親試士麗史謂高宗十年水濁三日魚龍盡出者此也池東曰

義神倉距殿西數十步曰簡儀臺俯見澗水自廣明洞逗殿前石橋而下橋南曰威鳳樓樓東曰司

諫院西罔腹數柏蒼秀者司憲府也樓南日毬庭所謂觀樂仁德等殿山呼賞春王燭等亭不復可

尋○許琛詩操鷄搏鴨已雄飛一炬秦宮舊業微天下董公元自健輦前拯紹竟何歸假威不恤窺

神器蹈尾方知觸駭機未待百年悲麥秀君王當日亦沾衣○本朝安琛詩五百年前跡已陳松山

蒼翠幾回新苔封輦路樵成徑雨洒毬庭草自春後殿笙歌今寂寞東池舟楫久沉淪悠悠往事憑

誰問臺上唯餘月一輪清讌閣睿宗創建以洪灌鄭克恭等為清讌閣學士講論經史令

金緣為記其略曰王崇尚儒術樂慕華風於大內之側邇英書殿之北慈和之南別創寶文清讌二

閣一以奉宋皇帝御製詔勅書畫一以集周孔軻已來古今文書日與老師宿儒討論數暢先王之

道威鳳樓在滿月臺下高麗太祖嘗至自百濟御是樓受文武百官朝賀儀鳳樓

初名神鳳後改是名即延慶宮大樓也凡祀大廟燃燈大會設八關會皆御此樓揭鷄竿大赦或賜

中外大脯或飯僧數萬紗樓肅宗嘗御樓賦重光殿王玫瑰花詩召詞臣和進睿宗亦御樓

召文臣燭刻賦牧丹詩。宜春樓後改部輝樓。涼樓忠烈王每御樓觀擊毬。觀祥樓初號望雲樓。賞春樓在延慶宮後園文宗宣宗睿宗皆有賞花詩。玉燭亭　山呼亭俱在延慶宮後苑○李奎報云山呼亭有牧丹盛開賦者多至百人。萬壽亭在壽昌宮北園宦者尹彥文聚怪石築假山構小亭以黃綾被壁窮極奢侈號曰萬壽。太平亭毅宗於闕東壞民家五十餘區作是亭使太子書額旁植名花異果奇麗珍玩之物布列左右亭南鑿池作觀瀾亭北搆養怡亭皆蓋以青瓦又磨玉石築歡喜美成二臺聚怪石作仙山引遠水為飛泉窮極奢麗。延福亭古基在今東大門外山臺岩下毅宗聞城東沙川龍淵寺南有石壁削立流水渟滀樹木蓊蔚命內侍李成仁等搆亭其側名曰延福奇花異草列植四隅以水淺不可舟築堤為湖日泛舟酣飲徹夜不止羣臣皆大醉揷花側載而還或沉醉忘歸衛士甚惡卒致鄭仲夫之亂○李奎報詩複道渾成碧草蕪笙歌散盡鳥相呼箇中殷鑑分明在莫遣遺基掃地無。陽和樓在長源亭側○睿宗詩西出都門勝地隅萬重宮闕挹江湖芳菲野色斜簾幕浩渺烟波送舳艫昨日文章爭唱和今朝歌吹作歡娛詩中春盡千般景數幅鮫綃命出圖郭興和曰象闕西南百里隅法宮高起籍江湖鰲擘金翠雲中闕人在滄浪月下艫物觀盡頌千載德河清長應萬年娛誰能用意烟波事好把丹青入畫圖。圜丘在會賓門外高麗郊祀之地。大廟高麗大廟古基在花園東。社稷壇古基在大平館西北洞。九曜堂高麗醮星處。昭格殿宮城北麓有古基。政丞院新羅王金傅來降太祖封為丞相以長女樂浪公主妻之賜宮一區為宅後稱為政丞院在勞軍橋北。馬巖影殿在成均館前恭愍王為魯國公主大營影殿于此窮極奢麗有遺址。卯山古城在府西二十三里土築周四千四百十尺高三十尺今半頹落。九齋學堂古基在紫霞洞高麗顯宗以後干戈纔息未遑文教文憲公崔沖收召後進教誨不倦學徒坌集遂分九齋曰樂聖大中誠明敬業造道

率性進德大和待聘謂之侍中崔公徒凡應舉者必詣徒中學焉及沖歿後凡赴舉者亦皆隸名九齋籍中謂之文憲公徒又有儒臣立徒者十一世稱二十徒沖徒為盛東方學校之興蓋由沖始時謂海東夫子。東山齋古基在城東乃高麗東山處士郭輿所居睿宗親書齋額賜之命鄭知常作記○睿宗嘗從北門率黃門數十人自稱宗室列侯訪輿于此輿適行城中不返王徘徊數四製何處難忘酒一篇題壁而還詞曰何處難忘酒尋真不遇回書窗明返照玉篆掩殘灰方丈無人守仙扉盡日閑園鶯啼老樹庭鶴睡蒼苔道味誰同話先生去不來深思生感慨回首重徘徊把筆留題壁攀欄懶下臺助吟多態度觸處絕塵埃暑氣蠲林下薰風入殿隈此時無一盞煩慮滌何哉輿和云何處難忘酒虛經寶輦回朱門追小宴丹竈落寒灰鄉飲通宵罷天門待曉開扶還蓬島遲展慕洛城苔樹下青童語人間玉帝來鰲宮多寂寞龍馭故徘徊有意仍抽筆無人獨上臺未能瞻日月却恨向塵埃掃首立階下含愁倚石隅此時無一盞豈慰寸心哉。書齋洞在演福寺西南乃高麗金九容藏修之處其傍有松林寺舊基石佛尚存。都評議使司在花園東本朝後稱合坐司今廢有鄭道傳記。姜邯贊宅　李穡宅　韓脩宅　安珦宅俱在良醞洞。李齊賢宅在水鐵洞。崔瑩宅在府東梨峴。鄭夢周宅在花園北遺址今為崇陽書院。明昇舊居今訓鍊廳即麗時興國寺址石塔尚存廳後山下乃明昇舊居大明高皇帝既平蜀送昇高麗居住子孫世居于此明玉珎家藏畫像猶在至萬曆壬辰燬於兵燹。回回世子舊居在男山西麓天堂洞世子姓文大明初偕明昇東來。徐敬德宅在東部禾井洞。法王寺古基在延慶宮東。崇教寺在南部歡喜坊今有長竿跌石。演福寺在都城中央高麗初創建古名普濟其大殿曰能仁前門曰神通有五層樓閣五層塔又鑿三池九井本朝太祖時重修今寺廢有故址有權近所撰碑又有大鐘李穀撰銘。歸法寺古基在炭峴門外寺乃高麗光宗所創穆宗為康肇所逼

奉太后輒輕而行出宿于此顯德間崔冲取儒生每校夏課賦詩唱名又辛禑携羣妓來遊水中者皆此地也其傍又有龍興寺古基○麗史崔冲既立九齋每暑月借歸法寺僧房為夏課擇徒中及第學優未官者為教導授以九經三史間或先進來過刻燭賦詩牓其次第唱名以入設小酌童冠列左右奉樽俎進退有儀長幼有序相與酬唱及日暮皆作洛生咏而罷觀者莫不嘉歎

妙蓮寺 古基在三峴里忠烈王時所創王與公主數遊幸此寺忠肅王又重修有李齊賢所撰碑

雲巖寺 舊名光岩在舞仙峯下即恭愍王玄陵齋宮有李穡所撰碑

開國寺 在府東五里高麗時用術家言創建李齊賢有記後寺廢今為司圃署之基

真觀寺 古基在龍首山麓

補國寺 兩刹在麗正宮東西其側又有青雲寺古址

海安寺 在鳳鳴山泰陵之上高麗安祖宗真于此明宗時武臣等議曰毅宗讎武人不宜安真於武方遂請以城東吳彌院改號宣孝寺移安以海安為重房領堂

日月寺 在松岳山麓高麗太祖五年創寺宮城西北文宗迴城置酒寺西崗肅宗與后妃太子幸寺欲登後崗置酒為衆御史諫以時旱王乃止

名宦

高麗鄭地 判開城府事

本朝成石璘 本朝初三判開城府事其後又以領議政來兼留後政多寬惠民慕其德

李行 為開城留後

權湛 為開城副留後

柳寬 太宗朝為開城留後廉簡仁恕視民如子無間遠近尤以教士為先務澤惠在人久而不忘

閔霽 南智 俱為開城留後有善政

姜碩德 世宗祖為開城留後赴訴者必造門于謁或投匿名書碩德得奸猾吏尤無良者斥逐之旬月之間猾吏知禁流亡盡復殿廟官廨之類圮者必修復不煩民而事集

奇虔 開城留後薄於自奉務恤民隱所至百姓愛如父母

李恕長 金良璥 俱為開城留守有惠政

李芮 成宗朝為開城留守興滯補弊士民稱其政

金之慶 成宗朝為開城留守政尚慈惠民賴以安業

金永濡 開城留守

沈守慶 宣祖時開城留守為治廉簡務安靜府俗尤尚淫祀士女奔趍守慶并令毀之

許潛 光海時為開城留守政尚廉簡所至一芥不取世稱氷蘗之操者必故之潛云

李光庭 仁祖初為開城留守為政清簡秋毫無犯人不敢干以私

流寓

李金書 本慶州人新羅始祖奕居世功臣謁平之後金書從敬順王來降高麗敬順娶太祖女樂浪公主生安以妻金書為三韓功臣官太守子孫世居開京

周佇 本宋溫州人高麗穆宗時隨海舶來學士蔡忠順知其才奏留之遂掌制誥顯宗南行扈從有功累遷翰林學士海南縣開國男性謙恭工文翰交聘辭命多出其手息遇無比官至禮部尚書

劉載 宋泉州人高麗宣宗時隨海舶來試以詩賦授千牛衛錄事叅軍睿宗時累遷吏禮部尚書以守司徒尚書右僕射卒載能文朴素不事生産

慎安之 父脩宋開封府人文宗時隨海舶來有學識兼通醫術登第官至右僕射叅知政事安之事睿仁二朝知本州為政清肅吏畏民懷累遷兵部尚書三司使判閤門事卒容儀秀美性度寬弘臨事廉平善醫藥曉漢語凡移南北朝文牒多出其手

林完 宋人來高麗登第仁宗朝與金富轍等諸儒臣備顧問累遷國子司業知制誥嘗因災異上書直論時政言應天以實不以文以實在乎革當今之弊

偰遜 初名百遼遜回鶻人以世居偰輦河曰以偰為氏自其高祖嶽璘帖穆爾效于元世仕元父哲篤官至江西行省右丞遜順帝時中進士歷翰林學士為端本堂正字授皇太子經為丞相哈麻所忌出守單州居父憂寓居大寧紅賊逼大寧高麗恭愍王七年率子弟避兵東來王之在元侍從太子與遜有舊待之甚厚賜第封富原侯九年卒所著有近思齋逸稿行于世子長壽延壽福壽慶壽眉壽

偰長壽 恭愍王時以色目人登第嘗守晉陽還上疏請築沿海城堡以防倭恭讓王時為贊成事賜定亂功臣號遷判三司事以鄭夢周黨見罷後仕本朝請賜鄉貫命以慶州為籍長壽文章高古第慶壽善楷隷官校書監正長壽之孫適亦博學能文登第官至提學

韓復 元人本名拜住順帝至正元年擢進士第一官至樞密院副使高麗恭愍王十九年我太祖擊兀剌山城、降壞垣中有人裸立掩泣執以問乃曰我元朝壯元拜任也貴國李仁復吾同年也 太祖解衣衣之遂與俱來王孚遇拜判司農寺事賜姓名韓復、事我 太祖甚謹又與仁復李穡相友善官至大匡西原君進善館大提學

明昇　陳理 昇本西蜀夏主明玉珍子理本湖湘漢主陳友諒子 大明太祖既平蜀漢將明昇陳理男婦二十七人送高麗使不做軍不做民閒做過活昇年十八理年二十二昇為揔郎尹熈宗婿居在興國寺傍恭愍王賜布千疋米四十石後昇子孫有登科第者

宋象賢 父嘗寓居象賢生長於開城家在北部鞍子里本朝宣祖時為東萊府使倭寇大至城陷据胡床不屈死義追贈吏曹判書詳古阜郡

人物

高麗

王希順 佐 太祖定三韓為功臣

王式廉 三重大匡平達子 太祖從弟為人忠勇勤恪初為軍簿書吏多所還歷 太祖以平壤荒廢命式廉往鎮之式廉久在鎮常以衛社稷拓封疆為己任及惠宗薨王規作乱式廉自平壤引兵入衛定其乱定宗下詔褒奬賜翊贊功臣加大丞卒諡威靖配享定宗廟庭

王冲 太祖從弟寧海公萬世之六世孫以佐命功官至侍中諡剛烈

王珪 冲子年七歲為東宮學友初授軍器主簿官至門下侍郎同平章事

王世慶 希順八世孫毅宗朝登第累歷左正言中書舍人陞諫議吏部侍郎

高令臣 少孤力學善屬文登第累進右諫議大夫論議慷慨睿宗時歷吏禮部尚書官至檢校司空叅知政事在政府清儉自守及卒無餘財諡良敬

金漢忠 新羅大輔閼智之後高祖庚廉從敬順王歸 太祖為功臣漢忠少雄偉力學登第睿宗初拜左僕射尹瓘之伐女真也漢忠為中軍兵馬使力戰有功諡元平

金晙 少英銳好學擢魁科官至兵部尚書叅知政事諡貞慎

任濡 其先長興人祖懿為平章事父元厚為中書令因家京都濡明宗朝登科累官叅知政事神宗初拜太傅門下侍郎平章事性恬和不以勢位驕人雖賤隷未嘗詬罵歷事五朝居官恪勤處決明允諡良肅配享熙宗廟庭子景肅官至中書門下平章事景謙同知樞密翰林學士承旨

任沆 濡弟幼能文姿朗秀不以家勢驕人登科仕至禮部侍郎嘗奉使如金、人服其風采

李公壽 其先仁州人平章事預之子曾祖翰以下皆貴顯因家京都公壽幼時外祖崔惟善撫其頂曰此兒當為大器及長力學登科嘗為西京留守判官睿宗幸西京公壽供頓不擾民王嘉之累遷工部尚書仁宗朝進平章事李資謙作乱公壽以其近親據義鎮之賜推忠衛社功臣號拜門下侍中上柱國諡文忠公

李之氐 公壽子擢魁科直翰林院仁宗授右正言特論公正李資謙當國人爭附之、氐獨不然歷中書舍人守司空尚書禮部事加特進叅知政事為人寬厚風標英雅文章事業為一時傑諡文正

韓惟漢 世居京都不樂仕進見崔忠獻擅政賣官曰難將作矣遂携妻子隱於智異山清修苦節不與世交人高其風徽為西大悲院錄事終不就未久果有契丹之乱蒙兵繼至

崔讜 其先東州人祖奭父惟清俱為平章事因家京都讜少聰悟善屬文明宗初為正言歷事四朝官至中書門下平章事乞退閑居扁其齋雙明與其弟詵及太僕卿張自牧東宮侍讀學士高瑩中秘書省白光臣司空李俊昌尚書玄德修守司空李世長大司成趙通等為耆老會逍遙自適時人謂之地上仙畫形刻石傳於世年七十七卒諡靖安

崔詵 讜弟以文學聞於世恬談寡言不以門地自高累遷叅知政事神宗朝以年高德邁起拜太傅門下侍郎同中書平章事判吏部事既而引年致政卒諡文懿配享熙宗廟庭

李仁老 之氐族姪能屬文善草隷明宗朝擢魁科出入史翰凡十有四年與當時文士吳世才林椿趙通皇甫沆咸淳李湛之結為忘年友以詩酒相娛世比江左七賢高宗時官至諫議大夫所著銀臺集雙明齋集破閑集

崔允義 其先海州人文憲公冲玄孫冲父子貴顯子孫因家於京允儀登科累官至門下侍郎平章事判吏部事毅宗時卒生長門閥揚歷華要論事明白慷慨共銓遂註擬平允每知貢舉時稱得人撰古今詳定禮五十卷配享毅宗廟庭

崔滋 文憲公冲之後少力學善屬文天資淳訥康宗朝登第高宗時屢典州府有聲績官至守太師門下侍郎判吏部事自號東山叟諡文清

金仁鏡 係出慶州世居

於京平章事義銓四世孫初名良鏡才識精敏善隸書明宗時中第從趙冲討契丹兵于江東城有功歷中書侍郎平章事仁鏡文武吏材俱贍天資清婉無塵累自卽署至于相府高文大冊皆出其手謚貞肅子錬成官至尚書左僕射孫承茂爲侍御史以才識稱

金慶孫 新羅後裔平章台瑞之子莊重和裕智勇絕人有膽略早以蔭進歷和要高宗時爲靜州分道將軍與扑犀守龜州城蒙兵百計攻之應變如神終得固守尋拜大將軍後爲全羅道指揮使平討賊八爲樞密副使爲崔沆所忌見害慶孫累立大功朝野倚重人皆痛惜

柳璥 其先儒州人祖公權爲叅知政事父澤爲僕射同家京都璥高宗朝登科累遷大司成與金俊等誅崔竩復政王室元宗命畫形壁上守太傅同中書門下平章事忠烈王時爲僉議中贊致仕卒謚文正天資明敏器度雄深能斷大事有藻鑑三典禮闈所取皆知名士李尊庇李混皆其門生也

金希磾 其先群山島人隨商舶到開城留居世以爲籍希磾有智略通書史累遷樞察使高宗時蒙古使這可等來督國贐國家難其對以希磾爲類會使這可等欲服一聽希磾處分又蒙古使來王宴于大觀殿蒙古等將佩弓矢上殿希磾曰自兩國交好皆禮服相見今欲以櫜鞬赴宴如禮何則解之爲西北面兵馬副使大破金兵之冦義州者後爲全羅道都巡問使或譖於崔怡、遣人捕之希磾略無懼色自投于海

崔宗峻 詵子神宗朝登魁科高宗朝官至門下侍中乞退王不允曰崔侍中臨機善斷豈可遽令謝事賜几杖弟宗梓官左僕射宗蕃官承宣

崔璘 讜孫光局宏深少與豪俠子遊蒲酒間年幾三十始發憤讀書康宗朝以科第進累歷臺諫高宗時出爲羅州副使擒平劇賊後奉王子入蒙古以善應對稱官至門下侍郎平章事謚文景公

崔昷 宗梓子倜儻敢言善斷事高宗朝登科累官至太傅中書侍郎平章事致仕卒子文本魁姿据性官至版圖判書

崔坪 宗蕃子沉厚謹言行高宗朝登科累遷侍御史忤權臣出爲交遠副使後官至樞密副使

崔雍 宗峻族姪少嗜學以博洽稱高宗時登科累遷典理佐郎忠烈王自太孫時延以爲傅及卽位進副知密直司事翰林學士致仕卒雍聚學徒訓誨不倦其門人爲公卿者甚多

李藏用 仁老族孫父儆爲樞密副使清儉善斷事藏用高宗朝登科累遷大司成元宗朝官至門下侍郎平章事從王如元帝聞藏用陳卷謂之阿臺臧兒里千李宰相見者亦謂海東賢人至有寫真以禮者及還國以封慶源郡開國伯美風儀博覽經史陰陽醫藥律曆靡所不通文章優贍

洪奎 系出南陽世居京都父縉同知樞密奎初名文系倜儻不羈元宗時爲御史中丞謀誅林惟茂有功於國後官至僉議中贊封南院府院君致仕卒謚匡定女爲忠肅王明德王后

柳陞 璥子事親孝居官匪懈忠烈王時官至都僉議叅理陞不好飲酒嬉戲於絣色貨利淡如也時禮文散失陞撰新儀甚詳後人遵用之又善彈丸嘗與客坐送見汲婦戴盆日中人則傷中而惻破要令丸墜盆中耳彈發果然謚貞慎

柳墩 陞子擢第官至贊成事封始寧君致仕卒謚章敬子總官代言鎮封文化君

任翊 景謙子登科忠烈王朝累遷大司成以明習儀度改判閣門事進密直副使同修國史官至僉議侍郎贊成事致仕卒翊博覽强記多識典故

金琿 慶孫子忠烈朝爲大將軍中贊王如元權署行省事賜推誠翊祚功臣封鷄林府院君謚忠宣

金曰謂 敬順王金溥之後官至平章事

崔有渰 滋子恬退不求仕十年不遷忠烈王久聞其名累遷都僉議贊成事時帝徵陪臣之賢者有渰應命如元、欲立省本國有渰力請止之及還國人相賀官至政丞歷事四朝封大寧府院君

崔椿命 其先海州人侍中冲之後累世居京都椿命性寛和有節操高宗朝爲慈州副使城固守屢却蒙古兵累官至樞密院副使

金光載 光轍弟忠惠王朝登第補學官從王如元還都官正郎及曺頔作乱伏誅王被執如元光載曰吾君危矣吾忍獨免乎徒從之忠惠王立開書筵以光載爲師固辭爲僉議評理光載守靜憂國事母至孝居喪情禮俱盡恭愍王聞其行懿命有司旌所居曰永昌坊孝子里謚文正

金興祖 光載子倜儻有志官至軍器監歷宰水原海州與金齊顏金精等謀誅辛旽事泄爲所害

金深 都僉議周鼎之子事忠宣忠肅官至僉議中贊

封化平府院君攝征東省事其女幸於元帝封皇
后元授高麗兵馬都元帥謚忠肅子承緒恭愍忠
直官至上護軍**金積善**承緒子洪武間南原道兵馬使與倭戰于沙浦又戰于任實大破之
官至中樞院事**王伯**本姓金江陵郡王周元之後遠祖又佐太祖有功官內史令太祖納其女
為妃賜姓王伯忠烈王朝登第歷糾正轉右司補
以不署嬖人妾婦告身被訴杖流忠惠朝乞骸骨
歸老全州**權溥**系出安東太師幸之後父贊成㫜禱於松岳山生溥年十八登科忠烈王朝累
遷密直學士忠肅王時官至都僉議政丞封永嘉
府院君性忠孝嗜讀書嘗以朱子四書集註建白
刊行東方性理之學自溥倡又與子準裒集歷代
孝子六十四人使婿李齊賢著贊名曰孝行錄行
于世子準皐煦謙婿齊賢宗室璹珣皆封君子宗
衍祝髮亦封廣福君世號一家九封君謚文正
李瑱金書十三世孫祖得堅為尚衣同正瑱少好學博通百家語又能詩忠烈朝登科累遷政
堂文學忠肅時官至檢校政丞封臨海君謚文正
權準溥子登科忠宣在元謂于燕邸擢為
代言後授密直副使忠肅時拜贊成事曹頔之亂
準閉門不出頔敗忠惠王封吉昌府院君謚昌和
王煦權準之第初姓名權載忠宣王在元召之一見遂以為子賜姓名還國出入常同車忠肅
朝封鷄林府院君時稱王第元授鷄林郡公忠宣
流于吐蕃煦入吐蕃至臨洮見王從還京師及忠
宣薨服衰麻奉柩東還既葬每朔望私祭陵下至
沒身忠穆薨攝行征東省事忠定朝奉使如元還
至昌義驛以疾卒柩還驛
吏望柩呼泣祭如父母**權廉**準子忠肅王時授三司副使後為遂
君別監授田有法民使之忠肅納其女為壽妃封
廉玄福君後拜僉議贊成事弟適忠惠王時歷密
直代言封花山君恭愍王
政封吉昌君拜贊成事**李齊賢**瑱子自幼嶷然如成人為文已
有作者氣忠烈王朝登科既而曰此小技耳益勤
經籍忠宣王留燕邸構萬卷堂曰京師文學之士
皆天下之選吾府中未有其人是吾羞也召齊賢
至都時姚燧閻復元明善趙孟頫等咸遊王門齊
賢相從學益進奉使西蜀所至題詠膾炙人口忠
宣之降香江南齊賢從之王每遇樓臺佳致寄興

遺懷曰此間不可無李生也以燕吳侍從功奏授
高麗王府斷事官後復如元元欲立省本國齊賢
上書都堂其議遂寢忠宣流吐蕃齊賢獻書元郎
中及丞相拜住拜住奏帝量移于朶思麻之地恭
愍王立未至國命齊賢攝政丞權斷征東省事時
王在元國空虛措置得宜人賴以安官至門下侍
中雞林府院君撰國史於其第史官及三館皆會
焉天資尊重輔以學問自少儕輩不以斥名稱益
齊及為宰相無貴賤皆稱益
齊謚文忠配享恭愍廟庭**金倫**其先彥陽人侍中就礪之曾孫
祖佺父賆相繼貴顯因家京都倫初以蔭補累轉
慶尚全羅道都巡問使鎮合浦號令嚴明吏民安
揖忠穆朝陞左政丞乞退封彥陽府院君倫多識
典故疾惡嘉善嘗從忠烈入元盡心所職忠宣亦
禮待之歷事五朝愛君
憂國不渝夷險謚真烈**金敬直**倫子恭愍王朝拜守司徒上柱國彥
陽伯紅賊退倭又冠揚廣諸縣京城戒嚴敬直請
王宮見宰樞博奕戲謔還家太息曰國家其將亡
乎吾匈中如焦火
矣卒官檢校侍中**李嵒**其先固城人累世居京都判密直尊庇之孫父瑀封
鐵原君屢典州郡以材翰稱嵒初名君侅忠宣王
時年十七登科後奉忠定王如元恭愍初乞骸入
清平山徵還授門下侍中紅巾之難從王南幸錄
功封鐵城府院君居家不問有無以畜書自娛書
法妙一時嘗手寫太
甲篇獻王謚文貞**洪彥博**奎孫少好讀書善屬文登科忠穆王時為
樞密直提學恭愍朝拜贊成事進門下侍中封南
陽侯紅巾兵難收復京城措置多彥博指畫興王
之變家人曰宜速避彥博曰安有為首相而逃死
者乎正衣冠而出遂遇害謚文正子師普官判閤
門事師範知
密直司事**李岡**嵒子少好學年十五登科恭愍王時累遷知申事掌銓選時邊
報絡繹上下維持岡之功居多官至密直副使
卒年三十六王悼甚樞密例不得謚特謚文敬**金**
九容上洛公方慶之玄孫父昂亦封上洛君九容力學博聞恭愍朝登科累遷成均直講訓誨
不倦雖休沐在家諸生質問者相踵辛禑時李仁
任欲迎北使九容與鄭道傳等上書都堂請却之
不從乃竄竹州又移驪興以詩史自娛後召為左
司議有直諫尋遣大司成時遼東給高麗請使乃

以九容使之遼東執歸京師流大
理衛道死有惕若侖集行世焉 **金齊顏** 九容弟
慷慨力
學恭愍朝登科遷右正言十九年從田祿生聘
河南王擴廓帖木兒至燕京皇太子惡其通信沮
之齊安謂祿生曰公大臣不可留吾且留以達使
命齊顏獨留竟達國書于河南王王曰我王仁武
生職紅賊百萬衆為天下倡令大王忠義聞天下
欲東西協力削平僭乱夾輔帝室王大喜奏授河
南江北等處行樞密院事及還恭愍授内書舍人
後謀誅辛旽遇害弟九德以門蔭官至判敦寧府
事屢典州郡
有去後思 **李寶林** 齊賢孫為人嚴毅方正有政
事才累知南原京山府皆有
異績辛禑初判安東府事以治最擢拜
大司憲至政堂文學封鷄林君謚文肅 **王康** 宗室
暕屬
恭愍王朝登進士還江寧府丞辛禑時為西北面
安撫使恭讓時除楊廣全羅慶尚道水軍都體察
使鹽鐵漕轉使康屢運三道軍須貢税以利國為
已任務盡漁鹽之利嘗献議欲鑿恭安堰浦以便
漕運海道
功竟未就 **洪師禹** 彥博子恭愍時為慶尚道都巡
問使鎮合浦謹自守吏民畏
愛倭寇邑山縣師禹奮擊大破之斬獲甚多後為
全羅道都巡問使坐子倫罪死慶尚全羅之民皆
追思
其功 **尹可觀** 大匡之彪之孫有武畧善騎射恭愍
末令韓安洪倫等強辱諸妃可觀亦
昵左右王令乱益妃可觀以死固拒王大怒捧之
廢為庶人後以慶尚道都巡問使鎮合浦破倭于
咸陽銷兵器禁棄者為農罷閑
屯田以贍軍食後判密直事 **趙璘** 平壤君仁規
之曾孫父德
裕為版圖判書璘恭愍王朝與安佑等擊走紅中
賊累遷鷹揚軍上護軍倭寇喬桐璘又擊走之時
辛旽當國人事附璘未嘗一詣
其門與吳仁澤等謀誅旽遇害 **車原頫** 官至諫議
麗末退居
平山水雲洞時攻遼議起我 太祖便服訪於原
頫原頫力言其不可及 太祖開國將策勲原頫
韓曰世仕麗朝何敢二心饑先入忠烈及都漢陽
呂至宮中侍以故舊原頫亦求去不留鄭道傳河
崙讒殺之子中郎將安卿亦自殺 太宗朝
追贈賛成 文宗命朴彭年為撰雪寃記 **本朝趙**
浚 璘弟幼倜儻志氣不群恭愍王在德壽宮望見
浚挾書過宮前召見奇之命屬寶馬指諭兮登

文科出按江原道咸恵並行入本朝佐 太祖為
開國功臣官至議政府領議政封平壤府院君配
享 太
祖廟庭 **趙璞** 浚族或作弟父思謙為寶文閣直提學
璞登文科歷官至集賢殿提學太
祖 太宗朝為開國定
社佐命功臣封平源君 **金士衡** 九容三從弟政丞
永煦之孫辛禑時
與趙浚等同在臺閣官三司使佐我 太祖為開
國功臣官至議政府右議政封上洛府院君孫
世祖時
亦為議政 **金稠** 曰渭之後 太祖朝開國
功臣封鷄林君謚齊肅 **權和** 溥
曾
孫麗末為清州牧使剛明為
治迹至密直副使入本朝為 **權近** 和弟少好學恭
愍朝登科歷官
至密直書以事謫居忠州陽村我 太祖行鷄龍
山召赴行在拜藝文館學士大明高 皇帝以表語
不恭徵撰表人鄭道傳托疾不行 太祖難之近
曰此表臣與鄭揔潤色之臣當往辯 太祖曰卿
無 帝命不須往對曰臣無微自往罪或可恕 太
祖喜而許之至金陵 帝召見近奏曰小國事大
唯憑表箋臣等生長海外學不通方使王忠誠不
白是臣等之罪知 帝意解終不問 帝命近赴
文淵閣與劉三吾許觀等交遊 帝命題賦詩賜
衣與宴仍許遊觀又賜御製每篇老實秀才奉勅
東還後叅佐命功臣官至議政府贊成事封吉昌
府院君謚文忠文章雅望冠冕一時所著有陽村
集入學圖說五經淺見錄
又考定禮經有功於世 **權遇** 近弟登第官至藝
文提學成均館司
成經學精博近嘗曰讀書有得吾不如
弟所著有梅軒集子珠官承旨有文名 **柳寬** 其先
儒州
人累世居京都上將軍成庇之曾孫初名觀後改
寬登第累官内外 世宗朝拜議政府右議政歷事
四朝清廉公直遇事一以誠懇所居唯衛茅而已
好學樂善不惑佛老公退必開經誨人名卿將帥
多出其門致仕卒謚文
簡世比之司馬光許衡 **柳廷顯** 墩孫事 世宗官
至議政府領議政
嘗以領相兼三道都統使
往征對馬島捷還謚貞肅 **柳亮** 陞四世孫登科第
一 太宗朝叅佐
命功臣官至議政府領議政封文城府院君性恒
率無城府接人以誠為政務遵大體謚忠景公
李原 岡子生四月而孤學於妹夫權近年十八登
科 太宗朝叅佐命功臣累拜大司憲議政

府右贊成　世宗朝拜左議政鐵城府院君出入
廊堂二十餘年清白自律政務寬大子臺坪俱同
知中樞塤登　太宗朝魁文科累官至
笋敎寧府正權踶議政府右贊成久典文衡謚文
景有止齋集子擥爲　世祖功官左
議政封吉昌府院君擥封花山君
柳思訥寬凡典農
正臨之子少孤力學於寬以文行名登科又中
重試累官都觀察使至藝文館大提學謚文肅鄭
麟趾其先河東人五世祖芝衍爲高麗贊成父興
仁學於鄭道傳累擧不第家在昭格殿傍嘗
禱頭生起家子麟趾生而秀特文義夙達十九登
魁第又中重試第一　太宗於朝參召見顧　世
宗曰文有鄭麟趾武有洪師錫汝無憂矣　世宗
時歷臺閣累遷兵曹判書無大提學修高麗史
世祖受禪拜領議政　成宗時卒年八十三歷事
六朝四錄功臣封河東府院君久知貢擧一時名
士多出其門謚文成所撰有治平要覽高若海世宗
龍飛御天歌子敬祖爲平安道觀察使
朝以遺逸擢用官至開城府留守謚貞
惠爲人倜儻抗節直言不與時俯仰徐敬德幼聰
悟從鄕師受尚書至朞三百六旬有六日師撤講
曰此擧世鮮曉者敬德退而精思十五日通之讀
大學至致知在格物慨然歎曰爲學而不先格物
讀書安用危坐潛思者六年天地萬物之理無不
格有以自信然後乃取四書六經性理諸書讀之
與前所得者恍然相契天性篤孝與鄕人處亦不
爲崖異之行晩而德益邵鄕里化之有爭辨則不
至官府而來盜決焉　中宗時設賢良科府以其
名薦辭不赴後除官不起　宣祖朝追贈右議政
謚文康學者稱爲花潭先生所著有原理氣皇極
經世解等篇其自得於心沖然無慊康節田禹治
後一人云孫佑申以武擧顯官節度使
有仙風道骨名山絕境探歷殆遍或閱寒暑不返
嘗作詩刺南袞輩句語甚奇世傳多奇異之事同
時徐敬德之弟崇金鍊光以吏治進居官盡職愛
德亦亦異術云民如子　宣朝時爲淮
陽府使倭賊逼境民勸避之鍊光曰守土之臣義
不可去而求生冠帶坐賊覔之先斫手指不屈遂
遇害贈禮
曹參判劉克良少孤賤中武擧天資忠直不欺
以將才著名累歷州府節度使
官至副元帥壬辰倭亂　宣祖西幸克良從申硈
防守臨津硈見賊少欲過江擊之克良曰賊羸兵
誘我不可輕渡硈不聽欲斬之克良曰吾結髮從
軍豈以避死爲心所以云云者恐誤國事耳遂隨
渡我而賊兵大至硈狼俱騎渡溺死韓濩少善書
克良踞帽床不動麾兵力戰死之嘗夢王
義之授以書法者每心獨喜自負專精於書楷額
真草各臻其妙　宣祖時官至加平郡守凡國家
迎接詔使及我使往京師皆令從行中朝及琉球
外國人皆要筆跡其書遍於天下朱之蕃嘗奉使
東國見濩書曰當與王
献之顏真卿相優劣云車軾原頖之後博通郡書善詩文登第　宣朝
初累歷高城郡守以清吏不俗稱子天輅登甲
科能詞章官至奉常僉正才思絕人汪洋雄健一
日數百篇論者比於李奎報雲輅亦
壯元科官成均典籍詩名聞於天輅安慶昌府民爲人
孝謹好善非其義一芥不取聞人善名千里往見
能耐飢飽寒暑或一食數斗或旬日不食或盛暑
披裘不汗隆冬入氷不寒故人號四耐翁名山大
川無遠不尋李彥迪李滉嘗許其高致又與李珥
成渾曺植盧守慎遊年九十餘死守慎嘗贈詩云
逆嶺蘇齋老松都慶士安相逢動悲喜信宿辨閑
忙

列女崔氏居京城宋興坊早寡不嫁養舅姑盡孝撫
養兒子高麗成宗下敎襃美表旌其閭免
其徭洪義妻史失姓氏高麗恭愍王時義爲上護
役軍趙日新作亂遣人害義于其家拔
劍將斬義妻盡以身蔽之號叫攀援挺刃
交加面目肢節多折傷幾至死義得不死安天儉
妻史失姓氏天儉恭愍王時爲郎將家夜失火天
儉適醉臥妻冒火入扶之以出力不勝以身覆
天儉遂韓氏女都事韓大用女大用有孝行女性
俱焚端直本朝　宣祖時倭賊長驅韓
以慶女與小妹隨母避賊爲賊所李氏儒生金以
獲以刃脅之韓却立罵賊爲所害藎妻本朝
宣祖時避倭亂於麻田賊猝至舡掠登舟李氏義
不辱投江以死同舡婦女見之皆從投水觀者莫
不嗟尹氏儒生洪繼叔妻少讀列女傳以古賢婦
歎律身本朝　仁祖時清虜陷兩京繼叔

欲渡江華未及登船爲賊所擄尹氏曰良人被擄我何生爲遂投水死 旌閭

東國輿地志卷之二

京畿

古朝鮮馬韓之域

輿地勝覽曰馬韓爲高勾麗辰韓爲新羅卞韓爲百濟崔致遠已有定論金富軾地志亦以致遠之論爲是至其中葉始有以金馬山在百濟之境平那山在高勾麗之境平與卞聲相近遂疑馬韓爲百濟卞韓爲高勾麗及權近修東國史略乃斷然以馬韓爲百濟卞韓爲高勾麗近乃近世大儒而亦爲是論未知何謂也意者馬韓王都其南密近於卞韓而東北則與樂浪穢貊沃沮等封疆相接其後高勾麗東明王盡有馬韓東北之地後人稱麗爲馬韓者蓋以此也後漢書載弁辰在辰韓之南亦與倭接又曰弁辰與辰韓雜居衣服居處言語風俗同亦可以知二韓之相鄰附也百濟既滅馬韓兵力強盛蠶食弁韓舊地智異山以西盡爲所并後人稱濟爲卞韓者蓋以此也唐書云卞韓苗裔在樂浪之地近引而爲証而乃去苗裔二字直云卞韓在樂浪之地何也又其言曰後漢書謂卞韓在南者蓋自漢界遼東之地而言云爾非謂卞韓在辰馬二韓之南信如是則其所云馬韓在西者亦可謂之在遼東之西乎故近因致遠舊說以京畿忠清黃海等道係于馬韓舊域以全羅道係于卞韓舊域云○韓百謙曰我東方在昔自分爲南北其北本三朝鮮之地檀君與堯並立歷箕子暨衛滿分四郡合二府至漢元帝建昭二年高朱蒙起而爲高勾麗焉其南乃三韓之地也韓之爲韓不知其所始而漢初箕準爲衛滿所逐浮海而南至韓地金馬郡稱爲王是爲馬韓秦之亡人避役入韓地韓割東界以與之是爲辰韓又其南有弁韓屬於辰韓各有渠帥後漢書云弁韓在南辰韓在東馬韓在西其諸三韓地方亦已詳矣漢宣帝五鳳元年朴赫居世爲辰韓六部民所推戴而新羅始焉新莽元年温祚滅馬韓而百濟興焉弁韓前史雖不言其所傳而新羅儒理王十八年首露王肇國於駕洛據有辰韓之南界伽倻之南智異之東皆其所有其後入於新羅疑此即爲弁韓之地也然則南自南北自北本不相叅入雖其界限不知的在

何處而恐漢水一帶為限隅南北之天塹也崔致遠始謂馬韓麗也弁韓濟也此一誤也權近雖知馬韓之為百濟而亦不知高勾麗之非弁韓混而說之此再誤也自是以後作史之家承誤襲謬不復就其地而覈其實遂將一區三韓之地左掌右引紛紜錯雜至今數千年間未有定說可勝惜哉何以明其然也當三韓時本國雖無文字兩漢書皆有列傳試以年代上下地界遠近求之則百代雖遠歷歷如在眼前夫何難卞之有哉前漢書曰漢武討右渠遂定朝鮮地為樂浪臨芚玄菟真蕃四郡樂浪郡治朝鮮縣臨芚郡治東暆縣玄菟郡治沃沮城真蕃郡治霅縣云朝鮮縣今之平壤東暆縣今之江陵沃沮城今之咸鏡道此則皆有可據之書不可誣也霅縣雖不知其所在當漢昭帝合四郡為二府時以樂浪臨芚合為東府都督府則樂浪臨芚之間今黃海江原京畿右道等地固已相接矣又以玄菟平那合為平州都督府平那即真蕃也玄菟北窮野人東濱大海南接臨芚既不可跨越臨芚千里之地而與下三道合則所謂真蕃其必在玄菟西北之地而與玄菟合也歟○今按玄菟初置沃沮昭帝時徙郡於高勾麗西北矣此仍以沃沮為玄菟猶有所未考也○然則四郡二府之界限其止於此亦明矣自高勾麗起曰得其地南至漢江北至遼河皆其所有又何時為弁韓或馬韓耶以此知四郡二府之自為四郡二府而與三韓不相涉也後漢書云弁辰在辰韓之南亦與倭接又云弁辰與辰韓雜居衣服居處風俗同其稱弁韓必曰弁辰則弁韓之於辰韓必為附庸而不相懸遠可知又云馬韓統五十四國辰弁韓各統十二國所謂國即今之郡縣合辰弁二韓僅得二十四國不能當馬韓之半以此見之湖西湖南合為馬韓而嶺南一道自分為辰弁二韓又何疑乎馬韓歷四郡二府之時至新莽時為百濟辰韓亦歷四郡二府之時至宣帝時為新羅弁韓之與辰韓始為附庸終為合屬如上所云則三韓又何時入中國為四郡二府哉吾又以是知三韓之自為三韓而與四郡二府不相涉也崔致遠唐昭宗時人上遡三韓時幾千有餘年其出於傳聞非耳目所及則與權近何異權近亦何異於今時之人哉而況崔致遠聰明才氣回東方第一人然其歷代興廢必資聞見而知致遠入唐遊學時年十二其還國纔二十八今唐書所載皆致遠遊學時所統十二歲童子雖所生之國其能貫穿千年沿革而不一誤亦未可必也後之覽者每以古今人不相及必欲奉信而不敢疑其亦過矣權近亦近世大儒久居金馬郡親見所謂箕準城遂以馬韓定為百濟則亦庶幾乎有見矣而終不能大眼遠察其釋弁韓在南則乃曰蓋自漢界遼東之地而云爾其引弁韓苗裔在樂浪則乃去苗裔二字而直云弁韓在樂浪何其穿鑿之甚哉其他平那山之平字與弁聲相近遂謂弁韓為高勾麗云者則又與兒童迷藏之戲無異蓋三韓僻在東南一隅之地去中國最遠雖堯舜揖遜而聲化不暨楚漢交爭而干戈不擾耕鑿晏如長育子孫別為天地間一壽域故西北避亂之人多歸之仍成村落各以其本管名名其居慶州之得號樂浪亦如辰韓之或名秦韓也後人不分此二樂浪曰以平壤為弁韓何其誤哉○今按杜佑通典云周初封殷太師國於朝鮮至漢高帝時國滅武帝元封中開其地置樂浪等郡其三韓之地在海島之上朝鮮之東南百濟新羅分三韓地新羅又在百濟之東南倭又在東南隔越大海高勾麗本朝鮮地漢武置縣屬玄菟郡時甚微弱後漢以後累代皆受中國封爵所都平壤城即故朝鮮國王儉城也又云馬韓在西五十有四國其北與樂浪南與倭接辰韓在東十有二國其北與濊貊接弁辰在辰韓之南亦十有二國其南亦與倭接凡七十八國大者萬餘户小者數千家各在山海間東西以海為限皆古之辰國也弁辰與辰韓雜居衣服居處與辰韓同言語風俗相似三韓蓋為百濟新羅所吞并又云百濟據有馬韓故地其國東西四百里南北九百里南接新羅北拒高勾麗則其指朝鮮三韓南北地界及朝鮮之為高勾麗三韓之為羅濟已了然矣又據三國史新羅始祖赫居世十九年弁韓以國來降則弁韓之合於新羅而同為今慶尚地明甚百濟始祖溫祚十三年遣使馬韓告遷都定疆域立城闕於漢山二十四年溫祚立熊川柵馬韓王遣使責曰王初渡河無所容足吾割東北百里之地界之今大設城池侵我封疆何也至二十七年溫祚襲滅馬韓曰并其國則馬韓之并於百濟而為今忠清全羅地亦無疑矣而勝覽

斷以全羅係弁韓黃海係馬韓者何哉馬韓在西辰韓在東弁韓在南後漢書亦已明言矣勝覽既知馬韓在弁辰之西而不知弁韓之已合於新羅境內以全羅為弁韓故不得已以黃海等地為馬韓也權近以弁韓為高勾麗則固失之勝覽譏之當矣然臆度傅會倒置弁馬之失又甚於近矣大抵三韓之域辰韓之為新羅則古今無疑而弁馬二韓前輩之說互歸抵捂惟近世韓氏所辨深得千載未定之論謹依其說以定之以今京畿左道忠清全羅道係于馬韓舊域以慶尚道係以辰韓弁韓之域漢江以北係于朝鮮舊域云

天文尾箕分野說見凡例三國時其地分屬高勾麗百濟三國史百濟之地北際漢江高麗史漢江以北為高勾麗以南為百濟蓋麗濟之地雖互有侵奪大槩漢水南北乃其疆界後皆為新羅所併景德王時置漢州以領漢南北諸郡高麗成宗時以京都開城府領赤縣六畿縣七又置關內道以領楊州廣州黃州海州所管郡縣後以黃州海州所管郡縣後以黃州海州所管析置西海道顯宗時罷開城府以開城長湍二縣所屬直隷尚書都省稱京畿顯宗九年罷開城府以貞州德水江陰三縣屬開城縣以松林臨津兎山臨江積城坡平麻田屬長湍縣直隷尚書都省謂之京畿其後文宗復陞開城府以都省所管十一縣屬焉明宗時改關內道為楊廣道睿宗初以中原河南二道合于關內道而稱楊廣忠清州道至明宗時復分為兩道稱中原河南為忠清稱關內為楊廣恭讓王時又割楊廣交州西海道地入京畿為京畿左右二道分京畿為左右道以長湍臨江兎山臨津松林麻田積城坡平為左道開城江陰海豐德水牛峯為右道又以楊廣道漢陽南陽仁川安山交河陽川衿州果州抱州瑞原高峯交州道鐵原永平伊川安峽漣川朔寧隷左道以楊廣州道富平江華喬桐金浦通津西海道延安平州白州谷州遂安載寧瑞興新恩俠溪隷右道各置觀察黜陟使本朝 太祖初移都漢陽改定京畿左右道 太宗朝酌四方遠近復定疆界以開城以西地還西海道割忠清道驪興安城以北地来隷合左右道只稱京畿太祖既移都漢陽以平州遂安谷州載寧瑞興新恩俠溪距新都遠還西海道以廣州水原及楊根砥平利川川寧雙阜龍駒處仁振威来隷為左道以楊州富平鐵原延安所管郡縣為右道太宗朝合兩道置觀察使酌四方遠近復以延安白州牛峯江陰兎山還西海道伊川隷江原道割忠清道驪興府安城郡陽智陽城陰竹縣及江原道加平縣来隷合左右道只稱京畿世宗朝又以鐵原安峽還江原道領牧四都護府七郡七縣十九

(官員)觀察使一人從二品○觀察使 太宗朝改稱都觀察黜陟使 世祖朝復為觀察使兵馬節度使一人從二品觀察使兼水軍節度使二人正三品一觀察使兼都事一人從五品○舊制觀察使皆有首領官以佐之四品為經歷五品以下為都事 世祖朝省經歷只置都事審藥一人從九品檢律一人從九品○已上官品諸道同

廣州牧東至楊根郡界二十五里至驪州界六十五里南至利川府界六十四里至陽智縣界七十里至龍仁縣界三十八里水原府界五十里西至果川縣界良才驛二十九里至安山郡界七十六里北至楊州界二十里距京都四十五里

旱田

水田

建置沿革本百濟南漢山城始祖溫祚王十四年自慰禮城移都於此至近肖古王二十六年徙都北漢山百濟都南漢者凡三百七十五年北漢山今漢陽及其季世高勾麗取之為漢山郡後新羅攻其地為漢山州又稱南漢山州景德王十六年置漢州景德王十六年初置九州漢州即其一也後凡言景德王時置州皆倣此高麗太祖二十三年改為廣州成宗二年置牧成宗二年初置十二牧州其一也後凡成宗時置牧皆倣此尋於州置奉國軍顯宗時罷軍復為廣州牧顯宗九年改定八牧州其一也後凡顯宗時為牧皆倣此本朝因之　世祖時置鎮掌面二十三道內州縣各面或稱里或稱道忠清慶尚全羅江原道全鎮管牧一都護府一驪州郡一利川一楊根縣五砥平竹山陰竹陽智果川官員牧使一人正三品諸牧同兼兵馬僉節制使諸道諸鎮同判官一人從五品兼兵馬節制都尉諸道諸鎮同教授一人從六品諸道都護府以上同○自中宗時州府間省判官至宣祖時經倭寇諸道蕩殘皆省判官教授訓導今但各道觀察節度使兼任處及安東全州會寧等邑有判官令增　仁祖四年改築南漢山城移治城內十七年陞為府十六年上避清兵幸山城俄出城還都陞州為府

郡名南漢山　漢山州　漢州別號淮安

形勝漢水之南土壤膏腴百濟始祖溫祚云北帶漢水南控列郡　據高包平天作之城南漢之山中平外高體勢雄厚城冠山顛據高而包平人稱天作之城保障之地畿輔巨鎮漢都保障之地

風俗尚騎射讀書史隋書百濟俗尚騎射讀書史能吏事亦知醫藥蓍龜占相之術婚娶之禮略同華俗北史百濟婚娶之禮略同華俗父母及夫死者三年居服餘親則葬訖除之以兩手據地為敬同上拜謁之禮以兩手據地為敬衣服潔淨南史婦人不加粉黛隋書百濟婦人不加粉黛辮髮垂後出嫁則分為兩道盤於頭上○按以上所記皆百濟通國之俗而以本州百濟故都故錄之於此云

山川日長山在州北五里又今南漢山清溪山在州西五十里一名青龍山又見果川縣大母山在州南三十里山之陽有我太宗獻陵尹淮碑陰記云自清溪山折而東北負漢江而止是為大母山坤靈停峙敘氣蜿蜒以待園陵之兆黔丹山在州東北十里百濟曾黔丹所居故名其南峯曰紫峯本朝許穆嘗讀書其下早谷山在州東三十里一名草洞山又稱水鍾山門懸山在州南四十五里靈長山在州南二十里雲吉山在州東北三十里修理山在州西六十里又見果川縣及安山郡大海山在州南五十里或稱大華山又見陽智縣武甲山在州東四十五里元寂山一名圓寂山在州東六十里又見驪州及利川府光教山在州西南五十里又見水原府及龍仁縣道養山在州西五十五里東連光教山五峯山在州西六十里山上有五小峯相屬如齒故名望月峯在城東即南漢東峯城四面無對峯惟此峯越見城中初築城時不入此

峯故丙子之亂虜登峯上放大炮城幾毀。鷹峯即城西主峯通望漢都。雙嶺峴在州東四十里其東七里又有一峴稱小雙嶺俱大海山北支○本朝仁祖時慶尚兵使許浣等率兵赴難向山城至此嶺與虜相遇戰敗死軍卒死者三千餘人。佳个嶺在州東四十二里安康靖王御胎。楸嶺在州南四十里。理輔嶺在州南二十里與楸嶺相連即南漢山來脊。助布坪在州西三十里舊有牧場。漢江在州東北二十里自楊根郡入州界為斗迷津經州北境曰秃浦廣津西迤過三田渡入漢城府界。又秃浦在州北二十里即漢江折轉處或稱迷湖其西乃楊州界○高麗李穡詩秃浦沙頭暝色來遠山平野勢逶迤舟人解纜隨流下月白楊州恰得詩。昭川又名牛川在州東二十七里源有二一出大海山東北由雙嶺武甲兩山間而流一即龍仁縣金嶺川經慶安驛東合而北流入于漢江斗迷津。炭川在州南二十五里即龍仁縣莊莊川下流經樂生驛前北流由坪野入漢江三田渡。東溪出山城中由水門合諸谷水東流入昭川。洗姑灘在州西二十七里漢江之水至此成灘以其在廣津渡下故亦稱廣津灘諺傳昔有姑嫗居江邊漂布為業曰名洗姑灘云。太湖又名芼地在州北十九里湖循江干闊百餘步長十里其西岸有小山孤峙曰龜山本朝李元鎮卜築其下自號太湖漁隱。鴻浦俗稱仇叱浦在州西九十里。梨串浦在州西八十八里。椒泉在州北十九里水味寒冽如椒浴之已疾。

土產絲 麻 磁器每歲司饔院官率畫員監造御用之器 陶器 石灰 紫草 蓴 訥魚 錦鱗魚 蠏

城郭南漢山城即温祚古城仁祖四年改築極其堅固移州治于城內以為畿輔保障之地石築周二十里東西南北有門其暗門八城中井泉甚多冬夏不竭山谷諸水合為大澗東注于水門城外四面山勢嶄截不可躋攀而惟東南隅稍坡陀為設炮樓三乾隅有小峯可瞰城中為設一臺築甬道以屬之城

公署慶安道察訪司在州南三十五里領慶安德豐楊花新津安平阿川吾川留春八驛○察訪一人舊為丞中宗時革丞置察訪而品仍叅下諸道叅下察訪同此

學校鄉校在故州西二里

宮室客館 鄉射堂在客館南留鄉所及一邑父老所會之堂 鍊武堂又稱武學堂在城內北 蓮亭在客館前 無盡亭在州西二十一里花山君權攀別墅 狎鷗亭本朝上黨府院君韓明澮搆亭於豆毛浦南岸奉使入大明請名於翰林學士倪謙謙命以狎鷗而為記其後又奉使入大明求詩於搢紳武靖侯趙輔太子少保王鉞兵部尚書項忠員外郎張汝弼等數十人共贈以詩亭名遂聞於中朝今頹廢只有遺址○本朝金世濂詩上黨豪貴已成塵江上荒臺樹木春唯有綠波千古在白鷗應識舊時人

烽燧穿川峴烽燧在州西三十里南應龍仁縣寶蓋山北應京都木覔山第二烽

郵驛慶安驛在州南三十五里察訪司本驛 奉安驛在州東三十里本朝權近詩古驛亭閑茂樹間晚凉來慰覺身安山林僻處民居小廚傳稀時吏役閑崖路俯江誰鑿險溪流激石自生寒我來莫道無供給馬飽青芻尚厚顏 樂生驛在州南三十里 德豐驛在州北十五里 下津站在州西二十七里即水站 板橋院在州南四十里 末川院在州南四十二里 黃橋院在州東二十里 雙嶺院在州東四十里 金尺院在州東五十里 理輔院一云利夫院在州南二十五里 鳳獻院在州西三十里 大也院在州南二十五里 斗迷院在斗迷口 仁德院在州西四十五里果川縣界 沙斤院在州西五十五里 鄭金院在州西十九里 廣津院在廣津渡北岸

關梁 **斗迷口** 一云渡迷口在州北二十三里東西兩山夾江陡峭石路縈紆山腰東指奉安驛崎嶇十餘里舊有斗迷院乃漢都開險要害之地俗稱斗迷遷新羅方言多以水崖險路稱遷○本朝權遇詩山腹蜿蜒棧道斜行行盡處有人家天寒日暮風吹緊回首長江浪作花

慶安橋 在慶安驛東川　**良才橋** 在州西三十六里良才驛東　**廣津渡** 在州西二十七里即漢江津渡處其北乃楊州境楊州人稱楊津　**三田渡** 在州西二十里有渡丞詳漢城府

祠廟 **社稷壇** 在故州西　**文廟** 在鄉校　**溫祚王祠** 在城中天柱寺內祀溫祚 仁祖時建以守禦使李曙掌改築城有勞配享　**城隍祠** 在州西一里　**厲壇**

陵墓 **獻陵** 在州西三十里大母山之陽 太宗恭定大王陵 元敬王后祔葬有獻陵神道碑卞季良撰其銘　**宣陵** 在州西三十里學堂洞成宗康靖大王陵　**靖陵** 在州西三十里與宣陵隔一岡 中宗恭僖大王陵○萬曆壬辰倭賊掘發宣靖兩陵賊退改葬　**平原大君墓** 在州南十五里　**韓確墓** 在州東三十里確謚襄節仍名其地為襄節　**臨瀛大君墓** 在州南五十里　**廣平大君墓**　**永順君墓** 俱在州西二十五里　**李原墓** 在州南三十里　**具致寬墓** 在州東五十五里徐居正撰碑　**李集墓** 在州南十三里　**崔恒墓** 在州東三十里　**朴訔墓** 在州北三十里　**李克培墓** 在州北二十五里　**徐居正墓** 在州西十五里　**容城君墓** 在州西十一里　**柳季聞墓** 在州南二十里細村　**柳聃年墓** 在州南二十一里細村　**孟思誠墓** 在州南二十五里　**劉敞墓** 在州北二十里　**李克增墓** 在州南三十五里　**鄭陟墓** 在州西七里　**咸傅霖墓** 在州西十七里　**金承霔墓** 在州東三十里　**韓繼禧墓** 在州南三十五里　**魚孝瞻墓** 在州北二十六里廣津上　**李之剛墓** 在州北十七里　**李繼孫墓** 在州西八十里修理山南麓　**李文和墓**　**李永孫墓** 俱在州西三十里　**齊安大君墓** 在州南二十里　**麟坪大君墓** 在州北十五里　**權軫墓** 在州東二十里　**安塘墓** 在州退村里　**鄭蘭宗墓**　**鄭光弼墓** 俱在州南七十五里　**俞泓墓** 在州北十里　**申欽墓** 在州東三十里　**鄭曄墓** 在州北二十二里龜川里

寺刹 **奉恩寺** 在楮島南　**水鍾寺** 在早谷山寺據高頂東臨龍津本朝 世祖嘗幸是寺掘地得泉又得小鍾故名　**修理寺** 在修理山　**百種寺** 在州北三十里　**伯仲寺** 一名巖寺在下津站東○本朝徐居正詩招提架一蒼巘何日側金開落葉無人掃空堂有客來山形臨水斷水勢觸山迴坐共高僧話胸襟自不埃○本朝姜景叔詩江山前朝寺山雲自去留落花深院靜細雨小溪流禪榻棲孤影松門恣獨遊誰云忘歲月僧自報更籌　**神福禪寺** 高麗時州人朴瓚嘗元大以宦者入元有寵其父堅捨家財重營是寺為大刹有李穀重營記　**奉水寺**　**藥井寺** 俱在漢山　**清溪寺** 在清溪山高麗平壤君趙仁規營是寺有李穀所撰仁規祠堂記○高麗李穡詩青龍山下古招提冰雪斷崖臨野谿端坐南窓讀周易鍾聲初動欲鷄棲　**圓通寺** 在清溪山　**開元寺** 在山城內東南隅　**天柱寺** 在山城內　**漢興寺** 在山城內東　**長慶寺** 在山城內東北　**國清寺** 在山城內西北　**望月寺** 在長慶寺西　**玉井寺** 在望月寺北○已上七寺皆在城內置僧將定六道僧輪番來居分護城堞開元寺僧將居之天柱寺全羅道僧居之漢興寺慶尚道僧居之長慶寺忠清道僧居之國清寺江原道僧居之望月寺京畿僧居之玉井寺黃海道僧居之

古蹟 **日長山城** 即新羅時晝長城文武王時所築內有六井及溪周四千三百六十步石築○按此即南漢山城南漢相傳溫祚舊城而勝覽所載如此豈以百濟舊都而文武王復為修築

世歟

城坪古城 在州西二十里廣津上野中土築周七里今皆毀圮相傳百濟時防戍處

饒吞驛 高麗顯宗九年契丹來侵王出奔次廣州失二后所之令智蔡文往尋之至此驛乃得奉還王為留三日今未詳所在

古廣州 在山城北十里自高麗以來此為治所至本朝仁祖時始移于山城內即今治

清風樓 舊址在古廣州客館北有李穀記

倭壘 在州西三十里穿川峴西路上小阜萬曆壬辰倭寇連營屯據處今有土城基址

名宦

新羅金大問 聖德王三年以問為漢山州都督

金巖 惠恭王時為漢州都督盡心撫字三務之餘教以六陣兵法民皆便之嘗有飛蝗入州界蔽野巖登山祈天忽風雨大作蝗盡死

高麗金富儀 肅宗時為廣州司錄在職廉謹

洪子藩 為廣州通判有去後思

金景庸 以閤門祗候出為廣州通判為政不苟人畏敬

張瑄 為廣州牧

李世華 高麗因虜寇將遷都以州中道巨鎮遣世華出刺蒙古大兵來圍百計攻之世華日夜繕守備隨機應變虜遂解圍去

本朝權軫 為廣州判官清剛勤職民懷其惠

崔府 為廣州牧使

安魯生 為廣州牧使廉剛不苟有德政及民

南琴 恭定王安置讓寧于廣州州官不能制上特以慶昌府尹南琴為判牧事

李曙 仁祖時為守禦使監築山城全兵之難以守禦大將從上入城卒於城中配享溫祚祠

許徽 為廣州牧使清白愛民謂南漢為漢都藩蔽務畜積修器械增築炮樓以備之仁祖避虜入山城城中受圍四十餘日士無飢色以功超資仍為廣州府尹

流寓

趙云仡 楊州人高麗辛禑時授左諫議大夫為人清素晩節退去州之夢村重營板橋沙平兩院自稱院主弊衣草屨與役徒同其勞過者不知為達官也後又辭官歸廣州又拜檢校政堂文學檢校例受祿云仡辭不受卒于此

鄭誠謹 晉州人本朝成宗時為承政院承旨以忠孝清直著一世葬父州西仍卜居其下成宗襃誠謹嘗服喪三年燕山短喪以為謗行而殺之

皆悲痛

任叔英 本朝京都人博覽強記能文章光海時登第為承文博士以讜直被出居奉安驛江上士大夫東南行過者必造其廬以書史自娛饘粥不繼亦泰如也鄭岦觀察關東過見叔英窮餓閔之曰君若至此嘗中例有紙價米士大夫皆請受君若送數束紙我當為君濟之叔英曰故人久別相見奈何以防納事相勸耶岦慚嘆仁祖立召起為持平直言不避權貴死時有異人或謂仙解云

人物

百濟高興 近肖古王時人也百濟自開國以來未有以文字記事高興為博士始有書記

高麗李集 父唐為本州吏謹飭有行五子俱登科集其第三也初名元齡忠穆王朝登科嘗以剛直忤辛旽旽欲殺之集負其父逃竄于永州崔允道家旽誅還京官至判典校寺事退居川寧縣躬耕讀書志節高邁一時交遊李穡李崇仁輩皆敬重焉

李養中 麗季仕為刑曹左參議本朝初抗節不仕遯居村庄不受徵命恭定王即位以徵時故人特拜漢城尹亦不受恭定嘗幸廣州召見之養中以野服携琴獻酒魚上勸甚竟不能奪其志特官其子以獎之

本朝安省 登科太祖朝官至開城府留後以清白聞於世諡思簡

李之直 集子登科太宗朝官至刑曹右參議世稱清白

李之剛 之直弟登科官至議政府左參贊諡文肅

李仁孫 之直子少登科歷官至大司憲以言事切直忤大臣還漢城府尹後拜為戶曹判書世祖慰諭曰憫卿年高然度支重任非卿不可未幾由議政府右贊成陞右議政致仕五年而卒為人沉毅有大略不喜聲色不理生產居位慎密務遵舊典諡忠僖弟禮孫登科官至觀察使

朴繼性 系出登科官至黃海道觀察使廉謹蒞職

趙秋 莊憲王朝官至藝文館直提學屢典州縣皆有政績

李克培 仁孫子登科惠莊王朝參佐翼功臣官至議政府領議政封廣陵府院君歷仕五朝出入將相三十餘年燕山初卒諡翼平性嚴重有風儀寡言笑議國事務遵大體自奉儉素未嘗聲樂為娛子世弼世佐皆顯官

李克堪 克培弟再捷科世祖朝參佐

翼功臣封廣城君官至刑曹判書有文名謚文景子世佑登第官至京畿觀察使 李克增 克堪弟登科成宗朝叅佐理功臣封廣川君性勤謹治官如家謚恭長 李克基 登科官至工曹叅判志於性理之學性剛正治官有法度 李克均 克增弟登科屢官至議政府左議政成宗朝嘗以都元帥征建州衛燕山甲子被殺 李世佐 克堪子登科官至判中樞府事封廣陽君燕山甲子被殺 李蓀 博覽典故善弓馬登文科中宗朝叅靖國功封漢山君官至議政府左贊成為人寬謹屢歷藩鎮判諸曹剖決如神吏莫容奸晩而乞閑與柳洵安琛等結為九老會每佳辰扶携相往来為娛世稱為義事謚胡簡 鄭舟臣 誠謹子登科為承文院博士有孝行誠謹燕山甲子以忠孝見殺舟臣號擗不食而死中宗朝旌閭弟梅臣及梅臣之子元麟元麒元麟之子孝成俱以孝子旌門四世而旌表者六

烈女 都彌妻 都彌百濟小民也其妻美而賢蓋婁王聞其美留都彌以事夜抵其家欲私之妻請更衣而進誑飾一婢薦之後王知其見欺大怒誣都彌以罪矐其兩目置小船泛之江更引其妻妻曰今妾夫已死妾身不能自保敢為王辦但今有月事請俟他日王許之逃之江口呼天慟哭忽遇行舟至泊泉城島則其夫已先往矣遂同奔高句麗麗人哀之至蒜山下以終身○按此乃都南漢時事故附于此 李氏 正郎成景溫妻本朝燕山時景溫遠謫被殺李氏哀號過禮廬墓下泣血祭奠服闋猶不食肉白衣裳終其身恭僖王命旌其閭

驪州牧 東至忠淸道忠州界四十四里至江原道原州界十里南至陰竹縣界三十三里西至利川府界二十八里至廣州界五十二里北至砥平縣界三十七里至楊根郡界五十七里距京都一百九十里

旱田

水田

建置沿革 本百濟地 邑號未詳後凡言百濟地者倣此○漢江以南皆古百濟之地高麗史云漢江以北為高句麗以南為百濟考之三國史百濟都南漢者三百餘年文周王移都熊津之後亦時巡南漢其地理志亦以為百濟之地北際漢江而所叙郡縣則漢南之地如今廣州驪州利川水原南陽富平仁川陽川安山衿川果川陰竹竹山陽城安城龍仁振威稷山鎭川清安等郡縣皆係於高句麗而百濟志全闕焉蓋百濟季世漢南地多沒於高句麗而新羅因以取之故金富軾未能詳覈古跡而只據新羅所收之籍以為志遂使後世無傳焉鄭麟趾唯於廣州稷山據百濟故都僅能修補其他郡邑則今不得考其名號 高句麗取之為骨乃斤縣新羅景德王時改名黃驍為沂川郡領縣高麗初改黃驪縣 一作黃利 顯宗時省入原州後復置黃驪縣高宗時改為永義縣忠烈王時陞為驪興郡 以順敬王后金氏之鄉陞 辛昌初陞黃驪府時遷辛禑于郡陞為府恭讓王初復降為黃驪郡本朝 太宗時復陞為府 以元敬王后閔氏鄉貫陞為黃驪府割陰竹縣北村以益之 自忠淸道移隷本道後改都護府 睿宗初遷 英陵于府西併川寧縣陞為驪州牧掌面十八官員牧使 判官 教授 各一人

郡名 黃驍 黃驪 永義 驪興

形勝 長江西去複嶺北来 高麗薛文遇清心樓詩 野平山遠 高麗李穡詩驪江形勝天下稀野平山遠牧烟霏 山水清奇 本朝權近驪江詩 漢水上遊名勝之地 驪之為州居漢上游山明水麗實是名勝之地

山川北城山在州西八里山有古城址鎮烏鴨山在州南四十里忠州界岡
金山在州南二十五里長淵山在州北七里流牛山在州東五里歡
喜山在州西二十五里鳳尾山在州東北九里慧目山在州北二十五里俗
稱牛頭山趈揖山在州西北四十里砥平縣界又見砥平縣元寂山在州西五十里
又見利川府象頭山在州西五十一里自元寂山北迤爲此山勝山在州南五里
孤山在州北三十里兀然孤峙於平野江水環抱其上夷平擬有景致如世傳高麗李存吾所
住處本朝金安國詩自有兹天地處知有此山與名山共久千載邈難攀馬巖在州東一里屹
立江曲有捍水之力諺傳古時黃馬出水曰名郡爲黃驪巖之得名以此○本朝崔淑精詩穹
窿馬巖石盤礴亦奇惟江流齕其根萬古堅不壞怒濤方蕩潏分此勢嘶殺孤城賴以安論功難償
債人看一頑石吾獨取其家笠巖在州西五里江口八大藪在州北三里古稱貝
多藪周七八里○崔淑精詩平林望不窮一趾連江滸鬱密百年藤蒙茸千歲樹漢江自忠
州流入州境經邑治北又西流五十里入楊根郡境在本州界內者稱驪江○本朝徐居正記驪之
水自月岳合達川爲金灘經仰巖會蟾水奔流漸廣爲驪江淵涵硏磷清澈可愛○崔淑精詩江雨
乍晴霽江水忽已滿風回縠紋長日出魚鱗散世累雖未蠲塵纓聊可濯白鷗本無事羣飛戲清暖
何當謝拘束浩蕩爲爾伴泝川在州西三十五里即利川府泝川下流北流至川寧廢縣東入
漢江伊川俗稱大橋川在州西二十五里源出陰竹縣黑石洞北流五十餘里又西流至川寧
廢縣東與泝川合天民川在州南四十五里出竹山縣北經忠州陰竹之界至州東二十
七里入漢江金唐川在州東十里原州界楊花洲在州西十九里江沱溢入伊川
洲在其間長十餘里俗又稱古尺坪有渡曰楊花津金安國詩楊花自是驪興境計隔清心十里間
蓴池在州南一里

土產絲 綠磬出川西王巖 雲母 石灰 栗 山藥
蓴 錦鱗魚 訥魚 鯉魚
學校鄉校在州東二里泝川書院在川寧廢縣距州四十里即金安國寓居之地
宣祖初牧使朴承任建書院立祠祀金安國李彥迪以洪仁佑配食仁祖初賜額
宮室客館 鄉射堂 清心樓在客館北俯臨江流本朝任元濬記其形
勝則有水自中原月岳合江原五臺之水流數百里而至于州北泓澄漫汗而爲淵焉其屹然攢青
蹙翠以鎮于東北則有龍門之山焉巍乎聳碧如飛如舞而闖于軒楹則有雉岳之峯焉麗寺倒影
於江心馬巖捍水於襟喉實國之上游而畿甸之名區也○高麗鄭夢周詩烟雨空濛滿一江樓中
宿客夜開窓明朝上馬衝泥去回首滄波白鷗雙○高麗鄭樞詩夜入黃驪縣舟人欲卧時渚行風
作暴樓宿月如期天豁長江動沙明雜樹奇三更發清嘯便覺舞馮夷○高麗李穡詩恨無樓記冠
扁端誰命清心闕署顏捍水功高馬巖石浮天勢大龍門山煥居雪落軒窓外凉卧風來枕簟間況
是春風與秋月賞心美景更寬閑○本朝徐居正詩樓高清我心其下有流水綠淨不可唾可以濯
心累山川鬱相繆千里又萬里搥碎黃鶴樓此語我曾恥豪哉老元龍擧擧脫塵滓○樓高百尺掉
雲端豪氣元龍似舊顏莫遣移舟驚白鳥也宜拄笏看青山鶴隨明月歸天上龍抱光珠睡水間天
賜鑑湖難自料買山終欲此來閑別館在清心樓東府使盧懷慎創迎賓館在客
館東舊號賓仙中宗拜英陵御是館命改今名壬辰兵火焚燬其後牧使金億秋即其基搆小
館○本朝李廷龜詩急雨朝來生晚凉澄江綠漲玻瓈光高樓四面水圍座孤枕三更波撼床極浦
遙岑雲漠漠岸花庭草春茫茫龍門山色捲簾入催我乘晴遊上方
郵驛新津驛在州東五里安平驛在州南三十里楊花驛在州西二十里
草溪院在州南五里加峴院在州南三十里破場院在州南二十五里

新院在州北四十五里 福川院在州西三十里 普通院在州北二十五里 予川院在州北三十里 普濟院在州東五里

關梁 億億橋在州西三十里跨沂川 驪江渡在州北一里即官渡有常置津船崔淑精詩泛泛小孤舟長年橫渡頭迎南又送北濟人無少休 鎮江渡在川寧廢縣距州西四十四里卽驪江下流津渡俗稱梨浦津

祠廟 社稷壇在州西 文廟在鄉校 城隍祠在州南五里 厲壇在州北

陵墓 英陵在州西八里北城山之陽 世宗莊憲大王陵 昭憲王后祔葬陵舊在廣州大母山 睿宗元年遷于此有英陵 神道碑鄭麟趾撰其銘○本朝崔淑精詩園陵正寢通五雲閶闔殿禁籞抱山長松栢連江遍百靈擁巖谷祥飈生傘扇祠官謹灑掃守臣潔齋薦二聖降陰騭豐樂通州縣○本朝金世濂過英陵詩川岳鬭妙化永作聖主宅千秋鬱佳氣蒼蒼攢松栢憶昔垂衣日八方被至澤洪謨述姚姒樹立鞏盤石六龍遷昇天慟哭喬山烏風雨尚鬱盤翠微交神載夕陽曖平陸冒龍山烟白邉封屬多警國事異往昔英靈想在天降福宜無斁小臣再拜過孤舟沂日夕 辛禑墓在州西吉遷里利川府界其地因名大王 李仁孫墓在州西十五里初葬於英陵內後遷陵外有徐居正所撰神道碑 洪仁祐墓 洪進墓俱在州北四十里 尹溉墓在州西五十一里 尹畢休墓在州西五十里介君山里

寺刹 報恩寺在驪江北岸鳳尾山下古神勤寺有甓浮屠故俗號甓寺 睿宗時遷英陵于寺之西十里遂改搆為巨刹曰賜今額寺東有巖屹立臨江號東臺松檜蒼然景致為上致第一寺有江月軒高麗名僧懶翁所居懶翁死其徒弟藏舍利于石鐘仍建真堂李穡為記又有大藏閣李崇仁為記○高麗李穡詩遠岫長江外疎松翠石傍招提開福地普濟敞真堂縣令頻腰笏山僧獨面墻何當尋野艇清嘯倚蒼茫○本朝金守溫記驪州山明水麗號稱樂土而神勤寺正居形勝之中風景之美聞於東國 井泉寺在歡喜山 下北寺 神通寺 鐵甲寺俱在歡喜山 長興寺在象頭山○本朝金安國詩尋山聊縱賽晴靄豁憪幪淨界風傳磬禪房月暎櫳谷垂飄倒葛岡老鶴棲松幾夜紫荆夢長林繞碧峯

古蹟 川寧廢縣在州西三十四里高麗時為述川郡又一名省知買新羅改沂川郡高麗改川寧 顯宗時省入廣州後復置川寧縣本朝 睿宗時省併于州今為直村 婆娑城在州北四十里有小山臨江城據其上未知何代所築本朝 宣祖時當倭亂僧將義嚴繕修石築周一千一里步城中鑿井今半頹落本朝柳成龍詩婆娑城上草芊芊婆娑城下水縈迴 王代高麗末遷辛禑于驪興郡今州西吉遷里有辛禑遷居之所其地因名王代方言謂基為代 枕流亭在川寧廢縣金沙里高麗廉興邦嘗謫川寧築亭跨水名以枕流有詩云金沙居士枕流亭楊柳陰陰署氣清洗耳不聞塵土事潺湲只有小溪聲又有李穡記 六友堂在川寧廢縣高麗金九容謫驪江搆堂以居名六友蓋取於江山雪月風花也李穡有記鄭樞作賦 四友堂在馬巖本朝 成宗時任元濬搆堂取耕牧漁樵扁以四友 高達寺在慧目山下廢為村墟砌礎尚存又有高麗翰林學士金廷彥所撰僧慧真塔碑

名宦 本朝 鄭誠謹太祖朝為驪州牧使愛民以直清白無化 崔淑精為牧使吟咏甚多有惠政及民 白仁傑中宗朝為驪州教授 朴承任宣祖初為驪州牧使為政以愛民興學為先務 李海壽宣祖時再為驪州牧使居官清簡時盜賊大熾在處行刼而海壽能安集撫摩不專以勤捕為事一境晏然麥有兩穗之瑞民來獻海壽笑却之不以上聞 崔岦宣祖朝為驪州牧使性清峻所至有聲績

流寓 李存吾本慶州人徙居驪興以孤力學慷慨有志節年十餘肆十二徒賦江漲詩云大

野皆為沒孤山獨不降識者異之高麗恭愍王時登第遷補史翰與鄭夢周金九容諸入講論無虛日遷為正言辛旽擅國人莫敢言存吾奮不顧身上書極論貶長沙監務放逐以卒國人無不服其忠節而痛惜其死

金九容 閔思平之外孫文章名世高麗辛禑時李仁任欲迎元使九容與鄭道傳等上書都堂請却之不從乃竄竹州尋移驪興九容搆六友堂於川寧以居以書史自娛號惕若齋

李集 麗末廣州人自嶺南歸仍卜居川寧乃築鳳棲亭於江上躬耕讀書山水為娛老鄭夢周嘗寄書曰驪江吾所樂也不圖先生之先吾著鞭也近聞若齋廬墓欲與陶隱匹馬往吊川寧當作一夜話又曰宦情非余樂也每逢秋至山水之興尤有感於中心先生何人獨能辦此

金安國 本朝中宗朝為右參贊有重望於朝羅士禍退居利川又移居州之梨浦名其亭曰泛槎扁其堂曰八怡日與諸生講論逍遙吟眺鄉老飲會亦皆往參監穫未麥不使一穗遺野以賑春饑嘗曰天之生物莫非有用暴殄不祥若將終身者十九年後復起為右贊成詳漢城府

申光漢 中宗時以承旨坐士禍被黜築室州之元亨里閑居十五年書史為娛雖薄物未嘗求於入時金安國居梨浦李長坤以前贊成居禹灣里皆以善居鄉稱後光漢復起為左贊成詳漢城府

李元翼 漢城人宣祖朝為相世服其賢光海時以直諫被黜居州仰德村草屋蕭然若未嘗富貴者士大夫過者必禮於其廬及仁祖初立以首相招入元翼放居時金世濂舟行歷見有詩曰我慕完平相不下司馬公維舟為上謁草屋依江楓慷慨當世事何人可禦戎萬姓久加額勳業冠大東身老被蠹紲織席為野翁安危在去就大賢豈終窮

李必行 漢城人仁祖時為丙子亂後避去州之烏鵲山下躬耕自給絕意仕官累徵以司諫終不起

人物

高麗閔令謨 少好學仁宗朝登科明宗在邸夢一宰相出自光化門騶從甚盛有人曰此公之宰相也及即位令謨以刑部侍郎掌南省試至放榜王見之與所夢者肖始有大用意不次遷擢累官至門下侍郎平章事謚文景

閔湜 令謨子性豁達雖貴顯視故舊無貴賤一如平日人以是多之明宗庶子僧小君招權納賂朝士爭附獨湜不往其弟曰兄盍往湜曰虹泌彌輦敗國家弟愕然流汗蓋虹一端接地一端屬天喻小君王子而母賤也湜之放曠類此官至右散騎常侍

李奎報 父允綏為侍郎奎報九歲能屬文時號奇童百家佛老之書一覽輒記明宗時登科高宗時累遷判秘書省事時蒙古兵壓境屢加微詰奎報掌兩制書表多出其手官至門下侍郎平章事奎報肆酒放曠為詩文不蹈古人畦徑橫鶩別駕汪洋大肆有文集行世

閔仁鈞 令謨孫登科官至判三司使翰林學士才識富贍雖至巨官誦習不輟居無怠容務循禮法雖門生故吏造謁則必整冠束帶待之如賓談經論學而已

閔宗儒 仁鈞孫累官至贊成事天資莊重美風度明識典故優於吏幹忠肅王時卒謚忠順

閔祥正 令謨六世孫父漬忠宣王時為僉議政丞祥正登科歷寧碩州江華又按海西楊廣皆有聲績忠肅王時累官贊成事

閔頔 宗儒子忠烈王朝登科官至密直司事好賢愛士待孤寒晚進尤致情禮謚文順

閔思平 頔子少有氣局政丞金倫號知人以女妻之登科官至贊成事居官處事不為崖異常以詩酒自娛所著及菴集行于世謚文溫

閔抃 思平弟登科忠惠王時累遷左司議大夫後封漢陽驪興君謚文度

本朝閔霽 抃之子麗末登科累遷為尹入本朝官至門下左政丞太宗即位以國舅加封驪興府院君謚文度霽留心經史不事家產不喜華侈

李行 麗末登文科遷知申事藝文館提學入本朝官至大提學以文學稱世自號騎牛子謚文節

李迹 行子世宗時官至司憲府大司憲精於易學及老退居加平朝宗縣世宗每遣近臣就問經義

洪師錫 洪師錫貌藝絕特太宗每於朝參望見深器之顧謂世子曰今日當拜將相才遺之文有鄭麟趾武有洪師錫其人也後擢重試以西征功官至知中樞院事兼都安撫處置事謚莊襄

閔暉 登科成宗朝累蒞州府官至司憲府大司憲性廉謹所至清白服一世子壽千中宗朝為觀察使

洪仁祐 師錫五代孫為成均生負少篤志有文名為學以聖賢為標準堅固刻勵真

踐實履事父母至孝遍交當世聞人以資講磨晚見李滉遂師之造詣益精係敬德嘗語人曰志道可與進步者惟洪應吉一人而已仁祐字也世稱恥齋先生 洪進 仁祐子登科宣祖朝累官判書以扈從功封唐興府院君 第迪登科以文學顯名早卒官至司憲府執義

利川都護府 東至驪州界二十二里南至陰竹縣界四十里西至陽智縣界三十七里北至廣州界二十一里距京都一百四十一里

旱田

水田

建置沿革本百濟地高句麗取之為南川縣一云南買新羅真興王時陞為南川州景德王時改名黃武為漢州領縣高麗太祖南征縣人徐穆導之利涉乃賜名利川郡仍入廣州仁宗時復置利川縣高宗時改永昌縣恭讓王時陞為南川郡以祖妣申氏之鄉陞本朝 太祖二年復為利川縣 世宗二十六年陞都護府以千户以上陞 仁祖時降為縣尋復為都護府

掌面十四官負府使一人從三品諸都護府同 教授一人

郡名南川 黃武 永昌

形勝北聯南漢南通中原東界驪江西阻衆山土腴

民富本朝權近鄉校記

山川雪峯山在府西五里鎮山上有古城 圓寂山在府北十五里一作元寂山其西即廣州界其東驪州界 五音山在府南二十五里 大德山在府南二十六里 乾至山在府西南二十五里竹山縣界 猪鳴山在府西十五里山上石梁如城故又名猪鳴城 孝養山在府東九里 沂川在府南八里舊名南川俗稱福河川即徐穆導麗祖利涉者源出竹山縣界經府東又北流至驪州任内川寧廢縣東入驪江 安興池在府東三里周二百步中有小島

土產白玉出護法里 陶器 石灰 栗

學校鄉校在府北一里洪武間監務邊仁達創建 書院在府西二里

宮室客館 鄉射堂在客館東 愛蓮亭在客館東府使李世琟重修鑿池種蓮申叔舟名之

郵驛吾川驛在府西二十二里 阿川驛在府北二十里 仍邑院在府北二十二里 貫川院在府南五里

祠廟社稷壇在府西 文廟在鄉校 城隍祠在雪峯山 厲壇在府北

陵墓金吉通墓在府北十里 權鈞墓在府南二十五里

寺刹定岳寺在猪鳴山 安養寺在五音山 立石寺在大德山

古蹟雪峯山古城石築周五千一百十二尺相傳三國時古築今皆頹圮 安興寺在府東四里今廢為村閭名安興里有石塔在其遺址

名宦本朝閔義生為利川府使 李有仁 卜承貞俱為利川府使康靖王朝俱以政最特陞通政

流寓姜濦本朝恭僖王時被薦登賢良科為藝文館檢閱坐己卯黨籍退居利川後敘為成均典籍肅拜後哭于榮靖王殯殿即還以終老號蔡亭每語及時事北向長吁淚下沾襟

人物高麗徐弼光宗時累官至內議令立朝謇諤多所匡正王嘗賜公卿金酒器弼獨不

受曰臣謬居宰輔常懼踰分且服用明等衰奢儉關理亂臣用金器君將何用王曰卿能不以寶為寶子當以卿言為寶卒謚貞敏配享光宗廟庭初弼父神逸羅季郊居有鹿帶矢奔投神逸拔矢匿之獵者至不見而返夢神人謝曰鹿吾子也賴君不死君子孫世為宰輔神逸八十生弼

徐熙 弼子早擢甲科光宗時以內議侍郎奉使如宋宋太祖見其容儀中度授檢校兵部尚書成宗十二年契丹蕭遜寧來侵事急或欲割西京以與之熙曰割地與敵萬世之恥願使臣等一戰然後議之王議遣大臣面對無有應者熙奉國書如丹營遜寧言爾國興新羅地高勾麗之地我所有而侵蝕之又越海事宋故有今日之師熙曰我國即高勾麗之舊故號高麗若論地界上國東京皆在我境何謂侵蝕乎且鴨綠江內外亦我京內今女真盜據遂道梗澁朝聘不通女真之故若逐女真還我舊地則敢不修聘辭氣慷慨遜寧知不可強遂罷兵官至太保內史守正盡忠有大臣風謚章威配享成宗廟庭

徐訥 熙子事顯宗德宗靖宗三朝累遷司憲臺官官至侍中為世名臣謚元肅配享靖宗廟庭

徐恭 熙玄孫有膽略善騎射毅宗時六為兩界兵馬士卒樂附累官至平章事志益識遜善遇武人鄭仲夫之亂禍不及家

徐遠 忠宣王時知竹州有政績邑人稱慕不忘子選仕本朝官刑曹判書

徐甄 登第恭讓王時為司憲府掌令與臺省交章請誅趙浚鄭道傳等及鄭夢周遇害甄亦流遠地本朝革命後遯居衿川坐必向北終身不對漢陽城郭嘗作詩以自傷臺諫欲罪之 太宗曰甄為高麗臣不忘故國是夷齊之流何可罪也

本朝李寬義 其先廣州人居府地好學樂善 世祖時隱居鄉里終身不出一時高士與南孝溫輩皆推重焉

徐岡 登第官至成均館大司成性剛直不撓

楊根郡 東至砥平縣界二十七里南至驪州界二十三里西至廣州界三十九里至楊州界四十里北至加平縣界四十五里距京都一百十六里

旱田

水田

建置沿革 本高勾麗楊根郡一曰恒陽新羅景德王時改名濱陽為沂川郡領縣高麗初復舊名仍將入廣州明宗五年復置楊根縣高宗時改永化元宗時又改為益和縣以衛社功臣金自廷之鄉改縣名陞為官為令恭愍王時復為楊根郡本朝因之掌面十

官員 郡守一人從四品諸郡同訓導一人從九品諸郡縣同

郡名 濱陽 永化 益和

形勝 左據龍門右枕漢流

山川 **龍門山** 在郡東二十里一名彌智山自江原道江陵府五臺山逶迤而西至楊根砥平之界復起為此山橫亘高大每春夏雲霧籠其上高麗李穡詩浮天勢大龍門山者此也又見砥平縣

白雲峯 在郡東十里即龍門山之南聳起者石峯挺秀揷天雲霧多在其巔又名白雲臺

勞多嶺 在郡北二十里又稱勞多峙

清涼嶺 在郡北二十五里二嶺俱龍門山西支極高峻

高達山 在郡北四十里一名鵠達山

黃岳山 在高達山西西臨淮水山頭無樹木望之色黃故名古置烽燧俗號烽燧峯

鬱業山 在迷原縣北山勢卓立岌嶪

中隱山 在郡西三十里即勞多嶺之西支本朝申孝章以五臺山中脈隱於此名之又稱青帝山以其山脈自震方來故名云

陽白山 在郡南十五里

馬峴山 在郡西十里

馬游山 在郡北十五里

孤山 在郡南十三里小山童然孤立江邊若浮來然俗稱忠州山

漢江 自驪州界流入經郡南五里而西流西心灘大灘皆其險急處至郡西四十五里與淮水合入廣州界

淮水 自春川府歷加平縣流至郡北四十五里與洪川水合又南流

過自銀灘梨浦渡龍津渡合于漢江

迷原川在郡北四十三里迷原廢縣源出龍門山西流入淮水

靈川在郡北三十里源出龍門山西流至郡羙洞入淮水

西心灘在郡南二十里即漢江灘水勢甚惡其下又有波乃灘

大灘在郡西二十里亦漢江灘有石橫絶江中水漲則不見水淺則波濤衝激崩縮下道漕船往往漂没高麗時王康建白稍鑿其石功未易而罷自後水勢尤險本朝世祖時遣具達忠鑿之就水中設木楗圍其石令洄而鑿竟亦未就世以化艶澦堆云○本朝金世濂詩不行大灘惡詎識舟行難洪濤吼萬雷十里奔狂湍巨石若馬牙顧瞻心骨酸舟子凜相戒奮篙乘波瀾太虛運妙有嶽瀆自斟盤設險亦何意造化苦多端

并灘在郡西四十五里漢水與淮水合流於此故云并灘○高麗李穡詩順流而下棹夫閑遇險驚呼頃刻間晚泊沙洲風露冷一燈明滅照雲山

白銀灘在郡北四十四里即淮水灘其下流又有斜灘

簇城島又名逵會島在郡西四十五里漢水淮水交流處其下爲并灘水勢激湍屹在中流若砥柱然

土産　白粘土出郡南十五里富老峴村　石灰　海松子　栗　松蕈　山芥　當歸出龍門山　蒼朮　山藥　芍藥　茯苓　軟蔬龍門山出者佳　白花蛇　錦鱗魚　訥魚

學校　鄉校在郡西三里　書院在迷原廢縣西本朝趙光祖讀書遊賞處後人因建書院立祠祀之

宫室客館

郵驛　娛賓驛在郡南十里　月溪院在月溪口　多樂院在多勞樂口　末院在郡西四十里　草院在郡西三十里

關梁　月溪口在郡西三十里兩山對峙中有江流路出山崖崎嶇十里俗稱月溪遷此東十五里又有多勞樂口皆要害之地舊皆有院

孤山橋在郡南十三里跨小溪以在孤山下故俗稱孤山橋

龍津渡在郡西四十四里即淮水津渡處渡下有灘旱則從灘徒涉○本朝權近詩小舟軽漾碧波間穏渉真同坦道安往事悠悠都是夢浮生役役幾時閑物情毁譽名爲累宦路升沉膽可寒未向穎川成洗耳清江深愧照塵顔

祠廟　社稷壇在郡西　文廟在郷校　城隍祠在郡西十里　厲壇在郡北

陵墓　金士衡墓在郡西三十里中隱洞　柳寛墓在郡南十五里王忠里　金自知墓　金汝知墓俱在郡南二十里　姜孟卿墓在郡北五里　李崇元墓在郡東十五里　金何墓在郡南二十里　李浚慶墓在郡西鳴岾里　李濟臣墓在郡北四十里耶美谷　李德馨墓在郡西三十里中隱洞　李好閔墓在郡北十里

寺刹　小雪菴在迷原廢縣龍門山北麓高麗僧普愚居之愚入中國得其法而還自號小雪山人故曰以爲名有權近所撰普愚舍利塔碑　舍郡寺在龍門山　西方寺在馬遊山　中隱寺在郡西三十里中隱山西○本朝李德馨中隱坐月詩霽月通悄幕脩峯上玉盤暗塵翻舊咏岑寂坐更闌

古蹟　迷原廢縣在郡北四十三里高麗恭愍王五年以國師普愚寓居郡之迷原莊小雪菴陞莊爲縣尋以地窄人稀省縣還入于郡　咸公城在郡東三十里石築周二萬九千五尺高麗時郡人避蒙兵于此　義狗塚在娛賓驛南路傍諺傳昔有老嫗養狗山火延燒狗赴江濡水以救之及火滅狗力盡而斃人義而葬之云　石檣在郡東北一里有石檣屹立高二丈相傳古寺遺址或云前代州縣用銅或石造爲舟檣之形以壓勝地氣處處有之此其一也

名官新羅子玉元聖王時以子玉爲楊根縣小守執事毛肖駁言子玉不以文籍出身不可委分憂之職侍中議云雖不以文籍出身曾入大唐爲學生不亦可用耶王從之本朝李原太祖朝出守楊根剛正自持有惠政其後又爲京畿觀察使姜碩德莊憲王知其學行出由忝下擢爲楊根郡守政先教養奉公致效吏民懷其德

流寓李德馨本朝宣祖時名相嘗葬其親於龍津上中隱山下光海時以首相直諫被黜還居龍津卒於此詳尚州

人物高麗咸規太祖功臣官至廣平侍郎咸有一規五世孫仁宗時西京叛以胥吏從軍有功調爲選軍記事累遷監察御史官至工部尚書致仕有一廉謹忘家所歷皆有聲績不感巫覡盡撤淫祠其妻嘗謂曰諸兒欲及公時頗立產業何不慮答曰余孤立無援勤儉守節以立門戶兒輩但當正直節儉以佚命耳子淳登科以文章名世

烈女愼娥名玉今郡吏李順命妻順命病死哀毀過禮及畢喪父母閔其早喪欲改嫁玉今誓以死不聽媒妁已定玉今知不免沐浴更衣自縊死本朝燕山時旌閭

砥平縣東至江原道原州界四十七里南至驪州界十六里西至楊根郡界二十一里北至江原道洪川縣界四十三里距京都一百六十二里

建置沿革本高勾麗砥峴縣新羅景德王時改名砥平爲朔州領縣高麗顯宗時省入廣州辛禑時復置砥平縣以乳媼張氏之鄉置本朝因之掌面五官員縣監一人從六品諸縣監同○高麗時諸州縣併入州府明宗以後漸折置監務而皆以忝外權務與諸司吏典爲之秩卑人微因成兇賤民受其害辛禑十一年鄭夢周建議擇朝官六品以上差遣以重其重然監務之名猶在至本朝太宗十三年乃改爲縣監諸道倣此訓導一人

郡名砥峴

山川龍門山在縣西二十里一名彌智山又見楊根郡不動山在縣北三十里雲岳山在縣南十八里產鐵高麗末置鐵場趍揖山在縣西南二十里驪州界自雲岳山斷而復起爲此山松峴在縣東三十里原州界仇叱峴在縣東十五里長生洞在龍門山白雲峯之東距縣西二十里洞口隈隩中復平暢名曰長生洞鳳川又名田谷川在縣西十里源出不動山及龍門山東合而西流至楊根郡界入江水其上游有廣灘鳳凰崖稱川石之勝

土產陶器 綠礬出縣北月老里石灰 栗 軟蔬龍門山出者佳山芥 當歸出龍門山蒼朮 芍藥 茯苓 何首烏

學校鄉校在縣南一里龍門山書院在縣西十五里孝宗時建邑人趙昱隱居之地

宮室客館

郵驛田谷驛在縣西五里白冬驛在縣北三十里之德院在縣西十五里

祠廟社稷壇在縣西文廟在鄉校城隍祠在縣北厲壇在縣北

陵墓趙昱墓在縣西二十里

寺刹上元寺一云上院在龍門山本朝世祖嘗幸于此本朝金時習詩古殿香烟合三門獸鑰開庭空喧鳥雀巖老襯莓苔棋樹日應長蟠桃春自淡然無外累雅境似天台龍門寺在龍門山本號彌智而稱龍門以寺寺有李穡大藏殿記潤筆菴在龍門山○高麗李穡以王旨撰懶翁浮屠銘其徒致潤筆物穡不受使修廢寺因名之竹杖菴在龍門山○李穡重修記略曰砥平龍門山世所知也其名則曰彌智舊有菴曰開現居其菴而悟道者失其

名得君王竹杖之賜曰顧曰竹杖山中人相傳如此菴在山中據高如在心而上元在臍則菴之爽塏出林巒蒼翠之表俯視雉岳驪江如在掌中而近峯低揖環列左右秀拔蘊藉可愛可玩四時之景晦明變化又不在言矣

雲月菴 在趨揖山

古蹟 **菩提寺** 寺廢遺址在龍門山長生洞北有高麗左僕射崔彥撝所撰僧大鏡玄機塔碑乃上柱國李桓樞所書天福四年己亥所立也其後岡有辛禑乳媼張氏塚

名宦 本朝 **許厚** 仁祖時為砥平縣監臨民以公明慎三事為要為政先嚴而後寬亂後田多隱稅厚為列邑私用厚度田正稅以寬民力縣有內奴怙勢為民害者積十年守令莫敢問厚數其罪以法殺之奸猾斂迹民大悅以此繫獄經歲邑人守闕訟冤適天旱得釋

流寓 **趙昱** 本朝 中宗時人世居京都少從趙光祖學沉潛研究至忘寢食光祖嘗曰求道之篤無如趙君者及士禍作昱絕意當世卜居龍門山下號其洞曰遯村以窮理教人為事學者稱為龍門先生 明宗朝與成守琛曹植俱被薦為長水縣監歸隱龍門舊居卒

人物 高麗 **李績** 高宗時累立戰功官至樞密事為人喜怒不見平時似無膽氣及臨陣賈勇人莫能及性儉素雖至貴顯常處陋室晏如也

竹山縣

東至陰竹縣界二十二里南至忠清道鎮川縣界二十六里至同道忠州界二十里西至安城郡界二十三里北至陽智縣界四十里距京都一百七十里

旱田

水田

建置沿革 本百濟地高句麗取之為皆次山郡新羅景德王時改為介山郡高麗初改竹州顯宗時省入廣州明宗時復析竹州為縣本朝 太宗十三年改為竹山縣 凡郡縣名帶州字者都護以下皆代以山川字以別於州若牧後倣此 世宗十六年自忠清道移隸京畿掌面九官負縣監訓導各一人 令增光海時陞為都護府 宣祖二十六年以陰竹縣併入尋析置光海時又省安城郡併入尋復析置

郡名 介山　竹州 別號延昌

形勝 左接驪興右通慰禮北聯南漢南抵中原 竹州左接驪興右通慰禮北聯南漢南抵中原自忠與清而王京者賓旅輻湊四達之衝也 山明水清 大抵驪江以北隘狹多山險平澤以西近海多卑洳唯竹山驪興西原等地山勢明遠水流清駿

山川 **飛鳳山** 在縣北四里鎮山山勢如展翼以其形似名右有智通寺故俗又稱智通山 **九峯山** 在縣西北二十二里橫展如屏上有九腦故名 **昮陪山** 在縣北十五里一峯突起戴名籠從挺特望之奇異 **乾至山** 在縣北三十九里利川府界 **七賢山** 一云道宗山在縣南十五里 **望爾山** 在縣南二十五里忠州界高圓磅礴望之巍然自此西迤為七賢山又見忠州 **水晶山** 在縣北三十五里與乾至山相連上有穹石成窟其中小菴名窟菴○本朝許穡詩水晶之山在竹州迴麓抱野盤綢繆梓櫟楓柟松檜稠日出紫烟半空浮 文 **殊山** 在縣西四十里橫展連綿其南頭曰雙嶺山 **桂峴** 在縣東北十五里利川府界 **天民川** 在縣東十里源出乾至九峯兩山東流經縣東至陰竹縣百足山下轉而北流至驪州地入漢水 **大寺川** 在縣南一里出縣西十五里德峴及七賢山北流與天民川合 月 **羅池** 在縣東十里 **孟洞池** 在縣北三十里堤長八十步池周三百步

土產 麻　磁器　陶器　石灰　栗　蕈

城郭山城即竹州古城跨飛鳳山東頭距縣東北五里石築周五里東南北有門內有二井一池本朝宣祖時重修建砲樓今復頹廢

學校鄉校在縣西三里

宮室延昌館即客館○本朝咸傅霖詩川平知野闊花落覺春深客路延昌館松風清我心　鄉射堂在客館東　鳳棲樓在客館東

烽燧乾至山烽燧東應忠清道忠州堂甫山西應龍仁縣寶蓋山

郵驛分行驛在縣北十里舊有樓高麗金黃元為大諫言事忤旨貶星山路出此驛會李載自南還乃贈詩云分行路上豈無詩留與皇華寄所思蘆葦蕭蕭秋水國江山杳杳夕陽時後李奎報屢過此題詩用其韵云黃泥壁後昔留詩漫滅無蹤莫記思柳樹依然前去路江山一似舊遊時　佐贊驛在縣北四十五里　太平院在縣東五里山城下○本朝洪汝方詩山水雲烟老桑麻歲月深舂歌與樵遂俱是太平心　獐項院在縣西二十里　梨院在縣西北十五里　普賢院在縣東二十里　通梨院在縣南二十里

關梁大橋在縣北十里跨天民川上流

祠廟社稷壇在縣西　文廟在鄉校　城隍祠在縣北三里　厲壇在縣北

陵廟朴元亨墓在縣北十五里　安珪墓在縣西十里

寺刹七長寺在七賢山○高麗時初藏國史于伽倻山海印寺後因倭寇深入移于善州得益又移于忠州開天寺禑時又自忠州移藏於此寺　飛足寺在九峯山　長光寺　智通寺俱在飛鳳山　窟菴在水晶山有巖成窟菴倚其中故名○許稿詩危巖峭壁碧山傍小剎重篠草樹荒戶外森羅千嶂立階前縈繞一川長朅來淨界諸緣盡歸去塵寰萬事忙落日西風回首望英陵松栢遠蒼蒼

古蹟奉業寺在飛鳳山下高麗時安太祖真恭愍王十二年二月駕發清州次是寺謁真殿今只有石塔　凝石寺在柱峴西今廢有遺址○高麗明宗在潛邸時以燒香使至此寺寺僧夢太祖賜明宗一牙笏并有詩曰授爾一牙笏法師不離侍居年九九九享位七十二明宗未解其意其後即祚在位二十八年為崔忠獻所廢　倭壘在縣西四十里路東圓峯上萬曆壬辰倭寇連營屯據處

名宦高麗宋文胄高宗二十三年為竹州防護別監蒙古至竹州城諭降文胄出擊走之蒙古復以砲攻城四面城門輒摧城中亦以砲逆擊之蒙兵不敢近蒙古又備人油灌藁縱火攻城城中一時開門突擊蒙古死者不可勝數蒙古百方攻之竟不能拔文胄在龜州熟知蒙古攻城之術其計畫無不先料輒告衆曰今日敵必設某器械當備某器應之賊至果然城中皆稱神明以功拜左右衛將軍　徐逺知竹州有政績後人稱慕不忘　本朝李廷臣光海以廷紳曾任京畿觀察有聲望特除為竹山府使修葺山城懷保百姓惠政及民

人物高麗朴寅亮文宗朝登科文詞雅麗南北朝奏狀皆出其手熙寧中奉使入宋所著尺牘題詠宋人刋行號為小華集遼嘗欲過鴨綠為界文宗遣使請之寅亮作陳情表有曰普天之下既莫非王土王臣尺地之餘何必曰我疆我理又曰歸汶陽之舊田撫綏敝邑回長沙之拙袖抃舞昌辰遼主覽之寢其事肅宗朝參知政事謚文烈　朴景仁寅亮子少力學善屬文登科累遷左拾遺言論勁直無所依違時議重之官至左僕射謚章簡　朴景伯景仁弟宣宗朝擢科官至尚書第景山亦擢巍科仕至大卿　朴犀父仁碩為尚書犀雄毅有將略高宗時為西北面兵馬使守龜州城却蒙古兵有功累官至門下平章事詳龜城　朴孝修忠肅王時累官至代言孝修素有清操及代尹莘傑取士王嘉其清白賜銀瓶五十米百石令辦學士宴清節

益著後封延昌君朴全之年未弱冠登科歷史翰應詔入元與中原名士遊商確古今山川風土如指諸掌元授征東省都事既還忠宣王常屏左右與全之謀議政理累遷詞林學士承旨封延興君忠肅朝拜政丞致仕卒謚文良朴遠全之子忠肅王朝登科累官右副代言至政堂文學朴挺蕤為人寬洪睿宗朝登第至樞密院副使謚忠質安戩少登第忠烈時官至知密直司事歷慶尚忠清西北三道都指揮使安克仁祖漢平為贊成事延興府院君克仁登第官至重大匡右文館大提學謚文貞恭愍王定妃即其女也本朝安淑老克仁子官至西北面都巡問察理使安騰克仁孫歷官都承旨刑曹判書謚貞景安望之淑老子官至咸吉道觀察使子孟聃尚莊憲王女貞懿公主封延昌尉朴元亨登科惠莊王朝參佐翊戴功臣官至議政府領議政封延城府院君清儉律身教子有法大明詔使張寧陳嘉猷之來元亨為儐相張寧語之曰如子之才生於春秋之世當不在叔向子産下矣謚文憲配享襄悼王廟庭安迢登科官至刑曹參判曾為黃海道觀察使適歲凶歉盡心賙給一方賴以全活朴安性元亨子登科官至領中樞府事謚靖安

陰竹縣東至驪州界十六里南至忠清道忠州界十五里西至竹山縣界二十六里北至利川府界二十九里距京都一百九十五里

旱田

水田

建置沿革本百濟地高勾麗取之為奴音竹縣新羅景德王時改名陰竹為介山郡領縣高麗顯宗時省入忠州後復置陰竹縣本朝 太宗十三年自忠清道移隸本道 宣祖時省入竹山縣尋復析

置掌面五官貞縣監訓導各一人

郡名奴音竹

山川城山在縣西五里 百足山在縣南十五里 靈岳山在縣北七里 楸澤在縣東南十五里 萬佛池在縣南二十五里 天民川在縣南十六里

土產蕈楸澤出

學校鄉校在縣北二里

宮室客館東邊有竹南樓

郵驛留春驛在縣東五里 無極驛在縣南三十里 富民院在縣東五里 貫寺院在縣南十三里 長海院在縣東十三里

祠廟社稷壇在縣西 文廟在鄉校 城隍祠在縣北 厲壇在縣北

寺刹石南寺 百足寺俱在百足山 淨水寺 昊天寺俱在靈嶽山

名宦高麗金珥為監務忠烈王次用安驛聞珥政最特差為都評議案牘員

陽智縣東至利川府界十二里南至竹山縣界三十七里至安城郡界五十一里西至龍仁縣界十七里北至廣州界十四里距京都一百十一里

旱田

水田

建置沿革本水州陽良部曲本朝 恭靖王元年割置陽智縣 恭定王時移縣于廣州秋溪鄉并割竹州之高安大谷木岳蹄村四部曲以入焉自忠

清道移隸本道掌面六官負縣監訓導各一人

郡名陽良

山川定水山在縣北二里鎮山一名大海山 神花山在縣東三十二里 御隱山在縣南七里 聖輪山在古陽智 九峯山在縣南三十里又見竹山縣

土産石灰

學校鄉校在縣西一里

宮室客館

郵驛承寳院在縣南四十里竹山縣界古稱酸梨院

祠廟社稷壇在縣西 文廟在鄉校 城隍祠在縣北三里 厲壇在縣北

陵墓朴閭墓在縣東十五里

寺刹神林寺在神花山 雙嶺寺在聖輪山 龍巖寺在九峯山 普海寺在安水山

古蹟古陽智在縣南三十里本朝太宗時自此移今治 高安部曲在縣南三十里 大谷部曲 木岳部曲俱在縣南十五里 蹄村部曲在縣南六十里趣入竹山境○以上四部曲本竹山縣地本朝太宗時割入

果川縣東至廣州界十三里南至水原府界三十四里西至衿川縣界二十里至安山郡界二十八里北至露梁二十里距京都三十二里

旱田

水田

建置沿革本百濟地高句麗取之為栗木郡一云冬斯肹新羅景德王時改栗津郡高麗初改果州顯宗時省入廣州後復折果州為縣本朝 太宗十三年改為果川縣太宗十四年省縣併于衿川稱衿果縣數月而罷 世祖時又省衿川入于縣未幾各復舊 掌面五官負縣監訓導各一人

郡名栗木 栗津 果州

山川冠岳山在縣西五里鎮山峯巒岧峣氣勢聳拔山頂曰靈珠臺有巖如堂宇環其下殆千仞攀緣而上惕然神動其上可坐數十人北顧京城西望渤海眞絕境也○世祖嘗幸此登臨每天旱遣官禱雨 清溪山在縣東八里一名青龍山 修理山在縣南二十五里 孤峴在縣北十里冠岳山之東支 漢江經縣北二十里其北即漢城府境詳漢城府 清溪俗稱公需川在縣東一里出清溪山北流經良才驛東與廣州炭川合入漢江 虎溪在縣西十七里出冠岳山及清溪山南西流入衿川縣

土産栗 蒼朮 訥魚 錦鱗魚 蟹

公署良才道察訪司在縣東十五里領良才樂生駒興金嶺佐贊分行無極康福加川養好長足同化海門十三驛○察訪一人從六品諸道同

學校鄉校在縣西二里

宮室客館

郵驛良才驛在縣東十五里察訪司本驛 黑石站在縣北二十五里屬左道水運判官 露梁在露梁渡南岸 仁德院在縣南十五里 彌勒院在縣西十五里 要光院在縣北五里

關梁露梁渡在縣北二十二里有渡丞見漢城府

祠廟社稷壇在縣西　文廟在鄉校　城隍祠在縣西三里　厲壇在縣北

陵墓孝寧大君墓在縣北十五里同積里　柳廷顯墓在縣西十五里冠岳山南麓其地因名政丞隅　鄭易墓在縣東二十里　鄭道傳墓在縣東十八里　成石因墓在縣北五里　李詠召墓在縣北二十里　柳益聞墓在縣東北二十里霜草里　尚震墓在縣東北二十里霜草里　鄭惟吉墓　鄭昌衍墓俱在縣北二十里　許曄墓在縣東北二十里霜草里

寺刹百華寺在清溪山　冠岳寺在冠岳山○本朝卞季良詩蘭若閑尋薄暮時重巖遙見亞苔扉在緣古壁盤空上藤長新枝入座垂庭樹靜[illegible]孤鶴夢嶂雲低拂定僧衣十年塵雪終何事山好曾無一首詩　觀音寺在冠岳山　佛性寺在冠岳山

水原都護府東至龍仁縣界二十一里南至忠清道平澤縣界五十里至同縣界五十九里至振威縣界二十里西至南陽府界二十里至同府界一百十三里北至果川縣界三十九里距京都八十八里

旱田

水田

建置沿革本百濟地高句麗取之為買忽郡新羅景德王時改為水城郡高麗太祖陞為水州太祖南征郡人金七崔承珪等二百餘人歸順効力以功陞　元宗時改為水原府元宗十二年窄梁防戍蒙古兵八大部島侵掠居民島人怨憤殺蒙古兵以叛副使安悅率兵討平之以功陞後置水州牧忠宣王初還為水原府恭愍王時又降為水原郡尋復為府恭愍王十一年紅賊遣先鋒招降楊廣道州郡府人最先迎降遂降為郡尋復為府　本朝　太宗十三年為都護府　世祖時置鎮　中宗時降為郡府民有弒其父母者降尋復都護府後又降為縣又復舊○此後諸州郡因例限年降號繁不盡載掌面五十八鎮管都護府三富平南陽仁川郡二安山安城縣七振威陽川龍仁衿川陽城通津金浦

官員府使　判官　教授各一人

郡名買忽　水城　水州別號隋城

形勝北帶漢水東望高岳南臨沃野西限大海　光岳鎮其後大津界其前原陸包其左距海盪其西　控制諸州高麗李穡客舍池亭記　漢南巨鎮地志田野饒廣兵卒衆多寔漢南巨鎮

風俗務稼穡　力於射藝

山川鉢岾山在府南二里一名南山　光敎山在府北三十里又見龍仁縣　舞鳳山在府東二十五里一名萬義山　弘法山在府西五里　禿城山在府南七里特立無峯巒上有故城山無樹木望之童童然　城山在府北一里有土城故名其[illegible]曰花山　乾達山在府西南二十里　八達山在府北十七里高祖洞後山不高大而特起野中可以四望八達故名　証岳山又名懵惡山在府西十三里廣州界　興天山在雙阜廢縣　海在府西南六十三里　大川光敎山諸水會於府北十里經府東南流六十里至廣德縣與諸水合為多羅高飛浦　葛川在府東十五里即龍仁縣葛川下流俗稱烏山

川南流合振威縣長好川入多羅高飛浦 仇二浦 真木浦 赤津浦 俱在雙阜廢縣 多羅高飛浦 在府南六十七里大川及葛川諸水合流于此又南流為大津浦 大津浦 在府南八十里多羅高飛浦及牙山新昌衆水所會西南達大海有石高五十餘丈巉巖卓拔屹立中流俗稱宰臣令公巖又見洪州 陽也串 在府西五十里周六十八里有牧場 洪源串 在龍城廢縣距府南五十里周七十五里有牧場 八羅串 在雙阜廢縣 吾乙未串 大楮只島 小楮只島 鷹島 仇火島 俱在雙阜廢縣距府西九十里 楓島 在府西四十五里周二十里康靖王十七年自南陽來屬有牧場 溜門池 在府東南堤長一百五十步池周二里 機池 在府東十五里 猻項池 在雙阜廢縣 刀梯池 在新永莊距府南六十里

土產 白玉 出楮只島 石灰 出好賢里 菭 蘇魚 兵魚 洪魚 石首魚 黃石首魚 鱸魚 民魚 白魚 秀魚 真魚 烏賊魚 好獨魚 蛤 竹蛤 土花 石花 絡蹄 即小八稍魚後皆倣此 大鰕 紫鰕 蟹 魚鰾 海蘘

城郭 府城 土築周四千三十五尺今皆頹廢 禿城山城 石築周東南西有門本朝李廷龜記府居平原廣野之中無山谿險阨之阻治東七里有山巍然斗起於道傍者俗謂之禿城山無樹木望之童童然山之得名以此入視之泛常不以為奇萬曆壬辰倭寇大至都元帥權慄轉鬭入據于茲屢却賊兵於是人知茲城之得形便為國中要衝也其後朝廷議築此城命防禦使邊應星增城使高浚井其中為守禦備城中居民二百餘戶寺刹廨宇並百餘區

學校 鄉校 在府西二里

宮室 客館 鄉射堂 在府衙東 使 軍營 館在客西 雲錦樓 館在客東有蓮池池中有島島上有樓麗末府使全成安建李崇仁詩樓下荷花滿水開隋城六月亦佳哉即此又有李穡記 鎮南樓 邊應星既修禿城山城就城隅臨懸崖建觚稜以為賓旅翔集之所軒豁可愛名之曰鎮南

烽燧 興天山烽燧 南應陽城縣槐台吉串西應南陽府念佛山

郵驛 長足驛 在府東三十里 同化驛 在府西七里 菁好驛 在府東二十五里 烏山院 在府東十五里 蛇院 在府南十三里 大梯院 在府南五里

關梁 惠南樓 在府東南五里跨大川 大串橋 在府南五十里大川 舟橋 在府北九里 大津渡 在府南八十里大津浦渡廣二十里其南即忠清道洪州界風濤甚險

祠廟 社稷壇 在府西 文廟 在鄉校 城隍祠 在府東五里 厲壇 在府北

陵廟 崔尚翥墓 在弘法山 德源君墓 在府南三十里 李從生墓 在府西北十五里

寺刹 萬義寺 在舞鳳山○辛禑時我太祖自義州舉義回軍僧神照在麾下與定大策焉恭讓王時特賜功牌使主是寺仍給奴婢田土傳于法孫 彰聖寺 在光教山○有李穡所撰高麗僧千熙碑銘

古蹟 雙阜廢縣 在府西四十五里古六浦高麗顯宗時省入本朝因之 龍城廢縣 在府南五十里高句麗時為上忽縣一云車忽新羅改車城為唐恩郡領縣高麗初改今名顯宗時省入本朝因之 貞松廢縣 在府西十五里古松山部曲 廣德廢縣 在府南十里右二縣高麗顯宗九年省入本朝因之 浦內彌部曲 陸內彌部

曲俱在府南六十里 揚干處在府南三十里本係仁州地我太祖十八年移入于府 三峯處在府西六十里 五朶莊在府南六十五里高麗史永新縣一云五朶非也永新今入振威縣 新永莊在府南六十里初入陽城縣我太祖七年移入本府○按勝覽曰新羅建置州郡時其田丁戶口未堪爲縣者或置鄕或置部曲仍爲所在邑地高麗時又有稱所者有金所銀所銅所鐵所絲所紬所紙所瓦所炭所鹽所墨所藿所磁器所魚梁所薑所之別而各供其物又有稱處者又有稱莊者分隷于各宮殿寺院及內莊宅以輸其稅焉今其地名仍故者多矣或有係沿革事蹟可攷及地形別自偏遠者附而見之諸邑倣此

盤龍寺舊在客館南今廢基爲閭家

名官高麗愼安之睿宗朝出知水州爲政清肅吏畏民懷 金正純睿宗朝爲知水州素不閑吏治不以簿書介意但擧大體亦無廢事 尹承解爲水州判官前此爲州者鮮克清廉政皆姑息承解一繩以法人畏憚無敢犯者 李允綏明宗朝知水州事 李晟爲司錄秩滿歸竹溪精舍不求仕進在官以廉白稱 金興祖恭愍王時爲水原府使政績頗著 本朝孟思誠爲水原判官清白有惠政 李禮孫爲水原府使 文瑾 禹性傳宣祖朝出爲水原縣監清白無化撫摩以誠民追思之爲立善政碑 邊應星宣祖朝以防禦使兼水原府使繕築山城撫恤軍卒 鄭曄宣祖末爲水原府使撫摩盡誠軍民按堵刻石頌德

人物高麗崔滋盛以科第進仁宗朝官至中書侍郎平章事加開府儀同三司累上書致仕謚忠烈 崔婁伯父尚翥爲府吏嘗獵爲虎所害婁伯時年十五欲捕虎母止之婁伯曰父讐忍不報即荷斧跡虎虎既食飽卧婁伯即前叱曰汝食吾父吾當食汝虎乃掉尾俛伏遽斫而剖其腹收父骨葬于弘法山西遂廬墓一日假寐其父來詠詩曰披榛到孝子廬情多感淚無窮負土日加塚上知音明月清風生則養死則守誰謂孝無始終眠覺取虎肉食之毅宗朝登文科累遷起居舍人翰林學士

富平都護府東至衿川縣界三十四里至陽川縣界十五里南至安山郡界四十八里至仁川府界十五里西至大海十四里北至金浦縣界十七里至通津縣界三十六里距京都五十五里

旱田

水田

建置沿革本百濟彌超忽地高句麗取之爲主夫吐郡新羅景德王時改爲長堤郡高麗初改樹州毅宗時改爲安南都護府高宗時改稱桂陽忠烈王時陞吉州牧忠宣王初改爲富平府本朝恭定王十三年爲都護府莊憲王二十年降爲縣尋復都護府

官員府使 教授各一人

郡名長堤 樹州 安南 桂陽 吉州

形勝三面皆水高麗李奎報望海誌桂之邑一面得通於陸三面皆水 卑濕之地前人自娛堂記

風俗人淳事簡李奎報語

山川桂陽山在府北二里鎭山一名安南山俯臨西海海中諸島皆在眼底 元積山在府西十五里 杻串山在府西十五里 海在府西十四里 直浦在府東十里源出狄踰山東流至陽川縣入漢江 掘浦川又名大橋川在府東七里源出元積山北流經金浦

縣東入漢江 勿次島在府西十五里周三百步 虎島在府西十里周二百步 鷹島在府西十五里周三百步 亭子島在府西十五里周一百步 文知島在府西十里周二百步 青羅島在府西十里周八百步 一島在府西八里周三百步 獐島在府西六里周五百步 栗島在府西十里周八百步 西遷島在府西二十五里周八百步 箕島在府西二十里周五十步 全之池在府南三里

土産 黑粘石出安南山 藍 石首魚 土花 石花 魚鰾 絡蹄 竹蛤 小螺 蟹 紫蝦 中蝦

學校 鄉校在府北二里

宮室 客館

烽燧 杻串山烽燧南應仁川府城山北應金浦縣白石山

郵驛 金輪驛在府北十三里 球琵院在府北十里 大也院在府南十五里

關梁 大橋在府東七里跨掘浦川以石作紅橋下通舟楫

祠廟 社稷壇在府西 文廟在鄉校 城隍祠在府北二里 厲壇在府北

陵墓 柳順汀墓在府東二十五里

寺刹 萬日寺在桂陽山○李奎報詩斜日漢濛水獨明亂山蟠屈路難平雲迷極浦千帆色風落長江一笛聲渡了幾人舟自泛噪殘狐虎鳥猶鳴渴來深得江湖興忽起蓴鱸萬里情 明月寺在桂陽山○李奎報詩荒榛撥難開石逕少平曠木末得招提架屋依巖嶂何人命其名明月以標榜欲將月澄心豈為月可望夫室高於樓迫壓滄海廣舊聞天難升忽已在天上水色遠愈白霜練鋪一樣雲雲與霽霞頃刻千萬狀大舶點波心廣若輕鷗 寄語漁舟子着意好撫槳將爾開遊形入我詩化況 奉日寺在桂陽山

古蹟 桂陽山古城石築周一千九百三十七尺相傳三國時古築今皆頹落 滌暑亭舊址在府里李奎報記云桂陽無一林泉勝境可以遊賤者惟南山之側有一亭焉父老相傳故相許公洪材嘗典是州初相其地築石而臺之故太守李實忠疏水作沼跨亭於其上也水出巖罅極寒冽如氷雖盛夏入浴毛髮立竪不可奈又加以蟠松茂樹布陰產涼清風自來畏景不逼最愜於避暑故額曰滌暑然州人猶以草亭呼之荒廢已久余見而傷之拾舊材更搆曰書大槩以屬後來者云○前人詩鑿岩通溯溜瀦沼跨飛欄望恐滓漁艇來疑入畫屏水仙應蓄異地媼正儲靈野色簷前擁泉聲座底聽清風當夏足白露未秋零錦薜纏珉砌冰簗涑玉瓶岫穿增遠眺洞豁助遐聆樹卓高幢碧松張幰蓋青許公曾相地李守始開亭欲配甘棠詠重營刻此銘

名宦 高麗 玄德秀明宗時為安南都護府使政尚廉明吏民敬畏尤惡淫祀巫覡不得入境 其 李仁老明宗朝補桂陽管記 李奎報高宗時自左司諫出為桂陽副使

本朝 權踐 睦進恭 李士寬 金連枝並為富平府使

人物 高麗 尹徵古成宗末登科拜監察御史顯宗朝授內史舍人性沉重嚴毅美風儀善楷書所至裁決平允不言人短而人畏愛之賜推忠佐理功臣及卒王曰世豈復有斯人嘆惜再三謚莊景 孫抃登科高宗朝官至樞密院副使守司空尚書左僕射性剛毅長於吏事剖決如流所至有聲 李瑋登科累遷戶部員外郎以清勤聞後賜佐理功臣封桂陽伯年八十五卒謚莊肅

南陽都護府東至水原府界二十四里南至同府雙阜縣界二十里西至花梁四十一里北至安山郡界四十三里距京都一百五里

旱田

水田

建置沿革　本百濟地，高勾麗取之，為唐城郡。新羅景德王時改唐恩。高麗初復為唐城郡。顯宗時省入水州，後移併于仁州。明宗時復置唐城郡。忠烈王時陞為益州以邑人洪荼丘仕元為征東行省右丞陞，尋陞江寧都護府，又陞為益州牧。忠宣王初降為南陽府。本朝恭定王十三年為都護府。仁祖時降為縣，尋復為都護府。掌面十四。官員　府使　教授各一人

郡名　唐城　唐恩　益州　江寧

形勝　海環三面

山川　飛鳳山在府東七里鎮山　念佛山在府西二十五里　晴明山在府西二十二里　絕命山在府西二十里　海雲山在府西二十里　舍邦山在府東十五里　海在府西五十四里　舍邦川在府東十五里　愁訖島在府西四十一里　亐音島在府西四十五里　仙甘彌島在府西五十里有牧場　大部島在府西五十三里潮退則連陸有牧場　靈興島在大部島西有牧場　召勿島康靖王十七年移屬安山郡恭僖王十四年自安山還屬于府　德積島一云德物島在府里周三十里有牧場唐蘇定方伐百濟時引軍自登州成山濟海至國西德物島者即此島舊屬于府康靖王十七年移屬仁州府　禿甲島在德積島南周二十五里有牧場　昇黃島在禿甲島西南周四十五里有牧場　楓島成宗十七年移屬水原府　新也串島康靖王十七年移屬仁川府　伊則島在禿甲島東周三十五里有牧場　濟扶島

在仙甘彌島南　炭毛老島在小牛島南　於叱島在府西有牧場　小牛島在新

在大部島西　立波島在楓島東　仙俠島在禿甲島西　仇乙鴨島在新世串島西　結吾里島在於叱島北

土產　磬石出府東舍邦寺西石色青白相雜有文理本朝莊憲王九年採之作磬聲中音律　碇玉沙　石灰　柿出國苑　鹽　蘇魚　秀魚　錢魚　真魚　石首魚　黃石首魚　好獨魚　民魚　鱸魚　洪魚　白魚　銀口魚　烏賊魚　絡蹄　蛤　土花　石魚　小螺　海䑋　大蝦　白蝦　紫蝦　蟹　魚鰾　竹蛤

公署　花梁僉節制使鎮在府西三十里鎮所管永宗浦草芝梁濟物梁○僉節制使一人從三品諸鎮同○鎮舊為水軍節度使本朝康靖王十六年革之　永宗浦萬戶鎮在府南二十里○水軍萬戶一人從四品諸萬戶同

學校　鄉校在府東二里

宮室　尚明亭在客館北　鳳仙臺在府北二十里有小阜斗起海濱臺在其上通望大海長松列植遊者相續

烽燧　念佛山烽燧東應水原興天山北應海雲山　海雲山烽燧北應安山郡吾叱耳島南應念佛山

郵驛　海門驛在府東一里　鎮水院在府東一里

祠廟　社稷壇在府西　文廟在鄉校　城隍祠在府西三十里　厲壇在府北

陵墓洪彥猷墓　洪暹墓在府西二十里晴明山南麓弘法里

寺刹舍那寺在舍那山鳳林寺在飛鳳山弘法寺在晴明山長生寺在絕命山

古蹟古唐城在府西二十里有古城周二千四百十五尺世傳唐季遺學士八人往教高麗洪其一也子孫世貴名所居曰唐城今為菓園屬掌苑署石山城在府西三十三里石築周二千九百尺今皆頹圮○凡國內古跡小山城多是三國時所築其近邑者縣邑所保餘皆土人築之以避兵者載陽廢縣在府東十里古安陽縣高麗顯宗時改載陽尋者入水州又移入仁州後併于府本府因之

名宦新羅極正興德王四年以唐恩郡為唐城鎮以沙飡極正守之高麗鄭道傳恭讓王朝乞郡出守南陽後王謂道傳曰南陽之民感卿惠政至今稱之本朝閔孝男為南陽府使有惠政安瑭為南陽府使廉謹周詳以愛民革弊為務當燕山土木之際徵求緊急而瑭經紀有方民不煩擾闔境以賴

人物高麗洪灌力學善書登科歷寶文學士仁宗朝拜守司空尚書左僕射李資謙之亂從王不離為賊所害謚忠平洪子藩忠烈王時人官至僉議中贊封慶興君謚忠正子藩三為首相論議持正後配享忠宣廟庭洪敬子藩之子官至僉議贊成事謚良順本朝洪汝方登文科官至吏曹判書謚文良洪達孫以武藝顯惠莊王朝靖難佐翼功臣官至左議政封南陽府院君謚安武洪逸童登文科官至同知中樞府事任真不修邊幅喜詞賦能飲酒一石嘗入侍論事王曰當殺此虜以謝佛氏命取劍來逸童論卞自若無懼色上賜酒慰解洪應魁文科仕世祖成宗朝官至議政府左議政叅翊戴佐理功臣封益城府院君卒謚忠貞有文名善書風標端雅操身有律人以賢相稱之配享康靖王廟庭洪洞叅判子儆曾孫洞登科累官承政院承旨為人端貞舉止有度燕山初為副提學每侍講退而嘆曰上志馳外不在學問恐將敗度以亂我家邦時主心未荒而後果驗其識微類此弟湜亦官承承旨燕山甲子被殺洪瀚湜弟登科成宗初官至叅議性剛直少許可為權貴所忤燕山時史獄起遂見杖流道卒恭僖初贈吏曹叅判洪裕孫惠莊王朝以貢生中進士與金時智南孝溫友善放跡山水志氣高邁文章奇健逼古自號篠叢子年七十六生子至誠至誠亦好古文博通經史子書百家語善講說一時文學之士多其弟子也田霖登武科恭僖王朝官至判尹謚威節累平劇賊為人清白嚴厲勇力絕倫洪彥弼洞子中宗初登科累官至議政府左議政仁宗即位陞領議政性簡儉博涉書史謚文僖配享仁宗廟庭洪暹彥弼子博學善屬文登科明宗朝累遷議政府左贊成兩館大提學宣祖即位拜領議政乞致仕不許彥弼在時暹同陞宰樞然執子弟禮傳命門墻人或不知為達官性廉謹三為首相常懷戒懼洪曇暹從弟登科累官至議政府左叅贊性至孝喪祭盡禮宣祖命旌其閭

仁川都護府東至安山郡界四十一里至衿川縣界三十四里南至七海七里西至濟物梁十七里北至富平府界二十四里距京都七十七里

旱田

水田

建置沿革本百濟彌趨忽高句麗以為買召忽縣新羅景德王時改名郡城為栗津郡領縣高麗顯宗時省八樹州肅宗時陞為慶源郡仁宗時又改為仁州肅宗時以王后李氏之鄉陞仁宗時又以順德王后李氏之鄉陞為州恭讓王二年陞慶源府王初即位以七代御鄉陞之且賜州戶長紅鞓本朝初復

為仁州　恭定王十三年改為仁川郡　惠莊王
六年陞為都護府以昭憲王后外鄉陞　掌面九官貟府使
教授各一人
郡名　彌趨忽趨一作鄒　邵城　慶源　仁州
山川　蘇来山在府東二十四里鎮山　南山距府二里　朱鳳山在府北十一里
清涼山在府南七里俗又稱青龍山　海在府西南九里　東方川在府東二十四
里源出蘇来山南流入海　紫燕島在府西二十七里周五十五里有牧場大明一統志舊有
客館曰慶源亭　三木島在府西四十里周十里有牧場　龍流島在府西五十五里周
二十五里有牧場　無衣島在府西五十七里周二十八里有牧場　沙吞島與龍
流島相連周五里　猿島在府西十二里島中有諸島之神祭壇春秋岳海瀆行祭守令親行
愁伊島在府西十四里　言叱島在府南九里俗號品官山　德積島一云德物
島在府西一百二十里周三十里有牧場唐蘇定方伐百濟時引軍自登州成山濟海至國西德物
島者即此島本隸南陽府康靖王十七年移屬于府　士也串島在府西一百十八里周十
里有牧場本隸南陽府康靖王十七年移屬于此　大池在府北四里○大方言與漢韓干同
音義後凡言大池大澤大川之類皆倣此
土產　白玉出愁伊島　碇玉沙　艾俗名獅子足艾用灸療病　塩　鱸魚
洪魚　廣魚　蘇魚　石首魚　黃石首魚　好
獨魚　民魚　鯊魚　鯽魚　錢魚　魟魚　秀
魚　真魚　兵魚　烏賊魚　絡蹄　蛤　竹蛤
海䑋　土花　石花　小螺　蟹　大蝦　白蝦
紫蝦　魚鰾
公署　濟物梁萬户鎮在府西十九里水軍萬户一人　重林道察訪司
在府南三十三里領重林慶信盤乳石谷金輪終生南山七驛○察訪一人舊為丞今置叅下察訪
學校　鄉校在府東一里
宮室　客館　鄉射堂　凌虛臺在府南十里清涼山一支陡入濱濱斷而
復起臺在其上大海環其下極有登臨之勝
烽燧　城山烽燧在府南二里南應安山郡吾叱耳北應富平府杻串山
郵驛　重林驛在府西三十三里察訪司本驛　慶信驛在府東十里　弥羅院
在府東三十里　濟物院在府西二十五里
祠廟　社稷壇在府西　文廟在鄉校　城隍祠在府南一里　猿島祠
合祠諸島之神于此島春秋本邑致祭　厲壇在府北
陵墓　河演墓在蘇来山　李則墓在府西十七里
寺刹　曉日寺在蘇来山　朱鳳寺在朱鳳山　清涼寺在清涼山
古蹟　彌趨忽朱蒙二子長沸流次溫祚自卒本扶餘率十臣南行百姓多從之遂登漢山負
兒岳望可居之地沸流欲居海濱十臣諫曰惟此漢南之地北帶漢水東據高岳南望沃澤西阻大
海天險地利難得之勢作都於此不亦宜乎沸流不聽分其民歸彌趨忽溫祚都慰禮城久
之沸流以彌趨忽土濕水鹹不得安居歸見慰禮都邑定人民安遂慚悔而死其臣民皆歸於溫祚
梨浦部曲在府南水路三十里由陸則過安山廣州南陽之境始至其地幾百里許　南
山古城石築周四百三十尺
名宦　高麗　朴挺蕤睿宗朝調慶源郡判官仁宗初累遷左正言言事忤旨出知仁州前

後嚴政如一課為當時最擢為中侍御史本朝申槩知仁州有惠政閔義生知仁
川郡李時彦昭敬王時為仁川府使廉簡為政移授水原府使邑民上書乞留命仍任
流寓河友明本晉州人國初領議政演子居府之蘇來山下孝行純篤事母李氏奉養極其
誠及沒廬墓盡禮平生凡御物未薦不入口朝廷命旌其閭官至同知中樞府事

人物高麗李許謙其先新羅大官奉使入唐天子嘉之賜姓李子孫徙居郡城縣即仁
州也許謙累官封郡城伯子翰官至尚書右僕射李子淵翰子德宗朝擢魁科文宗朝官
至門下侍中封慶源君開國伯嘗上言天地灾祥每與政刑得失相應乞令吏刑二部精覈事理王
從之謚章和配享文宗廟庭四子俱為宰相三女皆配文宗孫曾男女為公卿后妃者亦數十人
李資諒子淵孫慶源伯顥之子初以文宗外戚補官累遷刑部侍郎嘗奉使如宋徽宗御睿
謨殿賜宴作詩示之命和資諒即和進詩語穠厚兼寓頌戒徽宗嘉賞將還賚諭曰聞汝國與女真
接壤後歲來朝可招諭數人來資諒奏曰女真人面獸心夷獠中最貪醜不可通上國後宋竟交通
卒致靖康之禍資諒為人好讀書常討孫吳兵法以功名自許卒官守司空中書侍郎平章事李
資仁子淵孫門下侍中顥之子文宗朝登科嘗使遼善使事後官至尚書左丞李資玄
子淵孫宰相顥之子容貌魁偉資性聰敏登第為大樂署丞忽棄官入春州清平山隱居自樂睿宗
累詔徵之資玄上表曰以鳥養鳥庶無鍾鼓之憂觀魚知魚俾遂江湖之性王知不可致幸南京遣
其弟尚書資德諭赴行在資玄赴召王特令上殿拜王問養性之要對曰莫善於寡欲未幾固請還
山賜茶香道服以還 卒諡真樂又見春川府李預子淵子子祥之子文宗朝登第睿宗朝累
官至平書侍郎平章事女為宣宗王妃李頲預弟登第直翰林院事文順宣獻肅睿六朝官
至門下侍郎平章事文德殿太學士判尚書禮部事謚文良李頴容儀閑雅博文強記工草
隷高宗朝登第直翰林院元宗朝拜右副承旨元宣撫使趙良弼一見恨相知之晚後遇使臣必寄

書以致意忠烈即位陞樞密副使禮部尚書致仕

安山郡東至果川縣界五里南至南陽府界三十五里西至仁川府界十一里北至衿川縣界十四里距京都五十一里

旱田

水田

建置沿革本百濟地高句麗取之為獐項口縣新羅景德王時改為獐口郡高麗初改安山郡顯宗時省入水州後復置安山縣忠烈王時陞為郡以文宗誕生之地陞本朝因之掌面六官員郡守 訓導各一人

郡名獐口

山川修理山在郡東一里一名見佛山鷲巖在修理山五子山在郡西十里
廣德山在郡西七里海在郡西三十里吾叱耳島在郡西四十七里石
乙注島在郡西四十里召忽島在郡西十五里周三十二里有牧場本隸南陽府康靖王十七年移屬于此余月音洋自吾叱耳島西距水路千里漕運所經別士
串在郡西十二里

土産艾 石灰 鹽 蘇魚 秀魚 石首魚 黄
石首魚 白魚 銀口魚 兵魚 鱸魚 洪魚
真魚 民魚 錢魚 好獨魚 烏賊魚 絡蹄
海蘿 蛤 竹蛤 石花 土花 小螺 蟹
大蝦 紫蝦 魚鰾

公署草芝梁萬戶鎮 在郡西南三十里○水軍萬戶一人

學校鄉校 在郡東一里

宮室客館

郵驛石谷驛 在郡西七里 雙鹿院 在郡南五里

烽燧吾叱耳島烽燧 南應南陽海雲山北應仁川城山

祠廟社稷壇 在郡西 文廟 在鄉校 城隍祠 有二祠一在郡西二十一里一在郡西三十二里 厲壇 在郡北

陵墓姜希孟墓 在郡西十五里 柳自新墓 在郡西十一里 韓浚謙墓 在郡西二十里大月村 張維墓 在郡西十七里

寺刹元堂寺 在修理山 淨水菴 在修理山絕頂高迥宜於登眺○本朝張維詩縹緲烟霞外精藍結構牢層崖臨絕壑萬象俯秋毫世界容何物江山屬我曹白雲生脚底始覺致身高 水月菴 在安陽山

古蹟獐項古縣 在今郡西三十里 古土城 在郡西二十五里周九千五百六十尺頹圮但有形址 古昭陵 在郡西二十三里文宗顯德王后初葬于此號昭陵 世祖時

名宦本朝曹錫文 知安山郡以政最陞洪州牧使

人物高麗金殷傅 性勤儉穆宗時為御廚使顯宗避契丹南下殷傅時為公州節度使盡心供頓因進其女即元成王后也元惠元平二后亦其女也後拜戶部尚書卒以后故贈開府儀同三司守司空上柱國安山郡開國侯

安城郡 東至竹山縣界十六里南至忠清道稷山縣界二十五里西至陽城縣界十七里北至陽智縣界十九里 距京都一百五十二里

旱田

水田

建置沿革本百濟地高勾麗取之為奈兮忽新羅景德王時改為白城郡高麗初改為安城縣顯宗時首八水州後移併于天安府明宗初復置安城縣恭愍王時陞為郡 先是十年紅賊入松都王南巡賊遣先鋒招降楊廣道州郡所至莫敢挫其鋒唯縣人佯為降附設宴犒之乘其醉斬魁首六人賊由是不敢南下以功陞 本朝因之 恭定王十三年自忠清道移隸本道 恭愍王既陞為郡割水州陽良甘彌呑馬田薪谷四部曲以與之後金鏞受賂馬田薪谷還屬水州本朝恭靖王元年又析陽良置陽智縣

官員郡守 訓導 各一人

郡名白城 光海時省入竹山府尋復析置掌西十二

形勝天興青龍屏擁環列 權近克敵樓記

山川瑞雲山 在郡南二十里一云青龍山西峯有壇壇下有三井遇旱理井禱雨輒應 白雲山 在郡東十四里 寶山 在郡北二十里 九苞山 在郡北五里 飛鳳山 在郡北二里鎮山有古城址 南川 在郡南二里源出白雲山西流入于陽城縣之素沙川 本洞池 在郡南十七里堤長百步池周二里其東又有二池一曰蓮花池一曰曲池

土產綵 麻 磁器 陶器 安息香

學校鄉校 在郡東二里

宮室客館 鄉射堂 在客館南

郵驛康富驛在郡東五里 光寶院在郡東十里 大悲院在郡西五里

祠廟社稷壇在郡西 文廟在鄉校 城隍祠在郡北三里 厲壇在郡北

寺刹青龍寺 石南寺俱在瑞雲山 金剛寺在白雲山 鳳安寺在九岜山

古蹟甘彌呑部曲 馬田部曲俱在郡東十里 洪季男壘在郡南十五里萬曆壬辰倭難季男起鄉兵擊賊屯軍于此今有遺壘

名宦本朝鄭守弘 金謙

流寓柳雲本朝恭僖王己卯為忠清觀察使臺諫彈之及士禍作南袞等以為雲必銜怨除為大司憲極論袞黨人之不可罷且劾大司諫尹希仁不能直救黨人遂被斥寓居安城而卒所著有進修楷範

人物高麗李永初為郡吏以狀付政曹主事拜不拜主事怒且罵永即裂其狀曰吾可取第仕朝何禮政革為肅宗朝擢乙科仁宗初知御史臺事及李資謙敗韓安仁永以其妹壻坐流珍島聞母子將沒為奴婢曰吾內省不疚故忍死以待若老母以子故沒為賤隷吾苟生何為乃飲酒一斗憤懣而卒資謙遣術士瘞道傍牛馬不敢踐及資謙敗贈簽書樞密院事 金有成十年五中第調德源府書記官至太僕尹元宗時元世祖令本國招諭日本有成充書狀往諭之後復令遣使忠烈王以有成善於辭命為使與書狀郭琟俱遣既行日本皆留不還國家憐之歲廩其家

本朝洪季男本邑品官之妾子母為官婢故小從於官為人倜儻有機智勇力絕倫萬曆壬辰倭寇充斥畿甸季男起鄉兵討賊殺獲甚衆賊畏之號曰燕飛將軍不敢掠近邑昭敬王以為防禦使後累任州府善舉職子世豪亦為郡守

振威縣東至陽城縣界十三里南至忠清道稷山縣界三十七里西至水原府界十二里北至龍仁縣界十三里距京都一百十八里

旱田

水田

建置沿革本百濟地高勾麗取之為釜山縣古淵達部曲一云金山一云松村活達 新羅景德王時改名振威為水城郡領縣至高麗仍入水州明宗初復置振威本朝因之 太祖七年自忠清道移隷本道[illegible] 官員縣令一人從五品諸縣令同 訓導各一人

郡名釜山 淵達

形勝路通南北本朝河崙館記

山川釜山在縣東二里鎮山 舞鳳山在縣東五里又見水原府 天德山在縣東五里又見陽城縣 長好川在縣南一里其源有二一出龍仁任內處仁廢縣東一故陽智縣西合流經縣南又西流入于水原府多羅高飛浦 菁好池在縣北十二里水原府界長一百五十步

土産鯽魚 蟹 白土

宮室客館 釜山亭在客館北

學校鄉校在縣東一里

郵驛長好院在縣南二里 李方院在縣北十里 白峴院在縣南十里 蔦院在縣南二十里

祠廟社稷壇（在縣西）文廟（在鄉校）城隍祠（在縣北一里）厲壇（在鄉北）

寺刹萬奇寺（在舞鳳山）

古蹟永新廢縣（在縣南十五里一云永豐舊屬陽城縣本朝恭定王時以犬牙相錯移水原府莊憲王時併于縣）松莊部曲（在縣南十里舊屬水原府本朝莊憲王時来併）

人物本朝金漬（登第官至成均司藝性好古曉音律家貧常晏如）

陽川縣（東至楊花渡十七里西至富平府界十四里南至同府界十五里北至北浦三里至金浦縣界十三里距京都三十一里）

旱田

水田

建置沿革本百濟地高句麗取之為齊次巴衣縣新羅景德王時改孔巖為栗津郡領縣高麗顯宗時省入樹州忠宣王初復置陽川縣本朝因之（掌面三）

官員縣令　訓導（各一人）

郡名孔巖（別號巴陵）

山川城山（在縣北一里鎮山有古城縤山周七百二十尺今廢址）駐龍山（在縣西九里一名花開山）馬山（在縣南十七里）仙遊峯（在縣東十六里楊花渡俗稱楊花渡山小石峯屹立江中大明詔使朱之蕃嘗遊此刻砥柱二字于石崖）漢江（自漢城府界經縣北二里俗稱北浦西流入金浦縣境）鐵串浦（在縣東十三里即衿川縣虎溪下流入漢江）長澤（在縣南十里）

土產白魚　葦魚　綿魚　鯽魚　秀魚　蟹

學校鄉校（在縣北）

宮室客館　望湖亭（在客館東本朝柳思訥詩雲去雲来青嶂裏潮生潮落白沙邊）逍遙亭（在孔岩津上本朝沈貞搆亭於此遍求當世文人題詠以揭之今頹廢有遺址）

烽燧花開山烽燧（東應京都木覔山第五烽西應金浦縣北城山）

郵驛南山驛（在縣南七里）

關梁孔岩渡（在縣東三里即漢江津渡處有岩立江涯有竇故名又名投金渡高麗恭愍王時有民兄弟偕行弟得黃金二錠以其一與兄至津同舟而渡弟忽投金於水兄恠問之荅曰吾平日愛兄篤今而分金忽萌忌兄之心此乃不祥之物不若投諸江而忘之兄曰汝言誠是亦投金於水同舟者皆愚民故無有問其姓名云）

祠廟社稷壇（在縣西）文廟（在鄉校）城隍祠（在城山）厲壇（在縣北）

陵墓鄭熙啓墓（在縣南十八里）金壽童墓（在縣南十五里）沈守慶墓（在花開山東）

古蹟

人物高麗許慶（登第以文學顯性清儉忠廉睿宗朝官至門下侍郎同中書門下平章事）

許載（由刀筆吏起九城之役以中軍錄事守吉州女真来攻固守官至同中書門下平章事）

許遂（載之後官至禮部尚書翰林學士承旨致仕）許珙（載之後父遂為禮部尚書高宗末登第忠烈王時王在元珙與珙子蕃留守王京哈丹侵境衆皆欲入江都避之珙獨言不可後帝勅問遷都首謀者國人始服之珙天性恭儉食不過一器布被蒲薦淡然自處官至僉議中贊謚文

敬配享忠烈廟庭許悰珙之孫忠烈養之宮中及長尚忠宣女悰少長富貴能守禮好施拜守司徒定安府院君前後如元留居累年許錦珙之玄孫恭愍朝登科官至典理判書性恬靜樂觀書史不喜佛不樂仕退居田野自號埜堂常劑藥活人凡有疾病者皆取賴焉年未五十卒世共惜之本朝崔淑精康靖王朝官至弘文館副提學博覽工詩與成俔齊名

龍仁縣東至陽智縣界二十四里南至陽城縣界四十五里至振威縣界四十五里西至水原府界十六里北至廣州界十五里距京都六十五里

旱田

水田

建置沿革本百濟地高勾麗取之為駒城縣一名滅烏新羅景德王時改名巨黍為漢州領縣高麗初改龍駒入廣州明宗時復置龍駒縣本朝 恭定王十三年以處仁縣併入改為龍仁縣掌面十六官員縣令 訓導各一人

郡名駒城 巨黍 龍駒

形勝接於王都賓旅輻湊本朝金壽寧新亭記

山川寶蓋山在縣東十三里負兒山在縣南二十二里峯上又有小峯若人負兒狀故名光教山在縣西二十里禪長山在縣東十五里南谷在縣東三十里高麗人李釋之所居莊莊川在縣西十里源出禪長山南洞及光教山東合以北流為廣州之炭川金嶺川在金嶺驛南源出陽智縣所洞北流入廣州之昭川葛川又名駒興川在縣南十里源出寶蓋山南流經水原府境入多羅高飛浦

土產緜 麻 石灰

學校鄉校舊在縣東二里今移縣北一里忠烈書院在縣東十五里邑人以鄭夢周墓所在建書院 昭敬王賜額深谷書院在縣西十里趙光祖墓所在 宣祖時學子就建書院立祠祀光祖 孝宗賜額

宮室客館鄉射堂在客館北新亭在客館東漾碧亭在客館東亭臨池上弘治丁巳縣令金紡重創洪貴達名而記之

烽燧寶蓋山烽燧東應竹山縣乾至山北應廣州穿川峴

郵驛駒興驛在縣南五里金嶺驛在縣東三十里普施院在縣西十里弘化院在縣南二十里金嶺院距金嶺驛三里

關梁金嶺橋在金嶺川

祠廟社稷壇在縣西文廟在鄉校城隍祠在縣東一里厲壇在縣北

陵墓鄭夢周墓在縣東十五里南誾墓在處仁縣東六里沈溫墓在縣西十里嘉山里李貴齡墓在縣東南三十里李石亨墓在縣東五里趙光祖墓在縣西十里深谷李耔墓在縣南十五里器谷吳允謙墓在縣東十六里

寺刹成佛寺在光教山禪長寺在禪長山香水寺在縣東二十里瑞峯寺在光教山寺有高麗李知命所撰玄悟國師碑

古蹟處仁廢縣在縣南三十五里本水原府處仁部曲本朝 太祖六年始置縣 恭定王十三年省入于縣令有土築廢城○高麗高宗時遷都江華元帝怒遣兵問狀元帥撒歹埶御史

雜端辟慎於軍中到松京將渡江南下慎謂撤歹曰國諺有之異國大官渡南江者不吉撤歹不聽抵漢陽山城拔之次至處仁城為流矢所中而死元兵回到松京謂慎有知識遣入江華 寶蓋山城石築周二千五百二十九尺相傳三國時鄉民據險處今皆頹圮 倭壘在縣西十里大路上山麓萬曆壬辰倭寇連營屯據處

人物高麗李釋之其先永川人後徙為縣人恭愍時登科為正言言事忤宰相屢起有聲望退老南谷李穡為作記以道其事號宗儉宗議本朝初亦早退居南谷構孝友堂以山水自娛

本朝李伯持父士謂為開城留後伯持登文科累官江原道觀察使以清白名世 李吉甫伯持曾孫再登科官至京畿觀察使弟祐甫官弘文館直提學

金浦郡東至陽川縣界二十二里南至富平府界十里西至大海二十六里北至通津縣界十七里距京都六十三里

旱田

水田

建置沿革本百濟地高句麗取之為黔浦縣新羅景德王時改名金浦為長堤郡領縣高麗初入樹州明宗時復置金浦縣本朝　太宗時省入富平府尋復析置太宗十四年省陽川併入于縣稱金陽縣未幾以陽川併于衿川省縣入富平府十六年復析置 掌面　官員縣令　訓導各一人 今增

仁祖時遷　章陵于縣陞為郡徙治縣北六里

郡名黔浦

山川北城山在縣南五里鎮山上有古城緣山周二千六百五十尺 白石山在縣西二十里 望山在縣南二里 歌絃山在縣西十五里 天燈山在縣東十二里

雲腰山在縣北十六里 海在縣西二十六里 漢江自陽川縣經縣北五里在縣境者稱孫島江高麗時號楊州浦云 孫島江在縣北五里楊花渡下流 掘浦源出仁川府井項北流入縣東十七里入漢江海潮相通 助島在縣北五里

土產黃玉出縣西黔丹里艾葛山 青玉出縣東林村 秀魚 葦魚

鯀魚 石花 土花 蟹 魚鰾 白魚

學校鄉校在縣東一里 重峯書院在郡西五里孝宗時邑人以趙憲所居之地建書院立祠祀憲

宮室客館

烽燧北城山烽燧西應通津縣南山東應陽川縣開花山 白石山烽燧北應通津縣守安城山南應富平府杻串山

郵驛廣日院在縣西十五里

關梁天登橋在縣東十五里又名掘浦橋跨掘浦舊有渡船每歲造橋其費不貲梁誠之為工曹判書啓置 孝宗時邑人媽材作石橋橋長四十餘步橋下列為虹門以通行舟楫 羅津橋在縣西北五里 折介橋在縣東八里以石作

祠廟社稷壇在縣西 文廟在鄉校 城隍祠在縣北一里 厲壇在縣北

陵墓章陵在郡 韓伯倫墓在縣西十二里

寺刹雲腰寺在雲腰山 孫山寺在望山 望海菴在歌絃山南臨滄海景致為畿縣之最 萬水寺在象頭山 佳景寺在歌絃山

古蹟 古金浦在北城山南距今治六里本朝仁祖時遷章陵於此移縣于今治 趙憲宅在郡西五里鄉人立碑表遺墟李廷龜紀其事刻之孝宗時又建重峯書院於此

流寓 趙文琡本朝時人登第官至司憲府執義有孝行

人物 高麗 鄭克永肅宗朝魁科累遷左諫議大夫中書舍人嘗上表請延訪羣臣仁宗初拜翰林學士以韓安仁表弟忤李資謙流南裔資謙敗召還判衛尉寺事翰林學士嘗從崔弘嗣入宋其著述大為中國人稱許 琴儀本奉化人賜籍金浦詳奉化縣人物下 本朝 趙憲少從李之菡學後師成渾李珥篤學苦行宣祖初登文科以質正官赴京觀中國制度歸而草上數十條請行之本國不報後為通津報恩縣監倭酋平秀吉數遣使求和人不以為憂憲獨知其必亂上疏言大明一統而秀吉篡僭不可和又極論時政流吉州及倭使再至自謫中上書請斬其使以奏天朝後又詣闕上書請嚴兵備奏天朝通諭諸國以禦之切切數萬言書皆不省遂痛哭出都門明年倭大舉入寇三京失守上西幸憲寓在湖西沃川傳檄起義兵破清州屯賊又戰錦山兵火力竭憲督戰益勵曰死生進退無愧義字士皆趍死子完基見軍敗故異其服斬代父死為賊所害帳下七百人皆與憲同死後贈吏曹判書諡文烈憲家貧讀書常惜分陰樂善憂國出於天性明於乾象每論時事輒出涕有重峯集行于世

衿川縣東至果川縣界十一里南至安山郡界十六里西至富平府界十七里北至陽川縣界二十七里至露梁二十三里距京都三十一里

旱田

水田

建置沿革 本百濟地高句麗取之為仍伐奴縣新羅景德王時改名穀壤為栗津郡領縣高麗初改為衿川衿一作黔顯宗時省入樹州明宗時復折衿州為縣本朝 太宗時改為衿川縣太宗十四年省果川併入稱衿果縣數月而罷又以陽川併入稱衿陽縣一歲而罷十六年改為衿川縣監 世祖時省縣入果川未幾各復舊

掌面四 官員縣監 訓導各一人

郡名 穀壤 黔州 始興

山川 三聖山在縣東十里鎮山即果川縣冠岳山之西支 虎巖山在縣東五里即冠岳山西支有岩如虎故名上有石築古城周一千六百餘尺內有大池天旱禱雨 巖串在縣北二十五里 漢江經縣北二十三里漢城府界詳漢城府 虎溪俗稱大川在縣西四里源出果川縣冠岳清溪諸山北流為陽川縣鐵串浦入漢江 大澤在縣西五里天旱禱雨

土產 鯽魚 蟹

學校 鄉校在縣東一里

宮室 客館 孝思亭在縣北二十里露梁渡南岸本朝右議政盧開嘗廬墓於此曰廬為家家北有斷岸臨江搆亭其上以紓永慕之懷後姜碩德名其亭曰孝思有姜希孟記

郵驛 盤乳驛在縣北一里 觀音院在縣西三里 楊花渡院在楊花渡南岸

關梁 安養橋在縣南十六里 歧灘橋在縣北十五里跨虎溪水以石作虹門者 楊花渡在縣北三十三里有渡丞見漢城府

祠廟 社稷壇在縣西 文廟在鄉校 城隍祠在縣東一里 三賢祠在縣北十里寒泉洞孝宗時縣之士子議建祀高麗姜邯贊徐甄及本朝李元翼有許穆記 厲壇在縣北

陵墓 徐甄墓在縣北十里爐塘里本朝昭敬王以甄前代忠臣命封埴其墓 六臣疑塚在縣北十七里露梁下江岸西六臣成三問朴彭年河緯地俞應孚李愷柳誠源也本朝惠莊王時以忠見戮世傳古時僇人於露梁云舊有刻石曰朴氏俞氏李氏成氏之墓朴氏之墓在南其次北曰俞氏之墓又次北曰李氏之墓又次北十許步曰成氏之墓又有成氏之墓在後相傳以為三問父成勝之葬云六臣皆無後唯朴彭年有後孝宗時彭年子孫立石記實許穆撰其文畧曰六臣事為世所諱久矣當時事固不可知也六臣親戚皆死噍類不遺而必有賓客慕義者不以禍故相負竊各識其屍列葬之如此曰刻石表其處而敢匿其名為某氏某氏耶其志可悲也嶺南善山府有河緯地墓獨柳誠源無葬處或收葬處不同而莫之知耶又湖西恩津縣有成三問墓或曰露梁之葬葬其一體云 盧閈墓在縣北二十里 安景恭墓在縣北五里 安純墓在縣北五里 讓寧大君墓在縣北二十里 成奉祖墓李邊墓皆在縣東二十里 盧思慎墓在縣北十一里 李元翼墓在縣西十里 姜緒墓在縣蘭谷 姜碩期墓在縣南十五里

寺刹 安養寺在三聖山寺之南有高麗太祖所建七層甎塔金富軾撰碑字缺麗末侍中崔瑩使僧惠謙重修李崇仁為記今皆頹圮有遺址寺東山麓又有古碑高麗工部員外郎李元符所書字畫極端嚴勁古 三幕寺在三聖山高麗末有西域僧指空及名僧懶翁無學同遊是山創此寺寺有三釋畫像 道安寺 安興寺 望月寺 聖住寺俱在三聖山 獅子菴在虎岩山

古蹟 永郎城在三聖山石築周三千七百五十尺中有一池名大井

流寓 徐甄利川人高麗恭讓王朝為掌令與省憲請誅趙浚鄭道傳等及鄭夢周遇害甄亦流遠地革命後遯居于此及我太祖定都漢陽甄坐必向松京終身不對漢陽城郭嘗有詩云千載神都隔漢江忠良濟濟佐明王統三為一功安在却恨前朝業不長臺諫欲罪之恭定王曰甄為高麗臣不忘故國是夷齊之流何可罪也 姜希孟晉州人本朝康靖王時左贊成嘗居縣地輯衿陽農說傳于世 李元翼漢城府人事我昭敬王為世名相仁祖初復為領議政乞致仕以祖先世葬退居縣地梧里上為築第於梧里又賜素衾素褥曰以此表卿清德年八十八卒謚文忠

陽城縣東至安城郡界三里南至忠清道稷山縣界二十七里西至振威縣界十九里北至龍仁縣界十五里距京都一百十二里

旱田

水田

建置沿革 本百濟地高勾麗取之為沙伏忽新羅景德王時改名赤城為白城郡領縣高麗初改陽城顯宗時省入水州明宗時復置陽城縣本朝因之恭定王十三年自忠清道移隸本道掌面十四

官員 縣監 訓導各一人

郡名 赤城

山川 天德山在縣西二里鎮山又見振威縣 白雲山在縣南十二里 素沙坪在縣南三十里或稱所草坪詳見忠清道稷山縣 海在縣西一百里 槐台吉串在縣西一百里一路如線過振威之松莊水原之楊于斗入于海凡七十五里有牧場 素沙川或稱所草川在縣南三十五里禪院川及安城郡南川之水合而西流為此川又南流與振威縣長好川水原府大川合為多羅高飛浦 禪院川在縣東一里源出竹山縣佐贊驛西

洞過古陽智至縣之禪院前為此川

土産葦魚　蟹

學校鄉校在縣北二里

宮室客館

烽燧槐台古串烽燧南應忠清道沔川郡倉宅山又應稷山縣望海山北應水原府大興山

郵驛加川驛在縣西十五里　禪院在縣東五里　素沙院又稱所串院在縣南三十里

祠廟社稷壇在縣西　文廟在鄉校　城隍祠在縣北二里　厲壇在縣北

陵墓

寺刹青原寺在天德山　修淨寺　德積寺俱在白雲山

古蹟無限城在縣南十二里俗傳三國古城石築周一千三百五尺內有一池今皆頹廢

人物高麗李挺官至僉議評理開城尹　本朝李沃挺曾孫擢武科官至知中樞院事　李芮莊憲王朝文科累官至刑曹判書謚文質有文名　李承召莊憲王朝魁文科康靖王朝參佐理功臣封陽城君官至禮曹判書以文章名世謚文簡　李世英登文科官至參判以清簡稱

通津縣東至金浦縣界三十三里南至富平府界三十三里西至江華府界九里北至豐德府界十五里距京都一百十四里

旱田

水田

建置沿革本百濟地高句麗取之為平淮淮一作唯押縣一云比史城一云別史波衣　新羅景德王時改名分津為長堤郡領縣高麗改通津入水州恭讓王時復置通津縣本朝因之掌面　官員縣監　訓導各一人

郡名比史城一云比兒城　分津

形勝西控江都南望樹州滄海環其右大江經其左

山川比兒山在縣北六里鎮山　童城山在童城縣　餘金山在縣東十里

顛流山在縣東二十四里　大寺山在縣西三里　守安山在縣東二十三里有古石城周二里高十尺　藥山在縣南二十四里　南山在縣南五里　海在縣西南二十二里　祖江在縣東十五里漢水湍水合為此江西通大海本朝許穆舟行記漢江至陽川浦口近海水始濁有鹹氣過鴨島其南岸金浦郡也西指深岳與鳳城相對此海口也其外祖江祖江者二江之會入海亦曰三岐河其北岸交河之烏島城西南望江華直西為德水之蟠岩也

大明串在縣南十一里　二項無耳島在縣南二十三里周四里　松島在縣南二十五里周三里　蛇浦在縣東二十三里源出守安山東流入海　大浦在縣南三十里源出金浦加乙賢山西流入海

土産碇玉沙出顛流山　陶器　藍　秀魚　絡蹄　真魚

蘇魚　石花　黄魚　鯽魚　葦魚　鱸魚　烏賊魚　好獨魚　蟹　中蝦　紫蝦　土花

學校鄉校在縣西一里

宮室

烽燧守安山城烽燧南應金浦縣白石山西應江華府大母城山南山烽燧距縣五里東應金浦縣北城山西應江華府松岳山

郵驛終生驛在守安郵本縣十五里顛流站在童城縣祖江院在祖江渡岸上甲串院在甲串渡岸溫山院在縣東三十里

關梁祖江渡在縣東十五里路通豊德郡甲串渡在縣西九里即海津入江華者路由此

祠廟社稷壇在縣西文廟在鄉校城隍祠在縣北六里厲壇在縣北

陵墓朴信墓在縣東十一里鄭佸墓在縣南二十四里梁誠之墓在縣南二十里

寺刹圓通寺在童城山壓梁寺在顛流山文殊寺興龍寺俱在化兒山報先菴在餘金山西華寺在守安城山

古蹟童城廢縣在縣東二十里高勾麗時為童子忽縣一云幢山縣一云仇斯波衣新羅景德王改名童城為長堤郡領縣高麗仍入樹州恭讓王時移入于縣本朝因之守安廢縣在縣南十五里高勾麗時為首爾忽新羅景德王改名戍城為長堤郡領縣高麗改守安仍入樹州明宗復置縣恭讓王時又移入于縣本朝因之童城山古城石築周八百七尺今皆頽圮

名宦本朝李蕆為縣監趙憲昭敬王時為縣監奉法不撓有內奴豪橫莫敢誰何憲執而杖殺之

流寓閔愉驪州人閔頔之曾孫官至提學封驪城君高麗恭愍王朝與學士朱士雍避辛旽之亂卜築于童城縣兩家相距十餘里扶履相從日以詩酒自娛嘗有詩云秋來秋去興無窮香稻肥魚處處同鱸腹尾瓶盛白酒南村翁對北村翁梁誠之其先南原人本朝惠莊王時人為吏曹判書康靖王封南原君喜文章晚節謝事日與賓朋文士商確詩史常適通津田里蕭然如野老嘗叅修五朝實錄又撰八道地志徐居正作贊曰明國家治亂之迹千載一日識山川險易之勢萬里一室公之文如穀粟布帛公之心無崖岸城府云又見南原府

人物

楊州牧東至抱川縣界二十五里至同縣界二十二里至加平縣界九十六里至廣州界七十五里南至同州界六十七里西至高陽郡界四十里至坡州界三十三里北至積城縣界二十二里至麻田郡界五十八里至漣川縣界七十四里距京都五十一里

旱田

水田

建置沿革本高勾麗買省郡一云昌化郡新羅景德王時改為來蘇郡高麗初陞見州顯宗時省入楊州本朝初定都漢陽府即古楊州移州治于見州舊址仍稱楊州府恭定王十三年為都護府惠莊王十二年陞為楊州牧置鎮掌面三十五鎮管牧一坡州郡一高陽縣五永平抱川積城交河加平官員牧使教授各一人

郡名昌化來蘇見州

形勝東聯廣津西絡長湍北距鐵原南接漢城後倚紺岳前對道峯

山川佛谷山在州北三里鎮山三峯列立氣勢聳拔高麗李穡詩截然三嶺插青天是也 道峯山在州南三十里石峯簇擁望之縹緲如列仙騰空 三角山在州南三十九里詳漢城府 佛巖山在州東南三十九里北接水落山石峯尖圓甚挺特 水落山在佛岩山西北上峯有石泉俗稱鳳池 峩嵯山在州東南六十七里 注葉山在州東三十五里又見抱川縣 天磨山在州東六十里 天寶山在州東二十五里又見抱川縣 逍遙山在州北四十五里山勢嶙峋山中有瀑布懸流數十丈上有逍遙寺 妙寂山在州東七十里一名八谷山入其洞則泉石清奇 王方山在州北六十里又見抱川縣 高嶺山在州西三十里又見高陽郡 儉巖山在州南四十里 弘福山在州西南十里 葛立山在州東十里 金臺山在州東七十里 所羅山在州北三十里 磨嵯山在州北六十里與積城紺岳山相連 車踰嶺在州東六十五里 碧石嶺在州東二十二里 石門嶺在州東二十五里 曉星峴在州東三十里○高麗高宗時金山兵犯豐壤曉星峴官軍自山外背擊之追至蘆原驛斬馘甚多牛馬衣粮盡棄而去 梃峴在州東七十里 甕巖在州東十五里有大岩特立成山高數百丈形如甕故名 壺口峽俗稱所要項在州北六十五里湍水自漣川縣南來與砌水合流其兩岸崖壁陡東如壺口故名本朝南孝溫嘗遊其上稱為絶景此下至長湍地夾江岩壁斷續不絶 節婦崖在州北六十五里壺口峽上流石崖臨江其上有古城長松森立舊名松隅 仁祖時有虜亂賊屠掠人民有一婦人臨崖自投江死之不知某家婦許穆悲其絶行無傳改名爲節婦崖因刻銘崖石其銘曰石嶄嶄水瀰瀰節婦崖令人悲 茁洞在州東四十里佛岩山之東 漢江在州東南六十七里經州境者名楊津其南涯即廣州地亦稱廣津詳見漢城府及廣州 砌水即江原道鐵原府砌川下流至永平縣西境合白雲溪水至州北境為大灘又南流經漣川縣南與湍水合 豐壤川在豐壤廢縣南源出天磨山東流為王山灘入于楊津 白達川在州東八十五里 水伊川在州北四十五里弘福山及天寶諸山之水合而北流入砌水大灘 中梁川在州東二十里又名涑溪東流經漢城府箭串郊入漢江 大灘在州北六十六里即砌水與白雲溪水合流成灘處以其水至此始大而在諸灘中尤為悍急故名下流輕舟至於灘下 蘆池在州西十里堤長百步其南又有小池名餘南池

土產絲 麻 白石出葛立山 海松子 栗 松蕈 絲 礬出州西青松里 石灰 礪石在州東南六十里忘憂里峴 銀口魚 錦鱗魚

公署平丘道察訪司在州東七十里領平丘綠楊安奇梁文奉安娛賓雙樹田谷白冬仇谷甘泉連洞十二驛 延曙道察訪司在州西六十里領延署碧蹄馬山東坡青郊猨猊中連七驛○右二道各察訪一人

學校鄉校在州東二里 道峯書院在道峯山南寧國洞有泉石之勝本朝趙光祖游息處 宣祖時牧使南彥經與京中士夫建書院為士子藏修之所又立祠祀光祖令尊尚興起焉有講堂東西齋尊經閣桃流堂賜額李珥作記 石室書院在州東六十七里漢水上 今上朝建祀金尚憲

宮室客館 夢烏亭在州東六十七里判書南以恭別墅亭據崇岡下臨漢水○本朝李春英詩長松面面石層層十二欄干向晚憑漢水春風吹客棹斗津踈雨亂漁燈五雲西北瞻宸極獨為東南認廣陵物色付君寵絡畫老夫才退百無能

烽燧峩嵯山烽燧北應大伊山西應京都木覔山第一峯大伊山烽燧
在州東六十里北應花川縣仍邑岾南應峩嵯山
郵驛迎曙驛在州西六十里察訪司本驛平丘驛在州東七十里察訪司本驛
綠楊驛在州南十里雙樹驛在豐壤縣南二里廣濟院在州南三十五
里廣仁院在州南三十里相知院在州西四十五里陶孔院在州東七
十四里德海院道峯山下有原曰海村有院曰德海距京城三十里○本朝徐居正詩誰
家籬落掩柴門柳暗花明又一村日暮寒驢不知處小溪流水月明痕道濟院在豐壤縣
南十五里許一名兜院
關梁涑溪橋在州東三十里跨中梁川中梁川又稱涑溪故名通達橋在州東十
里俗稱豆險橋跨中梁川上流嘉納橋在州北十三里跨水伊川上流水亦名嘉納川
祠廟社稷壇在州西文廟在鄉校城隍祠在州東十里厲壇在州
北楊津祠在州東南六十七里楊津上有祭龍壇春秋降香祝新羅時稱北瀆躋中祀今
載小祀
陵墓健元陵本朝太祖康獻大王陵在州東南五十七里儉岩山之麓距京都二十五里
許有健元陵神碑權近撰其銘顯陵本朝文宗恭順大王陵在健元陵東阜顯德
王后祔葬光陵本朝世祖惠莊大王陵貞熹王后祔葬在州東四十一里注葉山直洞之
陽距京都六十里泰陵在州東南四十里佛岩山之麓文定王后陵康陵在泰陵
東北二里明宗恭憲大王陵仁順王后祔葬穆陵在健元陵東宣祖昭敬大王陵
懿仁王后仁穆王后同陵異岡寧陵在健元陵南岡孝宗宣文大王陵懷墓在州
南五十七里距京都十里許燕山君墓在州南三十里海藤村朴元宗墓

在州東七十里瓦孔里成希顏墓在州西三十五里洪應墓在州東六十三
里宋軼墓在州北二十里鄭磏墓在州砂井山德興大院君
墓在州東二十五里水落山東光海君墓在豐壤縣東與金嬪墓相近永膺
大君墓在州東四十七里柳亮墓在州東八十里趙巖墓在豐壤縣東赤
城洞巖乃豐壤趙氏之祖也光海時以母金嬪成陵在近夷其墓後成陵革除陵號巖墓復修尹
仁鏡墓在州東十五里趙云仡墓在峩嵯山南廣津上南在墓在州東四
十里鄭甲孫墓在州東四十四里尹烱墓在州北五里申叔舟墓
在州東十九里松山里李承召銘其碑李稷墓在州西四十里尹子雲墓在州
西乃竹里趙末生墓在州東五十里金谷申用漑墓在州東四十里柳洵
墓在州東四十里金湜墓在州東七十里其西又有金墒墓白仁傑墓在州
西北三十里權轍墓權慄墓俱在弘福山下金尚容墓金
尚憲墓俱在州東六十里石室里李曙墓在州東十九里松山里李弘胄
墓在水落山東綾原大君墓在豐壤縣東五里
寺刹檜岩寺在天寶山高麗時西域僧指空到此云山水之形宛同天竺阿蘭陀之寺後僧
懶翁始建寺未畢而死其徒覺田等訖工為屋二百六十餘間其宏壯甲於東方有李穡記○高麗
王子僧圓鏡手跡舊在南樓東西壁大定間西都叛西北路梗時金使至從春州路導迎金使入寺
坐樓觀書一人曰貴人筆也一人曰此山人書蹟筆之氣頗存寺僧以實告二人皆喜其言中乃題
詩曰王子膏粱氣半存山僧蹤筆尚餘痕顛張醉素無全骨却恨當年許作髡○高麗李穡詩檜樹
蒼蒼石勢頑葉間風雨半天寒老僧出定忘聲色頭上光陰走似丸奉先寺在注葉山光
陵南岡○金守溫記云奉先寺者我　大王大妃殿下為　世祖大王而創之者也○寺東有奉先

殿奉安世祖睟容**開慶寺**舊在顯陵東側以其近於陵今移南谷**逍遙寺**在逍遙山環寺皆層岩峭石有瀑布寺西數百步又有懸瀑境界奇勝岩高路絶緣梯以通○本朝金時習詩路入寒溪洞千峯落照明四山皆崒嵂一澗正清泠殿有金銀像僧多雲水情上王曾駐輦徑殿少人行**高嶺寺**在高嶺山**青龍寺****望月寺****迴龍寺**

圓通寺俱在道峯山**銀石寺****梵窟寺**俱在峩嵯山東麓寺東臨廣津○本朝徐居正詩長江一帶抱澄澄江上青山矗百層寺在虛無連翠靄行穿礫嶠晩烏藤香燒古殿來參佛日射明窓語對僧大覺茫茫塵界小無緣白日化飛昇**妙寂寺**在妙寂山有金守溫記**佛谷寺**在佛谷山**佛岩寺**在佛岩山**水落寺**在水落山**石泉寺**在水落山○徐居正詩千佛山高翠疊重攀蘿步步滑行蹤雲埋老樹巢危鶻水活澄泉隱卧龍客子題詩來掃塔居僧禮佛坐鳴鐘登臨眷盡東南界俯仰乾坤一盪胷**弘福寺**在弘福山**德寺**在水落山德興大君齋宮

古蹟**豐壤廢縣**在州東五十里本高勾麗骨衣奴縣新羅改荒壤為漢陽郡領縣高麗改豐德顯宗時仍入楊州後移倂于抱州本朝世祖初復入于州今縣後山上有古城**沙川廢縣**在州北六十里本高勾麗內乙買縣一云內尒米新羅改沙川為堅城郡領縣高麗顯宗時省入楊州本朝因之**大母山城**在州西五里石築周九百六尺即古見州時城**水鐵城**在州北五十一里周三百五十七尺與積城水鐵城相對**豐壤宮**在豐壤縣東我太宗朝為太祖創是宮太祖自此還御于此今廢有遺址**古楊州**在楊津西峩嵯山南大同里本朝太祖三年自今京都移楊州于此陞為知楊州事尋又移於今治空其地為直村里**楊津古城**古楊州北峩嵯山東崖有土築古城俯臨漢水與廣州城坪古城隔江相對相傳三國時防戍處今皆頹圯疑高勾麗長漢城即此**古蘆原驛**在州南三十里蘆原驛本在此國初移驛于京城興仁門外今馬位田猶在於此古驛館基地亦有之

名宦**本朝****權孟孫**為楊州府使**白仁傑**恭憲王朝為楊州牧使民歌之曰白雪之白與君同白心乎愛矣胡不為傑及去官立碑以寓思**南彥經**昭敬王初為楊州牧使廉正愛民不畏強禦人誦其政

流寓**申潛**本朝漢城人以文華行義名世恭僖王朝中進士壯元又登賢良科為檢閱己卯罷科坐黨籍遯居州之峩嵯山下詩曰紅牌已收白牌失翰林進士摠虛名自此峩嵯山下住山人二字孰能爭後復起守泰仁尚州皆以治行第一聞**鄭磏**漢城人恭憲王朝仕為縣監未嘗久於其職天稟甚高博通三教多奇識抗志沖虛嘗遊廣州清溪山果川冠岳山採藥飡霞寓居州之掛羅里靜處服氣守嘿一室者幾十年及其死多異云稱商仙**金尚憲**漢城人仁祖朝為吏曹判書丙子之亂在南漢自縊不死遯居州之石室里世高其名孝宗立懇召為相入謝尋還以卒

人物**高麗****趙巖**豐壤縣人起田間從太祖賜名孟為三韓功臣平章事**宋訂**見州人少聰悟登科明宗朝為御史中丞鄭仲夫家奴犯禁捕治之遂罷其職尋授右諫議大夫及為西北兵馬使以事忤武臣貶為巨濟縣令有識皆云自訂之出被民革弊之言無聞矣後以判禮賓省事致仕**趙云仡**豐壤縣人恭愍王時登科累遷典法摠郎辭職居尚州露陰山下辛禑時起授左諫議大夫轉判典校寺事又退廣州古垣江村起為西海道都觀察使部內大治恭讓時為鷄林府尹入本朝授江陵府使尋以病辭歸于廣州別墅又拜檢校政堂文學辭不受祿云仡為人立志奇古跌宕瑰偉徑情直行不肯隨時俯仰將終自述墓誌曰趙云仡本豐壤人高麗太祖臣平章事趙孟三十代孫恭愍代登科歷仕中外佩印五州觀風五道雖大無聲績亦無塵陋年七十三病終廣州古垣城無後以日月為珠璣以清風明月為奠而葬于古楊州峩嵯山南摩訶耶孔子杏

壇上釋迦雙樹下古今聖賢豈有獨存者咄咄人生事畢

本朝趙益貞（文科康靖王朝官至工曹恭判封漢平君）崔孝孫（天性至孝父母俱歿終身守清　宗朝旌閭）柳興宗（天性孝友家貧而窮族皆聚養之主其婚嫁無失時體胸或不給食官債不給則賣己田以供之爲人慈詳謹慎一鄉皆服其義　明宗朝牧使李文誠將捧還上百姓庭訴願得柳公監其事乃遂以屬之則請姑過數日惟命蓋先賣己田盡納所輸然後視事也州人歲疏其行義於朝而時尚文詞科舉之士故未得顯李濟臣常歎惜之爲記其行）

坡州牧（東至楊州界二十三里南至高陽郡界三十五里西至交河縣界十七里北至長湍府界二十里至積城縣界三十三里距京都八十二里）

旱田

水田

建置沿革　本高句麗述尒忽縣（尒一作彌）新羅景德王時改名峯城爲交河郡領縣高麗顯宗時省入楊州明宗時復置峯城縣後改爲瑞原縣本朝　太祖二年陞爲郡七年併坡平縣改爲原平郡　太宗時陞爲都護府（以交河縣併入尋復析置）　世祖六年又陞爲坡州牧（以王妃尹氏鄉貫陞）掌面十　官員　牧使教授各一人

郡名　峯城（又云曲城）　瑞原　原平　坡平（又號鈴平）

形勝　北阻湍水西界漢江坡山左峙月籠右起

山川　城山（在州西二里鎮山）　惠陰嶺（在州南三十五里高陽郡界）　蟠龍山（在州東七里）　月籠山（在州西十五里）　白雲山（在州北十七里）　彌羅山（在州北三十里一名坡平山）　童山（在州西八里其地無樹木故名之）　獐山（在州西十五里斷峯突起西臨江水）　龍發山（在州北十里）　鉢山（在州北十里）　湍水（來自漣川積城經州北境與長湍府分界屈曲西流至州西十七里流入交河縣本朝權偷詩湍水日悠悠即此詳長湍府）　廣灘川（在州南十里源出楊州古嶺山經州西十里爲長甫浦又西流入湍水）　寶信川（在州南三十里源出楊州弘福山至交河縣爲金尺津）　牛溪（又名牛浦在州北三十里坡平山下源出積城縣界西流入湍水其西岸上有古宮闕遺址礎砌石今尚存）　梨川（在州北十里源出州北本灘洞南流入長甫浦）　馬潭（在坡平山下一名嘉淵）

土產　石灰　石菖蒲　栗　銀口魚　蟹　葦魚　秀魚

城郭　城山城（在州西二里石築周二千九百五尺四面陡絶旁無對峯內有二大井城底四面皆有泉在後十步內古城久廢萬曆壬辰後重修城東西北皆有門樓西北隅有把樓中朝遊擊趙佑書天設形勝國重門八字以西揭之）

宮室客館

學校　鄉校（在州西一里）　牛溪書院（在州北三十里　仁祖時邑人以成渾世居講學之地建書院立祠祀）　紫雲書院（在州東十里　孝宗時邑人建立祠祀李珥又別祀白仁傑）

烽燧　大山烽燧（在州西六里北應長湍府都羅山南應高陽郡所叱達山）

郵驛　馬山驛（在州南四里）　分水院（一云焚脩院在州南十四里○高麗恭愍王十年避紅賊至焚脩院按廉使安崇源忠州牧使朴曦來謁即此）　廣灘院（在廣灘川岸○權近記廣灘院在兩京間道里適均行旅多憩宿頽垣破礎無所於寓判華嚴悟公捨囊鉢之儲重

搆亭起樓于前下臨長遠俯瞰平郊登臨眺望洒然可滌塵勞之熱請余記 惠陰院 在州南二十六里○高麗鄭誧詩驅馬悠悠渡小溪斜陽古碣草萋萋山村四月行人少深樹黃鸝自在啼 檜院 在州西五里 梨川院 在州北十里 兜率院 在臨津渡南岸○高麗恭愍王避紅賊南奔渡臨津次兜率院王駐江岸顧瞻山河謂元松壽李穡曰如此風景卿等正宜賦句駕發公主去輦而馬次妃李氏所騎馬羸弱見者皆泣下

關梁 廣灘橋 在州南十里跨廣灘川 臨津渡 在州北十七里即湍水津渡松漢兩都大路由此有渡丞一人 大明唐皐詩 兩岸石壁水中流柢合臨津一放舟

祠廟 社稷壇 在州西 文廟 在鄉校 城隍祠 在州西二里 厲壇 在州北

陵墓 恭陵 在州南三十里睿宗章順王后陵 順陵 成宗恭惠王后陵即恭陵南阜 長陵 在州西十一里仁祖大王仁烈王后祔葬 獻文 尹瓘墓 在分水院北 宋居信墓 在分水院北 許稠墓 在州北十里 趙涓墓 在州西十里 沈澮墓 在州南十五里 成任墓 在州西十里 成世純墓 成守琛墓 成渾墓 俱在州北十里向陽里 成世昌墓 在州西十五里 李珥墓 在州東北二十里紫雲山下 李光庭墓 在州南二十五里

寺刹 金剛寺 在彌羅山 上陽寺 在白雲山 虎鳴寺 在蟠龍山 龍床寺 在月籠山俗傳高麗王嘗避亂駐蹕于此遂名之今廢 靈隱寺 在龍發山

古蹟 坡州廢縣 在州東北三十里坡一作波本高句麗坡害平史縣新羅景德王時改坡平爲來蘇郡領縣顯宗時首入長湍縣文宗時隷開城府睿宗時置坡平縣本朝 太祖七年省入瑞原郡即今本州 慈雲寺 在臨津西岸 古惠陰寺 在惠陰嶺○高麗金富軾記峯城縣南二十里有一小寺𢮦廢已久而鄉人猶稱其地爲石寺洞自東南百郡趍京都與夫自上而流下者無不取道於此故人磨肩馬接跡憧憧然未嘗絕而山丘幽遠草木蒙翳虎狼類聚自以爲安室利處潛伏而傍睨時出而爲害非止此而已間或有冦賊欲攘之徒便其地荒而易隱人畏而易怯爰來爰處以濟其姦二邇行者蹐踖莫之敢前相戒以盛徒侶挾兵刃而後過焉而猶或不免以死焉者歲數百人王命李以千募浮圖百餘人到其所作草舍以次之命比丘應濟主典其事利器械鳩材瓦經始於庚子春至壬寅春工既告畢齋祠息宿以至廚庫咸各有所又謂乘輿南巡則不可知其不一幸而駐蹕於此宜其有而待之遂營別院一區此亦嘉麗可觀至 中宗即位賜額爲古惠陰云 花石亭 在州北十五里栗谷知敦寧李明晨故居作亭於莊北斷岸多植奇花怪石以翫賞焉後頹廢其孫宜碩休官歸修舊基而作亭李淑瑊取唐李德裕平泉莊語名之曰花石地勢盤回斷岸斗絕亭臨臨津石壁 宣祖時宜碩曾孫珥復修築今還廢

名宦 本朝 柳規 莊憲王朝爲原平府使廉簡有治績 南倫 安尚績 俱爲原平府使 柳孝真 爲坡州牧使以治最陞秩通政大夫 呂允哲 爲坡州牧使廉平

流寓 李詹 洪州人本朝初寓居州西童山下博學強記以文章名世後官藝文館學士知議政府 李明晨 德水人文宗世祖時以知敦寧府事退居州北栗谷臨江築亭樹優遊以老世高其風致 成守琛 漢城人晚居州之牛溪上事親有至行人觀者皆感化嘗從趙光祖學杜門力行日誦大學論語手寫通書太極圖玩索爲樂不以外物累其心至老彌篤本朝 恭憲王朝舉遺逸累授禮山積城縣監皆不起年七十餘卒守琛天分甚高德器渾成洪奉世嘗稱之曰守死善道斯人當之李珥亦曰通不不踰閑介不絕僞世稱爲聽松先生 白仁傑 漢城人本朝 恭憲 昭敬時仁傑屢直言朝野重之退居坡州別業以右參贊特徵之仁傑八朝時已

老上動容延禮以扶斯文進人才為心老而不衰 李珥 明晨五代孫昭敬王朝珥以儒臣有重望於朝野嘗辭官來居舊業學者仍稱栗谷先生詳漢城府

人物

高麗 尹莘達 坡平人佐太祖為三韓功臣 尹金剛 莘達孫累官至僕射子執衡亦官左僕射 尹瓘 執衡子文宗朝登科累官至刑部尚書時女真闌入定州殺掠王以瓘為東北面行營都統擊逐之至先春嶺為界置九城凱還官至太保門下侍中判尚書吏部事封鈴平縣開國伯卒謚文肅少好學手不釋卷及為將相雖在軍中常以五經自隨好賢樂善冠於一時後配享睿宗廟庭 廉信若 峯城人仁宗朝登科調廣州掌書記累遷至政堂文學禮部尚書為人體短膽大分符仗鉞所至有政績 尹彥頤 瓘子仁宗朝登科官至政堂文學工文章嘗作易解傳於世晚好佛法請退居坡平以死臨死題其壁曰春復秋兮花開葉落東復西兮善養真君今日途中反觀此身長空萬里一片閑雲書畢而逝 尹鱗瞻 彥頤子毅宗朝登科明宗立累遷門下侍郎平章事後為元帥攻西京破趙位寵官至上柱國門下侍中配享明宗廟庭弟惇信官兵部侍郎 尹世儒 瓘孫熙宗朝為右御史以文學名世朝政有不平者輒托詩謗諷時號狂人 尹宣佐 瓘七世孫擢魁科忠肅王時瀋王暠窺覬王位其黨呈省呈請立暠會百官署宣佐不署曰臣而許君狗彘不為啗之而去後官至僉議評理生平不治產業慎交遊閑居常待賓客惟以經史自娛詞翰清便 尹安淑 瓘之後官至僉議贊成事謚良簡 廉悌臣 信若之後少孤長於姑夫元平章末吉家泰定帝見奇之命宿衛禁中以久不省母乞告帝命降香金剛山還元奉使江浙以清白聞恭愍王遣使請還帝賜宴徽政院遣之王親圖形賜之曰侍中學於中原性高潔非他廷臣比也官至領門下府事曲城伯位冢宰凡二十九年謚忠敬三子俱顯國寶重大臣瑞城君興邦拜相廷秀判典儀寺事右文館提學 尹陟 安淑子官至鈴平君子承禮為版圖判書

本朝 尹坤 瓘之後佐命功臣封坡平君謚昭靖 尹璠 承禮子官贈領議政府事謚貞靖女即世祖貞熹王后 尹巖 尚敬慶翁主以佐翼功臣封坡平君 尹士盼 璠子官至議政府右議政謚夷靖 尹士昀 士盼弟莊憲王朝登甲科第一惠莊朝累官至工曹判書謚成安 尹士昕 士昀弟康靖朝佐理功臣官至右議政封坡川府院君謚襄平子繼謙參翊戴佐理功臣官至刑曹判書封鈴平君 尹壕 文科官至右議政以國舅封鈴原府院君 尹弼商 坤曾孫登科官至議政府領議政為人短小有膽略憲宗皇帝旌建州野人徼兵本國都元帥率師助征大捷獻俘帝 康靖王命弼商為詔書褒錫甚優封坡平府院君燕山時謫珎島被害 成渾 守琛子少棄舉子業專心學問 昭敬王初以學行卓爾累除憲官固辭不至又懲召入京 上引問治道對曰治亂無常只係人主一心然必得賢輔使廣求俊乂列于庶位然後治化可成仍上疏論心學之要革弊保民之策後召為吏曹參判未久辭還壬辰倭亂 上西幸世子駐伊川承拜檢察使渾赴召因詣行在拜參贊既已乞骸歸坡山卒渾之學尊慕李滉以朱子為準則焉居家有至行誨人不倦與李珥定交嘗論四端七情理氣先後之說往復累千言多所辨明云李珥嘗曰浩原操履敦確吾所不及謚文簡學者稱為牛溪先生

高陽郡

東至楊州界十四里南至交河縣界二十一里南至陽川縣界二十六里北至坡州界十九里距京都三十九里

旱田

水田

建置沿革

本高句麗達乙省縣新羅景德王時改名高峯為交河郡領縣高麗顯宗時省入楊州本朝太祖三年復置高峯縣以幸州併入　太宗時改為高陽縣　成宗二年以有敬昌二陵陞為郡光

海時徙治碧蹄驛掌面　官負郡守　訓導各一人

郡名高峯

山川長嶺山在郡北十八里大慈山在郡南十里高嶺山在郡東北十里巾子山在郡西二十里見達山在郡西十四里巾之山在郡南五里惠陰嶺在郡北九里城山在幸州距郡南二十里上有土築古城宣祖二十一年倭賊據京城全羅巡察使權慄領兵進屯此山倭兵圍攻終日慄力戰大破之殺傷無數後人立石紀功鴨島在郡南二十里周回二十二里生葭亂繕工監歲取以充國用朴萬島在郡南十五里周回十里街頓川又名寶信川在郡南十三里源出楊州弘福山至交河縣為金尺津漢江在郡南二十里楊花渡下流

土產葦魚　蟹　銀口魚

學校鄉校在郡東一里

宮室客館

烽燧禿叱達山烽燧在郡北十五里北應坡州大山東應京都母岳高峯城山烽燧在郡西十五里西應交河縣黔丹山東應蜂峴蜂峴烽燧在郡東十五里西應高峯城山東應京都母岳

郵驛碧蹄驛在郡東十五里中朝使臣入王京前一日必宿此驛　大明倪謙詩路入王京夜氣寒雨行紅炬照征鞍青山過盡知多少不得分明著眼看德水院在郡東七里仁厚院在郡北十里重房院在郡東五十里興福院在郡北十里

關梁德明橋在郡南十三里虹門跨水者六德水川橋在郡南十九里以石為三虹門跨德水川

祠廟社稷壇在郡西文廟在鄉校城隍祠一在郡西十五里一在幸州

厲壇在郡北

陵墓敬陵本朝　德宗懷簡大王陵在郡東十里距京都三十里　昭惠王后祔葬昌陵在敬陵北　睿宗襄悼大王陵　安順王后祔葬禧陵在郡西南二十五里　中宗章敬王后陵初葬于廣州中宗三十二年遷葬于此孝陵在禧陵北二里仁宗榮靖大王陵　仁順王后祔葬高麗恭讓王陵在見建山崔瑩墓在大慈山至今塚上不生草○本朝李季良詩奮威吉國鬢星星學語街童盡識名一片壯心應不死千秋永與太山橫城寧大君墓在大慈山月山大君墓在郡北二里昭顯世子墓在孝陵東二里黃致身墓在郡北十六里德水村奇虔墓在郡元堂里崔岦墓在鴨島

寺刹大慈庵在大慈山正因寺在敬陵東陵齋宮有金守溫記羅巖寺在郡東十五里小華寺在郡南十五里湖上魚沉寺在高嶺山興福寺在無乙古里

古蹟古高峰縣在今治西十五里峯一作烽○高麗金富軾云漢氏美女於達乙省縣高山頭燃烽火延安藏王故後名高烽幸州廢縣在縣南十五里本高勾麗皆伯縣新羅景德王時改名遇王一云王逢為漢陽郡領縣高麗初改稱幸州一名德陽顯宗時省入楊州本朝初併于高峯○金富軾云漢氏美女迎安藏王於皆伯縣故改名王逢富原廢縣在郡東三十里詳漢城府荒調鄉在郡西十五里本富平府地本朝初五里併入于郡俗稱注葉里古高陽在今治西五里

人物高麗奇洪壽幸州人少善書工文及壯從武班官至三重大匡門下侍郎奇

子敎鄭仲夫作亂以後權臣繼踵子敎從容以道終始扶持不失舊物其季女為元順帝第二皇后生太子愛猷識理達臘元贈子敎東德承和毓慶功臣封榮安王子轍為行省叅知政事本國府院君轍為德陽君本朝奇虔見漢城府鄭之雲其先自慶州移高陽之雲學於金正國專意講究嘗讀易十年不懈篤於孝義不求聞達以學為樂家貧饘粥不繼晏如也嘗作天命圖說李滉見而稱賞閔純系出驪州後為幸州人少志學從徐敬德聞王靜之說深味之沉潛經籍多所自得昭敬王初以孝義累遷起授司憲府持平時仁順王后喪卒哭服禮官定為烏帽黑帶純請行宋孝宗白帽三年之制故遂為定制出守龍岡縣令所至至誠撫摩民皆愛戴入為掌令後累授州郡多不赴自號幸村居士

流寓

申曉本朝時擢魁科以司諫院正言罷歸柳村墅不仕自號西湖散人金正國恭僖朝以儒臣為承旨累為觀察使坐己卯士禍退居郡之芒洞扁小亭曰恩休與諸生講論不輟乃抄性理大全為節要四卷又為歷代承統之圖附以東國撮醫書為村家救急方又著撫言一書行于世居十九年復起為兵曹叅判詳漢城府

烈女

石金本郡吏植培妻本朝曾山時植培被誅石金六日不食晝夜呼泣曰我應配遠方必為押去者所汚生不如死遂縊而死

永平縣東至抱川縣界三十二里西至漣川縣界三十四里南至抱川縣界十六里至同縣界二十里北至江原道鐵原府界三十九里距京都一百四十里

旱田

水田

建置沿革本高句麗梁骨縣新羅景德王時改名洞陰為堅城郡領縣高麗顯宗時省入東州睿宗時復置洞陰縣後為永興縣本朝　太祖三年改為永平縣掌面四官員縣令　訓導各一人

郡名洞陰　梁骨　永興

山川白雲山在縣東六十里巍峩高大雄冠一方雲霧多生山頂其東即江原道春川府界惠才山在縣北四十里水日山在縣東十八里又名風穴山其西峙者名金柱山觀音山在縣東三十里白雲山一支北出西迤為此山慈燈峴在其間佛日山在縣北五里觀音山西迤斷而復起者金藏山在縣北二十里寶藏山在縣西十里青溪山在縣東三十里鍾賢山在縣西二十里南連抱川縣海龍山慈燈峴在縣東北五十里峴南麓下古有慈燈寺故名白雲洞在縣東北五十里白雲山下自山羊遷緣溪而入度盡峽口始曠然有平野俗稱注隻坪又自北東入山中有白雲寺白雲溪發源於此風流巖在縣東七里鷹巖在縣東五十里白雲洞中有孤峯突立鷹隼過者止息其岩上故名蒼玉屛在縣西二十里山崖斗斷壁立數百尺白雲溪經其下石色蒼翠名曰蒼玉屛其南二三里又有青鶴臺白鶴臺皆本朝朴淳遊賞處白雲溪在縣西五里俗稱箭灘水源出白雲山與抱川縣七里灘水合流經縣南為牛頭淵為清泠潭西流至縣西三十里入楊州大灘砌川在縣北十七里即江原道鐵原府砌川下流兩岸石壁如階砌故名有灘曰直灘南流至縣西三十里楊州境為大灘禾積淵在縣北三十里鐵原府界砌川上流有石斗入水中撑起數百尺崒嵂如禾積狀其下水噴薄滙淵深不可測臨視椒悸天旱禱雨有應○朴淳詩穹石八雲龍矯矯危灘出峽雪層層百雷躍下馮夷窟蓄黛渟膏萬丈澄琉璃淵俗稱流里淵在縣東十里白鷺洲在縣南十一里抱川七里灘水至此滙為澄潭潭中有石峯古松植立石上兩岸皆石壁奇岩間以沙渚名曰白鷺洲本朝許穆記京城東北山水可遊處唯永平

之白雲溪白鷺洲最佳

土産 銅鐵出日山 水鐵出縣北金洞 磁器 石灰 安息香 松蕈 石蕈 人參 五味子 山芥 當歸 蜂蜜 黃蠟

學校 鄉校在縣西三里 玉屏書院在縣西二十里白雲溪上時縣人以朴淳寓居之地建書院仍立祠祀淳

宮室 客館 二養亭在縣西二十里故相朴淳退居所築淳自爲記曰余於丙戌秋氷恩浴椒井于永平地覽其溪山而心悅之遂税駕而居焉吾東方山水此縣最名由縣而言清泠潭其尤也即白雲溪之所瀦而源發白雲山也鍾賢東支至潭作崖故水底皆布全石高者露出詭恠錯陳有若龜龍曝日島嶼浮瀕崖之嵁岩俯潭爲臺者四曰白鶴曰青鶴白者或乘青者一隻時往来洲渚皆記實也餘曰散襟曰水鏡中介石床曰吐雲岩足波沱於水心有窪容斗曰窪尊潭鴻長灘西折而渊曰鳴玉大壁倚天根浸灘檻造化之剞劂曰蒼玉屏茸第潭西曰拜鵠窩每於玉屏春夏望帝來叫山空徹響聽者自感也又就潭嶼最峻處規爲草亭曰二養取伊川養德養體之義也觀其左當大壁石聯四臺背負崇山而勢澄泓攢巒叢峭拱揖內向石骨瘦田倒燭縈迴吞吐乎炯嵐掩靄乎林垌舒慘異候萬變迭形鬪奇矜秀各不相讓咸與妝精會神俎豆於枕席之間爲吾所畜而日與之娛栖遲嘯咏境靜意適不知山之阻身之遠鳥獸之可猜其孰使愁非茲潭之有遺緻名而志之者二養主人筆其大字與小字者韓主簿濩鏤諸十有一石者辛秀才夷是萬曆十六年也○朴淳詩俗爲時時聞一介庄床寂寂散羣書可憐白鶴臺前水纔出山門便帶渋 金水亭在縣西十五里亭壓白雲溪石崖上本朝楊士彥別築士彥每月夜彈琴亭上作詩刻崖石其詩曰綠綺琴伯牙心鍾子是知音一皷復一琴冷冷虛籟起遥岑江月涓涓江水深其華勢飛動如龍蛇○朴淳詩崖巔鑿架小菴極遂勝應勞意匠營喬木擁深孤縣小亂峯中坼一川平瓊田石骨相滋暎曉翠浮嵐遠滅明見說主人垂白髮琴心山水曲猶清

烽燧 旂老谷烽燧在縣北二十里北應江原道鐵原府適骨山南應抱川縣禿山

郵驛 梁文驛在縣東九里俗號獨訖疑梁骨之訛

祠廟 社稷壇在縣西 文廟在鄉校 城隍祠在縣東十二里 厲壇在縣北

陵墓 李正寧墓在縣南十里楸洞 朴淳墓在鍾賢山東支 李志完墓在縣北三十里 仁興君墓在縣東九里梁文驛北

寺刹 白雲寺在白雲山相傳新羅僧道詵所創本朝李敏求重修記東國之山名白雲者以十數唯在永平者最爲秀奧據山而建佛宇者又多號白雲而此寺最爲精嚴泉石之泓崢景致之夐絕凡可以娛耳目而清道機者當甲乙於靈隱國清云 圓通寺在清溪山 寶藏寺在寶藏山 普門菴在白雲山

古蹟 古石城有二一在縣東十二里周一里一在縣西十五里周二里今皆頹廢

流寓 朴淳光州人本朝宣祖時爲相朝野仰其清操晚遭時忌退去縣之白雲溪上所居有拜鵠窩二養亭絶口不道時事以蒔藥釣魚讀書爲娛村人野老挈榼相就欣然對飲學子來講輒忘寒暑竟卒于此及卒成渾作詩挽之曰世外雲山深復深溪邊草屋已難尋拜鵠窩上三更月應照先生一片心

抱川縣 東至加平縣界十八里西至楊州界三十里南至同州界三十六里北至永平縣界二十六里距京都九十七里

旱田

水田

建置沿革本高勾麗馬忽郡一云命旨新羅景德王時改為堅城郡高麗初改為抱州顯宗時省入楊州明宗時復折抱州為縣本朝 恭定王三年改為抱川縣仁祖朝省永平縣併入仍稱本縣為永平未幾復折置

掌百六官員縣監 訓導各一人

郡名堅城 抱州

山川城山在縣北一里鎮山形如半月故又名半月山本朝楊士彥云古傳半月得三台為案地鍾卿相世不絕十室斗邑今多宰輔古所云可驗 雲岳山在縣東二十里又名懸燈山 海龍山在縣西二十里山上有鐵池禱雨有驗俗傳單馬躙踏山上有雨則陰 王方山在海龍山之東 水源山在縣東十里 香積山在縣西三十里 佛頂山在縣南十五里 天寶山在縣西二十一里 深谷山在縣西十五里 注葉山在縣南二十里 祝石峴在縣南四十里 滓麗洞在縣西二十里我太祖潛邸時有田庄于此 七里川在縣北七里又名七里灘或稱高橋川源有二一出祝石峴一出水源山合於縣西北流入永平縣白雲溪 椒泉在縣南二十里廣峴

土產沙器 綠礬出縣南安養寺 蜂蜜 山芥 當歸 松蕈

城郭山城在縣北城山上石築周一千七百三十七尺古城久廢本朝 仁祖時修築後復廢內有二井

學校鄉校在縣東一里 文忠書院在縣南十五里文忠李恒福諡

客室客館

烽燧禿山烽燧在縣北十五里北應永平縣彌老谷南應仍邑岾 仍邑岾烽燧在縣南二十里北應禿山南應楊州大伊山

郵驛安奇驛在縣北四里成化中察訪尹績重新驛館成俔作贊曰惟郵有館枕溪之湄昔則兩塾今則輦飛允矣剞劂輪奐有煇非徒觀美客之忘歸郵之有驛所以傳命苟或玄黃不稱其政佚能養之咸遂其性允矣斯葳其多雲盛 碧吞石院在縣南三十二里 功德院在縣西五里

祠廟社稷壇在縣西 文廟在鄉校 城隍祠在城山 厲壇在縣北

陵墓成汝完墓 成石璘墓俱在縣北二十里 李恒福墓在縣南十五里花山 柳琠墓在縣西南二十五里 鄭希登墓在縣機池里 趙絅墓 俞命賚墓在縣北十里天柱山神勒寺舊址

寺刹水源寺在水源山 安養寺 香積寺俱在香積山 海龍寺在海龍山鐵池傍 成佛寺在注葉山

古蹟雙谷驛舊址在縣南三十里

名宦本朝鄭磏明宗朝為抱川縣監政清如水居數歲拜還 李之菡宣祖朝為抱川縣監視民如兒子撫吏如家僕人咸愛戴未久棄官歸為之追思不已

流寓成汝完昌寧縣人高麗末為府院君本朝初寓居縣北以終子石璘石瑢石珚皆為公卿石璘號獨谷石瑢號桑谷俱以文章筆法顯名 鄭掌令本朝中宗時人楊士彥新灌浦記縣北十里有鄭曰新灌浦幾八九里可澤二十頃古鄭掌令所始也鄭失其名十八登第三十為掌令乃老于灌浦水耕以資資火裕悉推與寒餧者茅茨布被蕭蕭自樂人或告遊楓岳則謝曰

雲山萬疊已藏吾胸中以神遊之何必勤館人我士大夫道過必入其閭托以遠出不見年至耄耋以壽終

趙絅漢城人仁祖時累為諫官以剛直不能久於其職孝宗初罷吏曹判書退去縣北里清苦無比所居不蔽風雨惟杜門讀書終老二十年鄉里不知其為卿相居

人物

本朝

俞應孚其先入後居縣地應孚勇力絶人以武顯累官咸吉道節度使清白如水世宗文宗皆信重之及世祖受禪與成勝朴彭年等謀復上王事發同死世謂六臣性至孝與兄應信友愛篤至家無儋石之儲凡可以慰母心者無不為

柳洵其先文化人後自開城移居抱川高麗貧成墩之後好讀書善屬文世祖朝登第又中重試擢英二科成宗時累遷副提學上嘗出美人圖召令賦詩其末聯曰君王自是踈聲色展盡唯應寄一嚬上稱善累遷工曹判書燕山時為首相欲去位不得常憂傷封文城府院君再為領議政性節儉不喜宴樂友愛凡弟謚文僖子應龍封文原君

柳仁善洵族子居縣之自作里孝友甚篤鄉黨敬畏與弟禮善智善同居門無間言諸弟愛如父母以行義薦授四山監役及去吏卒遮路退泣每逢鄉人必問柳父安否以孝友旌門邑宰李穗為作文書其門之牓禮善縣監智善恭僖朝登科官至刑曹参判

李夢亮系自慶州高麗宰相齊賢之後登文科明宗朝觀察江原慶尚忠清京圻四道官至議政府右参贊有局量善剖決

柳坱禮善子恭憲時登科歷仕內外有聲望昭敬王朝官至議政府領議政封始寧府院君子熈縮官至開城留守

楊士彥恭憲朝擢科累任江陵安邊府使詞章筆法為世所賞有俊才仙風常愛金剛山屢往遊仍卜居高城自號蓬萊道人弟士俊亦有詩名

李恒福夢亮子少負氣喜勇折節力學昭敬王朝登科常在近侍倭寇之難以都承旨從上西行忠勤備至建議請兵中朝以退賊恢復之謀出於恒福者居多累遷兵曹判書大提學尋拜相陞為領議政以扈從功臣封鰲城府院君光海時將廢母后異議者待以誅殛恒福正議不撓遂謫北青以卒恒福志氣不羣勳節盛著立朝四十年四為議政一為元帥二為體察其建白最多中朝經理楊鎬每遇事之難斷者曰必須李尚書謚文忠所著有白沙集四體訓蒙魯史零言

烈女

金氏本朝初宰相金士衡之孫女適司成洪義達洪亡無子喪事盡禮哀毀逾制服闋猶素服終身不改鄉里感其誠節事聞旌閭

積城縣東至麻田郡界十七里南至楊州界三十一里西至長湍府界八里至坡州界八里北至長湍府界二十里距京都一百八里

旱田

水田

建置沿革本高句麗七重縣新羅景德王時改名重城為來蘇郡領縣高麗初改積城顯宗時省入長湍縣文宗時直隷開城府睿宗時復置積城縣本朝因之掌面四官員縣監 訓導各一人

郡名七重 重城

山川紺岳山在縣東二十五里上有石峯如鉅壷神秀高麗林樁詩茲山首尾跨數縣天外回翔如舞鳳本朝金時習詩紺岳之山高摽天縹緲洞壑浮雲烟許穆遊山錄宿見佛寺晨登絕頂陰崖汲神井其上紺岳祠石壇三丈上有山碑舊遠沒字傍有薛仁貴祠堂或曰王神祠為淫祀山多石峯絕頂二千三百丈通望甚遠其西石峯下有雲溪瀑布

龍頭山在縣西八里四面石立周回一里高五十步可坐四十餘人天旱禱雨

硨磲山在縣東十五里

雪馬峴在縣南十五里

青鶴洞在縣東二十里本朝南孝溫記積城之青鶴洞在紺岳山西洞口有溪回互曲折余嘗遊此窮源討幽一溪十二渡然後得至焉

所磨洞在縣南五里湍

水在縣東北九里湍水自漣川縣至此與楊州砌水合或稱九淵江又西流入長湍府界

土產陶器 赤土 蜂蜜 黃蠟 訥魚 錦鱗魚

蟹 白花蛇

學校鄉校在縣西

宮室客館徐居正記積城小邑也縣治本在山城之南土地褊僻民物凋殘不能供上役麗季籍罷臣林檝家為邑而徙焉後雖營搆官廨而規模卑隘歲久頹圮正統乙丑縣監李俶喜重建

郵驛湘水驛在縣南二十七里 丹棗驛在縣西四里

關梁沙介渡一云朽介渡在郡東十七里即湍水津渡路通麻田郡

祠廟社稷壇在縣西 文廟在鄉校 紺岳祠在紺岳山頂祀典為名山載中祀春秋降香祝以祭○諺傳新羅時以唐將薛仁貴為山神高麗顯宗五年安鴻漸言丹兵至長湍

風雪暴作紺岳神祠若有旌旗士馬丹兵懼不敢前勸修報祠又忠烈王將如元助帝征乃顏欲邀陰祐封神第二為都萬戶 厲壇在縣北

陵墓李堅基墓在縣南二十七里 權弘墓在縣西十五里 洪聖民墓在縣南二十六里 李鐸墓在縣東南二十七里關山里

寺刹紺岳寺在紺岳山 雲溪寺 神巖寺俱在紺岳山

古蹟吐吞古城一名城山在縣西三里即古七重城石築周一千九百三十七尺今廢城內有井深不測大旱不渴 阿彌城在縣東十八里石築周一千九百三十七尺 水鐵城在縣東十里

名宦新羅匹夫武烈王時以麗濟鞅鞨迭侵求忠勇可禦侮者以匹夫為七重城縣令後高句麗忌新羅與唐滅百濟來攻圍城匹夫守且戰久之麗人欲引還大柰麻比歃密遣人告城內

食盡力窮麗人復攻之匹夫斬比歃徇軍中曰忠臣義士死且不屈其各努力羸病者皆起匹夫督衆非戰矢集其身血流至踵乃死王哭甚慟贈級飡

交河縣東至坡州界十六里至高陽郡界二十六里南至同郡界二十二里西至豐德府界九里北至長湍府界二十五里距京都九十里

旱田

水田

建置沿革本高句麗泉井口縣一云屈火郡 新羅景德王時改為交河郡高麗顯宗時省入楊州本朝太祖三年復置交河郡以深岳併入恭定王時省縣入原平郡尋復析置掌面

官員縣監 訓導各一人

郡名泉井口別號宣城

山川僉丹山在縣西五里百濟僧僉丹所居故名 深岳山在縣南二十一里深岳縣

烏島山城在縣西七里自黔丹山西迤陸入水涯漢水丹水交會其下 漢麓山在縣西七里有古石城基周一里許 藥山在縣南五里 漢江自金浦縣界西流經縣南二十里深岳山西俗稱深岳江至縣西九里與湍水會為祖江入于海 湍水在縣北二十五里即長湍府湍水下流又號洛河南流與漢江合 金尺津源出楊州洪福山經縣東二十里至縣南五里西入祖江又名長串津 栗浦池在縣東八里 一眉島在縣北十里水漲則沒

土產秀魚 葦魚 鯽魚 蟹

學校 鄉校在縣東二里

宮室 客館

烽燧 黔丹山烽燧西應豐德郡德積山南應高陽郡高峯城山

郵驛 冷井院在縣東十五里 洛河院在洛河渡岸

關梁 洛河渡在縣北二十六里有渡丞又見長湍府

祠廟 社稷壇在縣西 文廟在鄉校 城隍祠在烏島城 厲壇在縣北

陵墓 尹瑨墓在縣北十五里 黃喜墓 黃守身墓俱在縣北十五里 朴仲孫墓在縣北二十里烏古美里 尹士昕墓在縣南十五里尾洞 趙溫墓在縣南七里南村 鄭淵墓在縣西五里

寺刹 黔丹寺在黔丹山

古蹟 深岳廢縣在縣南十里古寶薪鄉高麗顯宗時改為深岳縣尋省入漢陽本朝初併入于縣 石淺鄉在縣東二十里本富平府地本朝初割入 烏島城山城石築周二千七十一尺相傳三國時所築漢水湍水會于其下

人物本朝 盧閈狀貌魁梧不苟言笑自少經濟自任不營家事○太宗累為吏曹典書○莊憲王朝拜議政府右議政兼判兵曹事卒諡恭肅為相務存大體不事苛政子物載為同知敦寧 盧思愼物載子以科第進○莊憲王愛其博洽超遷都承旨至戶曹判書後叅翊戴佐理功臣○康靖王朝入政府為領議政封宣城府院君諡文匡博學有文名 盧公弼思愼子中文科歷判六曹恭僖王朝官至右贊成領中樞府事襲封交城君事親孝老而彌篤

加平縣東至江原道春川府界十二里南至楊根郡界二十三里西至抱川縣界七十九里北至永平縣界五十四里距京都一百三十七里

旱田

水田

建置沿革本高勾麗斤平郡一云並平新羅景德王時改為加平郡加一作嘉高麗顯宗時省入椿州本朝 太祖五年復置加平縣 太宗十三年自江原道移隸本道

掌面五

官員縣監 訓導各一人 今增 中宗二年陞為郡以安御胎于縣地陞

郡名廳平 嘉平

山川華岳山在縣北三十里俗稱廣岳山其東即江原道春川府界本朝許穆遊山錄華嶽據加平春川之界周三百餘里最雄秀其西峯積石嶄岩至絕頂而極雲霧晝晦人不敢輒登其巔 雲岳山在縣西六十里又名懸燈山 加注之山在縣西五十九里 所衣山在縣西五十九里或稱相宜山 飛靈山在縣西四十三里俗稱非即山與所衣山相接 銀頭頂山在縣西三十五里 青松山在縣西二十五里 大也山在縣西四十里 屈坡峴在朝宗廢縣西二十二里抱川縣界即雲岳山南條○本朝李孟昫詩夙駕抱川逾屈坡御鞍朝宗成小歌行穿亂山澗谷深一路縈紆多曲折縱然叱馭踐難試到此地心已豁崢嶸雲岳鎮其北巖巒猶堆太古雪支為重峯擁一縣千態萬狀總奇絕 淮水自春川府西南流入縣界經縣東五里又南流入楊根郡界 立石川在縣南四十三里源出春川府界南流入淮水 按板灘在縣東七里即淮水江灘此上下流急灘又在

土產銀出 綠礬出縣西豆毛谷 海松子 黃玉產縣南赤村里 石蕈 松蕈 蜂蜜 黃蠟 山芥 當歸

旱田

水田

建置沿革本高勾麗長湍城縣一云耶耶一云夜牙新羅景德王時改名長湍為牛峯郡領縣高麗穆宗陞為湍州以侍中韓彦功之鄉陞顯宗時復為長湍縣文宗時直隸開城府本朝　恭定王十四年併臨江改名長臨縣　莊憲王初復為長湍縣　惠莊王五年併臨津以王妃尹氏祖先墳墓在其地陞襄悼大王元年置鎮陞都護府　光海徙治白岳山南即舊臨津縣地掌面二十都護府一江華郡三豐德朔寧麻田縣二漣川喬桐今府在舊治南二十二里官員府使　教授各一人

郡名長淺城　湍州

形勝介居兩京之間本朝徐居正記負白岳北鎮五冠南帶臨津

山川望海山在今府北二十六里舊邑鎮山　龍虎山在今府東北三十里臨江縣南俗稱國祀峯　華藏山在臨江縣自五冠山東出一支斷而復起為此山嶙峋巍峩望之蔚然我　太祖獵于此山逐鹿絕壁高數十尺人不能行鹿滑下　太祖馬亦滑下至底馬蹶未起即射鹿斃之　白岳山在今府西北四里○高麗以豐德白馬山為石蘇以白岳為左蘇○高麗恭愍王九年欲還都南京卜于太廟不吉不果還於是親幸此山相地山南營宮闕周七百二十步時人

學校鄉校在縣西一里

宮室客館超然臺在縣東五里崖壁臨江天然作臺山麓走入江隈削成絕壁天然作臺上有亭宇景致奇絕○本朝金尚憲詩孤亭春遠客傍山來落日停驂訪古臺飛出海中黨戴立登臨磨上蟻旋迴晴江翠峽雲雷轉細草新花錦繡裁二水三山難寫處令人更憶謫仙才

郵驛甘泉驛在縣南十五里　連洞驛在縣西四十五里　狄栗院在縣西二十二里　林草院在縣西三十四里

祠廟社稷壇在縣西　文廟在鄉校　城隍祠一在縣東三里一在朝宗縣　厲壇在縣北　華岳山祠本邑春秋致祭

陵墓李廷龜墓在縣西四十五里朝宗廢縣西

寺刹龍泉寺　靈通寺　靈聚菴　永濟菴　惠壽菴俱在華岳山　懸燈寺　彌羅寺　地藏菴俱在雲岳山

古蹟朝宗廢縣在縣西四十五里本高勾麗深川縣一云伏斯買新羅改浚川為加平郡領縣高麗改朝宗顯宗時與加平俱首入春川本朝　太祖置加平縣以朝宗併入　講易亭在朝宗府縣北五里本朝李迹精於易學退居于此莊憲大王以其年老不為强起每遣近臣從容問易疑義迹引坐其家前樹下與之講說後入名其樹曰講易亭今有遺趾

流寓李迹本驪州人大提學李行子本朝官至大司憲精於易學晚年退老于朝　莊憲王宗縣

長湍都護府東至朔寧郡界七十里至麻田郡界四十六里至積城縣界四十四里南至坡州界二十二里西至豐德郡界三十六里至開城府界四十里北至黃海道牛峯縣界三十五里云距京都一百二十三里

謂之新京**都羅山**在府西南十五里高麗忠烈王數敗于此山**聖居山**在府北六
十里又名九龍山詳見牛峯縣**五冠山**在府西六十里山頂有五石峯秀拔其形高圓如冠
故名或曰以其奇勝冠國中諸山故名○高麗孝子文忠居五冠山靈通洞樂府有五冠山曲○本
朝崔淑精詩巍巍五冠山靈秀入空碧高標配日觀萬古椎蟠礴長松陰層巔瑤草被岩壑崖深瀉
朝霞壁絕盤巢鶴五峯次低昂冠佩列仲伯中有古神壇祀秩同五岳緬泝山下人令聞昭千億平
生忠孝心永激頹靡俗相思不爲見空歌木雞曲**寶鳳山**在府北三十里檜嶺東山勢如
鳳騫舞故名**湧巖山**在五冠山東北山與五冠天磨諸山相連但峯巒有異耳**高陽**
山在府東北六十里麻田連川界**獺嶺**在落山寺洞○高麗毅宗嘗與僧覺倪唱酬於獺嶺
忘返將士疲困鄭仲夫等始有不軌之心王嘗馳馬獨至獺嶺從臣皆不及倚柱而言曰若鄭襲明
在吾豈得至此**檜嶺**即華藏寺西嶺李穡詩崎嶇上檜嶺天際峯巒平一笑立須臾豁我方寸
情**柳峴**在榛峴西二里**榛峴**在東坡驛西三里**重光峴**在龍虎山之西俗稱
重方**綿紬洞**在五冠山下洞中宏曠幽阻無一寺刹諺傳若構佛宇於此國祚不長蓋高麗
裨補之意也**靈通洞**在五冠山下自花潭而上山田路轉沿溪屢渡至其洞〻中平衍山
水形勝爲松京第一**遮日巖**在綿紬洞口有巖石平廣可坐鑿石爲窠曰人言古人張幕立
柱處或云仙人所遊或云君王所臺有泉盤回其駃如箭其下爲泓〻底皆石群魚潑剌歷〻可數
花巖在靈通洞口一名花潭〻左有翠壁峭立如展畫屏岩隙有一躑躅當春爛開紅暎水底故
名潭右有小岩四面如削其上四隅亦有巢臼高麗時爲遊宴賞之所本朝徐敬德卜築其傍因號
花潭嘗有詩云花洞烟霞趂步源桃源何用枉探尋自酒與得閒中味畫裡乾坤認在心**山臺**
巖在松京崇仁門外絕壁百仞其形如長彩棚故名○高麗李穡詩君王當日擁笙歌一代繁華
想以戈臺聳斷岸臨碧水亭留遺址長寒莎三韓氣槩羣龍集萬古英雄一鳥過未識大平田得未

臣今老矣欲如何**槖駝巖**在山臺岩西**鼓巖**在湧岩山五龍峯上其形如鼓故名
皺巖在松京都城東北三兩里有岩峙于溪流之側如展屏障皆有橫理故以名焉下多巨石可
以坐飲高麗崔讜每騎牛與諸老遊于此高麗閔思平詩千尺雲根聳北山古賢遺跡畫應難自從
相國題詩後多少行人指點者**鳳凰巖**在府西岸**龍遁郊**在今府西十里大蛇峴洞
李齊賢松都人龍尋春者是野詠**壺串郊**在府南三十五里有牧場周回十二里○辛禑
起樓于此又作數船極其侈大名曰奉天船張水戲盤遊無度嘗乘醉不脫衣冠騎馬入水**白**
顏郊在府洛河渡北今爲牧場**石壁峽**在府東二十五里湍水兩岸青峽江壁立上流
至積城連川皆然水流其中若源整俗號長湍石壁許穆舟行記自臨津渡上江岸如有石壁入峽
口江壁益嶄絕水益綠淨者即此○高麗李齊賢詩神水雲根聳橫空翠壁開魚龍吹浪轉偶限百
里綠徘徊又云瘦骨千年立蒼根百里盤橫張側展綠波間一帶玉屛顏**湍水**又名湍江其源
出咸鏡道安邊府永豐縣南流伊川安峽又東流朔寧連川至麻田郡南與砌水合折而西流經積
城縣至府東爲長湍渡府南爲臨津渡過德津城下至交河縣北爲洛河渡又過鳳凰岩至烏島城
與漢水會西入于海自朔寧連川至臨津渡兩岸皆石壁水流峽中臨津渡以下始由平地行○高
麗金富軾詩秋風獵〻水洋〻回首長空思渺茫惆悵美人隔千里江邊蘭芷爲誰香○高麗李穡
詩長湍赤壁翠屏橫躑躅花開錦繡明暫借商船順流下一時情境信難名**東江**在府西十
里**江連浦**在府西十里鳳岩下湍江別浦漁船泊處**沙彌川**一云三彌川在
府東五十里源出牛峯縣吐山遠府北界東南流入湍江**板積川**源出古松林縣與白
岳以南諸水合流入豐德郡沙川入于海**瓠蘆灘**在府東三十里即湍水灘新羅文武王時
唐劉仁軌率兵絕瓠蘆河攻新羅七重城即此灘
土産絲 麻 松蕈 葦魚 訥魚 錦鱗魚 秀

魚　銀口魚　蟹　石菖蒲　綠礬出府東獨子洞　石灰

公署　桃源道察訪司在府北二十二里領桃源仇和白嶺玉溪丹棗湘水六驛○察訪一人舊為丞今置叅下察訪

學校　鄉校在府北三里　鳳岑書院在府東二十三里○孝宗時府之士子建立祠院後祀高麗安珦李穡本朝金安國正國　花谷書院在花潭洞本朝徐敬德其嘗築書齋居息學者皆從問學于此敬德沒鄉士及諸大夫議建書院立祠祀之以其門人朴淳許曄閔純配享　宣祖賜院額及書籍院後有敬德墓

宮室　客館

烽燧　天壽山烽燧即天壽院北峯在松林西南應都羅山西應開城府松岳山國師堂　都羅山烽燧北應天壽山東應坡州大山

郵驛　桃源驛在府北二十里察訪司本驛　東坡驛在今府南十里　仇和驛在府北五十里　白嶺驛在府東四十里　通濟院在府南十五里　冷井院在府南十里　梧木院一云吾目院在府南五里　藥師院在今府西二十里　蓮花院在府東十三里　石柱院在府東三十里　淑川院在府西十五里　禪具院在府西二十里　天壽院在府西三十里詳見開城府

關梁　板門橋在府西十五里　長湍渡在府東二十五里或稱頭耆津○高麗樂府有長湍渡曲太祖巡省民風補助不給與民同樂民思其德久而不忘後王屢幸長湍遊戲無度工歌祖聖之德以頌禱而規戒之居民尚傳其歌曲　臨津渡在府南二十里路通三京置渡丞一人譏察出入又見坡州○大明張寧詩三月韶華景最新棹歌聲裡渡臨津雪消野渚多青草雨過芳洲長綠蘋畫舫清遊天上客碧雲蹤影水中人茲行擬為宣恩命非是乘槎漢使臣

洛河渡又云洛華渡在府里置渡丞一人又見交河縣

祠廟　社稷壇在府西　文廟在鄉校　城隍祠在府東二里　厲壇在府北　德津祠在湍水至府西南十里號德津祠在其岸祀典為西瀆載中祀春秋降香祝以祭　五冠山祠祀典載小祀每春秋降香祝以祭祀在靈通寺北洞　龍虎山祠在龍虎山春秋本邑致祭

陵墓　高麗肅宗陵在松林廢縣佛頂原號英陵　高麗明宗陵在今府北十五里號智陵　新羅敬順王墓在今府北十五里　許珙墓在調絃驛後　廉悌臣墓在臨江廢縣大谷原　安珦墓在今府西北三十五里安文成珦新立云墓在長湍府松林縣大德山北癸坐丁向之原　韓渥墓在松林縣瑞谷里　安宗源墓在臨津縣瑞谷里　宋松禮墓在府西六里大谷山　尹安淑墓在大德山北口井里在府東北二十五里世傳元末學士周鏜避亂為漕來投安淑家知非常人待之甚厚鏜為安淑求得福地曰此飛龍九折勢當九世榮顯安淑卒遂葬于此　韓脩墓在臨津縣瑞谷南　尹陟墓在府東北三十里　尹承禮墓在府東八里　王煦墓在今府東十二里　李貞幹墓在臨江縣南村弓勤洞　權仲和墓在西村里下　李良墓在臨津縣西九和里　洪吉旼墓　洪汝方墓俱在府東二十里板浮里　曹錫文墓在今府東十里　崔淑生墓在府東　許琮墓　許琛墓俱在今府北四十里　鄭崑壽墓在今府東十里　尹斗壽墓在府東北二十里梧陰里　尹根壽墓在府北四十里下臨江縣　金正國墓在今府東十里浦　金安國墓在今府東北三十里海谷　徐敬德墓在五冠山下花谷

寺刹　華藏寺在寶鳳山寺初為結祖菴指空始相地大搆蘭若遂為大義林其佛殿僧堂制

度甚牢每年夏僧徒聚居坐禪與楊州檜巖相甲乙寺有指空持來西竺貝葉梵經

極樂寺在五冠山

昌化寺在都羅山

靈通寺在五冠山下洞府深邃山勢周遭岩亦山奇秀流水縈迴為松都第一勝景寺有金富軾所撰僧統義天塔銘義天者高麗文宗子釋煦又有文宗真及洪自藩像○本朝李承召詩穿林渡水入深山〻半僧居抱碧灣黃葉連山迷遠近蒼苔滿路田躋攀謫仙詩興烟霞外謝傳高懷水石間夜倚西樓仍不寐隔窓明月聽潺溪

聖燈菴在五冠山戴巖下高麗初以術士之言倉岩樹石柱四方列如屋置長明燈以鎮戴菴之災本朝初亦重修

萬日菴在聖居山上○本朝申光漢詩峯回峽急洞天深忽聽風泉已洗心聞說聖居幽跡秘小菴孤絕寄雲岑

洛山寺在湧巖山下絕壁削立三面如削寺在岩巖之間唯南面獨開恍如天造寺東有一獨峯高挿霄漢上戴盤石曰止擬臺寺南又有一峯曰香爐峯寺有觀音塑像人言新羅僧義湘所造頗有靈驗都人士女祈禱不絕○新成化乙酉春夜有聲如雷吼寺僧皆震怖明日視之則寺後石岡自絕移立東门外屹然如兩峯峙○高麗鄭樞詩石燈雲生袖松巒月入懷要看空開活須上寶屏臺

安積寺在聖居山南

證覺菴在華藏寺上○李穡詩石峯如削出塵寰坐撫雲烟縹緲間梵唄聲殘僧入定一輪明日照千山

古蹟

高麗作宮一在今府東北三十里龍虎山東南高麗時移宮石砌麗塔猶存號窓洞移宮一在今府西北四十里華藏山東峯上下○高麗時移宮〻墓石階石砌宛然俗號塞墻洞移宮

高麗新京舊址在臨津縣北白岳山南高麗恭愍王九年欲遷都南京卜于太廟不吉不果遷於是親幸故地遂營宮闕周回七百二十步時人謂之新宮

臨津廢縣在府南二十五里本高勾麗臨津城縣一云烏阿忽新羅改臨津為開城郡領縣高麗顯宗明省入長湍縣文宗時直隸開城府恭讓王初置臨津縣本朝 恭定王十四年合于長湍號臨湍 莊憲王元年復析為臨津縣○惠莊王十四年復省入

臨江廢縣在府北四十里本高勾麗獐項縣一云古斯也忽次新羅改臨江為牛峯郡領縣高麗顯宗時省入長湍縣文宗時直隸開城府恭讓王初置臨江縣本朝 恭定王十四年併于長湍號長臨縣數月復析置縣 惠莊王四年復省入

松林廢縣在府北二十里本高勾麗若尺頭恥縣一云之蓿一云朔頭新羅改如羆為松岳郡領縣高麗初改松林顯宗時省入長湍縣文宗時直隸開城府後置松林縣本朝 恭定王時復省入

古長湍一在府東二十七里即高麗時古長湍縣李穡詩紺岳高壓長湍村者即此一在府北二十二里本桃源驛之地本朝○世祖時陞長湍為郡徙置于此至光海時復徙今治亦稱其地為古長湍

德津山城在府西里城跨斷山俯壓湍水石築周不知步數舊廢光海時府使李曙修築今復廢圮

瓠蘆古壘在府東三十二里瓠蘆灘上其東即積城縣界有二壘隔江相對石壁為固相傳三國時屯戍處

調絃驛在府西南二十五里即古普賢院本朝初置調絃驛 世宗朝省有水自白岳山北而來至驛北漫流為滙高麗毅宗堤為澤為盤遊之地後武臣鄭仲夫等盡殺文臣沉之澤為之墳塞入號曰朝廷沉

興聖寺在五冠山下靈通寺北相傳寶育所居摩訶岬之地高麗初捨家為寺名曰崇福觀後燬于兵恭愍王重建改名興聖寺魯國公主自為功德主有李穡所撰記○高麗金寬毅編年通錄云初康忠居五冠山下摩訶岬康忠子寶育為居士仍搆木菴而居有新羅術士見之曰居此必大唐天子來作壻矣後生二女季曰辰義美而多才智年甫笄其姊夢登五冠山頂而旋流溢天下覺與辰義說辰義曰請以綾裙買之姊許之辰義令更說夢攬而懷之者三若有得心頗自負唐肅宗潛邸時欲遍遊山川以天寶十二載癸巳春渡海至松岳郡抵摩訶岬養子洞寄宿寶育第見兩女悅之請縫衣綻寶育認是中華貴人即令長女應命纔愈閾鼻衄而出代以辰義遂薦枕留期月覺有娠臨別云我是大唐貴姓與弓矢曰生男則與之果生男曰作帝建後追尊寶育為國祖元德大王其女辰義為貞和王后又云作帝建及長才兼六藝年十六母與以所遺弓矢作帝建欲覲父

寄商船至海中雲霧晦暝舟不行舟中人卜曰宜去高麗人作帝建執弓矢自投海下有巖石立其上俄有一老翁拜曰我是西海龍王每日晡有老狐作熾盛光如來像從空而下坐此巖讀臃腫經則我頭甚痛聞郎君善射願除吾害及期作帝建射殺老狐翁迎入宮謝曰賴郎君吾患已除欲報大德將西入唐覲天子父乎富有七寶東還奉母乎曰吾所欲者王東土也翁曰王東土待君之子孫三建必矣以長女翥旻義妻之作帝建賚七寶將還龍女曰父有楊杖與豚勝七寶盍請之作帝建請還七寶願得楊杖與豚翁曰此二物吾之神通然君有請敢不從乃加與豚於是乘漆船載七寶與豚泛海倏到岸即昌陵窟前江岸也白州正朝劉相晞等聞曰作帝建娶西海龍女來實大慶也率開貞盐白四州人為永安城營宮室龍女初來即往開府東北山麓以銀盂掘地取水用之今開城大井是也居一年豚不入牢乃語豚曰若此地不可居吾將隨汝所之詰朝豚至松岳南麓而臥遂營新第即康忠舊居也往來永安城而居者三十餘年龍女嘗於松岳新第寢室窓外鑿井從井中往還西海龍宮即廣明寺東上房北井也嘗與作帝建約曰吾返龍宮時慎勿見否則不復來一日作帝建密窺之龍女與少女俱化龍入井不復還後追尊作帝建為懿祖景康大王龍女為元昌王后龍女生四男長曰龍建後改隆是為世祖器局弘大有并吞三韓之志嘗夢見一美人約為室家後自松岳往永安城道遇一女惟肖遂與為昏號夢夫人是為威肅王后○忠宣王在元有翰林學士從王遊者謂王曰嘗聞王之先出於唐肅宗何所居耶肅宗自幼未嘗出閤祿山之亂即位靈武何時東遊至有子乎王大慚不能對閔漬從旁曰此我國史誤書耳非肅宗也乃宣宗也學士曰若宣宗久勞于外庶或然也○李齊賢曰金寬毅云康忠生居士寶育是為國祖元德大王寶育生女配唐貴姓而生懿祖〻〻生世祖〻〻生太祖如其所言唐貴姓者於懿祖為皇考而寶育皇考之舅也而稱為國祖何也按王代宗族記云國祖太祖之曾祖也貞和國祖之妃也聖源錄云寶育聖人者元德大王之外祖也以此觀之元德大王是唐貴姓者之子而於懿祖為考也貞和王后是寶育之外孫婦而於懿祖為妃也其以寶育為國祖元德大王者誤矣寬毅又云懿祖得唐父所留弓矢涉海而遠覲然則其志深切矣龍王問其所欲即求東婦恐懿祖不如是也聖源錄云懿祖之妻龍女者平州人豆恩坫角干之女子也則與寬毅所記異矣又寬毅云懿祖世祖諱下字與太祖諱並同懿祖身通六藝世祖少蘊器局則豈不知祖考之名為不可犯而自以為名且以名其子乎況太祖創業垂統動法先王事有不得已而怙於非禮之名乎竊謂新羅之時其君稱麻立干其臣稱阿干大阿干至於鄉里之民例以干連其名而呼之蓋相尊之辭也阿干或作阿粲閼粲以干粲餐三字其聲相近也懿祖世祖諱下字亦與干粲餐之聲為相近乃所謂相尊之辭連其名而呼之者之轉也非其名也太祖以此字為名好事者遂附會而為之說曰三世一適名必王三韓蓋不足信也○鄭麟趾曰金寬毅〻宗朝人作編年通錄尚書金永夫採而進之其劄子亦曰寬毅訪集諸家私蓄文書其後閔漬撰綱目亦同寬毅之說其云肅宗宣宗者以唐書考之則肅宗自幼未嘗出閤果如元學士之言宣宗雖封光王唐史亦無藩王就封之制二說皆無所據不足信也況龍女之事何其荒怪之甚耶太祖實錄即位二年追王三代祖考册上始祖尊謚曰元德大王妃為貞和王后懿祖為景康大王妃為元昌王后世祖為威武大王妃為威肅王后太祖實錄乃政堂文學修國史黃周亮所撰也周亮仕顯宗朝太祖時事耳目所及其於追贈據實書之以貞和為國祖之配以為三代而略無一言及於世傳之說寬毅去太祖一百六十餘年豈可捨當時實錄而信後代無稽雜出之書耶

佛日寺　高麗光宗創佛日寺於松林縣北移縣治于東北

東林寺　在湧岩山之五龍峯下○高麗金克己詩幽討洞中寺隔林間異香徑幽苔葉淨潭靜菊花香鶴影雪千丈泉聲琴一張嶺雲長密護晨夕繞龍堂

慈濟寺　靖宗賜臨津課橋院號曰慈濟寺先是津無船行人爭渡多致陷溺有司作浮梁自此人馬如履平地

名官

流寓李穡韓山人高麗恭讓時以判門下事謫居

人物高麗韓彥恭性聰敏事光宗穆宗累官至內史侍郎平章事特進開國侯嘗奉使入宋帝以彥恭儀容中度授檢校兵部尚書還奏王曰樞密院即我朝直宿員吏之職請置其官於是始設中樞院卒謚貞信配享穆宗廟庭 韓安仁父主以鄉貢中第官至戶部侍郎安仁初名曒如登科睿宗朝累歷右副承宣刑曹尚書明達善屬文又善易並為一時名流與李資謙不協見殺敗退 韓冲以州吏起家登科睿宗朝除右補闕及李資謙殺韓安仁冲以安仁從弟流外及資謙敗召拜禮部侍郎歷國子祭酒性剛直言無忌諱篤學能文政尚廉惠所至有聲績 文忠居五冠山下靈通洞事母至孝為養祿仕距京城三十里朝出夕返省定不少衰閔其母老作木雞以歌之名曰五冠山曲傳於樂府後李齊賢為詞以觧其意曰木頭雕作小唐雞筯子拈來壁上栖此鳥膠膠報時節慈顏始似日平西

江華都護府在海島中東至甲串浦海岸十里南至海岸四十里西至寅火石津海岸二十六里北至昇天浦海岸十五里距京都一百三十里

旱田

水田

建置沿革本高勾麗穴口郡一云甲比古次新羅景德王時改為海口郡元聖王時置穴口鎮高麗初改為江華縣高宗十九年避蒙古兵入都陞為江華郡號江都元宗十一年還松都入江都凡三十九年忠烈王時併于仁州尋復旧辛禑時陞為江華府本府 恭定王十三年改為都護府掌面官員府使 教授一各

入今增 仁祖時陞為江都

郡名穴口 海口 江都

形勝內據摩尼穴口外界童津白馬高麗崔滋三都賦 四面環海土疆沃美本朝鄭以吾記四面環海其土疆沃美有丘陵墳衍之大其植物豐暢有菽麥秔稻之宜 東直通津北望豐德地志 島以為城海為天塹本朝金世濂論江都書江都天險也島以為城海為天塹

山川高麗山在府西五里鎮山 摩尼山在府南三十五里。高麗高宗四十八年從校書郎景瑜之言創離宮于此山之南 傳燈山在府南三十二里 穴窟山在府西十里 鎮江山在鎮江縣 吉祥山在府南三十里周十三里有牧場 松岳在府北一里 鳳頭山即河陰城山府北十六里 在 大母城山在府南三十里 海府四面皆海東距通津陞四里北距豐德三十餘里西南連 甲串津在府東十里 寅火石津在府西三十二里橋桐往來者由之前有亭 嘉陵浦在府西三十二里源出摩尼山西流入海有大堤長二十尺 蝦浦在府北十二里源出高麗山北流入海 大青浦在府南十三里源出穴窟山東流入海 盤岾浦在府西二十二里源出高麗山西流入海 造山浦在府南五里源出高麗山東流入海 末吾乙浦在府西二十里其源有二一出高麗山一出穴窟山合西流入海 昇天浦在府北十九里 高麗川在府西十五里源出高麗山西流入盤岾浦 馬場川在府南十三里其有二十一出穴窟山一出鎮江山合流入大青浦 吾里川在府西十里源出高麗山北流入蝦浦 煤島在府西古之仇音島周六十里島有廣博石以為國用有牧場 注文島在煤島西七里有井浦營田又有牧場 甫音島在注文島西周十七里有左道水軍營田又有牧場末島在府西五里周四十三里　令音北島在府東十六里有盐盆　彌法島在令音北島北二里有牧場　長峰島在鎮江縣周二十五里有牧場　信島在府南二十里有牧場　居島在信島西　火島在甫音島東三里　吾豆頭地在府南十五里深十尺　尾草地在大母城下

土産石灰　青爛石俱出摩尼山　川椒　柿　艾　盐
洪魚　白蝦　蛤　土花　石花　絡締　小螺
魚鰾　秀魚　中蝦　竹蛤　海䑋　黃石首魚
蟹

城郭

公署井浦萬户鎮在府西二十里水軍萬户一人

學校鄉校在府東一里

宮室客館利涉亭在甲串渡岸○本朝李詹記漢江臨津合流為祖江西匯赴海而別流為甲串前朝高王避亂于茲元兵追至謂曰積甲可濟故名甲串江華府為巨鎮在海之門不與陸接府之北渚水道皆通但水極闊或值風浪阻隔未克以時濟苟舟祖江行陸三十餘里至甲串則濟處稍狹可易濟故凡使相之巡察者內臣之銜命者皆由是道之府其他行旅之往來者亦絡繹焉則固宜亭之於斯以為迎送之所洪武戊寅秋九月同郡李侯晟以嘉善大夫使是府兼兵馬團鍊之任之則軍民庶務既皆修舉越明年春集吏民謂曰邑治之有觀遊因非議矣然當氣煩慮亂視壅志滯之時君子必有游息之物高爽之具使之顧眄徘徊開曠精神然後煩者簡亂者定壅者通滯者行矣又況睨汗漫窺鴻濛遊心於物之初氣之始以養吾浩然且與人同顧不樂歟吏民咸共然之則圖所以經營於是因舊址而重新軒廠而為使華之登覽環堵而為行旅之止宿既涼且燠且堅且容崇以累石繚以短垣指期告成吏民驚以為天墮而地出之莫不神之也李侯將見代馳書於余請名與記余以其水可易濟而亭適在濟渡處故扁之曰利涉　燕尾亭在甲串津渡上有小山其下海口分流故名燕尾下道貢船經泊之地　鎮海樓在甲串津○本朝李安訥詩鎮海樓迢遞壓海梁鐵鎖譙門石壘長漢水北來分一派海天西望樓三方地形自昔金湯渝王道如今玉燭光坐嘯曲欄潮滿落歸帆無數雜魚商

烽燧鎮江山烽燧西應網山東應大母城山　網山烽燧東應鎮江山西應喬桐縣華蓋山　松岳山烽燧東應通津縣南山西應河陰城山　河陰城山烽燧東應松岳山西應喬桐縣華蓋山　大母城山烽燧東應通津縣守安城山西應鎮江山

郵驛甲串院在甲串渡海岸　寅石院在寅火石渡海岸有尙亭　昇天浦院在昇天浦渡海岸

關梁大青浦橋　兎橋在府南四里　蝦浦橋　甲串渡在府東十里路通通津富平○高麗高宗避亂入本島元兵追主至此謂積甲可渡故因為名甲串渡　昇天浦渡在府北十九里路通豐德開城府　寅火石渡在府西三十二里喬桐往來者由此右三渡皆海津

祠壇塹城壇在摩尼山頂累石築之壇高十尺上方下圓上四面各六尺六寸下圓各十五尺世傳檀君祭天處本朝仍前朝之尙醮星于此祠下有齋宮○高麗李穡詩茂陵何事苦求仙祇是蓬萊亦或然山與雲浮自無際風吹船去莫能前金人一滴盤中露青鳥高飛海上天何似塹城修望秩坐令人享太平年○山河險如此壯哉吾有國絶頂雲氣流傾崖俯喬木臨風發長嘯餘響振巖谷欲繼蘇門遊石髓今正綠日月兩轂輪宇宙一間屋此壇非天成不知定誰築杳昇星為低

章入氣初肅祇以答神貺何以自求福○本朝姜希孟詩海上孤城玉界寒風吹沆瀣露凝溥步虛

人在青冥外吟羅壇章月滿壇 社稷壇 在府西 文廟 在鄉校 山川祭壇

在摩尼山醮星壇下 城隍祠 在甲串 忠烈祠 在府南十里仙源里仁祖丙子虜

陷江都議政金尚容寺正李時稷主簿宋時榮皆死節府人立祠祀之 厲壇 在府北

陵墓 高麗高宗陵 在府西六里號弘陵 元德太后陵 在府南二十三里高

麗高宗妃號坤陵 高麗熙宗陵 在府南二十一里號碩陵 順敬太后陵

在府南二十三里高麗元宗妃號嘉陵 李奎報墓 在鎮江山東麓 黃衡墓 在府

東十里燕尾亭西北

寺刹 傳燈寺 在古祥山元之元十九年忠烈王元妃貞和宮主王氏囑僧印奇船海入宋印

大藏來藏寺中 善首菴 淨水菴 俱在摩尼山○李安訥詩千古浮屠殿摩尼岳

麗東山田入境隔天磬海門通 國淨寺 積石寺 月明寺 俱在高麗

山 水月寺 彌勒寺 俱在河陰城山 四王寺 在松岳山 德藏寺

在鎮江山 弘凌寺 白蓮寺 俱在高麗山

古蹟 鎮江廢縣 在本島內距府南二十五里本高句麗首智縣新羅改名守鎮為海口郡

領縣高麗改鎮江仍省入本朝因之 河陰廢縣 在本島內距府南二十五里本高句麗冬

音奈縣一云芽音新羅改名沍陰為海口郡領縣高麗改河陰仍省入後屬開城縣後復併入杏村

○本朝因之 海寧鄉 在鎮江縣西五里 三郎城 在傳燈山世傳檀君使三子築

之 古宮城 在松岳里距府東十里高麗高宗時所築外城俱土城外城周三萬七千七十

六尺內城周三千八百七十四尺 高麗山城 土築周一萬九千三百七十二尺 盖

骨洞 在府南十里高麗高宗十三年移葬世祖太祖于洞中 龍藏寺 古基在府西四

里高麗恭愍王立忠定王遜于是寺 禪源寺 古基在府南八里今為掌苑署苑

名宦 新羅啓弘 元聖王六年置穴口鎮以河滄啓弘為鎮頭 高麗閔祥正

忠烈王時為江都留守性剛烈所至有聲績又按楊廣道聞有以貨賄輸權貴者驛遞過境即使吏

搜取牒送國贐由是豪强并氣 洪文系 林惟茂擁兵文系與上將宋松禮謀攻惟茂〻〻間

誰為使者曰洪中丞惟茂膽落遂敗 沈德符 恭愍時為江華府使迎致師儒聚子弟教以詩

書

本朝

人物 高麗韋壽餘 顯宗時人端懿守法官至門下侍中上柱國謚安恭 本朝崔

龍蘇 官至刑曹判書謚齊賢

列女 江華三女 三女者府吏之處女也高麗辛禑三年倭寇江華恐被擄三女遇賊義不

汚辱相携赴江而死

豐德郡 東至長湍府界三十九里南至通津縣三十四里西至開城府界十七里北至

同府界十五里距京都一百七十九里

旱田

水田

建置沿革 本高句麗貞州高麗顯宗時省入開城縣

文宗時直隸開城府睿宗時置昇天府忠宣王初

降為海豐郡本朝 恭定王十三年省郡入開城

留後司十八年復置海豐郡 莊憲王二十四年

併德水縣改為豐德郡掌面 官員郡守 訓導

各一人 今增 孝宗時陞為都護府 以王妃張氏本貫陞

郡名　貞州　昇天府　海豐

山川　白馬山在郡南十五里○高麗以此山爲右蘇高宗三十七年遣大將軍李世材愼執平寺始營宮闕于山南臨海院舊基　末訖山在郡北百步　德積山又名德物山在郡東三十里　三聖堂山在德水府縣南五里　如利山在德水府縣西五里　馬摩山在德水府縣西南十里舊名馬蹄山　海在郡西一十里　昇天浦在郡南十五里　祖江在德水府縣漢水湍水合爲此江西入于海高麗李奎報賦沽沽江流渴如涇水黍色而泓灃難俯視湍又激而迅方豈瞿塘之足譬控百川之奔會芳若井湯之驚沸　東江距郡東三十里有藍島　化莊浦在東江南十里　沙川在德水府縣東九里開城府天摩聖居松岳諸山之水合流此入東江　馬池在德水府縣北二里

土產　碇玉沙出郡北興王寺　石灰　石首魚　秀魚　鱸魚　鯽魚　絡締　石花　土花　蛤　蟹　白蝦

學校　鄉校在郡東一里

宮室　客館　觀湖亭在客館北○本朝尹慈詩魚躍鳶飛上下天新亭佳致共軒前青山點點孤雲外白鳥雙雙細雨邊

烽燧　德積山烽燧東應交河縣黔丹山北應開城府松岳山城隍堂

郵驛　中連驛在郡東十五里　昇天浦院在昇天浦古城下　冷井院在郡南三十里　光大院在郡南三十里　臨海院在郡南十五里

關梁　祖江渡在德水府縣里路通〻津富平西連海口漢水迅激高麗李奎報自右補闕被劾除桂陽守將渡値暴風困而後濟因作祖江賦　河源渡在郡南三十里高麗忠肅王嘗與公主觀湖于此其上流又有引寧渡

祠廟　社稷壇在郡西　文廟在鄉校　城隍祠在昇天浦城　厲壇在郡北　三聖堂祠高麗忠肅王畋於德水縣怒海東青內廐馬斃王怒命焚城隍祠神卽此

陵墓　齊陵在郡北十五里我太祖神懿王后陵有齋陵裏道碑權近撰其　厚陵在陵東十里恭靖大王陵定安王后祔葬　金台鉉墓　金光載墓俱在德水廢縣北　柳濯墓　李公遂墓俱在德水府縣南　閔霽墓在德水府縣西　益安大君墓在郡東十二里　權溥墓在德水廢縣鉢原　張晩墓在郡歧村

寺刹　衍慶寺在扶蘇山　興教寺在白蓮山　敬天寺在扶蘇山寺有石塔二二層刻十二會相人物聳動形容森爽其制作精巧天下無雙諺傳元脫〻丞相以爲願刹晉寧君姜融募元朝工匠造此塔至今有脫〻姜融畫像又寺之東岡產礁石俗謂之沉香石　普利庵在馬群山　白雲寺在如利山

古跡　德水廢縣在郡東三十里本高句麗德物縣一云仁物新羅名德水高麗因之顯宗時省入開城縣文宗十年創興王寺于縣移縣治於楊川十七年直隸開城府恭讓初復置本朝太祖七年省入縣併入　古貞州在昇天府古址在今昇天浦古城北二里世傳古貞州之治又在古址西偏今論入于海因稱昇天浦古城或附見於昇天浦或昇天府附見之其海爲貞州海　重坊堤在郡南四里高麗稱重坊裨補每春秋班主宰府兵修築開南北水門溉田長八里廣三里　長源亭在郡西二十五里○道詵松岳明堂記西江邊有君子御馬明堂之地自太祖統丙申之歲至百二十年詵此創構國業延長文宗命太史令金宗元相地作亭於西江餅岳之南又得瑞文石于亭下淵中○高麗睿宗遊長源和郭輿詩別館逢入擬藹仙上樓同望晩江船吟搜好景勞詩筆笑得歡情付醉筵紅葉黃花當此日綠楊芳草憶前年

只將親意忘時態忍抱在吟紬雅篇薄暮汀邊明螢火夕陽村外起人煙溟濛海氣風驅去月上秋霄照碧天○高麗鄭知常詩岩崑閱枕江濱清都無一點塵風送客帆雲片片露凝宮瓦玉鱗鱗綠楊閉戶八九屋明日樓簾三四人縹緲在何許夢闌黃鳥囀青春蓬萊

壽康宮忠烈王四年作壽康宮于德水縣馬蹄山自是常觀獵于此

臨海宮舊址在昇天浦西岸

報法寺在末訖山李穡記王城之南白馬山之北有大伽藍焉太祖妣柳氏所捨家也

興王寺古基在德積山南高麗文宗所創十二年而功畢凡二千八百間王特設燃燈大會以落之又造金塔以銀四百二十七斤為裡金一百四十四斤為表其後僧達幼等又重營之有李穀記

名宦高麗朱悅高宗朝宰昇天府清直公廉儉於自奉河至有政聲

本朝成奉祖為豐德郡守政為諸郡最

流寓張伯昌本中國浙江人以宋朝貴臣與其子舜皐避亂東來接於貞州子孫為郡人云

李公遂益山郡人高麗恭愍王時封府院君晚自元朝還國退居德水縣別墅自號南

許誠中樞副使倜儻之子為人不羈恬於祿利能文章解音律退居豐德村墅常騎牛蓑笠以釣魚為樂本朝康靖王累召為副提學皆未久辭退

人物高麗柳天弓太祖神惠王后之父初天弓家大富邑人稱長者太祖為弓裔將軍引兵過貞州憩古柳下見川上一女有德容問誰氏女對曰此邑長者家女也太祖因到其家天弓饗一軍甚豐以女侍寢後絕不相聞女守節為尼太祖聞之迎以為夫人後裵玄慶等推戴太祖夫人提甲領被之即位策為元妃天弓官至三重大匡

柳洪宣宗朝以武略顯通春秋左傳及兵家秘訣每國有憂疑引洪決策又造兵車以備不虞時議重之官至侍中謚達書

柳仁著洪子睿宗朝登科官至參知政事門戶貴顯不以富貴驕人謚貞簡配享睿宗廟庭

李劭德水縣人高宗朝起家登第歷閤門祗候文林郎賜紫金魚帶知三司事子允蓋忠烈朝歷太府少尹為民部典書

李千善允蓋子恭愍朝以誅奇氏之族否中朝有功拜金紫光祿大夫守司空柱國樂安伯謚良簡為人義風采恭愍寫真賜之

李仁範千善子少時學能文恭愍朝登科歷官左正言知制教賜端誠翊祚功臣政堂文學藝文官大提學

本朝李明晨仁範孫父揚為工曹參議明晨世宗朝皆有政績累官至知敦寧府事

李邊劭五世孫年三十始學登科康靖王朝官至領中樞府事為人功直無城府見人過失面折之常在政門絕芑首善漢語吏文屢使中朝華人皆識其名常曰吾平生未嘗欺人自入仕以來無僞病廢仕卒謚貞靖子踞為掌令伉直敢言

李宜茂明晨孫少能文有時名登科歷敭清要燕山朝牧洪州卒于官恭僖朝以五子登科贈爵致祭後又贈議政

朔寧郡東至漣川縣界二十二里至江原道鐵原府界四十一里南至長湍府界二十八里西至黃海道兔山縣界十一里北至江原道安峽縣界二十一里至同道平康縣界六十一里距京都一百九十五里

早田

水田

建置沿革本高句麗所邑豆縣新羅景德王時改名朔邑為兔山郡領縣高麗改朔寧縣顯宗時省入東州睿宗時復析之為僧嶺縣兼任本朝　太宗三年陞為朔寧郡以神懿王后外鄉陞以僧嶺縣省入太宗十四年又省安峽縣併入稱安朔郡十六年復析置安峽縣還舊名掌面七官貢郡守訓導各一人

郡名朔邑

形勝山勢北来江流東去本朝徐居正詩

風俗俗厚風淳本朝朴嵋詩俗厚風淳民物閑

山川南山距郡三里　僧嶺山在郡東十五里僧嶺廢縣　城山在郡東五里有小城基　寧原山在郡東七里　靈原山在郡南十六里　浮鴨山在郡西北二十里兎山縣界　興盛山在郡東二十五里　僉秩山在郡東十五里　水青山在郡東五十五里　末吞山在郡東五十里其山東即鐵原府曉星山　江華坪在郡南四十里　防等坪在郡東十五里　湍水其源出咸鏡道安邊府之永豐府縣經伊川安峽至本郡界經郡南三里東流歷連川麻田境又折而西流入長湍府界　北川源出江原道鐵原府高巖山經郡之僧嶺廢縣西為孫聽灘下流至郡南七里入湍水

土産絲　麻　五味子　蜂蜜　黃蠟　葱邑人好種以收利　綠礬出郡北金洞寺　石灰　訥魚　錦鱗魚

學校鄕校在郡西二里

宮室客館　鄕射堂　羽化臺在郡東七里湍水北川交會處石崖陡斷上有亭臺俯臨津渡

關梁朔寧渡在郡南七里即湍水津渡處

祠廟社稷壇在郡西　文廟在鄕校　城隍祠一在城山一在僧嶺山　厲壇在郡北

陵墓

寺刹觀音寺在靈源山　將軍寺在興盛山　龍腹寺在水青山

古蹟僧嶺廢縣在郡東三十里本高勾麗僧梁縣一云非物新羅景德王時改壇梁為鉄原郡領縣高麗改僧嶺顯宗時復置縣兼仕朔寧本朝太宗時省縣入朔寧　古朔寧朔寧渡岸傍有遺址世宗二十三年移于今治

人物本朝崔恒世宗朝登第狀元歷臺館世祖忝靖難佐翼功臣封寧城府院君官至議政府領議政久典文衡工四六一時表箋多出其手謚文靖

麻田郡東至連川縣界十九里南至積城縣界七里西至長湍府界十七里北至朔寧郡界二十一里距京都一百七十九里

旱田

水田

建置沿革本高勾麗麻田淺縣新羅景德王時改名臨湍為牛峯郡領縣高麗初改麻田顯宗時省入長湍縣文宗時直隷開城府後析置麻田縣尋又省入積城縣恭讓王時復置麻田縣本朝因之文宗時陞為郡以其地有崇義殿陞　掌面五官員郡守　訓導各一人

郡名臨湍

山川尾頭山在郡東五里　分石山在郡北十里　盌倉山在郡西五里又名河彌山　湍水自朔寧郡東流至郡東二十里過澄波渡至積城縣界過沙斤渡折而西流入長湍府界又見連川積城兩縣　鐘淵在郡西六里湍水至此匯為深淵相傳有古鍾沉於此國將有亂則自鳴其上有龍淵俗云有龍見則旱龍淵西崖即盌倉山

土産絲　麻　五味子　紫草　訥魚　錦鱗魚

蟹

學校鄉校在郡東一里

宮室客館洪貴達記云邑殘甚旧無客館只草衙而已燕山四年觀察使姜龜孫啓發本道水軍作客館及鄉校郡守衙以瓦換茅以墻易籬

郵驛東指院在郡東二十里澄波渡岸

關梁澄波渡在郡東二十里又見漣川縣 沙斤渡一云朽斤渡在郡南七里與積城縣分境

祠廟崇義殿在郡西五里本朝太祖元年命禮曹立廟於麻田縣祭高麗太祖惠宗成宗顯宗文宗元宗忠烈王恭愍王給祭田莊憲王七年有司言國家宗廟只祭五室而前朝之廟乃祭八位未合於禮於是只留太祖顯宗文宗元宗以春秋二仲朔祭香祝致祭恭順王二年求高麗後王循禮俾守其廟仍名其廟爲崇義殿以循禮爲副使以卜智謙洪儒申崇謙庾黔弼裵玄慶徐熈姜邯贊尹瓘金富軾金就礪趙冲金方慶安祐李芳實金得培鄭夢周配享 社稷壇在郡西 文廟在鄉校 城隍祠在郡西三里 厲壇在郡北

陵墓沈德符墓在郡西長楊村 尹壕墓在郡西十里

寺刹阿彌寺在盤倉山下臨江水

列女洪氏觀察使李尹仁妻尹仁卒廬於墓側朝夕哭奠服闋七年哀毀如初家嘗火盡燒而不問財産急奉神主出終身不茹葷不着美服一鄉歎服本朝成宗聞之命旌其閭

漣川縣東至永平縣界十八里南至楊州界十三里西至麻田郡界十五里北至朔寧郡界二十七里至江原道鐵原府界十六里距京都一百四十三里

旱田

水田

建置沿革本高句麗工木達縣一云熊閃山 新羅景德王時改名功成爲鐵城郡領縣高麗改爲漳州漳一作獐 顯宗時省入東州明宗時復置漳州兼任僧嶺忠宣王時避王嫌改名漣川縣本朝 太宗十四年省入麻田縣十六年復析置縣掌面五官員縣監 訓導各一人

郡名功成 漳州

山川寶盖山在縣東北二十里鐵原府界 五峯山在縣東十五里 見佛山在縣東十五里 巑翠巖在寶盖山上高聳蒼翠通望遠近本朝尹斗壽縣監時遊其上名之 文石在縣西十五里湍水態淵崖石間有文天成若草書狀故名○本朝許穆記吾嘗於態淵石崖觀石文異書其書怪怪奇奇或豎或横或合或散變動可駭石青字黑皆鮮不沒崇禎末有一邑宰聞斵剥之剥得數字石剥深二寸石文不改亦異哉 架淺坪在縣南十里 湍水自安峽朔寧至本縣界經縣西十五里與麻田縣分境東流至積城縣折而西流入長湍府界本朝尹鏶漣川縣詩湍水千尺即此 車灘水源出鐵原府克城經縣南五里南流入楊州之砌水 鵂鶹灘在縣西十四里麻田郡界即湍水灘灘之上曰澄波渡渡之上曰鬼灘鵂鶹之下有灘如促節過楡灘歧灘馬灘栗灘以至楊州之壺谷峽

土産緜 麻 陶瓷 石灰 五味子 紫草 蕈 菜 錦鱗魚 訥魚

學校鄉校在縣東一里

宮室客館

郵驛玉溪驛在縣北七里 松節院在縣東十里

關梁澄波渡在縣西十五里即滿水津渡又見麻田縣○高麗安軸詩古渡舟如葉天寒波更澄崩崖懸醜石斷岸積層冰狼鳥近堪紲游魚潛莫罾萬師敵輕賊手有濟人能

祠廟社稷壇在縣西 文廟在鄉校 城隍祠在縣南二里 厲壇在縣北

陵墓奇后墓在縣東北十五里俗傳元順帝奇皇后墓石人石羊等物今為耕牧者所仆○按史記奇皇后無東還以葬之事其或后母國大夫人之葬歟 姜碩德墓在縣西十七里

寺刹五峯寺在五峯山

許厚墓

流寓許穆

喬桐縣在海島中東至寅火石津海岸十里西至海岸二十七里南至海岸十一里北至角山渡海岸或云二十一里實十二里距京都一百八十二里

旱田

水田

建置沿革本高句麗高木根縣一名戴雲島一云高村一云達乙新 新羅景德王時改名喬桐為穴口郡領縣高麗因省入江華明宗時復置喬桐縣本朝 太祖四年改置萬戶鎮尋罷鎮復為縣掌面 官員縣監一人○一時自南陽移水軍節度營于縣因以節度使兼 訓導一人

郡名戴雲

形勝東通江華北望延白

山川脩井山在縣西二十五里 華蓋山在縣南三里○高麗李穡詩海中華蓋撐青天上有荒祠不記年蕪罷孟時北望扶蘇山色轉蒼然 鷹巖在月串海中 海四面皆海東接江華北連延安西南連大澤 松家島在縣南十里周二十六里 仁岾浦在縣北二十里即角山渡港口漁戶多居之本朝趙浚時霜落江澄鴈正飛千帆一時夕陽時 月串浦在縣南十六里

土產莞席 石首魚 秀魚 鹽 石花 土花 蛤 絡締 白蝦 蟹 魚鰾

城郭華蓋山城石築周三千五百三十四尺內有一池一泉有軍倉○本朝崔淑精詩蒼山高壓六鼇頭倦客登臨豁遠愁水國寒潮漁店暮天涯斜日海門秋肯懷納納三千里眼界態態十洲四座風流誰取數一盃相屬更遲留

公署水軍節度使營在城內水軍節度舊在南陽府時移于縣 月串僉節制使鎮在月串浦鎮所管井浦喬桐郡○水軍僉節制使一人 喬桐梁萬戶

鎮水軍萬戶一人喬桐縣監兼

學校鄉校在縣南四里

宮室客館朝鮮鄭以吾詩孤城四面海為隣雲水相和色渺然路人陂塘多種柳家依島嶼遍耕田淡烟芳草黃牛外細雨斜風白鳥邊北望松都何限意羣峯岌嶪翠磨天

烽燧脩井山烽燧北望黃海道延安府角山 華蓋山烽燧南應江華府鎮江山東應同府河陰城山

郵驛　東津院在縣東十一里

關梁　寅火石渡在縣東十里通江華者由此　角山渡在縣北二十一里黃海道往來者由此二渡皆海津

祠廟　社稷壇在縣西　文廟在鄉校　城隍祠在華蓋山　厲壇在縣北

寺刹　華嚴寺　安養寺俱在華蓋山

名宦　高麗　薛公儉為監務

列女　吳順鄉妻名末應令村民女也早年喪夫父母憐之欲奪志斷脂示信竟不從本朝○恭讓王朝旌閭復户

東國輿地志卷之三

忠清道

古馬韓之域天文尾箕分野三國時為百濟所有至義慈王時唐高宗遣蘇定方與新羅攻滅百濟置熊津等都督府唐師尋還唐高宗顯慶五年滅百濟以其地分置熊津馬韓東明金連德安五都督府并為帶方州留兵鎮之熊津都督府治今公州麟德二年唐師還都督府因廢其間不過六七年新羅併其地景德王時置熊州以領郡縣高麗成宗時置中原河南二道以忠州清州所管郡縣為中原道公州運州所管郡縣為河南道睿宗初二道合于關内道稱楊廣忠清州道明宗初分為楊廣忠清兩道忠肅王初復合為一道稱楊廣道恭愍王時稱忠清道辛禑末割道内平昌縣移隸交州道本朝仍置忠清道以領忠清公洪州所管郡縣分楊廣州所管郡縣隸京畿各置觀察使恭靖王時割寧越郡隸江原道以江原道永春縣來隸　太宗時割驪興安城陰竹陽城陽智隸京畿以慶尚道沃川永同黃澗報恩青山來隸焉仁祖時改稱公清道又稱公洪道後復號忠清道領牧四郡十二縣三十八官員觀察使一人兵馬節度使二人一觀察使兼水軍節度使二人一觀察使兼兵馬虞候一人從三品諸道同水軍虞候一人正四品諸道同都事一人審藥二人一觀察使道一兵馬節度使道檢律一人

忠州牧東至清風郡界二十八里南至槐山郡界四十八里西至延豐縣界三十一里西至陰城縣界五十一里至京畿驪州界七十八里至同道陰竹縣界六十六里北至堤川縣界四十五里至江原道原州界五十八里距京都二百八十二里

旱田

水田

建置沿革本高句麗國原城一云未乙城一云薍長城新羅取之真興王置國原小京徙六部豪民以實之景德王十六年改為中原京高麗初改為忠州成宗二年置牧尋於州置昌化軍顯宗時罷軍復置忠州牧高宗時陞為國原京後還為忠州牧本朝因之世祖時置鎮　明宗時降為惟新縣後十年復舊光海時又降為忠原縣尋復為忠州掌面四十三鎮管郡三清風丹陽槐山縣四延豐陰城永春堤川官員牧使　判官　教授各一人

郡名國原　中原　忠原　藥城別號

形勝南抵鳥嶺東通竹嶺西聯西原北接北原　控南方咽喉之地本朝鄭麟趾慶迎樓記　地居漢水之上游

月岳東峙　二水西會　南阨嶺路　北跨漢流

阻山枕江地宗形要

風俗民俗儉嗇地志　世多富居會土記中原京穀山高峻故世多富居長者

山川大林山在州南十里鎮山　末訖山在州北三十里　心項山在州東北九里

馬山在州西三十里　望爾山在州西九十一里　月岳山在州東四十五里挺特高大異於諸山新羅稱月兄山載小祀高麗李崇仁詩瞻彼月岳横中原者即此又見清風郡

天龍山在州西五十里　淨土山一云開天山在州北三十三里　犬門山在州西八里其下有江水曰琴休浦　風流山在州南二十三里山上有高巖名泡母臺諺傳昔有女仙號泡母者遊樂其上故山名為風流云　迦葉山在州西四十五里山勢高大通望遠近

芙蓉山在州西六十一里　車儀山在州西六十里一名鷲山　圓通山在州西六十一里　國望山在州西六十三里　烏鴨山在州西七十三里京畿驪州界

蓄薇山在州西二十八里有古石城　天燈山在州北四十里有開天寺碑俗傳唐開元間所立碑文剝落不可讀　梧桐山在州東七里　金鳳山在州東五里

宗堂山在州北十三里產異石宜於碑碣　惡峴在州西二十里陰城縣界本朝李承召詩盤回石逕若升天偃僕呀咻氣吐烟却喜登臨猶首望三山隱約五雲邊　連珠峴在州南五里諺傳昔有連珠女仙遊風流山或遊是峴故名其下洞飛仙洞　漢江其源出自江陵府五臺山歷旋善寧越丹陽清風至本州境經州東北又西流七十里八驪州界　金灘在州西十里即漢江灘俗又称金遷　達水一云達川又名德川其源出報恩縣之俗離山經槐山郡八州境北流至州西八里八漢江春夏則能通舡上下本朝李行能辨水味以達水為第一　萬曆壬辰倭寇陷嶺南宣祖命申砬往禦之砬至鳥嶺不守險退至州西達川上背水而陣賊突至一軍大敗砬及從事金汝岉皆赴水死　犾枆川又名要道川在州西三十里車儀圓通迦葉諸山之水合而東流經用安驛東至州西十里入達水　闊雲川在州西南三十二里陰城縣諸谷之水合而東流經南倉里至州南三十里入達水　月落灘在州西十五里與金

灘相接新羅于勒所遊之地高麗安宗善詩琴休浦口孤帆遠月落灘頭白浪平者此也

澶洄淵 在州東十五里漢江之水至此澶洄澄深無底俗傳龍淵天旱禱雨有應或稱辰浦

土産 鐵 出周連里 膩石 出宗堂山石理膩細可作碑碣 石流黃 出老烏紫勿兩谷 紫草 石灰 滑石 海松子 松蕈 石蕈 棗 安息香 人參 西瓜 最大且佳 蜂蜜 黃蠟 麝香 水獺 錦鱗魚 訥魚

城郭 州城 石築周三千六百五十尺中有三井新羅文武王時始築

公署 連原道察訪司 在州北五里領連原丹月仁山坎原新豊安富嘉興用安黃江壽山長林靈原吾賜泉南安陰十五驛 察訪一人

學校 鄉校 在西北二里 白雲書院

宮室 客館 實錄閣 在客館東南藏本朝宗錄每三年遣史官曝曬星州全州同今則 南別館 在西門內 新別館 在南門內 鄉射堂 在西門外牧使李邑建

慶迎樓 在客館東舊名東樓 世宗朝牧使金仲誠重建改以慶迎○鄭麟趾記忠之為州控南方咽喉之地户口繁夥賓客沓至非出人之才莫能治也金君仲誠出牧三年政成人和百廢俱新正統壬戌秋 上遣大臣奉迎我 太祖睟容于慶州道過于忠使君率州人具冠袍出迎于境上以正廳卑陋安於客館之東樓肅恭瞻仰四拜而退翼日祗送于郊歸而語諸人曰今日 御容之駐驆誠此州難遇之幸而臣子所當盡心祗奉也州之建最古為三韓必爭之地在新羅為漢江郡在高勾麗為國原城而舊樓隘且傾危官府無憩息之處況 御容來還之日復安於此於心安乎咸曰誠不安曰然則盍圖所以新乎遂以白監司李公招集游手斬材陶瓦三旬而功告訖名之曰慶迎樓蓋取奉迎 御容之義也○本朝金宗直詩辰韓千載國原區更有層樓壓艮隅路出王鈞

森作界地分金盞簇成畵雄風且可披襟受醉墨休妨露頂呼西北望京何處是孤帆渺渺接平蕪○本朝李誠中詩控扼襟喉宗奧區天教關險壯方隅着來賓從神仙府寫出樓臺水墨畵明月近人如有約王峯當戶不煩呼只應日日城醮望無限春香怨靡蕪

萬景樓 在州西三里 拱宸樓 即城北門樓 南風樓 即城南門樓○本朝朴祥詩肩輿樓下漫頻過高榻樓中興且多西北二江流太古東南嶺鑿新羅烟和暮堞栖鴉噪月照寒閨杵婦歌佩印古州寧有此端將 畫錦向人誇 望京樓 在客館西 清燕堂 在客館東牧使崔濟建洪貴達取山川清淑尊俎燕息之義名之 自警堂 在客館東

倉庫 可興倉 高麗時稱德興倉又稱慶原倉古在金遷西崖本朝 世祖時移嘉興驛東二里改今名收慶尚道諸邑及本州陰城槐山清安報恩丹陽永春堤川鎮川黃澗永同清風延豊青山等官田稅于此漕至京都水路二百六十里

烽燧 大林山烽燧 南應延豐縣周井山西應馬山 心項山烽燧 東應清風郡吾峴西應馬山 馬山烽燧 東應大林山及心項山西應陰城縣迦葉山 望爾山烽燧 東應陰城縣迦葉山南應鎮川縣松山西應京畿竹山縣乾之山

郵驛 連原驛 在州北五里察訪司本驛 嘉興驛 在州北三十里 用安驛 在州西四十五里舊屬陰城成宗九年移屬于州 丹月驛 古丹月部曲之地在州南十里驛南有溪月樓 金遷站 在州西十五里 嘉興站 在嘉興驛傍右二站皆水站 乾允院 在州西三里 若翁院 在州十五里 慶希院 在州南四十里 龍頭院 在州西十五里 敬濟院 一名大棗在州西三十里 隅院 在州西六十五里 都官院 在州西七十七里 石院 在州西八十五里 金串院 在州西十里 注之院 在州南十六里 彌勒院 在州西五十里一名廣修 新倉院 在州西北二十

里 釜拘伊院在州西五十五里

關梁 橋 北津渡在州北十里即漢江津渡路通江原道原州等處

祠廟 社稷壇在州西 文廟在鄉校 城隍祠在州北三里 ● 楊津溟所祠楊津即漢江祠在犬門山下琴休浦口祀典載小祀每春秋降香祝致祭 月岳祠在月岳山○諺傳高麗高宗時蒙兵屠州城又攻山城吏民不能拒登神祠忽雲霧風雨俱作蒙兵以為神助不攻而退 厲壇在州北

陵墓 權近墓 權踶墓 權擥墓俱在州西彌法谷 鄭麟趾墓在州南三十里 李克堪墓 孫舜孝墓 金禮蒙墓俱在州北三十里 李延慶墓在州西二十五里佛頂里 李守一墓在州北十五里石橋里 林慶業父墓在州西二十里墓在高山之上隈聚如平地初葬不假術士慶業自力營兆云

寺刹 寶蓮寺在天龍山 龍頭寺在末訖山下三國時北狄數侵乃創寺建塔以禳之有高麗崔彦撝所撰僧法鏡慈燈塔碑 開天寺在淨土山○高麗歷朝實錄初藏於陝川海印寺因倭寇移于善山得益寺又移于此寺又移于竹州七長寺恭讓二年以其地近海倭寇易至復藏于此我 莊憲朝以修高麗史皆輸于京 靈鵠寺在大林山倚峭壁俯蒼流架空為樓自下望之若懸○高麗鄭知常詩千仞巖頭千古寺前臨江水後依山上磨星斗屋三角半出虛空樓一間 金生寺在州北十里江涯金生新羅人以善書名世好佛修頭陀行居是寺因以為名高麗金九容忠州詩月岳山高天縹緲金生寺古水潺湲即此今為廢址 德周寺在月岳山德周古城內 蘭草寺 東迦葉寺俱在迦葉山

古蹟 巽安廢縣在州西三十里本州之多仁鐵所高麗高宗時以土人禦蒙兵有功陞縣為巽安縣 大林山城石築周九千六百三十八尺內有一井今廢 德周山城在州東四十五里月岳山南石築周三萬二千六百七十尺內有一泉今廢 桐岳城在州東十三里石築周二千二百八十尺內有一井今廢 鳳凰城在州西二十八里石築周六千一百二十一尺內有一井今廢 彈琴臺在犬門山蒼壁斗絕高二十餘丈其上松櫟蓊鬱俯臨漢江乃新羅于勒彈琴之處後人因名其地曰彈琴臺水曰琴休浦○本朝朴祥詩湛湛長江上有楓仙臺孤截白雲巔彈琴人去鶴還月吹笛客來松下風萬事一回悲逝水浮生三嘆撫飛蓬誰能寫出湖州牧散步狂吟夕照中○本朝盧守慎詩連延曠望縱平探東得瓊臺上蔚藍遠嶂高圍踞肅府長江曲抱卧龍菴二儀清濁元分一百代興亡竟合三大丈夫生身老病倚雲長嘯不生慚 所仍林部曲在州東六十五里越入清風郡南村 德山鄉在州東五十五里越入清風郡南村 淵呑處在州西九十里 大烏谷處在州西九十里

名宦 新羅 春賦真興王二十六年以阿飡春賦出守國原 金陽興德王三年為中原大尹英傑果斷為政卓有聲績 高麗 李知命毅宗時為忠州判官居任廉直賑活飢民後鄭仲夫之亂州人感知命恵政力護之故獨免後相明宗 崔惟清毅宗時以平章事貶忠州牧使清簡有德政雖久淹處之怡然 金允侯為山城防護別監蒙古兵來圍城凡七十餘日粮儲乏盡允侯諭勵士卒曰若能効力無貴賤悉除官爵遂取官奴簿籍焚之又分與所獲牛馬人皆效死赴敵蒙古兵稍挫遂不復南 朴恒為判官政最徵拜右正言 金倫忠烈時為忠州牧使莅職剛正能斷疑訟時大修宮闕佛廟驅民就役使者旁午皆憚倫非不得已莫敢入境州人賴以息肩 鄭幘牧忠州為政明吏不敢欺 鄭道傳恭愍朝為忠州司錄有政聲 崔海雲辛禑時為忠州兵馬使擊倭有獲後倭又寇原忠等地海雲屢戰獲捷授忠州牧使海雲所至撫民如子 本朝 沈德符 柳珣 金士衡 河

自宗俱為忠州牧使　孟思誠為忠州牧使清簡如水愛民以誠一境無事　權軫為忠州牧使　金淡世祖時為忠州牧使　鄭誠謹成宗朝為忠州牧使清白自律問民疾苦知無不為　崔濤為忠州牧使以政最陞秩通政　朴祥中宗朝牧忠州剛明為治居任三年以廉餘賜表裡　李蕡輔中宗朝為忠州牧使州當四方走集而民情作業賢輔勸課農民舟舡商賈之稅革其煩苛緩急得宜事治而民悅

流寓

于勒本省熱縣人為伽倻國樂師伽倻王嘉悉法唐樂部箏造十二絃琴命于勒製十二曲名曰伽倻琴後勒知國將亂携樂器投新羅真興王置之國原王遣大奈麻法知階古大舍萬德等學其樂三人既傳十一曲約五曲勒聽其音流涕嘆曰樂而不流哀而不悲可謂正也令奏之王前

金生新羅人父母微不知其世係自少能書不攻他藝年踰八十猶操筆不休隷行草皆入神元聖王時隱居不仕喜佛好遊嘗於國原江上構菴以居後人因號其居為金生寺其所遺筆蹟歷世傳寶之崇寧中高麗學士洪灌入宋時翰林待詔楊球李革以書名世灌以金生行草一卷示之二人大驚曰不圖今日得見王右軍手跡灌乃言金生二人曰天下除右軍復有何人能此神妙○按傳記金生父母微不知其世係生於唐景雲二年即新羅聖德十年也至元聖王時當唐貞元中年已八十也

權近高麗季坐事流于州居州南陽村因自號陽村考定禮經又辨論五經難釋者目曰五經淺見錄又著舟翁說我太祖二年幸雞龍山召赴行在命撰定陵碑文從駕還京後官至贊成詳開城府

孫舜孝其先平海人後居忠州舜孝少有至性勤學不倦本朝成宗朝累為憲官以梱直著名觀察江原慶尚兩道皆有遺惠官至議政府右贊成及卒家無餘財世謂其清白

李延慶本朝漢城人中宗時寓居坐己卯士類以弘文校理罷歸築室于州之龍淵上自號灘叟時李耔亦寓陰城縣相與往還講劘道義優游魚鳥以終老延慶資高識明能自立於亂世終始不渝為己卯全人盧守慎康惟善少從受學延慶俱妻以女

人物

新羅任強首母夢見人有角而娠身生而頭後有高骨及壯父昔諦問爾學佛乎學儒乎曰佛世外教也安用學佛願學儒道遂就師讀孝經曲禮爾雅文選甦然為一時傑武烈王即位唐使至傳詔有難解處王召強首問之說釋無礙王驚喜恨相見之晩使製回謝表文工而意盡王益奇之不名常稱任生家貧怡如也王命歲賜新城租一百石文武王時授沙飡增俸租二百石神文王時卒官亢其葬大臣聞其妻之食願還鄉里請王賜租百石辭曰妾賤者衣食從夫受國恩多矣今既寡豈敢再辱厚賜不受

高麗劉克達太祖朝贈太史內史令女為太祖王妃生定宗光宗

劉冲祺父義登魁第直拜翰林院明宗初為武夫所害冲祺力學登科官至國子監大司成文章富贈操行高潔父子俱有時名

劉瑨為人廉介美風儀仕光穆顯三朝官至門下侍中時后妃姓劉者皆其宗瑨世聯王室而不以勢位驕人

崔弘嗣家世單平少力學登科以文行聞嘗奉使如宋忽為颶風所飄舟人無不捫心泣弘嗣神色自若及至宋帝厚待之加賜金帛還睿宗時轉門下侍郎平章事累加推誠贊化功臣年八十卒謚貞敬

梁元俊起自胥吏監光州務仁宗時累遷侍御史出為尚州副使進門下侍郎平章事清儉淳直終始一節不事產業不通餽謝門巷蕭然

梁文榮元俊子清直有父風官至御史中丞

崔遇清以吏登科調禮賓明宗以潛邸時舊僚歷任中外有聲績超授樞密院事後乞骸骨加守司空致仕

池湧奇恭愍王朝累除三司右尹辛禑時為全羅道元帥屢擊倭從我太祖立恭讓陛門下贊成事尋貶死

本朝魚有沼父得海以武顯為時名將娶劉氏女生有沼射御絶倫世祖二年登武舉壯元十三年李施愛反力戰大破之策功第一超拜工曹判書封藥城君憲宗皇帝征建州虜命本國夾攻有沼為左大將勒其巢穴斫樹書之曰朝鮮大將魚有沼滅建州而還帝聞之詔書賜賚成宗時久鎮北邊民夷咸服入為兵曹判書後北邊野人舉所部僭移他處命有沼往撫之野人見有沼曰是我父也皆羅拜官至判中樞府事謚貞莊為人寬

和泛愛容衆恂恂有儒者氣臨陣對敵意思安閑　林季蕃事親至孝自少不廢定省與妻躬具饌雖夜必進日以不懈及母卒葬事盡禮服闋祭祀如事生朝廷聞其行義特除職　末山寺奴事親孝家貧假貸於人取給未嘗違志其父搆疾藥餌饘粥必嘗以進日夜不離側及死哀毁盡禮喪葬諸事不煩諸兄自辦以襄仍廬于墓其母亦不安於他子來就廬爲祭父養母一出於誠及死謂其妻曰不可以家累累吾表汝姑還汝家以待吾終表遂遣之事聞旌門復戶　李守一中武舉累爲諸道節度使以清慎聞仁祖初李适反以副元帥從張晚討平李适官至刑曹判書封雞林府院君謚忠武子浣　林慶業中武舉仁祖朝累任邊守撫百姓與士卒同甘苦民愛之如父爲平安節度使久在西方中國將吏及虜人皆知名丙子亂後清虜脅本國助兵攻大明慶業爲領兵官密約中國去鏃以戰常奮慨欲雪國恥泛海入中國欲以滅虜帝拜爲平虜將軍會李自成陷北京清虜繼入叛將執慶業以降慶業不屈虜送還本國殺之百姓聞而悲痛

列女慶氏都事尹暾妻也夫歿臨葬自縊幾死賴族黨救解得蘇既葬撫塚哀號擗塚折數尺服闋猶不廢朝夕奠終身寢不解衣本朝中宗十四年旌閭　權氏性端莊有婦行嘗有刦賊突入室中欲殺其夫權氏以身蔽之賊擊破頭肩流血被面權氏猶不動哀丐賊徒感其義而棄去一鄉嘆服本朝昭敬王朝旌門

清風郡東至丹陽郡界三十九里南至慶尚道聞慶縣界六十里西至忠州界四十里北至堤川縣界十七里距京都三百五十五里

旱田

水田

建置沿革本高句麗沙熱伊縣新羅景德王時改名清風爲奈堤郡領縣高麗顯宗時省入忠州後復置清風縣忠肅王時陞爲郡以縣僧清恭爲王師陞　本朝因之掌面官貟郡守　訓導各一人　今增令　上元年陞爲都護府以王妃金氏本貫陞

郡名沙熱伊

形勝山川奇秀本朝宋處寬寒碧樓記　一道澄江高麗鄭樞詩一道澄江一邑傳

風俗尚火耕鄭樞詩俗尚火耕多種粟

山川因地山在郡南一里鎮山　茂巖山在郡東十里有倉庫遺址高麗時輸慶尚道田賦于此　三方山在郡北三里　金谷山在郡西二十六里　猪城山在郡東五里有石城　屏風山在郡北一里俯臨漢江山有風穴　婦山在郡西十五里　城隍山在郡東三里　月岳山在郡南五十里新羅稱月兄山爲小祀　箭山在郡北十七里　白夜山在郡南十三里　雙巖山在郡東五里　鷲山在郡南二里有軍倉　長善峴在郡西十六里極險阻　北津在屏風山下其源出江陵府五臺山流入忠州界　高橋川在郡北八里源出堤川縣界入漢江　月川在郡西四十里源出夫德山西流至忠州界入漢江　巖城峽在郡西二十里○本朝崔叔生詩山腰開犖确馬足踏凌兢纍石千臨丈穿雲上萬層應煩五丁鑿正似九天登攀眼皆清景題詩記我曾

土產絲　水鐵產郡東平登山　石硫黃出箭山白夜山雙巖山論陽里等地　石鍾乳產郡北風穴及郡南学田里石穴　青玉出郡東木洞　綠礬出郡北箭山　墨　棗　羚羊　蜂蜜　黃蠟　人參　茯苓　柴胡　白花蛇　紫草　松蕈　石蕈

學校鄉校在郡南一里

宮室客館本朝金淨詩秋盡山居靜閑雲淡郡樓平沙帶樹色空峽響江流興托滄洲遠情留叢杜幽浮雲今出洞魚鳥自悠悠 鄉射堂 寒碧樓在客館東俯臨江水其傍有凝清閣○高麗朱悅詩水光澄澄鏡非鏡山氣靄靄烟非烟寒碧相凝作一縣清風萬古無人傳○本朝柳雲詩壁峽奔江賴巨靈因來從倚客魂醒灘聲撼耳寒生枕山氣籠窗翠作屛雨洗鷗沙明似雪月沉漁火亂如螢無端萬里孤舟遂一片歸心杳洞庭○本朝金淨詩盤壁山川壯乾坤茲境幽風生萬古穴江撼五更樓虛枕冝清夜詩魂爽九秋何曰脫身累高卧寄滄洲 明月亭在寒碧樓東

烽燧吾峴烽燧在郡南東應丹陽郡所伊山西應忠州心項山

郵驛黃江驛在郡西三十五里 壽山驛在郡南二十六里 安陰驛古名安城在郡北五里 權一院在郡南二十六里 論陽院在郡西三十三里 酒餅院在郡西二十五里

關梁北津渡在郡北一里即漢江津渡處

祠廟社稷壇在郡西 文廟在鄉校 城隍祠在郡南 厲壇在郡北

寺刹月岳寺在月岳山 山房寺 霧巖寺俱在白夜山

古蹟

名宦高麗安宗源恭愍朝知清風郡事 本朝宋處寬知清風郡 金延壽清風郡守政尚清簡初郡人得木偶人以為神每歲夏月奉置客軒大張祀事一境坌集流弊已久延壽赴官即收捕巫覡及首事者杖之遂焚其木偶妖祀乃絶 宋譚清風郡守有惠政 閔純昭敬王朝為清風郡守至誠撫摩一任烱恤民皆愛戴

人物本朝金吉通莊憲王朝登甲科第一康靖王朝佐理功臣封月川君官至戶曹判書謚文平子順命登第惠莊王朝參敵愾功臣封清陵君

列女安氏郡人尹霖妻早喪其夫盡誠養姑家失火安氏投入烈火中抱夫神主負姑未及出俱焚死本朝宣祖時旌門

丹陽郡東至慶尚道豊基郡界二十九里南至同道醴泉郡界三十六里西至清風郡界二十二里北至堤川縣界五十二里至永春縣界四十三里距京都三百五十七里

旱田

水田

建置沿革本高句麗赤山縣一云赤城新羅時為奈堤郡領縣高麗初改為丹山縣顯宗時省入原州後移入忠州高宗時復置丹山縣哈丹之亂以縣人能拒敵賞其功陞置監務忠肅王時陞為丹陽郡本朝因之掌面 官員

郡守 訓導各一人

郡名赤城 丹山

形勝山水奇秀本朝李作記丹陽古郡山水奇秀其清淑之氣必無虛蓄 千巖萬壑申槩詩千巖萬壑一江回斷石緣崖小徑行 長江襟抱盧叔仝詩長江襟抱萬山回 湖西山水之奧處本朝許稠丹陽山水記此蓋湖西山水之奧處挾江皆山水盤回屈曲其淺而遇石者為瀨深而渟滀者為潭淥波漫漫浸湛岩壁間有石梁沙渚皆明麗可愛

山川兀山在郡西二里或稱所由兀山 可隱巖山舊名加隱巖山在郡西十七里

竹嶺在郡東三十里慶尚道豐基郡界　乾止山在郡南十五里　上嶽山在郡西十三里與可隱巖山相連甚險阻山頂有石井二旱則禱雨　餘勿真山在郡東十里

城山在郡北三里上有古城周一千七百六十尺內有大井　雞頭山在郡南二十里

小白山在郡東三十五里又見慶尚道豐基郡　頭穴山在郡南八里　容山在郡北三十里　甲山在郡北四十里　鷲飛山在郡西十里高大絕險與上岳山相對中有大川經流即上津巨派　錦繡山在郡北二十里　加文峴在買浦縣東北十里路甚險阻亦見永春縣

五老峯在郡西二十里有三石峯臨水到立勢甚峻拔其上東者峯曰五老峯中峯曰玄鶴峯西下峯曰彩雲峯舊皆無名嘉靖中李滉為郡時名之　丹丘峽在郡西二十里兩崖對峙連綿十餘里中注一江層岩峻拔水淥澄漾奇勝如畫舊無名成化中金馹孫名以丹丘高麗李墻詩曉向丹陽路雲開紫石屏者即此　仙巖在郡西二十里舊名佛巖本朝李滉改以仙巖又有記云南川之上有曰仙岩最奇舊名佛岩〻在兩山之央丹崖之下盤礡于溪上百餘步若白雪平鋪素氈疊積者凡為三層而水流其間縈迴洄瀰而瀑落於下層之下匯為一泓綠淨可鑑當泓之上石臺天成平坦膩滑可坐而觀魚其東有衆石相倚而立如飣餖然空其下為戶可避雨巖之四際春則躑躅如蒸霞秋則丹楓如爛錦巖固異境之尤也○李滉詩白石層〻疊素氈神工不待巧磨鐫從教吼落雲門水臺下寒開一鑑天

上津在郡北十三里或稱馬津其源出自江陵府五臺山自此經清風郡境流入忠州界　下津在郡西四里即上津下流

所要項灘在郡西五里即下津下流　南川又名仙巖川源出慶尚道醴泉郡鵲城山至郡南二十里過仙巖下流入郡西經二樂樓前合于下津　北坪川在郡北五里其源有二一出竹嶺一出豐基郡伍岾合流于長林驛前入上津　島潭在郡北二十四里漢水至此渟匯為潭有三岩矗立潭心自潭泝流數百步許蒼壁萬尋黃楊側柏倒生石罅岩穴如門望之若別一洞天○本朝李滉記漢江之上流為島潭之曲者即此萬曆中李之菡遊賞至此仍結茅久住今有遺址○本朝李滉詩何年神物動雲根絕境中間巨石開萬古不隨波浪去巍然如待使君來○一棹扁舟放碧瀾橫穿三島鏡光寒泝洄欲畫西匡勝須傍東邊白玉灣○本朝李安訥詩丹陽郡北千尺潭〻中有石名島巖三峯駢立碧琬琰如以神斧工鐫劖其中一峯最奇絕巨鰲戴出高巉巉靈湫澄澈不見底百煉菱鏡開玉函意者造化閟名區洞壑作扃烔霧緘松間矮屋誰氏居庭草沒踁無人芟我來投宿蹤幽討心若逆驥遺轡銜短棹搒岸泝奔湍門崖穴闢窺崆嵌谽谺不覺西日晏涼風嫋〻吹帰帆溪回路轉出山口乾坤咫尺分仙凡

龜潭江中有石峯浸水形如龜故名潭水涵泓綠淨如鏡究然如在空虛別一仙界在郡西二十里○李滉詩衆壑趨西出自東峽門餘怒始橫通幾爭激浪崩雲上繞入清潭拭鏡中鬼刻千形山露骨仙遊萬仞鶴盤風隱巖南畔岩磯石靈境依然九曲同○李安訥詩四郡山水鄉龜潭境最勝矗立玉筍峯奔峭相連亘淙流匯其底激湍清且瑩鳴嘈逐盤渦蕩漾發高興霜楓夾層巘雨霽秋容靚地閒人語絕風灘滿幽聽煩襟坐滌滌俗耳亦云醒返照下蒼壁素浪光不定鼓舷歌自遠響徹空谷應綠崖歷松澗想壑訪蘿逕何處學仙子結茅依絕磴遙知講玉書月夕叩寒磬雲林秀芬苾來〻欲誰贈悵望獨回棹鶴唳川路瞑○李滉丹陽山水記郡西有丹丘峽〻盡此間當入他潭或洲之類然後可入退溪山水記南入而得雪馬洞〻門幽夐東西石崖丹碧相暎清泉瀉出白石齒〻溪行數里許盡鏘〻然水聲崖窮而見曠谷邃崦可棲可耕為隱居盤桓之所東出長林驛右轉緣溪而入可十里有曰舍人巖泉石甚佳又自此南行八九里磵壑之美多可賞也北走買浦有渡曰上津其下石壁巉天而倒影於碧潭者所謂棲鶻巖也渡津北行迤東而入有巨石三峯岌然峙于水中者即所謂島潭也而又有西崖之勝石門之異南川之上有曰仙巖最奇舊名佛巖余嘗往尋焉巖固異境之尤也戊申夏余沿牒往清風郡乘舟下津出于丹丘峽歷龜潭下花灘雲烟吐吞崖谷出沒而漲水奔流舟行甚

駚不能得其要領夜宿清風之凝清閣翌日乘曉挽舟泝流而上過三智灘至迺邁潭之上搴蓬而望之則水出于兩峽之間從高而直下礧擊于衆石怒勢奔放雲濤雪浪洶湧而澎湃者花灘也峯巒如畫峽門對折水積于其中而泓泓凝碧如鏡新磨如在空中者龜潭也泝灘而進循南崖絶壁下其上諸峯削立如筍高可千百丈突兀撑柱其色或翠或白蒼藤古木縹緲晻靄可仰而不可攀也名之曰玉筍峯以其形也潭之北即赤城山一支南騖而陡斷者也其峯之大有三皆臨水峭拔而中峯為最層岩競秀矗石爭聳如鬼刻神剜奇恠々不可具狀焉于時山雨初霽峽氣如新雲物清妍適有玄鶴自中峯飛出盤迴數匝而入於雲霄之表余於舟中超然有御冷風遊汗漫之意因以名其峯之在下者曰彩雲其中者曰玄鶴以其所見也其上者曰五老以其形也棹舟稍上截流而北則已過中峯而泊于五老峯下峯之東又有一大峯與丹丘峽相接所謂加隱岩山而可隱城在焉水下長會灘西觸于龜峯之崖匯而為龜潭之首又北轉西折而為龜潭之腰而潭之尾盡於彩雲峯之趾可隱峯者當北轉西折之曲而西與五老峯相對兩峯之間有洞呀然而南向窈閴幽深人迹四絶洞門之外有石磯臨水如堂陛可以釣遊惟此一曲盡得諸勝之會古人名之曰可隱意其在此乎其曰龜峯者東捍潭衝而北俯潭曲丹崖翠壁尤絶特是一潭之所由成也故名之曰龜峯過此則入于丹丘峽々之勝濯纓公二樂樓記盡之矣

土產 玉石出郡東德上洞 青石出郡北若也村似青金石而無金 綠礬出郡北三十五里坪洞 墨最良號為丹山烏玉 漆 海松子 棗 蜂蜜 黃蠟 五味子 人參 紫草 茯苓 柴胡 當歸 安息香 白花蛇 黃楊 松蕈 訥魚

學校 鄉校在郡南一里有風化樓永樂十四年知郡李作建有記

宮室 客館 鄉射堂 二樂樓在郡西三十步南川崖上安平大君書樓額○本朝金馹孫記自中原東行向竹嶺其間山水之可樂者不一行盡清風境踰一岾入丹陽界得長會院漸入佳境忽見積石斗起攢峯疊翠迷左右眩東西雖巧曆莫能較也崖開峽坼一江中注溶漾藍碧江北崖絶險上數百步有城可隱舊名加隱岩余立馬其前烱霧路迷依俙然有爛柯之想惜絶境之無稱擧名之曰丹丘峽由峽而東山益奇水益清行十里峽盡回首如別佳人十步九顧直東而望赤城無咫尺臨江有步小艇横渡即下津也泝津而上十里許又有官渡即上津也鐵壁千尋壓峙津流奔迅莫可攀也創名之曰棲鶻巖津之源出江陵府之五臺山縈回壑谷西走迤迤五六百里雖輕舟莫能窮其派也返而順流未及下津有川自南而來舊名南川川之左崖有樓翼然日已瞑黑不可登遂投郡館翼日郡守黃侯璘請登遂與攀檻而眺則嶺雲連於上岳秋光林於錦繡層巒疊嶂環擁乎一樓而南川之流汩㶉於欄楯之下上津之波合沓於林越之際昨日所役於鞍馬舟楫之上者皆在於杯觴几席之間矣視壁間匪懈堂所扁二樂樓三大字爛然如明月夜光彩不可挹于欣然樂顧謂黃曰惟仁者然後能樂山惟智者然後能樂水未及於此而徒馳情於山水不幾於自誣乎夫人莫不具仁智之性而鮮能充仁智之端能充其仁智非吾分外之物體山之靜而不遷體水之流而不滯安一心之德周萬物之變則二者之真樂吾得而兼之矣侯以安詳之資且達於理便養乞郡既能仁於其親教其孝以治一境役鮮少之民賦磽脊之土措置得宜能應簿書而供賦征又用餘力於構臺葺其額倅而無廢舊貫侯之仁且智亦可見矣侯能此致曲學至於天理流行之極而行其所無事則高山流水乃吾仁智之一體矣侯其勉之哉若弄杯杓醉絃管登眺以為樂但觀其隱然峙者山奔然逝者水喜秀且清而已則又將有理侵窮山如康樂投金廢務如東野而有忝於二樂之義矣凡我同登者盍相與勉之○本朝金乃文詩洞府深深抱碧流峽中還見起高樓峯巒縹緲環三島笙鶴依俙下十洲水落溪灣漁店少雲生谷口石林幽深秋留滯江南客畫向今朝洗舊愁

烽燧所伊山烽燧東應慶尚道豐基郡竹嶺西應清風郡吾峴

郵驛靈泉驛在郡北四十里長林驛在郡東十里仁祖戊寅長林驛地陷始其聲殷殷若雷鳴聲在地中俄而大陷窺之若大窖水湧其中以索量其深從地上及水面五丈其水中無底視其地土石相間為白黃色普通院在郡東二里鶯院在郡東十里用富院在郡東二十里長會院在郡西二十里有德院在郡西二里

關梁上津渡在郡北十三里即今津渡

祠廟社稷壇在郡西文廟在鄉校城隍祠在元山厲壇在郡北

竹嶺祠祀典載小祀春秋降香祝致祭

寺刹原堂寺　開原寺　資福寺俱在錦繡山法護寺在乾止山

古蹟可隱巖山城石築周三千十八尺今皆頹落內有三泉險阻麗季堤川清風及郡人避倭賊于此買叱浦在郡北二十五里有館舍

名官本朝李滉明宗朝為丹陽郡守清慎為政以身率物誠意懇惻民自愛服每公暇於龜潭島潭等處徜徉竟日翛然有出塵意其所留記咏後人傳而為寶黃俊良明宗末以丹陽凋弊進為郡守俊良至郡視四境則僅餘若干戶盡阨悴顛連者乃詢究積弊之由慨然曰官以民為本此弊不除吾民無生何以官為即上疏極言之　上特命限十年蠲貢民皆鼓無流亡四集修葺學校表式前賢秩滿而去士民追思

流寓

人物高麗李公老明宗時擢魁科文章冨贍尤工四六高宗時出按慶尚道令行禁止部內大理進右副承宣王倚為腹心及卒家無擔石之儲禹倬父天珪鄉貢進士倬登第累遷監察糾正時忠宣有內失倬白衣持斧荷藁詣闕直諫近臣展疏不敢讀倬厲聲曰卿為近臣未能格非而逢惡至此卿知其罪耶左右震慄王有慚色後退居禮安縣忠肅王嘉其忠義再召不起倬通經史尤深於易卜筮無不中程傳初來東方無能知者倬乃閉門月餘參究乃解教授生徒理學始行官至成均祭酒禹仁烈恭愍朝累遷判繕工寺事官至慶尚上元帥屢擊倭有功禹玄寶恭愍朝登科官至右侍中封丹山府院君後封丹陽伯以清白聞於世謚忠靖本朝黃啓沃成宗朝登科官至弘文館應教有大名

槐山郡東至延豐縣界二十二里南至清安縣界三十八里西至陰城縣界二十九里北至忠州界十七里距京都二百九十四里

旱田

水田

建置沿革本高勾麗仍斤內郡新羅景德王時改為槐壤郡高麗初改槐州顯宗時省入忠州後復置槐州本朝因之　太宗時改為槐山郡掌高八官

貢郡守　訓導各一人

郡名槐壤　槐州

山川錦山在郡西二里鎮山大原山在郡東一里小山團圓元城山在郡東二十一里名氷角山氣勢欝崒山南即慶尚道界松明山在郡東十二里普光山在郡南二十六里山頂有小井大旱不竭南山在郡南三里軍岱山在郡東十三里鳳鶴山在郡西二十五里一名小馬山與普光山相連目所山在郡北十里松峴在郡西二十里莽峴在郡東二十里屈峴在郡南十三里窨巖洞在郡南二

十二里岩石奇勝川水清潔地勢幽隩遊賞之處**達水**其源出報恩縣俗離山自清州青川縣北流經郡東又歸槐津水其下流至忠州西入漢江**南川**在郡南二里源有二一出屈乙峴一出松峴合流至大原山下入北川**北川**在郡北一里源出郡北二十五里山谷中經大原山下與南川合流八達水**槐灘**在郡東七里即達水灘涉處**蓴池**在郡六里周二百步產蓴

土產 漆 紫草 人參 蜂蜜 黃蠟 安息香 茯苓 芍藥 柴胡 白花蛇 棗 訥魚

學校 **鄉校**在郡北二里 **孤山書院**在郡東十里仁祖時邑人建立祠祀李浞以盧守愼金悌甲柳根從享

宮室 **客館** **鄉射堂**在客館南 **尊賓樓**在客館北郡守安克卿重修觀察使李叔瑊改樓扁為挹翠 **避暑亭**在客館西 **枕灘亭**在郡東六里槐灘北岸邑人林氏別墅有江山之勝

郵驛 **仁山驛**在郡東北二里 **灘濟院**在郡東七里槐灘岸 **楓井院**在郡南十二里 **北巖院**在郡北五里 **伴相院**在郡東七里 **益哲院**在郡西三十四里

關梁 **槐灘橋**在郡東七里

祠廟 **社稷壇**在郡東二里 **文廟**在鄉校 **城隍祠**在郡東二里 **厲壇**在郡北

陵墓 **柳根墓**在郡北二十里夢村里

寺刹 **義相庵**在元城山 **成佛寺**在松明山 **普光寺**在普光山 **小馬寺**在鳳鶴山 **雙溪寺**在元城山

古蹟 **柳倉**古稱世伊倉在郡東二十一里古之收貢稅處

流寓 **權遇**本朝為成均館司成嘗寓居郡地經學精博號梅軒

人物 **本朝** **金悌甲**高麗上洛公方慶之後少孤力學登科昭敬王朝累遷至觀察使二十四年為原州牧使倭寇大至充拓近邑守宰皆避匿悌甲獨不動謂州人曰民之衣之食之皆主之賜今當板蕩唯有一死乃修鴒原山城勵衆拒守力盡城陷罵賊不屈死子時伯曰父死不可去終不離父屍傍并為賊所害子時獻登科官至判書 **柳根**博學善屬文昭敬王朝登科累歷臺閣官至禮曹判書兩館大提學倭寇之難從上西塞錄功封晉原府院君 **金時讓**悌甲系仁甲之子昭敬王朝登科累歷臺閣仁祖朝官至兵曹判書出為都元帥居官清簡時稱有將帥才

延豐縣 東至慶尚道聞慶縣界十二里南至同縣界十三里西至槐山郡界三十三里北至忠州界五十里距京都三百六十二里

旱田

水田

建置沿革 本高勾麗上芼縣高麗顯宗時改名長延尋省八忠州本朝初復置縣併長豐為延豐縣世宗十一年割忠州東村以益之成宗七年又割忠州水回村以益之

掌面

官貟 縣監 訓導各一人

郡名 長延

山川 **周井山**在縣北三十八里 **鳥嶺**一名草岾在縣東北十五里慶尚道聞慶縣境

雄亘數百里界絕南北 鷄立嶺俗云麻骨岾在縣北四十三里高句麗溫達所謂鷄立峴竹嶺以西不歸於我則不返者此其地 伊火峴在縣東七里聞慶縣界 曦陽山在縣東南二十里亦見聞慶縣 公正山在縣東五里 朴達山在縣西北三十四里

亭子山在長豐縣 景項山在縣東北二十里 馬本山在縣西二十二里

萬壽山在縣東北三十五里 塲項山在縣北十七里 松峴在縣西北二十里

牛岾在縣北十里 伊火川在縣西五里其源有二一出伊火峴一出鳥嶺合流入于槐山郡達川水 温井在縣北三十里安富驛西

土産 松蕈 石蕈 當歸 海松子 蜂蜜 黃蠟

學校 鄉校在縣東一里

宮室 客館 鄉射堂

郵驛 安富驛在縣北十八里 新豐驛在縣北九里 新惠院在縣北二十里

温井院在温井傍 延慶院在縣西二里

烽燧 麻骨岾烽燧東應聞慶縣炭項西應周井山 周井山烽燧北應忠州大林山東應麻骨岾

關梁 鳥嶺關在鳥嶺上古設關防戍今有城門基址乃嶺南通路要害之地險比百二函關又見慶尚道聞慶縣○萬曆壬辰倭大擧入寇宣祖命巡邊使申砬往禦之砬至此不守退據忠州達川賊知不守險遂踰嶺逼之爲賊所敗明年中朝總兵劉綎率兵南下過此嶺嘆曰此天險也申總兵可謂無謀矣

祠廟 社稷壇在縣西 文廟在鄉校 城隍祠在縣北一里 厲壇在縣北

寺刹 覺淵寺在亭子山 元通寺在塲項山 禪頂寺在朴達山 深谷寺在公正山

古蹟 長豐廢縣在縣西二十里高句麗時稱號未詳高麗顯宗時省入忠州本朝初省合于縣

陰城縣

東至忠州界八里北至同州界二十五里南至槐山郡界十八里至清安縣界三十五里西至鎮川縣界四十里距京都二百四十八里

建置沿革 本高句麗仍忽縣新羅景德王時改名陰城爲黑壤郡領縣高麗省入忠州後復置陰城縣本朝因之 掌面三 官員 縣監 訓導各一人

郡名 仍忽

山川 迦葉山在縣北八里鎮山 亭子山在縣東南十里 品峴在縣西十里 沙將山在縣西北十里 水精山在縣東三里 普賢山在縣西十九里 蜜巖在山城下 熊巖在縣西南十里 王川山在縣南五里

土産 棗 蜂蜜 黃蠟 松蕈

學校 鄉校在縣東一里

宮室 客館

烽燧 迦葉山烽燧東應忠州馬山北應忠州望爾山

郵驛 坎原驛在縣西一里 楊惠院在縣南九里 長信院在縣西十九里

祠廟 社稷壇在縣西 文廟在鄉校 城隍祠在縣東二里 厲壇在縣北

寺刹西迦葉寺 上鳳岳寺 俱在迦葉山 聖住寺 在普賢山、、

古蹟古山城 在水精山上石築周一千二百七十一尺內有一井今廢城之南有古邑遺址歸官坪

流寓李耔 本僖恭僖王時官至右參贊己卯士禍後寓居陰城自號陰崖一室圖書家僮罕見其面後又移卜忠州兔溪築精舍名以夢菴與灘叟李延慶棹舟相訪講道義以終老詳漢城府

人物高麗蔡靖 初為縣吏力學通經登第掌東都書記有清德秩滿補國學〻正諸生敬憚之高宗時東都與永州作亂議遣安撫使而難其人聞東都人思靖不已乃拜留守副使靖單騎之任東都人聞其至反側悉安以樞密副使致仕卒 本朝朴叔蓁 登第官至司憲府大司憲

永春縣 東至慶尚道豊基郡界三十六里南至丹陽郡界五十八里西至堤川縣界五十五里北至江原道寧越郡界二十一里距京都四百六十四里

旱田

水田

建置沿革本高句麗乙阿旦縣新羅景德王時改名子春為奈城郡領縣高麗改為永春縣仍入原州本朝 恭靖王元年復置永春縣移隷本道掌面

官員縣監 訓導各一人

郡名阿旦 子春

山川北亐介山 在縣東一里 城山 在縣南三里鎮山下有石窟高丈餘廣可十餘尺許深入無際底有水混〻而出深可沒膝清冷如氷許邑人持炬十柄而入究猶未竟炬盡而還 小白山 在縣東南四十里又見慶尚道豊基郡 華山 在縣西三里 於羅山 在縣西五十八里 加羅山 在縣西三十三里 三朶山 在縣西三十八里堤川縣界 白阿谷山 在縣南三十里 兵北山 在縣東七里 別退山 在縣東十五里 城洞山 在縣南七里 甾古之山 在縣南三里 毗摩羅山 在縣西八里下有大江緣崖鑿壁開路〻甚危險 重峴 在縣西四十五里堤川縣界 赤峴 在縣西二十五里 馬兒峴 在縣東三十里慶尚道榮川郡界 迦文峴 在縣西南四十八里丹陽郡界 漢江 在縣南二里其源出江陵府五臺山歷旌善寧越八縣境自北又經丹陽清風入忠州界 訥魚灘 在縣北二里即漢江灘

土産白玉 產縣西牛仇里山及昌田山沙峴山等處 石鍾乳 出縣南三里岩間 羚羊角 棗 海松子 石蕈 紫草 人參 茯苓 柴胡 安息香 黃楊 蜂蜜 黃蠟

學校鄉校 在縣北二里

宮室客館 蘊真亭 在客館北

郵驛吾賜驛 在縣北四十八里 斜院 在縣西十八里 義通院 在縣西五十一里 德通院 在縣南五十四里

祠廟社稷壇 在縣西 文廟 在鄉校 城隍祠 在城山 厲壇 在縣北

古蹟於上川古縣 在縣西三十七里有館宇軍倉 立石部曲 在縣北四十五里今稱駕介田村 所耻谷部曲 在縣西五十六里今稱水出只村 城山古城 石築周一千五百二十三尺內有一井今半頹圮

堤川縣東至江原道寧越郡界十七里至永春縣界十八里南至清風郡界二十里至丹陽郡界二十里西至忠州界四十三里北至江原道原州界三十六里距京都三百九十一里

旱田

水田

建置沿革本高句麗奈吐郡新羅景德王時改奈堤郡高麗初為堤州顯宗時省八原州睿宗初復置堤州本朝　太宗十三年改為堤川縣掌面八官員縣監　訓導各一人

郡名奈堤　堤州　義川別號

形勝水複山重申縣詩行行水複又山重多少民居圖畫中

風俗地僻民朴權近鄉校記

山川龍頭山在縣北十二里鎮山　大德山在縣北二十一里　朴達山在縣西三十五里　紺巖山在縣北四十里　釜谷山在縣東十二里永春縣界　舟遊山在縣西十五里　豆毛谷山在縣西十五里與舟遊山相對　角屹山或稱加叱文山在縣西六十里江原道原州界　虎鳴山在縣東南十七里　末應達山在縣南十里　伐乙山在縣東二里　齊非郎山在縣西十五里　廣灘川在縣西二十一里源出原州雉岳山南流至清風郡界入漢江　沙溪在縣南五里出釜谷山又西流入廣灘川　屯池川在縣西四十三里出角屹山南流至清風郡境入漢江　義林池在縣北十里問可其深不測灌溉甚廣

土產鐵出縣北末峴　棗　蜂蜜　黃蠟　松蕈　紫草　羚羊角　安息香　茯苓　當歸　防風　柴胡　蓴出義林池　白花蛇

學校鄉校在縣東二里

宮室客館　癡軒在客館西金馹孫名之

郵驛泉南驛在縣西六里

院寶通院在縣內　榆院在縣東十五里　朴達院在朴達峴下　黃澗院在縣西北二十七里　屯池院在縣西四十二里

祠廟社稷壇在縣西　文廟在鄉校　城隍祠在龍頭山　厲壇在縣北

寺剎小岳寺在大德山　公田寺在朴達山　義巖寺在大德山　紺巖寺在紺巖山

古蹟義泉樓舊在客館東

清州牧東至清安縣界四十二里至同縣時化驛界四十四里南至文義縣界二十里至懷仁縣界二十四里至報恩縣界二十二里西至全義縣界五十四里至木川縣界五十五里至燕岐縣界三十八里北至鎮川縣界三十二里距京都二百九十二里

旱田

水田

建置沿革本百濟上黨縣一云娘臂城一云娘子谷新羅神文王時始置西原小京景德王時陞西原京高麗太祖二十三年改為清州成宗二年置牧尋於州置全節軍顯宗時罷軍復為清州牧本朝因之　惠莊

王時置鎮光海時降為西原縣尋復為清州掌面二十五鎮管郡二天安沃川縣十稷山木川文義懷仁清安鎮川報恩永同黃澗青山官員牧使 判官 教授各一人

郡名上黨 西原 青州

形勝上黨雄峙於東鵲水縈紆於西東南之走集高麗李崇仁序清為州宗東南之走集也其地廣其民夥其事冗以繁 地平水清州記清之為州邑居平坦其東則上黨雄峙西南文義燕岐諸山環繞地平水清境綿曠壤 連二川北交鄭以吾詩 平野南

風俗人多豪傑高麗太祖曰青州土地沃饒人多豪傑 士習經史民務耕桑

山川唐羨山在州東一里鎮山有土城基 洛迦山在州東七里 仙到山在州東二十里 儉丹山在清川縣距州東六十四里百濟僧儉丹所居故名 猪山在州西三十里 龍子山在州西三十六里亦見全義縣 彌勒山在清川縣 謳羅山在州東四十一里 上嶺山在州東十五里 箕谷山在清川縣 範串山在清川縣 不夜洞在範串山下洞壑清爽盤石平鋪潔白如玉長川布其上如展帛跳珠境界殊異雖夜晃朗如晝○本朝鄭經世詩天滿一泒下人寰騎破雲中幾疊山山骨却成銀海窟水光仍展帝機梳長時晃朗天無夜萬古盤陀地不刓安得泰階如此石華香枕上莫三韓 鵲川自清安縣界南流至州北二十里為吳根灘至州西三十五里為真木灘又南流過全義縣東津到公州界入錦江 青川在青川縣其源有三一出報恩縣俗離山一出清安縣坐龜山一出同縣仇自隱峴合而為一其水潔青故名縣名青川亦以此也北流經槐山郡為達水 大橋川源出州赤峴至州南一里城西北流入鵲川 椒泉在州東三十九里其味如椒而冷浴則已疾我世宗世祖嘗幸于此

土産青玉出謳羅山 青玉石出州東二十里召音里 石灰 綠礬出青川縣磻石遷 朱玉出周岸鄉所屹串里 磁器 陶器 蜂蜜 黃蠟 松蕈 石蕈 紫草 人參 茯苓 安息香 地黃 黃連 白花蛇 錦鱗魚

城郭州城石築周三千六百四十八尺立門四東曰　南曰　西曰　北曰　城內有井十三

公署兵馬節度使營在州城內孝宗四年自保寧移于此 栗峯道察訪司在州北七里領栗峯長楊台郎雙樹猪山時化德驛增若嘉和土坡順陽化仁會同新興元岩合林田民十七驛○察訪一人

學校鄉校在州東二里正統甲子春我莊憲王幸椒水賜書籍 有定書院在州東南十五里立祠祀慶延金淨宋儔壽 宣祖朝賜額

宮室客館 鄉射堂在城內北 拱北樓在州北三里高麗恭愍王南幸自安東還行駐清州壬寅九月拜賀正表于州郊因御拱北樓覽權漢功留題詩命群臣次其韻卿大夫和進者數百人今樓廢未建○高麗權漢功詩拱北樓新構庚申十月初詩從權贊善功自尹尚書古道依紅樹青池倒碧虛留連日將暮山色正愁予○高麗元松壽詩絶景登樓處清晨應製初喜承今日罷漸繼古人書路谿南來直山遙北眺虛醴泉行樂好榮幸莫如予○高麗李穡詩鑾輿清曉動文物太平初樓迥瞻天近詩成奉勅書光山生悅懌秋氣集冲虛他日南巡紀合香亦有予 望僊樓在客館東舊名縣景世祖七年牧使李伯常重新韓命澮改篇曰望仙本朝李宜

茂賦

清讌堂在東軒北　挹清堂在南門外即武學堂

烽燧

巨大山烽燧在州東十一里南應文義縣所伊山北應鎮川縣松山

郵驛

栗峰驛在州北七里察訪司本驛　雙樹驛在州南十六里　猪山驛在猪山下　長命驛在州西五十六里即長池驛廢址我太祖五年新置　栗餠院在州東四十四里　板橋院在州東四十五里　米院在州東三十八里　德山院在州南二十里　情盡院在州城南二里　蒲院在州北三十七里　北院在州北七里　長命院在長命驛東五里　金院在州北十五里　調風院在州北四十里　仁濟院在州南六里　鵲院在州西二十里　場院在州西三十九里　吳根院在州北三十里吳根部曲有古址　椒井院在椒泉傍

關梁

大橋即情盡院前橋　新橋在州西一里

祠廟

社稷壇在州西　文廟在鄉校　城隍祠在唐羨山　厲壇在州北

陵墓

韓命澮墓在州西三十九里　金淨墓在州南六十里周岊鄉淨謫死濟州返葬於此　宋象賢墓在州加布谷象賢昭敬時節死於東萊倭賊表而旌之許送其喪後家人上蹶以王命入賊陣輿櫬返葬于此　申景禛墓在清川縣北大田里

寺刹

空林寺在俗離山　應天寺　桐林寺俱在龍子山　松泉寺在龍子山有李穡所撰懶翁真堂記　東歡喜寺　菩薩寺　化林寺　靈泉寺俱在洛迎山　安心寺在龍子山

古蹟

青川廢縣在州東六十里古薩買縣一云青川高麗改青川後省入本朝因之　周岊鄉古作朱崖在州東南六十里越入文義懷仁二縣至其地　古上黨城在栗峯驛北山石築周七千七百七十三尺內有十二井今廢　父母城在州西十五里石築周二千四百二十七尺內有大池今廢　山城在州東二里土築周五千二十二尺內有四井今廢　猪山城石築周五百四十五尺內有一井今廢　彌勒山城石築周五千七百七十九尺內有二井今廢　謳羅山城石築周二千七百九十尺內有二井今廢　上嶺山城石築有遺址內有大井天旱禱雨有應　吳根部曲在州北三十里　德平鄉越入全義縣西距州西八十里　調風部曲越入清安縣　永慕亭在州北三十里今只有遺址○李穡記清之楸洞郭氏之田在焉郭氏因廬其中耕稼以供賓婚喪祭之用饔飧之具粗給不願仕于朝則或廢而蕪若復不顧已則携妻孥往耕之讀書哦詩蕘夫耕叟與之談笑而於勢利漠然也郭氏之大父壯元公在至元間忠直有文章世祖皇帝混一天下惟日本獨不庭乃曰懷遠以德莫尚招徠其令高麗馳一介明諭朕意於是高麗承命慎簡可使者書狀闕其人人以計避獨壯元公有顧行之言或以白宰相宰相大喜入告于王出命壯元行婦翁崔謁欲謂宰相覆奏壯元公奮然曰死一也死國不猶愈於死妻子之手乎既去不歸君臣哀之授官與田今之楸洞是已其子正郎君終身悲號不樂進仕七十餘矣而墓之益深其孫通憲公作亭洞中引水種蓮謀所以養其志靡所不為正郎公嘗曰勿失嚴顏吾悲何言汝幸官達吾喜可知而吾無恙汝又在傍吾定不及汝矣其謁文當世秉筆者書吾東望之思以示子孫於是名之曰永慕　銅檣在州城內龍頭寺寺廢而檣在焉高十餘丈世傳初設州時用術者言建此以表行舟之勢　韓蘭舊居在州南十里方井里高麗初蘭起家從太祖官至太尉其子孫甚繁代聯冠冕清州之韓皆其後也麗末韓脩詩清州方井里不見十年餘隣曲多新面芋歎救古居栗林今所植松木獨如初者是也其後寖遠失其遺基本朝昭敬王時裔孫韓百謙為州牧使訪問得之築壇立碑令近居子孫每歲仲春齊會致祭以講同宗之義永為定式其後府院君韓浚謙撰其碑文

名宦

新羅元泰神武王五年置西原小京以阿飡元泰為仕臣　高麗李世華

以諫議出鎮清州閑於守禦蒙兵不敢犯柳伸由起居舍人出牧清州蒞官清謹民畏而敬之
金縝睿宗時為清州副使清直有善政入為秘書少監崔奇遇睿宗時為清州判官
為政嚴於御吏矜恤小民嘗行部途中遇暴雨避材舍有神托人曰前有猛虎宜少休雨霽而行虎
果傷人于路秩未滿徵為右正言李行儉元宗時為清州牧使以廉簡稱金周鼎
忠烈時以知都僉議事忤旨貶清州牧使未幾召還權和為牧使固城妖民伊金稱彌勒佛惑
眾云我能致釋迦凡禱祀神祇者食牛馬肉者不以貨財分人者皆死若不信吾言至三月日月皆
無光矣又云吾能使草發青花木結穀實或一種再穫愚民信之施米帛金銀恐後牛馬死則棄之
不食有貨者悉以與人又云吾勒遣山川神倭賊可擒也巫覡尤加敬信撤城隍祠廟事伊金如佛
以祈福利無賴輩從而和之自稱弟子相誑誕所至守令或出迎館之及至清州和誘致其黨縛其
渠首五人囚之馳報于朝都堂移牒諸道悉捕斬之李慕之為清州牧使施惠政撙節財用
得米穀二百石布一千疋為本州義財立本取息以待奉公上待賓客不時之需規為經久之制李
穡為之記本朝鄭麟趾世宗朝由吏曹參判出為忠清觀察使居朞年政通人和李
元增為清州牧使務在守法愛民所至以廉平聞李英耉為清州牧使清簡勤職有
惠政及民朴孝誠為清州牧使金暉為牧使以善政著聞朴彭年曾山時為
忠清觀察使清直率物纖毫無所私一道服其政居一年八拜為刑曹判書李增榮為清州牧
使居任有惠政興州父老立鄉約導民善俗李楨明宗時為清州牧使德政甚多邑里寧謐
士興於學　上賢之又有行義聞賜書褒之擢陞通政入為承旨盧守慎宣祖朝為
清州牧使善於政大有治效仍陞本道觀察使李珥宣祖朝為清州牧使政以養民化俗為先
申明鄉約以身率物一境翕然未久以病見代韓百謙為清州牧使政以平徭薄斂興學講
武為務治民御吏一以恩信凡所施設務遠畧不求近效雖當國家多事競為叢急之日能體統相

維情學事集觀察使上其績　宣祖賜書褒之進階通政秩滿入為判決事李命俊光海
初為西原縣監均田賦修學政眾廢俱舉聽訟金矢之入一不取盡以補民徭邑近大川素有水患一
日有水鳥來集官庭命俊曰此水祥也戒吏民為水備未幾大水入城漂廬舍民賴有備得全活後
又為本道觀察使
流寓宋麟壽本朝懷德人徙居清州恭憲時以儒臣拜大司憲為尹元衡所忌退去田里
杜門謝客左右爲書後以讒賜死使者到門麟壽神色從容書付其子曰勿以我為戒勤讀書戒酒
色以為九泉之魂負愧而生不如無愧而死
人物高麗聰逸太祖時為韓粲韓蘭力田家甚富太祖征甄萱師過家前蘭迎餉其
軍杖餉從之為三韓功臣官至太尉王可道本姓李成宗朝擢魁科誅權臣金訓等有功累
官至吏部尚書參知政事上柱國開城縣開國伯賜姓王德宗納其女為妃諡英肅配享顯宗廟庭
郭元成宗時登甲科累遷起居舍人顯宗十二年拜中樞直學士奉使如宋性清廉工文詞歷
官臺省以吏能稱郭尚起小吏宣宗朝擢拜監察御使歷刑部尚書參知政事謚順顯郭
輿尚子少傳學工文道釋醫藥陰陽射御琴棋靡所不治登科為禮部員外郎歸隱金睿宗遣使
徵之使居禁中談笑唱和稱為先生時人謂之金門羽客既已固求退賜城東若頭山一峯構室號
東山居士李公升少穎悟能屬文仁宗朝擢科直翰林院毅宗朝奉使如金時使金者例收
管下銀一斤公升不取人服其清後至中書侍郎平章事子椿老官參知政事社長官太傅平章事
庾大升膂力絕人早有大志不事家產蔭補校尉累遷將軍父珍貪鄙多奪人田及卒大升
悉以田案納選軍一無所取人服其清大升嘗憤鄭仲夫跋扈謀欲討之隱忍未發會仲夫子筠潛
畜尚公主明宗患之大升遂與許升殺鄭筠於直廬宮中呼噪大升至寢殿外大聲曰臣等衛社稷
請上無恐王出御宮門招大升升賜卮酒慰之大升因請發禁軍捕仲夫斬之卒年三十及葬道路莫

不哀哭**李軏**初名載以文章著名官至守司空叅知政事**鄭顗**詳見平壤名官及成川流寓**郭預**高宗朝擢甲科第一官至監察大夫爲人平淡鯁直雖至貴顯如布衣時善屬文書法瘦勁成一家體其在翰院每雨中跣足持傘獨至龍化池賞蓮後人高其風致多詠其事云**韓康**蘭之後高宗朝登科歷國子大司成翰林學士忠烈朝知密直司事俄拜贊成事又加中贊致仕王召康條陳可行時事康修宗廟備樂器以嚴時祀止遊田之樂節肥甘之奉於祈寒盛暑漿醬粥以賑飢渴謚文惠子謝奇官至諫議大夫**李伯謙**公升四世孫忠烈朝登第累陞選部典書出牧濟海二州以最聞**韓泳**謝奇子初謝奇以禿魯花挈家入元泳幼長燕京事仁宗皇帝官至河南府揔管累歷錦州高州及河西隴北道僉廉訪司事皆以勤明清白著稱卒於元謚文惠**韓渥**泳弟忠宣時拜代言忠肅時授選部典書知密直司事從王入元時審王覬覦王位渥以奇謀脫王于禍功在一等封上黨府院君賜宣力佐理功臣拜中贊謚忠肅配享忠惠廟庭

鄭瑎顗之孫登科官至贊成事性溫良和雅臨事不撓**鄭誧**瑎孫年十八登第忠惠朝官至左司議大夫詩詞簡古筆跡亦妙有雪谷集**鄭頵**誧之兄登科忠惠初爲監察掌令後賜推忠陳義輔理功臣西原伯謚文克**鄭樞**誧子字公權恭愍初登科累遷左司議與正言李存吾極言辛旽誤國之事貶爲東萊縣令後官至政堂文學常嫉權奸用事憤惋不平疽發背而卒性恭儉謹厚時家廟制廢公權藏祭器別室祭必親滌奠物務蠲潔有圓齋集謚文簡**郭麟**擢魁科忠直有文章嘗與全有成使日本不還詳永慕亭記**郭樞**擢魁科官至議政府贊成事世掌文章謚文良**韓公義**渥子恭愍朝爲戶部尚書封清城君謚平簡弟仲禮官政堂文學封繼城君**慶復興**恭愍朝拜門下侍中擊平紅賊又與崔瑩安遇慶等擊破德興君於鴨綠江獻捷拜左侍中凱還王命有司如迎駕儀令百官宴于國清寺南郊後李仁任等忌復興清直訴以嗜酒不視事流清州而卒謚貞烈**韓脩**公義子年十五中文科善草隸忠定初爲政房必闍赤王遜于江華脩從之由是名重一時恭愍朝累遷代言典銓選辛旽方得幸於王脩密啓旽非正人恐致亂旽敗王曰脩有先見之明辛禑立拜密直提學賜輸忠贊化功臣號封上黨君後改封爲清城君及卒人皆惜之謚文敬學識行義爲世所重有柳巷集行于世**韓方信**仲禮弟有將畧登文科恭愍朝歷樞密院直學士出爲東北面兵馬使紅賊之亂與安祐等收復京城策勳一等封西原君陞政堂文學元以平賊功授奉訓大夫秘書監丞後官至贊成事

本朝

鄭擢樞子佐太祖爲開國功臣官至議政府右議政封清城府院君配享恭定王廟庭謚翼景**鄭摠**樞子擢魁科後爲開國功臣官至政堂文學封西原君**韓尚質**脩子登科官至藝文春秋館大學士謚文烈孫明澮爲世祖功臣官領議政封上黨府院君**韓尚敬**尚質弟太祖朝開國功臣領議政府事封西原府院君**韓確**方信父知郡永矸生二女俱選入大明太宗後宮封驪妃確年十九帝召赴京師宣授光祿少卿時我恭定王禪位于莊憲王帝降冊命以確爲正使光祿寺丞劉泉爲副泉復命確以帝旨仍留其後召赴京師者四欲以仁宗皇女尚之確辭以母老東還累遷判漢城府事兵曹判書莊憲王深加倚任惠莊初拜左議政西原府院君謚襄節配享惠莊王廟庭確富貴俱極而謙恭愈下和氣藹然女即懷簡王妃子致仁西城君致義清陽君致禮西陵府院君**慶延**性至孝其父有疾隆寒思食魚膾延鑿氷置網不得魚泣曰古人叩氷得魚今吾網而不得誠孝不足脫襪巾立氷穴經夜得二鯉以進病果愈後父母歿廬墓盡哀祭祀一以禮鄉里不肖者亦感化爲孝子世祖時徵辟不就康靖王驛召引見問家居叩氷魚躍然乎對曰幸而得之鄉里不察以爲孝感臣宗不及此上曰公讀幾書對曰四書二經曰其中何語爲第一義對曰書稱舜之大孝此臣之所欲而不能者又稱周公之忠此臣之所欲而不能者上嗟歎特陞四宰拜司宰主簿出爲泥山縣監居官清簡吏民畏愛**韓忠**生於州之鶴谷里十歲能屬文及長專意正學恭僖王朝應舉擢第一爲吏曹郎以銓注公平起

授弘文應教　國朝宗系奏請辨誣忠以書狀官如京師及至　武宗皇帝北巡榆林闕正使南袞數欲徑還忠曰吾等受命以來義不可棄君命於草野日詣禮部呈辨諸閣老感嘆許以改正中朝卿士爭來訪顧識其面曰此人天下士不合在小國及還累遷承旨己卯士禍坐流巨濟尋逮獄死忠志操剛方疾惡如讎與趙光祖金淨友善於書無所不讀射命中律呂陰陽卜筮天文無不通曉

李時發高祖黿　成宗時名士後襄微父自漢城贅居清州生時發少孤好讀書苐文科壬辰倭難中朝將駱尚志住慶州　宣祖使爲接伴官尚志服其才智及歸力薦於　上累遷慶尚咸鏡道觀察使皆以善擧職稱光海時師沒深河時發爲五道貿畫使鎮關西閫軍宗給兵食　仁祖初官至刑曹判書性和厚遇事善斷無礙子慶徽慶億俱官吏曹判書

申湜

列女羅氏學生李渾妻也有孝友行夫病劇露坐焚香燃臂禱天又斷指以進不效哀毁過制躬執奠物服闋猶素衣素食有火賊突入于家羅氏走入祠堂賊亂擊不避以護神主本朝　宣祖朝旌閭

天安郡東至木川縣界十三里南至公州界四十八里至全義縣界三十三里西至溫陽郡界十一里至牙山縣界十六里北至稷山縣界二十里至平澤縣界六里距京都二百一十九里

旱田

水田

建置沿革本百濟慰禮城及湯井大木岳二郡地新羅爲蛇山縣及湯井大麓郡地高麗太祖十三年始於此置天安都督府輿地勝覽云本東西兜率之地高麗太祖合爲天安府考之三國史地志無所謂東西兜率者若是鄉里之號則當云某邑某鄉而又沒所係之邑盖自鄭麟趾失於記載而勝覽因其誤也按李詹集王氏始祖聽倪方言乃分蛇山湯井大木岳之地置天安府此與　郡乘舊記相合成宗時改歡州顯宗時復改天安府忠宣王時改爲寧州恭愍王時復爲天安府本朝　太宗十三年改寧山郡十六年改爲天安郡

掌面十六官負郡守　訓導各一人

郡名歡州　寧州

形勝北帶漢水東據高岳南望沃澤西限大海三國史河南之地北帶漢水東據高岳南望沃澤西限大海　三國中心高麗史諺傳術師倪方白太祖曰三國中心五龍爭珠之勢若置三千戶邑鍊兵於其地則百濟將自降太祖乃登山周覽始置天安府　一方要衝之地高麗康好文大召院記　慰禮鎮其左車峴橫其南海浦通其西　地形可據本朝柳成龍請於天安設爲中營內以衛護京畿外以控制四鎮又言曰高麗太祖以天安在一道中央置都督府鍊兵其處遠矣而地形之可據又可見矣

風俗務農桒

山川王字山在郡東北十二里鎮山高麗太祖駐軍于此尹繼芳卷以爲五龍爭珠之勢因築壘觀兵賜名王字城王字者乃其山形也　廣德山在豐歲縣距郡西南三十五里又見溫陽郡　華山在豐歲縣距郡四十里與廣德山相連又見溫陽郡　留麗王山在郡東十一里木川縣界　雙嶺峴在郡南四十里公州界　車峴在郡南四十五里詳見公州　水潮山在郡東南二里　大川在郡南九里源有二一出車峴一出雙嶺峴合而西流至溫郡界爲布川

土產 磁器 陶器 地黃 白花蛇 真魚 秀魚 蝌

學校 鄉校在郡東六里

宮室 客館有蓮亭本朝洪迪詩曲欄低水曉烟生南院村燈隔樹明 鄉射堂在客館東

宣化樓在客館東今廢○本朝李承召詩歸來暫憩古寧州客館東隅有小樓雲外碧岑如露髻樹間凉吹解生秋

烽燧 大鶴山烽燧在郡南十八里南應公州雙嶺北應牙山縣燕巖山

郵驛 新恩驛在郡北十里 金蹄驛在郡南二十二里 寧豊院在郡南四十五里 大平院在郡南三十五里 三岐院在郡南六里 安定院在豊歲縣 加乙院在郡北十五里 南院在郡南一里高麗康好文有重修院樓記 大召院在郡西八里

關梁 車峴堡在車峴詳見公州

祠廟 社稷壇在郡西 文廟在鄉校 城隍祠在郡東 厲壇在郡北

寺剎 廣德寺 開天寺 萬福寺 大鶴寺俱在華山 留麗王寺高麗太祖留宿因為名 成佛寺 馬占寺俱在王字山高麗太祖駐馬因名馬占

古蹟 豐歲廢縣在郡南二十七里一名秋川本百濟甘買縣新羅改名馴雉為大麓郡領縣高麗初改豐歲顯宗時省入本朝因之 王字城 鼓庭 高麗太祖廟俱在王字山下今只有古址○高麗康好文記昔我聖祖之取甄氏也駐軍十萬築壘觀兵以耀威虎其屯營之所曰鼓庭其城曰王字而州之設於是乎始焉廟貌照臨一州以惠福于州人將五百年於此矣 懷古亭在郡西高麗李穀記舊有亭在鼓庭俯官道所謂爭珠之郭宗在宇下亭廢失其名至正己丑州守成元揆新修余以懷古名其亭云 新宗部曲在郡西八十里越入禮山縣北村 德興部曲在郡西六十八里越入新昌縣西村 頓義鄉在郡西六十二里越入牙山縣西村 毛山部曲在郡北三十六里越入牙山縣北村

名宦 高麗 弟弓 嚴式太祖十三年以大承弟弓為天安都督府使以元甫嚴式為副使 孫抃調天安判官政最越拜供驛署丞高宗朝累遷禮部侍郎 成元揆忠穆王時守寧州詢問民情興利除害勸農勉學館宇之廢者亦皆修葺 康好文麗末為天安府使有惠政

人物 高麗 全信登科官至同知密直司事為人莊事嚴重請謁不得行累為外補民有去思平生不以生產為意 本朝 徐忠弼父混有孝行忠弼天性至孝承順盡禮父病嘗糞父歿居廬啜粥終喪弟忠佐亦有孝行母病斷脂出血和藥得效兄弟俱旌閭

沃川郡東至報恩縣界五十一里至青山縣界五十二里南至永同縣界四十六里至全羅道茂朱縣界八十九里至同道錦山郡界七十三里西至懷德縣界二十一里至全羅道珍山郡界三十一里北至清州界三十七里距京都三百八十九里

旱田

水田

建置沿革 本新羅古尸山郡景德王時改管城郡高麗顯宗時省入京山府仁宗時復置管城縣忠宣王時陞為沃州本朝 太宗十三年改為沃川郡自慶尚道來隸本道 掌面十七 官 貟郡守 訓導

各一人

郡名管城 沃州

形勝南紀之走集 徐居正赤登樓記 山峻水清土肥物阜 南秀文鄉校記

山川馬城山 在郡北二里鎮山諺傳鄉人祭馬祖故名 智勒山 在郡南五十三里 月伊山 在利山縣南五里 三城山 在郡西五里有古城遺址 東林山 在郡南二十三里 摩尼山 在郡南五十里又見永同縣 環山 在郡北十六里 西臺山 在郡南二十里全羅道錦山郡界山形聳特如臺故名 錦江 即全羅道錦山郡錦水下流其源出長水鎮安茂朱龍潭等縣自陽山廢縣界至郡南合永同縣深川又合青山縣南川水經郡東北過懷仁文義至公州為錦江渡至扶餘號白馬江到舒川入于海 虎灘 在郡南五十二里陽山縣 車灘 在郡東十里二灘皆錦江淺灘水由峽裡回曲而出上下流急灘

土産水鐵 在安邑縣枝內洞 石灰 墨 紫草 人參 麝香 蜂蜜 黃蠟 安息香 地黃 茯苓 海松子 柿 訥魚 錦鱗魚

城郭西山城 距郡西五里石築周二千一百四十一尺有軍倉

學校鄉校 在郡東一里 滄洲書院 在郡南四十里錦江西岸為趙憲建光海朝賜額為表忠祠後為書院

宮室客館 鄉射堂 在客館南 武學堂 在郡東南 赤登樓 在郡南四十里赤登渡岸正統間郡守崔善門重修徐居正為記 喚仙樓 在陽山縣北俯臨錦江與降仙臺隔水相對 降仙臺 在陽山縣北有斷岸浸水特立亭在其上有山水佳致○本朝李安訥詩百尺溪頭一古臺清沙如雪水如苔汀洲花發春風晚遠訪仙蹤棹月來

烽燧月伊山烽燧 東應永同縣朴達山北應環山 環山烽燧 西應懷德縣鷄足山南應月伊山

郵驛增若驛 在郡西十八里 嘉和驛 在郡西三里 化仁驛 在安邑縣南五里 順陽驛 古佐良在陽山縣西四里 土坡驛 古佐峴在利山縣西二里

化仁院 在郡東北二十五里化仁渡岸 增若院 在增若驛南 金川院 在郡南五里 牛峴院 在利山縣西 栗峴院 在利山縣南 德水院 在陽山縣南 赤登院 在郡南四十里赤登渡岸

關梁赤登渡 在郡南四十里 化仁渡 在郡東北二十六里二渡俱錦江津渡處

祠廟社稷壇 在郡西 文廟 在鄉校 城隍祠 在西山城 厲壇 在郡北

陵墓趙憲墓 在郡東四十里安邑縣憲戰死錦山弟範尋得遺骸葬于此

寺刹月菴 在三城山 安養寺 在環山 甘露寺 在增若驛北 黃丁菴 在郡北 乾川寺 大聖寺 俱在東林山 寧國寺 在智勒山有高麗韓文俊所撰僧圓覺碑

古蹟利山廢縣 在郡南三十里本新羅所利山縣景德王時改利山為管城郡領縣高麗顯宗時省入京山府明宗時復置利山縣忠宣王時復省入沃郡本朝因之 安邑廢縣 在郡東三十八里本新羅阿冬兮縣景德王時改安貞為管城郡領縣高麗初改安邑顯宗時省入京山府忠宣王時復併入沃州本朝因之 陽山廢縣 在郡南五十九里本新羅助比川縣景德王時改陽山為管城郡領縣高麗顯宗時省入京山府明宗時復置陽山縣忠宣王時復省入沃州本朝因之○新羅武烈王憤百濟與高句麗梗邊謀伐之以金歆運為將歆運受命抵百濟之

地營陽山下欲進攻助川城百濟兵乘夜疾驅緣里而入營中驚駭不能定百濟兵急擊歆運橫馬待敵大舍銓知說曰今敵起暗中公雖死人無識者歆運曰大丈夫既以身許國豈敢求名乎遂揮劒與敵鬪死於是大監穢破少監狄得幢主寶用那皆赴敵而死時人聞之作陽山歌以傷之管

城郷在郡西十五里本郡古基今称植栗坪 摩尼山城石築周四千六百三十一尺

名官高麗裴得儒知沃州政績最著 本朝梁九疇太宗朝知沃川郡事奉法公勤臨民簡嚴種栢子于西山三百餘株至今官賴其利 梁之孫為沃川郡守清簡有政聲

流寓趙憲金浦人本朝昭敬王時嘗為報恩縣監仍寓居于郡忠義慷慨數上書斥論時政知有倭亂前後倭使之來覘憲徒步詣闕上疏極言請斬倭使奏天朝嚴兵以待累數萬言疏入不省叩首流血痛哭而還明年壬辰倭大舉入冦三京失守上西幸憲即與門徒募鄉人傳檄起義兵擊破清州屯賊又擊錦山賊兵少力竭曰死生進退無愧義字帳下士七百人皆與憲同死追謚忠烈憲篤學力行又明於乾象壬辰春聞東南有聲驚曰此乃天鼓賊必渡海矣及起兵嘗夜視天北向拜哭良久又仰天曰吾以為禍及行朝二王子入北者其獲於賊乎後識之果其日也

人物本朝全彭岭有學識恭僖己卯以賢良被薦後登文科官至寺正

文義縣東至懷仁縣界十一里南至懷德縣界十七里西至燕岐縣界四十一里北至清州界十二里距京都三百二十六里

旱田

水田

建置沿革本百濟一牟山郡新羅景德王時改燕山郡高麗省入清州明宗初復置燕山縣高宗時改為文義縣本朝因之掌面七官員縣令 訓導各一人

郡名燕山

山川壤城山在縣西四里 漏峴在縣東九里九巢里有大小二石穴其深不測水旱無涸溢俗傳九龍所捿故里號九巢 九龍山在縣西十二里懷仁縣界山頂有老人星殿古基 月窟山在縣南三里一名玉女峯 大明山在縣西二十九里 龍穴在縣東三里邑人束火而入縻綆以志其返深入無底下有巨漈以火擲之焰焰若螢而火滅 錦江自沃川懷仁境到縣南二十里過利遠渡西流入公州界 椒泉在縣西三十里味如椒粹浴之已病

土產蜂蜜 黃蠟 紫草 茯苓 安息香 白花蛇 訥魚 錦鱗魚

學校鄉校在縣西一里 石巖書院在縣西十五里即石岩寺舊基邑人建書院立祠祀宋麟壽成悌元鄭礦

宮室客館 鄉射堂在客館東南 四山樓在客館東

烽燧所伊山烽燧在縣東三里南應懷德縣鷄足山北應清州巨大山

郵驛德留驛在縣南三里 茶亭院在縣東二里 廣濟院在縣南七里

荊角院在縣南十五里荊角渡邊 達山院在縣西三十七里

關梁利遠渡在縣南十五里即錦江津渡處又名荊角津

祠廟社稷壇在縣西 文廟在鄉校 城隍祠在壞城山 厲壇在縣北

寺刹見佛寺在九龍山 妙高寺在縣西二十八里國師即山 維摩寺在大明山 月裡寺在縣南十里

古蹟燕山城在縣西四里壤城山上即古燕山郡時城石築周三千七百五十尺中有圓池周一百九十尺四面皆側石成砌大旱不竭高麗太祖遣庾黔弼攻百濟燕山鎮殺將軍吉奐毅即此城

流寓李英耇本朝

列女楊氏縣人李貴和妻年十九夫沒朝夕奠必親服闋父欲嫁楊固辭欲自縊父懼不奪志每值俗節親上塚至老病不能親詣祭日必齋沐向墓而拜本朝成宗二年旌閭

稷山縣東至鎮川縣界三十三里至京畿安城郡界三十一里北至同郡界二十五里南至天安郡界十里至木川縣界二十一里西至平澤縣界二十二里距京都一百八十九里

旱田

水田

建置沿革本百濟慰禮城池後高句麗取之置蛇山縣新羅因之為白城郡領縣高麗初改名稷山顯宗時省入天安府明宗時復置稷山縣本朝太祖二年陞為郡縣人宦者金澗八大明奉使来故陞 太宗元年還降為縣掌面十四官員縣監 訓導各一人

郡名慰禮城 蛇山

形勝温祚遺墟李菾源詩

山川蛇山在縣西三里鎮山上有土城周二千九百四十尺内有一井今廢 聖居山在縣東二十一里高麗太祖嘗駐蹕于縣西慈歇院東望山上有五色雲以為有神祭之遂稱聖居山我太祖及莊憲王幸温泉時亦祭之 良田山在縣西二十二里 望海山在縣西四十二里慶陽廢縣 鵂鶹巖在縣南五里如羊馬人物之形 素沙坪或称弘慶坪在縣北二十里西至平澤縣北至京畿道水原府新永莊及陽城縣素沙院平曠可三十餘里或稱所草坪又見陽城縣○萬曆丁酉倭兵陷南原城自全羅道乘勝長驅中朝提督麻貴副摠兵解生迎擊於此以鐵騎蹙之大破倭兵 慶陽浦在慶陽廢縣海浦也 牙州川在縣北二十里源出京畿安城郡南青龍山西流入陽城縣素沙川 成歡池在成歡驛前堤長八十步周二里有蓮

土産黄芩 安息香 白花蛇 秀魚 蘇魚 葦魚 黄石首魚 鯽魚

公署成歡道察訪司在縣西北八里領成歡新恩金蹄廣程日新敬天平川丹平維鳩金沙長命迎春十二驛○察訪一人

學校鄉校在縣西一里

宮室客館 鄉射堂 濟源樓在客館東北○本朝徐居正詩序奉使嶺南也道于稷稷之客館東北隅有一樓登臨小憩問主人曰樓之名謂何主人不知問諸左右邑人曰濟源坐客不知濟源之意居正曰此邑百濟氏之故墟其曰濟源者得不以百濟之源源於是乎蓋百濟始祖温祚者本高句麗東明王朱蒙之子逃難南奔都于河南之慰禮城世傳為稷山後自慰禮遷南漢山城即今之廣州也夫温王在流離播迁之中能建邦設都以啓六百年之業非豪傑英偉之才能然乎至其後嗣屢迁厥邦恃強昏淫以至於亡悲哉茲登是樓不勝感慨詩以吊之詩

日百濟遺墟草自平我來感慨一傷情五龍爭躍天安府雙鳳鳴殘慰禮城始祖祠深紅樹合聖居山擁碧雲横登樓多少秋風思何處吹殘鐵笛聲

烽燧望海山烽燧南應牙山縣鷲岩山北應陽城縣槐台吉串

郵驛成歡驛在縣西北八里察訪司本驛　通水院在成歡驛傍　末院在縣南八里　愁歇院在縣西七里○高麗金之岱詩花落鳥啼春睡重烟深野濶馬行遲碧山萬里舊遊遠長笛一聲何處吹　弘慶院在縣北十五里○高麗顯宗以此地歧路之衝而人烟隔絶萑蒲瀰野行者屢遭劫盜乃命僧迥兢創寺兵部尚書姜民瞻等監督之爲屋共二百餘間賜名奉先弘慶寺又於寺西建客館計八十間號曰廣緣通化院積粮糧財芻秣以供行旅遂立碑命翰林學士崔冲製其文奉議郎白玄禮書今則寺廢而院與碑獨存遂以寺名稱之○本朝李詹詩停驂弘慶寺再讀古碑文字缺野僧打谷殘春燒焚峴山將落日泰嶺政浮雲顒廟能敦孝伊謀及後昆　新院在縣東二十里

關梁牙州橋在縣北二十里

祠廟社稷壇在縣西　文廟在鄉校　温祚王廟在縣東北三里我世祖十一年始立春秋降香祝致祭　城隍祠在縣西　厲壇在縣北

寺刹龜菴寺　萬日寺　新菴寺俱在聖居山　彌羅寺在良田山

古蹟慰禮城在聖居山上百濟始祖温祚高句麗東明王第三子東明薨與其兄沸流避琉璃王自卒本扶餘南奔渡漢水沸流都彌鄒忽温祚都慰禮城是漢成帝鴻嘉三年也以烏干馬黎等十臣爲輔始稱十濟後以來時百姓樂從改號百濟居此十四年徙都南漢山今有土築古城周一千六百九十尺內有一井皆已頹圮　慶陽廢縣在縣西四十四里本百濟牙述縣地高麗初置河陽倉於此後改爲慶陽縣兼管鹽場本朝初省入于縣　天興寺在聖居山下舊廢遺址尚存有唐時所竪銅檣及石塔

名宦本朝李英耈世宗朝爲稷山縣監清謹有政聲

流寓辛永禧本朝京都人康靖王時與金宏弼相善宏弼謂曰觀今士氣類東漢末禍將不遠頤君遠遯鄉曲永禧乃因歸稷山蛇山下居焉號安亭永禧嘗與南孝温洪裕孫輩爲友文章行義高一時縉紳東南行過者無不禮於其門

人物新羅沈那膂力過人每與百濟戰所向無堅陣濟人指爲飛將　素那沈那子雄豪有父風嘗鎮阿達城靺鞨潛師猝入剽掠老幼素那奮刃大呼曰爾知新羅有沈那之子素那乎敵鬪者來遂奮擊突賊賊不敢逼但向素那射之自辰至酉矢集其身如蝟遂死其妻哭曰亡人常曰大丈夫固當死於王事豈可卧床上死婦人手乎今死其志也王聞之流涕曰素那父子可謂世濟忠義矣贈迊飡　高麗白文寶性廉潔正直恭愍初拜典理判書請設十科以舉士辛禑爲大君王命文寶爲師官至正堂文學封稷山君謚忠簡

木川縣東至清州界十九里至鎮川縣界四十里北至稷山縣界十九里西至天安郡界十七里南至全義縣界二十二里距京都二百四十七里

旱田

水田

建置沿革本百濟大木岳郡新羅景德王時改爲大麓郡高麗改木州後省入清州明宗初復析木州爲縣本朝恭定王十三年改爲木川縣掌面六

官員縣監　訓導各一人

郡名大麓 木州

山川鵠城山在縣東十里鎮山 黑城山在縣西五里 鷲巖山在縣西十二里有龍穴禱雨處 細城山在縣南八里 聖居山在縣西北十四里詳見稷山縣 吉祥山在縣北三十五里又見鎮川縣 并川在縣南六里一出縣北山方洞經縣內一出鵠城山經伏亀亭前合而南流入清州鵠川水

土產鐵出縣北山方川 磁器 蜂蜜 黃蠟 棗 紫草 安息香

學校鄉校在縣西二里 竹林書院在縣東十五里仁祖時邑人所建立祠祀金駟孫鄭逑

宮室客館今廢 東作樓舊在客館東世宗十六年建柳思訥命名而記後觀察使鄭眉壽改名小心崔溥有記 伏亀亭在縣東五里有小墩傍水如伏亀亭臨其上故名溪山平曠有佳致

郵驛延春驛在縣東三里 塔院在縣南五里或稱南院 井項院在縣西十四里 末院在縣西十五里 佛地方院在縣東三十五里

關梁伏亀亭橋在伏亀亭南數百步

祠廟社稷壇在縣西 文廟在鄉校 城隍祠在縣東一里 厲壇在縣北

陵墓

寺刹普門社在聖居山 忌石寺在鵠城山 勝天寺在黑城山

古蹟黑城山城石築周二千二百九十尺中有一池天旱禱雨

人物高麗于學儒倜儻有氣槩宿衛毅明兩朝忠謹無他李高等將作亂與學儒謀之學儒曰公之志大然吾父常戒余曰武官見辱於文官能無憤乎去之易如拉朽然文官見害禍及吾輩亦不旋踵汝宜慎之吾父雖沒言猶在耳死且不從官至同知樞密院事 本朝徐萬事父至孝朔望必具酒饌以供父冬月得疾思食鮮魚萬叩氷呼天有四魚躍出持歸以進父病即愈後父歿廬墓三年一不到家康靖王朝事聞特授官

懷仁縣東至報恩縣界十六里南至清州界二十五里西至文義縣界十六里北至清州界二十九里距京都三百四十六里

旱田

水田

建置沿革本百濟未谷縣新羅改名昧谷為燕山郡領縣高麗初改懷仁顯宗時省入清州後析之為懷德縣兼任辛禑時復置懷仁縣本朝因之掌面

三官負縣監 訓導各一人

郡名未谷 昧谷

山川何麼山在縣西二里鎮山 虎岾山在縣南九里 九龍山在縣西北二十五里又見文義縣 駕山在縣南二十里 皮盤大嶺在縣北十五里嶺路九折最為高險 車衣峴在縣東十二里 老城山在縣南十里 昧谷山在縣東一里 墨峴在縣西十三里 錦江自沃川郡界流入經縣南境水由衆山之中回曲而出 末訖灘在縣南十九里即錦江灘涉處水石險急方言謂險為末訖故名上下流急灘甚多

土產水鐵出老城山 水精石出縣北馬山 石灰 蜂蜜 黃蠟

紫草　茯苓　安息香

學校鄉校在縣北二里

宮室客館

郵驛禮大院在縣東十里古祢孔大院　新院在縣北二十五里　塔院在縣北五里

祠廟社稷壇在縣西　文廟在鄉校　城隍祠在昧谷山春秋本官致祭　厲壇在縣北

寺刹熊巖寺在九龍山　妙巖寺在縣西二里妝監山　麻田寺在老城山

古蹟虎岾山城石築周五千一百四十八尺內有三井今廢　昧谷山城石築周一千一百五十二尺

人物高麗龔直有勇略新羅末爲本邑將軍逮事甄萱見萱無道與子英舒來附太祖太祖拜大相官至左丞諡奉義子直達金舒皆質於甄萱及直歸高麗萱殺之

清安縣東至清州界三十里南至同州界十二里西至同州界二十二里北至槐山郡界九里至陰城縣界十九里距京都二百九十三里

旱田

水田

建置沿革本百濟地高麗初爲清塘縣一名清淵尋省八清州後復置縣兼任道安本朝　恭定王五年省道安併入爲清安縣掌面　官貝縣監　訓導一各人

郡名青塘

風俗尚儉嗇地志

山川頭陀山在縣西二十里又見鎮川縣　坐龜山在縣南十里　七寶山在縣東六里　杻城山在縣西二十里　松峴在縣東七里　蛇峴在縣北十五里　椒峴在縣南十五里　仇自隱峴在縣東七里　鵲川源有三一出頭陀山一出陰城縣朴伊峴一出坐龜山至縣西二十七里合爲此水南流經礌灘入清州界

土産白玉出縣東蛇山里　蜂蜜　黄蠟　紫草　地黄　茯苓

學校鄉校在縣東二里

宮室客館

郵驛時和驛在縣西十七里　白隅院在縣北十八里　水精遷院在縣東三十里　長佚院在縣西十五里

祠廟社稷壇在縣西　文廟在鄉校　城隍祠在縣西五里　厲壇在縣北

寺刹龜石寺在坐龜山世傳建邑初忌離山之高翔是寺取水族之神者而名龜石有曹繪記　長岬寺在坐龜山　連天寺在杻城山　水菴寺在七寶山

古蹟道安廢縣在縣西十五里高句麗爲道西縣新羅改都西爲黒壤郡領縣高麗初改道安　顯宗時省八清州本朝　恭定王五年併八于縣

鎮川縣東至忠州界二十七里南至清州界二十八里木川縣界二十里西至稷山縣界三十八里北至京畿竹山縣界三十九里距京都二百三十四里

旱田

水田

建置沿革 本百濟地高句麗取之為萬弩郡一名今勿奴或云首知或云新知新羅景德王時改為黑壤郡黑一作黃高麗初稱降州後改鎮州顯宗時省八清州高宗時陞置彰義縣元宗又陞為義寧郡尋復為鎮州高宗以權臣林衍之鄉陞元宗又以衍故陞為郡及衍誅降為鎮州監務本朝 太宗十三年改為鎮川縣掌面十四官員縣監 訓導各一人

郡名 萬弩 黑壤 降州 鎮州

形勝

風俗

山川 頭陀山在縣東二十二里 寶蓮山在縣西二十里 城山在縣西南七里 吉祥山在縣西十五里與寶蓮山相連一名胎靈山新羅真平王時金舒玄為萬弩郡太守妻萬明妊身二十月生子庾信藏胎於此山因號吉祥 深谷山在縣北二十里一名寶賢山 大門嶺在縣西三十五里京畿安城郡界 腦呑嶺在縣西三十六里腦呑所稷山縣界 注川在縣東十里出頭陀山南流經清安縣西為鵲川又南流入清州界 牛川在縣北四里出寶蓮山東流入注川

土產 石硯 石灰 蜂蜜 黃蠟 紫草 麝香 白花蛇

學校 鄉校在縣南二里 深谷書院在縣北十八里立祠祀金德崇李畬李阜

宮室 客館 鄉射堂在客館北 鍊武堂在客館東 觀風樓在客館北縣監李塡建 蓮亭在客館東○本朝李承召詩荷葉吹四面十分清小閣當中倒影明 笛臺在東南二十里有岩層立臨注川

烽燧 松山烽燧在縣南七里南應清州巨大山北應忠州望甪山

郵驛 長楊驛在縣北二十二里 台郎驛在縣南十四里古名堆粮其基在今驛南八里 時泰院在縣內 永濟院在縣東十四里 台郎院在台郎驛傍 廣惠院在縣北三十八里竹山縣界院傍有亭乃忠清道新舊觀察使交印之所 腦呑院在縣西三十四里

關梁

祠廟 社稷壇在縣西 文廟在鄉校 城隍祠在城山 金庾信祠在吉祥山新羅時置祠宇春秋降香祝行祭高麗仍之至本朝太祖八年始停之令所在官致祭

厲壇在縣北

陵墓 李居易墓在縣西十五里吉祥山

寺刹 吉祥寺 寶寂寺 先寂寺 片角寺俱在胎靈山 地藏寺在縣南十八里歡喜山 攀雲菴 淨水菴 深谷寺俱在深谷山

古蹟 都堂山城在縣西三里石築周一千八百三十六尺內有二井今廢 伊訖山城在縣西二十四里寶蓮山上俗傳古萬弩城石築周三千九百八十尺內有井今廢 大母山城在縣東六里石築周二千六百七十尺內有一井今廢 新池在縣東十里導牛川流入中有三島即林衍舊居瀦為澤俗稱新池

名官新羅金舒玄真平王時為萬弩郡太守

流寓李阜清修苦節本朝恭僖王時被薦登賢良科拜正言坐己卯士禍退居鎭川盧從遠嘗赴覆試便道往訪阜時老病抽試應講經書多不通阜不悅曰如是空疎而侥倖科第可乎及具夕飯其妾作肉羹從遠意供己也乃進于阜而以草蔬饋客有古人真率之風從遠遂回家熟讀以應後舉

人物高麗林曦封興化君惠宗義和王后之父　宋恂累官至中書侍郎平章事以知禮聞雖在懸車凡國典禮皆就咨焉　宋彦琦恂子少能文高宗時登第出倅全州廉平能斷奸豪斂迹使蒙古講和过境稍安官至判將作監事王欲復使蒙古適彦琦遘疾宰相曰宋之生国之福宋之亡國之憂也卒年四十三　宋國瞻為人剛直善屬文登第直史館高宗朝拜監察御史歷刑部尚書右散騎常侍　本朝金德崇事親至孝嘗宰韓山郡合難親久棄官歸奉養二親年六十二遭母喪盧墓每朝夕奠訖定省於父雨雪不廢服闋不離父側承養彌篤世祖嘉其誠孝特賜米肉父亡又廬墓哀毀骨立年已七十餘卿黨止之德崇泣曰父埋於野子安於家吾所不忍終身見父母所坐輒哽咽日必拜廟有事必告而後行及沒命官其二子立碑於墓以旌之　李奝官至文學有學行

報恩縣東至慶尚道尚州界四十四里南至沃川郡界二十六里至青山縣界二十五里西至懷仁縣界十四里北至清州界二十八里距京都二百七十六里

旱田

水田

建置沿革本新羅三年山郡景德王時改為三年郡高麗初改保齡齡後轉為令顯宗時省入尚州明宗初復置保令縣本朝恭定王六年以與保寧縣音相近改報恩十三年自慶尚道来隸本道掌面八

官員縣監　訓導各一人

郡名三年山　保齡別號三山

形勝山川清淑環一邑皆山中間開暢山川清淑地勢高爽四去漸下真一別區　羣峯如揖沃壤連畦本朝李孟昀詩行穿山萬疊忽此見平野羣峰如揖揖沃壤連千畦

風俗民俗淳熙李孟昀詩

山川俗離山在縣東四十四里乃太白山之南條也北連烏嶺又自此山分為兩條一條折而北迤為漢江以南錦江以北諸山一條南迤為長水之德裕山又南為南原之智異山此山居三道之交新羅時稱俗離岳路中祀山勢雄大上皆石峯聳列雲霄望如玉芙蓉俗號小金剛山頂有文藏臺疊石天成上成石坎如鑊天雨則水貯其中山之南頂曰天王峯極高峻與文藏臺相望　九峯山在縣東四十二里慶尚道尚州界與俗離山相連　含林山在縣北十里　金積山在縣南二十五里　兪丹山在縣北三十七里清州界百濟僧兪丹所居故名　烏頂山在縣東五里　馬峴在縣東十五里峴上除道廣鋪礴石三四里俗傳麗祖嘗幸俗離山時所治御路　熊峴在縣北十七里　車衣峴在縣西十五里懷仁縣界　邑巖在俗離山法住寺西岡有岩形如邑自然天成其上可坐五十人　龍川有源二一出俗離山一出車衣峴合於縣東三里南流至縣南二十里合諸谷之水入青山縣境以其屈曲如龍故名　屏風淵在俗離山下距縣東二十五里

土產銀　水鐵出熊峴及車衣峴　蜂蜜　黃蠟　海松子

棗 羚羊 安息香 當歸 芎藭 熊膽 芎藭 松蕈 石蕈

學校鄉校在縣西一里 象賢書院在縣東二十里有尚賢祠以祀金淨成運

宮室客館 鄉射堂在客館南 三山樓在客館北前有蓮池

郵驛元岩驛在縣南二十里高麗恭愍王自福州幸清州駐是驛 含林驛在含林山下 馬分院在縣東十三里 普通院在縣東二十九里 王來院在九峯山下亦恭愍駐蹕之地故名焉 南院在縣南一里 竝院在縣西十里 門羅院在縣北十三里

關梁南橋在客館南一里

祠廟社稷壇在縣西 文廟在鄉校 城隍祠在縣東二里 永慕祠在鄉射堂後邑人祀成悌元趙憲張顯光 厲壇在縣北 俗離山祠在俗離山頂俗稱天王祠

陵墓成運墓在縣北十里鍾谷

寺刹俗離寺在俗離山西 法住寺在俗離山世傳新羅僧義信以白騾䭾經西來始建此寺聖德王重修極宏巨有石槽石橋石甕石鑊寺中有珊瑚殿金身丈六像門前有鑄銅幢揉甚高其一面刻云統和二十四年造又有高麗代言李淑琪所撰僧慈淨碑銘○本朝成傳霖詩雞園開日月鴈塔鎖雲烟偶入三清洞都忘世事牽 福泉寺在俗離山腰距法住寺七里寺東有泉自石縫瀉出故名○天順甲申歲世祖幸俗離山駐蹕于屏風洞自法住寺至是寺周覽形勝命從臣金守溫記其事

古蹟烏頂山城在縣東五里即三年山城也新羅慈悲王時築三年訖功故名石城周三千六百九十九尺内有五井今半頹圮○高麗太祖十一年自將擊此城不克遂幸清州山下有軍藏洞世傳太祖屯兵之地 含林山城在縣北十里石築周一千四百八十八尺内有大池今半頹圮

名宦新羅裂起為三年山郡太守 本朝成悌元恭憲王朝為報恩縣監為政仁恕流亡復集嘗欲解歸老幼號泣圍擁每暇日屏騎從巡審田野仍徜徉山水間 趙憲昭敬王朝為報恩縣監奉法不撓知無不為自奉極簡世稱冰蘗之操者必的之憲云 張顯光昭敬王朝以行義擢布衣為報恩縣監到縣問民疾苦作文諭邑中勸戒士民居三月時政有不便者棄官而邑人慕其德並與成悌元趙憲立祠祀之

流寓成運漢城人寓居縣之鍾谷里有高志篤行見士秋累作絶意當世隱居養親本朝明宗聞其行義特召至京除司紙即上章乞還宣祖累徵以寺正皆不就令本道致米肉以優之年八十三卒口不言人過失對妻孥如賓潛玩自樂家貧晏如也號大谷

人物本朝韓有紋其先清州人後為縣人少受業於權近勤謹力學世宗朝累官至江原道觀察使所莅有政聲 朴三吉少貧寒力田自給好讀書成宗朝以科第進嘗為淮陽府使民愛之如父累官吏曹參判大提學以文章清白名世 金淨幼雋穎甫十歲已通經書中宗朝擢甲科由吏曹郎出守淳昌郡與朴祥上疏請復慎妃以正人倫坐配合林驛後與趙光祖俱被眷重數歲擢至刑曹判書協心興治及士禍作謫濟州賜死年三十六追謚文簡淨性行純正學問高明世稱冲菴先生文章雄健有古氣所著冲菴集行于世李滉曰冲菴學問加於人一等有此見識而不得行其志豈不悲哉

永同縣東至黃澗縣界十六里南至沃川郡界十五里西至同郡界二十一里北至青山縣界三十里距京都四百十二里

旱田
水田
建置沿革本新羅吉同郡景德王時改永同郡高麗成宗時陞為稽州顯宗時省入尚州明宗初復置永同縣本朝因之　恭定王十三年自慶尚道來額本道掌面八官員縣監　訓導各一人
郡名吉同　稽州
形勝山水清奇本朝尹祥與琴柔書永山水清奇
山川城隍山在縣北一里鎮山　朴達山在縣北十七里　摩尼山在縣西十六里又見沃川郡　天磨山在縣南二十里橫展數十里又名南角山　角魁山在縣東三十里　於里山在縣西十四里　箕山在縣南十里　砧山在縣南七里　錦江在縣西十五里其南接沃川郡境　深川即黃澗長橋川下流經朴達山下名松川至縣西十五里為深川又西流入錦江　東川在縣城東北轉西流入錦江高唐浦　龍淵在縣西二十二里所峙山洞口兩崖石壁削立八二里許二峯相峙岩巒峻截中有石臼淵之下流停滀于此深不可側俗稱奴淵溢為瀑布飛流數百尺下有深潭
土產磁器　紫草　海松子　人參　五味子　蜂蜜　黃蠟　梨　當歸　松蕈　錦鱗魚　訥魚
城郭縣城石築周二千四百十尺內有二井
學校鄉校在縣東二里　蘭溪書院在縣西十二里立祠祀朴堧以朴嗣宗配食
宮室客館　澄清亭在客館東○徐居正詩芙蓉山下欝孤城一水潺潺鏡面清

烽燧朴[illegible]山烽燧東應黃澗縣所伊山西應沃川郡利山縣月伊山
郵驛會同驛在縣城南　金連院在縣東六里　會德院在縣西一里　深川院在深川岸　沙邑院在縣東十四里　米田院在縣北二十六里　乾行院在縣西十里
關梁深川橋
祠廟社稷壇在縣西　文廟在鄉校　城隍祠在城內西　厲壇在縣西
陵墓金守溫墓在縣北
寺剎摩尼菴在摩尼山　赤化寺在縣北二十五里　朴達羅寺在朴達山
清溪寺在天摩山
古蹟落花臺在城西諺傳稽州時送別之地有妓與客惜別墮死後人因名焉　摩尼山城又見沃川郡
名宦本朝琴柔莊憲王初為永同縣監居官廉靜撫民以誠民信愛之
人物高麗張沆文科累官至政堂文學為人廉正忠肅王見諧留元五年未啟沆奮義忘身侍從有勞以功賜鐵券封永山君謚文顯　金吉元新羅裔孫累世居縣遂為縣人吉元立功於朝封永山君　本朝朴堧力學博識初以科第進知遇於世宗遂加擢用官至中樞院事堧事親孝善隨書精於律呂沉思十年而後得之　世宗制雅樂堧實掌之自此朝祭之樂始備　上嘗作石磬召堧校正堧曰某律高一分某律低一分更審之則高律有查泥　上命剔之又於低律付查泥一分堧曰今則律正矣人服其神妙子嗣宗以孝行聞　金守溫登文科世祖時累遷至工曹判書　成宗朝叅佐理功臣封永山府院君官至領中樞府事自號乖崖性不拘博覽廣記經史子家列莊老佛之書無不探索為文雄渾奇偉有拭疣集行于世　張弼武

精於易學登武科官至節度使清白嚴威累立戰功及本家無所儲

黃澗縣 東至慶尚道金山郡界四十里北至同道尚州界十四里南至永同縣界十六里西至同縣界二十里距京都四百七十二里

旱田

水田

建置沿革本新羅召羅縣景德王時改名黃澗為永同郡領縣高麗顯宗時省八京山府後復置黃澗縣本朝因之　恭定王十三年隸本道十四年併青山為黃青縣十六年復析置掌面三官員縣監訓導各一人

郡名召羅

山川黃嶽山 在縣南十五里又見慶尚道金山郡 白華山 在縣北十里又見尚州中年縣 極樂山 在縣東四十里金化部曲 山羊巖 在長橋川西 石川 在縣西四里源出俗離山至山羊岩與長橋川合流 長橋川 在城南或稱大川源出茂朱都馬峴與黃嶽山水合流又西流為永同縣深川

土產磁器　人參　茯苓　五味子　蜂蜜　黃蠟　松蕈　石蕈　安息香　當歸　木賊　白花蛇

城郭縣城 石築周一千六百四十六尺內有一井○本朝李詹記昔縣之未陞也居民鮮少松櫟攙天最為幽邃野獸橫恣奸宄劫掠經由者作隊乃行歲庚午今公牧永州李侯書以前三司左尹始監邑務慨念民隱專務興除使戶口日增田野日闢害人者皆去於是刊木伐石乃戶城是城不日功集民保於城、保於德則李侯之功尤有光矣

學校鄉校 在縣東一里

宮室客館　駕鶴樓 在客館南據絕壁上俯臨川水永樂中縣監河淡創建觀察使南在名曰駕鶴以其高爽也成化中縣監孫蕃重修○本朝李淑瑊詩地古雲猶在樓空鶴不留登臨生浩歎徙倚俯長流山遠疑天目城高是石頭雪窓風竹響如助客清遊○本朝李湜詩地勢高仍豁山形聳亦留雪殘明夕照鴉泛烟春流望遠時攢眼看題屢側頭仙翎快於馬安得恣雲遊

烽燧訥伊項山烽燧 在縣東二十里東應慶尚道金山郡高城山西應所山 伊山烽燧 在縣東十三里東應訥伊項山西應永同縣朴達山北應慶尚道尚州中年縣所山

郵驛新興驛 在縣西三里 李申院 在縣西三里 徐松院 在縣南九里 朴車院 在金化部曲 滋川院 在縣南十里 梨峴院 在縣西二十里 板草院 在縣東三十里

祠廟社稷壇 在縣西 文廟 在鄉校 城隍祠 在縣東一里 厲壇 在縣北

寺刹深妙寺 寺有八景使君峯月留峯山羊辟嶼龍淵洞冷泉亭花獻岳青鶴窟法尊岩 般若菴 俱在白華山 乾川寺　雙林寺　大平寺 俱在黃嶽山

古蹟金化部曲 在縣東三十八里本金山縣地後併八京山府恭讓王時移入

名宦本朝尹祥 國初為縣監為政廉簡娶邑子弟親自教之遠方之士亦皆來學 河湝　李約東 俱世宗朝為縣監 朴英 為縣監莅任三年一境大治

青山縣東至慶尚道尚州界二十四里南至永同縣界十三里西至沃川郡界二十里北至報恩縣界二十二里距京都四百二十三里

旱田

水田

建置沿革本新羅屈山縣一云埃山景德王時改耆山爲三年郡領縣高麗初改青山後省入尚州恭讓王二年復置青山縣尋復省入尚州本朝　恭定王三年復析置縣十三年隷本道十四年併入黄澗縣十六年復析置掌面六官員縣監　訓導各一人

郡名屈山　耆山

山川已城山在縣西八里鎮山德義山在縣北五里千芼山在縣東十五里道家山在縣西十一里文殊山　兜率山俱在縣西十九里龍川在縣南二里俗稱南川即報恩縣龍川下流南流至沃川郡境爲錦江

土産緑礬出縣南石窟海松子　棗　紫草　蜂蜜　黄蠟　人參　茯苓　安息香　錦鱗魚　訥魚

城郭已城山城在縣西八里石築周二千九百一尺内有一井

學校鄉校在縣西二里

宮室客舘　白雲亭在客舘北

郵驛吾昆院在縣西八里銀川院在縣西十九里酒城院在縣北七十二里

祠廟社稷壇在縣西文廟在鄉校城隍祠在縣東二里厲壇在縣北

寺刹清凉寺在千芼山須彌寺在道家山新巖寺　文殊寺俱在文殊山忘日菴在德義山

古蹟酒城部曲在縣北九十里越入報恩縣北村本係尚州地高麗恭讓王時割入猪岾古城在縣西九里石築周二千五十尺内有一井今廢

公州牧東至懷德縣界六十九里至鎮岑縣界六十四里南至扶餘縣界四十九里至尼山縣界四十三里至連山縣界五十三里至全羅道珎山郡界八十里西至大興縣界六十九里北至天安郡界五十七里至燕岐縣界二十七里距京都三百二十三里

旱田

水田

建置沿革本百濟熊川文周王自北漢山城徙都於此至聖王移南扶餘自文周至此六十三年唐高宗遣蘇定方與新羅滅百濟於此置熊津都督府留兵鎮之唐師尋還新羅併其地神文王時改爲熊川州都督府景德王十六年置熊州高麗太祖二十三年改爲公州成宗二年置牧尋於州置安節軍顯宗罷之仍爲公州忠惠王後二年陞爲牧以元朝平章潤赤妻敬和翁主之外鄉陞本朝因之　世祖時置鎮　仁祖時降爲公山縣尋復爲公州掌面四十九鎮管郡二

林川韓山縣十全義定山恩津懷德鎮岑連山泥山扶餘石城燕岐 官員牧使

判官 教授各一人

郡名熊川 熊津 熊州 公山

形勝雞龍爲鎮熊津爲帶本朝徐居正聚遠樓記 北阻車峴東鎮雞龍南連扶餘 南道咽喉之衝

風俗人善音樂新羅文武王時唐劉仁軌既破百濟留鎮熊津府城唐樂工亦隨之王命星川丘日等三十八人往學唐樂自後州人善音樂男好箏笛女好歌舞 俗務耕農州志

山川雞龍山在州東四十里又見連山鎮岑兩縣 公山在州北二里山形如公字故名錦江經其下本朝柳根詩一片公山錦水頭許摘詩秋風吹錦水落日滿公山皆是 茂城山在州西三十二里北連車峴 東穴山在州北三十里山上有岩周岩有小竇穴其下有東穴寺 舟尾山在州南五里邑治諸山分於此俗傳邑居地形似行舟故名 月城山在州東五里南連舟尾山又自此斷而特峙者爲公山 鳳凰山在州西三里與舟尾山相連 娟羨山在州西十里其南頭當熊津渡岸自州內望見尖秀可愛故名 油岾山在州西三十里 母岳山在州北二十里 寶文山在儒城東二十五里 禹山在州東四十里即雞龍山東支別起者或稱馬山峯上有鐵馬 車伊山在州東四十二里一云鷲山 思乙每山在州西二十里 炭峴在州南三十里扶餘縣界 古火岾在州西四十五里 狄踰峴在州東二十七里 板峴在州東南三十一里 車峴又稱車嶺在州北五十七里自稷山聖居山南由天安全義之境西迤爲此峴又西連爲角屹茂城諸山至保寧縣界爲烏栖山盡於海濱此即其大路要害處高麗太祖訓要云車峴以南山形地勢並背趍者即是 雙嶺峴在州北五十里與車峴山脊相連其北即天安郡境 角屹峴在州北八十四里溫陽地界又名佳文峴 馬峴 火峴皆在州東二十五里皆雞龍山北支麓 陵峴在州東五里舟尾月城兩山之間有古陵基故名諺傳百濟王陵 沙工巖在州南三里小岩僅數丈俗云邑居乃行舟形故以沙工名之 錦江又名熊津水其源出全羅道長水鎮安茂朱龍潭等縣自沃川文義北流入州界至州東四十里合清州鵲川水轉而西流至州東五里爲錦江渡經山城下至扶餘南折歷林川韓山舒川入于海 日新川源出雙嶺南流四十里經日新驛傍至州北四十里入錦江 銅川源出角屹峴南流經維鳩驛傍折而東流至州西十里入錦江 甲川在儒城廢縣東七里又稱省川源出雞龍山及珍山郡大芚山合流經鎮岑縣東至儒城東又北流過懷德縣西入錦江 大田川在儒城廢縣東二十五里源出錦山郡界北流至懷德縣西入甲川 柳川一云柳浦在儒城廢縣東二十里源出珍山郡界北流至龍頭村入大田川 尾灘在州東四十里即錦江成灘處其下流又有箭灘加德等灘皆旱則徒涉 溫泉在儒城廢縣東三里我太祖卜宅于雞龍山 太宗講武于任宗之時浴于此 椒泉在州東七十里石三窟里浴之人多已疾

土産水鐵 銅鐵俱出馬峴 石灰 海松子 松蕈 訥魚 蟹 錦鱗魚

城郭公山城在州北二里緣山爲城東西陡絶北臨錦江即百濟時古城新羅金憲昌所據亦此城久廢本朝宣祖時重修石築周四千八百五十尺南北有門城內有三井一池〇新羅崔致遠詩襟帶江山似畫成可憐今日靜消兵陰風忽捲驚濤起猶想當時戰鼓聲

公署觀察使營在山城內 利仁道察訪司在州南二十五里領利仁龍田恩山榆楊宿鴻藍田青化豆谷新谷靈榆十驛〇察訪一人舊爲丞今置察訪

學校鄉校在州西三里 孔巖書院在州東三十里隆慶中徐起講學於此作堂以

處學者又祠祀朱子以李存吾李穆成悌元從享倭亂廢圮後州士重修因爲書院以趙憲徐起並享○李廷龜記畧曰鷄龍山一支北走爲峯屹然者曰孤青峯之下長流遶之奇岩隱然爲一名區者曰孔岩徐氏始居之以其居是山自號孤青博學守志行義於其中州之士與遠近學者爭趨焉遂作講堂於潭下曰傳約堂翼以兩序東曰進修西曰瞻顧既又相議曰不有先正于何式焉麗朝李正言本朝李評事成東洲皆一代儒人而卽我鄉先生也且朱夫子主盟羣賢最有功於斯道盍立祠尊崇以爲依皈之地乎遂以朱子主享三先生爲配建祠於講堂之北云

宮室客館 鄉射堂在客館東 鍊武堂在客館北一里 別館在客館西

披香堂在客館南有蓮池 聚遠樓在客館東古之視政亭也亭在蓮池中牧使權體撤亭爲樓後牧使洪錫移構于東軒東有徐居正記 錦江樓在州東五里錦江岸○高麗鄭道傳詩君不見賈傅投書湘水流翰林醉賦黃鶴樓生前轗軻無足憂逸氣凜凜横千秋又不見病夫三年滯炎州皈来又到錦江頭但見江水去悠悠那知歲月亦不留此身已與秋雲浮功名富貴復何求感今思古一長吁歌辭激裂風颼颼忽有飛来雙白鷗 望北樓在城北門樓○本朝許穡詩山上高城城上樓樓前江水繞山流長洲烟起滄波夕碧樹寒生白露秋形勝千年爭戰苦繁華幾度別離愁今来人事蕭條盡獨倚危欄欲白頭 拱北樓城北門樓○許穡詩澄江如練繞山樓滿目風烟勝石頭明月白雲空水濶夜深長笛下孤舟○岩嵬獨上夕陽樓俯視長江湛湛流故國風烟三百里興亡文物幾千秋使君地主傾深眷遊子天邊慰遠愁漠漠沙汀飛鳥盡故人爭渡滿津頭 獨樂亭在州東三十里三岐鄉襄陽府使林穆別墅錦江上流二水交會有小峯臨流特峙亭在其上江山清曠極有勝致南秀文作記○徐居正詩名園并壓錦江低我昔相尋路自迷何氏林亭知最勝杜陵桐葉不曾題高車恨未從盤谷雪艇終須訪戴溪莫遣藏湍仍歛霧似聞桃李已成蹊 元帥臺在州西七里

烽燧 月城山烽燧南應尼山縣城山北應高燈山 高燈山烽燧在州北三十里南應月城山北應雙嶺 雙嶺烽燧南應高燈山北應天安郡大鶴山

郵驛 日新驛在州北十里 廣程驛在州北十五里 敬天驛在州東南四十里 利仁驛古名利途在州南二十五里察訪司本驛 丹平驛在州西十七里 維鳩驛在州西五十五里新豐廢縣西八里 普通院在州東三里卽古之迎春亭 錦江院在州北七里錦江北岸 歡喜院在州南十五里 要光院在州南三十里 毛老院在州北十六里 弓院在州北四十里其地水勢如弓形故名 仁濟院在州北十二里 熊津院在州西七里熊津渡岸 公西院在州西三十一里 般若院在州西四十七里 古館院在州西六十七里 公濟院在州北二十八里 內倉院在州西二十五里 廣道院在州東五十七里 佛峴院在州東八十二里 孝家里院在州東十里

關梁車峴堡在車峴古時置堡防守今有遺址南北通路此爲關隘之地本朝宣祖丁酉防倭時亦設木柵○許穡詩朝發天安郡遠詣公州城嶇嶔車峴道登陟自德坪樹木鬱參差岑嵒峭崢嶸鉅防二界中險阻天所成溫祚昔雄強跨此事戎兵王氏混三國遺訓戒不寧逮我聖祖禪收攬由至誠嗚呼海冦猘錮守誰忠貞保敗日今古然感歎有餘情縈回出谿谷日朗雲霞清

新橋在州北十里跨日新川 歡喜橋在州南三十五里歡喜院前 錦江渡在州北五里卽錦江津渡處○高麗鄭地率師南征渡此有詩云隋家賀若弼晉室祖將軍杖釰過江水歸来誓掃雲 熊津渡在州西七里亦錦江津渡處高麗顯宗避契丹南奔節度使金殷傅迎于熊津渡者卽此○高麗鄭樞詩完山迢遆路阻長熊川蕩潏雲蒼茫揭其淺兮石齒足厲其深兮水漸裳漁翁借我沙棠舟桂爲棹兮蘭爲槳回看出日泛中流俄然已艤西岸傍我行登岸

嘶馬去翁即扣枻歌滄浪翁乎吾道比汝揖用則行兮舍則藏

祠廟社稷壇在州西 文廟在鄉校 城隍祠在公山 雞龍山祠在雞龍山南新羅擬五岳載中祀本朝以名山為小祀每春秋降香祝以祭 熊津祠在熊津渡南岸即錦江祠新羅西瀆本朝為南瀆載中祀春秋降香祝致祭 黃慎祠在州南

厲壇在州北

陵墓百濟王塚在州西三里鄉校西俗傳百濟王陵未知何王今只有基址

寺刹雞龍岬寺在雞龍山寺甚鉅 迦葉菴在雞龍山徐居正記云山之頂出泉常見若曜金色下有龍潭黝碧可愕山之陰安育王塔其陽鬱蔥有王都氣其他名菴巨刹皆據山之勝境直南嶺古菴下有菴曰迦葉 栗寺 東學寺 上院菴俱在雞龍山又有內院歸命普賢等菴皆在東學寺上 神正寺又名神院寺在雞龍山南又有馬鳴雲藏等菴在寺東北山頂下 盤龍寺 麻谷寺俱在茂城山 東穴寺在東穴山 寶文寺在寶文山。

古蹟唐熊津都督府唐高宗遣蘇定方滅百濟置熊津都督府以左衛郎將王文度為熊津都督撫其餘衆文度死詔以劉仁軌為帶方州刺史代統其衆鎮守百濟時百濟故將福信等聚衆畧復故國仁軌與諸將擊平之百濟再經兵亂僵屍如莽仁軌乃令瘞骸骨籍戶口理村聚署官長通道塗立橋梁補堤堰課農桑賑貧老立官社民皆安其所仁軌居五年還唐 新豐廢縣在州西四十七里本百濟伐音支縣一云武夫縣新羅改名清音為熊州領縣高麗初改新豐尋省入本朝因之縣南三里有古城在山上周七百尺今皆頹圮 德津廢縣在州東五十里本百濟所比浦縣新羅改赤烏為比豐郡領縣高麗初改德津尋省入于州本朝因之縣南一里有古城在山上周七百六十尺 儒城廢縣在州東五十四里本百濟奴斯只縣新羅改儒城為比豐郡領縣高麗省八于州本朝因之縣東五里有古城在山上周六百八十尺今頹圮又廢縣東四里有儒城古縣基相傳今廢縣自此移徙云 里仁部曲即今里仁驛其北五里有古山城周一千五十尺內有一井今廢 良化部曲在州東南四十里敬天驛東有古山城周一千尺內有一井今廢 清流部曲在州東四十里今稱仇云村 亂釜部曲在州西四十里亂洞峴即其地 有鳴鶴所在儒城廢縣東十里高麗明宗六年鳴鶴所人亡伊甯聚黨與攻陷本州朝廷陞其所為忠順縣置令尉以綏撫俄復叛及削之 就利山在州北六里新羅文武王與唐勅使劉仁願及熊津都督扶餘隆同盟處○唐高宗既滅百濟劉仁軌以帶方州刺史鎮撫百濟帝以故百濟大子扶餘隆為熊津都督歸國平新羅故憾招輯遺人麟德二年與新羅王會熊津之就利山刑白馬以盟其誓詞曰往百濟先王罔顧逆順不敦鄰不睦親與高句麗倭共侵削新羅破邑屠城天子憐百姓無辜命行人脩好先王負險恃遐侮慢不恭皇赫斯怒是伐是夷但興亡繼絕王者通制故立前太子隆為熊津都督守其祭祀附仗新羅長為與國結好除怨恭天子命永為藩服右威衛將軍魯城縣公仁願親臨厥盟有貳其德興兵動衆明神監之百殃是降子孫不育社稷無守世世無敢犯仁軌之辭也歃訖埋牲幣於壇之壬地乃作鐵券藏其書於新羅宗廟及仁軌等還隆畏衆攜散亦歸唐 孝家里在州東十里新羅孝子向德所居景德王旌其閭命有司立石紀事號其地為孝家里至今仍稱孝家里詳下人物 古曹山在州東五十里諺傳古縣基未知何縣 禿峴古城在州北二十六里山上有古土城今廢周一千五百尺

名宦新羅韓恕意景德王時為熊川助教撫州人嗇吉墓碑至今在孝家里 高麗金殷傳顯宗時為公州節度使王避契丹南幸殷傳備禮郊迎進衣帶土物王至巴山驛吏皆逃闕王食殷傳又盡誠供給及丹兵退王自羅州還京至州謂殷傳曰無以酬卿厚義納其女是

為元成王后

陳澕 高宗初以右司諫出知公州事有惠政卒于官

李伯謙 忠烈王時為公州副使勸課農桑民以富饒

沈諹 忠烈王時為公州副使性剛直莅官中外皆著政聲時有長城縣女言錦城大王降我往為錦城巫與縣人孔允丘通作神語曰我將往上國羅州官給傳馬有羅人仕于朝者具神異諷王議欲迎待所過州縣爭以為錦城大王且至公服郊迎至州諹不待巫怒傳神語曰我必禍諹退寓日新驛夜諹使人覘之女與允丘宿遂捕鞫之俱伏

崔宰 恭愍王朝出為公州牧使廉正有能聲

宋子浩 恭愍末為公州判官廉勤愛民倭寇至州力戰死權近作詩吊之曰狷狷懷剛志循良有最聲臨危寧避患赴敵即捐生孑奪蒼天遠忠誠白日明我聞肝肺熱悒悒不能平

本朝

孟思誠 為公州牧使清簡盡職治為一道最

李貞幹 世宗時為公州牧使廉簡善政民懷其德

權諶 世宗時為公州牧使務在守法愛民所至以廉平聞

李明晨 世宗時為公州牧使清慎奉公務勸農桑及去民思之久而不忘

李石亨 世祖時自全羅道觀察使秩滿移判公州牧清白有惠政

李英耇 為公州牧使輕徭平賦愛民以誠一世服其清操

咸禹治 為公州牧使明斷善治郡門無停牒吏畏民服政称平允

趙憲 宣祖時為公州教授聚學生先正程式至誠誘掖

權盼 為公清觀察使清儉率物黜陟公明患州縣貢賦不均以田結比較作分以平之一道以賴盼知無不為世之言盡心國事者必敀之盼云

李命俊 仁祖初為本道觀察使李适反上幸公山命俊整軍旅給饋餉措置咸得其宜特陞秩入為戶曹參判

鄭世規 以蔭補官為公山縣監李适之变仁祖幸公山世規策應軍務供億行在勞勩最多時以賊平於縣設別科守宰例得擧人皆勸之世規煞不赴識者嘆其不近微利後又為本道觀察使

流寓

李穆 本朝成宗時以上舍生在太學称剛直時相尹弼商陰勸上請從大妃奉佛穆率諸生上疏目以奸鬼請誅弼商上大怒親詰之穆對不撓謫公州直聲益震後登科官止評事詳漢城府

徐起 洪州人天資甚高嘗學於李仲虎潛思篤行明宗時卜居州之孤青峯下孔岩洞遠近之士聞風負笈者日众教誨不倦躬耕行義以終老起有隱德高識趙憲雅與敬信事有所疑輒往質焉自號孤青樵老

人物

新羅

向德 性孝順為時所称時年荒民飢加以疫癘父母飢且病濱死向德日夜不解衣盡誠安慰無以為養乃刲髀肉以食之母發癰向德吮之皆致平安事聞景德王命賜租三百斛宅一區旌其門閭立石紀事

本朝

李明德 登科官至判中樞院事謚恭肅

成悌元 昌寧府院君汝完之後祖聃年為弘文校理悌元少孤力學聞柳藕得金宏弼正學之傳造門請敎藕叔年少未識拒之十往不懈始得見遂潛心服膺遍交當世聞人求正所學嘗苦義利交戰流汗遍體乃廓然専一孝友甚篤家貧晏如善訓誨後進明宗朝擧遺逸除軍資主簿又為報恩縣監邑人愛如父母

烈女

高氏 州人梁漢弼妻夫被罪死高氏坐屬于官有州奴欲汚之遂自縊死本朝中宗朝旌閭

林川郡

東至石城縣界二十九里至恩津縣界三十一里至全羅道龍安縣界二十二里南至同道咸悅縣界十六里至韓山郡界二十七里西至鴻山縣界十六里北至扶餘縣界十六里距京都四百十九里

旱田

水田

建置沿革 本百濟加林郡新羅景德王時改加為嘉高麗成宗時為林州顯宗時改為嘉林縣忠肅王時復陞為林州以元朝平章阿學海妻趙氏之鄉陞 本朝 太祖三

年陞為府以八朝官者陳漢龍之請陞為府定王元年復舊三年又以八朝官者朱恭允端之請陞為府明年復舊十三年改林川郡恭定王時改為林川郡掌
面二十官貟郡守　訓導各一人
郡名加林　嘉林　林州
形勝水陸之衝唐劉仁願與孫仁師擊扶餘豐諸將議所向或曰加林城水陸之衝合先擊之劉仁軌曰兵法避宗擊虛加林嶮而固攻則傷士守則曠日遂趍周留城
風俗種苧為利本朝河崙樂山樓記
山川聖興山在郡北二里鎮山　聖住山在郡西十二里又名普光山　周城山在郡北十里　七星山在郡南十里曠然平野七小墩列峙狀類七星故名　鳳凰山在郡南十里　九良山在郡東二十五里　天燈山在郡西十五里　楡峴在郡北十里　白巖在郡東二十里　舍人巖在郡南十四里有斷皐臨江巖浸水涯其下為南堂渡口　錦江自公州扶餘流入郡北二十里南流至郡東三十里又折而西流過郡南十五里入注韓山郡界其東涯即石城恩津全羅道礪山龍安咸悅界　九良浦俗稱述郎浦源出鴻山縣東流至郡北二十里入錦江潮水至焉　權平池在郡南五里堤長百步池周三百步其下灌溉頗廣
土產陶器　苧　柿　安息香　白花蛇　白魚
葦魚　秀魚　鱸魚　魚鰾　蠏　蝦
城郭聖興山城石築周二千七百五尺內有三井有軍倉
學校鄉校在郡東五里
宮室客館　鄉射堂在客館東南　樂山樓在客館北有河崙記

郵驛靈榆驛在郡北十五里　南院在郡南三里　古多院在郡東二十五里
閑梁大橋在郡南七里　九良橋在郡北十五里跨九良浦　古多渡在郡東二十九里又名古城津路通石城尼山水勢悍急　江景渡在郡東南二十八里恩津縣境　南堂渡在郡南十四里又名龍淵津路通龍安咸悅三渡俱錦江津渡
祠廟社稷壇在郡西　文廟在鄉校　城隍祠在山城內　厲壇在郡北
南堂祠在郡南十四里南堂渡上江水連潮迅急可畏商船之往來者必歌鼓以祭
寺刹香德寺一名五德寺　香林寺俱在天燈山　東資福寺在聖興山寺前有石橋　西資福寺在乾止山寺南有石橋　龍淵菴在南堂渡西含人岩上據高臨江有勝致　西浮圖菴在聖住山　普光寺在聖住山寺有此君樓世傳高麗僧冲鑑入中国遊吳楚師鉄山瓊禪師與瓊東還三載瓊辭故鑑留為國師十五年將復入中国忠惠王使人追及於林州留之鑑乃增葺此寺居住亦寂於此有元朝范素所撰重創碑○高麗康好文詩水石千年地香燈一畝宮老僧談寂滅童子禮圓通嶺上雲多白窓間日已紅欲尋居士窟飛路迥盘空
名宦本朝俞顯　安尚縝　李永孫俱為林川郡守有惠政　李恒明宗朝以遺逸徵為林川郡守一介不犯非義士民敬服
人物本朝趙之瑞見慶尚道晋州　尚震少豪縱馳射及長發憤力學恭僖王朝登科累迁至兵曹判書　明宗朝拜議政府領議政歷事三朝所任皆稱職在相府十六年謹厚忠信為政務存大綱論人才必以持重不変舊章為首世稱賢相嘗語其子曰吾死無事可述只曰起自草莱三為領相晩學琴嘗彈感君恩一曲足矣謚成安

韓山郡東至林川郡界十五里南至全羅道臨波縣界十四里至同道咸悅縣界十三

里西至舒川郡界十九里北至鴻山縣界二十九里距京都四百五十九里

旱田

水田

建置沿革本百濟馬山縣新羅因之爲嘉林郡領縣高麗初改韓山仍入嘉林明宗時復置韓山縣兼任鴻山縣後陞爲韓州本朝 恭定王十三年改爲韓山郡掌面八官員郡守 訓導各一人

郡名馬山 韓州

山川乾至山在郡西一里鎮山 鷲峯山在郡南五里 麒麟山在郡西五里 月明山在郡北十一里 圓山在郡南十七里芚浦芽浦之間 箕峴在郡西五里 赤峴在郡西六里 曲峴在郡北二十五里 錦江自林川郡流入經郡南十四里與全羅道咸悅臨陂分界又西流入舒川郡境達于海在郡及舒川郡境者名鎮浦 沙亇浦又名朽浦在郡東十一里源出月明山入錦江 芽浦在郡南二十里錦江下流與曲峴之水及舒川郡金福峴庇仁縣芽洞之水合流于此入海 尾浦在郡南十四里即錦江入海之別滏

土產 漆 竹 柿 白花蛇 白魚 秀魚 葦魚 鱸魚 民魚 蟹 土花 中蝦

城郭郡城石築周四千七十尺內有一井本朝 恭僖王時築 乾至山城土築周三千六十一尺內有泉七池一有軍倉今廢圮

學校鄉校在郡西二里 文獻書院在郡西即李穡舊基 宣祖時郡之士子建書院祠祀李穀李穡又以李種學李耔配食

宮室客館 翠挹亭在郡南有李坡記

郵驛新谷驛在郡西十一里 肴法巖院在郡東十四里 崇井院在郡西七里 曲火院在郡北二十五里 吉山院在郡西十三里

關梁吉山浦橋在郡西二十二里 羅施渡在郡南十二里或稱竹山渡即錦江津渡路通臨陂縣

祠廟社稷壇在郡西 文廟在鄉校 城隍祠在郡西 厲壇在郡北

陵墓李穀墓在郡南四里箕峴 李穡墓在郡西五里加知峴河崙撰碑

寺刹日光寺在鷲峯山寺據絕壁高麗李穡詩崔嵬挿平野縹緲俯長天翠壁僧窓小佛燈半空懸 崇井寺在麒麟山 孤石寺在月明山 田寺在乾止山北 永慕菴在乾至山北有李穡畫像

名官本朝李審爲韓山郡守溫良廉謹 權雍爲韓山郡守清謹有操 朴渟明宗朝爲韓山郡守清白自律每衙罷輒處松亭課日讀書旁郡學者亦相聚來學居一年召爲輔德一境追思之

人物高麗李知命傳覽群書善詞賦工草隸擢科調黃州書記居官廉直民飢盡心賙恤後爲忠州判官政如黃州人感惠政明宗立以知命有文章德行累遷諫議大夫翰林學士丞旨官至政堂文學太子少傳謚文平爲相有古大臣風 李唐髦知命子詞藻殊贍有父風擢魁科仕至國子司業 李純孝高宗朝累官至全羅道都巡問使律己清白處決如流嘗使蒙古不賫一物而還橐槖皆空巷婦郵卒皆服其清白曰真官人也 李穀父自成爲郡吏穀自幼嶷止異常忠肅王朝登科遷藝文檢閱忠肅後元年中征東省鄉試第一名遂擢元朝制科第二

甲授翰林國史院檢閱與中朝學士交遊所造益深為文章操筆立成典雅高古不敢視以外國人奉詔還國尋復如元授中書省左右司員外郎元屢求童女于本國穀上書罷之忠惠後二年奉表如元因留居忠穆朝還國累遷政堂文學封韓山君都僉議贊成事忠定立穀以嘗請立恭愍不自安遊閑東元又授奉議大夫征東行中書省左右司郎中卒謚文孝性端嚴剛直人皆敬之有稼亭集行世

李穡 穀子天資明敏博極群書為詩文操筆即書恭愍朝擢魁科又中征東行省鄉試第一名充書狀官如元赴廷試歐陽玄見穡對策大加稱賞遂擢置第二甲勅授翰林同知制誥歲餘知天下將亂棄官東歸累官至門下侍中掌國文翰數十年見稱中國勉進後學以興起斯文為己任學者皆仰慕之平生無疾言遽色不露圭角當國家革易之際終不變臣節本朝封韓山伯謚文靖有牧隱集五十餘卷行于世子種德官知密直司事

李種學 種德弟為人正直仕止簽書密直司事盡節麗朝以鄭夢周黨流遠地以死有麟齋集

本朝李種善 種學弟早擢第累官至知中樞院事子季疄世祖時官左贊成季甸亦為世祖功臣封韓城府院君

大提學李孟畇 種德子早登科累官至議政府右贊成

李叔時 種學子世宗朝累為大司憲以清直名世官至議政府左參贊謚順節

禹孟善 高麗丹陽伯玄寶之後父從以武進為東萊縣令孟善雄毅有智畧中武舉孫中宗朝累遷漢城左尹時朝廷欲復慈城四邑以孟善為平安道巡察使往審便否還為兵曹判書後虜人逼居戍境復以孟善為平安節度使措置得宜西鄙乃寧孟善歷五道節度使清白無比撫士卒得其死力累乞斂養再授忠清水使及老乞退漁釣優游以終

烈女尹氏 司成尹耆妹頗解經傳其夫羅繼門本朝世祖時見殺於宰相洪允成家奴尹氏哀號常志復讎 世祖幸溫陽尹自為狀訴究辭理悲直 世祖乃縲允成奴歲賜米復戶

全義縣 東至清州界十八里南至燕岐縣界十八里西至天安郡界十一里北至木川縣界十二里距京都二百四十三里

旱田

水田

建置沿革 本百濟仇知縣新羅景德王時改金池池一作地為大麓郡領縣高麗改全義後省入清州本朝太祖四年復置全義縣 恭定王十四年併燕岐稱全岐縣十六年復析為全義縣掌面六官員縣監訓導各一人

郡名 金池

形勝 三峰圍野二水繞城 金詩

山川 甑山 在縣西北五里鎮山 栗峴 在縣東十四里 高山 在縣東八里 龍子山 在縣東十六里 雲住山 在縣南七里與甑山高山鼎峙 金城山 在縣南八里有古石城 高羅院川 在縣東十三里源出栗峴 生拙川 在縣西南五里源出公州 大部川 在縣北六界芒峴到縣南與古李城小溪合經孤岩又與大部川合縣在二川之間里大部鄉源出仇里笆峴與高山小溪合經孤岩入生拙川

土產 鐵 出縣東西房里 石灰 磁器 紫草 茯苓 安息香 朮

學校 鄉校 在縣東一里

宮室 客館 風化樓 在客館東

郵驛 高羅院 在縣東十六里一云鯨院 松峴院 在縣南八里

祠廟社稷壇在縣西 文廟在鄉校 城隍祠在縣東北一里 厲壇在縣北

陵墓李棹墓在縣西六里

寺刹元寂寺在龍子山 高正菴在高山 延壽菴在縣南 雲岾寺在雲住山

古蹟李城在雲住山北峯石築世傳李棹故居周一千一百八十四尺內有一井今廢 高山城石築周五千一百三十二尺內有三井今廢 金伊城在雲住山石築周一千五百二十八尺內有一井今廢 甑山山城在縣西北五里石築周九百三十二尺內有一井今廢 蒲谷驛舊址在縣東八十里

人物高麗李棹太祖南征至錦江水漲棹護涉有功賜名棹官至太師三重大匡 李混棹七代孫元宗朝登科歷事忠宣累官至僉議政丞致仕號崇巷嘗謫官寧海府取海中浮槎制為舞鼓傳於樂府 李彥冲混之兄子登科累官至致堂文學 本朝李貞幹混弟子華之曾孫有孝行致仕家居母金氏年百二貞幹年八十弄雀雛於前為老萊戲世宗朝以都觀察使世宗賜書褒其孝仍賜几杖特陞拜中樞院使一世榮之卒諡孝靖 李士寬貞幹子官至府尹六子皆登科義長武舉禮長兵曹參議智長識長禮曹參判孝長觀察使恕長全城君 李宜洽登科累官中樞院副使子慎孝刑曹參議元孝登科僉知中樞 金益精上洛伯方慶之後益精少力學太宗朝擢魁科官至吏曹參判有文名弟益濂登科官至司憲府持平二人皆以孝聞 金壽寧益精孫年十八登魁科事康靖王為戶曹參判參佐理功臣封福昌君諡文悼以文名世

定山縣東至公州界二十一里北至同州界十五里南至扶餘縣界三十一里西至青陽縣界十七里距京都三百四十九里

旱田

水田

建置沿革本百濟悅己縣一云豆陵尹城 新羅景德王時改悅城為扶餘郡領縣高麗初改定山顯宗時省入公州後復置定山縣本朝因之掌面

官員縣監 訓導各一人

郡名悅己 悅城

山川大朴谷山在縣北七里鎮山 鷄鳳山一名白谷山在縣東九里 七甲山在縣西十六里有古城基歸慈悲城又見青陽縣 先生山在縣南三里 松峴在縣北十里 孤峴在縣東三里 獐項峴在縣西五里 直峴在縣南十里 大峴在縣西十里 金剛川在縣西三十二里源出青陽縣七甲山南流至扶餘縣地入白馬江又見扶餘縣 錦江流自公州界經縣南二十六里有渡曰王之津

土產鐵縣南五里水閣里有鐵冶 磁器 苧 漆 蜂蜜 黃蠟 茯苓 白花蛇

學校鄉校在縣東一里

宮室客館

郵驛榆楊驛在縣東五里 彌勒院在縣西十二里 長壽院在縣西二十七里 修德院在縣北七里

祠廟社稷壇在縣西 文廟在鄉校 城隍祠在山城中 厲壇在縣北

寺刹淨慧寺在七甲山 鷄鳳寺在鷄鳳山山以寺得名 藍浦寺 瑞蓮寺俱在鷄鳳山 道林寺 妙峰寺俱在七甲山

古蹟白谷里在白谷山下父老相傳本縣古基 鷄鳳山城石築周一千二百尺內有一井今廢

名宦本朝金長生昭敬王時為縣監時當倭寇戎事傍午長生接應撫摩皆以悃愊

恩津縣東至連山縣界八里南至全羅道礪山郡界十七里西至石城縣界十三里至林川郡界二十五里北至尼山縣界二十一里距京都四百十二里

旱田

水田

建置沿革本百濟德近郡新羅景德王時改德殷郡高麗初改德恩郡顯宗時省入公州本朝 太祖六年復置德恩縣以市津併入 世宗元年改為恩津縣掌面十二官員縣監 訓導各一人

郡名德殷 德恩

山川摩耶山在縣南二十四里鎮山 皇華山在縣西十里山有大石平廣俯瞰津水號皇華臺世傳百濟義慈王遊宴其上 般若山在縣北七里 佛明山在縣東三十三里全羅道高山縣界 錦江自扶餘石城經縣西二十六里與林川郡分界又西流入全羅道礪山龍安界海潮相通 市津浦在古市津縣距今治西北十二里俗稱私津即連山縣草浦下流西流入錦江江景渡海潮相連商舶所集連檣接桅人物雜沓互市故名本朝尹淮云古有利樓津[illegible]即此 甑山浦在縣西二十一里源出全羅道礪山郡入錦江江景渡 仁川在縣東北十里一云栗嶺川源出全羅道高山縣炭峴過連山縣界入市津浦 南堤池在縣南四里堤長二百八十步周三里 大井在縣南二十里摩耶山下俗稱古國御井其西有冢龍串

土産白玉石出縣南仇佐谷 石灰 竹箭出縣西二十五里彩雲鄉 柿早熟俗稱早紅 白花蛇 白魚 葦魚 秀魚 鯽魚 銀口魚 鰣

學校鄉校在縣北二里

宮室客館 鄉射堂在客館西

烽燧江景山烽燧南應全羅道龍安縣廣頭院山北應皇華山 皇華山烽燧南應江景山北應尼山縣城山

郵驛娚項院在縣南五里

關梁潮巖橋一名國正橋在甑山浦石橋長二十步下有岩潮則見名曰潮岩 市津橋在市津浦萬曆中橋圯移置上流七里稱畓山橋長四十步 江景渡在縣西二十六里即錦江津渡通林川韓山

祠廟社稷壇在縣西 文廟在鄉校 城隍祠在德恩古邑 厲壇在縣北

陵墓甄萱墓在縣南十二里風界村俗稱王墓 成三問墓在縣東南十五里屈峴三問被戮或云此葬其一体

寺刹灌燭寺在般若山有石彌勒高五十四尺世傳高麗光宗時盤若山藂有大石湧出僧慧明琢成佛像 雙溪寺在佛明山 金地菴 念佛菴 淨土菴

俱在摩耶山

古蹟古德恴 在今治東南十二里 市津廢縣 在皇華山西南一本百濟加知乃縣一云新浦縣新羅景德王改市津爲德恴郡領縣高麗顯宗時省入公州本朝太祖六年併于縣 摩耶山古城 石築周五千七百一十尺山上有古城周一千六百五十尺俗稱皇華城內有二井今廢

人物本朝姜應貞 父爲中樞府事應貞少以孝聞父母遘疾三年侍藥不寐嘗取糞嘗之焚香祝天請以身代有神感獲效及父母沒居喪盡禮鄉里嘆其至行莫及成宗聞之命旌閭復戶應貞逆成均生員吾講經傳篤信小學書又通醫藥卜筮之術所與遊皆一時賢士

列女閔氏 高麗人金繼佃妻繼佃早死閔數盧輸禮終身必祭墓而後食雖風雨不變鄉里上其節行旌表

旱田

水田

懷德縣 東至沃川郡界二十二里南至全羅道珍山郡界三十里西至公州界九里北至文義縣二十九里距京都三百二十里

建置沿革本百濟雨述郡 一云朽淺 新羅景德王時改比豐郡高麗初改懷德顯宗時省入公州明宗初復置懷德縣本朝因之掌面七 官員縣監 訓導各一人

郡名雨述 比豐

山川雞足山 在縣東三里鎮山世傳天旱山鳴則必雨 食藏山 在縣南二十三里

迭峴 在縣東十二里 童子菴峴 在縣東八里 錦江 自沃川懷仁流入經縣北七境過利遠渡西流入公州界 甲川 在縣西五里源出雞竜大芚兩山經公州儒城廢縣至縣西又北流入錦江

土産石鐵 出縣北稷洞 石灰 紫草 茯苓 安息香 松蕈 訥魚

學校鄉校 在縣北一里 崇賢書院 在縣西五里邑人建立祠祀金淨鄭光弼宋麟壽光海朝賜額後又以金長生並享

宮室客館 雙清堂 在縣東六里縣人宋愉隱居不仕名其所居曰雙清朴彭年爲之記

烽燧鷄足山烽燧 東應沃川郡環山北應文義縣所伊山

郵驛貞民驛 在縣西十里 彌勒院 名居坡院在縣東二十四里南有樓 德昌院 在縣西二里 寵述院 在縣北十一里 荊止院 在縣北十七里 餘兒院 在縣南二十一里

關梁利遠渡 在縣北二十九里即錦江津渡處又名荊角津路通文義

祠廟社稷壇 在縣西 文廟 在鄉校 城隍祠 在縣北五里 厲壇 在縣北

陵墓柳氏 在縣東二十五里高麗節婦

寺刹法泉寺 在雞足山南 鳳住寺 在鷄足山東北 禪郎寺 高山寺 鳳栖寺 俱在食藏山

古蹟鷄足山城 石築周一千九百六十九尺內有一井今廢

流寓鄭光弼本朝恭僖王時為領議政為金安老所忌罷相退居懷德庄舍優游自得一日家人聞安老引致死罪奔告號泣光弼方與客博了無動色俄報減死竄金海夜寢如常明發登道家人有恐安老者光弼止之曰死生有命豈容人為在謫未久安老死即召還都人以手加額

姜鶴年

人物本朝宋獜壽系出恩津累世居懷德五代祖愉有高致隱居不仕子孫甚盛獜壽少好讀書孝友絕人母喪哭泣苫席為腐有白燕巢於居廬其雛皆白　中宗朝登科累遷至成均大司成教士必先讀小學諸書勤於誘掖各盡其材由吏曹參判出為全羅道觀察使　仁宗初為大司憲劾李芑尹元衡陰邪奸政及　明宗立為芑元衡所誣殺獜壽手不釋程朱書嘗奉使燕京他使從者交賀皇ゝ獜壽所寓落然不聞人譁中朝人稱為一片氷玉號圭菴追謚文肅

宋猉壽獜壽從弟登科官至議政府右參贊金安國嘗稱其端重貞亮子應溉為大司諫應泂副提學

姜鶴年

列女柳氏高麗末人進士宋克己妻早寡父母欲奪其志柳氏抱幼子奔徃舅家終身其後子孫甚盛

鎮岑縣東至公州界十一里北至同州界十里南至全羅道珍山郡界二十二里西至連山縣界十六里距京都三百九十七里

旱田

水田

建置沿革本百濟真峴縣真一作貞新羅景德王時改鎮嶺為黃山郡領縣高麗初改鎮岑顯宗時省入公州後復置鎮岑縣本朝因之掌面五官員縣監

訓導各一人

郡名真峴　鎮嶺

形勝險阻四塞巖殺周固本朝金世濂新都賦

山川産長山在縣西五里鎮山即雞龍山之東支　鷄龍山在縣西十五里又見連山縣及公州　押岾山一名平安山在縣南二十二里即珍山郡大芚山東支山之南珍山郡境　九峯山一名所足山在縣南五里　密巖山在縣南十五里石峯臨水壁立　甲川在縣東九里或稱車灘源出雞龍大芚兩山合于縣南十里過公州儒城廢縣東至懷德縣入錦江

土産白玉出三岐山　自然銅出九峯山　綠礬出縣南十六里蔚於洞　石灰　蜂蜜　黃蠟　茯苓　安息香　松蕈

學校鄉校在縣南二里

宮室客館

郵驛吾山院在縣東九里　支石院在縣西十五里

祠廟社稷壇在縣西五里　文廟在鄉校　城隍祠在縣南五里　厲壇在縣北

寺刹正覺寺在押岾山　晦見寺　鶴雲寺俱在鷄龍山

連山縣東至鎮岑縣界二十二里至全羅道珍山郡界三十五里南至同道高山縣界十九里至恩津縣界二十六里西至尼山縣界十七里北至公州界三十二里距京都三百九十八里

旱田

水田

建置沿革本百濟黃等也山郡新羅景德王時改黃

山郡高麗初改連山顯宗時省入公州後復置連山縣本朝因之掌面八官負縣監　訓導各人一　今

增　仁祖二十五年革本縣及尼山恩津以土人相聚謀變革合置恩山縣治平川驛　孝宗六年各復舊

郡名黃山

形勝山川雄麗本朝鄭以吾鄉校記　地少平曠本朝李詹義倉記

山川鷄龍山在縣北二十七里我太祖初即位欲移都于山南車駕親巡卜吉畧定基地肇興工役乃以漕運路遠而罷之至今號其地為新都溝渠礎砌猶在　黃山高麗太祖改名天護在縣東五里○新羅金庾信將兵與唐蘇定方攻百濟百濟將軍階伯絜羅兵于黃山之野設三營四戰皆勝兵寡力屈而死○甄萱從高麗太祖討其叛子神劒神劒兵敗降太祖赦不殺降萱憂懣發疽數日卒於黃山佛舍　岾率山在縣東十五里有古城基　馬皐坪在縣西十九里北距尼山南距恩津　龍泉洞在鷄龍山南兩峯餙呀中有大石成穴如臼形山水注瀉其深無底或稱潛淵俗傳常有龍乘雲氣出入遇旱禱雨輒應　鳳林洞在雞龍山東洞壑呀呀有大石橫盤中成窠臼水注其中盈而後溢成瀑俗傳有龍藏其中　仁川在縣南一十里一云沓溪一云居士川即高山縣龍溪川下流經恩津縣北八市津　沙溪在縣西二十里源出雞龍山西流至縣西二十里合尼山大川為草浦　草浦在縣西二十里沙溪之水與尼山大川相合處又西流為市津

土産鐵　自然銅　石硫黃　綠礬出縣東二十里大也洞　芧　蜂蜜　黃蠟　柿　松蕈　銀口魚　蠏

學校鄉校在縣北一里　沙溪書院在縣西七里仁祖末邑人建立祠祀金長生以金集從享孝宗朝賜額

宮室客館　縣監衙在客館南　鄉射堂在縣監衙西

郵驛平川驛在縣西十八里　般若院在縣西二里　草浦院在草浦南岸

關梁鶴橋在客館北　草浦橋在草浦即尼山縣界

祠廟社稷壇在縣西　文廟在鄉校　城隍祠在縣北　厲壇在縣北

陵墓許氏墓在縣西南八里高井山即金閔之妻　金國光墓在縣東二十里　金長生墓在許氏墓傍　金集墓在縣東十五里孤雲寺上

寺刹萬雲寺在雞龍山南　孤雲寺在天護山東

古蹟北山城在縣北三里石築周一千七百四十尺內有一井地勢險阻舊時置軍倉修築今廢址　開泰寺舊在天護山下有高麗太祖真殿寺殿廊寮宏巨無比本朝初猶在後廢於兵燹今有遺址○高麗太祖十九年征百濟大克獲河内三十餘郡及渤海國人皆歸順乃命有司創開泰寺親製願文手書略曰生遇百罹未堪多難兵纏土郡災擾辰韓人莫聊生室無完堵云云證天有誓剗平巨孽極塗炭之生民恣農桑於鄉里上憑佛力次仗玄威二記之水擊火攻身蒙矢石千里之南征東討親枕干戈丙申秋九月於崇善城邊與百濟兵交陣一呼而兇狂瓦解再鼓而逆黨冰消凱唱浮天歡聲動地云云萑蒲寇竊溪洞微兇改悔自新尋懷歸順某也志在於搦奸除惡濟弱扶傾不犯秋毫不傷寸草云云答佛聖之維持酬山靈之贊助特命司局剏造蓮宮乃以天護為山號以開泰為寺名　鳳林寺在雞龍山鳳林洞今廢有遺址其西洞又有上菴今亦廢為遺址

人物本朝金國光其先光州人觀察使若采之曾孫世居連山登科事惠莊康靖兩朝以翊戴獻愷佐理功臣封光山府院君官至左議政謚丁靖子克忸官至大司諫　金謙

光國光弟登科成宗朝官至議政府左參贊以佐理功臣封光城君以清白聞謚恭安子克愃官至禮曹叅判孫憲僉為戶曹叅議　金繼輝國光玄孫少聰敏博洽經史能十行俱下明宗朝登科久在臺閣以剛直著名宣祖朝官至司憲府大司憲嘗觀察黃海慶尚平安全羅四道剖決如流常有餘閒吏民稱神明性清儉明練典故古今事為人物顯晦以至山川城邑自東國至於天下無不貫穿及其沒人以為失一寶鑑　金長生繼輝子少莊重好學師事李珥宣祖朝以薦除職迁至郡守仁祖立召拜司憲府掌令尋辭還李适反上南幸長生赴難行在仍從八京拜工曹叅議疏論時政乞退後除刑曹叅判辭以老不赴卒年八十四長生操履堅確至老不懈於禮考証精博有疑禮問解家禮集覽等書兩湖學者多出其門稱為沙溪先生謚文元　金集長生子端謹飭行以孝謹聞精治禮學初以蔭仕累為州縣仁祖末為左承旨孝宗初拜吏曹判書未久辭還鄉里卒集繼世儒顯朝野重其名謚文敬弟槃登科官吏曹叅判盤子益熙吏曹判書

列女許氏本朝初人大司憲許應女檢閱金問之妻年十七夫亡父母哀之欲嫁約已定許氏知之負孩兒奔往舅家終身事聞旌閭孫國光謙光俱至大官子孫甚盛人以為許氏卓行之慶

尼山縣東至連山縣界十一里南至同縣界十六里西至石城縣界二十五里北至公州界十里距京都三百七十七里

旱田

水田

建置沿革本百濟熱也山縣新羅景德王時改尼山為熊州領縣高麗顯宗時仍入公州後復置尼山縣本朝因之掌面七官員縣監　訓導各一人

郡名

山川曾山在縣北三里鎮山一名城山　高浪原俗稱高浪在縣南三里大阜斗起路出其上　大川在縣東五里源出雞龍山南流至縣南十五里與連山沙溪合為草浦又西流為恩津縣市津　長者池在縣南十五里廣十餘步長可三百步灌溉甚廣

土產鐵出縣南泉洞　苧　蟹　鰤魚

學校鄉校在縣北二里

宮室客館　鄉射堂在客館北

烽燧城山烽燧南應恩津縣皇華山北應公州月城山

郵驛吾德院在縣南十里　弓井院在縣北九里

祠廟社稷壇在縣西　文廟在鄉校　城隍祠在城山　厲壇在縣北

寺刹塔寺在城山

古蹟曾山城石築周一千九百五十尺內有五井舊時修築今皆頹廢

名宦本朝芮承錫　慶延成宗時以行義徵拜主簿出為尼山縣監政清如水吏服民懷居五年卒於官邑人備奠需油蜜以遺之其妻曰何敢累吾夫平素之德皆不受

人物本朝尹煌少力學有志行光海時登科仁祖時累迁司諫院大司諫以清直著名十四年春再上疏言天怒民怨虜必動國必亡之形請罷內需減宮女除貢獻保民養兵之策八月又上疏極言然不用是冬虜傾國來上入南漢山城出城煌被謫及放還故家足不出門而卒子文舉清簡恬退官至大司憲　尹文舉　尹宣舉

扶餘縣東至公州界二十四里至石城縣界十五里南至林川郡界二十里西至青陽縣界三十七里至鴻山縣界十九里北至定山縣界二十一里距京都三百九十六里

旱田

水田一

建置沿革本百濟所夫里郡一云泗沘百濟聖王自熊川徙都於此號南扶餘至義慈王二十年唐高宗遣蘇定方與新羅攻滅之自聖王至此凡一百二十二年唐師旣去新羅併其地文武王十二年置捴管府景德王時改為扶餘郡高麗顯宗時省入公州明宗初復置扶餘縣本朝因之掌面八官員縣監　訓導各一人

郡名泗沘泚或作沘南扶餘別號餘州

形勝炭峴白馬百濟成忠諫義慈王書據白馬之勝本朝許穆序餘州古百濟之墟據白馬之勝又有廣野陂池之饒東接公山西通洪陽負山枕江平阜沃野

風俗其民纖嗇務積貯本朝許穆序其民纖嗇務積貯為治者苟有美政以臨之財力易饒而民食足食足則可教也喜巫覡好淫祠

山川扶蘇山在縣北二里鎭山東峯有城陀處號迎月臺西峯曰送月臺浮山在縣西六里白馬渡上平地突起若浮来故名其東崖臨江層岩削立望之奇勝鷲靈山在縣西二十里望月山在縣東十五里又見石城縣烏山在縣南七里虎巖山在縣北十里山不高峻東臨江水山頂有岩曰天政臺臺下又有一岩上有虎跡故名羅所峴在縣西三十里青陽縣界一云羅發峴炭峴在縣東十四里公州境○按世以邑前白馬江及此峴指為成忠興首所謂白馬炭峴果如是則白馬炭峴俱迫在都城至近之內且非險塞之地何以言擇處上流往守要險也知其必不然也本傳謂白馬江一云伎伐浦炭峴一云沉峴今雖未知其處然以地形事理推之白馬必是白馬江下流入海浦口也炭峴必是羅兵来路要險處三國時今永同黃澗等地皆為新羅之境而珠萃雞龍一帶山脉連亘阻隔東西今連山高山㳂山之間有所謂炭峴者險阨無比恐指此等處也落花巖在縣北二里辟立臨江百濟義慈王為唐兵所敗宮女奔迸登是岩自墜于江故名○本朝洪春卿詩國破家亡異昔時獨留江月幾盈虧落花岩畔花猶在風雨當年不盡吹錦江古稱泗沘河自公州界流入經縣西五里南轉入林川石城之界在縣境者名白馬江○百濟義慈王時有魚死浮水上長三丈食者死又水變赤如血色大王浦在縣南七里源出烏山西入錦江○百濟武王每率群臣遊宴于此醉以鼓琴自歌令從者起舞時人因稱為大王浦良丹浦在縣西七里源出羅所峴東流入錦江金剛川在縣北二十三里即空山縣金剛川下流入錦江石灘在縣東十二里即錦江灘○高麗李存吾構亭灘上遊詠終身嘗有詩曰百濟古國長江曲石灘風月閑幾年野火燒原平如掌時有穀𣫫耕留田我来構亭探勝景萬景媢嫵争来前雲烟明滅蛟螭窟山翠空濛浮遠天白沙岸断浦溆入傑石遷遮横江邉扁舟南轉花𧰼窕石欄桂柱臨澄淵石佛應見義慈代惟有野鶴来忝禪憶昔唐將航海至雄兵十萬鼓淵淵都門一戰謾傾國君王拱手被拘攣神物慘淡亦不守石上遺蹤猶蜿蜒落花岩下波浩湯白雲千載空悠然

土産茯苓　菁魚　鱸魚　秀魚　白魚　鯽魚

學校鄉校在縣西一里

宮室客舘　遠憂堂在白馬渡西岸石壁上俯臨江流左議政李敬輿別墅取處江湖憂其君之義又稱白江亭金尚憲為記虎巖亭在虎岩山東臨江水有勝致

郵驛　恩山驛在縣西十五里　龍田驛在縣東八里　古省院在縣西五里　福泉院在縣北二十里　金剛院在金剛川岸

關梁　良丹橋跨良丹浦　金剛橋跨金剛川　白馬渡在縣西五里即錦江津渡處唐蘇定方伐百濟時餌白馬釣龍渡師故因名白馬○本朝朴淳詩悠ゝ白馬渡昔日繫龍舟故國收王氣長江滿客愁沙鷗飛落日漁笛下寒流欲問當時事空餘汗簡羞

祠廟　社稷壇在縣西　文廟在鄉校　城隍祠在扶蘇山頂　顯義祠在望月山西宣祖初縣監洪可臣建祀百濟成忠興首階伯及高麗李存吾又築書齋于側使鄉士作藏修之所李珥作記　厲壇在縣北

陵墓

寺刹　崇角寺　道泉寺　鷲龍寺俱在鷲靈山　普覺寺　望月寺俱在望月山　虎巖寺在虎岩山天政臺下　高蘭寺或名皐蘭在扶蘇山北俯臨江流落花岩在其西釣龍臺在其東○本朝柳根詩江心一片釣龍臺ゝ畔滄波去不迴半月城空餘古木落花岩老只蒼苔碑從顯慶年間立寺向丹丘峽裡開陳迹悠ゝ問無處高僧笑指鳥飛來○本朝李景奭詩白馬江頭潮欲生扶蘇山外夕陽明興亡舊迹尋無處唯有高蘭一磬鳴　望心寺在鷲靈山　浮山菴在浮山據在層岩間俯瞰江水

古蹟　半月城石築周一萬三千六尺即古百濟都城也抱扶蘇山而築兩頭抵白馬江形如半月故名今縣治在其內　甑山城在縣西十四里石築周一千二百六十九尺內有一井今廢　青山城在縣東一里石築周一千八百尺內有三井　天政臺在縣北十里許虎岩山頂有岩如臺下臨江水諺云百濟末欲拜宰相則書當選者名函封置岩上須臾取看名上有印迹者為相故名或稱政事岩　釣龍臺在扶蘇山下有恠石跨于江滸石上有龍攫之跡世傳唐蘇定方伐百濟臨江欲渡忽風雨大作以白馬為餌而釣得一龍須臾開霽遂渡師伐之故因名釣龍臺云　自溫臺在縣西五里白馬渡下有怪岩跨于水渚可坐十餘人諺傳義慈王每遊此岩稱岩自溫煖故名本朝李春英詩千尋鐵壁捲雲根是處高臺號自溫亡國如鴻那可問石苔空長雨餘痕　義塩倉古基在縣東十里舊以沿海各邑塩和糴　蘇定方碑在縣西二里唐高宗遣定方與新羅金庾信伐百濟滅之立石紀功

名官　本朝洪可臣宣祖朝為扶餘縣監廉簡愛人平徭役勸農桑以興學善俗為務居五年一邑大治召入為持平

流寓　李存吾高麗慶州人恭愍王時為正言上書論辛旽貶長沙監務及罷居于石灘構亭灘上優游嘯咏見國事日非憂憤成疾ゝ革使人扶起曰旽尚熾乎旽亡吾乃亡返席未安而卒沒三月旽誅王思其忠特贈成均大司成　鄭麟趾本朝世宗時麟趾父縣監典仁老于扶餘特除麟趾為本道觀察使及父沒麟趾廬墓三年世祖時為領相論儒繹是非忤旨流扶餘未久召還詳開城府　李敬輿漢城人仁祖時寓居扶餘築遠憂堂自號白江時敬輿已貴顯而儉約如寒士後入為左議政

人物　百濟　成忠義慈王時為佐平王與宮人淫荒耽樂不止成忠極諫王怒囚之獄中忠將死上書曰忠臣死不忘君願一言而死臣視時察變必有兵革之事凡用兵審擇其地處上流而迎敵然後可以保全若異國兵來陸路不使過炭峴水軍不使入白江據其險隘以禦之然後可也王不省及唐羅兵過炭峴白江乘勝薄城王知不免嘆曰悔不用成忠之言以至於此　階伯階伯仕百濟為達率唐蘇定方與新羅兵來伐階伯為將軍至黃山之野設三營遇新羅兵將戰誓衆曰昔句踐以五千人破吳七十萬衆今日宜各奮勵決勝以報國恩遂鏖戰無不以一當千羅兵乃却如是進退至四合力屈而死　興首義慈王時為佐平以罪流古馬彌知縣及唐兵至德

物島王遣人問戰守之宜興首曰白江炭峴一夫單鎗萬人莫當宜簡勇士往守之使唐兵不得入白江羅兵不得過炭峴大王重閉固守待其粮盡辛疲然後奮擊之破之必矣大臣等曰興首久在縲紲之中怨王其言不可用也王然之遂至於滅

福信武王之從子義慈既降福信與浮屠道探據周留城迎王子扶餘豊立為王軍卒甚盛引兵圍唐將劉仁願於都城及劉仁軌與新羅合擊之解圍福信退保任存城自稱霜本將軍後為豊所殺

黑齒常之西部人長七尺餘驍毅有謀畧義慈時為達率兼風達郡將蘇定方執義慈因縱兵掠常之與十餘人遯去復聚逋亡依任存城山自固不旬日赦者三萬定方攻之弗克遂復二百餘城與別部將沙吒相如應福信龍朔中高宗遣使招諭乃詣劉仁軌降入唐累為燕然道大揔管武衛大將軍封燕國公

遲受信劉仁軌至白馬江遇倭兵之救扶餘豊者四戰皆克豊脫身而走王子扶餘忠勝忠志等與倭人並降獨遲受信據任存城地險城固粮儲又多攻之三旬不下及城陷委妻子奔高句麗

石城縣東至尼山縣界十六里南至恩津縣界北至二十四里西至林川郡界十二里扶餘縣界十七里距京都三百九十二里

旱田

水田

建置沿革本百濟珎悪山縣新羅景德王時改石山為扶餘郡領縣高麗初改石城顯宗時省入公州明宗初復置石城縣尋還省入恭愍王時復析之為扶餘縣兼任恭讓王初復置縣本朝因之掌面

八官貟縣監　訓導各一人

郡名石山

山川望月山在縣北十三里　波鎮山在縣西四里　佛巖山在縣南八里下臨錦江上有古城周可一里　太祖峯在縣北九里　鳳凰巖在縣東五里　藏軍洞在縣北九里與太祖峯相對中有大路洞門曲俠行人見之疑若無洞穽入其內極廣濶可藏萬餘兵世傳唐將蘇定方伐百濟時藏兵于此故因以為號　錦江自扶餘縣流入經縣西十里過恩津縣境入全羅道礪山郡界其西即林川郡地　水湯川源有二一出尼山縣北金堀伊一出扶餘縣元息洞合流於縣東七里為此水流至縣南称猪浦入錦江　三堤池在縣東十一里堤三百步周四里其西北又有一堤二堤兩池皆有灌漑之利

土產苧　半夏　葦魚　白魚　蟹　秀魚　鯽魚

學校鄉校在縣北一里

宮室客館

郵驛水湯院在縣東十三里　臨江院在縣西十二里

關梁觀音橋在縣南門外　水湯川橋在縣東十三里　猪浦川橋在縣南五里　古多渡在縣西十二里又名古城津即錦江津渡路通林川郡北

祠廟社稷壇在縣西　文廟在鄉校　城隍祠在縣北七里　厲壇在縣北

寺刹正覺寺　兜率菴俱在望月山

古蹟

燕歧縣東至清州界十五里至文義縣界十五里南至公州界十三里西至同州界十三里北至全義縣界二十六里距京都二百八十七里

旱田

水田

建置沿革本百濟豆仍只縣新羅景德王時改名燕岐為燕山郡領縣高麗顯宗時省入清州明宗時復置燕岐縣後為木州兼任本朝　恭定王六年復置縣十四年併入全義十六年復析置掌面八

官員縣監　訓導各一人

郡名

風俗民勤稼穡　無告訐之風

山川城山在縣東一里鎮山　元帥山在縣南五里○高麗忠烈王十七年哈丹侵軼王請兵于元世祖遣平章薛闍干領兵來助王以韓希愈金忻等將三軍偕元兵與丹兵戰于縣北清州之界正左山下大捷追至公州熊津伏尸三十餘里斬獲不可勝計俗至今呼駐軍之地為元帥山　正左山在縣北十五里清州界　五峯山在縣北十三里　東津水在縣東五里其源有二一出鎮川縣頭陀山經清州為鵲水一出全義縣南流合入于公州之錦江

土產磁器　陶器　蟹　訥魚　錦鱗魚

學校鄉校在縣西一里

宮室客館　鄉射堂在客館北　燕喜樓在客館東前有小池

郵驛金沙驛在縣南五里　松峴院在縣北二十一里　新院在縣東十四里　東津院在縣東五里

祠廟社稷壇在縣西　文廟在鄉校　城隍祠在縣東一里　厲壇在縣北　松齋祠在縣北七里今上朝建

寺刹安禪寺　興泉寺俱在五峯山

古蹟城山城石築周二千六百七十一尺今廢

名宦本朝許晚石為燕岐縣監政務勤儉縣北十五里築大堤灌注千餘頃晚石親督其役堤在清州境清人群聚發不遜語折晚石所據胡床晚石不為動堤成民賴其利至今稱頌

人物本朝金俊孫文科恭僖王朝參靖國功封燕城君官至知中樞府事

洪州牧東至大興縣界二十五里至青陽縣界五十里南至鴻山縣界五十二里至保寧縣界二十九里西至結城縣界九里至海岸三十里北至德山縣界十六里至任內新平縣大津一百五里距京都三百四十五里

旱田

水田

建置沿革本百濟地高麗初為運州高麗太祖宗錄十年王入運州註云即今洪州○按今洪州百濟新羅地志皆無見焉此四傍諸小縣皆載於志不應此州獨見漏況今州東大興縣境有古任存城距州治僅十餘里任存在百濟為名城新羅亦仍為任城郡皆非小屬縣之比必是今州治百濟時為任存城地新羅為任存郡地而羅末或麗初始於此置運州也東史於凡郡縣之別置新邑者則只云某時為某邑而不知記其前為某邑地以致如此者多顯宗時改為洪州恭愍王時陞為牧本朝因之、世祖時置鎮今　上時降為洪陽縣尋復為洪州掌面二十七鎮管郡五舒川瑞山泰安沔川溫陽縣十四平澤鴻山德山青陽大興庇仁藍浦結城保寧牙山新昌禮山海美唐津官員牧使　判官

教授各一人

郡名　運州　洪陽 别號安平

形勝　南鎮烏岳北連大津東限諸山西縈巨海　湖西鉅州 本朝曹偉洪陽館記洪湖西鉅州地沃而廣民繁以庶 烏山前峙渤海右環　包山負野地總一方 并州志

風俗　務稼穡好蓄積 州志

山川　月山 在州西三里鎮山 烏栖山 一作五聖山在州南十八里在諸山最穹窿其上高平如展屏又見保寧結城二縣 三尊山 在州西十里 八峯山 在州北八里一名龍鳳山山〻上石峯列立如鉅世稱小金剛又有將軍石高聳崔瑩嘗遊憩故名○本朝李粹光詩八箇峯巒勢挿天夸娥一〻費雕鐫奇觀不必多為勝休道金剛萬二千 巴城山 在州東四里小山 大興山 一名鳳首山在州東二十里大興縣界其南岡有古任存城 三峯山 在州東北二十三里中峯有崔瑩祠 吾里峴 在州南四十七里青陽縣界 海 新平高丘興陽皆際海 灣川 俗稱金馬川出州東南二十里經州東五里北流入德山縣境 漆川 俗稱驪陽川源出烏栖山東自驪陽廢縣南北流入大興縣境 大津浦 在新平廢縣北距州北一百十二里水原牙山新昌沔川衆流所會西連大海有石立中流高五十餘丈巉岩卓絶俗稱宰臣令公岩 合德池 在合德廢縣東堤長三百步周可二十里灌溉甚博民蒙其利 興陽串 即古興陽縣周四十九里有牧場 大山串 在大山部曲連瑞山郡境周九十里有牧場 元山島 在州南海中去岸七里南北舟船經由之地有牧場里周四十 石非島 俗云冬乙非島在元山島傍周一百十三里 錚是島 俗云沙邑時島周五十九里 流島 俗云與兒音島周七十三里 古台島 周二十九里 長鼓島 與古台島相對周十里 人島 俗云沙兒音島周二十五里 橫巾島 周十三里 嗚呼島 俗云葯盃島水路二百餘里周九十五里土地甚饒出楮竹箭有古城關遺址石砌宛然今無居人世以此為田橫所入處然一統志萊州即墨縣東北一百里有田橫島去岸二十五里橫衆五百人死於此云則以此為田橫所入處者非是 外安島 一云外安代島在鳴呼島東周三十里出竹箭○已上島俱在州南海中

土産　鐵 出天生浦 膩石 出上田所石理細膩可為石鼎畫書 石灰　莞席　竹箭　柹　石菖蒲　天門冬　麥門冬　秀魚　石首魚　青魚　廣魚　眞魚　鯊魚　白魚　蘇魚　洪魚　鱸魚　烏賊魚　黃小魚　錢魚　麻魚　鰒　絡蹄　蠏　蛤　石花　土花　大蝦　紫蝦　江瑤柱　海衣　黃角　青角

城郭　州城 石築周四千九百十五尺立門四東曰　南曰　西曰　北曰　城內有三泉

學校　鄉校 在州北三里

宮室　洪陽館 即客館 鄉射堂 在客館西南 鍊武堂 在城北門外 繫風樓 在客館東觀察使曹偉改名迎薰○本朝李承召詩雲軒風緊近秋天遠客登臨倍黯然澤國正逢鱸膾美故鄉遥憶鴈書傳千重碧樹分高下一抹青山擁後前命駕欲歸歸未得故應嘶愧李鷹賢○李誠中詩南州新府說饒洪利盡魚鹽賦上中天作樓臺海玉節地蒸氣祲射瑤空桃花村靜人無事白雉波恬海不風都督自知非雅望勝遊猶是百夫雄 四達亭 在牧使衙北鑿池種蓮亭在池中○本朝李粹光詩重簷日午展細波曲渚陰〻柳影多欲識亭中奇絶處也須乘月看新荷 南館 在客館西南一名望日軒

烽燧興陽串烽燧東應保寧縣助侵山北應結城縣高山 高丘城山烽燧南應結城縣高山西應瑞山郡都飛山

郵驛世川驛在州東三里○今移在州南十五里 龍谷驛在州南四十五里 驪陽院在驪陽縣 仁厚院在州東二十三里 弘天院在州北十一里

關梁西川橋在城西門外 大津渡在新平縣北大津浦渡廣二十里其北即京畿水原府境遇風則波濤甚險

祠廟社稷壇在州西 文廟在鄉校 城隍祠在月山 厲壇在州北

崔瑩祠在三峯山上邑民謂瑩死後能為人禍福凡有祈禱者坌集○李粹光詩崔將軍真壯士天為吾東生我地手提一劍擊群兇左贓紅巾右黑齒旋旗鴨綠無回路東市衣冠眼猶怒魂歸赤洞鄉祠開猛氣如存食故土死後還能秋福人至今奔走洪陽民洪陽之民祀將軍金支翠纛千千春迎神盻蠁伐鼉鼓釀酒炮牲野巫舞英風吹散紙錢灰白日往往神靈雨丹青剝落鬼晝嘯鐵衣蝕盡苔花曉一時之功萬世完松岳蒼蒼山月老

陵墓成勝墓在州東二十餘里仁厚院傍○今按京圻衿川縣露梁有成氏父子墓而相傳如此未可考

寺刹龍鳳寺在八峯山山勢控抱寺據中麓○本朝李舒詩三面奇峯繞梵宫千尋峭壁入雲空前山開豁孤村迥絶磴縈迴一徑通權相曾遊遺跡行公何處想高風坐來松吹清人耳世慮不干方寸中○李粹光詩清切珠庭近紫宫八峯如東倚層空初疑洞裡無僧住却喜林間有路通龍送夜吟秋澗雨鶴驚秋夢萬松風山靈定惟分多少收拾烟霞滿袖中

靈鳳寺俱在八峯山 三尊寺在三尊山 青光寺在州南十五里青光山 青松寺 法華寺 西方菴俱在月山

古蹟新平廢縣在州北九十里越八沔川郡北村本百濟沙平縣新羅景德王改新平為槥城郡領縣顯宗時省入本朝因之 驪陽廢縣一在州南三十七里驪一作黎本百濟沙尸良縣一云沙羅新羅改新良為潔城郡領縣高麗初改置驪陽縣顯宗時省入本朝因之有山城石築周六千四十尺內有一井今有圮毀 高丘廢縣在州西三十里本百濟牛見縣新羅改目牛為伊山郡領縣高麗初改高丘顯宗時省入本朝因之 興陽廢縣在州南五十里古名遠軍高麗顯宗時改興陽仍入 合德廢縣在州北四十里本德豐縣合德部曲高麗忠烈王時以邑人官者黃石良入元朝有寵陞為縣後省入于州本朝因之 大山部曲在州西九十里越入瑞山郡東北村有收場 化城部曲在州南五十里 雲川鄉在州西四十里越入海美縣北村瑞山郡東北村 玉賜金所在州南二十七里其東有井号曰玉賜井 上田所在州南七十四里越入青陽縣南村 明海所在新平縣北一百四里 彌勒寺舊址在州東一里有石橋 月山城石築周九千七百尺內有一井今廢 崔瑩宅在州東二十三里三峯山下赤洞里後為成三問居

名宦本朝安騰 辛有定太宗朝為洪州牧使清簡為政務祛弊興利民懷其惠 柳思訥為洪州牧使政尚廉平 田興 金禮蒙 鄭自濟俱為洪州牧使 金鉤世宗朝為洪州判官多善政 李明晨為洪州牧使清簡自持所至有治績 李宜茂燕山時出牧洪州有惠政卒於官民追思之 蘇世讓中宗朝代鄭士龍為牧使士龍專務吟詩宴樂及世讓至善於政理未久為本道觀察使吏民皆曰我公來矣 洪可臣宣祖朝為洪州牧使時當倭亂勤於撫恤鴻山叛賊李夢鶴攻陷鴻山等六郡進圍洪州可臣拒城討平之策清亂功臣 鄭曄宣祖朝為洪州牧使廉靜有惠政後又為本道觀察使 李粹光宣祖末代李安訥牧洪州文人為宰者時稱前有鄭蘇後有兩李粹光居官恬

靜與民休息著洪陽志居四年入為禮曹參判

流寓

成勝其先昌寧人為本州赤洞里朴瞎婿仍居焉子三問生長於此勝以武進清直慷慨事世宗文宗兩朝為都摠管我世祖初與三問死於忠節

人物

高麗

洪覲事太祖官至三重大匡女為太祖興福院夫人

陳俊驪陽人有勇力起行伍積勞拜衛將軍明宗朝累遷至知樞密院事進參知政事庚癸之禍文臣家賴俊全活者多時人謂有陰德後必昌

陳湜俊孫登科有文名官至御史大夫

陳澕湜弟神宗朝登科選入翰林院以右司諫知制誥出知公州卒善為詩詞語清麗少與李奎報齊名

崔瑩其先鐵原人生於州之赤洞里翰林學士雍之孫風姿魁偉武勇過人初隷楊廣道都巡問使麾下屢擒倭賊恭愍王三年拜大護軍與柳濯赴元從丞相脫脫征高郵力戰有功還國累轉左散騎常侍紅巾之亂與安祐李芳實等收復京都錄勳為一等誅金鏞逐德興君討哈赤破倭賊誅林堅味廉興邦皆瑩力也封鐵原府院君領三司事瑩清白出於天性賞賜田民固辭不受臨陣神氣安閑矢石交於前略無懼色大小百戰未嘗一敗身都將相閫節不到世服其清務持大體每赴都堂正色直言不少隱辛禑時決策攻遼 太祖回軍執而流配臺官論殺之死日都人罷市遠近聞者街童巷婦皆為之流涕謚武愍

本朝

李詹高麗恭愍朝擢魁科三轉為正言恭讓時轉大司成嘗進九規一曰養德二曰慮事三曰改過四曰敦本五曰譏已六曰施仁七曰比類八曰明政九曰保業累陞知申事以事流于靈山之桂城未幾釋之入本朝歷典書集賢直學士藝文舘學士知議政府事卒謚文安有雙梅堂集行於世

李舒麗末為右常侍入本朝參開國功臣官至領議政封安平府院君謚文簡有孝行旌閭

成三問勝子為人豪爽正直文章雅潔 莊憲王朝登科久在經筵備顧問遷至左承旨及 惠莊王受禪三問與父勝及朴彭年河緯地俞應孚等謀復上王事覺上親鞫三問抗辭曰三問為人臣不忍見君父之見廢耳天下誰有不愛其君父者乎我心人皆知之王子何惟而問至灼鐵穿脚不屈臨刑死顏色自若世謂之六臣

卜僩官至掌令以孝行旌門

徐起其先利川人後徙為州人家世寒微七歲學於里中鄉師異其為人幼篤孝稍長益力學汎濫百家衆技年二十遇李之菡與遊四方八海登漢拏山而還就李仲虎受大學中庸之旨三十始返鄉里嘆鄉風鄙惡欲行鄉約為惡少所忌八智異山下後徙公州潛思力行樂而忘食晩而德益成遠近學者爭來師之又見公州

朴名賢其先本竹山人徙為州人雄勇有膽畧射藝絶倫 宣祖時登武科累典州鎮鴻山賊李夢鶴叛陥諸郡攻圍洪州名賢從牧使洪可臣討斬平之策功封延昌君為知中樞府事先海時遘誣獄見殺

舒川郡東至韓山郡界十一里南至全羅道沃溝縣界二十五里西至庇仁縣界九里北至鴻山縣界四十一里距京都四百七十里

旱田

水田

建置沿革本百濟舌林郡一云南陽新羅景德王時改西林郡高麗顯宗時省入嘉林郡後復置西林縣忠肅王初陞為西州以縣人李彥忠有勞於忠宣王陞 本朝 恭定王十三年改為舒川郡掌面十六官負郡守 訓導一各一人

郡名西林　西州

形勝西南限江海東北阻山原

風俗

山川烏山在郡城北鎮山雲根山在郡南七里靈鷲山在郡南六里千

方山在郡東十九里 大藪山在郡東二十里 金福峴在郡北二十里 猪嶺在郡北四十里 海在郡西十五里 錦江自韓山郡界流入經郡南二十五里與全羅道沃溝縣分境西流入海又名鎮浦 長橋川在郡南四里源出庇仁縣扶蘇峴入同縣長背串 芽浦在郡南十里詳韓山郡 吉山浦在郡東十三里源出猪嶺南流入錦江 新池在城南八里 東池 西池俱在城東五里 開也召島周十三里 烔島俱在郡西海中

土產 苧 竹 竹箭出開也召島 柹 安息香 秀魚 洪魚 鯊魚 秀魚 烏賊魚 刀魚 魚鰾 石首魚 葦魚 錢魚 民魚 眞魚 麻魚 鱸魚 青魚 鰒 紅蛤 蛤 土花 石花 絡蹄 大蝦 海衣 黃角

城郭 郡城石築周三千五百二十五尺東南有門內有五泉二池

公署 舒川浦萬戶鎮在郡南二十六里石城周一千三百十一尺○水軍萬戶一人○高麗時稱長岩鎮平章事杜英哲嘗流是鎮與一老人相善及召還老人戒其苟進英哲諾後位至平章事果又陷罪貶過焉老人作歌以譏之樂府有長岩曲

學校 鄉校舊在郡南十里今移在東門外

宮室 客館 鄉射堂在南門外 鍊武廳在南門外 樂民堂即公衙外東軒 望海亭在客館北中郡守崔淄建通望大海故名○本朝沈守慶詩大野連滄海憑高一望平波濤浮浩渺島嶼點空明浦濶孤帆去天低落日橫倦遊猶矯首吟嘯不勝情 白沙亭在郡西南十三里

烽燧 雲銀山烽燧南應全羅道沃溝縣占方山北應庇仁縣漆枝山

郵驛 豆谷驛在郡南十一里 容望院在郡西八里 吉山院在郡東九里

關梁 長橋在郡西五里 龍堂渡在郡南二十四里即錦江津渡路通沃溝臨陂西連海口水濶迅急

祠廟 社稷壇在郡西 文廟在鄉校 城隍祠在古邑城內 厲壇在郡北 龍堂祠在郡南二十四里高麗皆為熊津溟所降香祝今則本邑致祭

寺刹 祇園寺在靈鷲山 大芚寺 望德寺 千方寺俱在千方山

古蹟 古邑城在靈鷲山頂石築周一千五百四十五尺內有一井 莊憲王甞以其地欹側阻絶移于今治其下又有古邑基址

名宦 本朝 鄭瞱昭敬王朝為舒川郡守撫摩以誠一境安堵立碑頌德後又為本道觀察使

流寓 海上漁人李之菡嘗言我遊方外曾見逸士三人太上海上漁人其次徐起漁人常在海上操舟捕魚為業居無定所不言姓名始見於舒川海上有一妻一女不使大船但用中舟漁暇或運穀受直資活舟容三百斛載二百即止不以受直多寡為意嘗邀我遠漁乘輕舟信帆則若出天外非衆漁所能到其操拖捩頭皆入神能妙解天文無毫差嘗出外其妻偶往鄰家獨其女在有人來貿魚女受價稍重妻歸而驚曰此魚直若干而汝過受父聞必怒急使往退減其價而還之此可見其一端後十年再遇於全羅海上惜乎我不能知其名也

瑞山郡 東至海美縣界十七里南至要兒梁一百四十二里西至泰安郡界二十四里北至大山浦五十七里距京都四百二十二里

旱田

水田

建置沿革本百濟基郡新羅景德王時改爲富城郡高麗因之仁宗時降爲縣忠烈王時陞爲瑞山郡忠烈王十年以縣人大護軍鄭仁卿有功陞尋又陞瑞州牧忠宣王初降爲瑞寧府後又爲瑞州本朝 太宗十三年改爲瑞山郡置面十六官員郡守 訓導各一人

郡名基郡 富城 瑞寧 瑞州

形勝海環三面朴元亨詩

風俗

山川聖旺山在郡北八里 象王山在郡東三十里海美縣界 八峯山在郡北海岸十五里 都飛山在郡南十八里 海在郡西南北皆海 龍遊川在郡東十八里 板橋川在郡南六里源出聖旺山南入海 興仁橋川在郡西二十四里源出八峯山南入海 安眠串古安眠所在郡南由陸路一百里隅海浦相望形如拖帶繞八海中七十餘里居民皆鹽戶自高麗儲養材木宮室舟船之材皆取於此又見泰安郡 萇浦串古萇浦所在郡南十五里 栗串在郡南十里 白沙汀在郡北七十里周十餘里中有池 看月島在郡南三十五里 波知島在郡北

土産鐵出郡南馬山里 苧 紫草 松蕈 鹽 秀魚 青魚 鱸魚 烏賊魚 石首魚 鰒 眞魚 麻魚 錢魚 鯊魚 魚鰾 絡締 蛤 大蝦 紫蝦 江瑤柱 海參 鯽魚 銀口魚 蟹 白花蛇

城郭郡城石築周三千七百十尺西有小溪入城內

公署波知島萬戶鎭在郡北三十里○水軍萬戶一人○本朝 恭僖王時始築石城周一千三百三十七尺內有一井

學校鄕校在郡西一里

宮室客館本朝曹偉詩熏風深院野棠開吏散庭空草似苔萇浦潮聲收海盡象山雲氣接天來思菴舊宅尋無處學士今蹤去不回訪古令人增感慨一尊須醉臭如雷 御風樓在客館東有蓮池 清心堂郡守尚忠年建

烽燧北山烽燧東應海美縣安國山西應泰安郡白華山 都飛山烽燧東應洪州高丘縣城山北應泰安白華山

郵驛豐田驛在郡西六里[illegible]按寇流亡恭愍王時復置省[illegible]縣得能津來屬 冷井院在郡南十五里 猪旨院在郡南五里 芒峴院在郡西六里

關梁要兒梁戍在郡南一百四十二里水軍節度使分兵戍之 板橋 金剛橋在龍遊川 興仁橋

祠廟社稷壇在郡西 文廟在鄕校 城隍祠在北山城內 厲壇在郡北

陵墓鄭忠信墓在郡北三十里

寺刹開心寺 文殊寺 普賢寺俱在象王山 雲巖菴在八峯山 普願寺在象王山 浮石寺在都飛山 捨利寺在八峯山

古蹟池谷廢縣在郡北二十里本百濟知六縣新羅改地育為富城郡領縣高麗改池谷仍入瑞山郡本朝因之有古石城周一千二十七尺 廣地鄉在郡南九十三里 安眠所俱越入泰安郡南村 助立部曲在郡北五十三里今稱大山串 北山城石築周一千六百八十尺內有三井今廢 古永豐倉

名官新羅崔致遠真聖王時為富城郡太守王召為賀正使以盜賊交午道梗不行

高麗金周鼎以蔭調富城尉時蒙兵大至周鼎措置得宜咸惠並著一方稱之

人物高麗鄭仁卿高宗末蒙兵來屯稷山新昌二縣仁卿夜攻有攻補諸校忠烈朝以功勞授西北面都指揮使官至中贊初以舌人知名所至有聲績謚襄烈 柳淑父成柱為太常卿淑為人精詳博通經史忠惠朝登科從恭愍王入侍元朝忠穆即位恭愍僚佐多不守節淑獨不變恭愍即位拜代言錄燕邸侍從功為一等歷版圖判書樞密院直學士又錄誅奇轍功賜安社功臣鐵券後拜僉議贊成事忤辛旽罷封瑞寧君淑乞退許之將相大臣門生故吏咸餞于郊淑賦詩其末聯云不是忠義誠意薄大名之下久居難淑既去旽恐淑復用以淑詩譖于王曰淑以范蠡自居以句踐比王王愈怒乃命杖之除名籍沒旽遂縊殺于靈光及旽誅王始悟悼甚雪其寃謚文僖後配享恭愍廟庭 柳實淑子驍勇善騎射累立戰功官至密直副使 本朝柳方善淑曾孫有詩名太宗時遭家禍流永川後遇赦從便學者多從之游有泰齋集行于世 柳允謙方善子登科累官司諫院大司諫有文名

泰安郡東至瑞山郡界十二里南至同郡界六十五里西至所斤浦三十三里北至瑞山郡界十七里距京都四百三十九里

旱田

水田

建置沿革本百濟省大芀縣新羅景德王時改蘇泰為富城郡領縣高麗顯宗時省入運州忠烈王時陞為泰安郡以郡人宦者李大順有寵於元陞 本朝因之掌面六

官員郡守 訓導各一人

郡名蘇泰或云蘇州

形勝海環三面本朝朴元亨語 邊海要害之地本朝申叔舟客館記 號為沃區前人記有魚鹽之利號為沃區

山川白華山在郡北三里四面皆石郡北十三里又有白華山亦四面皆石二山相類 奈山在郡西二十三里 金屈山在郡北十三里 勿金山在郡東十里 安眠串在郡南三十里又見瑞山郡 安興梁在郡西三十四里古稱難行梁海水險漕船到此屢敗人惡之改今名 知靈山串在郡西二十五里 大小山串在郡西二十五里 梨山串在郡北四十二里 薪串在郡北二十九里以上四串俱有牧場 海郡三面皆海 方伊羅島在郡北海中 凡島 葛島 竹島 末應介島 加外島 兎島 上山島 屈島島 下草島 甕浮島 積岾島 居兒島 閒音山島 羅治島 郡北波島已上諸島俱在西海中 下山島在郡南 堀浦在郡東十三里○高麗仁宗以安興亭下水道為衆流所激又有岩石之險往往覆舟由蘇泰縣境鑿渠通之則船行無碍遣鄭襲明發傍郡人數千鑿之竟未就 恭讓時宗室王康建議古鑿渠處深鑿者十餘里其未鑿者不過七里若畢鑿使海水流通則每歲漕運不經安興梁四百餘里之險於是發丁夫鑿之石在水底且海潮往來隨鑿隨塞竟未施功 本朝 世祖時獻議者

或以為可鑿或以為不可鑿上遣安善孫試之功不可成命申叔舟審視論議不一而止**釜浦**在郡西三十里新羅良莊王五年釜浦水變為血即此

土産　鐵出多修山串　白玉出安興梁海邊　竹　竹箭出竹島及炭項　紫草　松蕈　柴胡　防風　鹽　秀魚　石首魚　青魚　鱸魚　錢魚　鰒　鯊魚　烏賊魚　魚鰾　麻魚　刀魚　蝦　蛤　竹蛤　石花　海參　小螺　江瑤柱　海衣　黄角　細毛

城郭　郡城石築周一千五百六十一尺南開一門內有四井○南秀文記洪武癸丑郡被倭寇甚慘守倅率一二吏僑寓瑞山郡癸亥又移禮山縣庚午賊氣稍息還堡于瑞山號曰蓴堤備禦海寇兼任郡寄然閩境荊榛突為獸藪國家故置講武場永樂丙申我太宗駕幸春蒐惜其地荒乃復置郡古治明年又城之

公署　所斤浦僉節制使鎮一名枋斤浦在郡西三十三里中宗九年始築石城周二千一百六十尺所管唐津浦波知島○水軍僉節制使一人　安興梁僉節制使鎮在安興梁舊所斤僉節制使分兵戍之

學校　鄉校在郡東一里魚世謙有記

宮室　客館世宗二十年郡守金俒建有申叔舟記

烽燧　白華山烽燧東應瑞山郡北山南應同郡都飛山

郵驛　下川驛在郡東十二里　興仁院在郡東十里

關梁　興仁橋在堀浦

祠廟　社稷壇在郡西　文廟在鄉校　城隍祠在郡西北一里　厲壇在郡北

寺刹　安波寺在知靈山高麗旹以水路險惡漕運船屢敗為建是寺中遺倭寇破壞殆盡本朝世祖時重建　興住寺在白華山

古蹟　古泰安城在堀浦　蓴城鎮在郡東十四里有石城周一千三百五十三尺今廢　福平鄉在郡西十五里本瑞山郡地我莊憲王二十七年割入　白華山古城石築周二千四十二尺內有一井今廢　太一殿在白華山古城內本朝成宗時自慶尚道義城縣移置于此每歲上元降香以祭今廢之

名宦　本朝　朴弘文莊憲王朝知泰安郡事麗季郡經兵燹沒為荒墟自國朝以後郡民流散者悉復他邑之民亦樂歸焉時朝廷令諸道刷徙時流亡於是郡民在行者百餘戶安業重遷無興新徙弘文曰郡之民戶僅三百所與出稅奉期約者太半羈寓者今既衣食婚嫁於斯長子孫豈可重為之擾況郡為民設無民不可為郡即聞于都堂一境得按堵如故民皆感泣

沔川郡　東至洪州界十七里南至德山縣界十二里西至唐津縣界十三里北至同縣界十五里距京都三百七十五里

旱田

水田

建置沿革　本百濟槥郡新羅景德王時改槥城郡高麗顯宗時省入運州後復置槥城縣忠烈王時陞為沔州忠烈王十六年以縣人卜奎禦哈丹兵有功陞　本朝　恭定王十三年改為沔川郡　掌面十二　官員　郡守　訓導各一人

郡名 㦖郡 㦖城（㦖俗作㦖 或作杻非） 沔州

形勝

山川 串菴山（在郡北十二里） 多佛山（在郡西十里） 蒙山（在郡北四里） 鳳栖山（在郡東二里） 馬山（在郡南八里） 倉宅山（一名高山 在倉宅串） 海（在郡北四十五里） 犯斤乃浦（在郡東二十七里 德山縣新橋川及禮山縣柰川新昌縣大浦水會流入海處 舊有倉 納公州所領郡縣稅米 漕至于京 成化十四年以水淺舟膠移于牙山貢稅串） 倉宅串（在郡北三十五里 有牧場） 碧骨池（在郡東）

土産 石灰 柿 紫草 黃芩 半夏 麥門冬 秀魚 石首魚 民魚 眞魚 鱸魚 白魚 錢魚 烏賊魚 鯽魚 魚鰾 銀口魚 蛤 蝛 蝦 石花

城郭 郡城（石築 周三千二尺 唯南開一門 城內有二井）

學校 鄉校（在郡東二里）

宮室 客館 伴月樓（在客館東 ○本朝沈守慶詩 檻外池心靜 松間夕道長 竹蹤微見影 荷老細聞香 薄晚風塵暑 新秋雨送凉 客還鷗鷺序 飮興立斜陽）

烽燧 倉宅山烽燧（西應唐津縣高山 北應京畿陽城縣槐台吉串）

郵驛 順城驛（在郡東四里） 東濟院（在郡東五里）

祠廟 社稷壇（在郡西） 文廟（在鄉校） 城隍祠（在蒙山） 厲壇（在郡北）

陵墓 具藝墓（在郡北十二里串菴山） 李安訥墓（在郡北三十里 李荇墓同在一處）

寺刹 具龍菴 長安菴（俱在串菴山） 保會菴（在多佛山） 石水菴（在倉宅串）

古蹟 蒙山城（石築 周一千三百尺 內有二井 今廢） 僊樽臺（在郡南一里 高麗知郡郭翀龍所築 李齊賢作讚曰 民吾同胞 橫渠之辭 獨樂何樂 僊樽在茲 翀龍又於公館前鑿池 名君子池 城東作亭 名康僊亭 城西作堂 名緇衣堂 齊賢皆有讚 今皆堙廢）

名宦 新羅 金俊（眞聖王時為㦖城郡太守） 高麗 徐堙（郡初陞沔州 堙時為知州 有善政） 郭翀龍（以員外出知沔州 本書生 不閑軍旅 倭寇突至 闔境奔竄 翀龍上馬橫槊 身先激衆 士皆當百 賊失利退） 本朝 孟思誠 朴安信 李永肩（俱知泰安郡 有恩澤及民 至今稱之）

人物 高麗 卜智謙（新羅末 有稱卜學士者 自唐來居于此 能勦殺海賊 保聚遺民 智謙其後也 初名砂瑰 與裵玄慶推戴太祖 為開國功臣 賜本州田三百頃 子孫世食之 謚武恭 贈太師 配享太祖廟庭） 卜述熙（父得宜 為大丞 述熙性勇敢 年十八為弓裔衛士 後事太祖 有功為大匡 謚嚴毅 配享惠宗廟庭） 卜奎（智謙裔孫 忠烈王時 禦哈丹兵有功 陞本縣為州） 卜祺（智謙裔孫 忠肅朝 嘗為內史舍人） 具藝（其先綾城縣人 平章事民瞻之孫 民瞻娶卜智謙曾孫女 子孫隨外鄉 因居焉 藝登文科 忠宣王時 封沔城府院君 以椒親貴顯 而念祖寒微 聞角邦輒下淚 孫義為左政丞） 本朝 卜承貞（登科 累任州郡 以循吏稱） 具致寬（藝五世孫 莊憲王朝登科 世祖朝累官吏曹判書 至議政府領議政 以佐翼功臣封綾城府院君 性方嚴清謹 不治産業 出將入相凡十餘年 謚忠烈）

列女 郭氏姊妹（姊為朴忠幹妻 夫死 哀毁過禮 朔望必親祭于墓 服闋猶不廢 妹為具世忠妻 亦有節行 服夫喪畢 猶素衣食 事亡如存 本朝成宗時 俱旌閭）

温陽郡東至天安郡界二十二里南至禮山縣界二十六里西至新昌縣界十三里北至牙山縣界十三里距京都二百五十一里

旱田

水田

建置沿革本百濟湯井郡新羅文武王時陞為湯井州後廢州為郡高麗初改溫水郡顯宗時省入天安府明宗初復置溫水縣本朝因之　世宗二十四年陞為温陽郡世宗幸溫泉留浴羣臣請陞邑鄉

掌面六官員郡守　訓導各一人

郡名湯井　溫水

山川燕山在郡北二里鎮山　排方山在郡東八里山頂數峯並峙最奇俗稱過鴈峯又名五峯山　西達山在郡南三里　松岳山在郡南十三里　華山在郡南十一里　巨次羅山　月羅山俱在郡西七里　廣德山在郡西南十三里山勢巍然特冠諸山本朝李淑瑊詩南望廣德横嵯峨杳杳鳥道中天過　角屹峴在郡南三十里又名佳文峴　布川在郡東七里源出車峴雙嶺等處即天安郡大川下流西流入新昌縣大浦又見牙山　岐川俗稱加里川在郡東北一里源有二一出郡西全足嶺一出角屹峴合而北流入布川　溫泉在郡西七里療病有效我太祖世宗世祖嘗巡幸留浴有御宗

土産漆　棗　柿　胡桃　茯苓

學校在郡西一里　靜退書院在縣南五里崇禎間建祀趙光祖李滉以孟思誠李舜臣洪可臣配食

宮室客館　大清樓在客館東郡守崔瀞重建李淑瑊改名氷雪有記

郵驛時興驛古稱理與在郡南八里　艾院在郡東十八里　新院在郡東二里或稱恭山院　望賓院在郡東十三里　龍頭院在郡南二十四里　松峴院在郡東七里　烏山院在郡東十里　任潘院在郡東二十里

祠廟社稷壇在郡西　文廟在鄉校　城隍祠在燕山○高麗高宗時蒙兵來圍城邑吏玄呂築開門出戰大敗之王以城隍神有陰祐加封神號　厲壇在郡北

陵廟

寺刹過鴈寺　麒麟寺　南山菴俱在西達山　木寺在排方山

限菴　玄雨寺　中菴俱在華山　石菴寺在松嶽山

古蹟排方山古城石築周三千五百十三尺內有二井高麗初庾黔弼所築今廢　孟思誠舊居在郡東南七里金谷

名宦高麗庾黔弼太祖命黔弼城湯井郡時後百濟將金萱等領兵來侵青州一日黔弼登郡南山坐睡夢一大人言明日西原必有變宜速往救黔弼驚覺往趍青州與戰敗之追至禿岐嶺殺獲三百餘人　李晟忠烈王朝調溫水監務以廉白稱

人物孟希道其先新昌人後為縣人恭愍王時登科恭讓初為典校副令以孝行旌閭見政亂棄官歸居五峯山下號東浦鄭夢周作詩以美之本朝太祖亦旌其門終身不出　本朝孟思誠希道子高麗末魁文科本朝世宗朝官至議政府左議政在相府持大體平生不事產業清白謚文貞簡潔世稱氷蘗操者必歸之思誠云

平澤縣東至稷山縣界十里南至牙山縣界八里至天安郡界十二里西至京畿

水原府界二十里北至同府界十里距京都一百二十四里

旱田

水田

建置沿革本百濟牙述縣地後置河八縣高麗改平澤因八天安府後復置平澤縣本朝因之 昭敬王二十五年併八稷山縣尋復析置掌面六官負縣監 訓導各一人

郡名河八

山川城山在縣北一里縣阜唯此山稍高可眺望 市浦在縣南十一里牙山縣界

新德浦在縣西五里

土產鯽魚 秀魚

學校鄉校在縣西一里

宮室客館

郵驛花川驛在縣東五里 上院在縣西五里

祠廟社稷壇在縣西 文廟在鄉校 城隍祠在城山 厲壇在縣北

鴻山縣東至扶餘縣界二十一里至林川郡界十八里南至韓山郡界九里至舒川郡界八里西至藍浦縣界十六里至庇仁縣界十五里北至洪州界四十四里距京都四百二十二里

旱田

水田

建置沿革本百濟大山縣新羅景德王時改翰山為嘉林郡領縣高麗初改鴻山仍八嘉林明宗時析之為韓山縣兼任本朝 太宗十三年復置鴻山縣掌面九官負縣監 訓導各一人

郡名大山 翰山

山川飛鴻山在縣西二里鎮山狀如飛鴻之勢故名 阿彌山在縣北二十七里

天寶山在縣北十三里 萬壽山在縣北四十七里 居次山在縣北二十六里

月明山在縣北九里 弥造川在縣東十里源出月明山八林川九良浦 金川在縣南三里木村洞八九良浦

土產石灰 漆 苧 柿 茯苓 安息香 蟹

學校鄉校在縣北三里 書院在鄉校東今上己亥建祀金時習

宮室客館 澄清樓在客館東北縣監李宜碩建○香滿一池雨過平野後人倚小樓時勝地誰同賞羈愁只自知欲將詩作壘聊用酒為基 香清亭在客館北

郵驛宿鴻驛古名非熊我 太宗九年術者以縣有飛鴻勢改今名在縣東五里 鹿閒院在縣北二十一里 廣明院在縣西九里 栗峴院在縣北四十三里

關梁新橋在金川距縣七里

祠廟社稷壇在縣西 文廟在鄉校 城隍祠在飛鴻山 厲壇在縣北

寺刹積善寺在天寶山 無量寺在萬壽山湖西巨刹本朝金時習卒於此僧徒作浮圖又有時習畫像自贊留于寺後故于書院 普賢寺在萬壽山 棲雲寺在天寶山

古蹟古邑城在縣南一里石築周一千三十尺內有二井

德山縣東至禮山縣界二十三里南至洪州界十三里西至海美縣界十八里北至沔川郡界二十三里距京都三百四十一里

旱田

水田

建置沿革本百濟馬尸山郡新羅改為伊山郡高麗顯宗時省入運州後復置伊山縣本朝　太宗五年併德豐改為德山縣掌面十二官員縣監　訓導各一人

郡名伊山

山川伽倻山在縣西九里岧嶤崒嵂上有石門又見海美縣八峯山在縣南八里象王山在縣北十三里與伽倻山相連又見海美縣德崇山在縣南十二里以山有修德寺又名修德山大德山在縣南八里或稱樓山野中小山也大峴在縣西十八里灂川一云新橋川在縣東十七里自洪州流入境其下流又為禾尺灘北流入井浦井浦在縣東北三十里灂川及禮山縣漆川合流于此又北為沔川郡犯斤乃浦又見新昌縣溫泉在縣南七里

土產磁器　石灰縣北牛檎里出　漆　柹　玄胡索　芍藥　秀魚　鯽魚　白魚　白花蛇

城郭縣城石築周二千六百五十五尺唯南開一門城內有二井

學校鄉校在縣西五里

宮室客館　鄉射堂在客館西鍊武堂在西門外

郵驛汲泉驛在縣東八里峯巒院在縣南五里

關梁灂川橋在縣東十七里石橋

祠廟社稷壇在縣西文廟在鄉校城隍祠在縣東三里伽倻岬祠在縣西三里新羅為西鎮載中祀本朝令其官春秋祭之厲壇在縣北

陵墓柳淑墓在縣西七里伽倻洞

寺刹伽倻寺在伽倻山寺有鐵尖石塔四面有龕各安石佛制甚奇巧俗稱金塔修德寺在德崇山寺有畢積拂雲二樓西林寺在象王山百菴在伽倻山絕頂通望遠近

古蹟德豐廢縣在縣北十三里本百濟今勿縣新羅景德王時改今武為伊山郡領縣高麗改德豐顯宗時因省入運州明宗復置德豐縣本朝太宗五年併入于縣伊山鎮高麗崔瑩建議置都節制使營于伊山本朝太宗十六年幸泰安郡命移鎮于海美縣以伊山舊營為本縣治所

名宦本朝王思達時舉遺逸擢拜德山縣監縣吏往迎其家思達方與妻鋤田到官政清如水一境猶太古六載而去行李淡然只來時書冊一箱而已百姓追思不忘李命俊光海初為德山縣監清剛為政均賦與學百廢俱舉又取聽訟紙布佐民供徭治理為一道最

流寓柳淑瑞州人高麗恭愍王時為相被辛旽讒乞故田卜築伽倻山下將優游以老竟被害國人嘆惜

青陽縣東至定山縣界二十一里南至扶餘縣界三十一里西至洪州界十一里北至大興縣界二十三里距京都三百六十八里

旱田
水田
建置沿革本百濟古良夫里縣新羅景德王時改名青武爲任城郡領縣高麗初改青陽顯宗時省入天安府後移入洪州本朝 太祖四年復置青陽縣掌面四官貟縣監 訓導各一人
郡名青武
形勝
山川牛山一名騎龍山在縣北一里鎮山 白月山一名飛鳳山在縣南十九里又見大興縣 九峰山在縣西五里 頭陀山在縣南十里 猫山在縣北十三里 七甲山在縣東十五里 獅子山在縣北二十里又見大興縣 餘道峴在縣南十里 大峴在縣東十五里 吾里峴在縣西十里 南川源出獅子七甲兩山經金井驛東至定山縣境爲金剛川
土産鐵出縣東南金田公出七甲峴及龍頭等處金山南 石灰出柿田里 柿 海松子 紫草 松蕈 安息香 錦鱗魚 蠏
公署金井道察訪司在縣南十里領金井光時海門青淵世川龍谷夢熊下川豊田時興昌德日興汲泉順城與世長時花川十七驛○察訪一人舊爲丞今置叅下察訪○時興以下八驛舊置時興道丞以領之 時省併于此
學校鄉校在縣東一里
宮室客館 雙清樓 碧涵亭在縣南六里亭臨南川宗室烏城監別墅
郵驛金井驛在縣南十里察訪司本驛 馬養院在縣南三里 仁旅院在縣東十七里 乾川院在縣西十九里 加亭子院在縣北二十里
關梁金井橋在金井驛前板橋跨南川下流 鰲山橋在縣南八里板橋跨南川
祠廟社稷壇在縣西 文廟在鄉校 城隍祠在牛山 厲壇在郡北
寺刹淨蓮菴 白月菴 月山寺俱在白月山 和鼎寺在九峯山 長谷寺在七甲山 雲谷寺在獅子山 南山寺在縣南一里官婢山
古蹟牛山古城石築周一千二百二十六尺內有二井今廢
人物高麗李子松恭愍王朝拜典法判書德興君之亂子松在元帝令高麗人皆從德興之國子松匿不從行久居燕錢糧匱竭終始不貳既還王嘉其節義賜功臣號後諫辛禑戒遊畋慎酒色禑不悅罷封公山府院君崔瑩勸禑攻遼子松詣瑩第力言不可禑殺之子松清廉國人望其復相聞其死莫不悲歎

大興縣東至公州界三十里南至青陽縣界二十二里西至洪州界九里北至禮山縣界十九里距京都三百二十三里
旱田
水田
建置沿革本百濟任存城一云今州新羅景德王時改任城郡高麗初改大興郡顯宗時省入運州明宗初復置大興縣本朝因之掌面八官貟縣監 訓導各一人
郡名任存城 任城

山川大興山在縣西二里鎭山一名鳳首山 獅子山在縣東二十一里 白月山在縣南十九里 金籠山在縣南十六里 堂山在縣東二十一里 朴山在縣東十二里 加次山在縣東北十一里 松林山在縣東十九里 飛到峴在縣東十四里 漆川俗称京結川源出洪州烏栖山東自驪陽廢縣北流過縣東一里西流經禮山縣西入新昌縣井浦 竹遷川在居邉所距縣東十七里源出青陽縣於士峴入柰川

土産石灰 柿 黃岑 松蕈 鯽魚 蟹

學校鄉校在縣北三里

宮室客館館東有布政亭觀察使安瑈改名見思

郵驛光時驛在縣南十九里 加方院在縣東南二里

關梁加方橋在縣東二里 居邉橋在縣東十七里達川 金莫川橋在縣北十九里

祠廟社稷壇在縣西 文廟在鄉校 城隍祠在大興山俗稱唐將蘇定方爲祠神 厲壇在縣北

寺刹大連寺在大興山 龍興寺在獅子山 普光菴在白月山 銀菴在金龍山 松林寺在松林山 安國寺

古蹟古任存城在縣西十三里大興山南崗石築周五千二百尺內有三井即百濟遲受信黑齒常之等拒唐將劉仁軌處今皆頹圯

人物高麗韓惟忠以勤儉正直見重於世官至平章事 韓文俊惟忠子性雅正能屬文仁宗朝登科時方重外寄歷長州長興南原三郡副使東京副留守皆有惠政門人吳世才曰南蘇三郡東撫一州世称宗錄明宗朝拜門下侍郎平章事謚貞懿 韓就登進士第官至門下省事 李成萬與其弟淳事父母俱至孝父母死成萬與淳俱廬墓三年哀毁過禮平生兄弟朝暮相就友愛備至得一味不相會則不食鄉里感歎事聞旌閭

列女郭氏高麗末八年十九歸朴根家二十三根死廬墓三年服闋不歸本宗孝養舅姑終身事聞旌閭

庇仁縣東至鵶山縣界三十四里西至海岸五里南至舒川郡界二十里北至藍浦縣界九里距京都四百九十六里

旱田

水田

建置沿革本百濟比衆縣新羅景德王時改庇仁爲西林郡領縣高麗顯宗時省八嘉林縣後復置庇仁縣本朝因之掌面六官員縣監 訓導各一人

郡名比衆

山川月明山在縣東十八里 兩儀山在縣東十二里 於運峴在縣南九里 屯德峴在縣東七里 扶蘇峴在縣東二十三里 鍾川在縣南十三里源出縣東北九里深動洞西流入海 都屯串在縣西二十六里有冬柏亭 長背串在縣南十九里 河尾島在縣南六里 海在縣西五里○本朝李淑瑊望海詩海氣茫茫水拍天浪翻如屋萬千千平生八九呑雲夢對此胸襟倍豁然 炯島周二十三里 茅島 竝累島已上二島俱在西海中潮退連陸

土産竹 竹箭出縣東城底 鹽 石首魚 秀魚 鰒 青魚 洪魚 烏賊魚 鯊魚 麻魚 錢魚

蛤　民魚　鱸魚　絡締　江瑶柱　細毛　海衣　白花蛇

城郭縣城石築周三千五百五尺有門城内有三井去海口一百六十步

公署

學校鄉校在縣東三里

宮室客館舘北有視海亭

烽燧漆枝山烽燧在縣西七里南應舒川郡雲銀山北應藍浦縣通達山

郵驛青化驛在縣南二里　鍾川院在縣南十三里　秃原院在縣東三十里

塔院在縣北二里

祠廟社稷壇在縣西　文廟在鄉校　城隍祠在縣東二里　厲壇在縣北

寺刹普賢菴　玄風菴　成佛寺　訓逆寺俱在月明山

古蹟古邑城一在今治東二十六里土築周五百三十七尺一在今治西二里土築周八百二十尺今廢

藍浦縣東至鴻山縣界四十九里南至庇仁縣界四十里西至海岸七里北至保寧縣界九里距京都四百四十七里

旱田

水田

建置沿革本百濟寺浦縣新羅景德王時改藍浦為西林郡領縣高麗顯宗時省入嘉林縣後復置藍浦縣辛禑時因倭冦地皆空虛恭讓王時置藍浦鎮本朝　世祖十二年罷鎮為縣掌面八官員縣監　訓導各一人

郡名寺浦

形勝西南際大海東北阻衆山　地褊濵海　地連滄海山高玉馬本朝高得宗詩

山川九龍山在縣西十五里鎮山　峩眉山在縣東二十六里　王馬山在縣東五里橫開平展如屏幛上有神祠俗稱金傳大王祠　羊角山在縣東二十四里　通達山在縣西南三十三里　聖住山在縣東北二十五里　海在縣西九里　大川在縣南二十里源出聖住山及鴻山縣萬壽山西流入青淵浦　青淵浦在縣南二十三里大川下流又西流入海　彌造浦在縣南三十里　聖住浦在縣西十五里　栗島　竹島　巨次羅島　黄竹島　立竹島俱在西海中

土産鐵出深田里　青石硯出聖住山　竹　竹箭出立竹島　沙器　松蕈　蓴　天門冬　石首魚　秀魚　青魚　民魚　鱸魚　麻魚　鯊魚　洪魚　鰒　錢魚　魚鰾　烏賊魚　銀口魚　紅蛤　蛤　海衣　江瑶柱　細毛　白花蛇

城郭縣城石築周二千四百七十六尺有門城内有三泉

公署馬梁鎮在縣西三十三里鎮所管舒川浦○水軍僉節制使一人○本朝恭僖王時築石城周一千三百七十一尺內有一井

學校鄉校在縣東一里

宮室客館　鄉射堂在城東門外

烽燧通達山烽燧在縣南應庇仁縣漆枝山北應餘道岾　餘道岾烽燧在縣北八里西應保寧縣助侵山南應通達山

郵驛藍田驛在縣南二十七里　藍川院在縣南二十里　橫川院在縣東二十里

關梁大川橋在縣南二十里跨大川

祠廟社稷壇在縣西　文廟在鄉校　城隍祠在縣南十里　厲壇在縣北

寺刹崇嚴寺在聖住山　永興寺在崴眉山　玉溪寺在羊角山　聖住寺在聖住山北有崔致遠所撰大朗慧和尚塔碑　內院寺在崴眉山　金剛菴在羊角山

古蹟古藍浦今治南十五里有古縣遺址

人物高麗白任至初業農以驍勇被選明宗朝累官至知門下省事　白文節新羅諫官仲鶴之後高宗朝登科累官至國學大司成有志節文詞富贍下筆霈然為一時所推　白頤正文節子天資純厚有公輔器忠宣時累官至僉議評理商議都監事封上黨君時程朱之學始行中國未及東方頤正在元得而學之李齊賢朴忠佐首先師受

結城縣東至洪州界二十七里南至同州界十四里北至同州界十八里西至海岸十八里距京都三百八十一里

旱田

水田

建置沿革本百濟結已縣新羅景德王時改潔城郡高麗顯宗時省八運州明宗初復置結城縣本朝因之掌面八官員縣監　訓導各一人

郡名結已　潔城

山川枰山在縣北七里鎮山　青龍山一名高山在縣西北五里　月山在縣東北二十三里又見洪州　碧池山在縣東十三里一名迪只山　烏栖山在縣東二十八里又見洪州及保寧縣　盖山在縣東北二十一里　鹿耆山在縣西十五里　海在縣西十八里　龍骨川在縣北十五里其源有二一出洪州月山一出德山縣界修德峴合流入于海　廣川在縣東二十五里其源有二一出洪州烏史里一出烏栖山西南流入海　東山浦在縣東三里　母山堂浦在縣西二十二里○本朝太宗八年倭船來泊北浦縣監金沚興戰却之　長浦在縣西十一里　竹島在縣西三十里　風流島在縣東四里

土産青玉出縣東龍骨里　竹　竹箭出竹島　地黃　盐　銀口魚　青魚　錢魚　麻魚　江瑤柱　絡締　民魚　鰒　石首魚　秀魚　葦魚　烏賊魚　鱸魚　魚鰾　石花　海衣　蠏　黃角

城郭縣城石築周三千三百二十五尺內有六井

學校鄉校在縣北一里

宮室客館

烽燧高山烽燧 南應洪州興陽串北應洪州高丘城山

郵驛海門驛 在縣北五里太宗十五年初置 廣川院 在縣東二十五里廣川院

關梁廣川橋 在廣川院前

祠廟社稷壇 在縣西 文廟 在鄉校 城隍祠 在縣西一里 厲壇 在縣北

寺刹高山寺 在青龍山 正菴寺 在烏栖山 錫鈴菴 在月山

古蹟神衿城 在縣北五里土築周一千三百五十尺今廢

名宦本朝李萻 高麗末為監務

人物高麗張夏

保寧縣 東至青陽縣界四十七里至洪州界三十二里南至藍浦縣界二十九里西至海岸十九里北至結城縣界二十五里距京都四百九里

旱田

水田

建置沿革本百濟新村縣 一云沙村 新羅景德王時改新邑為潔城郡領縣高麗初改保寧顯宗時省八運州睿宗初復置保寧縣本朝因之掌面八官員縣監 訓導 各一人

郡名新邑

形勝

山川唐山 在縣東北四里鎮山 地乙峴 在縣東五里 烏栖山 在縣北十七里 打鼓島山 在縣西十三里 白月山 在縣東二十五里 海 皆縣西南 大川 在縣南二十里源出白月山西流為蟹所浦入海 竹島 在縣西十九里 松島 在縣西二十二里周十二里潮退則與高巒連 高巒島 在縣西海中二十二里古兵戍處有民居○高麗崔瀣有詩曰渴來孤嶼上旅食度晨昏婦媛行如鶩民窮貌似猿俗雖乖習尚禮或識卑尊日落醒煙合秋深瘴氣溫峯巒同翼翼浦漵轉蜿蜿帆截分天影沙堆認水痕海經將古驗潮曆問今煩老樹嬾風亞驚濤得石喧將僧同止息與世隔囂喧把釣時堪待乘桴具又存長歌誰見和太息只無言須信烟波樂猶為聖主恩 龍淵 在縣北十五里又縣東十五里亦有龍淵皆天旱禱雨之處 青蘿洞

土産紫草 安息香 天門冬 石灰 出縣北十二里茅島 膩石 石理細膩可石鼎等物 盐 鱑魚 洪魚 青魚 石花 石首魚 麻魚 錢魚 真魚 秀魚 銀口魚 江瑤柱 民魚 鱸魚 烏賊魚 鰒 蛤 絡 締 細毛 海衣

城郭縣城 石築周二千一百九尺南有門城內有三井我世宗十二年築

公署水軍節度使營 在縣西二十里石城周三千一百七十四尺立四門城內有四井一池中宗五年築○節度使虞候各一人

學校鄉校 在縣東 青蘿書院 在縣東十五里立祠祀李之菡李山甫今上丙寅賜額花岩書院

宮室客館 撫夷亭 在客館北東峯上極敞豁舊名馭風縣監鄭帶建歲久頹圮

成宗時縣監朴迪孫重修觀察使鄭眉壽改今名崔溥作記曰余嘗漂溟渤泊甌越渡江淮而北也今觀烏聖諸山與會稽四明相似安眠形勢如台州之海門高峦峙海勝於太湖之苞山云云

濟民堂在縣北城內縣監鄭帶建

環瀛樓在水軍節度使營節度使柳暕建○本朝李宜茂詩閣上高樓豁遠眸鯨波浩渺接天浮戲尋玄圃留連飲欲跨蒼虬汗漫遊

永保亭在水營湖西第一勝槩也有凌虛閣梅竹堂○本朝朴閭詩地如拍拍將飛翼樓似搖搖不繫蓬北望雲山欲何極南來襟帶此為雄海氣作霧因成雨浪勢翻天自起風瞑裡如聞鳥相叫坐間渾覺境俱空○地迫未窮千頃海山開猶納一頭潮急風吹霧水如鏡近渚無人翁自謠客裡每為清境惱日邊更覺故園遙苦吟不去乏新語愁見落暉沉遠霄○本朝李春英詩樓臺層構壽穹崇高揭朱欄對碧峯千尺獨臨三面水八窓不斷四時風城形圓似吐雲月山勢蜿如飲海龍飛閣卷簾明鏡裡真仙都在水晶宮○永保亭子凌虛閣高倚城牆下桃湖開戶雲烟呈景色捲簾山水看縈紆風帆忽過無蹤跡霞鶩齊飛入畫圖三十六窓明月夜秪覺身世在冰壺

觀德樓在水營

烽燧

助侵山烽燧在縣西十五里南應藍浦縣餘道峙西應洪州興陽串

郵驛

青淵驛在縣南六里

牛耳峴院在縣東十七里

二寶院在縣東十七里宝院部曲

加頭院在縣南二十里

關梁

大川橋在縣南二十里跨大川

祠廟

社稷壇在縣西

文廟在鄉校

城隍祠在地乙峴

厲壇在縣北

陵墓

金孟權墓在縣南十五里內谷

金克誠墓在縣北十五里青所里

李之蕃墓　**李之菡墓**　**李山甫墓**俱在縣西二十里高峦李山海遷葬禮山

寺刹

舍那寺在白月山

聖堂寺在烏栖山本朝李山海詩五聖山腰聖堂寺樓臺明滅烟嵐間者此也

古蹟

鳳堂城在今治西二里本朝初築城于鳳堂為備禦海寇之所然城池淺狹無險阻之固泉井之利莊憲王時移于城東二里唐山之陽即今治

唐山古城石築周一千八百十尺內有一井今廢

莪峴山城在縣西十二里石築周七百四十五尺今廢

名官

流寓

崔瀣高麗慶州人忠肅王時嘗謫縣之高峦題咏甚多後官成均大司〻

李之菡本朝漢城人宣祖時寓居葬其親於縣地葬時人云當出兩宰而李子不利兄之蕃欲改擇之菡竟請葬之有高識遠志逍遙物外嘗入鳴呼島種瓠〻大容斛剖為瓢販穀數千石盡散之貧民凡國內山川無遠不適乘一葉舟四隅繫大瓠三入濟州不犯風濤濟州牧官聞其至處館待之擇美妓薦枕指倉穀曰得幸於李公當賞一庫妓異其為人必欲亂之竟不得牧官益敬重詳漢城府

人物

本朝

金孟權其先光州人曾祖都萬戶成兩麗季有征倭功賜田保寧子孫因家焉孟權少篤志勵行中進士與金礪石同在太學有重名文宗嘗幸學與諸生從容講論謂二人曰爾等他日良臣也輔嗣子二人辭謝及世祖受禪孟權與礪石約不赴舉礪石之母見子臨試無赴意怖問之礪石以宗對母方織冠服下機泣礪石問然跪曰謹無傷母心於是礪石赴舉孟權遯居鄉里終身不出後礪石為忠清觀察使就訪孟權止其閭外屛去儀從免冠徒跣而入坐語良久乃去

金克成孟權子登科中宗朝累官至議政府左議政封光城府院君諡文克讓以賢良被薦官至郡守

李山甫之菡兄之蕃之子字仲舉號鳴谷幼端重讀書惜寸陰宣祖初登科累官至吏曹判書嘗一為慶尚觀察使三按黃海皆有惠政倭寇之亂中朝既發援師提督李如松駐軍遼陽不肯前上遣山甫請丞濟師辭氣懇切涕隨言發提督具酒食待之山甫曰君父在草莽義不忍當盛禮遂下庭慟哭如松感動即渡江之菡嘗曰此子孝悌忠信雖在孔門

亦可無愧矣

牙山縣東至天安郡界四十里南至新昌縣界十六里至溫陽郡界十八里西至沔川郡界三十二里北至平澤縣界四十二里距京都二百二十四里

旱田

水田

建置沿革本百濟牙述縣新羅景德王時改陰峰一云陰岑爲湯井郡領縣高麗初改爲仁州顯宗時省八天安府後置牙州本朝 太宗十三年改爲牙山縣 世祖五年省縣分八傍邑十一年復置縣掌面十官員縣監 訓導各一人

郡名牙述 陰峰 仁州 牙州

形勝羣峯南峙大浦西浸

山川新城山在縣西五里 桐林山在縣南七里 高湯山在縣北十二里

東深山在縣東五里 鷲岩山在縣東二十九里 笠岩山在縣西十二里

佛岩在桐林山東北麓距縣五里其岩布列岡上幾數里最大者形似佛故名諺稱因此岩守令痴狂鄉吏奸凶 世祖五年觀察使黄孝源啓于朝省縣三分其地八溫陽新昌平澤邑人判中樞全鈞及縣監趙圭上言未允十一年 上幸溫陽圭等復申訴命宗宰往審之乃以逆復置縣

海在縣西北十五里 貢稅津一云大遷山津在縣西十里源出京畿安城郡受衆派交納爲是津 市津在縣北二十六里 堂浦在縣北十六里 布川又稱烽火川在郡南十五里源出車嶺雙嶺等處即天安郡大川下流西流爲新昌縣大浦 長者池在縣南十八里

土産白玉出岩里 玉石出嶌峴 水晶出佛藏院里 石灰出大東里 柿

黄石首魚 細尾魚 石首魚 葦魚 白魚

蝦 麻魚 鰣 秀魚 民魚 眞魚 白花蛇

學校鄉校在縣東二里

宮室客館

倉庫貢稅串倉高麗時河陽倉在縣西十里收本縣及瑞山連山林川定山公州洪州新昌結城保寧全義青陽尼山大興石城海美泰安天安庇仁恩津木川沔川燕岐德山舒川稷山鴻山扶餘藍浦禮山唐津平澤溫陽清州文義懷德鎭岑沃川懷仁等官田稅于此漕至京都水路凡五百里

烽燧鷲巖山烽燧南應天安郡大鶴山北應稷山縣望海山

郵驛長時驛在縣北二里 佛藏院在縣南六里 要路院在縣東二十二里 興仁院在縣北五里

祠廟社稷壇在縣西 文廟在鄉校 城隍祠在縣東南五里 厲壇在縣北

陵墓李舜臣墓在縣南十七里拱其碑 洪可臣墓在縣南里

寺刹桐林寺在桐林山寺本新羅旧刹崇禎間寺頹朽改其樑乃桐木而有書其所建年月乃唐宣宗大中年中新羅文聖王時也洗馬許國取其材作琴傳爲天下鳴琴 神心寺

寶林菴 懸岩菴俱在桐林山 桐深寺 鷲岩菴 開

現寺 龍華寺俱在燕岩山 高井寺在高湯山

古蹟　於羅項山城 在縣東二十一里石築周三百六十四尺今廢　水漢山城 在縣東十里石築周一千四百二十尺今廢　鶩里山城 在縣東二十里石築周六百五十尺今廢　新城山城 其頂有古城二連築其北城石築周四百八十尺內有一井天旱禱雨其南城土築周四百八十尺昔平澤人避亂僑寓仍稱平澤城今皆圮廢　李舜臣宅 在縣東南二十里蓬田里

名宦　高麗　金行濤 太祖朝知牙州諸軍事　本朝　金時霆

人物　本朝　金鈞 為人醇謹長者登文科世宗朝以經學精博久長成均官至判中樞院事任師儒訓誨不倦者尹詳之後稱為一人謚文長　李舜臣 其先德水人領中樞邊四代孫自祖以下居本縣舜臣少業儒及長中武舉始為小官守法不阿 宣祖辛卯柳成龍薦其才擢為全羅左水使明年倭大入犯水陸并進舜臣領舟師會諸師于閑山島大破賊舡又累戰玉浦唐浦栗浦安骨前後數十戰皆大破之賊不得由海路而西進秩為三道水軍統制使捍禦六年賊莫敢近舜臣讒去元均代之敗陷賊乘勝搗湖南舉國震駭復起舜臣復故任舜臣收拾蕩殘又大破賊于珎島軍聲復大震及中朝都督陳璘至又與璘合兵破賊舜臣[illegible]死忠義賊垂破竟血戰以死兩湖士民聞其死奔走巷哭曰微我公吾屬已無類矣舜臣料敵出奇如神忠清愛人賞罰至公麾下敬而愛之初倭酋秀吉意犯中國期以水陸兵會平壤水衝青齊陸突遼廣使中朝不暇應援矣舜臣遮遏海路挫其大衆故陸賊留止平壤王師得以致討識者以為舜臣不但恢復元功宗功存天下云追贈議政府右議政

新昌縣

東至溫陽郡界十四里西至沔川郡界二十六里南至禮山縣界二十一里距京都二百五十三里

旱田

水田

建置沿革　本百濟屈直縣新羅景德王時改祁梁為湯井郡領縣高麗初改新昌顯宗時省八天安府恭讓王時築城縣西獐浦置萬戶鎮兼縣事本朝初罷鎮復為新昌縣掌面九官員縣監　訓導各一人

郡名　屈直　祁梁

山川　鶴城山 又稱城山在縣西一里鎮山上有石城周一千二百十三尺內有二井今廢圮　禁城堂山 在縣東南十一里　道高山 在縣南十六里又見禮山縣　獐浦 在縣西十五里源出道高山入井浦渡○高麗恭讓王三年築城於此稱滄城牧旁近州縣租稅浮海達于京都置萬戶兼縣監務本朝初革萬戶　井浦 在縣西二十里即獐浦下流又禮山縣奈川合流于此入沔川郡犯斤乃浦　布川 在縣東十二里俗稱車輪灘川即溫陽郡布川下流又西為犬浦　犬浦 在縣北十五里即布川下流入犯斤乃浦

土產　茯苓　秀魚　葦魚　白魚

學校　鄉校 在縣北二里

宮室　客館　拱北亭 在客館北縣監趙琛建

郵驛　昌德驛 在縣東三里　鳴巖院 在縣東十一里　馬場院 在縣東十三里　龍頂院 在縣南十五里　親禮院 在縣西二十里

關梁　彌勒灘橋 在縣東十三里跨布川

祠廟　社稷壇 在縣西　文廟 在鄉校　城隍祠 在縣西二里　厲壇 在縣

北

寺刹聞良寺 道明寺 元菴 石泉寺 安心寺 俱在道高山 仁體寺在城山

古蹟

人物本朝权沿洙成宗時第文科有孝行善屬文所與遊皆一時名士嘗爲翰林同僚宴飲設牛肉爲上所知洙亦與宴罷職歸自後復不食牛肉曰不忍更犯法累官至同知中樞府事燕山時罹史禍遠謫道卒子憑官弘文館直提學亦有文名

禮山縣東至溫陽郡界二十八里南至大興縣界九里西至德山縣界二十二里北至新昌縣界二十一里距京都二百九十五里

旱田

水田

建置沿革本百濟烏山縣新羅景德王時改孤山爲任城郡領縣高麗初改禮山縣顯宗時省入天安府後復置禮山縣本朝因之掌面九官員縣監

訓導各一人

郡名烏山 孤山

山川金烏山在縣北二里鎮山 南山在縣南六里 道高山在縣北十一里亦見新昌縣 蘇機峴在縣東北二十八里 漆川即大興縣漆川下流經縣西九里無限城下又名無限川至縣北十九里爲孤頭浦潮水相通又北流入新昌縣井浦

土產磁器 茯苓 柿 秀魚 蟹 葦魚

學校鄉校在縣東一里

宮室客館

郵驛日興驛在縣西十三里 無限城院在無限城下○本朝李山海詩白髮西風獨倚樓古今人事儘悠悠秋山欲暮水蒼遠無限城邊無限愁 古沙院在縣東十三里

關梁箭灘橋在縣西十里板橋每歲改造跨禁川

祠廟社稷壇在縣西 文廟在鄉校 城隍祠在縣東一里 厲壇在縣北

陵墓金綵墓在縣西北十二里宗敬里

寺刹香泉寺 安樂寺 觀正寺俱在道高山

古蹟無限城在縣西九里有獨隴臨漆川城緣其上石築周二千二尺內有一井今廢

名宦高麗洪儒太祖二年改烏山城爲禮山縣遣大相洪儒及哀宣安集流民 本朝柳文通爲禮山縣監

人物本朝李思儉進士性廉謹家貧晏如孝行卓異中宗朝舉遺逸拜監察坐己卯黨籍罷歸鄉里卒

海美縣東至德山縣界十七里南至洪州界六里西至瑞山郡界九里北至唐津縣界四十三里距京都三百七十六里

旱田

水田

建置沿革本百濟牛見縣地高麗初爲高丘縣地高丘縣今入洪州 太祖割置貞海縣諺傳太祖時夢熊驛吏姓韓者有功賜號大匡

割高丘縣地為貞海縣為其貫 顯宗時省八運州後復置貞海縣
本朝　太宗時併餘美改為海美縣掌面　官員
縣監　訓導各一人
郡名貞海
形勝地濱於海 鄭忠基記
山川象王山 在餘美縣東四里 伽倻山 在縣東十里與象王山相連 安國
山 在北三十八里 犬城山 在東七里 文殊山 在縣北十三里 三陽
陵浦 在縣西十二里即海浦也 大母川 在縣北五十二里 馬島 在縣西陽陵浦
完○大明一統志國中收地舊有客館曰安興亭
土産鐵 出生天浦 白玉　紫草　松蕈　安息香　塩
秀魚　石首魚　洪魚　廣魚　烏賊魚　銀口
魚　刀魚　石花　海衣　蟹
城郭縣城 石築周三千一百七十二尺東南有門內有三井本兵馬節度使營城
學校鄉校 在縣西二里
宮室客館　清虛亭 在北節度使曹淑沂建
烽燧安國山烽燧 西應瑞山郡北山北應唐津縣高山
郵驛夢熊驛 在縣北五里 神堂院 在縣東四里
關梁
祠廟社稷壇 在縣西 文廟 在鄉校 城隍祠 在縣北一里 厲壇 在縣北

寺刹文殊寺 在文殊山 安國寺 在安國山 安興寺　日岳寺
修道菴 在伽倻山
古蹟安興亭 在縣東九里高麗文宗三十一年羅州道祭告使大府少卿李唐鑑奏中朝使命往來高巒島亭榭隘水路艤泊不便請於洪州管下貞海縣地創置一亭以為迎送之所制從之
餘美廢縣 在縣北三十里有石城周八百八十尺今頹圮 城山城 石築周一千四
百三十尺今廢 犬城山城 石築周九千九百六十尺今廢 兵馬節度使營 我恭定王時自伊山鎮移於海美築城池為節度使本營 孝宗四年移于清州以營城為本邑
治所 古海美 在今治西三里本古貞海縣仍為海美縣治所 孝宗四年移治于旧節度營城即今治也
名宦本朝黃致身 世祖朝為忠清兵馬節度使治形名撫士卒有古名將風 成夢
井 中宗朝為忠清兵馬節度使至鎮歸令清肅秋毫無犯請屯田足軍粮刊陣書明部伍卒於軍
唐津縣 東至沔川郡界十里南至海美縣界十三里北至海岸十里西至孟串四十四里距京都四百里
旱田
水田
建置沿革本百濟伐首只縣 一云夫只郡 新羅景德王時
改唐津為檳城郡領縣高麗顯宗時省八運州睿
宗初復置唐津縣本朝因之掌面　官員縣監
訓導各一人
郡名伐首只

山川高山在縣西北二十二里 利背山在縣南十五里 赤峴在縣南十里 海在縣北十里 薺元浦在縣西五里 孟串在縣西二十五里周三十二里古有牧場 蒜島在縣北海中周九里 難知島在縣北海中周三十四里南北舟船經由之地古有兵戍

土産青玉石出縣南五里觀音洞 白茯苓 真魚 秀魚 洪魚 蘇魚 鯽魚 蛤出孟串 魚鰾 鱸魚 民魚 石花 江瑤柱 蟹

城郭縣城石城周一千九百五十四尺有門內有二井世宗二十二年所築

公署唐津浦鎮在縣西三十四里○水軍萬戶一人中宗九年築石城周一千三百四十尺

學校鄉校在縣東三里

宮室客館 勸稼亭在客館東 海望亭在唐津浦

烽燧高山烽燧東應沔川郡倉宅山南應海美縣安國

郵驛興世驛在縣南九里

關梁薺元浦橋

祠廟社稷壇在縣西 文廟在鄉校 城隍祠在縣北五里 厲壇在縣北

寺刹高山寺在高山 能菴寺在恭山 聖堂寺 沙斤寺在俱利背山 影浪寺在影波山

東國輿地志卷之四下

尚州牧 界東至比安縣界六十七里南至善山府界三十九里至同府界四十里至金山郡界四十七里西至忠清道報恩縣界七十里北至咸昌縣界二十九里距京都四百七十七里

旱田

水田

建置沿革古沙伐國一云沙弗 新羅沾解王取以為沙伐州法興王時置上州真興王時改上洛郡神文王時復為州景德王十六年置尚州惠恭王時復為沙伐州高麗初復改為尚州後改為安東都督府成宗二年置尚州牧尋於州置歸德軍顯宗時罷軍復為安東大都護府後改為尚州牧 本朝因之 世祖時置鎮掌面二十二鎮管牧一星州府一善山郡一金山縣五開寧知禮高靈聞慶咸昌官員牧使 判官 教授各一人

郡名沙伐 上州 上洛別號商山

形勝北通鳥嶺南控金鰲八達之衢高麗安軸風詠樓記 處洛水之上游 東南都會並本朝金宗直風詠樓記

風俗俗尚簡嗇 民風淳朴並本朝權迥記 文學彬彬士習詩書文字彬彬可觀 絃誦禮讓本朝鄭經世上州牧文尚之人皆知絃誦之習禮讓之風

山川王山城內小山天峯山在州北七里鎮山九峯山在州西六十里峯巒如列戟極高峻俗離山在州西七十里山北龍華寺面洞黃腸及宮室之材出焉又見忠清道報恩縣四佛山在山陽縣北距州九十九里擢近記云山頂有巨石浮根而立四面皆鎸佛軀故號四佛山最一國奉佛者所喜談而欲觀者也其中峯曰法王其陽崖石又鎸慈氏之容傍置小寺曰彌勒菴世傳羅代所創也屏風山在州東十里倭踰峴在州南四十七里金山郡界大烏峴在山陽縣北距州八十八里甲長山在州南十三里一名淵岳石岳山在州北六里萬岳山在丹密縣南距州北四十七里白華山在中牟縣西距州七十二里露陰山在州西十里或稱西露岳與北石岳南淵岳指商山三岳竹峴在州南三十八里善山府界松峴在州北二十八里咸昌縣界洛東江其源出太白山自安東府經龍宮醴泉至州之東北與醴泉沙川聞慶虎溪水及軍威幷川合流為此江又南流五十餘里入善山府界自此至入海雖隨地異號而摠稱洛東又稱伽倻津水東史云洛江經緯一道北川在州北二里源出西加田峴東流與南川合南川在州南五里源出倭踰峴至州東五里與北川合入洛東江松羅灘在州北三十七里即洛東江上流灘恭檢池在州北二十七里高麗明宗時司錄崔正份因舊址築之堤長八百六十步周二十二里其灌漑實在咸昌而尚民專灌漑之利佛巖池在州北四里周一千九百二十一尺大堤池在丹密縣北距州六十八里機池在州南六里周四千一百八十一尺

土產玉石出甲長山玉燈石出大烏峴鐵出松羅灘莞席胡桃柿栗松蕈石蕈人參安息香白花蛇銀口魚

城郭州城新羅時舊城本朝又重修石築周一千九百步立門東曰　南曰　西曰　北曰　城內二十一井二池

學校鄉校在州南五里有南樓宣德初判牧曹致建道南書院在州洛江上萬曆中州之士子建有先賢祠祀鄭夢周金宏弼鄭汝昌李彥迪李滉以盧守慎配食靈川書院在州萬曆中州士以申潛為牧使有興學之功建書院立祠祀之愚伏書院在州西三十里有溪山之勝鄭經世築書室講學扁曰愚伏堂後人仍建書院立祠祀經世

宮室客館高麗時金永煦為牧使重創制甚宏壯有安軸記至本朝嘉靖中牧使尹宕又改修鄉射堂在　風詠樓在客館東高麗末牧使金南得建李穡名以風詠而作記本朝成宗時淳昌薛順祖為牧使重修金宗直記之又作歌曰舟車之會兮四達之衝冠蓋結轍兮興邦趨風不有斯構兮宴餚奚托誰能執熱兮逝不以濯商山蒼蒼兮洛水泱泱前者有繼兮層構軼雲縈紆清洛兮崒嵂商顏淳昌之續兮攸久不刊疑神樓在風詠樓西清涼閣在客館北俯臨小池秋月堂在客館西軒北中牧使鄭宗輔建觀水樓在洛東江東岸洛東驛前本朝李滉詩洛水吾南國尊為衆水君樓名知妙悟地勢見雄分野闊烟凝樹江清雨捲雲蔥蔥催駒騎要為趂公文間宴堂在州東四十里洛東江岸本朝郡守李流別墅有江山之勝

烽燧田龍山烽燧在功城縣西南應金山郡所山東應青里縣西山所山烽燧在州東五里南應青里縣西山北應咸昌縣城山西山烽燧在青里縣西西應功城縣田龍山北應所山國師堂山烽燧在化寧縣西東應中牟縣所山山陽縣所山烽燧在縣東西應聞慶虎溪縣禪岩山東應龍宮縣龍飛山中牟縣所山烽燧在縣北南應忠清道黃磵縣所山西應國師堂山

郵驛洛陽驛在州西三里洛東驛在州東三十三里洛東江東岸洛源驛

在州北十六里洛西驛在州西十九里洛平驛在州南二十六里長林驛在化寧縣東距州五十一里南院在州南二里安賓院在州東十一里廣濟院在州東十九里泥豆等院在州東三十六里要濟院在州東三十七里陽山旨院在州南十五里興玉院在州南九里西院在州西三里於巖院在州西十五里栗院在州西二十三里釜院在州北八里北院在州北二里松院在州北二十六里唐梯院在州北十五里退山院在州北四十二里柳等院在州南二十四里竹峴院在竹峴下大豆院在州南二十四里重生院在中牟縣南距州六十五里長惠院在中牟縣西距州七十二里東院在中牟縣東距州五十六里班巖院在山陽縣西距州五十七里功城院在州南四十三里

關梁北川橋在州北五里南大橋在州南五里東述橋在州東五里陽山旨橋在州南十三里洛江渡在州東三十二里

祠廟社稷壇在州西文廟在鄉校城隍祠在天王峯厲壇在州北

陵墓金孝貞墓在洛迦山下盧守愼墓在州鄭經世墓

寺刹龍巖寺在萬岳山勝長寺在長川部曲金尚直重創記云高麗忠烈王受中朝之命上洛公金方慶東征倭寇王幸金海府以餞之及其還駕駐蹕于玆遂屬于天台宗龍潭寺在長川部曲本朝姜景叙詩林間看古寺遊賞坐高舂地僻無飛鳥潭深有伏龍夜床常對月禪榻獨看松歸路猶清絕閑雲掛碧峯彌勒菴在四佛山觀音寺在俗離山普文寺

古蹟沙伐國古城在屛風山下城傍有丘隴然世傳沙伐王陵新羅末甄萱之父阿慈介據此城化寧廢縣在州西五十里本新羅荅達匕郡景德王時改化寧郡高麗因爲郡後改爲縣尋省入本朝因之中牟廢縣在州西五十一里本新羅刀良縣景德王時改名道安爲化寧郡領縣高麗改中牟後省入本朝因之丹密縣在州東五十七里本新羅武冬彌知縣一云曷冬彌知景德王時改丹密爲聞韶郡領縣高麗因爲縣後省入本朝因之山陽廢縣在州北六十三里本新羅近品縣一名近巖景德王時改嘉猷爲醴泉郡領縣高麗改山陽顯宗時省入後置山陽縣明宗復省入本朝因之長川部曲在州南二十五里功城廢縣在州南三十里本新羅大并部曲高麗初改爲功城縣顯宗時省入永順廢縣在州北三十五里本州北面林下村高麗時以村人姓太者捕賊有功陞號曰永順縣青理廢縣在州南二十里本新羅音里火縣景德王時改青驍爲尚州領縣高麗改青理仍省入古化昌縣全富戬云本知乃彌知縣景德王改名爲尚州領縣今未詳白華山城有古石城周一千九百四尺內有一溪五泉今廢

名宦新羅伊登法興王十二年以大阿飡伊登爲上州軍主金庾信真德王時伐百濟論功增秩伊飡爲上州行軍大摠管高麗李周佐穆宗朝登科調尚州牧記室參軍金富佾肅宗朝出守尚州有聲績鄭克永睿宗時爲司錄有善政鄭沆爲司錄初到州人以年少易之及臨事善斷皆歎服州人數司錄二鄭一韓謂沆及克永中也崔奇遇初登科補司錄以清勤聞後爲牧副使梁元俊仁宗朝爲尚州副使政尚廉勤吏民稱之崔惟清仁宗時由左司諫出倅尚州有德政秩滿入爲侍御史崔滋康宗時登科例補尚州司錄參軍事兼掌記入爲國學學諭後又牧州獄訟浩繁滋至之日剖決如神吏民畏愛未幾國學空虛秩未滿以寶文閣待制召還安珦忠烈王初爲判官時有女巫三人奉妖神惑衆自陝州歷行郡縣所至作人聲呼空中隱隱若喝道聞者奔走設祭莫敢後守令亦

然至安珦杖而械之巫托神言以禍福尚人皆懼珦不為動後數日巫乞哀乃放其妖遂絕居三年廉吏褒其政清徵為版圖佐郎

崔得枰為尚州牧使民懷其惠

安軸忠惠朝以檢校評理出牧尚州公正勤儉政修民安忠穆立召入為政堂文學

鄭云敬忠肅朝登科補司錄有誣告龍宮監務贓者按廉遣云敬鞫之云敬至龍宮不問而還曰吏貪汚雖曰惡德非才足以弄法威足以畏人者不能今監務老且不勝任誰肯賂乎按廉果知其誣歎曰近官吏尚苛酷司錄誠長者也

尹諧為司錄民有亂其妹者時旱甚諧與長官力爭置按刑天果雨

崔宰得枰子恭愍朝出牧尚州剛正自守愛養民力紅賊之亂王避兵南幸至尚宰盡心供億然不饋遺王左右左右短之竟以是罷

本朝

權執經以知中事退居鄉里特薦為尚州牧使

朴以昌為教授

李仁孫為慶尚觀察使兼尚州牧使

趙峿為判官

金鉤世宗朝為牧使淳謹奉法有惠澤及民

李全粹

柳文通俱為尚州牧使

鄭宗輔為尚州牧使民懷吏畏

申潛恭僖王朝為尚州牧使首興學校廣治書塾以至蒙士皆受學自是人知禮讓之風以治行第一陞秩通政大夫

柳成龍宣祖朝以副提學為覲乞郡拜尚州牧使上曰欲使列邑取則耳至州月朔謁聖會諸生通讀隨才以教之又於鄉塾設童蒙師長以勸課士習丕變其去也民立石刻文紀其德

流寓

李敏道元河間府人順帝末避兵東來以有功於國封商山君命以尚州為貫籍

趙云仡高麗末以典法摠郎辭職來居露陰山下自號石磵棲露翁徉任白海出入必騎牛著騎牛圖贊石磵歌以見意與慈恩寺僧宗休為方外交超然有世外之想詳見楊州

成允諧本朝漢城人隱居圓通山下宣祖嘉其行義累除王子師傅[illegible]仁縣監皆不就允諧德器渾厚外坦夷而內方嚴其季父運嘗曰允諧氣禀加人晚年成就非吾所及

人物

高麗

金守雌少喪父負笈遊學四方中第調金壤縣尉還國國學諭棄去杜門理田園鬻蔬自給日與童蒙講習仁宗朝直史館李資謙之亂宮闕連燒守雌負國史至山呼亭北掘地藏之得不焚還直翰林院不樂在近職以母老乞郡出為禮州防禦使卒毅宗時吏部奏守雌不惜身命移藏國史未蒙顯賞深可惜也命贈吏部侍郎

金得培州吏金祢女曰萬宮年七歲父母避丹兵于白華城追兵近棄于道左而走既三日得之林下自言夜則有物來抱晝則去人皆驚異之乃虎也及笄適戶長金鎰生祿祿生三男長曰得培登科補藝文檢閱遷典客副令從恭愍入元宿衛及王即位授右副代言六年為西北面防禦都指揮使尋拜西北面都巡問使兼西京尹上萬戶七年紅頭賊偽平章毛居敬等陷義州得培與安祐李芳實進擊凡九戰凱還拜定遠功臣政堂文學十年紅賊又寇朔州得培為都兵使與安祐李芳實率兵擊賊賊陷京城進軍急擊斬首十餘萬收復京城金鏞疾得培等功大為王所重使安祐等殺鄭世雲曰以為罪而殺之聞者莫不嗟悼

金先致得培弟以郎將從全羅道都巡問使柳濯擊倭手殺數十人累轉戶部郎中恭愍時從元帥李嵒禦賊錄功一等遷吏部侍郎紅賊陷京城從諸將收復累官密直副使出為雞林府尹陞同知密直辛禑時封洛城君

金得齊得培弟官至三司右使

申祐丹密縣人版圖判書元濡之子官至按廉使事親至孝父沒居廬三年有二竹生于墳前人以為孝感所致朝廷聞祐孝行旌表其閭名其里曰孝子里

本朝

朴安臣剛毅有器度恭定王朝登科為司憲府持平與大司憲孟思誠言事當誅思誠面黑淵指安臣顏色自若謂思誠曰我嘗謂君有志操何恇怯為不聞車聲之轔轔乎謂羅卒曰取瓦瓦來作詩以磁器畫而書之曰爾戰不供甘受死恐君留殺諫臣名贖目語獄吏曰以是上聞否則我為厲鬼爾屬無噍類矣上聞而赦之後奉使日本還遇海賊賊抽刃攔入船中抄掠行具安臣踞胡床不動從容指揮賊不敢近一行賴以全官至藝文館大提學謚貞肅

朴以昌安臣子登科文宗朝官至刑曹參判性剛不屈於人以節使赴京左右以霖雨請加齎糧貪四十斗而往及還到新安館臺官請推以昌曰老臣本無

汚名庶幾盡忠既犯邦憲將何面目以見上遂自剄死上聞之驚惻特厚賻時

金師禹 登武舉官至兵曹判書

黃孝源 登第壯元仕惠莊康靖兩朝恭佐翼佐理功臣封商山君

盧守慎 從李延慶受業博學強識登魁科榮靖王朝為吏曹郎　恭憲王初羅士禍安置珍島居謫十九年讀書不輟註夙興夜寐箴以自警　昭敬王在潛邸素聞其賢即位首昭為弘文校理六年中歷吏曹判書大提學至議政府領議政守慎器局俊偉文章奇傑少有重名居相位者十四年所著有穌齋集行于世

金範 篤志力學事親有至行雞鳴盥櫛奉養順色有疾嘗糞葬祭盡禮　恭僖朝以行義卓異徵為玉果縣監　昭敬朝旌表其閭鄉人稱為後溪先生也

李德馨 其先廣州人左議政克均五世孫自祖以下居本州德馨十餘歲文義已就登科歷揚臺閣累遷至大提學萬曆倭難　宣祖西幸朝議莫知所為德馨與李恒福請往乞兵中朝　上遣德馨將行曰兵不出吾當棄骨於盧龍再不渡鴨綠也及至六上書泣訴中朝大發兵来救德馨常為價接規畫皆中機宜明將多從之其後平壤收開城與有功焉明年　上還都拜兵曹判書經理楊鎬每歎德馨雖在中朝當端委廟堂尚屈百僚是國之恥也未久拜相時年三十八尋陞領議政光海將廢母后德馨為首相以正議被黜居楊根卒天資通達德器夙成自少有公輔之望無老少皆稱為漢陰及卒朝野相弔市民立泣謚文翼有漢陰集

鄭經世 其先晉州人世祖澤判尚州牧留一子於尚自後世為尚人經世少穎悟力學宣朝登科選入弘文館累遷副提學出為觀察使俱有績效　仁祖時官至吏曹判書兩館大提學經世博洽經術尤精禮學歷事三王正色立朝在經筵陳說義理明白懇懇為文條暢切事情有愚伏堂集行世謚文肅

李埈 五代祖府尹堰居善山後徙為州人

全湜 其先沃川人徙居數世湜端厚力學　宣祖末登科　仁祖時入臺閣多直言嘗由海路奉使朝明海中遇颶風人皆惶怖湜獨不變行中成服累官至司憲府大司憲知中樞府事湜與鄭經世李埈相友其在經筵任叔英稱之曰經筵官通古今鄭經世達事理全湜其人也

烈女

本朝鄭氏 校理權達手妻本朝燕山時達手被殺鄭氏時在咸昌村舍擗踊呼號食飲不入口者凡六十餘日泣盡繼以血既殆曰吾苟活至今者欲反見良人之骨返此土也返必以吾祔又曰願以良人之兄正郎君之兒為良人後言終而絕恭僖王命旌其閭

星州牧

東至大丘府界二十六里至義興縣界一百二里至仁同縣界九十九里南至高靈縣界四十九里至玄風縣界五十四里西至知禮縣界六十二里北至開寧縣界三十八里至仁同縣界二十里距京都六百二十七里

旱田

水田

建置沿革 本新羅本彼縣 古記以星山伽倻為六伽倻之一疑新羅取之置本彼縣詳見金海府　景德王時改新安為星山郡領縣後改碧珍郡高麗初置京山府景宗時降為廣平郡成宗時改岱州顯宗時復為京山府省星山八之忠烈王時陞興安都護府後改星州牧忠宣王降為京山府　本朝因之　恭定王朝陞為星州牧以安御胎陞　仁祖朝降為星山縣後復為星州掌面

官員 牧使　判官　教授各一人

郡名 星山　新安　碧珍　京山　廣平

形勝 金烏峙其北洛江在其左聯峯疊嶂長川平楚 高麗李崇仁夢松樓記　山川秀異 本朝鄭麟趾臨風樓記山川秀異人物繁華

居

一道之中 地在要衝 並本朝申叔舟百花軒記

風俗俗尚華麗 地理志俗尚華麗好鷹犬 善女功 觀風案

山川印縣山 在州北九里鎮山 祖谷山 在州南三十五里安我恭定王御胎 禪石山 在州北二十八里安我惠莊王御胎 積山 在州西二十五里 琵琶山 在州東七十五里花園廢縣南 星山 在州東八里 裴音山 在州西二十一里 城山 在花園廢縣北五里小山枕江其上平曠世傳新羅王賞花處縣之得名以此其下舊有錦江亭五柳亭今有遺址 公山 在八莒廢縣東北二十里距州東八十里山之東永川新寧河陽南大丘北義興西北仁同界 伽倻山 在州西南四十八里又見陝川高麗李崇仁詩作鎮星州界流形陝郡東蒼根蟠厚地翠色滿晴空猿鶴經年別烟霞自昔同我來登絶頂第一望尖崧 脩道山 在州西八十五里知禮居昌西邑界 祈水山 在州西四十里開寧金山之界

天旱禱雨於此故名之 赤峴 在州西五十二里居昌郡界 太子巖 在州西十二里圓石疊立三層高九尺圍徑十三尺頗奇怪天旱禱雨輒應 洛東江 自仁同縣界流入至州東二十里曰所耶江即高麗裵然婦死節之處經州東南為東安洑溪二渡南流入玄風高靈兩縣界 馬鋪川 在州北十一里源出大也院洞至州東南十五里與伊川合 伽川 在州西南四十七里源出伽倻山東南流入高靈縣境 伊川 其源有二一出積山一出裵吉山合于州西五里抱城東流入洛東江 紗羅池 在八莒廢縣西二十里 仍火浦池 在州南五里 鼎洞池 在八莒縣東五里 東亭池 在州東四里 汝斤乃池 在州東十四里 泊畏池 在州南一十四里 同萬池 在州南四里 巨留池 在州南五里 助是池 在州北六里 大家谷池 在州西十五里 樧只池 在州北二十里 竹池 在州北十二里 所伊池 在八莒縣北 水向池 在八莒縣西 曉星池 在州東七十一里花園廢縣

土產 磁器 海松子 紫草 漆 蜂蜜 黃蠟 安息香 松蕈 銀口魚

城郭州城 舊有土城本朝中宗時改築石城周四千五十二尺立門東曰　南曰　西曰　北曰　城內有七泉二池

學校鄉校 在州北二里 川谷書院 舊名迎鳳在州西南十五里雲谷伊川上明宗時牧使盧禛創建書院以為士子藏修之所正堂曰誠正東齋曰克復西齋曰敬義又有高明樓風詠壇院後立祠祀李兆年李仁復金宏弼有李滉記 檜淵書院 在州南三十里立祠祀鄭逑

宮室實錄閣 在城內客館東北藏本朝實錄 客館 興民閣 在客館南左右有紅蓮白蓮二堂俱有蓮池牧使金永肩建 鄉射堂 在州城北門外即舊龍興寺基 臨風樓 在客館北本朝文宗時牧使李重鄭繙址名而記之本朝姜渾詩試吟佳句蔆天慳正值樓中吏牒閑紫燕交飛風拂柳青蛙亂叫雨昏山一生毀譽身多病半載馳驅鬢欲斑黃閣故人書斷絶客行塞落滯鄉關 青雲樓 在城東門內 夢松樓 舊在城北今廢高麗李崇仁記 東亭 在州東五里池上竪石柱為亭 南亭 在州南一里本朝中宗時牧使金祐構

烽燧星山烽燧 南應加利縣伊夫老山北應角山 角山烽燧 在州北二十里北應仁同若木縣朴執山南應星山及大丘河濱縣馬川山 末應德山烽燧 在加利縣東〻應花園縣城山南應玄風縣所山 城山烽燧 在花園縣北〻應大丘河濱縣馬川山西應末應德山 伊夫老山烽燧 在加利縣西南應高靈縣望山北應星山

郵驛　踏溪驛在州北十里　安偃驛在州南二十八里　茂溪驛在茂溪津東　舌火驛在花園縣西五里　高平驛在八莒縣西五里　仁化院在州東八里　蛇院在州南三十四里　東安院在東安津岸　公排院在州東二十五里　李同院在州南四十二里　若寶院在州北二里　廣大院在州西二十里　引院在花園縣西二十里　大也院在州北二十九里　鳳栖院在八莒縣北十五里　崇儒院在八莒縣北舊名獨儒觀察使孫舜孝改今名院有樓又名亦異　柳院在八莒縣南五里　鵲院在八莒縣南十里　興王院在花園縣西一里　沙邑梯院在加利縣東　多品院在州北十一里　月恒院在州北十八里　退界院在州西二十二里　觀音院在州南二十二里　通信院在州東三十里

關梁　橋　東安渡在州東二十六里　茂溪渡在州南四十九里二渡皆洛東江津渡

祠廟　社稷壇在州西　文廟在鄉校五聖十哲舊用塑像今改設位版　城隍祠在州城內　厲壇在州北

陵墓　李兆年墓在州東三十里釜洞　金宇顒墓在州南二十里大家谷　鄭逑墓在州南三十里羊腸里

寺刹　龍興寺在州城北門外有大藏堂李仁復為記　仁興寺在琵瑟山北高麗恭愍王題額　深源寺在伽倻山南　安峯寺在州西北十里許李長庚李兆年李崇仁等真初在禪石寺及我世祖御胎安于禪石山遂撤其寺李氏子孫移其真于是寺　積山寺在積山即李稷故宅今為寺　龍淵寺在琵瑟山北　法水寺在伽倻山北

古蹟　加利廢縣在州南五十九里本新羅一利縣景德王時改名星山郡高麗初改加利顯宗時省入京山府本朝因之　八莒廢縣在州東七十二里本新羅八居縣一云仁里景德王時改名八里為壽昌郡領縣高麗復八居後居轉而為莒顯宗時省入本朝因　花園廢縣在州東七十一里本新羅古火縣景德王時改今名為壽昌郡領縣高麗顯宗時省入後移入大丘後復入本州　伽倻山城石築周一萬五千九百三十五尺今半頹落內有六溪十泉夷險半之　禿用山城在州西三十三里石築周一萬三千六十四尺今半頹落內有泉三川一　八莒山城在縣東距州七十八里石築周二千四百二十三尺今半頹落內有泉二池一　古都山縣金冨軾云本秋山縣景德王改名為星山郡領縣今未詳也

名宦　高麗　李總言羅季郡盜充斥唯碧珎郡為總言所保民賴以安太祖遣人諭以共戮力定禍亂總言奉書遣其子永率兵從征討太祖拜總言本邑將軍加賜旁邑丁戶二百餘鹽穀四千餘斛且致手札示以金石之信總言感激鍊兵峙糧以孤城介於羅濟必爭之地屹然為東南聲援　金黃元宣宗朝出守京山府有吏捕殺人強盜以至黃元熟視曰此非賊也趣令放之判官李思絳力爭曰此盜已服宜治罪不聽後獲他盜果向之殺人者吏民服其神明　李永肅宗朝知京山府　崔陟卿毅宗初為判官性廉介吏民愛畏秩滿還京足不至權門　王世慶毅宗朝知京山府以清白稱　尹澤為司錄　李寶林知京山府道聞婦人哭曰哭聲不哀若有喜者執訊之果與奸夫謀殺夫者也有人訟鄰人割我牛舌鄰人不服寶林渴其牛會里人和醬于水令曰以次飲牛牛欲飲卽止里人如令至所訟人則驚走訊之果服又有人馬逸食大麥苗殆盡麥主將訴之馬主曰我有麥田稔與汝勿訴麥主許之及夏麥再苗猶可收馬主曰汝麥亦稔不與麥主許寶林令馬主坐麥主立曰俱走不及者罰馬主不及詰之曰彼立我坐其能及乎寶林曰麥亦然收而後苗其及稔乎汝逸馬食麥罪一也違約不與罪二也遂杖之以麥

歸告者為政嚴明類此

本朝權得經為星州牧使政治清平吏民愛之卒於官

金淑滋景泰甲戌以成均司藝出為星州教授訓誨諸生多有興起者

孫昭為星州牧使有聲績

尹碩輔為星州牧使廉明為治

權轃為星州牧使恭僖初嶺南多循吏物議以轃及善山府使柳希轍金山郡守文瑾為最稱為嶺南三良

李潤慶恭僖朝以大司諫忤權貴出為星州牧使為政廉平士民謳頌謂之雲間李使君

黃俊良明宗朝為星州牧使盡心民事視民饑寒若在其身在前逋負能節縮補填充數則焚其券尤留意學政時吳健為州教授聚邑子弟令健主教而已仕諭督居任四年大有績效

吳健明宗時為州教授方正自持以身率物與牧使黃俊良議定學式聚邑子弟分為四等月每會講同為論難疑義考其勤慢第其賞罰各隨其資之高下成就者甚多

流寓

金沫其先海平人後徙本州高麗末累官集賢殿提學開城尹與李崇仁相友善號松亭子文尚以孝子旌閭

人物

高麗

李長庚本州吏恭儉有威鄉人嚴憚之老而居家聞屨唱遺聲輒下床伏地過乃起後贈政丞封隴西郡公五子登科

李千年長庚之子官至政丞

李兆年長庚子忠烈朝登科遷秘書郎從王朝元後忠肅王被讒留元兆年發憤如元獻書中書省訟王之直朝廷義之忠惠王宿衛于元頗以不勤聞兆年進戒曰殿下事天子宜日新一日何乃棄禮從情以速累乎頑政行自飭王惡其言嫌嫌而走曹頔之亂百官附頔兆年以義諭頔黨聞者皆感激王近恰小惡忠直兆年乞歸時王彈雀于松岡兆年號曰殿下忘明夷之時乎今惡少假威力略婦女攘財貨民不樂其生臣恐禍在朝夕此而不恤顧說細娛乎殿下聽老臣之言去使佞用賢良不復好慢遊則臣雖死瞑目矣數諫王不納嘆曰數諫不納責有所歸既不能順其美過足以增其惡非臣所以愛主也不如去明日匹馬還鄉不交人間事以政堂文學卒謚文烈

李褒兆年子性淳厚循ㄑ蹈禮官至檢校侍中謚敬元

李承慶長庚孫仕元朝累遷遼陽省參政恭愍王六年奔母喪東還明年元遣使召之不起官至門下侍郎平章事

李承休加利縣人少孤好讀書高宗朝登科還至監察大夫數以書言事嘗以書狀入元詞表偉麗見稱中國後隱三陟頭陀山躬耕養母忠宣王以為諫議大夫累書召之曰寡入素聞卿名思欲共理幸為一起承休乃赴命仍陳時政得失復乞退以詞林學士致仕自號安居士又見三陟府（）

李仁復褒子忠肅王朝登科調福州司錄選補春秋供奉忠惠時中元朝制科授大寧路錦州判官東還忠穆立以仁復有名望四轉為右副代言恭愍拜授征東行中書省左右司郎中忤辛旽罷封興安府院君尋判三司事卒謚文忠仁復嘗修閔漬編年綱目忠烈忠宣忠肅三朝實錄及古今金鏡二錄仁復啟旽他日必有變請遠之不聽及旽誅王嘆先見之明及疾亟沒弟仁任勸念佛答曰吾平生不佞佛今豈可自欺後配享忠定廟庭

李崇仁恭愍朝登科本國選文士應舉京師崇仁為首選以年未二十五不遣辛禑時以簽書密直與李穡如大明賀正還拜藝文館提學趙書遣奏初獄起逮繫清州未幾召還知密直司事同知春秋館事又以鄭夢周黨遠流尋卒崇仁天資英敏文辭典雅穡每曰此子文章求之中國世不多得高皇帝嘗覽崇仁所撰表嘉之曰表辭誠切中朝卿士觀其著述亦莫不歎服有陶隱集行于世

本朝

裵克廉有將才麗末屢為諸道元帥繫倭有功還門下評理從我太祖回軍恭讓時陞左侍中入本朝為開國功臣

李稷褒孫官至領議政佐太祖策開國功臣太宗朝策佐命功臣封星山府院君謚文景子師厚官至漢城府尹師元官至中樞院副使師純官至工曹參判

李正寧師厚子尚太宗女為星原尉謚章節

李堅基褒之後登科官至戶曹判書時以長者稱謚安成

裴規世宗朝官至大司諫子閑及閏皆登科閑左司諫閏正言父子相繼入諫院士林義之

李自堅登科官至知中樞府事弟自健官至刑曹判書自華有氣槩官至大司憲

朴矩孝行篤至及親沒采毁過禮廬

墓三年累官至嘉靖都捴制朝廷旌表其閭金承得官至代言事親有至性父沒廬三年
不惑異端朝廷旌表其閭都衛性至孝日省廟如在親前友愛兄弟無間言　恭僖朝被薦登
賢良科為戶曹佐郎己卯坐黨籍罷歸居家每元朝正席北向四拜金宇顒天資溫粹篤志
力學恭憲末登科將就仕于杞院先進者欲隨例試以雜戲宇顒以為非義終不屈　昭敬朝正色
立朝久在經筵剖析義利懇〻以聖學王道陳達上前臨事敢言無所顧忌官至吏曹叅判人稱東
岡先生所著有續綱目及疏劄若干卷鄭逑其先清州人祖應祥學於金宏弼宏弼以女妻
之自此為嶺南人逑英麘夙成棄舉業專意學問師事曹植李滉慨然有求道之志　昭敬朝除官
不就嘗一入引見　上論大學對曰三綱八条無非修己治人之方而　天德王道只在謹獨也累典
州藩所至有治效光海初拜大司憲以全同氣盡子道懇〻陳勸自後不復入京寧於家其學以朱
子退溪為准則教後學必以禮為先謚文穆學者稱為寒岡先生所著有心經發揮五先生禮說冠

昏葬禊儀奠墻録五服沿革圖鄭崑壽逑弟

烈女裵氏進士裵中善女適郎將李東郊善治內事高麗辛禑時倭寇逼京山閭境擾攘東郊走
時赴合浦師幕賊騎突入所居里裵氏抱乳子走賊追之及江水方漲裵氏度不能脫置乳子岸上
走入江賊持滿注矢擬之曰而來免而死裵氏顧見賊罵曰何不速殺我〻豈汚賊者耶賊發矢中
肩再發再中遂沒於江中體屬使趙浚上其事旌門羅氏高麗末人監察羅尚女集賢殿直提
學裵潤之妻閨卒羅氏年少斷髪守墓三年凡葬祭一從禮不用浮屠事聞旌閭文德本朝
初人書員金戒河妻夫溺水死哭泣不輟終喪三年父母欲奪志即斷髪奔舅姑家十五餘年不茹
葷不飲酒食肉未嘗與人笑談事聞旌閭

善山都護府東至比安縣界四十五里至軍威縣界五十里南至仁同縣界
四十五里西至開寧縣界二十里北至尚州界三十九里至同州界二十九里距京都五
百三十六里

旱田

水田

建置沿革本新羅一善郡真平王時陞為州神文王
時州廢景德王時改為嵩善郡高麗成宗時改善
州顯宗時省八尚州仁宗時復置一善縣尋陞善
州　本朝恭定王時改為善山郡後陞都護府掌

面

官員府使　教授各一人

郡名一善　嵩善　善州　別號和義

形勝洛江作帶鳳岳為城本朝李仁全詩洛江南作帶鳳岳北為城一道
之大達本朝權採南館記山川明秀府志山明水秀田野緲漫
風俗俗尚文學觀風案民風淳朴本朝高得宗語詩書教興本朝
鄭麟趾鄉校記學徒受業詩書之教大興古稱多士居嶺南半本朝金宗直詩
風節道義本朝李滉文前有吉先生之風節後有鄭青松朴松堂之道義
山川飛鳳山在府北一里鎮山伏牛山在府西二十五里淵岳之南支金烏
山高麗時稱南嵩山以配海州北嵩山在府南四十三里西開寧東仁同北府境淵岳山
在府西三十二里山上有淵山之北支即尚州甲長山鳳巖山在府西二十里開寧縣界
大芚山在府北三十里尚州界太祖山在府東十三里高麗太祖征甄萱時駐蹕
因名焉冷山在府東十五里自公山北走穹窿者為此山一云菀李山上有古城大皇

堂山在府南十五里萬曆癸巳大明總兵劉綎逐倭賊南下駐兵二山東麓 **白馬山**在府東二十五里 **藍山**在府東九里山下有羊腸 **彌石山**在府東南二十里海平廢縣後 **曹溪山**在海平廢縣東十里衆峯尖秀如列戟 **文殊山**在海平縣東二十里與曹溪山相連 **竹峴**在府北二十八里尚州之境 **加乙峴**在府東二十五里 **余乙峴**在府東北二十四里 **玉山**一作孤山在府東南二十里洛東江岸小山孤峙甘川合流其下 **浮來山**在府南七里甘川南岸小山如浮來故名 **冬至藪**在甘川北岸長十里皆栗林藪中有小山名冬至一云鳳卯山 **鸕鷀石**在伊谷村前江中距府北八里石崖走入波心狀如鸕鷀故名李奎報詩輕舟溶漾信漣漪中有奇石名鸕鷀 **洛東江**自尚州界流入至府北為犬灘經鯉魚淵餘次尼津寶泉灘南流入仁同縣界 **甘川**源出知禮縣歷金山開寧經府南四里東南入于洛東江 **蔚洲川**在府南二十八里出金烏山東流八洛東江 **犬灘**在府北三十四里洛東江灘高麗李奎報詩清曉泛龍浦黃昏泊犬灘點雲欺落日狠石捍狂瀾水國秋光冷艇亭夜更寒江山真勝畫莫作畫屏看 **鯉魚淵**在府東十二里洛東江水至淵渟其東岸有奇巖巖下有龍穴天旱先燔祟於冷山之頂縋沉虎頭於此或祭龍以禱輙應 **寶泉灘**在府東南二十一里亦洛東江灘每春秋下道商船來泊于此金宗直詩寶泉灘上集商帆千室人人食有鹽是也 **衣繡池**在府城南門外 **狐池**在府南二十四里周三千六百七十九尺民賴灌溉之利 **新谷池**在府東二十五里周二千九百七十尺下多灌溉之利

土産 海松子出鳳巖山 栗出冬至藪 莞席 柰 柹 蓮實 蓴出蓴池 茭 艾出金烏山品良 茯苓 枸杞 山藥 麥門冬 白芷 銀口魚 錦鱗魚 訥魚 鯽魚

城郭 **府城**土築高麗末知郡李得辰築之周三千七百四十尺內有九泉三池頹圮已久只有西南二門萬曆壬辰為倭賊屯據增築高壘 **金烏山城**石築周七千六百四十尺回絕壁為城者居其半高峻奇險內有三池一溪高麗末本府及仁同開寧星州之民避倭入居者甚多發兵戍之本朝初亦有軍倉後久廢宣祖時當倭亂體察使李元翼巡視形勢重修合閭慶尚州金山知禮開寧星州高麗及本府兵糧清野入守其後仍儲軍糧差別將守之

學校 **鄉校**在府北二里 **海平縣書堂**在縣北一里海平古縣時有鄉校來屬後廢我世宗時縣人請因舊址立校府使李吉培轉報觀察使啟聞蒙許即立校其後士子以一邑二校非制將欲請撤壬辰兵火後遂不復建今縣入回其地立書堂 **藍山書院**舊在金烏山下宣祖初士子以吉再終老之地建書院宣祖賜額金烏書院後以烏山地僻士齋後以金宗直鄭鵬朴英配享 **月巖書堂**在府東北二十里江岸仁祖時邑人為金澍建其廟曰來格後以河緯地李孟專並享改稱三仁廟

宮室 **客館**萬曆丁酉破毀己酉重建 **鄉射堂**在西部迎鳳里 **鍊武堂**在東部萬曆乙巳建置 **北館**即客館之北館 **南館**即客館之別館宣德間府使李吉培重修權採名以廣善 **清迴樓**在大門外即北館南 **養素樓**在北館北連客館東軒弘治間府使宋逵年建曹偉名之北館以下丁酉破毀今未重建 **鳳下樓**在客館西崇禎庚午府使趙纘韓建有溫房一間曰藏輝閣 **月波亭**在府東十一里洛東江岸本朝權近記善州之東五里許有津曰餘次自商之洛水而南流者也賓旅之由商而之南州者亦至是而岐焉實要衝也津之東有小山臨峙昔全人李君文挺為宰始構亭號月波歲久已廢建文元年己卯春大寧崔君關宰是邑下車數月政修人和更相地于舊址之北石崖之上爽塏奇秀尤得其勝且為燠室以待賓旅之宿越三年之秋崔君以司水監乃還于朝崔之言曰亭之上下稚松鬱然石崖嶄然長江經帶

乎其前大野紆餘於其外閭閻撲地烟火相望善之邑也耕牧漁樵謳歌相答傴僂絡繹於其野者善之民也西南大谿川陸緲漫雲烟繚熊氣象千萬至若江清月朗冷影相涵靜如沉璧動如躍金横如素練矗如卧塔沖融晃朗天水一色此月波之所以得名而尤此亭之一奇也北望有山欝乎蒼蒼是昔王氏太祖徂征百濟駐蹕之所也雄風壯氣至今凜凜真與高山流水而無窮登此亭者亦不能不為之遐想者也余聞之書以為記○本朝徐居正詩月波江水去悠悠綠淨如藍欲染鷗酒罷孤舟亭下泊月明人語在高樓○本朝許稿詩江上孤亭勢若浮亭前波月共清幽千霜灔灔可憐色萬古滔滔無盡流桂梓蘭舟長蕩漾金樽玉盞幾遨遊我來復值寒天暮照耀斜暉亦足留

鸂鶒亭 在鸂鶒岩上丹崖翠壁老松數十株影蘸波底盛夏猶寒 本朝柳成龍詩仙亟閣過太忩忩回首中流思不窮百尺丹崖相映帶千章碧樹正玲瓏蘭舟去後山雲合江燕飛時野雨濃歲月閑消魚鳥裡百年形役愧鹿縱

梅鶴亭 在孤山上洛江甘川交流處進士黃耆老所卜種梅養鶴比於林逋西湖

詠歸亭 在月波亭後鯉魚淵牧使盧景任所卜

松堂 在太祖山朴英棄官歸家築室于此扁曰松堂前臨洛江面對冷山

烽燧

石峴烽燧 在海平縣南十里南應仁同府件代山北應藍山

藍山烽燧 西應開寧縣甘文山南應石峴

郵驛

佛旀驛 在府東一里 安谷驛 在府西三十五里 迎香驛 在府東二十一里 上林驛 在海平縣距府五十四里 竹峴院 在竹峴下設站處也 箭磨院 在府北十五里 安谷院 在安谷驛傍 茶亭院 在府西十三里 所法谷 在府西八里 吾老峴院 在府南八里 觀風院 在府南二十八里 觀心院 在府南十里 南上院 在府東十九里 彌羅院 在餘次尼津東 草積院 在府北三十二里 東院 在府東二里 上林院 在上林驛傍 竝飛院

柳院 許忠院 三韓院 俱在海平縣 俗離院 在府南四十二里

關梁

樓橋 在南門外 甘川橋 在府南五里跨甘川 月波渡 在府東十一里月波亭下又名餘次尼津即洛東江津渡

祠廟

社稷壇 在府西 文廟 在鄉校 城隍祠 在府西三里 吉再祠 在府南十五里栗谷我太宗初觀察使南在以再家貧為營家廟其後子孫仍以再遺像揭以祀宣祖壬寅重修 鎮民祠 在客館西以金宣弓李得辰有勲德於民立廟祀之後廢 厲壇 在府北

陵墓

金宣弓墓 在海平縣彌石山 尹碩墓 在海平縣東金山洞 金澍墓 在府東面渚宮洞即衣靴所藏與其妻柳氏合葬 朴瑞生墓 在府南面栗谷 李孟專墓 在彌石山 河緯地墓 在古方山之原 金之慶墓 金應箕墓 俱在渚宮洞 朴英墓 在府北面官村 鄭鵬墓 在府西面伏牛山下態谷 吳湜墓 在西面鞱谷 朴雲墓 在上林驛北沙卜洞 金就成墓 在南面坪城大洞 高應陟墓 在曹溪山下楞嶺

寺刹

桃李寺 在冷山○新羅沙門阿道所居新羅無佚法訥祇王時有稱墨胡子自高句麗来止府之道開部曲毛禮之家禮作窟室處之既而辭去後有阿道者與侍者三人亦至禮家儀表似墨胡子居數年無疾而終侍者留講經律往往有信奉者此新羅佛法之始諺傳阿道往新羅王都還到山下見山腰方冬月桃李盛開遂建此寺因名焉○金宗直詩桃李山前桃李開墨胡已去道師来誰知赫赫新羅業終是毛郎窟裡灰

大穴寺 在金烏山北寺有涵碧樓俯臨溪石高麗吉再嘗讀書樓上又移竹手植于此鄉人禁護今猶葱蒨名曰治隱竹○吉再詩綠竹春秋堅

節義溪流日夜洗貪慾心源瑩
淨無塵事自此深知道味甘 道詵窟 在金烏山北乃巖穴
也廣十六尺深二十四尺高十五
尺構屋二間新羅僧道詵所居 水多寺 在淵岳山 得
益寺 在伏牛山高麗時歷代實錄藏于陝川海印寺及倭寇移安此寺後移于忠州開天寺
接聖寺 在天皇堂山南 彌峯寺 在飛鳳山東 金堂菴 在桃李寺北 井
池菴 在桃李寺南 文殊寺 在海平縣東 朱勒寺 在冷山西有高麗所撰僧
慧覺碑銘今廢 普峯寺 金烏山最上峯曰普峯寺在其下通望東西數百里 東陽寺
在普峯寺東朝曦先照故名眼界所及無異普峯

古蹟 古一善 在冷山西余次尼津東一里 古善州 南面仇彌有衙司倉鄉校舊基
海平廢縣 一名波登在府東三十三里本新羅竝并縣高麗初改海平郡屬福州顯宗時
省入尚州仁宗時移入古州本朝因之其南面接於公山 辛途廢驛 在海平縣東十里今
并于安谷驛 御城亭 在太祖山北五里許小山上乃高麗太祖駐蹕之地壘址猶在獨樹
童ゝ望之如車蓋俗號御城亭 祭星壇 在府西五里高麗時南極老人星現于此每歲春秋
中氣日降香祀之至本朝廢之其石壇至今存焉 吉再舊居 在金烏山下鳳溪里〇本
朝魚無亦詩落ゝ高標吉注書金烏山下閉門居
首陽薇蕨殷遺草栗里田園晉舊墟千載名垂扶
大義至今入過式前閭生爲男子誰無膽立ゝ峯
巒總起予〇本朝李混詩朝行過洛水洛水何漫
ゝ午憩望鼇山鼇山鬱盤ゝ清流徹厚坤峭壁陵
高寒有村名鳳溪乃在山水間先生遯其中表閭
翊命領大義不可抗宣曰辭龍袞千載釣臺風拜
使激東韓扶持己無及植立永堅完丈夫貴大節
平生知者難嗟爾世上人慎勿愛高官 朴英舊居 在太祖山下英棄官築室于此扁曰
松堂前臨洛江面對冷山 迎鳳里 在府西門外居人多出狀元俞勉田可植鄭之澹河緯地
俱狀元鄭招河澹俱副元皆居此里人稱狀元鄉
金宗直詩一尺城西迎鳳里青衿猶說狀元坊此

也 義狗塚 在鯉魚淵上道傍世傳余次里有人夜行醉卧路上所養之狗隨至在側山火
延燒將及其主狗以身濡江水撲火竟救其主氣渴而斃主覺而悲之瘞而祭焉 義牛塚
文殊山下路傍樹木蓊蔚每多虎患崇禎庚午店人金起年耕田其下惡虎突至搏其牛起年蒼黄
以耒具擲之虎乃捨牛而反噬起年牛既傷於虎而見其主爲虎所扼大吼奮躍牴觸無數虎乃仆
地流血竟死谷中起年匍匐歸家月餘因傷而死牛亦於主死後數日死里人驚異之瘞其牛申報
于官府使趙纘韓驗其實立石塚傍鐫義牛塚三字

名宦 新羅日夫 真平王三十六年置一善州以日吉飡日夫爲軍主 高麗李得
辰 知善州辛禑九年倭寇攔入州境焚州廨得辰保觀心坪寇退築邑城以守寇不復至邑人德
之寫眞以祀 本朝鄭以吾 知善州事淸而簡文治有餘 宋遥年 爲善山府
使政平訟簡公私有裕 金甯音 爲府使淸簡有治績 金叔滋 莊憲王命選經明行
修者置諸師儒叔滋以首薦除成均注簿未幾左遷出爲本府教授訓誨諸生士風丕變 權得
經 以善山府使以治最聞 金宗直 康靖王朝爲善山府使以補弊興學爲務莅官簡靜不露
形迹事理而民不忍欺 宋期忠 善山府使嚴明公直吏畏民愛卒於官百姓如喪父母
李楨 昭敬王朝爲善山府使興學養士政先明教 柳澈 萬曆丁酉以軍威縣監陞授善
山府使時倭寇纔退明兵南下澈寬征均役恤遺民應饋餉勞績甚多

流寓 吳湜 居綱正里本朝恭定王時登科曆臺省奉使日本有風節官至吏曹參判出爲全
羅道觀察使慶州府尹皆以清白著聞 朴瑞生 本比安人居本府栗谷學於吉再登科歷
臺省爲安東府使入爲大司憲 河澹 其先晉州人世居善山官至知郡忠孝有高志諸子皆知
名當世 李堰 本興陽人大司憲崐之子舉遺逸累遷南原府使爲政清慎世祖賜書褒奬
特加嘉善爲全州府使州人立生祠以慕其德居府之內谷里子婿俱盛嘗於壽席印綬相混入名

其堂曰五印

金允璘 本清州人寓居海平業醫察色診脉知五臟受病能斷生死壽夭無不驗人稱神醫仕為主簿年至百歲孫乃理有孝行官至縣監

人物

高麗

金宣弓 太祖征百濟至萬善募從征者宣弓以吏應募太祖喜賜所御弓因賜名焉後以功為大匡門下侍中定宗追贈大丞諡順忠長子文奉以三司右尹還鄉為吏次子奉術繼為侍中府之士族及吏族皆宣弓之後

金萱述 海平人佐太祖有功官至侍中諡莊烈

尹君正 海平人高宗朝官至守司空尚書左僕射判工部事子萬庇官至副知密直事孫碩為左政丞海平府院君

尹之彪 碩子忠穆王朝為典理判書恭愍王時追評理知門下省事封重大匡海平君性寬厚不立崖岸略通蒙古語為政務大體諡忠簡子珎官至贊成事封海平君

金沫 萱述之後登第歷集賢殿直提學累遷至開城尹與李崇仁友善號松亭又見星州

金澍 宣弓之後父元老官至判書澍麗末仕為禮儀判書恭讓王時奉使中朝還到鴨綠江聞本朝革命寄書其妻曰忠臣不事二君烈女不更二夫吾渡江即無所容夫人有娠若生男名以揚燧仍送朝服曰夫人死後以此合葬遂還中國居于荊楚其妻果生男揚燧登第官至宣慰使

吉再 海平人辛禑時登科為門下注書旣而知國將亡以母老棄官歸養本朝初恭定王在東宮召至啓恭靖王授太常博士不詣闕謝乃上書恭靖王曰昔日得與邸下讀書泮宮今之召臣不忘舊也然於偽朝登科筮仕後歸于鄉若將終身今欲上謁即還從仕非志也恭靖曰子之所言實關綱常義難奪志然召之者吾也官之者上也再遂上書恭靖曰臣聞女無二夫臣無二主乞放歸田里終養老母恭靖優禮以遣命本州復其家再卜築金烏山下以終身自號冶隱再天資穎悟清苦樂善事父母至孝為師心喪三年篤於親故謹於喪祭講道學闢異端緇流感悟返本者亦多莊憲王追贈左司諫大夫為旌其閭

朴英義 其先比安人世居海平麗末仕至知春州事事母至孝居廬三年一不歸家事聞旌閭人稱其里為孝子里

本朝

金峙 學於吉再登科歷司諫為金海府使退居迎鳳里教授子弟時喪祭廢闕峙首作家廟奉祭祀鄉人化之後以孝行旌閭

金孝貞 宣弓之後父自洞為叅判孝貞莊憲王朝登科官至吏曹判書再為慶尚觀察使所至有聲稱為人恬靜叅勳當時固辭不受諡文靖

河緯地 澔子沉重寡言勤學好義莊憲王朝舉甲科第一久在集賢殿多所裨正魯山時知時事將變盡賣朝服歸鄉里及金宗瑞誅以左司諫徵辭以疾上書援陳履霜之戒世祖受禪白上王忌召緯地就拜禮曹叅判別貯祿俸不食與成三問李塏柳誠源等謀復上王事覺六人同日死世謂之六臣緯地於正統末聞英宗皇帝沒北虜慨然曰天子蒙塵天下所共憤我輩雖海外陪臣豈可恬然不預其憂常處外不入寢室

李孟專 父希審官判書孟專莊憲王朝登科選補翰林後為司諫院左正言知時事將變棄官故托盲聾杜門謝客屢召不起莊憲王時足不出戶外家居三十年未嘗西向而坐年九十卒坐無苫食無筋恬然不以為意臨死妻孥始知其托盲

金之慶 揚燧孫莊憲王朝登科累歷臺諫論事不撓四為觀察使所至有聲績後以開城留守卒諡敬質

金允壽 登武科為人倜儻不事産業莊憲王知其智勇以為閭延兵馬使擊胡有功遂加擢用屢鎮西北二十年野人讋服進知中樞院事後乞退居田里卒諡胡襄初赴會寧其妻有娠生子萬禑萬禑年十八往北界省父父子始相見

金淑滋 受學於吉再篤志力行莊憲王朝登科薦為世子右正字後為成均司藝惠莊王初歸老于鄉性至孝親喪哀禮俱盡觀者感動居家莅職皆以繩律自持誨人必先小學孝經四書後及於經史

金嶠 中武科官至工曹判書惠莊王朝為敵愾功臣封善山君成化十五年以平安節度使為副元帥從尹弼商征建州衛捷還獻俘帝詔書褒賞

康慎 其先信川人累世居善山世宗朝登科官至吏曹正郎文雅端重所至有氷蘖操早卒人皆惜之

田佐命 自少事親篤孝喪父母廬墓三年一不至家朝廷聞其孝行擢授廣興倉主簿後以成宗王妃外祖追贈左議政

金宗直 淑滋子天資端秀小有雅度登文科成宗朝久有經幄恩禮甚隆

出為州郡藩服皆有治效累官至刑曹判書卒謚文簡宗直操履慤謹學問精博文章典雅高古為一世儒宗誨人不倦前後名儒皆出其門有佔俾齋集行于世

康伯珎 慎族任與弟仲珎從其舅金宗直學以文行稱成宗朝登科為司憲府掌令燕山時罹史禍死仲珎亦有文學官至承文院判校

金應箕 之慶子登第事成宗累遷禮曹判書中宗朝官至議政府右議政資性端慤遇事謹循規度謚文載

鄭鵬 父鐵堅舉遺逸為咸昌縣監鵬少倜儻有高論無意舉業叔父參判錫堅勸令就學登第累遷為弘文校理燕山時罹史禍謫盈德　中宗初復為校理未幾辭還累召不起左相成希顏薦其賢上急召詣闕謝不欲久留宰相知其意除青松府使以卒鵬師金宏弼奮志篤學嘗作棄上圖以自警見識超詣於治亂賢邪之幾自能燭微云後人因其居稱為新堂先生

朴英 少豪邁不羣武勇絕倫　成宗朝登武舉嘗以宣傳官直禁中ゝ夜流涕曰馳馬試劍一夫事耳入而不學何以為君子遂決歸築室洛水濱受大學於鄭鵬潛心體認十餘年深有自得　中宗朝特拜為江界府使軍民敬愛如神明召入為承旨兵曹參判時群賢滿朝日望至治英獨憂之辭還鄉里及士禍作被黨籍貶斥後復起為慶尚節度使英又精於醫術居鄉劑藥活人甚衆學者稱為松堂先生

朴雲 少有俊才　中宗時中進士還到漢江道遇朴英與語心服遂師事之棄舉業專心學問潛玩力踐卓然有立晚與李滉往來質疑好學之老而不懈號龍岩所著有紫陽心學至論擊蒙編三侯傳景行錄衛生方等書　宣祖朝以孝行旌閭

金就成 天資穎悟早知為學不事舉業與朴雲同師朴英平生無疾言遽色誨人不倦兄弟五人共處一堂愛敬無比踵其門者皆化朴英嘗曰成之識量高明見道最精其一生用力專在本原上弟施文登科　仁宗即位以江原都事上疏請行三年喪　宣祖朝官至江原道觀察使以清介聞

林載 中明經科仕止黃澗監務孝行純至父母俱患宿疾載朝夕侍藥累年不懈鄉邦稱之及歿哀毀逾禮廬墓六年旌其閭　康

林億齡 性英達博學善屬文遇事膽敢登科累官江原道觀察使　明宗初朝著不靖弟百齡陰結李芑尹元衡搆禍士林億齡訓戒切至百齡不從乃棄官南歸寓居海南優游山水以終後人高其風節所著百川集行于世

康惟善 仲珎孫才氣超拔從李延慶受業力學篤行鄉黨服其孝義早中進士遊太學甚知名　仁宗初率諸生三上疏請雪趙光祖冤枉正奸臣之罪以明士趨疏累千言　上曰汝等好古論時辭意義直所學之正何以加此　明宗時坐誣獄死年三十臨死猶手書決兄弟勉其篤信好學士林聞而悲之子復誠優典州郡以循吏稱官至知中樞府事

崔應龍 魁文科　昭敬朝官至刑曹參判有宛局善射藝時稱文武才累典州府觀察三道皆有治績

高應陟 資素不拘檢安貧好學嘗手搆一問屢空戶只開兩穴以通飲便堅坐逾年讀大學　明宗朝登科歷任懷德臨陂河陽諸縣清白如氷居官不用刑杖自生徒以至吏隸皆教大學人皆譏以迂闊而不少撓嘗曰庸學語孟人之日用功於水火人而不知則不可一日存於是盡焚後世抄集沉思於四書五經樂而忘倦

黃耆老 中進士自號孤山居士善草書學張旭懷素雄健奇絕世稱草聖家ゝ幛帖皆寶襲之

列女

欒哥 居鳳溪與吉再同里兒時見再讀書曰書中有何語再教之曰忠臣不事二君列女不更二夫欒哥誦之不忘及長為同府人趙乙生妻高麗末乙生以軍卒戍邊為倭掠去欒哥未知存歿不食肉不茹葷夜則明燈達夜不脫衣帶而寢父母欲奪志矢死不從凡八年乙生脫還夜及其家燈光不滅呼其妻開門具言其故欒哥曰雖然中夜獨居門不可開夫止宿鄰舍明日相會為夫婦如初

韓氏 麗末人府人金孝忠妻孝忠死於疫韓氏悲號晝夜不輟家人皆遯於外鄰里亦不敢近親自藁殯仍守其側哀毀逾禮三年畢其父悶其無子而早寡欲嫁之斷髮欲自盡其父懼而不敢鄉里莫不敬嘆

康氏 海平士人崔格妻舅姑不慈其子康氏能盡婦道奉之以誠本朝　宣祖二十年倭寇陷州郡舉家避匿山中賊至欲掠去康氏大罵不絕死之事聞旌閭

金氏 校生都聖俞妻自少習禮舅姑鄰里皆稱賢婦倭寇之亂避匿山中聖俞為賊所害決意殉死

勺水不入口姑知其必死守之甚密一日將葬其夫請姑取水沃渴姑取水悪回已縊死 宣祖命旌閭

朴氏 孝子英義裔孫爲海平士人崔潛妻喪夫寡居倭寇之亂避匿山中爲賊所擄大罵不屈賊負之以釼拉過百步朴氏拒之愈堅遂爲所害

宋氏 士人盧景健妻早喪夫事姑以誠 宣祖時避倭亂于尚州賊至欲逼之宋氏大罵斷其兩手罵猶不絶遂爲所害

河氏 叅奉金壽之妻壽有操守河氏亦有婦行倭寇之亂避匿山中壽與其妻約曰如或遇賊不可受辱而苟活得一峻崖以爲死所賊至壽欲墜崖河氏挽衣曰君且避之我當先死遂投崖壽

康氏 康惟善兄女紉習訓戒性行貞潔適士金錫祉倭寇之亂錫祉及其父皆歿於山中康氏以兩喪未葬孤兒未長不忍死常持短索以備倉卒久之欲歸謀葬誤入間道盡失葬具明兵又南下兵馬留屯康氏預絶大慟曰早知一死而至今偷生者意有在也今又如此吾事決矣以幼子托其兄子遂以所帶索縊死

堅至 公賊也早喪夫服喪三年喪畢猶白衣素食里人悅其賢且才爭欲奪節堅至斷髮破衣面不洗垢常以大刀隨身悪少不敢逼倭寇之亂爲賊所虜欲污之大罵不屈而死

金氏二女 舞来村民金乞女俱未嫁倭寇之亂父母并死於賊二女相與謀曰父母已死更無所望若不早決終必受辱離虜不如余身同死遂赴前捕相縊投水里人哀之稱其洞曰娣妹淵

金山郡 東至開寧縣界十二里南至智禮縣界四十一里西至忠清道黃磵縣界四十一里北至尚州界二十四里距京都三百五十三里

旱田

水田

建置沿革 本甘文國地新羅置金山縣爲開寧郡領縣高麗顯宗時省八京山府恭讓王初復置金山縣本朝

恭靖王時陞爲郡 以安御胎陞 掌面十六 官員郡守 訓導 各一人

郡名 別號金陵

形勝

山川 五波山 在郡東一里鎭山 黃岳山 在郡西十五里恭靖王時安御胎于山東直旨寺之北峯 俗門山 在郡北三十七里 高山 在郡西三十五里山之北即尚州之功城及中牟二縣 極樂山 在郡西北十一里黃磵縣界 黑雲山 在郡北三十一里 餅岾 在郡南十一里 高城山 在郡南九里 左峴 在俗門山東善山府界 卦方峴 在郡西十五里黃磵縣界 甘川 在郡東南十一里即智禮縣甘川之下流東流入開寧縣界 直旨川 一名鳳溪源出黃岳山經郡南五里東入于甘川 鳶嘷

池 在郡南一里

土産 紙 柿 胡桃 蜂蜜 黃蠟 松蕈 地黃 白花蛇、銀口魚

公署 金泉道察訪司 在郡南十里領金泉秋豊踏溪安彥茂溪安林金陽扶桑東安八鎭茂村高平楊原勸賓星奇楊川琴川文山作乃長谷省草二十一驛察訪一人

學校 鄕校 在郡南一里 景濂書院 在郡南十五里本朝金宗直嘗居郡池名其堂曰景濂後人建書院於此祠祀宗直因以景濂名之又以李約東曹偉從享

宮室 客館 棲霞樓 在客館東郡守金岳鈞建姜渾名之 景濂堂 金宗直舊居在郡西百川里堂前鑿池種蓮名曰景濂 鄕射堂 在鳶嘷池上

烽燧高城山烽燧〔南應智禮縣龍龜山西應忠淸道黃澗縣訥伊項山〕所山烽燧〔在郡北二十九里東應開寧大縣甘文山北應尚州回龍山〕

郵驛金泉驛〔在郡南十里察訪司本驛〕文山驛〔在郡北二里〕秋豐驛〔在郡西三十五里〕南院〔在郡南三里〕金泉院〔在金泉驛東〕果谷院〔在郡南三十五里〕左峴院〔在左峴南距郡北三十八里〕堂旨院〔在郡西二十一里〕梨亭院〔在郡北二十里〕豆下院〔在郡北二十八里〕

陵墓曹偉墓〔在郡西七里鳳溪〕裵興立墓〔在郡南二十三里大方山〕

祠廟社稷壇〔在郡西〕文廟〔在鄉校〕城隍祠〔在五波山〕厲壇〔在郡北〕

寺刹直旨寺〔在黃岳山東有高麗林氏庇撰大藏堂記〕眞興寺〔在餠岾〕能如菴〔在直旨寺西新羅末高僧能如所居〕伏龍寺　卯菴〔俱在黑雲山〕

古蹟禦侮廢縣〔在縣北二十里本新羅今勿縣一云陰達景德王時改禦侮爲甘文郡領縣高麗顯宗省入尚州本朝初移入于郡爲直村〕俗門山城〔石築周二千四百五十尺內有二溪二池舊有軍倉今廢〕迎命鄉〔在郡東三十里越入開寧縣南村〕

名宦本朝金曾〔曾山初知金山郡爲政慈祥明斷卒于官吏民哀之如父母〕權得經〔世祖時以禮曹佐郎出爲金山郡守民誦其治〕文瑾〔爲金山郡守政淸訟理〕李仁亨〔爲金山郡守爲政淸簡〕

人物本朝李好誠〔其先咸安人後爲郡人莊憲王朝登武科以武勇淸介名世累鎭西北境有古名將風歷慶尚右道節度使入爲知中樞府事〕李好仁〔系出河濱世居郡之壯岩村好仁仕至臨陂縣令性至孝閨門肅然家祭一以禮緦功親死亦皆制服〕兪益明〔莊憲王朝以武藝顯鎭東北界前後二十餘年〕崔善復〔其先和順人祖宗簿令元之徙居金山善復世宗朝登科選入集賢殿累官至慶州府尹子漢源官至觀察使亦以廉謹聞〕崔善門〔善復從弟累官工曹判書以淸儉稱〕李約東〔登第累官至吏曹判書歷任州府莅事廉謹謐平靖嘗爲濟州牧使州人服其淸及還遇風濤作文投海曰約東平生若取非義天其覆舟風濤即止〕曹偉〔少登科工詩文官至戶曹參判偉姊爲金宗直之妻偉從而學康靖王嘗命偉纂次宗直文集及史禍作柳子光諂于燕山主曰偉首錄弔義帝文此頗有意主大怒謫順天以死號梅溪有詩集〕崔士老〔善復族侄登科官至成均館大司成子漢禎官吏曹參議漢禎子重洪爲全羅觀察使〕全始昌〔以小學律身遭親喪守廬哀號足不出門服成廟喪三年中廟仁廟薨始昌年踰七十亦皆盡制徵辟不起人稱孝節先生〕裵興立〔其先星州人左司諫閑之後徙居數世興立事親有至行父仁範歿母金氏哀毀病風緣髮々不可理興立自油其髮承首引風衣不解帶苦心拯行見者皆泣得一飯必與弟共之終身不衰昭敬王朝登武擧歷任邊鎭官至工曹參判孝宗朝旌表其閭子時亮爲節度使〕

列女金氏〔縣監裵仁範妻少有至性父歿喪祭盡誠觀其哀戚者皆感其孝後服夫喪哀毀致死鄉里數服本朝昭敬王朝旌閭〕

開寧縣〔東至善山府界十九里至仁同縣界四十二里南至星州界三十八里西至金山郡界十四里北至善山府界三十一里距京都五百五十八里〕

旱田

水田

建置沿革古甘文小國新羅取之眞興王時改爲靑州眞平王廢州文武王時爲甘文郡景德王時改開寧高麗顯宗時省入尚州明宗時復置開寧縣

本朝因之掌面八官負縣監 訓導各一人

郡名甘文 青州

形勝長川列岫本朝尹子濼詩 土宜稻粱本朝徐居正同樂亭記

山川甘文山在縣北二里鎮山 柳山在縣東二里小山如伏龜甘川經其下 台星山在縣東十二里 伏牛山在縣北二十里 㐌水山在縣南三十里星州界 金烏山在縣南三十里 葛項峴在縣南十七里 雲峰山在縣南三十一里 右峴在伏牛山西 甘川在縣南二里郎金山郡甘川之下流縣境內作九堰溉田水利最多東流入善山府界 妙光池在縣西十二里 炭洞池在右峴南 赤田池在縣北七里 金川池在縣東二十里

土產棗 安息香 地黃

學校鄉校舊以縣西獅子寺為學今移于縣北一里

宮室客館 撫民樓在客館東 同樂亭在客館東二里據柳山上通瞰平疇成化戊子縣監下鐔建徐居正名而記之 秋興樓在客館北

烽燧甘文山烽燧東應善山府藍山西應金山郡所山

郵驛扶桑驛在縣南二十里 楊川驛 東院俱在縣東三里 西院在縣西四里 龍旨院在縣北十五里或稱雙峯院 興信院在縣南八里 飛下院在縣南十五里 葛項院在葛項峴下 彌勒院在縣南三十八里 乾川院在縣南二十五里

祠廟社稷壇在縣西 文廟在鄉校 城隍祠在甘文山 厲壇在縣北

陵墓金孝王塚在縣北二十里有大塚俗傳甘文金孝王陵 獐夫人塚在縣西態峴俗傳甘文國時獐夫人塚

寺刹雞林寺在甘文山 葛項寺在金烏山西新羅僧勝詮所創寺有石髑髏八十餘枚詮稱為官屬以石髑髏開講華嚴云 大陽寺在甘文山北 文殊寺在伏牛山 大乘利寺在金烏山

古蹟甘文古國柳山北東院傍甘文國時宮闕遺基猶在

名宦新羅起宗真興王初置青州以沙飡起宗為軍主 本朝金淑滋世宗朝為開寧縣監為政以惠吏民相安

人物高麗洪鈞再鎮西北人懷其惠稱為父官至門下平章事 洪祿遒鈞子為西北面兵馬使至營十日崔坦之亂作祿遒踰垣走欲投海死坦使人言於祿遒曰林衍擅廢立朝無忠臣吾等奮激欲誅首惡復戴吾王耳先平章再鎮北方活我民命尚書令又來撫有先公之風吾等不忍背德祿遒遂還京後官至門下平章事 本朝鄭錫堅其先海州人登科官至吏曹參判弟鐵堅擧有道為居昌縣監

· 智禮縣東至星州界十三里西至全羅道茂朱縣界三十八里南至居昌郡界四十六里北至金山郡界十五里距京都六百二十四里

旱田

水田

建置沿革本新羅智品川縣景德王時改智禮為開寧郡領縣高麗顯宗時省入京山府恭讓王時復置智禮縣本朝因之掌面四官負縣監 訓導各一人

辰必具酒饌敬事之如父及歿二人請廬墓於其親親憐而許之乃玄冠腰絰廬於墓傍未逾年殷保感異夢急歸父果病作及歿晨夕號哭不離喪側既葬廬父墳一日飄風疾起失案上香盒數月不得有烏含物來置墓前人就視之即所失香盒也至朔望猶奠張墳隲終三年 世宗朝旌門弃官後隲父母歿居廬六年年九十餘卒

高靈縣東至玄風縣界三十里南至草溪郡界二十八里西至陜川郡界三十二里北至星州界十里距京都六百八十四里

旱田

水田

建置沿革本大伽倻國說見金海府自始祖伊珍阿豉王一云內珍朱智傳十六世至道設智王十六世凡五百二十年〇按崔致遠釋利貞傳云伽倻山神正見母主乃為天神夷毗訶之所感生大伽倻王惱窒朱日金官國王惱窒青裔二人則惱窒朱日為伊珍阿豉王之別稱青裔為首露王之別稱然與駕洛國古記六卵之說俱荒誕不可信又釋順應傳大伽倻國月光太子乃正見之十世孫父曰異腦王求婚于新羅迎夷粲比枝輩之女而生太子則異腦王乃惱窒朱日之八世孫也然亦不可考新羅真興王并其地置大伽倻郡景德王時改高靈郡高麗初省入京山府明宗時復置高靈縣本朝因之掌

官員縣監訓導各一人

郡名大伽倻

形勝兩水繞南郡峰拱北琴柔詩

風俗俗尚強武地理志勤稼穡鄭麟詩力農勤稼穡

郡名知品川別號龜城

山川龜山在縣南二里鎮山大德山在縣南四十里全羅道茂朱縣任內茂豐縣界牛馬峴在縣南四十六里居昌縣界釜項峴在縣西三十七里茂豐縣界餅峴在縣東十三里星州界甘川在縣東一里源有三一出釜項山一出牛馬峴一出大德山合于龜山下東北流入金山郡境南山在縣東五里文巖山在縣南三十里沙件岾山在縣南五里

土産鐵　海松子　松蕈　石蕈　蜂蜜　黃蠟　銀口魚

學校鄉校在縣北一里

宮室客館

烽燧龜山南應居昌郡巨末訖山北應金山郡高城山

郵驛頭衣谷驛在縣南三十里頭衣谷部曲　作乃驛在縣北十里　禪院在縣北一里　所淵院在縣南六里　石谷院在縣南十五里　頭衣谷院在頭衣谷驛南一里　所旨院在牛馬峴　上佐院在縣北十四里

祠廟社稷壇在縣西　文廟在鄉校　城隍祠在龜山城內　厲壇在縣北

寺刹鳳谷寺在文巖山寺有四樓　南山寺在南山　弓谷寺在沙件岾山

名宦本朝盧禎恭愍王朝為縣監有治聲上聞其廉簡賜衣一襲以褒之

人物本朝張志道登第官至起居注知宜州事辭官歸鄉里教誨子弟不倦　尹殷保　徐隲二人共學於張志道相謂曰民生於三事之如一況吾師無子可養乎每遇良

山川耳山在縣西二里鎮山　義崇山在縣西二十里又見陜川郡　玉山在縣北七里小山　巢鶴山在縣南三十八里又見草溪郡　萬代山一名可岾山在縣西南三十四里又見陜川郡　赤林在伽川東岸　香林在伽川西岸　洛東江自星流入經縣東二十二里在縣界者石開山江南流入草溪郡境　伽川在縣東一里即星州伽川之下流南流與龍潭川合　龍潭川即陜川郡治爐縣伽川之下流至縣南五里沙惠坪與伽川合東流入洛東江　伽倻井在縣南一里古大伽倻宮內俗稱御井也

土產磁器品上　竹　蜂蜜　黃蠟　柿　榧子出盤龍山　梅

實　地黃　銀口魚　鯽魚

學校鄉校在縣西二里

宮室客館　快賓亭在客館南李中允記嘉卉葱蘢溪水清漣神清氣爽可以樂賓故名快賓亭

烽燧望山烽燧在縣東七里西應陜川治爐縣義崇山北應星州加利縣伊夫老山

郵驛安林驛在縣南十四里　安性院在縣南五里　白圭院在縣南十一里　救生院在縣西十七里　李托院在縣西十七里　愁居非院在縣南二十四里　量田院在縣東十八里　玉山院在玉山下

祠廟社稷壇在縣西　文廟在鄉校　城隍祠在縣西二里　厲壇在縣北

陵墓錦林王塚縣西二里許有古藏俗傳古錦林王陵

寺刹盤龍寺在義崇山寺有元世祖禁征東軍士騷擾城材寺院榜文

古蹟古伽倻王宮縣南一里有大伽倻國宮闕遺址其傍有石井俗傳御井　琴谷伽倻國嘉悉王樂師于勒象中國秦箏而製琴號伽倻琴縣北三里有地名琴谷世傳勒率工人隸琴之地或云此琴出於金海之伽倻國但金海伽倻世代無稱嘉悉王者恐出於此為是　東京堤在縣東十里俗傳新羅謀攻大伽倻舉兵來知有備而退夜築此堤以示其衆　新復縣金富軾云本加尸芳縣為高寧郡領縣景德王改名今未詳○按縣西十里地名有加西谷者疑尸芳轉為西

名宦本朝林隲高靈縣監　金淑滋世宗朝為高靈縣監

人物高麗申淑仁宗朝登科以清儉忠直著名毅宗朝知門下省事王以宦官鄭諴為權知閤門祗候淑與諫議大夫金諤等上疏諫不聽淑獨詣闕復諫王曰古無大臣獨諫者淑曰自祖宗亦無宦官拜朝官者王乃削諴職然惡其彈劾不已左遷守司空明年棄官歸鄉有詩云耕田消白日採藥過青春有水有山處無榮無辱身尋召還以參知政事致仕　申成用初為本縣吏力學登科官至撿校軍器監子康升孫仁材皆登文科　申德隣成用四代孫登科倫歷清要累官至禮儀判書以善書名世子包趙官至工曹參議　本朝申檣包趙子登科官至工曹左參判同知春秋館事工草隸善大字莊憲王嘗得元雪菴所書韋蘇州兵衛森畫戟帖脫兵衛森三字命檣補之　朴興陽官至參贊門下府事　申叔舟檣子為人弘曠有度量莊憲王朝再登科以書狀官使日本日本人聞其名求詩者坌集叔舟操筆立就語輒驚人衆皆嘆服及還每回使者問其安否後奉命往遼東與大明學士黃瓚質問正韻往還凡十三度盡通聲音之變回撰洪武韻通攷惠莊王朝持節征野人捷還上喜曰叔舟予之諸葛亮也四帶功臣再為首相凡議論常持大體為朝野所倚重者幾二十年所著有保閑齋集子㴐惠莊朝為咸吉道觀察使死於李施愛之亂　申㴐叔舟之子為人外柔而內剛言行修絜叔舟亦重之累官至黃海道觀察使子浚官至吏曹判書參靖國功封府院君　朴誾見漢城府

聞慶縣 東至尚州界二十里南至咸昌縣界五十四里西至忠清道延豐縣界十八里北至同縣界三十六里距京都三百七十七里

旱田

水田

建置沿革 本新羅冠文縣 一云高思曷伊城又云冠縣 景德王時改冠山為古寧郡領縣高麗初改為聞喜郡顯宗時省入尚州後改名聞慶恭讓王時復置聞慶縣本朝因之掌面

官員 縣監 訓導各一人

郡名 冠文 冠山 聞喜

形勝 嶺南咽喉 洪貴達幽谷驛館記 函關蜀道 魚變甲詩設險幽關壯行難蜀道奇 緣崖棧道 權近記串岬最險緣崖而棧道

山川 主屹山 在縣北鎮山石山屹立勢甚雄拔徐居正詩孱顏倚天末絕壁入雲中潤物雖無跡興雲自有功 鳥嶺 在縣西二十七里延豐縣界俗號草岾雄據數百里自豐基郡小白山橫亘為竹嶺又為此嶺險阻天成界絕南北慶尚道之稱嶺南者以此○本朝張維賦嗟茲嶺之峻極擅雄勝於東城勢磅礴以橫亘隔風氣於南北控群山之環擁分洞壑之斷圻緣人跡於鳥道架危棧於山脊信天險之無敵奚百二之足誇嗟茲嶺之峻拔歷萬古而崢嶸 雞立嶺 俗號麻骨山以方言相似也在縣北二十八里乃新羅時舊路 冠芳山 在縣南四里 曦陽山 在加恩縣北十五里有古城三面皆石壁右有軍倉 梓木山 在加恩縣南二里 獐山 在虎溪縣北一里 所乇山 在縣南十五里 鳳鳴山 在縣東八里 華山 在加恩縣西距縣六十七里 伊火峴 在縣西十八里忠清道延豐縣界路甚險阻 所耶川 在縣南六里源有二一出雞立嶺一出鳥嶺合流于縣南四里南流至南二十二里有淵曰龍淵與加恩川相合 加恩川 在加恩縣有二源一出俗離山一出曦陽山合而東流與所耶川合 虎溪 在虎溪縣西縣由溪得名所耶川加恩川合流於縣南二十二里為此水有渡涉曰犬灘南流入咸昌郡界 潮泉 潮泉有二一在縣南所乇山出自岩穴其源如綫每日朝暮能溢噴浸三里而止如潮水之往來一在縣南五里井谷里出自土穴每日三時噴溢出洞口入所耶川俗謂之水推 龍湫 在鳥嶺南崖溪流成瀑布四面及底皆石其深不可測世傳龍騰處○本朝許稠詩何年怒起號風雷劃破重巖兩壁開倒瀉春泉遙振堅分排疊石遍成臺臨玄洞疑飛動仰看陰崖欲壓摧潜躍有時難可見却愁長路未還來 寅川 在虎溪縣東北距縣三十二里

土產 熊膽 蜂蜜 黃蠟 石蕈 松蕈 白花蛇 海松子 銀口魚

公署 幽谷道察訪司 在縣南四十里領幽谷聊城德通守山洛陽洛東仇於傻溪安溪大隱知保召溪迎香洛源上林洛西長村洛平安谷十九驛○察訪一人

學校 鄉校 在縣東二里

宮室 客館 慶雲樓 在客館東南

烽燧 禪巖山烽燧 在虎溪縣北七里北應炭頂山東應尚州山陽縣所山南應咸昌縣城山 炭頂山烽燧 在縣北三十一里南應禪巖山西應忠清道延豐縣麻骨岾

郵驛 幽谷驛 在縣南四十里察訪司本驛許稠詩山中古驛深數屋傍烟林細逕緣溪崖蹊簷接樹陰 聊城驛 在縣東二里本朝李奎報詩幽谷一宵中酒宿聊城半日解驂留故來院籍空長嘯寂寞相如故倦遊郵吏送迎何日了使華來往幾時休惟余幸是閑行者來不煩人去

自由鳥嶺院在鳥嶺春東要光院在縣西十五里觀音院在雞立嶺下
串岬院在串岬北囬淵院在龍淵上開慶院在虎溪廢縣西三里普通
院在縣南四十五里洞華院在縣西北十五里犬灘院在虎溪廢縣北犬灘
之上本朝初有華嚴真師者重修權近作記華封院在縣南四里俗稱草谷院
關梁鳥嶺關在鳥嶺上古設關築城坊守今廢有遺址乃嶺南大路咽喉之地險阻比於蜀
道函關○本朝許稱詩路轉回崖沓嶂通峻峯危嶺更穹窿地分南北重關固勢劈乾坤一氣雄
串岬口即鳥嶺南崖龍湫之東俗稱兔遷口崖高谷深鑿石為棧道欹險隘窄過者皆慄慄
諺傳麗祖南征至此不得路有兔緣崖走遂開路而行因名兔遷其北斷峯有石城遺址古之防戍
處
祠廟社稷壇在縣西文廟在鄉校主屹山祠祀典載小祀春秋降香祝
以祭冠方山亦付祭於此城隍祠在縣北二里厲壇在縣北曦陽山祠
梓木山祠獐山祠並令本邑春秋行祭
寺刹鳳巖寺一名陽山寺在曦陽山寺有南樓宏㪡又有崔致遠所撰僧智證碑及李夢遊
所撰僧真靜碑金鶴寺在鳳鳴山烏井寺在禪巖山
古蹟加恩廢縣在縣南四十一里本新羅加害縣景德王時改名嘉善為古寧郡領縣高
麗初改加恩顯宗時省入尚州恭讓王時倂入于縣虎溪廢縣在縣東南四十里本新羅
虎側縣一云拜山城景德王時改虎溪為古寧郡領縣高麗顯宗時省入尚州本朝太宗朝入于
縣
名宦高麗興達太祖十年徇康州過思葛伊城〻主興達先遣其子歸順王嘉之賜青州
祿其長子俊達珍州祿二子雄達寒水祿三子玉達長淺祿本朝許從恒　趙

秋莊憲王朝俱為聞慶縣監有政績
人物新羅阿慈介加恩縣人以農自活後起家為將軍有四子皆知名於世甄萱即其
一也初萱生父耕野母餉之置于林下虎來乳之鄉黨聞者異之○古記昔一富人居武珍北村有
一女姿容端正謂父曰每有紫衣男到寢交婚父謂曰汝以絲貫針刺其衣從之至明尋絲於北墻
下針刺於大蚯蚓之要因而有身生萱此與本傳異恐不足信也本朝趙珩仕至司宰
副正事親有至行為母廬墓三年泣血祖父歿亦如之莊憲王聞其孝特加一資旌其閭
列女崔氏本朝人司直安貴孫妻居加恩縣其父叅判致雲教以詩書貴孫死哀毀過禮為文
以祭曰鳳凰于飛和鳴樂只鳳飛不下凰獨哭只搔首問天〻默〻只天長海闊恨無極只白衣服
終其身

咸昌縣東至尚州界八里南至同州界十七里西至同州界二十三里北至聞慶
縣界七里距京都四百三十七里
旱田
水田
建置沿革本古寧伽倻國說見金海府新羅取之置古冬
攬郡一云古陵景德王時改古寧郡高麗光宗時改咸
寧顯宗初改咸昌倂入尚州明宗時復置咸昌縣
本朝因之掌面六官員縣監　訓導各一人
郡名古寧　咸寧
山川宰岳山在縣西十三里鎮山黃嶺山在縣西三十七里孤山在縣東九
里大野中望之如島嶼虎溪又稱串川在縣東七里即聞慶縣虎溪下南流至尚州境入洛

東口。南池客館據小岡而構池環繞其岡　猪谷川在縣南七里　恭儉池在縣南十三里詳見尚州洪貴達云陂澤之多蓋南方為盛而其大莫有肩於恭儉者

土産　蜂蜜　黃蠟　松蕈　白花蛇　鯽魚　銀口魚

學校　鄉校在縣西五里

宮室　客館　友蓮堂在客館西　明隱樓　快哉亭　歧亭

烽燧　城山烽燧在縣南十里南應尚州所山北應聞慶縣禪巖山

郵驛　德通驛在縣東七里　茶方院在縣東八里　咸濟院在縣南十三里　唐橋院在唐橋傍　串川院在縣東七里

關梁　唐橋在縣北六里新羅古記唐蘇定方既討麗濟又謀伐新羅留屯于此金庾信知其謀饗唐兵酖而皆坑之後人因名唐橋

祠廟　社稷壇在縣西　文廟在鄉校　城隍祠在縣西三里　厲壇在縣北

寺刹　詳安寺　安龍寺　開元寺　普提寺　上元寺俱在宰岳山　黃嶺寺在縣西黃嶺山

古蹟　南山古城在縣南十里石築周四千五百三十尺內有一井今廢

名宦　本朝　辛紹

人物　本朝　洪貴達世祖時登科累遷至弘文館直提學少隸秀好讀書康靖王時為吏曹判書兩館大提學燕山立日漸荒淫貴達屢以事諫主不平流北邊竟被殺為人放達善謔文章優贍以適意為宗謚文匡所著有涵虛亭集　蔡壽少有文名康靖王朝登科第一累遷大司憲恭僖王朝參靖國勳封仁川君以知中樞退老田里博覽強識於書讀不過數遍輒成誦曉音律酷愛山水嘗罷承旨與成俔遊金剛俗離諸山行色草草唯以琴酒自隨人莫知為達官者謚襄靖子紹權官曹判書

晉州牧

東至咸安郡界六十七里至鎮海縣界七十九里南至泗川縣界二十八里至固城縣界六十六里西至丹城縣界三十八里至昆陽郡界二十七里至河東縣界六十七里至全羅道光陽縣界九十四里北至三嘉縣界四十五里至宜寧縣界四十里丹城縣界四十七里距京都八百六十六里

旱田

水田

建置沿革　本新羅居陁州一名居烈神文王時改置菁州摠管府按高麗史地志云晉州本百濟居烈城一名居陁新羅文武王取而置州神文王分居陁州置菁州而三國史新羅地志無本百濟語百濟地志亦無見焉共漂己依原史改正今從之景德王十六年置康州惠恭王時復為菁州高麗太祖又改康州成宗二年置康州牧尋改晉州置定海軍節度顯宗時罷軍復為晉州牧本朝太祖時陞晉陽大都護府　恭定王時復為晉州牧　惠莊王時置鎮掌面百十二鎮管郡四陜川草溪咸陽昆陽縣九泗川南海三嘉宜寧河東山陰安陰丹城山陰居昌

官　牧使　判官　教授各一人

郡名居陁 菁州 康州 晉陽 別號晉康

形勝右據智異南界鉅海 晉州湖嶺間一都會也右據智異南界鉅海菁川縈流於中城臨其上形制之勝為東南百郡之最 包山帶水控陀東南飛鳳止于北望晉控于南 本朝河崙鳴鳳樓記云長江流其間東西諸山宛轉而四環又鄭以吾開慶院記晉之鎮山節然出雲雨上兩麓坡陁旁引東西還復相抱〻中曠然四平而晉宅焉頭流東西山谷之水匯而為江横截其南 嶺南第一江山 高麗李仁老集晉陽江山勝致為嶺南第一 巨岳大川 本朝李詹序人物之生有補於國者多巨岳大川磅礴清淑之氣有以致之 土地沃饒 本朝河演記晉陽土地沃饒 東方之陸海 李詹晉陽評晉陽東方之陸海也歲出水土物以貢國者居嶺南諸州之半

風俗士尚詩書俗務富麗 地志 好學為業 本朝河演四教堂記好學為業風俗已成 農蠶服勤 本朝河崙矗石樓記農夫蠶婦服其勤孝子慈孫竭其力又云閭閻〻煙火相望 喜文學尚節行 本朝許稠伊川學舍記晉自古稱多才德之士其俗喜文學尚節行自兵革來國家更置鎮帥來莅者率多武人專務蓄積強兵於是其人慕武功而歆爵賞其流風俗尚從而移易矣後以帥臣多失民和別州牧判官選用文學吏以專治理而晉之人士遂靡然趨學恥武勇而談禮義幾乎復古之彬〻者 民俗尚淫祀 許稠書冬寒不見積雪堅氷水草如春蟄蟲不俯其民尚淫祀日夕妖巫呵叱鬼魅海隅之俗大同小異

山川飛鳳山 在州北一里鎮山 智異山 在州西一百里其上峯日天王峻極于天全羅慶尚諸山及巨濟對馬諸島皆在眼底若培塿然詳見南原府山之北咸陽郡界 本朝李陸遊山錄智異山又名頭流雄據嶺湖南二路之交高廣不知其幾百里環山有一牧一府二郡五縣四附邑其東曰晉州曰丹城其南曰昆陽曰河東薩川曰赤良曰花開曰岳陽其西曰南原曰求禮曰光陽其北曰咸陽曰山陰上有峯之最高者二東曰天王西曰般若相距百餘里常有雲氣蔽之自天王稍下而西有香積寺又西五十里許有迦葉臺〻之南有靈神寺西下三十餘里有盧矌之地平行肥膩縱橫皆可六七里往〻下濕宜種穀有老栢參天落葉沒脛中處而四顧無涯際宛然一平野遷迤南下沿溪有義神新興雙溪三寺自義神西折二十餘里有七佛寺自雙溪東踰一嶺有佛日菴自餘名藍勝刹不可殫記而在山之絕頂者香積等數寺皆覆木板無居僧唯靈神用陶瓦然居僧亦不過一二以山勢絕峻不與村居相接自非高禪解有安焉者有水源自靈神小泉至神興前則已為大川流入蟾津是謂花開洞川自天王東下有千佛菴法戒寺自千佛小北而上有小窟東臨大海西負天王絕有清致號岩法主窟又有二水一自香積前一自法戒下至薩川合而為一流入于召南津之下統晉而東是謂菁川江召南津者山北之水迤東而來至丹城縣又折而西自薩川村行二十餘里有普菴寺其薩川村以內謂之內山外謂之外山云自普菴直上急行一日有半可到天王峯然崖石峻嶮無磴徑可尋又杷檜蔽天下有細竹森密或有死木横千仞之崖苔蘚剥落又有飛泉遠自雲端衝冒其間下注不測進不旋踵間不見後當斬數十木始可見尺天好事者往〻拾石壘置岩上以表路崖谷之間氷雪經夏不消六月始霜七月始雪八月大氷合迨冬初則雪甚谿壑皆平人不得往來故居山者秋而入至明年春暮乃下或山下大雷電以雨而山上則清明無一點雲蓋山高近天氣候自與平地頓異者大抵為山下多柿栗樹稍上皆槐過槐盡杉檜參半枯死青白雜然相間望之如畫最上只有躑躅木不滿尺凡佳蔬異果盛於他山數十官皆食其利 本朝金宗直遊山錄是山自北而馳至南原首起 為般若峯東迤幾百餘里至天王峯更峻校北蟠而窮焉其四面支峯裔埜競秀争流雖巧曆不能究其數余登天王峯時因新霽四無纖雲但蒼然茫然不知所極雖鴻鵠之飛無出吾上指點遠近諸山北則德裕雞龍走牛修道伽倻八公清涼東則毗瑟雲門圓寂南則八嶺西則無等邊山錦城咸鳳母岳月出聖壽等山或若培塿

戒若飣餖雖立巖以北縹緲漫空對馬島以南蜃氣接天眼界已窮不復了了也又曰夫以頭流本朝李詹詩吾聞白頭山南來抵海根盤迤迤連嶂三千里險處皆爲東國關蜿蟺氣積突然起天宮壓項亭裡花天宮去天不盈尺平挹羣山呑衆水風揉雲練木不長陰崖六月雪初漲天台四萬八千丈若比茲山隔霄壤幽人隱約此中行萬壑度畫松風聲却尋仙府吹玉笙曾然究似鳳凰鳴

玉山在州西五十五里

牛山在州西六十五里智異山之南麓形如伏牛故名高麗時將軍姜民瞻創牛房菁房兩寺於此山民瞻遺像至今在菁房

望晉山在州南六里

靈鳳山在州東五十五里班城廢縣東

集賢山在州北四十里亦見丹城縣

月牙山在州東十五里月牙部曲

臥龍山在州南六十里又見泗川縣

松臺山在州東四十二里

防禦山在班城廢縣北十五里一名砧山俗音相近

永郎岾

青鶴洞在智異山中距州西一百四十七里○高麗李仁老集智異山蟠結數百里環而居者十餘州歷旬月可窮其際畔故老相傳云其間有青鶴洞路甚狹纔通人行俯伏經數里許乃得虛曠之境四隅皆沃壤宜播植唯青鶴棲息其中故以名焉蓋古之遁世者所居頹垣壞塹猶在荊棘之墟昔仁老與崔相國有拂衣長往之意乃相約尋此洞遊自華岩寺至花開縣便宿神興寺所過無非仙境千巖競秀萬壑爭流竹籬茅舍桃花掩暎殆非人間世也而所謂青鶴洞者不得尋焉仁老因留詩岩石云頭流山迥暮雲低萬壑千岩似會稽策杖欲尋青鶴洞隔林空聽白猿啼樓臺縹緲三山遠苔蘚微茫四字題始問仙源何處是落花流水使人迷　本朝許穆青鶴洞記南方之山唯智異最遐遠杳冥號爲神山幽岩絶境指名爲奇異者殆不可勝記而獨稱青鶴洞尤奇自古言之蓋在雙溪石門上過玉簫東壑皆深水大石入跡不通從雙溪北崖隨山谷而上逾入東崖岩壑間側身攀傳至佛日前臺石壁上南向立乃俯臨青鶴洞巑巒雲霧間石洞巉岩不見飛禽走獸其植多松竹多楓西南石峯下舊有鶴巢山中老人相傳鶴玄翅丹頂紫脛唯日色下見翅羽皆青朝則刷刷翔翔則盤旋而上入於杳冥夕則歸巢今不止者幾百年云故峯曰青鶴峯南對香爐峯其東列爲三石峯差卑其東壑又皆石壁奇巖

三神洞在智異山中自花開部曲沂溪北入水石奇險行二十餘里度一石橋橋頭石壁有刻曰三神洞世傳新羅崔致遠所書岩壑幽奇川流駛潔間有良田沃土洞東有神興寺最名刹云

三井洞在智異山天王般若兩峯之間最居山之正中自三神洞西北行四十餘里谿谷極險到此頗平曠土地肥衍縱橫可六七里往往下濕宜種穀古有三井菴因名　本朝李陸遊山錄自靈神寺西下三十餘里有虛曠之地平衍肥膩老松叅天落葉沒脛中處而四顧無涯際宛然一平野者即此

默契洞即智異山東南洞自岳陽廢縣隨溪北入谿谷之間險阻絶可四十餘里窮水源有地高平開曠土又肥衍可種穀智異中最名勝處近有民數十家入居之洞東十餘里地古有默契寺今廢

德川洞在州西八十里即智異山東洞中甚開暢山明水潔景界洒然嘉靖中曹植嘗卜居于此後人因建書院院前有洗心亭其洞口石壁刻入德門三大字

石壁在州東七里有石壁橫展如屛晉水流其下壁長百四十餘步

釵巖在州西百二十里蟠江邊漁船常泊于此

海在州南六十里

晉水其源有二一出安陰縣德裕山一出智異山雲峯縣之境合流於山陰縣西歷丹城東南流至州西合薩川水繞州城西經南門外一名菁川江又稱南江又東流四十餘里入宜寧縣境　本朝曹偉遊晉江詩樓下長江百丈清彩舟斜曳鏡中行日搖簾幕千家影風送簫笳十里聲嵐氣霏微生峭壁波光瀲灩動高城回頭咫尺紅塵道羨殺沙鷗一點輕

蟠江在岳陽廢縣西距州西九十三里全羅道求禮縣蟠江之水會智異山西南諸水至此至爲蟠津渡又東南流入海

薩川源出智異山東諸谷之水至薩川洞聚而爲一東流四十餘里至州西十五里合於晉水

花開川在花開部曲距州西百三十六里源出智異山南靈神寺峯及三井洞之水流過三神洞南注合青鶴洞水又南流入蟠江

鶴淵瀑布在智異山青鶴洞峯巒攢集崖壁峭絶水自山上懸流百

餘尺宛若白虹聲震洞壑其下成潤曰鶴淵其深無底下流三十步許又有龍湫泓深不測有龍藏其中瀑布南崖有佛日菴：前有玩瀑相傳新羅崔致遠玩瀑處**盤龍浦**在州南七十九里海浦也**江州浦**在州南三十里泗川縣界有魚梁**金陽浦**在州南五十里昆陽郡界有魚梁**九羅梁**在州南六十里亦海浦也由此浦入興善島**金山池**在州東二十里周二十里堤長四里溉田之利甚博**釜池**在州北二里地窪如釜故名八百餘步**加次禮池**在州南十里加次禮部曲周十里堤長四百步**興善島**在州南七十里海中周九十里高麗時為興善縣後廢為直村今有牧場

土產紙　竹　竹箭出望晉山赤良青岩釵岩永嘉等處　石灰　柰　茶新羅興德王時入唐回使大廉持茶種來使植智異山至聖德時始盛焉　蜂蜜　黃蠟　柿　栗　海松子　石榴　梅實　五味子　薑　松蕈　鹿茸　獨活　當歸　艾出智異山　鹽　大口魚　文魚　黃魚　鰒　絡蹄　錦鱗魚　訥魚　銀口魚　蛤　紅蛤　蠏　海參　石花　土花　藿　海衣　青角

城郭矗石城在州南二里舊有土城圯廢高麗末增修石築周四千三百五十九尺立門三南曰禮化西曰義正北曰智濟城內有井泉六河崙記城周八百步高仞有奇菁川繞于西長江奔于南品字隍列於東三池匯其北又開塹于城池間自西而東折而又南以至于江

公署右道兵馬節度使營在矗石城內舊在昌原府合浦合浦時移設于此**赤梁萬戶鎮**在州南一百十三里有石城周一千一百八十尺○水軍萬戶一人**召村道察訪司**在州東二十四里領召村常令平居富多知南背屯松道丘虛官栗文和永昌東溪良浦流紗烏壤德新十六驛○察訪一人舊為丞今置察訪

學校鄉校在州東三里有四教堂○河演記吾鄉之學校本無講堂前教官趙賨仁議于州牧措置備材令教官姜元亮勸督告成乃名當為四教晉之為邑智異之英南海之精醒釀沖融土地之沃饒人物之繁華非他邑比吾嘗聞殷烈公姜民瞻學於校中功業烜赫厥後人材尤盛近古文敬公姜君寶吾先祖元正公諱楫御史大夫諱允源及菁州君河乙沚恭贊鄭乙輔與夫國初以來文忠公河崙文定公鄭以吾襄正公河敬復皆就鄉校而拔萃若文若武俱鳴於當時吾鄉地靈人傑之美世所稱說然未必不由教養之致今諸生講讀之有便當如成均課試之法牧宰教官暇日逍遙於其上開卷講問或出題賦詩從容乎樂育之樂然屬名之旨非為此也為學之道有二有務宗之學有務名之學務其宗而不顧乎外者為己也務其名而未脫乎徇名之習者為人也人生八歲皆入小學以至大學之教日用飲食動靜言語無非學也培植涵養循序而進及其成功尊德性研經學非有意於文章而其為文也出於義理之原非有意於政事而其為政也發為道德之用是則正心修身所以治平之本也夫子之四教教人以學文修行而存忠信也忠信本也名堂之義深切焉諸生所當服膺而日新也**德川書院**在州西八十里立祠祀曹植以崔永慶配食

宮室客館太宗朝牧使安魯生重修**鳳鳴樓**

烽燧臺方山烽燧在州南一百十四里南應南海縣錦山北應角山**望晉山烽燧**南應泗川鞍岾北應廣濟山**角山烽燧**在州南七十六里南應臺方山西應昆陽中山北應泗川鞍岾**廣濟山烽燧**在州北三十一里南應望晉山北應丹城笠岩山

郵驛召村驛在州東二十四里察訪司本驛**永昌驛**在州南五十二里**文和驛**在州南六十里**平居驛**在州西十里**正守驛**在州西五十四里**平沙**

驛在州西一百十九里召南驛在州西二十九里召南渡西安閒驛在州北四十二里富多驛在州東五十九里開慶院在州東二里長朴只院在州西四十九里杻峴院在州北三十里盆峴院在州東二十里可樹介院在州東五十九里蟾津院在蟾江岸永昌院在永昌驛傍南濟院在州南四里於東院在州東六十二里楸母院在州西十五里鐵所院在州北三十里西亭子院在州西五里召南院在召南驛傍九羅梁院在九羅梁新院在州北四十里車衣院在州北十三里有樂賓樓

關梁 三千堡在州南七十四里有石城周二千五十尺設權管留防九羅梁營在九羅梁角山入興善島者由此舊有萬戶後移固城蛇梁今有遺址十水橋在州南二十八里泗川縣界召南渡在州西二十九里南江渡在州南一里二渡皆晉水津渡處此下流十五里又有雲堂渡

祠廟 社稷壇在州西文廟在鄉校城隍祠在州南五里姜民瞻祠在州司中天禧二年民瞻與丹兵戰有功陞本州為牧邑人至今祀焉天王峰祠在智異山天王峯上俗稱聖母祠有石造女像俗傳釋迦之母摩耶夫人高麗李承休云太祖之母威肅王后○金宗直遊山錄曰西竺與東國猶隔百千世界迦維國夫人焉得為玆土之神甚矣緇流妄誕幻惑之言乎至於威肅之說高麗人習聞仙桃聖母之說欲神其君之系創為是誕承休信之筆之帝王韻記此亦不可不卞金馹孫遊山錄馹孫為文將酹聖母鄭汝昌止之馹孫曰且除威書摩耶而山靈可酹汝昌曰曾謂太山不如林放乎且國家行香不於山靈而每於聖母子將奈何馹孫曰然則頭流之靈不享矣棄山鎮而瀆淫祀是則秩宗者之過也遂止厲壇在州北

陵墓 河崙墓在州北梧耳方李楨墓在州大洞曹植墓在州西八十里德川洞

寺刹 斷俗寺在智異山東新羅臣柳純辭祿舍身創此寺因名斷俗洞口有新羅崔致遠所書廣濟嵒門四字刻石又有致遠讀書堂後廢為僧大鑑影堂又有新羅兵部令金獻貞所撰僧神行碑銘高麗平章事李之茂所撰僧大鑑碑銘翰林學士金敞所撰真定大師碑○姜淮伯布衣時讀書于此寺手植一梅庭前後官至政堂文學因號政堂梅德山寺在智異山東五臺寺在智異東自薩川部曲南踰一嶺有五峯列立其狀如臺寺在其中故名又稱水精社有水精珠如鵠卵號如意珠纏以銀索相傳以為寶高麗權適記智異為海東巨鎮高深博大天下無叱而五臺又居山之陽其山起伏五重隱隱然如累臺然故取以為寺號千峯環應百谷會同有若賢聖隱處乎其中青巖寺在智異山東雙溪寺在智異山南自花開部曲沿溪北八十餘里至是寺新羅崔致遠嘗避世讀書於此庭有老槐幾百圍其根北渡小澗盤結如橋寺僧因以為橋相傳致遠手植也洞口有二石對峙如門東邊刻雙溪西邊刻石門四字又有致遠所撰僧真鑑碑寺北又有八詠樓遺址亦致遠所登云崔致遠在此寺寄題源上人詩終日低頭弄筆端人人杜口話心難遠離塵世雖堪喜爭奈風情未肯閑影鬪晴霞紅葉徑聲連夜雨白雲溪吟魂對景無羈絆四海深機憶道安佛日菴在智異山青鶴洞西雙溪寺十餘里崖谷峻絕無磴徑可由鑿絕壁腰可容一人行以為路往來者無不駭汗竪髮菴又臨懸崖下可數十百丈菴前又有玩瀑臺北望鶴淵瀑布相傳崔致遠玩瀑處許穆詩佛日直俯千丈磵寒崖峭壁繞有路風塵不到烟霞老洞府蒼蒼石色古靈臺菴在智異山佛日菴下又有玉簫小雲普門鶴栖等菴皆精舍神興寺在智異山三神洞寺有淩波閣本朝僧休靜作記七佛寺在智異山神興寺西二十里義神寺在智異山自神興寺北上二十里有是寺靈神菴在智異山寺之後峯有石削立其頂戴小石如床號坐高臺徹窟菴在智異山有上中下

三菴皆倚石窟爲菴有泉極刻自義神寺由是菴以上靈神香積等菴
香積菴在天王峯下爲天王峯祠香火而建
千佛菴在天王峯下有石如屋可庇數十人
安養寺在智異岳陽廢縣北二十里與五臺神興仝稱勝刹
默契寺在智異山默契洞自安養前川隨水西北行磎谷險阨四十餘里至是寺今廢
凝石寺在集賢山有河演祖真
清谷寺在月牙山西
法輪寺在月牙山東
臥龍寺在臥龍山高麗顯宗微時所游處
牛房寺在牛山
龍巖寺在靈鳳山中高麗無畏所住
百川寺在臥龍山西

古蹟

班城廢縣在州東五十二里高麗顯宗時省入本朝因之
永善廢縣在州東南四十八里本新羅一善縣景德王時改尚善爲固城郡領縣高麗初改永善顯宗時省入元宗時臣濟珎濱縣避倭冦僑寓于此仍稱珎濱至本朝世宗時始返舊島縣亦仍入于州
岳陽廢縣在州西一百二十一里本新羅小多沙縣景德王時改岳陽爲河東郡領縣高麗顯宗時省入本朝因之
萑川部曲在州西八十一里
花開部曲一名陜浦在州西一百三十六里
興善廢縣即興善島本州之有疾部曲高麗陞號爲彰善縣忠宣王改興善因倭冦人物皆亡今爲直村元宗十年聞日本將冦邉縣所藏國史移于珍島
屈村廢縣在州西五十里新羅時併入本州
松臺山城土築周四千七十三尺今頹圮
城山城其一在州東四十四里土築周二千八百十四尺其一在州西四十八里石築周九百七十尺今皆頹圮
鐥川部曲又名大也川部曲在州西四十里高麗恭愍時南海縣以倭冦失地僑寓于此仍稱爲南海至本朝太宗六年始還本島

名宦

新羅福世神文王五年爲菁州摠管
金巖惠恭王時康州都督所至盡心撫字三務之餘教之以六陳兵法民皆便之
向榮憲德王時爲菁州都督憲昌叛熊州都督憲昌舉兵叛

劫州郡貪賁以屬已榮脫身不污
金昕憲德王時爲康州都督
王逢規景哀王時權知康州事唐明宗以爲懷化大將軍
高麗王諧爲晉州副使吏畏民懷及遷東都留守晉民老幼涕泣願留乞于朝曰借我王君一年乃復舊任諧清剛有大節凡所計畫皆利於國
金畯補司錄以清白累遷左拾遺知製誥
林民庇毅宗朝爲晉州牧使
蔡靖神宗朝爲晉州牧使
李行儉高宗朝調司錄以廉簡稱
金光宰高宗朝爲晉州副使
安震通判晉州
李瑀以材幹出爲晉州牧使有遺愛
裵克廉晉州牧使多義政嘗手植稚栢于衙軒後拜侍中邑人追思稱其栢曰侍中栢
本朝崔迤爲領晉州牧
安魯生太宗朝以諫官貶牧晉州居三年召入爲禮曹參議陞官廉明多惠政
林仁山
鄭賜
李永肩皆爲晉州牧使
孫昭爲晉州牧使能辨獄訟政寬民慕
金馹孫爲教授居職二歲勉率州士興於文學
李堣恭僖王朝爲晉州牧使爲政清簡務在興民休息獄市不擾恩信孚洽民愛之如父上特賜表裡
盧禛昭敬王朝爲晉州牧使州民追思之後爲本道觀察使
崔岦宣祖朝爲晉州牧使以均徭賦革弊瘼爲先務凡學校館宇皆修廢起壞州掌面數逾百自前民苦徭役不均而吏緣爲奸岦簡州士有識慮者與之商度參其遠近而通融出米俾無苦歇民甚便之乃作爲成案使後不速壞焉
金誠一宣祖時倭冦陷嶺南以誠一爲招諭使俄改右道觀察使時列邑皆潰誠一謂晉乃湖南之障蔽賊所必爭與金時敏修城固守屢却賊復泗川鎮海固城又令郭再祐擊敗玄風靈山諸賊於是江右得通明年勞憤成疾卒于州臨絶所言皆國事後兩月城陷
金時敏初爲晉州判官壬辰倭難以善禦賊陞牧使賊攻城屢敗合諸屯來圍時敏與諸將修城壕繕器械詗探分隊設方畧以禦之賊環攻七晝夜殺傷過半燒積屍引去明年賊必欲逞憾復悉力來攻時時敏陞爲兵使與賊相戰八日外援不至城遂陷與倡義使金千鎰兵使崔慶會等皆死之

流寓

韓惟漢高麗松京人不樂仕進見崔忠獻擅政賣官嘆曰亂將作矣携妻子隱於智異山清修苦節不與世交人高其風徵〇爲西大悲院錄事終不就乃移居深谷終身不返〇州志高麗時有名士隱居智異山操行高潔不涉世事王聞之遣使迎致謝曰外臣無所知王命不可容爾受即閉户不出使者排户入視之壁上唯書一句曰一片綵綸來入洞始知名字落人間從北牖而逃後人起是韓惟漢也

人物

高麗河拱辰穆宗時爲尚書左司郎中顯宗避契丹南幸拱辰奉表狀往契丹營乞班師契丹主許之遂留拱辰既被留内圖還國外示忠勤契丹主甚寵遇之拱辰多市良馬列置東路以爲故計人告其謀契丹主鞫之拱辰具以宗對且曰臣於本國心不敢二不願生事大國契丹主義而原之令改節效忠拱辰辭益厲不屈遂被害追贈工部侍郎

姜民瞻起自書生志節剛果穆宗朝登科顯宗朝以大將軍副姜邯贊大破契丹擢鷹揚上將軍柱國轉右散騎常侍賜推誠致理翊戴功臣号以兵部尚書卒贈太子太傅

姜彰瑞幼屬本州鄉校力學善屬文江南學子無出其右者熙王八年春將赴省試父司户適坐罪繫獄詣州請免放官不許乃曰爾若登壯元及第可贖果爲壯元洎還救伯卒僚吏出迎城外仍詣其家大開宴觴父母以致慶一境榮之累遷直翰林院

河乙沚力學能文忠惠朝登科壯元恭愍時累官至雞林元帥封菁州君

河楫官至贊成事封晉川君謚元正

河允源楫子忠惠末登科恭愍朝以典理摠郎從諸將克復京城功爲二等辛旽用事獨不諂附辛禑初爲大司憲書知非誤斷皇天降罰八字於木籤掛臺上然後視事居憂廬墓下書徵之未至卒

鄭乙輔善屬文累官至叅贊門下府事贈尚書工部侍郎封菁川君

姜蓍年十九中成均試歷版圖判書門下贊成事賜推忠輔功臣號封晉山君謚恭穆

鄭愈　鄭懋並知善州任德之子恭愍朝從父成河東郡倭賊乘夜猝至衆皆遁任德不能騎馬兄弟扶擁而走賊追及之愈騎馬射殺數人賊不敢前有一賊奮釰突進刺任德頰墜自以身蔽之且斬四人任德得免墜竟没於賊事聞授愈宗簿寺丞

余孝悌性至孝嘗竭力事親母死居廬三年一日烏啣香案上砂盃而去孝悌嘆曰烏雖微物有反哺之誠予之孝心曾烏之不若故致此啣去深自痛傷夢有老父曰勿哀三日必得及期烏復啣置案上聞者皆以爲孝感事聞旌閭

姜淮伯蓍子登科恭讓王時爲政堂文學兼大司憲直言時政諫官金陽震等論趙浚鄭道傳罪淮伯亦疏論浚等尋流晉陽入本朝爲東北面都巡問使卒有通亭集行於世

本朝河崙高麗末登科歷敭中外有經濟之材佐我恭定王爲定社佐命功臣封晉山府院君官至領議政謚文忠有浩亭集

河演允源孫篤學謹行事親孝敬登第莊憲王朝官至領議政致仕卒遺命不作佛事平生不務家産不畜聲色雞鳴而起正冠向闕而坐久掌銓選絶無私謁謚文孝子友明有孝行官至同知中樞府事詳仁川

河敬復有器局通書史以武舉顯官至議政府贊成事謚襄靖子漢亦以武勇稱官至中樞謚剛莊

鄭以吾登科事太祖太宗世宗官至大提學都摠制謚文定工詩有郊隱集

鄭苯以吾子有器局文宗時爲議政府右議政與金宗瑞皇甫並相癸酉靖難時並被戮

鄭陟以鄉貢登科官至判漢城府事修文殿大提學謚恭戴性勤恪清介自守允朝廷儀禮多所擬議惠莊王嘗語之曰世廟以清直二字許卿言猶在耳仍賜衣馬

姜碩德淮伯子少一舉不中嘆曰自有道義可藥何用科目爲遂不復試師事李行百家諸書皆通究莊憲王知其學行起爲郡守累遷大司憲官至知敦寧府事謚戴愍貞白慷慨孝友一出於誠所著有玩易齋集

姜希顔碩德子登科官至仁順府尹有文名篆隷真草與畫俱妙世稱三絶

姜孟卿淮伯孫登科所歷皆清要惠莊王朝以佐翼功臣封晉山府院君官至領議政謚文景

姜希孟希顔弟莊憲王朝登科第一後以翊戴佐理功臣封晉山君官至議政府左贊成謚文良詩文精深醞籍有私淑齋集十七卷

牟恂性至孝母嘗患毒腫恂吮之得愈母又病危恂嘗糞

慙苦以驗劇否　世宗朝登科官至左司諫大夫　**河叔山**惠莊王朝親試科第一官至樂安郡守後以疾不仕　**姜子平**擢魁科再爲承旨官至全羅道觀察使子㓊官至大司諫燕山甲子被殺　**鄭誠謹**陟子事親至孝喪祭盡禮登科官至承旨　康靖王朝嘗奉使對馬島臨還其所贈遺盡授擄而歸後島主特送人以其物來請分與之　上準其請誠謹曰臣在彼不受而到此受之前後異心誠不願也　上不能強還授而送及　上嘉誠謹獨行心喪三年人稱忠孝兩全燕山以爲詭行殺之子舟臣登科爲承文博士誠謹死亦不食而死　恭僖王初贈誠謹吏曹參判旌其門　**河叔溥**敬復孫中武科歷官至參判以清簡稱謚敬節　**姜龜孫**希孟子登科官至議政府右議政謚貞憲　**趙之瑞**其先林川郡人後爲州人之瑞中生員文科解額重試皆壯元州舊有三壯元峯人謂驗於之瑞　康靖王朝爲世子輔德燕山在東宮每進講諷諭至切燕山視之如仇讎及燕山嗣位乞外倅昌原棄歸卜居於智異山下自號其齋曰知足燕山十年與鄭誠謹同被殺之瑞忠直清白　恭僖王反正贈都承旨官其子珵　**姜渾**早登科工文詞燕山朝爲承旨　中宗朝參靖國功臣封晉川君官至右贊成　**曹淑沂**其先人登科朝官至觀察使　**河弘度**揖之後自清六世孫少有求道之志先海　仁祖世隱居篤行教授學者鄉黨化其孝誼　孝宗時以遺逸除義興縣監不起弘度學以古人爲期終身守約非其義一芥不以取人篤於禮國俗不行女笄而獨弘度家有之收使成以牲嘗訪以收民之術曰嘆民散俗獘弘度曰秦苛而民暴漢寬而民厚曷嘗易民而化之也後人稱爲謙齋先生

烈女崔氏靈岩士人仁祐女適州戶長鄭滿高麗辛禑時倭賊冠晉闔境奔竄時滿因事如京賊闌入里閭崔年方三十餘有姿色抱携幼子走避山中賊四出驅掠遇崔露刃以脅抱樹而拒奮罵曰等死爾汚賊以生無寧死義罵不絕口賊遂害之斃於樹下子習甫六歲啼呼屍側後都觀察使張夏以聞乃　命旌門蠲習吏役　**鄭氏**府使趙之瑞妻本朝燕山時之瑞遇害將就獄舉酒與訣曰吾必不能逐奈祖父神主何鄭氏泣曰當以死自保之瑞既死籍其家鄭氏沒入爲婢其父曰家已敗矣盍還其本宗鄭氏曰良人托我以神主妾許之以死豈宜中負流離草野備嘗艱險手拾木宗烹饔瓦甌朝夕哭泣奉奠終三年　恭僖王朝旌其閭

陜川郡東至草溪郡界十七里西至居昌郡界五十里南至三嘉縣界二十四里北至高靈縣界二十六里距京都七百三十二里

旱田

水田

建置沿革本新羅大良州郡良一作耶又作野景德王時改爲江陽郡高麗顯宗時陞爲陜州顯宗由大良院君入嗣又以外鄉陞本朝太宗時改爲陜川郡掌面

官貟郡守

訓導各一人

郡名大良　江陽　陜州

形勝北通星山南極晉山本朝安魯生記　表裡溪山本朝河崙澄心樓記表裏溪山具登覽之美　羣山拱揖本朝姜希孟記

風俗尚儉率

山川北山在郡北一里鎮山　蛇頭山在郡西五里一名松岳　玉山在客館西隅小山也俗云顯宗所居至今呼爲官址　伽倻山一名牛頭山在治爐廢縣北三十里西迤爲月留峯新羅末崔致遠知國將亡挈家隱于此山高麗李穡詩伽倻之山最奇特千載孤雲罕儔匹　可岾山在郡北十五里山之東高靈縣界　美崇山在治爐廢縣東又見高靈縣　豆毛山在烏頭山北　烏頭山在治爐廢縣南十八里　知乙峴在郡

東三十五里高靈縣界險阻 頭里峴在郡西北三十里 阿峴在郡南二十五里三嘉縣界 馬峴在郡北十六里 蒿岾在郡東十七里 紅流洞在伽倻山南洞壑崇深岩石奇異瀑流激湍每春時岩花逐水流出故名洞口有武陵橋渡橋行五六里有崔致遠題詩石又行里有海印寺○本朝金宗直詩九曲飛流激怒雷落紅無數逐波來平生不識桃源路今日應遺物色猜 犬遷在郡東十三里緣崖開棧道上負絶壁下臨深淵縈紆屈曲二三里許 灊水又名南江在郡南五里其源出德裕山即居昌縣灊水下流入郡西境又合居昌加祚川匯為父子淵經郡南至草溪郡界為黃芚津東流入洛東江 澄心川在澄心樓前其源有二一出郡北上上谷一出頭里峴合于郡西十里抱郡西南東流入灊水 郇川在冶爐廢縣其源有二一即紅流洞水一出居昌縣牛頭山東合于冶爐縣北五里東流入高靈縣界為龍潭川 父子淵在郡西四十五里灊水至此渟深為淵俗傳新羅長城之役有卒久役而返其父遇諸淵上相持悲哭同溺而死仍號焉 屯德灘在郡西十五里即灊水灘 吟風瀨 泚筆巖俱在紅流洞是地攢峰四峙怒浪噴風岩如陣馬巨石臨溪苔蘚不蝕滑如磨礲可施鉛毫本朝姜希孟嘗南遊至此曰有地如此尚無其名乎於是名其水曰吟風瀨名其石曰泚筆岩 黃溪瀑布在郡西三十里下有深潭

土產 鐵出冶爐縣深妙里 石灰 紙 墨 漆 蜂蜜 黃蠟 柿 海松子 五味子 人參 茯苓 松蕈 石蕈 白花蛇 銀口魚

學校 鄉校在鎮山麓一里許舊在郡北三里郡守黃璘移搆于此

宮室 客館 澄心樓在客館南本朝初知郡尹穆建河崙名之有池種蓮名君子池有安魯生記 涵碧樓在郡南四里灊水上倚絶壁俯長川東有通衢前臨津渉○高麗安震記予自志學之歲不識四方者十有年矣越丁巳秋將應舉于中朝道過平壤初見浮碧樓其後五年乃出倅晉陽又登壯元樓自以為平生所見南北絶境無以過此二樓者也昨因王事將赴江陽道中望見一樓翬檻飛舞丹雘眩曜若鳳翥於半空予顧謂客曰彼樓創自何時客乃荅曰惟今太守之所新創也予聞之欣然即泛舟渡江登欄四望其江山面勢殆不減向之二樓而丹雘奇巧則過之也於戲自有是州便有此山古之英雄豪傑來治此州者多矣未有一人鑿翠辟臨清流而起樓者也惟君始得之此豈天作地藏以遺其人乎於是舉觴而歌之歌曰白雲飛兮山蒼ゝ明月出兮水泱泱樓上四時看不足緲ゝ予懷天一方山其崩兮水亦渴使君之德不可忘客謂余言宜書此歌以為此樓之記予即援筆以書之樓稱涵碧者誰太守自名也太守是誰累世功臣上洛公之令胤金君也 梅月樓在客館東本朝成宗時郡守金永錘建前鑿方池種蓮有金馹孫記○本朝曹偉詩江山如在畫中開曲檻雕欄絶點埃莫向纖阿問圓缺已將踈影暗香來

烽燧 美崇山烽燧南應草溪郡彌陀山東應高靈縣望山 所峴烽燧在郡西四十九里南應三嘉縣金城山北應居昌郡金貴山

郵驛 金陽驛在郡北七里 勸賓驛在郡西三十五里 南江院在郡南五里 正陽院在郡南六里 知峴院在郡北十九里 阿峴院在郡南二十二里 頭峴院在郡西二十二里

關梁 武陵橋在紅流洞口○本朝金宗直詩虹橋如畫蘸驚波橋上遊人側足過我欲揭之君莫笑孤雲寧蹈畏途麼

祠廟 社稷壇在郡西 文廟在鄉校 城隍祠在郡東八里 厲壇在郡北

寺刹 海印寺在伽倻山西新羅哀莊王所創有新羅僧順應利貞希朗遺像高麗時鋟大藏

經建閣以藏歷代宗錄并藏于此寺古記云伽倻山形絕於天下地德臭於海東真精修之地又有崔致遠書岩碁閣○高麗廉廷秀詩山寺春晴絕點埃道情詩思渺難裁洞中花色如鋪錦橋下溪聲似轉雷碁閣苔封餘古字月峯松老有荒臺孤雲一去今千載羞對仙蹤倒酒盃本朝 昭敬王二十四年寺佛軀及經板汗出城流 孝宗十年又如之

清涼寺在月留峯下崔致遠嘗遊于此

龍溪寺在可岾山

安溪寺在蛇頭山北

月光寺在冶爐縣北五里世傳大伽倻太子月光所創

內院寺在海印寺北五里寺有釣賢堂蘿月軒得釣池僧玉明搆寺時鑿池得古釣因名焉

蘇利菴在伽倻山

古蹟

冶爐廢縣在郡北三十里本新羅赤火縣景德王時改冶爐為高靈郡領縣顯宗時省入本朝因之

美崇山城有古石築周一千六百四十三尺內有一池六井

葛岾城有古石築周二千二百一十九尺

題詩石伽倻山海印寺之洞曰紅流洞入洞口渡武陵橋向寺而行五六里許有崔致遠題詩石其詩曰狂噴疊石吼重巒人語難分咫尺間常恐是非聲到耳故教流水盡籠山後人因名其石曰致遠臺

讀書堂世傳崔致遠隱伽倻山一朝早起出戶遺冠屨於林間莫知所故海印寺僧以其日薦冥禧寫真留讀書堂堂之遺址在寺西

舉德寺遺址在海印寺西五里崔致遠釋順應傳其西庵兩溪交滸有蘭若號舉德往古大伽倻太子月光結緣之所云云

般若寺在伽倻山下寺廢已久有高麗樞密院知奏事金富佾所撰元景和尚碑

名宦

新羅宗貞武烈王八年移押督州於大耶以阿飡宗貞為都督

高麗任元厚仁宗朝知陝州勤儉清白有惠政及民

田元均知陝州清廉不受苞苴其撫細民未嘗不俯循哀惻及繩猾吏鋤理甚威發姦摘伏如神一州敬憚決獄尤詳審雖受捧楚者皆曰田君決之

李兆年忠烈王朝自禮賓內給事出知陝州

本朝權軫知陝川郡有美政民歌之曰權軫之前無權軫權軫之後亦無權軫

趙唔為陝川郡守清節無比嘗在郡子婿奴僕往來者皆賣私糧又郡產銀口魚而不許妻子食

曹尚治

牟恂俱知陝川郡

權得經

鄭而虞俱為陝川郡守

俞好仁康靖王朝為司憲府掌令以親老辭出守陝川郡在郡卒

李增榮恭憲王朝為陝川郡守有遺愛碑曹植撰其文

流寓

崔致遠新羅慶州人自唐還國真聖王時進時務十二條王以為阿飡時值世亂自傷不遇無復仕進意自放於山水間遊玩嘯詠後知高麗太祖將興上書有雞林黃葉鵠嶺青松之語羅王惡之致遠即挈家隱伽倻山與母兄浮屠賢俊及定玄師結為方外友以終老焉

朴紹本朝羅州人八歲而孤與弟妹隨外家移居郡之冶爐縣少有求道之志携近思錄諸書入伽倻山沉潛玩繹至忘寢食聞朴英學有淵源往從之英曰子乃我師非我友也金安國觀察嶺南雅敬重之每事必咨焉 恭僖王朝登科壯元累遷為吏曹郎司諫院司諫欲劾論金安老奸為安老所中罷歸陝川杜門講讀以自娛竟卒於鄉號冶川

人物

新羅竹竹大耶州人撰干郝勢之子善德王時為舍知佐本州都督金品釋幢下百濟將軍允忠領兵一萬來攻州城品釋不能守自刎竹竹收殘卒閉城門以拒之舍知龍石謂竹竹曰今兵勢如此不若生降以圖後效答曰吾父名我以竹竹者使我歲寒不凋可折而不可屈豈可畏死而求生乎遂力戰城陷與龍石同死王聞之哀傷贈竹竹級食龍石大奈麻

巨仁真聖女主淫縱無忌紀綱壞弛有人欺謗時政榜於朝路女主命搜索不得或告曰是必大耶州隱者巨仁所為主命捕巨仁繫獄將刑之巨仁憤怨書獄壁曰于公慟哭三年旱鄒行含悲五月霜今我幽愁還似古皇天無語但蒼蒼其夕忽震雷雨雹王懼而釋之

高麗李淳牧少為州吏好讀書工文能應貢走筆登第調錦城管記累遷至寶文閣待制進判秘書省事

本朝方有寧文科中宗朝官至參判

李瑤累官至正憲大夫有孝行丁毋憂廬墓三年事聞旌閭

宋希奎 登科累宰玄風尚州等五邑剛明為治吏莫敢欺明宗初為司憲府執義時政在垂簾尹元衡李芑以密旨賣臺諫將禍士林希奎以守正不撓且曰元衡以國舅不能引君於義反以陰嗾國母戕害忠良乎遂與白仁傑柳希春等同被流配後還田里卒自號倻溪散翁希奎幼受學於都衛朝往夕返一日途中有老嫗呼名來戲面大滿於松林乃鬼魅也希奎奮身直前欲毆之其形漸消行而顧見惟面掛林上而已其勇敢如此昭敬王朝以孝行旌閭

草溪郡

東至昌寧縣界二十五里西至陝川郡界十三里南至宜寧縣界二十八里北至高寧縣界三十五里至京都七百四十五里

旱田

水田

建置沿革 本新羅草八兮縣景德王時改八溪為江陽領縣高麗初改草溪顯宗時省入陝州明宗時復置草溪縣忠肅王時陞為郡 以縣人鄭守琪本郡下遇成有功陞

官員 郡守 訓導 各一人

郡名 八溪 朝日之掌面

形勝 四山八水 郡四面皆山而平郊廣衍臺岩舞月諸壑之水八派縈紆歷歷可數

山川 清溪山 在郡北一里鎮山 巢鶴山 在郡北三十里 舞月峴 在郡西南 臺巖山 在郡西十里 高法峴 在郡東南十四里 仇彌峴 在郡北三十四里 彌陁山 在郡南十六里亦見宜寧縣 洛東江 自高靈縣界流入經郡東二十四里與昌寧縣分境南流入宜寧縣界 瀯水 即陝川郡瀯水下流經郡北十里有渡曰黃芚津又東流至郡東二十四里入洛東江

土產 紙 竹 莞席 漆 石清蜜 柿 胡桃 海松子 石榴 安息香 白花蛇 鯽魚

學校 鄉校 在郡西二里 雙溪書院 在郡 立 祀李希顏 祠

宮室 客館 鑑政樓 在客館東 樂民亭 在郡西十五里○李詹記雲峰遠東山谷衆水合為大川經陝草八江二邑之境野豁山開清遠可愛賓客之往来恨境迎之無所者蓋久洪武癸酉雞林李侯仁宗為知郡於草政平訟理明年歲大稔乃謀於衆促游手者指期經營房之以便寄宿軒之以快觀覽北望伽倻南瞻舞月甲山在其左黃山在其右攢青聳翠於几席之上矣水西轉絕壁東抱斷岸盤渦跳沫於尊俎之間矣潭炯沙月汀草岸花農者謳漁者笛行者歌可喜可樂者不離乎簷楹之下矣亭西數里道出絕壁俯仰千丈道極狹行人辟易數百步然後脫險東西行者必於斯亭焉休息其為樂何如哉孟子曰樂民之樂者民亦樂其樂李侯樂於斯亭而與民共之民亦樂李侯之樂也故名之樂民 觀稼軒 在客館北 滄浪樓 在郡北十里營水岸

烽燧 彌陁山烽燧 南應宜寧縣可莫山北應陝川郡美崇山

郵驛 八鎮驛 在郡東五里 松林院 在郡東十五里 東院 在郡東五里 樂民院 在樂民亭下 高法院 在郡南十里 沙法川院 在郡南二十八里 橫步院 在黃芚津南岸 仇彌院 在仇彌峴 甘勿倉院 在郡東二十四里洛東江西岸

關梁 甘勿倉渡 在郡東二十四里即洛東江津渡路接昌寧縣

祠廟 社稷壇 在郡西 文廟 在鄉校 城隍祠 在郡西七里 厲壇 在郡北

寺刹 鳳棲寺在臺岩山 彌陁寺在彌陁山 甲山寺在清溪山

名官本朝 權衡

人物高麗 鄭倍傑七歲能通詩書顯宗朝擢魁科官至禮部尚書以儒術相文宗卒贈弘文廣學推誠贊化功臣光儒侯 鄭文倍傑子年甫十五六嶷然若老成登科官至刑部尚書兼太子賓客不事生產居室僅庇風雨奉使入宋所賜金帛分與從者餘悉買書籍以歸謚貞簡

鄭允宜倍傑七世孫登第忠烈王時官至奉翊大夫有文名 鄭僐倍傑七世孫擢魁科忠烈王時歷宰三州皆有聲績官至僉議評理 鄭絪僐孫為人精曉音律且以知禮聞後進皆就學焉官至判開城封八川君謚良獻 鄭習仁有志氣彊直敢言恭愍朝登第補成均學官出知榮州州有無信塔習仁毀撤之為辛旽所嫉廢為庶人後起知梁州密城所至抑强扶弱威惠并著禁淫祠杖其巫覡辛禑初為典校令恭讓時官至右散騎常侍習仁不惑異端事親孝父母沒皆廬墓終三年喪祭之節人皆称之 鄭國鏡封清城君有孝行時喪制廢壞人多不行三年國鏡為父母廬墓六年 李希顔

咸陽郡東至安陰縣界三十七里南至山陰縣界二十六里西至全羅道雲峯縣界二十七里北至安陰縣界三十七里距京都六百五十九里

旱田

水田

建置沿革本新羅速含郡一云含城景德王時改天嶺郡高麗成宗時陞為許州顯宗時降為含陽郡後改含為咸明宗時降為縣本朝 太祖四年陞為郡

掌面十八官員郡守 訓導各一人

郡名天嶺 許州 含陽

形勝南望智異北臨黃石東有桃峴西阻八良 奇峯絶壑本朝申叔舟齊雲樓記邑在頭流山之麓奇峯絶壑磅礴千里烝雲起霧 地處頭流之隈咸陽湖嶺二南間輿區地處頭流之隈雖在萬山中其中却開曠邑下田野可數百頃 崇山脩谷平疇廣川

風俗俗尚謹愿觀風案 樂善事勤耕作

山川白巖山在郡北五里鎮山 智異山在郡南四十里山之北面郡專擄焉天王峯與晉州分界山中有古城一稱楸城一稱朴回城距郡南三十餘里去義吞村五六里牛馬所不能到倉庫遺基宛然猶在世傳新羅防百濟之地 水清山在郡南三十里全羅道雲峯縣界 天王岾在郡北二十里安陰縣界 白雲山在郡西四十里安陰縣界 花長山在郡南十五里山中多蘭蕙 鷲巖山在郡北二十里 霜山在郡西二十里群岩競秀狀若釖鋩山下有一洞府洪武庚申征倭時藏兵之所 蛇巖山在郡東二十里 鞍岾山在郡北三十里山上有古石城 愁智峯在郡東十里 悟道峯在郡南二十里即智異北支別峯俗傳古有學禪者於此修行悟道故名 文筆峯在郡北一里 八良嶺在郡西三十里全羅道雲峯縣界全羅慶尚間關隘之地 桃峴在郡東二十里

洞佔畢遊山錄云自咸陽登天王峯者度九龍度三四龍得一洞府寛開奧邃樹木蔽日蘿薜蒙絡溪流觸石曲折有拜其東山之脊也而不甚峭峻其西地勢漸下行二十里達于義谷村也若携鷄犬牛犢以入墾田以種下麥菽則武陵桃源亦不多讓也 孤臺巖有大小二孤臺岩大孤臺在濫溪中小孤臺在濡溪中皆邑人臨賞處 大館藪在濡溪東岸 濫溪在郡東十五里安陰縣濫溪之下流至山陰縣界與瀘川合流 濡溪在郡西一里源出白雲山

東流至沙亇驛傍入灆溪**灕川**在馬川所距郡南三十里智異山北西澗谷之水合為灕川至郡南四十里匯為龍遊潭又折而至郡南二十五里於嚴川至山陰縣界與灆溪合流**龍游潭**在郡南四十里臨川之下流潭之兩傍有岩石平鋪累積皆若磨礲然橫張側展或類大甕其深無底或類壜樽千奇萬怪有似神變其水中有魚背有紋若袈裟故名袈裟魚土人云智異山西北有達空寺其傍有猪洞魚産于此每秋順流下遊至龍游潭每春還達空池故自嚴川以下無之捕者伺其時設網岩瀑間魚騰躍而上輒落網中達空乃雲峯縣地也**西谿**在郡西八里其源出八良峴至蹄閑驛下五里許兩峽間巨石為底滑如磨礱飛流濺沫奔瀉彎碕鏘然若佩環聲流入灆溪

土産

竹　菘　蜂蜜　黃蠟　石蕈　柿　石榴　海松子　五味子　當歸　獨活　銀口魚

城郭

郡城古邑在郡東二里高麗末廨舍為倭寇所焚遂移治于文筆峯下築土為城周七百三十五尺立門三東曰齊雲南曰望岳西曰清商

公署

沙亇道察訪司在郡東十六里領沙亇蹄閑有麟安潤臨水正谷新安新興正守橫浦馬田栗元碧溪小南平沙十五驛○察訪一人舊為丞今置察訪

學校

鄉校在郡北有昭昭堂**灆溪書院**在郡東北五里灆溪之東立祠祀鄭汝昌**新溪書院**在郡東北十三里灆溪之西為盧禛建

宮室

客館　**鄉射堂**在郡城南**鍊武堂**在郡城南**學士樓**在客館西偏崔致遠為太守時所登賞故名後為倭寇所焚移邑治時樓亦移構而仍名焉**清香堂**在客館西下有蓮塘郡守曹偉構**齊雲樓**即城東門樓望見智異山有申叔舟記○本朝金宗直雨後登樓詩雨脚看看取次收輕雷猶自殷高樓雲畝洞穴簾旌暮風颭池塘枕簟秋菡萏香中蛙閣ゝ鷺鷥影裏稻油ゝ憑欄更向頭流望千仞峯巒聳玉蚪**望岳樓**城南門樓望見智異山故名**白沙亭**在郡西一里○高麗趙承肅詩尋春載酒過孤村布穀聲中晝掩門雨後殘花浮水出人間無處不桃源

郵驛

沙亇驛在郡東十六里察訪司本驛ゝ南有亭本朝李淑蕃詩繞屋青山勝拂雲松栢青○高麗末倭船五百艘泊鎮浦寇三道燒尚州府庫經京山駐沙亇驛三道元帥裵克廉等九將與戰于驛東三里敗績朴修敬裵彥二元帥死之士卒死者五百餘人川水皆赤至今號血溪由是賊勢益熾遂屠郡城向南原駐引月驛為我　太祖所殲**啼閑驛**在郡南十五里○本朝李詹詩雲峰坂道並溪傍穩轡征驢一笑長無賴西山高萬丈客來投館未斜陽**廣惠院**在城南二里有樓迎使臣之地**沙亇院**在沙亇驛東**桃峴院**在桃峴下**德信院**在郡西二十里

關梁

八良嶺關在八良嶺上三國時置關防守今有石城基址乃兩南通路要害處又見雲峯縣**沙亇橋**在沙亇驛南**大橋**在郡南五里

祠廟

社稷壇在郡西**文廟**在鄉校**城隍祠**在郡東三里**厲壇**在郡北

陵墓

鄭汝昌墓在郡昇安洞

寺刹

君子寺在智異山俗傳新羅真平王避位居此生太子還國捨家為寺**見佛寺**在智異山○本朝姜景敘詩官寺探幽景杖藜却復前松聲來倦枕梅影入高天雨自妨僧定風能駕客仙回首顧歸路深堅鎖雲烟**昇安寺**在蛇岩山**先涅菴**在智異山菴負峭壁而構有二泉在壁底極洌**新涅菴**在智異山菴據峭壁之下菴東北有岩五條雄立高皆千尺名獨女岩相傳有一婦人累石岩間獨棲其中鍊道沖空故名云**古涅菴**在新涅西三

皆相近菴西岡有三盤石謂之議論臺相傳有老僧優陀住崖下石窟嘗與三湼僧坐此石論大小乘頓悟仍以爲名

馬迹菴在智異山以高僧馬迹所居爲名前有瑜珈臺下有水潛灘々上即龍游潭

安國寺在水清山本朝僧行乎所建

金臺菴在安國寺東

無住菴在智異山○補閑集云僧無己自號大昏子隱於智異山一衲三十年每冬夏不出菴肚皮束于帶索春秋鼓肚遊山日食三四斗一坐必浹旬起行則浪吟作偈山中七十餘菴每食一菴輒留一偈無住菴偈云此境本無住何人起此堂唯餘無己者去住本無妨其殆寒拾之流歟

德峯寺在天王峙下

登龜寺在悟道峯山形穹窿如龜寺登其背故名

花長寺在花長山

安養寺在智異山

古蹟

古邑城在今治東二里舊有土城漫廢爲遺墟

沙斤山城在郡東十七里沙斤驛北石築周二千七百九十尺內有三池高麗末監務張羣哲城守爲倭所屠本朝成宗時修築今復頹廢

名宦

新羅令忠憲德王十四年熊川都督憲昌叛僭武珍完山菁州爲已屬完山長史崔雄與令忠遁走至京告之王即拜令忠速含郡太守位級食

崔致遠羅末爲天嶺太守致遠寄海印僧希朗詩下題防虜太監天嶺郡太守遏粲崔致遠

本朝宋希璟

李次若崇仁之子俱爲咸陽郡守善於治郡

蔡倫世宗朝爲咸陽郡守民慕其惠政

崔德之世宗朝爲咸陽郡守律已清簡有惠政及民

曹尚治

鄭從韶俱爲咸陽郡守

金宗直成宗朝爲咸陽郡守其治以興學育才安民和衆爲務政成爲第一上曰宗直治郡有聲宜優遷乃拜丞文參校邑人追慕爲立生祠

曹偉

鄭逑宣祖朝爲咸陽郡守寬養民力教士興學凡遇水旱必躬禱皆有應時昌寧有父子兒獄觀察使々逑治之訟者首服父子乃定

人物

高麗朴忠佐登科忠穆王時官至判三司事封咸陽府院君性溫厚儉約雖爲卿相居室衣服如布衣時好讀易老不輟

趙承肅少力學敦詩書麗末仕爲大夫及本朝徵召終不起其節義比於吉再鄉之婦人孺子亦稱之曰忠臣趙承肅居德谷自號德谷翁

本朝

朴子安官至都摠制有將才子宗亦官摠制大祖朝子安爲慶尚全羅都安撫使失軍機當斬已符下宗奔詣太宗即叩地痛哭乞父命太宗感惻即入請減死 太祖初怒俄使人疾馳止之未到已恭子安面刃刃已具使者望見揮以笠刑官停刑以待子安得不死宗無他學術武藝而上賢其救父使掌禁旅

呂自新登武科累官至曹判書諡貞莊性清白簡直子允哲亦以武顯官至節度使清白如其父

俞好仁其先高靈人後徙爲郡人好仁師金宗直專覽強識第文科登知 成宗眷遇無比常在弘文館待以朋友以校理爲養乞外守陜川卒於官忠孝清儉詩文高古嘗告辭省母至鳥嶺有詩曰北望君臣隔南來母子同 上聞之曰好仁身雖在外不忘君也臨終謂其子瑱曰君子要不欺君汝須思戒言家濡溪上因號濡溪

鄭汝昌其先河東人後徙爲郡人年八歲父六乙通判義州詔使張寧見而異之名以汝昌 成宗朝以孝義特授恭奉舉文科爲世子說書出爲安陰縣監燕山時以金宗直門徒羅史禍被謫卒汝昌天資端重事親至孝深潛聖經反躬實踐與金宏弼友善相與切磋與考亭之於南軒興起斯文自二人始 中宗朝贈領議政後又追諡文獻從祀孔子廟庭

盧禛其先豐川人後徙爲郡人觀察使外同曾孫少孤力學登文科 宣祖朝久在近侍以母老乞歸養累除知禮潭陽晉州全州昆陽皆有惠政遷擢至吏曹判書 上方倚以爲相遷卒朝野慟惜禛樂善好士學以反身爲主少與李恒論大學得其要旨常曰學不在多言求之大學十六言足矣 宣祖朝聞其篤孝命旌其閭諡文孝

列女

宋氏驛丞鄭寅妻高麗辛禑時倭寇搶劫諸軍宋氏被掠賊欲汚之誓死不屈遂見害事聞旌閭

金氏郡人李陽妻陽無子早死金無所依有豪勢者欲取之金氏走至夫墓三日不

迄後又有求為妻者金不應自經死本朝康靖王命守令祭其墓旌其門

昆陽郡東至泗川縣界二十八里北至晉州界三十七里西至河東縣界九里南至南海縣界四十五里距京都九百五十七里

建置沿革高麗初為昆明縣新羅時所係邑號未詳顯宗時省入晉州本朝莊憲王元年併南海縣陞為昆南郡以安御胎于郡地陞十九年復析置南海縣以晉州金陽部曲併入改為昆陽郡掌面　官員郡守　訓導各一人

郡名昆明　昆南

風俗俗尚儉率觀風案

山川銅谷山在郡北三里鎮山　兩谷山在郡北二十五里世宗元年安御胎于此　鳳鳴山在郡北十五里山有巖名鳳岩　牛山在客館南　金鰲山在郡西二十里名瓶要山　一海在郡南　露梁在郡南四十五里八南海縣者由此古有萬戶營　牙方浦在郡東二十里　毛郎浦在郡東十里　城倉浦　塩田浦　仇良浦俱在郡南二十里　栗浦在郡西八里　辰梯浦　金陽浦俱在郡南十八里　蒲谷浦在郡東六里蒲谷所　大浦　江州浦俱在郡東二十里皆有魚梁　盤龍浦在郡東二十五里晉州泗川界

土產竹　茶　蜂蜜　黃蠟　柿　柚　石榴　松蕈　香蕈　石首魚　大口魚　秀魚　文魚　鱸魚　錢魚　鰒　烏賊魚　洪魚　銀口魚　絡蹄　石花　蟹　綠藿　海衣　海參　紅蛤

城郭郡城石築周三千七百六十五尺有門城內有三井三池

學校鄉校在郡東一里

宮室利涉亭在露梁

烽燧牛山烽燧東應晉州角山

郵驛浣紗驛在郡北十八里　良浦驛在郡西二十五里　鳳溪院在浣紗驛北　浣紗院在郡東北二十里　露梁院在露梁北岸

關梁辰橋在郡西十八里諺傳理音寺池龍徒于此橋下故名

祠廟社稷壇在郡西　文廟在鄉校　城隍祠在郡北五里　厲壇在郡北

寺刹栖鳳寺　靈岳寺俱在鳳鳴山　迎月寺在金鰲山

古蹟古昆明縣在郡西十五里今為昆明里　河邑廢縣本浦村縣新羅景德王改河邑為河東郡領縣高麗仍省入本朝移八于郡　金陽部曲在郡東四十五里本晉州地本朝世宗時移八

名宦本朝河敬履　南祐良俱有聲績　周世鵬為昆陽郡守為政廉平以明教薄斂為本

南海縣在海島中東至海岸四十里西至海岸三十六里北至露梁海岸三十八里距京都一千四十五里

旱田

水田

建置沿革本新羅轉也山郡景德王時改為南海郡高麗顯宗時為南海縣恭愍王時因倭寇空其地僑寓晋州鍷川部曲本朝 太宗六年復還本島世宗時併于昆明縣尋復析置掌面 官貟縣令 訓導各一人

郡名轉也山

形勝與珎島巨濟爲峙鄭以吾縣城記

風俗

山川望雲山在縣西二里鎮山 所訖山在縣南三十里 猿山在縣南十六里 鹿頭山在縣北二十三里 錦山在縣東二十五里有牧場 城峴在縣南二十四里要害處 彌助項在縣東南八十七里 露梁在縣北四十里昭敬王時李舜臣破倭兵於此 赤梁在縣東四十一里 涑川串在縣東三十里周五十五里有牧場 海縣四面皆海東距晋州境里西北距河東及全羅光陽縣境里南連大海 尚州浦在縣南四十五里 觀音浦在縣北二十一里○辛禑時元帥鄭地領舟師殲倭于此賊之不得志於我自此役始 大浦在縣北十五里 巴川浦在縣東五里 蘭浦在縣東二十里巳上俱有魚梁 東山浦在縣東六里 平山浦在縣南二十五里 豆音浦在縣東二十二里 鹽田浦在縣西三十里 湖乙浦在縣南十五里 毛沓浦在縣北二十五里 加乙串浦在縣北三十里巳上俱鹽所 蘇島在縣東六里滿島皆冬白

土產楮 弓幹桑 梔子 柚 石榴 榧 香蕈 松蕈 鹽 大口魚 石首魚 秀魚 真魚 鰒 文魚 青魚 鱸魚 鯊魚 烏賊魚 洪魚 江瑤柱 絡蹄 蛤 紅蛤 海參 藿

城郭縣城本朝初縣令任德秀所築石城周二千八百七十六尺有門城內有井一泉五四時不渴

公署彌助項僉節制使鎮在縣東八十七里康靖十七年置鎮後為倭所陷革之恭僖王十七年復設石城周二千一百四十六尺○水軍僉節制使一人 平山浦萬戶鎮有石城周一千五百五十八尺○水軍萬戶一人

學校鄉校在郡北一里

宮室客館

烽燧錦山烽燧北應晋州臺方山西應所訖山猿山 所訖山烽燧東應錦山北應猿山 猿山烽燧東應錦山南應所訖山

郵驛德新驛在縣北三十五里 露梁院在露梁南岸去縣北四十里

關梁曲浦堡在縣南三十里石城周九百六十尺高十一尺 恭僖王朝革牛峴堡移于此設權管戍之 尚州浦堡在縣南六十里石城周九百八十五尺 恭僖王朝革城峴堡移于此設權管 露梁渡

祠廟社稷壇在縣西 文廟在鄉校 城隍祠在縣北十九里 厲壇在縣北

寺刹菩提菴 上兜率菴 中兜率菴俱在錦山俯壓南溟

古蹟古縣山城在縣北十七里石築周一千七百四十尺 官堂城在縣北十七里

石築周七百二十尺**蘭浦廢縣**在縣東二十一里本新羅内浦縣在本島中景徳王時改蘭浦目併入**平山廢縣**在縣南二十五里本新羅平西山縣一云西平景徳王時改平山仍併入**城峴古堡**在縣南二十二里石城周七百六十尺恭僖王十七年革之移于尚州浦堡**牛峴古堡**在縣南二十五里石城周九百十三尺恭僖十七年革之移于曲浦堡

名宦

流寓金詮本朝燕山時謫居**金綠**本朝恭僖王時以儒臣為副提學罹士禍謫居几十三年

人物

列女能宣女高麗成宗時遣使諸道訪問孝子節婦時民不知衣食南海狠山島民能宣女咸富孝事父母其父死於毒蛇殯于寢室五月供膳無異平生王聞其誠下教褒之旌門免役出島隨其所願州縣編籍

居昌縣東至陝川郡界二十八里南至三嘉縣界二十八里至山陰縣界三十四里至咸陽郡界三十一里西至安陰縣界二十五里北至智禮縣界四十六里至全羅道茂朱縣界六十六里距京都七百三十五里

旱田

水田

建置沿革本新羅居烈郡一名居陁景徳王時改為居昌郡高麗顯宗時省入陝州明宗時復置居昌縣本朝恭定王時併巨濟即加祚縣稱濟昌後復為居昌縣燕山初陞為郡以妃内鄉陞恭僖王初復為縣掌面二十二

官員縣監　訓導各一人

郡名居烈

形勝北望三峯南瞻紺嶽本朝許迶滌暑樓記郡山拱圍二川合流一野平疇群山拱圍二川合流於邑東

風俗俗尚強狠觀風案

山川乾興山在縣北八里上有祭神之所故俗稱祭山**三峯山**在縣北五十一里全羅道茂朱縣界**紺岳山**在縣南二十里又見三嘉**金貴山**在縣東十五里上有古山城周千五百餘尺**牛頭山**在加祚縣東即陝川伽倻山西支俗稱見岩山**修道山**在縣東北三十里**望實山**在縣西南八里其東支日烏峴**牛馬峴**在縣北五十里智禮縣界**都麼峴**在縣北五十五里全羅道茂朱縣界**赤峴**在加祚廢縣北三十里星州界**潛水**或名潛川在縣南一里其源一出安陰縣月星山一出德裕山至縣東五里與阿月川合流入陝川郡界**阿月川**在縣東十里其源一出牛馬峴一出都麼峴至縣東入于潛水**加祚川**在加祚縣西二里源出赤峴至陝川父子淵上合于潛水**能谷池**在縣南六里

土產蜂蜜　黃蠟　麝香　熊膽　柿　栗　石蕈　松蕈　海松子　五味子　當歸　銀口魚

學校鄉校在縣北三里**白巖學舍**在縣西三十里恭僖王朝奸臣構禍大司成金湜亡匿此谷中懷遺蹤自縊死後人刻石立追哀碑仍作學舍其側以為諸生講業之所

宮室客館　**滌暑樓**在客館西世宗十六年縣監金第南建之有許迶記

枕流亭在潛川上

烽燧 金貴山烽燧南應陝川所峴北應巨末訖山 巨末訖山烽燧即牛馬峴西峯南應金貴山北應智禮縣龜山

郵驛 省草驛在縣北五里 星奇驛在縣北二十四里 茂村驛在縣南十四里 東院在縣東五里 昆台院在縣南十五里 古川院在縣南三十四里 立火院在縣北十六里 星奇院在星奇驛南 石積院在縣北四十里 高梯院在縣西三十里 省草院在省草驛北十里 茂村院在茂村驛南

關梁 大橋在縣南一里潛水 高梯橋在高梯院北

祠廟 社稷壇在縣西 文廟在鄉校 城隍祠在縣東四里 厲壇在縣北

寺刹 乾興寺在乾興山 普海寺 普光寺俱在修道山 見巖寺在牛頭山岩堅清眺洪武乙亥我太祖爲前朝王氏施田百五十結每年二月十月降內香行水陸齋 延壽菴在紺岳山

古蹟 加祚廢縣在縣東二十五里本新羅加召縣方言相近變召爲祚景德王時改咸陰爲居昌郡領縣高麗初復置加祚縣顯宗時省入陝州後復移入本縣元宗時巨濟縣避倭寇僑立于此仍称巨濟至本朝世宗時還于本島縣亦還入于居昌 鵝洲村在巨濟加祚時以本島内属縣及驛亦皆僑置于加祚之境鵝洲縣在縣東十里松邊縣在茂村驛南五里烏壤驛在加祚之西居民至今仍称 城山古城縣北五里平岡上有石築古城周三里相傳三國時古城 乾興山古城石築周三里相傳三韓時古城今皆頹圮焉

名宦 曹沆本朝莊憲朝爲居昌縣監有惠政 李孟專莊憲王朝居昌縣監以清白聞

入物 本朝 慎幾登第官至全羅道巡察使 慎詮登第官至黃海道觀察使 許廷登第官至成均館直講少有至性孝事其親及沒廬墓三年成宗朝旌閭 文緯其先丹城人後世徙爲縣人早有篤志從吳健學易後師鄭逑勤苦力行昭敬王時柳成龍金宇顒薦其行義授教官其設教條一以禮法還監察光海初棄官歸仁祖朝除高靈縣監就官數月見時好頹引左道嘆曰自此道益衰矣歸家閉户日講程朱書四方之士皆願一識其面居茅溪上號茅溪

列女 崔氏郎將全洵妻高麗末倭寇本縣崔氏被擄賊欲汚之固拒不屈爲其所害朝廷表其閭曰節婦里

泗川縣 東至固城縣界二十三里南至晉州界二十五里西至同州界五里北至同州界六里距京都九百七十三里

旱田

水田

建置沿革 本新羅史勿縣景德王時改泗水爲固城郡領縣高麗初併晉州顯宗時改泗州明宗時復析泗州爲縣本朝恭定王時改爲泗川縣尋於縣置兵馬使鎮 世宗時罷鎮復爲縣掌面

官員 縣監 訓導各一人

郡名 泗水 泗州

形勝 極南要害之地本朝權技記 俯臨沃野羣峯奇秀本朝辛碩祖客館記 在海邊地最僻全人記 山峻水深本朝許穆書炎方鬱煥環山峻急水深石廻下則濱海多沮洳又多虫蛇毒螫

風俗 俗尚武藝觀風案

山川 豆音伐山在縣東六里鎮山 歸龍山在縣南十里 卧龍山在縣南三十里亦見晉州 城隍山在縣南 海在縣南三十里 通陽浦一作通洋浦在縣南二十里 泗水在縣南四里源出固城無等山西流入晉州江州浦 屏風池在縣内 仇良島 深水島 草島 猪島俱小島在縣南海中

土産 竹 竹箭出王山 柹 柚 石榴 梅實 蜂蜜 黄蠟 地黄 香蕈 石首魚 文魚 鰒 秀魚 黄魚 洪魚 鯊魚 銀口魚 絡蹄 鲐 蟹 海參 石花 藿

城郭 縣城石築周五千十五尺有門

學校 鄉校在縣東二里

宮室 客館徐居正詩南来無處不清遊隱映鰲岑近海頭孤島烟横深水晚荒城日落角山秋鷲濤夜撼蛟龍窟殘雪香留橘柚洲珎重斯文揚太守一尊談笑亦風流 永和樓即客館門樓 齊景樓在客館東 枕鼇亭在客館北

倉庫 場巖倉在收泗川晉州河東南海昆陽固城巨濟昌原田稅

烽燧 鞍岾烽燧在縣南十五里南應晉州角山北應同州望晉山

郵驛 東溪驛在縣南二里 官栗驛在縣北十七里 普通院在縣南三里 靡月院在縣南二十五里 可谷院在縣東二十里

祠廟 社稷壇在縣西 文廟在鄉校 城隍祠在山城内 龜巖廟在縣龜岩李楨號也宣祖時鄉人立祠祀之許穆作記 厲壇在縣北

寺刹 歸龍寺在歸龍山 積善寺 興寶寺俱在卧龍山 排房寺舊名蘆谷在卧龍山高麗顯宗微時嘗寓居此寺見蛇兒題詩曰小々蛇兒繞藥欄滿身紅錦自班爛莫言長在花林下一日成龍也不難

古蹟 陵華峯在卧龍山高麗顯宗之父葬於峯下至今名其洞曰陵華里初景宗妃皇甫氏出居私第嘗夢登鵠嶺旋流滿國中盡成銀海卜之曰生子則王有一國妃曰我既寡何以生子宗室郁太祖第八子也所居與妃第近因與往来通而有娠成宗時妃宿郁第家人積薪于庭焚之百官奔救成宗亦亟往問之家人以宗告妃慚恨比還其第纔及門胎動攀門前柳兒身而死因命擇姆養其兒歸于郁即顯宗也遂流郁于泗川縣郁工文詞又精於地理嘗密遺顯宗金一嚢曰我死以金贈術師葬我縣城隍堂南歸龍洞郁死顯宗如其言明年二月顯宗還京及即位追尊孝穆大王後移葬乾陵 城隍山城石築周一千九百四十一尺内有一泉一池 古通陽倉在縣南十七里通陽浦上高麗初設倉收附近州縣租税漕至京即十二倉之一今有土城基址周三千八十尺

名宦 本朝 河敬復為泗川縣監性剛明善辨疑獄

流寓 宋麟壽本朝明宗時歷任臺閣以正直忤金安老流泗川近邑人士從學者衆麟壽訓誨不倦多有興起者及安老敗召拜承旨

人物 高麗 姜稆相忠肅王為功臣官至正議大夫上護軍元朝宣授鎮邉萬户 睦仁吉初從恭愍王于元有勞後累官至門下贊成事 本朝 睦進恭太祖朝户曹叅判 李楨少從宋麟壽學讀書勵行明宗朝登魁科久之為榮川郡守執弟子禮見李滉于陶山講問道要後為大司諫累陳治道出為慶州府尹政以教化為先宣祖初上書陳勸戒累召終不

起楨、虢龜岩樂善好禮教授不倦嘗輯性理遺編景賢錄

三嘉縣東至宜寧縣界十三里南至晉州界十四里西至丹城縣界十三里北至陝川郡界二十五里至居昌縣界六十里距京都七百八十三里

旱田

水田

建置沿革本新羅加主火縣景德王時改嘉壽壽一作樹為康州領縣高麗顯宗時省入陝州本朝 太宗時復置縣併三岐為三嘉縣掌面

官員縣監 訓導各一人

郡名嘉壽 嘉樹

風俗俗尚強悍觀風案

山川黃山在縣西四十七里 闍堀山在縣東十七里又見宜寧縣 紺岳山在縣北七十五里居昌郡界 嶽堅山在縣東四十里 飛鳳山在縣東二里 馬莛山在縣北六里 金城山在三岐縣 深川源出縣花吉峴經縣內客館南流入丹城縣丹溪川 所乙非浦在縣西四十七里 都豆池在縣南十里周二百步 粟淵在縣東二里故老相傳合浦帥金光富陷陣之處浴于淵者每得遺釘 砧淵在縣西北四十六里源出所鳥山經陝川父子淵入縣界為此淵

土產鐵出黃山 黃銀出黃山東 蜂蜜 黃蠟 漆 柿 五味子 麝香 地黃 當歸 銀口魚 鱖魚

城郭縣城本朝 宣祖時築石城周

立祠

學校鄉校在縣南三里 香川書院在縣祀曹植

宮室客館 雙明軒即客館東軒 觀水樓在客館南俯臨深川成宗初縣監鄭自淑建 淨襟堂在觀水樓西偏

烽燧金城山烽燧南應丹城縣笠岩山北應陝川郡所峴

郵驛有麟驛在縣東八里○辛禑五年倭寇居昌冶爐等縣至嘉樹縣都巡問使金光富與戰敗死于此

都豆院在縣南十一里 立石院在縣東十六里 內禪院在縣西北四十六里 粟院在縣西七十里 網峴院在縣西十九里 項餘院在縣西八里 梧桐院在縣南一里

祠廟社稷壇在縣西 文廟在鄉校 城隍祠在縣北一里 厲壇在縣北

寺刹鳳頭寺 金谷寺俱在闍堀山 紺岳寺在紺岳山 夢溪寺在黃山

古蹟三岐廢縣在縣北四十七里本新羅三支縣一云麻杖景德王時改三岐為江陽郡領縣高麗仍併入陝州 恭愍王時復置三岐縣本朝 太祖時陞為郡 太宗復降為縣尋省入于縣今有軍倉 嶽堅山城石築周二千二百八尺今皆頹圮

名官本朝鄭自清

人物本朝鄭玉良仕為河陽縣監性至孝退居縣之有猗里奉養其母母沒葬祭盡誠三年後猶朝夕上食以終其身祠堂傍忽生白棗七條可數尺許凡六年而枯人以為孝感 曹植少倜儻不羈嘗讀書至志伊尹之所志學顏淵之所學發奮勵志探索力行 恭憲王累召除諸寺主簿丹城縣監皆不起嘗一入引見問為治之道對曰君臣情義相孚可以為治問為學之方

日人主之學貴於心得明日即還昭敬王朝累徵終不至上書辭甚切直年七十二卒植遯世高蹈志節峻邁聞其風者皆洒然起敬星官南師古謂今歲處士星無光未久而植沒號南溟有遺稿行世謚文貞追贈左議政

列女　鄭氏 縣人郭崇儀妻夫年二十在京病死扶柩還葬于縣居廬蔬食三年畢事舅姑以誠十年不食肉鄉里感歎本朝成宗朝旌其閭

宜寧縣 東至咸安郡界九里南至晉州界三十里西至三嘉縣界三十七里北至草溪郡界六十五里距京都八百二十九里

旱田

水田

建置沿革本新羅獐含縣景德王時改宜寧為咸安郡領縣高麗顯宗時省八晉州恭讓王時復置宜寧縣　本朝因之掌面十六官員縣監　訓導各一人

郡名獐含 別號宜春

形勝西北阻山東南有二江之勝 本朝許穆宜春志西北阻山東南有二江之勝又云其田旱地水害高地多瘠确必倍其糞乃穫　蒼江大野 本朝河演記蒼江大野茂林高岡

風俗俗尚強悍 風氣　好巫覡信鬼神 許穆曰輿志云尚強悍然山峽間往往有古樸遺風好巫覡信鬼神

山川德山 在縣北二里闍崛山南麓小山為邑鎮山　闍崛山 在縣北十五里山最高其西壁堅其北西岩石盒其絕頂有釋王白雲臺上有神祠俗稱夫人祠其北次峯西山間有明鏡臺山中有古闍崛基在菩提上新羅時通佛法得沙門作闍崛不成岩崖石岬藏鉄器秘蹟世傳古有一太守欲發之其上忽有雲氣以為神止之　龜龍山 在縣南二里闍崛山傍麓別山居晉水之上　彌陀山 在縣東北六十里　可莫山 在縣東三十六里　長峴 在縣東二十五里　大峴 在峴西三十里　洛東江 自草溪郡界流入至縣東二十里與晉水合俗稱岐江又見靈山縣　晉水 來自晉州界經縣南十里為鼎岩渡與咸安郡分界水中有岩如鼎故名岩下水深不測有龍見則大水天旱沉牲禱雨又東北流三十餘里合于洛東江　黔丁川 在縣南二里源出闍崛山東流入晉水　世干川 在新繁廢縣南十二里源出闍崛山東流入洛東江　亐吒浦 在新繁廢縣東十五里世干川及洛東江交流處

土産紙　竹　椒　苧　蒜　楮　石榴　棗　柿　梅實　蜂蜜　黃蠟　白花蛇　銀口魚　鯽魚　鯉魚

城郭縣城 本朝昭敬王二十四年始築石城周

學校鄉校 在縣城西

宮室客館　清暑樓 在客館東永樂末縣監許季建

烽燧可莫山烽燧 南應咸安郡巴山北應草溪郡彌陀山

郵驛新興驛 在縣北五十四里　智南驛 在縣西九里　禪院 在縣東二里　鼎巖院 在縣東南九里鼎岩渡北岸　朴桂院 在縣東十五里　介金院 在縣南二十里　世干院 在縣北五十里　神堂院 在縣西二十里　末田院 在縣西四十里　大峴院 在縣西十三里　中梯院 在縣北二十七里

關梁鼎巖津渡在縣東南九里又見咸安郡

祠廟社稷壇在縣西 文廟在鄉校 城隍祠在縣西二里 厲壇在縣北

陵墓南君甫墓在縣西城門傍初邑人莫知其墓萬曆中縣監黃瑄有營于其地意欲葬之夢達官來言楔松之下乃吾居可訪余武吾於汝祖先也瑄覺而驚異求得余武者乃年百餘故吏遠曰民固知見召夢南相公謂民邑宰當訪吾宅彼蒂幾所果是也瑄乃南氏外孫遂更治其容土而墳焉於土中得紫石有刻曰南又得黃金環一帶鉤三枚于墓前增其封築有崔岦所撰碑

寺刹菩提寺在闍崛山 楊泉寺在闍崛山白雲臺下最高爽望海 水巖寺在闍崛山 青旀寺在龜龍山

古蹟獐含古縣縣西十七里七谷里有獐含古縣墟其西山有廢社 新繁廢縣在縣東北六十里本新羅辛介縣一云朱烏村一云泉川縣景德王時改冝桑為江陽郡領縣高麗初改新繁顯宗時省入陜州恭讓王三年移八本朝因之 正骨部曲在縣東三十五里 砥山鄉在縣東六十里俱自昆明來屬 藏谷鄉在新繁廢縣南十五里 古王陵闍崛山東麓有古塚俗傳為古王陵舊遠不知年代其山店名陵人云

名宦本朝梁賀 朴閏卿

流寓

人物高麗南君甫官至密直副使有二子恭職備巡衛將益祇豊儲副使子孫甚盛世有冠冕 本朝南在君甫之後麗末為執義入本朝為開國功臣官至議政府左議政封宜寧府院君 南誾在弟辛禑時倭冦大熾三陜郡城小且荒國家難其守誾自薦到郡賊猝至開門大破之後禑攻遼東誾從我太祖至威化島與趙仁沃等献回軍之議恭讓時拜同知密直事入本朝為開國佐命功臣封宜城君 南智在孫始以門蔭仕有贍累吏幹歷揚臺閣官至議政府右議政謚忠簡 王沽登科官至司憲府掌令 南季瑛少好學沉潛經術世宗朝登魁科官至直提學以文學著名 李濟臣以聰爽傳識師曹植峻節卓行自礪嘗遊太學崇靖王為世子聞其名頗為布衣交文之賠朝尹元衡用事濟臣知世將變遂適世佯狂日遊山澤歌呼自號陶丘公凡事吉凶能前知多奇驗家素富財悉散親友曰未久東南有大難積此何用後果有倭亂死之日吟哦自若問日早晚悠然而逝

列女石氏本朝初縣人沈致妻年二十夫亡事姑孝父欲改嫁辭曰良人以獨子早逝父若奪志亡夫病母其誰奉養遂不從事姑益勤姑每如廁親身負之 薛氏本朝宣祖時倭冦陷州郡薛氏遇賊被執賊欲污之薛氏大罵不屈死之事聞旌閭又有李氏田氏玉嶺女子皆遇賊節死旌表

河東縣東至昆陽郡界二十八里南至同郡界四里西至晉州界二十四里北至同州界三十一里距京都九百八十七里

旱田

水田

建置沿革本新羅韓多沙郡景德王時改河東郡高麗顯宗時省入晉州明宗時復置河東縣 本朝因之掌面 官員縣監 訓導各一人

郡名別號河清

形勝負山枕海鄭摠記

風俗俗尚儉率觀風案

山川　陽慶山在縣北三里鎮山　玉溪山在縣西三十里　金鰲山在縣南三里山之東南昆陽郡界　小卯山在縣西七里　車岾在縣北二十里　理盲岾在縣東二十里俗傳東京裨補山頂古有龍池以此東京人多盲以大鐵石沈池龍徙昆陽辰掛下深淵云　蟹岾在縣西十七里　長嶺在縣東二十八里昆陽郡界　海在縣南　牧島在縣西十里　鈴津在縣西五里潮水往來處　橫浦川在縣西二十里源出智異山南流入于海　南浦在縣南五里源出縣北車岾南流入于海有魚梁　虵浦在縣東十五里潮水往來處　丙介浦在縣南十八里有魚梁

土產　紙　磁器　朱土　竹　茶　石榴　柚　柹　白茯苓　大口魚　石首魚　鰒　文魚　秀魚　眞魚　鯊魚　鱸魚　銀口魚　洪魚　絡蹄　蠏　蛤　石花　海參　藿　加士里　牛毛

城郭　縣城縣舊無城郭我世祖三年累石築于陽慶山下周一千十九尺有門城內有五井一池

學校　鄉校在縣東三里世祖五年縣監崔承宗就古邑址而營之鄭擴為記

宮室　客館　竹亭在客館東

郵驛　馬田驛在縣北十六里　栗原驛在縣東二十三里　橫浦驛在縣西二十九里　橫浦院在橫浦驛東一里

祠廟　社稷壇在縣西　文廟在鄉校　城隍祠在縣南三里　厲壇在縣北

寺刹　雙溪寺在蠏岾　理盲窟在理盲岾　玉溪寺在玉溪山　大寂寺在長嶺

名宦　本朝　河敬履為縣監廉簡有政績　丁艮　柳觀皆為縣監有拜績

人物　高麗　鄭晏平章事叔瞻之子初名奮性聰慧少登第陰陽筭術醫藥音律無不精曉見崔怡專權欲遠害退居南海遊遍名山及怡子沆秉政召為叅知政事沆欲收人望外雖禮貌內實猜忌誣以誹謗構亂流白翎島遣人沈殺之　鄭之祥八元朝從恭愍王有勞及王即位驟遷至監察持平為全羅道按廉入境遇勢家所使人輒榜掠徇示一道震懾轉戶部侍郎御史中丞　鄭渾初名從之祥子其母寡居潭陽府為倭寇所害辛昌時渾為典理佐郎上復讎策自請為召募別監隨朴葳征對馬島　鄭之衍縣吏國龍之子始起家為僉議贊成　本朝　鄭麟趾見開城府　鄭招聰明過人博洽經史世宗朝官至藝文館大提學以文名世　鄭守忠精通經史有操行惠莊王朝佐翼功臣封河原君

山陰縣東至丹城縣界二十里南至同縣界十九里西至咸陽郡界三十一里北至居昌縣界四十九里距京都八百三十九里

旱田

水田

建置沿革　本新羅知品川縣景德王時改山陰為闕城郡領縣高麗顯宗時省入陜州恭讓王時復置山陰縣　本朝因之掌面十四官員縣監　訓導各一人

郡名　知品川別號山陽

形勝　水曲山回金希鏡詩

風俗俗尚簡質觀風案

山川東山在縣東三里鎮山 智異山在縣西三十里 楡山在縣南馬

淵洞山在縣北十里 王山在縣西十里山中累石為五四面皆有層級俗傳王陵云

尺旨山在縣東二十五里亦見丹城縣 晉水咸陽郡濫川灘溪合流為此水經縣西三里東流入丹城縣界 牛灘在縣西三里即晉水灘其下流又有長善灘

土産鐵出尺旨山 石灰 竹 茶 蜂蜜 黄蠟 熊膽

麝香 松蕈 石蕈 柿 石榴 五味子 當歸 白花蛇 銀口魚 訥魚

學校鄉校在縣東一里 西溪書院在縣東北十四里立祠祀吳健

宮室客館 鄉射堂在客館東 二樂樓在客館東 換鵝亭在客館西俯瞰江流縣監沈澕建花山攤攀取王右軍事名焉 道士觀在換鵝亭前

郵驛正谷驛在縣東十里 濫川院俗稱湯水院在縣北三十里 白也峴院在縣北十五里 新院在縣北二里 水勝院在縣南二十里

祠廟社稷壇在縣西 文廟在鄉校 城隍祠在縣西一里 厲壇在縣北

寺刹智谷寺在智異山有高麗禮部尚書孫夢周所撰僧慧月及真觀二碑 王臺菴在王山

古蹟皆品部曲又名長溪在縣西北二十五里舊為丹溪縣地後割入 古山城在縣南二里石築周一千三百四十六尺今皆頹圮 獨女城在縣西二十七里石築周一千七百三十尺有溪泉今皆頹圮

名宦本朝禹訓為山陰縣監清白無比到官日其裝不滿一馱及政滿以公事在隣邑聞遷仕經歸 鄭蘭秀 陳猷

人物本朝吳健勤學好善号德溪字子岡南溟門人又就正於退溪文章典雅宣祖庚午為吏曹正郎

安陰縣東至居昌縣界二十一里西至全羅道長水縣界五十七里南至咸陽郡界五里北至居昌縣界五十里距京都七百五十二里

旱田

水田

建置沿革本新羅馬利縣景德王時改利安為天嶺郡領縣高麗顯宗時省入陝州恭讓王時移入感陰縣矣本朝 太宗時復置利安縣曰併感陰改為安陰縣掌面八官負縣監 訓導各一人

郡名馬利 利安

風俗強悍爭鬪觀風案尚強悍好爭鬪

山川城山在縣西三里鎮山 智雨山在縣北二十里俗稱奇朴山 黄石山在縣西北十五里皆德裕山東支 天王岾在縣西二十里 靈鷲山在縣西五十里

白雲山在縣西三十里咸陽郡界即德裕山東支 德裕山在縣西北六十里全羅道錦山郡界及長水縣界又見兩邑 圓通山在縣東南九里 六十嶺在縣西六十里全羅道長水縣界 金猿山在感陰縣即德裕山東麓別峰山下有鶴潭故其洞曰猿鶴洞

寬愁峴在縣南十八里居昌縣界 濫溪在客館東又称東川德裕山智雨山之水合于

縣北南流入咸陽境

土産 竹 五味子 胡桃 蜂蜜 黃蠟 柿 白花蛇 石蕈 麝香 熊膽 當歸 銀口魚

城郭 黃石山城 石築周二千九百二十四尺內有一溪有軍倉

學校 鄉校 在縣北三里縣舊無學校生徒僑寓于縣司 成宗四年縣監崔榮營于亭岩寺舊址 校之南隅有點風臺兩水合于臺下為濫溪取曾點風舞雩之義名之 龍門書院 在縣北五里以鄭汝昌嘗為縣監為建書院祠祀之以林薰林芸從享

宮室 光風樓 在客館北舊名宣化縣監鄭汝昌改構名光風 霽月堂 與光風樓連構

郵驛 臨水驛 在縣東五里 藪院 在縣南五里 半落只院 在縣北十里 長風院 在縣北四十里

關梁 東川橋 在濫溪 龍門橋 在鄉校前 長風橋 在咸陰廢縣

祠廟 社稷壇 在縣西 文廟 在鄉校 城隍祠 在縣西二里 厲壇 在縣北

寺刹 靈覺寺 在德裕山 極樂菴 在靈鷲山 長水寺 在黃石山寺前有瀑布其下有龍湫 隱身菴 在黃石山東 白雲菴 在黃石山城內

古蹟 咸陰廢縣 在縣北三十五里本新羅南內縣景德王時改餘善為居昌郡領縣高麗初改咸陰顯宗時省入陝州毅宗時降為部曲恭讓王時復置咸陰縣以利安縣併入本朝太宗時移治利安省咸陰併焉 玉山所 又稱加乙山所在縣西四十里高麗時為咸陽地後割八于縣

名宦 本朝 鄭汝昌 康靖王朝為安陰縣監始至知民疾苦在賦斂遂作便宜數十條行之期年而政清民悅境內相戒曰莫以欺詐負吾公觀察使重之凡獄之盤錯未解者必巡到面質然後乃行道內決疑者遠近咸故負者亦不敢恨逆邑子弟聰明者親加教誨日課講讀學者自遠方來春秋行養老宴設內外廳內則使妻待之耆婆無不歌舞以嬉有子女貧未婚者厚賜之使不失時一境大賴 文瓘 恭愍王朝為安陰縣監廉簡為政撫字以誠民愛之如父母 郭越 昭敬王朝以行義擢授安陰縣監政舉民懷時當倭寇列邑皆棄城走越獨保黃石山城及賊迫城守將白士霖毀城逾越力盡死之二子一女皆死節體察使李元翼為文以祭曰誓心嬰城成仁取義父死於國子為父死忠孝一家綱常千禩人為公悲我為公喜舉酒賀公高山仰止

人物 高麗 河千 高宗時人性質直長於文章一時表箋皆出其手 潘腆 有篤行麗末倭寇縣執父淑以歸腆持銀帶銀塊冒死赴賊中號泣請贖父賊義而許之 本朝 林整 官至西京都巡問察理使 林得禎 整孫以武藝顯官至節度副使 林薰 其先恩津人中世徙居為縣人薰號葛川昭敬王時人與弟芸俱隱居行義教授學徒常篤於人倫必以躬行為務鄉里化之 鄭蘊 父惟明隱居教授蘊勤苦力學光海初登科為弼善及廢母妃議起蘊上疏極諫請罪論者以正綱常光海大怒安置大靜十餘歲 仁祖立召還累遷至司憲府大司憲屢直言不諱時宗室多殺死蘊諫曰廢朝雖昏亂不殺骨肉不廢母后殿下不能一日居此位也聞者縮頸丙子盧乱上入南漢山城及出城蘊曰寧亡國以君降虜吾恥之拔佩刀自刎殊死不絕舁至鄉里嘆曰一死已遲何心供賦稅食妻子之養乎乃入金猿山中終身不近清國曆日

丹城縣 東至晉州界十二里南至同州界八里西至同州界十七里北至山陰縣界二十一里距京都八百八十里

旱田

水田

建置沿革本新羅闕支郡景徳王時改爲闕城郡高麗初改江城縣後復陞爲郡顯宗時省入晉州恭讓王時復置江城縣以丹溪併入本朝 世宗時改爲丹城縣恭愍王時以僑寓永善之珎湏縣來合號珎城縣 世宗時珎湏還復巨濟本島而改今名 掌面 官貞縣監 訓導各一人

郡名闕城 江城

風俗尚勤儉崇節義

山川来山在縣北一里鎮山 智異山在縣西四十一里 寶巖山在縣北三十七里 月明山在縣東北十五里 集賢山在縣東十五里晉州界 乽鐵山在縣北三十里山陰縣界 消恠山在縣西八里晉州界 尺旨山在縣北五十里山陰縣界 屼栗山在縣東二十二里 晉水自山陰縣境南流經縣東五里又南流入晉州界縣東有渡曰新安津自此又號新安江 丹溪丹溪廢縣經縣東十里入晉水

土産鐵出尺旨山 竹 茶 柹 石榴 榧子 梅實 蜂蜜 黄蠟 麝香 銀口魚

城郭東山城在縣東七里二面絶壁周二千七百九十五尺東南百餘尺補築石城内有一泉一池有軍倉

學校鄉校在縣北五里

宫室客館 雙清樓在客館北一名龜鑑 新安樓一名江樓在縣東五里東邉石崖如懸每夏日霖雨龙石往往墜江昔江城郡時太守與客携妓乘舟遡洄夜飲有石墜舟中在舟者皆溺失郡印

烽燧笠巖山烽燧在縣北二十七里南應晉州廣濟山北應三嘉縣金城山

郵驛新安驛在縣北十里 碧溪驛在丹溪縣 新安院在新安驛東 松界院在松界部曲

關梁梁川橋在縣東十里丹溪川下流

祠廟社稷壇在縣西 文廟在鄉校 城隍祠在縣北五里 厲壇在縣北 文益漸祠在益漸墓傍縣監成遵置祠田曹植識其事

陵墓文益漸墓在縣葛蘆介山

寺刹雲龍寺在實岩山 栗谷寺在尺旨山 淨趣山在乽鐵山 青安寺在月明山 鳳棲菴在屼栗山 消恠寺在消恠山

古蹟丹溪廢縣在縣東北二十八里本新羅赤村縣景徳王時改丹邑爲闕城郡領縣高麗改丹溪顯宗時省入陜州恭讓王還入江城本朝因之

名官本朝孫昌爲丹城縣監莅政清簡康靖王時加一階

流寓許邕高麗忠肅王時人登科官至典理判書號透軒以剛直名世子繼道有孝行時表廢壊繼道廬墓三年海冦方熾亦不離其廬聞者感歎官至開城少尹

人物高麗文益漸少力學以行義聞恭愍朝登第以正言爲書狀官如元以事謫南荒其還也得木綿種歸屬其舅鄭天益種之比三年遂大蕃取子車繅絲車皆天益創之洪武中丁母憂廬墓側岀海冦方熾人皆竄匿益漸不爲動以終三年賊亦感嘆不加害朝廷旌表其閭本朝以創種木綿有功於民追贈參知議政府事江城君 本朝羅有文性篤孝事親色養然山朝短喪法嚴人不敢違有文毋死獨守喪執禮親戚皆言禍且不測勸脫喪有文不爲動因哀毀

成疾臨死訣其妻曰三年奉母如我生時其妻如其言盡誠禮　恭禧王朝旌閭

列女召史民家女年十六其夫採薪為虎所害召史毁戚骨立恐父母奪志常自誓曰我若有他將何以見亡人於地下一日其父母果欲嫁召史知之縊死　本朝初事聞旌閭　季氏縣人鄭季亨妻年十九生一子而寡哀毁終喪其子亦夭事舅姑以誠父母憐其年少欲奪志李氏痛哭三日家前有池深數丈自投而溺隣女驚告其兄拯出良久乃甦曰婦人從一而終不死何為不食數旬父母知其志堅不敢強舅姑俱年老終身孝養本朝　世宗時旌表其閭

金海都護府東至梁山郡界四十二里南至熊川縣界四十里西至昌原府界四十四里北至密陽府界四十四里距京都八百八十四里

旱田

水田

建置沿革古駕洛國或稱伽倻後改金官國自始祖首露王傳十世至仇亥王十世凡四百九十一年降新羅法興王改為金官郡文武王時置金官小京景德王時為金海小京高麗初降為府又降臨海縣尋陞為郡成宗時置金州安東都護府顯宗時又改金海府元宗時陞為金寧都護府元宗十一年以防禦使金晅平密城之亂又以三別抄有功陞忠烈王初降為縣殺按廉使劉顥降後陞金州牧忠宣王初復為金海府本朝因之恭定王時改為都護府　惠莊王時置鎮掌面鎮管都護府一昌原郡一咸安縣五巨濟漆原鎮海固城熊川官員府使　教授各一人

郡名駕洛　伽倻　金官　金州　金寧

形勝古伽倻之墟高麗鄭夢周府城記　西南際大海本朝權近詩　山川秀美人物繁浩并安崇善東軒記　三叉經帶七點紆縈

風俗俗尚強簡觀風案　好石戰每歲自四月八日兒童群聚習石戰于城南至端午日丁壯畢會分左右竪旗鳴鼓叫呼踴躍投石如雨決勝負乃已雖至死傷無悔守令不能禁中宗庚午征倭時以善投石者為先鋒賊兵不能前

山川盆山在府北三里鎮山　神魚山神一作仙在府東十里東臨洛東江　龜旨峯在府北三里世傳首露王降生處　加助山在府西五里　雲岾山在府西五里　長遊山在府南四十里　明月山在府南四十里山下仇村有見助岩水站以接倭使山頂石鍔有穴成門高廣皆五尺許深七尺許上下四方平正其內中央圓經三尺成穴〻中水深不測土人以為龍湫　子巖山在府北三十五里　食山在府北三十里南連盆山極高大　栗川峴在府南四十五里熊川縣界　熊猪峴在府南三十八里　陳峴在府南三十七里　露峴一在府西四十里一在府北十五里　綾峴在府南三十里　金丹串在府南五十里有牧場　海在府南　洛東江自密陽昌原之界流入經府北為磊津折而東流為玉池淵黃山渡又南轉奔流五十餘里分三浦入海俗號為三乂水梁山郡七點山在二乂之間本朝姜渾詩泊舟金海府却望晉陽山納〻雲天遠茫〻水國寬江湖今夜興琴酒此生閑明日蓬萊島尋真學鍊丹　台也江在府南四十里　虎溪在府城中源出盆山流入北郭經城中道南郭入江倉浦其深僅流東涌盛旱不竭　新橋川在府西北

三十里源出昌原府蘆山東北流合于茂松池北流入洛東江　江倉浦在府南六里　主浦在府南四十里源出明月山南流入海　防浦在府西五里源出露峴南流入海　德津浦在府西十里源出雲岾山東南流入海　德島在府南十二里江中　竹島在府南十里江中　鷲島在府南三十里江水入海處白沙平鋪周二十里島南有石堗立于海名曰鷲岩島北海最深舩隻泊立經宿處謂之鷲梁　鳴旨島在府南海中水路四十里東隅鷲島二百步許周七里將大雨大旱大風則必鳴其聲或如雷如鼓如鍾然若在此島聞之則其聲又遠未知鳴在何處　前山島在府南五里　坤地島在府西南十五里諺傳新羅時以此島為國都坤地故名之　都要渚在府東三十里沿江有民居幾至二百餘戶屋舍容比藩籬相接不事農業專治舟楫入海捕魚商販上游諸郡以為財產其俗淳朴一家有客則諸家各持酒饌為禮凡昏嫁喪祭皆然一家妻若女有淫行則諸家會議黜之今居民多至四百餘戶里有力學登科者人競勸學讀書者頗多　酒村池在府南十五里周四千二百三十尺　蓴池在府西北六里　茂松池在府西三十五里　三百川池在府西南十五里　東地方池在府東十里　柳等池在府北五里　海澤池在府東南六里

土產　鐵出府東甘勿也村　竹箭出德只島竹島　蜂蜜　黃蠟　石榴　紫草　香蕈　枸杞子　烏蛇　白花蛇　鹽　秀魚　大口魚　青魚　文魚　鰒　鱸魚　鯉魚　蘇魚　白魚　葦魚　洪魚　鯽魚　鮐　紫鰕　土花　藿

城郭　府城石築周四千六百八十三尺有門城內有泉二十八川一四時不渴高麗末府使朴葳增築鄭夢周有記

學校　鄉校在府北三里○學舍東跨溪作亭名曰水軒有高麗李穀記　新山書院在立祠祀曹植以申季誠配食

宮室　客館莊憲王二十五年府廨失火府使朴訥生重營安崇善為記　迎秋堂在西軒下　會老堂在府城北即鄉射堂成宗時邑之父老建有金駙孫記　燕子樓在虎溪上溪兩傍障以石堰跨水為樓○高麗朱悅詩燕子樓亡問幾春碧紗朱玉已成塵虎溪鳴咽何時盡雲散千年不見人○高麗鄭夢周詩七點山前暮鵠橫三叉渡口綠波生春風二月金州客正似江南路上行○燕子樓前燕子回郎君一去不重來當時手種梅花樹為問東風幾度開　清心樓在南館東跨虎溪而構　梅筠閣舊在東軒北今移構于臨錦堂之東　臨錦堂在燕子清心兩樓間成宗時府使禹建金駙孫記中流架屋東西有廂曲曲欄干玲瓏完轉檻下溪流可俯而掬溪與堂明媚相照云　涵虛亭在燕子樓北府使崔潤身建引虎溪為蓮塘築亭其中扁清洒有金駙孫記　山海亭在府本朝曹植別築

烽燧　盆山烽燧南應省火禮山北應子岩山　省火禮山烽燧在府南五十一里南應熊川縣加德島北應盆山　子巖山烽燧南應盆山北應密陽府南山

郵驛　南驛在府東五里　德山驛在府東三十七里　金谷驛在府北三十五里　省法驛在府西十八里　赤項驛在府南三十一里　太山驛在太山部曲　南亭院在府南五里　梨樹院在府東十五里　黃山院在府東四十里江岸高麗金克己詩一簇危樓跨溪浮登臨萬象總堪茵蘋河柳渚江村近夕隴桑畦野驛孤　興福院在府西七里　冷泉院在府西三十里　露峴院在露峴下　草嶺院在府南三十里　北亭子院在府北七里　三岐院在府北十里　海陽院在府北四十八里江岸　太山院在太山驛傍

關梁金丹串堡在府南五十二里石城周二千五百六十八尺內有大井設權管留戍

防浦橋 德橋在德浦舟船由其下泊于酒村池 磊津渡在府北四十八里或名海陽江路通密陽即洛東江津渡 黃山渡在府東四十里路通梁山東萊又名黃山江高麗鄭誧詩黃山江深不可渡回望百里雲茫茫者即此又府東十里有佛岩渡經往東萊者乘船於此泊于梁山之龍堂

祠廟社稷壇在府西 文廟在鄉校 城隍祠在盆山 厲壇在府北

陵墓首露王墓在府西三百步每歲春秋府中父老共會設祭○漢獻帝建安四年伽倻始祖首露王薨葬城北號納陵傍田三十頃以充春秋祭祀之費相傳羅季將軍忠至鎮金官城有英規者假威於將軍奪廟饗而致告祠堂梁折壓英規死忠至懼畫王真安於屋壁朝夕以祀及三日影流血淚忠至惧而焚之後有群盜欲發塚有甲士被甲從中射之盜驚走數日復來有大蟒自陵傍出咬殺人賊皆僵走淳化二年量田使趙文善以陵田減其半夢神人七八採勵欲斬文善驚覺得疾死○萬曆八年觀察使許曄修墓二十年為倭寇所掘鄉人共封築之後觀察使許積增修立碑許穆撰其陰記○徐居正詩金陵往事與誰論千古唯存首露墳邑盲曲亡人不見伽倻琴在妣堪聞銅駝故里山如戟翁仲遺墟樹似雲百六十年能享國可憐荒隴幾斜曛 許妣墓在邑吉山東首露王妣許氏號普州太后祭王墓時共祭○萬曆中許曄與王墓同修後為倭寇所掘鄉人共封築之後許積增修立碑許穆記其陰

寺刹甘露寺在神魚山東臨洛東江宋理宗嘉熙元年僧海安所建有僧蒙菴記○高麗安珦詩一葉飛來鏡面平輝空金碧梵王城嶺頭蒼翠非嵐影石上潺湲似雨聲日暖庭花藏淺綠夜涼山月送微明憂民未得涌塗炭欲向蒲團寄半生 金剛社在府北大寺里高麗忠烈王幸合浦時來遊于此社有山茶樹蔭于一庭賜號將軍社南有不毀樓極稱勝境○本朝徐居正詩歷盡名區信馬蹄盆城々北訪招提金官故國乾坤老玉輦曾遊歲月迷始祖陵深山寂々將軍樹老草萋々伽倻古物琴猶在要遺佳人唱更低 龜巖寺 十善寺 清涼寺俱在神魚山 離世寺在神魚山 雲岾寺在雲岾山 鎭國寺 明月寺俱在明月山

古蹟首露王宮遺址在今府內○古記新羅儒理王十八年駕洛國九干我刀等望見邑旨峯有異氣得金榼開視有六卵剖殼為六童子岐嶷奇偉衆遂奉一人為主即首露王也因金榼姓金氏國號伽倻乃漢光武十八年也餘五人各歸為五伽倻主駕洛後改金官國東以黃山江西南以海西北以智異山東北以伽倻山為境首露王在位一百五十八年薨次居登次麻品次居叱彌次伊尸品次坐知次吹希次銍知次鉗知次仇亥相繼為王凡四百九十年一○五伽倻大伽倻今高靈小伽倻今固城碧珍伽倻今星州阿那伽倻今咸安古寧伽倻今咸昌○按古記所傳金榼之說固不足信又與崔致遠說俱為怪誕互相抵捂亦可見其無稽矣致遠說見高靈縣 望山島古記首露王七年許后自阿踰陁國渡海而至王命天于望於望山島王於宮西設幔殿以候之后維舟登陸及至迎入幔殿還宮立為后至漢靈帝中平六年薨壽一百五十七國人號初來維舟處曰主浦今俗猶傳其名或云后南天竺國君之女 進禮城在府西三十五里有古址新羅時以金仁匡為進禮城諸軍事 盆山城石築周一千五百六十尺今皆頹落內有二井冬夏不渴 漕轉城在府東十八里石築周二百六十五尺 招賢臺在府東七里小山也俗傳駕洛國居登王招七點山旵始仙人旵始乘舟抱琴而來相與歡遊因以為名王所坐蓮花石與棋局石至今存焉○高麗王康詩伽倻往事幾經春寂寞琴徽掩素塵只有招賢臺上月清光猶照古今人 王后寺舊址在長遊山首露王八代孫銍知王就幔殿迎后之地建寺名曰王后寺後罷寺為莊 婆娑石塔在虎溪邊凡五層其色赤班其質良脆雕鏤甚奇諺傳許

后時物大山部曲一名嚴山在府西北四十五里

名宦新羅金仁匡忠至俱以將軍鎮金官城高麗宋彥琦高宗時為金海府使為政廉平遇事能斷奸豪相戒斂迹以最徵為都兵馬錄事還監察御史韓康高宗時守金海前屯田賊常不滿數守多坐罷康至理屯田廢者得穀數千石以充之不加賦於民史不得肆奸百姓安業久之以政最徵為禮部郎中金晅元宗時為金海防禦使密城人殺其守以應三別抄移牒郡縣皆隨風而靡晅出勝兵先斷賊路召慶州判官嚴守安至則相與勒兵告按廉使李淑真為討賊計淑真怯㤼嗅術僧卜吉凶故為遷延晅手劒擊其僧淑真懼而從賊聞之斬渠魁以降三別抄欲分兵向慶尚道金州在邊先受敵晅以計拒之賊不得入一道賴以安論其功陞本州為金寧府拜晅禮部郎中仍為都護以鎮之崔得枰為金海府使以廉靜自持吏卒肅敬民懷其惠安軸忠肅時調金州司錄以公正勤儉稱李瑀為金海府使有遺愛朴葳辛禑時為金海府使時經倭寇蕩殘葳誠以撫摩民得蘇復凡事毀缺者皆盡力修舉府邊海寇衝而無城可守葳乃修廢拓築為固賊至輒閉門擊却之百姓賴以全保本朝安純為金海判官金峙禹均尹起畎俱為金海府使李孟賢河敬履俱為金海府使孫仲暾恭僖王朝為金海府使為政廉明吏畏民懷朴英恭僖王朝以兵曹參判坐己卯士禍貶授金海府使清白無比持軍撫民一出於誠有古良吏風

人物新羅金武力首露王九世孫仇亥王之子為新州道行軍摠管嘗領兵獲百濟王金舒玄武力子官至蘇判大梁州都督安撫大梁州諸軍事高麗許有全元宗末登科官至政丞封駕洛君忠宣王流吐蕃有全與閔漬等如元請召還有全時年八十一妻亦病篤績死止之答曰人皆有一死豈以妻病身老忘君自逸乎永訣而去聞者歎之金普忠惠王朝拜知密直恭愍王朝轉僉議評理錄燕邸侍從功為一等封金寧府院君宋天逢忠穆王時擢魁科累官簽書密直司使金海君以能文敢諫名世謚文貞金庾恭愍王朝從諸將平紅賊收復京城元之立德興君庾奉使在元國人在元者皆從之庾執節不貳還封金海君累遷賛成事辛禑時奉使如大明帝流于大理明年乃放還本朝金銚初名鎔登科歷集賢提學官至禮曹判書博通經史以文行名世世宗創制欽敬閣簡儀臺銚與金墩皆與焉謚恭簡金克儉登科官至同知中樞性廉介不營產權衡事親篤孝登科累遷司諫院獻納後拜草溪郡守辭職歸養親及歿哀毀過禮仍不仕一鄉稱孝義

列女性伊府吏許厚同妻年二十夫歿凡朝夕奠祀其哀誠常恐有強暴之汚佩刀與繩以自誓曰刀不能決繩以縊之泣血三年未嘗與人對面本朝成宗時旌閭賢今律生裵文生妻夫悅他女而棄之賢今猶孝事舅姑不衰其父欲改嫁賢今不肯強之乃更衣入室自縊死

昌原都護府東至金海府界二十三里南至熊川縣界三十三里西至咸安郡界三十七里至漆原縣界三十三里北至同縣界三十二里距京都八百四十四里

旱田

水田

建置沿革本新羅屈自郡景德王時改義安郡高麗顯宗時省入金州後復置義安縣忠烈王時改為義昌縣以元世祖東征供億之勞改號陞其官為縣令本朝太宗時併會原縣陞為昌原府尋改都護府掌面官員府使教授各一人

郡名義安義昌別號檜山

形勝合浦巨鎮李詹營城記虎踞龍盤金元德詩

山川檐山在府北一里鎮山西連青龍山青龍山在府西一里鳳林山在府南十五里佛母山在府南三十里簫山在府東十五里白月山在府北二十五里山南有獅子岩新羅僧努肹夫得及怛怛朴朴修道之所旃檀山在府東二十五里盤龍山在府南七里長福山在府南二十里斗尺山在會原廢縣東上有孤雲臺山北有月影臺○李詹詩蔚彼斗尺山黛色橫雲表東南壓滄溟霧雨白昏曉伊昔孤雲公結構遠林抄逍遙月影臺氣興秋天杳迠山在斗尺山西咸安界私峴在府南三十里熊川縣界山路回曲海在會原縣洛東江自漆原流入經府北境東流入金海界崑只耳浦在府南十里有鹽盆上舊有小公館以待倭使之由水路往來者沙火浦去只耳浦五里有鹽盆馬山浦在會原廢縣猪島在月影臺南合浦在府西十里高麗元宗十五年春元世祖欲征日本以合浦縣爲征東行省詔洪茶丘與金方慶等監造戰艦于合浦冬十月方慶等與元帥忽敦副元帥洪茶丘劉復亨等以蒙軍二萬五千我軍八千梢工引海水手六千七百戰艦九百餘艘征日本至一岐島敗倭兵復亨中流矢死遂還軍合浦七年帝又命忻都茶丘與方慶等復征日本王覲至合浦閱兵帝又令范文虎將蠻軍十萬發江南餘音浦在會原廢縣西十五里漆原龜山縣界温井在府北二十里

風俗俗尚麤暴健訟地志尚淫祀無文獻本朝許穆月影臺記其俗尚淫祀巫覡日擊鼓掛紙錢以禱無他文獻可徵

土產鐵出佛母山鉛銅石出府東北背寺洞竹　石榴　柚　柿　茶　倭楮　鹽　石首魚　葦魚　秀魚　烏賊　魚　大口魚　青魚　黃魚　洪魚　絡締　鯽魚　海參　土花　加士里

城郭府城昔築周四千九百二十尺立門三城內有一井一池

公署右道兵馬節度使營在古合浦縣距府西十三里高麗恭愍王時合浦舊營火于兵辛禑初移設于此副元帥裵克廉築石城城周五百九十四步立四門東曰元仁南曰會禮西曰懷義北曰勇智有李詹營記入本朝曰爲右道節度使營○時人移營于晉州自如道察訪司在府東十九里領自如近珠昌仁大山新豐巴水春谷靈浦金谷德山省法赤項安民報平南驛十五驛○察訪一人舊爲丞今置叅下察訪

學校鄉校在府北一里檜原書院在府中建有祠祀鄭述

宮室客館碧寒樓在客館西碧虛樓在客館東將星樓在合浦節度使營成宗時節度使具謙建○徐居正詩茅一南州蛤浦營明時節制盡豪英三千貔虎金蛇陣百二山河鉄甕城民樂羽毛欣有色令嚴士馬寂無聲將軍已熟籌邊略手挽天潢洗甲兵燕賓樓即東軒別樓成宗時府使李永蕡建洪貴達名而記之悅禮亭在北門西閱武之所

烽燧城隍山烽燧在府西十五里東應熊川縣高山北應漆原縣安谷山餘音浦烽燧東應熊川縣沙火郎山北應同縣高山

郵驛自如驛在府東十九里察訪司本驛近珠驛在府西十六里新豐驛在府東四里安民驛在本南十七里臨見驛在府東二十里甘界院在府北十二里禪院在府南一里安民院在安民驛傍錢縣院在府北二十五里義仗院在府北三十五里安成院在府西三十里迪屋院在府西十里迎賓院在府內五里

關梁 橋 主勿淵渡在府北四十里即洛東江津渡

祠廟社稷壇在府西 文廟在鄉校 城隍祠在府北檢山 厲壇在府北

陵墓崔潤德墓在府北二十里

寺刹鳳林寺在鳳林山有新羅執事侍郎崔仁滾所撰僧眞鏡塔碑 庄山寺 滿月寺俱在斗尺山

古蹟會原廢縣在府西十五里本新羅骨浦縣景德王時改合浦為義安郡領縣高麗顯宗時併入金州後復置合浦縣忠烈王以元世祖東征供億有勞陞為會原縣令本朝太宗時省入

合浦舊營在府西二十八里會原廢縣西高麗忠烈王時元世祖征日本權置征東行省于此遣忻都領兵留鎮及還令本國署置帥臣曰合浦元帥營湖嶺二南皆為總督麗末營毁于兵移設其東 里今有城池基池

月影臺在合浦舊營南石臺臨海新羅崔致遠所遊處有石刻剝落高麗鄭知常詩碧波浩渺石崔嵬中有蓬萊學士臺松老壇邊荒草合雲低天末片帆来百年風雅新詩句萬里江山一酒盃田首鷄林人不見月華空照海門迴○本朝李混詩老樹奇岩碧海傾孤雲遊跡惣成烟只今惟有高臺月留得精神向我傳

蕭山古城在府東二十三里石築周八千三百二十八尺內有小渠八大井一

名宦高麗安珦忠烈王時以副知密直鎮合浦撫軍恤民州郡以寧 羅益禧三鎮合浦以廉謹慈惠稱 金倫忠肅王時以慶尚全羅都巡問使鎮合浦號令嚴明士卒精鍊軍將不敢以緩急私撓於民元使来觀敬服焉 安于器忠肅王時出鎮合浦八稱廉幹 金得培恭愍王朝鎮合浦 鄭思道恭愍王時鎮合浦號令明肅士卒畏服 田祿生恭愍王時再鎮合浦謹鍊邊務 洪師禹恭愍王時為慶尚都巡問使鎮合浦清謹自守吏民畏愛倭寇龜山縣三日浦師禹往擊之賊敗走登山師禹麾兵乘勝四面攻之斬獲無數兵伏不可勝記後軍民追思其功 本朝李澄石 曹備衡 河敬復皆鎮合浦 申公濟中宗初倭寇南邊昌原蕩殘公濟由舍入出為府使勤儉為政流亡復業府庫充實乃取其逋券悉焚之民大悅又取生徒課教之上聞其政下書褒美特陞通政秩後又為本道觀察使

流寓黃石奇本元朝人高麗恭愍時從魯國公主來封檜山府院君子孫以為鄉貫

人物高麗黃裳石奇子忠惠時授護軍恭愍時轉判樞密院事以誅奇轍功為一等王避紅賊南幸從之為交州江陵道都萬戶與安祐等收復京都拜翊贊功臣賛成事封檜城府院君元以平紅賊功授奉訓大夫征正監丞善射聞於天下元順帝嘗親引其臂觀之 孫守卿忠惠王如元有勞錄功一等又奉忠定王如元及即位賜推誠宣力翊戴定遠功臣判三司封義昌府院君 本朝曹好益以學行聞為都事所構謫江東訓誨後生自遠來學者甚衆萬曆中昭敬王避倭寇西幸聞其名使為召募官好益遂與門人號諭得五百餘人以忠義激厲士皆感動多所克捷命陞折衝歷官成川府使安州牧使後歸永川徵拜多不起卒贈吏曹叅判好益篤信好學制行甚高日必冠帶教訓不倦號芝山所著有詩文二卷心經質疑考誤家禮考證周易釋解易象推說等書

咸安郡東至昌原府界二十五里西至晉州界三十一里南至鎮海縣界二十七里北至宜寧縣界三十八里距京都八百六十四里

旱田

水田

建置沿革古阿尸良國一云阿那伽倻 新羅法興王并其地

為郡景德王時改為咸安郡高麗成宗時為咸州
顯宗時復改咸安尋省入金州明宗時復析咸安
為縣恭愍王時為郡以縣人周英賛女入大明為宮人有寵故陞 本朝
曰之掌面十七官貟郡守 訓導各一人

郡名阿尸良 咸州 金羅 別號

形勝北有長江三面阻山 許稠咸安志北有長江三面阻山岡阜相屬原隰廣衍又云其地西北水溢東南土瘠

風俗其俗尚儉率慕禮義務農桑 地志 農桑相雜 許稠咸安志

山川餘航山 在郡西南十五里鎮山其絶頂山石如雷白日岩壑間閒風籟其上雲氣時出集於眉山則雨眉山即其西北別峯本朝宣祖時嘗歲旱禱雨其仍置祠壇 巴山 在郡東南十五里西連餘航山 生童山 在郡東南二十三里西連巴山此山北麓別峯古城曰冬只山其城石築層崖 丘廬山 生童山東延為此山 紫丘山 在郡東南亂峯間有其二城皆稱餘德山城其年代不可知 龍華山 在郡北四十里晉水上 防禦山 一名雉山在郡西二十里晉州班城縣界即眉山西麓別山勢險阻連亘十餘里為郡西屏其絶頂古壘上有將軍祠高麗末上將軍禹仁烈破倭於此後人祠之或曰高麗墨將軍祠云 蓬山 在郡即眉山北麓小山峻峭三起為三峯最在四境之中 大峴 在郡南二十五里 晉水 自晉州境流入經郡西四十里與宜寧縣分界又東北流至靈山縣界合於洛東江 大川 源出餘航山東至郡南十里匯為道場淵經郡東一里北流入晉水 巴溪 出巴山流至郡北與大川合 椒泉 在紫丘山西七月泉氣寒列治浴 道場淵 在郡南十里大川水至此渟滀為淵深不可測每當歲旱沉牲禱雨也

土產紙 竹 茶 香蕈 蜂蜜 黃蠟 苧 柿 石榴 梅實 棗 栗 銀口魚 鯉魚 鯽魚

城郭郡城 本朝恭僖王時始築石城恭憲王十年增築周七千三尺東南北有門城內有井七十五

學校鄉校 在郡西二里

宮室客館 清範樓 在客館東 世宗七年郡守禹永範建觀察使河演名洪汝方記云樓用郡守之名欲其人之不忘也加之以清慕其人之德也

烽燧巴山烽燧 南應鎮海縣加乙浦北應宜寧縣可莫山

郵驛春谷驛 在郡西十一里 巴水驛 在郡西四里巴溪山 伊峴院 在郡東三十一里 仁庇院 在郡東十里 梨陰院 大平院 俱在郡南七里 於里東院 在郡西二十七里 月村院 在郡西三十七里

關梁大峴關 在大峴上咸安志生童山巴山東西相連其間路處為大峴有古關石築遺址 鼎巖渡 在郡西四十里即晉水津渡其北即宜寧縣境

祠廟社稷壇 在郡城西 文廟 在鄉校 城隍祠 舊在郡北五里今移郡南六里 鄉賢祠 在校 祀朴漢柱 仁祖時鄉人建 厲壇 在郡北

陵墓魚變甲墓 在紫丘山西麓

寺刹主吏寺 眉山寺 俱在餘航山 獅子寺 在龍華山 阿見寺 在楓灘南岸 青松寺 在龍華山北江上佳寺高麗末恭原伯尹桓因廢墟作別院因謂青松寺云 松坊寺 在防禦山

古蹟 古國墟 郡北白沙里有古國墟牛谷東西壟上有古塚高各數丈者四十餘所皆其國君之葬古老相傳

古玄武縣 在郡本新羅召多縣景德王時改名玄武後降為召多部曲

防禦山城 石築周九百二十尺內有一井今廢圯

城岾古城 郡東五里有城岾古城石築周三千六百五尺今廢圯

名宦 本朝 禹承範 世宗時為咸安郡守清簡慈惠民樂其政久而不忘

鄭愷 權衡 俱為咸安郡守有聲績

康伯珎 李忠傑 俱為咸安郡守有政聲

鄭逑 宣祖朝為咸安郡守為政以敎化為本修往哲貞孝墓閭使人興微凡有水旱必躬禱無不應驗

人物 高麗 李芳實 從忠穆王入元侍從有勞及即位補中郎將恭愍朝轉大護軍宣城達魯花赤曹連祥叛以龍州兵潛渡江直入連祥家判殺父子傳首于京七年紅頭賊偽平章毛居敬等陷義州芳實與安祐金得培等進擊凡九戰凱還賜推誠協輔功臣十年紅賊冦朔州芳實為都指揮使率兵擊之及陷京城進軍急擊斬首十餘萬收復京城金鏞疾芳實等功大為主所重矯詔使芳實等殺鄭世雲因以為罪而殺之

趙純 恭讓時攻遼之役以佐中軍從我太祖至威化島衆議回軍純怒曰以藩國攻上國固不可不請命遽回軍尤不可去而歸終身不出 太祖既得國高其義欲致之不屈命其閭立下馬碑以表其節

本朝 趙舜 登文科官至吏曹參判

魚變甲 其先咸從人後為郡人父淵以遺逸除大丘縣令麗末喪禮廢墜淵獨行三年之制變甲 太宗朝魁文科選入集賢殿累遷直提學以親老辭職南還孝養二親累徵不起舊有貸息契券悉取焚之平生無一干求邑宰事及殘朝野惜其行義

魚孝瞻 變甲子登文科入集賢殿備歷臺閣官至判中樞院事諡文孝世宗朝久在集賢所上疏議甚多時術士李賢老請塞宮城北路且於都中川渠禁投穢物孝瞻上疏曰運祚之脩短皆係於天命人心之去留固無關於地理今上有聖明而試用其說則未弊不可救臣恐前朝今上補之說繼踵而起上曰孝瞻之論正直遂不用賢老言孝瞻親喪居廬三年足不出洞門祖父母喪情禮無憾鄉黨稱為純孝之門嘗為大司憲百僚相戒曰魚公為憲司吾儕不可少弛

魚世謙 孝瞻子登科睿宗朝翊戴功臣封咸從府院君官至左議政諡文貞掌文衡氣宇倜儻不拘少節

魚世恭 世謙弟登科世祖朝敵愾功臣官至戶曹判書封牙城君諡襄肅

趙旅 有高志卓行魯山元年進士世祖時遁世自守號曰漁溪隱者

李孟賢 世祖時登文科壯元官至觀察使

李郊 成宗時人父母遊國學客死郊年尚少觀其返而葬者皆以為孝且知禮家貧力學事母五十年鄉黨皆服其賢葬於之禮居處哭泣觀者大感稱之曰咸安孝子之表也子元盛亦有孝行

朴漢柱 遊金宗直之門剛直有文學成宗時登科歷正言獻納言事直切見燕山主終不悛求補外出守醴泉郡竟連史禍被害死之日大雷電晝晦嘗自號迂拙子 中宗初追贈都承旨

李坱 彎強善射以功名自期後發憤讀書自修潔築室山中教授子弟學者日進篤行孝友

趙宗道 旅五世孫父惺學於宋麟壽有志行宗道少舉不羈 宣祖世以進士歷監二縣皆以政清聞壬辰倭難起義兵伐賊丙申為咸陽郡守明年倭再逞同郭逡守黃石山城以禦賊及城陷與逡死向拜追贈吏曹判書

吳澐 博覽強記居官善舉職 宣祖朝為慶州府尹光海中年以亂寓居榮川嘗撰東史纂要子汝撥為府使

列女 李氏 孝子李郊女為士人姜泫妻以節婦旌表

巨濟縣 在海島中東至玉浦海岸二十里西至見乃渡海岸三十七里南至塔串海岸四十一里北至永登浦海岸五十里距京都一千四十四里

旱田

水田

建置沿革本新羅裳郡景德王時改巨濟郡高麗顯宗時降為縣元宗時因倭寇空其地僑寓居昌之加祚縣 僑寓加祚因稱巨濟忠烈王時併于管城尋罷本朝太宗朝併于居昌稱濟昌縣又尋罷 本朝莊憲王十四年始還本島為縣掌面

六官貟縣令 訓導 各一人

郡名裳郡

形勝環四面皆海 高麗李奎報送李史館赴任序巨濟炎方之極徼也四面皆瀛海浩渺毒霧重蒸颶風不息 西通固城 西通固城隔水相對 與對馬島相望 本朝李甫欽新城記巨濟為縣在滄海中與對馬島相望

風俗俗尚儉率 觀風案

山川鷄龍山 在縣南五里鎮山 加羅山 在縣南二十里有牧場望對馬島最近 甑山 在縣西四十三里 主山 在縣南十二里 九川洞 在加羅山東周一百十九里有牧場 沙島 在古縣東高麗高宗時倭賊來寇縣令陳龍甲以舟師戰于沙島賊夜遁 山達島 在縣西周三十二里有牧場 漆川島 在縣東周五十一里有牧場 閑山島 在縣南海中五十里周五十里與對馬島相望○宣祖壬辰統制使李舜臣大破倭船於此 朱原島 周四十五里 外非辰島 周二十五里 內非辰島 周十五里 每每島 周四十四里 吾兒島 周十四里 大竹島 以上俱在縣南海中 柚子島 在縣北有大小二島滿島皆柚樹 大左伊島 在縣西有大小二島 海 縣四面皆海西距固城境五里北距昌原熊川境三十里東南連大海 沙等浦 在縣北十里 塔浦 在松邊所縣有牧場 吾非浦 在縣北二十里 加耳浦 在縣北二十五里 河清浦 在縣北二十里河清部曲 絲外浦 在縣東三十里 黃浦 在縣東四十三里 間多浦 在縣西二十里 溟珍浦 在溟珍縣 山村浦 在縣南十六里 竹林浦 在縣北二十里列邑戰船藏泊處 烏壤浦 在縣西三十四里 九川 南二十五里源出主山西流入山村浦

土產銅 出縣南十五里本國舊無銅今上時統制使李之馨募人學倭工鼓鑄法得銅穴於此鑄之自此其法得傳布焉 倭楮 種柚子島 漆 弓槊 蜂蜜 黃蠟 柚 梔子 石榴 香蕈 地黃 白花蛇 水獺 鹽 石首魚 青魚 秀魚 大口魚 鰒 真魚 文魚 鱸魚 洪魚 錢魚 鯊魚 絡蹄 蛤 海參 藿

城郭縣城 石築周三千六百三十八尺有門城內有三泉二池魯山初等

公署右道水軍節度使營 在縣南三十七里有石城周三千六百二十尺內有一泉一池自山達浦移于烏兒浦 永登浦萬戶鎮 在縣北四十九里有石城周一千六十八尺內有一溪○水軍萬戶一人 玉浦萬戶鎮 在縣東十九里有石城周一千七十四尺內有一井一池○水軍萬戶一人萬曆壬辰全羅水使李舜臣破倭船于玉浦前洋焚賊船三十餘艘 助羅浦萬戶鎮 在縣東二十八里有石城周一千八百九十尺內有一泉○水軍萬戶一人 知世浦萬戶鎮 在縣東二十九里有石城周一千六百五尺內有二溪○水軍萬戶一人○本國人往日本者必於此候風開洋向對馬島

學校鄉校 在縣西一里

宮室撫夷樓 在縣西三十里海崖見乃渡在其下本朝河演詩古島衣冠異元戎號令神葬

航通北路擴俗接東隣海晏妖氛息時清化日新一區烟火足盡是太平民 萬景樓

青海樓 臨海亭俱是烏兒浦 黃翠樓在客館北 海晏亭在烏兒浦

烽燧鷄龍山烽燧南應加羅山西應固城縣彌勒山 加羅山烽燧北應鷄龍山

郵驛烏壤驛在縣西三十四里烏壤浦邊燕山六年設堡於驛石築城周二千一百五十尺置權管戍之

關防栗浦堡在縣東三十三里有石城周九百尺設權管戍之 見乃渡俗稱見乃梁在縣西三十里乃海津自固城渡此入本縣○本朝鄭以吾詩曠望海空濶顧瞻山斜紛光陰今古變潮汐往來分畫角穿秋漢危檣劃暮雲入舟還有感簫鼓醉王孫

祠廟社稷壇在縣西 文廟在鄉校 城隍祠在城南一里 厲壇在縣北

古蹟鵝洲廢縣在本島內距縣東十六里本新羅居老縣屬于菁州昭聖王為學生祿邑至景德王時改鵝洲併入高麗因之 松邊廢縣亦在本島新羅景德王時改南垂因併入高麗時復置縣後仍省入距縣南四十五里 溟珍廢縣本新羅買珍伊縣亦在本島景德王時改溟珍尋省入高麗因之後復置溟珍縣元宗時避倭空其地出陸僑寓晉州永善縣本朝莊憲王朝還本島併入縣距縣南十五里 古縣城在縣西十七里石築周二千五百十尺今皆頹圮本朝文宗時為縣乏水泉遣貲成鄭苯擇地移邑即今治其地稱為古城縣 屯德歧城在縣西三十七里石築周一千尺內有一池世傳本朝初高麗宗姓來配之處

名宦高麗宋訢明宗時為御史中丞鄭仲夫家奴犯禁捕治之遂罷職及為西北面兵馬使忤武臣貶為巨濟縣令所至皆以救民革弊為務 本朝李好誠世宗末為巨濟縣令剛廉愛民又當移邑時立官舍府庫盡心安集民忘其勞

流寓崔淑生本朝慶州人燕山時被謫後官至贊成號盅齋

固城縣東至巨濟縣界五十三里南至海岸一里西至晉州界二十五里至泗川縣界四十里北至鎮海縣界四十三里距京都九百五十二里

旱田

水田

建置沿革古加耶國新羅取之置古有郡景德王時改固城郡高麗成宗時為固州後降為縣顯宗時省入巨濟後復置固州為縣元宗時陞為州恭愍王時降為固城縣本朝因之掌面 官員縣令 訓導各一人

郡名古自 固州別號鐵城

形勝孤城枕海李宣詩

風俗俗尚儉率觀風案

山川無量山在縣西十里鎮山 彌勒山在縣南六十七里 牛山在縣南三十里 佐耳山在縣西南三十里 南山在縣南二里有古城基 佛巖山在縣西二里有土城古基 城山在縣北二十四里有古城基址 碧山在縣東十五里天旱禱雨 舞妓山在縣北二里俗傳昔固州刺史携妓歌舞於此故因名 城峴在縣西六十里有古城基址 天王岾在縣北十五里 龍水巖在縣北二十里有泉其深無底天旱

禱雨有應床足巖在縣西五十里有四石柱岩如床潮至則水過其下海在縣東南末上串在縣南三十里周一百三十里有牧場住岳串在縣南五十里海平串在縣南四十里周一百四十里有牧場竹島一名柷樂山在南門外滿島皆竹終海島在見乃渡西南周二十一里舊有羊場松島自外島下撲島周五十里上撲島周二十四里烟臺島吾兒島赤火島禿朴島已上皆在縣南海中加助島在末上串南有民田楸羅島周四十里老太島有大小二島欲知島周六十五里蓮華島周五十三里○右二島倭奴漁船常時往來之地赤叱島已上皆在縣東南海中時落島周四十一里於應赤島已上皆在縣東海中芭彌島在柯島外愁月浦陽知浦俱在縣南三十里馬所浦在縣西七十里資火浦在縣北三十五里加火浦在縣北二十里召所浦在縣北十里春元浦在縣東二十里丘墟浦在縣東三十里長平浦在縣東五十里魚禮鄉浦在縣西三十里雙峯浦水大浦俱在縣西二十里池浦在縣西四十里當項浦在縣北三十里

土産綠礬出住丘串臨海岸竹麥門冬鹿茸茶松蕈石榴柚倭楮種白卯島香蕈柿塩黄魚石首魚秀魚鱸魚烏賊魚絡締紫蛤大口魚鰒海參石花青魚文魚錢魚紅蛤藿

城郭縣城石築周三千五百二十四尺有門城內有四井一池

公署水軍統制使營在縣南五十里頭龍浦昭敬王　年自距濟移設於此○三道水軍統制使萬曆壬辰李舜臣率舟師敗倭船於唐浦前洋焚賊船百餘艘斬二百餘級溺水死者甚衆蛇梁萬戶鎮在縣南海中水路七十里石城周一千二百五十一尺○水軍萬戶一人唐浦萬戶鎮在縣南六里石城周一千四百四十五尺○水軍萬戶一人

學校鄕校在縣西五里

宮室客館晏清樓在縣城南門樓觀海樓在縣內海岸見乃渡在其下本朝成宗朝縣令李貴美重修金宗直記南裔之邑岸大海為樓臺者不可一二數然其俯視溟漲無若斯樓之覩切焉樂悅亭在竹島○徐居正詩小島截入滄溟潯萬竹如來青沉沉行穿萬竹坐盤石一洗萬古塵土心扶桑初日紅珊瑚波濤萬頃鱗鱗金借問何處有丹岳三山咫尺金鰲頭欲招子晋騎笙鶴十二洞天窮清遊洗兵館在統制使營仁祖時統制使金應海建制樑宏敞每春秋操鍊畢會兩南諸帥以下于此犒饗焉有黃床所作記

烽燧彌勒山烽燧東應巨濟縣鵝龍山北應牛山牛山烽燧南應彌勒山西應佐耳山北應天王岾天王岾烽燧東應曲山南應牛山曲山烽燧東應鎮海縣加乙浦西應天王岾佐耳山烽燧東應牛山

郵驛背屯驛在縣北二十七里松道驛在縣北二里丘墟驛在縣東二十里道善院在縣東二十里城山院在縣北二十五里見乃院在縣南三里見乃渡北岸松亭院在縣西十八里

關梁加背戍在縣南三十四里古有水軍都萬戶鎮後移巨濟縣玉浦康靖王朝以倭寇屢入復築石城周八百八十尺差權官戍之所乙非浦戍在縣西四十七里石城周八百二十五尺差權官戍之佐申浦在縣東南三十里惠叱伊串在縣西三

十里並侯還之慶見乃渡在縣南里乃海津入巨濟者由此渡

祠廟社稷壇在縣西 文廟在鄉校 城隍祠在縣西二里 厲壇在縣北 觀音岾祠在縣西十里春秋縣令望祭上樸島下樸島欲知島之神于此

寺刹法泉寺在 安定寺在

古蹟鮫火良廢縣金富軾云新羅時為固城郡領縣今未詳 海濱部曲在縣南六十里 樊溪廢鎮在縣南三十三里舊有萬戶鎮今移唐浦

名宦新羅金湯興德王三年為固城郡太守英傑有政譽 本朝辛處康為固城縣令民不見吏

人物高麗李尊庇古名仁成元宗初擢科有文名歷史戶部侍郎忠烈時元征日本尊庇為慶尚全羅忠清都巡問使調兵糧戰艦措置得宜民不見擾以判密直事世子元賓卒世子聞之泣曰尊庇正直何處如是子瑞封鐵原君屢典州郡以材幹稱 本朝南秀文登文科官至直集賢殿以文名世

漆原縣東至昌原府界二十六里西至咸安郡界十一里南至昌原府界八里北至靈山縣界二十三里距京都八百二十八里

旱田

水田

建置沿革本新羅漆吐縣景德王時改漆隄為義安郡領縣高麗初改漆原一作園顯宗時省入金海府恭讓王時復置漆原縣本朝因之掌面 官員縣監 訓導各一人

郡名漆隄

風俗俗尚儉率觀風案

山川青龍山在縣東七里鎮山 武陵山在縣北十里 城山在縣北五里 清涼山在龜山廢縣東二里 赤峴在龜山廢縣北九里昌原府界 海在龜山廢縣南 洛東江自靈山縣界流入經縣北三十里東流入昌原府境 西川源出昌原府廷山北流經縣西五里入洛東江 大川在龜山府縣東一里源出昌原府廷山之南南流入龜山浦 麻田浦在龜山府縣 龜山浦在龜山府縣東南三里 餘音浦在龜山廢縣 汝火串在龜山縣南周四十五里有牧場 猪島在龜山府縣南周十五里

土產竹 清蜜 人參 柿 漆 白花蛇 鹽 青魚 海參 石首魚 鯽魚 洪魚 大口魚

城郭縣城石築周一千五百九十五尺有門

學校鄉校在縣東三里

宮室客館 擇勝亭在客館南縣監李淑珪建

烽燧安谷山烽燧在縣西十里南應昌原府城隍山北應靈山縣峯山

郵驛昌仁驛在縣西七里 靈浦驛在縣北二十一里 蔑浦驛在縣北三十里蔑浦岸上 惠民院在縣西二里

關梁買浦渡在縣北三十里一名蔑浦渡即洛東江津渡岸上有樓。本朝李詹詩長江滾滾向東流野闊山開天盡頭舟楫幾年人渡水風塵萬里客登樓烟籠杜子秦淮夜月小坡仙赤壁秋歧路向南通巨鎮征驂每到此中留

祠廟社稷壇在縣西 文廟在鄉校 城隍祠在縣東一里 厲壇在縣

北

陵墓周世鵬墓在縣猪澗西

寺刹長春寺 天溪寺俱在武陵山

古蹟龜山廢縣在縣南四十里本省法部曲高麗時陞號為龜山縣仍入能神縣後入金州恭讓王時移入本縣其地越在昌原府西村 城山古城在縣北四里石築周一千三百四十二尺今皆頹圮 景釀臺在洛東江与吐浦西崖距縣北三十里江渚有巖突起其上平坦如掌可坐十餘人高麗時合浦元帥多登覽于此李仁老李詹亦嘗遊賞詹有詩云水如藍色沙如雪山似屏風酒似油石壁瘦磨朝暮浪鐵遂吹破古今愁

名宦本朝南軾為漆原縣監有遺愛後人指其所種樹木曰南亭子云

人物高麗尹桓本漆原伯桓恭愍朝拜門下侍中封漆原伯武八歷事五朝三為首相家鉅富嘗請告歸漆原居柳洞里歲入饑人相食散家貲以賑之取貧民稱貸契券悉燒之時方久旱水湧桓田浸及人田大熙○慶尚之民稱之不已 尹守常官至都僉議評理藝文館提學 本朝尹子當恭定王朝為佐命功臣封漆原府院君 周世鵬登科恭憲王朝累官至成均大司成同知經筵事好學不倦立朝正直履任州郡藩閫皆有聲績居家以孝友聞

鎮海縣東至漆原龜山縣界十三里南至固城縣界十六里西至晉州班城縣界二十一里北至咸安郡界九里距京都八百八十七里

旱田

水田

建置沿革高麗初為鎮海縣新羅時所係邑號未詳顯宗時省入晉州恭讓王時復置鎮海縣本朝因之掌面

官員縣監 訓導各一人

郡名鎮海別號八鎮

風俗俗尚儉率觀風案

山川鷲山在縣北五里鎮山 牛山在縣西五里 餘航山在縣北十里山之北卽咸安郡地 海在縣東南 大凡矣島 小凡矣島俱在縣南 弓島在縣南水路十六里 大酒島周二十里 小酒島水路十六里兩島隔二十步潮退則連陸 時落浦在縣西十二里 所達浦在縣西十里源出餘航山南流入海 馬亦浦在縣西一里 巨次浦在縣西二里源出咸安郡巴山之南南流入海 道萬浦在縣東十二里 東城川在縣東一里源出昌原府匠山之南南流入海

土産竹多産古縣 香蕈 茶 石榴 柚 蜂蜜 黃蠟 塩 大口魚 鰒 蛤 石花 鰲魚 青魚 洪魚 文魚 銀口魚 黃魚 石首魚 烏賊 魚 絡締

城郭縣城石築周四百四十六尺有門

學校鄉校在縣北一里

宮室客館高麗正詩粉堞嵯峨鎮海邊新樓斗起鳳騫鶱鵝鬢點點呈群島鯨浪鱗鱗帖一天

烽燧加乙浦烽燧在縣東四里西應固城縣曲山北應咸安郡巴山

郵驛常令驛在縣西五里 所達院在縣西十里

祠廟社稷壇在 文廟在鄉校 城隍祠在縣南五里 厲壇在縣

北

寺刹義林寺 溪原寺俱在餘航山

熊川縣東至金海府界十五里南至薺浦二里西至昌原府界二十五里北至金海府界十五里距京都九百一里

旱田

水田

建置沿革本新羅熊只縣景德王時改熊神爲義安郡領縣高麗顯宗時省入金州本朝 世宗時置僉節制使鎮 文宗時改爲熊川縣 中宗五年陞爲都護府平倭寇於縣地陞 未幾復爲縣 掌面 官員

縣監 訓導各一人

郡名熊神

形勝山圍三面海遶一邊本朝鄭賜詩

山川熊山在縣北五里鎮山上有神祠土民每四月十月迎其神下山陳饌鼓雜戲祭之 昇山在縣北一里北連熊山 庫房山在縣西六里 長福山在縣西三十里 高山在荒浦縣北五里距本縣四十五里 夫人山在縣東二十里遇旱禱雨 私峴在縣西北三十里昌原府界 栗川峴在縣東十五里 水落巖在川邑部曲東距本縣十三里栗川峴南溪水流入山腰巖石間作瀑布數十丈分三派直下其上人以爲全羅道將旱則西派渴慶尚道將旱則東派渴忠清道將旱則居中之派不流以此占來歲水旱 海在縣南 白山島 黑山島俱在縣東水路二十里兩島隔一里 加德島在縣南海中周七十五里舊有牧場○萬曆丁酉統制使元均領諸將入加德前洋見倭船退屯鎮海境捨舟登岸敗死 甘勿島有羔場 義衣島 大竹島 小竹島俱在縣西海中 里瑟島 伐島 亏音之島俱在縣西 松島 椽島 水島在縣東二十里 草里島在薺浦海中水路十三里即巨濟縣界 釜谷浦在縣東十里 熊浦在縣南二里 德山浦在縣西十六里 梁谷浦在縣西五十五里 薺浦在縣南五里浦邊舊有垣居倭舟 主浦在縣東三十里金海府界

土産竹 柚 石榴 香蕈 烏蛇 白花蛇 鹽 秀魚 鱸魚 石首魚 大口魚 青魚 錢魚 洪魚 文魚 鰒魚 烏賊魚 蛤 紅蛤 石花 絡締 鯊魚 藿 細毛

城郭縣城石築周三千五百十四尺有門內有二井

公署薺浦僉節制使鎮在縣南五里石城周四千三百十三尺鎮所管安骨浦蛇梁虎浦永登浦玉浦助羅浦平山浦赤梁○僉節制使一人 加德僉節制使鎮在 僉節制使一人 安骨浦萬戶鎮在縣東三十里石城周一千七百十四尺○水軍萬戶一人

學校鄉校在縣北一里

宮室客館 倭館在薺浦鎮南門外館待倭使之所中宗五年平倭寇遂廢館射絕初對馬島倭請內徒居館前海濱漸至滋蔓餘五百戶釜山浦居倭憤鎮失將撫與薺浦倭戶謀作亂襲陷縣城屠燒殆盡朝廷遣防禦使柳聃年黃衡分道討平焚其巢穴不復許居爲後日倭奴伏罪納款請通朝聘復置館 鎮東樓在客館東縣監梁瓚建 息波樓即城南門樓

懷遠樓 受降樓 朝宗閣俱在薺浦

烽燧 加德島烽燧東應金海府省火禮山西應沙火郎山 沙火郎山烽燧在縣南六里東應加德島西應昌原府余音浦及長福山 長福山烽燧東應沙火郎山西應高山 高山烽燧東應長福山南應昌原府余音浦西應同府城隍山新增 城山烽燧燕山十二年移加德島烽燧于此

郵驛 報平驛在縣西門外 落水院在縣東十一里 惠濟院在縣西二十里 八峴院在縣西七里

祠廟 社稷壇在縣西 文廟在鄉校 城隍祠在縣北一里 厲壇在縣北

古蹟 莞浦廢縣在縣西三十里本合浦縣之莞浦鄉高麗陞為縣尋省入金州本朝恭順王時移入本縣有石城周四千一百七十二尺內有一溪二泉 高山城石築周四千一百七十一尺

名宦 本朝 權勝為熊川縣監清儉為政秋毫不犯

東國輿地志卷之五上

全羅道

古馬韓之地天文箕斗分野三國時為百濟所有至義慈王時唐高宗遣蘇定方與新羅攻滅之以百濟地置五都督府唐師尋還唐高宗顯慶五年滅百濟以其地分置熊津馬韓東明金連德安五都督府并為帶方州留兵鎮之麟德二年唐師還州府因廢按今湖西湖南皆百濟地五都督府分摠其地而熊津都督府則治今公州其餘四府所治則無可考今之湖南未知其時為何府地也自顯慶五年至麟德以後其間不過六七年新羅併其地景德王時置全武二州分領郡縣羅末為甄萱所據高麗太祖討平其地成宗時置江南海陽二道以全州瀛州淳州馬州莘州縣為江南道羅州光州靜州昇州貝州潭州朗州莘州縣為海陽道顯宗時合為全羅道本朝因之 仁祖時改稱全南道尋復為全羅道領府一牧三都護府五郡十四縣三十五官員觀察使一人兵馬節度使二人一觀察使兼水軍節度使三人一左道一右道一觀察使兼兵馬虞候一人水軍虞候二人一左道一右道都事一人審藥三人一觀察使道一兵馬節度使道一濟州檢律二人一觀察使道一濟州

全州府東至鎮安縣界四十七里西至金堤郡界三十里至臨陂縣界七十四里至金溝縣界十九里南至同縣界三十八里至任實縣界四十二里北至益山郡界三十七里

至礪山郡界六十一里至高山縣界四十里距京都五百十六里

旱田

水田

建置沿革本百濟完山 一云比斯伐 一云比自火 新羅真興王時置完山州未久州廢神文王時復為完山州景德王十六年置全州孝恭王時甄萱都於此稱後百濟高麗太祖十九年討平神劍改為安南都護府未幾復為全州成宗時於州置順義軍 成宗十二年稱承化 節度安撫使十四年定十二州節度使置全州順義軍節度 顯宗九年罷軍陞為安南大都護府尋置全州牧恭愍王時為完山府 恭愍四年以因元使埜思不花降為部曲明年復為完山府 本朝初以 御鄉陞為完山留守府 恭定王三年改為全州府 世祖時置鎮掌面四十一鎮管郡六 益山金堤古阜錦山珎山礪山 縣十一 井邑興德扶安萬頃沃溝臨陂金溝龍安咸悅高山泰仁 官員府尹

判官 教授 各一人

郡名完山 安南 別號甄城

形勝左界重嶺右連湖海南望母岳北接金馬 地志 山川靈秀 本朝尹坤鎮南樓記國家之豐沛山川靈秀 地處形要 地處形要田野沃饒人物繁富四方商旅之走集 湖南都會 蘆嶺以上全為諸郡之首東南倚山險西通激海邊山咸羅諸山遠相纏繞其中沃野百里實湖南之一都會也

風俗俗尚儇利 州記土雜肥磽俗尚儇利 民不推朴 高麗李奎報記人物繁浩屋相櫛批有古國之風故其民不椎朴皆若衣冠士人進止可觀 俗尚華麗 本朝李瓊全鎮南樓記俗尚華麗不喜儉素 南國人才之淵藪 本朝徐居正鄉校記 農商錯居 本朝張維序其為士者縫掖而誦詩書屋相比也而淑慝相雜其為民者農商錯居而鴉獷而不均雕悍而健訟其大豪中猾持吏長短役貧弱斷鄉曲

山川乾止山 在府北六里鎮山高麗李奎報記全州有乾止山最蓊鬱州之雄鎮也 完山 小山在府南三里府之得號以此一名南福山自邑初禁樵採 母岳山 在府西南二十里又見金溝縣 高德山 在府東南十里一名高達 黃方山 在府西十八里即母岳北支 清涼山 在府東北四十里山有三層瀑布謂之龍湫天旱禱雨於此又名圓巖山 西方山 在府東北二十五里一名終南山 可連山 在府西十里乾止山勢至此而絕俗以可連而絕故名 獅子山 在府東三十里自熊嶺南連為此山 正覺山 在府南三十里山之南即任實縣地東北連獅子山又自此山南迤西起為母岳山 西高山 在府南十五里 胎室山 在府南二十里即高德山南支小圖峯安我 睿宗御胎 沃城山 或名連珠山在沃野廢縣後距府西北七十里孤山屹立迥立四野其上有巖可坐數十人名于樂巖 麒麟峯 在府東六里峯上有小池 萬景峯 或名萬景臺在高德山北麓有石峯奇秀狀如層雲其上可坐數十人四面林木森鬱石壁如畫西望羣山島北通箕準城東南負太山氣像千萬○高麗鄭夢周詩千仞岡頭石逕橫登臨使我不勝情青山隱約扶餘國黃葉繽紛百濟城九月高風愁客子百年豪氣誤書生天涯日暮浮雲合矯首無由望玉京 熊嶺 在府東四十七里鎮安縣界路甚高險○本朝張維詩蒼崖擁其西峭壁臨其東中有九折阪鳥道盤層空高〻上無盡回〻行不窮余來使者傳振衣來天風 礪峴 在府南四十二里 鳳凰巖 在府

西五里其下有淵黃鶴巖在府南五里石岡矗立大川回抱又名黃鶴臺俗傳黃鶴所遊處楸川又名南川在府南二里源出礪峴至府之東南抱城而北過可連山與溱川合至參禮驛南又與石川鴈川合而西流為泗水鴈川在府北二十五里即高山鴈川之下流八州界南流至參禮驛南與楸川合溱川又名三川在府西十三里源出母岳山北流與楸川合石川或稱石溪在府北十五里源出熊嶺西流與楸川合泗水在府西北四十里楸川鴈川溱川石川合流名泗水海潮至焉西流經沃野利城廢縣至沃溝縣南入海德真池在府北十里府之地勢乾維空缺氣脈洩焉故西自可連山東屬乾止山築大堤以畜水名德真周九千七十尺○本朝月山君詩一望深淵暎翠空古來開鑿幾人功即此掘淵在府東四里有石柱六相傳古綠潭亭柱板吐池在府北三十里孔德池在利城廢縣南距府西六十里一云利城堤〻長二百步周八里新池在孔德池南五里堤長一百步周三里石堤在府城南前臨楸川每潦水衝激燕山時築石防川岸長一千步

土產　紙　石榴　柿　梨　桃大且良六月熟　西瓜　薑　薑黃　蜂蜜　黃蠟　漆　松蕈　山藥　磁器　陶器　蠏　葦魚　鯽魚

城郭　府城石築周十里立門四東曰　南曰　西曰　北曰　內有井二百二十三

公署　觀察使營在府城南　參禮道察訪司在府北三十五里領參禮半石烏原葛覃蘇安村谷良才鷺谷居山川原瀛源扶興內才十三驛○察訪一人

學校　鄉校舊在府城內世宗二十三年以逼近慶基殿移于城西六里今又移在城東二里　文元書院在府西六里即鄉校故址李彥迪嘗為府尹後人慕其德建書院於此立祠祀之以宋麟壽從享

宮室　慶基殿在府城南門內我太宗十年建奉安太祖康獻大王晬容○參奉二人　實錄閣在慶基殿東垣內成宗朝建藏本朝實錄今移茂朱赤裳山城　豐沛館即客館○本朝張維詩樂〻一都會形勝冠南方劉據當三李神靈啓百祥唐家隴西郡漢代沛豐鄉樓閣通雲氣長瞻五色光　鄉射堂在客館東　鍊武堂又名內射亭在府城南門內　玄都觀在客館西南偏令為都事所館　鎮南樓在公館後園本朝太宗時觀察使兼府尹尹向建○本朝許周詩為緣清景倚新樓縱目初驚一葉秋萬戶炊烟青靄靄四山佳氣碧浮浮分符留守二千石杖鉞觀風五十州自幸此時當盛際鷄鳴狗吠達窮陬　梅月亭在客館東北隅本朝成宗時府尹李封建　濟南亭在城南川上　拱北亭在府西北五里本朝徐居正記府之北五里有亭曰拱北朝廷布德音有使命則府尹率僚吏具冠帶敬禮郊迓于此若遇至正誕辰及國家大慶大瑞則府若州各持箋望闕行禮送于此○本朝盧思慎詩完國繁華世共欽滿城文物藹纓簪德音遠播爭郊迓北闕常懸奉日心　快心亭自濟南亭距四里沿溪而上山斷水西之崖築石為基作亭其上連為閣道由閣道而上後改名寒碧堂○本朝申用漑詩蒼山斷麓翠屛限誰創華亭面水開細浪無風光可鑑亂峯斜日紫成堆寒空慘慄秋將老遠客登臨首獨回更有留聲能起我清詩不借倚樓才　清讌堂在客館西府尹姜澂建　萬化樓在鄉校○本朝金宗直詩庠序依俙闕里堂廡脩畫是楚材良載魚浩〻分天地絃誦洋〻啟堵牆水灔方池襟袍淨風搖文杏笑談涼一年鼓舞吾無術慚負樓前游夏行　黃萃臺在府西四里有石挑水成臺府人春秋登臨禊飲

郵驛　參禮驛在府北三十五里察訪司本驛○高麗顯宗避丹兵至參禮驛節度使趙容謙野服迎駕朴暹奏曰全州即古百濟聖祖亦惡之請上勿幸王從之　半石驛在府南三里　鷺谷驛古稱長谷在府西三十里　金光院在府北五十里　宿店院在府西三

十五里安德院在府東十里四大院在府南五里䖏高院在府北三十里長信院在府南二十一里上館院在府南四十里楸川院在府西十一里新院在府東三十一里月塘院在府東四里府尹金廷為島建之用齋号月塘名皮界院在府南十一里補山院在府北三十里大初院在府西二十五里廣濟院在府北三十里炭峴院在府西十六里毛老院在府北十七里南福院在府南八里不知院在府南三十五里俗稱亳知院柰峴院在府北四十里

關梁楸川橋在府西十八里跨楸川橋長五十步石灘橋在府西北六十里以大木作橋跨泗水橋下通舟船往來其南即金堤郡境新倉津在府西七十五里臨陂縣境即泗水津渡

祠廟社稷壇在府西三里文廟在鄉校城隍祠在麒麟峯祠舊有塑像本朝中宗時觀察使李彥浩毀塑像代以位板鄉賢祠在府祀崔淺崔德之李挺棋厲壇在府北五里

陵墓

寺刹歸信寺在母岳山寺極宏巨高麗末倭三百餘騎陷全州城退屯故信寺兵馬使柳實擊却之即此普光寺舊在高德山百濟時所創高麗時州人高龍鳳以宦者入元有寵捨財帛重修為巨刹有李穀記本朝中世寺廢今僧徒移建於母岳山仍名普光南高寺在萬景峯南西高寺在西高山景福寺今廢在高德山寺之飛來堂有普德大士畫像諺傳大士高勾麗僧勾麗末知國將亡避地來住此山四大寺今廢黑石寺俱在高德山圓巖寺在清凉山寺後有岩高大特立而圓故名鳳栖寺在西方山大圓寺在母岳山○高麗朴椿齡詩簿領三年百病身退公時訪舊情親高低樹密疑無路次第花開別有春洞壑陰晴俯仰異烟霞紫翠暮朝新遠公不用過溪水自有山人迎送人河波寺長波寺俱在母岳山松廣寺在終南山仁祖時州僧創建寺甚巨北辰寺在州北五十里文殊山即礪山郡界淨水寺在獅子山舊稱中菴以其川水清淨故改今名居僧以造紙為業

古蹟甄萱城在府北五里甄萱都全州時所築今頹圮有基址俗稱古土城高德山城石築周八千九百二十尺中有七井一溪沃野廢縣在府西北七十里本百濟所力只縣新羅景德王時改名沃野為金馬郡領縣高麗初省入全州明宗時復置沃野縣後復省入本朝因之紆州廢縣紆一作汚在州北五十里本百濟于沼渚縣新羅改紆州為金馬郡領縣高麗初省入全州本朝因之伊城廢縣在州西二十五里本百濟豆伊縣一云往武新羅改杜城併入全州高麗改伊城仍入全利城廢縣在州西七十五里本百濟乃利阿縣新羅改利城為金堤郡領縣高麗初省入全景明鄉一云榮明在府北百二十里越入高山縣北村孝子里在府南三里○李奎報詩立石表孝子不曾鐫姓氏不知何代人孝行復何似

名宦新羅龍元神文王時為全州摠管金雄元晃德王三年為全州都督高麗吳延寵肅宗朝知全州牧為政寬平不苛吏民便之以最聞召拜樞密院左承宣御史臺事鄭沆睿宗朝為右正言論事讜直忤權貴出為全州通判尋召為司諫朴椿齡守完山嘗聚邑子弟教之遂羣童得崔陟鄉崔均崔松年及遠還與之偕勸令就學後三人皆為名士世稱完山三崔趙永仁毅宗朝登科調全州書記有政聲朴元桂司錄兼掌書記境內有佛暴牧使判官捕之不能得既而委元桂部分騎射要於隘一箭中之遂斃郭預

高宗朝詔全州司錄**金之岱**高宗朝補全州司錄恤孤寡抑豪强發奸如神吏民敬畏後出按全羅殺崔沆所遣僧通知沆緖父秉政雖挾前憾以之岱廉謹少過莫能害**韓公義**忠惠王時出牧全州有惠政**李瑀**以材幹為全州牧使有遺愛**鄭云敬**恭愍王朝為全州牧使有僧娶妻家居者一日出外為人所殺其妻訴于官無證久不決云敬即問其妻有所私者妻曰無但隣有一男常戲曰老僧死則事諧矣於是執其男置外先鞫其母曰某月日汝子在家耶母曰是日自外來言與友人飲酒醉困即問其男所與飲酒者誰即自服**金濤**恭愍朝為司錄**本朝許稠**恭定王朝為全州判官清節自持剛明能斷嘗自警曰非法斷事皇天降罰以八字書小板懸廳事**權湛**莊憲王朝為府尹清慎奉公勸課農桑有德政及民**李堰**為全州府尹性廉淡勤正政清如水惠莊王朝賜教褒之升嘉善大夫去後川人為立生祠以祭**李封**為全州府尹有治聲**李有仁**為全州府尹有治績增修學校生徒德之忌日設祭**尹孝孫**成宗朝為全州府尹凡祭祀必親養老恤孤務盡其情輕徭均賦流亡皆集吏民信服特下御札褒諭仍頒示列邑賜錦加階**金暄**全州府尹為政勤謹褒陞嘉善**崔自淑**為全州判官吏畏民愛**金宗直**康靖王朝為全羅觀察使正直端重居簡御煩凡事不露聲色而一路肅然八拜漢城尹**金正國**中宗朝為全羅觀察使為政敦教化上便民袪弊數十条事多施行**李彥迪**恭僖王朝為全州府尹正身率物政以敦教化均民役為先以至簿書期會無不明慎歲中一境大治陞秩召為兵曹參判民刻石頌德州俗節日例張優戲觀察使金正國猶不免往往顧笑彥迪同坐若無所見**宋麟壽**恭僖王朝為全羅觀察使剖決無留以正風俗興學校作人才為先務好士樂善出於至誠一道洽然從化**李潤慶**恭憲王九年為全州府尹明年倭冦南邊連陷長興等州郡觀察使牒潤慶為靈巖守城將賊迫城下人思奔潰潤慶勵衆出擊敗之卒有被創者垂泣救療人益感奮得全孤城上獎諭陞秩拜為本道觀察使

權慄昭敬王壬辰倭冦大至慄以光州牧使禦倭于南原梨峙累破之時上在義州遙授本道觀察使教書至陣慄西向拜哭一軍皆感動到全州徵兵勤王之高陽之幸州大破倭兵及賊講和南退慄引兵還本道而已進拜都元帥慄重厚有氣量御下以誠能得人死力**李廷鸞**昭敬王壬辰倭冦屯錦山全州震動府尹新死時廷鸞以前都事罷官家聚義兵將西赴行在觀察使驛聞留攝州事委以保障廷鸞先驅家屬入城人莫敢動繕治兜械晝夜巡勵賊薄城廷鸞令曰各部爾部毋枉費一矢違者斬城中肅然賊知有備環視而去事聞陞拜軍器寺正丁酉倭再逞中朝將棄城走朝廷以廷鸞為全州府尹兼三道召募使至州賊退才數日吊死撫遺民賴以活**韓浚謙**宣祖朝為全羅觀察使御衆以寬黜陟惟公人稱前後監司之善政者必推浚謙為第一**張晚**宣祖朝為全羅觀察使兼全州府尹寬裕善政事威惠並著事舉而民不擾**流寓王伯**高麗忠肅王時以糾正忝銓注尋為左司補忠惠後二年乞骸骨故老全州忠定二年卒又見開城府**人物高麗柳邦憲**登科事成宗穆宗累遷翰林學士官至門下侍郎平章事謚貞簡姓仁恕雖倉卒未嘗疾言遽色不事產業**崔均**自幼才學出群仁宗朝登科累遷少府主簿時宰相崔允儀奉旨擇文士詳定禮儀均首居其選後允儀臨終獨薦均王授閤門祗候明宗朝以禮部侍郎充兵馬副使擊西京趙位寵被執遇害贈禮部尚書**崔陟卿**以吏登科毅宗初授京山判官秩滿還京足不至權門者十餘年後毎為耽羅令皆有惠政累轉監察御史拜左正言知製誥官至禮部侍郎秘書監清名勁節老而不衰**李俊陽**以清白達毅宗朝官至門下平章事**崔甫淳**均子器識宏深少孤力學登科調黃州掌書記政尚清白高宗朝累官守太師門下侍郎平章事謚文定子允愷官樞密院事**柳光植**風儀瓌偉沉重寡言敭歷中外皆清倫著聲績高宗朝以中書門下平章事致仕逍遙自適世稱壽富康全謚戴肅**柳韶**光植子性

剛元少許可不事產業官至平章事崔誠之甫淳四世孫文毗一官贊成事誠之未弱冠登科忠宣王時官至僉議贊成事光陽君字畫楷正詩文蘊藉可喜尤邃陰陽推步法崔文度誠之子起自將官好讀書喜程朱學事親孝官至僉議贊理謚良敬崔得枰廉靜自守人皆敬憚官至選部典書致仕歷事烈宣肅三朝而忠宣尤器重之崔宰得枰子忠肅朝登科王以有父風除監察持平忠惠即位乃褫其職及王被執如元凡王所設置悉皆更革立都監以宰為判官宰歎曰王之失德乃左右逢之耳逢之於前揚之於後吾宗恥之稱疾不出後屢任內外皆著政能恭愍朝為監察大夫封完山君謚文貞崔龍甲擢甲科第一官至海州牧使有文名李文挺忠肅王時登科累官至政堂文學崔七夕有將帥才辛昌時為元帥與諸道元帥朴葳朴子安等伐對馬島捷還崔瀁以太祖故人不仕本朝云本朝李伯文挺孫事太祖為禮曹判書開國功臣封完城府院君子綱官工曹參判朴晋性篤孝官至知郡父病棄官故侍常不離側時晋年六十夜不解帶藥必先嘗父感其孝作詩諭其子孫父沒廬墓三年葬祭盡誠鄉黨皆感化太祖朝旌閭柳義孫登科世宗朝久在集賢殿官至吏曹參判以文學名世崔德之父靈為參議德之少有高識太宗朝登科歷史局臺閣屢典州郡皆著治效嘗以南原府使退居靈岩扁其堂曰存養文宗初召拜直提學明年告老南歸同朝御士皆賦詩贐行以美其事年七十二而終魯山之際國家多故世服其明哲炳幾李思哲登科世祖朝參靖難功臣封府院君官至議政府領議政李瓊仝文挺四代孫博覽強記世祖朝登科累官至兵書參判以文章名世與成俔崔淑精相上下柳軒登科中宗朝歷任內外官至司諫院大司諫有器局從官清白柳崇祖登第官至久兼同知成均館事精通經學勤於誨人李廷鸞其先全義人居本府三世父泳孝為弘文修撰廷鸞慷慨有志節宣祖朝登科歷任公州牧使全州府尹氷蘗自持壬辰倭亂本府得全多其力詳名官下弟廷棋隱居力行有高志遠識自號友竹李起勃其先韓山人高麗相穡之後

烈女林氏樂安郡事崔克孚妻高麗末倭寇突入其里林氏避匿賊追及欲污之強拒賊斷一臂不從又斷一臂竟不屈遂遇害旌表其閭李氏府人崔以源妻年十九夫亡父母欲奪其志李夜逃故舅姑家父母悔而止終身守節本朝世宗朝旌閭

益山郡東至礪山郡界十里北至同郡界十九里南至全州府界十七里西至咸悅縣界二十二里距京都四百六十八里

旱田

水田

建置沿革本馬韓國箕子四十一代孫朝鮮王箕準避衛滿之亂自平壤浮海而南至韓地國號馬韓統五十餘國傳二百年至百濟始祖温祚王二十七年併取之自後號金馬渚新羅神文王改金馬郡高麗初省入全州忠惠王時復析為益州以元順帝奇皇后外鄉陞號本朝太宗十三年改為益山郡掌面十二官員郡守訓導各一人

郡名金馬　益州

形勝龍山北鎮沃野西連

風俗務農桑　俗尚頗儉地志俗尚頗儉又朴陋詩云生民尾朴馬韓風信巫祀南方之俗大抵信巫覡疾病唯禱祀鬼神

山川乾子山在郡北一里鎮山都順山俗稱施茶山在郡東五里唐山在郡

西十里山有栗一歲三宗移種他處則否〔右行〕
龍華山（在郡北八里一名彌勒山）將軍峯（在龍華山南嶺上有窠可容油數斛俗謂之燈盞巖）春浦（在郡南十五里源出龍華山入全州）
黃登堤湖（在郡西二十二里咸悅縣界一云龜橋堤堤上九百步周二十五里與金堤郡碧骨堤古阜郡訥堤稱三湖舊時灌流甚廣人物冨盛今堤決湖涸閭為民田）上矢淵（在郡西十七里）馬龍池（在郡西南三里五金寺南百餘步世傳薯童大王母築室處）王宮
井（在郡南五里世傳古宮闕遺址井乃當時所鑿也）

土產 紙 薑 栗 竹 鯽魚 蠏

學校 鄉校（在郡東五里）

宮室 客館 鄉射堂（在客館南）清心樓（在客館東）

郵驛 黑石院（在黑石部曲距郡南十五里）

關梁 橋（在郡南一里）

祠廟 社稷壇（在郡西一里）文廟（在鄉校）城隍祠 厲壇（俱在郡北一里）

陵墓 雙陵（在郡西十里五金寺西數百步高麗史後朝鮮武康王及妃陵俗號末通大王陵一云百濟武王小名薯童末通卽方言薯童之轉）蘇世讓墓（在郡東八里炭谷）

寺刹 上院寺（在龍華山）獅子菴（在龍華山上兩岩如壁俯臨無地石逕勾連攀緣而升古名僧知命所住處）靈穴寺（在龍華山）

古蹟 箕準城（在龍華山上相傳箕準所築故名焉石築周三千九百尺其內有溪有泉井○本朝南孝溫詩千載殷王胄蕭條箕準城奔忙當日事烟火此時情）宮基（在郡南五里世傳馬韓時宮基宮垣階砌遺址尚在有五層石塔名王金塔）報德城（在郡西一里遺址僅存高句麗為唐所滅大兄鉗牟岑欲興復收合殘民至浿江殺唐官向新羅行至西海史冶島見故宗室安勝迎置漢城立為君遣小兄多式等告新羅曰我先王藏失道見滅今臣等得國貴族安勝以為君願作藩屏新羅文武王處之金馬渚封報德王以兄女妻之後神文王徵安勝為蘇判其族子大文留金馬渚謀叛被誅餘衆殺官吏據報德城又叛王命將討平之徙其人於國南州郡以其地為金馬郡）

金馬山（甄萱云昔馬韓先起赫世勃興辰卞從之而興於是百濟開國六百餘年○按溫祖并馬韓後稱其地為金馬渚而不稱金馬山且金馬郡未嘗為百濟所都萱之言未知所據）石檣洞（在郡西十里山麓有古寺遺址石檣屹立高二丈俗名其洞曰石檣洞前代州縣或用銅若石造為舟檣之形以壓勝地氣處處有之此其一也）彌勒寺（在龍華山諺傳武康王所創新羅真平王聞創是寺遣工匠助之有三彌勒像又有石塔極大高數丈南方石塔之最今寺廢有遺址）五金寺（在報德城南俗傳薯童事母至孝微時為母掘薯與忽得五金後為王創寺其地因名焉今廢有遺址）

名宦 本朝 陳貴義（為益山郡守有政聲）盧龜祥（為益山郡守明斷為政邑無滯訟）崔德之（益山郡守自奉儉畧處事必詳審）郭安邦（世祖朝為益山郡守清白有惠政）宋期忠（益山郡守政尚嚴明均民徭役不避貴勢時蘇世讓以貧成退居郡內家僮多有定役者而世讓不以為撼及去民慕其德久而不忘）

流寓 權近（高麗末仕為客直司使因尹彝李初之獄謫益州在益州著八學齒說久之許故忠州）

人物 高麗 李湊（高宗時登科官至尚書左僕射翰林學士承旨性溫良能屬文工草札平生不理生產家無擔石之儲）李行儉（湊子忠烈時中科歷官典法郎貞和院主認民為隸民訴之同僚逼於勢欲屈法行儉死執不可會疾作在告同僚幸而決之人有夢利劍自天而下斲

刑部官吏未幾皆暴病死獨行儉無恙官至國子典酒

李公遂行儉孫以監察糾正擢魁科恭愍時封益山府院君元廢王立德興君公遂奉使如元至西京謁太祖原廟誓曰吾君不復位臣死不復還及至京帝令德興東歸公遂曰老臣縱不能以頸血濺德興之轅其忍從耶不從於是忠義聞天下帝拜為太常禮儀使及王復位公遂還國拜領都僉議卒謚文忠配享恭愍廟庭

本朝

蘇世讓傳覽強記文詞高逸○中宗初登科累官至議政府左贊成世讓居家友愛所至有政聲與鄭士龍申光漢相繼為大提學奉使赴京禮部尚書夏言聞其能詩求見稱歎有陽谷集

列女

仇氏郡人曹敏妻年十五故曹家早寡誓不再適自斷其髮寫夫真陳衣服日夜哀號祭奠極其誠不茹蔬菜服終其身本朝成宗朝旌閭

金堤郡東至金溝縣界十四里至全州府界三十二里南至泰仁縣界二十二里西至扶安縣界二十六里至萬頃縣界十三里北至同縣界十八里距京都五百四十一里

旱田

水田

建置沿革本百濟碧骨郡新羅景德王時改為金堤郡高麗初併入全州仁宗時復置金堤縣本朝太宗三年復陞為郡掌面十九官員郡守 訓導各一人

郡名碧骨

形勝土地平衍地志金堤野邑也無高山大陵之阻土地平衍 北限泗水南浸大湖左界全州右通海門 湖海之間此為廣陸

風俗勤於稼穡 民性散慢無剛毅之氣民性散慢無剛毅之氣若無教養以振之則難興於道藝 尚巫覡好淫祀南方之民大抵尚巫覡好淫祀而金堤之俗亦然

山川

僧伽山在郡東北十里平壟稍起者

鳴良山在郡西二十里鳴良鄉野中孤山俗傳高麗崔瑩征濟州還時設壇祭天於此

大坪俗稱金堤萬頃坪東距全州南距泰仁西距扶安北距咸悅

漳水在郡西二十五里又名息漳浦或稱東津水與扶安縣分界詳見扶安

泗水在郡東北三十里即全州府泗水下流俗稱回淵其下稱栗浦又其下稱新倉津又見全州

碧骨堤湖一名金堤湖在郡南十五里堤長二千六百步湖周八十里母岳象頭山之水皆會於此三國時開創新羅元聖王時增築高麗顯宗仁宗再重修國中大堤此與古阜郡訥堤益山郡黃登堤通稱為三湖南方之稱湖南湖西蓋以此也後廢棄本朝 太宗十五年遣朴溼中興觀察使朴習重修灌溉極廣民無旱患令堤決湖涸其中爆處人作水田餘荒為蘆場○重修碑郡之南十五里許有大堤名曰碧骨古人舉金堤古名因以為號郡亦因是堤之號改今名爲堤之長六萬八百四十三尺堤內周七萬七千四百六步開五渠灌溉水田凡九千八百四十結九十五卜古籍所載也其第一曰水餘渠跨一水流至萬頃縣之南第二曰長生渠跨二水流至萬頃縣之西潤富之源第三曰中心渠跨一水流至古阜之北扶寧之東第四曰經藏渠第五曰流通渠並跨一水流入仁義縣西五渠所灌土皆沃饒是堤自新羅百濟民獲其利至高麗顯宗時修完舊制及仁宗二十一年癸亥又增修後而終至廢棄識者恨之天啓我朝聖君誕作勵精圖理以致時雍於是分命大臣巡視四方備堤防通灌溉乙未春命尚州李公發為都安撫使李公始至碧骨將欲修之以事工煩劇未就都觀察黜陟使咸陽朴公習與經歷權君專敬差官朴君溼中偕

臨是堤究覈事工難易俱奏本末遂蒙允可發各官民丁摠一萬名幹事者三百人使沃溝鎮兵馬使金君訓知金堤郡事金君做監督之起功於是年九月甲寅告訖於十月丁丑堤北有大極浦潮波奮激南有揚枝橋畜水湾下其攻築用力自古為難令先築堰於大極浦潮波奮激處次立連抱之木於揚枝橋畜水湾下處作柱架樑為木柵五隅填之以土又其堤防殘圮處悉皆登土填平堤内外栽柳五行以固其基堤之下廣七十尺上廣三十尺高十七尺渠門望若丘陵矣且其長生中心經藏三渠門仍修舊石柱水餘流通二渠門斷石作礎立梘柱又當兩傍石柱心作隔處横設梘板内外着連環鉄索以為舉板開流之用渠門廣皆十三尺石柱高十五尺入地五尺下面石縫鎔鉄錮之仍修内面遮水岸水餘流通二渠門則皆非波流所激水若汎濫於此流減不得遮水岸每渠門兩傍鍊石作礎上施梘板作橋以通往来此大畧也時永樂十三年也○按三國史新羅訖解王二十一年始開碧骨池岸長一千八百步高麗地志亦仍其說然訖解乃新羅来統合前王也訖解之後十三世至太宗王始並百濟則當訖解時碧骨郡固為百濟内地矣訖解以新羅之主築堤於百濟内地事甚可疑且其所謂岸長一千八百步與舊碑所記長六萬八百四十三尺周一回七萬七千四百六步者較今堤長短俱不合恐並有錯誤也

太極浦在郡西十七里又稱碧骨堤川有三源一出金溝縣母岳山南一出母岳山北一出泰仁縣象頭山北會於碧骨堤内畜為湖其下流又為此浦西入滄水　**大堤池**又名明月池在郡西一里堤長二百五十步池周八里為邑底近湖民賴溉田之利　**羅所池**一云乃所趨池在郡東北五里堤長百七十步周四里　**新堤池**在郡東北九里堤長百七十步周三里　**潛堤池**在郡東二十里堤長二百步周五里　**並堤池**在郡東十里有雙堤並築堤内俱有泉自湧其西又有小池

土産　苧　蓮實　芡　蓴　甘草　麥門冬　天門冬　絲　笠人造絲笠為業　鯽魚　蠏

學校　鄉校在郡北二里

宮室　客館　鄉射堂在客館西　文明樓即郡之南門樓　字民樓在郡西一里　蓮亭在客館前鑿池種蓮池中有島島有草亭

郵驛　内才驛在郡西南十五里　東院在郡東二里

關梁　橋在郡南十八里　東津橋在郡西二十五里以大木作橋跨漳水橋下通舟上下其西即扶安縣境以在扶安東故稱東津又見扶安縣　石灘橋在郡北三十里以木作橋跨泗水橋下通舟又見全州府

祠廟　社稷壇在郡北三里　文廟在鄉校　城隍祠在郡東二里　厲壇在郡北三里

陵墓　安止墓在平皋廢縣東　李繼孟墓在郡南十里

寺刹　興福寺在僧伽山

古蹟　平皋廢縣在郡東二十五里本百濟首冬山縣新羅改平皋仍併入高麗初入全州後還入于郡　龍頭洞在郡南二里趙簡所居俗傳簡生而兩肩有甲碧骨堤龍精也為郡小吏嘗升梘樹邑宰晝寐見樹上雙龍糾結既覺使人偵知之即令就學擢第一人及第因名所居曰龍頭洞

名宦　本朝　崔德之世宗朝為金堤郡守清謹有治績　崔有悰為金堤郡守有政聲　金楣金堤郡守守法奉公成宗賜書褒美其政　李瓘為政詳明所莅皆有遺愛宣祖初為金堤郡守寬刑輕賦革弊撫民秩未滿陞遷他府民立碑刻其事

流寓　朴宜中其先密陽人徙居郡地高麗恭愍朝擢魁科辛禑時累官密直提學奉使入明請還鉄嶺迤北不貴一物遼東護送鎮撫徐顯索布傾橐示之鮮所著苧衣與之顯嘆其清白以告

禮部帝引見待之有加命禮部特享之坐于前元平章事上遂准其請八本朝奉檢校參贊議政府
事冝中天資明敏廉清慷慨為文章精深典雅
人物高麗趙簡幼有儁才作句驚人忠烈朝擢甲科第一明年王親試文臣又居第一賜
黄牌累遷補闕丁父憂廬墓三年王嘉之授起居經歷官至密直副使贊成事謚文良 本朝
安止其先康津人後徙為郡人止善屬文工草隸登科累官至領中樞院事退居村墅自號皐
隱謚文靖 李繼孟其先全義人後徙為郡人繼孟少有遠度金宗直按湖南一見待以國士
成宗朝登科恭禧王時累歷藩臬皆有聲績還至議政府左贊成性放達初為己卯士類所短謝病
還鄉及士禍作南袞等謂必懷怨引復為贊成繼孟歎善類遭害羣小得志直論不撓與奸黨忤憂
懣而卒謚文平繼孟曾次軒踏能受人盡言鄭光弼嘗稱其有宰相才 羅應參父安世為
承文校理有孝行應參少有至性溫靖以時父病不解帶者逾年嘗糞驗其吉凶及沒居廬三年毋
沒亦如之數好經學親沒不復應舉教誨諸弟門內雍肅愛兄子無異己子鄉里上其行義 明宗
命旌其閭除官不起子表亦以篤孝旌閭
列女朴氏郡人尹師任妻夫死服闋猶不食肉哀痛如初素服終身鄉里感歎 本朝 中宗時
旌閭

古阜郡東至泰仁縣界三十七里南至興德縣界十八里西至海岸三十九里北至扶
安縣界十七里距京都五百九十六里
旱田
水田
建置沿革本百濟古沙夫里郡新羅景德王時改為
古阜郡高麗太祖時為瀛洲光宗初改安南都護

府顯宗時復為古阜郡忠烈王時併于靈光郡尋
復為郡本朝因之掌面十九官員郡守訓導各一人
郡名瀛洲 安南
形勝東阻諸嶺西限大海東阻內藏笠岩諸嶺西限大海倚郡順而望邊山
風俗務農業 尚巫覡 士知興業民務耕農士知興業文武之才往往出
山川斗升山在郡東五里一云都順山山勢巍然為邑之望其北支曰天台峴 淨土
山在郡東三十里泰仁縣界 海在富安鄉即濟安浦口西通大海 茅川又名稷川源出
井邑縣內藏山北流至郡東二十五里與泰仁縣水合西析而至扶安縣東南十六里又合訥川為
漳水入于海 訥川源出興德縣半登山至郡西濬為訥堤湖又北流經郡北十里潮水往來
名大浦至扶安縣之東南與茅川合為漳水 訥堤湖在郡西八里一云律湖堤長一千二
百步湖周四十里其大亞於金堤之碧骨堤世傳高麗時金方慶因舊修築往世灌溉極博旱災不
能入今堤決湖涸間為民田 嘉次池在郡北十里堤長一百七十步池周四里 黔毛
池在郡東十五里堤長百五十步池周二里 北堤池或稱石隅池在郡北五里堤長百六
十步池周三里 塘德池在郡西二里堤長百四十步池周二里 竹島在郡西海中五
十五里又見興德縣
土產青土出郡南 茶 竹 石榴 蒜 鵜鶘油 鰤
魚 石首魚 烏賊魚 葦魚
城郭郡城石築周二千三百六十九尺東南有門內有三井
學校鄉校舊在郡東一里今移在郡東南城外

宮室瀛洲館即客館　鄉射堂在客館西民樂亭下今為郡守衙　演武廳在城東外　民樂亭在客館西峯上舊名北樓○高爽通望境內及扶安地皆在眼底○高麗李穀詩夢想南遊自昔年登臨萬慮散如烟幾番過客隨風絮百歲浮生赴海川兜率山光清可挹蓬萊雲氣遠相連欲留詩句野還苦莫北騎驢孟浩然兜率山在扶山郡○本朝金宗直詩歌吹華亭晚吾行儘自由寧辭寒食淚擬作醉鄉侯遠火知益戶層雲想屢樓清歡無與日當冠一春遊○亭今廢　琴鶴樓在客館東崇禎末改搆名字民堂

郵驛瀛源驛在郡北十里　宋德院在郡東二十里　恭惟院在郡東四十里

加田院在郡東三十里　栗院在郡城底　生介院在郡南十八里

關梁蘆橋在訥川橋下潮水往來

祠廟社稷壇在郡西　文廟在鄉校　城隍祠在郡城北隅　慕忠祠在郡東南十五里崇禎中建祀宋象賢申浩金浚孝宗朝賜額　厲壇在郡北

陵墓金浚墓在郡南十里斗升山南麓

寺刹萬日寺　望月菴俱在斗升山

古蹟斗升山古城石築周一萬八百一十尺跨于大埜瀛州時舊城也　富安鄉在郡西南四十六里越八興德縣沙津浦俗稱富安串

名宦高麗吳闡猷高宗時知古阜郡為治尚寬和人甚便之　本朝咸禹治為古阜郡守清簡有政聲　崔漢源為古阜郡守有惠政　柳夢井宣祖時為古阜郡守居官廉簡平賦均役愛人興學民追思其政為立碑久而稱誦

人物本朝李希孟少貧寒讀書山中十年不歸家登苐壯元中宗朝累任州郡觀察七道皆著政聲　宋象賢其先本礪山人五代祖益孫以世祖功臣封礪山君葬於郡東優德谷子孫多居郡地象賢少卓犖有兕局朝登苐屢歷臺省出為東萊府使倭寇之難　宣祖賊兵迫城象賢知不能守冠帶北向拜手題扇面曰孤城月暈列鎮高枕父子恩輕君臣義重付家奴歸報其父據胡床射賊不動賊逼之象賢罵不屈遂為所害賊為座其屍而表之每語我人曰朝鮮忠臣宋公一人而已追贈吏曹判書　象仁官至全羅觀察使以廉白聞　申浩有膽勇射命中　宣祖朝登武科歷官樂安郡守倭寇之難為南原山城防禦使時中朝總兵揚元守南原府城符呂同守倭兵大至元欲走避浩曰總兵大朝之臣不拘法度耶吾輩國有常刑守城將義無可去元不從出追城潰諸將多変服浩笑曰男兒豈無苟偷求活射賊矢盡與節度使李福男俱死贈刑曹判書　金浚使弓馬中武科不干謁權貴居親喪盛夏不脫衰絰　仁祖時為安州牧使虜兵大至浚與節度使南以興聚兵守城浚女新嫁或曰女宜急去以避兵浚曰吾為地主送女避軍人誰肯致死者不聽及城陷巷戰死之贈右贊成

列女李氏郎將李得仁妻高麗辛禑時倭寇搶掠州郡李氏被執賊欲污之罵賊固拒遇害　李成浩妻名今伊成浩為郡吏以無愛黜之今伊寄食妹家妹夫欲令改嫁誓死不從逃還男家男感其義使其子復初養男姑盡心夫歿喪祭盡誠喪畢猶不脫服本朝　成宗時旌閭

錦山郡東至忠清道沃川郡界二十一里至茂朱縣界四十八里南至龍潭縣界三十六里西至珎山郡界十九里北至同郡界十七里距京都四百八十三里

旱田

水田

建置沿革本百濟進乃郡一云進仍乙郡新羅景德王改進禮郡高麗降為縣忠烈王時陞為錦州以縣人金侁仕元為遼陽行省參政有功於國陞　本朝　恭定王十三年改為錦山

郡掌面十三官貟郡守訓導各一人

郡名進禮 錦州

形勝山高幽奥高麗李奎報記山極高八之漸幽奥如蹈異方別境 西臺鎮北地志 進樂蔽南高麗南秀文暎碧樓記 東距德裕西連鷄龍地志 四塞幽險高麗李穀詩四塞路幽險 山川最阻僻本朝權近記 湖嶺間一輿區本朝李安訥安城詩序

風俗其俗淳朴務耕農地志 訟簡而民貧權近鄉校記

山川所山在郡北二里鎮山 進樂山在郡南七里東峰下有石穴入四五步許水聲洁滂深邃不測俗傳龍之所處天旱禱雨有應 德裕山在安城所慶尚道安陰縣界極高大雄盤數百里又見長水縣 西臺山在郡北三十五里忠清道沃川郡界高圓聳特如臺亦見沃川及珎山郡 珠崒山在郡南四十里磽礴雄高一名崙崒山又名珠耳山亦見龍潭及高山縣 城岾在郡西南三十里 神陰山在郡東三十七里 月影山在郡東二十里又稱彥靈山 九川洞在橫川所距郡百五十餘里即德裕山西洞洞邃深邃岡巒重疊九川會於此故名或云九千洞取千溪萬壑之義其上有白蓮社 翠屏峽在郡東二十里月影山與神陰山東西對峙錦水出其間兩崖蒼壁夾束江流洄曲而出緣崖有石徑俗稱錦山遷 錦水其源有五一出長水縣一出德裕山一出鎮安馬耳山一出龍潭珠崒山一出茂朱大德山會於郡之東南四十里名召甯津經郡東十三里北流入沃川陽山縣境○本朝李安訥詩峯攢峽擁石門賒碧水縈迴浸白沙舟過別灘聞犬吠杏花多處是人家 安城川在郡南一百里出德裕山經安城所西流四十餘里至龍潭縣境與長水縣水合為錦水 南島在郡東南四十里錦水之崑山麓微連走入水中水曲流環遶其內岩巒山水奇絕亦有田壠人居或稱前島與茂朱縣夾水分界○李安訥詩四邑川分泒夾崖石擁門回灘幾百曲別浦兩三村峽晚青嵐潤沙晴白鳥喧桃花春水盛直訪武陵源

土產鐵出橫川 松蕈 石蕈 海松子 蜂蜜 黃蠟 茯苓 芍藥 當歸 柿 漆 墨 石灰 錦 鱗魚

城郭郡城土築周一千四十五尺麗末所築今皆廢圮

公署濟原道察訪司在郡東十里領濟原所川達溪丹嶺玉包五驛○察訪一人舊為丞今置參下察訪

學校鄉校在郡西五里 星谷書院在進樂山東北萬德寺洞口光海時邑人建立祠祀金佺尹澤吉再金淨高敬命趙憲 雙檜堂在進樂山下乃古萬德寺也栗亭尹澤少時嘗讀書于此庭前舊有雙檜相傳澤所手植後邑人將以寺為書院以祠澤故號曰雙檜堂

宮室客館鄉射堂在郡守衙東 鍊武堂在客館南 暎碧樓在客館東南秀文作記 養成樓在鄉校 養清臺在鄉校李士侗所築知郡權近為記

郵驛濟原驛在郡東十里察訪司本驛 南濟院在郡南三十里龍潭境 岐平院在茂朱境三十里 北亭院在郡北五里 錦南院在郡南六十里茂朱龍潭境 東院在郡東五里 金谷院在郡西十三里珎山境

祠廟社稷壇在郡西四里 文廟在鄉校 城隍祠在郡南五里 厲壇在郡北三里 義壇在郡北十里義塚東郡之人士慕趙憲忠義等壇以祀憲同時高敬命亦以義旅死於郡地並祀之又以憲子完基敬命子因厚及李光輪柳彭老從祀其下壇以祀其麾下七百義士又於壇下立齋舍臨祀或風雨則就以行事且為諸生講學之所○本朝宋時烈壇記畧

曰國家壬辰之變趙先生父子與七百義士同死於錦山郡北令其處有義塚蓋先生早從先覺講誦正學其於義利之說固已明矣逮國有倭釁先生獨嘗沐浴上疏以為天無二日大明一統而彼虜僭請斬其使以奏天朝既已倭虜犯順則又舉義討賊視死如歸真可謂不負所學者矣先生當日之役雖以衆寡之懸全師陷沒而以渺然一介之身任天下綱常比豈與一時制勝徼敵之功較其輕重而亦豈一朝慷慨殺身者比哉後之登斯壇而奠幣上斯堂而執經者不徒慕先生之義而必求其心不徒求其心必須求其學欲求其學捨聖賢何以哉

陵墓 尹澤墓 在郡 義塚 在郡北十里萬曆壬辰倭亂趙憲起義兵討賊於此力竭死之子完基及麾下士七百人皆從死郡人收其骨聚埋之謂之七百義塚立碑紀事名曰徇義碑

寺刹 寶石寺 靈巖寺 石泉寺 有水竇深不可測天旱禱雨 月峯菴 元曉寺 俱在進樂山 身安寺 在神陰山 元通菴 佛華菴 俱在德裕山 寶通寺 在郡西五里桂珍坪 白蓮社 一云廬岳寺在德裕山九川洞萬曆中僧智䎱創建○本朝李安訥詩山田谷轉洞門幽疊巘中藏古寺樓靈境寫傳廬岳跡法師新着遠公流石川下壑簫笙曉霜葉千林錦繡秋嵐氣濕衣寒不睡半輪蘿月小峯頭

古蹟 富利廢縣 在郡東南二十里本百濟豆尸伊縣一云冨尸伊新羅改伊城縣仍併入進禮郡高麗改冨利明宗時復置冨利縣後還省入 大谷所 在郡南六十里 安城所 在郡東南一百十五里○本朝李安訥序郡之安城所與嶺南右道居昌安陰等縣接壤分疆崇岡峭豎疊嶂環擁山谷深邃道里幽險中有原野夷衍田多灌漑罕水旱之災民務農桑無凍餒之患土沃而稅輕境閒而俗淳實湖嶺之間一奧區也 横川所 在安城所東北三十里距郡東南一百二十里

名宦 本朝 朴安臣 為錦山郡守清明剛直善政甚多 趙從生 錦山郡守廉謹為政有遺愛 李桂遂 為郡守六載廉簡無比秩滿還京郡人作詩送之曰清節罕今尤罕古不抽民血一毫錢 權技 為錦山郡守有政聲

流寓 尹澤 茂松人高麗恭愍初擢為密直提學慨然自任當世之事多所建白年七十六乞歸還錦州田里以山水自娛遯栗亭亭基在郡東五里 吉再 高麗末善山人父元進知錦州時再隨往娶本州人申勉之女舊居在郡東七里乃樂谷後為門下注書見政亂退居善山國亡不復仕

人物 高麗 金侁 仕元朝歷遼陽行省參政有功於國訖歸忠烈王以侁故陞本縣為州初侁母死於倭寇侁聚拾白骨告天痛哭曰若是吾母骨即當變色言未訖白變為青天亦密雲大雨人感其孝及卒朝家特令建祠邑人祀之久而不替 金日休 官至大司成 尹龜生 澤子純懿篤行鄉里稱其孝仕為判典農寺事退居錦州時尚桑門士大夫家無祭祀忌日僧齋而已龜生獨慨然好禮立祠堂祭祖先一遵朱子家禮其孝慕誠謹之節終身如一於父墓南作齋室刻先世忌日于石令子孫不忘云恭讓初旌表其閭子紹宗麗末累官大司成入本朝為兵曹典書會宗官司宰副令 本朝 尹淮 紹宗子早擢科世宗朝累官至藝文館大提學文學該博尤長於史諡文度所著有清卿集

珎山郡

東至忠清道沃川郡界四十一里至錦山郡界三十六里南至同郡界十六里西至全州府界八里北至忠清道公州儒城縣界三十九里至同道鎮岑縣界三十九里距京都四百四十九里

旱田

水田

建置沿革 本百濟珎同縣 同一作洞 新羅為黃山郡領縣

高麗八進禮縣恭讓王時省之爲高山縣兼任本
朝 太祖二年陞爲珎州以安御胎陞 太宗十三年
改爲珎山郡掌面三官員郡守訓導各一人

郡名珎同 珎州

山川大芚山在郡西十里鎮山一名兜率山高大雄拔上有石峯列立如簇又見高山縣
巖正山在郡南十里 西臺山在郡東四十一里 天庇山在郡北三十里
萬仞山在郡東二十里有星峯奇秀狀如蓮花藏我 太祖胎 達往山在郡東二十里
梨峴在郡西十里大芚山南 并川源出郡東六里德井里北流入于公州錦江
清澄淵在郡南十里水深不可測世傳有龍歲旱禱雨令填沙水深纔三尺

土産石紫黃出郡東含音洞 石硫黃 鉄出郡西月外山 銅出郡東達往山
磁石出巖井里在郡南十里 石灰 人參 蜂蜜 黃蠟
松蕈

學校鄉校在郡東二里

宮室客舘 邀月亭在客舘東郡守鄭晰建

郵驛三息院在郡東三里 要光院在郡東三十日 新昌院在郡北十五里

祠廟社稷壇在郡西二里 文廟在鄉校 城隍祠在郡北四里 厲壇在郡北

寺刹西臺寺在西臺山古有上中下三四臺中臺寺今廢 鳳棲寺在萬仞山今廢
彌勒寺在天庇山 大芚寺在大芚山

古蹟山城古基在郡北三里周四里今頹廢

人物本朝金天錫有孝行旌門官至觀察使

礪山郡東至高山縣界十三里南至全州府界十一里西至益山郡界十三里至龍安縣界十九里北至忠清道恩津縣界十五里距京都四百四十四里

旱田

水田

建置沿革本百濟只良肖縣新羅景德王時改礪良良一作陽爲德殷郡領縣高麗顯宗時省入全州恭讓
王時復置礪良縣兼任朗山本朝 恭靖王二年
因併朗山改為礪山縣 莊憲王十八年陞為郡以元敬王后外鄉陞 掌面十官員郡守 訓導各一人

郡名礪良

山川壺山在郡東八里鎮山其東即高山縣界一名文殊山 彌勒山在郡西十里
軍八山在郡南十二里高麗太祖征後百濟時駐軍于此故名 花山在郡西北二十里臨江聳峙頗奇勝 龍巖在郡西八里 鵲原俗稱鵲旨在郡北十二里忠清道恩津縣界每歲七月十五日傍近兩道居民聚為手博戲以為勝負 漏項在郡東七里有川出高山縣西流漏入壺山伏流達西麓為川穴圓經丈餘諺傳龍湫天旱禱雨 錦江在郡西二十里俗號羅巖浦即公州錦江下流自扶餘石城過恩津縣江景渡經郡境西流入龍安咸悅界 長先池在郡西十五里堤長二百步池周五里民蒙灌流之利 梨池在郡北十二里 末訖池在郡南十五里咸悅縣界堤長一百六十步池周二里舊屬咸悅後移屬于郡

土産白膩石出郡東十里石裡堅膩可為碑碣 石灰 蠏 葦魚

學校鄉校在郡東三里　黃山書院在郡西三十里黃山下仁祖時邑人建書院祠祀李珥成渾金長生後宋重修又以趙光祖李滉加享

宮室客館鄉射堂在客館東　洗心亭在客館東北隅　皇華亭在郡北十一里新舊觀察使交代之所萬曆丁酉燬於兵燹

郵驛良才驛在郡北六里　寶成院在郡北十一里　永寧院在郡南八里

關梁院橋　舟橋俱在郡南一里

祠廟社稷壇在郡西三里　文廟在鄉校　城隍祠在壺山　厲壇在郡北四里

陵墓宋惟翊墓在郡東八里壺山虎谷宋松禮之曾祖也惟翊世為礪良縣吏登進士子叔文孫希植皆顯官墓皆在其傍近

寺刹道新寺在單八山　月峯寺　文殊寺俱在壺山　深谷寺

長安菴俱在彌勒山

古蹟朗山廢縣在郡西八里本百濟閼也山縣新羅改野山為金馬郡領縣高麗初改朗山後省八全州本朝初併于今有古城基周三千九百尺內有二泉　攴堤部曲在郡北十五里有古城基　公村部曲在郡北十里　羅巖倉在郡西二十里錦江羅巖浦

名官本朝宣和太宗時為礪山縣監恩并威行吏民懷之以外艱去位服闋邑人上書還任　朴絜世宗朝知礪山郡事

人物高麗宋松禮礪良縣人父希植官三宰松禮元宗朝為直門下省定林衍之亂累官至都僉議中贊封礪良府院君致仕卒謚貞烈子玢忠烈王時為都僉議中贊　宋瑞子玢官至都僉議政丞封礪良府院君　本朝宋居信松禮五世孫祖臺山為贊成居信太宗朝參佐命功臣封礪山府院君謚忠靖子愼官摠制　宋文琳松禮之後登科累歷華要成宗朝參佐理功臣封礪城君　宋千喜松禮七世孫成宗朝登科官至吏曹判書性剛果嘗為慶尚道觀察使咸陽郡有女巫自稱伏弟子能治人病遠近雲集爭施米布千喜杖殺之闔境肅然

列女本朝宋氏學生鄭希重妻夫早死血泣終喪父母憐其少寡欲奪其志宋以死自誓曰姑在全堤無他子我若從人則姑終何托父母不聽宋負兒逃故姑家累年不還父母感其至誠乃於舍傍構別室而居之宋奉姑盡孝終其身本朝　世宗時旌閭復戶

萬頃縣東至金堤郡界九里南至同郡界十五里北至全州府界十一里西至海岸二十八里距京都五百六十四里

旱田

水田

建置沿革本百濟豆乃山縣新羅景德王時改萬頃為金堤郡領縣高麗初省入臨陂縣睿宗初復置　萬頃縣本朝因之掌面九官員縣令　訓導各一人

郡名豆乃山

山川進鳳山在吉串里東津泗浦西水入海之汭數峯臨水有臺曰落明　大坪詳見金堤郡　吉串在縣西二十八里地細入海曲者曰串舊有烽燧　海在縣西三十里　泗浦水一云新倉津在縣北十五里　愁音浦在縣南十五　羣山島在縣西海中周六十里傍有蝸步宮地望地横建許內家外等島連絡列峙隨港相附故名島中有澳可以藏

船凡漕船往來者皆候風于此高麗時宋使至國者自南海達開京舟至此歇息舊有客館大明一統志云羣山島十二峯連絡如城舊有客館曰羣山亭又有五龍廟

陵堤池在縣東二里堤長三百步周八里滿地皆蓮又名蓮池○本朝金宗直詩萬頃城邊百頃蓮征夫按轡立蒼烟亭亭擎雨真成盖濯濯凌波正欲仙　佳殊池在縣西南七里堤長四百五十步周十里與凌堤俱大池民歲灌溉之利　道方池在縣南十里堤長百八十步周三里

土産莞席　蓮實　芡　蓴　菱　青魚　石首魚俱在羣山島　秀魚　葦魚　鯽魚　蝌　蛤

城郭縣城石築周二千二十尺內有六泉城東有土城古基

學校鄉校在縣西二里

宮室客館　去思樓在客館東縣令安奮建

郵驛立石院在縣南十里

祠廟社稷壇在縣西二里　文廟在鄉校　城隍祠在縣北二里　厲壇在縣北

寺刹望海寺在進鳳山

古蹟富潤廢縣在縣南十三里本百濟武斤村縣新羅改武邑為金堤郡領縣高麗初改富潤尋省入臨陂郡後併八于縣本朝因之

人物高麗杜景升質厚少文有勇力初補牽龍鄭仲夫之亂武人多刼奪人財升景獨不離殿門秋毫不犯明宗朝累遷郎將ミミ軍擊金甫當趙位寵有功官至門下侍中舊制三品以上每遷階例上讓表不允然後表謝上官景升獨曰內不欲讓而飾人筆外吾不忍為也崔忠獻謀廢王流景升于紫燕島景升在島憂憤嘔血卒

臨陂縣東至全州府界十五里南至萬頃縣界二十里西至沃溝縣界二十里北至咸悅縣界十一里至忠清道韓山郡界十七里距京都四百八十九里

旱田

水田

建置沿革本百濟屎山郡一云陂山一云折文一云所島一云失烏出一新羅景德王時改臨陂郡高麗降為臨陂縣本朝因之掌面十二官員縣令　訓導各一人

郡名陂山鷺城別號

形勝右環大海左連沃野北頁錦江南臨泗水　沃野平衍東南連沃野平曠極目

風俗務耕農販魚塩　朴野無文學　信巫祠鬼士人有病不事醫藥唯信巫祠鬼

山川尚山在縣北四里如飛鳳有古城鎮山勢　南山在縣南五里有古土城基　五聖山在縣西十八里錦江經其西　鷺城山在縣西四里　孤山在縣北十五里　錦江自龍安咸悅流入經錦江邊諺稱自公州浮來又名公州山其下居民稱此以舟楫為生郡北十八里與忠清道韓山郡分界又西流至沃溝縣八于海又名鎮浦　泗水在縣南二十里自全州府流八縣境海潮相通俗稱新倉津水西流經沃溝縣八海　孤山池在縣東五里堤長百六十步周四里　蓮花池在縣北八里堤長百八十步周五里俗稱水新橋堤

土産竹　天門冬　麥門冬　芡　蝌　鯽魚　秀魚　白魚　真魚

城郭縣城（石築周三千六百七十四尺門內有十四泉五池我太宗朝巡問使崔瀾德與觀察使申縣築）

學校鄉校（在縣北四里）

宮室客館（館之西軒曰愛蓮軒）鄉射堂（在客館南）演武廳（在南門外）薰風樓（即城南門樓）集勝樓（在東軒北今金守濬構）

烽燧五聖山（西應沃溝縣占方山東應咸悅縣所方峰）

郵驛穡安驛（在縣西八里）館院（在縣東二十里）新倉院（在縣南二十里新倉津西岸）西院（在縣西七里）

關梁羅施渡（在縣北二十里即錦江津渡路通韓山）新倉渡（在縣南二十里金堤全州之境即泗水津渡海潮迅激間或置橋）

祠廟社稷壇（在縣西三里）文廟（在鄉校）城隍祠（在鷲城山）厲壇（在縣北）

寺刹龍泉寺（在鷲城山）修心寺（在五聖山）寶泉寺　上住寺（在俱鷲城山）望海寺（在鷲城山西通望海浦）八梯菴（在五聖山）佛乘菴（上有下二菴俱在五聖山上菴在山頂通望鎮浦及大海）

古蹟古鎮城倉（在縣西十里高麗初設倉收附近收郡租稅漕至京即十二倉之一今有土城基址周十餘里俗稱倉監）

名宦高麗朴華（為臨陂縣尉性恭謹莅事惟勤）本朝李希孟（為臨陂縣令為治明剛）崔自淑（臨陂縣令）朴祥（中宗朝為臨陂縣令公廉明斷務祛宂滯居三年民誦政平及去追思不已）

金溝縣（東至全州府界十六里北至同府界八里南至泰仁縣界十八里西至金堤郡界十八里距京都五百二十六里）

旱田

水田

建置沿革本百濟仇知只山縣新羅景德王時改金溝為全州領縣高麗毅宗時析置金溝縣以李義方外鄉析置縣陞其官為令本朝因之掌面官負

縣令　訓導（各一人）

郡名仇知只山（別號鳳山）

山川鳳頭山（在縣東二里鎮山以山有飛鳳之形故名左有揚翅山前有卵山術家又於搖禪山建開同寺以壓飛動之勢）毋岳山（在縣東二十五里亦見泰仁縣）妙高山（在縣東七里即毋岳山西北麓）搖禪山（在縣南七里）象頭山（在縣南二十五里亦見泰仁縣）黃山（在縣西十二里特立野中）毋岳川（在縣南十四里出毋岳西流入金堤郡境）碧骨湖（在縣西十四里今水涸為田詳見金堤郡）龍池（在毋岳山遇旱祈雨有應今塡沙）赤浦池（在縣北十五里）新池（在縣西二里中等三丘咸其上栽松號曰三島）子池（在縣南十里）

土產沙器　苧　漆　蜂蜜　石榴　薑　天門冬　大戟

學校鄉校（在縣北二里）

宮室客館　景濂堂（在衙東臨池作小堂）

郵驛弘仁院（在縣南十五里）蘇復院（在縣西五里）甘勿川院（在縣北六里）潛溪院（在縣南六里）

祠廟社稷壇（在縣西二里）文廟（在鄉校）城隍祠（在縣東一里）厲壇（在縣北）

寺刹金山寺（在母岳山後百濟甄萱所創寺甚巨有丈六佛像○萱幼子金剛身長多智萱特愛之意欲傳位清泰二年三月長子神劍囚萱於金山寺以壯士三十人守之遂篡位殺金剛○萱在金山凡三朔以酒飲守者皆醉乃與季男能乂女哀福妾姑比等逃奔羅州自海路歸高麗○本朝金時習詩雲氣微茫洞府寬叢林絡石響鳴湍中天星斗明金刹半夜風雷繞石壇苔蝕古幢微有字風摧枯樹晚生寒倫然一宿招提境烟裡疎鐘韻未闌）雙溪寺（在妙高山）天藏菴（在摇禪山）飛杖菴（在母岳山）大雲菴 趙州寺 龍藏寺（俱在象頭山）

古蹟巨野廢縣（在縣南十五里本百濟也西伊縣新羅改野西縣為太山郡領縣高麗初改巨野尋省入全州後入金堤縣後又併于本縣）櫟陽廢縣（陽一作良在縣北七里）

井邑縣（東至淳昌郡界二十里南至長城府界三十里西至古阜郡界八里北至同郡界十三里距京都六百一里）

旱田

水田

建置沿革本百濟井村縣新羅景德王時改井邑為太山郡領縣高麗初併八古阜郡後復置井邑縣本朝因之掌面八官負縣監 訓導（各一人）

郡名井村（別號楚山）

山川內藏山（在縣東二十五里本朝成任記湖之南多名山在南原曰智異在靈巖曰月出在長興曰天冠在扶安曰楞迦而井邑之內藏亦其一也山距縣治僅二十里磅礴雄峙勢逾阻而而境亦密）五峯山（在縣南二十里）笠巖山（與內藏山相連在縣南二十里）七寶山（在縣北十里）半登山（即笠巖之南支在縣西南二十里詳長城府）蘆嶺（蘆或作葦在縣南三十里長城縣界）渴峴（在縣東二十八里西連內藏山）茅川（一名北川內藏山之水與蘆嶺之水合流經縣西北入古阜郡境）

土產竹 柿 石榴 蜂蜜 黃蠟 容魚

學校鄉校（在縣北二里）

宮室客館 洛城亭（在客館西亭廢縣監趙智晛因舊址構樓名曰碧樹孫比長有記）鑑淡樓（在客館東）

郵驛川原驛（在縣南二十五里）迎支院（在縣西五里）王信院（在縣南二十里）廣濟院（在縣南三十里）

祠廟社稷壇（在縣西）文廟（在鄉校）城隍祠（在縣北一里鷹山）厲壇（在縣北）

寺刹靈隱寺（在內藏山成任記內藏之山磅礴雄峙勢愈阻而境亦密真苾蒭棲禪學道之賾地也其中巨刹曰靈隱）靈源寺 望海菴（俱在七寶山）白蓮寺（在內藏山或云內藏寺〻據山腰瞻疊嶂四圍洞壑千尋一山形勢皆在眼界最稱勝境）毘盧菴（在內藏山高處）

古蹟笠巖山城（古城久廢今修築詳見長城府）望夫石（在縣北十里昔縣人為行商久不至其妻登山石以望之恐其夫夜行犯害托泥水之污以作歌名其曲曰井邑世傳登岾望夫石足跡猶在）

列女安氏典醫正景德誼妻高麗末倭寇本縣闌入安氏所居里德誼時在京安蒼皇携二子與婢三人匿後園賊搜得欲汚之安拒不從賊捽其髮拔劍脅之安大罵曰死耳豈為狗賊辱遂遇害 李氏郎將李得仁妻古阜李碩之女辛禍時得仁從征在外倭寇突入其家欲汚之罵賊不從竟為所害

興德縣東至古阜郡界十六里北至同郡界十五里至扶安縣界十三里南至高敞縣界十六里西至同縣界十四里距京都六百二十六里

旱田

水田

建置沿革本百濟上柒縣新羅景德王時改尚質為古阜郡領縣高麗仍省八古阜後復置章德縣章一作昌兼任高敞忠宣王時避王㦤名改興德本朝初析高敞各為縣掌面八官員縣監訓導各一人

郡名尚質　章德

山川半登山在縣南十五里詳長城府　火矢山在縣西十里　逍遙山在縣西十五里　蘆嶺在縣東十五里界長城井邑縣境嶺之南即長城府　屈峴在縣南十五里　沙津浦源出高敞縣松峴北流至縣西六里潮水至焉名沙津浦商船泊處又北流為扶安縣濟安浦　訥堤湖在縣北十里今水涸為田詳見古阜郡

土產茶　箭竹出竹島　磁器　鶴鵡油　烏賊魚　黃蛤　蟹　石首魚　銀口魚

城郭縣城石築周三千尺內有三泉宣祖時經倭亂邑里蕩殘移治城外今廢圯

學校鄉校在縣南二里

宮室客館

郵驛蟹川院在縣南十里　屈院在縣西十里　甲鄉院在縣南十五里

祠廟社稷壇在縣西　文廟在鄉校　城隍祠在縣城內　厲壇在縣北

寺刹高峰寺　新興寺　龍溪寺俱在半登山　烟氣寺在逍遙山僧烟氣不知何代人相傳烟氣創此寺故因名　水月寺在逍遙山　白雲菴在火矢山

人物高麗張儒新羅末避亂入吳越後還國光宗以解華語累授客省每中國使至必使接儐　張延祐儒子長於吏事以幹能稱顯宗朝累官至戶部尚書　鄭克溫父元寧為大將克溫性溫謹所莅咸惠並著當時無赫赫名有去後思累立戰功官至金紫光祿大夫參知政事配享康宗廟庭　陳思文官至政堂文學封昌陽君

扶安縣東至金堤郡界十三里南至古阜郡界十八里至興德縣界五十里北至萬頃縣界十二里西至海岸十一里距京都五百七十七里

旱田

水田

建置沿革本百濟皆火縣新羅景德王時改名扶寧或稱戒發為古阜郡領縣高麗仍省八古阜後復置扶寧縣兼任保安本朝　太宗時因併保安改為扶安縣太宗十四年保安合于扶寧十五年又析之八月復合之明年七月又析之十二月又合之　尋置兵馬使鎮　世宗時罷鎮復為縣掌面十

二官貢縣監 訓導各一人

郡名扶寧 別號浪州

形勝

風俗民事魚塩 濱海之民以魚塩為業 尚巫覡 民俗朴野無

外慕

山川上倉山 在縣北縣城緣其上山頂有古倉基故名 邉山 在縣西二十五里自興德半登山北出一支低平四十里至此復起為是山一名楞枷山又名瀛洲山盤回百餘里峯巒重疊岩谷深邃宮室舟船之材自高麗皆取於此又多麋鹿角貐其北最高頂曰摩天臺通望滄海極稱絕境西有月精峯與摩天臺對峙又有玉笋峩岩德成沙彌海仙等峰並起蟠環高麗李奎報記邉山國之材府也蔽日之木淩霄之幹常不竭矣層峯複沓昂伏屈展旁俯大海○本朝奇遵遊山詩風聞南極有瀛洲此日相尋第一區紫嶺蒼杉栖鶴光碧雲丹洞秘仙遊○本朝閔光熵詩摩天形勝冠吾東萬里疆場指顧中滄海西連吳楚闊羣山北接濟羅雄虎峰落日心猶壯絕登故雲興不窮却陌官僮催我返明朝簿牒又忽忽 石佛山 在縣西二十里即邉山北支別起為峰者 巴山 在縣南二十五里又名望山俗稱所山 藏智山 在縣南三十里本朝中世有許民等書堂於其南故又名書堂山 幸安山 一作海安在縣南九里麗末倭寇扶寧屯幸安山元帥邉安烈進攻破之者即此 青淵洞 在邉山中峯巒簇擁溪瀑成淵其深無底溢流石上平如展席俗傳有龍藏淵中天旱禱雨於此其上流又有火龍淵其北一里許有大岩削立千丈不可攀緣名鶴岩舊有鶴巢其上云○奇遵詩奇岑嵩疊迴幽洞絕壁千層半夕陽業落松壇遊鹿戲淵洄石竇毒龍藏林龜負栗深竅穴岩鶴啟雲遠度崗勝地不辭煩一醉滿山秋思水聲長 愚磻洞 在邉山東南山巒周抱中有平疇松檜滿山每春時桃花緣溪盛開○本朝金世濂詩水接磻溪勝山藏愚谷深磵花迷客路林籟爽人心 禹陳巖 一云禹金岩在邉山東沓上高數百尺體圓而聳望之雪色岩上稍平可以登臨下有兩窟窟皆有小菴南曰玉泉東曰鶴栖俱極清絕岩北又有小窟將旱則有泉滲出成流將潦則乾邑人以卜水旱 潔漢巖 在縣南五十五里熊淵前海中有大岩露立波上狀如龍頭邑人泛舟遊賞處 海 縣西北皆海北距德達浦二十里西距可也浦十五里距格浦前洋六十里 漳水 又名息漳浦或稱東津水古阜芧川與泰仁南川合流至縣南十六里又與訥川及金堤太極浦水合為此水過縣東為東津又屈曲北流三十里入海 沙浦 在縣西二十五里水自邉山中或伏流或成澤流入于海川清沙白間有岩石之勝 濟安浦 又名柳浦在縣南五十里即興德縣沙津浦下流其下稱黔毛浦又為王浦西連大海高麗初定號為濟安 德達浦 在縣北二十里即漳水入海處 格浦 在縣西六十里即邉山西支盡大海處水入浦口潮漲成湖潮落則涸 訥堤湖 在縣南四十五里古阜興德之界今堤廢水涸為田詳見古阜郡 漾碧池 在縣西二里俗稱阿里池堤長二百步池周六里 魁堤池 在縣南一里堤長一百八十步周七里 蘸堤池 在縣南四里堤長一百五十步周四里 申德池 在縣東二里堤長百步周三里與魁堤蘸堤通稱三池民賴灌田之利又有乾先高麼釜池等堤 堤高池 在縣北三里堤長一百九十步周六里 鍾沉池 在縣南三十里其西岸舊有墨房寺俗傳因倭寇寺僧沉其小鍾于池中因名又有蓮池蓴池等堤 熊淵島 在縣南五十一里小島潮退連陸有魚梁 鳩島 俗云飛梁島在縣西海中去岸二十五里周二十四里有人居 蝟島 在縣西海中去岸五十里周三十五里有魚梁漁户多居之產青魚每年京外商船湊集打浦販賣四遠 界火島 在縣西北二十里潮退則步涉漁戶多居之島北涯有岩特起其上平夷可坐百人西臨大海漳水自東潮入沃溝諸山及羣山島隔海羅列真絕境 王登島 在蝟島西水路一百里小島無人居

四面皆石壁船無泊處島中有楮又有藤蔓

土產 竹 竹箭 苧 鹿 山猪 川椒 木瓜 黃楊木 鹿以下皆邊山出 松蕈 天門冬 麥門冬 玄胡索 防風 蓮實 蔓荊子 艾 出格浦俗名獅子足艾 茯苓 芍藥 石菖蒲 蕰 石首魚 青魚 烏賊魚 洪魚 真魚 秀魚 葦魚 刀魚 鯽魚 蠏 蛤 蝦 土花 石花

城郭 縣城 舊土城中宗時拓基石築周八里二百七十步東西南有門內有泉井十六

公署 黔毛浦萬戶鎮 在縣南五十里○水軍萬戶一人○石城周一里一百五十步 格浦營 在格浦上仁祖末巡撿使朴潢始設營其後差別將守之築堤儲水

學校 鄉校 在縣西二里

宮室 扶風館 即客館 鄉射堂 在客館北 聚遠樓 即城南門樓西對邊山東南臨原野 清遠樓 在客館東縣監守謙建今廢

烽燧 格浦烽燧 即格浦後山舊稱月古里南應茂長縣所應浦北應界火島 島烽燧 北應沃溝縣獅子巖南應月古里 界火

郵驛 扶興驛 在縣西二里 手洗院 在縣南五十里

關梁 東津橋 在縣東十三里取邊山大木作橋跨漳水橋獘則置渡船○高麗末倭船五十餘艘来泊熊淵踰扶覘寇扶寧縣毁東津橋元帥羅世興邊安烈等夜造橋進兵大破之

祠廟 社稷壇 在縣西 文廟 在鄉校 城隍祠 在縣北五里 厲壇 在縣北 金坵祠 在縣南八里又稱學堂

陵墓 杜景升墓 在縣西十九里石佛山東麓 成重淹墓 在縣南五里葛村里

寺刹 蘇來寺 在邊山新羅僧惠丘頭陀所創有大小二蘇来○高麗鄭知常詩古徑寂寞縈松根天近斗牛聊可捫浮雲流水客到寺紅葉蒼苔僧閉門秋風微凉吹落日山月漸白啼清猿奇哉厖眉一老衲長年不聞人間喧○高麗僧圖鑑詩舊聞海上有名山幸得遊尋暫宿攀萬壑烟嵐行坐裡千重島嶼顧瞻間義相臺峻天連棟慈氏堂深石作關避世高棲無此地堪誇倭島解知還 實相寺 在邊山中○本朝世祖重創為巨刹寺北又有浮屠菴○本朝奇遵詩疊ゝ岑巒一寺西邊隨仙釋覓林蹊寒潭日照魚相戲碧樹秋深鳥不棲峯翠入樓禪榥冷泉雲連殿佛燈迷香烟未盡僧鳴磬玉露團ゝ曉月低 来蘇寺 在邊山蛾嵯峯下寺北又有獅子菴○本朝僧智岩所住○本朝金時習詩梵宮倚山隈夕陽樓閣閙僧尋泉脉去鶴避岩烟廻寺古松千尺山深月一摧無人堪問話庭畔獨徘徊 開巖寺 在邊山禹陳岩下 妙巖寺 在開岩寺北洞仰見禹陳巖 兜率菴 在邊山有內外二兜率 義相菴 在邊山絕頂新羅僧義相所居○高麗金克己詩奇岩萬疊倚層空上到雲端路始窮忽喜相師餘韻在忝天古栢暮吟風○奇遵詩高臺矗ゝ入烟空雲盡滄溟一望窮三十八峯秋夜月玉簫吹撤海天風 元曉菴 在邊山○新羅僧元曉所居又有下元曉菴○高麗李奎報詩循山度危梯疊足行線路上有百仞顛曉聖曾結宇靈蹤杳何處遺影留鵝素 不思議方丈 在邊山○新羅僧真表寓居之所有木梯高可百尺緣梯而下乃得至方丈其下皆不測之壑以鐵索引其屋釘之於岩○李奎報詩虹矗危梯脚底長回身直下萬丈强至人已化今無跡古屋誰扶尚不僵 清臨寺 在邊山青淵洞寺後山上又有清淵窟千層庵ゝ據絕壁因巖鑄累石為梯攀緣而上其下皆不測之壑又有本清臨寺舊為巨刹今廢有遺址 文殊寺 在邊山真表所建有石浮屠寺前有瀑布高百餘尺 仙溪寺 在邊山或曰聖啓俗傳我太祖南征時屯兵於此寺之得名以是

今寺南峯有遺壘其洞口岩碧横展高興山齊溪水成瀑飛流千尺○本朝朴淳詩傳聲一注来雲抄閃閃青崖射亂濺白練銀河徙比並靈源澄處有誰窮

德成菴 在邊山德成峯

月明菴 在邊山月精峯地勢奇爽與王在義相元曉德成皆名社其傳又有登雲菴

佛住菴 在邊山菴後峯頭曰海仙臺○本朝李廷龜序海仙臺地僻路危人罕覩者自登雲右枝經大壑越重峯乃至佛住菴菴後斗起一脊全石以為峯削立如褰鵬嘴西南北面雲海環遶翠栢蒼松奇花異卉雜生於岩隙真絶境也

王在菴 釋在菴 俱在邊山玉笋峯東四面石壁陡峻其上隈平宛然天成菴據其中二寺相連其東南有御水臺西南有王登菴皆絶壁千仞人不得攀緣寺有記云菴乃正心頭陀所創也新羅王西巡到此樂而忘返於是有王在釋在御水之獅壁砌近圍雲山遠包石潭九層飛瀑萬丈實地藏異境天闢殊觀而為福庭者也

靈隱菴 在邊山北岡高麗時縣人祇候金宜好禪道今僧慧澄創此寺因絶世老此宜有詩云誰搆此蘭若白頭林下僧石泉日夜雨松月古今燈地上来兜率人間有武陵與師成二老高閣等閑憑

古蹟

古扶寧城 在縣西四里土築周五百尺今皆圮毁即扶寧古縣本朝初徙今治

保安廢縣 在縣南三十三里本百濟欣良買縣新羅景德王時改喜安為古阜郡領縣高麗改保安仍入古阜後析之為扶寧縣兼任辛禑時置保安縣本朝恭定王時省併于縣今其古址東十里有城山相傳保安後徙置城山未久自城山合為扶安云

古安興倉 在保安廢縣南大里柳浦上高麗初設倉收附近州縣租稅漕至京即十二倉之一今有土城基址周四里

禹陳古城 一云禹金城在邊山東支上自禹陳岩緣山兩麓合於洞口周十里俗傳三韓時有禹金兩將築城屯兵處今皆頹毁妙岩寺在其洞中

古軍營 一在縣西二十三里長信浦南一在保安廢縣南七里路傍小壘今皆毁圮相傳本朝初縣為兵馬使時防戍軍分屯於此云

名宦

本朝高翰雲 宣祖時為扶安縣監廉白為治家在善山父應陟安貧守道翰雲嘗至家壽親應陟於宴席見煖酒用新爐不悅曰彼爐来自扶安耶吾家舊有爐汝又益之何也三足之器遠路先致勞民不小而汝忍為之以此居官非我意也翰雲每事惟謹不犯非義時王子宮家多占田地扶安尤甚宮奴怙勢侵暴百姓翰雲捕報監司監司欲解放翰雲不從杖殺之後竟以此忤貴近罷官民追思不已

尹銑 宣祖末為扶安縣監時經倭亂蕩殘政尚慈惠民賴以安及去立碑刻之曰自公下車一境太古樂只君子民之父母

人物

高麗金坵 扶寧人父宜為閤門祗候坵善詩文高宗朝登第累官政堂文學吏部尚書至中書侍郎平章事忠烈時卒謚文貞嘗建議置通文館令學館叅外年少者習漢語久掌詞命元朝徵詰無虛歲坵撰表因事措辭皆中理帝多從之元翰林學士王鶚每見表辭必稱美恨不見其面

本朝成重淹 其先昌寧人祖廉自京来居因為縣人重淹少穎異博貫經史登第為弘文館博士以節行文章名世燕山時羅史禍謫江陵被殺或聞有命急見重淹曰時事可知顧公少避以待重淹曰君命天也天可逃乎遂就死後數日中宗反正中宗朝特贈副提學

宋世貞 為成均進士性篤孝事親之際雖細行皆出至誠父患癰吮血得愈及沒廬墓三年後遭母喪哀毁過禮見其喪祭者皆感歎事聞旌閭子期忠登第官府使屢典州郡所至廉直吏民畏愛矣

崔弼成 成均進士行篤至老中宗朝以賢良被薦不起孝如一父嘗久病百藥無效醫云蝙蝠可治時當冬月求之不得呼天而泣蝙蝠自至和藥療疾果瘳一鄉嘆其孝感

李承幹 仕為直長孝事老母其子別生光春亦有孝行不廢定省一日家失火母白氏年八十四病不能起承幹投入烈焰中以身翼蔽光春突入負其父以出奮身入抱祖母以出白氏及承幹皆爛死光春四體焦爛幾死而生明宗朝父子俱旌門

金錫弘 坵之後父直源有文行歷官正言錫弘潛心經學孝友出人時喪制廢壞錫弘一遵禮法鄉人多效之金安國觀察本道訪之曰君子人也因

稱其居為君子鄕後以遺逸敍仕至遂安郡守子瑞星官兵曹叅知 金啓 錫弘姪子登第宣祖朝累官至兵曹叅判性謹敏解華語嘗奉使中國以善辭命稱歷仕州府觀察海西皆著政績

列女金氏 本朝初人早喪夫父母欲奪其志金氏誓不他適父母强之金氏欲投江死乃懼而止終身衣白不食肉奉祭祀盡誠

沃溝縣 東至臨陂縣界十五里南至同縣界二十三里北至忠清道舒川郡界十九里西至海岸二十七里距京都五百二十三里

旱田

水田

建置沿革本百濟馬西良縣新羅景德王時改沃溝為臨陂郡領縣高麗因省入臨陂本朝 太祖時置沃溝兵馬使鎭 世宗時罷鎭復為縣掌面八

官員縣監 訓導各一人

郡名馬西良

山川鉢伊山在縣北三里鎭山 獅子巖山在縣西十一里 朴只山在縣東十里有古城地險以富 花山在縣西二十五里 占方山在縣西二十里 海在縣西二十七里 錦江自臨陂縣界流入經縣北十六里與忠清道舒川郡分界西流入海又名鎭浦 泗水在縣南二十里即臨陂縣泗水下流俗稱古沙浦西入于海 米堤池在縣西北十里周一萬九百十尺 舍介島在縣西四十四里 箕食島在縣西四十里 水島在縣西四十里周十五里有牧牛場

土產朱砂、烏石 防風 茶 塩 大蝦 大蠏 紫蝦 石首魚 蛤 土花 石花 錢魚 洪魚 秀魚 真魚 鰤魚 葦魚

城郭縣城 中宗九年重修舊城石築周三千四百九十尺南有門

公署羣山浦萬户鎭 在縣北二十二里○水軍萬户一人

學校鄉校 在縣北二里

宮室客館

倉庫羣山倉 在龍安縣為得成倉中宗時移于此收本縣及全州任實南原臨陂金堤長水金溝雲峰益山礪山錦山珍山泰仁龍安鎭安高山茂朱等官田稅于此漕至京師

烽燧獅子巖烽燧 南應扶安縣界火島西應花山 花山烽燧 東應獅子岩北應占方山 占方山烽燧 東應臨陂縣五聖山南應花山北應忠清道舒川郡雲銀山

關梁龍堂渡 在縣北十七里即錦江津渡又見舒川郡

祠廟社稷壇 在縣西二里 文廟 在鄕校 城隍祠 在客館後 厲壇 在縣北

寺刹千房寺 在縣東十里千房山有李齊賢重修記諺傳唐蘇定方將舟師伐百濟來泊山下烟霧蔽晴禱于山靈若使開霽當建千寺以報之即天地清明因登山周覽勢甚窄小不可建千寺只排千石以象寺形建一寺號千房後改稱禪林高麗肅宗時遣近臣重修後復號千房今廢有遺址 江臨寺 在五峯山

古蹟澮尾廢縣 在縣東十五里一名連江本百濟夫夫里縣新羅改澮尾為臨陂郡領縣高麗因省入臨陂本朝太宗三年併入于縣 紫還臺 在西海岸地勢平衍泉石可愛世傳

崔致遠所遊處

人物高麗林縣清直廉謹有大臣風歷事順宣獻肅睿五朝官至門下侍郎平章事諡元敬林有文纍子登科官至門下侍郎平章事高瑩中毅王朝登科官至國子司業

龍安縣東至礪山郡界十六里南至益山郡界十二里西至咸悅縣界四里北至忠清道林川郡界十里距京都四百四十八里

旱田

水田

建置沿革本高麗咸悅縣之道乃山銀所一云倉山所忠肅王陞置龍安縣以土人伯顏夫介在元有功於本國陞恭讓王時以全州任川置儲縣併入儲一作堤本朝恭定王九年合咸悅稱安悅縣尋復析為龍安縣掌面四官負縣監訓導各一人

郡名道乃山

山川七城山在縣西三里龍頭山在縣北八里即七城山之北麓山形仰然直入水溎錦江在縣西北九里其源出長水縣自錦山郡北流入忠清道沃川郡歷文義公州扶餘又南流自石城恩津礪山八縣境過龍頭山下西流入咸悅縣境

土產天門冬白魚鰣魚鯽魚葦魚秀魚綿魚

城郭縣城石築周四千二百四十尺今半頹落內有泉十一小池一

學校鄉校在縣北一里

宮室客館

烽燧廣頭院山烽燧在縣東十三里西應咸悅縣所方峯北應忠清道恩津縣江景山

關梁廣頭院橋在縣東九里

祠廟社稷壇在縣西三里文廟在鄉校城隍祠在縣北一里厲壇在縣北

寺刹日新寺在七城山

古蹟豐堤廢縣在縣東五里舊全州高麗恭讓王三年移入一名豐城倉山所在縣東十里古得成倉在縣北八里錦江上麗末始設稱德成倉後因水淺堙塞移于咸悅縣我康靖王十三年還移于此改名得成恭僖王初移于沃溝縣為羣山倉今倉基城址俱在有權近記

名宦本朝崔有悰以正言為親乞外為龍安縣監政清事簡會諸生講論經史受業者甚多

人物高麗張英以進獻使入元周旋中禮帝褒賞特除千戶給馬四十匹車兩弓矢還國官至三品張原績奘採以書狀官入元同行人先還作詩送之曰三韓一介今暮雪江天去歸舟載太平此外無他語元帝覽其詩命居學館與一時名儒從遊三年還國官至三品本朝李桂遂登科官至判事緣母年八十以撿叅判歸養

咸悅縣東至益山郡界十三里西至忠清道韓山郡界九里南至臨陂縣界十里北至龍安縣界十四里距京都四百六十六里

旱田

水田

建置沿革本百濟甘勿阿縣新羅景德王時改咸悅爲臨陂郡領縣高麗初省入全州明宗時復置咸悅縣本朝太宗九年倂于龍安縣尋復析置孝宗時又以邑人有弒母者革入龍安尋復舊

掌面八官員縣監　訓導各一人

郡名甘勿阿咸羅別號

山川咸羅山在縣西一里鎭山　龍山在縣東五里小山　宋訖山在縣東十五里小山雙立形頗險方言謂險爲宋訖　巖錦江自龍安縣界流入經縣西十里與忠清道林川韓山分界又西流歷臨陂境至沃溝入于海自本縣以下俗名鎭浦　圓池又稱大堤池在縣東五里堤長一里五十步周五里　流昌池一云流出堤在縣東五里長一里周五里與圓池隔一小阜其下溉田頗廣　佳郎池在縣南五里堤長一里二百步周十里　一同至池在縣東十五里堤長二百步周三里右二池皆獲溉田之利　墨井在咸羅山西周五十尺幽邃黯碧沙石皆黑故名俗傳龍湫歲旱禱雨有應

土產苧　蓴　竹　天門冬　麥門冬　大戟　松蕈　鯽魚　秀魚　綿魚　白魚　葦魚　鱸魚

學校鄉校在縣北二里

宮室客館

倉庫聖堂倉在縣北二十里錦江邊今上朝以礪山羅岩倉水途堙塞移于此稱聖堂倉收羅岩倉所收各官田稅漕至京都

烽燧所方峯烽燧在咸羅山上西應臨陂縣五聖山東應龍安縣廣頭院山

郵驛才谷驛在縣南一里　四街院在縣西十四里

關梁南堂渡在縣北十八里林川郡界即錦江津渡

祠廟社稷壇在縣西三里　文廟在鄉校　城隍祠在咸羅山　厲壇在縣北

陵墓南宮墓在縣北　里即南宮始祖

寺刹崇林寺　臨海寺俱在咸羅山

古蹟龍山城石築周三千六百尺內有二井一池本朝世宗時爲移縣而築之其後縣未移而城因廢　古德成倉在縣西十里錦江陂浦上舊在龍安縣北世宗十年移于此成宗十八年還移龍安縣今倉基城址俱在

名宦本朝

人物本朝崔叔咸其先稷山人後爲縣人叔咸孝友有至性家嘗大疫母病篤父兄諸弟皆避叔咸獨侍藥嘗母糞而甞母果愈後母死父欲分子女土田臧獲叔咸皆占磽薄老衰者餘皆推與兄弟鄉人稱之曰庾黔婁薛包之行千載景仰況一人兼之者乎　崔敬止本全州人徙居數世敬止博通經史世祖朝登甲科第一累官至弘文館副提學以文章氣槩名世

列女洪氏郎將崔得霖妻高麗恭愍時倭賊闌入所居里洪氏被執賊欲汚之罵賊不屈而死年三十二

高山縣東至龍潭縣界十四里至全州府界五十五里至鎭安縣界五十五里南至全州府界十里西至礪山郡界三十二里北至忠清道連山縣界二十九里距京都四百四十六里

早田

水田

建置沿革本百濟高山縣一云難等良新羅為全州領縣高麗顯宗時因併入全州後復置高山縣兼任珎同本朝 太宗時析珎同各為縣掌面八官員縣監 訓導各一人

郡名難等良別號鳳山

形勝衆山阻塞川田路轉地僻平野衆山阻塞川流田漑石路轉側 危峯本朝李德絶嶺高麗李奎報記危峯絶嶺壁立萬仞路極窄下馬而後行 高峯四面洞詩高峯四面倚雲横到縣方知稱得名

風俗好淫祀

山川珠崒山在縣東四十五里高大冠於一方或稱當崒山又名珠耳山又見錦山郡及龍潭縣 鳳凿山在縣東十五里珠崒山西支為清涼山又西連為此山一名威鳳山其東山形四圍緣崗周回可二十里四外高險中平可莫數千戶澗谷之水合而東流成瀑布飛滿百餘尺世稱可設山城今威鳳寺在其中 大芚山在縣北五十五里珎山郡界一名兜率山又見珎山郡 雲岩山在縣東十八里即珠崒山西北支層岩斷立如雲起狀故名 佛明山在縣北三十里珠崒山西北支蔓延為此山 雲梯山在雲梯縣北佛明山西迤東轉者為此山 天登山在縣北四十三里石峯聳起人不得攀緣如登天故名 炭峴在縣東北五十里東距珎山郡梨峴二十里西距龍溪城十里 加峙在縣東北三十五里龍鷄城在其東 西方山在縣南十里又見全州府 文殊山在縣西三十里礪山郡界自佛明山西迤為此山 烽燧山在縣西十里全州界一名封室山 礪川一云南川源出珠崒雲梯兩山過縣南西流至全州地入楸川 龍鷄川在縣北四十里源出炭峴梨峴合而北流入忠清道連山縣界為仁川 龍巖一云龍淵在縣東十里有岩截入水中形甚奇異其下成淵天旱禱雨 龍淵在雲梯縣東十五里自湧為池周圍一里許遇旱禱雨有驗

土產烏水精出縣東耳岩峴 綠礬出縣東月幕岩穴 蜂蜜 黄蠟 松蕈 柿 漆 石蕈 鉄 礪石 石灰 紙 銀口魚 鯔

學校鄉校在縣東一里

宮室宣化館即客館東軒曰曜碧西軒曰穎清 鄉射堂在客館西 樂山樓在客館東今改構名拄笏軒 勸稼樓在客館南縣監金錫賢建

郵驛玉包驛在縣東十八里 西院在縣西五里 三奇院在縣東六里○上有小岡名三奇亭本朝河演行邑取水石松名之後倅作亭今廢 龍鷄院在縣東北四十里龍鷄川上舊名梨生院有樓

祠廟社稷壇在縣西三里 文廟在鄉校 城隍祠 厲壇俱在縣北四里

寺刹威鳳寺在鳳凿山一云圍鳳相傳山形四圍而初創寺時適有鳳鳥之異故名云高麗初全州人崔龍甲遊山得地始建菴舍後僧懶翁過此歎美地形僧釋岑改構增崇為巨刹山內又有北菴達磨僧伽益水等菴皆至正間所創○本朝李慶全詩八峽少塵事偷然清興愡秋風威鳳寺落日上方樓石路高低險岩泉上下流仍知簿書裡空使白渾頭 花巖寺在佛明山寺在層岩上寺西南有瀑布飛流百尺岩上有牧丹花故因以為名庭前舊有樹細葉豪鬆亂垂如帶綏碧色可翫他郡所無俗稱梅檀木 安心寺在兜率山○本朝李安訥詩獨訪安心寺先登

積雪樓一峯差石勢雙聳殿溪流月上天起近雲生地轉幽官懸戴星發翻向野僧羞 雲巖寺在雲岩山宋開寶中僧克性創建繞寺皆層岩寺前有瀑布垂流四十餘尺 神興寺在珠崒山神興洞○本朝僧沖徽詩層樓百尺起崔嵬綠戶瓊窓次第開一片白雲生石榻數聲清磬出花臺 雲門寺在珠崒山

古蹟 雲梯廢縣在縣北二十里今名雲山本百濟只伐只縣新羅改雲梯為德殷郡領縣高麗省入全州本朝初移入于縣 龍鷄城在龍鷄川上東距炭峴三十里西北距連山縣三十里有古城石築周一千十四尺今額相傳三國時百濟屯戍處

人物 高麗 高義和性沉鷙有膂力應選為軍補隊正斬李資義以功累官至守司空左僕射

泰仁縣東至任實縣界二十九里南至淳昌郡界四十八里至井邑縣界二十里西至古阜郡界十一里至金堤郡界二十八里北至金溝縣界十七里距京都五百六十三里

旱田

水田

建置沿革 本百濟大尸山郡新羅景德王時改太山郡太通作泰高麗初省入古阜郡後復置泰山縣恭愍王時陞為郡以縣人元使林蒙古不花有功於國陞本朝 太宗九年以仁義縣併入改為泰仁縣徙治居山驛掌面十

六官員 縣監 訓導各一人

郡名 太山

形勝 東南限長嶺西北連原野西抵瀛洲北通完山右塞諸山右臨平野

風俗 民務耕農 尚巫覡泰仁民俗亦尚巫覡喜淫祀 士有文風

山川 養真山或稱竹寺山在縣北一里鎮山 象頭山在縣東十五里自母岳山西出一支為此山 母岳山在縣東三十里又見金溝縣 雲住山在縣南三十里其南峯石壁有窟曰照通窟僅通一人出入俗傳三國末有照通和尚者修行其中今有小菴 七寶山在縣南二十五里又見井邑縣 詩山在縣東二十一里古泰山治東小山 屈嶺在縣東南三十里東接雲住山南連井邑內藏山有路甚岩險 南川源出象頭屈嶺諸山經縣南五里至縣西十五里○梨坪與古阜郡芽川合而西流至金堤扶安之界為潼水 犬川在縣北十里出象頭山西至梨坪與南川合 碧骨堤湖在縣北二十八里金堤郡界今水涸為田詳見金堤郡 牛頂池在縣西二十里堤長百五十步周三里 蓮池在縣南一里其堤上有披香亭

土産 竹箭 礪石俱出仁義城山 柿 石榴 蓮實 茶 苧 董 蘿蔔最大且良俗稱泰居撟蘿蔔 蜂蜜 黄蠟 石灰 蠏

學校 鄉校在縣西二里 泰山書院在縣東二十里古泰山縣本朝丁克仁始設家塾教學徒明宗時縣人宋世琳重恢其制建講堂東西齋稱鄉學堂後人因為書院立祠祀崔致遠申潛以丁克仁鄭彦忠配享 南皐書院在縣南二十里萬曆間建李恒祠在其中

宮室客館 鄉射堂在客館東 菡萏亭在客館東偏縣監張友奎建今廢 披香亭在縣南一里蓮堤上光海時縣監李志宏改建○本朝林愃詩暝色生秋兩寒香落晚霞千家大堤上人語柳邊多○本朝權韠詩簾幕重〻水檻清夜深江月上孤城金罡

酒畫人初散碧樹蔥籠曙露生

郵驛居山驛在縣南一里驛舊基即今邑治本朝初移邑驛因遷居 昆魚院在縣東十里 泰居院在縣西五里 王輪院在縣北九里

關梁泰居橋在縣南五里跨南川

祠廟社稷壇在縣西三里 文廟在鄉校 城隍祠在縣西四里 厲壇在縣北

陵墓丁克仁墓在縣南十七里 李恒墓在縣西南二十里

寺刹龍藏寺在雲住山或稱雲住寺々前溪水成瀑流數丈窩有龍藏其中故名相傳甄萱時僧照通創建其址崖又有王朴菴 靈泉寺 興龍寺俱在母岳山 象頭寺在象頭山東又稱普光寺 天涯寺在象頭山西

古蹟仁義廢縣在縣西十里本百濟賓屈縣一云賦城新羅改武城為泰山郡領縣高麗改仁義併入古阜郡尋為泰山縣兼任後復析置仁義縣太宗九年省併于縣今有土城基址 古泰山縣在縣東二十里本朝太宗朝並仁義縣徙今治今治為直村稱古縣內 閑門部曲在縣東四十里 流觴臺在古泰山治南一里川邊新羅崔致遠守郡時遊於此流觴詠詩後世仍為邑人遊賞之所本朝孝宗時縣監尹以益聚石補築稍令高廣

名宦新羅崔致遠憲康王時致遠自以西學多所得及東還將行己志而衰季多疑忌不能容遂出為泰山郡太守 本朝申潛恭僖王朝為泰仁縣監愛民好士政清如水一邑大治民追思之為立石刻文以紀其德

流寓丁克仁本朝靈光人卜地移家泰仁初以上舍生遊太學士林稱其經明行修文宗朝以遺逸徵拜廣興副丞後舉文科遷至司諫院、正言見時衰致仕歸家敎訓後生闢異端崇正學

李恒本朝漢城人少豪健任俠有橫鶩萬里之志年近三十自悔悟曰幾失此生折節讀大學銳意求道日必正服對案行止不捨毋嘗於馬上沉思忽犯辟僕繫馬行莫之覺其刻苦類此奉母南來泰仁力田養親不求聞達宋獜壽觀察本道屛騎從就訪講道曰實踐何減張橫渠遂啟事之恭憲王時徵召入對陳進學致治之方拜林川郡守昭敬王初屢徵以寺正掌令皆不赴世稱一齋先生

人物高麗田元均博古能文所至有聲績官至尚書左僕射 本朝許仲民事親至孝其母年七十五夜抱仲民小女寢家失火仲民冒火而入負母僅免女未及救以行義特授濟用監直長 鄭彥忠中成均進士隱居力學精通理數占筮若神亦不待占而自解宋純以前判書退居過見彥忠下堂迎送餞而李恒至彥忠望見迎送於門時恒不學任俠入皆恠之彥忠曰宰相固可尊然此人乃他日真儒王者不得臣者也又嘗與術士李何同行有樵夫過山下適有山鳥[illegible]去何曰彼樵夫必崔同也彥忠曰必山同也使人呼崔同不應呼山同樵夫即應他事皆類此人以康節稱之然不以語人亦不著書以孝行聞于朝除參奉不赴號默齋

列女林氏副正英順女奉禮郎朴慥妻事姑得婦道慥官遊京都林氏獨侍姑其家夜失火人皆蒼黃不暇姑老病伏枕林氏亟入抱其姑出火烈風猛以身蔽之頭背焦爛其僕入救得全本朝○太宗初旌門號義婦

羅州牧東至南平縣界七里至光州界二十里南至靈巖郡界五十里至長興府界七十五里西至務安縣界三十八里至海岸七十里北至咸平縣界四十里距京都七百四十二里

旱田

水田

建置沿革本百濟發羅郡（一云通義）新羅景德王時改錦山郡（一云錦城）羅季為甄萱所據未幾弓裔使高麗太祖率舟師攻取置羅州成宗時於州置鎮海軍顯宗時罷軍陞為羅州牧（顯宗元年契丹南寇至州留旬日丹兵敗去王乃還都九年陞為牧）本朝因之　世祖時置鎮　仁祖時降為錦城縣以牧李更生被邑人刺傷降尋復為羅州鎮管州一（光州）都護府一（長城）郡二（靈巖 靈光）縣五（咸平 高敞 茂長 南平 務安）官員牧使　判官　教授（各一人）

郡名發羅　錦山　錦城

形勝北枕錦城南控月出東望瑞石西縈巨海　山自北來海環西南（錦城之山自北來鎮月出南拱海環西南其中沃野百里長城潭陽綾城諸水皆聚於此寶蘆嶺以下一都會也）江山秀麗（野平氣殊江山秀麗）地濱大海（本朝徐居正記羅於全羅最鉅境壤綿曠民物繁阜地濱大海有稻粱之饒物之冨乃一道賦税之要會）南方巨鎮（高麗鄭道傳諭父老書羅州南方一巨鎮也）湖南之保障（本朝李恒福錦城山城議羅州乃是湖南之保障）

風俗力田為業（鄭道傳記）信鬼神尚淫祀（觀風案南方民俗大抵喜巫覡州俗尤信鬼神而尚淫祀）工商通貨（州志）人士樂業（山川秀媚民物繁庶人士往々多豪俊皆樂其業）豪悍健訟（為士者誦習詩書民雜農商淑慝不均豪悍健訟鬪爭而犯上其大豪中猾持吏長短役侮孤弱武斷鄉曲）

山川錦城山（在州北五里鎮山鄭道傳云錦城山端重奇偉羅之鎮也）歌謠山（在州南十里）德龍山（在州南六十里）宰臣山（在州南九里）侍郎山（在州南八里州人以宰臣山為牧使裨補侍郎山為判官裨補）雙溪山（在州南六十里）滃珍山（在餘艎古縣北距州北四十五里）都野山（在州北三十五里又名白也峴）伏龍山（在州北三十四里伏龍廢縣北山即都也山東支上有古山城基）月井峯（在州城西）壯元峯（在州城西北二峯皆錦城西支回抱州城）仰巖（在州南十一里錦水南崖或名鸕鶿岩其下水深莫測俗云有龍岩底有穴潮退則見諺傳大明黃儼往濟州時所壓之處）伏巖（在州東錦水西崖州人遊賞之地本朝金宗直詩仰伏兩岩奇且勝遊人一棹任西東即此）錦水（一名錦江又名木浦其源自潭陽府之㳱川至光州西與長城黃龍川合至州北二十里與綾城綾州會又合鵲川長成川始名錦水西流經州東五里為廣灘至州南十里曰錦江津亦稱南浦又西流至務安縣入于海高麗林惟正詩錦水西流遶錦城每逢秋半倍澄清即此）鵲川（在州北三十五里出州之滃珍山及靈光郡隨緣山南流入錦水）長成川（在州北十里出都野山南流入錦水）鶴橋川（在錦城山南流入城中東出入錦水）亭子川（在州西二十五里出錦城山之西南流入錦水）松只川（在州南十五里出溪山北流入錦水）叟牛十橋池（在州南四十五里）崇教池（在州南三十五里）板橋池（在州南三十里）古幕浦（在州西三十里）浣紗泉（在州南十一里錦水北崖興龍寺前世傳高麗太祖莊和后吳氏浣布渚上有五色雲氣者即此泉○本朝金宗直詩龍孫當日艤戈舡忽夢朝雲暮雨仙千載薄姻真合轍行人指點浣紗泉）八介島（周二十八里）安昌島（周二十里）河衣島（周二十里）荅介島（周三十里）都草島（周三十五里）者乙島（周三十一里）只佐島（周四十五里）愁致島（周二十三里）沙致島（周十二里）大也島（周二十三里）小智島（周二十五里）半月島（周十二里）朴

只島周八里 高下島周十二里 多里島周十五里 沙邑島周四十五里 壓海島周六十里百濟時為阿次山郡新羅改壓海郡高麗初屬本州後屬靈光郡後屬本州後因倭寇失土徙縣本州內地古郡基址猶存 松島周十里 仇嫈島周十里 牛幕島周七里 蘇文島周七里 牛開島周三十里 加難島周二十里 飛介島周三十里 智島周六十里 長山島周三十五里一云安陵百濟時為居知山縣新羅改名安波為壓海郡領縣高麗改今名屬本州後因倭寇失土徙居本州內地古縣基址猶存 慈恩島周四十五里 巖墮島俗稱岩泰周四十五里 新蔬島周三十里○已上諸島俱在州西海中水路數十里或百里皆有居民 黑山島水路五百里周七十五里古稱黑山縣遺址尚存宋史自明州定海縣遇便風三日入洋又五日抵黑山入高麗境即此島土甚饒產豬山多大鼠 紅衣島水路五百五十里在黑山島西址周三十里 露島有二島相連或稱二蛟島水路五百八十餘里在黑山島西南周三十里 可佳島水路九百餘里在黑山島西四百里周七十餘里○已上四島俱絕島

土產 竹 竹箭三鄉里出者最良 莞席 磁器 礪石出州南庇菴里 茶 石榴 榧子 香蕈 蘿葍最大且良 藍 秀魚 烏賊魚 銀口魚 葦魚 絡締 鰒 石花 海衣 藿 甘苔 黃角 莓山

城郭 州城石築周五千三百二十尺立門四東曰南曰西曰北曰城內有井泉三十二小溪一

公署 青巖道察訪司在州北五里領青巖冊巖永甲仙巖新安綠沙嘉里永保景新光利烏林青松十二驛○察訪一人

學校 鄉校在州城西 書院在州西二里宣祖朝牧使金誠一建以為州士藏修之所立祠其後祀金宏弼鄭汝昌趙光祖李彥迪李滉使學者知所宗師云

宮室 錦城館即客館其東軒曰碧梧軒有碧梧樹他郡所無本朝李行命名 鄉射堂在城內西 鍊武堂在城南門外 撫夷樓在客館東 望華樓在客館南成宗時牧使李有仁建金宗直詩迭拱鱗蒼拂紫霞使君日日望京華又云一方走集樓臺勝莫恨金章滯海涯 憑虛亭在武夷樓東南城上本朝南袞詩迥出風塵外軒騰睥睨間樹依平野短天向海門寬形勝因人有窗明畫意歡晚來堪畫處斜日照雲鬟 逍遙亭在州西南二十五里錦江上李氏別墅 福巖舊有名亭羅氏別墅云 長春亭在逍遙亭西五里錦江上柳氏別墅 亭在長春亭西六里錦江上朴思菴別墅 烟波亭在石亭西三里錦江上距縣南四十里 落帆亭在烟波亭西南三里距州南四十二里三亭皆朴思菴亭也

倉庫 榮山倉在錦江津岸即榮山縣也收本州及順天康津光州珍島樂安光陽和順南平同福興陽務安綾城靈岩寶城長興海南等官田稅于此漕至京都○中宗七年移本倉所收于靈光法聖倉因廢之

烽燧 羣山烽燧在州西一百五里南應務安縣鍮達山北應同縣高林山

郵驛 青巖驛在州北五里察訪司本驛 新安驛在州南三十三里 慈化院在州東門外 要光院在州北二十里 錦江院在州南十一里錦江津岸有樓 蓮花院在州北十里有樓 洪海院在州南三十三里 新安院在州南三十五里 開累院在州西二十里 昌乞院在州南三十五里 嶺院在州南六十里

關梁 鶴橋在城中 榮山橋在州南十里錦江津以大木作橋橋下通舟 古幕

橋在古幕浦木橋

祠廟

社稷壇在州西　文廟在鄉校　南海神祠在州南四十五里祀典載中祀春秋降香祝致祭　錦城山祠祀典載小祀每春秋降香祝致祭祠宇有五在山頂曰上室在山腰曰中室在山足曰下室在下室之南曰國祀在州城中曰祖堂○高麗忠烈王時民間傳稱祠神降于巫言珍島耽羅之平我有力焉可封我為定寧公州人待制鄭興感其說諷王爵之春秋降祝幣以祭俗稱祠神有靈每歲春秋遠近往禱者闐咽男女混揉蕺山露宿因而相竊妻女成宗朝命禮曹禁之　龍津壇在錦水北岸與仰巖相對本邑致祭　金千鎰祠在州西一里玉井峯下賜額旌烈有張維所撰旌烈碑　厲壇在州北

陵墓

吳謙墓在湧珍山側　奇大升墓在州北烏山里

寺刹

興龍寺在州南十一里錦江津北高麗太祖莊和王后吳氏祖富伅父多憐君世家州之木浦多憐君娶沙干連位女德交生后后嘗夢浦龍來入腹中驚覺以語父母共異之未幾太祖以水軍將軍出鎮羅州泊舟木浦望見渚上有五色雲氣至則后浣布太祖召幸之以側微不欲有娠宣于寢席后即吸之遂有娠生子是為惠宗面有席紋世謂之襵主於其地建大寺曰龍興寺前有流綠泉　法輪寺在西一里○高麗李靈幹詩秋涼晚景最相宜一宿蓮坊一展眉星斗夜深光燦爛樓臺月滿影參差　普光寺在錦城山○高麗李邦直詩此地真仙境何人創佛宮和門塵迹絕入室道心通曉露山含翠秋花雨襯紅想看千古事飛鳥過長空　神王寺在錦城山今廢　道弘寺在錦城山月井峯今廢　新勒寺在錦城山狀元峯一名欝牙　雙溪寺在雙溪山寺甚巨　湧珍寺在湧珍山有克復樓　聚仙寺在錦城山　鶴林寺在州西九十三里鄉里

古蹟

滎山廢縣在州南十里本黑山島人出陸僑寓南浦稱滎山縣高麗恭愍王時升為郡後省入本朝因之　壓海廢縣在州南四十里壓一作押縣本在海中島後因倭空其地僑居于此仍稱為縣今廢詳壓海島　艅艎廢縣在州北四十里本百濟水川縣一云水入伊新羅改艅艎仍併入高麗本朝皆因之　會津廢縣在州西十五里本百濟豆肹縣新羅改會津仍併入高麗本朝皆因之　安老廢縣在州南三十里本百濟阿老谷縣新羅改野老為潘南郡領縣高麗改安老仍併入本朝因之　伏龍廢縣在州北三十里本百濟伏龍縣一云盆龍新羅改龍山為武州領縣高麗復古名併入于州本朝因之　潘南廢縣在州南四十里本百濟半奈夫里縣新羅改為潘南郡高麗初降為縣仍併入本朝因之　長山廢縣在州南二十里縣本在海中島高麗末因倭寇失地僑居于此仍為縣後廢詳長山島　錦城山古城石築周二千九百四十六尺古有軍倉今頹廢○本朝宣祖朝令體察使李恒福巡審南方山城便否恒福叙此城曰城周可十里西南北三面地勢險峻東門外一面寬平為受敵之地城中有五井不竭又有四峯北曰定寧南多福西晤道東露積定寧為主峯而東西南三峯拱揖于前指顧相應言語相通東北兩峯之支環抱而成洞曰大谷洞為山北高南低城勢欹側東門外山脊連亘數百步至壯元峯從山脊仰見城內砲丸所及西北兩面城繞山腰勢分內外守堞之人身在山外其與東南裡面聲勢咫尺不得相顧此為兵忌又東門傾側距本州太迫本州之城濶而綿薄外多窺瞰實難為守而號稱雄藩為賊必爭之地賊若奪據以為巢穴山城之入在賊肩背轉輸道絕不戰自困此危道也　從南鄉古作從義在州南五十里　羣山部曲南距州西九十里　極浦部曲　任城部曲已上三部曲今合為三鄉里越入務安縣　石檣在城東門外世傳初設州時術者建此以表行舟之勢門內亦有木檣　高麗惠宗祠舊在龍興寺中至本朝初州人猶祀之今有遺址○高麗末尹紹宗謁廟詩鐵原方啓聖錦里為儲英一統三韓日先登百濟城山河扶王氣廟貌見民情顧相東征鉞重

開萬世平

名宦高麗庾黔弼太祖十八年謂諸將曰羅州界四十餘郡為我藩籬久服風化近為百濟劫掠六年之間海路不通誰為我撫之洪儒朴術熙述等請往太祖曰凡為將貴得人心乃以黔弼為都統大將軍賜御舩遣之黔弼至羅州經畧諸城及還太祖幸禮成江迎勞

全輔仁成宗時為羅州經學博士教導有方王賜公服一襲米五十石下教奬之其教曰誘以能諄合宣尼傳文之意誨而不倦副寡人勸學之心宜加奬擢用示殊寵

朱悅高宗時以判羅州牧使以廉簡稱

金慶孫高宗朝為羅州道指揮使時原栗賊李延年自稱百賊元帥寇掠海陽等州縣聞慶孫在羅州率其徒圍之慶孫募為別抄者二十餘人出戰斬延年乘勝逐之賊徒大潰一方復安八拜樞密院知奏事

崔璘高宗朝為羅州副使時原栗賊帥李延年作亂寇掠州郡璘與指揮使金慶孫擊破之○以功超拜右副承宣

金應德元宗十一年為司錄時三別抄叛據珍島勢甚熾州郡望風迎降賊將至州境州官議未決上戶長鄭之昌慨然曰苟不能登城固守寧進山谷為州首吏何面目背國從賊乎應德聞其言即決意守城牒州及領內諸縣入保錦城山樹棘為柵率勵士卒賊至士卒皆畏瘡死守賊攻城七晝夜竟不得拔

閔宗儒忠烈王朝為羅州牧使

張沆忠肅朝為羅州牧使廉正好善盡心奉貢八為軍簿判書

尹澤忠穆王朝為羅州牧使政尚寬恕仆強植弱

本朝咸禹治為羅州牧使廉簡勤職所至有政績

金係熙世祖時為羅州牧使有惠政大修學校民有去思及卒如喪其親為立寶每歲忌日州中大小人皆集校中設祭

崔善復為羅州牧使清簡為治民懷其惠

李永肩為羅州牧使

李有仁為羅州牧使

柳夢昌宣祖朝為羅州牧使有明斷獄訟無滯修起學校民有去後思

鄭介清隱居務安篤志力行嘗與門生行鄉飲酒禮牧使柳夢昌往觀歎曰古禮之行乃見於今日此州乃人才府庫而徒務詞章須得真儒可變士風遂上疏除介清為州教授以禮敦諸介清嚴師弟子禮施自小學呂氏鄉約近思錄家禮儀禮諄諄教導歲餘孝悌行於鄉黨

金誠一昭敬王朝出牧羅州為政清肅恐民有雍閼置鼓於門令冤者建書院於錦城之麓立祠享五賢公暇輒往與諸生講論經義課其勤怠有大于社壇者州人請丞新之無申使臺誠一曰罪而匿之增益罪也校劾而歸

鄭曄昭敬王朝為羅州牧使性廉簡所至有惠政及民

張維仁祖朝以吏曹判書貶羅州牧使務修學校數引士子授論難經史愛民恤刑明年以刑曹判書召還

流寓鄭道傳奉化人高麗末以才學顯累為成均司藝辛禑初立令道傳迎北元使道傳極言既事大明不可復迎元使且曰我當斬使首以來不爾縛送大明遂忤李仁任謫會津縣搆草舍以居三歲放還有草舍記及諭父老文後為本朝太祖功臣○本朝金宗直有詩云誰謂宗之稷契倫崎嶇平地竟沾身漫煩父老東門論爭似三緘隱會津

趙注本康津人本朝世宗朝登壯元第所歷清謹有聲績及老以檢戶曹參判退居州之細花里時年八十餘每遇正至誕節必來參望闕禮入州城門必下馬入公廳必趨人問之曰守令今君之職而城府守令之所在不可不如是

人物高麗鄭可臣初名興元高宗朝登科忠烈王時從世子如元世祖見之敬重問本國風俗世代相傳理亂之迹聽之不倦命同公卿議征交趾可否可臣對稱旨授翰林學士眷遇甚隆後還國官至中贊性廉直在政房銓注皆當時辭命多出其手古宅在州北金安洞嘗在元有詩云海東南有錦城山山下吾廬草數間巷柳園桃親手植春風應待主人還

羅裕為人勇悍出衆累遷大將軍從金方慶討三別抄征耽羅日本皆有功進封寄直事元帝授懷遠大將軍習禮儀明斷獄訟臨難不懼

陳子和長身驍勇元宗時三別抄攻濟州子和年十九直入賊中斬其將以出士卒喜躍既而為賊所害

羅益禧裕子官至商議評理性耿介慕節義恥與

人爭其母嘗分財別遺臧獲辭曰以一男居五女間烏忍苟得以累鳲鳩之仁毋義而從之謚良節

朴尚衷 潘南人恭愍朝登科為禮曹正郎考證古禮序次倫貫以為祀典辛禑時李仁任欲事北元再上疏極論忤仁任意杖流道死為人慷慨有大志博該經史善屬文燕居但觀書言不及產業居家孝友莅官勤謹視人不義富貴蔑如也

鄭地 形皃魁偉性寬厚幼有大志好讀書通大義出入常以書籍自隨恭愍朝為速古赤上禦倭策王覽之大悅為全羅道安撫使辛禑時倭寇楊廣全羅慶尚道屠掠州郡以地為三道都指揮使累擊倭大敗之人謂非指揮三道民幾盡矣恭讓王時錄回軍功賜鐵卷退居光州而卒謚景烈

鄭沉 善騎射不事產業為本州吏恭愍王二十年以全羅按撫令奉濟州山川祝幣航海而去與倭賊相遇衆寡不敵舟中皆懼議迎降沉獨以為不可決意與戰射賊應弦而廢賊不能逼及矢竭沉知事不濟具袍端坐賊驚議曰官人也相戒莫敢害沉自投水而死舟人皆降賊

本朝

朴訔 尚衷子麗季登科入本朝為佐命功臣官至議政府左議政封錦川府院君謚平度子癸官刑曹參判董為中樞院事參佐翼功臣封君

鄭軾 可臣六世孫 世宗朝登文科歷敭中外官至知中樞院事謚景武

崔溥 博聞強記英傑不羈 成宗朝第文科選入弘文館為校理還至禮賓寺正溥請練典章絶不為浮華之詞嘗奉使濟州還漂至中原寧波府邊臣疑倭寇將殺之溥應對明捷得免 成宗令上行錄撰漂海錄以進燕山戊午罹史禍遠謫被殺 中宗初贈職

朴崇質 登科官至領中樞府事謚恭順

丁壽崗 性廉謹登文科 成宗朝累遷為集賢殿提學燕山政亂托疾居閑後事 中宗官至兵曹參判兄壽崑官承文校理聰明強記有文名

丁玉亨 壽崗子第文科累官兵曹判書至議政府右贊成有器量嘗與尚震同監仁廟胎峯于嶺南咸昌倅兩人舊知也欲勸酒而先醉因失溺流于座相笑而罷其後玉亨逢慶尚之路無一戲言尚震歎服以為不戲人小事而如此況言人大過乎子應斗官至左贊成以孝義聞軀幹魁偉能食數斗米孫胤福 宣祖朝為大司憲

朴紹 訔之後幼步趍有度表裡如一見者皆謂之玉人篤志好學至忘寢食 中宗朝登第第一轉拜吏曹郎時經士禍人諱性理之說李彥迪淹滯校書紹力薦入侍講其好賢盡職類此後為司諫將劾金安老奸為其所中歸陝川居閑講讀自娛竟卒於鄉紹少孤移居陝川冶爐縣自號冶川事諸父盡愛敬居雖遠仕罷必來省子應順以宣祖懿仁王后之父封潘城府院君應男應福皆官大司憲至孫曾為列卿臺侍者十餘人又見陝川郡

吳謙 祖自治起寒微 世祖朝以軍功封羅城君謙幼穎悟夙成其舅判書申錦每稱其材以蔭監南平縣 中宗朝登第 明宗朝累官吏曹判書至議政府左贊成謝病南歸閑居十三年而卒天資溫雅長於吏才

林鵬 少力學當己卯士禍率太學生數百人守闕爭死後登文科選入史館 明宗朝遷至承旨出為慶州府尹以剛直著名子晉中武舉以器局勇氣重於時累為慶尚全羅忠清平安咸鏡南北六道節度使

林亨秀 其先平澤人後從為州人父萬根為錦山郡守亨秀有氣槩儀姿瓌秀博通羣書下筆成文 明宗朝登文科遷為弘文館修撰出佐西北軍時稱文武才累轉出為濟州牧使有惠政竟為羣小所擠賜死云號錦湖

金千鎰 其先光州人從羅二世少孤從李恒學篤志力行動遵規法 宣祖朝舉遺逸歷任內外皆著績入憲臺骨硬敢言倭亂之難 上西幸京城覆沒千鎰在家聞變痛哭起鄉兵勤王先至畿內自此朝命始通於兩湖行朝遂授倡義使千鎰扼江都以戰艦迫京江以為明師犄角及賊退領兵追賊至嶺南與諸將保晉州城倭兵大至戰守九日殺傷相當及城陷千鎰謂左右曰吾斷一死久矣與子象乾赴水死朝廷錄其忠義贈議政府左贊成

林悌 晉子才調過人日誦累千言好氣任俠 宣祖時擢文科仕止禮曹正郎以能詩名悌有奇氣中頗自悔好飭行樂遊名山以佐其豪逸而淺之以詩云有白湖集行世

列女

羅氏娣妹 戶長羅宗女嫁為翰林趙琢妻妹龍林允德妻俱早寡哀毀過禮服闋猶素服家甚貧終身祭祀惟謹觀其行者鄰里皆感歎本朝 太宗朝牧使權踐上聞立雙碑於北

藏里曰節婦里復其子孫

光州牧東至昌平縣界十八里南至和順縣界二十一里至南平縣界二十八里西至羅州界四十七里北至長城府界二十一里距京都七百二十五里

旱田

水田

建置沿革本百濟武珍州一云奴只新羅取之仍置武珍都督府景德王十六年置武州真聖王時甄萱襲據稱後百濟尋移都全州高麗太祖十九年討神劒平之二十三年改光州初弓裔以高麗太祖為精騎太監師舟師略定州界城主池萱以甄萱婿堅守不降至是平之○按高麗史天復三年弓裔命太祖率舟師自西海抵光州界攻錦城拔之開平三年又使太祖修戰艦往擊光州珍島郡拔之後又至光州西南界潘南縣浦口獲壓海縣水賊能昌送于裔太祖即位十九年親伐神劒駐營馬城神劒與其弟菁州城主良劒光州城主龍劒來降則武之稱光自甄萱時而然非始太祖二十二年或疑高麗史臣追稱之辭然自餘州縣皆據當時之號而書之何獨於光州乎意者甄萱以後光武互稱至是年定為光州也姑竢知者成宗時降為海陽縣高宗時以功臣金仁俊外鄉陞為翼州尋又陞為武珍州忠宣王初降為化平府恭愍王時改武珍府避惠宗諱改武為茂後復為光州牧本朝因之　莊憲王十二年降為茂珍郡以邑人盧興俊毆牧使降　恭順王元年復為光州　康靖王二十年又降為光山縣判官禹允功中流矢朝廷以為邑人所為降為縣

燕山七年復為光州掌面四十官貟牧使　判官

教授各一人

郡名武珍　武州　海陽　化平　光山

形勝左倚無等巨岳為鎮右隣錦城沃野連境左倚無等巨岳為鎮右隣錦城沃野連境北通蘆嶺金城之路利盡山林川野之饒與羅州並稱南方巨邑　當一道之衝本朝申叔舟喜慶樓記　全羅巨邑高麗史樂志　嵩高作鎮本朝鄭弘溟瑞石山賦嵩高作鎮清淑鍾靈地擅膏腴入産豪英

風俗民俗強悍會土記武珍之俗強悍　力業農桑　俗喜巫覡　並州志　人士樂業光羅之間古多豪俊人士樂業

山川無等山在州東十里鎮山一云武珍岳一云瑞石山穹隆高大雄盤六十餘里濟州漢拏山慶尚道南海巨濟等島皆在眼底山西陽崖有石條數十特立高可百尺山名瑞石以此天旱欲雨興久雨欲晴輒鳴聲聞數十里俗樂有無等山曲百濟時城此山民賴以安故作歌云○本朝鄭弘溟賦异哉瑞石之為山雄蟠州縣奇挺宇宙連延纚屬騰踔蹇嵯硊硠坻堮壇曼阜坂靈巢斯蓄甘木斯殖觀其峻危之巔隆阻之隈奇巖人立恠石數領曲加介鉅巧施之剞劂有千尋之莖擢累三級而槷削臨無底而了峙復不准乎度尺勢撐柱而難安神悚眙而不可升乎　陽林山在州西二里　三角山在州北十里　巾之山在州南二十五里天將雨則鳴聲聞數里　魚登山在州西十三里　佛臺山在州西北三十里長城府界　廣峴在州南二十一里和順縣界即無等山西支　漆川又名漆水即潭陽府漆川下流經州北境西流至州西三十里稱碧津又西南流入羅州界為錦水　黃龍川在州西四十里即長城黃龍川下流遠仙岩驛前故又稱仙岩水南流至州西南三十里極樂坪入漆川　巾川在州西五里出

無等山西麓西北流入漆川 穴浦在州北三十里即漆川東派 風穴在無等山主峯寺傍石壁下有穴長一尺廣五寸風或生或止俗名其石壁為風穴臺 普智池在州南四十里 㮲池在州南五里稱今勿㮲池 又龍淵在州南二十五里旱則禱雨有驗

土產 鐵出無等山長佛洞 磁器出州東石保里 竹箭出州南陽林山 石灰 紙 蜂蜜 黃蠟 茶 柿 石榴 枳實 大棗 胡桃 梅實 栗 鯽魚 錦鱗魚

城郭 州城石築周八千二百五十三尺立門四東曰南曰西曰北曰內有百井

公署 景陽道察訪司在州東八里領景陽德奇加林人物黔夫昌新大富七驛○察訪一人舊為丞今置叅下察訪

學校 鄉校在州西二里舊在城內縣監權守平移構于此 月峯書院在州西北三十里立祠祀奇大升 德山書院在州西北二十五里立祠祀朴祥以朴淳從享

宮室 客館 鄉射堂在客館東 鍊武堂在客館東 喜慶樓在客館北舊拱北樓基本朝文宗初郡守安哲重建時州降為郡樓成而適復陞州故改名喜慶有申叔舟記 皇華樓在客館北 鳳笙亭在皇華樓東 折楊樓在州北三里通衢中 北樓即城北門樓 南樓即城南門樓 西樓即城西門樓 東樓即城東門樓 風咏亭在州西二十里漆川上州人校理金彥琚休官故老卜築於此前臨大川地勢爽塏羣山拱對原野平遠登望之勝稱於南方題咏者幾數百餘篇○本朝宋純壽詩半日偷閑萬事休天涯春色迥添愁山圍遠近桃花洞水散東西杜若洲侍從久虛難浪跡林泉雖美巢淹留白頭如我故田晚張翰孤舟不待秋○本朝周世鵬詩可行々又可休々得來為欣失來愁白日烟霞生瑞石青春鳩鷺樂平洲路敀咏處風先至醉欲眠時客不留坐想湖山無盡藏幾人佳句動千秋○本朝權韠詩勝日清樽醉即休對君無地可言愁依然路入桃花洞忽復詩成芳草洲塵土自憐長局促登臨可惜少遲留世間好會元難値更奈吾生鬢已秋

郵驛 景陽驛在州東八里察訪司本驛 仙巖驛在州西四十里 水餘院在州西三十里 甑院在州西四十五里 崔鄭院在州南二十五里 猪院在州東二十里 普通院在州北二里 分水院在州南五里 長祿院在州西三十里 堅巖院在州南十八里 穴狀院在州北十五里 樓門院在州北五里 極樂院在州西南三十里 鎭國院在州北四十里

關梁

祠廟 社稷壇在州西 文廟在鄉校 無等山祠在州東十里新羅為小祀高麗致國祭本朝令本邑春秋致祭 城隍祠在州南五里 龍津衍所在州西三十里春秋本邑致祭 褒忠祠在州西二十八里建賜額祀高敬命以柳彭老安瑛從享 厲壇在州北

陵墓 朴祥墓在州西二十七里芳荷洞

寺刹 無量寺 薦福寺 開龍寺 元曉寺俱在無等山 聖居寺在聖居山 證心寺在無等山 主峯寺在無等山傍有三石高數百尺名曰三尊石又有十臺曰送下廣石風穴藏秋青鶴松廣楞嚴法華說法隱身世傳道詵遍坐此臺相松廣山勢而創寺焉○高麗權克和記光之鎭山曰無等一名瑞石其勢雄盤非諸山所可擬山之東有菴曰主峯傍有瑞石簇立有仰者俯者臥者起者成叢者獨立者有高可數百尺四面如削玉然其曰瑞石圭峯意蓋取此也有水瀉々然瀉出乎石眼雖旱不渴昔義相見而奇之始創精舍結

而普照真覺養真得道遺跡尚存觀其三尊石十二臺盖可想已

錦石菴

長佛寺俱在無等山圭峯以下三寺皆居和順縣界舊屬和順後移屬本州

如芚寺在魚登山

古蹟

武珍都督古城在州北五里土築周三萬二千四百四十尺即新羅置都督府時城

古內廂城在州西三十里石築周一千六百八十一尺

石犀亭在州南二里州治三方皆大山獨北面平遠南山二水合流則成大川每夏霖雨破屋宅齧田壠高麗恭愍王時知府金賞就二水交衝之地積石為堤使水小西而北流作亭於水之故道分引湫流繞亭四面如壁水之制亭之前後累土為嶼樹花木凡二十所浮橋而出入有李穡記今廢有遺址

十神寺舊址在州北五里平地有梵宇碑又州東二里平地有禪院寺舊址

名宦

新羅天訓文武王十八年以阿飡出為武州都督

金陽興德王時為武州都督英明果敢為政卓有成績

高麗李晟忠肅王時為化平府使清素好學所至聚士教之未幾辭歸

李舒恭讓王二年以左司議遷為光州牧使

本朝權湛世宗朝為光州牧使務在守法愛民所至以治理聞

李英耉朝為光州牧使政有異績久之引年辭職州人上言請留命特升嘉善大夫

權慄昭敬王二十五年倭傾國入寇以慄為光州牧使慄即日馳赴任卒州兵隨巡察使李洸勤王至水原諸軍皆潰慄還官募兵得千餘人防倭於南原梨峴與戰大破之賊不敢踰嶺而南時上西幸在義州行朝遂授全羅巡察使

人物

新羅閻長文聖王八年張保皐擁清海鎮反朝廷欲討之慮或不克長曰幸聽臣計不煩一卒斬保皐以獻王許之長佯叛投清海保皐愛其勇無所疑引為上客與之飲極歡及醉奪保皐劍斬之召諭其衆ゝ不敢動王喜賜爵阿干

高麗金吉佐太祖有功官至司空

蔡順禧明宗時曹元正等作亂順禧入侍有功官至平章事

金須吉之後大將軍鏡亮之子膽略過人登第由監察御史出知靈光郡從討三別抄死之

金周鼎須之弟少好讀書深沉寡言初調冨城尉時蒙兵大至周鼎備歉撫民威惠並著元宗朝擢魁科累遷吏部侍郎忠烈王朝拜左副丞旨元將征日本以周鼎有將略宣授昭勇大將軍左副都統賜帝頭金牌及征日本至大明浦大風覆舟軍多溺死周鼎以計拯況甚衆官至知都僉議事謚文肅

金台鉉須子母高氏夢明星入懷生台鉉少勤學美風儀嘗與儕輩受業先進家ゝ有女新寡稍解詩一日從窓隙投詩台鉉自此絕不往忠烈王朝登科累遷密直副使賀聖節如元適帝幸甘肅詔諸國使皆至京師而止台鉉言於中書省曰止於京師帝命也達於行在吾君命也寧獲罪於帝不敢廢君命省許之遂達行在帝大加獎賚後累官僉議政承致仕忠肅時元遣使來取國王印令台鉉權行征東省事台鉉挈家東遊金剛山盖遠嫌也元又馹召台鉉復署省事尋卒謚快軒歷事三朝進退以義裁決精敏明於典故嘗手集東人詩文號曰東國文鑑謚文正子光軾光轍光載光輅俱以文行顯光轍官至判密直封化平君子懷祖官至版圖判書

金深周鼎子封化平府院君見開城府

金之淑父鍊為叅知政事之淑元宗朝為將軍陷於三別抄以事賊之狀達官軍王嘉其忠賞以官忠烈朝判三司元賀節觀者義其禮貌歷僉議贊成事加中贊致仕卒性剛廉歷仕中外皆有聲績子仁沆事忠肅王為贊成事後封光山君

鄭世雲從恭愍王八元宿衛累官大護軍王即位歷軍簿判書知門下省事錄誅奇轍功為一等十年紅賊陷京城王幸福州世雲以樞密兼鷹揚軍上將軍從忠清慷慨以掃賊復自任王以為摠兵官授擢中書平章事世雲督諸軍與元帥安祐金得培李芳實等克復京城金鏞疾其功大矯旨殺之聞者莫不傷悼追贈僉議政丞

金續命仁沆子性清直敢言恭愍初拜監察執法不阿後為慶尚道都巡問使倭寇鎮海縣續命急擊大敗之王喜賜衣酒金帶辛禑時為三司右副使流文義縣卒謚忠簡

金鼎吉之後祖鎮為政堂文學鼎以推誠輔理功臣封重大匡光城君

盧俊恭辛禑時表制廢毁皆服百日而除俊恭廬墓三年旌閭

本朝卓慎父光茂麗末為諫議大夫慎專心性

理之學光茂嘗曰吾家曾參登科歷驗臺省官參贊議政府事謚文貞

鄭龜晉父允孚為闡城尹龜晉時學登科累官至江原道觀察使以文章名世子之夏官至司憲掌令

金久冏登科以文名顯早沒

金若采昆子高麗恭愍王時登科性慷概不畏強禦嘗為左司議參治趙胖獄廉興邦必欲胖誣服治極慘酷一坐緘口無敢救獨若采以為不可而止之胖賴以免興邦伏誅朝野稱快入本朝累官至忠清道觀察使

金若恒若采弟恭愍朝登科累歷司憲掌令我太祖四年拜大司成大明高皇帝以本國賀表犯諱字徵撰表者若恒以製方物表同鄭摠赴京師帝流于遠裔太祖遣授資憲大夫光山君未還而卒

金聽解華語官至知中樞院事謚僖靖

李先齊直提學弘吉之孫登科莊憲王朝累官至藝文館提學同知春秋館事

金禮蒙登科累官至禮曹判書謚文敬有文名子德源性源皆以文藝顯

盧自亨登科官至成均館大司成博問強學立朝有操節

李亨元先齊子為人端秀有風儀登科官至弘文館副提學康靖王十年以通信使往日本至對馬島遇病還卒

朴祥其先忠州人父進士智興徙居光州祥少孤力學博通經史登文科中宗朝累遷弘文館應教嘗守潭陽與金淨上疏請復慎廢妃以正人倫及己卯士禍作被斥不顯後陞通政階官至牧使而卒祥事母孝性剛簡當官廉直所至稱治文章勁渾有訥齋集行于世弟祐亦有文行累官大司成至漢城右尹

金彥琚台鉉之後父楨官至執義彥琚中宗朝登科累遷弘文校理明宗朝以承文院判校故老田園性恬簡少與李滉諸人相善至老惟以圖書自娛所編有竹窩彙言歷代名臣諫疏抄等書

朴淳祐子恭憲王朝登科累遷大司諫劾黜尹元衡朝野相慶歷大提學吏曹判書昭敬王初拜領議政嘗以進賀使朝京故事外國表文由夾門入淳言於禮部田陪臣出入則可也表文為皇上也豈由夾門禮部不能難許入正門遂為定式華人問開市淳辭以行中無貨不要市華人嘆其清操淳三入相府廉平好士世稱賢相嘗學於徐敬德後與李珥成渾定交最深博覽明辨尤長於詩有思菴集行世○大明學士歐希稷以詔使來淳為儐相希稷稱之曰宋人物唐詩調也

奇大升奇遵兄進之子其先居漢城己卯士禍後進不仕屏居光州大才生於州之古龍里明憲朝登科累遷議政府舍人宣祖朝拜直提學官至司諫院大司諫大升早志學奮發博通經史晚見李滉師事之嘗與滉論辨性情理氣其書數千萬言在臺館多所建明宣祖嘗問李滉今世學者有幾滉對曰奇大升博洽超詣可謂通儒矣號高峯有文集行世史官錄其奏對之語名曰論思錄

高敬命父孟英為大司諫敬命風姿英偉少以文章著名擢甲科第一宣祖朝歷臺院出為東萊府使皆以清直稱壬辰倭亂敬命在家聞都城不守痛哭起義兵傳檄討賊行朝遂授招討使與賊戰於錦山死之次子因厚見父死赴敵同死長子縣令從厚聚散兵誓復父讎轉戰嶺南晉州之陷亦死之世謂一家三忠敬命博覽強記尤長於詩有霽峯集

鄭澈其先迎日人高祖淵為判書父判官惟沉以母鄉自漢城寓居澈生於本州少敏銳善詞章登科第一宣祖朝累歷臺閣官至議政府左議政所著有松江詩稿子弘溟官大提學亦有詩名

金德齡石底村人有神勇能手殺猛虎跳步行空慷慨好讀書以氣節自許萬曆倭寇之難見國家播越起義兵擊賊光海以世子撫師湖南召見拜翼虎將軍宣祖又命加撫軍將軍領兵入嶺南倭人甚恐謂之石底飛將不敢近列將李時言等忌其成功誣以謀反時恐其威名酷鞫殺之南人冤而悲惜

鄭忠信初為本州小吏穎悟出衆萬曆倭亂年十七權慄為牧使奇愛之及慄陞觀察使率兵勤王忠信嘗從軍中慄欲啓事行在賊兵滿國人莫敢行者忠信獨挺身請行竟達義州宣祖召見大奇之由是知名中武舉累官平安慶尚節度使皆善舉職仁祖初討平李适策功第一封錦南君官至副元帥為一時名將

列女文氏州之甲鄉人適典校寺事康好文高麗辛禑時倭寇突入里中文氏有二兒負而走匿被擄寇繫其頸逼令前行文氏知不免至夢佛山有石崖千尺謂同被擄鄰女曰污賊求生不如

潔身就死乃奮身而墜賊未及止殺其兒而去崖
下有羅蔓貫析而得不死適里中老嫗先在崖竇
見而哀之饘粥以養不居三日聞賊退乃還鄉里莫不驚嘆**金氏**書雲正金彥卿妻辛禑時倭寇猝至被擄欲污之金氏曰寧萬死不受辱竟不屈賊害之本朝恭定王朝旌閭**高氏**府使敬命之女為士人盧尚龍妻本朝宣祖時倭寇據國敬命起義兵討賊高氏隨家衆避亂山中遇賊以袖掩面伏地不起賊以白刃劫之高氏大聲曰我豈從汝生者耶罵不屈遂遇害敬命父子既死於忠孝而女又死節人謂高氏一門三綱俱全光海時旌閭

長城都護府 東至潭陽府界三十里西至高敞縣界三十里至靈光郡界二十二里南至光州界三十里至羅州界二十七里北至井邑縣界四十里距京都六百五十九里

旱田

水田

建置沿革 本百濟古尸伊縣新羅景德王時改為岬城郡高麗初改長城郡尋省入靈光郡明宗時復置長城縣本朝因之 宣祖二十四年以珍原縣省入以經倭蕩殘省入 孝宗時陞為都護府以修築笠巖山城陞

掌面十二官貟 府使 判官各一人

郡名 古尸伊 岬城別號伊城

形勝 北阻長嶺南控光羅 據笠巖之關險阨蘆嶺之咽喉 嶺底要害之地 山溪峻駃

風俗 務耕稼喜巫覡 士尚文學

山川 **佛臺山**在府東南七里鎮山俗稱珍原山又山術者以山有走龍勢建佛宇以鎮之又山東北有大洞小洞新羅時立三佛宇曰安定龍青龍今皆不可考 **金鰲山**在古長城縣北 **白巖山**在府北三十二里 **半登山**古縣鎮山 **鷲嶺山**在府西二十五里 **方登山**在府西三十三里古名方登山高麗樂志有方登山曲新羅末盜賊大起擄方登山良家子女多被擄長日縣女亦在其中作歌以諷其夫不即來救故曲名謂之方登山方登語轉而為半登長日縣即今長城 **笠巖山**在府北四十里山勢高峻西峯上有岩卓起如人着笠故名又見井邑縣 **桐山**在府南三十里 **竹林山**在府南十五里 **三聖山**在府東南十里與佛臺山相連 **加利山**在府東十五里 **筬山**在府東二十里 **蘆嶺**一云葦嶺在府北三十五里笠岩半登兩山間閼隘之地又見井邑興德兩縣 **松峴**在府西三十里半登山南支又見高敞縣 **處容巖**在笠岩山之南有岩其形宛如處容面目故名 **黃龍川**在府西二十里出白岩山經冊岩驛東匯為鳳德淵至府南十里為舡淵南流入光州境合於荼川 **可川**在府西十里出蘆嶺之水與松峴水合南流入舡淵 **鳳凰池**在黃龍川西池左右石崖高十餘尺 **栗谷池**在府南十五里永申驛前

土產 鐵出葦嶺南 石硫黃 笋竹 竹箭出加利山 薑 榧子 柿出白巖山 石榴 梅實 茶 石菖蒲出白巖山 芍藥 朮 白花蛇 蜂蜜 石灰出府南栗堆等處

城郭 **笠巖山城**在笠岩山上距府北四十里石築周東邊一千三百餘把西邊一千四百把內有一溪舊廢 昭敬王末年修築 孝宗四年觀察使沈澤改築加設營舍炮樓等堤儲水東西南有將臺南北有門東西北又有暗門○按此城周可十五里山勢岸嵂頂脊回曲四顧中藏城因其崗形如馬槽自外仰觀岩岩如在半空莫測其內城中周圍相望無礙東南當疊嶂纏繞笠岩

一面俯壓輦嶺大路城四面皆絶險惟南門爲受敵之地而路出一條由兩崖間賊来不敢近城南北二門可通人馬北門則自平地至城底幾十里路緣崚岅逶迤而上冬月牛馬難通矣通城中只一谷狹長量其平處東西可數十百步南北可四五里一溪中流築堤儲水相次成六池如山谷水田樣以其據在嶺脊之上地形甚高故風勢緊猛早霜氷凍異於平地當夏雲霧常多大抵此城與潭陽金城形勢奇險可謂難得而其中窄狹不平官舍民居俱無安着處只可爲山城待變之所而不可以移設邑治也城中木井邑縣地而今爲本府所管故載于此

學校鄉校舊在府南十里今移府東三里　節孝書院在府西二十五里有徐稜祠　河西書院在府西南十五甲光海時邑人立祠祀金麟厚焉

宮室客館

郵驛丹巖驛在府北五里　永申驛在府南十五里　得良院在府西十里　可亭院在府北二十二里　彌勒院在府北二十九里院北有石彌勒高可四五丈故名　寶燈院在府西九里　木帝院在府南六里　行人院在府南十五里　禪院在府南十八里

關梁蘆嶺堡在芦嶺上嶺路隘　中宗時以盜賊羣聚刼掠行旅設堡防戍今有遺址

祠廟社稷壇在府西　文廟在鄉校　城隍祠　厲壇

陵墓高敬命墓在府南六里梧桐里

寺刹鷲栖寺在鷲嶺山有石塔石鍾宋時有僧雲默遊于中國以善書名世其示寂也弟子爲立塔鍾以安遺骸　淨土寺在白岩山有雙溪樓　寺　彌陀寺一名雲門寺在白岩山　靈泉窟淨土寺北岩腰作菴有泉自窟北小罅湧出雨旱如一　本朝鄭澈詩萬古靈泉窟三天小洞門窓前巢翠鳥簷際宿故雲　藥師菴在白岩山腰菴北有藥師臺據高通望其北又有物外菴俱佳境。鄭澈詩南溪沐余髮更上藥師臺服食從渠住時看羽容来　鷲峰寺　上清寺　下清寺　蓮花菴俱在佛臺山　安國寺　長慶寺　玉井寺　仁慶寺　興慶寺　高慶寺已上六寺皆在笠岩山城内安國寺爲主寺僧将及義僧居之長慶以下皆小刹長慶寺長城僧居之玉井寺井邑僧居之仁慶寺泰仁僧居之興慶寺興德僧居之高慶寺高敞僧居之皆自各邑置寺使本土僧来居

古蹟珍原廢縣在府東南十七里本百濟丘斯珍兮縣新羅改珍原爲岬城郡領縣高麗顯宗時省　八羅州明宗初復置珍原縣本朝因之　昭敬王二十四年省八　古長城在今治西北十五里　昭敬王三十四年以珍原并合擇地取中從居今治因爲遺墟　望岾山城在府北十五里石築周二千六百尺内有小池　三聖山城石築周五百五十尺内有三井今頹圮　丘珍城在佛臺山東麓石築周四百尺内有三井三溪今廢圮　利尺城在佛臺山西麓石築周五百二十尺内有四井六溪今頹圮

人物高麗徐稜高宗時人不仕養母至孝母嘗項疽請醫診視醫曰若不得生蛙不可救稜曰時方寒冱生蛙可得乎母病必不愈號泣不已醫曰雖無生蛙合藥試之乃熬藥于樹下忽有物從樹上墜鐺中視之乃生蛙也醫驚曰子之誠孝感天、、乃賜之母疾必瘳合藥附之果愈。令按朴淳所撰節孝碑稜字大方擢科仕高宗朝官至侍中天性至孝解官養母云、、與高麗史不同恐史傳爲是　本朝金麟厚未十歲擧止端異出語驚人觀察使趙元紀見而稱之曰神童及長究心經術博學淹識　中宗朝登科選入弘文館兼世子侍講院説書時　仁宗在東宮輔導多裨益　明宗初徵以校理辭疾不起及卒遠近莫不歎惜　麟厚忠清慷慨好善愛人文詞沛然筆法端嚴醫藥卜筮亦皆精曉有西河集行世

靈巖郡東至羅州界十四里北至同州界三十里南至康津縣界十七里至海南縣界七十五里西至海岸五十里距京都八百二十二里

旱田

水田

建置沿革本百濟月奈郡新羅景德王時改爲靈巖郡高麗成宗時改朗州安南都護府顯宗時復降爲靈巖郡本朝因之掌面九官員郡守 訓導一各人

郡名月奈 朗州

形勝南鎮月岳北連錦城海徼咽喉之地南倚月出爲鎮北連錦城之野珍島濟州海南長興之路皆會於此實海徼咽喉之地浸湖通海長川繞城蘇湖巨浸西通於海德津之水繞城而流本朝柳觀詩長川滾滾抱城流者是也

風俗勤儉無華郡業專務農桑勤儉無華

山川月出山在郡南五里新羅稱月奈岳高麗稱月生山諺稱本國外華蓋山又云小金剛石峯挺秀森列望若削玉高麗金克己詩蒼崖紫翠聳萬朶疊嶂撐空誇雄奇○本朝許穆遊山記八月岳由道岬上龍岩寺仍登九井峯峯頭有九龍井觀天皇峯尤峻岩神秀下有九折瀑布水積爲潭者七亦奇絶可遊九井南并有礎石峯其高者靑靑臺其南佛頂臺其下白雲社九井陰崖曰元曉臺有甘泉道詵山水記稱之龍巖下有三石車曰雲車在少年臺東曰馬車在雲車北鹿車在最下而大故謂其衕曰鹿車衕其東北別峯曰沉山南對九井峯多石壁奇巖山中溪石間藤草盤茂塋葉皆香李安訥序氷雪上惟青銀寂山在郡西二十五里月出山西走爲駕鶴峯駕鶴之麓北走爲銀積山達摩山在古松陽縣距郡南一百二十四里亦見海南縣○高麗僧無畏記全羅道朗州之屬縣曰松陽實天下之窮處也縣之境有達摩山焉北接頭輪三陲際海如山之腰松檜落落皆百餘尺上有純白石嵯峨屹立幢如壁冢嶺之東千仞壁下有彌陀穴如鐘平刀削可坐三兩人前有層臺蒼茫海岳併八指顧間自穴南行百步許高嵓之下有小方池與海通而深不得底其水醎鹵隨潮而盈縮坤維有兜率菴面勢得要壯觀無匹華嚴祖師湘公所卜居也北有西寳羅代義照和尚寄栖而修落日觀也西峽有義寺通教寺和北有文殊菴觀音窟寔塏窈窕真不世境也又有水精窟水精出焉葛頭山在郡南一百里九井峯月出山最高峯也頂有岩屹立高可二丈旁有一穴僅容一人從其穴而上其巔可坐二十人其平處有凹而貯水如盆者九號九井峯諺傳九龍所在火峴在郡南十八里駕鶴峴在郡西三十里出山西支栗峴在郡西二十五里嶺院峴在郡東十里冬音所峴在郡東南二十五里動石月出山九井峯下有三石特立層巖之上高可丈餘周十圍付一山巔東臨絶壁其重雖用千百人似不能動而一人搖之則欲墜而終不墜故亦稱靈石郡之得名以此海在郡西南西湖在郡西二十里錦江下流合衆水通海口至銀積山下滙爲湖曰西湖潮之上下二島曰大孤小孤山潮漲成海潮落則半涸其北涯曰蘇湖德津浦在郡北五里出月出山西入湖以達于海露島周四十里有牧場達木島周五十六里有牧場甫吉島周六十三里餘次羅島周三十里花島周十里白乃里島周二十七里横省島周三十九里甘勿乃里島周四十四里於應浦島周四十里羔島周二十九里竹青島周二十里界火島周十四里達島周十四里末應豆島周五十三里末介島周十九里於火島周二十四里居要島周十七里可知島周十八里内苛

島周二十五里　長佐島周二十七里　左只島周三十六里　愁德島周二十七里　餘作只島周二十七里　小茅島周三十里○已上在郡南九十里海中

土產竹　竹箭　柹　石榴　柚　川椒出月出山　木瓜　枳實　茯苓　安息香　香蕈　藿　加士里　鹽　石花　蝦　絡締　鰒　鯽魚　紅蛤　蛤　秀魚　蟹　甘苔　海衣　牛毛　黃角　莓山

城郭郡城石築周四千三百六十九尺立門四東曰南曰西曰北曰內有四泉

學校鄉校在郡南二里　書院

宮室客館　鄉射堂在客館西南　觀德樓在客館南　能佃樓在客館東舊名揚輝郡守姜叅建後改今額　南樓即城南門樓　東樓即城東門樓　西樓即城西門樓　蘇湖亭在郡蘇湖上邑人徐希怨別第○本朝李安訥詩聞說林亭擅海邦孤山形勝認無雙雲頭遠岫排三岳野面平湖納九江釣艇雨過花繞嶼茶爐烟起月侵窓卜鄰倘許墻東住直欲携家學老龐

烽燧葛頭山烽燧東應康津縣佐谷山西應海南縣館頭山

郵驛永保驛在郡北城底　清風院一名清淨在郡南十一里　普賢院在郡東七里　燧院在郡北二十五里

關梁德津橋跨德津浦　觀德橋在觀德樓前跨池為橋

祠廟社稷壇在郡西　文廟在鄉校　城隍祠在郡南三里　月出山祠本邑致祭　厲壇在郡北

寺刹道岬寺在月出山南寺甚鉅廊寮殿宇制度宏麗世傳道詵學禪於此本朝初有僧學祖居之其佛珠鐵鶴尚存有古碑字缺不可讀寺下洞口有二立石其一刻國長生三字其一刻皇長生三字道詵為之萬曆間元帥韓俊謙巡湖南嘗過此掘國長生見之其下有刻曰石標四座石深八欲遂蔑其底以為無益復埋之寺後西北石峯間又有上下見性菴奉仙菴　龍巖寺在月出山九井峯下有九層浮圖　孤山菴　夢靈菴俱在月出山　通教寺　美黃寺　兜率菴　觀音窟　西方窟　水精窟俱在達摩山

古蹟昆湄廢縣在郡西三十里本百濟古彌縣新羅改昆湄仍併八高麗及本朝因之　古珍島在昆湄縣西高麗忠定王時珍島因倭寇失地僑寓於此因稱珍島後還本縣土邑臺猶存　達梁廢鎮在郡南九十里舊有水軍萬戶中宗十六年革合于康津加里浦明宗十年倭船六十餘艘寇陷達梁殺兵使元績連陷於蘭浦馬島長興府兵營康津縣加里浦殺畧無數遣都元帥李浚慶擊破之　崔氏園在郡西十五里諺傳新羅人崔氏園中有瓜長尺餘一家頗異之崔氏女滔摘食之歆然有娠彌月生子其父母惡其無人道而生置之竹林居數七日女往視之鳩鷲來覆翼之還告父母々々異之取養之及長祝髮為僧名道詵入唐傳一行地理之法而還凡踏山觀水多有神驗後名其地曰鳩林又曰飛鷺○按高麗崔惟清所撰光陽玉龍寺碑以詵母為姜氏此則稱崔氏此說可疑　深井部曲在郡南百二十里　貴仁部曲在郡南九十里　松井部曲在郡南百十里　古長興倉在郡高麗初設倉收附近州縣租稅漕至京即十二倉之一今有土城基址

名宦高麗柳光植守靈岩郡沉重節儉政尚清嚴吏畏民懷高宗時累遷叅知政事

流寓崔德之本朝全州人以南原府使退居郡之永保村扁其堂曰存養文宗元年召拜直提學明年告老而歸世高其志世祖時終身不出人以為明哲保身

人物高麗崔知夢初名聰進博涉經史尤精於天文卜筮太祖聞其名使占夢得吉兆曰必將統御三韓太祖喜改名知夢常從征伐備顧問每當國事言無不中官至內史令上柱國謚敏休配享景宗廟庭

列女崔氏晋州戶長鄭滿妻也見晋州

靈光郡東至長城府界五十九里南至咸平縣界二十八里北至茂長縣界二十四里西至海岸二十八里距京都六百九十九里

旱田

水田

建置沿革本百濟尸伊郡新羅景德王時改為武靈郡高麗改靈光郡又稱靜州本朝因之掌面二十八官

員郡守 訓導各一人

郡名武靈別號箕城

形勝山勢周遭濵于大海本朝申叔舟客館記山勢周遭濵于大海南道之重地 東負長嶺西控激海東負長嶺西控激海土地膏饒民物繁阜

風俗俗信鬼神地志 農商雜居農商雜居頗豪侈海濵之民則以漁採為業

山川箕山在郡西二十五里鎮山 毋岳山在郡南二十里亦見咸平縣山中有龍湫廣數畝其深無底相傳神龍所居天旱禱雨 弘農山在郡北四十一里弘農部曲 牛卧山在郡西 九岫山在郡西二十里 次音山在郡西三十里 屈頭山在郡西十五里 隨緣山在郡東四十五里本名雲鷲山以有隨緣寺故俗稱隨緣山 高城山在郡東三十五里上有古城基此山斷而復起南迤為摩帖山 摩帖山在郡東十里山勢高橫如展幛以有鳳停寺故又稱鳳停山 㳽下山在郡南一百里周四十五里有牧場 海在郡西三十里有七島故稱七山海產石首魚每年春遠近商舡四集打捕喧鬧如市謂之波市田 大西湖在郡西二十五里一名馬城有魚梁 望雲島古望雲鄉在郡南一百五里有魚梁及牧場 故耳島在郡南有牧場 高道島在郡西海中去岸百步 省衣島在高道島西周二十里 安馬島或云阿叱丫島周二十五里在高道島西水路一百五十餘里有人家 㳽月島 於背島 寶沙島 採雲島 沙串島周三十四里 時兒島 唐笥島 毛也島 蟬岾島 大加知島 珍人伊島已上俱在郡西海中 留島 神葦島 青島 禿島 白良島 櫻島 鷲島 乃破島已上俱在陸昌鄉 臨淄島周五十里有牧場 北獅子島 南獅子島 開要只島 丫知島已上俱在臨淄縣

土產自然銅出邑城內 竹 竹箭出大安鄉內 莞席 茶 蕈 川椒出弘農山 蓮實 茯苓 天門冬 麥門冬 鹽 石首魚 廣魚 烏賊魚 魚鰾 民魚 真魚 蘇魚 黃魚 蛤 竹蛤 絡蹄 土花 石花 白蝦

城郭郡城石築周一千四百六十九尺東西有門城內有九泉

公署多慶浦萬户鎮在郡南一百五十里中宗時築石城周九百八十尺水軍萬户一人　法城浦萬户鎮在郡北三十里中宗時築石城周一千六百八十八尺水軍萬户一人

學校鄉校在郡東一里

宫室客館舊在邑之南麓景泰壬申以山水背去城堡低顔移于牛卧山之東始營城郭公廨　郡守衙在客館西有近民堂　鄉射堂　武學堂在客館西　雲錦亭在衙東南左右有蓮池〻中有島〻中又有小亭　南樓即城南門樓　萬景樓在客館東郡守朴恒卿建　望月樓即郡城門樓〇本朝成任詩城下虹門百尺扉城頭高閣正暈飛朝〻海氣橫千點面〻山光碧四圍戎幕每談周禮樂女墻空偃漢旌旗時平欲賦河清頌北望彤雲繞太微　清風樓在客館東

倉庫法聖倉在法聖浦收本郡及興德王果扶安咸平珍原潭陽茂長長城井邑谷城昌平古阜淳昌高敞等官田税于此漕至京都新增中宗七年朝議以羅州榮山倉水路阻險多致覆敗移榮山所收田税于此又分此倉所收興德扶安古阜井邑等官田税于羣山倉

烽燧弘農山烽燧在郡北六十一里北應茂長縣古里浦　次音山烽燧在郡西四十九里南應咸平縣海際北應古道島　高道島烽燧在郡西二十八里北應弘農山

郵驛緑沙驛在郡南五里　可亭院在郡南三十里　延德院在郡南二十里　道鞭橋院在郡北四十里　臨溪院在郡北十五里　北院在郡北五里

關梁磐乃橋在郡北十二里以板為之　道鞭橋在郡北十七里以板為之

祠廟社稷壇在郡西　文廟在鄉校　城隍祠在箕山　厲壇在郡北

寺刹佛岬寺在母岳山洞壑幽勝寺甚巨麗新羅時所創有李達衷所撰僧覺真碑字缺庭前有冬柏樹甚奇　資福寺在郡南十里佛德山　鳳停寺在磨帖山　隨緣寺在隨緣山　九峀寺在九峀山　利興菴在佛德山

古蹟森溪廢縣在郡東三十二里本濟所非兮縣一云所乙夫新羅改森溪為岬城郡領縣至高麗併入于郡本朝因之令縣後山上有築古城中宗時置社倉觀察使李思鈞以郡有磨帖山限隔東西石路險峻縣民苦於還上輸納啓置　臨淄廢縣在郡西二十六里本百濟古祿只縣新羅改名鹽海為壓海郡領縣高麗改臨淄仍併入于郡本朝因之　陸昌鄉在郡南二十五里本百濟阿老縣一云葛草一云加位新羅改名碣島為壓海郡領縣高麗改陸昌入于郡　望雲部曲在郡南百五里

名宦高麗金縝睿宗時知靈光郡事廉直善政安撫使崔滑以忠清自許少許可人特以縝為最秩滿入為右補闕　朱悅高宗時守靜州公廉嚴重政不苟細在郡蔚有聲績　金須元宗時知靈光郡三別抄之亂率兵從將軍高汝霖往討之先登死敵　本朝尹煌光海初為靈光郡守郡素劇難理煌至清直為治民所利害無不興廢朞年而簿牒如洗率邑子弟興學行養老宴親奉母凡貴賤同樂人大悅及去民立碑追思之

人物高麗金審言初從常侍崔暹學暹坐夢審言頂上有火氣屬于天暹心異之妻以女成宗朝登科還右補闕上封事陳說六正六邪文及漢刺史六條請於內外諸署州縣官壁各寫其文出入省覽以為鑑戒王從之後官至內史侍郎平章事謚文安　田拱之成宗朝登科官至中樞院副使吏部侍郎善辭命歷仕中外以勤恪稱　金行瓊少博學善屬文登科歷翰林學士官至平章事　金克儉行瓊孫以蔭進肅宗朝守安東府入為監察御史仁宗朝官至司空太子少師公勤不辭所莅皆以果辨稱謚祁烈　本朝柳斗明官至代言　丁

克仁力學篤行見蔡仁縣流寓　宋欽登第入臺閣以母老乞南郡如順天全州長興光州羅州潭陽皆其所莅中宗屢以清謹賜書褒之歷全羅觀察使累官吏曹判書退老于鄉陞秩判中樞府事母年百九歲欽亦八十九卒時人榮之　姜沆其先晉州人贊成希孟之後中世謫靈光因為郡人沆少英敏善屬文宣祖朝登科為刑曹佐郎倭難以運餉從事督運為倭所執入日本沆在拘中屢得間使陳賊情所言皆慨撫策倭人見沆志多感敬者居三年約諸被擄人買船既還還國為時擯斥屏居鄉里迭宕書史訓後生終身有肴羊録行世

咸平縣東至羅州界三十二里西至海岸四十一里南至務安縣界四里北至靈光郡界三十五里距京都七百六十二里

旱田

水田

建置沿革本百濟屈乃縣新羅景德王時改咸豐為務安郡領縣高麗省八靈光郡明宗初復置咸豐縣恭讓王時無永豊多景海際勸農防禦使本朝太宗九年以牟平縣併入改為咸平縣掌面十

四官員縣監　訓導各一人

郡名咸豐

山川君尼山在縣北三十里鎮山　瓮山在縣西四十一里　母岳山在縣北三十里　箕山在縣北五里　海在縣西　甌浦在縣西二十里　屈乃浦在縣西十五里　大橋川在縣東二里　猪川在縣東三十里　新池在縣東四十里　楮島有荒猪兗猪二島　豆知島　栗島　㚖島俱在海際廢縣

土產苧　楮　莞席　竹　竹箭出縣北箕山城底　水鐵出縣西海際里兩班橋海岸　鐵出海西沙乃浦瓮岩浦　磁器　石榴　柹　蓮實　榧子出縣北加乙古之里　茶　塩　黃角　甘苔　石首魚　白蝦　民魚　蘇魚　秀魚　絡締　石花　小蛤　真魚　烏賊魚

公署臨淄僉節制使鎮在縣西七十七里與靈光郡臨淄島相對鎮所管黔毛浦法聖浦多慶浦木浦於蘭浦羣山浦南桃浦金甲島○水軍僉節制使一人

學校鄉校舊在縣西一里今移縣東八里

宮室客館

烽燧瓮山烽燧南應務安縣高林山西應海際縣　海際烽燧在縣西六十八里北應靈光郡次音山

郵驛嘉里驛在縣北二十二里　四岐院在縣東五十里　瓮山院在縣西三十里　杻峴院在縣北三十五里

祠廟社稷壇在縣西　文廟在鄉校　城隍祠在縣北五里　厲壇在縣北

寺刹高山寺　月良寺　龍泉寺俱在母岳山西　瑞祥寺在君尼山　竹林寺在母岳山

古蹟牟平廢縣在縣東三十里本百濟多只縣新羅景德王時改多岐為務安郡領縣高麗改牟平入靈光郡本朝太宗九年併于縣　海際廢縣在縣西七十里本百濟道際縣一云陰海新羅景德王時改海際為務安郡領縣高麗時省入靈光郡本朝初併入于縣　多慶

部曲在縣西二十里靈光郡界 永豐鄉在縣西十里○多慶永豐舊為羅州地本朝
太祖初以附近劉八 箕山城在縣北五里石築周一千八百尺內有六泉一池舊有軍
倉今廢 金城山城在縣北十五里石築周一千三百尺內有小溪今盡頹圮
名宦本朝李保蕃為咸平縣監廉靜寡欲愛民如子
人物本朝李兢文科官至吏曹參判
列女朴氏學生徐允中妻夫死盡哀服闋猶不釋衰母欲奪志斷髮為尼母死還長髮年已六
十本朝成宗朝旌其閭

高敞縣東至長城府界十里至興德縣界十七里北至同縣界七里南至茂長縣界十
九里西至同縣界二十二里距京都六百二十八里

旱田

水田

建置沿革本百濟毛良夫里縣新羅景德王時改高
敞為武靈郡領縣高麗初省八古阜郡後析之為
尚質縣兼任本朝 太宗初又析置高敞縣掌面
四 官員縣監 訓導各一人
郡名毛良夫里
山川半登山在縣東五里鎮山有龍湫山之東即長城府界詳見長城 九王山在縣
南二十五里 鷲嶺山在縣南十三里或稱牛里山又稱文殊山西連茂長縣高山 火
矢山在縣西十五里 松峴在縣東十里長城府界即半登山之南支西連鷲嶺山 龍
穴在縣城北崖下溪邊昔築城之時有龍聳出其穴尚在其北有盤龍院○後龍穴堙塞今上

癸卯四月其地溪水忽高起百餘丈形若白虹散雪近處閭家人覩有蟄龍藏其中 竹川有源
二一出九王山一出鷲嶺山至縣西十里合而西流至茂長縣境為仙雲川
土産石硫黃 石灰 蜂蜜 黃蠟 竹 石榴
磁器 茶 皂莢 升麻 獨活 芍藥 銀口
魚
城郭縣城石築周三千八十尺北開一門城內有二池四泉
學校鄉校舊在縣南四里今移去縣北二里
宮室客館 鄉射堂在客館北 觀風樓在客館北縣監李種文仍古址起樓
鄭以吾名之以其通望曠野可以觀稼故名以觀風云 清絕堂在衙西前有小塘種蓮
郵驛盤龍院在縣北二里 仁戒院在縣西二十里或稱苔川院

祠廟社稷壇在縣西 文廟在鄉校 城隍祠在縣城內 厲壇在縣北
陵墓金贇吉墓在縣西南七里
寺刹上院寺在半登山有十一層青石塔 文殊寺在鷲嶺山寺後山腰有牛大窟
石窟奇異中作小菴 安德寺在火矢山 臨卬寺在半登山
古跡西山古城在縣西十五里即火矢山南支山腰有古城周二十里相傳三國時所築今
盡頹圮
名官本朝李漼清廉有政聲
人物高麗吳學麟登進士第官至翰林學士孫世文有才華官翰林世才博學工詩文
與李仁老李奎報輩結為忘年友 本朝金贇吉其先樂安人後徙為縣人材力過人
起自行伍累還至水軍節度使與倭累戰克捷官至檢校政丞謚襄惠

茂長縣東至高敞縣界十四里西至海岸二十九里南至靈光郡界二十三里北至高敞縣界十六里距京都六百五十三里

旱田

水田

建置沿革本百濟上老縣新羅景德王時改長沙為武靈郡領縣高麗初仍省八靈光郡後復置長沙縣兼任茂松本朝　太宗十七年併茂松改為茂長縣仍置兵馬使鎮　世宗時罷鎮復為縣掌面十六官貟縣監　訓導各一人

郡名上老　長沙

形勝西北負大海東南對長嶺

風俗俗尚漁獵地志信鬼神

山川禪雲山禪一作仙在縣北二十里多奇岩洞壑高麗史樂志有禪雲山曲百濟時長沙人征役過期不至其妻思念登是山望而歌之花山在縣北二十里高山在縣南二十五里山上有古城又有龍池每天旱禱雨有應其山下人雖凶歲無飢南連靈光高城山海在縣西北仙雲川源有二一即高敞縣竹川一出高山至縣東二十一里合而北流經仙雲山下八濟安浦濟安浦在縣北三十五里即海浦水濶十里其北為扶安縣境南為縣地西連大海其曲漨有西施黔堂今勿磐等浦皆有魚梁鹽盆景浦在縣西三十里長沙渚在縣西北二十八里古長沙縣海渚白沙成堆如疋練長二十里縣名長沙以此南方海濱皆鹽鹵無沙唯此處有之鹽井在縣西三十五里黔堂浦入海二里許有井其水白而鹹土人候潮退競用桔槔汲之煮而為鹽不勞漉曬多收其利竹島有大小二島俱在縣北海中歲取竹箭

土產硯石出縣北三十里弓山水精出縣南二十里飛於川竹　竹箭出縣北大小竹島楮　川椒出禪雲山茶　防風　天門冬　麥門冬　塩　石首魚　秀魚　洪魚　真魚　廣魚　民魚　鯊魚　烏賊魚　麻魚　銀口魚

魚鰾　蟹　蛤　竹蛤　蝦　絡締　石花

城郭縣城石築周二千六百三十九尺南開一門城內有二泉

學校鄉校在縣東五里

宮室客館　鄉射堂在南門外鍊武堂在客館東迓觀亭在客館北世宗朝節制使宋宥仁建以為樂賓習射之所取迓賓觀德之義名之有鄭坤記挹翠樓在客館東縣監崔儉重修冬栢亭在縣北三十里有斷阜斗入海灣其上平坦三面皆水前臨大洋浩漾無際海中島嶼點點如浮岸上冬栢樹成林葱龍湖南絕境○本朝奇遵詩芳樹千尋岸亭亭四望通鯨瀾翻海日螺嶼點雲空氣積三山外天回一水中蒼茫烟月暮獨立欲誰從○鰲背層瀾積滄洲秋色遐帆天際鳥落鴈日邊沙海暗羣峯霧潮通萬里波蓬山何處望日斷碧空霞

烽燧古里浦烽燧在縣南二十里南應靈光郡弘農山北應所應浦所應浦烽燧在縣北二十里南應古里浦北應扶安縣月古里山

郵驛青松驛在縣東二十五里四信院在縣北十八里清溪院在縣南二十五里要光院在縣西十八里東院在縣東五里

祠廟社稷壇在縣西文廟在鄉校城隍祠一在古茂松一在古長沙忠

賢祠在縣東五里祀李存吾柳希春宣祖朝賜額　厲壇在縣北

寺刹　禪雲寺在禪雲山○高麗尹珎詩古逕穿林石磽确層峦擁寺水泓洄兩崖樹密風生楫暫上溪樓一笑開　重愛寺在禪雲山○本朝奇遵詩石逕泉苔濕幽林山翠空白雲歸遠壑青鳥宿層峯夜殿殘僧語西風古寺鍾客窓聊寄夢微月玉岑東　懺堂寺　道成菴　天登菴俱在禪雲山　兜率菴在禪雲山岩壁百丈緣岩隙累石為梯攀梯而上菴在壁上真絕境菴北又有岩東臨絕壑上平可坐數十人名滿月臺天旱禱雨於此　起出菴在兜率殿西崖庵倚石竇古有神龍於此劈岩起出騰天故名○奇遵詩一水回山遠雙巖夾寺高石門穿竇暗雲逕傍崖勞古殿棲殘釋危林掛暮猱小窓松竹淨聊亦寄吾曹　瑞峯寺在高山　水庫菴在瑞峯南龍池上其得名以池

古蹟　茂松廢縣在縣南二十里本百濟松彌知縣新羅景德王時改茂松為武靈郡領縣高麗因省入靈光本朝太宗時併入于縣今有土城基　古長沙縣在縣西北二十里本朝太宗時併茂松擇地就中移于今治因為遺墟有石城基　高山城在高山上石築周八千一百尺中有三泉相傳三國時古城

名官　高麗　崔瀣為長沙監務　李存吾恭愍王時以右正言上疏直論辛旽罪惡王貶為長沙監務　本朝　韓卷太宗朝為監務　柳希春為茂長縣監均徭勸農以教化為先以身率物一境翕然

人物　高麗　庾祿崇以儒術進莅官公忠未嘗枉己徇人肅宗朝累歷樞密院使尚書右僕射睿宗時進恭知政事任義直前豪右親戚不敢撓雖貴顯服宅如布衣時謚安貞　庾弼以文行顯質直不阿毅宗朝累官至門下侍郎平章事謚恭肅　庾應圭弼子性穎悟善屬文每舉不第毅宗朝入補內侍還考功郎鄭仲夫廢毅宗立明宗奉表如金告變金疑其篡也不報應圭具服立庭七日不食金主感而憐之授回詔而還官至工部侍郎　庾資諒應圭弟莊重寡言初以蔭進歷任中外皆有聲績高宗時累拜尚書左僕射家居與退逸者為耆老會優遊養性者數十年　尹諧茂松人初為縣吏登第官至國學大司成清白自守家貧饘粥不繼煎豆充飢又抗直不畏豪勢臨事果斷人不敢欺　尹澤諧孫忠肅王七年中秀才科以檢閱謁王於燕邸王器重因有托孤之語即恭愍王也歷右副代言掌銓選恭愍王元年擢為密直提學慨然自任當世之事多所建白十三年退歸錦山謚文貞有栗亭詩集

南平縣東至綾城縣界十八里至和順縣界十四里南至羅州界三十六里西至同州界二十四里北至光山縣十里距京都七百六十三里

旱田

水田

建置沿革　本百濟未冬夫里縣新羅景德王時改玄雄為武州領縣高麗初改南平郡一云永平尋併入羅州明宗初復置南平縣恭讓王時廢為和順縣兼任本朝　太祖時復析置縣掌面十二官員縣監訓導各一人

郡名　玄雄

山川　楓山在縣南十里　德龍山在縣南三十里　中峯山在縣東十里　淨光山在縣東北十三里光州界　綾川或稱城灘在縣北三里即綾城縣綾川下流經縣北西流羅州錦水　花堤在縣西南十里　馬池在縣北十里其上曰馬山　長者池在縣東八里

務安縣東至羅州界三十三里西至海岸七里南至海岸三十里北至咸平縣界二十二里距京都七百八十八里

旱田

水田

建置沿革本百濟勿阿兮郡新羅景德王時改務安郡高麗惠宗初改勿良郡成宗時復稱務安仍入羅州明宗初復置務安縣恭讓王時兼城山極浦防禦使本朝因為務安縣掌面十二官員縣監

訓導各一人

郡名勿良別號錦州

形勝負海而土地饒山勢逶迤廣野紆餘地誌

風俗勤儉無華務農業勤儉無華

山川僧達山在縣南二十里鎮山世傳元臨川寺僧圖明渡海而來擇此山結草為菴其徒在臨川者五百人尋圖明而至共成達道因號為僧達山　鍮達山在縣南六十六里　高林山在縣西二十五里　舍朴山在縣南六十里　海西南皆海　錦水又名錦江或稱木浦即羅州錦水下流海潮相通經縣東二十里稱大堀浦至頭靈梁入海高麗時以此水為背流三大水之一○本朝朴祥錦江謠錦江之水流彎環詢于且樂盡徃觀方舟汎〻駕秋風十里　海門寬復寬　頭靈梁在縣南六十里錦水至此西流入于海其東即靈岩郡境　昂足浦在縣東十五里源出咸平縣水山南流入錦水　炭島在縣西三十里有人居　獨島在縣南三十五里有人居　潤池俗稱夫老旀池在縣北二里堤

土産磁器　陶器　茶　竹　竹箭出縣東城山及長者山　梅　實　石榴　錦鱗魚

學校鄉校在縣東一里

宮室客館　鄉射堂在客館西　武學堂在客館東北　暎翠樓在客館東　雲影堂在衙北堂左右有蓮池

郵驛光利驛在縣北五里　烏林驛在縣南四十里　猪浦川院在縣東二十里　廣通院在縣西二十八里　蝦川院在縣東二里

祠廟社稷壇在縣西　文廟在鄉校　城隍祠在縣南二里　厲壇在縣北

寺刹佛護寺　熊岾寺俱在德龍山　朱松菴　蓬山寺俱在楓山　竹林寺在中峯山

古蹟鐵冶廢縣在縣南三十里本百濟實於山縣新羅改鐵冶為羅州領縣高麗初因省入後八稜城縣本朝恭讓王時移入于縣　城山古城在縣南一里石築周五里今頹圮相傳三國時所築其西頭曰月延臺俯臨邑居

名宦本朝李全粹　白仁傑恭僖王末以禮曹郎為養乞外為南平縣監以興學養士為先務均賦役薄稅斂境內大悅五年以治行蔫一召拜持平

人物高麗文公裕官至知門下省事集賢殿大學士謚敬靖　文克謙公裕子初以蔭補官毅宗朝登科累遷正言以直諫貶為黃州判官尋貶晉州判官有司奏克謙直臣不宜連貶外官以防言路遂還為殿中內給事鄭仲夫之亂以名望得免後官至中書門下判兵部事謚忠肅配享明宗廟庭　文達漢克謙六世孫辛禑時授大護軍累遷至門下評理封順平君

長二百步周六里其下流田甚多

土產 竹 竹箭出縣南含朴山 鐵出縣東鉄所里 茶 石榴 甘草

種鉄所里 榧子 蓮實 鹽 烏賊魚 秀魚 蠏

蛤 絡締 石花 甘苔

城郭 縣城石築周三千七百尺四方有門城內有十一井

公署 木浦萬戶鎮在縣南六十八里錦水入海處錦水或稱木浦故名○水軍萬戶一

入○弓裔時高麗太祖領兵至羅州浦口後百濟甄萱親率兵列戰艦自浦至靈岩郡德津浦首尾

相銜兵勢甚盛太祖進軍急擊乘風縱火斬獲五百餘級萱以小舸遁歸

學校 鄉校在縣西二里 書院在縣東十里祀鄭介清 松林書院在縣西一

里立祠祀金權

宮室 客館 鄉射堂在客館西 南樓即城南門樓

烽燧 鍮達山烽燧在縣南六十三里南應海南縣黃原北應羅州羣山 高林山

烽燧南應羅州羣山北應咸平縣甕山

郵驛 景申驛在縣西三里 古幕院在縣東三十里 古鉄所院在昌足浦

平梯院在縣北八里

關梁 泥梯在縣東十八里

祠廟 社稷壇在縣西 文廟在鄉校 城隍祠在縣城內 龍津溟所

頭靈梁西有石山屹立其下為龍津溟所本邑春秋致祭 厲壇在縣北

寺刹 法泉寺在僧達山元僧圓明所住 摠持寺在僧達山 大堀寺在縣

東二十里大堀山又名福正寺 石秀寺在縣北四十里

古蹟 古水營在縣東二十里大堀浦今移于海南縣 南山城在縣南二里石築周

二千三百尺內有三泉

名官 本朝 權扨康靖王初為務安縣監以政最聞為持平 柳沃為務安縣監吏

畏民懷

流寓 金權大司成湜之孫本朝光海朝官至戶曹叅判時將廢母妃權獻議直諫謫配本縣以

卒

人物 高麗 朴暹顯宗時累官至左僕射文宗以為終始一節以安社稷畫形壁上 本

朝 鄭介清少寒微篤學力行不求聞達與其門生羅德潤等築書齋于大安洞講論修業

嘗設鄉飲酒禮羅州牧使柳夢彪往觀歎其禮容之盛上疏請為州教授介清嚴師弟子禮以小學

四書教人昭敬王累除官皆謝命即還上書陳道德立大本之說上除為谷城縣監亦不久於其

職及鄭汝立獄起被人誣搆鞫配慶源死聞者哀之號困齋有愚得錄

長興都護府東至寶城郡界四十八里西至康津縣界十二里北至羅州界五十

里至綾城縣界四十里南至海岸十五里距京都八百八十六里

旱田

水田

建置沿革 本百濟烏次縣新羅景德王時改名烏兒

為寶城郡領縣高麗初改為定安縣尋省入靈巖

郡仁宗時陞為長興府以恭睿太后任氏之鄉陞

元宗時又陞懷州牧忠宣王時復為長興府後因

倭寇空其地僑寓內郡恭讓末築城中寧山還置

長興府本朝恭定王十三年爲都護府明年以城隍徙治遂寧縣惠莊王時始置鎮掌面十六

鎮管郡一（珍島）縣二（康津 海南）官員府使 教授（各一人）

郡名烏兒 定安 懷州 遂寧

形勝高山鎮北滄海控南（府志）地濵大海（本朝任從善清和樓記）

風俗古稱樂土民淳事簡（高麗李橘皇甫城記）俗朴略而悍（俗業操弓略文字民俗朴略而悍不習禮讓恭敬）

山川修因山（在府北十里鎮山上有石城詳見康津古跡）天冠山（在府南五十二里舊號天風或云支提極高險往往有異氣如白烟○高麗僧靜明記天冠山尾蟠荒陬首浸大洋起伏穹窿槎數縣之地○本朝許穆記其絶頂曰九龍峯凡有水旱行禱西有通靈臺其東崖有大石塔故稱塔山又其東曰青蒲峯峯有三石汙如盎謂之蒲泉産九節蒲從東麓鍾峯下窺金水窟窟在石壁間中有寒泉有金氣浮滿光耀岩窟真天下異觀塔山上峯皆疊石石背方爲石函形俗稱甲石休藏其側曰石舟石舟上有凝石形如手）中寧山（在府東五里）億佛山（在府東七里）獅子山（在府東九里）迦智山（在府北二十里）龍頭山（在府東北二十里）錯頭山（在府東十里）壯元峯（在邑城西）熊岾（在錯頭山東五里）婦巖（在億佛山腰武稱望夫石）海（在府東南十六里）鵲川（出靈岩郡月出山南流經康津縣北內廂西南至府南六里與遂寧川合入于康津之九十浦）遂寧川（出迦智山至府北二里轉而東流經府城東門外號汭陽江又西南流至者岩入康津縣九十浦達于海）竹浦 觀音方浦 豚道頭浦（俱在古長興）泉浦（在府東四十里有魚梁）金堂島（周二十四里）童島（周二里）得良島（周十里已上俱在府東海中）横省島 伐羅島（周六十里）山島（周九十里）小狼島（周一里）大狼島（周六里）大花島（周四十二步）大猪島（周三里）牛島（周四里）花島（周十二里）来德島（周三十里有牧場已上俱在府南海中）

土產董 漆 柚 榧子 梔子 石榴 枳實 石菖蒲（出天冠山）當歸 烏梅 竹箭（出府東丁火里及府內南山）香蕈 松蕈 蜂蜜 水獺 塩 鱸魚 秀魚 鰒 石花 烏賊魚 銀口魚 甘蛤 紅蛤 絡締 牛毛 細毛 藿 海衣 甘苔 莓山 黄角

城郭府城（石築周九百四尺東南北有門內有十七泉三池舊稱長寧城来長興遂寧名之也）

公署會寧浦萬户鎮（在府南七十二里石城周一千九百九十尺內有一泉○水軍萬户一人）碧沙道察訪司（在府東五里領碧沙可申波青揚江洛昇鎮原通路綠山別珍南利十驛○察訪一人舊爲丞今置參下察訪）

學校鄉校（在府南三里）

宫室客館 鄉射堂（在客館北）東樓（即城東門樓）清和樓（在客館東）東亭（在東門外汭陽江北府使卞祀建）

烽燧億佛山烽燧（東應全日峴南應天冠山北應康津縣修因山）全日峴烽燧（在府東三十六里東應寶城郡正興寺南應天冠山西應億佛山）天冠山烽燧（東應全日峴西應康津南垣浦北應億佛山）

郵驛碧沙驛（在府東五里察訪司本驛）滿水院（在府東二十五里）長綾院

在府東六十里西德院在府南十三里榧子院在府北四十五里東德院在府東四十里省巖院在府南十里

祠廟社稷壇在府西文廟在鄉校城隍祠在府北二里天冠山、祠春秋本邑致祭申潛祠厲壇在府北

寺刹寶林寺在迦智山寺甚巨有東西二層殿又有司馬金穎所撰普照禪師塔碑銘○本朝朴祥詩迦智高八朱雀宮鮫人窟宅西南幽其中伽藍有寶林棟宇始自東京偷風雨荒碑字半非普照逝迹雲悠悠烟霞淪濤幾千里出入危磴窮冥搜修淨菴在天冠山又稱九井菴王龍寺在天冠山○高麗金克己詩倚雲樓一簇空畔熳丹青日月低天險溪山壯地靈雨來龍降鉢風起虎聽經百念渾裹冷塊然槁木形金藏寺在龍頭山塔山寺在天冠山絕頂下寺西有大石塔故名日臨寺在獅子山

古蹟古長興在天冠山南即高麗定安縣後陞為長興府本朝初徙置今府令稱其地為古長興會寧廢縣在府東三十□里本百濟馬斯良縣新羅改代勞為寶城郡領縣高麗初改會寧後省入長興府本朝因之遂寧廢縣本百濟古馬彌知縣新羅改馬邑為寶城郡領縣高麗初改遂寧省入靈巖郡後併入長興府本朝初府徙治于此今府城乃其舊墟長澤廢縣在府東北四十一里本百濟季川縣新羅改季水為寶城郡領縣高麗初改長澤後省入于府皇甫城在中寧山東五里高麗末皇甫德所築因名有土城遺址存○李穡記略曰至正庚寅以来日本島夷窃發濱海民居蕩然朝廷事窮勢迫移民之令出焉長興流寓鉄冶縣已未歲也合于寶城郡已巳歲也諸侯失國寓於諸侯雖曰禮則然矣而寄於支縣如懸疣附贅令年春府使皇甫公下車父老陳其故公具告于按廉使李原發傳郡丁壯入同起役九月訖功城厚六尺周一千五百尺東西二門於是一北走之冒絕矣

名宦高麗韓文俊仁宗時為長興府使有惠政朱悅高宗時知長興府嚴重不苛有聲績尹諧忠烈時知長興府督造東征戰艦巡察使洪子藩薦為興威衛長史壯清白自守後為全羅道按廉使蔡洪哲忠烈時出守有惠政金怡忠烈朝為長興府倅時哈丹入寇國家令州縣據險自保禁民出耕怡謂按廉使曰天兵制此小醜如几上肉耳何能到邊郡且食為民天耕種有時時不可失請出耕就曰加違令被譴何怡退而嘆曰一夫不耕天下受飢從令不耕則餓死者衆不從而耕則受罪者我也令民出耕賊果至薦歧而滅他郡皆未獲唯此府大熟遠近賴之秩滿召入內侍皇甫德恭讓王時為長興府使築城復邑詳見上本朝安從約為長興府使姜參金迨壽俱長興府使政尚簡潔韓蘊恭愍王時為長興府使倭陷南邊蘊以巡察令將拒賊加里浦道遇兵使元績同守達梁城及賊來圍績唯御蘊責曰主將一摇誰不解體督戰北門城陷死之

人物高麗任懿少力學登科肅宗初遷諫議大夫宋哲宗崩懿奉使進慰一行人皆黷貨懿獨廉謹宋人稱之睿宗朝累官中書門下平章事謚貞敬任元厚懿子初名元敱女為仁宗王妃官至太師中書令封安定公器宇宏深博通經史勤儉清白妙清妖說一時傾信而元厚獨斥之嘗判吏部銓注甚公人稱山禱謚文忠曹精通魁文科官至侍中魏文凱魁文科官至平陽郡事兄元凱亦狀元官至翰林後元凱出家名冲止本朝馬天牧少寒微有勇力為佐命功臣封長興府院君恭定王朝金璉文科官至觀察使

列女曹氏遂寧人父子丕高麗元宗時為隊尉一戰沒曹資性聰慧十三為隊尉韓甫妻生一女而甫與其父皆死陣曹誓心自守依其媢以居及女適人乃從女居女早死又從孫女居守寡五十年辛勤女工衣食女及孫令不失所給於喪祭鄉里感歎李穀為作傳

珍島郡在海島中東至碧波渡海岸二十七里南至金甲島三十里西至南桃浦海岸

四十七里北至大沙邑串海岸三十里距京都一千二十里

旱田

水田

建置沿革百濟因珍島郡新羅景德王時改珍島為務安郡領縣高麗初併于羅州後復置珍島縣忠定王時因倭寇撤其民僑寓內地本朝　恭定王九年併于海南縣　莊憲王十九年復舊為珍島郡掌面六官員郡守　訓導各一人

郡名因珍島 別號沃州

形勝孤城跨險比屋緣崖 高麗金克己詩孤城跨險春山脊比屋緣崖桃浪頭 海環四面土地肥饒　與海南相對海路要害之地

風俗民恃魚塩不甚力農 高麗李奎報志 地僻民淳 ○本朝李石亨詩地僻民淳俗易治

山川嘉興山 在郡東十五里郡治乃嘉興之地故因名其山 占察山 在郡東二十里 女貴山 在郡南三十里 智力山 在郡西四十八里周七十五里有牧場 富之山 在郡西十里周三十二里有牧場 金骨山 在郡西二十里本朝李胄錄中峯峻岌四面皆石望之如玉芙蓉西北抵海坤支蜿蜒南騖二里而為艮岾又東二里而為龍莊山至碧波渡而止山之周圍凡三十餘里 海 郡四面皆海東距海南境十里西南北連大海 臨城浦 在郡東三十里有塩盆 所可浦 在郡西十五里有塩盆 大沙邑串 在郡北四十一里 沙月串 在郡東三十里 蓼串 在郡南三十里 加西島 鷹鶻島 米浦島 月良島 俱在嘉興廢縣海中 壤島 邑亇島 周三十里○俱在臨淮廢縣海中 目只島 加兒島 走馬島 鶴島 俱在郡西海中 水衛島 在郡北海中 甘排島 在郡東海中 金島 茅島 在郡南海中 栗島 松島 磨飛島 楮島 注島 接盃島 石南島 俱周十里 錚島 鼓島 俱小島 蘆面浦 周十五里 坪島 周三十里 黑吉島 周十五里 磨月島 周十里○已上俱在郡西海中 巨趁里島 周三十里 每應骨島 周十五里 大磨月島 周二十里 竹項島 周十里 道巨有島 周二十里○已上俱在郡南海中

土產石榴　柚　榧子　香蕈　紫檀香　竹箭 出郡北加興里及郡東龍藏里 梔子　塩　秀魚　大蝦　石花　紅蛤　海蔘　黃角　海衣　鰒　絡締　甘苔　莓山　細毛　牛毛　藿

城郭郡城 石築周三千四百尺有門城內有九泉一池

公署金甲島萬戶鎮 在郡南三十里石城周一千一百五十三尺○水軍萬戶一人 南桃浦萬戶鎮 在郡西四十七里石城周一千二百二十尺○水軍萬戶一人

學校鄉校 在郡北二里

宮室客館望海樓 郡南門樓 籌邊樓 在客館南 碧波亭 在郡東二十七里碧波渡口出入使客渡津者館於此○高麗金華尹詩杳杳情難極盤桓漾小船雨來雲沒島風動水浮天愧非餐霞客今為犯斗仚不知何郡國島外碧生烟○本朝張維詩扁舟繫纜上孤亭眼

底茫茫水拍庭東國風雲迷北望楚天分野照南星寒潮帶雨聲偏急瘴海含霜氣不腥螺髻重重分島與鳥檣隱隱過滄溟開看翀鶴橫烟浦暫伴眠鷗步晚汀從此蓬莱如可到紫金丹訣蕊珠經

冬栢亭在郡南十五里有冬栢樹數百株

烽燧　占察山烽燧南應女貴山北應海南縣黃原東應同縣館頭山　女貴山烽燧北應占察山

郵驛　鹿津院在郡北三十里

關梁　碧波渡在郡東二十七里自海南入本郡海津古名大津水路六里又見海南縣

祠廟　社稷壇在郡西　文廟在鄉校　城隍祠在嘉興山　厲壇在郡北

寺刹　竹林寺　鳳城菴俱在女貴山　舍那寺在智力山　三窟在皆骨山本朝李胄謫本島嘗棲息上窟○李胄錄金骨山下有大伽藍古墓口海院寺有石塔九層上有三窟其最下者曰西窟窟在山之西麓創始不知何代窟之傍有古刹六七楹其最上者上窟窟在中岳絕頂之東尺崖絕壁不可以佽自東無有攀緣着足地由西窟而東上路控危險緣崖轉石寸寸而前可一里石峯斗起不可飛度累石為層掛者十三級下視無地上此則為絕頂自絕頂迤東而下甃巉岩為凹而黏之上下者十二四下此為上窟又其北岩又甃巉崖憑虛架空向東直下八九步為東窟前楹廚舍皆為風雨所圯窟北崖斷成彌勒佛○前人詩天開寶刹三兩間白業胡僧門不關石塔百層半空入鉄峯萬丈千古頑寒潮曉落出盤井黑雲晚消多海山游目天涯雲更遠北書不至吾得還

古蹟　龍藏城在郡東三十五里石築周三萬八千七百四十尺高麗元宗時三別抄叛自江華府入據此島大營宮殿金方慶討平之此其舊基　古珎島城在郡東北十五里石築周三千八百七十尺內有三泉今皆頹落莊憲王十九年自海南縣還本島外耳里越四年移于今治至今號外耳為新城

嘉興廢縣在本島中距郡北十里本百濟徒山縣一云猿山新羅改牢山郡高麗改嘉興仍併入本朝因之　臨淮廢縣在本島中距郡南三十五里本百濟買仇里縣新羅改瞻羅為牢山郡領縣高麗改臨淮仍併入本朝因之

名宦　高麗　尹承解為珎島縣令為政清約感愛並至始民不力農承解勸督之雖歎不匱

本朝　李舜臣昭敬王二十四年為珎島郡守以材能旋陞加里浦僉節制使擢為左道水軍節制使

流寓　李胄本朝入登第為時氣節文章重於時燕山戊午以金宗直門徒羅史禍謫本島居七年竟見殺聞者無不悲傷嘗入金骨山居息絕頂石菴數十日吟詩眺海以寓望國思親之懷有金骨錄　盧守愼本朝尚州人恭憲王時仕為吏曹佐郎羅士禍謫本島在島凡十九年自號暗室讀書不輟註夙興夜寐箴及宣祖即位召還後拜為相

康津縣東至長興府界二十四里南至海岸七里西至海南縣界二十五里北至靈岩郡界四十四里距京都九百二里

旱田

水田

建置沿革　本百濟冬音縣新羅景德王時改耽津為陽武郡領縣高麗初省入靈巖郡後入長興府本朝恭定王十七年徙兵馬都節制使營于道康縣治因以道康省入為康津縣掌面十八官負縣監　訓導各一人

郡名　耽津

山川寶恩山在縣東七里鎮山 月出山在縣北四十里靈岩之境 萬德山在縣南十五里山上皆石峯高麗僧慧日詩前峯如石廩後峯如芙蓉 佐谷山在縣西南六十五里 修因山在道康東三十里距縣 烟氣山在縣南二十里 離鉢山在縣東二十里 朱雀山在縣西十五里 二佛湧山在縣東三十里 馬岾在縣北二十里 養子巖在月出山東有岩高峙其上平廣昔倭亂傍邑民携五子登岩而升以避亂皆得免死因名養子岩 海在郡西南皆海 鵲川一名松溪源出月出山經縣北十五里古道康縣西南流入長興府詳見長興府 錦川在縣東二十里 九十浦在縣南六里源出月出山南流與縣西之水合為九十浦耽羅星子朝新羅時泊舟于此名曰耽羅 南垣浦在縣南五十七里 龍下池 蛤池俱在縣東二十里 莞島在縣南海中六十里周二百九十里詳海南縣 古今島周一百五里有一牧場 助藥島周九十五里有牧場 新知島周九十里有牧場 加背島周三十里 所訖島周二十里 多也島 銅梁島俱周四里 富仁島周五里 恩波島周六里 碧浪島周四里 竹島周六里 載馬島周十五里已上諸島俱在縣南海中 今山島在縣南海中

土產自然銅 竹 竹箭出竹島 黃芩 川椒俱出莞島 人蔘 紫草 石榴 柚 榧子 茶 枳實 防風 梔子 安息香 松蕈 香蕈 薑 鹽 海衣 甘苔 莓山 藿 黃角 細毛 銀口魚 烏賊魚 黃魚 秀魚 絡締 蛤 海蔘 紅蛤 石花 鰒

城郭縣城石築周六千八百尺四方有門城內有八井一池成宗六年築

公署兵馬節度使營在古道康縣北二十七里石城周二千八百二十尺立四門東曰 南曰 西曰 北曰 加里浦僉節制使鎮在莞島石城周三里恭禧王十六年以倭寇要路始設鎮合達梁水軍于此○水軍僉節制使一人 馬島萬户鎮在古耽津去縣南六十四里○水軍萬户一人

學校鄉校在縣東二里

宮室客館鄉射堂在客館東 南樓即城南門樓 東樓即城東門樓 燕喜堂在兵營○本朝南秀文詩將軍亭舍破天慳碧瓣晴波俯仰閒有耿風詩先供燕喜從今草木未應 鎮南樓即兵營南門譙樓也

烽燧佐谷山烽燧西應靈岩郡葛頭山 修因山烽燧東應長興府億佛山西應兵馬節度使營 南垣浦烽燧東應長興府天冠山西應佐谷山

郵驛鎮原驛舊名通谷在兵營城下 通路驛在縣西一里 月南院在縣北十五里有樓 古也峴院在縣北二十五里 稼亭院在縣北三十里 石橋院在縣西十七里 錦川院在縣東三十五里 高謁院在縣北三十里

關梁鵲川橋在兵營南二里距縣二十五里

祠廟社稷壇在縣西 文廟在鄉校 城隍祠在縣東 李後白祠 厲壇在縣北

陵廟李後白墓在縣月出山下

寺刹月南寺在月出山南高麗僧真覺所創有李奎報所撰碑今廢 無為寺在月出山開運三年僧道詵所創歲久頹毀後重營曰為水陸社 白蓮社在萬德山新羅時建

高麗僧圓妙重修我世宗時僧行乎又重修有塔有碑有三浮屠又有萬景樓明遠樓南臨大海滿洞皆松栢篠蕩冬栢樹交加蒼翠四時如一真絶境也僧慧日詩白蓮名社勝萬德一山清門靜鎖松影客來聞磬聲帆從海上去鳥向花間鳴坐久忘歸路殊無塵世情

雲際寺在萬德山

秀巖寺

白雲菴俱在月出山

古蹟

清海鎮在莞島中新羅興德王時置以遏海路以張保臯為大使文聖王時鄭年代為大使後罷鎮徙其人於碧骨郡

道康廢縣在縣北二十七里本百濟道武郡新羅改陽武高麗改道康為縣入灵岩郡明宗時復置道康縣本朝太宗十七年以縣治為兵馬節度使營曰省縣併入

古康津在松溪部曲距縣北十五里本朝成宗時徙于今治

修因山城石築周三千七百三十六尺高麗末道康耽津寶城長興灵岩之民皆避倭寇于此○本朝宣祖時令體察使李恒福巡審南方山城使否恒福叙此城曰城在兵營東十里由營至南門鳥道盤回抵門外地逼側人不並立北門為絶險東門為受敵之地門外有洞山勢陂陀東南百餘步有峰屏立曰勿喜峰賊若先據城中一面不敢搖足此為大害

安祐宅古基在縣城內

法華菴在莞島中寺之洞有金石溪天然臺僚王峰高麗正言李穎謫莞島其叔父僧慧日隨而訪之仍入島創寺以居嘗有詩云一山四面鎖雲烟深之間松門向暮年只有寒風鳴屋角更無遊客到菴前早眠晏起閑居樂渴飲飢飡本分禪已得蹤慵人不顧陰行粗了半因緣

射峴在莞島中諺傳昔有島人名宋徵者武勇絶人射及六里之外弓絃絶則血出今盤石有矢痕名其地曰射峴

佐谷部曲在縣西六十里

名官

新羅張保臯小字弓福嘗入唐為武寧軍小將騎而使槍無能敵者後還國告興德王曰遍中國以吾人為奴婢願鎮清海使賊不得掠人西去王與萬人使鎮之此後海上無鬻鄉人者及神武王之父均貞為金明所殺神武與妻子往投清海依保臯及金明簒位令鄭年閻長張弁等領兵奉神武討金明誅之即位封保臯為感恩軍使食實封二千户

鄭年年能没海底行五十里不壹與張保臯俱入唐為武寧小將皆善戰不相下及保臯鎮清海年還國失職飢餓欲就保臯或曰素不相能奈何往取死乎年卒往保臯見年飲酒極歡未罷聞金明簒位分兵五千與年執年手泣曰非子不能平禍亂年入國誅金明後代保臯鎮清海

高麗朴元桂為道康監務有惠政

金儒為道康監務有遺愛民立碑以思之朴椿齡憶金太守儒詩柳下官卑不自辭牛刀誰使劉鷄為甘棠正是思人樹硯首無言墮淚碑父老空傳遺愛化兒童謾誦舊題詩曾聞跖壽顏回夭天理茫〻未可知

本朝許琮世祖時有土賊張永奇起湖南州郡不能制以大司憲許琮為節度使賊聞琮至竄入海島乘間收畧琮設方畧覘之賊入長興府琮擒斬平之

流寓李後白

人物

高麗崔思全初為內醫累遷少府少監仁宗朝李資謙舉兵犯闕思全議曰資謙唯特拓俊京若得俊京則資謙特一夫耳遂與決策去資謙錄功擢兵部尚書官至開府儀同三司守太尉柱國謚莊敬配享仁宗廟庭

崔烈思全子思全嘗與烈兄弟金器各一具及思全没妾竊其一兄弁怒欲鞭之烈曰此人先君所愛當傾家産以恤之况此物耶弟所得者尚存請以遺兄王聞而嘉之曰可謂孝且仁矣御筆賜名曰孝仁

曹精官至侍中謚傳精老居于家有白頭翁日〻來訪圍棊問其來處則不答尋其跡乃龍也我世祖時縣人耕田得銀器以進乃曹精所埋之器也

安祐恭愍初為軍簿判書累立戰功紅巾賊陷義州至西京祐與金得培李芳實等率兵進擊凡九戰凱還拜定乱功臣中書平章政事十年紅賊二十萬衆又入冦陷京城王出奔福州祐以上元帥與得培芳宗擊賊平之收復京城時稱三元帥為金鏞所冒入皆嗟悼

崔彪中元朝制科官至叅知政事

本朝趙注擢魁科官至知司諫詳羅州寓居

金墩系出安東高麗中貫房慶之後自少力學莊憲王在潛邸聞其名召之墩辭焉及登科放榜上

引見慰諭曰我欲見卿〻輒避我今則為我臣矣遂八集賢殿常兼經筵〻母在康津屢救外補特

賜驛騎奉母來京以便養〻經術該博尤邃儀象上製簡儀臺報漏閣〻與金銚俱與焉為承旨

凡七年及病特陞仁壽府尹未及大用朝野惜之　金億秋勇力絕倫登武科宣祖朝官

至全羅右水使壬辰從李舜臣平倭有功　高守精有孝行恭僖王時旌表其廬

海南縣東至康津縣界十九里西至珎島郡界碧波津五十五里南至海岸六十六里

北至靈巖郡界十六里距京都一千七十里

旱田

水田

建置沿革本百濟塞琴縣新羅景德王時名浸溟一云

投濱為陽武郡領縣高麗初改海南縣尋省入靈巖

郡本朝　恭定王九年併珎島為海珎郡十二年

徙置玉山縣地　世宗十九年析置珎島郡復為

海南縣掌面十官員縣監　訓導各一人

郡名塞琴　浸溟

形勝海曲之壤地鮮平衍

山川金剛山在縣東十里鎮山〻有古城　達摩山在縣南六十里又見靈岩郡

館子山在縣西三十里　駕鶴山在縣北二十五里靈岩郡界一名黑石山　頭輪

山在縣南三十里登此山則與濟州漢拏山相望　高多山在縣南四十里　館頭山

在縣南四十一里濟州往來船泊山下　黃原山在縣西六十里古黃原縣　方沙峴

在縣東十里　金瑣洞在縣南二十五里山勢回曲逾險嶺乃至上有古城址　仁祖時縣

人尹善道等山齋於其中仍名金鎖　海縣西南皆海　大津在縣西百五里　一周梁

在縣西七十五里　别珍浦在縣北二十五里　三寸浦在縣南二十里珎島郡界

亏吐浦在縣西十里　古於蘭浦在縣南二十五里濟州來往船泊此　笠巖

浦在縣南五十里亦濟州船泊處　淙川浦在縣西南五里　魚成浦在縣南十里

竹成浦在縣北三十里浦上有山城古址世傳收納田稅之所　扶蘇島　磨頓

島俱在縣南海中　竹島在黃原縣　莞島在縣西四十里周二百九十里即新羅清海鎮

其西南屬于縣東北屬康津縣松栢極長大養封禁伐舟船之用取於此

土産楮　苧　竹　竹箭出縣南古海南里及古祿山里縣北〻谷里邑內竹

陰里　茶　華班石産黃原縣埋玉山　自然銅産縣西黃原里苦浦　紫草

燕覆子俗名〻應其即木通洋〻見濟州　黃漆　川椒俱出莞島　當歸

梔子　石榴　柚　枳實　榧子　柿　香蕈

鹽　秀魚　烏賊魚　竹蛤　紅蛤　海參　絡

締　鰒　石花　藿　甘苔　海衣　牛毛　細

毛　黃角　苺山

城郭縣城石築周二千八百五十七尺四方有門城內有十二井

公署右水軍節度使營在縣西六十七里石門周立四門

於蘭浦萬户鎮在縣南三十四里〇水軍萬户一人

學校鄉校在縣北三里

宮室客館鄉射臺靖遠樓即城南門樓成化己丑縣監成重性建有成俔記〇

本朝成任詩城郭平臨海盡頭風烟十里客登樓微雲捲野山如畫巨浪浸空地欲浮　望雲

樓在客館南太平亭在水營城內松湖亭在南十五里邑人白振南所居下臨小湖長川繞其前

烽燧黃原山烽燧南應珎島郡占察山北應務安縣鍮達山金剛山烽燧南應館頭山北只報官門館頭山烽燧西應珎島占察山南應靈岩葛頭山

郵驛綠山驛在縣南五里南利驛在縣西三十五里別珎驛在縣北三十里萬喜院在縣西十二里赤良院在縣西二十三里三歧院在縣西六十里

關梁碧波渡在縣西五十五里即海津入珎島者由此

祠廟社稷壇在縣西文廟在鄉校城隍祠在縣北三里厲壇在縣北

寺刹大芚寺在頭輪山寺甚宏巨寺前有信菴思隱姓柔三僧浮屠石頭菴黑石寺俱在駕鶴山金剛寺多寶寺俱在金剛山

古蹟古海南在頭輪山南地濱大海古海南縣治此本朝太宗時徙今治今有城基存焉竹山廢縣在縣北十里本百濟古西伊縣新羅改固安縣為陽武郡領縣一作同安高麗改竹山入靈岩郡至本朝併入于縣有古城周二千六百四十尺黃原廢縣在縣西六十里本百濟黃述縣新羅改黃原為陽武郡領縣高麗入靈岩郡後移入于縣有牧場玉泉廢縣在縣東十五里本靈岩郡冷泉部曲本朝世宗時移入于縣玉山廢縣在縣南十里古之紗羅鄉高麗改為玉山縣因入靈岩郡本朝太宗時移入于縣黑山古城在縣北三十里石築周五百八十尺今半頹圯珎山古城在縣西三十里石築只有基址綠山古城在縣南十里石築古綠山驛基也今廢高多山城有古城周九百十三尺北平鄉松旨部曲俱在縣南六十里神葛部曲在縣東二十里世宗二十九年自靈岩郡割入馬峯所在縣南六十里

名宦本朝郭安邦為海南縣監清白多惠政民久而思之邊協恭愍王朝為海南縣監嘉靖乙卯倭賊猝至連陷長興靈岩等州郡協設伏兵邀擊大捷又獲中國人被擄者奏解帝詔書獎諭曰縣監邊協嬰孤城獨全賜銀錦後為本道兵馬節度使李億祺昭敬王朝為右水軍節度使萬曆壬辰倭兵大舉入寇億祺往會左水使李舜臣大破倭賊於露梁連戰皆破之

流寓林億齡善山人本朝恭僖朝為江原道觀察使恭憲初朝著危疑弟百齡陰結權奸倡禍士林億齡切戒之不從乃棄官携家南来海南居焉億齡剛直英發文行出俗尤善於詩放跡山水以自娛歸石川子其南歸渡漢江有詩曰好在漢江水安流莫起波及其渡錦江又作詩以見意詞極微婉感慨後人傳誦高其風節

人物本朝尹衢少能文與崔山斗柳成春稱湖南三傑恭僖王朝登科為弘文校理坐己卯黨籍被斥後為全羅都事性豪爽博通經史自號橘亭子柳成春力學善屬文恭僖王朝登科還至吏曹正郎坐己卯黨籍被斥寓居康津而卒柳希春成春弟博學多識登科恭憲王時為正言尹元衡林百齡將構士禍希春直論不撓流配鍾城二十餘年昭敬王即位召入久為副提學大司憲及陞秩知中樞上曰才合經筵特命仍兼副提學希春正直溫和經術精深上甚重之必稱眉岩先生謚文節尹毅中衢子登科昭敬王朝官至曹判書孫善道白光勳

列女石令參奉朴成林妾少見棄於夫誓不他適有僧欲污之知不免遂縊死本朝恭僖王朝旌閭

濟州牧（在全羅道南海中，周四百餘里，東西二百里，南北一百二十里，距海南舘頭梁海路七百里）

旱田

水田

建置沿革古乇羅國初有良乙那高乙那夫乙那三人分處其地名其所居曰徒（一作都）新羅時高乙那之後高厚與其二弟渡海來朝新羅王喜賜厚曰星主其仲曰王子季曰徒內（一作都內）國號耽羅（古記厥初無人物三神人從地出今鎮山北麓有穴曰毛興是其地也長曰良乙那次曰高乙那三曰夫乙那三人遊獵荒僻皮衣肉食一日見木函浮至東海濱就得三女及諸駒犢五穀種於是三人以歲次分娶之就泉甘土肥處射矢卜地良乙那所居曰第一徒高乙那所居曰第二徒夫乙那所居曰第三徒始播五穀且收駒犢日就富庶十五代孫高厚高清昆弟三人造舟渡海泊于耽津蓋新羅盛時也于時客星見南方太史奏曰異國人來朝之象也及厚等至王嘉之稱厚曰星主以其動星象也令清出胯下愛如己子稱曰王子又稱其季曰徒內邑號曰耽羅以初來泊耽津而朝新羅也各賜寶蓋衣帶而遣之自此子孫蕃盛敬事新羅遂以高為星主良為王子夫為徒上）其後服屬百濟（百濟除星主王子之號以其主為佐平佐平百濟官名東城王二十一年以耽羅不修貢賦親征至武珍州耽羅主聞之遣使乞罪乃止）及百濟亡新羅文武王元年耽羅國主徒冬音律來降高麗太祖二十年耽羅遣其太子末老來朝仍賜星主王子爵肅宗十年改為耽羅郡毅宗時降為耽羅縣元宗十二年叛賊金通精領三別抄入據其地越二年王遣金方慶合元兵討平之（三別抄來據侵掠星主高仁旦王子文祐等以聞乃討之○寶城郡之福城縣人文姓者來婿于高氏其子孫有繼為王子者）明年元置耽羅招討使府尋為牧場遣達魯花赤以監之後改置軍民安撫使府忠烈王二十年還隷于我改為濟州置牧使（忠烈王二十年王朝元請還耽羅元丞相完澤等奏帝還隷于我）二十六年元奇皇后又放廐馬尋復還于我忠肅王五年土賊士用等作亂王子文公濟討誅之聞于元復置官吏後又置釐治斷事官至恭愍王十七年元亡州復置屬于我置濟州安撫使（時元牧子強悍累殺國家所遣萬戶以叛王奏請本國自署官擇牧子所養馬以獻如古事大明高皇帝從之）元牧子哈赤殺害官吏王子文臣輔以聞二十三年遣崔瑩討滅之改置濟州牧使本朝因之（太宗恭定王時復以安撫使兼牧使其後改安撫為節制使仍兼牧使）太宗二年星主高鳳禮王子文世忠等以星主王子號涉僭擬請改乃以星主為左部知管王子為右道知管　世宗二十七年革左右都知管（星主王子之號自新羅始封世世襲爵高麗時本島沿革相仍人心乖隔乍順乍逆國家時遣安撫使牧使等官元亦遣招討使達魯花赤等官以招撫然使星主王子各立官衙門分治所管維持風俗貢獻方物八本朝自求降號厥後革知管只以邑人有職者為上副鎮撫分掌防禦之事）惠莊王十二年置鎮掌面二十

八領縣二 旌義縣 在州城東 里本濟州地本朝 太宗十六年用安

撫使吳湜啓議析漢拏山南幅員九十餘里之地西置大靜縣東置旌義縣掌面五 大靜縣

在州城西 里本濟州之地本朝 太宗十六年始置縣掌面三 官貢牧使 判

官各一人 縣監二人一旌義一大靜 教授一人 訓導三人一旌義一大靜一倭

學

郡名 毛羅 別號東瀛洲 耽羅

形勝 北枕巨海南對崇岳 本朝高得宗弘化閣記 溟渤渺茫 別

為一區 本朝鄭以吾序國之望耽羅宛在溟渤渺茫之中別為一區若附庸焉 攻戰

所不及 高麗毅宗時安撫使趙冬曦入勤曰耽羅險遠攻戰所不及 環島皆石

壁 州記環島皆石壁巉岩鋪列海船不得泊近唯於川口設石堡以禦賊 海外名藩

本朝姜渾定遠樓記地勢之險固士馬之強守禦之嚴不與地等實海外之名藩

風俗 俗癡儉有禮讓 民俗癡儉且多茅屋男女好着草屨無砧碓唯女人手搗木臼

背負木桶而無頭戴者士豪則否兒女遇官人於道則奔匿男則必俯伏道傍 俚語艱澁

村民俚語艱澁先高後低語音細高 田頭起墳 治喪百日而除略掘田頭以起墳間或有

行三年喪者俗不用地理卜筮又不用浮屠法 尚滛祀 俗尚滛祀乃於山藪川池丘陵墳衍

木石俱設神祀每歲元日至上元巫覡共擎神纛作儺戲錚鼓前導出入閭閻爭捐財穀以祭之又

於二月朔日歸德金寧等地立木竿十二迎神祭之居涯月者得槎形如馬頭者飾以綵帛作躍馬

戲以娛神至望日乃罷謂之燃燈是月禁乘船又於春秋男女羣聚廣壤堂具酒肉祭神又禁地多蛇

虺作祠祀之名曰遮歸堂遮歸本蛇鬼字之訛若見灰色蛇則以為遮歸之神禁不殺又男巫甚多

嗾人災禍以取財 人多壽考 土人少疾病無夭札年至八九十歲者多世傳老人星近

故人多壽考也故居山南者不及山北 天氣常煖 春夏雲霧晦冥至秋冬開霽草木昆

虫經冬不死 山無惡獸 無虎豹熊羆豺狼害人之獸又無狐兎鵂鵲之屬 不用

網罟 山險海惡不用網罟魚則釣獸則射 照里戲 每歲八月十五日男女共聚歌舞分

作左右隊曳大索兩端以決勝負索若中絕兩隊仆地則觀者大笑謂之照里戲是日又作秋千及

捕鷄之戲 風殊俗別卒悍民嚚 本朝送牧使李元慎序耽羅在海中肇自新羅

歲脩職貢為我附庸高麗置濟州牧國家因之必擇廷臣有文武才略威惠兼著者以牧之然以其

颶風駕海渺漫無際涉數百里驚濤不測之險及至則風殊俗別卒悍民嚚喜人怒歎控禦為難

地瘠民貧 高麗文宗時門下省奏耽羅地瘠地貧唯以木道經紀謀主又州記土性浮燥

墾田必駈牛馬以踏之連耕二三年則穀穗無實不得已又墾新田功倍獲少所以民多窮困 聚

石界田 東文鑑地多亂石素無水田唯麰麥豆粟生之厥田古無疆畔強暴之家日以蠶食

百姓苦之金坵為判官問民疾苦聚石築垣為界民多便之 女多男少 求婚者必備酒

肉納采者亦然昏夕婿備酒肉謁婦之父母醉後乃入室女多男少僧皆作家寺傍以畜妻子雖行

乞者並畜妻妾且公私運販之舡絡繹不絕海路險遠屢致漂沒故士人以生女為貴 以執

事官衙為榮 州志京城隔遠仕官為難士人有才望者皆以執事官衙為榮不知京職

之貴其豪右求為鎮務旅帥書員等任各以漁利為事豪縷細故皆有贈賂以強制弱以暴刦仁

茅茨不編 金淨濟州風土錄人皆居茅茨不編鋪積屋上以長木橫結鎮之瓦屋絕少品

官人以外無溫埃掘地為坎填之以石以土泥之既乾寢處其上 多用燒酒 風土錄稻絕少

土豪貿陸地而食其餘食田穀所以清酒絕貴 杵歌聲苦 土風凡勞役之事皆使女人或

二三人或四五人共持一臼必發相杵之歌音調甚苦旋磨之歌亦然

山川 漢拏山 在州南二十里鎮山其曰漢拏者以雲漢可拏引也一云頭無岳以峯峯皆平

也一云圓山以穹窿而圓也一云釜岳以山之頭皆有池似貯水器也峻極于天雄據數百里山巔有池徑數百步由大靜縣有一隹道人從樹間攀緣而上若喧呼則雲霧咫尺不辨六月氷雪猶在八月乃襲裘金淨風土錄漢拏絕頂可觀南極老人星云○本朝權近應制詩蒼蒼一點漢拏山遠在洪濤浩渺間人動星芒来海國馬生龍種入天閑地偏民業猶生遂風便商帆任往還盜代職方修版籍此邦雖陋不須刪○本朝崔溥詩俯瞰人間隔世蹤海中別有瀛洲峯秦童漢使枉費力遺與三韓作附庸○本朝金緻詩石磴穿雲步步危雨餘天氣快晴時山高積雪經春在海濶長風盡日吹鶴駕不迷玄圃路鳳笙留待赤松期從今欲試飡霞術歸去人間莫恨遲

瀛洲山 即漢拏東北支距旌義縣北五里古記云漢拏山一名圓山即中海圓嶠其東乃東巫小峽神仙所居其東北又有瀛洲山世稱耽羅為東瀛洲者以此

表岳 在州南二十里○以下皆漢拏之支峯○岳方言作兀音

兎岳 在州東南二十六里

思義岳 在州東南二十八里

長兀岳 在漢拏山腰距州東四十五里凡四峯一峯最高大其巔有龍池徑五十步深不可測人喧則雲霧四起風雨暴至旱則禱雨有應其邊積海蛤殼俗海鳥啣置漢拏山池亦然

蒿岳 在州東南二十里

大朗秀岳 在州東八十里周三十四里

猪岳 在州東七十五里周八十五里

獐岳 在州東南六十六里周四十三里

紗羅岳 在州東六里有羊椶

別刀岳 一作禾北岳在州東十四里岳北濱海處石峯奇峭

元堂岳 在州東二十里峯頭有池名黽池有蘋藻黽鼈大旱不竭

西山 在州東四十里

笠山 在州東五十二里峯頭有蓮池

道圓岳 在州西十五里

水山 在州西二十八里

高內岳 在州西三十八里

郭支岳 在州西四十五里

板浦岳 在州西八十里

箕岳 在州東南三十五里山形如箕

感恩德岳 在州西南三十四里

曉星岳 在州西南五十里周十八里

相時岳 在州西六十里周七十里

御乘生岳 在州南二十五里其巔有池周百步諺傳此岳之下出御乘馬故名

洞山 在州南二十五里凡九十九洞

高古山 在州西南四十里兩峯對峙

黑岳 在州西五十里峯頭平廣左右有谷自長兀岳以下俱有牧場也

成佛岳 在旌義縣北十五里縣城附近惟此岳有泉

感恩岳 在旌義縣北二十二里

指尾山 在旌義縣東三十五里

斗山 在旌義縣東二十七里

首山 在旌義縣東二十四里

達山 在縣南九里

兎山 在縣南十七里

地稅原 原俗稱旨在旌義縣西四十里周回三十里

廣分坪 在旌義縣西八十九里周二十三里

蒲岳 在旌義縣西四十里周三十里

雲之岳 在旌義縣西三十里周四里

水頂岳 在旌義縣西三十里其巔有大池深無底

安坐岳 在旌義縣西十五里周二十七里

水岳 在旌義縣西四十五里峯頭有龍湫深不可測歲旱禱雨有應

三梅陽岳 在旌義縣西三十里岳中寬敞有水田數十頃名大池或云藻淵

懸羅山 在旌義縣西五十里

水城岳 在旌義縣北三十里山巔崖環如城中有大池

城板岳 在旌義縣西五十里石壁如城板故名

鷹巖岳 在旌義南二十里

城山 在旌義縣東二十五里周十里迤裏入大海中可五里許勢如蟻腰石壁削立周布如屏高千餘丈鑿石架梯然後可登其中平廣可十里許

閑坐岳 在旌義縣東七里

兎達岳 在旌義縣東二十里周二十五里○自地稅旨以下皆牧場

水盈岳 在旌義縣北三十里其巔有池

蠔山 俗稱屈山在大靜縣東二十五里有九十九洞

柿木岳 在大靜縣北二十五里岳南有泉又有斗坐館

龜岳 在大靜縣東四十五里

弓山 在大靜縣東四十里

紺山 在大靜縣東二十里

松岳 俗名何別里在大靜縣南十五里山之東西南濱海石壁環列山巔有池徑可百步

攀琶嶽 在大靜縣西南五里

遮歸岳 一名堂山在大靜縣西二十六里

山房山 在大靜縣東十里諺云漢拏山之一峯頹而峙于此其南崖有大石窟水自石上點滴而為泉有僧建屋窟中以居

蹄窟菴金自許記所謂石瓦自盖而積雨不能漏石簟自鋪而野火不能焚石壁自立而狂風未能
搖石井自湧而行潦未能汚者是也又其南有石穴名暗門自東至西五十尺其北又有大穴深不
可測竝岳在大靜縣東北二十五里周三十九里兩山竝立故名孤根山在大靜縣
東五十七里旌義縣界山巔有大穴直下深不可測周回十十里毛洞在大靜縣東十里周
五十里已上竝岳以下皆牧場徃洞在旌義縣西十里周二十里積石波在旌義縣
東南五里周二十九里長沙在州東五十六里長十五里海浪所淘之沙潮出日晒之後乘
風而飛自近而及遠自卑而為高積漸增益埋草沒樹岩遇田畝則失其所在別防近處亦有之
財巖在明月浦西五里其形如屋穹窿其上鋪白沙其下有大穴入以炬八其中寬廣可八十
步許產石鍾乳其西北又有二岩名小夾財俱產石鍾乳其中寬廣亦五十步方巖在漢拏山
絕頂人跡不到處其形正方如人鑿成其下莎草成蹊香風滿山怳聞絃管之聲世傳神仙恒遊之
處○本朝李元鎭詩徙倚方岩霽色新四環瀛海濶無津北辰遠處瞻宸坐南極明時見老人千里
不愁常作客百年還喜此尋真香風遠送笙簫響回首中州只一塵穿石在旌義縣南十里立
石有穴故名金寧藪在州東五十里周五十餘里○藪方言作花暗藪在州東九
十五里周三十餘里黏木藪在州西南六十二里盖沙藪在州西七十五里周五十
里猫坪藪在州東南二十三里木橋藪在旌義縣東十七里大藪在旌義縣
南四里螺藪在大靜縣東十里所近藪在遮歸岳東北自漢拏山至遮歸堂四十
餘里感恩德川在州西九十里山底川在城東一里即嘉樂泉下流〻二里入海
為連入浦別力川一作禾此川在州東十三里源出漢拏山北流入海旱乾雨陽其浦口有
候風館大川在州西三里源出漢拏山北流入海旱乾雨漲水到四處為緒其深無底名曰
龍湫歲旱禱雨下流為大甕浦朝貢川在州西二十里一名水精川俗稱都近川土人語訛

故朝貢之音訛為都近源出漢拏山北流入海其上流瀑布飛来數十尺其下伏流至七八里湧出
石間遂成大川下有深淵有物狀如縺狗潛伏變化示人寶物攬入淵中下流為朝貢浦州中川水
此為大川介路川在旌義縣東城底源出漢拏山東經獐岳閑坐岳抱城東南流下二里有
深淵城中舊無水取汲于此川及成佛泉靈泉川在旌義縣西五十五里出漢拏山南流入
海洪爐川在旌義縣西七十二里出漢拏山南流入海末流為西歸清塞達川
在大靜縣東三十五里出漢拏山南流八其末流稱星川浦加来川在大靜縣東五十里
有大小加来川出漢拏山南流入海○已上諸川俱出漢拏山兩岸石壁峭立中鋪岩石其源或潛
或流健入浦在州東北一里○世傳高厚高清自新羅還泊族屬會迎于此明月浦
在州西六十里海口可泊舟朝元時候風於此凡七晝夜乃涉大洋至中國○高麗崔瑩討哈赤時
牧子迭里必思等以三十餘騎拒於此浦大軍齊進奮擊大破之板浦在州西七十五里
北浦在州東四十里有鹽盆道圓浦在州西十里貴日浦在州西二十五
里高内浦在州西三十五里歸德浦在州西五十里甕浦一作獨浦在州
西六十一里排舲浦在州西六十三里咸德浦在州東三十一里魚登
浦在州東六十里有牛場敦義嶼浦一作道衣浦在州東七十二里朝天浦
在州東二十五里金寧浦在州東五十里涯月浦在州西四十里禾北浦
在州東十里釜浦在州西八十里○已上各浦舊有監考今惟朝天禾北兩浦猶存各浦又
有梁直識察浦口出入之人西歸浦在旌義縣西七十里朝元時候風處鷄浦在旌
義縣東二十里五照浦在旌義縣三十五里有漁店冬春来居夏移去盖地近牛島人畜喧
闐則大風必作拔木損稼故也今自成一村恒居廣浦在旌義縣西五十里法還浦
在旌義縣西八十五里遮歸浦在大靜縣西二十七里遮歸岳南摹瑟浦在摹

瑟岳東南 西林浦在大靜縣西二十里朝元時候風處 尾浦在大靜縣西三十里 友浦在大靜縣西三十二里 猊來浦在大靜縣東二十五里 塞浦在大靜縣東五十七里 正方淵在旌義縣西六十八里上有瀑布淵深流田甚多 大池在旌義縣東十五里 迦藍池在旌義縣西十五里 背池在州西三十五里周二十五里 頭池在州西二十一里 楸水在州西南六十里周二十九里 𤅊池俗稱古餘池在州東三十里 斗泉在州城西百步其形如斗故名旱則清將雨則金氣浮水面 嘉樂泉在舊州東南城外大石下有穴水湧出深一丈城中無水州人別築重城取汲于此今在城內 判書井在嘉樂泉東泉出石間清洌甘佳本朝判書金淨謫居時鑿此故名 楸子島在州北海中周三十里有水站古址又多墳塋舊有入居高麗忠定王時倭寇迭侵移居朝貢浦邊凡往濟州者發羅州則歷務安大掘浦靈岩尾島海南於蘭梁至此島發海南則從三寸浦歷鵲梁三內島發康津則從軍營浦歷高子黃露島三內島皆三晝夜至此島由此過斮鼠島及大小化奪島泊于涯月浦及朝天浦若風利則一日內直過海○高麗元宗十一年三別抄自珍島入耽羅築內外城恃險益倡獗金方慶與蒙古忻都次楸子島候風夜半風惡不知所指黎明已近耽羅風濤洶湧進退失據方慶仰天太息曰社稷安危在此一舉今日之事不在我乎俄而風浪止遂進攻大破之耽羅人思其功因名候風島 清路島 知道島 草蘭島 雄原島一作愁德島俱在楸子島南 東餘鼠島 斮鼠島一作斜鼠島俱在楸子島東兩島俱有泉其南漁船坌集 大化奪島一作火脫在楸子島西南石峯嵯峨其巔有泉無樹木有草柔靭可作器具 小化奪島在楸子島西南石壁削立兩島之間二水交衝波濤洶湧船多漂溺往來者甚苦之 牛島周五十里在州東旌義之境人馬喧則有風雨島之西南有竇可容一小船稍進則可藏船數十艘水牛亘居於此其上大石如屋若有日光浮耀星芒燦列氣甚寒凜毛髮竦然俗稱神龍在處七八月間漁舟不可往往則大風雷雨拔木損禾其上多楮木有羊場○本朝金淨詩溟濤崩洶噬山腹鎗砑洞天深雲高凌層縷壁錦纈殿扶桑日照光晶熒繁珠凝霧濺輕濕壺中瑤碧纏列星瓊宮淵底不可見太陰之窟玄機停伉池禹穴傳神迹惜許絕境遺畜經 飛揚島在州西六十里水路五里周十里多箭竹有羊場 草島在旌義縣西海中 知歸島在旌義縣孤村里 森島高險人跡不通 禿島 斗落島 虎島四島俱在大靜縣洪爐村○崔瑩之討哈赤也哈赤逃據此島瑩聚戰艦環之挺兵以上討殺之 竹島在大靜縣西二十六里四面皆石壁而東南有泊舟處故在昔倭寇屢入于此 蓋波島在大靜縣南海中有牧場 摩羅島在大靜縣南海中周五里 貫島在大靜縣東南十五里周五里有石南北對峙其東又有大石特立有穴如城門故名

土產 馬元至元中以耽羅為房星照應之地置牧場放大宛種以為畜牧本朝鄭以吾記為畜之所孳猶晉之屈產非諸州之所可擬也牧場本州凡七所旌義三所大靜一所 牛黑黃斑數種角甚美可為觥家畜牧至數百為羣々 麂 鹿皮細韌甚好 獐 猪 海獺出大小化奪島 地獺 璸珠高麗忠烈時元遣使採珠不得乃取民所藏百餘枚以還 玳瑁 貝 鸚鵡螺已上三物並出牛島及大靜蓋波島 螺 香鼠體極小其臭酷似麝香 鰒 黃蛤 玉頭魚 銀口魚 烏賊魚 鮫魚俗謂鯊魚有大小兩種皮堪揩木如木賊 刀魚 古刀魚 行魚 文魚品最劣 望魚異於諸魚胎化不卵育 鹽海濱皆是礁嶼作鹵之地甚少本土又不產水鐵有釜者無多故鹽極貴 藿 牛毛 木衣 香蕈 柚° 柑有黃柑乳柑數種 橘有金橘山橘洞庭橘倭橘青橘五種青橘則結

子經冬逢春乃熟至夏甚佳時過還酸 橙子 榧子 梔子 栗有赤

栗加時栗數種○已上柚柑以下諸果出果園園皆築垣凡二十二處旋義八處大靜六處 菩

提實有兩種一種大如蓮子秋結宗至春熟 瀛洲實生漢拏山宗小黑而甘 鹿

角實樹如紫檀宗小而冊味甘可食 竹 竹箭出飛揚島 無灰木出牛島在

海中柔脆隨波上下出水乃堅硬 山柚子 二年木 櫨木有腦香氣

蔓香木生漢拏山形如紫檀 青楊樹如楊葉如真松而細嫩 弓幹木 金

銅木 黏木皮似厚朴取汁着物則黏合如膠 安息香 練根

練實即金鈴子 海桐皮 八角 厚朴 蓽澄茄土人不知

覓採又不知蓽澄茄之向陽者為胡椒 石斛 蜀椒 杜沖出楸子島 天

門冬 麥門冬出牛島者肥大 無患子一名木槵子 零陵香

香附子 蔓荊子 半夏 白蠟 石鍾乳出財岩穴

中 枳殼 陳皮即山橘皮 青皮即青橘皮 茴香 五味子宗黑

而大品味最佳 燕覆子即木通宗〻大如木瓜皮冊黑剖之子如林下夫人而子差大味差

濃蓋林下婦人之類而差異耳 松寄生生漢拏山

城郭 洲城石築周五千四百八十九尺立門三東曰濟衆南曰定遠西曰白帝又有南北水口

二門擊臺二十七垛堞四百四城內舊無水嘉樂泉在於城外別築重城取汲明宗時牧使郭屹

退築東城入城內又有山底泉 旌義縣城石築周二千九百八十尺南有門世宗

五年安撫使鄭幹築城中舊無水今鑿二井 大靜縣城石築周四千八百九十尺有門

太宗十八年縣監俞信築

學校 鄉校舊在城內觀德亭下萬曆壬午牧使金泰廷移建城內東南其明倫堂之東夾為齋

室西夾藏書冊東齋曰敬義西齋曰誠明 旌義縣鄉校在本縣西城內 大靜縣

鄉校舊本縣城內今在城南 月溪精舍在州西六十里明月浦西 金寧精

舍在州東五十里金寧浦上月溪為西學金寧為東學分校生附近居者讀書于此擇士人能文

者為師長

宮室 瀛洲館在城內北即客館本朝李元鎮詩地若浮萍積水中瀛洲異境問青童山高

窟秘千年凍海濶濤含萬里風誰識恭園來傲吏自題句漏卧仙翁玉京迢遞空回首唯見祥雲一

朶紅 弘化閣在城內崔海山建即古安撫使營今為節制使營廳○本朝高得宗記宣德甲

寅秋前工曹叅判益陽崔公海山為都安撫使下舟之初以救荒之政汲汲於心哀矜惻怛煦濡撫

摩審理究抑獄不滯訟宣揚教化民知禮義以至牧馬之術禦侮之備興學勸農救災恤患治人之

道筭無餘策而且事神以誠齊心滌慮及明年風雨時若禾乃登場民樂鼓腹馬大蕃息我 殿下

簡賢之恩深且至矣公以事輯人和欲修葺館宇之頹圮者乃取破寺材瓦役髡頂者先起燕寢之

室渠堂俗房庖廚廊舍廐位乃備小西而竪宇三楹以為堂又其西建閣三楹補以重簷其規宏而

容其制壯而麗其南置半刺堂其北置獻馬之廐東置營庫西置燠室又其南別構樓門下通出入

上懸鍾鼓藥庫纛所東西對峙皆繚以垣墻凡為屋共二百有六間而每屋不相接所以備火災也

其經營位置皆出於公之指畫公一日坐閣上召集鄉中父老以落其成且屬所以名之或有言曰

古有樓名萬景者今宜復之公曰不然予之建閣非為遊觀也昔文王之時周公治於內召公治於

外化之及人如風之動漸之被之暨之而當世之人莫不鼓舞於德化方今 聖明在上元臣碩輔

同寅協恭惡於求賢分遣外治然猶惠澤未究治化未洽者委任或非其人奉行未盡其理也凡分

憂者日登此閣無佚遊無縱欲思盡委任之責常以弘王化達民情為心則周之治可復見於今日

而濟之民當受福於無窮矣然則盍以弘化名此閣乎於是聞者咸拜而謝曰公之命名能使後之

繼之者益有所勉而吾民之永被仁化者益可保矣請予書弘化閣三字以揭也

鄉射堂在州城東南春秋一鄉齊會行鄉射禮

左右衛廊舊在客館門外後移于觀德亭東舊湖南援兵來接于此援兵罷後番樂檢律出身廳禁軍廳武學廳旗牌廳定甲廳鎮撫廳知印房及騎步兵弓矢人工匠羅將等皆接于此

友蓮堂在弘化閣南牧使李壽童以城中無井鑿池貯水遂種蓮作堂其上中有小石島種花竹

運籌堂在東城上牧使郭屹建

觀德亭在弘化閣南世宗時安撫使辛淑晴建成宗時牧使梁瓚重建安平大君題額乃訓鍊士卒州人習射之地南有判官伺候廳名贊籌軒

望京樓在牧使衙東北隅牧使金秀文建其下又有養心堂

濟衆樓即東門譙樓

定遠樓即南門譙樓中宗時牧使金錫哲重建

白虎樓即西門樓

拱辰樓即北水口門樓牧使李元鎮恢拓水寨築石作蜺虹門建樓其上

鍾樓即營大門樓樓上懸鍾晨昏撞之開閉城門鍾本妙蓮寺古鍾也

演武亭在州南三里有軍官廳判官伺候廳崇禎間牧使申景琥建本島皆磊磈惡石之丘陵唯廣壤無一石平如掌可以試閱習操○李元鎮詩侵晨皷角出南城渺緑亭前掌樣平衡軸每從肴上起風雲長向握中生衆弧偶發流星閃寶埒爭馳匹練横回首桑濵波已息暫停歸騎倒深觥○

朝天館在朝天城中由三邑出陸者皆候風于此由全羅入三邑者皆泊舟于此及涯月浦館東城上又有瓊碧樓戀北亭○本朝李民宬詩公館岧嶤城上頭登臨客意悵逢秋地漂島嶼星辰轉天浴滄溟日月浮漢使定隨西掛馬海風阻送謫林舟藁村處處杵歌起獨倚闌干多少愁○本朝鄭岦戀北亭詩戀北亭登大海頭朝暉夕靄幾春秋鵬摶萬里風斯下鼇戴三山地欲浮平昔壯心看尺釣晚年行李寄孤舟淹留忌却嚴程若日暮烟波莫浪愁

旌義客館

靈泉館在靈泉川西岸節制使李由義建三邑相距阻隔無驛院故東西行客皆經宿于濟州月溪寺水精寺朝天館金寧所大静法華寺及此館又節制使春秋點馬時作場處今廢

大静客館

烽燧

紗羅岳烽燧東應元堂岳西應道圓岳

元堂岳烽燧東應西山西應紗羅岳

西山烽燧東應笠山西應元堂岳

笠山烽燧東應往可西應西山

往可烽燧東應旌義指尾山西應笠山

道圓岳烽燧東應紗羅岳西應水山

水山烽燧東應道圓岳西應高内岳

高内岳烽燧東應水山西應道内岳

道内烽燧東應道内岳西應板浦

板浦烽燧東應道内西應堂山以上屬本州

南山烽燧東應獨子山西應兎山

獨子山烽燧東應小首山西應南山

小首山烽燧在縣東十七里東應城山西應獨子山

城山烽燧東應小首山西應指尾山

指尾山烽燧東應城山西應濟州往可

達山烽燧東應南山西應兎山

兎山烽燧東應達山西應蒲岳

蒲岳烽燧東應兎山西應孤村

孤村烽燧東應蒲岳西應三梅陽岳

三梅陽岳烽燧東應孤村西應大静邑岳○以上屬旌義

松岳烽燧東應蠔山西應摹瑟岳

摹瑟岳烽燧東應松岳西應遮歸岳

遮歸岳烽燧東應摹瑟岳西應濟州板浦

蠔山烽燧東應邑岳西應松岳

龜岳烽燧東應旌義三梅陽岳西應蠔山○以上屬大静

關梁

朝天浦防護所石城周四百二十八尺高九尺東有一門

涯月浦防護所石城周五百四十九尺高八尺南西有門

明月浦防護所石城周三千二十尺高八尺東西南有門城中有泉湧出大旱不涸恭僖王朝牧使張琳以此地為飛揚島倭船泊近處始築城

別防防護所在州東七十里石城周二千三百九十尺高七尺内有二泉東南西有門牧使張琳以此地為牛島倭船泊近處築城移金寧防護所于此稱別防又朝貢浦舊有防護所今廢○右四所屬本州

首山防護所石城周一千一百六十四尺高十六

尺左右有門西歸浦防護所石城周八百二十五尺高十二尺引正方淵上流穿八東城內作池貯水後放出西城外○右二所屬旌義遮歸防護所在大靜縣西二十五里石城周一千四百六十六尺東海防護所在大靜縣西四十五里石城周五百尺城中有泉恭僖王朝移加來防護所于此又塞浦摹瑟浦友浦三處舊有防護所今皆廢右二所屬大靜○已上諸所皆有館舍軍倉及留防戍卒

祠廟社稷壇在州南三里文廟在鄉校城隍祠在州南十六里漢拏山下厲壇在州城外西北○社稷壇以下旌義大靜二縣亦各有之倣本州風雲雷雨壇在州南三里纛神廟在南果園中酺神廟在小林果園中漢拏山祠在州南三里俗稱廣壤堂相傳高麗時以其靈異封為廣壤王歲降香祝以祭本朝令本州致祭沖菴廟在文廟南中宗時金淨謫死本州宣祖時判官趙仁後就淨所住立廟沖菴淨號也

寺刹尊者菴舊在漢拏山西麓瀛室其洞有石如僧行道狀者數百餘俗稱修行洞寺今移西麓外十里許即大靜境也本朝金尚憲詩圓岳巉然勢自雄小菴孤寄白雲中路穿黃竹千盤曲窓壓南溟萬里通經始遠從三姓日廢興中費幾年功居僧寂寞遊人少門掩蒼苔落葉紅水精寺在朝貢川西嵓文殊菴在州西南二十七里海輪寺一名西資福在州西大嵓浦口萬壽寺一名東資福在健入浦東嵓上江臨寺在州東咸德浦口普門寺在州東三十里逝川菴在朝貢川上○高麗僧慧日詩漢拏高幾仞絕頂瀦神淵泒出北流去下為朝貢川懸瀑亂奔沫走若珠璣閫驚湍激羣石間出嵓盎穿安流得數里澄淨涵青天道人有宗海卓菴向川邊既從山水樂且寄香火緣曰思仲尼語頗憶小聖禪小林寺在州東南十里觀音寺在朝天浦上安心寺在州東十里元堂寺在州東二十里頓水菴在州東八十里靈泉寺在旌義縣西五十五里靈泉川東嵓成佛庵在旌義縣北十五里成佛岳法華寺在大靜縣東四十五里

古蹟三姓穴俗稱毛興穴在州南三里即古三姓所出之地三徒三姓初出分占三徒以居三徒合稱大村即今之州城州人至今謂城內為大村又令州城內有壘石遺址數處相傳三姓分占三徒倣北斗形築臺分據之因名七星圖云瑞山高麗穆宗五年六月有山湧海中山開四孔赤水湧出五日而止其水皆成瓦石十年瑞山湧出海中遣太學博士田拱之往視之人言山之始出也雲霧晦暝地動如雷凡七晝夜始開霽山高可百餘丈周圍可四十餘里無草木烟氣冪其上望之如石硫黃人恐懼不敢近拱之躬至山下圖其形以進今屬大靜縣古土城在州西南三十六里周十五里三別抄所築今皆頹圮古城州城西北有古城遺址古長城沿海環築周三百餘里高麗元宗時三別抄叛據珍島王遣侍郎高汝霖等于耽羅領兵一千以備之因築長城缸坡古城在州西四十里城中有泉大旱不渴高麗元宗十二年遣金方慶討三別抄於珍島破之金通精率三別抄來據貴日村缸坡里築此城以拒之方慶等進攻拔之令千戶尹邦寶領元兵四百及官軍一千留鎮而還旌義古城在今旌義縣東二十七里本朝兵混分二縣時置旌義縣於此地近牛島晨昏鼓角大風屢作禾稼不登又倭賊迭侵世宗五年安撫使鄭幹啓議徙縣于晉舍城即今縣治也其古城乃兵混所築涯月木城在州西四十二里即三別抄所築以拒官軍處今半頹落東濟院在州東九里有遺址即李文京陳兵處長坪在州西六里高麗元宗時文幸奴作亂陳兵于長坪副使崔托

星主梁浩等討平之達魯花赤府軍民安撫使府高麗忠烈王時
元塔羅赤載牛馬駱驢羊來放于水山坪馬畜蕃息是後元設達魯花赤府及總管府以高仁旦為
總管高適為總管副文慎為同知高貞幹知事進士鄭琨梁琪知房進士夫貞才高順時等令史行
署府事尋罷之又設軍民安撫使府以塔赤為達魯花赤高仁旦安撫使文昌祐府使江總都達同
知事蔡有仁養事行署府事尋又罷之還隸高麗令州城北海岸有古官府遺址疑即其地松
淡川在州東十三里高麗元宗時三別抄先遣偽將李文京率兵四千入明月浦縱兵焚掠高
汝林等逆戰於此不克文京盡殺官軍據朝天浦首山坪在首山西南高麗忠烈王時元
塔羅赤等來放馬牛駱驢羊于此貴日縣縣一作村在州西二十五里高內縣
在州西三十五里涯月縣在州西四十里郭支縣在州西四十五里歸德
縣在州西五十里高麗顯宗七年陞州之石淺縣為歸德縣明月縣在州西六十里新
村縣在州東二十里咸德縣在州東三十里金寧縣在州東五十里兔山
縣在旌義縣南十五里狐兒縣在旌義西五十里洪爐縣在旌義縣西六十一
里猊來縣在大靜縣東二十五里已上各縣皆為直村兔山狐兒洪爐今為旌義地猊來
令為大靜地○高麗忠烈王二十六年設東西道縣村即已上各縣是也大村則設戶長三人城上
一入中村戶長三人小村一人舊說新羅封高厚時置村高麗毅宗時又分為縣元宗時平三別抄
合為一州至忠烈王時又分縣村云云三射石在州東十一里有石諺傳三姓卜地時射矢
處至今射迹猶在高齡田古稱高冷浦在州東一里諺傳昔時唐船來敗處今治田者或
掘得瑪瑙等寶物以為唐人所遺李元鎮志錄云漢拏山下海濱岩石皆有海水所嚙處起上古盡
為滄海今變為田高得宗舊居在州城內南今為果園

名官高麗崔陟卿毅宗時聞其清直授耽羅令陟卿到官興利革弊民皆安之後耽羅
人苦令侵暴以叛曰若得陟卿為令當釋兵王謂宰相曰有賢如此何不用之召賜綾絹即除耽羅
令耽羅人聞其來即具輕舟迎之比入境皆授戈羅拜曰公來吾屬生矣按堵如故焉趙冬
曦毅宗十二年持節宣諭為安撫使金坵高宗時為濟州判官考滿入拜直翰林院慶
世封為耽羅副使以稱清白金之錫高宗時為耽羅副使州俗男年十五以上歲貢
豆一斛衙吏歲貢馬一匹副使判官分受之之錫到州日即蠲之政清如水民懷其德州人曰前有
世封後有之錫崔瑞忠烈王二十一年始改濟州為牧以判秘書省事崔瑞為牧使李伯
謙為濟州牧使多善政民畏愛之忠肅時土賊士用等嘯聚徒黨逐星主王子以叛欲討之難其
人賊黨咸曰若得李伯謙李英來撫吾豈敢叛乎乃遣伯謙英招撫之未幾賊平田祿生
忠惠朝登第補濟州司祿在任有政聲尹時遇恭愍王五年以資成事為濟州都巡問使
曹益清恭愍朝為濟州安撫使成俊德恭愍時星主高福壽叛請隸于元王以俊
德為濟州牧使以鎮之林樸恭愍時為宣撫使至州謂其萬戶曰達達牧子喜反側宜盡心
撫綏又謂星主王子曰君輩服事歷代歷代之待君輩亦甚厚宜各一心勿與牧子扇變於是星主
王子及軍民皆俯伏曰敢不唯命相謂曰王官皆如林宣撫我輩何至叛乎本朝吳湜
恭靖王朝為濟州安撫使啓置旌義大靜兩縣矣崔海山莊憲王十六年為濟州安撫
使力於救荒審理冤抑興學勸農以至牧馬之方禦寇之備無不盡心辛淑晴莊憲王
朝為濟州安撫使有治績奇虔性直而廉謹為濟州安撫使州産鰒魚採于海民甚病之虔曰
民之受病如是吾忍食諸遂不食其儉約愛民如此州俗不葬親死輒委之壑虔未上任先教州使
備棺槨教以葬斂州之葬其親自虔始李約東莊憲王時為濟州牧使性廉謹氷蘖自
持為治務大體有古良吏風李從允為濟州牧使政尚清簡吏民悅考滿上書請留竟
卒于官人甚惜之閔暉為濟州牧使性廉介多惠政民追思之方有寧為濟州牧

使以廉簡稱

成秀才為濟州牧使廉正嚴默吏不敢行奸

沈連源恭僖王時為濟州牧使修飭學校刊四書古文課習學子導以行藝於是民多向學

趙士秀為濟州牧使廉平有政聲

南致勤為濟州牧使修軍鍊士卒有倭船過境者捕獲之

金秀文明宗時為濟州牧使時有倭寇陷全羅邊邑追犯本州圍城秀文孤軍力拒俟其退追擊大敗之多捕倭船

郭屹恭僖王時濟州牧使備兇械勵士卒修築城池

金應南昭敬王時濟州牧使廉而愛人德政甚多

金緻為判官寬役省革衆弊軍民便之

李元鎮孝宗朝為牧使島中土瘠官府例以貿販調用悉罷之廉正不擾民撰耽羅志紀其風土

流寓

金淨報恩人本朝恭僖王時以儒臣官至刑曹判書與趙光祖協贊治道罹士禍謫濟州居一年竟賜死後謚文簡世稱沖菴先生州俗尚淫祀曠禮制淨述喪祭儀導之又著濟州風土錄

鄭蘊安陰人本朝光海時為侍講院弼善上疏諫廢母言甚切直謫大靜縣及仁祖立放還後官至大司憲蘊居謫十年苦心勵行時宋象仁李瀷同被謫或彈棊學琴以暢一鬱而蘊常讀書擴古聖賢困阨憂患不失其正者輯為德辨錄以自省

人物

新羅

高厚

高清見沿革

高麗

高維靖宗時以賓貢登第官至右僕射高氏筮仕王國者自維始

高兆基維子初名唐愈性慷慨涉獵書史睿宗朝登科出守南州清白奉公官至政堂文學叅知政事進中書侍郎平章事

高適兆基孫為本州留摠管

本朝

高得宗適十世孫善詩文工楷隷登科事莊憲王累官至漢城府尹鄭以吾撰星主高氏家傳曰太祖統三之初星主高自堅王子梁具美世一朝見未有筮仕王國而大顯者高維始以賓貢靖王丙戌李作挺榜中第三人官至右僕射子兆基舊名唐愈睿王丁亥韓即由榜登科官至平章吏部事子曰廷益廷益之子適叔兆基詩集曰子廷琥職綴三品與其弟誠明俱早沒惟廷益元王癸巳乞退還鄉高適元王辛酉登第即入金閨曰覲親還鄉至元八年神義軍三別抄叛入耽羅國家濟師討之以高適為留摠管官特令安集餘民戊寅赴朝覲授金牌繼世遂顯焉五世孫仁旦襲爵子高碩為西道副千戶碩之子順良傳襲星主弟順元繼之子戶曹典書臣傑繼之臣傑子四曰仁鳳義鳳禮鳳智鳳即得宗之父也

高台弼得宗子登科官至開城府留守弟台昌擢魁科官至奉常寺正

列女

鄭氏職貢石邦里甫介之妻哈赤之亂其夫死鄭年少無子有姿色安撫使軍官欲強娶之鄭以死自誓引刀欲自刎竟不得犯至老不嫁高麗末施閭

天德本州賤人早喪夫哀誠兩盡三年後猶不脫服人多悅色以威勢刼之或說其父誘之以利以死自誓斷髮縊項幾死復甦終身守節本朝昭敬王時旌閭

長城縣東至潭陽府二十八里西至高敞縣界十五里南至珍原縣界十七里北至井邑縣界二十六里韋內距京都六百四十四里

旱田

水田

建置沿革本百濟古尸伊縣新羅八年德王時改為岬城郡高麗改長城入靈光郡明宗初置長城監務本朝為縣監

縣監　訓導各一人今增

郡名岬城

形勝山回水曲趙從生詩

山川金鰲山在縣北一里鎮山　鷲嶺山在縣西二十里　白巖山在縣東三十里　笠巖山在縣北二十里又見井邑縣　半登山在縣北十八里○新羅末盜賊大起據此山良家女子多被掠長日縣之女亦在其中作歌以諷其夫不即來救曲名謂之方登山

方登語轉為半登長日縣疑即長城松峴在縣西十五里半登之南支又見高敞縣葦嶺一云蘆嶺在縣北二十五里有大小二嶺俱在笠岩半登之間即山脊相連處要害之地也又見井邑興德處容巖在笠岩山之南有岩其形宛如處容面目故名船淵在縣南二十五里文筆川可川鳳德淵三水西合處南流入光山生鴨渡

土產董苧竹榧子出白岩山柿石榴白花蛇

茶蜂蜜石灰出縣南七里栗堆等處鐵出葦嶺南黃蠟

城郭笠巖山城在縣北四十里井邑縣界石築周一萬二千二十八尺四高中藏內有一溪舊廢萬曆癸巳昭敬宋縣監李貴修築令上四年觀察使沈澤增築高

學校鄉校在北二里河西書院節孝書院

宮室客館館東有樓曰東樓

郵驛丹巖驛在縣東十三里得良院在縣南十五里可亭院在縣東十八里

彌勒院在縣北二十一里院北有石彌勒高可四五丈故名寶燈院在縣南四里

關梁葦嶺堡在葦嶺上嶺路幽隘中宗時以盜賊羣聚劫掠行旅設堡防戍今有遺址

祠廟社稷壇在縣西文廟在鄉校城隍祠在縣西二里厲壇在縣北

陵墓

寺剎鷲栖寺在鷲靈山有石塔石鐘宋時有僧雲默遊于中國以善書名世其示寂也弟子為立塔鐘以安遺骸淨土寺在白岩山有瓊溪樓彌陀寺一名雲門寺在白岩山靈泉窟在淨土寺北岩腰作菴有泉自窟北小罅湧出雨旱如一○本朝鄭澈詩萬古靈泉窟三天小洞門窓前巢翠鳥蒼際宿歸雲藥師菴在白岩山腰菴北有藥師臺據高通望○鄭澈詩南溪沐余髮更上藥師臺眼食從渠任時看羽客來其北又有物外菴俱稱勝景

古蹟望岾山城在縣東十里石築周二千六百尺高五尺內有小池古長城在令府西北十五里

人物高麗徐稜高宗時人不仕養母至孝母發項疽請醫視之醫曰若不得生蛙不可救稜曰時方冱寒生蛙可得乎母病必不愈涕泣不己醫曰雖無生蛙合藥可試之乃熬藥于樹下忽有物從樹上墮鐺中視之乃生蛙也醫驚曰子之孝誠感天天賜之母疾必瘳合藥附之果愈○今按節孝碑稜字大方擢科仕高宗朝官至侍中天性至孝解官養母云云與史傳不同碑說可疑

本朝車舜年驛吏也以孝子復戶金麟厚未十歲舉止端異出語驚人名震一道觀察使趙元紀致見奇之稱之曰長城音童天下文章及長為學務窮性理中宗朝登科入弘文館兼侍講院說書時仁宗在東宮久侍書筵多裨益○明宗初徵以校理辭疾不起及卒聞者莫不嘆惜○獜厚事親孝忠清慷慨博學強記文詞沛然筆法端嚴醫藥卜筮笑教律呂無不通曉有河西集行世

列女本朝則只學生金緒昌妻夫死三年哭奠不輟父欲奪志誓死不從寫真掛壁祭朝夕終身中宗朝旌閭

珍原縣東至昌平縣界十四里南至光州界十七里西至靈光郡界二十三里北至長城縣界二十三里學距京都六百八十七里

旱田

水田

建置沿革本百濟丘斯珍芳縣新羅景德王改珍原為岬城郡領縣高麗省入羅州明宗初置珍原

監務本朝因之後爲縣監掌面官員縣監　訓導各一人今增辛丑丁酉亂後以蕩殘尤甚合長城

郡名丘斯珎兮

山川佛臺山在縣北五里鎮山俗稱珎原山衍者以山有走龍勢建佛宇稱上下淵以鎮之又山東北有大洞小洞新羅時立三佛宇曰安龍定龍青龍今皆不可考　桐山在縣南二十里　竹林山在縣西二十里　三聖山在縣北四里與佛臺山相連　加利山在縣東八里　八箴山在縣北八里　黃龍川在縣西二十三里南流入于光山生鴨渡川之　九燈川在縣東一里源出三聖山　鳳凰池在黃龍川西有石崖高十餘尺　粟谷池在縣西五里崖高十餘尺

土産梅實　竹箭出縣東加利山及上林山　茶　𦬆　蜂蜜　黃蠟

學校鄉校在縣北二里

郵驛永申驛在縣西十里　木亮院在縣西十五里　行人院在縣西十里

禪院在縣南三里

祠廟社稷壇在縣西　文廟在鄉校　城隍祠在三聖山　箴山神祠在縣北八里　厲壇在縣北

寺刹鷲峯寺　上清寺　下清寺　蓮花菴在佛臺山　竹杖寺在竹林寺　上林寺在加利山　印月寺在佛臺山

古蹟三聖山城石築周五百五十尺高七尺內有三井　丘珎城在佛臺山東麓石築周四百尺高二尺內有三井二溪今頹落　利尺城在佛臺山西麓石築周五百二十尺高三尺內有四井六溪今頹廢

東國輿地志卷之五下

南原都護府

（東至雲峯縣界三十里南至順天府界六十七里至谷城縣界三十三里西至淳昌郡界三十七里至玉果縣界六十二里北至任實縣界四十三里至長水縣界七十里距京都六百五十五里）

旱田

水田

建置沿革本百濟古龍郡唐高宗滅百濟以劉仁軌為帶方州刺史鎮撫百濟（唐高宗滅百濟以百濟地分置五都督府并為帶方州）仁軌於此築城因稱帶方城未幾為新羅所有神文王置帶方小京（鄭麟趾高麗史志南原本百濟古龍郡後漢建安中為帶方郡曹魏時為南帶方郡新羅并百濟唐高宗詔劉仁軌檢校帶方州刺史神文王時置小京云云按漢水以南地唐已前舉無自中國經理之時而獨謂南原一邑於漢獻帝曹魏時為帶方郡者未知何所據也今考前後漢志遼東樂浪郡皆幽州所領而遼東郡屬縣有襄平安市西安平等諸縣樂浪郡屬縣有朝鮮含資屯有帶方等諸縣含資縣有帶水西至帶方入海又後漢書云質桓之間高句麗復犯遼東西安平殺帶方令掠得樂浪太守妻子按三國志建安中公孫度分屯有已南荒地為帶方郡晉志云帶方郡公孫度置魏武定霸仍復置郡而其所屬帶方含資等諸縣皆是漢樂浪郡屬縣也然則公孫度曹魏所置帶方郡乃分出漢樂浪郡之帶方等縣為郡者而遼界相連濱海之地也史志歷歷非今南原府明矣麗志云然者豈以南原舊號亦稱帶方故誤以公孫度帶方郡冒錄於此耶勝覽亦仍其誤殊甚舛謬○按北史及周書云百濟本馬韓之屬國扶餘之別種其先始國於帶方故地又按諸史北齊武平中封百濟王扶餘昌為帶方郡公百濟王至隋亦然唐武德中高祖冊百濟王扶餘璋為帶方郡王百濟王據此以見則帶方本是北方之地而以百濟自北南來故因其所始亦別加百濟以帶方之號矣高宗滅百濟以百濟地分置五都督府并為帶方州此在唐志亦可考也劉仁軌命守百濟遺地故為帶方州刺史而仁軌於此築城此城之稱為帶方則又自此始焉此如今扶餘縣本與扶餘國地南北相懸而聖王移都後仍稱扶餘餘也歟）景德王十六年改南原小京高麗太祖時改為南原府忠宣王初復為帶方郡後改為南原郡恭愍王時復陞為南原府本朝 太宗十三年例為都護府 世祖朝置鎮掌面四十九鎮管都護府一（潭陽）郡一（淳昌）縣九（任實茂朱谷城鎮安龍潭玉果雲峯昌平長水）官員府使

判官 教授（各一人）

郡名古龍 帶方（別號龍城）

形勝東控智異西帶淳水 南方一都會（府志東控智異西帶淳水險阻四塞其中沃野平曠人物繁庶為南方一都會）沃野百里天府之地（本朝黃守身廣寒樓記南原山川秀麗沃野百里實天府之地）維南右臂（高麗李奎報頌帶方古郡維南右臂）湖嶺界分帶方居其間（本朝申欽控制樓記湖嶺界分而帶方居其間財穀之饒士馬之強足以翼蔽上都總統列邑）據二南咽喉之地（本朝李恒福蛟龍山城記據二南咽喉之地扼三道往來之衝）

風俗地廣人悍（李奎報記）俗尚巫覡 豪悍健訟

山川百工山（在府東八里）智異山（在府東五十里自長水縣德裕山逶迤而南二百餘里為此山山勢高大雄據數百里女真白頭山之脉流至于此故又名頭流或云其脉至海而

窮停留于此故流作留為是又名地理又名方丈唐杜甫詩方丈三韓外說者謂即此山也新羅為
南岳躋中祀高麗及本朝並仍之環山而居者凡十數郡然而其北則咸陽其東南則晉州其西則
南原專據焉其峯巒洞壑不可勝筭而東之天王峯西之般若峯最高山腰或有雲雨雷電其上則
晴朗每歲秋高鷹隼自北方來集列郡人爭羅取之諺傳太乙居其上羣仙之所會龍象之所居也
又見慶尚道晉州及咸陽郡○本朝徐敬德詩智異巍巍鎮海東登臨心眼浩無窮巖只說峯巒
秀磅礴誰知造化功畜地玄精興雨露含天秀氣產英雄岳祇為我晴烟霧千里來尋城所通蛟
龍山在府西七里特起突兀北有容德福德兩峯**長法山**在府東七里**萬行**
山在府北四十里俗稱寶賢山**月鷄山**在府西北二十九里**高政山**在府西三
十里北與月鷄山相連南與寶連山相連**寶連山**在府西四十里其上峯曰環峯**犬首山**
在府南四十五里**注之山**在府東三十里**宿星山**在府東南三十里路極高險○
本朝高敬命詩路作羊腸繞天纔箭筈通謾傳車嶺險何似劍門雄古壘寒藤蔓懸崖宿霧籠停驂
遙悵望危棧幾時窮**嶺院峴**在府東三十里雲峯縣界甚高峻一云女院峴昔有老婦居嶺
底院傍喜施與行旅賴之故名**飛鴻峴**在府西二十五里即月鷄高政兩山連脊處**金**
巖在府南五里蓼川繞其下**昌活藪**在府南三十里**淳水**又名鶉子水其源出鎮安
縣中臺馬耳諸山歷任宗縣至淳昌郡東經赤城山下為灘與府分界南流東迴過府南四十里又
東流至求禮縣會潺水為鶉江**源川**在府東二十里源川部曲源出智異山至府東禪院寺前
與蓼溪合南流入淳水**居寧川**出居寧縣介峴至獒樹驛東南與任宗縣坪堂院川合
南流至淳昌郡東入淳水**蓼溪**出長水縣界水分峴合諸谷水南流經府東南一里又南流入
淳水溪中有巖形如牛名牛巖**丑川**或作畜川府之艮方有水衝擊建邑時回街者言作鉄中
以鎮之曰名丑川其牛至今存焉**金灘**在府西南六十里即淳水灘灘下水復淵渟泓洄八

九里左右巖崖參差壁立間以沙渚名齊巖江山之勝稱於南方○本朝權克中詩峽口東南谿清
江十里遙小船難掛席風動木蘭橈**大母泉**在府南四里**龍淵**在府南四十五里源
出智異山
土產紙　竹　竹箭　石灰出飛鴻峴　蜂蜜　黃蠟　胡
桃　五味子　柿　栗　海松子　薑　石榴
梔子　香蕈　松蕈　石蕈　茯苓　白花蛇
羚羊角　銀口魚　鰱
城郭府城時所築萬歷征倭時中朝叅將駱尚志重加修築石城周八千一百九十九尺立門
四東曰　南曰　西曰　北曰　城內有井泉七十一
公署獒樹道察訪司在府北四十里領獒樹昌活東道引應月嶺濕水知申良栗洛
水德陽益申蟾居十二驛○察訪一人
學校鄉校在府北五里**古龍書院**在府西二十里以盧禛寓居之地建**永城**
書院在府北五十里立祠祀丁熿安處順李連亨
宮室恤民館即客館**鄉射堂**　**廣寒樓**在府城南地勢平敞舊有小樓
曰廣通世宗時府使閔恭改建新樓鄭麟趾易以今名為湖南樓觀之最東有印月軒○本朝李
石亨詩方丈山西百尺樓丹梯高架碧溪頭水連平野烟光合雲捲高岑兩氣收臨遠却疑天上坐
倚風還似月中遊入間自有清虛府何用區區世外求○本朝成任詩爽氣侵人近水樓廣寒仙境
蓼溪頭風生南陌炎塵隔簾捲西山暮雨收桂魄正當清夜滿銀橋誰繼昔人遊天光上下明如鏡
身入清虛不待求**戀國樓**在客館西一名竹樓**四詠樓**在客館東府使李文炳建
丑川亭在丑川西崖徐居正詩緣崖絕壁畫屏開中有高樓石作臺是也

郵驛

葵樹驛在府北四十里察訪司本新羅時居寧縣人金蓋仁畜一狗甚憐嘗出往狗亦隨之蓋仁醉睡道周野燒將及狗乃濡身於川環繞間草以絕火道氣盡乃斃蓋仁既醒見狗迹悲感疼葵其傍植杖以志之杖成樹因名其地為葵樹○高麗李奎報詩烏原侵午出葵樹斥時留開鹿眠深草幽禽浴淺溝山供滿目畫風送一襟秋再入帶方國天教飽勝遊 東道驛在府東七里 應嶺驛在府東二十里 昌活驛在昌活藪南 安信院在府東三十里 虎山院在府東十里 金川院在府東五十里 新院在府西十五里 飛鳴院在飛鴻峴下 西林院在府西三十里 鶉子院在府南四十里 多時川院在府西五十里 雲梯院在府南三十里 遷院在府南四十里 丑川院在府北五里 弘化院在府北十里 栗頭川院在府北三十里 源川院在源川岸 嶺院一云女院在嶺院峴下雲峯界

關梁

金石橋在府西南四里○本朝姜希孟詩奔川兩岸駕長橋波面沉沉影動搖千尺玉虹腰背濶緩尋歸路不如還 烏鵲橋在廣寒樓前橋有四虹門 鶉子渡在府南四十里即鶉水津涉處夏漲用船冬則置橋

祠廟

社稷壇在府西 文廟在鄉校 智異山祠在府南六十四里所兒里每春秋降香祝致祭 城隍祠在府西五里 旌忠祠在府西十里祀黃進高得賚安瑛○孝宗朝賜額 崔尚重祠在府北二十三里俗稱露峯書院 忠烈祠在府內 厲壇在府北

陵墓

黃進墓在府

寺刹

萬福寺在蛟龍山下平地寺有五層殿西有二層殿內有銅佛長三丈五尺高麗文宗時所創萬曆丁酉倭亂燬于兵火今重建為小寺 禪院寺在百工山 波根寺在智異山以溪水根源於此故名之又稱大興寺 龍泉寺在蛟龍山 勝蓮寺在萬竹山高麗李穡記南原府山水之勝人多稱之浮屠氏屋於其間者大抵皆據其絕特之境而勝蓮寺為之冠寺距府理東北一舍舊名金剛不知創於何代大禪師拙庵行昷增創之改其額曰勝蓮佛殿僧廡膳堂禪室以間計者合一百十一 寶賢寺在萬行山 歸政寺 風谷寺俱在萬行山 烱觀寺在智異山 甘露寺在智異山又名天隱寺 黃嶺寺在智異山黃嶺新羅時有僧雲集者自中國來遊創建此寺東有青蓮閣西有白玉橋 妙峯寺 深源寺俱在智異山 開良寺在犬首山今廢 龍潭寺在長伐山今廢

古蹟

劉仁軌城在府內唐劉仁軌所築高宗既滅百濟以其地分置五都督府并為帶方州詔劉仁軌以帶方州刺史鎮撫百濟仁軌既留鎮熊州又於此築城因稱為帶方城府之稱帶方自此始也今有舊基在府治所周回數里又邑內里閭取法井田畫為九區其址尚存相傳井田遺制○本朝姜希孟詩井邑荒凉鎖暮烟劉公事業說相傳 居寧廢縣在府東北五十里居一作巨本百濟居斯勿縣新羅景德王時改名青雄為任實郡領縣高麗初改居寧後省入于府本朝因之 蛟龍山古城舊有城久廢本朝○宣祖時因倭亂重修其後還廢石築周七千六百尺○李恒福山城叙山斗起野中有兩峯北曰蜜德南曰福德冪山為城西峻東低城周可十五里舊有九十九井而堙廢今存八井三泉出密德峯下流而為川旱亦沒附城外西南北三面無高峯可瞰腹內者密德福德兩支東下如雙交並卧于中區分三洞中曰赤巖北曰牛巖南曰水巖兩峯為首二支為脊三洞為腹南北遮隔首尾不相通脫有緩急金鼓形名所不能指揮東門為受敵之地門外大路牛馬皆通從路上仰視城中虫蟻可數距門數百步有阜前峙失道所不及後面平行賊來可以藏兵又曰蛟龍據二南咽喉之地若能固守雖有巨寇必不敢徑衝內地以遺躡後

之患故為要害之首而心腹太露左右不相應非形勢之地也

寶有鄉 在府西六十里

豆加昕 在府南六十里

名宦

新羅金昕 憲德王時將遣人入唐難其人或薦昕太宗之裔精神朗秀有器宇可以當遂令入朝宿衛歲餘乃還王以不辱命擢授南原太守

高麗韓文俊 仁宗朝為南原府使有德惠政聲甚著

尹威 神宗時以司業出為按廉一方敬畏府境有賊嘯聚黨與屯山自固威單騎入府諭以禍福賊感泣聽命誅首惡者餘皆赦之閭境晏然

朱悅 高宗時為南原判官善於政清白無比

李世華 為南原守以理最聞

李寶林 忠惠朝知南原府前此每使者至索賦急支縣不及辦稱貸而益之由是或破產寶林會浦稅及決訟直布七百餘疋擇鄉校三人典之支縣之急使白官府出與之不取息且府在山中而賓客絡繹以委積舊有屯田恣吏為奸寶林躬親其勞得穀四百餘石官立法散斂存本用息以供委積合之名曰濟用財定為永式按廉使喜之亦助以布於是編民無橫斂支縣守常賊

本朝金熙 為南原府使視民如子決訟如流在官數載一邑晏然未幾以病終于官邑人每於忌日祭之不替

崔德之 世宗時為南原府使清簡為治民士皆敬愛以府使退居靈巖郡號存養堂

李孝恭 為南原府使

李堰 為南原府使為政清慎世祖御書褒獎特加嘉善為全州府尹

鄭淮 為南原府使恩威並行

安覲 為府使

吳謙 中宗朝為南原府使聽事詳慎剖決如流以治最陞秩通政

任鉉 宣祖朝南原府使時倭賊再逞率兵六萬圍南原大明將揚元守城遁還鉉知城必陷作書其友托以子孫及陷罵賊不屈死之與判官李德恢別將金敬老俱死節

流寓

玉寶高 貴金 玉寶高新羅景德王時人沙粲恭永之子入智異山學琴五十年自製新調三十曲彈之有玄鶴來舞遂名玄鶴琴傳其業於續命得續命得傳於貴金貴金既得寶高琴法亦入智異山不出羅王恐琴道斷絕以伊飡允興為南原守俾傳其音允興簡聰明年少安長清長二人詣山中學琴貴金教之三年不傳其秘允興進曰王遣我南原欲傳先生技也先生有所秘而不傳無以復命允興奉酒妻執盞以致禮貴金乃傳飄風等三曲後安長傳其子克宗克宗所製音有平調羽調傳於世

柳斗明 本朝靈光人也自其父從家南原斗明朝官至代言

人物

高麗李凌幹 居寧縣人忠宣王嘗以幸姬賜之置之別室不敢近王義之又從王在元為盤纏別監清苦不私一錢及王竄吐蕃凌幹懷金潛附驛吏獻王王及從臣賴以不乏王甍凌幹奉梓宮東歸跋涉勤苦倫至元嘗欲立省本國凌幹與金怡等奏請于帝議遂寢官至門下侍中封寧川府院君

本朝柳規 斗明子吏幹顯○世宗朝屢典州府所至有聲績性方嚴子子煥雖貴顯猶撻之官至中樞府知事諡貞肅孽子子光為府院君子光自少奸猾多能規憂之嘗使執奴隸役不得習書綴文

梁誠之 喜讀書博覽強記登科○成宗朝參佐理功臣封南原君官至吏曹判書弘文館大提學諡文襄所著有奏議十卷家乘六卷海東姓氏錄東國圖經農蠶畜牧書八道地理志沿邊防戍圖等書

尹孝孫 幼讀小學行灑掃定省之禮如成人祖希長名以孝孫登文科○成宗朝累遷禮曹參議出守全州治有異績官至議政府左參贊事親至孝居家嘗自製一曲曰北有屯山嶺南有智異山願借兩山壽萬歲奉慈顏每節日歌以壽母悅親之事雖兒戲無以為時人謂孝如曾閔治并襲黃諡文孝

柳子煥 規子登科以靖亂功臣封算城君諡文襄

尹止衡 孝孫子文科官至觀察使

梁順石 登第累官慶州府尹忠清道觀察使所至有政聲

安處順 其先順興人高麗名臣安珦裔孫世居府之蓼川篤志力學從趙光祖奇遵講道○中宗朝登科為弘文博士為母老乞縣為求禮縣監己卯禍坐罷居田里卒號思齊堂曾孫瑛有孝行壬辰倭亂從義兵將高敬命討賊及戰敗諸人皆奔走瑛終始不難與敬命同死贈職旌閭

黃進 領議政喜五世孫勇力絕人剛毅有大志○宣祖朝中武舉壬辰倭難以

同福縣監擊賊於全州破之又與權慓守梨峴力戰大破賊陞為忠清節度使領兵至嶺南與諸軍入保晉州城賊勢大盛進氣益憤士皆感激城垂陷中丸死贈左贊成旌其閭

烈女李氏生員梁仲粹妻也高麗末倭寇闌入本府搶掠李氏避匿為賊所執欲汙之罵賊不屈遂遇害旌閭 金氏本朝初人戶長梁田妻年二十夫亡泣血三年父母欲奪志金拒不從服素衣不食肉親行朔望祭終其身

潭陽都護府東至淳昌郡界二十里至玉果縣界三十里南至昌平縣界二十里西至同福縣界十四里北至長城府界二十里距京都七百十三里

旱田

水田

建置沿革本百濟秋子兮郡新羅景德王時改為秋成郡高麗成宗時為潭州後改潭陽尋省入羅州明宗二年復置潭陽縣恭讓王時兼任原栗縣本朝 太祖四年併原栗陞為潭陽郡以國師僧祖丘之鄉陞 定宗元年又陞為府以王妃金氏外鄉陞 太宗十三年為都護府掌面十九官員府使 教授各一人

郡名秋成 潭州

形勝右先羅左南原據一道之中 北枕秋月之險南對瑞石之高

風俗務耕農通工商府志 尚巫覡府志府人亦尚巫覡南方之俗大抵皆然 比諸隣邑俗差淳厚而多有告訐之風府志

山川秋月山在府北二十里鎮山石壁削立四圍如城周九千十八尺其西北惟徒行者可通中有溪澗縈紆又有十三泉 龍泉山在府北四十五里與秋月山相連或并稱秋月山 金城山在府北十五里其北即淳昌廣德山以有金城故名有鉄馬露積甑巖月延寺峯城緣其岡 南山在府東南三里 玉泉山在府東南四十里同福縣界 台山在府南十三里有潭州古城基 滅嶺在府北二十里北連秋月山路甚高險 犢峴在府北二十五里者曰小犢峴在府北三十里者曰大犢峴二峴俱秋月山東支俗傳秋月山於潭州如虎犢形有忌故名峴以犢使逐以去之蓋用壓勝之術云 漆川在府北一里俗稱原栗川源出龍淵統府北而西與昌平縣竹綠川合入光州界 龍淵在龍泉山東有二石潭潭下有巨巖水自巖穴流注飛湍灑空而下成大潭謂之龍淵諺傳巖穴即龍所穿也龍行屈曲之迹猶在巖面昔有按廉使至淵上請見龍形龍出其頭按廉與記官見龍眼驚怖而死其下有按廉記官墓云上有祀壇每春夏旱則祭龍于此祈雨 遮面池在府南二十里

土產柿 石榴 胡桃 竹 竹箭產黜甬山廣洞推羅山等處 茶 梅 漆 苧 楮 茯苓 棗 栗 蜂蜜 黃蠟

城郭金城山城舊有石城狹窄○宣祖丁酉倭亂後改築緣崗為城周十六里一十步四方有門一內有一溪二十九泉五池又築內城周二里一門十一步中建一大將廳○孝宗四年觀察使沈澤又改築頻令堅固本朝○宣祖時令體察使李恒福巡審南方山城便否恒福叙此城曰剛泉山一脊西張而為金城不知何代所創東西南三門為受敵之地由潭陽而上者路出山脊盤迴六七里始達南門南門之外兩旁皆絕壁東門之外兩旁皆峭堅賊來如在穴中不敢恣意直衝泉出甑巖下成溪而下大旱不渴東北正南壁立千仞城形奇壯濶遠四高中崩外無峻峯難以窺瞰城外

四面線路脈布可謂形勢之地也若能召隼傍郡並其儲積無事則四散樵採有急則畨休守禦難遇大敵不敢侵軼而城在萬重之內外無控禦之勢只可以自保其地不能為敵所忌且非萬人不能守也

學校　鄉校在府北二里正立山下　眉巖書院舊在府西南十里眉今移府北五里巖即文節公柳希春號也

宮室　客館　鄉射堂在客館北　鍊武堂在客館西北一里或稱射亭　大將廳在金城山城中光海時觀察使黃謹中建○黃謹中詩湖外關防地金為第一城危峯龍屈曲絡石釖縱橫不頼三千士應摧百萬兵元戎籌有所華構倚雲成　祝堯樓在客館東萬曆丁酉兵燹廢　俛仰亭在府南十里本朝叅贊宋純所住後據崇岡前臨曠野長川縹繞遠山控列有登望之勝純自題曰俛有地仰有天亭其中興浩然招風月揖山川扶藜杖送百年○宋純詩藜杖松陰步步幽芒巾從倚玉溪頭巡簷白日行天遠對榻青山護野稠風引店烟遙度樹雲將浦雨細隨秋登臨自取無邊興肯着人間段段愁○本朝蘇世讓詩竹林深處草亭幽百尺危臨斷隴頭積水滿時平野合暮雲歸後亂峯稠錦城遠送千林雨無等初分一色秋塊夢每驚清禁漏故山猿鶴未應愁○本朝李滉詩七曲高低控二川翠鬟無數迴排前縈挹日月徘佪過回域瀛壺縹緲連村老夢徵虛宿昔使君資箏賞風烟傍人欲識亭中樂光霽應須別有傳○本朝高敬命詩望中芳草接晴川黃鶴名樓壓倒前郡邑紆餘山不斷郊原夷迥水相連青天影落波心月白鷺洲橫雨後烟題品已煩蘇老手寄人何必畫圖傳○本朝李安訥詩畫甍高出竹陰幽七曲青山第一頭瑞石北來晴嶂斷佛臺西望夕嵐稠隔溪紅雨桃花晩覆野黃雲麥穗秋想得扶藜俛仰日義皇世界信無愁

郵驛　德奇驛在府東南十二里　西院在府西二里一名門樓　五禮院在府東南二十七里　延德院在府東十五里

祠廟　社稷壇在府西三里　文廟在鄉校　城隍祠在府東　厲壇在府北

陵墓　宋純墓在府南十里　柳希春墓在府南十八里大谷

寺刹　龍泉寺在龍泉山秋月山東迤為龍泉山又南回為金城山寺正據其山勢回轉之處寺南二三里許洞門合為瀑布地形如階砌懸流數十丈瀑布之上地復平夷不知高在萬仞山隈真異區寺殿麿頎宏麗　烟洞寺在金城山城南寺傍有烟洞石窟窟穴開廣有土羅漢石彌勒石塔村氓歲初齋香祈福于此　玉泉寺在玉泉山　隱仙庵一名桃源庵在秋月山又有月圭庵在秋月山東崖下　菩提庵在秋月山上峯最高四圍絕險層巖峭壁間細路屈曲未及數里有絕壁以藤蘿縈紆為棧俯瞰萬丈過者必超身得達俗傳萬丈雲棧云　中蓮庵在秋月山中央有石臺二坐俗傳佛影蓮花臺　保國寺在金城山城內寺有樓　萬德庵在金城內城中大將廳前僧將居之各官義僧每朔相替守直於此　龜巖寺在府東二十里　龍桂寺在府西北二十里舊稱中房寺　摩訶庵在府西十五里有瀑布又府西十里有花興庵

古蹟　原栗廢縣在府東北十五里本百濟栗支縣新羅景德王時改栗原為秋成郡領縣高麗改原栗後省入羅州本朝移入于府　少年巖在金城山烟洞寺傍高麗李靈幹幼執烟洞遊學一日靈幹出西嶺與一童子共座巖上博戲有大帍一攫伏巖畔靈幹罷博還言其故寺僧異之往觀童子與帍莫知所之唯巖上有博局巖下有帍跡因名其巖曰少年巖至苔蘚不封又諺傳靈幹遊學時寺僧釀酒熟輒有盜飲者僧疑靈幹靈幹密伺有老狸來飲執而欲殺狸作人語曰君若縱我平生所用奇術可得會有青衣童子以一部書投之靈幹縱其狸而藏其書遂通秘術及

其立朝凡所為多異常者云 石檣府東五里有石檣高百餘尺大一圍餘以鐵索鎖冠其上俗傳初設邑時所置也秋成地勢如行舟形故置石檣使之鎮泊云 沙里驛舊在原栗縣俗傳有龍馬每隱匿於岑頭謂之馬隱岑至今有蔵馬之形舊設縣時龍馬飛人術士多出於其地云

名宦 本朝 南季堂為潭陽府使政尚廉簡歲荒盡心賑救一邑全活事聞璽書褒美 郭垠為潭陽府使輕徭薄賦邑人愛戴卒于官人皆悲慟相弔絕酒肉久而不忘忌日致祭 朴祥○中宗朝以應教乞歸養除潭陽府使政以清謹聞特以賜表裡以廢嘉時金淨守淳昌與淨同上疏請復廢妃愼氏以正人倫之本坐褫官公議韙之 盧禛恭憲王朝為潭陽府使民久而思之

流寓 康好文麗末人字子野號梅溪官至判典校寺事 柳希春本朝海南人以妻鄉因寓居府地恭憲王朝為正言以直忤權奸流鍾城二十年昭敬王朝官至大司憲知經筵事操履正直學術精深朝野皆重之所編有國朝儒先錄

人物 高麗 李靈幹文宗時登科官至叅知政事 李晟登科調水原司錄秩滿擧家歸竹溪村舍不求祿仕年五十九拜左司補入直西省作詩曰藥砌清風欺我老竹溪明月誘吾情昨宵已決歸田計雪盡江南匹馬行翌日棄官歸一時名儒設尊俎餞之後忠宣聞其名起授內書舍人以民部典書致仕為人質素力行不倦從學者甚衆時人謂之五經笥 田祿生忠惠王朝登科恭愍王朝拜起居舍人累遷政堂文學門下評理辛禑初與諫官李詹等請誅李仁任林流道死 金謹少至孝性篤事母能色養及歿哀葬盡誠時俗皆尚桑門而謹不用浮屠法一遵朱子家禮官至少尹 本朝 宋純恭禧王朝登科累遷直提學都承旨出為慶尚道觀察使恭憲王朝官至議政府右叅贊年七十引疾退老于鄉築俛仰亭優遊自娛年九十卒號仙村 金應會少進士○宣祖時嘗仕為別座性純孝父歿善居喪事母盡誠倭寇之亂與金德齡起義兵擊賊德齡本應會妻弟學書於應會恐其材為時忌欲韜晦不出應會勉之曰主上蒙塵三京失守此志士盡節之秋也敢言身乎乃令起兵已反叅其軍事而不辭馬後被人誣逮拷甚酷應會辭色不亂時相金應南感其忠直歎曰真義士也白上釋之歸奉母八秋月山避賊賊猝至執其母欲害之應會大呼出以身蔽遂同死事聞旌閭

烈女 禹氏本朝成宗時人學生金惟貞妻年二十歸金四年夫死服喪事姑甚孝嘗夜失火姑耄且病不能起禹氏冒火負而出喪畢父母欲奪志禹氏曰良人死時屬養老母既許諾矣入而無信將何以立於世以死自誓父母不能强姑歿哀毁葬祭以禮 金氏府人李順成妻○宣祖時從夫避倭寇匿山中賊至被執罵不絕口賊先斫左臂遂殺之 朴氏主簿金紀元妻倭寇之亂從夫匿山遇賊被執罵賊不屈而死同府又有權元公妻梁氏遇賊不屈投水而死

淳昌郡東至南原府界二十三里南至玉果縣界十八里西至潭陽府界十九里至井邑縣界六十九里北至任實縣界二十五里至泰仁縣界四十三里距京都六百七十里

旱田

水田

建置沿革 本百濟道實郡新羅景德王時改為淳化郡高麗初改淳昌縣後省入南原府明宗時復置淳昌縣忠肅王初陞為郡以國統僧丁午之鄉陞 本朝因之 掌面十八 官員 郡守 訓導各一人

郡名 道實 淳化 別號玉川

形勝 地僻山高本朝柳觀淳昌詩地僻居民少山高邑勢幽

山川 追山在郡北三里自廣德山蛇走峙于郡北為鎮山 回文山在郡北三十里

自泰仁雲住山南走至長城境東回爲秋月山又北迤爲此山復與雲住山劉峙山勢大轉回曲故名福興縣在其轉曲之內城山在郡北二十四里上有城形故名環刀山在郡東六里巴山在郡西七里或名雨美山東頭當郡南故又稱南山其瑞龍山在郡東二十五里廣德山在郡西三十里與潭陽城山相連又名剛泉山金赤城山在赤城縣東三峯聳出絕壁千丈中峯之上有小庵栢方山又名城房山在福興廢縣西距郡西四十二里鰲山在郡鏡川邊巴山下有小圓墩形如鰲故名剛泉洞在廣德山下巖邃奇恠洞竪幽深石白水駛曲曲清洒淳水即任宗縣烏原川之下流至郡北二十五里經赤城山下南轉過金灘入南原玉果之界鏡川又名鶴川源出廣德山經客館前至郡東七里與伊川合入淳水伊川在郡東六里與鏡川合南流入淳水涔溪在福興廢縣距郡西四十里出長城府境北流六十里經田文山北至任宗縣界合淳水艾谷池在郡東十里赤城淵在赤城山下淳水至此澄深不測又名花淵俗傳有神物旱則禱雨金灘一名淵灘在郡東南十五里淳水自赤城淵南流爲猪灘又爲此灘有江山之勝亦見南原府

土産自然銅鐵出田文山南石灰出柳坊莞席竹楮茶柿茯苓蜂蜜黃蠟白花蛇銀口魚鬱金

學校鄉校舊在郡西二里郡守金秀光移于郡北二里華山書院在郡東十五里以金淨莅官之地建

宮室淳化館即客館鄉射堂在客館東觀政樓在客館南北樓在客館後園觀德亭在觀政樓南南臨川流前有射場歸來亭在郡南三里小峯上本朝府尹申末舟別野徐居正名而記之○姜希孟詩歸去來何事田園三徑荒春還問松菊客至引壺觴泉脉消消動花枝細細香委心聊自樂不必慕軒裳蘊眞亭在伊川斷岸上判書申公濟別墅

倉庫郡倉

郵驛昌新驛在郡東五里東院在郡東三里赤城院在赤城縣牛峴院在郡南二十五里磨月院在郡西二十二里蘆峴院在郡北二十四里西院在郡西三里

關梁大石橋在客館南

祠廟社稷壇在郡西文廟在鄉校城隍祠在客館西厲壇在郡北

寺刹鷲巖寺瑞龍寺俱在瑞龍山萬日寺望日庵望月庵俱在田文山福川寺俗稱剛川寺在廣德山其洞壑奇勝金藏寺在田文山或稱深源寺神光寺在田文山或稱墨山寺靈雲寺在田文山深寂寺又稱神德寺在秋月山西屬福興縣

古蹟福興廢縣在郡西四十里赤城廢縣在郡東十五里赤一作磧又作磧本百濟礫坪縣新羅改赤城爲淳化郡領縣高麗初省入南原府後還入淳昌本朝因之大母城在郡西四里小山上石築周七百八十尺內有一泉一池舊有軍倉今廢

名宦高麗李茂芳恭愍初知淳昌郡居官清簡無比有求土物者茂芳解所佩革鞊帶付吏曰知舊私請不可以公物應以此易所求與之請者愧而去本朝金淨中宗朝以吏曹正郎乞外爲淳昌郡守與潭陽府使朴祥上疏請復廢妃愼氏以正人倫之本坐禠官公議稱惜後羅士禍謫南過郡郡民爭持酒餞攔道滂泣曰吾舊使君也

流寓申末舟其先高靈人本朝宰相叔舟之弟仕爲全州府尹叔舟事世祖方貴寵而末

舟不求榮顯退居淳昌別業優游以老
等亭伊川上名以歸來自號歸來子

人物高麗薛公儉 樞密院副使愼之子愼母趙氏四乳而生八子三子登科封國大夫入愼其一也公儉高宗朝登第官至參理引年乞退加中贊致仕卒謚文良配享忠烈王廟庭公儉廉謹正直朝官有親喪雖非相識必素服往弔有造謁者無貴賤倒屣出迎嘗卧疾蔡洪哲往診之布被莞席蕭然若僧居出而嘆曰自吾輩望公所謂壞虫之與黃鶴 趙廉 忠肅王朝登科又中元朝制科授遼陽等路摠管知府事嘗與中朝士大夫講明經義後拜左司議大夫累官密直副使 趙元吉 官至重大匡玉川君子瑜以孝子旌閭 本朝申公濟 末舟孫少英特力學登第○中宗朝累遷舍人副提學觀察江原忠清慶尚平安咸鏡五道皆有聲績官至吏曹判書工草隸襟懷高雅遇事以名義自礪

龍潭縣 東至錦山郡界二十九里北至同郡界二十二里南至長水縣界四十六里至鎮安縣界三十一里西至高山縣界三十六里距京都五百五十七里

旱田

水田

建置沿革本百濟勿居縣新羅景德王時改名清渠入進禮縣高麗忠宣王時復置龍潭縣本朝因之

掌面官員縣令 訓導各一人

郡名清渠

形勝地僻山深 路州記地僻山深雲棧横山石沿溪洞壑幽遠居民鮮少

風俗其民質野朴而少文 紹宗序本朝尹 俗淳朴不爭鄉多壽耇者 許穆南行錄

山川珠崒山 在縣西三十里 九峯山 在縣西二十里 鼓山 在縣東三十里 龍岡山 在縣北三里鎮山 馬山潭 在縣東十二里州記縣東南西水交會之間有龍潭故因以名縣者此也 壽成川 在客館南出珠崒山入錦水 錦水 在縣東十二里德裕山及鎮安長水之水會為此水西流入錦山郡界

土產蜂蜜 黄蠟 漆 楮 柿 松蕈 石蕈 柴胡

學校鄉校 在縣北二里

宮室客館 館西有激玉樓潭水甚清從潭上而望水多石川波噴薄若水雪樓之得名激玉以此其前有遺墟臺又其西方有萬松臺皆在川石上 二樂亭 在縣北一里峯巒聳秀溪流環繞縣令趙鼎搆小亭

郵驛達溪驛 在縣東五里錦水北 里田院 在縣南三十五里 仇羅院 在縣東三十里 大伐院 在縣西四十里 松峴院 在縣北二十六里已上三院今廢

關梁亭子川橋 在縣南十五里

祠廟社稷壇 在縣西三里 文廟 在鄉校 城隍祠 在縣北二里 熊津溟所祠 在馬山潭上春秋致祭 厲壇 在縣北

寺刹崇巖寺 在九峯山 安長寺 米積寺 俱在珠崒山

古蹟古山城 在縣東十三里石築周一千二百十一尺今廢 珠崒山祠壇 在縣西三十五里有遺址 石棧 在縣東北三里即里

名宦高麗金鳳麟 恭愍王時為龍潭縣令王命往莅巡察六道所過藩鎮牧守惕息隕越莫知所措而鳳麟自如一道翕然稱之時凡外寄者歲至二三易而鳳麟四年居任潭民賴其惠

皮元亮為龍潭縣令麗季倭入湖南侵掠州郡元亮與縣人廉君利高允德等謀樹柵縣東石棧乘高累石六所候其入下石碎之賊覘其有備遂遁去一境賴而安　本朝崔士柔

人物高麗高餘慶官至三重大匡　高天伯官至判三宰

昌平縣東至玉果縣界一十五里至潭陽府界十一里北至同府界十一里南至同福縣界三十四里西至光山縣界十一里距京都七百五十二里

旱田

水田

建置沿革本百濟屈支縣新羅景德王時改祈陽為武州領縣高麗改昌平一云鳴平後省入羅州後復置昌平縣諺傳縣吏卓自賓有制南賊之功陞置縣令　恭讓王時兼長平甲鄉勸農使本朝因為縣　成宗五年省入光州以縣人姜九淵凌辱縣令革十年復為縣掌面九

官員縣令　訓導各一人

郡名祈陽　鳴平

山川高山在縣東五里鎮山　無等山在縣南十五里詳光州　鎮壓山在縣東五里　盤龍山在縣東十五里　夢仙山在縣西三十里　龍龜山在縣北三十五里　木麥山在縣北五里　龍潭巖在縣南一里山麓有奇岩高可百尺南望瑞石山下壓澄潭號曰龍潭臺其傍古有僧舍　竹綠川在縣　里出無等山經龍潭臺下西流入潭陽府漆川　鏡池在縣西五里

土產薑　梅實　柿

學校鄉校在縣北五里

宮室客館　小樓在客館東舊館湫隘縣令裴季厚撤而新之構此樓又構小榭于大門外

倉庫

郵驛三之川院在縣東十四里　宣化院在縣西十里

祠廟社稷壇在縣西　文廟在鄉校　城隍祠在縣南三里　厲壇在縣北

寺刹瑞峯寺在無等山　高山寺在鎮壓山　月影寺在盤龍山　上院寺在夢仙山　龍興寺在龍龜山

古蹟甲鄉在縣北三十里高麗割入羅州恭讓王三年還入本縣

人物本朝安正命縣監安起子事親孝敬嘗居父喪廬墓三年不食菜果母病沉綿苦蝨繁癢閼正命欲分癢以髮承接母首以取其蝨又嘗糞以驗吉凶及歿哀毀一如前喪鄉黨稱歎

任實縣東至南原府界二十一里南至同府界二十三里西至淳昌郡界五十七里至泰仁縣界六十五里北至全州府界二十四里至鎮安縣界二十五里距京都五百八十一里

旱田

水田

建置沿革本百濟任實郡新羅因之高麗省入南原府明宗初復置任實縣本朝因之掌面十二官員

縣監　訓導各一人

郡名任實（別號雲水）

形勝諸山迤邐一水縈紆（本朝鄭麟趾詩）山擁川田地鮮平曠

風俗民頗淳朴

山川龍綂山（一名蛇繞在縣北五里鎮山）高達山（在縣東北十五里又見鎮安縣）斗滿山（在縣西十一里）圓通山（在縣西南四十里南原府界）田文山（在縣西五十里又見淳昌郡）靈鷲山（在縣西三十里以有白蓮寺故或稱白蓮山）白沙峴（在九皐縣距本縣二十里）斗滿川（出斗滿山經客館南又轉而東北流入烏原川）九皐川（出沙峴南流經葛覃驛入淳昌郡淳水）烏原川（鎮安縣中臺馬耳諸山之水合于烏原驛東經縣北十五里又轉而西流為淳昌郡淳水）坪堂院川（在縣南十五里出縣東代用站西流至南原契樹驛南與居寧川合）

土產磁器 石灰 蜂蜜 黃蠟 苧 楮 漆 蕈 石蕈 芝草 鬱金 白花蛇 銀口魚

學校鄉校（在縣西一里）

宮室客館

郵驛葛覃驛（在縣西四十里高麗李奎報詩夕陽歸茆樹陰中南渡山川一樣同垂柳惱人隨處緣幽花無主為誰紅郵亭閑過經由客野性誰如放曠翁不作公卿乘傳態解衣閑卧一軒風）烏原驛（在縣北二十里）東隅院（在縣東五里）萬歲院（在縣南二十里）九皐院（在九皐縣）中止院（在縣西六十里）雲巖院（在縣西六十五里）申幹院（在縣北二十五里）

祠廟社稷壇（在縣西二里）文廟（在鄉校）城隍祠（在縣北五里）厲壇（在縣北）

寺刹白蓮寺 仙押寺 元寂菴（俱在靈鷲山）

古蹟九皐廢縣（在縣西二十里本百濟埃坪縣埃一作淚新羅改九皐為淳化郡領縣高麗初省入南原府恭愍王時以縣人元使林蒙古不花有功於國陞為郡本朝初省入）

人物本朝朴蕃（中生員事親至孝父病欲嘗鴨蕃沿水求之附膺慟哭忽有死鴨浮出持以饋之人以為孝感及歿廬墓三年○中宗朝旌閭）

茂朱縣（東至慶尚道知禮縣界四十九里南至同道居昌郡界六十二里至錦山郡界三十八里西至同郡界十三里北至忠清道沃川郡界十里距京都四百八十八里）

旱田

水田

建置沿革本百濟赤川縣新羅景德王時改名丹川為進禮郡領縣高麗初改朱溪仍併入進禮明宗時析之為茂豐縣兼任本朝 太宗時以朱溪為治所併茂豊為茂朱縣掌面六官員縣監 訓導（各一人）

郡名赤川 丹川 朱溪

形勝山擁川田（本朝柳濱詩山擁川田洞府深）地僻山高（地僻山高石路沿溪）（居民鮮少）

風俗朴而少文其民質野收蔵橡栗（民業荒凉凶年則收蔵橡栗以）

爲食

山川爐山在縣北一里鎮山 赤裳山在縣南十五里俗呼裳城山四面石壁環繞色赤層層峻截如人帶裳故名昔人曰險爲城丹兵倭寇侵掠傍近數十郡人民皆賴此保全 大

德山在茂豐縣南七里 白雲山在茂豐北十五里 彌磨山在縣南三十五

里 按廉巖在赤裳山頂其長數丈上可以坐數十人通望諸郡昔丹兵入寇三道按廉使

皆避亂于此因以名之 赤川又名朱溪德裕大德山之水合入此川至縣南經客館前西流

入錦水 錦水在縣西十四里俗稱召川津水北流入錦山郡境詳錦山

土產鐵產大德山 漆 松蕈 石蕈 蜂蜜 黃蠟 人

蔘 海松子 楮 五味子 大黃 當歸 紫

胡

城郭赤裳山城石築周一萬六千九百二十尺城四面皆層岩壁立萬仞東有二路可通牛馬其中平夷川水四出誠天作之險舊有城麗末崔瑩請建山城築倉庫以備不虞其後事寢今

修築

學校鄉校舊在縣東三里今移在縣北三里

宮室客館 寒風樓即客館門樓 實錄閣在赤裳山城內

郵驛所川驛在縣東四十五里 茂梯院在縣東六十四里 勝長院在縣東三十五里 召甫院在縣西十四里有望風樓

關梁南橋在赤川上

祠廟社稷壇在縣西一里 文廟在鄉校 城隍祠在縣南四里 厲壇在縣北

寺刹高境寺在赤裳山西 佛頭寺在白雲山 上院寺在赤裳山城內西其傍又有中院下院 護國寺在赤裳山城內南 永保寺在赤裳山城內西

古蹟茂豐廢縣在縣東六十里本新羅茂山縣景德王時改茂豐爲開寧郡領縣高麗初省入禮縣明宗六年復置茂豐縣本朝○太宗時省併于縣今有古城石築周五百三十一尺高五尺

名宦本朝李淮 李堰俱爲茂朱縣監

谷城縣東至南原府界三十里北至同府界十二里南至順天府界七十一里西至玉果縣界二十六里距京都六百九十二里

旱田

水田

建置沿革本百濟欲乃郡新羅景德王時改爲谷城郡高麗初省入昇平郡後入羅州明宗初復置谷城縣本朝因之掌面八官員縣監 訓導各一人

郡名欲乃

山川動樂山在縣西北四里鎮山一名鵄山又見玉果縣 桐裡山在縣東四十里

天德山在縣南二十五里 淳水又名鶉子水在縣北十二里東流至求禮縣會潺水爲蟾江詳見南原府 潺水俗稱大荒川在縣東四十五里卽順天府潺水下流北流至求禮縣境與淳水會

土產磁器 石灰 楮 竹 柿 松蕈 蜂蜜

黃蠟 茯苓 鬱金 白花蛇 銀口魚

學校鄉校在縣西四里
宮室客館
郵驛知申驛在縣南六里 茲悲院在縣南五十五里 觀音院在縣西五里
鶉子院在縣北十二里 鴨綠院在縣東六里 三岐院在縣西二十五里
祠廟社稷壇在縣西 文廟在鄉校 城隍祠在縣南四里 厲壇在縣北
中崇讓祠在縣東南九里宣祖時縣監申沃與觀察使李洸使縣之士姓春秋祭之後復重修
寺刹彌勒寺 萬雲寺俱在天德山 泰安寺在桐裡山 成佛寺
申德寺俱在動樂山
古蹟古知申驛在縣南三十里天老峴俗傳馬天牧居在其村故移驛於縣南館舍墻垣基址宛然
流寓馬天牧本長興人我太宗朝以佐命功封長興府院君占田知申驛傍曰家焉
人物高麗申崇讓詳春川府
鎮安縣界東至長水縣界二十八里南至任實縣界四十九里西至全州府界三十五里北至龍潭縣界二十三里距京都五百八十二里
旱田
水田
建置沿革本百濟難珍阿縣一云月良新羅景德王時改
鎮安為長溪郡領縣高麗初省入全州後復置鎮

安縣恭讓王時兼任馬靈縣本朝太宗時併馬
靈曰為縣掌面九官員縣監 訓導各一人
郡名越浪月良語轉為越浪
形勝地僻山深
風俗其民質野高麗李奎報記馬靈鎮安山谷間邑也其民質野 民朴俗厚韓俊謙長水凝碧亭記境僻而務閒民朴而俗厚
山川富貴山在縣北三里鎮山 高達山在縣西三十里 馬耳山在縣南七里有石山穹峯聳立奇異俗名聳出山東曰父西曰母相對如削成高可千仞四面峻絕人不能升唯母峯北崖可攀緣相傳東峯上有小池西峯頂平潤有泉可避兵天旱禱雨有應新羅稱西多山載小祀我太宗巡次山下遣官致祭以形似命名馬耳○本朝金直詩天外落奇峯巉尖如馬耳不知幾千仞亭亭烟霧裡○本朝曹偉詩突兀巉尖馬耳峯雲端擎出碧芙蓉何當插得沖天翼一飛上峯頭一盪胸 聖壽山在縣南四十里一名聖迹山又見長水縣 中臺山在馬靈廢縣東聖壽山相連 熊嶺在縣西三十七里全州界又見全州 東川在縣東一里源出馬耳山東峯東北流至龍潭縣境入錦水 西川在縣西十三里源出馬耳山西峯入任實縣烏原川 甑淵在馬灵東有大賓上通山頂人轉石則直下於淵水氣常餴餾若蒸炊然故名之
土產蜂蜜 黃蠟 石蕈 漆 楮 石灰 松蕈
紫草
學校鄉校舊在縣北三里今移縣東一里
宮室客館 鄉射堂在客館南 夏秋亭在縣東五里下臨川流雖盛暑凉氣

如秋故名　明月堂在客館東面俯臨東川

郵驛　丹嶺驛在縣南五里　東院在縣東一里　栗峴院在縣東二十九里　草川院在縣東十七里　南院在縣南一里　要光院在縣西三十二里　左山院在縣南五十三里　潁川院　三岐院　康乳院俱在馬靈廢縣在縣北二十五里

祠廟　社稷壇在縣西四里　文廟在鄉校　城隍祠在縣南五里　厲壇在縣北

寺刹　中臺寺在聖壽山　穴巖寺　上院寺俱在馬耳山　盤龍寺在縣南三十里聖壽山西支

古蹟　馬靈廢縣在縣南二十里本百濟馬突縣一云馬珍一云馬等良新羅改馬靈為任實郡領縣高麗初省入全州後為鎮安縣兼任本朝太宗時因併入

人物　本朝　李由義文科官至牧使

玉果縣　東至南原府界二十里南至同福縣界二十六里至谷城縣界二十一里西至潭陽府界十一里北至淳昌郡界十一里距京都七百十二里

旱田

水田

建置沿革　本百濟果支縣一云果兮新羅景德王時改玉果為秋成郡領縣高麗初省入寶城郡明宗初復置玉果縣本朝因之掌面六官員縣監　訓導各一人

郡名　果支

山川　雪山在縣西北十里鎮山石峯嶙峋上有湫泉俗稱果雪山　聖德山在縣南三十里　動樂山在郡東二十三里一名鵡山　淳水在縣東二十二里南原府界俗稱方椋川即淳昌郡淳水下流詳見南原淳昌　仙脚溪在縣東三里出聖德山北流入淳水

土產　楮　柿　松蕈　石灰出縣南二十五里餘岾　銀口魚

學校　鄉校在縣北三里

宮室　客館　鄉射堂在客館西　倚雲樓在客館東　南樓在客館南縣監房玉精建　詠歸亭在縣東二里斷岸上前臨川水縣監崔亨漢建今廢有遺址

郵驛　大富驛在縣東六里　老多院在縣南二十五里　四岐院在縣東五里　延德院在縣西十里

祠廟　社稷壇在縣西　文廟在鄉校　城隍祠在縣東五里　厲壇在縣北

寺刹　金堂菴　羅巖寺　金剛寺俱在雪山　觀音寺俱在聖德山

名宦　本朝　金麟厚○中宗朝以校理出為玉果縣監為政順民情未嘗有所作為民親愛之

人物　高麗　趙通軀幹魁梧博通百家語明宗時登科累遷太子文學奉使如金會有徵詰羈留三年金人愛其才乃令歸報未幾出知西北面留守事恭儉待人以信官至翰林學士

本朝　柳彭老居家有孝行○宣祖朝登科為成均學諭不求仕進倭寇之難從高敬命起義兵討賊錦山及軍敗將士多潰彭老在陣外策馬入陣救敬命其僕叩馬泣諫彭老以鞭擊僕僕不

得已釋馬馳彭老馳入與敬命同死追贈司諫院司諫命旌其閭

雲峯縣東至慶尚道咸陽郡界二十里西至南原府界廿里南至同府界十里北至同府界九里距京都六百九十七里

旱田

水田

建置沿革本新羅母山縣或云阿英城或云阿莫城景德王時改雲峯為天嶺郡領縣高麗初省入南原府恭讓王時析置雲峯縣兼阿容谷勸農兵馬使本朝　太祖初因為縣掌面六官員縣監　訓導各一人

郡名母山

形勝邑在大嶺之上邑在大嶺之上環一縣四面皆徑高其上平曠

風俗十室民淳本朝元孝然詩十室民淳太古風

山川智異山在縣南十五里詳南原府及晉州　水清山在縣東二十五里即八良嶺南起者又稱百丈山　荒山在縣東十二里小山特起昂然其西北曰帽山峯乃我　太祖破倭處高麗末倭賊屠咸陽嶠八良嶺攻南原山城退焚雲峯縣屯引月驛聲言將入北上中外大震我　太祖與邊安烈至南原踰雲峯距賊數十里至荒山西北登鼎山峯　太祖見道右有險徑欲誘致之從險徑進賊騎果突出　太祖射之五十餘發皆中其面凡三遇鏖戰殲之賊據山自固　太祖馳仰攻之士氣益勵有一賊將年才十五六驍勇無比舞槊馳突所向披靡稱阿只拔都身被堅甲又帶銅面無隙可射　太祖約李豆蘭乃射中兜牟頂子兜牟遂落豆蘭即射殺之於是賊奪氣　太祖挺身奮擊諸軍乘勝大破之川流盡赤獲馬數千匹兵仗無筭惟七十餘人奔智異山

八良嶺一云八良峴在縣東二十里慶尚道咸陽郡界也自羅濟時稱為要害又見咸陽郡　嶺院峴一云女院峴在縣西七里南原府界　牛峴在縣北八里山上有古石城基　箕峴在縣北二十里俗稱箕箕嶺又稱峙峙嶺自嶺院峴以下皆外峻內平　東川在縣東三里過引月驛屈曲東流山谷同至咸陽郡境為灆川

土產蜂蜜　黃蠟　五味子　人蔘　海松子　松蕈　石蕈　柿　紫草

學校鄉校在縣北二里

宮室客館　鄉射堂在客館東

郵驛引月驛在縣東十六里　中興院在縣東七里　大功院在縣東十五里

關梁八良嶺關在八良嶺上百濟時置關防戍今有石城遺址本朝崔岦所謂咸陽雲峯之界隘塞天設者即此

祠廟社稷壇在縣西　文廟在鄉校　城隍祠在縣東二里　厲壇在縣北

寺刹百丈寺在水清山蘭溪南對智異山　內院寺在智異山又稱臺岩蘭若

古蹟城山古城在縣北二里小山上有古土城今皆荒廢　荒山大捷碑在荒山南二里小墩下　宣祖初觀察使朴啓賢以荒山　太祖破倭之處年代久遠行旅或未知其所啓聞立碑刻文以紀乃萬曆五年也大提學金貴榮撰其文礪城君宋寅書　實相寺舊址在智異山北支下有高麗秀徹寶月僧之塔其北五里又有源水寺舊址

人物本朝朴信高麗末文科本朝初出按江原道積官至議政府贊成事謚惠肅　朴從愚信子尚　太宗女　世祖朝靖難功臣封雲城府院君

長水縣東至慶尚道安陰縣界五十里南至南原府界二十里西至同府界三十二里北至鎮安縣三十一里北至龍潭縣界四十七里距京都六百六十八里

旱田

水田

建置沿革本百濟雨坪縣新羅景德王時改高澤為長溪郡領縣高麗初改長水尋省入南原府恭讓王時置長水縣兼任長溪本朝　太宗時併長溪因為縣掌面七官員縣監　訓導各一人

郡名雨坪　高澤

山川靈鷲山在縣東十里鎮山　德裕山在縣北五十里自忠清道報恩之俗離山逶迤而南三百餘里為此山極高大雄據數百里其支峯喬聳不可勝數最上峯曰香積峯雲霧多生其間峯底有石泉名曰甘露水又見慶尚道安陰縣　聖壽山一名聖迹在縣西南十五里鎮安縣界　白華山在長溪廢縣北即德裕山南支　六十嶺在縣北四十里安陰縣界德裕山南條大脊開路處自新羅時為要害之地行人到此屢逢盜劫須滿六十人乃過因名焉　水分峴在縣南二十五里灵鷲聖壽兩山低斷連脉處峴上平夷開田峴水一派向南原一派向本縣為南川故名　砧峴在縣北三十里　南川在縣南三里出水分峴北流三十里與白華山水合至龍潭縣境會鎮安水及安城川為錦水又北流入錦山郡界

土産五味子　人蔘　紫草　石蕈　蜂蜜　黃蠟　柿　當歸　石灰出縣北三十里溪內面

學校鄉校在縣北三里

宮室客館　鄉射堂在客館西南　戀思樓在客館南○成宗五年縣監金壽康建採戀闕思親之義為名　凝碧亭在客館南下有蓮塘

倉庫

郵驛得方院在縣西三里　水分院在縣南十八里水分峴上　德安院在縣北三十一里　洪福院在縣東十五里　陽善院在縣北六十二里　席北院在縣北五十里

祠廟社稷壇在縣西四里　文廟在鄉校　城隍祠在縣南三里　厲壇在縣北

寺刹雲岾在聖迹山新羅真平王重修僧元曉道場也南北有滿香岾俗傳元曉義相講法於此異香馥郁因名之我世宗朝僧省珠又重修○釋天菴在灵鷲山　淨土菴在德裕山　長安菴在灵鷲山　八功菴在聖迹山義相重營

古蹟古長水在今治西七里　長溪廢縣在縣北二十九里本百濟伯海郡海一作伊新羅改辟溪郡高麗初改長溪尋省入南原府後移入本縣　陽岳所在縣北六十里　聖壽山城石築周九百七十尺今半頹圮

名宦本朝崔德之○世宗朝為長水縣監清簡有治效　趙昱○明宗時為長水縣監以新民善俗為務去苛擾存大體靜而不煩吏順民安擇士之秀者聚而教之寒鄉後生頗知為學之方旁邑之士亦多聞風而至者

人物高麗李林幹官至政丞封長川君　本朝黃喜初名壽老麗末登科本朝初歷任內外皆著績效○世宗朝官至議政府領議政在政府凡二十四年善守成憲不喜紛更處事深遠有規度○世宗眷倚益重雖宮闈之密必召浴之卮言而定既退未嘗言所議於上者以老

乞退年九十卒論者稱國朝賢相必以喜爲首而比其德量於韓琦謚翼成配享世宗廟庭

順天都護府東至光陽縣界十五里北至同縣界二十五里至求禮縣界六十里至谷城縣界六十里南至海岸二十五里西至樂安郡界三十一里至同福縣界八十四里距京都八百三十四里

旱田

水田

建置沿革本百濟歃平郡蓋以地形低陷而平行故名一作沙平一作武平新羅景德王時改爲昇平郡高麗成宗時爲昇州兗海軍節度使一云昇化靖宗二年復爲昇平郡忠宣初陞爲昇州牧尋降爲順天府本朝因之十三年爲都護府　世祖時置鎭　孝宗時降爲順天縣尋復爲都護府掌面十九鎭管郡二樂安寶城縣六光陽興陽綾城同福和順求禮

官員府使　教授各一人

郡名歃平　昇平　昇州別號平陽

形勝小江南山川奇麗世稱小江南　一隅接海三面連山金吉通云一隅接海三面連山又府志云府爲湖嶺間一巨鎭　南濵巨海乃海寇往来之衝本朝南秀文客館記　地最暖府志地最暖正月旬後早梅發三月旬後則百花盡落

風俗尚富麗地志　喜巫祀　士習淳厚無詭異矯激之事府志

山川獜蹄山在府南四里鎭山一名建達山有古城基　曹溪山在府西六十里或稱松廣鷄山　鷄足山在府北四十五里　鷲鳳山在府西四里有古城基　圓山在府北六里有三峯　母后山在富有縣距府西九十里亦見同福縣　進禮山在府東七十三里　海龍山在府南十里　鳩峴在府西北三十里　未草栗嶺在府北四十里險阻要害之地　松峴○在府北二十七里泉石奇險本朝李粹光詩泉噴狂雷石作屏炭中烟柳午寘寘平林斷處青山出百尺峯頭眼忽醒　海南在府東南十里　白也串在府東六十里周一百十五里有牧場　潺水一名樂水又稱洛水在府西十七里即寶城郡溪水下流經富有廢縣北流至求禮縣境與淳水合爲蟾江　廣灘川有二源一出未草栗嶺一出鳩峴合于圓山北至東一里與玉川合東流爲龍頭浦　玉川在城南門外出鷲鳳山西　伊沙川在府西十里出曹溪山東與樂安郡火峴之水合而東流入龍頭浦　內禮浦在府東四十九里　成生浦在府東四十五里有魚梁鹽盆　掘浦在府東七十里有魚梁　龍頭浦有府東二十里有魚梁　東山浦在府東二十五里有魚梁鹽盆　萬興浦　其叱乙浦　呑潛浦　城倉浦　助音浦俱在府東六十里　馬頭浦在府東三十里有魚梁　龍門浦在府東五十五里　旀浦在府東六十一里　伏浦在府東四十三里有鹽盆　沙岸浦在府東三十里　長省浦在府東六十里高麗時倭入寇至是浦柳濯將兵擊之賊望見引去軍士大悅作歌　柳浦在府東三十里　突山島在府東一百七十里海中周一百三十五里有牧場　愁太島在突山西周二百里　松島在愁太東　白也島在府南海中周二十里　齊里島在白也串東　蓋島在齊里島東周二十里　大伊只島在蓋島南周百五十里　小伊只島在大伊只西周百里　金珠島　雲入伊島俱在

府南周百五十里除參島在雲入伊島北周百里大京島　小京島
俱在弥浦南多里島在小京島東周百五里大乃發島在多里島南周百里
小乃發島在大乃發島東大横看島　小横看島　金鰲
島周二百里俱在小乃發島南三十里阿麽島在金鰲島西周百里甘勿島
安鹿島俱在突山縣伊老島在白也串西蔬島　葛島俱在伏浦
東南加乙頭末小島在伏浦南多老島在伏浦北大加氏島
小加氏島俱在弥浦南彌角島　長鼓島俱在弥浦西大加
蔵島　小加蔵島　鹿島　牛島俱在弥浦東長左島
所里島俱在弥浦東南芢島在白也串西猪島在白也串北猫島在府
東周六十里有牧場獐島在猫島西○本朝太宗朝放馴象于此島象不食水草逢人則墮淚
且啼觀察使以聞○上憐之押而豢養如初下丐山島在東山浦東上丐山
島在東山浦北末介島在弥浦北沙岸島　攝島　弓島俱在
沙岸浦東丐兜里島在沙岸浦西伐蕩島在沙岸浦西北訥島　外
島俱在馬頭浦東梧桐島在水營東有岩石為遊觀之所将軍島在水營前二里
土産紙　苧　磁器　陶器　石灰　竹　竹箭出卯
山島及侍中堂上伊沙里下伊沙里等處柚　石榴　梔子　梅實
茶　蕫　川椒　香蕈　松蕈　榧子　柿　天
門冬　枳實　澤瀉　桑寄生出防踏島中鹽　石首
魚　秀魚　鱸魚　烏賊魚　文魚　絡締　鰒
銀口魚　洪魚　真魚　鯊魚　麻魚　錢魚

民魚　黄魚　鯽魚　石花　大蝦　紫蝦　蟹
紅蛤　海參　藿　海衣　甘苔　牛毛　細毛
黄角　青角
城郭府城石築周三千三百八十三尺立門四東曰　南曰　西曰　北曰　內有
四池十井
公署左道水軍節度使營在內禮浦距府東八十里古有萬戶鎮○成宗十一
年革萬戶始置節度使營石城周三千二百六十五尺立四門防踏僉節制使鎮
在府東一百五十里○中宗朝以賊路要害設鎮水軍僉節制使一人突山浦萬戶
鎮在府東七十九里石城周二千三百十三尺水軍萬戶一人○中宗朝革萬戶置權管今設召
募陣有別將
學校鄉校舊在城東七里後移城西三里○明宗五年移城東五里光海二年又移城西古鄉
校之北玉川書院在府南有景賢祠祀金宏弼○明宗時府使李楨建初名景賢堂○
宣祖初賜額為書院併須四書
宮室客館○世宗十九年府使朴㥠建本朝南秀文記館宇之修雖若無関乎王政而有可以
觀世道之陞替焉高麗之季政厖國危海寇孔熾侵軼之深至于畿輔沿海數千里之地委為賊藪
順天受禍最慘丘墟其邑蒿萊其野可謂於邑○聖朝蔚興文昭武威島夷獻琛而輸款邊氓奠枕
以樂業而是府乃克宗丘墟為城池化蒿萊為閭井生齒之繁物產之富能為南州之甲而又得賢
太守如朴侯撫字之餘惓惓焉興廢之是務役不煩民新公館而壯觀瞻其視麗季之板蕩為如何
哉余於是尤有感國家昇平之澤之深余太史也侯之是舉宗有関於世道敢不樂為之記洗
兵軒在城內東偏舊有軍營丁酉亂後建此鄉射堂在城東門內宣化樓

在客館東○本朝成任詩伏節來巡海上區風欄時倚最高樓山橫雨後青螺色水繞城南碧玉流千里客愁隨草長百年人事等浮雲簿書叢裡客顏改霜鬢蕭蕭又一秋○今廢

觀風樓在客館南

南樓即城南門樓

東樓即城東門樓

北樓即城北門樓

燕子樓舊在城南玉川上跨水為橋連屋為樓樓稱燕子樓橋稱燕子橋樓今廢○高麗時太守孫億眷官妓好好按部重遊好好已老判官張鎰有詩云霜月淒涼燕子樓郎官一去夢悠悠當時座客休嫌老樓上佳人亦白頭

滿月亭在麗水縣南長生浦之小島上南臨大海今廢

喚仙亭在城東廣灘川上嘉靖癸卯府使沈道源創建廳後有迎仙閣戲仙觀為偃息之所前有射場頗寬敞○本朝宋麟壽詩江魚吹浪牙檣動沙鳥驚羣綿纜牽莫道三山迷處所喚仙亭上會神仙○本朝盧守慎詩二八初秋夜三千弱水前昇平好樓閣宇宙幾神仙曲檻清風度長空素月懸楸然發大嘴孤鶴過蹁躚○本朝李晬光詩嶠外分區域風光別洞天人家脩竹裡官閣早梅前曉暈看朵旭朝晴辨島烟三山端在此何必遠求仙

望美亭在城東上萬曆中府使金汝岉創建今廢有遺址

飛虹閣在城南上今廢

望月亭在府南十里有松竹茂林之勝今廢

漾碧亭在富有縣北府人趙大春所居

烽燧突山島烽燧西應白也串北應進禮山

白也串烽燧在府東一百里西應興陽八巔山東應突山島

進禮山烽燧南應突山島北應光陽件臺山

城隍堂山烽燧在府東十里東應光陽件臺山西只報官門

郵驛良栗驛在府南四里

德陽驛在府東六十三里

洛水驛古名樂水在府西七十里

蓮池院在府北五里

乾川院在府北十五里

深院在府北三十里

薪岾院在府北五十里

潺水院在府北六十里潺水渡岸

高陽院在府西五十里

神堂院在府西六十五里

廣川院在府西七十五里

梨濟院在府西八十五里

南院在府南五里

冬栢院在府南三十里

東院在府東五里

成生院在府東四十里

無常院在府東六十五里

內禮院在府東八十七里

關梁麗水堡在府東六十二里石城周一千四百七十尺舊節度使分兵戍之後移戍于突山浦

燕子橋在南城門外玉川上

東橋或稱射場橋在城東廣灘川喚仙亭南

潺水渡在府北六十里求禮縣界即蟾江津渡以潺水來合故名

祠廟社稷壇在縣西

文廟在鄉校

城隍祠在進禮山俗傳府人金摠仕甄萱為引駕別監死為是神

忠愍祠在左水營城外十里○宣祖時統制使李舜臣捍禦倭寇有大忠勳將士追慕立祠以右道水軍節使李億祺配食賜額忠愍每歲春秋降香致祭李恒福記其續揭壁上○李粹光詩第一中興將艱危活我東山河餘怒氣宇宙有雄風對馬春濤息扶桑曙靄空只今滄海上誰復嗣戎功

厲壇在府北

寺刹定慧寺在鷄足山寺有佛齒○高麗僧冲止本狀元魏元凱也歷敭華要後為僧號圓鑑居是寺及死王令文翰學士金曨撰其碑銘

松廣寺一名大吉祥在曹溪山寺甚宏鉅有枕溪樓臨鏡堂極有佳致庭有枯木不知歷幾百歲而枝幹皆完色白如鉄香臭甚烈傳為白檀云○高麗僧冲止初以南省亞元脫身往松廣社修真崔怡為知奏事以書遺茶香及楞嚴經使還請報書冲止曰余已絕俗何修書往復為使強之且以詩贈之即次韻云瘦鶴靜翹松頂月閑雲輕逐嶺頭風箇中面目同千里何更新翻語一通卒不答書後懶翁亦住是寺以衣鉢付無學○李檣詩洞府深深隔世塵山僧無事解談真他年福地尋何處白石清溪入夢頻○李粹光詩暮入曹溪路春山翠幾重荒林經雨合危石倩雲封洞有長生藥岩留太古松前峯知近寺隔水夕陽鍾

大光寺在母后山居僧以造紙為業

仙巖寺在曹溪山○寺有北向花其枝屈曲皆向

北其花紫色開必向北故名圓通寺在府北十里善積寺在府南三十里興
國寺在府東六十五里香林寺在府北五里有冬栢最盛俗稱冬栢香林寺梅花燕
子橋即此也天子菴在曹溪山距松廣寺十里有梅檀兩株葉如老松枝皆下垂龍
臺菴在府北五十里粉菴在府西十五里
古蹟麗水廢縣在府東六十里本百濟猿村縣新羅改海邑縣後省入昇平郡高麗改麗
水縣忠定王時復置麗水縣○本朝初還併于府突山廢縣本百濟突山縣新羅改廬山仍
入于府高麗復稱舊稱即突山島也富有廢縣在府北六十里本百濟適支縣新羅改富
有為谷城郡領縣高麗初省入○本朝因之古海龍倉在海龍山潮陽浦高麗初設倉
於此收附近州縣租稅漕至京即十二倉之一今有土城故基將軍島城在左水營前二
里水使李良所築石塔在府城南二里路傍蓋初設府時所置也今半圮造山凡五

俱在府城南五里其下鑿四池今廢只有二池俗傳始設府治時以南方虛故置之云臨清
臺在玉川書院下曹偉謫居愛其泉石聚石為臺名曰臨清臺與邑中人士日遊其上金寒暄宏
弼同時被謫亦嘗游咏後府使李楨豎石碑刻臨清臺三字乃退溪李滉筆望海臺在府
東二十五里舊名倭橋或稱曳橋萬曆中倭賊屯據其地築重城距守累石為臺今遺址尚存府使
李粹光惡其名改以望海真第一形勝之地梨村部曲在府西七十里嘉音部
曲在府西九十里進禮部曲在麗水縣二十五里東三日浦鄉在麗水縣
北正方鄉在府北七十里豆仍只所在府南六十里
名宦高麗張鎰高宗朝為昇平判官以政最聞朱悅為昇平府使清簡嚴重有聲績
崔碩忠烈王朝為昇平府使秩滿入為秘書郎府故事太守替還必贈馬八匹邑人進馬請擇
良碩笑曰馬能到京足矣何擇為至家歸其馬邑人不受碩曰吾受汝邑有馬生駒帶來是我貪也

并其駒還之自後贈馬之弊遂絕邑人頌德立碑號八馬碑權呾忠烈朝為昇州副使為政
廉明令行禁止崔元祐麗季為順天府使有惠政本朝朴祥○中宗朝為順天府
使清簡善居官未久遺爽歸士民惜之李楨○明宗朝為順天府使興學愛民善政極多去
後民刻碑寓其思金啓為順天府使政尚剛明金汝岉○宣祖朝為順天府使有
文武材略所至留心國事撫恤軍民李舜臣萬曆十九年為左道水軍節度使明年倭傾國
入寇舜臣領舟師會諸帥于閑山島大破之又累戰于露梁唐浦栗浦安骨前後數十戰皆大破之
賊不敢由海路而西進駐閑山島遮遏賊路○宣祖以舜臣陞秩為三道水軍統制使仍兼本職以
讒去元均代之陷敗賊乘勝擣湖南舉國震駭復起舜臣復故任時器械蕩然部曲难散舜臣收得
十三船又大破賊于珍島碧波亭下自是賊勢遂挫舜臣誓死忠義賊垂破竟督戰以死軍民士女
無不號哭曰微我公吾屬已無類矣舜臣在軍七年一不近色忠清愛人賞罰至公羣下敬而愛之

追贈右議政李粹光光海時以六卿出為順天府使有惠政撰昇平志李袨為順
天府使民追思其德立碑刻之曰懷愛之仁如神之明清風千古齊名八馬
流寓金宏弼○本朝玄風人嘗仕為刑曹佐郎燕山時羅史禍謫熙川復移順天遘害東方
道學宗自宏弼始後追贈右議政諡文敬學者稱為寒暄堂先生曹偉○本朝金山人累官
戶曹參判燕山時羅史禍謫義州移配順天以卒以文行名世
人物高麗朴英規娶後百濟甄萱女為萱將軍及萱子神劒為逆萱投高麗英規密語
其妻曰烈女不更二夫忠臣不事二君若事賊子何顏以見天下之義士遂遣人告太祖曰若舉義
旗請迎王師○太祖厚賜其使而遣之及誅神劒謂英規曰萱既失國獨卿夫婦致誠於父兼歸款
於寡人義不可忘授以左丞賜田千頃官其子二人納其女為夫人後官至三重大匡朴天
祥高麗初有朴蘭鳳者以武勇顯俗傳死為豬蹄山神天祥乃其後裔以武藝事恭愍王封平陽

府院君 本朝朴錫命 天祥孫以文藝顯○太宗在微時相友善及即位眷遇甚重任知申事十年陞拜左參贊以佐命功封平陽府院君謚文肅 金承霔 以武藝進封平陽府院君初名乙寶禱雨輒應故賜名承霔卒謚襄景 朴仲善 錫命孫世祖武科事○成宗叅敵愾佐理功臣官至判中樞府事封陽平君 金舜皐 承霔五代孫登武科官至知中樞府事襲封平陽君孫光煒以文顯官弘文館應敎 張潤 性抗不求干謁○宣祖朝登武科倭冦之難以泗川縣監與諸將士同守晉州城陷力戰而死贈兵曹參判旌其閭

樂安郡 東至順天府界十四里北至同府界二十三里南至興陽縣界二十五里西至寶城郡界二十五里距京都八百九十八里

旱田

水田

建置沿革 本百濟分嵯郡 一云分沙 新羅景德王時改為分嶺郡高麗初改樂安 一云陽岳 尋省入羅州明宗初復置樂安縣後陞為郡本朝因之 中宗十年降為縣 以郡人有殺其母者降 尋復為郡掌面六官員郡守訓導 各一人

郡名 分嵯 分嶺 洛川 別號

形勝 大岳鎮北滄海拱南 孫舜孝記

山川 金錢山 在郡北一里鎮山 開雲山 在郡東十里 金華山 在郡西十三里一名尊者山 滅惡山 在郡東五里南有火峴 西川 在郡西五里出金錢山西南流入于海 東川 出金錢山東經郡東四里至開雲山西與西川合 海 在郡南十五里

場巖浦 在郡南三十里有魚梁鹽盆 獐島 周二十三里 蜘蛛島 周十三里有牧牛場 汝未島 有大小二島大周十里小周五里 長皷島 周一里 蟹島 周五里 加次羅島 周一里 娚妹友島 周百餘步 鷹島 周百十五里 歸紗羅島 周二里 月音島 周二里 火走只島 周三里 末仇之島 周三里 末介島 周一百四十步以上諸島皆在郡南海中

土產 楮 竹 竹箭 出郡西玉山及郡南濟院洞軍知里等處 茯苓 枳實 茶 香蕈 松蕈 柚 石榴 柿 梔子 白花蛇 鹽 秀魚 兵魚 民魚 烏賊魚 絡締 魚鰾 石花 大鰕

城郭 郡城 石築周一千五百九十二尺南北有門城內有二泉二池

學校 鄉校 舊在郡北一里今移郡東二里

宮室 客館 憑虛樓 在客館東 雙清樓 即城南門樓

烽燧 開雲山烽燧 南應興陽縣八巓山

郵驛 洛昇驛 在郡西九里 沙亇舘院 在郡東十二里 玉山院 在郡南五里 油芚院 在郡南十八里 新場院 在郡西十一里 要光院 在郡北九里 左褭峴院 在縣西十八里

祠廟 社稷壇 在郡西 文廟 在鄉校 城隍祠 在郡南十五里 厲壇 在郡北

寺刹 澄光寺 在金華山 桐華寺 在開雲山 金芚寺 在金錢山

古蹟

名宦本朝權克和　河叔山為樂安郡守以清介剛果自守吏畏民愛　金隨以文藝顯封洛川君

人物高麗金湊登科恭愍朝累遷成均直講官至門下評理兼大司憲

寶城郡東至樂安郡界四十三里南至興陽縣界四十三里西至長興府界十八里北至綾城縣界二十四里至同福縣界五十二里距京都八百二十八里

旱田

水田

建置沿革本百濟伏忽郡新羅景德王時改寶城郡高麗成宗時改為貝州後復為寶城郡本朝因之

掌面十四官貟郡守　訓導各一人

郡名貝州

形勝山川迫狹無平地地志海上一帶寶城樂安之間山川迫狹無平地風俗朴畧而悍倚山臨海

風俗朴略而悍地志

山川德山在郡北五里鎮山　伏雉山在郡北一十五里　伽倻山在郡東十三里　中峯山在郡東北三十里　中條山在郡東二十八里綾城界　舟越山在郡東二十七里　尊者山在郡東十七里　夢中山在郡南十里長興府界　五峯山在郡南三十里山立故名上有古山城皆屹然臨大海五峯特　以神石窟在五峯山東石竇僅容一人中復虛曠觀者持炬以入不得窮其盡處俗傳逺乎長興府得良島倭亂土人多入此窟得全　潺水在郡北八里一名亭子川出長興府獅子山東北流入順天府境　海在郡東三十里　安波浦一云北陽浦　龍頭浦俱在郡東二十八里　免島在郡東四十里

土產鐵　礪石出郡東氷川　水泥石　石灰　苧　楮　莞席　竹　竹箭出郡東洞山北陽堂山及草羅山等處　柿　榧子　枳實　柚　茶　紫草　香蕈　松蕈　塩　秀魚　真魚　烏賊魚　兵魚　寶開魚出倭津　鰒　絡締　大蝦　石花　土花　紅蛤　甘蛤　藿　海衣　甘苔　莓山

城郭郡城石築周二千九百五十三尺南北有門城內四井二池　兆陽縣城石築周二千七百五十五尺高七尺內有二井有軍倉

學校鄉校在郡東一里

宮室客館　鄉射堂在　列仙樓在客館北舊翠蔭亭郡守申經重搆改今名

烽燧正興寺東峯烽燧在郡南十里西應長興府全日峴東應興陽縣帳機山北只報官門

郵驛波青驛在郡東二十里　可申驛在郡西十二里　蛇結院在郡東五里　赤峴院在郡東二十五里　斜只院在郡東四十五里　余下峴院在郡東四十五里　可申院在可申驛傍　亭子川院在郡北七里　水多院在郡北十七里　草岾院在郡東四十里

祠廟社稷壇在郡西　文廟在鄉校　城隍祠在郡西三里　厲壇在郡

北

安邦俊祠在郡西五里今上八年鄉人建祠祀之或稱大溪書院

陵墓安邦俊墓在郡北二十五里

寺刹大元寺有中峯山有高麗釋圓悟浮屠又有黃喜影堂 神興寺在伏雉山 正興寺在伽倻山 五峯寺 開興寺俱在五峯山 鳳岬寺在中峯山 日月寺在尊者山 見佛菴在五峯山開興寺北岡又有金輪菴

古蹟兆陽廢縣在郡東三十里本百濟冬老縣新羅改兆陽為分嶺郡領縣高麗省入寶城郡本朝太祖四年入高興縣世宗時還入于郡 福城廢縣在郡北三十里本百濟波夫里郡新羅改富里為綾城郡領縣高麗改福城後省入于郡本朝因之 軍知驛在郡北三十里 民知驛舊址在郡南五里

名宦高麗咸有一○仁宗朝出倅寶城廉勤有聲績不感巫覡所至盡撤淫祀 朴元桂為寶城郡守有治績 本朝金有讓 李好誠為寶城郡守居官清簡 鄭軾為寶城郡守廉直不苟 趙衷孫為寶城郡守廉謹興學

人物高麗宣允祉郡因倭寇播遷僑居內地允祉為按廉鳩集安定郡人至今稱之 本朝呂蒙乙高麗李擢魁科本朝開國功臣官至二品 宣炯以武藝達又能詩○世祖朝敵愾功臣封榆城君 吳子慶中武科世祖朝敵愾功臣封寶山君 安邦俊

綾城縣東至寶城郡界四十六里南至長興府界四十四里西至南平縣界十七里北至和順縣界十二里距京都七百五十八里

旱田

水田

建置沿革本百濟尒陵夫里郡一云竹樹夫里一云仁夫里 新羅景德王時改為綾城郡綾一作陵 高麗初省入羅州仁宗時復置綾城縣本朝 太宗十六年省和順併入稱順城縣尋析置復為綾城縣掌面八官員縣令 訓導各一人 令增 仁祖十年陞為綾州牧以仁獻王后具氏鄉貫陞

郡名尒陵 竹樹別號連珠

形勝北望瑞石西連原野北望瑞石西連原野東南阻重岡山勢盤回 山蟠東南水橫西北

風俗鄉風淳朴

山川雲山在縣南一里低小為邑鎮山 城山在縣西三里上有古城周可一里相傳三國時所築今皆頹圮 連珠山在縣東二里 金鰲山在縣東十里岩石聳立故又名聳岩山有古城遺基 中條山在縣南五里寶城郡界 石泉山在縣北十五里 華岳山在縣南四十里長興府界 千佛山在縣西二十九里與華岳山相連 倭城山在縣南十五里即華岳山東支有麗時古城基因防倭而築故名 呂岾在縣南六十五里寶城郡界 猪岾在縣東三十里同福縣界 綾川一名車衣川源出呂岾經縣東北五里至縣西十二里俱猪岾出合和順縣冷川西流經南平縣入羅州錦水

土產水鐵 石間朱 石灰 石榴 柿 茶 松蕈 竹 竹箭縣北馬山出 蜂蜜 黃蠟 錦鱗魚 楮 地黃 天南星 麥門冬

學校鄉校在縣西二里 竹樹書院在縣東四里連珠山南麓中宗時趙光祖謫綾城賜死後人建書院仍立祠祀之以梁彭孫從享宣祖賜額及書籍其西岡有石崖臨水萬曆中觀察使朴承宗取光祖臨絶詩愛君如愛父天日照丹衷之句名之曰天日臺

宮室客館 鄉射堂在客館北 鳳棲樓在客館東○本朝梁彭孫詩水遠山長地勢盤危樓飛起引風寒最宜朱夏單絺坐更把青川白鳥看 暎碧亭在縣東連珠山下或稱連珠亭綾川經其前

郵驛仁物驛在縣南二十五里 孝陽院在縣南四十里 吕岾院在縣南六十里 浮落巖院在縣西十五里 大林院在縣北三里有樓

關梁院橋在大林院傍

祠廟社稷壇在縣西 文廟在鄉校 城隍祠在縣西五里 厲壇在縣北 崔慶會祠在竹樹書院傍 安邦俊祠在州南七里邦俊寓州地以歿邑人祠之或稱月江書院

陵墓具民瞻墓在縣東十三里連珠山東谷 朱悅墓在縣北十里

寺刹雙峯寺在中條山寺甚鉅麗有三層殿其傍又有東西浮屠菴○高麗金克己詩丹檴交暉紫翠間境閑俗眼未曾看鶴飛碧落辭支遁魚戲金池感惠寬 開天寺在天佛山東寺後石峯曰天台峯相傳新羅時所創有挑當樓其東西山麓又有青蓮白蓮二菴 人良寺在連珠山下 石泉寺在石泉山 城山寺在古城山城內

古蹟雲住寺在千佛山西寺舊廢其左右崖壁石佛石塔大小甚衆謂之千佛千塔又有一石室其中二石佛隔辟相背坐諺傳新羅時所造或謂高麗僧惠明有徒衆數千各令造成云

名宦

流寓安邦俊寶城郡人

人物高麗具民瞻父存裕起縣吏擢魁科為校檢上將軍民瞻始補全州牧司錄參軍累官至同平章事謹身下士雖貴不忘寒賤 朱悅父餘慶以縣吏登恩賜科悅高宗時登科出為南原司錄歷宰羅靜二州昇平長興二府皆有聲績元宗朝連按忠清慶尚全羅威名日振入皆畏敬官至知都僉議府事謚文節性豁達不事家産雖至達官自奉如寒士奉使四方公廉一節文章富贍筆法亦奇 具藝民瞻孫封沔城府院君見忠清道沔川郡 本朝梁彭孫少寒微中宗朝登科累遷弘文館校理坐己卯士禍罷歸家居自號學圃翁 梁應鼎彭孫子恃覽有高才日記數千言擢文科昭敬王朝累官成均館大司成出為慶州府尹子山璹慷慨募義壬辰倭難以儒生起鄉兵從金千鎰討賊○宣祖特除工曹佐郎晉州城陷與千鎰同死 崔慶會第文科宣祖朝累遷為節度使壬辰倭難遭喪家居及高敬命敗死義兵將士推慶會為主將領軍入嶺南號令嚴明人倚為恃晉州城陷自投水死追贈議政府左贊成

光陽縣東至慶尚道晉州界五十八里南至海岸六里西至順天府界十三里北至同府界八里距京都八百七十里

旱田

水田

建置沿革本百濟馬老縣新羅景德王時改晞陽為昇平郡領縣高麗初改名光陽仍併入昇平後復置光陽縣本朝因之 宣祖三十一年復省入順天府尋又析置掌面 官員縣監 訓導各一人

郡名馬老 晞陽

山川白鷄山在縣北二十里鎮山山頂有岩岩下有泉泉底白雲時出凡有禱輒應齋戒不謹則泉涸 甑山在縣東三十里 歌謠山在甑山南五里 業窟山白鷄山東支

海在縣南六里 鰭江自求禮縣南流至晋州花開縣西為龍王淵潮水至馬經縣東境又至縣東南五十九里為鰭津渡與晋州岳陽縣分界東南入海高麗時以此水為背流三大水之一

黑龍潭在縣東北四十里鰭江上潭周二百步其深不測有龍藏其中初潭在鰭江北岸晋州岳陽縣境天啓中龍徙居闕潭於此舊潭堙塞 南浦在縣南二里有魚梁 骨若浦在縣東二十七里骨若所 鰭居浦在縣東四十里 車衣浦在縣東四十六里車衣所 傑望浦在縣東五十九里 菩薩浦 穿浦俱在縣東五十九里 掘會島 田耕島 松島 外島以上島俱在縣南海中 居次島 吉道島 芙蓉島 牛島 阿只島 大安島 阿代島 望于里島 大所致島 小所致島以上島俱在縣東海中

土産銀 鐵産縣十里木谷 漆 楮 竹 竹箭産鰭居驛戒谷山等處 石蕈 香蕈 松蕈 蜂蜜 黄蠟 茶 柿 石榴 柚 薑 鬱金 茯苓 塩 銀口魚 烏賊魚 石首魚 秀魚 鱸魚 兵魚 眞魚 絡締 大鰕 紅蛤 鰒 藿 甘苔 海衣

城郭縣城石築周九百七十四尺有門城內有五井二池

學校鄉校在縣北五里

宮室客館 籌邊樓縣城南門樓也古稱望海樓○太宗十八年改今名 勸稼樓在縣南三里 運籌樓在客館東

烽燧件臺山烽燧在縣東十八里南應順天府進禮山西應同府城隍堂山

郵驛益申驛在縣東七里 鰭居驛在鰭居浦上 阿磨代院在縣東二十五里阿磨代部曲 鰭津院在縣東八里鰭津岸 地藏院在縣南三里

關梁鰭津渡在縣東南五十九里即鰭江津渡其東晋州岳陽縣界

祠廟社稷壇在縣西 文廟在鄉校 城隍祠在縣東 厲壇在縣北

寺刹玉龍寺在白鷄山唐咸通五年僧道詵改創有高麗崔惟清所撰道詵碑云師諱道詵俗姓金氏新羅靈岩人也其世係父祖史失之或云是大宗王之庶孽孫也母姜氏夢人遺明珠一顆使吞之遂有娠既乳有奇異凡兒年至十五頴悟夙成兼解技藝遂祝髮月遊山華嚴寺不閱歲文殊之妙智普賢之玄門皆契入無遺學徒咸以為神聰至文聖王八年年二十矣忽自念曰大丈夫當離法自靜安能兀兀守文字間耶于時惠徹大師傳密印於西堂智藏禪師開堂於桐裡山師乃摳衣禪門請為弟子凡所謂無說之說無法之法虛中受授廓爾超悟年二十三受具戒於穿道寺師既達了義遊無定所躡煙霞臨泉石尋幽逐勝未嘗息息或於雲峯山下穿洞安禪或於太伯岩前結茅坐夏道行所感神迹頗多曦陽縣白鷄山有古寺曰玉龍師遊歷至此愛其幽勝改葺堂宇洒然有終焉之志宴坐忘言三十五載獻康王敬其高德遣使奉迎留止禁中未幾不樂京輦懇請還歸本寺忽一日召弟子曰吾將行矣夫乘緣而來緣盡則去理之常也何足悲傷言訖而寂時大唐光化元年三月十日也享年七十二始師之未卜玉龍也南海邊遇異人聚沙為山川順逆之勢示之因忽不見師自是豁然益研陰陽五行之術嘗印在胷次爾後新羅政教浸衰有危亡之兆師知將有聖人受命者因往遊松岳郡時我世祖在郡方築居第師過其門曰此地當出王者但經

始者未諳耳適有青衣聞之入白世祖還出迎咨其謀改營之師因曰後二年必生貴子撰一卷書宗對之曰此書上未生君子然須年至壯而後授之耳是歲新羅獻康王文唐乾符二年也四年太祖果誕降于前第至仁宗以師有啓聖期定成命之功追封先覺國師○仁按高麗史金渭磾傳新羅末僧道詵入唐學一行地理之法而還作秘記以傳之則與惟清所記有異寺又有高麗金廷彥所撰僧理嚴碑 松川寺 雲巖寺 俱在白鶴山

古蹟 多沙川所 在縣東六十五里 鐵峴所 在縣東六十里

名宦 高麗 尹澤 忠定王初以羅州牧使貶為光陽監務嘗有詩云盡日郡齋無一事岸巾時復賞溪堂入為密直提學

人物 高麗 金黃元 少登第力學為古文稱海東第一清直不附勢與李軌同在翰林以文章著名時稱金李宣宗朝擢為右拾遺知制誥出守京山多惠政後歷國子祭酒翰林學士簽書樞密院事 金若溫 侍中良鑑之子力學登科累官參知政事仁宗立拜守司空上柱國恭儉廉靜衆嘗以富貴驕人時李資謙以國舅當國士之喜利者爭附之若溫與資謙內外兄弟而不相比人多其守正 李茂方 登第恭愍王時歷任內外皆有聲績為密直學士王以茂方清寒賜米五十石茂方以為大臣不可虛受辭焉尋拜政堂文學王每稱政堂國耳富家不畏權勢辛禑立以茂方為師恭愍所畜鳩在禁中禑常愛玩茂方書旅獒篇以進講禑命去之謚文簡 本朝 崔山斗 博學善屬文與海南尹衢柳成春稱湖南三傑○中宗朝登科選為弘文館修撰每受暇還鄉親族以軍士戍列鎮山斗必求酒有親詣所直鎮解俯伏酬酢不見鎮將而歸累遷議政府舍人己卯坐士禍謫同福居羅葍山下自號新齋

求禮縣 東至慶尚道晉州界二十里南至順天府界九里西至南原府界二十九里北至同府界九里距京都七百八十五里

旱田

水田

建置沿革 本百濟仇次禮縣新羅景德王時改求禮為谷城郡領縣高宗初省入南原府仁宗時復置求禮縣本朝因之燕山五年廢為揄谷部曲以縣民爽目仁等僞作讖言謀逆伏誅廢入南原府 中宗二年復置縣掌面八 官貟 縣監 訓導 各一人

郡名 仇次禮

山川 智異山 在縣東八里詳南原府 鎮鰲山 在縣南十五里山頂有一岩岩有空隙深不可測俗傳新羅僧道詵嘗住此山畫天下地理 鳳城山 在縣西一里 淳水 在縣西二十五里谷城縣界即南原府淳水下流至縣西南里會潺水為蟾江 潺水 在縣南十二里即順天府潺水下流自谷城縣流入與淳水合為蟾江 蟾江 在縣南十里淳水合潺水名蟾江自此東南流匯為九淵又過龍王淵入光陽縣界 龍王淵 在縣東三十里晉州花開縣界蟾江之水至此停匯為淵 金流洞 在智異山般若峯下洞壑深邃岩峦奇勝有瀑布懸流數十丈其上有金流洞菴極精灑 天壇石壁 在縣南十里蟾江上有石壁高數十丈枝展二里逶迤如屏江水流其下名曰九淵

土產 楮 梔子 石榴 柚 海松子 胡桃 五味子 茯苓 蜂蜜 黃蠟 石蕈 松蕈 香蕈 竹箭 銀口魚 白花蛇 羚羊角 石硫黃

城廓縣城石築周四千六百八十尺有門城內有井泉九
學校鄉校在縣西二里
宮室客館　鳳棲樓在客館東金綽記云蓋取邑有飛鳳之勢而名之
郵驛潺水驛在縣南九里潺水渡岸　潺水院亦在縣南九里
關梁石柱關又稱石柱鎮在縣東十五里南北皆大山中貫江流緣江有岸路幾數十里麗
季置鎮防倭今有石門基址　鴨綠渡在縣西二十九里谷城縣界即淳水津渡　潺水
渡在縣南九里即蟾江津渡其南順天府境以潺水來合故名
祠廟社稷壇在縣西　文廟在鄉校　城隍祠在縣北二里　厲壇在縣
北
寺刹華嚴寺俗稱黃芚寺在智異山麓僧烟不知何代人建此寺中有一殿四壁不以土
塗皆用青麗刻華嚴經於其上歲久麗壞刓沒不可讀有石像戴母而立俗云烟氣與其母化身之
地寺前有大溪東有日留峯西有月留峯　鷲谷寺在智異山有高麗學士王融所撰玄覺禪
師碑
古蹟揄谷部曲在縣西十五里
人物高麗孫順興成宗時遣使諸道訪孝子順孫時人不知喪祭求禮縣民孫順興孝
事其母及母死畫其像奉祀三日一詣墳祭之如生王聞其誠下教褒之授以官階
列女智異山女居智異山下史失其姓氏家貧盡婦道百濟王聞其美內之女誓死不從
桂樹縣民高震碩妻夫被罪遠竄道死桂樹行乞而食舅姑哀其窮欲嫁之自縊將絕舅姑驚
止之本朝○成宗朝事聞旌閭
興陽縣東至蛇渡鎮四十三里西至寶城郡界七十八里南至鉢浦四十里北至樂安

郡界八十二里距京都九百三十四里
旱田
水田
建置沿革本長興府高伊部曲高伊者方言猫也高麗忠烈
王時陞置高興縣邑人柳清臣以譯語通事于元有功陞為縣本朝
世宗時徙治荳原縣地併南陽改為興陽縣掌面
十二官員縣監　訓導各一人
郡名高興
形勝三面環海
山川所山在縣北三里鎮山　八巔山在縣東三十里俗稱人影山巔有八石峯列立
故名　天燈山在縣南二十里　帳機山在縣西三十里　馬北山在縣東三十里
揄朱山在縣南四十里　曹溪山在縣南五里　雲菴山在縣北十五里　地
理山一名支米山在縣北七十里泰江廢縣西北　尖山在縣北七十五里泰江廢縣北
其形尖秀故名　海在縣東十里西八里南五十四里　入浦在縣北六十里一名炭浦　礐
會浦在縣北十五里　長先浦在縣北八十里　狗浦在縣西三十里　古邑浦
在縣南十五里　乂浦在縣南十五里　吾乙島在縣南二十里潮退則連陸周十里　姑
島在縣西三十里　折介島在縣南三十里周百里有牧場　外羅老島周八十五
里　內羅老島周六十里　界介島周二十里○以上島俱在縣東海中　牛島
周四十五里　朴吉島周五十里　春子島以上島俱在縣北海中
土產鐵　自然銅　竹　竹箭　茶　柚　枳實

榧子　香蕈　松蕈　防風　麝香　塩　秀魚
兵魚　烏賊魚　絡締　海参　大鰕　石花
鰒　甘蛤　紅蛤　江瑤柱　藿　海衣　莓山
甘苔　黃角

城廓
縣城石築周一千五百二十尺有門四

公署
蛇渡僉節制使鎮在縣東四十三里鎮所管會寧浦馬島鹿島達梁呂島鉢浦突山浦○水軍僉節制使一人　鹿島萬戶鎮在縣西四十五里周三十里○水軍萬戶一人　呂島萬戶鎮在縣北五十九里○水軍萬戶一人　鉢浦萬戶在縣南四十里○水軍萬戶一人

學校
鄉校在縣西二里

宮室客館　鄉射堂

烽燧
八巔山烽燧東應順天府白也串南應馬北山　天燈山烽燧在應楡朱山東應馬北山西應帳機山　帳機山烽燧西應古城郡正興寺東應天燈山北應愁德山　愁德山烽燧在縣西五里南應帳機山東應天燈山西只報官門　馬北山烽燧東應八巔山南應楡朱山西應天燈山　楡朱山烽燧東應馬北山西應天燈山　新增沙火郎烽燧西應鹿島東應鉢浦　墨頭烽燧西應沙火郎東應加禾　多古頭烽燧西應墨頭東應加禾　加禾烽燧西應多古頭東應加乃浦　加乃浦烽燧西應加禾東應召浦　召浦烽燧西應加乃浦東應蛇渡北應呂島

郵驛
陽江驛在縣北五十里　卜梯院在縣北三十里　炭浦院在縣北六十里　今毛淵院在縣北十五里　松峴院在縣北五里　蓮坊院在縣北七里

關梁
栗峴堡在縣南十五里石城周五百三十尺節度使差權管戍之　豐安坪城在縣南二十二里石築長二千四百尺又縣南二十里白石浦有行城長一千六百尺二城俱○中宗朝巡察使高荊山以賊路要害築之　紅石橋在縣北三十里

祠廟
社稷壇在縣西　文廟在鄉校　城隍祠在縣西二里　厲壇在縣北

陵墓
柳濯祖先墓在縣北四十里海滋其地因名侍中島

寺刹
佛臺寺在曹溪山○有高麗李益培所撰釋圓悟碑　普賢寺　楞伽寺俱在八巔山普賢寺西又有不思議菴最稱絕境　金塔寺在天燈山　文殊菴在馬北山

古蹟
南陽廢縣在縣北五十里本百濟助助禮縣新羅改忠烈為分嶺郡領縣高麗改南陽併入寶城郡本朝○世宗時移入于縣有古山城周一千一百尺　泰江廢縣在縣北七十里本百濟比史縣新羅改柏舟為分嶺郡領縣高麗改泰江併入寶城郡本朝○世祖時移入于縣　豐安廢縣在縣南二十五里本寶城郡食村部曲忠宣王二年以入朝宦者李大順之請陞為豐安縣本朝○世宗時省入　道化廢縣在縣東三十里本寶城郡他州部曲高麗宣宗時陞為道化縣本朝○世宗時省入　荳原廢縣在縣西十五里本百濟豆肹縣新羅改荳原為分嶺郡領縣高麗改荳原入寶城郡仁宗時復置荳原縣後省入長興府本朝○莊憲王時移入　道陽廢縣在縣西三十里本長興府道良部曲後改道陽本朝○世宗時廢為牧場　古高興縣即猫部曲在縣東十五里高麗時有猫部曲人仕朝則國亡之識及柳清臣以部曲吏顯從忠肅王如元見瀋王暠窺覦王室遂與曹頔背王附暠謀萬端又與

吴潜上書都省請立省本國比内地

人物 高𦽏 柳濯 祖清臣以部曲吏起為高興府院君濯有膽略恭愍王初為全羅道萬户持軍嚴肅與士卒同甘苦後領兵赴元從太師脱脱征張士誠有功紅巾之亂從恭愍南行及復京城功為第一官至門下侍中封高興府院君王構魯國公主影殿大興工役數年未訖濯極言直諫王怒後因事殺之謚忠靖 本朝 李舒原 官至門下贊成事 李垠 舒原子麗末登甲科第一累官至大司憲 李堰 垠子舉遺逸累遷南原府使為政清慎○世祖賜書褒奨陞秩為全州府尹州人感其德政立生祠以祭之又見善山府寓居

同福縣 東至順天府界十六里西至昌平縣界二十一里南至和順縣界二十四里北至玉果縣界二十八里距京都七百七十五里

旱田

水田

建置沿革 本百濟豆夫只縣新羅景德王時改同福為谷城郡領縣高麗初省入寶城郡後復置同福縣以僧祖琰之鄉陞本朝 恭定王五年省縣併于和順十六年各復為縣 孝宗時又以邑入有毁碑者革入同福尋復舊掌面七官員縣監 訓導各一人

郡名 豆夫 别號篚城

形勝 東倚母岳西望瑞石 諸山擁阻邑居掌平

風俗 民風朴略 士無文獻

山川 母后山 在縣東十里鎮山 白也山 在縣東北二十里山多岩石望之色白故名 瑞石山 在縣西二十五里詳光州 景山 在縣西十五里即瑞石山東支俗稱别山又見和順縣 篚城山 在縣北十五里山東北隅有三岩嵒峯聳峙形如篚山上有古城故名 雲遏嶺 在縣東二十里順天富有縣界一名兮刺嶺即母后山連脊處路高險 松峴 在縣北三十里 猪岾 在縣南三十五里綾城縣界 伊難嶺 在縣南三十里宝城郡界 刀磨峴 在縣南二十五里 九峯山 在縣南十八里山有九腦故名 赤壁 在縣北十二里篚城山西麓手絶壁立千尺石面蒼赤滄浪川經其下名曰赤壁沿溪以上十餘里間兩岸山麓臨水成壁者非一 滄浪川 一名滄浪水源出瑞石白鵝峴水合為滄浪川俗號尾音川其上曰勿染淵南流經赤壁下至縣西南九里名達川又南流為龍眼淵至寶城郡界入濎水 龍眼淵 在縣南二十里滄浪川下流渟滀為淵深不可測俗傳有龍藏其中天旱禱雨

土産 鐵 出瑞石山下 石灰 出水村 竹 楮 柿 茶 薑 松蕈 蜂蜜 黄蠟 漆 鬱金 銀口魚 錦鱗魚

學校 鄉校 在縣西四里

宮室 客館 鄉射堂 在客館北名曰風憲堂 凝翠樓 在客館南成化甲午縣監柳誼建令重修 滄浪亭 在縣北二十里邑人羅氏别墅亭臨斷岸滄浪川回抱三面渟畜其下為勿染淵蒲水層壁遠迤如屏下流三里有亭亦名滄浪俱幽奇蕭洒○本朝高敬命詩 不堪幽興散吟節處處芳洲緑映紅路入洞天明日月臺臨勝地傍瀛蓬朱欄出没烟霞裡丹壑依微錦綉中吹盡玉笙樓鶴起凌虛直欲駕長風○本朝權韠詩 方丈三韓外滄浪十里餘硯清無夢寐

和順縣 東至同福縣界二十八里西至南平縣界二十一里南至綾城縣界十二里北至光州界九里距京都八百二十八里

旱田

水田

建置沿革 本百濟仍利阿縣新羅景德王時改名汝湄（一云汝濆）爲綾城郡領縣高麗改和順仍入羅州後還入綾城恭愍王時復置和順縣本朝太宗時又省入綾城尋復析置（恭讓王時置縣監務兼任南平本朝○太祖三年析爲二縣置同福監務来兼○太宗五年以同福合于本縣稱和順監務七年改稱福順監務十六年復析同福省本縣入于綾城縣尋復析置）

掌面三官貢縣監 訓導各一

人

郡名 汝湄

山川 瑞石山（在縣北十里詳見光州其南麓曰羅漢山爲縣鎮山） 天雲山（在縣東二十五里） 大巖山（在縣東十五里山有大岩壁立故名） 吳城山（在縣東八里有古城三面皆石壁山東有池號玉洞） 景山（在縣東二十里同福縣界） 黑土岾（在縣東二十五里其地產黑土故名） 角巖山（在縣西十五里） 西巖（在縣東十五里冷川經其下） 冷川（在縣南五里源出瑞石天雲兩山南流入綾城縣綾川）

土產 鐵（出冷川） 石灰（出天雲山下） 石榴 柿 竹 茶 松 蕈 蜂蜜 黃蠟

學校 鄉校（在縣北二里）

松月夜窓虛

郵驛 黔富驛（在縣東五里） 方席院（在縣西二十里） 南德院（在縣東五里） 沙坪院（在縣南二十五里） 餘岾院（在縣北四十八里）

關梁

祠廟 社稷壇（在縣西） 文廟（在鄉校） 城隍祠（在縣北十五里） 厲壇（在縣北）

寺刹 維摩寺（在母后山） 靈鳳寺（在九峯山） 安心寺（在瑞石山） 穴菴（在甕城山內石崖如戶菴在其間故名崖上石臺百餘尺攀崖緣棧周遶而上又有石柱石柱石闕人言羅漢殿遺址）

古蹟 水村廢縣（在縣北二十里） 鴨谷廢縣（在縣北十五里） 甕城山城（石築長三千八百七十尺相傳三國時古城山勢絕險處不築其崖壁斷處間間築城所築約三之一今皆頹圮○按此城四面奇峻自西至北自北迤東皆全石爲壁削立千仞南北有二門僅通人迹而石逕縈廻逕出崖下城臨崖上俯瞰往來一人夫轉石萬人莫過真天險也但地勢狹長東西可六里而南北之廣只一岡脊西頭昂高東成兩股形如砧碓兩股之間爲絕壑城緣兩股殺入至腰故量其周參差幾二十里而城內宲無藏蓄平行處中有小井大遇旱則渴又無可等堤儲水處此爲大欠） 石燈（在縣內本朝金尚保記昔縣吏吳大陸於官道之南雕作石燈四十八每夜點燈拜天其內外子孫蟬聯相繼登相府余聞其言遂觀之其石燈尚存然歲久埋沒於草萊即令人平治而等臺表吳氏先世之迹云）

名宦 本朝 鄭述（○形敬王朝爲同福縣監廉正自律其政均賦愛民教士興學爲務城隍厲壇皆親莅其祀）

宮室客館 鄉射堂（在客館南） 滌暑樓（在客館北）
郵驛加林驛（在縣南十二里） 新院（在縣東十三里） 乃火院（在縣西二十一里）
古者院（在縣北五里）
祠廟社稷壇（在縣西） 文廟（在鄉校） 城隍祠（在吳城山） 厲壇（在縣北）
陵墓
寺刹青空寺 萬淵寺 燕穴庵（俱在瑞石山） 雲溪寺（在天雲山） 大興寺（在縣西二十五里雲洞）
人物本朝崔善復（莊憲王朝登科官至慶州府尹詳慶尚道金山郡）

東國輿地志卷之六

黃海道

古朝鮮之地天文尾箕分野漢時為樂浪郡地京畿右道漢江北亦皆樂浪郡地後為高句麗所有唐高宗滅高句麗以其地屬安東都護府未幾新羅併之景德王時隷于漢州羅季為弓裔所據高麗太祖曰有其地成宗時隷于關內道其後置西海道以領黃州海州所管郡縣後遂安谷州殷栗芽縣沒于元至忠烈王時元歸之（後又以黃州牧安岳郡鐵和縣長命鎮移隷西北面辛禑時還隷本道）本朝太祖初改為豐海道太宗朝又改為黃海道領牧二都護府四郡七縣十一官員觀察使一人兵馬節度使（一人觀察使兼舊只置節度使一人觀察兼宣祖朝別置節度使一人）水軍節度使（一人觀察使兼）都事 審藥 檢律（各一人）

黃州牧 東至瑞興府界五十一里南至鳳山郡界二十三里西至海岸五十里北至平安道中和郡界三十九里至同道祥原郡界三十九里距京都四百八十八里

旱田

水田

建置沿革 本高句麗冬忽 一云于冬於忽 新羅憲德王時改為取城郡 高麗初改黃州 成宗二年置牧 尋於州置天德軍 顯宗時罷軍 復置黃州牧 高宗時降為固寧郡 以州人不能禦丹兵降 尋復為黃州牧 後移隷西北面 未幾還隷西海道 本朝因之 世祖時置鎮 掌面十七 道內州縣各面皆稱坊 平安道同 鎮管都護府二 瑞興 平山 郡六 鳳山 安岳 載寧 遂安 谷山 信川 縣五 新溪 兔山 牛峯 文化 長連

官員 牧使 判

官 教授 譯學 訓導 各一人

郡名 取城 固寧 別號齊安

形勝 洞水界其西北 巴山嶺屔其東南 地志 外控關塞 本朝李珥上疏 外控關塞 內接畿甸 實是扼要之地 內接畿甸 國之襟喉 本朝徐居正客館記 州之西北有大同江 東南有岊嶺 棘城 皆國之襟喉 赤墳平衍 大明高閏 廣遠樓記

風俗 務農桑 俗好淫祀 尚武勇 並地志 人多疾病 水土不美 地往有凹穴 人多疾病盲目者 亦衆 平山 鳳山 載寧等邑大率如此

山川 碧花山 在州東四里 鎮山 天柱山 在州東十五里 七峯山 在州北四十里 餘界山 在州東五十里 鉢山 在州南三十里 月羅山 在州南四十里山上有古城 周六百五十尺 政方山 在州南二十里 又見鳳山郡 三方山 在州南四十里 菻山 在其山不甚高嶮 在廣野大路傍形勢聳起如菻故名 本朝宣祖時倭寇衝斥國中士人李思林率其里八民登此設寨保守 天真山 在州南十五里 鳳鳴山 龍伏山 乾之山 俱在州西三十里 又見鳳山郡 獨山 在州西三十里 金鳳山 在州東二十五里 駒峴 在州北三十里 上山岾 在州南四十里 海 在州西 鐥島 在州西南十五里月唐江中 有魚梁 鐵島 在州西二十五里月唐江中 古有牧場 成宗十五年以無水草移放于安岳猪島 豐川椒島耳 琵琶串 在州西二十里 月唐江 鳳山載寧信川之水合為此江 經州西南里與安岳郡分境 其水連海甚廣 在鐵和廢縣界者稱鐵和江 高麗恭愍王時江浙平章火尼赤漂風來泊鐵和縣獻水精鉞 即此江 蹟曰月唐江 於草川 在州南二里又名南川 源出遂安郡大峴 西流入月唐江 急水門 在州西三十里月唐江與平壤大同江會流入海 慶海口稍狹而水勢甚急故名 又見安岳郡及平安道 龍岡縣 朴排浦 在州西南十五里 即月唐江曲浦

土產 絲 紫草 地黃 知母 黃芩 礪石 出天真山 赤土 出州南二里 其品最佳 鐵 出鐵和廢縣 蜂蜜 黃蠟 錦鱗魚 訥魚 秀魚 鯽魚 葦魚 鯿

城郭 州城 石築

政方山城 仁祖時都元帥金自點築石城 周

公署 節度使營

學校 鄉校 在州東五里 譯學堂 在州南二里

宮室客館成宗十一年牧使金伯謙重修有徐居正記　廣遠樓在客館東大明張寧詩層樓高出翠微間景物迢遙慰客顏芳草夕陽天外路亂峯殘雪海中山煙凝野色郡居小風送邊聲獵騎還却憶帝鄉春似海蓬萊宮闕五雲閑　寬心亭在州南一里松嶺之下東臨於草川

烽燧天柱山烽燧南應鳳山郡乾之山北應平安道中和郡雲峯山　琵琶串烽燧西應安岳郡月乎山

郵驛敬天驛在州南六里舊在州北三十里岊嶺路廢移于此　高石院在州東二十五里　仁濟院在州東五十里　濟衆院在棘城北二里　普濟院在州東六十里　盱卜只院在州北二十里　大濟院在州北三十里

關梁棘城關在州南二十五里北枕山南枕海有行城址自政方山頂至朴排浦長四萬三千六百餘尺高麗防戍本朝　文宗時增築大明董越朝鮮云云　於草川橋春夏雨水則用舟楫　黑橋在州北二十五里　盱卜只橋在盱卜只院傍　青龍渡在州西里月唐江津渡處古稱阿斯津水濶三十里其南乃安岳郡地安岳人恒稱沙斤渡

祠廟社稷壇在州西　文廟在鄉校　城隍祠在州東二里　厲壇舊在州北今移合棘城壇　棘城壇棘城之地高麗防紅巾於此兵敗白骨暴野每天陰雨濕鬼物煩冤薰為厲氣轉相侵染黃海一道民多夭札故國家每春秋降香祝致祭本朝　文宗時浸淫及京畿上憂之親製文遣官以祭其文曰理不純陽而有陰物不長生而有死有來必有往有神必有鬼固體物而不遺豈厲氣之無主無情之謂陰陽有情之謂鬼神無情則不可與言有情則可以理曉予惟水火養人而或有時殺人鬼神生人而或有時害人然殺人者非水火也人也害人者非鬼神也人也故寒暑雨暘五味之食天地養人之能事而人自失其調和則病源作焉故知鬼神德之盛理一天地今之厲氣實非鬼神之作慝抑亦人自作孽耳然適曰一人之作孽傳染侵廣積年不止無辜橫罹殞殁性命不知其幾豈非天吏逸德玉石俱焚乎予以涼德為一國神人之主常懼有一物之不獲其所者況忍視吾民之橫罹夭札乎茲命有司令於所在擇淨為壇分遣朝臣祭以牲醴飯羹申之以丁寧之諭使爾開悟惟爾鬼神思以善繼善收靈乖憤之氣以布生生之德

寺刹深源寺在餘界山　觀音寺在州西平地　松林寺　松房寺俱在乾之山　大興寺在政方山　望日寺　觀井寺俱在天柱山　高井寺在七峯山

古蹟鐵和廢縣高麗時鐵島人出陸僑居州西三十里忠肅王曰為鐵和縣其後省之本朝太祖時復置縣恭定王八年復省入　鉢山行城石築周七百尺　深源山南岾行城石築周二千五百尺　餘界山城周三百五步內有井泉五　舍人巖　東城在州東二十五里石築周六百七十尺　西城在州南二十五里石築周三百三十尺　德月山城在州東二里土築周五千三百尺　丹林驛在州南十里　新蘆驛在州內　古洞仙驛舊址在州里本朝世祖時廢岊嶺路移驛于鳳山郡高麗毅王二十二年駐蹕黃州洞仙驛安碧波亭又泛舟南溪宴樂至夜又高宗十八年蒙古元帥撤禮塔舉兵來侵三軍禦之屯洞仙驛軍皆解鞍休息蒙兵夜突至將軍李子晟等殊死拒戰僅免者皆此

名宦高麗李瑋宣宗時為黃州副使以清勤撫字聞　文克謙毅宗時為正言以直諫貶為黃州判官吏民愛慕政聲藹然　李知命為州掌書記居官廉直民飢盡心賑恤流氓襁負而至　崔南淳為掌書記政尚清白　咸有一明宗時以監察御史出為黃州判官剛直不撓有政績諸滛祠在部內者盡毀撤之　安景恭恭愍王時為黃州牧使撫循子

惠有遺愛本朝金吉通 姜老倶為牧使

人物高麗皇甫恂恭太祖神靜王后之父爵至太尉三重之位金正純天資勇悍善射御睿宗朝從尹瓘征女真仁宗朝從金富軾討西京叛賊俱有功官至守太尉門下侍郎同中書門下平章事上柱國謚忠襄本朝李思林林里人壬辰萬曆倭寇之難上西狩諸路皆為賊屯思林獨率其里老弱男婦四百餘人登蒜山設寨保守無弓矢器械但聚大石以待之賊壘在近火光相照而思林不為動賊至攻山上人撥車賊輒摧敗而去久之倭將平行長以萬兵來圍山下見其死守不攻而退自是思林之軍慣賊膽堅令數人候望而餘皆下山不廢耕獲時遊勇敢者要奪賊掠至明年賊退然後始下山時避亂之民多不全唯思林寨內人無一死者

平山都護府東至牛峯縣界十五里南至海岸一百二十里西至海州界一百三里至鳳山郡界一百里至江陰縣界二十二里北至新溪縣界六十四里至瑞興府界六十二里距京都二百七十二里

建置沿革本高句麗大谷郡一云多知忽○勝覽曰漢昭帝始元五年置二外府以朝鮮舊地平那及玄菟郡為平州都督府今府東牛峯縣聖居山即古之平那山平州府即漢時都督府○今按勝覽之說未免牽合後漢書曰昭帝始元五年罷臨屯真番以并樂浪玄菟一統志亦曰漢武帝定朝鮮為真番臨屯樂浪玄菟四郡昭帝并為樂浪玄菟二郡然則所謂平那即真番而平州都督府即玄菟郡也且以地形論之昭帝置二府時既以樂浪臨屯并為東府都督府則今之平壤以東江陵以西之地固已相接矣本府介居其間而審適平壤又安得為漢時平州都督府乎

新羅景德王時改為永豐郡高麗初改平州元宗時併于復興郡忠烈王時復置平州本朝太宗十三年改為平山都護府掌面十六官員府使教授各一人

郡名大谷 永豐 平州別號東陽

形勝

風俗尚武勇

山川滅惡山在府西六十里鎮山 省惡山在府北四十里 月峯山在府南七十五里 烟峯山在府南七十里 雲峯山在府南六十里 紺岳山在府北十三里 鐵峯山在府南三十里山上有古城周二百餘尺 滿松山在府西二十里 西峯山在府北二十里 成佛山在府西九十里 牡丹山在府西六十九里山形高秀高麗李穡詩山色蒼然立已奇山中精舍稱高甲即此 葱秀山在府北三十里舊名聰秀大明董越奉使過此改今名○董越記自寶山館西行可十里有山焉峭壁懸崖下瞰流水蟠松石層見疊出乎谽谺空洞間石齒ゝ如齦齶點以雨苔蘚以蔦蘿危而欲墮者幾半斜ゝ其中若分賓主焉流水自北來汩ゝ出石罅激射滅沫如跳珠振鷺盤折而東不知其所止○大明朱之蕃名其泉曰玉溜泉題三大字刻在蒼壁 雲達山在府南一百三里 東賚山在府南一百二十里 海在府南一百五十里 南川在寶山驛南距府十九里 賜每川在府南二十里 三灘川在府南一百十里源出成佛山南流入海ゝ州界 猪灘水在府東二十五里源出遂安郡彥真山過新溪縣至府北四十五里為岐灘府東十五里為箭灘至此其流始大下流至江陰縣為助邑浦至開城為禮成江高麗史云猪淺一云浿江又見牛峯縣按百濟始祖十三年自慰禮城移郡漢山定疆域北至浿河南限熊川所謂浿河即此水 溫泉在府南五

十五里浴之已疾有石欄浴室

土產　縣　藍石　青礪石出寶山驛南　赤土出省惡南　鐵　綠礬出蔥秀山南　紫草　五味子　石蕈　黃芩　知母　升麻　遠志　秀魚　訥魚　鯽魚　鮯　鮮

公署　麒麟道察訪司在府西六十里領麒麟茶滿元山延陽真木朴山文羅安山位羅所串所坪新興十二驛○察訪一人舊為丞今置於下察訪

學校　鄉校舊在府南三十步今移在府東十里

宮室　客館

烽燧　禿鉢山烽燧在府北三十九里南應奉子山北應瑞興府田山　奉子山烽燧在府北二十一里北應禿鉢山南應南山　南山烽燧在府南三里北應奉子山南應江陰縣山城　聲串烽燧在府南一百三十里西應海州皮串東應延安走之串

郵驛　寶山驛在府北二十里○金克己詩帶地千盤建千萬疊山柳橋棲水底松磴繞雲間古堞寒鴉集前林倦鳥還使軺猶惜日乘暝去關〻　麒麟驛在府西六十里察訪司本驛　金巖驛在府南七里○大明王敞詩龜甲懸空列錦屏好山不盡眼中青江分赤壁天垂險鼇戴方壺地効靈金谷紫縲閑步障商巖烏篆見盤銘憑誰移入東都去更與中郎寫石經　安城驛在府北五十里　猪灘院在府東二十五里猪灘岸　龜寧院在府南十一里　茶井院在府北二十一里　崇水院在蔥秀山東有三泉出山之巖穴流懸三條至冬凍為氷柱或長或短老農以占來歲豐歉一主山郡一主畿甸一主下三道長則豐短則歉顯有驗以此俗亦謂之神水院　彌勒院在府南二十五里　長淵院在府西九十里　冷井院在府西六十五里　芊芳院在府北六十五里　山首院在府西百十里

祠廟　社稷壇在府西　文廟在鄉校　城隍祠在府東五里　厲壇在府北　壯節祠在府西五十里雲峯里祀高麗功臣申崇謙壯節崇謙謚

陵墓　閔祥正墓在府里斗城里　安克仁墓在猪灘里

寺刹　炯峯寺　成佛寺　山菴寺　黑房寺俱在成佛山　龍井寺　海雲寺　望月寺　雙菴寺俱在壯母山　小成佛寺在滿松山　西林寺在東贇山　乾洞寺在省惡山　南方寺　觀南寺　陰乙寺俱在滅惡山　隱寂寺在紺岳山

古蹟　城隍山城在府東五里石築周七千五百二十五尺內一井今廢　慈母山城在府南七十里石築周二千四百八十尺內有一井今廢　清心樓在客館東今廢

名宦　高麗　李之氏忤李資謙貶為平州使資謙敗召還　崔弘嗣肅宗時知平州事有惠政

流寓　申崇謙本光海州人高麗太祖時賜姓于此俗傳崇謙從高麗太祖獵至三灘蓋膳適有三鴈始迴太祖曰誰射之崇謙曰臣試射之太祖賜弓矢鞍馬崇謙曰射第幾鴈太祖笑曰射第三鴈左翼崇謙應命而射果中如命太祖嘉歎仍命賜平州為鄉並賜射鴈傍近田三百結世食其租曰名其地為弓位餘詳春川府

人物　高麗　庾黔弼太祖開國功臣前後征伐皆有功從滅百濟累轉為大匡都統大將軍每出征受命即行不宿於家及凱還太祖必迎勞終始寵遇諸將莫及謚忠節配享太祖廟庭　朴守卿大匡尉遲徹子事太祖為元尹時甄萱數侵新羅太祖命守卿往鎮之值萱兵至守卿以奇計敗之曹物郡及勃城之役皆力戰有功後定役分田視人性行善惡功勞大小給之有差

特賜守御田二百結光宗時累贈三重大匡今俊世傳昔有平州僧今俊遁入女眞居阿之古村是為金之先或曰平州僧金幸之子克守初入女眞娶女眞女生子曰古乙金祖阿骨打乃其後也○按金史金之始祖諱函普初從高麗來年已六十餘兄阿古迺好佛留高麗不肯從與弟保活里俱函普居完顏部僕幹水之涯娶年六十未嫁之女生二男長曰烏魯次曰斡魯遂為完顏部人則金之先乃高麗人無疑但今俊克守未知孰為函普無所考韓哲冲登科官至禮議判書本朝申槩崇謙裔孫登科世宗朝累官至議政府左議政與黃喜同心輔政謚文僖配享世宗廟庭子自繩官至大司成

瑞興都護府東至新溪縣界二十九里西至鳳山郡界四十四里至黃州界七十八里南至平山府界十七里北至遂安郡界四十三里距京都三百九十五里

旱田

水田

建置沿革本高句麗五谷郡一云于次呑忽新羅景德王時改為五關郡高麗初改洞州顯宗時省入平州元宗時改置瑞興縣安御胎各陞置改本朝十五年陞為郡世宗六年又陞為都護府以入朝官者尹鳳之鄉陞掌面

官員府使教授各一人

郡名五谷五關洞州

山川大峴山在府北七里鎮山羅帳山在府西三十一里白鼠山又稱白鼠島在府西二十里天旱禱雨於此金岾在府南三十五里慈悲嶺在府西六十里一名岊嶺高麗時西道大路由此本朝世祖時以多虎患廢其路由棘城路元時嘗置東寧府於平壤此嶺為界畫高德山在府西三十里熊坡山在府北雲磨山在府西五十里五峯在府東三十里曷足山在府南四十六里五德山在府北七里食岾在府南六十里釜淵川在府東三十里源出府北熊坡山與龍泉合流過鳳山郡入于海龍泉在府南二十二里山麓有水湧出成川名龍泉竹田在府東二十里或稱竹箭藪刀衣坪在府北六十里高麗元宗時安胎之地

土產爐甘石鉛鐵磁器絲麻弓幹木俱出井里漆蜂蜜黃蠟海松子五味子紫草人參茯苓黃芩知母石蕈訥魚錦鱗魚鐵俱出食岾

城郭大峴山城石築周二萬二百三十八尺內有二泉一池有本府及遂安谷山新溪牛峯兔山黃州鳳山等官軍倉

學校鄉校在府北二里書院祀金宏弼

宮室客館觀德樓在客館東月迎臺在府北七里

烽燧所乙麼山烽燧在府西二十里北應鳳山郡乾之山南應回山回山烽燧在府南三十里南應平山禿鉢山北應所乙麼山

郵驛龍泉驛在龍泉西十里高麗金克己詩鑿山誰闢路奇險等峭函萬轉虯盤蟠千堆虎踞巖溪蘋魚共嘯徑草馬爭御去去幽閑境仙遊迥隔凡新興驛在府南釜淵院在府東三里釜淵傍龍泉院在龍泉驛傍興水院在府西六十里禿館院在府南二十里板積院在府北七十五里牧甘院在府西三十五里慈悲嶺院在慈悲嶺下

關梁 巴嶺柵 即慈悲嶺柵高麗恭愍王遣李餘慶鄭思道等設柵防紅巾處乃自平壤道京都舊路也世祖時以多虎患且中朝使臣皆由棘城路而行其路遂廢高麗李藏用詩慈悲嶺路十八折一劒橫當萬戈絕如今四海自昇平空有杜鵑啼落月 鶴橋 在府南四里

祠廟 社稷壇 在府西 文廟 在鄉校 城隍祠 在府北五里 厲壇 在府北 釜淵龍祠 春秋本邑致祭

寺刹 星宿寺 在高德山 石門寺 在雲磨山 高井寺 在五峯山 石蓮寺 在昺足山 安國寺 在慈悲嶺 月凉寺 在昺足山 慈悲寺 在慈悲嶺又名羅漢堂 續命寺 在五德山

古蹟 岊嶺驛 舊址在府西四十里嶺路廢移于鳳山郡釼水

人物 高麗 金行波 事太祖官至大匡初行波善射御太祖賜姓金太祖幸西京行波率獵從道謁請至其家信宿以二女侍寢後不復幸二女皆為尼太祖封為大少西院夫人 金天祿 以武器顯屢從金方慶征討有功官至都僉議侍郎贊成事瑞興君元世祖以嘗從征日本功宣授管軍摠把 本朝 閔瑗 初為本府吏力學登科官至全州府尹

鳳山郡 東至平山府界七十五里至瑞興府界三十四里南至載寧郡界三十里西至海州界三十四里北至黃州界三十七里距京都四百二十二里新增東至平山府界七十里至瑞興府界四十里南至載寧郡界五十里西至海州界四十五里北至黃州界棘城三十里距京都四百二十里

建置沿革 本高句麗鵂巖郡 一云鵂鶹城一云租坡衣 新羅景德王時改栖巖郡高麗初改為鳳州顯宗時省入黃州忠烈王時復置鳳陽郡尋又改鳳州本朝 恭定王十三年改為鳳山郡 中宗十八年徙今治 以舊邑多厲疫移南距舊郡十四里 掌面十四

官員 郡守 訓導 各一人

郡名 鵂巖 栖巖 鳳州 鳳陽

形勝

風俗

山川 禄科山 在郡西五里鎮山 慈悲嶺 在郡東六十里瑞興府界高麗李藏用詩慈悲嶺路十八折一劒橫當萬戈絕即此又見瑞興府 政方山 在郡北四十里又見黃州 乾之山 在郡東六十里 鷄遊山 在郡東十里山有兩翼峯高麗李穡有詩云雙峯如將騫兩翼欲起忽天公恐飛去乃以石作骨 舘山 在郡東九里 所伊山 在郡東十五里 如鷄山 在郡東北五十二里 鉢里山 在今治北七里鎮山 水洞 在郡東三十里洞中巖澗之水緣石懸流淙琤有聲若珮玉編磬然故名水洞李穡詩忽驚洞中水鏗鏘中律呂 羅漢洞 在郡南二十里 赤巖 在郡東五十里 鳳凰巖 一云鳳凰臺在郡西二十里李穡詩高臺俯林壑衆山如几遂又如白馬集孤鳳來翩翩彩羽曳難見佳名千載傳 白鶴巖 在郡西十五里李穡詩翠巖峭千仞隱隱含烟霏長風欻然起白鶴乘之飛回翔得其所終歲莫我違夜月夢青田秋霜飄素衣限無千載入飄然與同歸 卧火串 在郡西十五里 大川 在郡南五里 舘灘川 在郡西十九里 神龍潭 一云鵂鶹巖淵在郡北五里泉自巖縫成瀑而下渟滀為潭其深無底下流溉田甚廣高麗明宗時咸有一為黃州判官行屬郡至鳳州聞邑人以淵中有龍皆敬畏乃集邑人以檝物填淵雷雨暴作入皆驚仆俄開霽忽出檝物置遠岸王聞之遣使致祭自此載祀典春秋降香行祭遇旱禱雨本朝令其官致祭高麗李齊賢

詩山前翠石雙扉啓石底澄潭萬丈深明浸日光紛閃々冷涵林影靜沉々斯民政要滋湯旱彼相誰堪作說霖出沒魚兒休察見龍應先遣試人心

靈泉在郡西二十五里李穡詩鶴啄清泉出冷然照肺腑飲之骨欲仙令人想玄圃平生愛清淨有意續茶譜當携石鼎去松梢看飛雨

土產　絲　麻　爐甘石　黃玉出逸興倉　烏石出墨川　磁器　鐵出白邊　知母　黃芩　白魚　秀魚　鯽魚　訥魚　錦鱗魚　鯿

學校　鄉校在郡北一里新增在郡東二里

宮室　客館　環翠樓在客館東○大明端木智建文四年奉使來登愛其四山拱翠命名賦詩曰．海嶠惬所寓千仞凉我睥寥闊帙浮雲灣環敵長洲田疇金鳳烏對嶼蓮花嶒空青結帳幄霞光映丹丘擺落燕雀志慕茲鴻鵠遊簪裾宣云綮浩歌雅百憂○大明陳嘉猷詩鳳山環繞護飛甍獨步雲梯等幾層日上滄溟明脾睨風來碧樹動舳艫披撲簪嵐翠起飄雨滿地梨花訝剪冰借問天東佳勝處不知我輩幾人登　滁暑樓在客館東

烽燧　乾之山烽燧南應瑞興府所乙麼山北應黃州天柱山

郵驛　釰水驛在郡東四十里岊嶺驛廢移置于此○大明金湜詩此地重經雨後過其如風物奈人何水忌舊澗橋梁少路沿深山草樹多車蓋有客難矯俗土音無字苦傳訛新來實釰千金直且向巖泉試一磨　洞仙驛在郡北十五里舊在黃州岊嶺路廢移置于此　所串驛

館山院在郡東五里　沙里院在郡北一十里　栗串院在郡西四十里　觀音院在郡西五里

關梁　樓橋在郡東三里　栗串渡在郡西二十五里即津渡

祠廟　社稷壇在郡西新增在郡南十三里　文廟在鄉校　城隍祠在郡北一里新增在郡南十四里　厲壇在郡北新增在郡南十三里　神龍潭祠在郡北五里一名鵂鶹岩淵新增在郡西南十四里

寺刹　中興寺　德仉寺　菩提菴　深積菴　佛智寺俱在慈悲嶺　淨林寺　淨水寺　望日菴　檜山寺俱在鵝遊山　成佛寺　觀佛寺　道證菴　上院寺　日出寺　高山寺俱在政方山　寬性菴　見性菴　萬只寺俱在鵝遊山

古蹟　鵂鶹城在郡北二里石築周八千六百五十六尺內有一井又有軍倉新羅景德王二十一年築今半頹圮　古唐城在郡西十二里土築周二里

名宦　張晚宣祖時由持平出為鳳山郡守時新經兵燹公私赤立中朝征倭將吏往來旁午往々縛辱守宰晚至方便應接沛然有裕至者咸悅四境得晏然治為一道最褒陞通政入拜承旨

人物　高麗　智蔡文顯宗元年補中郎將時丹兵大至蔡文援西京誅謀迎降者累戰卻之及王避兵南行蔡文從行捍衛艱難忠勤最著王賜田三十結拜上將軍右僕射　本朝　李隨博識善屬文以科第進莊憲王在潛邸嘗受學及即位擢置樞顯官至吏曹判書諡文靖配享莊憲王廟庭時

安岳郡東至月唐江四十里南至信川郡界十五里西至文化縣界十八里北至長連縣界四十六里距京都四百八十六里

建置沿革　本高句麗楊岳郡高麗初改安岳郡顯宗時省入豐州睿宗初復析置安岳縣忠穆王時陞

為郡本朝因之　宣祖時降為縣尋復為郡掌面

官員　郡守　訓導各一人

郡名楊岳別號揚山

形勝

風俗

山川楊山在郡北五里鎮山○本朝李尚毅詩愛爾楊山秀更無山與儔来從天北極坐壓海西頭暝色開新畫清陰落遠洲欲看真面目秋雨暮烟收　九月山在郡西三十里磅礴巍峩雄鎮一方有石峯聳拔天表詳文化縣○本朝金孝元詩廣石始理嶺行盡九月山〻中多勝景別區非人間石壓坤軸弱徑磨天樞蟠崖斷水聲喧霜寒楓葉殷噴玉峽口欲亭谷寺中宿歸来馬澗上烱離日西夕　所山在郡南五里　月乎山在郡北三十里　甘積山在郡北四十五里　海在郡西十里東連急水門　猪島在郡北海中舊有牧場今廢　省草串在郡東六十里　桃串在郡東二十九里　月唐江自載寧郡界流入至郡東四十里合迎津浦其水益大西通海口實小海士人稱元唐浦乃月唐之博也大明一統志以為月唐江　急水門在郡西北　里月唐江與平壤大同江會流入海處與平安道龍岡縣隅水相對詳見黃州　迎津浦在郡東二十八里源出九月山東流合信川郡牛浦為此浦又北流至郡東四十里與月唐江合潮水相通　要玄浦即海浦在郡東十五里有魚梁　石筒池在郡南九里溉田萬頃諺云當冬月神龍耕氷或縱或橫〻則水多　温泉在郡北二十七里洞滄里

土產絲　麻　鐵出郡北慈光洞　磁器　石膏　紫草　松蕈　蜂蜜　黃蠟　人參　塩　秀魚　𩸞　白魚　鯽魚　土花　輪花　紫鍛

學校鄉校在郡北三里

宮室客舘本朝魚世謙詩為君行跨馬作容慣登樓望遠雲無礙憑高地若浮心懸天北極身走國西州三載煩郡吏多慙說官遊　二樂樓在客舘東有蓮池　友蓮堂在東軒傍郡守鄭叔垠建　清心堂在客舘西郡守沈光門建

烽燧所山烽燧東應月乎山北應甘積山　月乎山烽燧南應所山東應黃州琵琶串　甘積山烽燧南應所山北應長連縣今卜山

郵驛真木驛在郡北七里　迎津院在郡東二十五里　薪仇里院在郡北四十五里

關梁橋在　迎津渡在郡東二十六里路通載寧鳳山　沙斤渡在郡東北四十里月唐江津渡處古稱阿斯津水廣三十里其北及黃州地黃州人稱青龍渡

祠廟社稷壇在郡西　文廟在鄉校　城隍祠在郡北　厲壇在郡北　桃串神祠　省草串神祠高麗時俱載祀典至今本邑致祭

寺刹燃燈寺在九月山　青菴寺在揚山　南山寺在紅巖山　慈光寺　豆羅寺俱在九月山

古蹟揚山古城土築周一千六百十八尺今廢

名宦本朝河演知安岳郡事勤於勸督築迎春亭斤月亭大樹亭魚躍亭華峯亭每循行田野自製農謳數闋以勸之　尹宕為安岳郡守政尚廉明　金孝元宣祖時為安岳郡守時一道連遭凶歉孝元盡心荒政賑恤有方尋賜表理以奬之　韓百謙宣祖時以薦授安岳縣政常最陞授咸從縣令安岳民詣公車歸訴願留命增秩仍任

人物本朝金禂登第官至成均官大司成　李枰登第官至司諫院大司諫　鄭繼

周少喪父事母至孝定省溫凊不少懈及沒廬墓三年又為父追服三年終身悲慕祭必盡誠恭禧王朝授禮賓叅奉旌其閭

載寧郡東至平山府界三十里南至海州界三十二里西至信川郡界三十一里北至鳳山郡界三十一里距京都三百七十九里新增東至鳳山郡界三十里至平山府界九十里南州海州界七十五里西至信川郡界十五里北至鳳山郡界二十里至安岳郡界二十五里距京都四百三十九里

旱田

水田

建置沿革本高句麗息城郡一云漢城郡一云乃忽一云漢忽新羅景德王時改重盤郡高麗初改為安州顯宗省入安西都護府睿宗時復析安州為縣高宗時改為載寧縣本朝　太祖六年以豐州任內三支縣併入　太宗十五年陞為郡　中宗十四年徙令始以邑多癘疫徙東距舊郡六十里　掌面　官員　郡守　訓導一各人

郡名息城　重盤　安州　安陵別號

形勝北控鳳山南極首陽申丁理序

風俗其俗好爭奪崔岦曰載信安二郡之間其俗好爭奪踰犯大抵難治易亂

山川長壽山在郡北五里鎮山○裴桓詩鎮江石山高峯崔中巒鎮秀創名州　金蔵山在郡西三十里　南枝山在郡南五里　天磨山在郡南三十里　白活山在郡東一里　金岾山在郡南二十五里　東隅山在郡東五里　翎山在今郡北一里鎮山　月唐江源出海州北境北流至郡東潮水至焉至郡北二十里三支廢縣稱三支江過栗串渡流入安岳郡境　迎津浦在郡北三十五里源出文化縣九月山與信川郡牛浦合流為此浦潮水相通詳安岳郡　箭防川在郡東九十里　歧灘在郡東十里即月唐江上流灘其上又有鈴灘立石灘皆淺流至北灘下潮水往來鳳山郡水亦來會焉

土產絲　麻　石鐵出東隅山　石膏　紫草　吾味子　松蕈　何首烏　訥魚　鱔　白魚　鯽魚　秀魚

城郭長壽山城石築周八千九百十五尺有門巖石險阻內有七泉有軍倉

學校鄉校在郡東二里新增在郡東一里　書院

宮室客館全德樓在客館東○本朝柳季聞詩長巖山前百尺樓登臨四顧豁雙眸排老樹千尋直谷瀉飛泉一派流斷壠草生眠乳犢荒蹊椹熟醉鳴鳩民歌五袴閒閭靜桃李春風滿一州

倉庫

郵驛達滿驛在郡西一里　廣濟院在郡東九里　水鐵院在郡西二十五里　歧灘院在歧灘崖　濟興院在郡東二十一里

關梁鈴灘橋在郡東十五里在鈴灘　栗串渡在郡北二十里即月唐江津渡路通鳳山郡

祠廟社稷壇在郡西　文廟在鄉校　城隍祠在長壽山新增在翎山　厲壇在郡北

寺刹妙陰寺　雲岾寺　雙門寺　資福寺俱在長壽山
佛知寺　石泉寺俱在天磨山
古蹟三支廢縣在郡北二十里其傍又有三支驛舊址　古載寧在郡東六十里
中宗時以舊邑多癘疫徙今治其地廢為真村
人物本朝康晉莊憲王朝登科檢校戶曹判書
遂安郡東至谷山郡界四十五里南至新溪縣界二十五里至瑞興府界三十四里西至同府界三十五里北至平安道祥原郡界四十八里至三登縣界九十一里距京都四百一十里
旱田
水田
建置沿革本高句麗獐塞縣一云古所於　新羅時為栖巖郡領縣高麗初改遂安顯宗時省入谷州後復置遂安縣忠宣王初陞為遂州以元朝宦李大順之請陞一云以縣人李連松有勞於國陞為郡本朝初復改為遂安郡掌面官員
郡守　訓導各一人
郡名遂州
山川遼東山在郡東北四里鎮山　河達山在郡北六十里　大青山在郡北十里　熊山在郡南五里　彥真山在郡東四十五里自新溪其達山西出一支低斷為坪四十里復起為此山巍峩高大迤邐八九里皆灘水以西大同江以東諸山皆祖於此　加納山在郡東南三十里　能成江在郡北九十三里與平安道三登縣分界即谷山郡能成江下流又西流入平壤府大同江　春灘水源出彥真山至郡東二十四里稱黑石灘至郡南二十五里稱春灘又南流入牛峯縣為猪灘水　大橋川在郡南十里出郡北閣洞南流入春灘水　龍潭在郡一里有巖如口噴出清泉流滀成淵雨不溢旱不渴崖石高起可坐五六入毫髮皆鑑穴轉而阨狀若咽喉莫敢窺其源謂之龍潭○本朝李石亨詩石門蒼霧晝暝濛潤接星河雨露通一派靈源澄不竭此間疑是有蛟龍
土產絲　麻　玉石出掛項山熊岩兩處　鐵出見造山　銅鐵出銅里浦山
弓幹木出彥真山　人蔘　茯苓　紫草　羚羊　鷹
蜂蜜　黃蠟　吾味子　松蕈　訥魚
學校鄉校在郡東三里
宮室客館同歡亭在客館東今改名拱翠亭　風和樓即客館門樓
郵驛位羅驛在郡南十五里　造山院在郡南十五里　紙川院在郡北六十里　徐孝院在郡北三十五里　如意院在郡東五里　春院在春灘岸　板積院在郡西三五里
關梁防垣鎮在郡北二十四里舊有鎮以禦關隘鎮左右有行城石築周六百餘尺
祠廟社稷壇在郡西　文廟在鄉校　城隍祠在郡西一里　遼東山祠春秋本邑致祭　厲壇在郡北
寺刹佛角寺　靈臺庵　般若庵　隱積寺　水淨寺俱在彥真山　青菴在阿達山　松林寺在大青山　上菴在南碣山
古蹟射巖驛舊基在郡北十五里　遼東山烽燧在郡東二里　馬之巖山烽燧古基在郡北六十里

名宦本朝崔仲讜

人物高麗李壽山(忠惠朝拜密直副使恭愍朝拜僉議評理陞贊成事封壽春君出為東北面都巡問使定女真彊城謚恭良) 李連松(忠肅王時累歲凶荒連松建白糴于上國請米三萬餘石身親賑卹王悅賜推忠輔靖功臣封遂安郡本邑本無臧獲連松以家婢屬之其子孫甚繁至今賴之) 李麻(連松子官至重大匡封遂安君弟究亦為大匡正尹封遂安君) 李恬(壽山子恭愍朝登科累遷判典議寺事官至慶尚道都節制使)

谷山郡(東至咸鏡道安邊府界九十二里南至新溪縣界四十五里西至遂安郡界三十里北至平安道成川府界九十三里至同道陽德縣界一百九里距京都四百三十四里)

建置沿革本高句麗十谷城(一云德頓忽一云谷城一云古谷郡)新羅景德王時改名鎮瑞為永豐郡領縣高麗初改谷州本朝太祖二年改為谷府恭定王二年復降為谷州尋為谷山郡掌面官負郡守訓導(各一人)

郡名古谷 鎮瑞(別號蒙山)

形勝東接交州北交平壤(高麗李穡滌暑樓記谷州西海之窮處也云云山高水住一區平衍州所理也)

風俗俗務蠶桑(地志)

山川南山(在郡南八里鎮山) 峽岘山(在郡東六里) 甑擊山(在郡西二里) 彌勒山(在郡東一里) 神留山(在郡東二里) 霧山(在郡西二十二里) 高達山(在郡東五十五里) 清凉山(在郡北五十里) 達寶山(一云達雲山在郡北三十五里) 雲連山(在郡東二十五里) 五倫山(在郡北三十里) 甘苑山 白雲山(俱在郡北六十里) 銀金洞大嶺(在郡北六十五里) 能成江(在郡北二十七里其源出平安道陽德縣南流入郡境又西流歷遂安三登界入平壤大同江) 堂底灘川(在郡東五里源出高達山北流入能成江) 末訖灘(在郡北二十五里即能成江灘)

土產絲 麻 羚羊 鷹 蜂蜜 黃蠟 弓幹木(出郡北刀三彌) 海松子 梨 黃楊 松蕈 石蕈 吾味子 紫草 人參 訥魚

學校鄉校(在郡北一里)

宮室客館 滌暑樓(在客館東高麗末知州金承貴創建有李穡記)

郵驛所串驛(在郡北十五里) 館院(在郡南十里) 今勿院(在郡南五十里) 仍峴院(在郡北五十五里)

祠廟社稷壇(在郡西) 文廟(在鄉校) 城隍祠(在郡東五里) 厲壇(在郡北)

寺刹思孝寺(在甑擊山) 沙壁寺(在雲連山) 觀寂寺(在五倫山) 淨林寺(在白雲山) 高達窟(在高達山) 文殊窟(在清凉山)

古蹟達寶山古城(石築周一萬五千六十尺今廢) 末龜院堡(在郡北十五里) 下南山外遷堡(在郡南三十五里) 多乎遷堡(在郡西北四十五里今皆廢)

名宦高麗李行倫(元宗時知谷州以廉簡稱)

人物高麗盧朝(登科官至右僕射知中樞府事再知貢舉如金皎金緣朴景綽金至和皆知名士世稱其鑑識)本朝延嗣宗(恭定王朝佐命功臣官至谷山府院君謚靖厚)韓雍(官至開城留守謚平節)

列女姜氏(晋陽人李台慶妻台慶本朝太宗時嘗為草溪郡事卒於官子紳尚幼姜盧墓三年喪畢來居本郡豪族爭欲娶之姜哭泣誓死不從鄉邦嘆服旌憲王朝旌門復戶)

信川郡(東至載寧郡界三十里南至海州界四十五里西至松禾縣界八里北至安岳郡界十五里距京都四百四十里)

建置沿革本高句麗升山郡高麗改信州顯宗時併于黃州後復析信州為縣本朝恭定王十三年改為信川縣襄悼王元年陞為郡(以入朝宦者鄭同之鄉陞)掌面官員郡守 訓導(各一人)

郡名升山 信州(別號) 信安

山川花山(在郡北六里鎮山) 天奉山(在郡南十五里上有龍井天旱禱雨) 中嶺山 信城山(俱在郡北七里) 牛山(大小二山在郡東十五里) 陵洞(在郡南十五里) 牛浦(在牛山下源出松禾縣境流過郡南箝樓橋川至郡東為此浦又北流為安岳郡迎津浦) 馬鳴川(在郡北二十里) 温泉(在郡東六里)

土產綵 麻 紫草 鯽魚 鱓

學校鄉校(在郡北二里○我太祖元年監務宋居中建鄭摠為記)

宮室客館慕漢亭(在客館北) 聚遠樓(在客館東)

郵驛元山驛(在郡東五里) 沙院(在郡南二十五里) 大毋院(在郡南三十里) 土城院(在郡北十五里)

祠廟社稷壇(在郡西) 文廟(在鄉校) 城隍祠(在郡西一里) 厲壇(在郡北)

寺刹廣福寺(在信城山) 樂達寺(在天奉山) 慈惠寺(在甑山) 望日寺(在陵洞) 般若菴(在中嶺山)

古蹟

名宦本朝尹礎 李孟常

人物本朝康順(世宗朝登第為世子弼善吳早卒) 康袞(以武勇顯惠莊王朝為靖難翊戴功臣官至知中樞府事封信川君)

新溪縣(東至谷山郡界四十里至江原道伊川縣界四十五里南至平山府界二十一里至牛峯縣界三十八里至兎山縣界三十八里西至瑞興府界四十一里北至遂安郡界四十六里距京都四百四十八里)

建置沿革本高句麗地(邑號未詳)高麗初為新恩縣顯宗時省入谷州高宗時陞為覃州後罷州復省入谷州本朝 太祖五年復置新恩縣以俠溪併入莊憲王二十七年改為新溪縣掌面官員縣令 訓導(各一人)

郡名新恩 覃州

山川九峯山(在縣北一里鎮山) 鶴巢峯(在縣西一里諺傳昔有白鶴巢其頂因名馬上有懸鍾臺下有看月岩) 咏木峯(在縣南五里) 太一山(在縣東三十三里)

天盖山在縣東三十里 華盖山在縣東三十二里 松泉山在縣東十五里
箕達山在縣東三十一里 星巖在縣東十二里 南川在縣南一里源出華盖山西流入沙八赤灘水 沙八赤灘水在縣西八里源出遂安郡彦真山下流為牛峯縣猪灘 蘆淵在吹木峯下天旱禱雨輒應

土產鐵 人蔘 茯苓 吾味子 松蕈 紫草 梨 訥魚

學校鄉校在縣東二里

宮室客舘 二樂亭在客舘東○本朝李石亨詩不堪臺事苦相牵一上孤亭氣浩然真境堪消閑日月公區初見好山川澄潭百丈深無底盤谷千年則有天最喜桃花流水遠丁寧莫遣世人傳 秀林亭在縣東一里南臨流水斷崖千尺

郵驛所坪驛在縣南五里 廣山院在縣北二十五里 長楊院在縣南三十里 金剛院在縣東五里 灰院在縣東三十里 觀音院在縣西五里 食岾院在縣南二十里

祠廟社稷壇在縣西 文廟在鄉校 城隍祠在懸鍾臺北 厲壇在縣北

寺刹天盖寺在天盖山 鳳池在本一山 松泉寺在松泉山

古蹟俠溪廢縣在縣南三十里本高句麗水谷城縣一云買旦忽新羅改名檀溪為永豊郡領縣高麗初改俠溪顯宗時省入谷州後復置俠溪縣本朝太祖五年併于縣 北蘇宮北蘇即縣之箕達山高麗辛禑時據道詵秘記遣權仲和等審得之與左蘇白岳山右蘇白馬山為三蘇乃作宮闕遺基尚存詵及長湍府見豊德郡 管上驛舊址在縣東 新恩古縣在縣南二十五里

牛峯縣東至兎山縣界三十三里南至京畿長湍府界八十四里西至平山府界二十九里北至新溪縣界三十一里距京都二百八十里

建置沿革本高句麗牛岑郡一云牛嶺一云首知衣新羅景德王時改牛峯高麗顯宗時省入平州文宗時直隷開城府睿宗時復置牛峯縣本朝因之恭定王十三年隷本道掌面官員縣令 訓導各一人 今增孝宗二年省合江陰置金川郡

郡名牛岑 牛嶺

山川鶴峯山在縣北三十里 首龍山在縣東 長屈山在縣西十五里 觀音岾 鴨岾俱在縣西三十里 悟道嶺在聖居山 青石峴在縣北三十里 聖居山在縣南六十里一名九龍山又名平郡山上有五峯其峯各有小菴稱五聖又見長湍府高麗李穡詩扶蘇以東山不盡衆峯插天森石笋九龍穹隆勢自尊後者如從前如引 靈鷲山即玄化山主峯 白界山在縣東三十里 回達巖在聖居山北 金神洞洞府深邃樹木陰翳北向玄化西踰上嶺 猪灘水在縣西二十五里詳平山府 源中川源出首龍山至縣東二十里稱蜍川至縣西二十五里名源中川又西流入猪灘水 悟早川在縣西三十里源出聖居山流入猪灘水岸上有石迤邐如屛高十丈餘甚奇偉 朴淵在天磨聖居兩山之間狀若石甕窺之正黑有盤石湧出中心曰島岩水赴絶壁怒瀑下垂數十丈宛如白虹映空飛雪洒矼霆奔電激聲震天地諺傳昔有朴姓者吹笛淵上龍女感之引以為夫故名朴淵其母来哭墜死下潭遂名姑姻潭淵上有神祠遇旱禱雨○高麗文宗嘗遊此登

巖島岩上忽風雨暴作石震動文宗驚怖時李靈幹扈從作書數龍罪投于淵龍即出其脊乃扶之淵水為之盡赤淵上兩崖有石佛東曰坦坦朴朴西曰胥盱夫得○本朝許琛詩横空積翠千萬峯一一削出金芙蓉鐵甕深貯玻瓈清玉峽倒注銀河傾一跳珠噴玉隨亂沫日光紫電紛相掣欲與琴高騎魚龍一笑拍浮懸流中固知真宰洩精怪驚倒群兒心目瞪從前坎蛙莫謾誇發覆醯雞欣一快平生信目不信語未必廬山還如許當時玉輦經行地古木蒼藤迷處所眼窮飛鳥寄冥搜田頭往事雲悠悠岩中有詩道不盡安得喚取謫仙相追遊

土産鐵（出觀青山）青礪石（出景兒帖）石蕈 蜂蜜 黄蠟 人蔘 海松子

學校鄉校（在縣東一里）

宮室客館

郵驛興義驛（古名臨津一云迎波在縣西南三十里高麗顯宗時姜邯贊擊丹兵凱還獻俘獲王親迎于迎波驛結綵棚備樂宴將士以金花八枝親挿邯贊頭左執手右執觴慰之邯贊拜謝不敢當遂改驛名為興義賜驛吏冠帶與州縣吏同）仍邑川院（在縣南二十里）水精院（在縣北三十五里）齊次伊院（在縣西十五里）

祠廟社稷壇（在縣西）文廟（在鄉校）城隍祠（在縣南二十里）九龍山祠（俗稱聖骨將軍祠）厲壇（在縣北）

陵墓李齊賢墓（在縣南桃李朴）李種學墓（在縣南四十里）

寺刹復興寺（在縣南）靈鑑寺 元達寺 雲菴寺 潤筆寺 曰達寺 義相菴 水精寺 安寂寺（俱在聖居山）水精寺窟 文殊寺 元通寺（俱在聖居山）開聖寺（在聖居山○高麗鄭知常詩百步九折登巑岏家在半空惟數間靈泉澄清寒水落古壁暗淡蒼苔斑石頭松老一片月天末雲任何處山紅塵萬事不可到幽人俙得長年閑○高麗鄭樞詩古寺平臺上凄風落木時情凝顥氣薄心共暮雲遲隱地龍湫暗限岩佛座危錫飛來底所碑斷使人悲）吉祥寺（在聖居山北前有流泉逗為池塘澄澄不渴）金神寺（在聖居山南上有覺寧寶月長春等菴寺有金佛一軀日尊者俗稱有靈驗松都民香火輻奏）雲居寺（在朴淵下）元明寺菴（在大芚山）龍頭寺（在鶴峯山）

古蹟衆美亭（高麗毅宗所搆亭之南澗築土石貯水岸上作茅亭鳧鴈蘆葦宛如江湖之狀泛舟其中令小童棹歌漁唱以恣遊觀嘗自金身窟還玄化寺與李公升許洪材僧覺倪等泛舟酣飲遊賞至夜）白界峴古城（石築周三千四百六十尺西北頽圮）弘化寺（高麗明宗時寺僧與歸法等寺僧二千餘人犯城東門欲誅李義方反為所逐寺亦被焚故址在）玄化寺（在靈鷲峯下高麗顯宗創建麗史顯宗十二年玄化寺北山崩出玉璞者即此顯宗屢幸是寺忠烈時王與公主亦遊幸焉今寺廢有古碑尚存顯宗親篆碑額周佇撰其文蔡忠順所書字畫拙其方正）

人物高麗李子晟（尚書公靖之子性剛烈有勇力善射累立戰功高宗時官至門下平章事自平東京以後將士日集其門恐為權貴所忌謝疾杜門人稱知幾謚義烈）

文化縣（東至安岳郡界二十三里至信川郡界二十五里南至松禾縣界二十六里西至殷栗縣界三十三里北至長連縣界二十九里距京都四百八十二里新增東至安岳郡界十九里南至信川郡界十三里西至松禾縣界四十七里至殷栗縣界四十里北至長連縣界四十二里距京都四百七十七里）

建置沿革本高句麗闕口縣高麗初改為儒州顯宗

時省入豐州睿宗初復析儒州為縣高宗時改為文化縣以衛社功臣柳璥鄉陞為縣令改邑號之本朝因之中宗十五年徙今治以邑居多癘疾徙北距舊縣十三里掌面 官員 縣令 訓導各一人

郡名闕口 儒州別號始寧

山川九月山在縣西十里即阿斯達山一名甑山磅礴高大雄鎮一方有石峯聳拔撐天世傳檀君初都平壤後移白岳即此山也本縣東有唐藏京基址後檀君隱于此山化為神又見長連及殷栗縣 錢山在縣北十里 加乙山在莊〻坪之東古白翎鎮儒居于此 龍山在縣東一里 仇羅山在縣南二十二里 乾之山在縣南五里新增在縣北四里鎮山 亭子川在縣南一里 弓村溫泉在縣南十五里水出石間甚瑩徹 終達溫泉在縣西二十里

土產綵 麻 海松子 松蕈 鷹

學校鄉校在縣北三里新增在縣東三里

宮室客館 馭風樓在客館北

郵驛迩陽驛在縣內

祠廟社稷壇新增在縣西二里 文廟在鄉校 城隍祠新增在縣北十里 三聖祠在九月山即桓因桓雄檀君之祠俗傳桓因乃檀君以前神人雄則曰子云春秋降香祝致祭又水旱祈禱 錢山祠每歲春秋及冬十月降香祝致祭 厲壇在縣北

陵墓柳車達墓在九月山南麓

寺刹四王寺有星宿醮祭故壇 月精寺 貝葉寺 安養寺 雲溪寺 興栗寺 活福寺 水月寺 金剛寺 彌陁寺 仙菴寺 妙仙窟 兜率菴 達摩菴 繼祖菴 南明菴 隱寂菴 東日菴俱在九月山

古蹟唐藏京在縣東十五里世傳檀君所都檀君初都平壤至周武王封箕子於朝鮮檀君乃移於此基址尚存高麗史以為莊〻坪乃唐藏京之訛

人物高麗柳車達太祖征南時車達多出車乘以通糧道以功拜為大丞號三韓功臣 柳孝全車達之子嘗遊九月山路過大虎當前張口下淚有白物橫梗口中孝全言爾不害我〻當拔去虎似有頷肯之狀即拔出乃銀釵也夜〻夢虎來告曰我山精也昨到聖堂里攬喫一婦有物硬嚥甚苦之公能救我公之子孫必世為卿相矣後孝全官至左尹子金旻孫盧一皆官大將 柳公權盧一曾孫少好學工草隸擢乙科第二人及第明宗朝禮賓卿如金賀節金人重其知禮久為納言啓事多裨益進樞密院事以疾乞退明宗曰朝廷有宿德社稷之福卿何退之遂三上章從之疾病親屬進藥公權曰死生有命却不飲王特拜政堂文學參知政事卒謚文簡 柳彥琛公權子明宗朝以福將從平東都叛賊又擊北虜有功拜監門衛攝上將軍高宗朝累官樞密院使禮部尚書子淳官容直翰林學士孫成庇為上將軍 柳澤初名彥澤彥琛弟登第熙宗朝同知貢舉時稱得人高宗朝累官至尚書右僕射翰林學士承旨 柳璥澤子官至僉議中贊見開城府 本朝柳寬成庇曾祖官至右議政見開城府

烈女柳氏幼有至性年十四父沒朝夕哭奠見者皆感其孝母又得惡疾斷手指出血和藥以進病愈○本朝恭僖王朝旌閭

兎山縣東至京畿朔寧郡界十六里南至同郡界二十四里西至牛峯縣界三十三里至新溪縣界六十九里北至江原道安峽縣界十九里距京都二百三十里

建置沿革本高句麗烏斯含達縣新羅景德王時改兎山高麗顯宗時省入長湍縣後直隸開城府睿宗時復置兎山縣本朝因之恭定王時來隸本道

掌面八官員縣監　訓導各一人

郡名烏斯含達

山川兎山在縣北二里鎮山　觀門山在縣北七里　豆毛山在縣南　花山在縣南二里　鶴峯山在縣北三十里　碇山在縣東三里　浮鴨山在縣東二十里又見朔寧郡　湍水又名東大川自江原道安峽縣經縣東二里南流入京畿朔寧境　連川　非羅川在縣西三十里牛峯縣源出中浦流　長浦在縣南二十八里源出豆毛山流入湍水

土産水精石產縣南注火里　石灰　茶　蜂蜜　黄蠟　人蔘　紫草

學校鄉校在縣北三里

宮室客館

郵驛梨原院在縣西三十里　石串院在縣西四十五里

祠廟社稷壇在縣西　文廟在鄉校　城隍祠在縣北六里　厲壇在縣北

寺刹石頭寺　金雞寺　夕陽寺　上雲寺　文殊菴俱在鶴峯山　浮鴨寺在浮鴨山

人物高麗金富允忠烈王以世子如元富允從之雖値倫難執節不移元世祖知其名擢征東行省官後以貲成事卒

長連縣東至安岳郡界十三里南至文化縣界二十七里西至殷栗縣界二十一里北至海岸十六里距京都五百五十里

建置沿革本黄州之長命鎮高麗恭讓王二年置長命縣以安岳郡之連豐莊併入本朝　恭定王十四年改爲長連縣掌面官員縣監　訓導各一人

郡名長命

山川鳳凰山在縣北五里鎮山　九月山在縣南十里詳見文化縣　小金山在縣西二十里　海在縣北十五里東連急水門即大同江入海處　碓串在縣西二十里　法浦又稱叱法浦在縣西十五里有鹽盆　堂島在縣東十里有鹽盆　水三派在縣西二十五里九月山腰三水各出異谷曰釜淵曰馬淵曰腰淵合流西入于海　石潭在九月山腰傳神龍鑿石爲潭四隅方正廣六尺水深不測旱潦如一

土産石鐵出小金山　竹蛤　藿　丁粉出碓串　紫草　松蕈　魚鰾　銀口魚　秀魚　鰒

學校鄉校在縣東三里

宮室客館　却暑亭在縣西

烽燧今卜山烽燧在縣北十里南應安岳郡甘積山北應平安道三和縣新寧江

郵驛朴山驛在縣東

關梁大津關在縣北十里恭僖王十八年置以本道人爲權管給水軍譏禁商船之私通中國者

祠廟社稷壇在縣西 文廟在鄉校 城隍祠在縣北三里 阿斯津松串祠祀典以大川載小祀春秋降香祝致祭 厲壇在縣北

寺刹鶴居寺 元正寺 神巖寺俱在九月山 鳳凰寺在鳳凰山

古蹟古連豐莊在縣西十五里

海州牧東至平山府界六十九里至龍媒梁九十五里南至海岸十里至康翎縣界四十九里至瓮津縣界九十四里至長連縣界九十二里北至信川郡界五十六里至載寧郡界四十一里距京都三百六十五里

建置沿革本高句麗內米忽郡一云池城一云長池新羅景德王時改為瀑池郡高麗太祖以郡南臨大海賜名海州成宗初置牧尋於州置右神策軍與楊州為左右二輔顯宗時罷軍改為安西都護府睿宗時又陞大都護府高宗時改為海州牧恭愍王時降為郡恭愍二十二年倭寇入侵殺牧使嚴益謙於是誅州吏之不執者降州為郡後復為海州本朝因之惠莊王時置鎮掌面鎮管都護府二延安豐川郡一白川縣六松禾殷栗江陰康翎瓮津長淵官員牧使判官教授各一人

郡名瀑池 安西別號大寧又號首陽又號孤竹○隋裴矩傳高麗本孤竹國李詹云今海州按大明一統志永平府西一十五里有孤竹國君所封之地又府城西北有孤竹三君冢又有伯夷叔齊廟此為孤竹國明甚裴矩豈以夷齊東夷之人而云然耶詹又從以海州為孤竹誤矣

形勝北負高山南臨大海地志北負高山南臨大海東西皆連平野 碧瀾在其東急水盪其西同上 關內右輔海西巨鎮高麗以州為右神策軍與漢陽為左右二輔州志云海西巨鎮 山川秀異地志 關輔之鉅藩本朝徐居正客館記海為關輔之鉅藩其地廣其民夥土田之饒物產之富為諸州最

風俗任載用車 多文雅士輿地志黃海一道大抵尚武力而惟州多雅士

山川龍首山在州北二里鎮山徐居正記州之鎮山曰龍首山嵯峨崷崒北連牛耳佛足兩山山氣勢雄壯磅礴數十里 南山在州南三里高麗文宗嘗登此山召親王宰樞置酒至夜而罷 首陽山在州東五里山頂有臺 牛耳山在州北十一里石峯卓立雄秀 池城山在州東二十里頂上有瀑布飛流三百餘尺 佛足山在州北二十七里山頂石上有人跡時人謂之佛跡 北嵩山在州西三十一里山頂高峻石峯羅立望之奇秀 須彌山在州北十七里 紫丹山在州西九十三里 善女山在州西四里 公須山在州東六十二里 達摩山在州西九十里 吹螺山在州東六十五里 青苔巖在州東二十九里 海在州南十里 廣石川在州北三里水底有白石平衍鋪如簟席○凡境內石皆博平廣如板子遠近取以為溫堗 於賜橋川在州東五十三里源出公須山流入于海 鵲川在州東二十二里源出佛足山北流至州東三十一里又名泣川而流入于海 廣灘水在州西九十五里長淵縣界 三灘水在州東六十里其源有三一出吹螺山一出平山府成佛一出同府牧丹山至吹螺山東合流至此入海 馬山溫泉在州西六十三里旁近地氣皆溫水味又鹹 睡鴨島大小二島在州南海中六十里許兩島相距五里○本朝柳成龍論海島狀豐州之椒島海州之睡鴨皆地勢廣濶有高山平阜茂林豐草之饒 龍媒島在州東六十里海中本牛場熊山三年廢牛放馬 延平島

在州西南海中有牧場 山延平島在延平島南五里 兄弟島在州南海中三十里有二小島俗號兄弟周皆百餘步相距二百餘步 亏多窟在州東三十里其窟圓徑二丈餘穴暗人持火乃入至五里許其穴屈曲幽深且有水不得窮源

土産 秬黍莊憲王時得秬黍於海州磬石於南陽命朴堧造編磬堧取秬黍積其分寸制黃鍾一管吹之其聲差高堧乃用秬黍粒形以蠟燃成差大積分成管以一粒為一分累十粒為寸法以九寸為黃鍾之長三分損益以成十二律製新磬以進於是聲樂得其正 墨其品為圖中茅一 綿麻 青玉出龍遊里 鐵出沙串 石鐵出黃谷里 荷葉綠出青苔岩 紫草 鹽 藿 綿藿 青角 白蝦 紫蝦 大蝦 石花 秀魚 洪魚 紅蛤 銀口魚 石首魚 麻魚 鱸魚 鯽魚 青魚 蘇魚 蛤 絡締 小螺 蠏

城郭 州城石築周一萬一百九十七尺立門四東曰　南曰　西曰　北曰　城內有十二井

公署 觀察使營在州城內 龍媒梁萬户鎮在州東六十里水軍萬户一人 青丹道察訪司在州東四十里領青丹金谷深洞望汀金剛文羅金洞新行維安南山十驛○察訪一人

學校 鄉校在州北二里崔文憲公冲之家舊址鄉人以冲祔祀于文廟○成宗時牧使鄭誠謹以為非祀典所載罷之重修鄉校倣國學制 石潭書院在州　本朝李珥嘗與學子講道于此後人因其書齋建書院又立祠祀珥　朝賜額

宮室 首陽館即客館 鄉射堂 鍊武堂在東門外 鳳池樓在客館東有蓮池中宗初觀察使南袞改名瀛海本朝李承召詩一帶孤城近海陬春風遠客獨登樓山連西北千重翠地拆東南萬古流納〻始知天宇大茫〻唯覺世間浮百年從此成何事準擬烟波泛釣舟○宋軼詩駐節安西府登臨古意深簾空黃鶴影山返白雲陰樹色烟中暗荷香雨後侵坐看池草綠恨乏謝公吟 海雲亭在州東五里辛禍時我太祖擊倭賊于海州戰於州之東亭子戰方酣過泥濘之地丈餘　太祖馬一躍而過從者皆不得渡　太祖以大羽箭射賊十七發而皆斃之縱兵乘之大破之 牡丹亭在別館北 西亭在州西十里 芙蓉堂在客館西牧使金公望改搆堂在蓮池中極有清致○本朝鄭礥詩荷香月色河清霄更有何人弄玉簫十二曲欄無夢寐碧城秋思夜迢〻 挹清亭在善女山下前臨龍淵景致清絕 濯熱亭在州北二里首陽山清風洞口萬曆初牧使黃廷彧建俯清川翫石峯簿牒閒熱登臨清曠故名以濯熱有李珥記

烽燧 南山烽燧東應馬兒弥南應沙浦串 松山烽燧在州東四十五里東應皮串南應馬兒弥 皮串烽燧在州東六十九里東應平山府𡹔串西應松山 沙浦串烽燧在州南三十五里東應南山西應康翎縣堅羅山 馬兒彌烽燧在州東二十七里東應松山西應南山

郵驛 青丹驛在州東四十里察訪司本驛 望汀驛在州南二里 金剛驛在州南二十五里 普通院在州城東 泣川院在州東三十一里 三灘院在州東六十里 鵲川院在州東二十二里鵲川岸 金剛院在州西三十里 粘石院 甑院俱在州西四十里 廣灘院在州西九十五里 水餘院在州西九十里 楊距院在州西七十里 茄川院在州西六十里

關梁

祠廟 社稷壇在州西 文廟在鄉校 城隍祠在南山 牛耳山祠

祠典載小祀春秋降香祝以祭 厲壇在州北 池城山祠官致祭 崔冲廟在文廟西冲子文和公惟善祔文獻書院

陵墓 崔永濡墓在州北

寺刹 神光寺在州嵩山高麗顯宗嘗幸是寺至正二年元帝稱為願刹遣太監宋骨兒率工匠來與高麗侍中金石堅等監督重建至今殿宇像設金碧特盛寺有泰定樓○本朝南袞詩至正皇家厲亂離神光佛宇幔簷楣如今住社僧千指爭道當時宋骨兒 普賢寺在佛足山 栖真在首陽山 金剛寺在池城山 慈悲寺在牛耳山 鬒髮寺在北嵩山 金石寺在牛耳山 東高山寺在東高山 西高山寺在西高山 中臺寺在牛耳山 水多寺在清嚴山 恩洞寺 隱寂寺俱在紫丹山 圓通寺在螺山 妙慈寺在牛耳山 禪定寺在達摩山 墨房寺在天鳳山 廣照寺在須彌山有高麗尚書左僕射崔彥撝所撰真澈大師碑

古蹟 首陽山城石築周二萬八百五十六尺世傳昔有安咸元老董冲三人卜地以築之山中又有狐竹郡遺基 白石處在州北六十里 青山所在州北九十里 長峯所在州東六十里 池城山古城石築周六千四百五十七尺 龍淵在善女山下有龍出自淵中石壁騰上至今龍穴尚在石上有刻記

名宦 高麗 金漢忠宣宗朝以輕車都尉出守安西都護府以為政不苛民慕之 金富軾肅宗時登茅補安西大都護府司錄參奉考滿直翰林 李伯謙忠宣朝為海州牧使為人有清刻端操至州以政最聞 趙暾恭愍朝為海州牧使 金興祖恭愍時為海州牧使倜儻有志氣所至著政績 崔永濡為牧使有德政卒于官州人葬于州之北為禁樵牧書卒日於板掛州司壁上每當其日相率祀之 本朝 丘致崑為海州牧使廉簡愛民 鄭誠謹康靖王時為海州牧使興學守民州人慕其德久而不忘 金正國恭僖王戊寅本道飢饉以正國為黃海觀察使盡心撫循惠其窮困明於聽斷誨善禁惡為十二條編曰警民刊布村閭又為學令二十四條以勉學者一道化服 朴祐中宗朝為海州牧使輕徭平賦選邑子弟教以經學孝悌學校丕興秩滿將歸州民服其清惠詣京願留者前後千餘人上特賜褒嘉不許留男婦傾城擁馬以送之八為大司成 周世鵬明宗朝為黃海道觀察撫恤百姓興修學校 李珥昭敬王朝黃海道觀察使疏陳民瘼盡心載事專以興學校尚教化恤民隱修軍政為務 李山甫昭敬王朝再為觀察使士民慕德壬辰倭亂王師乏糧以山甫有遺惠以吏書判書出為黃海都檢察使老幼加額曰李監司至矣負戴襁屬軍餉不乏

流寓 李珥本朝昭敬王時珥寓居本州遊賞高山九曲愛其泉石遂卜居於茅五曲每辭官故居兄弟諸姪同家遠近學徒日集無所容士子合力建精舍於室東名曰隱屏作學規及擊蒙要訣以訓諸生設社倉以救士民之貧窮者倣呂氏鄉約以勵風俗

人物 高麗 崔冲州吏温之子風姿瑰偉性操堅貞少好學善屬文穆宗時擢甲科茅一人官至開府儀同三司守太師兼門下侍中上柱國內史令謚文憲顯宗以後干戈纔息未遑文教冲收召後進教誨不倦學徒坌集遂分九齋謂之侍中崔公徒東方學校之興蓋由冲始時稱海東孔子後配享靖宗廟庭子孫以文行登宰輔者數十人 崔惟善冲子顯宗朝擢乙科茅一人累官至中書令進守太師門下侍中惟善繼世儒宗主輔兩朝人皆重之謚文化配享文宗廟庭弟惟吉守司空攝尚書令父冲年高無恙王嘗宴國老惟善惟吉扶冲以入時稱盛事翰林學士金行瓊作詩賀曰尚書令侍中書令乙狀元扶甲狀元 崔思齊惟善子文宗朝登科官至門下侍郎判吏部事謚良平 崔思諏冲孫文宗朝登科王以思諏名家子博學多文召入時內侍省肅宗朝拜門下侍中官至守太師中書令思諏勤謹公廉不以門下驕人立朝四十餘年無少過失

為相務存大體不敢輕改舊章門人子弟有來謁者常訓以事君之道言不及私謚忠景配享肅宗廟庭

崔思諒年十八登科文宗朝累遷工部侍郎官至檢校太師進左僕射叅知政事思諒儀表端雅沈靜寡言秉國鈞主文衡名重一時謚康敬

崔瀹思齊子睿宗朝登第時國家閑暇王幸西京泛舟與詞臣唱和為樂瀹亦以知制誥從諫曰帝王當好經術日與儒雅咨諏政理安事雕虫數與輕薄詞臣吟風嘯月以喪天真為詞臣所譏王怒貶春州府使未幾召還後官至禮部尚書翰林學士

崔洪胤登科官至門下侍郎平章事修文殿大提學謚景文司馬試四主禮闈所取皆聞人多至卿相世稱玉筍門生

吳延寵登科累遷起居郎後出知全州召拜樞密院睿宗伐女真延寵為尹瓘副破女真拓地築九城後官至司徒中書侍郎平章事謚文襄飭躬謹行當官未嘗以私害公

吳詗初名漢卿元宗時登科歷踐華要官至僉議贊成事謚文溫號快庵學問精博雖無著績然寬簡無華有長者風

鄭惟產登科以禮部尚書翰林學士典文衡始立糊名取士之法官至門下平章事

本朝

鄭易登科官至議政府贊成謚貞度子忠敬官至刑曹叅判忠頤官至同知中樞

崔萬理再登科選入集賢殿歷官至江原道觀察使

鄭希良性聰悟博通天下書尤精易數登第選入史館燕山時士類戕盡希良謫義州放還知終不免自投於江或云遯世不知所之嘗語人曰甲子士禍甚於戊午後果驗人服其前知希良志氣剛潔詩文清遠所著有虛菴集

禹思仁事母至孝年逾五十未嘗一日廢定省母疾藥必親嘗盜犯其家母蒼黃未及出思仁冒白刃突入與賊相搏被害母得免妻申氏痛夫非命絕粒泣血死俱旌閭

閔懷賢二歲而孤及長哀慕不已十六母沒負土成墳居廬啜粥觀者感其誠孝牧使鄭誠謹聞而嘆服終喪日具奠物來拜而去恭禧王朝薦拜戶曹佐郎登賢良科遷正言坐士禍罷還鄉里卒號一齋

鄭應聖少寒微中武科仁祖時累為諸道節度使入為知中樞府事子楷檻俱為節度使

烈人

盧氏寺正盧慶蹸女贊成李珥之妻事夫無違禮宣祖時倭寇大至時珥卒已久盧氏謂子姪曰大盜彌滿與其轉死於他鄉寧死於坡州好收吾骨於夫墓側聞上西行聿自京奉神主歸坡山賊至罵賊不屈女年十七亦不屈遂母女俱死旌閭

延安郡都護府

東至白川郡界三十三里西至平山府界三十一里南至海岸二十九里北至平山府界三十三里距京都二百八十八里

建置沿革本高句麗冬音忽音一作云豉鹽城一新羅景德王時改海皐郡高麗初改為鹽州顯宗時省入海州後復析鹽州為縣高宗時改為永膺縣以禦丹兵有功陞為縣令改號邑後陞為復州以縣人將軍車松祐有衛社功陞元宗時又改碩州以衛社功臣李汾禧之鄉改忠烈王時陞為溫州牧忠宣王時降為延安府本朝恭定王十三年為都護府自京畿還隸本道掌面官貢

府使 教授各一人

郡名 海皐 鹽州 永膺 復州 碩州

形勝南臨卧龍北倚飛鳳本朝權近鄉校記南臨大池曰卧龍北倚高山曰飛鳳青草之湖縈其前金蓮之浦繞其左 西南無際巨浸稽天權近記西南無際巨浸稽天又李原詩潤野連滄海 總關輔之利當西海之衝地饒稻粱且有魚鹽總關輔之利當西海之衝而為商舶之走集

風俗民務農業 好操舟 為商賈地志

山川鳳勢山在府北三里鎮山一名飛鳳 天拜山在府東二十里有古祭天壇

都正山在府南二里　文書山在府東六里　龍縛山在府北二十里○卞
季良詩龍縛聞名久今來到上頭平看飛鳥背俯瞰大江流地析山河濶天圍島嶼幽京都在何許
登眺却生愁　太子山在府北二十五里　餘良山在府西四十五里　水洛
山在府南三十一里　海西南皆海　甑山島在府南二十五里　亐里島在府
西七十五里　毛老島在府南三十里海中　班尼島在府南三十七里海中有魚梁
鹽盆　加耳島在府西四十五里　赤村浦在府東二十里　楓川在府西二十一
里源出龍縛山　金蓮浦在府東八里　那津浦在所草浦東十三里　所草浦
在府南二十里一名青草湖公私舟船皆由此達于京　臥龍池俗名南大池在府南十三
里周二十里一百二十步每冬月池冰析裂或縱或橫邑人謂之龍耕以占翌年豐歉橫則豐縱則水
溢全不析裂則歉本朝恭定王時安魯生聞于朝命有司每春秋致祭高麗文宗以池中膏腴可作
田賜興王寺其年旱回邑人翰林學士李靈幹之奏還築之黑龍現而騰空其日始大雨　溫泉
在浴之已疾

土產鹽　秀魚　洪魚　鯽魚　魚鰾　石花　蟹
蛤　白蝦　紫蝦

城郭府城

學校鄉校在府北五里

宮室客館本朝趙士秀詩微茫巨野望無邊原隰昀昀盡甫田俗務秦農多稻黍地同陳國少　聚遠樓在客
山川臥龍池暖肥金鯽青草湖平簇海船最恨珠璣空四壁百年今日始題篇
館東按廉使金孝先名之李穡為記○高麗李崇仁詩問路初投郡尋詩更上樓鷹聲聞老樹帆影
識歸舟白水明朝旭黃花照暮秋醉來曰灑墨豪氣蓋窮陬○大明夏祥鳳詩奉詔來東國回登聚
遠樓青山圍坐席蒼海見行舟妙曲聞芳宴清飆動素秋李公為記在光焰照遐陬　平遠堂
在客館南萬曆中府使尹斗壽建庭鑿方塘〻中有小島李珥記平臨迥野遠挹江海大池波光遙
岑積翠萃于几席之間

烽燧定山烽燧在府南三十二里北應走之串南應看月山　白石山烽燧
在府南二十里西應看月山東應角山　走之串烽燧在府西二十五里西應平山府
聲串南應定山　看月山烽燧在府南三十三里北應定山東應白石山　角山烽
燧在府東三十五里西應白石山東應白川郡鳳在山南應京畿喬桐縣修井山

郵驛深洞驛在府北十里　深洞院在深洞驛傍　兗山院在府北三十里
角山院在府東三十五里角山渡岸　新院在府西三十里

關梁反地項橋在赤村浦　那津橋距反地項十里　角山渡在府東三十五
里白川郡界海津八喬桐者由此高麗史恭愍王時倭寇角山燒船三十餘艘者即此

祠廟社稷壇在府西　文廟在鄉校　城隍祠在鳳勢山　厲壇在府北

寺刹雪菴寺　龍鳳寺俱在龍縛山　長壽寺在府南十五里　松青
寺在府西二十里　延安寺在太子山　定山寺在定山　弘福菴在飛鳳山

古蹟鳳勢山城石築周五千四百尺今廢　甕城在府東二十里天拜山古祭天壇

名宦高麗閔祥正忠烈王時知碩州有異績又為西海道按廉使性剛烈豪強莫敢犯
令　本朝南孝元為延安府使　奇虔世宗朝為延安府使清簡無比府南
大池產鯽魚徵請幡鱗獘及民虔曰焉可以口腹傷民遂六年不食鯽非賓祭禁勿入界　尹斗
壽曾觀察黃海道復為延安府使便宜為政使民不擾任滿○宣祖朝召拜刑曹參判有所拱延
安志　李廷馣宣祖朝為延安府使多惠政倭寇之難以吏曹參議從上至開城府上令

往後擇刑使守禦廷醃行至延安延人曰公有舊恩在本土願使留此城守廷醃募得五百餘人定部分修器械賊酋長院既陷海州來圍攻城起飛衝於城西俯瞰城中塡塹蟻附廷醃知事急乃坐積芻上戒其子以城陷自焚士皆感泣致死日夜搏戰賊死傷過半焚積屍夜遁捷聞增秩爲黃海道巡察使府人立碑紀烈

申恪宣祖二十四年爲延安府使城中舊無水趙憲貽恪書曰明年必有倭寇延是三國時城守克戰之地公宜及時濬濠增埤且引鳳勢山上水鑿地注入城中恪從其計明年倭寇大至圍城以城固有水故得全恪素清愼及倭難爲副元帥亦有戰功

韓百謙宣祖末爲延安府使爲政仁明設施皆有條法未久遷去士民追思不已

人物

高麗

秦評傳涉書史明習吏事初爲本州渠帥柳矜順記室弓裔破矜順評乃降裔怒其久不服令屬卒伍後從太祖開國之際與其有力焉擢授徇軍郎中

尹瑄爲人沉勇善韜鈐初以弓裔誅殺無厭慮禍及己遂率其黨走北邊聚衆至二千餘人居鵲岩城召黑水蕃衆久爲邊軍害及太祖即位率衆來附北邊以安

金濤少從李穡學傳洽經史恭愍王朝登科洪武三年中制科授東昌府丞以親老還國王手書蘿葍山人八字賜之長源濤字也後官金濤長源至直提學禍時被殺

金長壽恭愍王朝紅賊陷京城所在充斥長壽以中郎將家居率州人殺遊奕遣崔英起走報行在王嘉之授上將軍兼萬戶又賊犯興王行宮從崔瑩率兵馳詣行宮戰門拔劍而入斬賊爲賊所害亂定策功一等

本朝

金輅開國定社功臣官至延安君

金自知濤子官至開城留後諡文靖弟汝知官至參贊

李貴齡官至議府右議政諡康胡我太祖潛邸時有盧綰之舊弟貴山官至江原道觀察使

金何子知子登科官至判中樞院事諡靖宣

李崇元晋山時登科○成宗朝官至刑曹判書參佐理功臣封延安君

李淑琦中武科事世祖成宗累官至戶曹判書參敵愾佐理功臣封延安君弟淑瑊文科官至吏曹參議有文名

李希建氣槩偉傑武力絕人中武科累官安州宣川咸悳並行仁祖初以龍川府使從元帥張晚討李适有功封洪陽君希建居官清儉果於趍事嘗建築龍骨山城未久有虜難諸城皆陷而龍骨獨全龍川人立石頌德

烈女

宋氏士人閔景賢妻夫死哀毀過禮服闋一如初終身祭祀誠敬如平生鄉里上其行義本朝中宗朝旌閭

豐川都護府東至殷栗縣界二十五里南至長淵縣界三十三里至松禾縣界二十七里西至豐清江十里北至許沙浦四十二里距京都五百六十二里

旱田

水田

建置沿革本高句麗仇乙縣一云屈遷高麗初改豐州成宗時陞爲都護府本朝太祖六年置兵馬使鎮恭定王十三年改爲豐川郡以殷栗縣省合稱豐栗郡未幾各復舊襄悼王元年陞爲都護府掌面

官員府使 教授各一人

郡名豐州別號西河

山川瑞麟峯在府北城內鎮山 長嶺山在府北五里 望德山在府北二里 楓長山在府西南十五里楓長鄉 藥山在府東二十五里 廣石山在府西南二十五里世傳古中國使臣渡海往來之路山下有唐館古基 縛石山在府南三十里亦見松禾縣 舍人巖在府東二十里 海西北皆海 椒島在府北四十里海中北連甕水門小海周里以島中產椒故名唐書賈耽云自登州過海乃南傍海壖過浿江口椒島得新羅西北之境即此蓋唐中宗以後新羅并有高句麗南地以浿江爲界故也 松浦在府西十

名宦高麗李行儉元宗時為豊州防禦以廉簡平恕稱
人物高麗任子松父澍為御史子松忠肅王時討叛臣書順有功賜靖亂功臣號封府院君子景儒登第官至成均祭酒　任君輔景儒子恭愍王時為密直副使與金蘭睦仁吉掌庶務于中寵幸無比累陞判司事君輔雖同辛旽為相內懷懸懼白王曰雖國朝之入豈可使旽僭為政取笑天下王不聽李存吾鄭樞以論旽見逐君輔營救旽疾之後譖于王竄驪興　本朝盧叔仝文科以文學顯莊憲王朝累官慶尚道觀察使有拜績入為禮曹叅判

白川郡東至江陰縣界二十七里至開城府界碧瀾渡三十三里南至海岸三十八里西至延安府界二十三里北至平山府界四十里距京都二百三十五里

建置沿革本高句麗刀臘縣一云雉嶽城　新羅景德王時改名雊澤為海臯郡領縣高麗初稱白州顯宗時省入平州毅宗時創兔山重興闕陞置開興府後復為白州高宗時改為忠翊縣元宗時又陞為復興郡衛社功臣趙璥之鄉陞　恭愍王時復稱白州避侍中慶興名改稱本朝恭定王十三年改為白川郡自京畿還隸本道　中宗時降為縣郡人有殺父者降號　尋復為郡

掌面　官員郡守　訓導各一人

郡名雉岳城　雊澤　白州　開興　復興別號銀川

形勝地居關輔之利地饒稻粱居關輔之利世稱延白之米

風俗民務農業　俗好操舟楫為商賈地志

山川雉岳山在郡北一里鎮山　鳳在山在郡南二十里一名車子山　黃衣

五里　碧達浦在府北二十五里碧達鄉恭愍王九年紅賊船七十艘來泊李芳實擊之斬三十餘級賊遂遁　豆要浦在府北十九里　業清江在府西十里即海浦有萬戶營古址

貴林串在府北四十里有萬戶營

土產綵麻　磊綵出府北軍長里　鐵出府南六十餘里殷栗縣境金山　紫石硯　茶　椒出椒島　倭楮　石蕈　松蕈　紫草　綵藿　地黃　青魚　魚鰾

城郭府城石築周一千七百十尺城東西北三面又有壞城甓及石土雜築之　立門

公署許沙浦萬戶鎮在府北十五里自業清江移于此〇水軍萬戶一人

學校鄉校在府北二里

宮室客館　迎輝樓在客館東

烽燧所山烽燧在府北三十里北應殷栗縣乾止山西應古里串　古里串烽燧在府西二十里南應長淵縣凡串北應所山

郵驛安山驛在府西四里

關梁琵琶串堡在府北四十里恭僖王朝設以許沙萬戶領之譏禁商船之潛通上國者

祠廟社稷壇在府西　文廟在鄉校　城隍祠在望德山　西海神祠在府西古立所臨海峯春秋降香祝致祭　厲壇在府北　椒島祠官致祭

寺刹清涼寺　華藏寺俱在菜山　安邑寺　縣峯寺俱在楓長山　雲菴寺　林汀寺俱在縛石山

古蹟古行城在府西海邊甓土交築周一萬一千八十一尺內有井泉二十四又有蓮池

池村鄉在府北四十里古赴中國使臣乘舟處

山在郡北二十五里 天登山在郡北二十里 高麗山在郡西二十一里 兎山在郡南十五里 居鴨山在郡南十三里 飛鳳山在郡東十里 大耳山在郡東三十里 題山在郡南二十里 海山在郡南三十里 金谷浦在郡東二十五里江陰縣助邑浦下流漕轉處 大橋浦在郡南五里其源有三一出黄衣山一出高麗山一出延安府龍縛山至郡西甘勿羅之浦合流歷注正渡入海 星川在郡西三十里源出平山地境今山下入郡西甘勿羅之浦 牛皮浦在郡南三十里 氈岾溫井在郡南二十五里 大橋溫井在郡南五里 所井在郡東十里水出石穴引以灌田遇旱祈雨

土産 莞席 鵜鶘油 秀魚 鯽魚 魚鰾 蠏

學校 鄉校在郡北三里

宮室 客館 聚景樓在客館東

倉庫 金谷浦倉收海州延安豐川信川長淵文化康翎甕津松禾長連殷栗及本官田稅于此漕至京都

烽燧 鳳在山烽燧東應彌羅山西應延安府角山 彌羅山烽燧在郡東三十里東應夫毛里西應鳳在山 夫毛里烽燧在郡東三十五里東應開城府神堂西應彌羅山

郵驛 金谷驛在金谷浦 普達院在郡東四十里 所草院在郡南十二里

關梁 大橋在大橋浦舟楫由橋下 注正渡在郡東十里南距碧瀾渡十里

祠廟 社稷壇在郡西 文廟在鄉校 城隍祠在雉岳山 厲壇在郡北

陵墓 吳億齡墓在兎山南 吳靖墓在

寺刹 江西寺在郡東注正渡上一名見佛高麗時僧惠素住此金富軾每騎驢訪之鄭樞詩孤雲出岫大江流相國騎驢境轉幽何事往來多邂逅山僧沽酒共登樓○本朝黄宷詩樓前隐隐海潮音樓後深深祇樹林最是樓中清夜半一天明月印波心 燈巖寺在天登山世傳恭愍誕生之地 觀音寺在雉岳山 護國寺 麗興寺 禪定寺俱在高麗山 勒巖寺 比丘寺俱在黄衣山 聖日寺 雲嶺寺 背巖寺俱在雉岳山 石峯寺在飛鳳山 碧海寺在居鴨山 正明寺在大耳山 水月寺在鳳在山 青松寺在題山

古跡 重興殿高麗毅王十二年劉元度奏白州之兎山半月岡實我國中興之地若營宮室七年之內可吞北虜乃遣崔允儀相風水還奏曰山朝水順可營宮闕於是命朴懷俊等創別宮于是名曰重興殿術者竊語曰此道詵所謂庚方客蹄舉頭掩來之勢創闕於此恐有危亡之患 雉

岳山古城石城遺基周一萬二千六百尺

流寓 八光顯本渤海王大諲譔世子新羅末契丹陷渤海諲譔降光顯與其將軍申德等率餘衆來奔麗祖待光顯甚厚賜姓名王繼拜為元甫守白州以奉其祀僚佐皆賜爵田宅

人物 高麗 趙之遴顯宗時官至佐僕射忝知政事 伍允孚世為太史局官忠烈朝累遷判觀候署事精於占候一夕有星犯天樽曰當有飲者奉使來他日有星犯女林曰當有使者來進童女皆驗又善卜筮元世祖召試之益有名允孚性切直以國事為己憂每因災異入諫時政得失涕泣固爭嘗大星食月允孚泣白王曰火星食月非常之變豈飯僧事佛所能攘乎願慎厥施為以消災變為人貌醜寡言笑忠烈王嘗曰允孚吾之崔浩貌雖醜不可棄也嘗自畫天文以獻曰者皆取法官至僉議贊成事 權居義累官副令辛禑時喪母時喪制廢壞皆服百日而除居義良毀盡禮廬墓三年旌其閭 本朝 趙胖辛禑時林堅味廉興邦縱其豪奴奪人土田胖田亦為興邦奴所奪胖乞哀興邦故其田奴復奪辱之胖憤怒以數十騎圍奴家斬之禍曰以

誅林廉國人大悅後推戴我○太祖為開國功臣官至門下府事封復興君子瑞康官吏曹參判瑞安開城留守 安珪 烈女元氏之子家嘗失火元氏抱夫神主未出而仆珪入烈焰中負母抱神主而出頭面盡焦爛成宗朝旌閭 吳億齡 七歲能屬文擢第入史局累遷大司憲出為黃海道觀察使官至議政府右參賛性端雅敏於才立朝四十年所至有聲績常以恬退為心子翊靖皆顯官善楷弟百齡官吏曹參判百齡子竣亦禮曹判書善楷書

烈女 元氏 松禾縣監安謹厚妻謹厚死廬墓三年終身哀痛如一祭祀極甚誠本朝成宗朝旌閭復戶

甕津縣 東至海岸二十五里至海州界十一里北至同州界二十里南至海岸二十一里西至海岸六十五里距京都四百六十九里

建置沿革 本高句麗甕遷高麗改為甕津縣 本朝太祖六年置兵馬使鎮 恭憲王時罷鎮復為縣掌

面 官員 縣令 訓導各一人

郡名 甕遷

風俗 居民以魚鹽為生地志

山川 花山在縣東二里鎮山 館山在縣西五里 於乙示山在縣南三十里又見康翎縣 開龍山在縣西六十里 連根山在縣東十里 海在縣南四里 所江所本作蘊在縣西六十里 西京浦在縣西三十里有鹽盆 魚化島在縣南二十里 飛鴨島在縣南二十二里 火島在縣南二十五里海中有魚梁 磨蛤島在縣西八十里海中 孤島 謀島 巨次島 麒麟島俱在縣南三十里海中 昌麟島在縣西七十里海中有牧場

土產 絲 麻 紫草 鹽 藿 黃角 石首魚 青魚 竹蛤 魚鰾 鰒 紅蛤 絡締 小螺 石花 青角 絲藿

城郭 縣城石築周三千五百二十四尺內有三井

公署 所江僉節制使鎮在縣西六十里鎮所管廣岩梁阿郎浦吾又許沙浦茄乙龍媒梁水軍僉節制使一人

學校 鄉校在縣北二里

宮室 客館 望海樓在客館東

烽燧 開龍山烽燧西應長淵縣大串梁東應今勿餘山 今勿餘山烽燧在縣西四十五里東應炭項山西應開龍山 炭項山烽燧在縣南十五里東應康翎縣客岾西應今勿餘山

郵驛 文羅驛在縣南四里

關梁 館梁戍在縣西八里有防戍軍

祠廟 社稷壇在縣西 文廟在鄉校 城隍祠在縣北二里 厲壇在縣北

寺刹 連根寺在金鳳山 開龍菴在寶雲山 深寂菴 望海寺俱在青岩山

古蹟 古邑城在縣北二里內有九井 行城在縣南五里有土城

松禾縣 東至信川郡界七十二里西至豐川府界十一里南至長淵縣界五十三里北至殷栗縣界十五里距京都五百三十二里

建置沿革本高句麗麻耕伊高麗初改青松縣顯宗時省入豐川睿宗初復置青松縣本朝 恭定王八年以嘉禾縣省合改為松禾縣掌面官負縣監

訓導一人各一

郡名青松

山川墨山在縣北十五里鎮山 龍門山在縣東四十里 達摩山在縣東六十里 縛石山在縣南十五里 水田川在縣東二十里源出墨山南流入長淵縣為南大川 烧橋川在縣東六十里出達摩山流入信川郡為燒橋川 溫泉在縣南十五里

土産鐵出殷栗縣境金伊山 紫草 莽 銀口魚

學校鄉校在縣北二里

宮室客館

郵驛維安驛在縣東十里 茄乙院在縣東六十里

祠廟社稷壇在縣西 文廟在鄉校 城隍祠在縣北四里 厲壇在縣北

陵墓任子松墓在縣北高岩里

寺刹修證寺在墨山 寶林寺在龍門山 安圓寺在達摩山 藥山寺在火藥山

古蹟嘉禾廢縣在縣東六十里本高句麗板麻串高麗初改嘉禾顯宗時省入豐州睿宗初復置嘉禾縣本朝 太宗八年省合松禾縣 永寧廢縣在縣南三十里本高句麗熊閑伊高麗改永寧顯宗時省入豐州後移入信川本朝 太祖五年移入嘉禾令廢為村 新岾

古城在縣南十里石築周九千二百尺 土交

殷栗縣東至文化縣界三十里西至豐川府界二十四里南至松禾縣界十九里北至長連縣界十三里距京都五百五里

建置沿革本高句麗栗口一云栗川高麗初為殷栗縣顯宗時省入豐州本朝 太祖五年復置殷栗縣恭定王十四年復省入豐川後還析為縣官負縣監

訓導一人各一

郡名栗川

風俗俗以塩鐵為利地志

山川乾止山在縣北十里 九月山在縣東十里詳文化縣 毛乙山在縣南六里 金襴窟在九月山 海在縣西北三十里 熊島在縣西三十里 金山浦在縣北二十里東連急水門即大同江入海處 鹹泉在縣北十三里味鹹人多沐浴已病 高腰淵在九月山腰其形如釜深不測俗云有龍藏中遇旱禱雨有應 席島在縣西三十里有牧場島本隸豐川恭僖王二年移屬于此

土産綿 麻 石鐵出金山浦 紫草 海松子 竹蛤 魚鰾 銀口魚 絲藿

城郭九月山城在縣東十里石築周一萬四千三百八十六尺城形如大船南北無路東西只有棧道城中有木如門水出諸谷成一溪至于城西兩傍有山屹立如門外為瀑布城中有左右倉文化信川安岳倉屬左殷栗豐川松禾長淵長連倉屬右

公署廣巖梁萬戶鎮在縣西二十五里水軍萬戶一人

學校 鄉校在縣東一里縣併于豐州鄉校久廢洪武二十九年始置監務以校書校勘鄭餘為監務餘始建學校聚邑子弟教之李詹有記 書院

宮室客館 觀稼樓在客館東

烽燧 乾止山烽燧西應豐川府所山東應安岳郡甘積山

郵驛 文羅驛在縣南六里 板草院在縣南十五里

祠廟 社稷壇在縣西 文廟在鄉校 城隍祠在南山 厲壇在縣北

寺刹 亭谷寺 長佛寺 居仙寺俱在九月山 乾止寺在乾止山 龍泉寺在龍山

江陰縣東至平山府界十六里北至同府界十五里西至白川郡界二十五里南至開城府界三十一里距京都一百九十七里

建置沿革 本高句麗屈押縣一云江西新羅景德王時改江陰為松岳郡領縣高麗顯宗時省入開城縣後直隸開城府仁宗時復置江陰縣本朝因之恭定王十三年來隸本道官員縣監 訓導各一人 今增

孝宗二年以牛峯縣省合金川站置金川郡

郡名 江西

山川 天神山在縣西九里鎮山 古城山在縣東八里 歧灘在縣北十六里其源有二一出遂安郡彥真山一出平山府西冷井院等處至同府猪灘合流入于助邑浦古稱歧平渡高麗史附開城縣 助邑浦在縣南五里歧灘下流漕轉處 酸水在縣東十二里南距歧灘六里

土產 紫草 山獺 秀魚

公署 金郊道察訪司在縣西南三十里領金郊興義金岩寶山安城龍泉釰水洞仚丹串敬天井林十一驛○察訪一人

學校 鄉校在縣東一里

宮室客館

倉庫 助邑浦倉在助邑浦岸上收本縣及黃州瑞興平山鳳山谷山遂安安岳載寧新溪牛峯兎山等官田稅于此漕至京都

烽燧 城山烽燧北應平山府南山南應開城府松岳山國師堂

郵驛 金郊驛在縣西南三十里察訪司本驛 今增 臨濟院在縣南五里 萬壽院在縣東三十里 厇院在縣東十里

關梁 彤彌谷堡在縣東三十里自金郊至興義峽高谷深路經其中往往盜賊劫掠行旅恭僖王朝設堡譏禁今有遺址

祠廟 社稷壇在縣西 文廟在鄉校 城隍祠在縣西 厲壇在縣北

陵墓 李行墓在縣西北里永清洞 李 墓在

寺刹 雙鳳寺 金剛寺 普賢寺 天神寺 文珠寺俱在天神山

古蹟

康翎縣東至茄乙浦二十里南至登山串六十里西至海州界三十里北至同州界三十五里距京都四百四十九里

建置沿革 本高句麗付珍伊高麗初改為永康縣顯

宗時省入瓮津縣睿宗初復置永康縣兼任嘉禾

本朝　恭定王十四年省入長淵縣未幾復置

世宗十年以文化任内白翎鎮地併入白翎鎮本海島恭愍王時出陸僑居文化縣東加乙山之地仍稱白翎鎮其本島則屬長淵縣改為康翎縣

又割海州牛峴以南地益之徙治蛇川於縣置僉

節制使鎮尋罷鎮復為縣古永康縣治即今長淵縣之金洞驛仁祖

時省縣入海州後復析置掌面官貟縣監　訓導各一人

郡名　永康

山川　鳳凰山在縣北十里鎮山　堅来山在縣南二十里　多立山在縣東五里　於乙干山在縣西三十里　登山串在縣南六十里有白沙汀海潮退則白沙平衍不泥濘可縱鞭逐禽即古海州之地〻多麋鹿千百為群高麗辛禑欲攻遼發五部丁夫為兵托言西獵海州白沙汀即此地今為牧場　海在縣南三十里　青龍浦在縣東十里沙介浦下流　仇東浦在縣南二十里豆毛浦下流　豆毛浦在縣南三十里　沙介浦在縣南五十里仇東浦下流　南浦在縣南五里　蓮花池在縣南六十里　巡威島在縣南六十里海中有牧場　牛井在縣西九里

土産　苧　麻　礪石出巡威島　紫草　鹿茸　塩　魚鰾　石首魚　青魚　黃角　青角　藿　絲藿　細毛　石花　海參　小螺　紅蛤　絡締　竹蛤　鰒

城郭　縣城石築周一千八百尺

公署　茄乙浦萬户鎮在縣東十五里水軍萬户一人

烽燧　瓮岾烽燧在縣南五十五里西應瓮津縣炭項山東應九月山　九月山烽燧在縣南三十里西應瓮岾東應堅羅山　堅羅山烽燧在縣南十三里東應海州沙浦串西應九月山

學校　鄉校在縣東三里

宮室　客館

郵驛　牛井院在牛井傍

祠廟　社稷壇在縣西　文廟在鄉校　城隍祠在縣北十里　厲壇在縣北

寺刹　安國寺在於乙干山　靜修菴在堅来山

名宦　本朝　金慶禮莊憲王朝知康翎縣事以政最召還為兵曹知事

人物　高麗　康拯操心勤詳以蔭補軍器注簿睿宗朝尹瓘征女真拯以左軍知兵馬事從之有功官至中書侍郎平章事

長淵縣東至海州界五十六里南至海岸四十里西至阿郎浦四十七里北至豊川府界二十五里距京都五百十三里

建置沿革　本高句麗長淵一云長潭新羅因為長淵縣高

麗顯宗時省入瓮津縣睿宗時復置長淵縣本朝

太祖時於縣置兵馬使鎮後并永康縣稱淵康未幾各復舊　世宗

時罷鎮復為縣掌面官貟縣監　訓導各一人　今增

時陞為都護府

郡名　長潭

形勝

風俗　俗以蠶桑魚鹽為利地志

山川　椳林山在縣西三十里　五盤山在縣東二十里　石峯山在縣東六十里　佛陁山在縣南十五里　長山串在縣西六十里截入海　大青島在府南三十里海中周有牧牛場高麗忠肅王時元流魏王阿木哥李剌太子陷于帖木兒太子等前後來此島後皆召還今其所居宅基猶在　小青島在海中太青東周按大明一統志作大青嶼小青嶼即此是高麗地理志白翎鎮有大青小青二島今白翎島亦在府界中　白翎島在大青西水路周本高句麗鵠島高麗改今名為鎮顯宗置鎮將恭愍王時以水路艱險出其鎮于文化縣東村加乙山尋廢鎮本朝置鎮云云高麗忠烈王時元流賊黨塔也速于此有牧場　新串在縣西十七里　別西江在縣西六十里　白沙汀在縣西五十八里長七八里廣三四里南有蓮池北有勝仙峯峯頭有莎草三面濱海白沙平鋪隨風流轉堆積成岸雜松海棠紅翠相映遊賞者相續　南大川在縣南五里松禾縣水回川下流至縣西十里入于海　助尼浦在縣西六十里　大串梁在縣南六十三里吾叉浦古譽　龍井在縣西十五里深不可測引以流田旱則禱雨　龍穴在縣西五里有斷壠長三百餘歩壠頭有穴圓徑丈餘壠端亦有穴首尾相通有人持火而入行至百餘歩有水深昧不得尋源而迄

土產　絲　麻　銅　鐵出真石洞　鐵出冬羅串吉串兩處　桑寄生產大青白翎兩島　蜂蜜　藿　絲藿　鹿角膠　青角　黄角　細毛　小螺　紅蛤　秀魚　銀口魚　青魚　鰒　鯋魚　竹蛤

城郭　縣城石築周五千七百二十五尺有門城中有三井

公署　吾叉浦萬戶鎮在縣西四十五里水軍萬戶一人　阿郎浦萬戶鎮在縣西四十五里水軍萬戶一人本朝李石亨詩渚清沙白十分奇潮退雲收水靜時正值太平無事日將軍橫槊賦新詩　白翎僉節制使鎮

學校　鄉校在縣北四里

宮室　客館　鎮西樓在客館東　南門樓即城南門樓

烽燧　几串烽燧在縣西六十一里南應彌羅山北應豊川府古里串　彌羅山烽燧在縣西五十二里南應青石山北應几串　青石山烽燧在縣西三十四里東應大串梁北應彌羅山　大串梁烽燧在縣南六十三里南應甕津縣開龍山西應青石山

郵驛　新行驛在縣南五里　金洞驛在縣東四十五里乃永康縣古址　廣淺院在縣東六十里　長洞院在縣北三十五里

祠廟　社稷壇在縣西　文廟在鄉校　城隍祠在縣北二里　長山串祠祀典以大川載小祀春秋降香祝致祭　厲壇在縣北

寺刹　千日寺在五盤山　安心寺在彌羅山　見佛寺　千佛寺　海林寺俱在佛陁山　鵲栖寺在椳林山　永南寺　石峯寺　慈悲寺俱在石峯山　海臨寺　七峯寺俱在佛陁山

古蹟　古永康在縣東五十里　海安廢縣在縣西四十五里高麗時置海安縣後省入青松本朝恭定王十六年以其地越入本縣西界併于縣為直村　杜鵑山古城

在縣北四十里土築周三千二百八十八尺今廢

流寓

愛牙赤高麗忠烈王六年元世祖流皇子愛牙赤于大青島七年召還王及齊國公主餞于碧瀾亭以送之

阿木哥元順宗子封魏王高麗忠肅王四年元仁宗流阿木哥于大青島十年召還明年王在元娶阿木哥女金童是為曹國公主公主從王來國未幾卒又忠肅十年元流孛刺太子于大青島十六年召還十七年流閻帖木兒太子于此島後元年召還今其所宅基址存

人物

高麗

文仁渭穆宗時人以梱愊無華得免金致陽之亂官至尚書兼左僕射

文正文宗朝登科累遷兵部侍郎左諫議大夫東蕃作亂正克捷凱還特賜輔忠贊化蕩冦靜塞功臣號加特進檢校司徒門下侍郎平章事上柱國長淵縣開國伯謚貞獻配享宣宗廟庭

東國輿地志卷之七

江原道

本朝鮮舊域濊貊之地天文尾箕分野衛朝鮮時漢武帝滅朝鮮置四郡此為臨屯郡昭帝始元中罷臨屯以其地屬樂浪郡後以境土廣遠復分嶺東七縣置樂浪東部都尉東漢建武中罷都尉官封其渠帥為縣侯後漢書濊北與高句麗沃沮南與辰韓接東窮大海西至樂浪濊及沃沮句麗本皆朝鮮之地也武王封箕子於朝鮮其後四十餘世至朝鮮侯準燕人衛滿擊破準而自王朝鮮傳國至孫右渠漢武帝元朔元年濊君南閭等叛右渠率二十八萬口詣遼東內屬帝以其地為滄海郡數年乃罷至元封三年滅朝鮮分置四郡至昭帝始元五年罷臨屯真番以并樂浪玄菟玄菟復徙居句麗西自單單大嶺以東沃沮濊貊悉屬樂浪後以境土廣遠復分嶺東七縣置樂浪東部都尉光武建武六年罷都尉官遂棄嶺東地悉封其渠帥為縣侯皆歲時朝賀無大君長其官有侯邑君三老其言語法俗大抵與句麗捆類人性愚慤少嗜欲　按後漢書又云沃沮之地南與濊貊接辰韓之地此與濊貊接陳壽魏志杜佑通典所載亦然高麗史地理志云交州道本貊地又云春州本貊國溟州本濊國盖濊貊地小壤接常為附屬故必并稱濊貊或通稱為濊而於其中又各有別區大槩嶺東為濊地嶺西為貊地上所謂自單單大嶺以東沃沮濊貊者乃合而言之之辭耳參以西至樂浪及嶺東七縣之語而覈其地彩則可見矣後為高句麗所有新羅并之景德王時置溟朔二州分領郡縣高麗成宗時置朔方道以領溟州和州等州縣而以春州等州縣隷焉明宗時改稱沿海溟州道分

春州等州縣置春州道或稱東州道元宗時溟州道改稱江陵道東州道改稱交州道恭愍王時江陵道改稱江陵朔方道至辛禑時江陵道始析於朔方道而合交州道稱交州江陵道又以忠州所管平昌郡来隸恭讓王時割鐵原永平等郡縣移隸京畿本朝

太祖初改為江原道恭靖王朝以原州屬縣永春與忠州所屬寧越太才相錯相換馬　太宗朝割加平朝宗隸京畿以京畿伊川縣来隸　世宗朝又以鐵原安峽還于本道今上時改稱原襄道尋復號江原道領府一牧一都護府五郡七縣十二

官貟觀察使一人兵馬節度使一人觀察使兼水軍節度使一人觀察使兼都事　審藥　檢律各一人

江陵大都護府一東至海岸十里西至平昌郡界一百五十九里至横城縣界一百九十里西南至旌善郡界九十里南至三陟府界九十四里北至襄陽府界六十里距京都六百里

旱田

水田

建置沿革古濊國一云鐵國一云蘂國漢武帝元朔初濊君南閭屬漢々以其地為蒼海郡數年而罷元封三年滅朝鮮於此置東暆縣為臨屯郡治高句麗稱河西良一云何瑟羅州新羅善德王時為河西小京武烈王時以地連靺鞨改為州置都督府景德王十六年置溟州高麗太祖十九年置東原京尋改溟州成宗初稱河西府五年改溟州都督府十一年改為牧元宗初改為慶興都護府以功臣金洪就之鄉陞號忠烈王時改江陵府恭讓王初陞為大都護府本朝因之世祖時置鎮掌面十二鎮管都護府二三陟襄陽郡四平海杆城高城通川縣二蔚珍歙谷官貟府使　判官　教授各一人

郡名濊國　臨屯　東暆　河西　溟州　東原

形勝山自北来海為東極高麗李穀詩山自北来青未了海為東極浩無邊西阻大嶺東限滄溟地志西阻大嶺東限滄溟南自平海北至通川一帶諸郡介居嶺海之間山水甲天下地志江陵僻在嶺海間而山水之勝甲於天下滄溟浩瀚洞豎千里高麗安軸鏡浦臺記東海之境多清爽本朝許稠序大嶺之東並群峯積雪望日月之出東海皆沙海々上多石間有深松大澤名區絕勝又曰南海之多珍恠富饒不如東海之境多清爽自古魁偉之士能忘世於海上者多稱東海之濵而不言南海者蓋以此

風俗人性愚慤少嗜欲後漢書濊其人性愚慤少嗜欲不清匄有廉耻忌諱同上疾病同上忌諱疾病死亡輙捐棄舊宅更造新居候星宿知歲豐約同上候星宿豫知歲豐約已上濊貊通俗以府為故都故載於此士尚學問自髫齔挾策從師絃誦之聲滿於里閭慢者衆共黜罰之俗喜遊宴其俗每遇佳節相邀群飲不廢將迎然不力農資產不贍煮海耕山高麗李齊賢詩和泥煮白浪帶燒壁蒼雲人多壽

考會二記清凉之山迪抱渲州故人多壽考行敬老會邑俗敬老每值良辰請年七十以上會于勝地以賀之

山川

大關嶺在府西四十里鎮山一名大嶺自咸鏡道之釖山分水嶺八本道為鐵嶺楸池嶺金剛山又自金剛歷揮時坡嶺雪岳山所冬羅嶺五臺山為此嶺橫亘千餘里漢志所謂單單大嶺者即此也諸嶺皆山脊相連開路處而嶺此尤峻盤旋而上其高三十里〇本朝金世濂詩三山出東海五岳鎮中國茲嶺復嵬岩屹然鎮南北內攢千峯碧外盪重溟黑突兀起重陰崢嶸聳秀色岩峭路斷絕峀複天欲昃登臨出雲表浩蕩失胸臆

五臺山一名清凉山在府西一百三十里高大深邃山有五峯東曰滿月南曰麒麟西曰長嶺北曰象王中曰智爐五峯環列均敵故名本朝世祖嘗巡幸登此許穆記山氣最積者五謂之五臺其北為象王峯極高峻其絕頂為毗盧其東為北臺臺有甘露水自毗盧南為智爐峯智爐田上有中臺山深氣清飛鳥不至中臺南有雙王井北臺東南為滿月峯絕頂為東臺臺下有清溪登東臺望東海日出象王西南為長嶺峯上有西臺西臺汲神井謂之于筒水長嶺東南為麒麟峯上有南臺其南麓有靈鑑寺今藏史於此上院在智爐南麓為山中佳寺自上院登中臺五里又登北臺五里西登長嶺又五里東臺十五里南臺十里蓋山多土少石其木多檜山中之水合為大川至月精寺下為金剛淵

普賢山在府西三十五里

貟泣峴在大關嶺之腰距府西四十里世傳有一負逋江陵府使而歸到此顧瞻悽然泣下因名負泣峴

毛老峴在府西一百二十五里

秃峴在府西一百八十九里

火飛嶺在府南三十五里嶺土黑如火所燒故名

鈒嶺在府南西六十里指旌善之路

月正山在府東六里

花浮山在府北三里

所隱栢山在府西六十五里諺傳神仙所居之地昔有獵夫逐獸登高峯望洞中老樹茅屋蹊徑森然溪邊綵布瀚衣依然若人居下山尋之雲亂滿谷迷不知其處

所亏音山在府西八十里山中有泉旱則禱雨有驗

海靈山在府東二十七里

淡定山在府南三十二里

沙火山在府北三十里

注文山在府北四十二里

青鶴山在府西北五十里自五臺山連迤百里為別支巖巒攢擁青鶴栖峯上以其在重崗複嶺之中舊無名本朝李珥名之〇李珥遊山記過白雲遷見各曲渕復踰二嶺凡行三十餘里一嶺高峻緣路水石轉奇羣峯擁翠自此西行十里許有鳥道石棧甚危名觀音遷其西有石門門內有秘仙巖舊名食堂巖〻西有古山城復行五里乃有石峯突起勢摩九霄者三挾以靈壁雪色嵯峨清流瀉其間激而為瀑渟泓作渕峯上有青鶴巢既八石門境色尤奇恍然別一世界也名其峯曰矗雲其洞曰天遊總謂其山曰青鶴云

天遊洞在府西北七十里青鶴山中亦名青鶴洞峯巒環合洞壑幽深宛成別區其東南洞有九龍渕層壁奇巖查絕難攀水施流其間為九折瀑布瀑布下皆潭水其石上大書九龍渕奇字本朝許穆所書穿石門由觀音遷踰嶺而出始有人家詳青鶴山

大隱洞在府西一百八十里俗稱蓬坪萬山中有長谷曠野皆良沃可墾亦有水田道路阻絕而民家徃〻有八居者其最深處又有貟橫越險處亦有田疇可墾

大和石窟在大和驛北其深不測或可達洪川縣界窟中幽暗非炬燭不能深八石氣凝流見若軟湿而以扶叩之堅硬有聲石狀殊異宛成物像或如幢幡或如人形又有水田狀又有川伏流入聞其聲

海在府東十里許穆云東海東南北無際常多大風波浪拍岸十丈惟西風海靜然厲風則海動

堅造島在府東十里南川八海之口高麗金克己詩海中堅造島巖險絕纖草勝境近神仙遺蹤傳父老

城南川在府城南百步源出大關嶺與諸谷水合流為扸嶽渕為廣濟渕東八于海

金剛淵在五臺山月精寺傍距府西一百十里山中之水合成大川面皆盤石垂瀑十尺匯而為渕諺傳神龍所藏春則餘項魚成羣遡流而上至渕中遊躋奮騰懸崖或有升者或半升還墜

于筒水在府西一百五十里五臺山西〻臺之下有泉湧出即漢水之源〇本朝權近記西臺之下有檻泉湧出色味勝常

其重亦然曰于筒水西流數百里為漢江漢雖受衆流之衆而于筒為中泒色味不變若中國之有揚子江漢之得名以此也

芳林川在府西一百五十八里

連谷浦在連谷廢縣東五里距府三十五里

梧津在府南九十里

注文津在府北四十里○已上三浦舊有斥侯

安仁浦在府東南二十五里

鏡湖在府北五十里亦曰鏡浦周二十里水淨如鏡不深不淺鏡浸人肩四面中央如一西岸有鏡浦臺

楓湖在府北十四里本朝鄭經世詩寒松南畔是楓湖極目平波遠有無是也其序曰遊者自寒松亭南行穿長林踏細沙愈入而愈深歷盡松沙稍轉而西顧則忽見平湖與天一色晃朗如別一世界真勝地也然而不見稱於世者特為鏡浦所壓有如涇沚湜湜而以渭濁耳余作吏時屢往游而樂之蓋愛其幽靜平穩宜於巾屨節也

土産

麻 弓幹桑出羽溪縣 竹箭出府北甑山及府東北江門島 梨

海松子 人參 紫檀香 黃楊 五味子 紫草 松蕈 當歸 芎藭 茯苓 木賊 山芥

鷹 蜂蜜 黃蠟 白花蛇 海獺 鹽 藿

細毛 海衣 海參 鰒 紅蛤 文魚 麻魚

魴魚 廣魚 赤魚 古刀魚 大口魚

比目魚 黃魚 鰱魚 松魚 銀口魚 訥魚

鯽魚 餘項魚 蓴 田細蛤

城郭

府城舊有土城中宗七年改築石城周二千七百八十二尺立門四東曰 南曰 西曰 北曰 城內有十四井二池

學校

鄉校在府北三里高麗金承仰為存撫使始創本朝成宗時重修聖殿及東西廡東西齋講廳典祀廳祭器庫教授衙有司房無不備具又構南樓

立山書院在府西三十里中建本朝滑孔子像安於祠中院傍小石其下曰鳶魚臺

石川書院在府文成公李珥外家居於府之北坪珥生於此府人為建書院祀之

宮室

臨瀛館即客館○本朝丁壽岡詩臨瀛古府幾千年地拆東溟控海天依舊山川來眼底重新樓閣倚雲邊家家士造三冬學處處秋登萬井烟揔是使君宣化力吾今還作鏡湖仙

倚雲樓在客館南樓甚宏敞古今題咏多在其上

雲錦樓在客館東北隅樓南有池蒔以芙蕖池中有島島上種竹極有勝致成宗八年府使李愼孝重創有徐居正記

寒松亭在府北十五里東臨大海舊有千歲深松寒影蒼蒼因以為號亭畔有茶泉石竈石臼即新羅述郎仙徒所遊處○樂府有寒松亭曲世傳此曲書於琴底漂至江南江南人未解其詞高麗光宗時張晉山奉使入宋江南人問之晉山作詩解之曰月白寒松夜波安鏡浦秋哀鳴來又去有信一沙鷗高麗安軸詩四仙曾會此客似孟嘗門珠履雲無迹蒼官火不存尋真思翠密懷古立黃昏惟有煎茶井依然在古根○本朝柳季聞詩古仙浪遊處爭慕客塡門煉藥人何去煎茶竈獨存臺中閑日月世上即晨昏回首尋遺迹唯松自託根

鏡浦臺在鏡浦上即關東八景之一浦周二十里水淨如鏡西岸有臺臺畔有煉藥古石臼浦之東口有橋曰江門橋橋外竹島島北皆白沙沙外蒼海萬里直望日出本朝太祖世祖嘗巡幸駕于此○高麗安軸記臺舊無亭宇泰定丙寅今秋部朴公淑按節關東構亭其上余登是臺遠近山水四顧森羅水之遠者滄溟浩瀚而烟浪崢嶸近則鏡浦澄清風漪溶漾山之遠者洞壑千重而雲霞縹緲近則峯巒十里草樹青葱常有沙鷗水鳥浮沉往來容與于臺前其春秋烟月朝暮晴陰隨時氣像變化不常此臺之大槩也余坐久冥搜不覺漠然凝神超乎形外有心獨知之而口不可狀言者昔羅代永郎仙徒遊於此其亦必有所樂矣朴公之命構是亭邑人不知古有亭皆不欲及除土得舊基礎砌猶在人咸異之去古既遠亭基至於煙沒而今復見焉安知非有數歟○前人詩雨晴秋氣滿江城來泛扁舟放野情地入壺中塵不

到入迓鏡裏盡難成烟波白鳥時々過汀路青驪緩々行為報長年休疾棹待看孤月夜深明○高麗金克己詩篝臺挑碧浦登眺刑翻夂碎浪動歌扇祥飇飄舞袖河傾玉塵談海瀲銀觥酒未知四仙心今古相照否○本朝金世濂詩曲樓吹徹玉笙寒東北蒼然統碧瀾渤海春陰生大壑十洲晨影落瑤壇山河萬里排鸞浪日月千齡走小九踏遍三清人不見碧桃花下駕青鸞 鏡湖堂 在鏡浦之東與鏡浦臺東西相望邑人金忠懿別墅 喚仙亭 在鏡浦南岸北望滄溟西與鏡浦臺相對邑人司藝權擇所構金世濂詩云玉樓金榜鏡湖邊檻外濤聲渤海烟 快哉亭 在府東九里傍有苔碣古屯兵之處 聚遠臺 在府東本朝趙云仡詩步上城東聚遠臺繁桃紅杏滿城開即此 滌煩臺 清白堂 俱在客館西

烽燧 注文山烽燧 北應襄陽府陽野山南應沙火山 沙火山烽燧 南應所同山北應注文山 所同山烽燧 在府東七里南應海靈山北應沙火山 海靈山烽燧 南應吾介山北應所同山 吾介山烽燧 在府南四十里南應於達山北應海靈山 於達山烽燧 在府南九十里南應三陟府廣津山北應吾介山

郵驛 大昌驛 在府東五里 丘山驛 在府西二十八里大關嶺底有亭送人西上之地 橫溪驛 在大關嶺上距府治六十里地極高寒每冬雪深數丈三月始消八月降霜居人惟種瞿麥 珍富驛 在嶺西距府治一百里 大和驛 在嶺西距府治一百四十里自橫溪至雲交皆在嶺西路甚崎嶇金世濂詩大和珍富嶺西通峽路羊腸六驛同 芳林驛 在嶺西距府治一百七十里 雲交驛 在嶺西橫城縣界距府治一百九十里 安仁驛 在府南二十里 木界驛 在府西五十里 高端驛 在府西六十里 冬德驛 在府北四十二里 樂豊驛 在羽溪縣東五里 臨溪驛 在羽溪縣西四十里 洪濟院 在府西五里有使華樓本朝金時習詩十里鸎花古院深倚樓終日費清吟烟生遠浦回漁艇風定晴波浴水禽草色最茸侵卷陌柳條腰舞壓庭陰幾家帘含渾如畫都在青烟翠竹林 濟民院 在府西二十八里 大嶺院 在大關嶺上 兎山院 在府西九十里 入樂院 在府西一百二十里 入富院 在府西一百三十九里 慈仁院 在府西一百八十五里 長淵院 在府西二百四十里 無應仇里院 在府南七十五里 長壽院 在羽溪縣西二十八里 大濟院 在羽溪縣西四十三里 松峴院 在羽溪縣西七十里

關梁 大關 在大關嶺上古置關設柵今有遺址江陵諸郡之稱關東者以此路自嶺下盤緣山腹凡五十餘曲以達于關高麗姜淮伯詩道路丘山驛羊腸馬不前先驅行木末飛棧掛雲邊北望山如戟東臨海接天擧緣行盡處宇宙更茫然 樓橋 在府南十里 江門橋 在府北十二里鏡浦之口

祠廟 社稷壇 在府西 文廟 在鄉校 城隍祠 在府西百步 厲壇 在府北 金庾信詞 舊在花浮山今合于城隍祠 大關嶺祠 在府西四十里

陵墓 崔致雲墓 崔應賢墓 俱在府助山

寺刹 上院寺 在五臺山寺有清風樓世祖為願刹為建石鐘李穡詩洞壑娟新晴巖流清有聲五臺引興深苔逕芒鞋輕攀蘿夌絶項白雲生翠屏俯覽衆山小浩々烟樹平冷々石竇泉一飲遺世情禪房坐蒲團洒落魂夢清晨磬發深省潽灂吾何營 獅子菴 在五臺山我太祖重營為願刹親臨觀之令權近作記 觀音菴 在五臺山有東南二觀音 文殊寺 在府東海岸高麗李穀東遊記云寺東有四仙碑為胡宗朝所沈唯龜趺在 艷陽寺 在花浮山有李穀重修記 金覓寺 在五臺山有李穡重修記 興原寺 在湊定山 月精寺 在五臺山即山中巨刹有餘仁殿圖通殿山腰樓金時習詩古殿香銷春晝長重々花影在東廊上

方招偃僧來寺禪室客稀雲度墻珠網玲瓏紫寶樹天花繚繞落猊床仙山迥興入寰偈頌學青囊僉玉方

水精菴在五臺山權近記于筒之源有菴曰水精昔新羅二王子嘗適于此修禪得道至今衲子欲修證者皆樂居之

燈明寺在府東三十里李穀東遊記至燈明寺觀日出

地藏寺在普賢山　靈鑑寺在五臺山有藏史閣　中臺菴　西臺菴　北臺菴皆在五臺山又有金剛地藏普賢衆頭菴皆在五臺山

古蹟

濊國古城在邑城東土築周三千四百八十四尺久地但存基址

連谷廢縣在府北三十里本高句麗支山縣一云陽谷新羅景德王時為溟洲領縣高麗改連谷仍八本朝因之

羽溪廢縣在府南六十里本高句麗羽谷縣一名玉堂新羅景德王時改羽溪為三陟郡領縣高麗顯宗時移八本朝因之縣北山上有土築古城周三千四百五十尺今皆圮

普賢山城石築周一千七百尺今廢圮

安仁廢鎮在安仁浦舊有水軍萬戶以防海寇　成宗時省罷又府東十里有寧平戍海令戍北二十里有化城戍沙火戍皆古兵戍處

許李臺在府南二十五里海濱有巖平廣可坐百八本朝許琮李陸俱以使命來遊于屯因名焉

名宦

新羅

異斯夫智證王時以伊飡為何瑟羅軍主于山國負險不服異斯夫謂其八愚悍難以威降可以計服乃多造木獅子分載戰船抵其國海岸誑之曰汝若不服則放此獸蹂殺之其八恐懼即降

真珠善德王八年以沙飡真珠鎮河西

高麗

林民庇出守溟洲浚渠溉田以廣譽稱八為太常府錄事

安軸忠惠王時為江陵道存撫使公正廉勤民懷其德凡遇勝境多所題詠諦其編曰關東瓦注

安宗源恭愍朝拜辛旽出典法摠郎出為江陵府使有惠政未久而代民追思之

朴元桂為存撫使將代還寧相謂江陵人便於元桂存撫遂仍之民久而思之不置

本朝

趙云仡國初為江陵府使不喜接賓客不煩擾民間清白無比邑民追思不已

辛有定太宗朝倭寇江原道遣有定率禁兵往擊之因為江陵府使清簡仁恕弊袪利興民懷其惠

柳亮恭靖王朝領江陵府使民感德政興趙云仡安宗源辛有定並立生祠祀之

琴柔世宗朝為江陵府使以循吏稱民皆畏慕

李慎孝成宗朝為江陵府使政尚清簡修舉廢墜

鄭逑宣祖時為江陵府使善政極多後又為江原道觀察使

鄭經世光海時以直言不阿貶為江陵府使為政簡靜以禮教士

李命俊仁祖時江陵府使清劉為治府多富豪假貸貧民至不時償則沒其田僮下戶以此多破產命俊召土豪責其非義設法平處弊習漸革

流寓

金周元新羅武烈王之孫初宣德王薨無嗣羣臣奉貞懿太后命立周元為王族子上大長等欲信先入宮稱制是為元聖王周元懼禍退居溟洲遂不朝請後二年封周元為溟洲郡王割溟洲翼嶺三陟斤乙於蔚珍等官為食邑子孫因以府為鄉

李珥本朝漢陽人父元秀娶於本府人申氏母夢黑龍騰東海入寢舍而生珥六歲始來京都珥以名儒事　明宗宣祖其外祖母李氏老無子珥既顯請暇來省有遊青鶴山等記官終右贊成謚文成

人物

新羅

金宗基周元子襲封為溟洲郡王

金貞茹宗基子始仕於朝官至上大等封溟源公

金陽貞茹子金明之亂佐神武王定社稷官至侍中兼兵部令追封為溟源郡王詳慶州

高麗

王順式為本朝將軍久不服太祖使其父往喻之順式遣子守元歸款後又率子弟來朝賜姓王拜太匡太祖討神劒順式自溟州率其兵會戰破之

金上琦周元之後登第官至侍郎平章事配享宣宗廟庭

金仁存上琦子初名緣世明敏少登科直翰林院累轉起居舍人知制誥兵部員外郎遼使孟初至仁存為接伴嘗一日並轡出郊雪始霽馬蹄觸地作聲初唱云馬蹄踏雪乾雷動仁存即應聲曰旗尾飜風烈火飛初愕然曰真天才也歷事宣獻肅三朝嘗奉使遼宋皆能專對好學老不釋卷官至守太傅門下侍中謚文成配享睿宗朝庭

金洁仁存弟風姿雅麗以文學顯於世官至侍郎平章事 崔守璜登科忠烈時官至僉議贊成事性剛直勤儉家貧衣食不給不以介意子斯立能詩善書官至選部典書 金縝力學登科知吳先清州皆有善政仁宗朝累遷為同知樞密院事李資謙之亂見宮闕連燒嘆曰與其死賊手不如自盡閉戶投火而死亂定嘉其節義謚烈直 崔濡初為本府吏為入魁梧有風標年十九登科禎校書校勘仁宗朝歷翰林學士官至門下侍郎 金遷本府吏高宗末蒙兵來侵母與弟德麟被虜時遷年十五晝夜呼泣聞被虜者多道死服衰終制後十四年有百戶習成自元來傳遷母書遷知母在北州天老寨遷每臨食涕泣貸人白金請於朝求往不許乃隨千戶孝至往東京轉往天老寨尋得其母贖之而還後六年德麟亦來兄弟終身盡孝鄉人立石刻曰孝子里以旌之 金光乙周元裔孫恭愍朝賜贊化功臣封溟源府院君官至門下侍中 崔安沼恭愍朝封純誠輔理功臣江陵君

本朝

金鑄光乙子官工曹判書 咸傅霖登文科太祖朝開國功臣封東原君國朝歷八道監司者只傅霖耳所至皆有聲績謚定平 劉敞太祖朝開國功臣玉川府院君 崔迤官至議政府贊成事謚僖景 崔致雲世宗朝文科官至吏曹參判凡五赴京師年五十一卒世宗重其為人時時召對疑獄必召議多所平允性廉簡凡有賞賜必固辭嘗命註無冤錄又解大明律 咸禹治傅霖子累歷諸道觀察使有父風官至議政府參贊襲封東原君 李成茂事親至孝母病盛冬思生魚成茂與其弟春茂善茂良茂公川澤求之冰忽解有魚躍出持以獻母病愈事聞復其子孫良茂子仲元登科 崔應賢致雲子性篤孝登第八承文院以母在鄉不就康戢連補江陵訓導教授栖遲郡邑二十餘年 成宗朝大臣薦其賢超拜執義累官忠清道觀察使大司憲刑曹參判皆有聲績 成宗嘗曰求忠臣必於孝子之門卿既能盡孝其亦能盡忠乎茲予眷卿子世節官戶曹參判 朴遂良孝行甚篤燕山朝短喪極酷遂良造母喪揹服衰廬墓三年 恭僖王命旌閭以遺逸拜龍宮縣監剖決如流庭無留訟坐己卯士禍罷歸鄉里居閑以老自扁其亭曰三可 朴達恭僖王朝登賢良科遷為佐郎坐己卯士禍罷歸鄉里與朴遂良常相會書史自娛尚震按關東嘗訪之歸而語人曰斯人如玉壺秋水 崔壽峸應賢孫能詩善書畫人稱奇才有遺世遠遊之志遍觀名山水每斲松作琴彈罷棄去與金淨金湜相友善性清介疾惡如讎 恭僖王時見時事多虞嘗語其叔父世節曰雖仕何求不如穩卧湖山以保餘年南袞聞而構殺之

烈女

李氏進士申命和妻通識詩書事母至孝夫嘗病革李氏晝夜不寢沐浴潛詣祖墓焚香禱天曰福善禍淫天之理積善累惡人之事惟我良人志操無邪行業無凶皇天皇天鑑此下情遂拔佩刀斷指願以身代又禱于祖先李氏有小女其夜夢天降藥大如棗夫病果愈人皆驚歎以為感天本朝 中宗聞其事命旌閭李氏無子外孫李珥養於李氏為世名儒

三陟都護府

東至海岸九里南至蔚珍縣界一百九里西至慶尚道奉化縣界一百五十里至同道安東府火川縣界一百三十七里至旌善郡界九十五里北至江陵府界三十七里距京都六百三十二里

旱田

水田

建置沿革 古悉直國新羅婆娑王時來降智證王六年置悉直州景德王時改為三陟郡高麗成宗時改陟州顯宗時降為三陟縣辛禑時陞為郡本朝太祖二年以穆祖外鄉陞為府 太宗十三年例為都護府掌面九 官員府使 教授各一人

郡名 悉直 陟州 真珠別號

形勝 西壓大山東臨巨海陟州志府使趙濈上疏云邑在窮海之濱本朝許穆云邑在窮海之濱處山谷巖嶮

風俗 入性愚戇少嗜欲嶺東諸郡大槩同此習俗同溟州地志信鬼神本朝李山海云嶺東俗信鬼神所至皆然其民儉嗇多貧陟州志

山川 葛夜山在府北二里鎮山上有古城城中古井謂之御井相傳悉直時井太白山在府西一百二十里自江陵大關嶺連亘爲此山雄據數百里其高無比自此南迤爲小白山爲鳥嶺新羅時以此山爲北岳載中祀又見慶尚道安東府及奉化縣高麗崔瀣記天下之名山三韓爲多三韓之勝東南爲最東南之巨者太白稱爲首焉○高麗安軸詩直過長空入紫烟始知登了在高巔一丸白日低頭上四面羣山落眼前身逐飛雲疑駕鶴路懸危磴似天兩餘萬壑奔流漲愁度縈回五十川頭陀山在府西四十五里山腰有石井五十仍名曰五十井旱則禱雨於此本朝許穆遊山記八山中川上皆深松巨石石臨脩瀨相對爲層臺謂之帀巖從臺上西行登石崖曰獅子項崖下水清石白其盤石曰石場川水北岸石臺曰㳂鶴臺過此則山皆石危石如削石場西北上中臺寺寺在山中川石之備最佳處中臺後瀑布曰北瀑蒼壁嶄巖其下則漸平無亂石入可躋而㳺山水流瀉石上過百步踰中臺攀傅巖壁不得并足而行䳘鶴巢臺至此山氣益嵯峨日高朝霞未斂坐石苔觀瀑布謂之濺珠巖躑雲梯數層遊指爪巖此是山石窮處停有石窟中有麻衣老人土床南望古城其北嶺最高路絶不可登其東北有次峯又其西有三石峯並峙而其最西者最植上有石圩苔來水清皆躡足而上危不可俯其中峯危石三重以足搖之亦動故名曰動石其下川水積焉石如踣甕其廣尋丈水深黑不可窺旱則禱雨於此窮水源有古上院廢墟或曰此高麗李承休山居云陽野山在府南二十里東濱海海上皆石岸廣津山在府東六里虞甫山在府西一百五里又稱揄嶺近山在府南十五里最神峭上有神祠邑民皆尊奉之稱其祠曰近山祠三台山在府里與虞甫山相對最高大白福嶺一云希福嶺在府西北六十里指旋善之路極高險尾峴在府南八十五里加乙峴在府南一百十七里海在府東九里五十川源出虞甫山東流至府城西石壁下折而南流滙爲脩潭又東流爲三陟浦入于海自府至其源凡四十七渡故揔成數稱五十川藏吾里浦在府南六十二里有內外藏吾里皆東海泊船處有斥候黃池在府西一百十里太白山中有泉湧出成大池其水南流至三十餘里穿小山南出謂之穿川即慶尚道洛東江之源官置祭田天旱禱雨龍場池在府堤長　步又有釜前池上赤堤皆在北坪灌漑頻廣德山島在府南二十三里交柯驛東海上

土産 麻　鐵出府西稷岾　瑪瑙出府西竪頭里　弓幹桑出府南蘆谷山　竹箭出府南德山島　漆　紫檀香　安息香　五味子　人參　松蕈　茯苓　地黃　當歸　黃楊　木賊　山芥　鷹　蜂蜜　黃蠟　白花蛇　盐　海衣　藿　鰒　紅蛤　文魚　魴魚　鰱魚　松魚　大口魚　秀魚　黃魚　古刀魚　比目魚　銀口魚　廣魚　海參　赤魚

城郭 府城三面石築周二千五百四十尺西絶壁周四百三十一尺有門

公署 三陟浦僉節制使鎭在府東八里中宗時築石城周九百尺○水軍僉節制使一人平陵道察訪司在府北四十里領平陵冬德大昌丘山木界安仁樂豐新興史直交柯龍化沃原興富守山德神達孝十六驛○察訪一人舊爲丞今置參下察訪

學校 鄉校在府東三里

宮室真珠館即客館其西軒曰凝碧軒 鄉射堂 竹西樓在客館西絶壁千尺樓架其上俯臨五十川脩潭清澈潭渚皆白礫蒼松西對頭陀遠趣巃嵸即關東八景之一○高麗金克己詩水雲藏一郡塵鞅往來稀客館臨丹壑入家住翠微蘋風吹漸漸竹露洒霏霏一片閑中恨無緣繫落暉○本朝車雲輅詩頭陀雲樹碧相連屈曲西來五十川鐵壁俯臨空外鳥瓊樓飛出鏡中天江山獨領官居畔風月長留几案前始覺真珠賢學士三分刺史七分仙○本朝吳翽詩塵世從聞有此樓夢魂來往幾春秋東臨弱水三千界西帶長川五十流竹影蕭森留爽氣松聲淅瀝洗閑愁令人便欲投軒冕月笛烟蓑伴海鷗 燕謹堂在竹西樓傍有金守溫重修記 鎮東樓府城東門樓 凌波臺在府北十五里有白石屹臨滄海高數百尺其上平夷可坐數十人又有石十餘條環立其上望之若白玉羣仙真絶境也舊稱秋巖天順中體察使韓明澮巡東界登覽等勢其上改名凌波臺○高麗姜淮伯詩登臨宛在尉藍天俯瞰人寰若箇邊直咫清都臨咫尺不憑冊竃覔神仙金浮沆瀣連三島日射玻瓈琯百川坐久精神若清溢風吹鶴背更冷然○本朝許禧詩天風淚淚雲裔裔獨立縹緲之高臺頭上崢嶸玉宇廓眼前浩渺滄溟開蓬萊方丈此相接漢武秦皇還可哈萬古須臾九土少逍遙逸興何悠哉

烽燧可谷山烽燧在府南一百六里南應尉珍恒出道山北應臨院山 臨院山烽燧在府南八十里北應可谷山南應草谷山 草谷山烽燧在府南五十四里北應陽野山南應臨院山 陽野山烽燧北應廣津南應草谷 廣津山烽燧北應江陵於達山南應陽野山

郵驛平陵驛在府北四十里察訪司本驛 史直驛在府南三里○今按府古悉直國史直乃方言悉直之轉 交柯驛在府南二十五里 龍化驛在府南六十里 沃原驛在府南一百里 新興驛在府西北四十里 萬年院在府南七十里 濟窮院在府南五十里 竹峴院在府西八十里

關梁南橋在府南一里以木作橋跨五十川

祠廟社稷壇在府西 文廟在鄉校 城隍祠在府東一里 纛神祠在府城中 宣祖二十三年庚寅令都護府以上淂立廟以鷙纛霜降日祭之用中祀陟州志 厲壇在府北 金孝元祠在府東二里邑人以孝元為府使有惠政為立祠祀之 太白山祠在山頂俗稱天王堂本道及慶尚道旁邑人春秋爭祀之繫牛於祠前即不顧而走日顧則神知不恭而罪之過三日府汎其牛用之名曰退牛 孝宗時有山僧焚其祠妖祠乃已仍無汎牛之事

陵墓穆祖皇考墓皇考諱陽武高麗將軍墓在府西四十里蘆洞 皇妣墓皇妣李氏上將軍康濟之女墓在府西三十五里東山地志曰皇考墓在蘆洞皇妣墓在東山 世宗二十九年監司李審三陟府使李允孫承教問墳墓所在古老入高鳳生曹興保崔山鳳等所供皆曰皇穆祖皇考墓在蘆洞皇妣墓在東山寺洞 成宗十九年又命本道奉審兩墓修築封域江陵府使黃允亨三陟府使趙達生掌其事儀有命停役令守護而已 明宗十三年監司尹仁恕考圖籍啓聞令每年奉審定守護軍二墓各二人 宣祖十三年監司鄭澈圖上二墓請修築三公朴淳盧守慎姜士尚議依 成廟朝故事申明守護於是令除改等申勑守護時有正兵林藁驛吏金戒守等希望恩澤造言以為兩墓俱在黃池石物皆在府使黃廷式傳其說士大夫多信之明年經筵官李潑金玏等啓 上令安東三陟搜訪山中事皆虛偽竟不得其實 二十二年江陵有姜士龍者又上疏言黃池蓮花峯西麓有二墓云令監司具思孟府使崔禧從其所指深掘塚傍無驗士龍又上疏言黃池西有真墓遺禮曹佐郎南瑾偕相地官與府使鄭惟清審驗不得淺又豐基校生權均呈本道受公文入太白山或村人古塚或鈇冶古基皆在指點入皆嗤笑 仁祖時又有嶺南妖人

上書以爲二墓今在黃池其言皆襲士龍之說而雜以怪誕禍福於是遣禮曹叅判許誡偕地官往窮覔之竟無事實識者嘆之然自朴蘘、姜士龍等惑亂二墓之後奉審之禮因廢今八十餘年有許穆所撰二墓實記

寺刹 **中臺寺** 在頭陀山許穆記中臺在山中川石最佳處即北寺 **三和寺** 在頭陀山 **看藏寺** 在頭陀山高麗李承休卜居頭陀山下好佛別構客安堂借三和寺浮屠藏經日繙閱其中十年而畢後以堂施僧易號曰看藏今稱里岳寺 **窮方寺** 在太白山

古蹟 **古竹嶺縣** 在府南一百九里本高句麗竹峴縣新羅景德王時改竹嶺爲三陟郡領縣世傳沃原驛是縣之古基 **滿鄉縣** 鄉一作卿句麗滿若縣景德王時改名爲三陟郡領縣今未詳所在 **海利縣** 金富軾云本高句麗波利縣景德王時改名爲三陟郡領縣今未詳所在 **古邑城** 在府里三面土築周一千四百四十尺西臨絕壁四百八尺 **沃原古城** 在沃原驛傍土築周五百七尺 **頭陀山城** 石築周八千六百七尺我 太宗時因險築城後廢 **吾火里山城** 在府南九里土築周一千八百七十尺內有一泉 **穆祖舊居** 初穆祖居全州悅官妓與知州有隙徙居外鄉三陟從之者百七十餘家後新除按廉使與穆祖有宿嫌聞其將至挈家浮海往德源住焉相傳穆祖舊居在府西三十七里活老洞距蘆洞東山皆五里洞中寬暢有良田鄉人指言宅基今砌礎尚存又有小井 **召公臺** 在尾硯上本朝 太宗時關東飢觀察使黃喜散利薄征盡心 撫恤民以全活嘗憩于硯上石及還朝民思之累石爲臺名之曰召公臺後喜玄孫孟獻爲觀察使來此復修其址立碑臺上 **東海碑** 在府東十里海灘本朝許穆宰三陟以府爲天下東表之地堅碑於此作東海銘書以古篆刻之其辭曰瀛海漭瀁百川朝宗其大無窮東北沙海無潮無汐號爲大澤積水稽天浡潏汪濊海動有曀明明暘谷太陽之門羲伯司賓析木之次牝牛之宮日本無東蛟入之珍涵海百産汗汗漫漫奇物譎詭宛宛之祥興德而章蚌之胎珠與月盛衰旁氣昇霏天吳九首怪夔一股颷回且雨出日朝暾軋炫煌紫赤滄滄三五月盈水鏡圓靈列宿韜光扶桑沙華黑齒麻羅撮髻莆家蜒蜑之蠔爪蛙之猴佛齊之牛海外雜種絕儻殊俗同囿咸育古聖遠德百蠻重譯無遠不服皇哉熙哉大治廣博遺風邈哉其字畫乃商周古文非漢晉以下所用云 **烏金簪** 府有烏金簪邑人盛以小函藏於治所東隅諸傳悉直國物或云高麗太祖時物每端午日吏民取出祀之翌日還藏傳成古事本朝 孝宗時府使丁彥璜禁其祀閉簪於石室然其簪失於壬辰倭亂今簪乃後人所爲云

名宦 **新羅異斯夫** 智證王六年爲悉直州軍主 **高麗南閭** 辛禑時倭寇大熾三陟郡城荒圍家難其守閭自薦爲三陟知郡既到郡賊猝至閭率十餘騎開門突擊之賊走召授司僕正 **本朝申光漢** 中宗朝以承旨坐己卯士禍出爲三陟府使賑貧恤孤自前官斂魚鹽之利光漢盡歸之民府內清淨有兄弟相訟者以義諭之其人感悟辭罷一境更無親戚訟者 **金孝元** 宣祖朝爲三陟府使廉明愛民以興學厚俗爲先務邑人追思爲立祠祀之名其祠曰景行堂 **李埈** 仁祖朝爲三陟府使有遺愛 **許穆** 今上初爲臺官以不合時議出爲三陟府使清靜不擾民獎節孝興鄉約

流寓 **李承休** 星州加利縣人高麗高宗時爲監察大夫辭官入府之頭陀山龜洞躬耕養母自號動安居士久之徵拜殿中侍史上書極言事復歸龜洞後忠宣以諫大夫徵辭以老王復畀辭懇召承休乃至京仍陳時政得失復乞退以詞林學士致仕承休性直無求於世然脫好佛法所著帝王韻記多文以佛說云

人物 **高麗沈東老** 擢科以詩文名官至內書舍人知製教 **本朝金謙** 任爲教授性至孝家貧負米養親父喪居廬每哭則有飛哀鳴不去人皆曰至孝之感同府又有奉事洪

洋海校生崔鎮孚皆以篤孝聞

烈女崔氏女 本朝人居松蘿里未笄當壬辰倭亂匿山谷中賊搜得欲汙之以死守之爲賊所殺死松蘿路上有旌門後府使許穆作文祭之曰伊昔蠻夷猖獗蕩擾我疆理驅掠我士女爲大夫之恥而女子之賤〻殺身不辱成烈女行嗚呼百代之表又有習讀金漢卿妻鄭氏校生崔松壽妻高氏南應文妻閔氏皆以節行著

襄陽都護府 東至海岸十二里南至江陵府界六十五里西至麟蹄縣界五十五里北至杆城郡界四十五里距京都五百十一里

旱田

水田

建置沿革本高句麗翼峴縣 一云伊文縣 新羅景德王時改翼嶺爲守城郡領縣高麗顯宗時復析置翼嶺縣高宗八年陞爲襄州 以禦丹兵有功陞 後降爲德寧縣 高宗四十四年以降賊降 元宗初復爲襄州本朝太祖六年陞爲府 以上之外鄉陞 太宗十三年改爲襄陽都護府掌面

官員府使 教授 各一人

郡名翼峴 翼嶺 襄州 德寧

形勝

風俗習俗同溟州 地志

山川雪岳山 在府西北五十里鎮山極高峻仲秋有雪至夏乃消故名峯巒聳列石色皆白俗號小金剛南孝溫遊山録金剛山一枝南延二百餘里山形竦峭略如金剛本岳者曰雪岳本朝金時習多住此山〇本朝許穆詩雪岳之山高萬丈懸空積翠連蓬瀛千峯聯雪海日晴縹緲羣帝集玉京 所冬羅嶺 在府西六十里重峯疊嶂地勢險阻舊有路通京都今廢 城隍山 在府北二十五里 五峰山 在府東北十五里小山特峙海濱或名洛山 水山 在府東十里 德山 在府北三十六里 草津山 在府南二十九里 蘿山 在府北六十三里雙成湖西即大嶺東支也有奇峯縱橫如設藩籬故名俗云對山 陽野山 在洞山縣南十里 㟬足山 在府西南四十里三峯峻起形如㟬足故云 海 在府東十三里祀典祭東海神于此載中祀 雙成湖 在府北四十里杆城郡界周數十里湖之形勝優於永郎湖昔置萬戶營泊兵船今廢 南大川 在府南二十里出江陵府五臺山與所冬羅水合流經府南入海 竹島 在府南四十五里皆蒼竹島下海溢有石凹如槽磨礱巧刻凹中有小員石 冷泉 在五峯山下

土產 鐵 出西禪寺東峯下 竹箭 出竹島 鷹 海松子 松蕈 五味子 紫草 人參 茯苓 山芥 蜂蜜 黃蠟 白花蛇 鹽 海衣 藿 鰒 紅蛤 文魚 大口魚 松魚 鰱魚 銀口魚 黃魚 魴魚 古刀魚 廣魚 鱸魚 秀魚 雙足魚 海參

城郭府城 石築周四百三尺土築周二千八百二十五尺內有二井今半頹落

公署祥雲道察訪司 在府南二十五里領祥雲連倉降仙麟丘竹苞元巖清澗雲根明波太康高岑養珍朝珍登路巨豐貞德十六驛〇察訪一人舊爲丞今置參下察訪

學校鄉校 在府東二里

宮室客館　太平樓在客館南　觀瀾亭在府南四十三里洞山廢縣東　秘仙臺在府北五十里雙成湖東有石峯峭拔上有虬松數株望之如畫其上可坐有徑如綫通陸海悉則不得渡　降仙亭在府北二十九里　祥雲亭在府南二十五里傍海有長松連十里蒼翠成陰仰不見日松間無雜卉惟山躑躅春時花開爛如紅錦

烽燧　水山烽燧北應德山南應草津山　德山烽燧北應杆城竹島南應水山　草津山烽燧南應陽野山北應水山　陽野山烽燧南應江陵注文山北應草津山

郵驛　祥雲驛在府南二十五里察訪司本驛　麟丘驛在府南四十七里　連倉驛在府內五里　降仙驛在府北三十里

祠廟社稷壇在府西　文廟在鄉校　城隍祠在城內　東海神祠在府東春秋降香祝致祭　厲壇在府北

寺刹　洛山寺在五峯山新羅僧義相所建殿上安栴檀觀音一軀本朝惠莊王幸此寺命改構極宏壯俯臨東溟日月之出於此見之最稱絶境即關東八景之一○本朝鄭士龍詩寺界窮汝地接虛上方臺殿壓歸墟銀山亂碎馮夷窟貝闕中涵海若廬靈感修因開淨域人天鍾異護僧居軒窻一覽通暘谷紫氣輪囷洛日初○本朝林億齡觀日月出詩暮投洛寺樓逈與金山敵大洋衡其下頓覺天地窄長風掃東南澄澄上下碧高枕夜向晨天鷄鼓兩翮火山橫大壑氣射半天赤暘谷烘為窯如㸑沸釜鬲萬騰湧上黃通照灼臨下恭寥寥擾枯梧蒼蒼日之夕皎皎白蓮花浮出龍王宅坐令識甗壚化為水晶域姮娥嗖欲響挂花手堪摘醉來卧梨亭落花盈我幘　觀音窟在五峯山我翼祖貞淑王后詣此祈嗣夜夢有一衲衣僧來告曰必生貴子其名善來未幾度祖生遂以善來名之　靈穴寺　四擁寺俱在雪岳山　道寂寺在鼎足山　新興寺在雪岳山

古蹟　洞山廢縣在府南四十五里本高句麗穴山縣新羅改洞山為溟州領縣高麗顯宗時省八本朝因之　大浦廢鎮在府十二里本朝成宗時置江陵安仁浦移置此設水軍萬戶時省廢今有石城周一千四百六十尺乃中宗十五年所築　權金城在雪岳頂石築周一千一百十二尺今半頹落俗傳昔有權金二家避亂于此故名之　五色驛在府西四十五里本朝成宗時廢所各羅嶺路并廢此驛移兼杆城元巖驛

名宦　高麗崔宰忠定時知襄州劉正自守時有降香使凌辱存撫使宰曰將及我矣遂棄官而歸　金晅忤盧景論貶為襄州府使　本朝襄三益昭敬王朝為襄陽府使政尚清劉府俗多淫祀三益悉撤而焚之祀典所祭必處誠躬行雖風雨不廢水旱災癘有禱必應民家其惠　鄭曄光海時以參判見朝議不靖求出為襄陽府使撫摩以誠一境歸惠

人物　本朝李弘仁孝行純至母病嘗糞斷指母冬月思魚膾飛鳥含落生黃鳥作膾以進光海時旌閭

平海郡東至海岸七里南至慶尚道寧海府界二十四里西至同府首比部曲界五十一里北至蔚珍縣界二十八里距京都九百七十一里

旱田

水田

建置沿革本高句麗斤乙於高麗初改為平海郡顯宗時省入禮州明宗初復置平海縣忠烈王時陞為郡以縣人黃瑞從王入元有翼戴功陞　本朝因之　掌面

官員　郡守　訓導各一人

郡名斤乙於別號箕城

形勝東南據海西北負山本朝柳義孫風月樓記東濱海西南北多峻嶺無平原曠野之谿本朝李山海風土記云々緣海皆沙石無平原曠野之谿水田土田雜於丘壠岡巒之間土瘠不宜穀不糞則難食

風俗不喜養蚕績麻為衣李山海風土記俗尚鬼同上俗尚鬼家設小屋子掛紙錢麻布出入必禱女人之稍富者皆巫

山川釜谷山在郡西一里鎮山金莊山在郡西十二里白巖山在郡西二十九里厚里山在郡南十一里表山在郡北十八里沙銅山在郡北三十九里辛来峯在郡西六里仇叱里峴在郡西十一里大峴在郡西十八里三聖山在郡本朝李山海記山之界於嶺東西南最高而在箕城者為珠嶺々之一枝東来三十餘里為三聖山々之又東走逶迤而回抱者為郡鷹巖在郡李山海記郡南山之外有斷峯斗起濱海而蹲其形如飛鳥昂首歛翼而立是曰鷹巖之高不知其幾千丈也巖之上地勢平坦莎草如茵可坐數百人余嘗登巖而望焉滄波浩渺與天為一無源涘無津涯但見日月星漢出沒於蒼然淼然之中真壯觀也海在郡東七里南大川在郡南二里源出白巖山南麓經郡東南入于海仙淵在郡西三十五里天旱禱雨仇弥浦在郡北十三里正明浦在郡北十四里厚里浦在郡南十五里乙巳上三浦有作候溫川在郡西二十六里白巖山下所台谷石門在郡北二十八里對珍縣界云

云

土産竹箭出郡東南山人參　茯苓　紫草　松蕈　石蕈　蜂蜜　黃蠟　膃肭臍　藿　魴魚　廣魚

文魚　大口魚　海衣　松魚　赤魚　古刀魚

鰱魚　黃魚　銀口魚　麻魚　鰒　紅蛤　紫

蟹　海參　海獺

城郭郡城石築周二千三百二十五尺有門城內有六井

公署越松浦萬戶鎮在郡東七里○水軍萬戶一人

學校鄉校在郡南二里

宮室客館　風月樓在客館北有柳義孫記　鳳栖樓在客館東　越松亭在郡東七里蒼松萬株白沙如雪松間蠖蠋不行鶬鳥不栖諺傳新羅仙人述郎等遊憇于此古無字弘治中觀察使朴元宗始建○本朝徐居正詩平沙十里布白羆長松攙天玉槊細仰看明月黃金餅碧空如水浩無際客来一捻吹洞簫風流盡是神仙會我欲從之宴瑤池飛来青鳥含碧桃○本朝李山海詩鱗甲參差紫翠堆萬龍齊舞殿風雷莫教俗子留塵躅應有仙人跨鶴来望槎亭在郡南○高麗安軸詩金碧浮空映水陰登臨一望洒塵襟雨晴綠樹黃鸝語風軟滄波白鳥心八月仙槎通上漢百年魚店傍前林幾洋萬古人無限秘畜天慳直待今望洋亭在郡北四十里東臨大海○本朝蔡壽記亭之小北環構八間名迎暉院緣崖而下又有一石尖起上可坐七八人下臨無地名臨滄臺北望百步外有險棧欹雲人行如半天名鳥道棧凡行旅遊觀極矣每風恬波靜雲消雨止舉目一望則其東無東其南無南蜃樓隱見鼇嶼出沒或洪濤怒号鯨鯢噴薄則隱々轟々如天摧地裂如素車奔風銀山碎岸近而視之鳴沙鋪白海棠飜紅群魚族戲於波間香栢蔓生於石隙披襟一登悠々乎若與灝氣游而莫得其涯洋々乎與造物者俱而不知其所窮然後始信亭之奇而天地之大且廣也嗟夫我國号蓬瀛山水之窟而關東為最關東之樓臺以百數而此亭為冠○本朝鄭澈詩驚濤擊石怒雷騰餘沫吹入骨戰兢剗却王山飛片々折来

銀柱落層〻腥傳海雨魚龍鬪光射扶桑日月升行盡關東一千里望洋亭上獨來登

郵驛　達孝驛在郡東五里　平等院在郡南十三里　多施院在郡西四十五里　望洋院在郡北四十二里

寺刹　白巖寺在白巖山李山海記寺在山之麓不知何代所建佛殿後又有佛堂左右有齋前有櫻高敞可坐而望海也　禪菴寺在白巖山　修真寺在動八里山　深水寺在多乎川山

祠廟　社稷壇在郡西　文廟在鄉校　城隍祠在城內東　厲壇在郡北

古蹟　白巖山古城石築周二千五百六十尺高三尺內有三井

名宦　高麗　金乙權為平海郡守郡因倭寇入物散亡乙權安集餘民築土城以備寇邑人賴以復業至今稱賢

人物　高麗　黃瑞忠烈王時從王入元翼戴回還以功累官至僉議評理　本朝　黃鉉經明行修為世師儒歷官成均大司成　孫舜孝少有至性兒時母嘗病卧思杏乃走杏樹下向天拜杏無風自落祖父見之名以舜孝登文科被遇成宗歷揚臺閣觀察兩道皆著風節官至議政府右贊成為人倜儻無華自號七休居士知樂山不克負荷嘗侍　上手攀御榻密白　上曰此座可惜臺諫請罪其密語且欲聞所啓何事　上曰戒予好色耳竟不言　成宗薨舜孝哭泣如喪父嘗語子弟曰吾家起草萊無傳家田物惟以清白傳之足矣謚文貞又見忠州

杆城郡東至海岸七里南至襄陽府界五十六里西至麟蹄縣界八十里北至高城郡界六十七里距京都五百二十七里

旱田

水田

建置沿革　本高句麗迂城郡一云加羅忽　新羅景德王時改守城郡　高麗改為杆城縣　後陞為郡　無任　高城恭讓王初還析為二郡　本朝因之　掌面

官員　郡守　訓導各一人

郡名　迂城　守城別號水城

形勝　大嶺之東　名區絕勝本朝許穆序蓋大嶺之東羣峯並立望日月之出東海皆汲海上多汲往往有深松大澤奇巖名區絕勝風氣清爽其人多壽考而無病

風俗　其民樸鄙　逐魚鹽之利許穆序東界其民樸鄙土瘠逐魚鹽之利無文獻可尚　人多壽考無病同上

山川　麻耆羅山在郡西三十里鎮山　南山在郡南五里　金剛山在郡西二十里許淮陽府　天吼山在郡南七十里與襄陽府雪岳山共脊天將雨雪山自鳴故名山石神峭為九峯東臨大海○本朝許穆詩削立峯巒雲霧外環流溪澗石巖中欲尋奇勝知難盡更討幽探定不窮　五音山在郡南十五里山頂有池禱雨有應　古城山在烈山廢縣北一里即縣之鎮山距郡三十五里　於丘山在烈山廢縣西四里一名鼻的只山　泝坡嶺在郡西五十九里一名石破嶺高麗金克己詩雄奇少似石破嶺空畔巉巖橫紫翠彎〻客路幾紆曲一帶蛇蟠三十里即此　彌時坡嶺在郡西南八十里有路舊廢不行本朝　成宗時以襄陽府所冬羅嶺險阨復開此路俗稱彌水波嶺　海在郡東七里　北川在郡北一里源出麻耆羅山東流入海　南川在郡南五里　仁角川在郡南五十里　巨吞川在郡北十八里　明波川在郡北五十里　仙遊潭郡南十一里許山麓周遭成谷谷中有潭曰仙遊小峯斗起半入湖心上有長松數株舊有亭今廢春則躑躅挾巖亂發夏則蓴菜

菊潭○本朝李堣詩山回自成谷湖水中涵漪危峯八波心亂松難名揔仙游湫何許遺跡印巖孔四仙散為雲鍊師未逢董無人演真訣千載成我嘈○本朝崔岦詩海色潭光備一陂無風兩段碧琉璃安能直似仙游日來往纔同大小池

永郎湖在郡西五十里周三十餘里汀回渚曲巖石奇怪湖東小峯半入湖心有古井基是永郎仚徒游賞之地○高麗安軸詩平湖鏡面澄清波疑不流蘭舟縱所如泛泛隨輕鷗浩然發清興泝回入深幽丹崖抱蒼石玉洞藏瓊州循山泊松下空翠凉生秋荷葉淨如洗蓴絲滑且柔向晩欲回棹風烟千古愁古仙若可作於此從之遊

廣湖在郡南四十五里永郎湖北十里許有大湖隱映亂松間曰廣湖俗號汝隱浦

烈山湖在烈山廢縣東二里有大湖周數十里已跨陵谷比諸湖最大相傳昔大水邑烈山之谷新縣移構山麓而舊縣沈在水底天晴波靜則墻屋依然可見○許摛詩駐馬松陰下平臨十里湖波瀾連海上浦淑繞山隅清影涵雲日遙聲起鳴急還思陵谷變佇立更長吁

黃浦在郡南二十五里

竹島在郡南二十里周二里許島上有營舍古址梧桐箭竹滿其上

草島在郡北三十二里

無路島在清澗驛東

鳴沙在郡南十八里沙色如雪人馬行則觸之有聲錚錚如金聲響大抵嶺東皆然而杆城高城之間最多○本朝申廣漢詩蓬島茫茫落日愁白鷗飛盡海棠洲如今始踏鳴沙路二十年前舊夢游

猪島在烈山縣北三十里有箭竹

土産竹箭出竹島及無路島 漆 鷹 五味子 人參 何首烏 防風 地黃 茯苓 松蕈 蜂蜜 黃蠟 白花蛇 海衣 藿 鰒 紅蛤 文魚 大口魚 鰱魚 魴魚 銀口魚 松魚 古刀魚 銀魚 黃魚 廣魚 白魚 海參

城郭郡城石築周二千五百六十五尺有門城內有一井

學校鄉校在郡北六里

宮室客館

詠月樓在客館東李堣詩危巔北來斷東南連海浦倉廨列其趾高樓枕其股羣山森飣餖俯瞰扶桑許我來一憑欄正值秋三五初夜竹雨夕風露洗天宇松林影婆娑清光蕭半吐晃朗百里晝纖毫燦可數○本朝許篈詩危樓高架郡城隅坐閱瀛翁太極畜鯨引大珠沈碧海鶴扶銀闕上清都寒輝蕩漾開明鏡下界微茫瞰積蘇惆悵秦京一千里滿衣凉露楚臣孤

萬景樓在清澗驛東數里又名清澗亭有石峯突起層層如臺其高數十仞上有虬松數株臺東構小樓臺下皆亂石嵯峨揷海海水清徹底風來則驚濤亂撲石上飛雪四散真奇觀也○高麗鄭樞詩一抹橫天黑蒼溟眼底窮始疑山隱霧漸認浪浮空鳥絕鴻濛內龍吟滉漾中長帆誰見借萬里願乘風○本朝楊士彥詩九霄笙鶴下珠樓萬里空明灝氣秋青海水從銀漢落白雲天八玉山浮○許摛清澗亭觀月出詩巖下孤亭碧海東憑欄獨坐思無窮風吹大塊寒遊氣月破重陰上遠空銀浪遙連十州外霜輝遍滿九瀛中氛昏變作光明界起在三清五蘂宮

茂松臺在郡北四十五里明波驛南有峯聳立海濱舊名松島其上多松樹有沙石連海陸水漲則不得八滿地皆鳴沙茂松府院君尹子雲奉使關東嘗登此島因改名也

烽燧竹島烽燧南應襄陽德山北應正陽山

正陽山烽燧在郡北十五里北應戍山南應竹島

戍山烽燧在郡北五十里南應正陽山北應高城仇莊遷

郵驛清澗驛在郡南四十四里海岸○高麗金克己詩雲端落日歌玉幢海上驚濤倒銀玉閑搔蓬鬢倚朱欄白鳥去邊千里目

雲根驛在郡北三十七里

明波驛在郡北四十七里○鄭樞詩兩松簷畔水連空蓬島雲烟一望中多小北來南去客山花無數笑春風

竹苞驛在郡北十里

元巖驛在郡西南六十三里有舊基久廢本朝成宗時開彌時坡嶺路撤五色驛移置

獅子院在郡西四十里

祠廟社稷壇在郡西 文廟在鄉校 城隍祠在城內西 厲壇在郡北

寺刹乾鳳寺在金剛山南 普賢寺在天吼山 禪定寺在天吼山今廢

古蹟烈山廢縣在郡北三十五里本高句麗僧山縣一云所勿達新羅景德王時改童山縣爲守城郡領縣高麗改烈山仍併八本朝因之 南山城石築周一千五百二十八尺內有一井今廢 古城山城石築周四百三尺今廢

名宦本朝崔岦宣祖末以同知中樞出爲杆城郡守輕賦均徭以清靜爲務民追思之

高城郡東至海岸八里西至淮陽府界七十二里南至杆城郡界三十三里北至通川郡界三十六里距京都四百九十九里

旱田

水田

建置沿革本高句麗達忽新羅真興王時置達忽州景德王時改爲高城郡高麗降爲縣本朝 世宗時復陞爲郡掌面 官員郡守 訓導各一人

郡名達忽 豐巖別號

風俗捕魚爲業種麻不紡績索而爲綱以捕魚爲業 民俗祭山神本朝李温東遊錄嶺東民俗每於三四五月中擇日迎巫極辦水陸之味會祭山神富者駄載貧者負戴陳於鬼席吹笙鼓瑟嬉嬉三日醉飽然後下家始與人買賣不祭則尺布不得與人

山川金城山在郡西五里城石築周九百尺今皆圮 金剛山在郡西五十八里詳見淮陽○李穀記自通川至高城一百五十里實楓岳山之背其上嶄巖險絕人皆謂外山盡與內山爭奇怪 狗峴在郡西三十八里即金剛山東麓勢極險峻我 世祖大王踰此嶺幸楡岾寺 櫻嶺在郡西七十七里 梨嶺在郡西七十二里本朝成任詩梨嶺至櫻嶺迢遙路險艱即此 佛頂巖在郡西六十七里有穴在巖山其深無底其下又有佛頂菴 浦口山在郡東九里高城浦有巖斗起層疊如階其上可坐百餘人巖北又有一峯皆石東望海中五里許有石峯如列屛峯下有石龍拏而攫奇怪異常又有二石相對如人偶語石皆白色輝映碧海望之如畫 鷹巖在郡西二十三里山勢多奇峻有一巖遠如蹲虎近如飛鷹故名 掛鍾巖在郡南十三里有高峯千丈枕東海峯頭有巖巖如屋內面攢攢如虫食果其中可坐數十人巖北又有巖如柱石俗稱懸鍾巖 丹穴在郡南十一里俗傳新羅永郎述郎南郎安詳等四仙徙所游處○高麗李仁老詩紫淵深深紅日浴萬丈光焰浮暘谷晨霞爍石虹貫巖蒸作丹砂知幾斛娟娟秋水出芙蓉故故玉林森翁鐵碧波窮處洞門開一徑縈繞三茅腹天遥陸斷鸞鶴遠悠悠仙樂聞琴筑憶昔劉安玉骨輕雲間鷄犬相追逐仙蹤却恐世人知故向枕中藏寶籙我生早讀紫霞篇恥將白柄尋黃獨爐中已試錙銖火䵷裹直教龍虎伏不用怱怱騎馬去山中邂逅幾人觀 海在郡東八里 三日浦乃關東八景之一○高麗安軸記云浦在高城北七八里外有重峯疊嶂合包而內有三十六峯洞壑清幽松石奇古水中有小島蒼石盤陀昔四仙游此而三日不返故得是名水南又小峯峯上有石龕峯之北崖石面有丹書六字曰永郎徒南石行小島○古無亭存撫使朴公淑貞構於其上即四仙亭也○鄭摳詩一湖形勝自天成三十六峯秋更清不有中流舟蕩槳那看南石字分明亭前兩過鳴沙響浦口秋深落木聲細問安詳當日事神仙也是足風情○本朝田禹治詩秋晚瑤潭霜氣清仙風吹送紫簫聲青鸞不至海天濶三十六峯明月明 十二瀑布在郡西六十五里登佛頂臺遙望蒼崖翠壁環列如畫屛飛泉瀉下形如白虹者凡十二故名 南江在郡南三里出金剛山水岾東流爲九龍淵東南流爲舟淵又南流爲里淵轉而北流爲箭灘至郡城南爲南江又東流爲高城浦入于海 靈津串在郡北二

十二里金剛山東支枕海如襟裾襞積之狀**鳴沙**在郡南二十四里詳見杆城郡**溫泉**

在郡西北三十二里浴之已疾 世祖巡關東駐蹕于此**松島**在郡南二十三里沙路連陸○

高麗高宗四十五年東真國以舟師來圍此島焚燒戰艦

土產 **磁石**出金剛山榆岾洞中**膏石**出郡西朴莊洞**水精石**出郡西溫井洞**水**

爛石出郡北安詳仇珎**白石英**出郡西溫井洞**五味子** **人參**

地黃 **茯苓** **松蕈** **蕈** **蜂蜜** **黃蠟** **白花**

蛇 **藿** **牛毛** **細毛** **鰒** **海參** **紅蛤** **文**

魚 **大口魚** **鰱魚** **松魚** **魴魚** **銀魚** **古**

刀魚 **黃魚** **秀魚** **麻魚** **廣魚**

城郭 **郡城**石築周三千一百二十六尺 有門城內有四井

學校 **鄉校**在郡西十里

宮室 **客館** **四仙亭**詳見三日浦○本朝洪貴達詩昔聞三日浦今上四仙亭水拍

白銀盤山圍蒼玉屏天空彩雲立石老秋光清仙人去已遠古亭今無極當時游戲處雲外笙簫聲

千載復吾人六字看猶明風高永郎湖月上安詳汀孤尊泊舟處此固云蓬瀛○本朝金世濂詩聞

道安期輩驂鸞此地游玉簫今寂莫千載水空流畫閣湖山淨西風松桂秋登臨興不窮落景泛孤

舟**望仙樓**在客館東中郡守金晉錫建**海山亭**在昭敬初郡守車軾建

名以海山○金世濂詩絶頂仙人館雲窓瞰十州天空九井出海拆七星浮忽得文翁舊還成太史

游猶言登覽狹別欲泛滄流○本朝吳翻詩一八蓬萊步步高九霄樓觀五雲遥金蓮拔地擬全露

砥柱撐空勢最豪鰲背滄溟含島嶼鶴邊明月動笙簫古今何限求仙子服食還丹漫自勞

烽燧 **浦口山烽燧**南應仇莊遷北應靈津山**靈津山烽燧**北應通川郡戍

串南應浦口山**仇莊遷烽燧**在郡南二十八里南應杆城郡戍山北應浦口山

郵驛 **高岑驛**在郡南二里**養珍驛**在郡北二十八里**大康驛**在郡南十

九里**炭呑院**在郡南六十里**梨嶺院**在郡西五十里

祠廟 **社稷壇**在郡西**文廟**在鄉校**城隍祠**在郡東二里**厲壇**在郡

北

寺刹 **榆岾寺**在金剛山東距郡六十餘里相傳新羅時所創成化丙戌惠莊王幸此寺命僧

學祖改營之遂爲巨刹正堂曰能仁殿寺前跨澗起樓曰山暎樓○本朝成任詩寶地隣清淨名藍

出等夷秋霜凝玉砌朝日射金楣○金世濂詩金刹霜楓外香臺石徑幽獨來千嶂夕高卧八林秋

翠栢粧丹壑彤樓鏡碧流始知人世隔疑入赤城游**成佛菴**在金剛山俯臨東海可望日出

夢泉寺在三日浦北岸○高麗姜淮泊詩滄海西涯湖水前寺門鯨浪勢相連上方鍾梵飄

三界別洞笙簫下九天石上丹書如昨日巖頭白足任流年靠欄問訊東來月曾照波心幾度圓

鉢淵寺 **栢田菴** **寶門菴** **兜率菴**俱在金剛山

古蹟 **安昌廢縣**在郡南二十七里本莫伊縣高麗顯宗時改安昌伊本朝因之**豢**

猳廢縣在郡北二十七里本高句麗猪迓穴縣一云烏斯押新羅改豢猳爲高城郡領縣高

麗因併入**高城浦廢鎭**在郡東七里本朝初有水軍萬戶時省罷**聲串**

長城在郡北三十六里石築長九百八十二尺今廢**城直小城**在郡北三十六里石

築周一千三百七十尺今廢**埋香碑**在三日浦之南元至大二年己酉江陵道存撫使金

天皓等與山僧志爲埋香木于沿海各官誌其地與條數竪於丹書其傍

名宦 **本朝** **崔應賢**世祖時爲高城郡守廉簡不擾善斷詞訟民懷其政

流寓 **楊士彥**本朝抱川人有俊才仙風曼游金剛山自號蓬萊道人下居郡之九峯山下鑑

湖之上嘗曰鏡裡芙蓉天邊螺髻吾家屏幛也歷官江陵安邊府使詳抱川縣

人物本朝黃信之居南浦外里初屬別侍衛李誠純至毋年七十九疾革氣絕信之抱持踇天乞命至三日乃甦後十一年沒葬祭盡誠哀慕終身事聞再授官不至

通川郡東至海岸九里南至高城郡界八十七里西至淮陽府界四十一里北至歙谷縣界十四里距京都三百四十四里

旱田

水田

建置沿革本高句麗休壤郡一云金惱新羅景德王時改金壤郡高麗初降為縣忠烈王時陞為通州本朝恭定王十三年改為通川郡官員郡守 訓導各一

人

郡名休壤 金壤 通川

風俗漁塩之利貿易以食李詹常平寶記通之州其地斥鹵農未嘗飢故其民惟以云云

山川登禾山在郡北一里鎮山 金幱山在郡東十二里 碧山在郡南十六里

楸池嶺在郡西四十一里淮陽府界 察破峴在郡西四十里 海在郡東九里○本朝南孝溫東遊錄行到楸池嶺則東邊天色甚碧傍人曰此非天乃海水也刮目更察然後辨其為天與水也其水距岸漸遠而漸高遙與天相接平生觀水盡為兒戲矣下嶺至叢石海邊坐石上擧眼眺瞻則乾端坤倪軒豁無涯如琉璃明鏡相照韋偃郭熙效技然恍然疑是夢中久乃可明余眷顧不肯起僕夫曰日已晏矣乃起循海邊白沙而行沙虛馬蹄易沒唯水邊浪痕堅不沒蹄徃徃沙

沙背成山風浪時流波所聚也又有海水於沙邊或瀦而不泄者或潴而入海者又有白石立海濱或尖或平或積或碎沙石之邊海棠相屬不絕紅白爛開間有長松自此以東海濱所見大抵如一

叢石在郡北十九里有數十石柱叢立海中皆六面形如削王者凡四處諺傳新羅述郎南郎永郎安詳遊賞于此號稱四仙峯○高麗安軸記通州北二十許里有橫峯峽然闖海峯之懸崖條石櫛立如方柱石周方各尺許高可五六丈方直平正如以繩墨削立無大小之異又去岸十餘尺有石四株離立水中稱為四仙峯皆以條石為體合數十條為一峯峯上有矮松一株根幹老盤不知年紀自四仙峯小北而石狀又變或長或短或欹或橫或積或散實皆奇恠異常此非巧匠鎚琢之功蓋天地剖判之始元氣所種者也其賦狀之巧若是之異吁可恠也其以名叢石者謂之昔羅代四仙嘗遊此而其徒立碣石誌之石猶存字刓不可識余乘小舟遶峯遍覽則茲石之奇恠實天下所無而此獨有也詩曰千條恠石成奇峯蒼崖烱霏水墨濃鯨濤起海雪霜漲蜃氣浮空瓔閣重摸糊字沒大古碣瘦根盤何代松磯邊蒻笠坐相猜月下羽衣招可逢悵望仙徒已雨散看俗子如雲從若為亭前伴鷗鷺却掃人間塵土蹤○高麗金克己詩金蘭古郡枕巨壑壯觀世上誰爭雄亭前叢石逸勢突兀撑半空誰識靈根裂九地下礴礴萬仞洪濤中頭頭駢立自纏束面面削成誰琢礱控帶層崖誇挺拔鼇頭屓贔抃方蓬凌臨駭浪擬騰翥鳳翼參差橫昊穹却恐秦皇欲架海徃觀曉日初生東不用天孫機下石遥隨漢使墜星宮始謂天翁本無宰如何刻畫誇神功功成深藏交步外萬狀詭特難終窮號人揮斤尚非巧張子落筆殊不工乃知天奇固絕世人力未可侔形容幾時官家命法駕親向岱嶽東登封金泥玉撿紀功德斲作寶礪成再重可憐奇才未見用空被陽候吼怒日夕來相攻

金幱窟在郡東十二里○安軸序通州南郊有秃峯穹窿而東臨大海峯之懸崖有窟廣可七八尺深可十餘步仰而兩壁低合俯而水深不測窟既深而水氣浸漬故常幽晴淋漓有風則驚濤洶湧不可到俗傳云窟是觀音真身常住處人有至誠歸心則真

身現于巖石而青鳥來以此靈之余乘小舟到窟是日幸風浪靜息深入窟中細觀其狀窟之與石壁高三尺許石紋黃斑爛如浮圖所謂袈裟之金襴無面目肩臂體相人見此以謂觀音真身現于石下有石磊嵬而其色微青者人以此爲蓮臺噫此果是觀音真身耶余到窟之日有青鳥飛入窟中舟人云此海鳥也此果是觀音之應耶余觀是窟而既有是心寧有青鳥之應乎若是鳥果爲觀音之應余之是心真合觀音而世人之以石紋爲觀音者惑矣

卯島在郡東海中水路五十里四面石壁峭立唯一西徑通于水涯其涯僅泊一漁舟每歲三四月海中禽鳥羣聚卵育故名 **猪島**在郡南海中水路五里 **洑島**在郡南海中水路三里 **松島**在郡南海中水路四里

土產水沈石 入參 五味子 茯苓 石蕈 蜂蜜 黃蠟 藿 鰒 紅蛤 魴魚 文魚 松魚 廣魚 黃魚 鰱魚 大口魚 古刀魚 秀魚 銀口魚 銀魚 海參

城郭郡城舊有土城中宗時石築周三千九百四十尺有門城內有二井 **北山城**在郡北二里石築周五百四十九尺內有一井今半頹落

學校鄉校在郡西一里

宮室客館 鄉射堂 清虛樓在東軒北 **叢石亭**在郡北十八里海涯臨對叢石故名即關東八景之一○高麗金克己詩東遊大壑訪鴻濛萬象奔走一望中石東鸞笙臨碧海松飛孔蓋向青空大聲拂耳鯨舟浪寒氣侵膚鶴羽風恐我前身非俗士真遊亦與四仙同○本朝金淨詩絶嶠丹崖滄海陬孤標曳追即蓬丘硬根直揷幽波險削面疑經巧斧修鼇柱天高餘四尺羊碑峴古杳千秋鶴飛入去已寥廓目斷碧空雲自愁○八月十五叢石夜碧空星漢淡悠悠飛騰桂影昇天滿搖蕩銀光溢海浮六合泒生身一粒四仙遺躅鶴千秋白雲迢遞萬山外獨立高丘杳遠愁

烽燧金幱城烽燧西應淮陽府楸池嶺北應歙谷縣致空山南應荳白山 **荳白山烽燧**在郡南三十八里南應戍串北應金幱城 **戍串烽燧**在郡南五十三里南應高城郡靈津北應荳白山

郵驛巨豐驛在郡南二里 **朝珍驛**在郡南五十里 **藤路驛**一作登路在郡南三十里 **中臺院**在楸池嶺下 **通慈院**在郡南十五里 **長正院**在郡南八十九里

關梁瓮遷檻在郡南六十五里石山枕海路繞山崖馬不得并行下有海濤噴激臨之悖慄俗傳倭冦道此官軍擊之盡淪於海又名倭淪遷○高麗安軸有詩云峻巖臨海作懸崖棧道緣空望欲迷俯瞰狂瀾深莫尺仰攀危磴滑難梯險巇豈與升陘比要害應將函谷齊聞道賊軍曾過此椎無良將一丸泥

祠廟社稷壇在郡西 **文廟**在鄉校 **城隍祠**在登禾山 **厲壇**在郡北

寺刹龍貢寺在楸池嶺東麓

古蹟臨道廢縣在郡南三十里本高句麗道臨縣一云助乙浦新羅改臨道爲金壤郡領縣高麗仍併八本朝因之 **碧山廢縣**在郡南十里本高句麗吐上縣新羅改隄上爲金壤郡領縣高麗改碧山仍併八 **雲巖廢縣**在郡南五十里本高句麗平珍峴一云遷縣新羅改偏險爲高城郡領縣高麗改雲岩仍併八 **碧山城**石築周二千一百二十五尺今半頹落 **金幱山城**石築周一千三百七十二尺今廢 **黃峴山城**在郡北二里石築周一百七十五尺今半頹落

名官高麗金守雌尚州人負笈遊學四方睿宗時中科調金壤縣尉入為國學學諭李磨恭愍末知通州事立常平寶以備凶歉本朝李作太宗八年知通州郡事修繕學校課農桑薄賦斂鄭逑昭敬王朝為通川郡守時倭寇犯京上西幸北民竄亂逑傳檄列邑集兵捕賊居二年陞秩通政拜江陵府使

人物本朝崔雲海有勇力高麗末為兵馬使屢擊倭有功進揚廣等州節制使入本朝歷西北面都巡問使官至承樞府事所至廉白愛民如子謚襄莊崔潤德雲海子生而母沒雲海長在鎮邊不能舉養子同隣楊水尺家稍長膂力絕倫挽強射堅一日牧於山中有虎瞥出林莽頭畜奔散潤德一箭斃之來報曰有物斑紋其大顆然吾已殪之水尺往見乃大虎也時雲海出鎮合浦水尺以潤德往謁父試較攬左右馳射發無不中父笑曰兒手雖敏尚未識軌範乃出處技耳仍教射御之法後為名將屢典藩鎮公廉勤職莊憲王朝以參贊副御廷顯任征對馬島又以都節制使統三軍征婆猪江野人克捷全師而還拜議政府右議政出將入相世稱清德謚貞烈配享世宗廟庭

蔚珍縣東至海岸九里西至慶尚道安東府界八十一里南至平海郡界四十八里北至三陟府界四十四里距京都八百八十五里

旱田

水田

建置沿革本高句麗于珍也縣一云古亐伊郡新羅景德王時改為蔚珍郡高麗降為縣本朝因之掌面　官員縣令　訓導各一人

郡名于珍也

風俗力農桑

山川安逸王山在縣西四十一里鎮山　潘伊山在縣西五十八里　蠶山在縣南四十一里　白巖山在縣西四十六里　宿乙庇山在縣北四十里　全反仁山在縣南二十二里　竹津山在縣東八里　恒出道山在縣北三十九里　三方山在縣西四十里有龍潭祈雨有應　加乙峴在縣北四十四里　聖留石窟在白蓮山距縣南十七里古名撐天窟○高麗李穀記崖石壁立千尺壁有小竇謂之聖留窟窟深不可測又幽暗非燭不可入使僧執炬導之又使人之慣出入者先後之竇口狹勝行四五步稍闊起行又數步則有斷崖可三尺梯而下之漸平易高闊行數十步有平地可數畝左右石狀殊異又行十數步有竇北竇口益隘蒲伏而行其下泥水鋪席以防霑濕行七八步稍開闊左右益殊異或若幢幡或若浮圖又行十數步其石益奇怪其狀益多不可識其若幢幡浮圖者益長廣高大又行四五步有若佛像者有若高僧者又有池水清甚闊可數畝中有二石一似車轂一似淨餅其上及傍所垂幢幡蓋皆五色燦爛始意石乳所凝未甚堅更以扶叩之各有聲隨其長短而有清濁若編磬者人言若沿池而入則益奇怪余以為此非世俗所可褻玩者趣以出其兩旁多穴人有誤入則不可出問其入窟深幾何對以無入窮其源者或云可達平海郡海濱蓋距此二十餘里也初慮其熏且汚借僮僕衣巾以入既出易服洗與若夢遊華胥蘧然而覺者嘗試思之造物之妙多不可測余於國島及是窟益見之其自然成耶抑故為之耶以為自然則何其機變之巧如是之極耶以為故為之則雖鬼工神力窮千萬世而亦何以至此極耶　海在縣東八里　竹邊串在縣北二十里　藥師津在縣東八里　前川在縣南一里源出安逸王山合于守山川　守山川在縣南十一里一名蔚珍浦　骨長津在縣北十一里　于山島蔚陵島一云武陵一云羽陵二島在縣正東海中三峯岌嶪撐空南峯稍卑風日清明

則峯頭樹木及山根沙渚歷歷可見風便則二日可到一說于山鬱陵本一島地方百里新羅時恃險不服智證王十二年異斯夫為何瑟羅州軍主謂于山國人愚悍難以威服可以計服乃多以木造獅子分載戰艦抵其國誑之曰汝若不服則即放此獸踏殺之國人恐懼來降高麗太祖十三年其島人使白吉土豆獻方物毅宗十三年王聞鬱陵地廣土肥可以居民遣溟州道監倉金柔立往視柔立回奏云島中有大山從山頂向東行至海一萬餘步向西行一萬三千餘步向南行一萬五千餘步向北行八千餘步有村落基址七所或有石佛鐵鍾石塔多生柴胡藁本石南草後崔忠獻議以武陵土壤膏沃多珍木海錯遣使往觀之有屋基破礎宛然不知何代人居也於是移東郡民以實之及使還多以珍木海錯進之後屢為風濤所蕩覆舟人多物故因還其居民本朝　太宗時聞流民逃其島者甚多再命三陟人金麟雨為按撫使刷出空其地麟雨言土地沃饒竹大如杠鼠大如猫桃核大於升凡物稱是　世宗二十年遣縣人萬戶南顥率數百人往搜逋民盡俘金丸等七十餘人而還其地遂空　成宗二年有告別有三峯島者乃遣朴宗元往見之因風濤不得泊而還同行一船泊鬱陵島只取大竹大鰒魚回啓云島中無居民矣

溫泉在縣北周仁里水微溫

土産　弓幹桑出三陟地境　漆　海松子　五味子　當歸　紫草　蜂蜜　黃蠟　松蕈　石蕈　人參　茯苓　白花蛇　竹箭出竹邊串　黃魚　文魚　鰱魚　大口魚　銀口魚　魴魚　廣魚　古刀魚　赤魚　松魚　銀魚　鰒　紫蟹　紅蛤　藿　海衣　海參

城郭　縣城石築周二千五百六十六尺有門城內有四井

宮室　客館　凌雲樓在客館東○本朝成俔詩一片孤城枕海陬區中景物盡清奇　又樓高列岫青千疊雲盡長天碧四垂　迎曦亭在德神驛○高麗李穀詩日上扶桑脈雨竿一邊星斗尚闌干風磨雨洗毫端淨霧散雲收眼界寬　清心堂在興富驛

烽燧　全反仁山烽燧南應平海郡沙銅山北應竹津山　竹津山烽燧北應竹邊串南ゝ全反仁山　竹邊串烽燧北應恒出道山南應竹津山　恒出道山烽燧北應三陟府可谷山南應竹邊串

郵驛　興富驛在縣北三十二里　德神驛在縣南四十五里　守山驛在縣南十二里　加乙院在縣北四十里　斗川院在縣西二十五里　召造院在縣西六十五里　廣庇院在縣西九十里

祠廟　社稷壇在縣西　文廟在鄉校　城隍祠在城內北　厲壇在縣北

寺刹　佛歸寺在白岩山新羅僧義相所創　天糧菴在白蓮山諺傳元曉所住　真觀寺在白岩山　釣山寺在白蓮山　淨林寺在飛鳳山　聖留菴在白蓮山聖留石窟傍菴在石崖下長川上崖石壁立千尺壁間有竇謂之聖留窟其深不可測

古蹟　海曲縣金富軾云本高句麗波朝縣景德王改名為蔚珍領縣今未詳　古邑城在縣東五里土築周一千二百十尺今廢　蔚珍浦廢縣在縣南十一里本朝初置水軍萬戶時省罷今有石城周七百五十尺中宗七年所築　安逸王山城石築周七百五十三尺今廢

名宦　高麗　金仲權後改施政擢科調蔚珍縣尉　徐忱蔚珍縣令在任嘗騎牛勸農　本朝　於世麟麗季連年倭寇入民流散閭里荒墟洪武辛未年間世麟為蔚珍縣令修葺城堡撫安遺民流亡四集

人物　高麗張天益官至榮祿大夫家直學士　本朝張巡烈古邑城在平地太祖初為倭冠焚蕩巡烈店烈倡議移邑於山城至今居之官至嘉善檢漢城尹　南師古為人超異精於天文善推占望氣凡人吉凶國家休咎無不前知神驗萬曆間每清朝向東曰殺氣甚盛可恶謂人曰壬辰倭冠必大至我不及見君輩願之師古既死其言果驗自號格菴

歙谷縣東至海岸三里南至通川郡界十八里西至咸鏡道安邊府界三十里北至同府界十里距京都三百八十里

旱田

水田

建置沿革本高句麗習比谷縣谷一作呑新羅景德王時改名習磎為金壤郡領縣高麗改歙谷仍併八金壤高宗時復置歙谷縣本朝仍之掌面　官員縣令　訓導各一人

郡名　習磎別號鶴林

山川　朴山在縣北八十步鎮山　黃龍山在縣西二十一里　南山在縣南十四里　致空山在縣南十三里　海在縣東三里　穿島在縣南十六里周三百餘步○高麗李穀記島有竇通南北風濤相逐自穿島絕海而南可往兼石亭其間八九里又自叢石絕海而南可往金幱窟其間亦十餘里○高麗安軸詩小島出洪濤横穿作通穴南北水互連相激碎飛雪滿島石狀奇絛絛巧削截

土產　人參　補骨脂　茯苓　漆　石蕈　蜂蜜　黃蠟　鰱魚　大口魚　文魚　黃魚　銀魚　魴魚　松魚　古刀魚　麻魚　廣魚　銀口魚　鰒　紅蛤　海參

城郭　縣城石築周二百九十三尺基地六千五百三十一尺內有七井又有軍倉

學校　鄉校舊在縣南今移在縣東一里

宮室　客館　侍中臺縣北七里許有倦岡迤邐東蟠三面皆大湖湖水湧漫汀回者曲外周大海有小島森列海中有七曰穿島卵島芊島僧島石島松島白島湖海之間青松夾路臺之舊名七宝本朝惠莊王時巡察使韓明澮登覽于此拜相之命適至改今名以志喜景致與鏡浦臺相甲乙　賓樂亭在客館北

烽燧　致空山烽燧南應通川郡金幱城

郵驛　貞德驛在縣南三里

祠廟　社稷壇在縣西　文廟在鄉校　城隍祠在朴山　厲壇在縣北

寺刹　華藏寺在黃龍山　雲峯菴在鉢山

古蹟　山城在縣西一里石築周九十五尺　南山城石築周一千九百六十一尺內有一井

原州牧東至平昌郡界一百十二里至忠清道堤川縣界五十二里南至同道忠州界四十三里西至京畿砥平縣界七十四里西南至同道驪州界六十三里北至橫城縣界三十里距京都二百七十五里

旱田

水田

建置沿革本高勾麗平原郡新羅文武王時置北原

小京高麗太祖二十三年改原州高宗時降爲一新縣高宗四十六年以州人逆命降元宗初復爲原州後陞爲靖原都護府以林惟茂外鄉陞忠烈王時改益興都護府忠烈十七年以禦丹兵有功陞尋陞原州牧忠惠王初降爲成安府恭愍王初復爲原州牧以安胎于州之雉岳山陞本朝因之惠莊王時置鎮掌面二十鎮管都護府一春川郡三旌善寧越平昌縣三麟蹄橫城洪川官員牧使　判官　教授各一人

郡名平原　北原　一新　靖原　益興　成安

形勝左蟠雉岳右會蟾江地志東連關嶺西界漢流南接中原北通貊墟居大嶺之西爲諸郡之首山多高峻地少平夷

風俗尚蓄積地志勤儉節用本朝徐居正客館記其俗勤儉節用貯財殖貨水旱不能爲災士尚文學

山川雉嶽山在州東二十五里鎮山極高大最高頂曰毘盧峯自此山南迤爲白雲諸山○本朝金世濂詩兹岳鎮東服合沓摩蒼穹众嶺若奔馬氣勢何渾雄突兀毗盧峯不與群岳同九月帶素雪雲氣常蒙籠白雲山在州南三十里食岳山在州西十五里瑞谷山在州南三十里玄溪山在州南六十里鳴鳳山在州南三十里琚琶岬山在酒泉廢縣北三十里距州白德山在州東一百三十里獅子山在州東一百二十里與白德山相連球陵山在酒泉廢縣南十里距州東建登山在州西三十二里一名靈鳳山翠屏山在州西四十三里蒼壁千仞下臨蟾水都也尼峴在州南二十里杻峴在州東六十里極高險洞漢江在州西五十里自忠州流入經州西境與蟾水相會蟾水在州西二十九里又名安昌水源出橫城縣德高山南流經安昌驛東又南流至興原倉西八漢江沙川在州東一百十二里其源出江陵府月正山西經酒泉廢縣東南流至八鳳川在州東一里或稱東川源出雉岳白雲兩山北流入蟾水公龍灘在酒泉廢縣南二十里即沙川灘淺處月瀨灘在州西二十五里即蟾水急灘石堤在州東鳳川邊每潦水衝激害及閭閻築石防川堤長一千步孝宗特牧使李衛國重修

土產玉石出州西塔前谷羚羊　海松子　五味子　紫草　石蕈　人參　蜂蜜　黃蠟　茯苓　當歸　蒼朮　芍藥　羌活　獨活　訥魚　錦鱗魚　餘項魚

城郭鴒原山城

學校鄉校在州西三里有清風樓建文四年牧使申浩建柳思訥作記七峯書院在州北三十里光海時邑人議建中有尚賢祠祀元天錫後以韓百謙配食

宮室客館　鄉射堂在客館北鍊武堂在客館南奉命樓　憑虛樓俱在客館東○本朝洪貴達詩暄妍官道闢入行雪盡村々春水生山氣蒸霞呈畫障風光著水護江城輕盈鶯燕時能語爛熳墻花不記名最愛田家生事足一犁時復雨中耕清虛樓在酒泉縣客館西石壁削立下有澄潭判官趙銘建清陰亭在客館南棠化亭在州西二里許牧使閔貞建李淑瑊記公閣之南偏有地斗起平似碁局二面負山松檜森鬱一面

臨水原野廣衍蕭然閒塏可以為宴息之所閔君構亭其上每乘衙罷扶携至亭上端坐時有縫掖之徒挾冊以進則啓發憤悱詩書禮樂以教之訴牒之民有彝倫類則開諭指說孝悌忠信以導之是皆亭之所助也故扁曰崇化

倉庫

興原倉高麗時稱興元倉在州南五十里漢江岸收本州及平昌寧越旌善橫城等官田稅于此漕至京都

郵驛

丹丘驛在州東七里　神林驛在州東四十五里　安昌驛在州西三十五里　由原驛在州北七里　神興驛在州東一百里　阿也尼院在州西三十八里　要濟院在州北八十里

關梁

口在安昌驛西距州西四十五里兩邊山峭拔如門路貫其中　鳳川橋在州東校橋跨鳳川　興原渡一作興元在州南五十里即漢水津渡處

祠廟

社稷壇在州西　文廟在鄉校　城隍祠在州南二里　雉嶽山祠在山頂俗稱普門堂春秋降香祝致祭　元冲甲祠在鴒原山城內高麗時冲甲有破賊安民之功後人立祠祀之○高麗偰長壽詩雷厲風飛號令行州民聊得保餘生雄威獨掃千人陣長策能全百雉城三丈黃旗施妙略萬年青史獨芳名至今恩澤遺鄉里立壠開田盡繫耕○本朝宣祖時以金悌甲并享于祠　厲壇在州北

陵墓

元冲甲墓在州西二十五里　元天錫墓在州東北十三里雉岳山北麓　鄭宗榮墓在州北三十里高山　韓百謙墓在州西四十三里釜島里

寺刹

覺林寺在雉岳山東我太宗潛邸時讀書于此後講武于橫城駐輦是寺召慰古老賜寺田民令州官蠲恤　法泉寺在鳴鳳山有高麗僧智光塔碑○泰齋柳方善嘗在此寺講學受業者自遠而集若權擥韓明澮康孝文徐居正後皆有名塔上題咏久而猶存　桐華

菴在都也尼峴　興法寺在建登山寺有僧忠湛塔碑高麗太祖親製其文命崔光胤集唐太宗書摸刻李齊賢嘗謂字大小真行相間若鸞漂鳳泊氣吞象外真天下之寶至萬曆壬辰倭寇見之知其為絕寶輦移屯所其後仍在州內官館中仁祖時有一營將造鐵甲以碑石堅緻煉鐵於此石盡破碎今只餘破石數片文不可讀字畫猶奇識者惜之　居頓寺在玄溪山有高麗崔冲所撰僧勝妙碑　文殊寺在雉岳山西洞　上元寺在雉岳山上峯地勢最高爽平臨竹嶺　鴒原寺在鴒原山城內

古蹟

酒泉廢縣一名鶴城在州東九十里本高句麗酒淵縣新羅改酒泉為奈城郡領縣高麗顯宗時省入本朝因之　鴒原城在雉岳山南眷石築周一千三十一步內有一井五泉新羅神文王時起築中廢今復修築○三國史弓裔投北原賊梁吉吉委之以事使東略地於是出宿雉岳山石南寺行襲酒泉柰城鬱烏御珍等縣皆降之諺傳此城梁吉所據後元冲甲據此破丹兵　金臺城在州東三十里雉岳山腰石築周六千六十尺內有三井今廢州人松彌據此城叛降州為一新　太宗臺在雉岳山東我太宗恭定王章元天錫廬天錫避不見上追至雉岳山不能及憩于岩石而還後人因名之　天王寺在州東二里許今廢為射廳　酒泉石酒泉縣南道傍有石狀如半破石槽者俚諺傳石槽舊在西川邊人就而飲欲移於縣象共移之忽雷震石碎

名宦

高麗

金富佾肅宗朝知原州有群績　洪侃知東州事　曺愼判興原倉丹賊八寇與元冲甲同力禦之慎援桴以鼓矢貫其右臂鼓音不衰賊之前行小北後者驚擾自相躪躒州兵乘高崩之鮮震山岳僵屍蔽谷　偰長壽為原州牧使以文學見稱於世居官莅事有古循吏風　河允源為原州牧事政蔫召還雉岳山僧云鑑作詩寄之云兒嬉在母側恩愛尚未知母去兒啼號無乃遍寒飢北原往日政仁德乃如斯赫然千載下再頌召南詩

本朝

柳寬恭靖王朝為江原道觀察黜陟使性廉簡秋毫無犯人不敢干以私黜陟惟公撫綏民生出於至誠

黃喜恭定王朝為江原觀察使為政寬厚務存大體時州郡飢荒撫恤盡誠民賴而全活

田興判原州牧蒞官多善政性矜恕每罰人為之設席不鑑一笞

閔貞為原州牧使有惠政

李繼孫惠莊朝為江原觀察使時值飢荒盡心賑救民賴而活期滿百姓願借一年陞秩仍任

尚震恭僖王朝為江原觀察使寬重有威惠居常愼刑獄矜念民隱

金悌甲昭敬王朝為原州牧使壬辰之亂倭兵尤近邑守倅皆走竄悌甲歎曰守土之臣臨亂惟有一死獨保鴒原山城修器械勵衆拒守賊大至城陷罵賊不屈死子時伯曰父死不可去終不離父屍傍為賊所害

韓浚謙昭敬王壬辰為原州牧使時新經倭亂浚謙吊死問生招集流亡賑恤疲羸褒節義戢獷猾一境賴焉

鄭逑昭敬王朝為江原觀察使時丁亂後撫恤軍民一以誠懇人皆感悅重修鴒原山城以備警急

流寓

邊安烈本瀋陽人因元季兵亂從高麗恭愍王東來賜鄉原州娶原州元氏判樞密顗之女與安祐擊走紅賊收復京城為補祚功臣辛禑時屢擊倭有功累遷門下贊成事又以都體察使副我太祖擊南原倭賊捷還封原州府院君子顯官至左軍都摠制

韓百謙本朝京都人祖郡守汝弼以先世墳墓所在置別墅於蟾江上百謙與弟浚謙自幼往來晚年多居於此鄉黨服其行義稱為久菴先生官至戶曹參議浚謙亦嘗移家就農壬辰之難起拜本州牧使仁烈王后亦誕生於此浚以國舅封府院君今其居俱在蟾江上

人物

高麗

金巨公初名子彪性廉謹起自胥吏毅宗時累官至門下省事戶部尚書為人美容儀善辭令常兼閤門接賓客進止詳雅

元傳登科元宗朝累遷中書侍郎平章事忠烈王時拜中贊嘗退食與門生坐語曰予濫首鈞衡才不逮志物論何如方于宣對曰人謂公為政如其姓謂元與圓音相似也傳大笑曰吾法吾性輪至於此汝法汝性將止何土

元冲甲短小精悍眼有電光臨難忘身初以鄉貢進士隸本州別抄忠烈王時哈丹賊蹂鐵嶺關入屯原州摽掠冲甲率六人逐之奪賊馬賊又至城下冲甲與敢死者七人破賊四百騎賊復多張旗鼓圍城數重以書誘冲甲冲甲斬其使賊益修攻城之具百計攻之城幾陷冲甲與曹愼及別將康伯松奮擊斬賊將都剌闍等六十餘人射殺者幾半大敗之自是賊挫銳不敢攻掠諸城諸城亦堅守皆冲甲力也忠宣時拜鷹揚上護軍又賜功臣號

元忠傳孫年十八被召事忠宣於燕邸授禮賓內給事王欲拜代言忠以年少不學固辭王怒貶知鐵州事後歷密直使至僉議贊成事忠肅留元侍從大臣皆携貳獨忠終始一節忠惠初如元賀正因受元帝命佩虎符為武德將軍兼提調征東都鎮撫司事性端慤無城府善處事子顥恭愍時為贊成事

元善之傳孫忠宣在元召為右副代言忠肅時累官至同知密直司事時忠宣竄吐蕃忠肅留元國人分曹流言者多善之守正不撓為人多能處事安詳善琴碁

元松壽善之子忠惠朝登科以端直有學薦為侍講恭愍朝累官至密直司事政堂文學參銓注八年愼重名器不少私國人稱其有宰相器忤辛旽罷見旽亂政憂憤卒謚文定

元天錫篤學有高志麗末見政亂隱居雉岳山躬耕養親不求人知按部籍於軍天錫乃不得已赴試一舉中進士亦不肯仕退歸鄉里自號耘谷居士與李穡諸人相友善我 恭定王微時嘗從天錫學及本朝開國屢召不至 上為幸覺林寺仍詣其廬天錫避不見只召舊時爨婢賜食物而返

元宗亮冲甲曾孫為本道按廉使事親孝父沒廬墓三年旌表其閭

本朝

元孝然登第惠莊王朝以佐翼功封原城君官至禮曹判書謚文靖

鄭宗榮系出草溪世為州人祖允謙以武藝官至封君宗榮少孤力學 恭僖王朝登科入史局為檢閱己卯士禍以直書時事免 明宗朝久在館閣出為江原道觀察使襲封八溪君後又為慶尚平安觀察使 昭敬王朝以吏曹判書乞退 上遣中使餞于漢江亭送車不可勝數道路聳觀宗榮清儉正直性不喜博奕絲竹按節四道判書六曹唯欲奉公 恭憲王嘗選廉謹臣錫

燕閑庭宗榮與焉教曰貪風日熾欲矯時弊特示勸奬之意命賜樂又燭孫基廣官至江原觀察使

李堅　邊協安烈裔孫善弓馬才勇絶人恭愍王朝中武科爲海南縣監時倭寇連陷州鎮協獨保縣城要擊大破之又獲中朝人被擄者奏解　皇帝嘉奬　昭敬王朝累歷全羅平安咸鏡南北節度使官至工曹判書協事親孝居官貞白嘗牧坡州講易於李珥天文筭數皆能通曉世號良將壬辰倭乱　上歎曰邊協若在豈憂倭賊哉子應星亦以武將顯名　元豪少學爲文中武科　昭敬王朝累官全羅水使壬辰倭乱爲江原防禦使擊敗驪州屯賊轉戰金化陣没贈兵曹判書孫斗杓叅請社勳封元平院君官至左議政

春川都護府東至楊口縣界八十九里南至洪川縣界六十五里西至京畿加平縣界五十九里北至狼川縣界六十四里距京都二百五里

旱田

水田

建置沿革古貊國新羅善德王時爲牛首州首一作頭文武王時稱首若州一云烏斤乃一云首次若景德王十六年置朔州後改光海州高麗太祖二十三年爲春州成宗十四年嚴州稱團練使屬于安邊府至神宗六年析爲安陽都護府州人以道塗艱險難於往來至是賂崔忠獻得析爲府後復爲春州本朝　恭定王十三年爲春川郡十五年陞都護府掌面十二官員府使　教授各一人

郡名貊國　牛首　朔州　光海　春州　安陽別號壽春

形勝東阻關嶺西通漢都萬山簇擁二水交會嶺西皆山根險塞無平地惟春川萬山簇擁中開平野方四十餘里二水交會寶嶺西一都會　山多北轉江向西流本朝金時習昭陽亭詩山多從北轉江自向西流　鳳岳高騫

長河匹練本朝成俔詩　江山清麗江山清麗平野如掌嶺西名勝之地

風俗人性少嗜欲人性愚戇少嗜欲有廉恥　風俗淳美李先齊云

山川鳳山在府北一里鎮山　清平山在府東四十四里古名慶雲山洞壑泉石之美大嶺以西罕有比高麗李資玄隱居此山三十餘年○本朝李堣詩路過清平院山高水清淺秋氣集兩崖颼飀響翠巘千年尚幽獨可想高士踐希夷相門冑飄然謝簪冕一去三十春千仞同偃蹇○本朝許穆詩清平積翠連四明天晴削出青芙蓉山中瀑布洒山石老龍垂鬣吐白虹石門烟開洞天靜靈池潛潛涵虛空曉從仙路禮天壇盡然長嘯倚高峯希夷老人今不在我來可以追遺蹤

龍華山在府北一百十一里　白雲山在府西一百里盤據雄高雲霧多在山頂其西即京畿永平縣界　華嶽山在府西九十里俗稱廣嶽山自白雲東南特起爲此山極高大穢義許穆山錄華嶽據春川嘉平之界間三百餘里最雄秀雲霧晝在絶頂　大龍山在府東二十里一名汝每押山　席破嶺在府西二十八里極高險　牛頭山在府北十三里

舍人巖山在府北四十五里山上衆石卓立高聳俗稱舍人岩洞壑清奇幽絶眞勝地

古蘭山在古蘭山縣距府西北三十五里俗稱高巒　寶雲洞在府西北九十里白雲華岳兩山間自削石遷峽口緣溪行十五里其中曠平今置社倉　淮水其源出淮陽府之和川縣經金城狼川南流八府界至府北四十二里有渡曰母津至府西北十里與昭陽江合又南流六十餘里八加平界　昭陽江其源出麟蹄之瑞和縣與府之基麟縣水合而西流經楊口縣南界至府東北爲青淵舟淵又過鳳山之北至府西北十里與淮水合　影池在清

平山下山腰有見性菴倒影其中以此得名池之兩隅築石堰水〻色澄渌水若滲漏易竭而旱不枯水不溢○本朝金尚憲詩止水千年一色清上方金碧倒空明客来盡照星〻髩聊就池邊試濯纓

土産漆 海松子 安息香 鷹 羚羊 蜂蜜 黃蠟 朮 當歸 五味子 紫草 人參 茯苓 松蕈 石蕈 黃楊 木賊 訥魚 餘項魚 錦鱗魚

公署保安道察訪司在府東五里領保安原昌安保泉甘仁嵐冨昌連峯蒼峯鶯豐烏原安興丹丘由原安昌神林神興楊淵延平樂水平安碧呑好善餘粮臨溪高丹横溪珍冨大和方林雲交三十驛○察訪一人

學校鄉校在府東五里 文岩書院在本朝李滉嘗遊此後人慕之建書院祀焉因為士子藏修之所

宮室客館 昭陽亭在府北六里昭陽江東岸又名二樂樓○高麗柳淑詩江邉春氣烟非烟江頭花開雨後天蘭桡来往明鏡裡松亭掩映屏風前此間景物摘入意徐行信馬不動鞭良辰樂意莫辜負頭上歲月如奔川亭前大野天共遠倚欄縱目心豁然落花紛〻飄舞席春禽嚶〻和管絃喜予勝境遊觀日正值民居富庶年世間功名杏與梅癡兒欲迷焦中懷我今老病百無用并潔不食生陰苔古来賢達今安在大江東流不復廻樽前一笑不易得對花強飲三兩盃人生聚散何足道世事過眼隨飛埃徘徊弔古空嘆息千年斷碣埋山萊要將詩酒酬春色莫待無花空寂寞明朝瘦馬西渡江恍如一夢瑶臺容○本朝金尚憲詩三月昭陽江上樓〻前形勝最地遊地迥〻天高擬滕閣渚清沙白似蘷州杏花已落桃花老王孫未歸芳草愁酒酣倚柱歎長嘯西山落日射牛頭

鳳儀樓在客館北○本朝成俔詩平郊渺〻横蒼烟亂山缺處開青天鳳岳高騫起千仞長河匹練流其前我来今日到江上収拾萬象歸吟鞭武昌楊柳暗西渚漢陽雲樹分晴川憑欄落日望不極馭風身世飄〻然英雄古今幾登眺誰遣急管催繁絃溪山烟月自朝暮人非昔人年〻非年大堤兒女歌落梅惹起多少行人懐東風談笑吹飛雨落花點〻埋荒苔花殘苔老啼鳥散春光一去何時回洗然不用玉薤酒有酒不必流霞杯江流漾〻石鑿〻昭陽何處迷纖埃人間勝地真難遇何用跨海尋蓬萊千材桃李媚顔色宦情羈懐兩寂寞髀肉半消鬢半蒼勸君莫作遠遊客

倉庫昭陽倉在府北五里前臨江水収本府及洪川麟蹄楊口狼川等官田税漕至京都

郵驛保安驛在府東五里察訪司本驛 原昌驛在府南三十里 安保驛在府西四十二里 仁嵐驛在府西十五里 富昌驛在府東五十里 藥師院在府南五里 栗長院在府西五十里 清平院在府北四十里 德頭院在府西二十五里

關梁 新淵渡在府西南十五里即昭陽江津渡

祠廟社稷壇在府西 文廟在鄉校 城隍祠在鳳山 厲壇在府北

陵墓申崇謙墓在府西十里有三大塚世傳其二乃疑塚

寺刹文殊寺在清平山下即李資玄所居○高麗金富轍記春州清平山者古之慶雲山而文殊院者古之普賢院也初禪師承玄自唐来新羅至光廟二十四年始来于慶雲山創蘭若曰白巖禪院時大宋開寳六年也至文廟二十三年故散騎常侍李公顗為春州道監倉使愛慶雲勝境乃即白巖之舊址置寺曰普賢院時熙寧元年也其後希夷子棄官隱居于兹而盗賊寝息虎狼絶迹乃易山名曰清平院名曰文殊而仍加營葺希夷子即李公之長男名資玄字真精住山凡三十

七年云□寺有藏經碑元泰定帝皇后以僧性澄所進佛經藏于此寺忠肅王令李齊賢撰碑文

牛頭寺 在牛頭山今廢為遺址臨江夷岸為臺形勝悉於昭陽亭

古蹟

古蘭山縣 本高句麗昔達縣新羅景德王改蘭山為牛頭州領縣在府西北三十五里○按金富軾新羅本記云哀莊王五年牛頭州蘭山縣伏石起立地理志則以蘭山為朔庭郡領縣蓋景德王改比列忽為朔庭改牛首州為朔州富軾失考於兩朔而誤以朔州為朔庭也

山古城 石築周二千四百六十三尺今頹廢

貊國古都 在昭陽江北距府北十三里

基麟廢縣 在府東一百四十里本高句麗基知郡高麗改基麟仍併八本朝因之

名宦

新羅守勝 真德王元年以大阿食守勝為牛首州軍主

體元 孝昭王七年以伊食体元為牛首州摠管

高麗堅權 太祖時鎮春州

崔瀹 睿宗朝國家閑暇王尚詞賦好遊宴嘗宴西京大同江與侍臣唱和瀹以知制誥從上書諫曰帝王當以經術日與儒雅咨諏政理安事雕虫輕薄詞臣吟風嘯月以丧天裏耶有詞臣乘隙說之王怒左遷瀹為春州府使未幾召還

姜彰瑞 熙宗時由閤門祇候出守春州罷郡熱於桑梓

曹孝立 高宗時為文學在春州蒙古兵圍城數重樹柵坑塹累日城中泉井皆渴刺牛馬血飲之士卒困甚孝立知城不守與妻赴火死

李庴 恭愍朝典全伯英上疏請誅李仁任池瀹貶知春州事

閔霽 辛禑時知春州事以明斷善政聞

本朝趙注 莊憲王朝為春州府使廉謹有惠政

流寓

李資玄 高麗仁州人性聰敏登第為大樂署丞忽棄官八春州清平山蔬食布衣以道自樂睿宗賜茶香累詔徵之資玄口臣始出都門誓不復踐京華遂上表曰以鳥養鳥庶無鍾鼓之憂觀魚知魚俾遂江湖之性王知不可致為幸南京遣其弟尚書資德賜詩諭意資玄赴行在王曰久慕此老道德命上殿拜坐上問養性之要對曰莫善於寡欲睿遂進心要一篇未幾固請還山賜道服以還卒於清平賜謚真樂

人物

高麗申崇謙 本谷城縣人後為光海州人初名能山長大有武勇初為弓裔將軍與裴玄慶等推戴太祖賜一等功臣太祖甄萱大戰於公山桐藪不利萱兵圍太祖急崇謙時為大將貌類太祖知其事急代乘御車力戰死之太祖哀之拜其弟能吉子甫樂並為元尹謚壯節後配享太祖廟庭

王儒 本姓朴性質直通經史初仕弓裔官至東宮記室見裔政亂懼禍剪髮為僧隱居山谷聞太祖即位來見太祖曰今卿之來如得傅岩渭濱之士仍賜冠帶令管機要有功遂賜姓王

田元均 官至按廉

朴恒 初名東甫以鄉貢登科高宗時蒙兵陷州恒求父母屍不得貌肖者皆收瘞至三百餘人忠烈王時元征日本令本國瀹戰艦軍糧器械本國疲瘵太甚元帥忻都等監督甚急力不能堪恒告王奏帝以金方慶等為元帥使權不歸容手時稱其能位至贊成事謚文懿

趙錦 富昌驛吏之子自火孝奉親出於至誠其母冬月得病欲食生魚錦剖氷雙魚躍出節日必設酒邀鄉里父老以歡親心父年七十二而沒錦哀毀過禮母老不能起居錦常扶卧起親執饌具嘗欲上壽忽有山鹿自至人皆以為孝感所致事聞成宗命旌閭復戶

旌善郡 東至三陟府界七十四里西至平昌郡界四十三里南至同郡界三十三里北至江陵府界四十四里距京都四百九十六里

旱田

水田

建置沿革 本高句麗仍買縣新羅景德王時改旌善為溟州領縣高麗顯宗時仍併八後復置旌善郡本朝因之掌面

官員 郡守 訓導各一人

郡名 仍買 別號三鳳又號桃源

形勝 境壤幽深山多地塉 輿地志嶺西諸邑皆在峽中境壤幽深山多地塉

川流百曲嶺嶂千疊同上 石田線路高麗安軸詩不毛石齒圭田火側足山腰源路横

風俗風淳俗朴高麗郭翀龍詩淳俗朴無民訟 俗猶太古輿地志嶺西諸邑人居絶稀民俗淳朴村無商賈官無詞訟有太古之風 焚山墾田以板蓋屋輿地志土無平地焚山墾田以種豆粟民皆草屋稍富者盖以板嶺西山郡皆同

山川飛鳳山在郡北鎮山 大陰山在郡南二里 熊前山在郡南五十九里 碧波山在郡西二十六里 星磨嶺在郡西三十三里嶺甚高峻多産紫草又見平昌郡 淨巖山在郡東南八十里 掛懸山在郡北二十九里 大枝山在郡東八十七里 風穴在大陰山岩石間其下置氷則經夏不消又有水穴南江水至此分八池中至毛麻於村出馬高麗鄭樞詩水穴風岩誰造汝最憐當暑有餘清即此 石穴在郡南三十六里向山村石壁上距平地二百餘步路甚嶮隘昔村民入此避倭各官文籍亦藏於此以免兵火 大陰江在郡南二里源出江陵之五臺山流至大陰山下為此江又一源出三陟府竹峴合流于此 龍巖淵在郡西十六里大陰江下流 廣灘津在郡北十三里大陰江上流 蠱川在郡東六里源出大枝山或潛或流入于大陰江 竹川在郡東里三涉府界竹峴西流郡南里入大陰江

土産石鐵出熊前山 青石出碧破山 石鍾乳 漆 海松子 獨活 當歸 芍藥 姜活 五味子 紫檀香 黃楊 弓幹桑出江陵地境 紫草 松蕈 石蕈 人參 地黃 茯苓 蜂蜜 黃蠟 羚羊 白花蛇 訥魚 餘項魚 錦鱗魚

學校鄉校在郡東一里

宮室客館 鳳棲樓在客館北 倚風亭在鳳穴傍 枕流堂

郵驛好善驛在郡東一里 餘粮驛在郡東四十二里 碧呑驛在郡西十五里 行邁院在郡西二十九里

祠廟社稷壇在郡西 文廟在鄉校 城隍祠在郡東六里 厲壇在郡北

寺刹淨巖寺在淨巖山 觀音寺在飛鳳山絶壁上新羅僧義相所住寺前公江石路如犬牙人未通行邑人等石開路僅通人馬雖有患不得放轡而行号曰觀音遷

古蹟皆也項所在郡南六十里 古城在郡東五里石築周七百八十二尺内有城隍祠今半頹落

人物高麗文幹本姓全八中朝以文章著名賜姓文官至平章事 文冠清直寛厚不事產業當官執節不撓睿宗朝官至參知政事嘗為西北面兵馬使都部署韓冲来謁稱其有元帥氣量累典女真戰有功 全遇和恭愍朝為御史大夫

寧越郡東至忠清道永春縣界五十八里南至同縣界二十四里西至同道堤川縣界四十九里至原州界五十三里北至平昌郡界四十四里距京都四百三十七里

旱田

水田

建置沿革本高句麗奈生郡新羅景德王時改奈城郡高麗初改寧越併入原州恭愍王時復置寧越郡以鄉人官者延達麻實里在大明有功於國陞置 本朝因之 恭靖王

元年自忠清道来隷本道掌面 官員郡守 訓導各一人

郡名奈生 奈城

風俗俗猶太古李詹云俗猶太古官曹無事平昌全 焚山墾田板盖屋地志土無平地焚山墾田以種豆粟民皆茅屋稍富者盖以板平昌同

山川鉢山在郡北五里鎮山 石船山在郡西二十五里 大華山在郡南十六里 梁山在郡北二十一里 正陽山在郡東十二里 莞澤山在郡東十九里山頂有澤 加介洞峴在郡西十四里 古德峴在郡北四十二里 刀峴在郡南五里 錦障江在郡東一里平昌郡淵村津之下流 後津在郡西九里出江陵府五臺山 陰谷泉在郡北二十四里源出陰谷岩穴中南流入于淺津 寄積浦在郡南一里 金鳳淵在郡南四里錦障江及淺津合于北南流至永春縣為訥魚灘

土産石鐵出郡北加乙峴 石鍾乳 紫檀香 白檀香 黄楊 五味子 紫草 松蕈 石蕈 海松子 人參 山芥 茯苓 蜂蜜 黄蠟 羚羊 白花蛇 訥魚 餘項魚 錦鱗魚

學校鄉校在郡東一里有風化樓

宮室觀風樓在客館東 錦江亭在錦障江岸絶壁上世宗十年知郡金復恒建東臨錦障江南望金鳳淵水氣山光暎帶霏微若畫圖然 梅竹樓在客館北郡守申叔根建

郵驛延平驛在郡北三十五里 楊淵驛在郡西十六里古楊等所基 濟德院在郡北四十里 龍井院在郡西四十里

祠廟社稷壇在郡西 文廟在鄉校 城隍祠在郡北三里 厲壇在郡北

陵墓魯山君墓在郡北五里世稱魯陵中宗朝遣官致祭置守護人

寺刹蒼嶺寺在石船山 興教寺在大華山西有高麗僧冲曦碑曦仁宗之子碑文剝落讀不能句 普賢寺在梁山

古蹟陸末淵在郡東三十里直谷部曲諺傳郡豪嚴庇家其傍置牝馬于淵側龍出而交産一駒其步驟絶群淵淺為大水所湮 於羅寺淵在郡東巨山里我莊憲王十三年有大蛇或游躍于淵或蜿蜒于渚一日遺蛻於石磧上長數十尺鱗甲如錢有耳邑人拾鱗以聞遺權克和騎之克和泛舟中淵暴風忽作竟莫得其迹淺蛇亦不復見 正陽山城石築周二千三百十四尺高十九尺 莞澤山古城石築周三千四百七十七尺三面石壁諺傳哈丹八冠邑人避亂于此

名宦本朝許稠知寧越郡〻俗為父母只行百日喪稠諭民以禮勸行三年喪〻祭之需率多助之遂成厚俗 金益精為寧越郡守性廉謹不以一毫擾民創鄉校振民興學民皆化之 姜進德為寧越郡守為治廉正剖決無留滯久而民懷其恵 朴忠元明宗朝為吏曹參議忤尹元衡時寧越守宰連暴死元衡欲其死出之為寧越郡守忠元至郡宿於客館官吏更諫不聽夢魯山殿坐傳命曰吾墓無祭是何理歟吾欲教此守宰多怖死爾則不如是其速祭忠元既覺顧視左右以為已死無一人在者明日齋戒祭魯山墓上章以聞於是朝廷歳時致祭因為定式自此始焉未久以承旨召入邑人追思之

人物高麗嚴守安為人有膽氣以郡吏中文科元宗時累遷典法摠郎忠清西北二道指揮使所至有能聲官至副知密直司事 本朝辛永孫登文科官至黄海道觀察使子

仲琚李琚俱以文藝顯

平昌郡東至旌善郡界四十五里南至寧越郡界二十八里西至原州界二十四里北至江陵府界十七里距京都四百十八里

旱田

水田

建置沿革本高句麗郁烏縣一云于烏新羅景德王時改名白烏為奈城郡領縣高麗初改平昌併八原州忠烈王時復置平昌縣辛禑時自忠清道來隸本道陞為郡以麗官李信之鄉陞後還為縣本朝　太祖元年以穆祖李妃之鄉陞復陞為郡掌面　官員郡守　訓導各一

人

郡名郁烏　白烏別號鬱山

形勝地險川迴本朝柳觀平昌詩地險山多疊川迴水有洄

山川鬱山在郡北一里鎮山　水精山在郡西二十里旱則祈雨　琚瑟岬山在郡西南二十里原州酒泉縣境　星磨嶺在郡東四十四里　味呑峴在郡東十七里　龍淵津在郡北九里源出江陵府嶺西尾孔山　南津在郡南一里即龍淵津下流　麻池津在郡西十七里即南津下流　洑火津在郡東五十里源出江陵府五臺山口龍淵以下俱津渡　平安泉在郡東三十里平安驛南山麓絕壁下有穴如窓每霖雨時水從穴湧出又其南有泉藏沸噴騰遂成大川

土產玉石出郡西赤巖里及郡東星麻嶺　銅鐵出郡西狄呑里　紫硯石出味呑峴其品最良　漆　海松子　五味子　紫檀香　安息香　朮　紫草　石葦　人參　黄芪　地黄　山芥　松蕈　茯苓　蜂蜜　黄蠟　羚羊　白花蛇　訥魚　餘項魚　錦鱗魚

學校鄉校在郡西二里

宮室

郵驛藥水驛在郡西十里　平安驛在郡東三十里　祉祥院在郡西十五里　泉川院在郡東二十五里

祠廟社稷壇在郡西　文廟在鄉校　城隍祠　厲壇俱在郡北

古蹟古林所在郡東五十九里　新林所在郡東六十五里　石乙項所在郡東六十三里　魯山城石築周一千三百六十四尺内有一井今盡頹落

人物高麗李天驥中元朝制科官至散騎常侍　本朝李季男官至吏曹判書諡翼平　李季仝季男弟登武科官至中樞諡襄武時稱名將

麟蹄縣東至襄陽府界七十二里南至洪川縣界五十三里西至揚口縣界四十里北至杆城郡界八十里距京都三百六十七里

旱田

水田

建置沿革本高句麗猪足縣一云烏斯回新羅景德王時改名狶蹄為楊麓郡領縣高麗初改麟蹄仍併八淮陽恭讓王初復置麟蹄縣本朝因之掌面三官

郵驛圓通驛在縣東三十里　馬奴驛在縣西三十里　嵐校驛在縣北五十里
臨川驛在縣北五十九里瑞和廢縣南　新院在圓通驛東十五里　加歷院在縣東七十二里襄陽府界　巾伊院在縣南五十三里洪川縣界
祠廟社稷壇在縣西　文廟在鄉校　城隍祠在縣南四里　厲壇在縣北
寺刹上乘菴　大乘菴俱在寒溪山路極危峻岩有鐵鎖人攀曳而上　寒溪寺在寒溪山
古蹟瑞和廢縣和一作禾一名瑞城在縣北六十里本高句麗玉岐縣新羅景德王改馳道為楊麓郡領縣高麗改瑞和仍併八春州後入淮陽本朝　恭愍王時移併于縣　寒溪山古城石築周六千二百七十八尺內有一井今半頹落　伊布所在縣北一百四十四里本春川府地　世宗六年割八于縣

橫城縣東至江陵府界六十八里南至原州界十三里西至同州界四十二里北至洪川縣界四十二里距京都二百五十里

旱田

水田

建置沿革本高句麗橫川縣一云於斯買　新羅景德王時改潢川為朔州領縣高麗初改橫川仍併八春州後移八原州恭讓王初復置橫川縣本朝因之　太宗時以與洪川聲相近改為橫城縣掌面　官

負縣監　訓導各一人

負縣監　訓導各一人

郡名猪足　狶蹄

形勝道塗險絕洞壑幽深本朝南孝溫東遊錄

山川伏龍山在縣北二里鎮山　寒溪山在縣東五十里極高大奇峻其東即襄陽府界襄陽人稱為雪岳山上有城有川自城中流出即成瀑布而下懸流數百尺望之如白虹垂天自圓通驛而東左右皆大山洞府深邃溪水縱橫而渡者三十六樹木如篔上疎雲霄其南峯作絕壁其高千仞奇怪莫狀禽鳥不能飛度行人疑遺壓墜其下清泉觸巖成潭盤石可坐又東數里洞口甚狹細徑緣崖竅穴唅岈峯巒峭拔如龍拏虎攫如累層臺者無數其形勝甲於嶺西　所冬羅嶺在縣東七十二里襄陽府界　所汶嶺在縣北八十二里杆城郡界　彌時坡嶺在縣北八十里路通杆城郡俗稱麗水汶嶺　麟水源出瑞和縣至縣東五里與春川府之基麟縣水合而西流至縣西九里有津曰舟淵津夏則用舟又西流經楊口縣南境至春川府為昭陽江　圓通川在縣東二十五里源出所汶嶺與所冬羅嶺水合流經圓通驛前西流至縣東六里八麟水

土産海松子　五味子　紫草　人參　茯苓　蜂蜜　黃蠟　鷹　羚羊　白花蛇　漆　黃楊　木賊　當歸　芍藥　姜活　訥魚　餘項魚　錦鱗魚

學校鄉校在縣東一里

宮室客館

倉庫

郡名橫川　潢川

山川馬山在縣北二里鎮山　南山在縣南六里　禿峴在縣東六十八里江陵府界　檜峴在縣東三十六里　德高山在縣東八十二里江陵府界又稱奉福山　鼎金山在縣東二十八里　西川源出德高山經縣西四里南流八原州境為蟾水

土產鐵出縣西金掘伊　漆　紫草　紫檀香　安息香　五味子　人參　茯苓　石蕈　蜂蜜　當歸　朮　山芥　羚羊　白花蛇　訥魚　餘項魚　黃蠟

學校鄉校在縣北三里

宮室客舘

郵驛烏原驛在縣東三十五里　安興驛在縣東六十七里　葛豐驛在縣西一里　蒼峯驛在縣北四十一里　大悲院在縣東三十里　實美院在縣東五十里　弘安院在縣北二十里

祠廟社稷壇在縣西　文廟在鄉校　城隍祠在縣北　厲壇在縣北

寺刹法興寺　石泉寺俱在南山　開元寺在鼎金山　奉福寺在德高山　懷真寺在胎將山

古蹟德高山城石築周三千六百五十三尺內有一井今半頹落

人物高麗趙永仁少不群有宰相器度毅宗時登科明宗時累遷為承宣多所匡救物論歸重官至守太尉上柱國神宗即位有定策功加開府儀同三司守太師門下侍郎平章事迠退五年卒年七十謚文景配享神宗廟庭　趙冲永仁子明宗時登科博聞強記諳練典故一時典冊多出其手高宗朝以才兼文武特授翰林學士承旨上將軍後破女真黃旗子軍於鴨江為西北面元帥令嚴明秋毫不犯屢敗丹兵入為守太尉同中書門下平章事卒謚文正為人魁偉外莊內寬凡遇士愉愉然不施戟級出將入相朝野倚重嘗開獨樂園于東皐每公餘引賢士大夫琴酒自娛配享高宗廟庭　趙季珣冲子官至門下侍郎平章事謚光定　趙抃季珣子從金方慶征日本有功官至知密直司事容儀偉麗頗通典故資性寬厚人無怨者子文瑾官至集賢殿太學士　本朝趙峿擢文科以廉潔稱官至修文殿提學　高荊山登科恭僖王朝官至議政府右贊成性勤幹久典軍兵錢穀之任事多辦治　高應翼學生也忠臣高世屹子也壬辰倭亂父領兵討大山賊賊掩其後將被害應翼奮身直前以身翼蔽賊并刃之光海朝旌閭

洪川縣東至麟蹄縣界七十二里南至橫城縣界三十四里西至京畿砥平縣界三十七里北至春川府界二十一里距京都二百四十二里

旱田

水田

建置沿革本高句麗代力川縣新羅景德王時改綠驍為朔州領縣高麗顯宗時改洪川仍併八春州仁宗時復置洪川縣本朝因之掌面九官員縣監

訓導各一人

郡名綠驍

形勝邑環山水本朝徐居正鶴鳴樓記洪環山水抵輿解而理邑居幽爽

風俗民俗淳朴詞訟清簡徐居正鶴鳴樓記

山川石花山在縣北一里鎮山　大彌山在縣東十里　孔雀山在縣東三

（十五里安貞熹王后胎）麻岾（在縣南十五里）八峯山（一名甘勿岳在縣西六十里八峯相連峨岩奇拔故名）羽嶺（在縣南五里諺傳有鶴來集客館南橋飛過此嶺羽毛零落故名）岐山（俗稱加里山在縣東七十里有龍湫天旱禱雨有應）匹龍山（在縣南四十里）

南川（源出縣東七十里合諸山谷水西南流經縣南二里又西流八九十餘里至楊根郡迷源縣北入淮水）

土産　石鐵（産縣東末訖洞）漆　五味子　紫草　人參　茯苓　海松子　石蕈　蜂蜜　黃蠟　羚羊　白花蛇　訥魚　餘項魚　錦鱗魚

學校　鄕校（在縣西二里）

宮室　客館　鶴鳴樓（在客館東樓前鑿池種蓮縣監尹志建徐居正記鄕老曰客館前古有橋曰鶴橋始橋成鶴來鳴因以爲彌吾鄕之瑞也請以是名之）汎波亭

郵驛　連峯驛（在縣南五里）泉甘驛（在縣東六十里）勝道院（在縣南四十二里）長生院（在縣北三十里）陽德院（在縣西三十里）於背院（在縣南三十二里）

關梁　鶴橋（在客館南）

祠廟　社稷壇（在縣西）文廟（在鄕校）城隍祠（在縣西三里）厲壇（在縣北）八峯山祠（春秋本縣致祭）

寺刹　水墮寺（在孔雀山）觀音寺（在石花山）長樂寺　城方寺（俱在八峯山）

古蹟　大彌山古城（石築周二千一百九十七尺今半頹落）寺伊巖莊（在縣東百十里）

名宦　本朝　尹璠（爲洪川縣監）

人物　本朝　金孝誠（系出延安莊憲王朝屢受閫寄後爲靖難功臣封延山君官至兵曹判書謚襄孝）

淮陽都護府（東至通川郡界六十九里至高城郡界一百五十里西至平康縣界九十一里南至楊口縣界一百六十四里至金城縣界五十里北至咸鏡道安邊府界三十九里距京都四百六十里）

旱田

水田

建置沿革　本高句麗各連城郡（各一作客一云加兮牙）新羅景德王時改爲連城郡高麗初稱伊勿城成宗十四年改爲交州忠烈王時陞淮州牧（忠烈三十四年以鐵嶺把截有功陞）忠宣王初降爲淮陽府本朝恭定王十三年爲都護府　世祖時置鎭掌兩十六鎭管都護府一（鐵原）縣七（楊口狼川金城伊川平康金化安峽）官員府使　教授（各一）

入

郡名　連城　淮州　交州

形勝　北限鐵嶺東鎭楓岳西南阻重山（輿地志）重岡複嶺幽深險絶（高麗李穀東遊記）國東之要害（李穀記鐵嶺國東之要害所謂一夫當關萬夫莫開者也）

風俗　風淳俗朴（輿地志人民稀少俗習淳朴）焚山墾田以板蓋屋

同上土無平地焚山墾田以種豆粟
無稻田民皆茅屋稍富者蓋以板

山川

義館山在府北一里鎮山 **天寶山**在府南十一里 **金剛山**在長楊縣
縣東三十里距府一百六十里山名有三一曰金
剛二曰楓嶽三曰開骨白頭山南條也自會寧府
之亐羅漢峴至甲山東為頭里山永興西北為釼
山府之西南為分水嶺西北為鐵嶺通川西南為
楸池嶺至長楊之東高城之西為此山自分水嶺
至此凡四百餘里山凡一萬二千峯岩㞕骨立一
一聳拔列於雲表東臨滄海望之若白玉有日出
月出二峯可見日月之出內外山共有百八寺表
訓正陽長安摩訶衍普德窟揄岾最為名刹云○
高麗李穀東遊記嘗聞此山名聞天下雖絕遠如
乾竺之人時有来觀者大凡所見不如所聞東人
遊西蜀峨眉南越補陀者亦有之皆言不如所聞
余見此山實踰所聞雖畫師之巧詩人之能不能
淂其形容之髣髴也○本朝權近序金剛山在本
國東海上其形勝冠絕天下故其名聞天下予幼
時嘗聞天下之人無不願其来觀而嘆莫之淂予
幸生此國曾不淂一往觀之然欲飄然高蹈之志
未嘗不往来於胷中也丙子秋入中國謁天子帝
親命題使製詩二十餘首其一則金剛山也於是
知茲山之名果重於天下也○前人應制詩雪立
亭亭千萬峯海雲開出玉芙蓉神光蕩漾滄溟近
淑氣蜿蜒造化鍾突兀崗巒臨鳥道清幽洞壑秘
仙蹤東遊更欲登高頂
俯視鴻濛一盪胷 **天磨山**在長楊縣西距府東一百三十四里
介吞山在府東二十六里 **鐵嶺**在府北三十九里其北即咸鏡道安邊府界○
高麗金克己詩巉巖高不極巨勢鎮關東項迫侵
天盡跟深徹地窮冬咸春冽冽暝色晝濛濛下視
塵寰隘誰知造化功○本朝李塏詩白頭分遠脈
北来而鎮東根蟠厚地裂垠埒誰能窮數翕領百
靈縎氣連鴻濛雄踞限南北兩地殊土風 **灰嶺**在府北五十七里 **楸池嶺**在和川縣
縣東十九里距府五十九里極高險
李塏詩穿割翠微鳥道天低嶺即此 **洒嶺**在長楊縣北
三十里距府一百三十里 **東坡嶺**在水入縣距府八十八里嶺底水出南流至縣北十里
復八地中至縣南復出故因
名為水八縣距本府九十里 **雙嶺**在府西五十五里 **斷髮**
嶺在府東一百五十里即天磨山之支俗傳遊山
者及登此嶺見金剛山則思欲斷髮出世故名
○本朝許穪詩髮嶺初登却駭盱瓊峯珠樹接雲
衢曾聞秘錄三山記宛對真形五岳圖秦帝樓船
空浩渺周王綠駬漫馳驅乘風
直向清都去不羨長房白玉壺 **毗盧峯**即金剛山主峯叢紋
久因嵐霧斑駁凝如雪色山名開骨者以此西北
相連聳出者名衆香城○本朝洪仁祐遊山錄自
圓寂菴跨越澗壑直北行二十里許或緣絕崖或
扶蔓栢步步進至山腰石隙無地草唯見山芥當
歸更扶石角五六里許方登永郎岾俯見千峯萬
壑奇恠之狀有若人形有若鳥形有若獸形如坐
如起如仰如俯若蹲若伏若走若卧自岾至絕頂周
迤四五十里間海松側柏皆嫌風靡蔓交覆龍翠
其高可數三丈人行其上如履草架又四五百步
登毗盧峯周回四顧浩浩漫漫不知所極飄飄若
駕鶴昇天雖飛鳥無出吾上是日適天地快霽四
無纖雲北則周繞長峙直圍隱雲者六鎮之山也
岧嵂特秀只露尖頂者妙香之山也東則大洋瀰
漫接天無際嶺東諸郡沒見於明沙大湖之間南
則青螺點點庚橫纏纏眼力微芒霧氣蒲空不復
辨也西則落暉莽蒼天色杳靄不知其山與海山
之可指者若釼山黃龍雪岳五臺雉岳頭陀猪山
清平龍門白雲天寶天磨聖居寶蓋首陽九月諸
山或為培塿或如釼鋩而已是峯有三支其一東
延為日出月出九井等峯即九龍淵之西自月出
南折為鴈門彌勒雪鷹等峯自彌勒西轉為十王
望高穴望等峯即萬瀑洞之東其一南走為圓寂
峯其一北蟠為永郎岾是岾散為西南內山之羣
峯即正陽寺之東也自鴈門峯分內外山內山皆
石也及踰鴈門始履土 **萬景峯**即金剛山西峯又有白雲臺國望岾皆山之巨峯○許穪
詩數日攀援松桂叢歸来還欲跨穹蒼宮巷直上
雲霄半縹緲浮遊沆瀣中山似波濤渾不盡海連
天地浩無窮回瞻紫府烟
霞裡日暮泠然更御風 **穴望峯**即金剛山西峯石峯中腰開竇
自東而望
洞見山西 **望高峯**即金剛山東峯自松蘿菴過隴崖崖如石欄直垂鐵鎖人淂扶

而曳上**金剛岡**又名金剛臺在金剛山表訓寺北石壁千仞人不得攀緣有二黑鳥巢於
其上居僧指為玄鶴**天日岡**又名天日臺在金剛山正陽寺南登此則金剛山諸峯歷歷可
數又有大小香爐等峯○許穆詩峥嶸天外萬千峯戍削巉巖各異容玉塞清霜排劍戟瑤池皓月
秀芙蓉玄冥定是神仙宅靜散應無兩逢顧我平生長往志將携琴鶴寄雲松**水岾**在金
剛山東諺云人若呼號必陰雨故名洞府深邃歸路漸平少骨多肉數十里至揄岾寺**拜岾**
在金剛山西距府一百六十四里俗傳凡八金剛者必由此岾登岾則見山不覺拜揖故名**末**
暉峴在長楊縣西北三十五里距府東一百三十里**梨峴**在長楊東五十五里距府
東一百七十六里**萬瀑洞**在金剛山中衆泉噴瀉谷中其狀非一故名洞裡有峯曰五八
峯入言青鶴栖其隈有一泓曰觀音潭潭畔石崖蒼苔滑足有鐵鎖人攀曳乃得過石心有凹如臼
至普德窟前飛湍縈石來觸崖巔飛雪噴激清晝欲暝小者噴珠大者散雪雜而下者無數曰珠淵
又有一石形如龍伏潭中曰龜岩又有一潭深不可測曰火龍潭其上有峯曰獅子岩本朝楊士彥
嘗八此洞修鍊題蓬萊楓岳元化洞天八字刻在盤石筆勢飛騰畫大如股水落則見水漲則字在
水底○本朝李珥詩石逕高低八洞門洞中飛瀑怒雷奔岩横萬古難消雪山聳千秋不散雲獅子
峯前飛翠霧火龍淵上坐黃昏夜投普德禪菴宿鶴唳猿啼攪夢魂○許穡詩懸崖竪壁擁山門錯
落龍鱗與虎蟠石坡陀瑤席展飛流迅激素車奔尋遊却訝風雷壯延佇都忘海日昏自是契誠
出眛裡疑氷難對俗人語**百川洞**在金剛山中自長安寺公溪東行二十里至是洞百道飛
泉瀉下支分脈別湫如素霓峯巒峥嶸岩石突兀攢者如釰聳者如盡歷亂層出周洞有古城人言
昔長楊守避亂八此云**寒泌坪**在府西四十五里**淮水**源出和川廢縣楸池嶺合
諸谷水西流經府西一里號德津轉而東南流至金城縣境過菩提坂又歷通溝狼川至春川西北
與昭陽江合又西南流經加平境至楊根西合于漢水李堣淮陽詩淮水去悠悠北来向東流**金**
剛川在府東一百六十里源出金剛山萬瀑洞西流八十里經金城縣東境入淮水**龍淵**
在府北二十九里**鳴淵**在金剛山萬瀑洞下一名黷淵諺傳麗末開京富人有金同者惑佛
八山作菴淵上以居與西域僧指空論道爭詰適瀑雨淪八淵中故又稱金同淵

土產　鉛　鐵出府西愁非山　磁石　鷹　羚羊　漆　弓幹桑
出府東坡嶺　海松子　五味子　人參　茯苓　紫草
朮　當歸　蜂蜜　黃蠟　松蕈　石蕈　山芥
羌活　獨活　黃楊　木賊　花蛇　訥魚　錦
鱗魚　餘項魚

公署　**銀溪道察訪司**在府西五里領銀溪豐田生昌直木昌道新安龍潭林丹玉洞
乾川瑞雲山陽原州方川含春水仁馬奴冨林嵐校林川二十驛○察訪一人

學校　**鄉校**在府東一里

宮室　**客館**

烽燧　**介呑山烽燧**南應金城縣岐城北山東應餘伊破山**餘伊破山烽**
燧在府東四十五里東應楸池嶺南應介呑山**楸池嶺烽燧**東應通川郡金斕城
西應餘伊破山**所山烽燧**在府西二十五里北應咸鏡道安邊府鐵嶺西應嵐谷北山
嵐谷北山烽燧在府西三十三里南應雙嶺北應所山**雙嶺烽燧**南應
平康縣松峴北應嵐谷北山　新增　**獐尾山烽燧**東應楸池嶺西應所山

郵驛　**銀溪驛**在府西五里察訪司本驛○金克己詩崎嶇下鐵嶺谽谽尋銀溪澄流出洞口
一帶青玻瓈遇石或狂吼轟轟鳴鼓鼙晴嵐趂人去十里斷馬蹄忽看抑外驛危搆聯芳堤林深野
鳥喚樹密山蟬嘶偷然坐岸幘五月風淒淒**新安驛**在府南三十里**校生院**在府

西一里十遮山院在府東六十里

關梁 鐵關在鐵嶺上高麗置關門號鐵關左右緣嶺築城今廢有遺址又見咸鏡道安邊府○高麗李穀東遊錄曰鐵嶺國東之要害所謂一夫當關萬夫莫開者也至元庚寅哈丹等賊奔北而東闌八關東國家遣萬戶羅裕防護鐵關賊至登州使人規迎裕聞賊來棄關而走故賊如蹈無人之地舉國被害至乞師天朝然後乃能殲之裕真小膽哉

祠廟 社稷壇在府西 文廟在鄉校 義館山祠在古城內祀典載小祀春秋降香祝以祭 城隍祠在義館山 德津溟所祠在府西一里淮水崖春秋降香祝致祭載小祀 厲壇在府北

寺刹 長安寺在金剛山乃新羅法興王所創元順帝與皇后奇氏以此寺為願刹遣內官重營搆其壯麗每歲降香遣使祝釐堂殿佛像皆中國人所造奇巧無比有李穀所撰重創碑 表訓寺在金剛山萬瀑洞口相傳新羅僧能仁神琳表訓所創此寺有元英宗所立碑刻帝與太皇太后太子施錢帛元朝臣梁載所撰高麗侍中權漢功所書文 正陽寺在金剛山表訓寺北據山正脉故名正陽地界高迥山之諸峯一一盡覩諺傳高麗太祖登此山仍創是寺寺前嶺曰天日臺又名真歇臺○本朝成任詩地迥正陽寺秋晴真歇臺雲山都在眼塵世豈關脈脈日屏千疊排空玉幾堆貪看忘去路倚杖徘徊更金世濂詩衆香城外九井峯別有毗盧迥作宗日出南連月出竝大爐西接小爐重高秋檜栢粧明鏡白日風雷起大龍快覩一山真面目正陽新雨倚孤松 普賢菴在金剛山 圓通寺在金剛山 普德窟在萬瀑洞上有觀音閣絕壁架板立銅柱於外以搆小屋三楹於其上拘以鐵鎖釘于岩石浮在空中人登則搖中置佛函餙以珠玉外施鐵網以防手撲諺傳高句麗安原王時僧普德所創○本朝金時習詩銅瓦生衣銅柱高簷鈴風鐸響嘈嘈寶山岩窟幾尺聳銀海波濤終夜號鉄鎖掛空搖戛戛雲梯緣壁動騷騷梵香一禮心無雜疑是仙宮駕六鼇 摩訶衍在萬瀑洞最深處 靈源菴 現佛菴俱在百川洞 松蘿菴在金剛山有大小二松蘿兩菴相對本朝成任詩大松蘿對小松蘿東井西臺世不多即此 妙吉祥菴 白華菴 三藏菴 真佛菴 金莊菴 地藏菴 神琳寺 天真菴 極樂菴 開心菴 妙德菴 天德菴 獅子菴傍有石如獅子故名 圓覺菴在金剛山 都山寺在金剛山外

古積 和川廢縣在府東四十里本高句麗藪牲川縣新羅改藪川為大揚郡領縣高麗初改和川仍併本朝因之縣東有山城石築周一千八十尺今頹圮 嵐谷廢縣在府西三十里本高句麗赤木鎮一云沙非斤乙新羅改丹松為連城郡領縣高麗顯宗改嵐谷仍併本朝因之縣北有山城石築周八百八十尺今頹廢 水八廢縣在府東四十里本通溝縣地割入于府 長楊廢縣在府東一百五十里本高句麗大楊〻管郡一云馬斤押新羅改大楊郡高麗改長楊仍併八本朝仍之縣東有山城石築周九百五十尺今頹圮 文登廢縣在府東四十里本高麗文見縣一云斤尸波兮新羅改文登為大楊郡領縣高麗顯宗時移八春州後八交州本朝因之 南山城在縣南十里石築周一千六百六十七尺古有軍倉今廢 義館山古城石築周一千九百四尺今廢 古軼雲縣金富軾云本高句麗管述縣新羅景德王改名為連城郡領縣今未詳 古稀嶺縣金富軾云本高句麗猪守峴縣景德王改今名為連城郡領縣今未詳 天寶山古城石築周五千六百三十六尺

名官 高麗 李惟伯文宗二年東北路監倉使奏交州防禦判官李惟伯繕理城池修備器械為諸郡第一所部連城長楊吏民等言惟伯勸農恤民雖秩滿當代願見得借王嘉之付尚書吏部 李混忠宣朝以藝文大詞伯貶為淮陽牧使 李瑀忠宣時為淮陽府使有遺愛

本朝朴三吉康靖王朝爲淮陽府使民服其清白　金鍊光昭敬王時爲淮陽府使倭寇逼境民勸避之鍊光曰吾守土之臣不可去而求生冠帶坐賊負之不屈遂遇害

流寓敬順王子新羅敬順王將降高麗王子諫曰當興忠臣義士收拾民心以死自守豈宜以千年社稷一朝與人王不聽王子哭辭徑往開骨山倚岩爲屋麻衣草食以終身

鐵原都護府東至金化縣界三十二里南至京畿永平縣界四十二里西至同道連川縣界四十三里至同道朔寧郡界二十九里北至平康縣界三十二里距京都二百二十一里

旱田

水田

建置沿革本高句麗鐵圓郡一云毛乙冬非　新羅景德王時改鐵城郡羅末弓裔略據高句麗地稱王立都於此高麗太祖二年改鐵圓爲東州高宗時降爲縣後陞爲牧忠宣王初改爲鐵原府本朝　太宗十三年爲都護府掌面九官員府使　教授各一人

郡名鐵圓　鐵城　東州別號陸昌

形勝壤地僻奥古記鐵圓山根水源壤地僻奥　地多狹隘會士記鉄圓地多狹隘　北阻分水嶺南倚寶蓋山地志北阻分水嶺南倚宝蓋山四多山險　唯鐥盞一條坪極目靡漫

風俗其民質樸　焚山墾田

山川高巖山在府北四十里弓裔時以爲鎮山　寶蓋山在府南古七里岡峦重疊洞壑深邃峯多岩石望之嶙峋嵯峨其絕頂曰歡喜峯上有石臺往往有異氣出焉　金鶴山在府南十六里頂上有泉西連宝蓋山或通稱宝蓋山　白嶽山在府東北三十五里　南山在府南三十五里即宝蓋山之東支　水精山在府南十五里亦宝蓋　曉星山在府西北三十里　龍華山在府東南五十里嶙峋高崳山有古城名鳴城故又稱鳴城山　佛見峴在府西四十里即宝蓋山西支　渴磨峴在府西四十里　孤石峯又稱孤石亭在府東南三十里岩峯特立東臨砌川世傳新羅真平王高麗忠肅王嘗遊此高麗僧無畏記鉄圓郡南五步許有孤石亭巨岩斗起高三百尺周數十餘丈緣岩而上有一穴蒲伏而入如屋宇層臺可坐十許人傍有新羅真平王所留碑却出穴登絕頂盤陀如圓壇荒蘇衣以鋪蔺青松環而張傘又有大川自巽而來至岩下潴爲淵臨視之競戰可畏如有神物居焉　栽松坪在府北四十五里　古東州坪在府東十里俗稱鐥盞坪黃茅極目與栽松坪俱爲講武場我　世宗曾狩于此　砌川在府東二十里源出平康淮陽之界經府東南至豐田驛西合金化縣水南流過京畿永平縣界至揚州北爲大灘兩岸皆石壁如階砌故名　三釜瀑布在府東南四十里水自龍華山上懸流爲瀑水落處石成坎若釜形如是者三層水三溢爲三瀑故名瀑高並百餘尺下爲深潭潭渚皆白礫奇岩□本朝朴淳詩石崖高畏日車翻三釜飛流萬怪奔吁駭始知無比並玉虹銀漢亦徒言

土產磁石　漆　五味子　人參　松蕈　當歸　朮　姜活　獨活　鷹　蜂蜜　黃蠟　茯苓　芎藭　白花蛇　錦鱗魚　訥魚

學校鄉校在府南三里

宮室客館　北寬亭在府北　高麗姜淮伯詩塗炭當時困幾州登臨悵古倍新愁

雕墻峻宇繁華盡破礎頹垣寂寞秋俯仰乾坤多感慨顧瞻山水是清幽黑金原上千年地禾黍離〻惱遠遊

烽燧 所伊山烽燧在府西八里東應平康縣吐氷山及珍村山南應適骨山 適骨山烽燧在府西四十六里北應所伊山南應京畿永平縣彌老谷

郵驛 龍潭驛在府西十里 豐田驛在府南四十里 通化院在府東三十九里 權化院在府西三十五里

祠廟 社稷壇在府西 文廟在鄉校 城隍祠在府西二里 厲壇在府北

陵墓 首嘗政承墓府有古塚俗稱首政承墓相傳弓裔時宰相段起明者見裔無道托疾不仕稱首嘗軒蓋其墓云 金應河父墓在府

寺刹 石臺寺在宝蓋山唐貞元八年有攦師李順石見佛于此而建寺 地藏寺在宝蓋山有李攡重修記 深原寺在宝蓋山正中古與林寺本朝僧無學改建深原山氣深厚稱靈異寺有萬歲樓 聖住菴 大乘菴 知足菴 靈隱寺俱在宝蓋山 積石寺在高岩山 龍華寺在鳴城山

古蹟 楓川原在府北二十七里三國末弓裔都于此國號泰封修葺宮室窮極奢侈今殿宇遺址猶在外城周一萬四千四百二十尺內城周一千九百五十尺皆土築今盡頹圮 本朝徐居正詩國破山河作一州泰封遺迹使人愁至今麋鹿来遊地依舊魚龍寂寞秋斜日淡烟天共遠落花飛絮水東流當時鏡識歸真主可笑弓王事逸遊 本朝鄭士龍詩斯羅籙讖輸窺竊狼顧鴟張反噬多讖擾形便資躍馬不將溟渤復爲家風雲已借蛟龍勢臺殿翻成燕雀窠聞道楓川餘尺地後車何限戒前車 孤石城在孤石峯傍石築周二千八百九十二尺今廢 高麗太祖舊宅在府南三里麗祖事弓裔時舊宅壇墻遺址尚存今爲鄉校基

人物 高麗 崔俊邕佐太祖爲功臣 崔奭俊邕五世孫初名錫擢魁科歷揚華要至太保門下侍郎同中書門下平章事監修國史上柱國謚譽肅 崔惟清奭子少孫好學經史子集靡不該通睿宗朝登科乃曰學優然後仕杜門讀書不求仕進後累遷至左司諫出倅尚州歷知奏事拜中書門下平章事後以集賢殿太學士判禮部事致仕卒謚文淑嘗如金謝冊命言動合禮金人嘆服又奉使於宋〻人稱之鄭仲夫之亂文臣皆被害諸將素服唯清德望戒軍士勿入其第以至期功之親俱免禍生八子四子登第歲廩其母 崔讜見開城府 太成吉恭愍王時紅賊八寇成吉負七十四歲母得免其難至死孝養無替朝廷嘉之旌閭 本朝 金應河少孤貧力田中武科光海時歷官兵馬虞候萬曆戊午建虜犯遼神宗皇帝徵兵本國應河爲宣川郡守以左營將從元帥姜弘立會中朝都督刘綎於虜地富車嶺伐虜中朝三路諸將皆敗績弘立等投降獨應河領孤軍死戰死後猶手劍不舍虜疑其生不敢近帝詔褒其忠封遼東伯本國特贈領議政應河善射御爲人孝義絶無武夫獷悍氣象弟應海官至統制使子益鍊爲節度使

金城縣東至淮陽府長楊縣界一百五里南至狼川縣界五十二里至金化縣界十七里西至平康縣界三十七里北至淮陽府界五十六里距京都三百三十六里

旱田

水田

建置沿革 本高句麗母城郡一云也次忽 新羅景德王時改益城郡後改金城高麗顯宗時降爲縣尋省八交州睿宗時復置金城縣高宗時改爲道寧縣本朝初復爲金城縣掌面

官員 縣令 訓導各一人

郡名毋城 益城 道寧

風俗尚火田

山川慶把山在縣北二里鎮山 赤山在縣南二十里又稱赤抿山高峯聳起比諸山獨秀通望金剛山其西金化縣境 白亦山在縣北四十五里 車踰山在岐城縣南五里距縣四十五里 永水山在通溝縣東北十五里距縣七十五里 雲峯山在縣南二十五里 淮水源自淮陽府八縣境過菩提坂南流經通溝廢縣西有渡日多慶津又南流入狼川縣在縣境皆流峽中屈曲凡百數十里 上里川在縣南二里源出淮陽府嵐谷縣東流八淮水 綠礬岩在 本朝許禑詩千峯萬堅路縈廻竟日崎嶇信馬來忽見奇岩臨水者卸按轡草坐山隈白雲紅樹斜光遍瀉灘鳴湍晚響哀暴愛潭心街壁面錦紋丹彩鏡中開

土產銅鐵出縣南楓洞里 石鐵出岐城里也浦坪 鉛鐵俱出縣北金也洞 爐鉗石 海松子 漆 人參 茯苓 蜂蜜 黃蠟 白花蛇 石蕈 五味子 當歸 姜活 獨活 餘項魚 錦鱗魚 訥魚

學校鄉校在縣西三里

宮室客館 睽碧樓在縣北五十里淮水上南臨菩提坂有柳思訥記

烽燧阿峴烽燧在縣南十里南應金化府伊山北應仇乙破山 仇乙破山烽燧在縣北二十三里南應阿峴北應岐城北山 岐城北山烽燧在縣北四十八里南應仇乙破山北應淮陽府介吞山

郵驛直木驛在縣北八里 瑞雲驛在縣南二十九里 昌道驛古稱熊壤驛在縣北三十一里 永豐院在縣南六里 熊施院在縣北十三里 菩提院在縣北五十里菩提坂 兜率院在縣東七十五里

關梁菩提坂又稱菩提津在縣北五十里淮水兩岸陡斷成壑懸崖靦石壁立千尺路緣崖間謂之菩提坂經過者如入地中凌競魂攫下坂方渡水夏潦船渉秋冬置橋本朝黃來詩大川中洶湧兩峽對開張疏鑿何年始盤回幾曲長俯身攀鳥道閱眼過羊腸寰宇行將遍艱危此備嘗

祠廟社稷壇在縣西 文廟在鄉校 城隍祠在北山 厲壇在縣北

寺刹月峯寺在赤山

古蹟通溝廢縣在縣北六十七里溝一作口本高句麗水八縣一云買伊新羅改通溝為岐城郡領縣高麗顯宗時省入交州後移入本朝因之 岐城廢縣在縣北四十八里本高句麗冬斯忽郡新羅改為岐城高麗初降為縣後省入 桶寺洞古城在縣南八里石築周七百二十五尺今廢

楊口縣東至麟蹄縣界三十四里南至春川府界三十二里西至狼川縣界三十一里北至淮陽府界七十三里距京都三百三十一里

旱田

水田

建置沿革本高句麗楊口縣一云要隱忽次 新羅景德王時改楊麓郡高麗初改楊構縣尋省入春州睿宗初復置楊口縣尋為狼川兼任本朝 太祖二年又析為縣掌面 官員縣監 訓導各一人

郡名楊麓 楊溝

山川 飛鳳山在縣北二里鎮山 頭陁山在縣北五十一里 四明山在縣西三十六里山頂有池天旱祈雨 兜率山在縣東四十里 都里串峴在縣東十五里 沙里串峴在縣東十二里 鋪還峴在縣南三十里路甚險阨懸設棧道 曲溪在縣東四十里自飛鳳山東北抱縣旋繞而流還出于飛鳳山西北至狼川縣入淮水 漂華臺在縣 許穪詩溪回山擁立岩潤水平鋪凿影明紅錦波光動火珠危岩悄獨坐遙望白雲衢

土產 磁器 五味子 紫草 人參 茯苓 蜂蜜 黃蠟 石蕈 海松子 羚羊 白花蛇 訥魚 餘項魚 錦鱗魚

學校 鄉校在縣南一里

宮室 客館

郵驛 水仁驛在縣南三十五里 含春驛在縣北五里 都里串院在都里串峴下

祠廟 社稷壇在縣西 文廟在鄉校 城隍祠在飛鳳山 厲壇在縣北

寺刹 頭陁寺在頭陁寺有層岩劈開作石門許穪詩鑿龍餘力及青丘劈斷層岩放急流屹立兩崖元氣裂奔騰一壑百靈搜清秋人上神龕慄白日龍蔵洞穴幽夙想瓌奇今始愜翰林詩句子長遊 深谷寺在兜率山 觀音寺 清涼寺俱在四明山

古蹟 方山廢縣在縣北三十里本高句麗三峴縣一云密波兮新羅改三嶺為楊麓郡領縣高麗初改名方山仍倂入淮陽本朝世宗時入于縣 亥安所在縣北六十里本春川府地本朝世宗六年割入 飛鳳山城石築周八百九十二尺

狼川縣東至楊口縣界四十五里南至春川府界二十三里西至金化縣界六十四里北至金城縣界五十六里距京都二百九十七里

旱田

水田

建置沿革 本高句麗狌川郡一云也口買 新羅景德王時改狼川郡高麗初省入春州睿宗初復置狼川縣 本朝因之堂面官貟縣監 訓導各一人 今增

郡名 狌川

風俗 其俗淳朴近古本朝許穪云狼川鱗蹄亦嶺內山水深處其俗皆淳朴近古

山川 狌山在縣西一里鎮山 龍華山在縣南二十二里亦見春川府 啓星山在縣西二十八里 馬峴一在縣南二十九里一在縣北六十四里金化鏡皆名馬峴 日山在縣東二十一里 淮水源出淮陽府自金城界流入經縣東十二里又南流至春川府興昭陽江合在縣境者名大利江○本朝許穪詩大利江邉一葉舟秋風移棹泛中流青山兩岸曉霞捲綠樹長洲朝日浮 南津水出馬峴經縣南一里又東流入淮水 楓川在縣東二十七里 馬灘在縣東四十六里即淮水灘水由峽中回曲噴激此上下流急灘甚多

土產 漆 海松子 五味子 紫草 人參 茯苓 石蕈 蜂蜜 黃蠟 羚羊 訥魚 餘項魚 錦鱗魚

學校 鄉校在縣西三里

宮室 客館 南津亭在縣南一里南津水崖 勵志堂在客館西

郵驛方川驛在縣東四十二里　原川驛在縣南十五里本朝許稱詩孤驛千山裡殘村一水邊地偏人牲塞路險馬蹄穿饋粥流新蜜盤飧煮小鮮幽深偏塵世擬欲托殘年　山陽驛在縣北四十五里　大利院在縣東十二里淮水岸

祠廟社稷壇在縣西　文廟在鄉校　城隍祠諺稱子母堂母堂在縣北四里子堂在縣西七里　厲壇在縣北

寺刹成佛寺在龍華山　啓星寺在啓星山

古蹟龍華山城石築周九百五十六尺內有三井今半頹落　往山城石築周三千十四尺今半頹落

伊川縣東至平康縣界三十八里南至安峽縣界十四里西至黃海道新溪縣三十五里北至咸鏡道安邊府界一百五里距京都三百二十二里

旱田

水田

建置沿革本高句麗伊珍買縣新羅景德王時改伊川為兔山郡領縣高麗顯宗時省八東州後復置伊川縣本朝因之　恭定王十三年自京畿來隸本道掌面四官員縣監　訓導各一人

郡名伊珍買

形勝邑在高山巨水之間本朝金守溫悦雲亭記　溪深地瘠前人詩溪深頻雨漲地瘠易年荒

風俗俗尚鬼地志　俗鄙野淳朴地瘠無水田山戍則拾橡栗為食俗近鄙野人猶淳朴平康同

山川城山在縣北二里鎮山　蔦山在縣東北一百二十九里　玉谷山在縣東三十七里　所伊山在縣南十里　古城山在縣北九里上有古城周僅三百五十餘尺今皆毀圮　廣福山在縣北六十里山高險又有岩石如城周十五里內有居民　檜山在縣北十里　亘尼山在縣北三十一里　開蓮山在縣北六十八里　達摩山在縣東十五里　伊川水又稱湍水源出安邊府永豐縣界流至縣北三十里匯為德津淵過古城山下稱為古城津又南流入安峽縣境　玉川又名南川出玉谷山經客館南又東流入伊川水　德津淵在縣北三十里上有德津祠本朝金守溫詩伊川之水激萬壑雨水來合山崒嵂人言其下龍所宅沉沉水府深莫測　蔦山洞温泉在縣北十九里世宗嘗有眼疾遣使汲取諸道温水稱量則此温水最重乃親幸沐浴良驗故以此水為第一云今有行宮遺址　丘里項温泉在縣北八十里

土產漆　海松子　五味子　人參　茯苓　紫草　松蕈　石蕈　蜂蜜　黃蠟　羚羊　白花蛇　訥魚　餘項魚　錦鱗魚

學校鄉校在縣北三里

宮室客館　悦雲亭在客館東本朝金守溫到縣留旬日登亭愛其朝暮多生雲氣因以悦雲名之有所撰悦雲亭記

郵驛乾川驛在縣南四里　廣德院在縣北五十里

關梁周音谷關在縣北一百十里北通安邊永豐縣形勢要險東壓大山西臨大川一夫當關可過萬兵昔人築墻設關以防胡遺址尚存俗稱防墻

祠廟社稷壇在縣西 文廟在鄉校 城隍祠在城山 厲壇在縣北 德津祠在德津淵上每春秋本縣致祭

寺刹葛山寺在葛山 小林寺 陽陰寺俱在達摩山

古蹟東城在縣東二十一里石築周八百七十尺 城山古城石築周七百四十尺

列女孫氏高麗時人翰林承旨奇田龍妻年二十一田龍入中朝不返孫氏養姑惟勤不懈於心朝廷嘉其節義立碑以旌之

平康縣東至金化縣界二十四里至淮陽府界二十七里南至鐵原府界十五里西至伊川縣界六十里至安峽縣界六十三里北至咸鏡道安邊府界八十一里距京都二百六十八里

旱田

水田

建置沿革本高句麗斧壤縣一云於斯内 新羅景德王時改名廣平爲富平郡領縣高麗顯宗時改平康併入東州明宗時復置平康縣後爲金化兼任恭讓王初還析爲縣本朝因之掌面七官貟縣監 訓導各一人

郡名斧壤 廣平

風俗俗尚鬼地志

山川重峯山在縣南二十五里 長鼓山在縣北十四里 彌勒山在縣東十五里 竹林山在縣北三十九里 戯靈山在縣北八十八里 青龍山在縣北五十九里 新城山在縣北十三里 栗枝山在縣西二十五里 雪呑嶺在縣北九十里 分水嶺在縣北四十九里白頭山之脉自會寧府亐羅漢嶺至甲山東北爲頭里山永與西北爲鈎山又南至縣及安邊府界爲此嶺其上平衍以水分東西定其脊脉故名到此復起分爲東西二支○高麗金坵詩杜鵑聲裏但青山竟日行穿翠密間渡一溪流知幾曲送潺潺了又潺潺 栽松坪在縣南十五里 狄岩川在縣西三十四里 楡水在縣北八十里源出雪呑嶺入伊川縣境

土産漆 海松子 五味子 人參 茯苓 石蕈 鷹 蜂蜜 黄蠟 羚羊 白花蛇 訥魚

餘項魚

學校

宮室客館

烽燧松峴烽燧在縣東九里南應吐永山北應淮陽府叟嶺 吐永山烽燧在縣南十五里西應鐵原府所伊山北應松峴 珎村山烽燧在縣南五十九里東應金化縣所山西應鐵原府所伊山

郵驛丹林驛在縣北十五里 玉洞驛在縣西四十里 石橋院在縣北五里

關梁雪呑嶺關在雪呑嶺上路指安邊山勢險阻昔人等墻設關以防胡遺址尚存俗號防墻

祠廟社稷壇在縣西 文廟在鄉校 城隍祠在縣北二里 厲壇在縣北

寺刹幽寂寺在重峯山 圓寂寺在萬雲山

郡名夫如 富平 別号花山

風俗民稀俗淳焚山墾田以板盖屋

山川五申山在縣北十三里鎮山 將之山在縣西二十七里 三申山在縣西十里 赤山俗稱赤根山在縣東西十里聳起獨秀比諸山特高 燈山在縣北二十一里 阿吾峴在縣北四里 萬深山在縣東三里 千佛山在縣東南二十里衆石峯森列如諸佛故名 忠峴山在縣東三十六里 餘波山在縣北四十四里 水于山在縣北三十七里 末訖川坪在縣北二十五里 馬峴在縣東二十九里 大聖山在縣南二十四里 丹岩在狼川金城之境距縣十三里路傍有峯戌絶壁其高千仞鳥不得飛攀石色微丹故名 龍頭岩 南大川在縣南五里西流入鐵原府境與砌川合 方洞川在縣東二十六里與南大川合

土産石鐵出方洞川 緑礬出縣北 滑石 漆 海松子 五味子 人參 茯苓 安息香 石蕈 姜活 獨活 蜂蜜 黄蠟 羚羊 白花蛇 錦鱗魚 餘項魚

學校鄉校在縣西二里

宮室客館

烽燧所伊山烽燧在縣北十里東應金城縣阿峴西應平康縣珍村山

郵驛生昌驛在縣南四里 寶德院在縣南六里

祠廟社稷壇在縣西 文廟在鄉校 城隍祠在城中 厲壇在縣北

寺刹普賢寺在大聖山 水泰寺在五申山 三申寺在三申山

古蹟憩峴在縣西弓裔游獵甞憩息於此故名 甲川在縣西世傳弓裔聞變逃至川上棄甲而走故名裔自此適于岩谷信宿飢甚援麥穗而食為斧壤民所害 史丁所在縣北六十里 楡林所在縣北九十里 青龍山城石築周一千四百六十尺內有一井今廢

城隍堂山城在縣北一里石築周九百二十二尺內有一井今廢

名宦本朝吳允謙宣祖朝為平康縣監居縣五年境內大治時鄭逑為觀察使巡到縣見允謙擧止端雅言辭詳敏隨問剖決如流不覺心服引坐房內達夜論事喜曰眞金玉君子也

人物高麗蔡松年姿端秀性和平高宗時為兵馬使討平崔珦累官至中書侍郎平章事謚景平時言終始富貴者稱松年 蔡禎松年子志操謇諤元宗如蒙古扈從多所裨益官至門下侍郎平章事配享元宗廟庭 蔡洪哲忠烈王朝登科由通禮門祗候八遷為相士林榮之後封順天君為人精巧於文章技藝皆盡其能自號中菴居士所製紫霞洞曲傳於世子河中八元從瀋王為政承 蔡漢老恭愍王朝為政承 本朝蔡忱登文科累官至司憲府大司憲

金化縣東至金城縣界三十六里南至狼川縣界二十一里西至鐵原府界三十里北至平康縣界二十六里距京都二百八十三里

旱田

水田

建置沿革本高句麗夫如郡新羅景德王時改為富平郡高麗顯宗時改金化郡後省入東州仁宗時復置金化縣本朝因之掌面 官員縣監 訓導各一人

古蹟城山城在縣北四里石築周一千四百八十九尺 新化驛古址在縣南二十五
里

安峽縣東至平康縣界三十四里南至京畿朔寧郡界十五里西至黃海道兎山縣界十四里北至伊川縣界四十五里距京都二百六十里

旱田

水田

建置沿革本高句麗阿珍押縣一云窮岳 新羅景德王時
改安峽爲兎山郡領縣高麗顯宗時省八東州睿
宗時復置安峽縣本朝 恭定王十四年併于朔
寧郡十六年復析置縣掌面 官員縣監 訓導
各一人

郡名窮岳

風俗村落相保俗猶太古村落相保宛如朱陳世守耕鑿民俗太古 尚火
耕

山川萬景山在縣北二里鎮山 八峯山在縣北十六里 高岩山在縣東二
十里 橋谷山在縣北三十九里 鍮遠嶺在縣北二十里即八峯山西嶺 藤蔦
洞在縣北十五里 湍水在縣西九里伊川之水至縣爲此水俗稱浦里津南流八兎山朔寧
境 猪灘水俗稱猪轉灘川在縣西十二里源出平康縣分水嶺又西流八湍水 厼堂
淵在縣西十二里湍水亭瀦爲淵有岩屹立水涯上有古厼堂遺址諺傳高麗時韃靼八寇至此
望見騎兵萬餘羅列不敢追以此構堂祭之今天旱禱雨 猪轉灘在縣西十二里

土産青石出猪轉灘石壁 玉燈石出藤蔦洞 石鐵出縣東奴隱洞性剛易折 流
海松子 五味子 人參 茯苓 石蕈 蜂
蜜 黃蠟 羚羊 白花蛇 訥魚 餘項魚

學校鄉校在縣西一里

宮室客館

祠廟社稷壇在縣西 文廟在鄉校 城隍祠在縣南二里 厲壇在縣
北

寺刹岩泉寺在萬景山西山之絶頂岩間有泉湧出雖天旱不渴故名 深谷寺在南
景山東 修道寺在八峯山

古蹟萬景山城石築周一千四百二十四尺今半頹落 南山城在縣南五里石
築周一千九百六十五尺內有一井今廢

人物高麗孫冠文宗朝擢科官至右僕射叅知政事爲人清純樸古以文學名謚章簡

東國輿地志卷之八

咸鏡道

本朝鮮舊域沃沮之地天文尾箕分野衛朝鮮時漢武帝滅朝鮮於此置玄菟郡後徙郡於高句麗西北更以沃沮為縣屬樂浪東部都尉東漢建武中罷都尉官封其渠帥為沃沮侯國後為高句麗所有後漢書沃沮濊貊句麗本皆朝鮮地也又云東沃沮在高句麗盖馬大山之東東濱大海北接挹婁扶餘南與濊貊接其地東西狹南北長可折方千里土肥美背山向海人性質直強勇武帝滅朝鮮以沃沮地為玄菟郡後為夷貊所侵徙郡於高句麗西北更以沃沮為縣屬樂浪東部都尉光武省都尉官悉以封其渠帥為沃沮侯遂臣屬句麗句麗復置其中大人為使者責其貂布魚鹽海中食物千里擔負致之又有北沃沮一名置婁溝去沃沮八百里其俗南北皆同與挹婁接○三國史高句麗始祖東明王十年滅北沃沮以其地為邑高句麗太祖王四年伐東沃沮以其地為城邑拓境東至滄海又高麗史地理志東界本高句麗舊地○按沃沮地界後漢書既已詳載陳壽魏志杜佑通典所記亦然三國史又云百濟始祖溫祚王四十三年南沃沮二十餘家至斧壤納款高句麗東川王二十年為魏毋丘儉所逐出奔南沃沮盖沃沮之地在朝鮮之東故統稱東沃沮而又有南北之別稱者矣盖馬山乃是今咸鏡平安兩道之界脊嶺大山也東沃沮之境南接濊貊則其為鐵嶺迤北明矣北沃沮又是其北則今之北道是其地歟南沃沮鐵嶺一帶其南即濊貊斧壤之地其北即東沃沮之地其間更無餘地則必其東沃沮南界之稱也後漢書又云挹婁即古肅愼之國在不咸山北在扶餘東北千餘里東濱大海南與北沃沮接不知其北所極廣袤數千里土地多山險出麻布好貂土氣極寒常穴居一統志云挹婁古肅愼氏地後漢謂之挹婁元魏謂之勿吉隋唐曰黑水靺鞨女真即其遺種也則挹婁之地即今野人所居也○又按玄菟郡漢武帝定四郡時治東沃沮後徙於高句麗西北則玄菟四郡後沃沮之地自不屬玄菟矣今以三國史考之高句麗太祖王四年伐東沃沮以其地為邑其後太祖王六十六年與濊貊襲漢玄菟攻華麗城幽州刺史馮煥玄菟太守姚光遼東太守蔡諷將兵伐高句麗王據險以遮大軍潛遣兵攻玄菟遼東二郡焚其城郭新大王四年漢玄菟太守耿臨來侵美川王三年王率兵三萬侵玄菟故國壤王二年王出遼東玄菟燕慕容農伐句麗以復二郡詳其年代則太祖王四年則漢光武建武三十二年也其六十六年即安帝元初五年也新大王四年即靈帝建寧元年也美川王三年即晉惠帝大安二年也故國壤王二年即元帝大元十年也自光武時沃沮既為高句麗之屬邑而歷漢晉數百餘年尚與玄菟攻戰不休且玄菟與遼東常相連附而不相懸遠據此亦可見玄菟之久已徙矣後之人不達每以沃沮之地指為玄菟不知新舊彼此之有別而曰致謬誤此亦不可不卞按漢志玄菟郡距洛陽東北四千里屬幽州刺史部是盖所徙遼界之玄菟也唐高宗滅高句麗以其地屬安東都護府唐師尋還新羅得其南境景德王時以長嶺鎮以南隷于溟州其以北地沒於靺鞨渤海曰為女真所據稱曷懶甸又名合懶路高麗畫定州都連浦為界成宗時以和登等州隷朔方道後改朔方為東界又改稱東北面睿宗二年遣尹瓘逐女真置九城其地至先春嶺四年撤九城與女真鄭麟趾曰高麗舊史九城之地久為女真所據睿宗二年命元帥尹瓘副元帥吳延寵率兵十七萬擊逐女真略地東至大串嶺北至弓漢嶺西至蒙羅骨嶺以為我疆於蒙羅骨嶺下築城廊九百九十間號英州火串山下築九百九十二間號雄州吳林金村築七百七十

四間號福州弓漢村等六百七十間號吉州三年二月城咸州及谷嶮鎮三月築宜州通泰平戎三城於是女真失其窟穴誓欲報復乃引遠地酋首連歲來侵我兵喪失者亦多且拓地既廣九城相距遼遠女真數設伏叢薄抄掠往來國家調兵多端四年女真亦遣使請和於是始自吉州以次收八九城戰具資糧于內地遂撤崇德通泰真陽三鎮及英福二州城又撤咸雄二州及宣化鎮城以還之以此考之咸英雄福吉宜六州及公嶮通泰平戎三鎮此九城之數也其撤城還女真之時則無宜州及公嶮平戎二鎮而崇寧真陽宣化三鎮乃加現焉是未可知也且宜州之地在定州以南不必擊逐女真而後置也豈遼至是乃創築城堡故併稱為九城而不在撤去之數歟復界

以都連浦高宗時和州迤北叛附元元以和州為雙城摠管府高宗四十五年元兵來侵龍津縣人趙暉定州人卓青殺兵馬使愼執平以和州迤北附于元元置雙城摠管府於和州以暉為摠管青為千戶於是都連浦界內定州宣德元興三關門皆沒於元至恭愍王時破雙城復其地恭愍王五年出師攻破雙城收復定長和登預高文宜州及宣德元興寧仁耀德靜邊築鎮及其末年并收北地至吉州復號東北面又稱江陵朔方道前後稱號屢易然自麗初至終公嶮以南三陟以北通謂之東界辛禑時朔方道始析於江陵道而自為一道本朝初拓地至豆滿江　太宗時改朔方為永吉道尋改咸吉道　成宗初改永安道○世祖朝吉州人李施愛以州叛討平之　睿宗初降吉州為縣至是又以咸興從亂殺觀察使降為郡移觀察使營於永興改道名　燕山時復為咸鏡道復咸興府還移觀察使營改令名領府一大都護府一牧一都護府十二郡四縣三官負觀察使一人兵馬節度使三人一南道一北道一觀察使兼水軍節度使三人一觀察使兼二南北節度使兼○中宗四年革南道所隸浪城道安西浦目革　中宗南道節度使兼水軍兵馬虞侯一人北道中宗七年甲山府再被罷并設南道虞侯革南道評事都事一人兵馬評事二人正六品一北道一南道南道令革審藥三人一觀察使二南北節度使檢律一人

咸興府東至洪原縣界七十里南至定平府界二十七里西至平安道江界府界二百八十里北至三水郡界二百十里至北青府界一百七十五里距京都八百六十八里

旱田

水田

建置沿革本高句麗地邑號未詳後凡言高句麗地者倣此後沒於渤海日為東女真所據高麗睿宗二年命尹瓘等擊逐女真置咸州大都督府號鎮東軍四年以其地還女真後入於元稱哈蘭府隸于雙城恭愍王五年破雙城收復其地置咸州萬戶府尋陞為咸州牧本朝　太宗十六年陞為咸興府　成宗初降為郡○世祖時府人殺觀察使甲酉叛應李施愛以此降號　燕山四年復舊為府置鎮掌面二十三道內州縣各面皆稱社鎮管大都護府一永興都護府一定平郡一高原官負府尹觀察使兼判官

郡名咸州　哈蘭府

形勝背山向海後漢書東沃沮東濱大海北接挹婁南接濊貊其地東西狹南北長背山向海野曠水駃三韓會土記三韓山脈自蒙羅骨嶺為長山嶺山為頭里山為頭白山為蓋馬山其下為東沃沮此地野曠水駃風捍氣勁介在嶺海之間本朝金世濂嶺北事情狀本道地形狹長一條列邑介在嶺海之間咸關在其東大嶺亘其西濱海環其南嶺北都會並府志山川磅礴本朝李石亨聞韶樓記鐵嶺迤北延袤千餘里表以巨海重以大山藩鎮碁布而咸獨當其衝山川磅礴城邑宏壯

風俗質直強勇東沃沮人性質直強勇以馳馬彎弓為德勤之以利妄為然諾並本朝李尹孫鄉校記尚巫祠府志勤儉強悍府志厥土多瘠風氣早寒人性勤儉強悍一道州郡率皆類此用長轂車俗好用長轂車與藩車他郡縣同

山川城串山在府北二里鎮山山腰有小泉雲起即雨○高麗恭愍王時我太祖討納哈出乃分三軍左軍由城串山即是麒麟山在府北九十里人登山頂喧嘩則雲霧迷路大白亦山小白亦山俱在府北一百六十里二山相連控雄大望之皆白故諺稱白亦山又名頭白山赴戰嶺在府北一百四十里黄草嶺在府北一百十里距薛列罕嶺五十里樺皮嶺薛列罕嶺在府西二百八十里一云雪寒嶺其西即平安道江界府界自頭白山南迤三百餘里為此是山嶺會土記所謂自頭里山為頭白山為蓋馬山者即此也此山南連為狼林鈎山馬踰諸嶺古總稱蓋馬大山此其北脊也又見江界府咸關嶺在府東北七十里高大橫亘北路要害處車踰嶺在府東北七十三里其嶺南曰咸關北曰車踰二嶺相距二十餘里○咸關嶺又見洪源縣松洞嶺在府東四十五里德山在府東北四十五里雲住山在府東二十里牛頭山在府東四十五里五峯山在府北三十里千佛山在府西北九十里白雲山在府西六十里中峯山在府西二十五里兇兒洞在府北九十里高還社辛禑時沈德符擊倭于大門嶺敗績賊益熾太祖往擊之至咸州部署諸將直指賊所屯兇兒洞伏兵於洞之左右賊衆先據洞內東西山遙聞螺聲大驚曰此李砰碟螺也太祖率李豆蘭等百餘騎按轡徐行過其間賊見兵火行綫起不敢擊東賊就西為一屯太祖登東賊所屯處據胡床令軍解鞍息馬久之將上馬百步外有枯槎太祖連射三矢皆中之賊相顧驚服太祖使人呼曰令主將乃李萬戶也汝其速降否則悔無及矣賊與其下議降未定太祖曰當因其怠擊之遂使豆蘭趙英珪引致之太祖佯退賊追之伏兵起太祖遂回兵衝擊所向披靡射矢無不洞徹重甲於是賊徒奔潰官軍乘之呼聲動天地僵尸蔽野餘賊入千佛山盡擒之德山洞在府東四十里咸關車踰二嶺之南我太祖與納哈出遇於此擊走之踰咸關車踰二嶺幾殲盡含音洞在府東北二十五里咸興坪在府之東西南皆大野俗謂之咸興坪納哈出陣于此太祖單騎突進試賊賊驍將三人並逼追之太祖忽跋馬右出三將未能控回太祖從後射之皆應弦而倒轉戰大破之海在府南三十里城川江在府西二里其源二一出甲山府境樺皮嶺一出平安道熙川郡境合流經府西北洽蘭洞歷城南至都連浦入海本朝鄭澈詩白岳連天遠城川入海遙即此都連浦在府南三十里古作都獜府界有牧場高麗時長城尾接于此又見定平府花島在府南四十五里種竹松島在府東八十五里即海堧也土地平衍有水草周三十里湖連川在府東八里平川一名嘉漢川在府西十八里微塵浦在府南三十里

土產綿　麻　樺皮　紫草　人參　茯苓　安息

香 五味子 松蕈 石蕈 海松子 鷹 鷂

香 羚羊 貂 青鼠 黃鼠尾毛謂之黃毛造筆最佳或稱狼毛筆

山獺 水獺 塩 藿 鰱魚 松魚 黃魚

鰒 蛤 紅蛤 海參 瓜魚 古刀魚 銀魚

銀口魚 青魚 廣魚 秀魚 比目魚俗稱加魚 石花 鰣 洪魚 魴魚 麻魚 餘項魚

城郭 府城石築周四千六百四十尺立門三東日南日南華西日城內有十六井三池○宣祖時觀察使張晩縮其東南改築

公署 觀察使營在府城內太宗朝以府為觀察使本營成宗初徙營于永興府燕山四年復還于府

學校 鄕校在府北一里 文會書院在府北五里明宗朝教授高應陟以北方不尚文學請於觀察使李後白建此院以為一道儒士講業之所

宮室 慶興殿在府東十里歸州里即我太祖舊邸○恭靖王及太宗誕生于是為建此殿於舊基俗稱本宮 豐沛館即客館 鄕射堂在豐沛館西 鍊武堂在城南門外 聞韶樓在豐沛館北田有樓廢圮世宗三十年觀察使權孟孫重建上以成興祖宗肇基之地特賜能飛新樂樓成而樂適至故名○本朝朴元亨詩高樓登眺正春天往事悠然一望邊豐上諸陵凡幾世歧陽舊宅多乙年樂聞韶奏齊三月歌入薰風舜五絃珥筆何須採古跡大書留與後人傳 仙景樓在客館北○朴元亨詩高閣層臨大野東遙岑來控海門通巘風稼穡千年後鞭國山河一望中碧草堤邊江雨白綠楊陰下露桃紅孤吟未就登樓賦長笛聲催弄晩空 樂民樓即城西門樓在成川江上羣山遠圍平野極目東望海門前臨流水萬歲攢在其下城内外閭閻道路樹木行人皆在眼底其雄麗為東方最與平壤浮碧樓相甲乙○本朝許穪詩臺隍多廢此增修千仞城連百尺樓危堞王當天北極飛甍直壓海東頭茫茫大野雲邊盡歇歇群峯水上浮獨立眼窮孤鳥外鄉關何處思悠悠○本朝金世濂詩城頭官閣壓岧嶢攬外長湖駕板橋塞國荳隍元壯麗朔庭兵馬極波驍雲收大壑騰紅日霜落平蕪搏皂鵰征戍十年鞞鼓急秖今誰是霍驃姚 南華樓即城南門懸鍾以警晨昏○本朝崔慶昌詩戍閣自古大都會日出喧喧車馬塵城外橋頭楊柳樹往來多少別離人 北山樓即城北瞰樓 七寶亭在豐沛館東池中 宜月亭在城西城川江上即迎送之處○本朝李好閔詩宜月久為迎送地勞勞萬古幾人經為是前臨百里野行塵看起鶴仙亭 鶴仙亭在府西十九里平川逸康孝文為觀察使時建

烽燧 無乙界岾烽燧在府東一百七里東應洪原縣南山西應狄仇未 狄仇未烽燧在府東八十里東應無乙界南應馬仇未 馬仇未烽燧在府東六十三里北應狄仇未西應昏東岾 昏東岾烽燧在府東三十八里東應馬仇未西應安陽外串 安陽外串烽燧在府南二十四里東應昏東岾北應城串山 城串山烽燧南應安陽外串西應定平府鼻白山

郵驛 平原驛在府南二里 德山驛在府東北三十二里 新院在府東北五十二里 平川院在府西十九里鶴仙亭傍

關梁 咸關 萬歲橋在府城西跨成川江以木為橋廣可並五串其長幾五里

祠廟 社稷壇在府西 文廟在鄕校 城隍祠在城內 松島祠 花島祠並春秋本邑致祭 厲壇在府北 敬憲祠李繼孫嘗為觀察使有興學之功北人祀之祠舊在永興府中廢今重建於本府文會堂傍敬憲繼孫諡 彰義祠在府

城東將官廳後令上六年觀察使閔昌重建以祀壬辰討倭義士柳應秀等

陵墓

定陵　和陵　我桓祖淵武聖桓大王及懿惠王后陵同塋在府東十里有定陵神道碑鄭摠撰其名○參奉二人　義陵　我度祖恭毅聖度大王陵在府東十四里○參奉二人　純陵　我度祖敬順王后陵在府東三十三里○參奉二人　德陵　安陵　我穆祖大王及孝恭王后陵同塋在府西北六十里舊在慶興府城南　太宗十年同時遷于此○參奉二人　韓卿墓　在府北十里

寺刹

新興寺　正菴寺　俱在雲住山　望海寺　在牛頭山　中天寺　頓水寺　隱跡寺　俱在千佛山　水菴寺　安心寺　俱在徘徉山　淨水菴　在五峯山　成佛寺　在白雲山俗又稱白雲寺　金水窟　在白雲山石窟有金色水故名　開心寺　在千佛山其傍有青鶴臺白鶴臺等小菴

古蹟

哈蘭府　元置哈蘭府其古治在府南五里元志開元城西南曰寧遠縣又西南曰南京又南曰哈蘭府又南曰雙城直抵高麗王都所謂哈蘭即此雙城即今永興府也開元城即今三萬衛在遼東都司城北三百三十里乃古邑婁勿吉之地　宣德鎭　在府南四十五里有城基高麗史尹瓘代女眞時右軍兵馬使金德珍以四萬三千八百人出宣德鎭者此也　德山古城　石築周四百九十尺今廢　白雲山古城　在府西六十三里石築周一萬四千五百七十尺今廢　草原古城　在德山洞距府東北四十八里土築周千一百五十尺今廢　退潮古城　在府東六十里石築周四千九百十七尺今廢　中峯古城　在府西二十七里石築周一千三十九尺今廢　閑堂古城　在府西二十里土築周六千五百十一尺今廢　吾老村古城　在府北三十五里石築周一千七十六尺今廢　凡朴社　俗稱凡朴仇未在府西北一百六十五里昔有人逃賦入此地居焉以去邑遠邑人未之知後從而從者漸多邑人乃知俾供租賦今別置社倉　擊毬場　在府東南十六里長壠壁立東臨滄海其上緣岡有路　太祖少時擊毬于此其東北一里海汀綠莎平衍十餘里歸松原亦　太祖所遊處○本朝韓脩詩隱隱平臺斷山之畈右帶長郊左挹滄洲昔我　聖祖於焉擊毬碣雲澤鉤載攄神休○李好閔詩山似遊龍飲海來人稱　聖祖擊毬田昔年遊賞今重到九月詩聲撼翠臺

名宦

高麗

尹瓘　吳延寵　睿宗二年瓘以平章事為元帥延寵以知樞密院事為副擊逐東女真拓地開疆新置六城一曰鎮東軍咸州大都督府二曰安嶺軍英州三曰寧海軍雄州四曰吉州五曰福州六曰公嶮鎭又城宜州及通泰平戎二鎮皆徙南界民以實之王拜瓘平戎功臣門下侍中延寵致遠功臣尚書左僕射　柳澤　睿宗三年新置北地諸城以尚書柳澤為咸州大都督府使

本朝

金宗瑞　世宗將經理北邊以宗瑞為咸吉道觀察使挾滿移牧本道都節制使專委任之宗瑞竟措畫得宜北邊永固　鄭甲孫　世宗朝以咸吉道觀察使兼咸興府尹為政遵法式請直無比　一　金好智　李宗謙　咸禹治　俱為咸吉道觀察使兼咸興府尹　鄭光弼　中宗七年由右參贊出為咸鏡觀察使兼咸興府尹時值飢荒饑莩枕藉光弼多方撫綏一方賴以全明年賜書褒美以賚成仍兼觀察使未幾召拜右議政　趙彦秀　恭憲王朝由禮曹參判出為咸鏡觀察使兼咸興府尹首訪孝子節婦及行義者馳啓褒奬撫下以恩信得其歡心及遷吏民遮道涕泣　李後白　恭憲王朝以咸鏡觀察使兼府尹請簡為政黜陟公明務興學校　高應陟　為咸興府教授以大學中庸教諸生躬率勸課　張晩　昭敬王末為咸鏡觀察使咸興府尹撫恤軍民咸惠並行　韓浚謙　光海初為咸鏡觀察使兼府尹前後監司以士俗勁悍率嚴刑立威浚謙輕其笞杖以風化為先禮高年旌異行誘掖士子設為程式刊家禮小學冠婚喪祭之制分授列邑課其講讀行鄉飲酒鄉射等禮又選俚俗歌曲之可以感發人者彙為五倫廣布閭巷俾民歌之於是士知禮法民

有樂生之心

金世濂為咸鏡觀察使兼咸興府尹一遵條禁汙吏無所容立鄉約行均役法聚士府學講課勸勉鍊軍士教以火炮北路飢荒盡心賑恤民賴以安

流寓金光晬本朝登科官至大司憲　李長坤昌寧縣人有文武才本朝燕山時以弘文校理謫珍島生常恐之恐見誅脫身逃至咸興地匿跡於水尺之徒其類以不能所事化笑之有一人奇其貌妻以兄女凡役作必稱贍婿其女助役善事之居累年間　中宗反正借得破笠詣官府觀察以下顛倒迎設府中皆驚窮村僻巷無不知名朝廷聞其生復為校理令所在護送累官至左贊成

人物本朝柳應秀少有志槩以勇略聞　宣祖時倭冦長驅陷關北觀察使柳永立為賊所擒新觀察尹卓然匿別害不出應秀與鄉人李惟一等倡義激勸觀察以應秀為討賊將乃募鄉兵先誅黨賊者與倭戰累捷以功為三水郡守御史上其績陞秩通政後五年以別將征倭嶺南力戰死追贈兵曹判書

永興大都護府東至海岸五十里南至高原郡界十四里西至平安道孟山縣界二百二十五里至同道寧遠郡界二百十里北至定平府界二十四里距京都七百五十二里

旱田

水田

建置沿革本高句麗長嶺鎮按三國史地志高句麗長嶺鎮新羅時隷於溟州而無新羅名號此列井泉則隷於溯州而高州文州又并無麗羅名號是可起也豈長嶺鎮新羅暫得旋失而其之入圖籍則自井泉以南耶且咸州以北亦皆高句麗地而三國史此曰新羅所籍以為麗志改新羅所得之外則略闕漏無載今以唐書渤海傳及遼金元史志反覆參覈則高句麗既滅之後北地皆入渤海曰為女真所據矣與今平安道其事一揆而平安道則高麗已復其地本道則逮我朝始恢復至豆滿江高麗初為和州成宗時改和州安邊都護府顯宗九年降為和州防禦使高宗時沒於元元置雙城摠管府和州既沒於元高麗僑設和州防禦使僑寄于登州後又僑寄于通州恭愍王五年克復雙城為和州牧和州沒元凡九十九年始復之尋陞為和寧府本朝太祖二年改為永興府以永興鎮上之外祖鄉陞以名府太宗十六年降為和州牧　世宗八年改為永興大都護府　成宗元年陞為府燕山四年復降為大都護府成宗元年自咸興移觀察使營于至此陞為府至是復移營咸興還掌面十四官員

府使　判官　教授各一人

郡名長嶺　和州　雙城　和寧別號歷陽

形勝西負疊嶺東臨溟海

風俗土俗獷悍

山川聖歷山在府西二里鎮山　鈎山在府西北一百里其西即平安道寧遠郡界上有池天旱禱雨有應　馬踰嶺在府西北二百十里平安道寧遠郡界兩道通路要害處自咸興府至列罕嶺南迤為狼林山為鈎山為北嶺連亘四五百里古稱蓋馬大山其西為平安道寧遠孟山之境其東即咸興定平永興之地後漢書東沃沮在高句麗蓋馬大山之東者即此詳見寧遠郡　艾田嶺在府西一百八十里平安道孟山縣界古名孟州縣　長平嶺在府西二百二十五里孟山縣界　竹田嶺在府西一百八十里　國泰山在府西十五里上有

石井天旱禱雨有應屛風山在府西六十里其上廣平可居其中有池俗傳人若住家則有
恒雨之災太傅山在府西三十五里盤據數十里鎮戍山在府東四十五里有石城
古基烏嶺在府西三十里上有石塔俗稱明宗塔光城嶺在府東三十里極高險
籠巖洞在府東五十里山倉洞在府西七十里海在府東五十里龍興江
在府東北二里其源有四沸流水一出馬踰嶺一出艾田峴一出陽德縣境居次嶺至府西
庠岩與松魚灘合稱橫川過龍神堂至鎮靜寺西絶壁下歸鶻鶴淵經府城東北稱為橫江又南流
入于海　我恭定王朝河崙奉使至此都巡問使姜淮伯置酒中流請曰府乃　度祖　桓祖卜宅
之地而　太祖誕生于是此江尚無名不亦欠乎崙乃名而龍興○本朝許愉詩龍興江水流泱泱
西風吹水洪波揚白露夜零水天靜兩岸蒹葭晩蒼蒼沸水流在靜邊社距府西五十里
其源水穴圍經五尺三寸幽深不測湧出為川流入龍興江白馬灘在府西三十五里即
龍興江灘中有白石形如白馬以石隱現知水深淺俗又稱底灘熊島在府東南九十五里
海中周十五里猪島在府東七十里海中周　里有竹我世祖時自江原道舟載竹根種
于此島十里大猪島在府東六十里茅島在府東一百六十里末應島一云
黑島在府東九十里連陸有牧場潭泉在府東十五里微溫而鹹浴之多已病

土產綵　麻　鐵出山倉洞　鉛出府東屯吉社　五味子　紫
草　安息香　人參　松蕈　茯苓　鷹　蜂蜜
黃蠟　鹽　藿　秀魚　麻魚　鰱魚　銀魚
松魚　廣魚　黃魚　洪魚　仏魚　青魚　比
目魚　古刀魚　鮒魚　鰒　石花　蟹　蛤
紅蛤　海參　銀口魚　餘項魚

城郭聖歷山城石築周二千九百八十二尺有門城中有一井一池有軍倉山倉
洞城石築周五千五十八尺有軍倉
學校鄉校在府南一里書院在
宮室濬源殿在府東南十三里黑石里即我　桓祖舊邸　太祖誕生之地世宗二十五年
鄭陟趾奉安　太祖睟容禎背有書曰青龍白虎左右退山席石上如蹲踞公侯富貴榮華世出世
統領大將軍雷振名聲天下遍四海無防車書通三尺劍頭安社稷一條鞭末定乾坤凡五十六字
○恭奉二人○本朝李安訥詩恭惟　康獻大王真南面垂衣儼北宸战下鳳鳴周德盛沛中龍起
漢儀新粉榆故社祠仍肅日月清光望　忽親神聖誕時多異瑞至今傳者歷陽人客館
東蓮堂在客館前西蓮堂在東蓮堂西鄉射堂在客館西望京樓
在客館東○本朝申叔舟詩雙丸走報促年華世上浮生正有涯無限滄懷江郡雨惟餘春事海棠
花登臨面面山雲合坐見村村麥穗斜望遠有時愁共遠沉吟徙倚意如何
烽燧末應島烽燧北應定平道安峴南應文川黃石岾
郵驛和原驛在府東四里龍興院在龍興江北岸金彼院在府北二十里
定平府界
祠廟社稷壇在府西文廟在鄉校城隍祠在聖歷山厲壇在府北
沸流水祠祀典載小祀春秋降香祝以祭末應島祠春秋本邑致祭
陵墓崔閑奇墓在府南十五里趙良祺墓在府十五里
寺刹安佛寺在光城嶺東圓明寺在劒山鎮靜寺在大博山普賢
寺在國泰山
古蹟平州鎮在府西北七十里本永興鎮高麗文宗十五年始築城堡本朝　太祖二年改

本府號為永興而曰改鎮名為平州城基猶存

靜邊鎮在府東六十里有石城舊基高麗顯宗二十二年始置鎮靖宗五年築城

寧仁鎮在府東六十里一云清源本朝太祖六年築城

長平鎮在府東四十五里本長平鎮古稱古此達高麗光宗二十年始築城恭愍王大年改為縣

耀德鎮在府西一百二十里本顯德鎮高麗顯宗十四年築城恭愍王改為縣今已上今廢為社本道人稱鄉里為社

古鐵甕城在府西二百十里土築本在平安道孟山縣界移屬于府今廢

名宦

古麗

智蔡文顯宗時契丹兵至遣蔡文將兵鎮和州以備東北

金甫當毅宗末為東北面兵馬使鄭仲夫等放王于巨濟李縣明年甫當起兵欲討仲夫復立毅宗與錄事李敬直張純錫柳寅俊知兵馬使韓彥國謀還純錫寅俊奉毅宗出居雞林為仲夫黨所囚不克死之

李公老明宗朝登科調和州判官出財救民令行禁止以政最徵為司儀署丞

本朝

李宜治莊憲王朝為永興府使以政最特拜右副承旨

李誠長為永興府使

李英蕎道判永興

李繼孫襄悼王朝永安觀察使兼府尹始北人未知學繼孫聚子弟之年火者教經史立勸課之法以獎之自是人興於學六鎮亦有登貢者

鄭蘭宗康靖王二年為永安觀察使兼府尹居年遷還未久又為本道節度使

許琮康靖王時北方有訛言琮以府院君為永安觀察使來鎮北虜尼尒車侵邊啟將吏琮秩滿命仍任曰委卿東北期以十年如班超羊祜復命東傳入覲問度用兵幾何琮曰精甲二萬足矣　上決策征之賜鈎以送琮出師入尼尒車所居遠遂班師初舉朝爭言不可伐琮獨然曰有征無戰暫勞永逸若曰邀功生事則難與言大計後日當知老夫非謬算矣自是建州三衛聞聲亦懼邊民負耕琮居北四年召拜右議政

金孝元昭敬王朝為永興府使輕徭愛民多善政

流寓

田永需麗末官至知州使早休官退居府地適村李集嘗往尋不遇有詩云同年田知州不見數十年又云洞明早啟去應有招隱篇卜隣來有約歲晚相攀緣

人物

高麗

崔閑奇生懿惠王后配桓祖誕我太祖康獻大王元授千戶本朝贈判門下府使永興伯謚靖孝

本朝

金原桂時太祖朝為泥城萬戶倭賊寇宣州原桂率兵赴援力戰解圍遂乘勝逐之突入虜中為賊所害

定平都護府東至海岸三十里南至永興府界四十五里西至平安道寧遠郡界一百二十五里北至咸興府界二十里距京都八百二十一里

旱田

水田

建置沿革本高句麗地後沒於渤海曰為女真所據高麗置千丁萬戶府靖宗時築城置關改為定州高宗時沒於元恭愍王五年復其地復為定州都護府本朝因之太宗十三年以與平安道定州同名改定平掌面九

官員府使　教授各一人

郡名千丁　定州

山川鼻白山在府北四里鎮山　白雲山在府北三十五里又見咸興府　到城山在府西十里　劒山在長谷縣距府西一百里又見永興府　道安山在府南五十里　堂山在府南十五里　元定峴在府南十二里　三城山在預原縣距府南三十三里　加莫洞在府西一百十里許平安道寧遠郡境　海在府東三十里　桂川源出加莫洞東流為長溪至府南五十里又稱金伊江又南流三十餘里為甘祥津入于道安

浦　道安浦在府南五十里即海浦　都連浦在府里咸興府界長城起自義州鴨綠江口其尾接于此

土產　絲　麻　紫草　人蔘　茯苓　五味子　海松子　安息香　鷹　蜂蜜　黃蠟　麝香　青鼠　貂　塩　雚　銀魚　秀魚　銀口魚　松魚　鰱魚　古刀魚　黃魚　青魚　白魚　爪魚　麻魚　錢魚　魴魚　鰒　蛤　紅蛤　鰤魚　酥油　比目魚

城郭　府城石築周五千九百二十八尺有門城內有十井三池地北依古長城

學校　鄉校在府西一里

宮室　客館鄭夢周詩定州重九重高處依舊黃花照眼明浦溆南連宣德鎮峯巒北倚女真城百年戰國興亡事萬里征夫慷慨情酒罷元戎扶上馬淺山斜日照紅旌

烽燧　奧白山烽燧北應咸興府城串山南應道安峴　道安峴烽燧在府南五十里北應奧白山南應永興末應島

郵驛　蓬臺驛在府北五里　酒泉驛在預原廢郡距府五十里　草原驛在府南三十五里　濕峴院在府西三十一里　南山院在府南五里　杻川院在府南四十三里

關梁　元興關在府南五十里高麗以都連浦為界築長城置元興及定州宣德三關門設鎮防女真今有遺址

祠廟　社稷壇在府西　文廟在鄉校　奧白山祠祀典為北嶽載中祀每春秋降香祝祀之　城隍祠在奧白山　厲壇在府北

寺刹　觀音寺在到城山　正林寺在道安山　歡喜寺在白雲山　孝順寺　毗沙門寺在中峯山　雙溪寺在城山　在府西北四十里白雲山西

古蹟　預原廢郡在府南四十五里高麗初為預州睿宗時築城設防禦使後降為定州領縣本朝太祖七年併元興鎮為預原郡世祖四年省入今稱禿山社　長谷廢縣在府西南五十五里高麗初為長州顯宗時築城設防禦使後降為定州領縣本朝世宗四年省入今稱長谷社有石城周二千二百尺皆頹圮　元興廢鎮在府南五十里高麗睿宗時城杻川置元興鎮有鎮使後屬定州本朝太祖時省鎮入預原郡今為直村有土城周四千四百十七尺皆頹圮　高麗長城德宗時柳韶所築起自義州鴨綠江口連踰大嶺東接定州都連浦海濱以防女真在府境者長三周其隍舊稱三關門　隨時里城在府南四十里土築周一千一百九十尺今廢東距預原廢郡五里　金伊江城在府南五十里石築周七百十八尺今廢　蓬臺城在府北六里石築周二千二百六十尺今廢傳稱古邑城　細柳城在府南二十里土築周四千二百二十尺今廢　汝委城在府西四十里石築周二千二百八十二尺今廢　道安浦廢鎮在府南五十二里本朝初置鎮設水軍萬戶中宗四年省罷　長谷驛舊址在長谷廢縣

高原郡東至永興府界十五里北至同府界二十里南至文川郡界十五里西至平安道陽德縣界一百十里距京都七百十六里

旱田

水田

建置沿革本高句麗地高麗初為寧德鎮成宗時改

為高州顯宗時城鳳化山南徙州治本朝　太宗十三年改為高原郡掌面六官員郡守　訓導各一人

郡名德寧　高州

山川椵山在郡北十里鎮山 熊望山在郡北十三里 九龍山在郡西七十里 岳城山在郡北十五里 伐羅山在郡西十里 鶴山在郡西四十里 串餘嶺在郡西一百十里平安道陽德縣界 竹田嶺在郡西九十里 德之灘在郡北七里其源有二一出串餘嶺一出永興府竹田嶺與熙章灘合過郡治南為德之灘東南入于海魚梁之利為一道最 神堂淵在郡北十里 箭灘川在郡南十五里又見文川郡 鉢山堤池在郡東五里

土產絲　麻　人參　五味子　紫草　麝香　礪石出郡西伐伊院 燈石出伐羅山白石嵓 彩石硯　鰱魚　松魚　瓜魚　黃魚

城郭

學校鄉校舊在郡東二里嘉靖中移郡西一里

宮室客館

烽燧熊望山烽燧東應永興府鎮戌山南應文川郡天佛山

郵驛通達驛在郡西五里 巨防驛在隘守鎮今廢 要光院在郡西四十里 箭灘院在箭灘崖

關梁隘守關在郡西七十里自本道通關西要害之地高麗置關設鎮防女真今有遺址

祠廟社稷壇在郡北二里 文廟在鄉校 城隍祠在郡西三里 厲壇在郡北二里

寺刹棲雲寺在熊望山 鶴山寺在道成山 大乘寺在九龍山

古蹟隘守鎮在郡西七十里石築周一千五百六十八尺古稱梨柄高麗成宗二年所築本朝隸文州恭愍王九年移入今廢 高原古郡在今治北十五里本朝康靖王二十二年以郡距永興甚邇且歲大寒人多凍窩移治于鉢山北

名宦本朝李績金宏弼門人恭僖王初為高原郡守為政請簡愛民興學

安邊大都護府東至江原道歙谷縣界九十五里南至同道伊川縣界八十八里至同道淮陽府界八十五里西至任內永豐縣界九十里至江原道平康縣界一百五里北至德源府界二十五里距京都五百八十四里

旱田

水田

建置沿革本高句麗比列忽郡一云淺城新羅真興王時為比列州景德王時改朔庭郡高麗初改為登州顯宗九年改安邊都護府高宗時蒙兵侵擾棄地僑寓襄州至忠烈王二十四年還本城和州以南諸城皆同本朝因為安邊都護府　世祖時置鎮　成宗二年陞為大都護府掌面十三鎮管都護府一德源郡一

岐官員府使　教授各一人

郡名比列　朔庭　登州別號朔方

形勝巨嶺南蟠滄溟東浸　嶺北之咽喉

風俗人性質直強健

山川鶴城山在府東五里鎮山　釖峯山在府西南三十五里本名雪峯山上三石峯屹立故俗稱釖峯　烏鴨山一云黃龍山在府東六十里極高絶南連鐵嶺山頂有池天旱禱雨洞裏又有九洞　白雲山在府東十里　風流山在翼谷縣距府南九十里其上有池世傳空中時有音樂聲故名　鐵嶺在府南八十三里高麗置關門號鐵關○高麗鄭道傳詩鐵嶺山高似釼鋩海天東望正茫茫秋風特地吹雙鬢驅馬今朝到朔方

法乎峴在府東二十里　老里峴在府西五十五里峴上築長城有烟臺關防處由此達于黃海道　分水嶺在　海在府東三十里又府北二十里　深川又名南大川源出江原道平康縣分水嶺北流過翼谷縣又東北流經富坪西至府西南五里為官渡經流停匯東岸斗起如龜形俗謂龍臺其前白沙平行有景致東北流入海　溫泉在府西南一百五十七里

國島在府東六十里○高麗李穀記島去海崖十里許入自西南隅水際白沙如鍊其下平地五六畝形若半壁中有屋基人言浮圖者所居也其上山圍若玦勢不甚高蔓草覆之又無樹木覘之一土坡也舟而小西崖岸稍異其崖石則皆方直稜比而壁立其岸石則皆平圓排列一面可坐一人然不卷齊也行數百步其崖高可數百尺其石白色方直長短若一每一條其頂各戴一小石若華表柱頭者仰面切視可怵可愕有一小窟撐舟而入漸窄不能容舟視其窮際不可測其左右東立之石如外面更整齊且上石脚下垂者皆平正如覆棋局若一一鉅而斵之者以此觀之則非惟外面如此盡一島乃一束方石也其窟嵌岩使人魂悸不可久留回舟而北又有一面如圍屏者捨舟而下徘徊攀緣大栗石與窟無異而崖不甚高其下稍平易其圓石排列者可坐千人遊觀者必憩息於此傍崖而東南又行數百步崖石稍異作方鐵網盛水磨小圓石長五六十尺一條若一條一面皆是人謂鐵網石此其國島之大槩也若夫奇絶殊異之狀非筆舌所可髣髴也誠不知造化者何以至于此極也○高麗安軸詩仙島遙疑駕六鰲茫茫去路隔雲濤浮空一朵孤峯兀插海千條惟石高　女島在國島北距府三十里　壓戎串在府東五十五里有竹

土產絲　麻　梨出釋王寺者佳世稱釋王梨　紫草　松蕈　五味子　人蔘　安息香　茯苓　茅香　蜂蜜　黃蠟　鷹　羚羊　麝香　鹽　洪魚　黃魚　松魚　鰱魚　麻魚　銀魚　比目魚　秀魚　瓜魚　青魚　銀口魚　古刀魚　廣魚　魴魚　古里麻　酥油　鰒　石花　蛤　紅蛤　海參　蠏

城郭鶴城山城在府東五里石築周三千九百三十尺有門城內有四泉○新羅孝昭王時築北列忽城疑此

公署高山道察訪司在府南七十五里領高山南山朔安火燈奉龍鐵關良驥通達巨防和原酒泉蓬臺草原平原德山十五驛察訪一人

學校鄉校在府東五里　玉洞書院在府祠祀李穡孫立

宮室客館○麗末鄭樞詩登和往事角聲中遠上峯頭瞰碧空地接金源山似戟天低東城海無風偵郎旗倒千年恨尹相碑成一代雖寄語東偏衣皮類吾王神武壓輿戎　鄉射堂

北樓　駕鶴樓在客館南○高麗李子松詩身倦呀咻獨上樓沉吟俯檻久遲留月圍月缺山依舊花落花開水自流滿目烟霞成話畫酒簾風雨座清秋傍人應笑重來客乘駟奇馳老木休○高麗鄭夢周詩試問何人始起樓登臨聊復為淹留十年道路負心事百戰山河堪淚流

太守欲聲清似水，書生行色冷於秋。侍中過此題詩句，仰着沉吟未肯休。

元帥臺在府東六十里海邊有大澤澤中有小峯昔知兵馬使遊憩此峯為名○鄭樞詩輕梳徐轉上層臺日射滄溟天倒開回首抑戎殊不遠蘭舟又載月明迴○本朝閔齊仁詩元帥何年上此臺名流入去漫悠哉青峯隱約浮空起碧水微茫半腹回

龍堂亭在府西三里太川崖

烽燧

沙峴烽燧南應鐵嶺北應鶴城

鶴城烽燧北應德源府見山南應沙峴

鐵嶺烽燧北應沙峴南應江原道淮陽府所山

新增浪城峴烽燧在府北三十一里東應壓戎串西應德源長德

壓戎串烽燧在府東六十二里東應馬岩西應浪城峴

馬巖烽燧在府東九十一里西應壓戎串東應江原道歙谷縣歛堂山

郵驛

高山驛在府南七十五里察訪因本驛

朔安驛在府北三里

南山驛在府南二十五里

奉龍驛在府西三十里

火燈驛在府東五十里

南山院在府南二十五里

龍池院在府南五十里

拯生院在府東五十里

關梁

鐵關在鐵嶺上高麗置關門號鐵關即北路咽喉咸鏡道之稱關北者以此○本朝李胄詩鐵關天險似秦中古塞悲笳落遠空凍雨斜連千嶂雪飢烏驚叫一林風百年去住身先老半世悲歡氣挫雄萬里羈懷終不語關河迢遞近山戎

鐵垣戍在府東沙川社歙谷縣界海口有小石城世稱戍城

壓戎戍即壓戎串古屯戍處

鶴浦橋在鶴浦廢縣恭讓王時我太祖至此橋邊驄馬跌而墜太祖下立以兩手執馬耳及鬣馬懸空而終不捨令人拔所御刀斬去鞍具而後捨之馬沉復浮出

祠廟

社稷壇在府西

文廟在鄉校

城隍祠在鶴城山俗稱宣威大王之神

厲壇在府北

陵墓

智陵翼祖聖翼大王陵在府西三十八里奉龍驛○參奉二人

趙暾墓在府南二十五里

寺刹

釋王寺太祖潛邸時建

養老寺俱在雪峯山

迎智寺

戒淨菴

廣德寺

普賢寺俱在烏鴨山

白雲寺

石寶寺俱在白雲山

古蹟

鶴浦廢縣在府東六十里本高句麗鵠浦縣新羅改鶴浦為金壤郡領縣高麗顯宗時省入本朝因之

永豐廢縣在府西九十里本瓢大伊高麗穆宗四年築城置鎮後改為縣尋省入本朝因之

文山廢縣在府南三十里本高句麗加支達縣新羅改菁山為翊庭郡領縣高麗初改汶山縣顯宗時仍入安邊府後改汶山本朝因併入

翼谷廢縣在府南六十五里本高句麗於支呑縣新羅改翊溪為翊庭郡領縣高麗改翼谷仍省入本朝因之

瑞谷廢縣在府西三十五里本高句麗原谷縣一云首乙呑新羅改瑞谷為翊庭郡領縣高麗顯宗時省入本朝因之

派川廢縣在府東九十五里本高句麗改調縣新羅改派川高麗顯宗時省入本朝因之

衛山廢縣在府南五十二里高句麗時稱獅未詳高麗顯宗時省入本朝因之

福令廢縣令一作靈在府西三十里或稱福寧鄉或稱福平鄉

霜陰廢縣在府東三十里本高句麗薩寒縣新羅改霜陰為翊庭郡領縣高麗仍省入本朝因之

鞍岾在瑞谷縣南高麗時有一夫北赴長城役覺妻有身役罷還家道遇一男子負米行問其鄉里乃其子也遂相抱痛哭嚙指出血盡父子形於岩石遂俱死仍葬之

浪城浦廢鎮在府北二十五里本朝初置設水軍萬戶中宗四年省

名宦

新羅

成宗真興王十七年以沙飡成宗為比列州軍主

武仙文武王二十一年仙率精兵三千戍比列忽

高麗

堅權太祖三年達姑狄侵新羅道田登州將軍堅權邀擊大敗之匹馬無還新羅王聞之遣使來謝

鄭思道恭愍王時為安邊府使鎮方面

有節度 本朝金孝誠 金召南 俱為安邊府使有惠政 南季堂 為安邊府使慈祥愷悌有循吏風 李弘胄 宣祖時為高山道察訪性廉白遇事一遵約束驛卒愛之

人物 高麗 韓卿 贈門下府事安川府院君寔生神懿王后配我 太祖誕 恭靖大王 恭定大王 金升彥 中元朝制以科第進拜有才行 李歟 官至政堂 本朝 姜廡 孝行篤至父誰祖嘗患便祕不通廡棄官侍疾手奉溷器四年不輟至嘗糞以驗吉凶父又患癰醫云水蛭吮血可治時方寒冱廡詣淵上呼泣鑿氷求之忽有水蛭數三附手指出持而吮其癰父病即愈壽至九十五歲廡官至判事 莊憲大王命旌其閭

德源都護府 東至海岸七里南至安邊府界二十五里西至同府任內永豐縣界三十里北至文川郡界十六里距京都六百三十五里

旱田

水田

建置沿革 本高句麗泉井郡 一云於乙買 新羅文武王時改為井泉郡高麗初稱湧州 成宗時改宜州 本朝 恭定王十三年改宜川 莊憲王十九年改為德源郡二十七年以 穆翼度桓四代御鄉陞為都護府 掌面四 官員 府使 教授 各一人

郡名 井泉 湧州 宜州 宜川 春城 別號

山川 盤龍山 在府西十五里又見文川郡 所依達山 在府北二十里 松山 在府東北二十五里 馬樹嶺 一名馬息山在府西三十里 海 在府東七里又府北十里 府內川 在府南百步許出盤龍山東流入海 鎭溟浦 在鎭溟廢縣東四里 竹島 在府東十五里有竹高麗時定州以南十二城人物並入此島以避蒙兵趙暉卓青與女真布只負通謀殺都兵馬使慎執平以迎敵舘舍民居遺址尚存 薪島 在府東三十七里有居民 連島 在府東三十里一云李島連陸有居民 草島 在府東三十里

土產 絲 麻 紫草 甘草 人參 安息香 茯苓 五味子 蜂蜜 麝香 羚羊 鹽 秀魚 松魚 鰱魚 青魚 瓜魚 廣魚 古刀魚 魴魚 江瑤柱 出龍津縣採之甚艱邑民五十餘戶因之失業逃散幾盡高麗庾碩為東北面兵馬使一禁絕之流亡盡還 銀魚 洪魚 比目魚 麻魚 黃魚 銀口魚 蛤 紅蛤 海參 石花 蟹 古里麻 酥油

城郭 府城

學校 鄉校 舊在府西一里今移府北一里

宮室

烽燧 楡峴烽燧 在府北三十五里北應文川郡天佛山南應拔山 拔山烽燧 在府北七里北應楡峴南應見山 見山烽燧 在府南二十二里北應拔山南應安邊府鶴城 新增 長德山烽燧 在府東七里北應文川黃石站東應安邊浪城峴 中宗五年革楡峴拔山見山等處烽燧移合于此

郵驛 鐵關驛 在府北七里 銘石院 在府南十二里

祠廟 社稷壇 在府西 文廟 在鄉校 城隍祠 在府北二里 所依達

山祠春秋本邑致祭 厲壇在府北

寺刹 安養寺在府西十里我 太祖少時讀書于此 雲石寺 隱寂寺俱在盤龍山 松林寺在松山 秀達寺在府西二十里

古蹟 古井泉城在府北十五里石築周四千三百二十二尺今廢 鎮溟廢縣在府南二十四里或稱圓山縣又名水江高麗顯宗時為鎮溟縣後省入府今稱鎮溟社城周二千二百八十七尺內有二泉今幾頹圮 龍津廢縣在府東三十里古伱浦高麗時為龍津鎮穆宗九年築城後省入文州辛禑時析置龍津縣本朝 恵莊王五年省入于府稱龍城社割縣北龜山社明孝社入文川郡郎門山城石築周三千四尺三面濱海內有一井 鐵關城在府北十五里石築周一千四百三尺高麗恭愍王時三善三介誘致女真侵掠北邊都指揮使韓方信等進兵和州兵潰退保鐵關 太祖自西北面引軍至鐵關將士恃石無恐與方信三面進攻大破之慈復和城等州 湯珠里在府南十里 穆祖自全州從三陟又徙居于此生 翼祖翼祖徙居慶興府避亂入赤島自赤島還于此改名赤田社又徙咸興松頭等里生 度祖未幾還赤田居焉 鎮溟浦廢鎮在鎮溟廢縣東四里高麗末倭寇鎮溟城焚燒倉廩殺掠人民乃置鎮設兵船其後倭不復至浦之水道淤淺移于安邊之浪城浦

名宦 高麗金有成為宜州掌書記 本朝李師李為德源府使勸勵農桑 宋叔琪為德源府使

流寓 趙暉本漢陽人後徙居龍津縣高麗高宗時因元兵之亂以和州迤北附于元元乃置雙城摠管府于和州以暉為雙城摠管 權綸本朝安東人 時登科歷官江原道觀察使久長曽監師生以長者稱晚年退休于府之素羅里構逍遙亭自樂

人物 高麗趙良琪暉子襲爵雙城摠管年十三入朝於忠烈王軀幹偉然鬚髮已長觀者驚異時元世祖征日本令高麗帥師良琪請於王副金方慶往征日本全師而返哈丹軍踰鐵嶺潰走良琪虜之自獻于元世祖召見欲妻以公主良琪因辭賜錦袍玉帶而還 趙暾初名祐良琪子未弱冠事忠肅王時吏民逃入女真王遣暾至海陽等地刷百餘戶還王嘉之累轉禮儀判書恭愍王時以知兵馬使擊紅賊有功封龍城君致老龍津子仁沃欲從行力止之曰吾家遭時危起先祀之存僅如毫髮家亦陵替顧一門以公百無所能若等無以老父為念致力王室也 趙仁辟暾子屢立戰功官至三司左使 本朝趙仁沃仁辟弟麗末累遷判典儀寺攻進時從我 太祖至咸化島與南誾等獻回軍之議入本朝為開國功臣官至中樞院事封漢山君配享 太祖廟庭

文川郡 東至德源府任內龍津縣界十四里南至同府界十七里西至平安道陽德縣界五十四里北至高原郡界三十三里距京都六百六十八里

旱田

水田

建置沿革 本高句麗地疑高句麗泉井郡地高麗為文州後併入宜州忠穆王初復析置文州本朝 太宗十三年改為文川郡掌面三官員郡守 訓導各一人

郡名 文州別號妹城

山川 盤龍山在郡西南二十五里鎮山 天佛山在郡北二十五里 普賢山在郡北十里 頭里山在郡西五十里 海在郡東三十里 箭灘川在郡北三十三里源出 流至郡西五十七里為配岐川至盤龍山東為箭灘又至郡東為文州浦與高原郡德之灘水合入永興府龍興江 院岐川在郡南一里一名石川出盤龍山東流過德源府龍

古蹟古伊均城在郡東五里有遺址 雲林鎮古城在郡西三十里石築周一千二百十二尺高麗顯宗時築以為防禦所令仍稱鎮司 明孝社在郡東三十里本龍津縣地 世祖五年割入詳見德源府 末屹石城在郡北二十五里有古基 漕至浦在郡北五十里永興高原船卒成之 康靖王二十年廢

北青都護府東至利城縣界六十八里南至咸興府界八十里西至洪原縣界五十六里北至甲山府界一百六十八里距京都一千八十三里

旱田

水田

建置沿革本高句麗地後沒於渤海因為女真所據 高麗睿宗二年遣尹瓘逐女真置城邑高麗史云置九城時名號未詳尋以地還女真後入元稱三撒 恭愍王時復其地置安北千戶防禦所尋改為北青州 本朝太祖七年改青州府 太宗時以與清州牧同音復稱北青 世宗九年為都護府 世祖時置鎮掌面八鎮管郡一端川縣二洪原利城官員府使南道節度使兼判官 教授各一人

郡名三撒 安北 青州別號青海

形勝

風俗人性質直強勇

山川連德山在府西二里鎮山 大德山在府北二十里 立石山在府東六城廢縣入海 四訥島在郡東三十里有牧場 馬島在郡北四十里種竹

土産絲 麻 鐵出頭里山 紫草 海松子 茯苓 八蔘 五味子 蜂蜜 黃蠟 麝香 盐 鰱魚 黃魚 洪魚 魴魚 廣魚 秀魚 松魚 銀魚 比目魚 銀口魚 古刀魚 青魚 瓜魚 麻魚 蛤 紅蛤 石花 蠏 海參 古里麻 酥油

學校鄉校舊在郡東五里 康靖王二十一年移于郡北一里

宮室客館 節文樓在客館北 本朝金壽寧詩豪氣徒聞百尺樓寧知飛閣敞邊州又云炎蒸六月如流火喜此冷然汗漫遊

烽燧天佛山烽燧北應高原郡熊望山南應德源府楡峴 新增黃石峙烽燧西應永興末應島南應德源長德山 中宗五年革天佛烽燧移合于此

郵驛良驥驛在郡東五里古高宗驛我 恭愍王加以德寧驛來合稱德宗驛 康靖王六年避懷簡大王廟諱改令名 琵琶院在郡南十七里前有池形如琵琶故名

祠廟社稷壇在郡西 文廟在鄉校 城隍祠在郡北三里 厲壇在郡北

陵墓淑陵翼祖貞淑王后陵在郡東十五里草閣社 令奉二人

寺刹靈德寺在盤龍山 天佛寺 青蓮寺俱在天佛山 道昌寺在郡南八里寺中有大樹洪武戊辰年盡枯至辛未壬申年復條達敷榮此正與漢時僵柳更生同符時人以為本朝開國之兆今廢

十里山上有立石北麓又有立石高三十六尺廣十二尺如樹碑 聖代山在府北八十一里 竹坡山在府西九十九里咸興府界 中山在府東三十五里 僧房洞山在府西四十五里 大洞山在府北二十里 厚致嶺在府北百九里 一蔓嶺在府東六十八里利城縣界本朝惠莊王十三年吉州人前會寧府使李施愛殺牧使據州以叛定平以北人物不通遣魚有沼等率諸道兵三萬討之至此嶺施愛患其兵來逆戰大敗而遁卒擒斬之 乾者介峴距蔓嶺八里或云施愛戰敗于此 馬本嶺在府北一百六十七里甲山府界 香嶺在府北一百三十里 金昌岐伊在府北一百十三里端川郡界 虛件驢耳嶺在府北一百四十八里 觀音窟在府西八十二里窟中有水 海在府東四十三里又府南六十里 好望浦在府西五十七里天旱禱雨有應

五川在府東二里其源五一出中山一出大洞山一出竹坡山一出僧房洞山合于府西南十里又與大川合其源五故俗稱五大川金昌岐伊川經府南四十里俗厚村八海及厚致峴 香嶺竹坡山之水合流于府西南十里為大川又與五川合 伐成浦川在府北一百三十八里源出香嶺東流與山北坡川合 黃水川在府北一百二十三里源出香嶺東流與山北坡川合水色黃故名 山北坡川在府北一百十八里源出厚致峴與黃水川合 充山川在府北一百六十二里源出香嶺○已上四川俱入于甲山府虛川江 於丁灘在府北三十五里 梨洞川在府北四十五里 防垣在府北七十七里 松島在府南十四里 大陸島在府南九十里

土產 絲 麻 樺皮 蔘 鐵出聖代山 石蕈 甘草 五味子 人蔘 海松子 紫草 蜂蜜 黃蠟 鷹 麝香 羚羊 貂 青鼠 黃鼠 水獺 海獺 盐 秀魚 洪魚 鱸魚 麻魚 松魚 青魚 黃魚 魴魚 古刀魚 廣魚 江瑤柱 鰒 紅蛤 文魚 大口魚 比目魚 銀魚 餘項魚 銀口魚 蟹 海參 古里麻 酥油 藿

城郭 府城恭愍王十二年築石城周六千尺立門○東曰南曰中有一池一井四泉

公署 南道節度使營在府城內 居山道察訪司在府東六十里領居山底原新昌平浦五川臍入施利谷口甚原麻谷嶺東臨溟雄平明原古站終浦熊耳虛川積生十九驛察訪一人

學校 鄉校舊在府北二里中宗時移府北三里

宮室 客館高麗鄭夢周詩此域昔論設先王還拓開民稠雜殊俗地勝産雄材路向滄溟轉山從靺鞨來短衣者射帛歲晩不知田○本朝李稷詩土風崇伍士鄉學盛諸生不見遊方俗何知敎化行 鎮南樓即城南門樓 倒鏡堂在城內南

烽燧 馬本嶺烽燧北應甲山鷹德嶺南應虛件驢耳 虛件驢耳烽燧北應馬本嶺南應獐項 獐項烽燧在府北一百二十里北應虛件驢耳南應厚致峴 厚致峴烽燧北應獐項南應望德 望德烽燧在府北五十九里北應厚致峴南應者羅耳 者羅耳烽燧在府北二十五里北應望德南應加代 加代烽燧在府南十八里北應者羅耳東應所應居代西應山芥洞 所應居代烽燧在府東五十七里東應利城多布山西應加代 山芥洞烽燧在府西三十五里東應加代南應洪原黃加羅山 新增 長津烽燧在府東南五十里東應利城多布山南應曳積

曳積烽燧在府南五十里南應陸島陸島烽燧在府南六十里北應曳積南應洪原縣穿島

郵驛居山驛在府東六十里察訪司本驛五川驛在府東二里五川傍濟人驛在府北九十里平青院在府西南四十二里黃水院在府北三十五里三蕨坡院在府東北七十四里大定院在府東三十六里橋項院在府西八里

祠廟社稷壇在府西文廟在鄉校城隍祠在府西三里李恒福祠在府光海時恒福以舊相直諫謫北青以歿後人立祠祀之厲壇在府北

寺刹安靜寺　日曜寺俱在大德山鎮淨寺在府北二十里平地

古蹟弘道洞山城在府北七里石築周六千七百八十尺今半頹落泥亡只山城在府北十九里石築周四千九百七十五尺今半頹落多灘台山城在府南十五里石築周一千六百二十一尺今頹圯虛川坪城在府東三十四里土築周三千四百九十七尺今廢長津浦古戍在府東四十七里本府船卒防戍今廢

名宦本朝鄭允諧爲北青判官

人物本朝李之蘭初名豆蘭帖木兒女真千戶阿羅不花之子膂力絕人善騎射從我太祖屢立戰功爲開國功臣門下侍郎贊成事封青海君配享太祖廟庭

端川郡東至吉州城界六十六里南至利城縣界三十七里西至同縣界四十五里至甲山府界一百八十六里北至野人地界一百七十里距京都一千二百七十八里

旱田

水田

建置沿革本高句麗地後沒於渤海因爲女眞所據號兵林金村高麗睿宗二年遣尹瓘逐女眞置福州四年以其地還女眞沒入元稱秃魯兀恭愍王時復其地置福州辛禑時改端州本朝太宗十三年改爲端川郡掌面九官員郡守訓導各一人

郡名福州　端州

形勝磨雲崛其前磨天矗其後本朝李安訥詩敘端故女眞地濱海而治壤接險山磨雲崛其前磨天矗其後

山川道德山在郡西二十三里鎮山甑山在郡西二里天鳳山在郡西二十六里末訖羅山在郡東八里五峯山在郡西南三十里亦見利城縣迴山在郡南十里德應州山在郡東二十里磨雲嶺在郡南三十七里利城縣界舊號豆乙外大嶺以其高峻輒出雲霧故磨雲又見利城縣○本朝許稿詩始上磨雲嶺磨雲氣勢雄奇騰踔大壑突兀學穹身出塵埃外神遊沆瀣中無窮元化妙何處問鴻濛本朝金世濂詩層峯上不極袞袞出雲端只覺登臨爽寧辭陟降難地遂南極盡天拆北溟寬達嶠烟濤外空憐驚白鷺磨天嶺在郡東北六十六里吉州界舊號伊板嶺女眞人謂牛爲伊板俗傳昔有八貴擠於山下其母牛尋蹟踰嶺牛主跡之而目爲路故名高險與磨雲嶺相並本朝鄭斗卿詩不向磨天嶺上看誰知行路上天難地形自作三韓險海氣能令六月寒者此也又見吉州紅軍坡在郡北一百三十二里黃土嶺在郡西二百五十里甲山府界本朝李安訥詩西登黃土嶺北指白頭山者此也於把洞在郡北八十七里梨洞在郡北六十一里烏曷巖在郡南十三里海中其形如帆水禽群集其上俗稱之曰烏曷岩烏曷水鳥名都羅和山在郡北十五里彥豆台坪在郡南十里有牧場海在郡東十里甫耳

川在郡南十里源出新洞東流與波獨川合 波獨川在郡南二里其源出甲山府境濩青洞過揉金洞至郡南五里南流入海 泥麼耳川在郡東二十里亦出濩青洞過德應州山南流二十餘里入海 雙城津在郡東二十里 吾羅退津在郡東四十里 斜乙浦津在郡東二十五里 路洞反浦在郡南二十一里 卯島在郡東二十一里海中

土産 絲 麻 銀 鐵 鉛鐵俱出吐羅山 四色玉青黃白烏俱出梨洞 石硫黃出吾乙足北峯底 樺皮 蜂蜜 黃蠟 茯苓 五味子 海松子 人參 紫草 石蕈 鷹 羚羊 麝香 貂 青鼠 黃鼠 水獺 海獺 鹽 大口魚 文魚 銀魚 鰒 魴魚 麻魚 比目魚 蛤 紅蛤 紫蟹 蟹 鰱魚 松魚 古刀魚 黃魚 海參 藿 海帶俗名塔士麻 昆布

城郭 郡城石築周三千九百六十八尺有門城內有三井世宗三十一年築

公署 吾乙足萬戶鎮在郡北一百二里石城周八百六十尺新增移在舊鎮北六十里石城周一千八百尺中宗二十四年置萬戶

學校 鄉校在郡東二里

宮室 客館鄭夢周詩久客嗟吾道經年尚未休春風遼左路秋雨海東頭鞍馬一身遠山河千古秋金源豪俠窟今日但荒丘 蓮亭在郡城西 挹灝亭在郡南二里○本朝閔齊仁詩傑構崢嶸斷壠頭登臨逸興浩難收山包大野蒸雲迴川劃平郊接海流

烽燧 末訖羅烽燧東應吾羅退西應波獨只北應水差德 吾羅退烽燧在郡東四十五里西應末訖羅南應水差德東應胡打里 胡打里烽燧在郡東六十五里西應吾羅退東應吉州長代浦 水差德烽燧在郡北四十二里南應末訖羅北應國祠堂及吾羅退 國祠堂烽燧在郡北七十三里南應水差德北應吾乙足口子北峯 吾乙足口子北峯烽燧在郡北一百八里南應國祠堂 波獨只烽燧在郡西十里南應利城磨雲嶺北應獐項東應末訖羅 獐項烽燧在郡北三十五里南應波獨只北應古所里 古所里烽燧在郡北六十五里南應獐項北應家舍 家舍烽燧在郡北九十二里南應古所里北應濩青口子北峯 雙清口子北峯烽燧在郡北一百十七里南應家舍 新增 新吾乙足堡栢德烽燧在堡東十里東應吉州鷹峯西應隱龍德 隱龍德烽燧在新吾乙足堡南二十里東應栢德西應義德 檢義德烽燧在新吾乙足堡西三十里東應隱龍德西應新濩青堡北峯 新青堡北峯烽燧在堡北四里南應藿嶺 藿嶺烽燧在新濩青堡南十里南應家舍

郵驛 施利驛古稱失里在郡城南 基原驛在郡南三里 麻谷驛在郡北四十五里我太宗九年始置 永濟院在郡北八十里 忠信院在郡南四十里

關梁 濩青堡在郡西里石城周八百四十尺舊有防戍軍燕山時差權管戍之 甑山堡在郡西一百九十里恭僖王時差權管戍之

祠廟 社稷壇在郡西 文廟在鄉校 城隍祠在甑山 厲壇在郡北

寺刹 東德寺 西德寺 玉龍寺在天鳳山 花藏寺 蘆洞寺俱在五峯山

古蹟古端州在阿多里距令郡治西十三里道德山城石築周三千九百二十八尺令廢德應州山城石築周二千七十二尺內有大池令半頹圮因緣峴山城在郡西十里石築周二千九十八尺令廢古營田山城在郡南七里石築周二千九十八尺令廢甫耳峴山城在郡南十五里石築周九百六十八尺令廢路洞山城在郡南二十五里石築周七百三十七尺令廢磨雲嶺長城其尾至海路洞小壘在郡南四十里麻谷岾小壘兩壘並丁亥年征李施愛時官軍所築

新增吾乙足廢鎮中宗二十四年革

名宦本朝姜燦宣祖時由吏曹郎出為端川郡守莅官清白明年上西幸倭賊入北關會寧叛民執王子宰臣降賊燦誓衆糾合義士屢挫賊鋒朝廷聞之以為顏眞卿拜出陞秩通政久之入為承旨

烈女童氏保人金天合妻本朝宣祖時為倭賊所擄知不免汙辱自投水而死同郡又有崔氏年十八亦為倭賊所迫拒而不屈投水而死

利城縣東至端川郡界四十五里北至同郡界二十四里南至北青府界三十七里西至同府界四十三里距京都一千一百八十九里

旱田

水田

建置沿革本高句麗地後沒於渤海因為女真所據稱時利高麗時為福州地至本朝福州改為端川世宗十八年割端川磨雲嶺迤南地及北青府東境置利城縣掌面三官員縣監　訓導各一人

郡名

山川鎮山在縣西二十二里城山在縣西八里靈鷲山在縣南二十五里檜山在縣西四十里天旱禱雨輒應五峯山在縣北十五里雲達山在縣北十六里蔚坡山在縣西三十五里北青府界佐翼嶺在縣北三十五里端川郡界蔓嶺在縣南三十七里詳北青府磨雲嶺在縣東四十四里端川郡界上有古關門石樞亦名門峴多布山在縣南三十四里烏昌巖在縣東三十里海中兄弟巖在縣東二十三里大小對峙故名之海在縣東五里卵島在縣東三十里海中加次島與卵島對峙楸皮島在縣南三十五里海洲穿串在縣南三十里有岩形如虹門小川在縣南三里羅下洞在縣南四十五里

土産綵　麻　漆　鐵出羅下洞　樺皮　紫草　人參　五味子　石蕈　石脂　蜂蜜　黃蠟　鷹　貂　青鼠　黃鼠　麝香　水獺　海獺　鹽　比目魚　大口魚　松魚　古刀魚　洪魚　魴魚　麻魚　銀口魚　文魚　鰱魚　青魚　銀魚　鰒　蛤　紅蛤　蟹　海參　藿　海帶

學校鄉校在縣東一里

宮室客館　浩浩亭在客館東ゝ望大海前臨平野本朝閔齊仁詩亂峯環翠又清灣天為兹亭發秋慳芳草欲迷闌外路宿雲猶帶海中山半簾梨雨催春色滿壑松風入醉顏倚柱縱觀渾渤小鵬程直在一超間侍中臺在縣東三十里北青府界前臨大海故名本朝黃廷彧侍中臺望海詩目力東收碧海水茫ゝ渾渤在亭臺兩儀高下輪輿轉太極鴻

潊汞昂聞貝闕珠宮生時昞為夷河伯送風雷時危兵甲猶如許詛挽滄波洗得回 本朝許稠詩嶺海冥搜千里來請秋驄坐侍中臺陰雲潑霽碧天遠落景輝煌銀浪開正覩端倪蜃氣象却愁愆尺生風雷乘槎探藥俱無郝坐抑沙鷗久不回

烽燧多布山烽燧北應磨雲嶺西應北青所應居代 磨雲嶺烽燧北應端川郡波獨只南應多布山

郵驛施利驛在縣南四里 谷口驛在縣東三十五里 普恩院在縣南十五里 院洞院在縣西三十五里

關梁磨雲嶺關在磨雲嶺上古緣山頂築行城設關防胡令有門基石樞路極高嶮本朝金壽寧詩舊聞鳥道三千里令陟羊腸百八盤者此也

祠廟社稷壇在縣西 文廟在鄉校 城隍祠在城山 厲壇在縣北

寺刹開堂寺在雲達山 松林寺在五峯山 盤龍寺在鎮山 卯巖寺在雲鷲山

古蹟城山古城石築周九百九十五尺今廢 時間山城在縣東二十六里石築周九百十二尺今廢

名宦本朝金克誠為利城縣監

洪原縣東至北青府界五十三里南至海岸四里西至咸興府界三十七里北至同府界六十四里距京都九百七十五里

旱田

水田

建置沿革本高句麗地後沒於渤海曰為女真所據稱洪肯高麗末置洪獻縣本朝 太祖時改洪原曰入咸興府 恭定王二年析置洪原縣未幾還省入咸興 莊憲王十五年復置縣掌面三官員

縣監 訓導各一人

郡名洪獻

山川豆無山在縣北八十五里 黃加羅山在縣東三十五里 大門嶺在縣東三十里許有嶺自西而東走又南迤至海循嶺有西城〻有三門以通行路西曰大門中曰中門南曰石門石門在海濱三門相距皆三里許辛禑時沈德符與倭賊戰于嶺北大敗 車踰嶺在縣西五十里咸興府界 咸關嶺在縣西二十七里咸興府界元丞相納哈出入寇三撒忽面之地恭愍王以我 太祖為東北面兵馬使遣之納哈出等屯于韃靼洞 太祖踰咸關嶺大戰敗之納哈出遂遁 太祖麾軍自為殿以退嶺路盤行數層宦者李波羅實在最下層有鍛甲將逐之狂渠甚及 太祖回馬射二將皆斃之即連斃二十餘人有一賊追射 太祖 太祖即於馬上起立矢出脖下 太祖乃躍馬射之中其膝又於川中遇一賊將甲冑護項面甲又別作頤甲以便開口周護甚固無隙可射 太祖故射其馬馬奮躍賊出力引轡口乃開 太祖射中其口於是賊大奔 太祖以鐵騎蹂之是時賊自相蹈籍殺獲甚多 妙峯山在縣東三十五里東有石井 照浦山在縣東十二里 太祖嘗獵于是山一射疊貫兩麞 海在縣南四里 新翼川在縣西四里源出豆無山 要原水在縣東三十五里源出北青府中山南流入海 穿串島在縣南五里有穴相通其上可以射帆 本朝閔霽仁詩穿島遙吞碧海雄蓬山疑見闕波中千重螺連雲迥萬里鵬程入望空 馬郎耳島在縣東五十八里有牧場 門巖在縣南十里海岸有石壁立如門

土産絲　麻　石蕈　海松子　人參　五味子
紫草　碣石出車踰嶺下　鷹　海獺　盐　鰱魚
魴魚　松魚　古刀魚　銀魚　葦魚　青魚
江搖柱　廣魚　洪魚　鰒　紅蛤　海參　黃
魚　文魚　麻魚　銀口魚　大口魚　比目魚
蟹　紫蟹　雚　古里麻

學校鄉校在縣東一里

宮室客館

烽燧黃加羅山烽燧東應北青府山芥洞南應南山　南山烽燧在縣南二里西應咸興府無乙界東應黃加羅山

郵驛新恩驛在縣西四里　咸原驛在縣西三十里　平浦驛在縣東四十五里

咸關嶺院在咸關嶺下

祠廟社稷壇在縣西　文廟在鄉校　城隍祠在縣西二里　厲壇在縣北

寺刹隱寂寺　中菴寺俱在豆無山　兜率菴在妙峯山

古蹟要原山城在縣東三十五里石築周九百八十四尺今半頹圮

烈女吉氏家嘗失火入烈焰中負姑未及出俱死本朝恭僖王二年旌閭

甲山都護府

東至建州衛東良北界一百五里南至端川郡界九十里至北青府界一百三十二里西至三水郡界六十五里北至惠山鎮一百十五里距京都一千三百八十三里

旱田

水田

建置沿革本高句麗地後沒於渤海因為女真所據稱虛川府兵亂荒廢高麗恭愍王時置甲州萬戶府本朝　太宗十三年改為甲山郡　世宗十九年置鎮　世祖七年陞都護府仍為鎮掌面

官員府使　教授各一人

郡名虛川　甲州

形勝境連野人　地勢極高多山嶮三水郡同　介在複嶺疊嶂之中本朝金世濂論北地狀三甲介在複嶺疊嶂之中

風俗俗質樸人多勇力　土氣寒常穴居並志地居人以瞿麥為粮地極高寒三月有雪七月降霜五穀不生居人惟以粟及瞿麥為粮

山川天鳳山在府東八里鎮山　長平山在府東十五里　吾音會嶺在府西五十里　馬本嶺在府南一百三十二里北青府界　熊耳嶺在府南六十四里　鷹德嶺在府南一百六里　阿叱間嶺在府北五十五里　吾老村嶺在府南九十里端川郡界　惠山嶺在府北九十里　奉天臺　亏羅漢嶺在惠山東北七十餘里即白頭山南幹也古稱蒙羅骨嶺首尾長亘數百里國內山脈皆本於此又見會寧府　甫多會山在府北百九十里　頭里山在府東二百里一云圓山ゝ勢極雄渾無枝角方言謂圓為頭里故名其東即吉州界　白德山有大石四面如削高三十餘丈　綠礬峴在府北九十一里　榆波峴在府南五十六里　香洞在府西一

百十一里鎮東洞在府東三十七里虛川江在府西一里北青府伐成浦川山北坡川禿山川黃水川合流于府南青州歧恩虛川驛傍為此江惠山江在府北九十五里源出白頭山南西流經惠山鎮與虛川江合入三水郡為鴨綠江雲寵川在府北七十四里源出長白山西北胡地界西流與虛川江合流入惠山江加亇川在府北二里出鎮東洞入虛川江熊耳川在府南八十里源出香洞經府南青州歧與亇音水合西入虛川江吾時川車軍萬洞北以下係鴨綠江外之地蘆洞檠水洞池巷浦水沱石洞乾天水辛多信水白塔洞有塼塔白頭山距府北三百三十里詳會寧府囬山寨馬竹嶺葛山黑山

土產麻樺皮白礬出池巷浦水泡石綠礬礪石銀出雲寵五味子石蕈海松子鷹蜂蜜黃蠟麝香羚羊貂青鼠黃鼠水獺餘項魚

城廓府城石築周二千二百八十尺有門城內有井又自城西連築為外城至虛川江五百三十五尺虛川江行城在府石築長一千八百尺今半頹落

公署惠山僉節制使鎮在府北九十五里石城周二千三百二十尺兵馬僉節制使一人雲寵萬戶鎮在府北八十里石城周一千四百六十七里萬戶一人

學校鄉校舊在府北一里今移在府南二里我太祖即位自孔州遷北至于甲山府始建學校

宮室客館受降門樓在客館北定遠樓在客館西二樂亭在客館北府伏曹閩孫揖今朝韓傚謳詩萬里要荒地千重古甲山土風聲化外民物羽毛間漢節方窮夏班侯未入關時聞折揚柳羌笛月中還永保臺在府西虛川江邊服戎臺在惠山鎮

烽燧虛川江口烽燧東應惠山東峯西應榛遲達惠山東峯烽燧在府北一百里南應刀山西應虛川江口刀山烽燧在府北七十八里南應時獜浦北應惠山東峯時獜浦烽燧在府北七十里南應綠礬峴北應刀山綠礬峴烽燧南應廣生還北應時獜浦廣生還烽燧在府北九十里南應厚知北應綠礬峴厚知烽燧在府北三十五里南應南山北應廣生還南山烽燧在府南四里北應厚知南應榆坡峴榆坡峴烽燧北應南山南應鷹德嶺鷹德嶺烽燧北應榆坡峴南應北青馬木嶺新增南峯烽燧在府南十五里南應榆坡峴北應西峯恭僖王七年革南山烽燧移于此西峯烽燧在府西十三里南應南峯北應馬山馬山烽燧在府西二十五里南應西峯北應厚知

郵驛虛川驛在府南四里終浦驛在府南一百三十六里熊耳驛在熊耳嶺下吁獜浦院在府南五十里

關梁同仁堡在府北三十六里石城周一千三百五十尺鎮東堡在府東十二里石城周一千四百九十尺○右二堡舊有防戍恭僖王時置權管

祠廟社稷壇舊在府西今移在府東

寺刹資福寺在天鳳山

古蹟長坪山古城在府東十三里石築周二千六百尺今半頹圮加吾亇廢堡甕城周一千二百九十二尺惠莊王七年廢之移設于鎮東寧坡廢堡莊憲王

二十六年廢惠莊王七年移設于雲寵古基在胡地榛遲達廢堡覽城惠莊王初廢併于惠山鎮古基在胡地安定廢堡惠莊王四年廢柔遠廢堡惠莊王六年廢古基在胡地

三水郡東至甲山府界一百二十五里南至咸興府界三百四十四里西至平安道古茂昌郡界一百十里北至鴨綠江一里距京都一千五百七十三里

旱田

水田

建置沿革本甲山郡地本朝　世宗二十八年分置三水郡以邑在三川閒故名掌面　官員郡守訓導各一人

郡名

形勝介在複嶺疊嶂之中本朝全世灝論北地狀東連甲山棧道嶮側地志自甲山府西北距二日程經由棧道如李方洞積生洞甲元節洞五敢德虛空攀躋隱逕達等處無一步平地

風俗同甲山

山川長嶺在郡東五十七里所羅洞嶺在郡東一百二十五里五峯山在郡南八里李方嶺在郡東五十九里蛇洞嶺在郡南六十一里新路嶺在郡南一百六十七里城坡嶺在郡南二百七十三里嶺洞在郡東一百十五里洞鴨綠江在郡北一里即甲山府惠山江下流西流入平安道為鴨綠江故此通稱魚面江在郡西二里其源有二一即咸興府界黃草嶺赴戰嶺等水一出平安道江界府五萬嶺東流經別害鎮合為中江東北流二百餘里為此江經郡治又北流入鴨綠江仁遮外川在郡東七十里源出精生洞北流入惠山江崔天已洞此以下係鴨綠江外之地上郍蘭下郍蘭三水洞古未洞季松嶺巨嶺嵯峨俯朔方纔通一路似羊腸秋風落日關山外策馬重臨鬓欲霜火致嶺萬仞岡頭一路開前驅進見鳥還迴據鞍不敢揮長鞭絕頂翻疑近上台石水嶺杉檜濃蒼白日陰入雲幽逕轉崎巖溪風嶺月暉閑興來懸征夫萬里心以上三嶺詩皆閔齊仁詩

土產麻　樺皮　水泥石　石蕈　海松子　五味子　人參　蜂蜜　黃蠟　鷹　麝香　羚羊　土貂　水獺　貂　青鼠　黃鼠　餘項魚

城郭郡城石築周一千八百十二尺有門城內有三井鴨綠江行城在郡北一里石築長一千五百十七尺

公署羅暖萬戶鎮在郡東四十二里石城周一千五百三十三尺魚面萬戶鎮在魚面江邊成宗朝築石城已上兵馬萬戶各一人神方仇非萬戶鎮在郡南燕山八年始築石城周一千二百五十尺別害萬戶鎮在郡南四百三十里一云三百六十里燕山七年築石城周一千三百五十五尺已上中宗十五年置兵馬萬戶各一人仁遮外萬戶鎮在郡東八十五里石城周一千八百五尺舊屬甲山燕山八年來屬置兵馬萬戶一人

學校鄉校舊在客館西中宗時移客館東

宮室客館　鎮戎樓在客館西本朝金潤宗詩三水要衝地將軍別建營茅草胡

馬健風緊角弓鳴雲擁秦關暗花當蜀道明方春遐首覆民俗事農兵○本朝李稷振詩弘矣當年志遠遊玉關千里任離愁顧將三尺防身劒斬盡山戎待白頭

烽燧加乙波地西峯烽燧在郡西二十一里東應松峯　松峯烽燧在郡西五里東應南峯西應加乙波地西峯　南峯烽燧在郡南一里東應禿湯西應松峯南應全龍已德　禿湯烽燧在郡東十一里東應羅暖西峯西應南峯　羅暖西峯烽燧在郡東三十四里東應家南峯西應禿湯　家南峯烽燧在郡東五十七里東應甲山府仁遮外西峯西應羅暖西峯　窨田烽燧在郡南一百二十里北應加應戒　加應戒烽燧在郡南一百五十五里南應窨田北應新波　新波烽燧在郡南三十三里南應加應戒北應全乙德山　全乙德山烽燧在郡南三十二里南應新波北應全龍已德　全龍已德烽燧在郡南十五里南應全乙德山北應南峯

新增曰遮外西峯烽燧在郡東九十里東應榛遲達西應家南峯　榛遲達烽燧在郡東一百里東應惠山江改伊西應曰遮外已上二烽燧舊屬甲山令移于此

郵驛積生驛在郡東一百五里　三江驛在郡內　草坪院在郡南四十里

所乙外院在郡南二百九里　安仇非院在郡南二百五十一里

關梁加乙波地堡在郡西十里石城周六百十尺　小農堡在郡東二十二里石城百餘尺○二堡燕山時置權管　甘坡堡在郡南一百十里○恭僖王始築石城周三百二十尺　虛空橋在郡東

祠廟社稷壇在郡西　文廟在鄉校　城隍祠在郡北一里　厲壇在郡北

寺刹淨水菴在五峯山

古蹟三水廢堡在郡城內本朝世宗二十三年置堡設萬戶以阨賊二十八年以四方遼絕難以應援置郡廢堡　小農廢堡在郡東二十五里甕城今廢　加乙波地廢堡在郡西十四里甕城周七百二十六尺

名官本朝金應河光海時為三水郡守清謹自厲

鏡城都護府東至海岸六里南至明川縣界一百四十二里西至同縣界一百四十五里北至富寧府界四十八里距京都一千七百四里

旱田

水田

建置沿革本高句麗地後沒於渤海曰為女真所據

蹄亐籠耳遼東志作本郎古　本朝　太祖七年始置鏡城萬戶輿地勝覽云久為女真所據高麗睿宗二年尹瓘逐女真城之稱蹄未詳後沒於元恭愍王收復本朝　太祖七年始稱令名置萬戶按高麗史地理志東界州郡止於吉州而自鏡城以北則無載焉尹瓘本傳及諸傳紀並未有見恭愍王討小生復諸城時史稱收復和登定長預高文宜州宣德元興寧仁耀德靜邊等鎮及咸州哈蘭洪獻三措之地而未有及此地者蓋麗末彊界亦不及於吉州迤北明矣而勝覽云然未知何所據也謹考原史正之　恭靖王二年改為鏡城郡　世宗十八年陞為都護府　世祖時置鎮掌面六鎮管州一吉州縣一明川萬戶鎮五西北斜卜洞斜下北朱乙溫魚游澗官員府使北道節度使兼判官　教授一各八

郡名亐籠耳　龍城別號雉城

形勝　四邑要衝 金宗瑞論五鎮形勢疏龍城乃會鍾穩慶四邑之要衝宜作大鎮以為主將之所以為四邑之援　塞北雄藩

風俗　勤儉強悍　以馳馬射獵為事

山川　祖白山 在府西五里鎮山　雪峯山 在府北三十二里又見吉州　白山 在府西一百十里山勢甚峻至五月雪始消七月復有雪山頂樹木矮小土人謂之長白山又見吉州　本朝金世濂詩北來長嶺不成峯橫亘胡天一字同磅礴背含稜角露穹窿唯覺體容雄蟠蟠大漠三河界敵作東韓百岳宗亘袞龍泉徒自吼登臨終日勒豐功　諸王山 在府南四十五里東濱大海　中峯山 在府南一百八里　雲住山 在府南六十里　五峯山 在府南六十五里　白鹿山 在府南一百四十里　江陵山 在府南一百十里南濱大海　虛修羅峴 在府西富寧北界賊路哨探處　豆籠耳峴 在富寧府界　立巖 在府南幹合里高可二百餘丈土俗謂石為幹合因名其地焉　廣巖 在府南一百十七里　笠巖 在府南一百五十里○已上三巖㠋峙甚奇怪　海 在府東六里　德山川 在府南二里東流入海俗名吾村川　魚游澗川 在府北十七里東流入海　朱乙温川 在府南三十二里東流入海○已上三川俱源出白頭山　龍城川 在府北三十五里其源出會寧府餘伊峴南流一百二十里入海　明澗川 在府南一百十五里源出白頭山經明川府斜个洞堡東流過廣岩與雲加委川合　雲加委川 在府南一百九里源出白頭山東南經中峯山入海　虛修羅川 在府北一百三十五里源出長白山至撫天朴加迂入豆滿江　長者澤 在府南九十里瀰漫一洞長十五里廣三里其深不測東流入海天旱禱雨有應　茂溪澤 一作無界澤在府南一百十里長九里廣六里瀰滿一谷　龍淵 在府西五十里祈雨有驗　長浦地 在府北二十八里東流入海　錐峯温泉 在府西三十四里　雲加委温泉 在府西一百十里

土産　麻　沙鐵　人參　五味子　松蕈　防風　澤瀉　土豹　貂　黃鼠　青鼠　羚羊　海獺　鷹　阿羊鹿　塩　古刀魚　松魚　黃魚　洪魚　麻魚　鰱魚　魴魚　秀魚　大口魚　比目魚　銀魚　文魚　鯽魚　無泰魚　蟹　蛤　紅蛤　海參　昆布　海帶　藿　龍鞭 生海中作筆柄甚佳

城郭　府城 石築周五千三百八十一尺城立門東曰城內有九井　南山城 在府西南五里石築周三千二百八十九尺內有二井

公署　北道節度使營 在府城內　魚游澗萬戶鎮 在府西北四十五里石城周一千八十九尺兵馬萬戶一人　宣祖時陞為僉節制使鎮　朱乙温萬戶鎮 在府南一百三十二里石城周一千六十八尺　森森坡萬戶鎮 在府南一百二十五里石城周一千四百二十尺○已上兵馬萬戶各一人　輸城道察訪司 在府北五十里領輸城吾村朱村要站石堡懷綏寧安豊山慄山鍾慶撫安鹿野撫寧德明馬乳燕基阿山江陽雍撫十九驛○察訪一人

學校　鄉校 在府西三里

宮室　雉城館 即客館　威遠樓 在客館東　南樓 即南門樓　鎮北樓

元帥臺 在府東南八里前臨大海故名○本朝李安訥詩元帥登臨有古臺野平天濶露崔嵬白山氷雪千年積碧海風烟萬里開鯨躍波濤吹地轉鴈拖殘照拂雲迴憑虛目極蒼茫外

直欲飄然出九垓。○本朝鄭斗卿詩：將軍當日破穹廬，功駕驃姚不啻如。掃盡王庭無帝穴，關來胡地有狼居。千年碧海沉碑後，百丈高臺戲馬餘。依舊悲歌邊日暮，不堪懷古一躊躇。

烽燧北峯烽燧在府北八里，南應長坪，北應姜德，西應魚游澗。姜德烽燧在府北三十七里，南應北峯，北應富寧府雈達洞。長坪烽燧在府南二十里，南應要站，北應北峯。要站烽燧在府南五十五里，南應朱村南峯，北應長坪。朱村南峯烽燧在府南八十四里，南應八乙下，北應要站。八乙下烽燧在府南一百六十五里，北應南峯，西應尼麽退。尼麽退烽燧在府南一百九十二里，西明川件加土，東應八乙下。魚游澗堡烽燧在府北三十五里，東應北峯，南應阿陽德。阿陽德烽燧在府北四十里，南應車德生洞中峯，北應魚游澗西峯。車德生洞中峯烽燧在府北五十四里，南應金得老家下中峯，北應阿陽德。金得老家下中峯烽燧在府西六十八里，西應吾村堡西峯，北應車德生洞中峯。吾村堡西峯烽燧在府西七十一里，東應金得老家下中峯，南應朱乙溫堡西峯及山城。山城烽燧在府南五里，西應朱乙溫堡西峯，北應吾村堡西峯。朱乙溫堡西峯烽燧在府西三十三里，北應吾村堡西峯，東應山城，南應同堡南峯。朱乙溫堡南峯烽燧在府南六十五里，南應甫老知堡新烽燧，北應同堡西峯。甫老知堡新烽燧在府西六十五里，南應同堡及禿烽燧，北應朱乙溫堡南峯。禿烽燧在府西八十六里，南應甫化德堡及石烽燧，北應甫老知新烽燧。石烽燧在府西八十九里，南應甫化德堡中山，北應禿烽燧。甫化德堡中山烽燧在府西九十一里，南應森森坡赤木，北應石烽燧及禿烽燧。森森坡赤木烽燧在府西一百二十五里，南應同堡板烽燧，北應甫化德堡中山。森森坡板烽燧在府西一百二十七里，南應梨坡石烽燧，北應赤木。

梨坡石烽燧在府西一百三十六里，南應明川斜个洞及圓山，北應森森坡板烽燧。新增魚游澗堡李順德烽燧在府北五十五里，南應阿陽德，北應富寧林秀德。吾村堡南烽燧在府西四十里，南應朱乙溫堡西峯，北應車德生洞中峯。朱乙溫堡西峯烽燧在府西四十七里，北應吾村堡南烽燧，南應板烽燧。正德癸酉革古西峯，移于此。甫老知堡樺坡烽燧在府西一百五里，北應板烽燧，南應石茸峯。石茸峯烽燧在府西一百十五里，南應獨松峯，北應樺坡。獨松峯烽燧在府西一百十里，南應黃細洞，北應石茸峯。黃細洞烽燧在府西九十里，南應寶化堡中嶺上，北應獨松峯。寶化堡中嶺上烽燧在府西一百七十里，南應森森坡堡大加退，北應黃細洞。森森坡堡大加退烽燧在府西一百五十里，南應小加退，北應中嶺上。小加退烽燧在府西一百三十四里，南應姜加德，北應大加退。正德辛巳革板烽燧，移于此。姜加德烽燧在府西一百六十里，南應明川斜个洞李興道代，北應小加退。正德辛巳革梨坡石，移于此。

郵驛輸城驛即龍城之地也。在府北五十里，察訪司本驛。吾村驛在府南三里。朱村驛在府南七十九里。要站驛在府南十二里，新增改名永康，在府南四十六里。清河院在府北四十里。義生院在府南六十里。雲加委院在府南一百九里。○李安訥詩：山下平蕪接大荒，孤城北壓路何長。兩崖中拆雲藏壑，一間分流石作梁。近塞地形多險絕，經秋客意易淒涼。虜亭日落行人斷，獨枕征鞍夢故鄉。

關梁吾村堡在府西二十里，石城周一千二百九十尺。甫老知柵在府南四十三里。甫化堡在府南五十四里，石城周一千二十尺。芥洞堡在府北六十七里，土城周三百三十餘尺。○已上俱分兵防戍。

祠廟社稷壇在府西 文廟在鄉校 城隍祠在山城 厲壇在府北

尹瓘廟在高麗文肅公尹瓘祀 彰義祠在府南一百十里傑亂里今

上六年府之人士為故評事鄭文孚有平賊功建祠祀之以李鵬壽配食

陵墓李鵬壽墓在府南一百十里傑亂里茂溪上

寺刹龍藏寺 萬景菴俱在雲住寺 深跡寺 淨水菴俱在五峯山 雙溪寺在白鹿山 中山寺在中峯山 龍菴寺在江陵山 龍梵寺在雪峯山

古蹟榛坡廢城在府西一百十里土築 甫伊德廢城在府西一百二十里土築今廢 甑山城在府南八十七里土築周一千二百七十五尺內有二池有倉基 龍城

名宦本朝金宗瑞我莊憲王以宗瑞為咸吉都節制使措置北邊時議多有異同〇

上固執不撓專委任之宗瑞建置會寧鍾城穩城慶興四鎮築城實民北方永固 上曰雖有寡人若無宗瑞不可以辨此事雖有宗瑞若無寡人不可以主此事宗瑞措置已定日置酒饗士或言其不可宗瑞曰風診絕塞將士寒苦凡人強悍吾以約始之後必無終一日夜饗有飛矢中酒樽左右驚擾宗瑞自若左右請其故乃曰奸人試我耳何能為我居北八年以工曹判書召入 崔潤德莊憲王朝為咸吉都節制使公廉勤謹民夷咸歸心愛如父母 俞應孚莊憲王朝為咸吉都節制使方正嚴毅清白如水善撫士卒 河敬復 朴從愚俱為節度使 李行儉為都鎮撫惠莊王朝聞都節制使李澄玉有異心遣朴好問代之澄玉殺好問自稱大金皇帝將渡江據金舊都行儉以計留鍾城誅之特陞僉知中樞院事 許琮惠莊王十一年為節度使琮少為兩界幕官雖老校退兵習與之款語凡諸藩族帳強弱山川道路及祖宗朝関塞城壁建置沿革無不訪問而志之及為節度指揮得當民夷咸服明年以喪去以康孝文代之十三年李施愛叛以北人思琮復起服為節度使琮與康純魚有沼擊斬平之 魚有沼襄悼王時嘗為節度使康靖王三年以崇政復拜節度使有沼以母老涕泣辭謝 上諭之曰鎮安北道無如卿者毋則勿以為憂特賜屋轎宮衣御饌任滿 上曰卿若遞任誰可代者不許虜犯鏡城有沼設機殲之 上遣直提學洪貴達賜段衣有沼寬和愛藩胡或執贄來見有沼拒之曰吾不取予爾也一毫無犯野人舉手加額曰是吾父也邊境賴以無事在北五年以右參贊召還 鄭蘭宗康靖王七年為北道節度使時北胡尼麻車之部聞蘭宗病謀欲入寇蘭宗曰兵有先事攻心之法乃力疾而起聚城底胡酋語之曰朝廷令我將五鎮兵討尼麻車以懲前日寇邊之罪爾等亦當從軍曰與約日而還之尼胡聞之逃竄山谷遂失耕耘數歲不得窺邊僚佐欲啓聞蘭宗曰職所當為何煩聞為 成俊康靖王時永安節度使尹末孫撫御失宜虜犯邊殺邊守

上思得文武才往鎮之以參贊成俊往代末孫俊雍容撫制夷民咸服俊以虜罪當問上書請征

上命許琮為都元帥兼觀察使以俊副往征之自後賊不敢生梗還拜本道觀察使 鄭文孚宣祖時為北評事倭兵長驅列城皆陷叛民執南北節度使守宰及王子宰臣迎降於賊文孚亦竄匿海濱與儒生李鵬壽等起義兵討叛賊復諸城

宣祖命陞秩通政至今 上朝監司啓其功績加贈左贊成 李守一宣祖時為咸鏡防禦使仍陞北道節度使為政廉恕軍民愛如父母秩滿當遞民請于朝留任及還立石追思 吳允謙為鏡城判官清簡善治邊民久而不忘 金尚憲為鏡城判官律己清嚴邊民鎮將皆為所憚壓 金應河光海時自三水郡守從為北道兵馬虞侯在北四年清謹自勵勤幹奉職民夷悅服

人物本朝李鵬壽其先公州人高祖謙生豪右北徙為府人鵬壽少有志槩 宣祖時倭寇陷北道叛民爭執王子宰臣長吏以應賊鵬壽以儒生慨然發憤謀舉義旅時節度使以下皆

為賊擒唯許事鄭文孚脫匿草間鵬壽迎至其舍與同府士人崔配天池達源姜文佑等推文孚為倡義大將鵬壽為別將起鄉兵誅叛者復諸城與倭累戰于吉州端川皆大捷又擊倭先登死敵北道之平皆文孚與鵬壽力也宣祖贈司憲府監察令上朝加贈持平

吉州牧（東至明川府界十里北至同府界三十二里南至海岸一百二十七里西至端川郡界一百十九里距京都一千四百六十四里）

旱田

水田

建置沿革本高句麗地後沒於渤海因為女真所據高麗睿宗二年遣尹瓘逐女真置吉州（尹瓘逐女真定地界東至大平嶺北至弓漢嶺西至蒙羅骨嶺以為我疆於弓漢村築城廊七百七十間號吉州）尋以地還女真後入元稱海洋（一云三海洋龍飛御天歌註海洋地名今在吉州自海洋北行五十里至秦神自秦神東行六十里至的遏發海洋秦神的遏發三處各有站安其俗謂之三海洋）恭愍王時復其地恭讓王二年置雄吉州等處管軍民萬戶府以英州及宣化等鎮併入

本朝　太祖七年改吉州牧　睿宗元年降為吉城縣（世祖十三年州人李施愛以州叛討平之至是降州為縣）割州北境別置明川縣恭僖王時還陞為吉州掌面七官貟　牧使　判官　教授（各一人）

郡名海洋（洋一作陽）吉城

形勝控扼嶺路接引海道（本朝金世濂狀啓城津控扼嶺路接引海道為緩急得力之地又曰城津正當南北道之交地旣形便而陡入海岸吉州都會也）

風俗人性強悍

山川圓山（在州西二百九十五里一名頭里山山勢雄渾無稜角方言謂圓為頭里故名其東又有小頭里山二山相連但高大無比又見甲山府）磨天嶺（在州西一百三十里端川郡界高峻上接雲天故名舊號伊板嶺詳端川郡○本朝許穪詩峻嶺重岡絕地垠登茲睥覽百憂新群峯雜沓蔵風雨衆壑陰森聚鬼神浩浩乾坤元氣合悠悠身世太初隣俯臨巨海無窮極欲問三山杳莫因○本朝金世濂詩千盤陟盡氣雄哉天外蒼然海色開絕域關防全沒險異時昄拓憶奇才三韓地勢當南盡兩界山形自北迴靺鶻按功竟何日醉將長劒倚崔嵬）長白山（在州西一百十六里與頭里山相連山極高大四時有雪五月始消七月復見雪又見鏡城府○高麗李穡送張萬戶詩長白山窮鐵嶺開崔嵬橫亘幾千里天險不可越奚丹雜種鳥獸居弓矢翩翩事馳突流觀興酣發浩歎秋莫蕭蕭埋尹碣）成佛山（在州西十五里）刀山（在州西四十四里）長德山（在州東五里　本朝鄭文孚破倭冦於此李植長德山詩曾於此地破蠻軍闕北誰論第一勳即此）雪峯山（在州西七十二里）海（在州東五十七里又南一百二十七里）臨溟川（在州南六十二里源出德萬洞東流入海）浮瑞川（在州西三里源出豆里山與斜下北水合南流入海）斜下洞川（在州西六里與浮瑞川合）楡津（在州南七十里）伐長浦（在州南八十二里）多信浦（在東五十里即浮瑞川下流又東流入海）雙浦（在州南七十八里詳瘦介院）大筒洞温泉（在州西九十一里）藥水里温泉（在州北三十里）大寺洞温泉（在州西四十五里）乾者箇洞温泉（在州西十三里）穿島（在州南一百五里有奇巖屹立海中狀如虹門名曰

穿島小舟由其中出入其傍海濵有濩介院。本朝黃庭彧遊穿島詩仇池小有潛通地極目㩻䃮
海上臺八九平呑雲夢闊三千遠觀漢槎迴謫玫浩𣵀鯨爭戲碧落霏微雨脉來老去壯觀真快意
向來夏惱㫌成灰

土產 緜 麻 鐵出多信浦 綠礬出縣十里 沙鐵出西齊洞在州西四十里
白土出西北崔世洞 紅花 樺皮 紫草 五味子 人
參 松蕈 蜂蜜 黃蠟 鹿茸 麝香 羚羊
鷹 海獺 水獺 黃鼠 青鼠 貂 鰭酥
塩 大口魚 比目魚 文魚 鰱魚 松魚
黃魚 銀魚 古刀魚 鰒 洪魚 麻魚 魴
魚 臨淵水魚 蛤 紅蛤 紫蟹 蟹 海參
古里麻 藿 昆布 海帶 龍鞭

城郭 州城石築周四千五百二十六尺立門東曰　南曰　內有六井

公署 城津僉節制使鎮在州南六十里。兵馬僉節制使一人。舊有土城〻中有海倉久廢光海時觀察使崔灌脈拓築城建炮樓置僉節制使城中井泉不甘城外有泉灌復築外城起後峯之巓左右連亘各百數十步其兩尾入于海而止鄭經世記曰長白之一支南迤而為磨天又東馳入海而為城津左右前三面皆海獨一面連陸而高峯峙焉乃天作四塞之險而扼一道南北交界之衝真所謂我之所要賊之所害必守而不可失之地也

西北萬户鎮在縣西六十七里石築周一千五百四十二尺。兵馬萬户一人 斜

下北萬户鎮在州西四十三里石築周九百五十三尺 康靖王二十六年革萬户置權管

將軍坡萬户鎮在州北六十六里石築周一千四百六十四尺內有二井。恭信王十六年革梨德堡移于此置兵馬萬户一人

學校 鄉校在州東南二里

宮室 客館本朝鄭招詩風塵曾戰地烟火太平民控引山河壯經營館宇新殊方通節制權俗乞和親聖化令無外書生按轡迴。李朝中叔舟詩移州曾卜地聚石不成城樹木時〻見雲山處〻平麾軍試陣法訪古驗民情節度愧才拙迴遲歎白榮

壓海亭舊在海岸上今移構廢天嶺上

朝日軒在城津鎮。本朝鄭斗卿詩海上孤城北斗齊女墻高壓白雲低春天蜃氣成樓閣落日鯨濤入鼓鼙沙漠未清氛祲惡蓬萊欲到古今迷書生未勒燕然石空把清樽醉似泥。李朝黃床詩崔公本意築斯城擬絶邊烽照上京天塹周遭形勢壯日輪騰擲夢魂驚樓前見闕光相映檻外湖山望却平萬里登臨無限思蓬萊何處問長生。李朝金世濂詩五更天海碧模糊百尺危欄俯積𤅢忽見六龍擎出日始知金闕隱方壺懸崖擊浪雷霆合絶頂誰樓粉堞孤却憶扶桑奉使日室津層閣看平都

嶺海樓在城津鎮城〻之左右皆設譙門其左曰嶺海樓城盡處積以巨石設亭障恰與山海閣之望海亭相似扁曰望海亭

烽燧 鄉校峴烽燧在州南三里南應山城北應綠碧站西應崔世洞及金萬德

綠礬岾烽燧在州北十一里北應明川府古岾峴西應同府立巖南應鄉校峴

山城烽燧在州南二十八里北應鄉校峴南應榆津

榆津烽燧南應伐長浦北應山城

伐長浦烽燧南應端川郡胡打里北應榆津

崔世洞烽燧在州西二十六里東應鄉校峴西應獐項

獐項烽燧在州西四十九里東應崔世洞北應玉泉洞

玉泉洞烽燧在州西六十八里西應大洞南應獐項

大洞烽燧在州西八十七里東應玉泉洞

金萬德烽燧在州西三十四里東應鄉校峴西應防墻

防墻烽燧在州西四十七里東應金萬德

新增 西山烽燧在州北七十里北應明川起雲

峯東應中峯長峴中峯烽燧在州北五十六里西應西山南應崔世洞烏曷巖烽燧在州西七十二里西應大洞南應獐項中宗十一年革玉泉洞烽燧移于此鷹峯烽燧在州西一百三十里北應楡德南應西山中峯西應端川栢德西山中峯烽燧在州西一百二十里北應鷹峯東應楡德楡德烽燧在州西六十五里西應西山中峯東應鄕校峴塲洞烽燧在州南六十里北應山城南應岐伊里洞弘治己未革楡津烽燧移于此岐伊里洞烽燧在州南九十五里北應塲洞南應端川胡打里中宗七年革伐長浦烽燧移于此

郵驛 臨溟驛在州南六十一里本朝李安訥詩山撤孤館俯滄溟秋水長空一抹青人帶夕烟歸古驛鴈驅寒雨過遙汀邑氓半作胡兒語關嶺多非漢地形回首神京幾千里塞天霜角不堪聽嶺東驛在州南九十一里我太祖十四年始置館前有樓李安訥詩大嶺攙天半虛亭傍海潯又詩云鳥道関山外秋高日易陰星分南斗遠地入北冥深區域并夷夏風雲自古今四方男子志長嘯此登臨雄平驛在州南三里我莊憲王五年始置雙介院在州南一百五里穿島傍穿島壁立海中〻有孔狀如虹門女真謂孔爲雙介故地名雙介院舊有壓海亭磨天嶺院在磨天嶺下

關梁 德萬洞堡在州西九十一里中宗朝築石城周五百尺利德堡在州北六十二里木栅周五百五十尺

祠廟 社稷壇在州西文廟在鄕校城隍祠在州東三里厲壇在州北

寺刹 德水菴古稱香水寺長壽寺俱在成佛山復興寺在雪峯山

古蹟 古雄州高麗睿宗三年尹瓘逐女真於大串嶺下築城郭九百九十二間置寧海軍雄州防禦使四年撤城還其地於女真恭愍時收復恭讓二年併于吉州高麗史云吉在北雄在南今未詳其地古英州高麗睿宗三年尹瓘逐女真於蒙羅骨嶺下築城郭九百九十間置安嶺軍英州防禦使四年撤城還女真恭愍時收復恭讓王二年併于吉州今未詳其地按三韓會土記云本國山脈皆自蒙羅骨嶺註蒙羅骨嶺令明川甲山之界北連胡地者○尹瓘使兵馬鈐轄林彥記其事書于英州廳壁曰孟子曰弱固不可以敵強小固不可以敵大吾觀斯言久矣而今信之矣女真之於國家強弱衆寡其勢懸殊而窺覦邊鄙於肅宗十年乘隙構亂多殺我士民其繫縲為奴隷者亦多矣肅宗赫然整旅將欲仗大義以討之惜乎厥功未集永遺弓劍今上嗣位亮陰三載甫畢詳禫謂左右曰女真本高勾麗之部落聚居于盖馬山東世脩貢職被我祖宗恩澤深矣一日背畔無道先考深憤焉嘗聞古人之稱大孝者善繼其志耳朕今幸終達制肇覽國事盍擧義旗伐無道一洒先君之恥乃命守司徒中書侍郎平章事尹瓘為行營大元帥知樞密院事翰林學士承旨吳延寵為副元帥率精兵三十萬俾專征討尹公事業傑然當慕庾信氏之為人曰庾信六月氷河以渡三軍此無他至誠而已予亦何人哉其至誠所感靈異之迹屢聞焉吳公時之重望天性慎謹臨事必三思其良畫大策施無不中兩公嘗有志於此聞命憤激擁兵東下出師之日躬擐甲胄未及誓衆泣涕交願莫不用命望入賊境三軍奮呼一以當百摧枯破竹何足喻其易哉斬首六千餘級載其弓矢來降於陣前者五千餘口其望塵喪魄奔走窮北不可勝數嗚呼女真之頑愚不量其強弱衆寡之勢而自取於滅亡如是其地方三百里東至于大海西北介于盖馬山南接于長定二州山川之秀麗土地之膏腴可以居吾民而本高勾麗之所有也其古碑遺跡尚有存焉夫高勾麗失之於前今上得之於後豈非天數於是新置六城一曰鎮東軍咸州大都督府兵民一千九百四十八丁戶二曰安嶺軍英州防禦使兵民一千二百三十八丁戶三曰寧海軍雄州防禦使兵民一千四百三十六丁戶四曰吉州防禦使兵民六百八十丁戶五曰福州防禦使兵

民六百三[…]六曰公嶮鎮防禦使兵民五
百三十二丁[…]建而有賢材能堪其任者
鎮撫之詩所謂于蕃[…]蕃王室者也有以見
晏然高枕無東顧之憂矣[…]告予曰昔唐相裴
晉公出征淮西及其平幕容[…]為之碑以廣其
事故後之人知憲宗英偉絶人[…]而歌頌之子
幸從事于此詳其本末曷不作記[…]吾聖朝
無前之偉績垂于無窮乎彦承命撰[…]誌之

古宣化鎮 亦尹瓘置睿宗四年撤城還女[…]恭愍王時收復併于吉州今未詳其地又[…]火通泰
予戎宗寧真陽等鎮皆睿宗三年尹瓘[…]城四年
撤城還女真地而今亦未可考尹瓘傳[…]京自
定州李兵救吉州道通泰鎮自也等浦[…]
至吉州云則通泰鎮當在吉州以南矣[…]山城
在州南三十一里號曰江城周一萬五千[…]丘
尺內有十池舊有軍倉積穀甚多李施愛[…]禁
之而去山下又有石城周二千
八百五尺今廢俗稱吾布城

所波溫古城[…]
十九里土築周一萬
二千二十尺今廢

山城 在州南三十四里 周四千四百五尺[…]

頹
把

秦神古城 在州南五十一里石築周三千一百二十七尺今廢

名宦

高麗

許載 尹瓘城之役以中軍錄事來守時女真來攻載勵士卒一夜更築重城以拒之虜乃退後又擊女真于吉州關外斬三千餘級獲其鎧仗以功還雜端

本朝

河敬復 以都節制使兼判吉州牧使

柳江 恭順王朝為吉州牧使以政最陞嘉靖大夫移會寧節制使

流寓

金久冏 本朝坐事謫居

趙憲 本朝金浦人 昭敬王朝嘗為縣監時倭酋平秀吉數遣使求和憲深憂之上書以為秀吉篡賊不可和終必有變又極言時政忤當路流配吉州嶺東驛使客往來憲輒冠對羽前導使客為避是驛或謂之曰謫配例也今何為說行憲曰朝廷之配罪人為補驛卒也是吾分內事不敢不盡聞倭使再至憲自謫中又上疏請斬倭使奏天朝以折其奸累數千言疏上不省未久罷放還後三年倭大入寇憲竟起義兵死節

入

人物

本朝

徐原起 西之里人以孝行旌門後官至司宰令

明川縣 東至鏡城府[…]北至同府界七里 南至海岸[…]里西至吉州界四十四里距京千五百五十

旱田

水田

建置沿革 本吉[…]元年以邑人李施愛叛降吉[州…]德山迤北別置縣治

明原驛田[…]七年省入吉州八年復置掌面[…]訓導各一人令增 宣祖時

陞為[…]

明於[…]不踰[…]

山川

永[…]

[…] 在縣南三十二里鎮山 馬乳山 在縣一百六十四里 七寶山 在縣[…]十六里大焚開田則蘿蔔自生一山皆然[…]許禍詩一路初緣萬木中開心臺上對羣峯[…]更向金剛窟下林巒雲霧中 本朝全世瀛詩[…]七寶重頂上晴空露玉岑門巖徒極目寺石更馳心澗葉澄秋色胡天下夕陰他年倘再到絶頂貴登臨

白鹿山 在縣西五十九里

加乙介山 在縣南東一百七十三里

菊花臺山 在縣南一百二十五里

亐禾嶺 在縣南三十里

宋山 在縣南三十一里山頂奇巖屹立

海 在縣東南一百七十里

大川 在縣西十二里俗名亐禾川其源有二一出白鹿山一出長白山北流經斜ケ洞堡東至境城府界入海

羊島 在縣南一百五十四里種竹

松島 在縣東七十三里黃津里

卯島 在縣南二百九十里海中巖石峻險人跡不通鶬鷗多養雛焉

黃津里溫

泉在縣東六十五里

土産 緜 麻 漆 樺皮 土三青出永平山 朱石出縣南黃土洞 石蕈 茯苓 人蔘 五味子 鷹 蜂蜜 黃蠟 麝香 羚羊 貂 黃鼠 青鼠 水獺 海獺 鹽 大口魚 文魚 比目魚 紅蛤 鰒 銀魚 麻魚 松魚 鰱魚 黃魚 紫蟹 蟹 海參 魴魚 無泰魚 雙魚 昆布 海帶 藿 古里麻 龍鞭

城郭 縣城 中宗十二年始築石城周三千三百尺有門城內有二井

公署 斜亇洞萬戶鎮 在縣北三十二里石築周一千三百七十三尺 兵馬萬戶一人 中宗二十年革萬戶置權管

學校 鄉校 在縣南二里

宮室 客館

烽燧 件加土烽燧 在縣北八里北應鏡城尾退南應永平山西應樺坡 永平山烽燧 北應件加土南應古站峴 古站峴烽燧 在縣南四十二里北應永平山南應吉州綠礬峴 樺坡烽燧 在縣北二十里東應件加土北應圓山及斜亇洞南峯西應林延世洞南應農堡前峴 斜亇洞南峯烽燧 在縣北二十一里南應樺坡及林延世洞北應圓山 林延世洞烽燧 在縣南三十四里東應樺坡南應弓禾農堡前峴 農堡前峴烽燧 在縣南四十六里北應樺坡西應立岩 北 立巖烽燧 在縣南五十八里北應農堡前峴南應吉州綠礬峴 圓山烽燧 在縣北四十里南應斜亇洞南峯及樺坡北應鏡城梨坡 新增 斜亇洞李興道代烽燧 在縣北六十五里北應鏡城美加德南應宋致生代 恭僖王十六年革圓山烽燧合于此 宋致生代烽燧 在縣北九十五里北應李興道代南應起雲峯 起雲峯 在縣北一百三十九里北應宋致生代南應吉州西山

郵驛 明原驛 在縣北五里 李施愛兵敗到驛北爲麾下李珠等所縛致元帥幪下伏誅 古站驛 在縣南三十六里

祠廟 社稷壇 在縣西 文廟 在鄉校 城隍祠 在縣東二里 厲壇 在縣西

寺刹 大寺 雙溪寺 俱在白鹿山 中菴 隱峯寺 石林寺 俱在七寶山 開心寺 金藏寺 黃土寺 俱在七寶山 兜率菴 在七寶山寺石下境致奇勝 金剛窟 在七寶山菴石窟中故名前有金臺 劉

古蹟 永平山城 古站北有層山上有古石城周四千七百十二尺內有大池天旱禱雨輒應今廢 大寺洞堡 在縣西二十九里石築周八百三十一尺今半頹落 小斜亇洞堡 在縣北三十里 麗城周四百四尺今廢 加乙亇山城 石築周二千五百二十尺今廢 古將軍坡城 在縣西九十五里石築周一千九百六十五尺 在德山城

會寧都護府 東至海岸一百四十九里南至富寧府界六十八里西至豆江六里北至鍾城府界三十里距京都一千九百二十一里

旱田

水田

建置沿革本高句麗地後沒於渤海曰為女真所據
號斡木河一云吾音會 本朝 世宗十六年復其地置
會寧都護府太宗時斡朶里童孟哥帖木兒乘虛入居斡木河 世宗十五年孟哥為兀狄哈所殺斡木河無酋長十六年遂移石幕寧北鎮于伯顏愁所亭以斡木河西北當賊衝且斡朶里遺種所居特設城堡令寧北鎮節制使兼之然其地距鎮阻隔聲援懸絕是年夏別置鎮于斡木河以豐山圓山細谷宵洞高郎歧阿山古富居套回還等地為界稱會寧鎮置僉節制使冬陞為都護府使二十三年割鍾城吾弄草迤西地併入 世祖時置鎮掌面 鎮管
萬戶鎮一豐山官負府使 判官 教授各一人
郡名阿木河多山險土氣寒
形勝據長江之險本朝金宗瑞論五鎮形勢疏據長江之險有守禦之使○江邊諸鎮同
疊嶺界天長江繞郭本朝金世濂會寧詩疊嶺界天峻長江繞郭流
風俗風氣苦寒 尚儉素強勇并地志 行者不賫糧府籍
善射御好畋獵六鎮民俗皆喜馳馬上突善射御好畋獵 人多勇力
山川鰲山在府西北五里鎮山壓豆滿江 圓山在府東二十五里 念通山在府南三十五里 上門嶺在府西十五里 下門嶺在府西六十里 竹苞嶺在府北十五里 加乙坡嶺在府東八十五里嶺上有三歧 弓羅漢嶺在府西南五十里乃白頭山之南脊也 錢掛峴在府東南七十九里富寧府界 海在府東一百四十九里 豆滿江源出白頭山合衆水歷東良北斜地至本府境經府西北々流入鍾城府界詳見慶源府 櫟山川在府南一百四十里源出加乙坡洞過櫟山為菩提院川東南合流入海 八下川在府北一里源出圓山經府北鰲山下入豆滿江三歧 豐山川在府南二十里源出錢掛峴諸谷經豐山堡至府城西為幹木河入豆滿江 真珠池在府東一百四十八里高郎歧伊産真珠 白頭山一云長白山四時有雪故名在府西七八日程凡三層高二百里横亘千里其顛有潭周八十里南流為鴨綠江北流為松花江為混同江東北為蘇下江為速平江東流為豆滿江○大明一統志東流為阿也苦河疑指速平江也○以下系豆滿江外野人地面
古羅耳 汝吾耳洞 常家下 阿赤郎耳 下
多家舍 伐引 無乙界 上東良 中東良
下東良 魚厚江 厚訓 朴加還 檢天
土産鐵出府東六十里閻洞 麻 人蔘 五味子 鷹 貂
青鼠 黃鼠 鹽 大口魚 比目魚 文魚
松魚 鰱魚 魴魚 麻魚 青魚 蛤 紅蛤
海參 藿 昆布 海帶
城郭府城世宗時築石城築周一萬七百七十六尺立門東曰 南曰 中宗時拓廣南北退內有八井我世宗十六年命金宗瑞措置北邊會寧鍾城穩城慶興皆宗瑞所指畫也時朝議多有異同 上不撓專任宗瑞卒成其功上御札容論曰卿南度以啓宗瑞拜疏論四鎮形勢築城使否曰臣竊聞盛德廣被日闢國百里者不為不多而莫盛於周文窮兵黷武拓地千里者亦不為不多而莫甚於漢文又有暗弱衰莆日感其地固不足道也然以德開國者易得難失以力拓地者難得易失事同而道不同也高麗始祖力能統合三韓咸不及於翔方只以鉄嶺為界其在睿宗謀臣聘智誘剪戎醜遂置九城然旋得旋失太宗天縱聖武起於翔方奄有大東南盡于海西北抵于鴨綠東北抵于豆滿爰置孔鏡吉端青洪咸七州誠東方開國以後未有之盛業也 太宗繼世道洽政治漸磨既久戾化為民俗革於善維持鞏固莫敢誰何第因昇平日久守臣失禦鏡城

以北陥為賊藪 太宗軫念始置慶源於冨居微
示復舊之意其於攘作夷伏派復土疆是在 聖
上紹述耳纍者在朝群臣献議曰蹙慶源於龍城
則北方措置得宜而民弊盡去矣 聖上以為
祖宗所守雖尺地寸土不可棄也固執不從厥後
其議復起喧囂不已乃令微臣往議大臣加置寧
北鎮于石幕以定界域臣今在北方無處不見無
言不聞富居石幕皆非限域之處龍城亦非關塞
之地議者曰龍城如秦之函谷阨險無比若守於
此則胡人不敢向我而售姦我民可以安枕而肆
志矣是大不然無水可阻何以設險無山可據何
以為固真所謂四散四戰之地也若以四邑要衝
宜作大鎮以為主將之所以為四邑之援則然矣
倘如議者之言以龍城為界猶未免侵凌之患則
後之議者必以磨天嶺為界而又未免則乃以鐵
嶺為界而後已前朝之事可鑑矣臣又聞歷代帝
王莫不重肇基之地漢之於豊沛唐之於晉陽盖
可見矣棄 先祖之地而不守忘肇基之地而不
復則謂之肯構肯獲而謂其有後乎善繼善述而
承其前烈乎抑以龍城為界者有一不義二不利

蹙 先祖之地一不義也無山川之險一不利也
無守禦之便二不利也以豆滿江為限者有一大
義二大利復興王之地一大義也據長江之險一
大利也有守禦之便二大利也然則欲以龍城為
界者偶未之思耳天相有道擊胡自竄 聖上乘
機不勞一兵不傷一民克復舊疆爰置四邑可謂
善繼善述而增光于前烈矣臣又聞成大事者不
顧小弊建大業者不計小害事巨則弊必生業廣
則害相隨非獨今時自古為然今四邑之設非為
好大復 先祖之地則事莫大於此矣繼 先王
之業則義莫重於此矣何虞乎小弊何患乎小害
況初年之雪雖云大矣而頭畜不甚斃損次年之
疫雖曰大矣而人民不甚死亡若如議者之說則
農牟戰馬從何而出軍卒之多餘丁之衆尚不減
於舊額又何歎其說之過情不待明者而可知也
且以去年之事言之其禍雖曰重矣比之與富之
身戕承祐之覆軍龍城之大敗固有間矣九年之
水七年之旱無損於堯湯之盛德五十萬之凶奴
四十萬之突厥何害於漢唐之大功況災不過於
一年賊不滿於數千則何憂何懼臣又聞古之豪

傑築萬里之長城以防胡修千里之長堤以防河
且其後民至於十年之久此則過矣然後世有蒙
其利我國北建靺鞨屢被侵凌自前朝至于今其
禍不泯城郭之修甲兵之鍊當百倍於他道可矣
雖今年築一城明年又築一城無歲不築何害於
義於往者以富居為界而尚無數尺之城塞邑如
是況其龍城以南之州郡乎以今思之籌邊之策
甚失而舉八之哭宜矣 聖上軫念謀臣献議庶
民子来既築會寧又築慶源後不適時功乃告訖
況甲山慶興自能修築皆有堅城北方之憂十已
去其七八矣臣又聞殷伐鬼方至于三年周之戍
役者乃曰自我不見于今三年又曰曷月予還歸
哉若是則殷周之民尚不免戍役之久也自此以
降虜狄益張征戍益周觀其歸来頭白還戍邊之
詩可知矣非獨中國前朝亦然初以鐵嶺為關後
以雙城為界出諸下道之軍遣戍於此戍卒到老
尚未斂家至於父子不相識其道途之遠戍役之
久又可知矣以今日之事言之胥壞不痒矣臣又
聞遷邑大事也起怨咨傷和氣古人之所深慮況
遷吾靜居之民移彼豺狼之域乎其不怨咨者幾

希矣第緣 聖算神妙不鞭一吏不刑一民數萬
之衆幾閱月而畢集於新地大事易就新邑永建
其與還得而還失者不可同日語矣不意浮薄之
徒假托初年之大雪次年之大疫胥動浮言扇惑
人心安者欲動止者欲行衆子沮大事而喪前功
矣幸賴 聖上之明辯浮言自殄民心自安加以
至仁浹洽寒者以衣飢者以食民困於役而忘其
勞卒困於戍而忘其苦古人有言曰毒民不田其
上則民懷敵愾之心又曰悅以使民民忘其勞是
已今日之建四邑專以藩屏北方也今日之築城
郭專以藩屏也今日之戍邊圉亦欲禦賊而
安我民也然則今日之事非可已不已而輕用民
力也非好大喜功而窮兵黷武也夫民至愚而神
豈不知此意民有與臣言曰會寧鏡源今已築城
矣所當築者唯鍾城與龍城唯此二城既成則我
輩無憂矣信斯言也其他庶民之心從可知矣去
年慶源之禍可謂慘矣而民無懼色散者聚逃者復
力農安業無異平日以今日之事觀之後日之效死
幼去可期也臣久在北方熟觀野人之情雖父子
兄弟之間有欲則相殘相害無異仇敵縱使日費

千金難以結其心，或結之以利，利盡則又肆其毒矣。莫若外示懷綏之恵，內脩備禦之事，則我勢自強，彼勢自屈，以自強之勢乘自屈之隙，則可以得志矣。臣之欲汲汲於築城郭、繕甲兵、訓士卒、蓄粮餉者，良以此也。若城郭完固，甲兵堅利，士卒訓鍊，則四鎮之人足以自守自戰矣，奚待他兵之助？臣抑又思之，初從之初，僅以數尺之寨尚能固守，況今石城既築，何憂自守？民無所儲，官無所蓄，曰以饑饉，亦免餓殍，況今連歲有年，民有餘粟，官有餘蓄，何憂食盡？官無尺寸之求，民無絲毫之出，何由財盡？民志已定，逋逃日減，何由逃盡？鍾城畢築，則民力自休矣，何患力盡？若龍城，則勢非汲汲，何必速成？待其財力有餘，然後為之未晩。臣又聞善人為邦百年，可勝殘去殺，是雖善人，未百年則不可以言治，況新邑之設未十年乎？何可以一事之得一事之失遽為憂喜也？伏望 聖上不求速成，不貴小利，不計小弊，不慮小患，猶以歲月持之悠久，則浮言自息，民心自定，民弊自去，民怨自絶，民食自足，兵力自強，鬼賊自屈，新邑永固矣。疏入，上即遣中官諭曰：今見卿書，北方之事予無憂豆滿江矣。

行城 自府西禿山烟臺始起，依豆滿江崖回迤，延袤至慶源府訓戎鎮而止。本朝 世宗時所築，在府境者長一萬一千七百二十尺。中宗時新設甫乙害鎮，退築長凡三萬一千六百尺。

公署 **高嶺僉節制使鎮** 在府北二十一里，石城外石城周二千七百八十尺。兵馬僉節制使一人。**甫乙下僉節制使鎮** 在府西二十五里，石城周三千六百十二尺。恭僖王四年設置兵馬僉節制使一人。**豐山萬户鎮** 在府南五十五里，石城周一千八百三十三尺。○兵馬萬户一人。

學校 **鄉校** 在客館東。

宮室 **客館** 在朝申叔舟詩：民傍耕耘與雜居，俗知弓釼不知書。百年故地今為鎮，幹木河流續古墟。**南樓** 即南門譙樓。**制勝亭** 在客館東，府使金良璥建。今朝李安訥詩：北庭都護大將軍，十月翻營古塞門。河際長城封漢地，石頭高壘壓胡雲。天寒晩色千旗動，日落邊城萬馬

宜見説單于仍遠遁，黑山從此絶妖氛。

烽燧 **高嶺鎮下乙浦烽燧** 在府北四十里，南應高嶺鎮北峯，北應鍾城細川堡浦項。**北峯烽燧** 在府北三十里，北應下乙浦，南應竹苞。**竹苞烽燧** 南應吾弄草，北應北峯。**吾弄草烽燧** 在府北十五里，南應鰲山，北應竹苞烽燧。**鰲山烽燧** 西應下門，北應吾弄草。**下門烽燧** 南應上門，北應鰲山。**上門烽燧** 南應禿山，北應下門。**禿山烽燧** 在府西十八里，東應笵山，北應上門。**笵山烽燧** 在府南二十里，南應烽火峴，西應禿山。**火峴烽燧** 在府南二十里，北應笵山，南應念通山。**念通山烽燧** 北應火峴，南應豊山堡泉場。**泉場烽燧** 在府南五十里，北應念通山，南應錢掛峴。**錢掛峴烽燧** 北應泉場，南應富寧梁永萬洞。**新增古烟臺烽燧** 在府西二十里，南應甫乙下鎮南峯，北應上門。恭僖王四年革禿山，移于此。**甫乙下鎮南峯烽燧** 在府西二十九里，南應松峯，北應古烟臺。**松峯烽燧** 在府西四十里，南應豊山西峯，北應甫乙下南峯。**豊山堡西峯烽燧** 在府西五十里，南應南峯，北應松峯。**南峯烽燧** 在府西六十五里，南應金世洞，北應西峯。**金世洞烽燧** 在府西七十五里，南應富寧亏無介，北應南峯。

郵驛 **寧安驛** 在府城內。**豐山驛** 在豊山堡。**櫟山驛** 在府東一百十里。**廣濟院** 在府南七十里。

祠廟 **社稷壇** 在府西。**文廟** 在鄉校。**城隍祠** 在府南十里。**厲壇** 在府北。

寺刹

古蹟 **公嶮鎮** 輿地勝覽曰：自高嶺鎮渡豆滿江，踰古羅耳，歷吾童站、英哥站，至蘇下江，江

濵有公嶮鎮古基南隣具州探州北接堅州又曰高麗史地理志公嶮鎮睿宗三年置鎮爲防禦使六年築山城註一云孔州一云匡州一云在先春嶺東南白頭山東北一云在蘇下江邊今既以慶源爲孔州則恐在先春嶺東南白頭山東北蘇下江邊者爲是然未可考今其此六年之六字恐誤吏以麗史尹瓘本傳及兵志築城條及上還城時所記考之乃三年事也

先春嶺 勝覽曰在豆滿江北七百里尹瓘拓地至此城公嶮鎮遂立碑於嶺上刻曰高麗之境碑之四面有書皆爲胡人剥去 韓浚謙公嶮鎮先春嶺辨曰謹按鉄嶺以北沃沮之地後屬於高勾麗新羅統合三國時失其地高麗以定平都連浦爲界石城舊基今猶存焉按麗史睿宗朝尹瓘呉延寵承命出征拓地開壃新築六城曰咸州英州雄州吉州福州并公嶮鎮爲六城而公嶮鎮乃在先春嶺下云勝覽曰先春嶺乃在豆滿江北七百里尹瓘拓地至此立碑於嶺上云然山川形勢道里遠近亘萬古而不變以當時幹轄林彦所作英州壁上記及尹瓘本傳考之多不驗彦記其地南抵于長定二州東際于大海西北介于蓋馬山地方三百里本傳曰獻議者以爲伊位界上有瓶項胡人從此納欵若塞其項永絶胡患云定州即今之定平而長州在定平府南五十五里勝覽所載長谷縣即其地也所謂蓋馬山雖不知在何處而亦必在三百里之内勝覽曰咸州即今咸興福州即今端川雄州英州今不知其處皆在吉州境内云咸興距定平五十餘里猶爲附近之地端川距咸興雖健馬疾驅非窮三四日之力不能達何其遠也吉州距端川二日程而今云雄州英州皆在其境則又何近也吉州至豆滿江幾五百餘里過江行七百里始至先春嶺則其間相距不下千數百里兩鎮之間遼遠如此聲援豈能及哉本傳曰分遣諸將畫定地界東至火串嶺北至弓漢伊嶺西至蒙羅骨嶺云又曰弓漢伊村築六百七十間號吉州云以雄邑次第觀之吉州似在福州之内以定界形止言之吉州乃在福州之外而其地界僅止於此然則公嶮鎮豈能遠在豆滿江之外乎且古茂山以北地勢散漫本無如瓶項形勢而自定平至胡界幾千餘里又不當云三百里其形勢其遠近節節不合或者尹瓘設六城未數年旋失之又數百年至我○太祖始恢復爲邑居山名多失其真訛以傳訛曰成信史後之人執其說而不究其實遂真以爲跨江千里之地皆爲尹瓘之境界歟今以三百里形勢推之先春嶺遠不過磨天磨雲兩嶺之間而磨雲嶺上舊有石碑尹瓘之後終高麗之世未聞有經理此地者恐此爲尹瓘閒防境界而世未有辨之者殊可恨也○今按高麗史呉延寵傳女真圍吉州王復遣延寵救之行至公嶮鎮賊遮路掩擊我師大敗將卒投甲散入諸城延寵具狀自劾與尹瓘勒兵將再赴吉州云則公嶮鎮不應在吉州以外矣又麗史地理志公嶮鎮睿宗三年築城置鎮爲防禦使六年築山城鄭麟趾自註其下曰一云孔州一云匡州一云在先春嶺東南白頭山東北一云在蘇下江邊則自麟趾撰志時未定其地如此勝覽曰一云孔州之説而於慶源則曰尹瓘逐女真設砦爲公嶮鎮内防禦所而復以白頭山蘇下江之説引公嶮先春係之豆滿江外矣是未免回疑牵合也若其咸州之爲今咸興吉州之爲今吉州英州雄州併於吉州福州爲今端川則乃麗志本文非勝覽之說也且以傳記度之通泰平戎崇寧真陽等鎮必在咸興吉州之間而今未有考據蓋咸興以北尹瓘開拓未數年還爲胡地數百年而後至本朝復入版圖則鎮號山名多失其古而有難的指姑仍勝覽之舊而并載韓氏辨說以俟知者

雲頭城 在府西五十里石城周一萬七千四十尺内有一州三井今廢 **圓山廢堡** 在府西三十五里石築周二萬餘尺内有二溪三池今廢 **寧北廢堡** 在府東十三里 **雍熙廢堡** 在府北三十一里 **利豐廢堡** 在府南 **山城** 在府東三十里石築周三千九百八十尺内有二池禱雨有應俗謂龍淵

名宦 本朝魚有沼 ○惠莊王朝爲會寧府使撫以恩信民夷歸之 **林亨秀** 中宗時以弘文修撰出爲會寧判官長文史解韜略時稱文武才

流寓 金宇顒 本朝星州人　昭敬王朝以儒臣常在經筵累遷至刑曹參判坐事流會寧搆

小庵名以完齋書毋不敬愼其獨字貼于壁以自警日讀書其中如不知為遷謫之人居四年國有倭難放還聞道赴義州行在 上曰卿惟悻有學識今後予有失直諫無憚後官吏曹叅判

人物本朝車云革 世祖時李施愛與其弟施合據吉州叛 上命邑城君浚征討之云革以軍官從與鍾城人鄭休明等八賊中縛施合送官軍又結諸郡兵截磨雲嶺施合中路遇其黨脫去云革為施愛所執與休明等俱死賊平錄敵愾功臣

申世俊 宣祖避倭冦西幸令宰臣黃廷彧等奉二王子入北及到會府民鞠景仁作亂執王子宰臣及府使文夢軒南道節度使李瑛迎降倭賊評事鄭文孚與鏡城士人興兵復諸郡世俊亦起義兵斬景仁事聞特授僉知中樞府事

鍾城都護府 東至穩城府界二十七里北至同府界二十九里南至會寧府界八十七里西至豆滿江一里距京都二千三十八里

旱田

水田

建置沿革本高勾麗地後沒於渤海曰為女真所據號穩州本朝 世宗時始置鍾城郡尋陞為都護府徙南界民戶實之 世宗十六年既別置會寧府于斡木河明年於伯顏愁所寧北鎮置郡號鍾城以鎮節制使兼知郡事以俯溪林川鹿野防山造山時及等地民戶屬之二十二年以愁州徙入江隈冦路要衝遂移郡治于是乃以本鎮城為都節制使行營二十三年陞都護府 世祖時置鎮掌面 官員府使 判官 教授各一人

郡名穩州

形勝陡入江岸冦虜要衝 地志

山川小白山 在府南四十五里鎮山春夏雪猶在 童巾山 在府北二十五里形如覆鍾府之得名以此 羅端山 在府東五十四里又見慶源府 廣德山 在府東四十五里上有龍潭 鹿野峴 在府南一百二十里 甑山 在小白山東北 林泉山 在府東南八十里 香峴 在府南二十里 國祠堂中嶺 在府北十里 柳城洞 峴中嶺 在府東一百二十里 加乙坡嶺 在府東一百八十里 斛巖 在府東南四十五里石形如積斛故名 海 在府南一百八十里 豆滿江 自會寧府界流入經府城西二里又東北流入穩城境 潼關小川 在府北一里西流入豆滿江 西豊川 在府北一里源出羅端山入豆滿江 俯溪 在府北四十五里源出鹿野峴北流至慶源府與吾弄草川合 吾龍所水 在府南一百二十里出鹿野峴入豆滿江 潭泉 在廣德山 椵島 在府東一百九十八里海中 穩州洞 此以下係江外之地 甫青浦洞 南京餘洞 伐時溫洞 下乙阿洞

土産鐵 出府東海汀 麻 人蔘 五味子 鷹 貂 青鼠 黃鼠 塩 大口魚 文魚 紅蛤 海參 魴魚 比目魚 青魚 松魚 銀魚 鰱魚 藿 昆布

城郭府城 石築周四千八百八十一尺高八尺有門城內有二十井 世宗二十三年築光海元年府使李英以城周濶大又築中城 豆滿江行城 石築長六萬二千四百八尺土築長八萬五千六百尺木柵長三千五百八十二尺

公署北道節度使行營 舊號伯顏愁所本朝 世宗十六年移石幕寧北鎮于此曰稱寧北鎮暴改鎮置鍾城郡未久又移設令府以此為都節制使行營後改都節制使為北道節

度使曰為行營在府南八十五里石城周八千三百五尺中有五井西距會寧五十五里北距穩城七十里東距慶源九十里在四鎮中央豆滿江氷合之時節度使留鎮于此 **潼關僉節制使鎮** 在府北十八里石城周二千九百八十二尺○兵馬僉節制使一人 **防垣萬戶鎮** 在府南三十二里石城周二千二百八十八尺○兵馬萬戶一人

學校

鄉校 在客館西 **東岡書院** 在府光海時鏡城判官李澗雨以會寧金宇顒編謫之地勸府人立書院使有觀感東岡宇顒號也 **書院** 在府祀奇遵以柳希春鄭曄從享

宮室

客館 **行營館** 在行營○本朝金世濂詩地以行營重城兼六鎮分中央設大陣左右統諸軍廣陌笙歌咽重關木柝闌壯圖令可見華閣壓胡雲

烽燧

北峯烽燧 在府北九里南應南山北應潼關鎮 **潼關鎮烽燧** 在府北十七里南應北峯北應甫青浦 **甫青浦烽燧** 在府北二十一里南應潼關鎮北應穩城小童巾 **南山烽燧** 在府南五里北應北峯南應中山 **中山烽燧** 在府南十一里北應南山南應三山 **三山烽燧** 在府南十六里北應中山南應烏昌巖 **烏昌巖烽燧** 在府南二十一里北應三山南應防垣堡 **防垣堡烽燧** 在府南三十一里北應烏昌巖南應新歧伊 **新歧伊烽燧** 在府南四十里北應防垣南應細川堡浦項 **細川堡浦項烽燧** 在府南四十九里北應新歧伊南應會寧高嶺鎮下乙浦 **新增** **下水口烽燧** 在府北四里北應北峯南應上水口 **上水口烽燧** 在府南五里南應南山北應下水口

郵驛

鍾慶驛 在府城內 **撫安驛** 在府南七十五里 **鹿野驛** 在府東一百二十二里 **小白山院** 在小白山下 **斛巖院** 在府南四十里

關梁

細川堡 在府南二十五里石城周一千五百七十七尺 **東豐堡** 在府東四十里土城周一千四百餘尺今廢又府東二十里有西豐堡府東三十里有鷹谷堡俱有土城今皆廢

祠廟

社稷壇 在府西 **文廟** 在鄉校 **城隍祠** 在府東二里 **厲壇** 在府北 **金宗瑞祠** 在行營宗瑞經紀北方北人慕其功令上六年觀察使閔鼎重建祠祀之以金應河亦嘗為北道戎佐配享之

古蹟

童巾城 在府北二十七里石築周六百三十二尺絕壁一千一百二十一尺中有大池四面粧以鍊石池底鋪以磚石池畔又有石平磚如砥諺傳有童巾者題其石曰秦定五年防寇七年云云故稱童巾城 **東豐古堡** 在府東四十里土築周一千四百四十尺今廢 **西豐堡** 在府東二十里土築周一千八百十一尺今廢 **鷹谷堡** 在府東三十里土築周一千一百二十一尺今廢 **南京** 自潼關堡渡豆滿江經甫青浦渡含春川有古城號南京其西北又有山城其地名未可考

名宦

本朝 **鄭鍾** 為鍾城府使魯山元年遣朴好文代李澄玉為節度使澄玉交印于會寧南川行至鋒巖疑金宗瑞既誅而被召素為宗瑞所厚恐并誅遂叛宣言與新節度有相議事馳還及於行營襲好文殺之自稱大金皇帝傳檄野人刻日渡江行到鍾城鍾謀殺澄玉出迎于路詐曰日已暮不可行單請於明早渡江澄玉從之鍾夜率死士突入擊斬之 **柳耼年** 為鍾城判官廉簡守法 **南績** 為鍾城府使 **權勝** 通判鍾城廉簡 **柳沃** 為鍾城府使刑簡政清 **鄭曄** 昭敬王時為鍾城府使繕城池陳器械修學校課生徒教以詩禮鏡人始知挾冊虜萬餘騎卒至圍城曄曰衆寡懸殊非用奇計難禦遂開門多張旗幟令老弱男女悉著戎服巡城夜則一炬作三枝虜引去圍城七日無所衂

流寓

朴汝昌 咸陽人號一蠹先生本朝燕山戊午以金宗直門人坐史禍流配鍾城居七年

卒於此後追諡文獻從祀文廟 柳希春 海南人本朝恭憲王乙巳以正言爲林百齡等所搆竄配鍾城在謫二十年覃思誦讀夜以繼日北人聞其風來學者衆宣祖即位召還官至大司憲

穩城都護府 東至慶源府界三十四里南至海岸二百六十一里西至鍾城府界三十七里北至豆滿江五里距京都二千一百一里

旱田

水田

建置沿革 本高勾麗地後沒於渤海因爲女眞所據號多溫平本朝　世宗二十二年始置穩城郡尋陞都護府徙南界民戶實之二十四年置鎭掌面

鎭管萬戶鎭一 永建 官貟 府使　判官　教授 各一人

郡名 多溫平 別號饘城

形勝

山川 南山 在府南五里 金連坪 在府東一百九十五里土人謂之金連德凡大坪皆稱德 海 在府南二百六十一里 大草島 在府南海中周二十一里舊有牧場 中宗時移於端川 小草島 在大草島東 豆滿江 自鍾城府界流入經府城北五里又東流入慶源府界 犬灘 在府西四十里 壓江灘 在府西二十里 龜巖灘 在邑巖峯下距府北十一里本朝奇遵詩邑巖雲盡暮江流漠漠烟光芳草洲者即此 柳田灘 在府北六里 美錢灘 在府東二十三里 立巖灘 在府東二十八里長城外有石削成四稜矗立霄漢其上常有雲氣灘之得名以此○已上皆豆滿江灘渡處又有於丁灘他乃灘浦項灘乫邑灘俱置斥候 龜巖峯 在府西北二十里此下係江外之地 橐駝山 在府西三十里 多溫洞 在府北七里 石地山 在府西北距邑岩峯三十里 魚厚江

厚地餘洞 尚州餘洞

土產 麻　人蔘　五味子　鷹　貂　青鼠　黃鼠

水獺　塩　大口魚　比目魚　文魚　鰱魚

松魚　黃魚　紅蛤　白蛤　江瑤柱　海蔘

藿　昆布　龍鞭

城郭 府城 石築周五千五百六十尺有門城內有二十五井 世宗二十三年築 豆滿

江行城 長十四萬三千七百六十八尺高十二尺

公署 柔遠僉節制使鎭 在府西十八里石城周三千六百八十七尺 美錢僉節制使鎭 在府東二十六里石城周三千六百三十九尺 康靖王十五年置○已上兵馬僉節制使各一人 永達萬戶鎭 在府南三十里石築周三千三百九十尺○兵馬萬戶一人

烽燧 射場烽燧 在府西四里西應柔遠坪東應府坪 柔遠坪烽燧 在府西十三里東應射場南應壓江 壓江烽燧 在府西二十三里北應柔遠坪南應古城 古城烽燧 在府西三十五里北應壓江南應時建 時建烽燧 在府西四十六里北應古城南應犬灘 犬灘烽燧 在府西五十六里北應時建南應中峯 中峯烽燧 在府西六十七里北應犬灘南應松峯 松峯烽燧 在府西七十一里北應中峯南應小童巾 小童巾烽燧 在府西南七十八里北應松峯南應鍾城府甫青浦 府坪烽燧 在府北五里西應射場東應南浦項 浦項烽燧 在府東十四里西應府坪東應

義錢義錢烽燧在府東二十五里西應浦項東應松峯松峯烽燧在府東三十一里北應義錢南應錢江錢江烽燧在府東四十四里北應松峯南應立巖立巖烽燧在府東五十一里北應錢江東應慶源府中峯

宮室客館本朝李安訥詩邊城古府是天涯一派長江界九夷磧裡雲沙蓄帳暗隴頭風雪戍船悲百年憂國空彈劒萬里從戎吏賦詩中夜向南看北斗不堪歸夢繞丹墀

學校鄉校在府東一里

郵驛撫寧驛在府城内德明驛在府南一百五十五里

關梁黃柘坡堡在府東二十七里石城周一千六百九十尺恭僖王朝置權管樂土

祠廟社稷壇在府西文廟在鄉校城隍祠在府南三里厲壇在府北

寺刹

古蹟周原堡在府東三里土築周四百五十二尺今廢○本朝奇遵詩空城人去草蕪荒胡月淒涼照戰場天接塞門孤壘影野連江樹亂沙光時建堡在府西二十三里土築周五百十一尺今廢樂土堡在府南四十五里土築有遺址豐川堡在府東十里土築周一千五百六十尺今廢移義錢鎮古永建堡在府南十六里土築周一千六百四十一尺今廢

名宦本朝申砬○昭敬王朝為穩城府使屢擊叛胡有功既而藩胡尼湯介與隣部酋叛陷慶源連陷阿山安原堡進圍鍾城砬擊破之追至江外焚勦巢窟民夷畏之擢為北道節度使李友直○昭敬王朝為穩城府使藩胡頌其清德

流寓奇遵本朝恭僖王朝羅士禍以弘文典翰安置穩城遵在圍中日講易不懈曰物作銘朝夕觀省以自警曰朝聞道夕死可故曾子臨終易簀黃覇獄中受書豈以垂死之故而沮其志哉居二年竟賜死聞者莫不嗟悼

慶源都護府東至慶興府界九十六里南至海岸一百六十五里西至穩城府界十九里北至豆滿江十六里距京都二千一百四十四里

旱田

水田

建置沿革本高勾麗後沒於渤海又為女真所據號會家本朝初於孔州即今慶興置慶源府太宗時移治蘇多老營尋又女真侵擾空其地世宗十年復於此置都護府又稱慶源徙南界民户實之舊慶興府即今慶興初太祖改孔州為慶源府太宗九年移治于蘇多老營明年又女真入寇徙民户併于鏡城即遂虛其地十年割鏡城豆籠耳峴北復置慶源府於富居站即今富寧府富居縣地世宗十年又移府治於會家即今慶源世祖時置鎮掌面鎮管

萬户鎮二阿山阿吾地官負府使判官教授各一人

郡名會家

形勝國之北門

風俗風氣强勁善射御好畋獵

山川甑山在府西三十一里山項有石如甑形故名希岳山在府南八十五里慶興府界伏胡峯在府東十里雲峯山在府南二十二里馬乳山在府北二十五里山頂有石如馬乳故名羅端山在府南三十四里山上有七石序立謂之七寶石胡

語七數為羅端故曰名又見鍾城府慶關嶺在府西十八里穩城府界田呼老下

大山在府西二十九里於羅孫山訓春江東北七十里許有於羅孫古站故名

也春山在府東七十里愁濱江邊海在府東一百六十五里豆滿江在府東二十五里源出白頭山自東艮北斜地經會寧鍾城穩城入府境又南流至慶興府沙次麻島分流五里許入海女真語謂萬為豆滿以衆水至此合流故名之祀典祭北瀆神于此載中祀會家

川在府南一里源出甑山東流入豆滿江林成洞川在府南十九里源出羅端山東流入豆滿江吾弄草川在府南四十五里源出鏡城府柳城洞會寧府細谷里等處東流入豆滿江縣城坪在府東二十五里此以下係豆滿江外之地訓春江源出女真之地至東林城入于豆滿江幹朶里野人所居愁濱江源出白頭山北流為蘇下江一作速平江東流至巨陽又東流一百二十里至阿敝入海

土產麻　五味子　人蔘　麝香　海獺　水獺

塩　大口魚　比目魚　文魚　鰱魚　麻魚

魴魚　洪魚　青魚　海參　紅蛤　白蛤　松

魚　石花　古刀魚　藿　昆布　海帶

城郭府城石築周五千八十尺有門世宗二十六年築

公署訓戎僉節制使鎮在府北二十八里石城周三千二百四十二尺兵馬僉節制使一人阿山萬戶鎮在府東七十五里石城周一千八百七十九尺本件乙加退堡移阿山堡于此仍稱焉兵馬萬戶一人

學校鄉校在客館東

宮室客館本朝申叔舟詩春風塵海正決〻落日孤城是異鄉碧嶂郊原胡騎遠黃蘆洲渚塞

雲長羈遊落〻關山外歸夢迢〻漢水陽從古華夷天所限江流一帶作封壃

烽燧中峯烽燧在府北十五里東應馬乳西應穩城府立巖訓戎鎮獐項

烽燧在府東十八里南應南山西應馬乳馬乳烽燧在府北十五里東應訓戎獐項南山烽

燧南應厚訓西應中峯厚訓烽燧在府東五十七里南應南山北應馬乳

東林烽燧在府南六十六里北應厚訓及訓戎南應東林東林烽燧在府南八十九里北應南山南應水貞水貞烽燧在府南九十七里北應東林南應阿山阿山烽燧在府南一百十五里北應水貞南應伯顏伯顏烽燧在府南一百三十九里北應阿山南應慶興阿吾地堡東峯

郵驛馬乳驛在府城內撫基驛古乾元堡在府南四十五里阿山驛在古阿山堡內

關梁安原堡在府東二十九里石城周二千七百四十尺乾元堡在府東四十五里石城周一千四百五十餘尺恭僖王朝置權管古阿山堡

祠廟社稷壇在府西文廟在鄉校城隍祠在府南五里豆滿江

神祠在東林城內春秋降香祝致祭厲壇在府北

寺刹淨水寺在甑山

古蹟蘇多老古營我恭定王九年自孔州舊城移慶源府治于此設木柵以居明年曰女真入寇空其地徙民户併于鏡城郡至世宗十年始設今邑今其地在東林城北五里距府東四十里縣城自鎮北堡渡會家川大野中有土城名曰縣城城內有六井按龍飛御天歌奚關城東距訓春江七里西距豆滿江五里疑是巨陽城巨一作開縣城北九十里山上有古石城名曰於羅孫站其北三十里有虛乙孫站其北六十里有留善站其東北七十里有土城

古基即巨陽城內有兩石柱古懸鍾處圓徑四尺有奇嘗有慶源人庾誠者至其城碎其鍾用九馬駄来纔十分之一從者三十餘人皆死其遺鐵置草中人不敢取之俗傳高麗尹瓘所築
東林古城在府東四十里豆滿江邊石築周五千八百十一尺極險峻　恭愍王元年修築內有大井其深莫測
乾原堡在府南四十五里石築周二千五百二十尺
古阿吾地堡在府東一百一里土築康定王十九年革罷
有信堡在府南八十七里土築　成宗九年革罷有遺址
古阿山廢堡在府東五十九里石築周二千八百三尺
鎮北廢堡在府東十四里土築周六百十三尺
吾弄草廢堡在府南四十五里土築周四百八十五尺○以上三堡　恭愍王十一年并省罷有遺址

名宦本朝朴齡太宗朝為慶源都兵馬使寬厚威信得民悅服
辛有定代朴齡為慶源都兵馬使性狷介謹守
黃喜為慶源教授務盡訓誨之任決訟明允所至吏民畏愛
趙元紀恭僖王朝為慶源府使有文武才清簡慈詳為政便民民咸懷歌之召拜大司諫

流寓韓百謙本朝漢城人力學篤行昭敬王朝薦為參奉坐誣獄流慶源艱危瀕死備日講經傳不怠久之有倭難放赦路梗不得歸邊民熵亂以應倭官軍潰散百謙與同謫士人鄭召得首變者誅之一方以定上時章義州特敘為內資直長後官至戶曹參議

慶興都護府

東至造山浦三十五里南至海岸四十里西至慶源府界三十六里北至豆滿江三十五里距京都二千二百五里

旱田

水田

建置沿革本高句麗地後沒於渤海目為女真所據輿地勝覽云久為女真所據高麗尹瓘逐女真設岩為公嶮鎮內防禦所此於高麗史末有考不知何所據也高麗史地理志公嶮鎮關其所在而鄭擇阯註其下曰一云孔州一云匡州一云在先春嶺東南白頭山東北一云在蘇下江邊豈勝覽曰此既置公嶮鎮於豆滿江北七百里之地而又於此序就以成文也歟　本朝　太祖時拓地置孔州以　穆祖肇基之地改為慶源府　太宗時曰女真侵擾空其地　世宗十年復置慶源府於會家之地即今慶源十七年又修孔州舊城析置孔城縣尋改為慶興郡又陞都護府慶源府既移治於會家　世宗以距孔州故地隔遠難於守禦復修孔州舊城差萬戶兼孔城等處僉節制使十七年割傍近民戶屬之別置縣稱孔城以僉節制使兼縣事十九年以　穆祖肇基之地且有德陵安陵陞為慶興郡二十五年吏廣其城陞為都護府　世祖時置鎮掌面

鎮管萬戶鎮一撫夷

官貟府使　教授各一人

郡名孔州　孔城

形勝壤地深阻接聯野人本朝權近序孔州最僻而遠壤地深阻接聯野人山居藪處喜人怒歎
地勢最下本朝金世濂六鎮事情狀慶興地勢最下
與也春隔江相對同上慶興接應胡人與會寧一體而慶興則與也春部隔江相對出入無時橫恣虛喝擾喜不一

山川白岳山在府西南五十七里山極高峻絕頂石間有水旱不渴雨不溢禱雨有應
我羊串山在府東六十里
草串山在府東六十里
咸林坪在府西十里土人稱咸林德前有赤池仇申浦
海在府南四十里
豆滿江自慶源府界流入經府城東門外南流至造山浦入海
赤池在府南十里周數里北連豆滿江　慶祖嘗夢有告之者曰我白龍也

今在赤池黑龍欲奪我居請公救之度祖覺而異之帶弓矢往候雲霧晦暝有白黑二龍方鬪度祖射黑龍斃于淵後白龍來謝曰公之子孫將大有慶

麻田島在府北四十里

楸島在府北四十五里

亦島在府南四十里周十二里〇初穆祖在斡東與女真諸千戶數相宴會 翼祖承襲亦如之後 翼祖威德漸盛諸千戶手下之人皆歸心諸千戶忌而謀害乃詭告曰吾等將獵北地而來請停會二十日 翼祖許之過期不來 翼祖親往奚關城道見一老嫗戴水桶 翼祖渴欲飲老嫗進水因言曰公不知乎此處之人宗因請兵而去貴官威德可惜吾不敢不告 翼祖遑遽而返使家人乘舟順豆滿江而下期會赤島自與孫夫人至慶興後峴望見斡東之野賊騎彌滿先鋒幾及之 翼祖與夫人走馬至海岸自岸至赤島水廣可六百步本無潮汐深不可渡舟亦未至無如之何忽水退唯百餘步未渴 翼祖與夫人共騎一白馬而涉從者畢涉水復大至賊至不渴渡而去 翼祖遂陶穴而居其基至今存焉斡東之人聞 翼祖在赤島皆歸焉後 翼祖還居德源府

鹿屯島一名沙次磨島在府南五十六里豆滿江入海處距造山浦二十里有農堡

卯島在府南七十里海中周十三里

西水羅串在府南六十六里

何多山此以下係江外之地

南羅耳浦

匹段灘

伊沙山

眞珠池直撫夷堡之東有大澤通于海俗傳有龍產眞珠

蕚池

土產

麻　鐵出鹿屯島海汀穿串　人參　海獺　水獺　鹽　大口魚　比目魚　文魚　松魚　鰱魚　黃魚　古刀魚　洪魚　紅蛤　白蛤　石花　秀魚　紫蠏　紫蝦　魴魚　麻魚　廣魚　青魚　海帶　藿　昆布

城郭

府城舊有基址我 太祖七年始築石城世宗二十五年復拓廣增築周五千二十六尺有門城內有五井

公署

撫夷萬戶鎮在府北二十六里石城周三千二百四十尺〇兵馬萬戶一人

造山浦萬戶鎮在府東三十五里隸北道石城周一千五百七十九尺即古鎮遺堡〇水軍萬戶一人

阿吾地萬戶鎮在府西三十七里石城周二千八百二十五尺成宗十九年罷慶源阿吾地堡移設于此仍称舊號有軍倉〇兵馬萬戶一人

學校

鄉校在客館東

宮室

客館

環碧亭在府東城外府使潘碩枰建

清虛堂在客館西〇申叔舟詩春陰漠漠海天愁刀斗聲中覺夜偷投化遠人來絡繹杯樽處處與優遊

望德亭在客館

烽燧

南烽燧在府南四里南應仇申浦北應望德山

仇申浦烽燧在府南十八里南應造山浦南山北應南峯

南山烽燧在府南四十二里南應居愁堡北應仇申浦

居愁堡烽燧在府南五十四里北應南山

望德山烽燧在府北十步北應多吳哈南應南峯

多吳哈烽燧在府北八里北應波泰南應望德山

波泰烽燧在府北十八里北府撫夷北峯南應多吳哈

撫夷北峯烽燧在府北二十八里西應慶源府古阿吾地堡東峯南應波泰

阿吾地堡東峯烽燧在府西三十二里北應慶源伯顏東應撫夷北峯

郵驛

江陽驛在客館南

雍撫驛在阿吾地鎮

關梁

西修羅堡在府南五十七里石城周八百七十四尺土兵戍

鹿屯島堡在鹿屯島土城周一千二百四十餘尺有兵船造山萬戶所管夏則本浦水軍分戍

祠廟

社稷壇在府西

文廟在鄉校

城隍祠在客館北

厲壇在府北

古蹟 幹東 在府東三十里穆祖自德源移居于此元以為五千戶所達魯花赤 古安

陵 古德陵 在府城南十里有兩圓峯南安陵北德陵 恭定王十年移安于咸興府俗謂之陵坪○龍飛御天歌註府南十二里許赤池坪中有圓峯高三十五步圍九十步許四面沮洳人未易通行 穆祖德陵在峯上其葬也中旺八來相之太祖為諸軍事時

赤池古城 在赤池上甚荒膾使雄吉州安撫使李原景往觀之原景本元八其麾下白忠信素知地理謂原景曰此墓必有子孫興王者原景止之曰勿復言孝恭王后安陵在德陵北四里許恭定王十年因野人之亂迁二陵于咸興府

掘浦 在府南三十五里浦東五里之許有倉基諺傳古漕轉委輸處

雍耳驛 舊址在府西九十里 檜洞堡 在府西二十五里 鎮邊堡 在西水羅串

徐萬院 舊址在府西南五十里 板城洞古山城 在府西五十一里石築今廢

阿吾地城 在府北五十五里距豆滿江五里石築周二千一百尺恭僖王四年設堡于此十六年還舊鎮

名宦本朝 元豪 宣祖時為慶興府使清直不擾民時武官以賂遺朝官而豪未嘗諂事

李舜臣 宣祖時為造山萬戶廉簡有膽畧時北邊多事舜臣以計致叛胡于其乃縛送兵營斬之慮患遂息巡察使鄭彥信設屯田于鹿屯島以舜臣掌其事地絕兵少胡騎乘來襲暗塞舜臣手射殺賊睍大呼追擊奪還所掠方戰毒矢著身拔去力戰顏色不變人無知者

富寧都護府 東至海岸八十三里南至鏡城府界六十二里西至野人地界三十五里北至會寧府界三十八里距京都一千八百十五里

旱田

水田

建置沿革 本鏡城郡石幕城本朝 世宗莊憲王十三年置寧北鎮以鎮節制使兼判鏡城郡事後徙鎮伯顏愁所 即今鍾城府行營 於此置富寧都護府省富居縣并割會寧府錢掛峴以南地入之 世祖時置鎮掌面

鎮管 萬戶鎮二 茂山玉蓮

官員 府使 教授 各一人

郡名 石幕 富居

形勝

風俗

山川 豆里山 在府東南十一里 石幕山 在府南五里諺傳山底以石為幕故名

兄弟巖 在府南十九里兩岩對峙一大一小故名 青巖山 在府南九十里山石皆青故名

回峯山 在府南六十里 雙溪山 在府東二十九里一云清溪山 冬郎山 在府東六十七里四面岩石磊落

雲峯山 在府東六十八里一云雲龍山 馳駱山 在府東南八十四里

伏胡峯 在府東六十四里 多曷洞 在府東十三里 穿串 一云雙介在府東五十八里有山斗入海中數里其上高平有岩當前其竇如門漁舟可通

海 在府東八十三里 大川 在府東三十步源出梁永萬洞經茂山堡南流至青岩入海 資

莊潭 在府南六十一里水色澄澈隆寒不氷雖大水流沙不塡世傳有龍

土產 麻 鐵 出多曷洞 瞿麥 人參 五味子 海松子

松蕈 樺皮 土豹 黃鼠 貂 青鼠 海獺

水獺 鹽 大口魚 文魚 魴魚 松魚 黃

魚 麻魚 青魚 鰱魚 銀魚 紅蛤 石花

白蛤　蟹　鄉魚　古刀魚　秀魚　鰒　海參

藿　昆布　海帶

城郭府城石築周三千一百三十九尺內有二井宣祖時觀察使張晩以府城廣闊跨山割夾北城改築

公署玉蓮萬戶鎮在府南六十里石城周一千三十三尺　茂山萬戶鎮在府北十八里石城周一千七百四十二尺〇已上萬戶各一人新增在府北四十里石築城周一千七百六十四尺內有一井古堡土地磽确又與敵境相遠恭僖王四年移設于此

學校鄉校舊在府東一里嘉靖中移府北一里

宮室客館

烽燧茂山堡東良洞烽燧在府北二十里南應府南峯北應梁永萬洞　梁永萬洞烽燧在府北五十里南應東良洞北應會寧錢掛峴　南峰烽燧在府南七里南應虛通　虛通洞烽燧在府南二十七里南應玉蓮堡北峯北應東良洞　玉蓮堡北峯烽燧在府南五十里南應崔達洞北應虛通洞　崔達洞烽燧在府南七十八里北應玉蓮北峯南應鏡城府姜德　新增林秀德烽燧在府南九十八里北應玉蓮堡北峯南應境城姜加德及李順德恭僖王九年革崔達洞移于此　茂山堡南峯烽燧在府北四十里南應東良洞北應亏無介恭僖王四年革梁永萬洞移于此　亏無介烽燧在府北五十里南應茂山堡南峰北應豐山金世洞

郵驛石堡驛在府東一里　懷綏驛即古富居之懷綏館在府東六十里　茂山院在府北三十里

關梁梁永洞口在府北五十里恭僖王朝設堡石築周六百七十尺差權管戍之

祠廟社稷壇在府西　文廟在鄉校　城隍祠在府西三里　厲壇在府北

寺刹靈水菴　隱寂寺俱在雙澤山　龜石寺在冬郎山　報恩寺在雲峯山　青龍寺在驄騮山　雨水菴在回峯山

古蹟富居廢縣在府東六十里石築周二千七百三十尺今半頽落本鎮城富家站本朝太祖七年割八慶源府太宗七年徙置慶源府於此為治所莊憲王十年又移慶源治于會寧而別置富居縣于此三十一年省縣併入府今之懷綏驛是其地〇本朝申叔舟詩富寧移邑又移民山下殘城寂寞濱此地曾為胡虜穴如今處處被皇恩

名宦本朝禹孟善中宗初為富寧府使有志慮能應變撫愛士卒得其死力清白無比世稱氷蘖操者必歸之孟善後又為北道節度使

人物本朝孟得美射藝出衆以総知中樞府事從征李施愛遂為所害追贈正憲大夫漢城府尹

東國輿地志卷之九

平安道

古朝鮮之地天文尾箕分野衛朝鮮時漢武帝滅朝鮮置四郡此爲樂浪郡箕子四十一世孫朝鮮王準爲燕人衛所劫南奔韓地滿自王朝鮮至其孫右渠漢武帝元封三年遣將滅之分朝鮮地爲四郡樂浪郡治朝鮮縣卽朝鮮舊都今平壤也詳見總叙後爲高句麗所有樂浪罷郡爲高句麗地未詳的在何時考之三國史漢光武建武中高句麗大武神王襲滅樂浪建武二十年帝遣兵渡海伐樂浪取其地爲郡縣此後更無高句麗取樂浪事按前後漢書地志皆有樂浪郡其户口俱詳而前漢志所載則平帝元始二年户籍也後漢志所載則順帝永和五年户籍也又後漢書云昭帝並臨屯眞番於樂浪玄菟玄菟復徙居高句麗西北自單單大嶺以東沃沮濊貊悉屬樂浪後以境土廣遠復分嶺東七縣置樂浪東部都尉光武建武六年罷都尉官遂棄嶺東悉封其渠帥爲縣侯皆歲時朝賀又建武二十年韓人廉斯邑名人蘇馬諟等詣樂浪貢獻光武封蘇馬諟爲廉斯邑君使屬樂浪郡四時朝謁二十三年高句麗蚕支落大加戴升等萬餘口詣樂浪内屬又和帝時竇憲以崔駰出長岑長長岑樂浪郡屬縣也又王符潛夫論曰今東至樂浪西達燉煌費力傷衆於萬里之地符乃順帝時人也又質帝桓帝之間高句麗復犯遼東西安平殺帶方令掠得樂浪太守妻子又獻帝初平中山東諸將遣古樂浪太守張岐齎帝璽上劉虞又按三國魏志云三韓漢時屬樂浪郡四時朝謁桓靈之際韓濊强盛郡縣不能制民多流入韓地獻帝建安中公孫度據遼東分樂浪屬縣屯有以南荒地爲帶方郡遣公孫模張敞等收集流民又魏明帝景初二年遣司馬懿滅公孫淵遼東帶方玄菟樂浪四郡皆平明帝遣帶方太守劉昕樂浪太守鮮于嗣越海定二郡又魏齊王正始六年樂浪太守劉茂帶方太守弓遵以嶺東濊屬句麗興師伐之不耐濊侯等舉邑降今四時詣郡朝謁二郡有征役遇之如民然則終西漢以及東漢曹魏世樂浪常爲中國郡也又按三國史高句麗東川王二十一年徙都平壤是魏正始八年也若據此說則樂浪罷郡爲高句麗地必在其前矣而晉書地志有樂浪帶方等郡三國史又有云樂浪太守遣刺客殺百濟汾西王國人立比流爲王乃晉惠帝永興元年也魏正始八年以前平壤既爲高句麗之地則至晉惠時樂浪猶爲中國郡何也杜佑通典謂樂浪郡後漢末爲公孫氏所據魏晉又得其地西晉永嘉以後陷入高句麗一統志亦云平壤漢樂浪郡晉永嘉末陷入高句麗三國史高句麗美川王十四年侵樂浪虜獲二千餘口十五年侵帶方郡是當懷愍之際而至其子故國原王四年築平壤城以此見之則樂浪郡至晉懷帝永嘉以後入於高句麗矣至寶藏王時唐高宗遣李勣與新羅攻滅之分句麗地爲九都督府置安東都護府於平壤以鎭之唐師尋還新羅因收其南境而其地多入靺鞨渤海唐總章元年滅高句麗置安東都護府於平壤以薛仁貴爲安東都護摠兵鎭之明年徙高句麗民户三萬於江淮山南高句麗大兄鉗牟岑收聚遺衆欲昌興復詔高侃伐之上元二年徙都護府治遼東州於是平壤畧經殘破不能軍儀鳳二年都護府又徙治遼東新城其後高句麗南境入於新羅其西北地多入靺鞨渤海景德王時以浿江以南隷于漢州高麗初收箕平壤爲西京成宗置浿西道以領西京安北所管州鎭其後稱北界與東界爲西界肅宗時改稱西北面元宗時西京及諸城叛附元元以爲東寧路畫慈悲嶺爲界忠烈王時元始還于我復置諸城元宗十年西北面兵馬使營記官崔坦三和縣校尉李延嶺等作亂殺西京留守以西京及諸城叛附于元元以爲東寧路畫慈悲嶺爲界西北面五十四城

皆没於元凡二十二年至忠烈王十六年元始歸之復歸西北面其後以西海道黄州牧安岳郡鐵和縣長命鎮來隸辛禑時還隸西海道本朝　太宗時改為平安道本道太宗時以永吉道甲山郡西面閭延等地距遠割小薰頭以西為閭延郡　世宗朝復分閭延上無路虞芮等地置茂昌虞芮二郡來隸世祖元年並罷之移其民於內地領府一大都護府一牧三都護府六郡十八縣十三官貟觀察使一人兵馬節度使二人一觀察使兼水軍節度使二人一觀察使兼一兵馬節度使兼兵馬虞候　都事　兵馬評事各一人審藥二人一觀察使道一節度使道檢律一人

平壤府東至祥原郡界五十里至江東縣界四十七里南至中和郡界三十六里西至江西縣界五十七里至甑山縣界七十二里北至順安縣界四十九里至慈山郡界六十一里距京都五百八十二里

旱田

水田

建置沿革本檀君朝鮮故都周武王時箕子封朝鮮都于此傳至四十一世孫準凡九百二十八年燕人衛滿襲據之為王儉城至其孫右渠漢武帝滅朝鮮於此置朝鮮縣為樂浪郡治西晉末高句麗并其地號為平壤城長壽王十五年自丸都城徙都於此至寶藏王二十七年唐高宗遣李勣與新羅滅高句麗三國史高句麗地志長壽王十五年自國內城移都平壤其本紀則謂山上王十三年自國內城移都丸都城東川王二十一年徙都平壤故國原王十二年復移丸都十四年還移平壤東黃城長壽王十五年復都平壤城二說自相抵牾按杜佑通典云高句麗自東晉以後居平壤城亦曰長安城元史地志高句麗平壤城亦曰長安城漢樂浪郡也晉義熙後其王高璉始居平壤城一統志亦云平壤即漢樂浪郡治晉義熙後其王高璉始居此城則謂長壽王始都平壤者恐為得之然自山上至長壽其間十一王二百餘年中本記所書與魏毋丘儉燕慕容氏相戰殘破丸都等事與魏晉諸史相符其自國內徙丸徙自丸都徙平壤則明甚其謂長壽王自國內徙平壤者必有脫誤也又長壽王以前本紀所載多見居平壤時事高句麗渇平壤已在長壽之前豈其遷徙無常而至長壽乃為定都耶高句麗都平壤凡二百三十餘年　壽丸都城今未知所在唐志登州東北海行

過海自鴨綠江口舟行百餘里乃小舫泝流東北
三十里至泊約口即古安平縣得渤海之境又泝
流五百里至丸都城然則丸都當在鴨綠之東北
遼東之東南又唐總章二年英國公李勣奏狀云
鴨綠以北未降城十一其一安市城旧名安寸忽
或云丸都城若據此說則所謂安市城乃丸都耶
安市城在盖州衛東北七十里相傳今鳳凰城即是置安東都護府於此留
兵鎮之唐師尋還其地後皆荒廢高麗史地志云其地皆入新羅
非也考之三國史地志則可知高麗太祖置平壤大都護府徙盐
白黃鳳州民實之高麗太祖即位謂群臣曰平壤旧都也荒廢已久荊棘滋茂蕃
人遊獵其間因為郡邑害乃從盐白黃鳳州民宗之以為大都護府命王式廉往鎮之尋
為西京光宗時改名西都成宗還稱西京穆宗初
又改鎬京文宗時復為西京置京畿四道仁宗時
討妙清之亂析京畿四道置六縣元宗十年崔坦
等叛以西京及諸城于元元以西京為東寧總管
府至忠烈王十六年元始歸于我復置西京留守
恭愍王時改為平壤府本朝因之　世祖時置鎮
掌司二十道內州縣各面皆稱坊本府又設四部府內及城外西南北十里曰仁興部管
坊府東界曰札安部管　坊西界曰義興部管　坊北界曰智安部管　坊鎮管郡
一中和縣六龍岡三和江西甑山順安咸從官員府尹一入觀察使兼
庶尹　判官　教授　譯學　訓導各一人
郡名朝鮮城古名漢時因以為朝鮮縣王儉城　樂浪　長安唐書
平壤亦謂長安城西京　鎬京別號箕城又號柳京

形勝境壓鯨津地連鴈塞高麗史北負山岡三面阻水
高麗史金冨軾傳西京北負山岡三面阻水控制西北高麗李穡風月樓記為國根柢
控制西北遠峀圍野長江繞郭李朝權近浮碧樓記遠峀圍野長江繞郭又云
俯瞰長江遠臨曠野地最夷曠大明董越朝鮮賦惟彼西京地最夷曠隨勢命名是曰平
壤關西都會上流諸水會而為襟帶南北諸山遠相纏繞沃野平曠寔關西一大都會
江山佳麗府志江山佳麗樓臺縹緲
風俗其民不相盜無門戶之閉漢書箕子去之朝鮮教其民以禮義田蠶
織作為民設教八條是以其民終不相盜無門戶之閉婦人貞信不淫辟天性柔順同上
東夷天性柔順異於三方柔謹為風後漢書箕子避地朝鮮施八條之教使人知禁遂乃
邑無淫盜門不夜扃行數百千年通以柔謹為風異乎三方易以道御同上天性柔順
易以道御喜歌舞同上喜飲酒歌舞節於飲食同上高句麗其俗節於飲食而
好修宮室尚氣力南史國人尚氣力便弓矢刀矛有鎧甲習戰鬪後魏時置諸國使邸齊使
第一高麗次之借與無寬貸遼東志性柔而共借與無寬貸服食儉素有古之遺風
好尚經術隋書高句麗好尚經術愛樂文史遊學於京都者往來繼路或亡沒不歸非先
哲之遺風其孰能致於斯也敬鬼神多淫祠同上誦經習射唐書高句
麗人喜學至窮里厮家亦相矜勉衢側悉構局堂子弟未昏者曹處誦經習射　已上所記皆朝鮮
高句麗通國之俗以府為其故都係于此人士樂業高麗李穡風月樓記民性
厚重質直本朝權近城樓記平壤箕子所都九疇之學八條之教基我東方數千載之化
自衛滿歷高氏專尚武強其俗大變建王氏之世遼金與元境壤相接漸染胡俗俗悍而驕是猶敁
豐之地周家用之以興仁厚之化嬴秦用之以有勇悍之氣蓋民性厚重質直以善導之易於從化

以猶驅之亦足以成富強之業（前入府平壤箕子之古封也八條之教民知禮義及朱蒙氏以來習於騎射其俗遂變雖隋唐兵力莫能下之其驍勇雄強可想也）驍勇雄強文物繁華甲於國中（本朝尹斗壽府志）

山川

錦繡山（在府北五里鎮山山頂平坦敞豁號乙密臺）九龍山（在府北二十里或云大成山或云魯陽山古記山頂有九十九池今但有三池天旱禱雨有驗）蒼光山（在府西南四里亦名蒼觀山俗傳高麗金富軾領軍壓城妙清等以藁席蓋此山以示倉廩之富故名）木覓山（在府東四里有黃城古址一名絅城世傳高句麗古國原王居丸都城為慕容皝所敗移居于此）龍岳山（在府西二十八里一名弄鶴山）大寶山（在府西三十七里）葦山（在府西南二十里南臨浿水）兄弟山（在府北五十里兩山並峙若兄弟然）馬山（在府北四十里諺傳龍馬出遊故名之）斧山（在府北三十里諺傳有一勇將以斧克敵於此故名之山上有祠邑人祭之名其祭曰押兵）牧丹峯（在錦繡山高麗王嘗登此　大明唐皐詩牧丹有仙峯雄峙此邦鎮我來浮碧樓淩顛興未盡）德巖（在大同門外屹然能捍水故府人德之名　大明唐皐詩可是岩納水要使水迴石城郭無憂虞居民盡歸德　本朝柳根詩巨石臨江面勢頑神功萬古鎮磐安雲濤到此流平穩雖遇顛風不作瀾）酒巖（在府東北十里諺傳酒流出岩間有遺痕因而得名）狸巖（在府南三里大同江岸）海（在府西九十里）大同江（古名浿江其源有二一出寧遠郡東境南流至孟山縣北折而西南流至德川郡東又西流過价川順川慈山至江東縣界為雜流灘一出陽德縣北境西南流至成川府界為沸流江又折而南流至江東縣界合於雜流灘自此西南流至府東北境為馬灘至府城東為大同江渡又西流至府南合平壤江稱九津溺水至江西縣過梨津至龍江縣出急水門入海　按司馬遷史記漢興修遼東古塞至浿水為界衛滿亡命東走出塞渡浿水都王儉則以鴨綠江為浿水矣又唐書平壤城漢樂浪郡也隨山屈繚為郛南涯浿水則指今之大同江也又高麗史以平山府猪灘水為浿江則百濟始祖北以浿江為界者指此也以此觀之本國境內自有三浿水而古今衆所的知者則獨大同江也　樂志箕子封于朝鮮施八條之教以興俗禮朝野無事人民懽悅以大同江比黃河作歌以頌其德高麗崔滋三都賦衆水所匯名為大同晶瀁滉漾拖鎬歛灧淨鋪素練皎若青銅之中流回首況然如在畫屏中也　本朝權近應制詩箕子遺墟地自平大江西折抱孤城烟波縹緲連天遠沙水澄明徹底清廣納百川常混混虛涵萬象更盈盈霈然入海朝宗意正似吾王事大誠）平壤江（在府西南十里其源出順安縣法弘山經普通門外入大同江）長鼓川（在府北四十里源出法弘山入于大同江）薄金川（在府北九里高麗金克己詩一道飛川始發源紅衢斷處究山根甘凉氣味宜烹茗若被都人汲引喧）狄橋浦（在府西二十五里源出府西沙伊峴入平壤江）燕浦（在府南十里源出府東洞召池南流入大同江）石浦（在府西十一里其西岸有岩故名）楊名浦（在府西五里高麗妙清之亂金富軾知賊根盡起土山跨楊名浦抵賊城西南隅制砲機置土山上其制高大飛石重數百斤撞城樓糜碎繼投火毬焚之賊不敢近土山高八丈長七十餘丈廣十八丈　高麗康宗二年浦水中有石如大甕自出陸行一百二十步許）白銀灘（在府東北四里即大同江灘水勢奔激常有白波望之若銀故名　大明唐皐詩江水浩浩去茲灘浮白銀即此）馬灘（在府東四十里　本朝曹偉詩浿江日夜流滔滔奔灘怒薄崩洪濤即此　妙清之亂賊為拒守計金富軾慮後軍寡弱夜遣步騎一千以益之賊不知黎明渡馬灘紫浦直衝後軍官軍出擊乘勝大破之賊皆蹂躪赴江溺死）南浦（古名唐浦在府南五里即大同江　高麗鄭知常詩雨歇長堤草色多送君南浦動悲歌即此）九津溺水（在府南十里大同江至此與平壤江合一名麻屯津）甫音筒池（在府南二十里）栗寺池（在府東三十里）訖伊方池（在府西四十里）日影池（在含毬門內）

月影池在含毬門外 倒影池在挹影門內風月樓北 長興池在多景門北蓮花最盛 桂林池在正陽門外秋陽臺西 大舌池 小舌池俱在普通門內西旱則洗箕有應 綾羅島周十二里在白銀灘北 豆老島周二十一里在府西南十里 禿鉢島周十九里在府西南十二里 豆段島周六里在府西南十里 伊老島周二十三里在府西南三十五里 碧只島周二十二里在府西南二十五里 箕子井在外城內箕子田中箕子時所鑿府中井泉味皆不佳唯此井味最佳 文井 武井二井俱在永明寺中九梯宮舊基內相傳東明王時所鑿 大井在府南三十里 牛井在府東二十里俗傳兩井有龍天旱禱雨

土產 絲 麻 紙紙局造者品最佳 墨 磁器 雲母 西瓜品上 蔓菁 蕈 蓮宗 白附子 禹餘粮 藁本 大戟 升麻 半夏 澤瀉 秀魚 葦魚 綿魚 民魚 鯽魚 白魚 錦鱗魚 訥魚 石花 紫蝦 蝌 蛤

城郭 府城東瞰大同江北緣錦繡山石築周二萬四千五百三十九尺高十二尺立門六東曰長慶西曰普通南曰南毬北曰七星正東曰大同正南曰正陽高麗成宗時所築我 太宗六年改築 外城在府南五里唐浦上石築周八千二百尺土築一萬二百五尺有二門南曰車避西曰多景今皆頹壞世傳此城乃箕子時所築然年代絕遠未知是否高麗太祖五年始築西都在城凡六年而畢疑即此城周官六翼在者方言畝也

公署 觀察使營在城內南 大同道察訪司在大同門內領大同生陽安定肅寧安興嘉平新安雲興林畔良策所串義順十二驛察訪一人

學校 鄉校在府西一里城內高麗太祖十三年幸西京剏置學校命秀才廷鶚為書學博士 仁賢書院宣祖時李道士子纂箕子遺澤立書院於蒼光山下賜額仁賢其講堂曰洪範堂院即故神護寺之旧基 譯學堂在府南

宮室 永崇殿在府城內奉安我 太祖睟容殿即高麗長樂宮旧基高麗 肅宗睿宗每幸西京宴群臣于長樂宮李之底詩大同江水琉璃碧長樂宮花錦繡紅者即此也 大同館即客館有勅書閣 大明唐皐詩我過鴨綠江十日到平壤朝鮮此西京箕子有遺響城南臨浿水亭臺足幽賞快扎時一登浮碧動遐想驅車出東門銳意極搜訪茲遊得奇觀歸以詫吾黨 清華館在大同館南庶尹林重重修成倪為記有三清閣 鎮西閣在觀察使本營內又有秋香堂多種菊故名觀察使李繼孟建 鄉射堂在 報漏觀在 中宗時建後觀察使全晬別建十字閣 校書局在 嘉靖甲子觀察鄭宗榮始創為屋凡五十三間 演武亭在含毬門城外庶尹洪世恭建 浮碧樓在錦繡山東乙密臺下懸崖絕壁下臨江流嘉靖中詔使許國來登此曰浮碧勝槩與蘇杭州頡頏蘇杭繁華侈麗天下無比然皆頼人力而致浮碧樓清流碧島嶼峯巒悉出天作浮碧勝於蘇杭云 高麗學士金黃元登此樓見古今題咏不滿其意旋焚其板終日憑欄但得一聯曰長城一面溶溶水大野東頭點點山 高麗李穡詩昨過永明寺暫登浮碧樓城空月一片石老雲千秋麟馬去不返天孫何處遊長嘯倚風磴山青江自流 本朝權近詩勝日聯鞍出郭遊山前傑閣俯長流悄悄遠樹平郊外泛泛扁舟古渡頭千載繁華相代謝四時風景豈終休登臨悵望東南久縹緲烟波送客愁 大明張寧詩江流深淨春無底地拔龍蔥鼓春水輪囷蜃氣衆條散十二雕欄渾如洗空明倒侵蔚藍天煗香半落蘼蕪渚綠雲淺淡翠烟流入在琉璃鏡光裡 大明祁順詩画欄朱棟瞰深清山勢迴環兩崖平萬頃寒光浮不去一簾飛翠捲還生晴川芳草難為句野渡孤舟易感情兩部戲遊今寂寞

獨留佳景壯西京

風月樓 在挹灝樓門內高麗恭愍王時都巡問使林整建李穡記云樓即迎仙店之旧基也東南衆山如在席下而江水更其前鑿池左右種之芙蕖臨覽之勝與浮碧相為甲乙而華麗則過之 權近詩車馬街頭敲綺樓登臨四顧境還幽風來柳岸翠絲舞月照荷池香霧浮畫井地平喬木老迎仙事往大江流今逢玉輦時廻狩須信名都控上游

愛蓮堂 在風月樓北蓮池中又跨池作橋名日凌虛以通出入府尹李元源建

望月樓 在大同館西大明吳希孟改名先月

挹灝樓 即大同門樓觀察使安潤德名之上懸大鍾以警晨昏

望遠樓 在府城東大同江岸

咏歸亭 在府南五里南浦邊

練光亭 在德岩城上正德中觀察使許硡建世稱世都樓觀之勝必以浮碧練光為首 大明唐皐記略曰練光亭去城門不遠亭四面虛其前為德岩〻傍江可以捍衢流城中居民咸德之故名其左三四里許為錦繡山〻之前有乙密臺甚平敞上有四虛亭在山復有峯巋然踰牧丹峯山椒有浮碧樓亦憑江下有麒驎窟東明王養馬處又有朝天石前有夌羅島連白銀灘東北又十餘里有酒岩皆聚於亭之左也其右為挹灝樓在城東門上又南去五里許有井田之制存焉則亭之右也其後有風月樓〻前有荷池〻內有小島又其後為快哉亭〻在大同館中又自錦繡山發一支蜿蜒而西伏而再起有墓在馬箕子藏冠佩之所也此皆亭之所有而獨以練先名者蓋有取於浿水焉耳夫天下之物可以況道莫水若也水固道之寓也故動也者水之性也虛也者水之體也練也者水之形也先也者水之用也形合於性不可離焉者也用根於體不可歧焉者也水非動而不息則練之為色有時而盡非虛而有受則先之為用有時而滅而何水之足貴哉君子之志於道蓋亦於水焉求之故踐形所以盡性而達用者必歸諸體也苟捨性而宕形語用而遺體則耳目口鼻之欲或梏於私冨貴利達之厚生者足以戕吾生也孔子曰水哉水哉有取於水也東國多文學士練光之以名亭謂非有見於吾孔子之有意也哉不然泯〻汶〻莫知其渾涸〻淪〻莫知其澄與没俱入與汩俱出而自謂樂乎山水之間俯清流激湍於觴咏之餘者兹固非名亭之初意而亦豈吾人今日奇觀之一快也哉 大明襲用卿詩城上高城俯碧江茫茫烟艇列千艘游魚出水没無影白鳥晴沙下一雙石壁攙雲擁遠樹海風吹浪入寒窓浮金沉碧真如練一望層霄盡海邦 大明華察詩晴光幾千里危亭落淨川忽聞環佩響起有凌波仙本朝李珥詩練光高閣臨江渚十里平波寒鏡開喬木遥看白鳥没古城迴抱青雲回舉手邀思揖喬晋掛帆直欲超蓬萊當風披氅動霞酌落日為我猶徘徊

快哉亭 在大同館北 唐皐詩幽亭俠賓館清風有時來試看滁烟景此景殊快哉 本朝李尚毅詩遊勝輩層構憑高豁客心江明通拯浦郊迴帶平林過雨蔵斜照歸雲弄薄陰闌臺風轉駛聊復快開襟

涵碧亭 在浮碧樓北

閱雲亭 在大同察訪所館上本朝楊士彥名之

乙密臺 在錦繡山頂平坦敞豁又稱四虛亭 大明史道詩錦繡山上亭一臺平如掌恐有天上仙乘風時來往

鳳凰臺 在府西南十里古多慶樓之西有三山二水之勝本朝金時習詩鳳凰臺畔春草綠鳳凰已去今不返即此

烽燧

斧山烽燧 北應順安縣獨子山南應作樂山

作樂山烽燧 在府西十四里南應所叱堂站北應斧山

所叱堂站烽燧 在府城內南應畫寺山北應作樂山

畫寺山烽燧 在府南二十六里南應中和郡雲峯山北應所叱堂站

佛谷烽燧 在府西一百里北應永柔縣大船串南應馬項

馬項烽燧 在府西九十六里北應佛谷南應加幕

加幕烽燧 在府西九十八里北應馬項南應鐵和

鐵和烽燧 在府西九十九里北應加幕南應甑山縣兎山

郵驛

大同驛 在大同門內察訪司本驛

東門院 在多景樓西二里亦古城門

奉國院 在府東北三十里

栽松院 在府南十一里院傍有松數十株餞客之地亦名栽松亭

斧山院 在斧山

大悲院 在府東一里

大井院 在府南三十里大井

傍。普通院在普通門外。牛井院在府東二十里牛井傍。降福院在府
西北十五里。鶴宮院在安鶴宮北。
關梁碑前橋在永崇殿前。慶昌門洞橋在普通門東。閱雲橋在閱
雲亭東，俗稱察訪偶橋。青石橋在含毬門內。法獸頭橋在玄福峴東。三
清橋在三清館東。永濟橋在栽松院西北。瑟和川橋在平壤江上流。銅
川橋在江西地境。連滄橋在府西南十二里。通漢橋在府西南五里。大
濟橋在中和地境。大同江渡又名浿江渡，在府城東一里，即大同江官渡。大明
長寧詩：平壤孤城發曉裝，畫船簫鼓麗春光。鳥邊雲盡青山出，渡口潮通碧海長。共喜皇恩同天地，
不知身世是他鄉。清樽且莫頻相勸，四牡東風路渺茫。大明高潤詩：上國頒明詔，遐方接近臣。畫
船斜渡遠，高宴淺斟頻。岸柳和烟暗，江花帶雨新。眼看題詠者，俱是濟川人。

廟祠崇仁殿在城內。高麗肅宗十年駕幸西京，正堂
文學鄭文達議立箕子祠，祭以中祀。本
朝莊憲王十二年增修立碑。光海四年改號崇
仁殿，以鮮于氏為箕子後，定為殿監，守其廟，子孫
世襲。下季良箕子祠碑：宣德三年歲在戊申夏
四月甲子，國王殿下傳旨若曰：昔周武王克殷，
封殷太師于我邦，遂其不臣之志也。吾東方文物
禮樂侔擬中國，迨今二千餘祀，惟箕子之教是賴。
顧其祠宇隘陋，不稱瞻式。我父王嘗命重營，予
承厥志而督之，今告成矣，宜刻諸石以示永久。史
臣其文之。臣季良承命祗慄，不敢辭。臣竊惟孔子
以文王、箕子並列於易象，又稱為三仁，則箕子之
德不可得而贊也。思昔禹之平水土也，天錫洪範，
彝倫敘矣，然其說未嘗一見於虞夏之書。歷千餘
年至箕子而始發，向非箕子為武王而陳之，則洛
書天人之學，後之人何從而知之？箕子之有功於
斯道也，豈偶然哉？箕子者，武王之師也。武王不以
封於他方，而于我朝鮮，朝鮮之人朝夕親炙君子，
得聞大道之要，小人得蒙至治之澤，其化至於道
不拾遺，此豈非天厚東方，畀之仁賢以惠斯民，而

非人之所能及耶？井田之制、八條之法，炳如日星。
吾邦之人世服其教，後之千祀，如生其時，儼然對
越，自有不能已者矣。洪惟我恭靖大王聰明睿
古，樂觀經史，而我殿下以天縱睿智之資，緝熙
聖學，其於洪範九疇之道，蓋由神會而心融者矣。
所以作之述之，以致其崇德報功之典者，出於至
誠，寔非前代君王所可得而儷也。卿士若民相率
而起，是訓是行，以近天子之耿光，而得與敷錫之
福也無疑矣。於戲盛哉！凡為屋若干，置田以供粢
盛，復戶以應灑掃，命府尹以謹享祀，廟宮之享蓋
無憾矣。臣季良不勝感激，謹拜手稽首而獻銘，
曰：嗚呼箕子，文王為徒。允也洪範，帝訓是敷。匪直
師殷，宗師武王。殷棄以亡，周訪以昌。大哉天下，身
佩安危。斂而東來，天其我私。以教以治，八條其章。
孰愚不明，孰柔不強。漢書稱美，道不拾遺。俾夷為
華，唐有其碑。亹亹我王，光紹絕學。心契其理，朗
行其法。既作乃述，祠宇翼翼。有峙其堂，神御攸寧。
歲時享祀，克敬克誠。嗟嗟小臣，潛心遺經。今承
王命，稽首撰銘。盛德之光，於萬億齡。社稷壇在府內。文廟在鄉校。檀君祠

東明王祠在崇仁殿傍。二祠同宇，檀君在西，東明在東，俱南向。每春秋降香祝祭，以
中祀。本朝莊憲王十一年始置檀君、東明位。權近應制詩：
聞說鴻荒日，檀君降樹邊。位臨東國土，時在帝堯
天。傳世不知幾，歷年曾過千。後來箕子代，同是號朝鮮。城隍祠在府西四里。厲壇
在府北。平壤江祠在鳳凰臺上，典祀為西瀆，載中祀。九津溺水祠在府
西九里南岸有岩曰猿頭，每春秋降香以祭，載下祀。大同江祠在大同門外江上。武
烈祠在府，時立祠報祀大明萬歷征倭將吏兵部尚書石星、都督李汝伯，居正
位，其儀從享云。
陵墓箕子墓在府城北兔山上。令本府修墓道，置祭田及守戶。大明倪謙詩：太師埋玉此
山深，欲奠椒漿試一斟。存祠應同微子志，安仁郎是于此心。墓臺雲暖一蒼松合，翁仲春深碧鮮侵。聞
說東人崇報本，歲時祠享望來歆。本朝李珥詩：王馬東來啓我先，嘆深微禹仰仁賢。敢將鶻晦為

身地抵是艱貞不愧天古墓凄凉寒烟裡明宮暈映晚雲邊遺風田俗今猶在惆悵無因作九泉

東明王墓在府東南里中和府境龍山谷俗號眞珠墓

寺刹

永明寺在錦繡山浮碧樓之西麒麟窟之上高麗睿宗時清江西壁聳蓮宮物像超然擧閒風統郭峯巒爭繚繞蒲林花木閒青紅雨天輪揖擁樓下月夜笙歌沒水中今見畢紋神考跡感傷依旧意無窮　高麗郭輿詩佛宇相連旧帝宮松楸千古有遺風琉璃殿屋凝空碧錦繡簾旋焰水紅夜靜舩橫清鏡裡月明樓倚画屛中十年一章經三日滿目烟波趣不窮

酒巖寺在酒岩傍　弘福寺在府南今廢　仁王寺在城南今廢　廣法寺在大城山　東望日寺在所羅山　西望日寺在西山　長慶寺在府城中今廢　頭陁寺在大城山　囬龍寺　龍岳寺俱在龍岳山　松泰寺在大寶山　用泉寺在沙器里山　歡喜寺在白鹿山　花元寺在慈化山　天林寺在中之山　元明寺在訥山

古蹟

箕子宮遺基在正陽門外

箕子田在外城內箕子區畫田形遺跡完然世稱井田　本朝韓百謙箕田說井田之制先儒論之詳矣然其說皆以孟子爲祖宗故特詳於周室之制而於夏殷則有未徵焉朱子之論助法亦出於推測臆料而未有參互考訂之說則其果寔合於當時制作之意有不可得以知者好古之士蓋常病焉萬曆丁未秋余侍柳川公觀察關西余奉晨昏到平壤始得見箕田遺制阡陌皆存整然不亂古聖人經理疇畫變夷爲夏之意猶可想見於千載之下語曰中國失禮徵在四夷其不信然歟就其地諦審之其田形畝法與今孟子所論井字之制有不同者焉其中含毬正陽兩門之間區畫最爲分明其制蓋爲田字形田有四區區皆七十畝大路之內橫而見之亦有四田四田四象之象耶八區八卦之象耶八八六十四正正方方其法象正類先天方圖古人制作豈無所取法耶因以思之噫此蓋殷制也孟子曰殷人七十而助七十畝本殷人分田之制也箕子殷人其畫野分田依倣宗國其與周制不同蓋無疑矣惟玆阡陌數千年來凡幾經變易幾經兵難保其不差尺寸而其大略界區以一畝之路界田以三畝之路其三旁九畝大路由城門達之咏歸亭津頭似是往來通衢而非專爲田間阡陌而設然其必以十六田六十四區畫爲一甸則亦不無界限之意自此以外田界之路或有侵耕失古處則後人未知制作本意必以三畝爲准而正之無復有大中之分八卦法象雖不可尋而其以七十畝爲一區四區爲一田兩兩相並而去則畫一野皆同矣按班史刑法志曰四井爲邑四邑爲丘四丘爲甸甸有六十四井云云其井邑丘甸之名雖用周詩而以四起數四四成方寔與此脗合班氏之學甚博或恐有所沿襲來歷也惜乎其田籍不完未能畫得其制也其尖斜欹側不能成方處或一二田或二三區隨其地勢而爲之此則鄉人傳稱爲餘田云雖周家井田之制其地難得如繩直准平而其不成井處又不可棄而不用則恐其制不得不如此也其公田廬舍之制雖不得考然其制田既非井字之形則孟子所謂中有公田八家皆私百畝之制已廷廷矣意者殷之時雖受田於野而其廬舍未必在田傍或皆聚居村落城邑之中其公田亦都在一偶之地未必介在私田之中糞耕耘籽之際遠近不同民有病者且入文漸備吉凶禮縟七十畝有不足於養生送死之資故雖周之有天下也順天因人增爲百畝且制井田之法八家同井中置公田春令則出在於野廬冬令則入聚於城宅其制始大備自質而文其因革損益勢有不容已也然則分田以井非古也寔自周人始也間或以朱子改治溝洫多費人力之說有疑於孟子之言此則恐未然孟子曰佚道使民雖勞無怨朱子亦嘗論革爵易代大而建正用數小而書文車軌並皆改作以新一代耳目云則況此制民常產宗發政施仁之大者豈可許其火貴踵弊膠柱不與俱變乎嗚呼閱閱諸賢俱以王佐之才生丁叔季之時慨然以挽回三代爲己任收拾殘經討論遺訂殆無所不用其至而猶有懸空之嘆未得歸一之論倘使當時足此地目此制則其說先王制作之意想必如指諸掌矣而惜乎其不得也

柳根曰

按久菴韓公箕田說箕田在於含毬正陽兩門之外者區畫最分明其為制皆田字形分為四區〻皆七十畝界區之路其廣一畝界田之路其廣三畝凡十六田總六十四區六十四區之三旁又有九畝之路由城門達之江上其尖斜欹側不能成方處或一二田或二三區隨其地而為之鄉人至今傳之為餘田亦皆七十畝噫古今人歷茲地見斯田者何限但賞古跡宛然而已獨公生晚好古欲求古聖人分田制產之意於千百載後作為圖說使人〻曉然知箕田一區為七十畝即與孟子所稱殷人七十畝之說若合符節豈非幸歟孟子曰方里而井〻九百畝其中為公田蓋井字為形便成九區八家皆私八區之百畝就公田百畝之區以二十畝為廬舍八夫居之其所耕公田皆十畝此周制然也孟子曰殷人七十而助周人百畝而徹其實皆什一也徹者徹也助者藉也孟子論周人百畝之制圖纖悉至於殷人但稱七十而助當時諸侯皆去周時之籍況殷制安保其猶有存者予朱夫子之生去孟子之時又遠矣不得不因周制而推明之釋之曰商人始為井田之制以六百三十畝之地畫為九區〻七十畝中為公田其外八家各授一區但借其力以助耕公田而不復稅其私田又曰竊料商制亦當似此而以十四畝為廬舍一夫實耕公田七畝是亦不過十一也朱子既不得考殷制則以此度彼其為制自當如此昔韓退之賦石鼓蓋歎孔子不到秦不得見其文若使朱夫子見此圖當復以為如何其公田廬舍之制未敢臆度即此田形而見之四區四夫所受之田也八區八夫所受之田也就七十畝之中以七畝為公田如朱夫子之說則亦不失為什一也至廬舍則周時制度大備猶就公田二十畝為八夫廬舍是一夫之居不過二畝半也若就一夫所受之區以七畝為公田而出力借耕之不復其六十三畝則雖以一二畝為廬舍而居之亦自不害於什一之制也耶一夫所居其在於七十畝之內抑或宅於都宅於山者受田于野來往耕治皆不可得而考也許箴曰西京之南有田焉相傳為箕田井田學士大夫之東西行過是都者莫非迂道過之但見其田制之異於常為舊跡而實未知其初非周井而乃殷之制也丁未秋久菴韓侍

即往關西仍周覽故國形勝遂及於所謂井田者周覽之不已興懷之興懷之不足至於丈量之仍其經界遂其阡陌以畝法槩之乃七十畝之田也夫七十畝而助乃殷入之通法也是時周法未遍偏及於天下而箕子以殷室遺老受封於海東以殷人行殷法乃其所也然則七十畝之田豈非箕子之親傳法於我東者耶殷之田制年代遼遠典籍無傳以朱夫子之聖無從考據因周制而推測得出好古傳考之士至今以為遺恨者一朝親得而目擊於千載之下豈不快者但其所謂公私田者必有其制而未有文字可考是則一恨就其圖而推之蓋九畝大路之內為七十畝者六十有四區而方列焉如易之方圖八區如一行者八就其一行八區之中出其一區為公田其餘七區七家各受一區之私之其公田之中七家各受三畝為廬舍計除三七二十一則所餘公田四十九畝七家分之則所助耕亦各七畝通私田七十畝為什之一分矣雖無明文其制豈不然乎其以四區為一方段者蓋合其二則為八雖不列而行之而亦八區一行之意豈無意義而為之八為之四執如是則不必井田猶可為助法也噫今之去箕代凡幾千年而遺制相傳迄至不泯已為幸矣而其發明為殷之制則自公而始為之亦一幸也

九梯宮

高句麗東明王之宮旧基在永明寺中宮基內有文武二井世傳東明王時所鑿又有青雲白雲二橋自然天成不假人力 高麗睿宗詩路險東明閣傳輪鮮駕牛古城橫絕峨高閣枕寒流藻殿常開戶珠簾不下鉤勝遊真可惜後約更高秋古宮遺址在層巒步〻復登臨眼界寬曠野三邊山荒〻長天一面海漫〻 高麗金克己詩玉宇撐空起重宮閣幾年鳳輿今問俗攀馭昔升仙嶺杖藏鞭龍岩阿試茗泉窟深穿地底搦迴倚天邊飲鎬周王樂歌汾漢帝篇遠入尋勝景誰記路綿〻

麒麟窟

在九梯宮內浮碧樓下東明王養麒麟馬于此後入立石誌之俗傳王乘麒麟馬入此窟從地中出窟南石上升朝于天其馬跡至今在石上號其石曰朝天石 高麗李穡詩麟去白雲窟龍故芳草洲江山如昨日有客獨登樓 本朝李詹詩往事悠〻悵且神城東有窟號麒麟明王從此朝天上巨石依然在水濱沉水源深堪

避世仇池穴窮謹容身流傳足可供談笑過客何煩辨真僞**長安城**府北二十里大城山東北有土築古城周五千一百六十尺相傳爲長安城高句麗平原王自平壤移居長安城中有安鶴宮古址金富軾曰唐書云平壤城亦謂長安城而古記云自平壤移長安二城同異不可知也**大城山城**石築周二萬四千三百尺**赤頭山城**在平壤江西土築周五千一百尺高麗金富軾所築妙清叛富軾住兵于此**浿江鎮**新羅宣德王三年巡幸漢山州移民戶於浿江鎮憲德王八年命牛峯太守白永築浿江長城戍云鎮在黃海道平山府之浿江**春陽臺**在觀風殿北俗稱上客德本朝李浚慶爲觀察使嘗與客登此臺翫賞江山曰必聖人然後可都此地若不然對此勝槩必耽樂荒淫喪亡必矣**秋陽臺**在正陽門西俗稱下客德**觀風殿**舊址在乙密臺南金富軾討平西賊備軍儀八景昌門坐觀風殿西序受五軍兵馬將佐賀使入祀諸城隍神廟撫慰城中使安堵如舊**大花宮**旧基在府北三十里高麗

仁宗六年移林原驛作新宮後稱大花初開基時妙清使崔弘宰等宰臣三四人及勾當役事員吏皆公服序立將軍四人甲而劒立于四方卒百二十八槍三百人炬二十八燭而環立妙清在中以白麻繩四條長三百六十步四引作法自言太一玉帳步法禪師道詵傳之康靖和靖和傳之於我我臨老得白壽翰傳之非衆人所知也遂營闕安八聖於闕內以白頭爲始鄭知常撰祭文曰不疾而速不行而至是名得一之靈即無而有即宗而虛蓋謂本來之佛惟天命可以制萬物惟土德可以王四方肆於平壤之中卜此大花之制創開宮闕祇若陰陽安八仙於其間奉白頭而爲始想歆光之如在欲妙用之現前恍矣至真雖不可象靜惟宗德即是如來命繪事以莊嚴叩玄關而祈嚮妙清等以妖術誣同多類此**珠宮**旧址在府西十里**龍堰宮**旧址在府北四里睿宗時術士以讖勸王就西京龍堰創宮闕以時巡幸遺內人鄭克恭與司天少監崔資顥太史令陰德全注簿同正金謂磾等相龍堰旧堰命兩府及長齡殿讎校儒臣會議皆以爲可吳延寵獨曰南

京之役甫畢民勞財匱不可起新官如欲巡御莫如旧宮不報平章事崔弘嗣等又援太史官狀奏稱自御松都今二百餘年欲延基業宜創龍堰新闕移御受朝頒新令延寵駁曰今作龍堰宮有三不可以文宗明睿猶惑術數作西京左右宮而既悔悟以爲無應終不巡御虛費財力其不可一也近者開創南京八年而無吉應其不可二也兩京旧宮與今所求龍堰相去不遠地勢吉凶未必有異況無明訣可徵而棄祖宗旧宮別搆新闕毀撤屬廬騷動人民其不可三也顧英斷勿役巡御舊宮以講社稷長久之策無妄興工役以致人怨王卒從弘嗣等言時議惜之**迎春樓**　**淸遠樓**　**多景樓**俱在府西九里揚命浦上對岩築石架樓其上樓下可通舟楫今遺址存焉高麗崔滋三都賦多景連滄海淸遠撐半空按麗史睿宗十一年幸唐浦古城門樓置酒歡賞名樓曰多景樓在慶與今所指處不同兩存之以俟知者金富軾討妙清沿江築城自宣耀門至多景樓凡一千七百三十四間**有美亭**在常安殿內高麗肅宗七年曲宴于美花亭改

賜額曰有美仍自製詩一篇命詞臣和進**瞻星臺**遺址在南三里**龍德部**高麗宣宗三年龍德部南街地境見凡七十餘步如水有影肅宗十年龍德部楊淵路地境又見俗傳此地爲明月里**楊淵**在府南三里即大同渡下流宣宗幸此淵御樓船置酒沿流至大同江觀射甫宗七年幸此淵命善泅禁軍尋旧樓基禁軍奏云去地十尺有基石**麒麟閣**在府北五里仁宗五年幸西京御麒麟閣命承宣鄭沆講書説命周官鄭知常講無逸有從臣及西京文臣製十人賦詩賜酒食十年又御此**林原驛**旧基在府北二十里**重興寺**在並峴金富軾討妙清時右軍屯重興寺**金剛寺**遺基在府東北八里**興國寺**遺基在府城內**馬邑山**大明一統志在平壤城西南唐蘇定方奪馬邑山遂圍平壤即此未知指今何山

名宦

高麗王式廉平壤久廢荊棘滋茂蕃人遊獵其間因爲郡邑害太祖即位徙民置府式廉往鎮之式廉忠勇勤恪久鎮平壤常以衛社稷拓土疆爲己任及惠宗薨王規作亂式廉引

兵八衛定其亂**廷鷴**太祖十三年幸西京創學院命廷鷴為書學博士聚六部生徒教授後聞其興學賜繒帛勸之又賜穀百碩為學儲**崔士威**顯宗二年為西京留守**李昉**顯宗二年為西京副留守**張瑩**顯宗四年為西京留守**蔡忠順**顯宗十三年以內史侍郎平章事兼西京留守**李龔**顯宗二十二年以司空左僕射判西京留守**元頴**德宗二年為西京副留守**李藏用**高宗朝登科調西京司錄恭儉善斷事**蔡靖**高宗初為西京留守有清德民懷其政**姜邯贊**顯宗九年除西京留守內史侍郎王手書告身曰庚戌年間有虜塵干戈深入漢江濵當時不用姜公策舉國皆為左衽人**王可道**成宗朝登科補西京掌書記顯宗五年上將軍金訓崔質等作亂由是武夫用事出監布列臺閣朝綱紊亂可道以和州防禦使秩滿還京心憤激密謂日直金猛曰何不效漢高雲夢之遊乎猛喻其意密奏之王以可道密為書記得入心即權授西京留守判官令先往設備明年王幸西京宴群臣於長樂宮乘訓

等醉以兵襲之遂誅訓質**金審言**穆宗朝自內史侍郎平章事出為西京留守明慎為政務農恤民甚有時譽**郭尚**肅宗七年為左僕射西京留守使**金若溫**睿宗時為西京留守**金正純**從金富軾討平西都後兼留守**趙位寵**毅宗末以兵部尚書為西京留守鄭仲夫等弒毅宗立明宗位寵舉兵謀誅仲夫等岊嶺以北四十餘城皆應之時毅宗猶未葬以位寵拜言弒君不葬之罪乃發表葬禧陵明宗遣尹鱗瞻攻西京破之遂殺位寵**鄭顗**高宗四年分司西京會成州人崔光秀殺西京兵馬使據其城拜言復興高句麗傳檄捐煽顗率校尉畢玄甫中竹等十餘人往擊光秀殺之誅其黨八十人餘置不問城中遂安高宗大喜超授中郎將歷拜大將軍遷都江華之明年畢玄甫以西京叛朝廷遣顗宣諭行至大同江從者請無還入顗奮然曰受命以出安敢小稽既見玄甫玄甫喜得顗欲以為主且喻且賚顗竟不從遇害**張鎰**高宗三十九年西京復置留守官以李契為副留守鎰為司錄兼掌書記**方于宣**忠宣三年為平

壤府尹兼安定道存撫使**張瑄**忠宣四年檢校評理行平壤府尹**張沆**忠惠朝由僉議評理出為平壤府尹廉正樂善盡心奉公**尹澤**恭愍駐駕西京澤以檢閱權西京參軍供頓有制王每嘆其賢未幾欲擢為府尹以資淺陞判官**崔瑩**恭愍朝為平壤府尹兼西北面巡問使時瘡痍未復餓孚相繼瑩廣置賑濟場給糧種勸耕稼瘞戰死者骸**林慤**恭愍王時自安州萬戶陞為都巡問使兼平壤府尹御兵撫民威惠並著**本朝李居易**太祖朝以西北面兵馬都節制使兼平壤府尹**黃喜**恭定王朝以都巡問使兼平壤府尹厚重廉簡持大體**李原**恭定王四年為平壤府尹明年又兼西北面都問察理使清白自律而政務寬大**權踶**莊憲王朝以平安觀察使兼平壤府尹**韓確**莊憲王朝由兵曹判書出為平安觀察兼平壤府尹寬厚為治吏民相安**安崇善**莊憲王朝以為觀察使兼平壤府尹**奇虔**魯山元年以觀察使兼平壤府尹清廉剛直威惠並行有古良吏風**玄碩圭**　**金之**

慶為觀察使兼平壤府尹在任有治績**李坡**以觀察使兼平壤府尹**李繼孫**康靖王朝以觀察使兼平壤府尹以政治進階賞憲設歸厚所多作棺槨令民買用公私以賴**安琛**觀察使兼平壤府尹以興學養士為務**李繼孟**恭禧王七年為觀察使兼府尹為政務寬厚嘗因歲饑雇游手構小亭於德岩上獻納金正國誤聞役饑民創鉅觀啓遹之後繼孟入為參贊正國以檢詳往謁謝罪繼孟引與飲酒曰此則聞之過也寧存形跡吾嘗嘉君志節盃勸無怠其軒豁無私如此**柳聃年**恭禧王朝為觀察使兼平壤府尹知人善任政多惠民**尹殷甫**觀察使兼平壤府府尹沉重寡言力於公事**安瑭**為大同道察訪時驛路凋弊瑭至櫛垢梳病科條簡當宿弊盡革本府嘗以非理侵驛卒瘠累控監司請止不得則棄官故監司恩謝乃還終得如法吏卒愛戴**李元孫**恭禧王朝為平壤府尹取民有制官用亦裕尤致察於漁鹽小無侵欺之弊民吏追思之謂之壬寅規立石刻訟**李浚慶**恭靖王朝觀察使兼平壤

府尹重厚清簡以水災加任一年盡心救濟民無捐瘠 **李潤慶** 浚慶之兄恭憲王朝觀察
使兼平壤府尹清儉無比卒于營 **鄭宗榮** 恭憲王朝爲觀察使兼平壤府尹勸課儒士修
學校立書院設印書局 **金鍊光** 爲判官務除民弊盡心公務民追思之 **金繼輝**
昭敬王朝觀察使兼平壤府尹綜理庶務愛士興學時值飢疫設爲方便盡心救賑 **尹斗壽**
觀察使兼府尹撫平壤志 **李元翼** 壬辰倭亂 昭敬王西幸以元翼嘗有惠政於安州特
以巡察使兼平壤府尹時蕩殘之餘瘡痍滿路中朝大兵來援事務浩繁元翼左右酬應咸得其宜
廉簡無比撫導以誠民愛敬如父母爲西民安其政任居四年拜右議政召入士民爲立生祠以思之
韓浚謙 宣祖四十年爲觀察使兼平壤府尹御衆以寬制事有法遠近服其威信光海時遼
瀋陷虜又以浚謙爲都元帥出鎮平壤以禦西邊 **張晚** 仁祖初以都元帥出鎮平壤副元帥
李适反兵逼京城晚追討平之以功封爲王城府院君

人物

朝鮮大夫禮 朝鮮侯臣箕子之後世朝鮮周衰燕伯稱王將東略地朝鮮侯欲
興兵伐燕大夫禮諫之而止乃使禮西說燕燕止之不侵 **高句麗溫達** 平原王時人少
貧賤容貌龍鍾可笑人謂之愚溫達平原王少女幼多啼王每戲之曰啼不止以與愚溫達及長將
嫁女不肯他適自歸達爲妻後周武帝侵遼東達爲先鋒拒戰多斬馘諸軍乘勝奮擊大捷王嘉之
曰是吾壻也論功賜爵爲大兄及嬰陽王立達告曰新羅割我漢北之地爲郡縣百姓痛恨未嘗忘
父母之國願大王不以臣不肖授兵以往必復吾地王許之達臨行誓曰所不以鷄立峴竹嶺之西
歸我者不返也遂與羅人遇於阿旦城下死戰及葬柩不動王女撫棺曰死生決矣於乎歸矣遂舉
而窆王聞而悲痛 **李文真** 嬰陽王時爲太學博士修國史 **乙支文德** 資沈鷙有
智數兼解屬文嬰陽王時爲大臣及隋兵攻遼文德詣其營詐降以觀虛實至還渡鴨綠水宇仲文
宇文述等追之文德見述軍士饑故欲疲之每戰輒走述一日七捷東渡薩水去平壤三十里而陣

文德遺仲文以詩復遣使詐降請旋師述見士卒疲又城險難猝拔遂還至薩水軍半濟文德自後
擊之大破隋師諸軍俱潰奔還初隋九軍渡遼三十餘萬及還至遼東二千七百人云 **高延**
壽高惠真 並高句麗宗姓寶藏王時唐太宗征高句麗延壽爲北部耨薩惠真爲南部耨
薩率兵十五萬救安市城置陣長四十里帝望之有懼色與李勣長孫無忌親擊之麗軍大潰延壽
惠真爲唐所擒帝拜延壽鴻臚卿惠真司農卿高句麗每大城置耨薩一人如今都督 **高麗**
金贄 本梁州人父衍從居平壤官至通事舍人贄以詞章見稱累授給事兼直翰林院 **金**
猛 贄子登科累遷左拾遺顯宗初擢置近侍俾掌劇推官至參知政事賜爵宜春縣開國男卒謚
文定德宗時以猛有勳勞敘其子德符 **吳先覺** 爲西京掌書記妙清之亂佯愚不附旋表
門閭 **鄭知常** 少聰悟有能詩擢魁科仁宗時官至起居注爲詩韻格豪逸尤工絕句後以
妙清之黨被誅 **趙仁規** 見祥原郡 **黃守** 世居本府忠肅時爲府之雜村署丞父母年俱

七十餘有弟妹五人同爨食每日三時具甘旨先奉父母退而與兄弟共食二十餘年子孫服習無
少怠贊成事姜馳親訪其閭以聞 **本朝李殷榮** 進士性廉謹口不言人過子應虛爲
青山縣監臨行戒之曰慎勿以我故送食物貽弊邑人其子莫敢違其安貧固窮如此 **金寶**
性純孝父母沒居廬三年喪畢哀慕不已無少懈怠事聞旌表其閭年逾百歲尚康健云 **金**
良彥 性至孝讀書隸鄉校父以戰功爲訓鍊正死於深河之役良彥北望長號服闋猶素衣刻
復讐二字佩之募得戰巳子孫五百餘人日夜謀求復讎永合則寧其軍戍邊仁祖二年李适反
良彥曰此賊未滅則日後復讎其可望乎請於元帥爲先鋒力戰及适平除泰仁縣監良彥曰錄勳
非本心也豈可假復讐之名爲官爵餌也三上書辭仍戍邊五年虜入寇良彥在安州隸於節度使
謂其徒曰唯有一死不失爲忠孝鬼不可退一步皆應曰諾立冒矢石射殺甚衆及城陷竭力巷戰
矢盡持釰奮擊身被十餘創四顧無援遂投池水而死贈判中樞府事旌其閭 **鮮于浹** 見時

夢見箕子及長力學潛思不求人知仁祖時有薦其賢者特設成均司業以除之累徵召不就鄉人薰其德爲善事者甚衆

烈女胡娥 良家女其父漁于春氷溺死娥哀呼水虎即陷身以入翌日兩屍相抱浮水面里人爲埋之本朝宣祖時觀察使盧植令修築其墓立碑表之人名其地曰抱花潭

中和郡 東至祥原郡界四十里南至黃海道黃州界十二里西至江西縣界五十三里北至平壤府界六里距京都五百四十里

旱田

水田

建置沿革本高句麗加火押新羅憲德王時改爲唐岳縣高麗省入西京仁宗十四年平妙清之亂析置中和縣仍屬西京 仁宗時平妙清之亂分西京畿四道置中和江東江西順和三登三和六縣以唐岳荒谷等九村合爲中和縣置令仍屬西京 忠肅王時陞爲郡 以太祖功臣金樂金哲之鄉陞 本朝因爲中和郡掌面十四官員郡守 訓導各一人 今增 時陞爲都護府

郡名唐岳

山川淸凉山 在郡北一里鎭山 海鴨山 在郡西四十八里 龍山 在郡東二十里平壤府界 淨土山 在郡西一里 洞岳山 一名水月山在郡東六十里 雲鷲山 一名釋伽山在郡東五十里 坤開山 一名乾山在郡西十里 雲峯山 在郡西三里 於郎山 在郡東十里 大洞江 在郡西四十里即平壤大洞江下流 大橋川 在郡西北七里 眞珠池 在郡東二十里 祁井 在郡南大去不里周十尺涓流至五里滲漏池中 馬井 在郡西二十里周五十尺深不可測天旱禱雨有應井水溢出爲小川西流入大同江下流

土産絲 麻 秀魚 酥油

學校鄉校 在郡東二里

宮室客館

烽燧雲峯山烽燧 北應平壤府西寺山南應黃海黃州天柱山

郵驛生陽驛 在郡西二里 大明祝孟獻詩旅况曾諳遍吾生信若浮又仍朝北極仍得訪前遊宣憚山川阻偏欣雨露濡坤炅如惜別半日解相留 多林院 在郡東十里 普濟院 在郡東三十里 駒峴院 在郡南十五里新田監司交代之所 陽和院 在郡南三里

關梁梨津渡 在郡西四十里即大同江津路通

祠廟社稷壇 在郡西 文廟 在鄉校 城隍祠 在淸凉山 厲壇 在郡北

寺刹吉祥寺 在淸凉山 高峯寺 在海鴨山 岫月寺 在洞岳山 龍山寺 在雲鷲山 峰昇寺 在坤開山 龍興寺 安養寺 俱在淨土山 申秀菴 在雲峯山

古蹟松峴廢縣 在郡西三十里本高句麗夫斯破衣縣新羅憲德王改松峴高麗時省入

古唐岳縣 在郡北十里今稱唐村

人物本朝韓珪 貫沔川官至沔城府院君謚恭武 太祖開國功臣

龍岡縣 東至江西縣界二十里南至三和縣界十二里西至海岸三十四里北至咸從縣界十七里距京都六百三十五里

旱田

水田

建置沿革古黃龍國爲高句麗所幷句麗旣亡地皆荒廢高麗置黃龍城一云軍岳後改爲龍岡縣本朝因之掌面　官員縣令　訓導各一人

郡名黃龍城　軍岳

山川烏石山在縣北一里鎮山　鳳哭山在縣北十里或云華藏山　赤山在縣南五十六里　高靜山在縣東南三十五里　海在縣西　白寺浦在縣東十里　真島在縣南海浦中有鹽盆　助壓島在縣西海中周十五里四面皆峭壁　急水門在縣東二十七里大同江水與黃州安岳之水相會入海處水勢悍急又見黃州　溫井在縣西三十里於乙洞周二十餘步水極溫鹹其西十餘步又有川周四尺微溫且鹹又其西有冷泉周三尺至鹹而深咫尺之間溫冷逈殊　赤筒池在縣北二十五里周一萬八百尺

土產絲　麻　莞席　梓　紫草　鹽　石首魚　鯊魚　蛤　洪魚　廣魚　秀魚　麻魚　鱸魚　魚鰾　土花　石花　蝦

城郭安市城一在烏石山距治五里險固無比石築周一萬二千五百八十尺內有十泉合流俗以此城爲唐太宗所親征不下者　按大明一統志安市府縣在蓋州衛東北七十里漢置唐太宗征高句麗攻之不下薛仁貴白衣登城即此渤海置鐵州金改爲湯池縣屬蓋州元省云云則以此爲唐太宗所征安市城者非是

學校鄉校舊在縣北一里嘉靖中移縣東三里

宮室客館　鄉射堂

烽燧所山烽燧在縣西三十二里北應咸從縣曹士池南應三和縣大堂頭山

祠廟社稷壇在縣西　文廟在鄉校　城隍祠在縣西一里　厲壇在縣北

寺刹普德寺在依山城　安國寺　內院菴俱在安市城內　華藏寺在鳳哭山北　石泉寺在華藏寺東　湧泉寺在鼎必山　田鳳寺在頭勸山　高山寺在所串山　神德寺在牙石山　寶明寺在高靜山

古蹟黃龍國高句麗琉璃王移都國內城太子解明留卒本故都有力而好勇黃龍國王聞之贈以強弓解明對使者挽而折之曰非我有力弓自不勁黃龍王慙謀殺解明請相見及見不敢加害禮送之琉璃王以爲結怨於鄰國乃賜釰解明欲自栽或止之曰安知其非詐解明曰我恐黃龍王輕我國家故挽折其弓不意見責於父王父命其可逃乎遂以鎗鉀地走馬觸之而死　於乙洞古城在縣西十九里土築周一千一百十二尺今廢　連城驛舊址在縣東五里

名宦高麗庾資諒明宗時爲龍岡縣令發摘如神一方稱之　本朝閔純昭敬王朝爲龍岡縣令至誠撫摩一任捐帑民情愛戴

人物

三和縣東至龍岡縣界五里北至同縣界十一里南至虎島三十四里西至海岸三十四里距京都六百五十八里

旱田

水田

建置沿革本平壤府之金堂呼山溶井三部曲地高

麗仁宗十四年割置三和縣本朝因之掌面

官員縣令 訓導各一人

郡名

山川牛山在縣南四里石骨山在縣西十里金堂山在金堂部曲慈

正山在縣西十六里二海在縣西南海中南川在縣南一里抱牛山麓東流十三里入海

椵島在縣南五十里海中高麗元宗十年林衍廢王立安慶公淐西北面兵馬使營吏崔坦與李延齡玄孝哲等以誅衍為名嘯聚龍岡咸從三和人入椵島營殺分司御史沈元濬監倉朴守奕京別抄等虎島在縣南三十里海中旧水軍僉節制使營今移廣梁大吹螺島

小吹螺島俱在縣西海中愁島在縣西海中潮退則為陸德島距愁島二十里周三十里新寧江在縣南三十里

土產絲 苓 紫草 塩 石首魚 鯊魚 洪魚

廣魚 鮯 石花 輪花 細鰕 紫蝦 魚鰾

秀魚 鱸魚

公署廣梁僉節制使鎮在縣西五十二里水軍僉節制使一人

學校鄉校在縣東二里

宮室客館

烽燧大堂頭山烽燧在縣西三十六里北應龍岡縣所山南應新寧江新寧

江烽燧南應黃海道長連縣令卜山北應大堂頭山

祠廟社稷壇在縣西文廟在鄉校城隍祠在縣南四里厲壇在縣北

古跡古城在縣北一里土築周四千六百三十尺今半頹圮

江西縣東至平壤府界十三里南至龍岡縣界十八里至中和郡界二十九里西至咸從縣界十八里北至甑山縣界三十九里距京都六百五十一里

旱田

水田

建置沿革本平壤府西村地高麗仁宗十四年割置

江西縣本朝因之太祖時又割其甑山鄉別置縣掌面 官員縣

令 訓導各一人

郡名

山川舞鶴山在縣北一里鎮山九龍山在縣南十五里一名棲鶴山鶴卵

丘在縣南三里諺傳述者以縣之鎮山名舞鶴故築此丘象鶴伏卵之狀勿古橋浦

在縣南五里南流入大同江

土產絲 麻 葦魚 秀魚 鮯

學校鄉校在縣西一里

宮室舞鶴亭在客館北

祠廟社稷壇在縣西文廟在鄉校城隍祠在縣北二里厲壇在縣北

寺刹登高寺在舞鶴山頂有千丈層岩東林寺在中鶴山西林寺在正林山

古蹟

人物本朝金泮從權近受業恭靖王朝登科官至僉知中樞院事泮精於經學在成

均館前後四十餘年教誨不倦名士多出其門嘗以書狀官入 大明有求題魚龍簇者津題云誰晝輕綃幅風濤雲霧濛錦鱗鬐碧海神物上青空潛見形雖異飛騰志則同若爲燒斷尾攀附在天龍 華人數賞謂之燒斷尾先生平居不營產業退老于縣家貧晏如謚文長

甑山縣 東至永柔縣界三十一里至平壤府界十二里北至同府界十二里南至咸從縣界二十五里北至江西縣界十二里西至海岸十五里距京都六百六十五里

旱田

水田

建置沿革本江西縣之甑山鄉本朝 太祖三年割置甑山縣 掌面 官員縣令 訓導各一人

郡名

山川國灵山 在縣北十八里鎮山 石多山 在縣西北十二里海濱山多岩石故名朝貢使臣發船於此 車蹄峴 在縣北十里距海五里 海 在縣西二十里 國灵川 在縣西南五里出國灵山南又西流八海 炭串 在縣西三十五里 黃筒池 在縣南十五里周七千三百尺 飛串筒池 在縣南十五里周二千三十四尺

土產絲 楮 漆 紫草 鹽 石首魚 秀魚 石花 蛤 蝦 魚鰾 洪魚 鮸魚 鱸魚

學校鄉校 在縣西北二里

宮室客館

烽燧兔山烽燧 在縣西十四里南應咸從縣草島北應平壤府鉄和

祠廟社稷壇 在縣西 文廟 在鄉校 城隍祠 在縣北三里 厲壇 在縣北

寺刹清涼寺 龍泉寺 俱在國灵山

順安縣 東至平壤府界十五里南至同府界十里西至同府界十七里至永柔縣界二十四里北至肅川府界三十七里距京都六百四十里

旱田

水田

建置沿革本平壤府西村地高麗仁宗十四年割置順和縣仍屬西京本朝 太祖五年徙治平壤府安定站改爲順安縣 掌面 官員縣令 訓導各一人

郡名順和 安定

山川法弘山 在縣北四十七里 青龍山 在縣東北二十七里 王山 在縣北十二里一名椒子島 慈化山 在縣東十里 岩赤川 在縣北十五里東南流入平壤江

土產絲 麻 紫草 酥油

學校鄉校 在縣東

宮室客館

烽燧獨子山烽燧 南應平壤府斧山北應永柔縣米頭山

郵驛安定驛 在縣內 岩赤川院 在岩赤川上

祠廟社稷壇 在縣西 文廟 在鄉校 城隍祠 在縣北一里 厲壇 在縣

北

寺刹 法興寺 在法弘山旧平壤府境今屬于縣高麗仁宗時重建金富軾記云法興古寺不知創時或云昔有僧名法興者開基是以號法興 南菴寺 千日菴 俱在法弘山 正陽寺 深寂寺 五溪寺 俱在青龍山 岀華寺 在櫻遷村北諺云慈藏法師所住 普濟寺 在慈華山 龍岀寺 新寂寺 俱在妙法山

古蹟 古順和縣 今爲平壤府西面距縣西南六十里

咸從縣 東至江西縣界十四里南至龍岡縣界二十里西至海岸二十里北至甑山縣界二十一里距京都六百八十二里

旱田

水田

建置沿革 本高句麗地 邑號未詳凡言高句麗地者倣此 勾麗既亡地皆荒廢高麗置牙善城後改爲咸從縣本朝因之

掌面 官員 縣令 訓導各一人

郡名 牙善

山川 牙善山 在縣東二里一名府頭山即鎮山 所高指山 在縣南八里 雙魚山 在縣南二十二里上有大井修之輒得雨 撿岩山 在縣北十六里 釜山 在縣南一里 廣東山 在縣南九里 撿山 在縣南五里 石峴山 在縣南六里 加馬山 在縣北十二里 勿自採山 在縣南七里 鳳凰頭山 在縣西二十里挑海突起如鳳凰翔翥之狀府頭雙漁諸山攢青鬱翠於其下風景爲一邑冠 海 在縣西十五里 鷹峴 在牙善山南 岳島 島二俱在縣西三十一里海中湖退則爲陸四壁斗絶島百尺 三都監池 在縣西十里

土產 絲 紫草 鹽 石首魚 秀魚 鯔魚 洪魚 鱸魚 石花 蛤 蝦 紫蝦

學校 鄉校 在縣東一里

宮室 客館 鄉射堂 滌暑樓 在客館東成俔詩平郊連碧海古邑依青山客路烟先外人家樹間地偏賓旅少訟息吏民閑芍藥紅翻砌憑軒一解顏

烽燧 草島烽燧 在縣西二十七里北應甑山縣兔山南應吾串 吾串烽燧 在縣西二十一里北應草島南應曹士池 曹士池烽燧 在縣西二十三里南應龍岡縣所山北應吾串

祠廟 社稷壇 在縣西 文廟 在鄉校 城隍祠 在縣北一里 厲壇 在縣北

寺刹 國安寺 在廣東山 天王寺 石水菴 灵槎寺 俱在牙善寺 隱龍寺 在所高指山 洪法寺 在撿岩山 磨田寺 在撿山 在石峴山

古蹟 延和驛 旧址在縣北三十里 古邑城 石築周四千三百十四尺今廢

山城 石築周二千二百四十六尺今廢内有六泉一池

人物 本朝 呉克通 孝事二親父母没廬於墓側前後六年喪祭之節一出至誠鄉里皆感歎 中宗初命旌其閭

安州牧 東至价川郡界三十五里至順天郡界五十二里南至甫川府界四十八里西至老江鎮六十里北至博川郡界八里至寧邊府界九里距京都七百五十里

旱田

水田

建置沿革本高句麗地輿地勝覽誤以黃海道載寧郡之息城重盤等號冒於此蓋因載寧亦旧名安州而失考疊錄也三國高麗兩史志原文俱在自可見後沒於渤海因為女真所據高麗太祖復其地置安北府高麗史地志云北界本朝鮮旧地在三國為高句麗所有而惟中和祥原等數邑外其餘擧無高句麗時名號三國史地志浿西一帶郡縣皆闕漏無考故也三國史云高句麗既已其地多入靺鞨渤海斎羅浔其南境以置漢朔溟三州蓋高句麗既已新羅所浔止是浿江以南之地而其餘入渤海金富軾之撰三國史但因新羅所籍以為高句麗地志而句麗時圖籍無復存者則其浿西地固沒憑據矣然渤海之籍宜有可據而富軾未能浔見歟富軾雖闕鄭麟趾撰高麗史時宜覈宗論志而亦未能焉惜皆考述之不備也高麗徐熈曰自契丹東京至我安北府皆為生女真所據先宗取之簿嘉州松誠熈乃成宗時人此其耳目所及者耳今取唐書遼金史志並與三國高麗史恭互考覈則高句麗既滅之後平壤以西入於渤海及渤海亡因為女真所居至高麗始收復至鴨綠江也謹從其宗薨正之渤海本靺鞨粟末部嘗屬於高句麗及句麗已保挹婁之東牟山唐先天以後建國遼東改號為渤海有地五京十五府六十二州傳十餘世女真本靺鞨黑水部渤海盛時為其所屬及渤海已因據其東北境改號為女真而其部落散處有東北生熟之稱成宗二年為寧州安北大都護府顯宗時稱安北大都護府恭愍王時改為安州萬户府後陞安州牧本朝因之世祖時置鎮掌面　鎮管牧一定州都護府肅川郡一嘉山縣一永柔官員牧使一人仁祖五年自寧邊府移節度使營于州因以節度使兼牧使判官　教授各一人

郡名　安北　寧州別號安陵又號容城

形勝西控龍灣南通平壤海連西壁山聳東隣高麗李穡詩海連西壁通南國山聳東隣八北方　清江繞郭遠峀圍野表裡江山高麗金克已詩　關西咽喉本朝柳成龍論安州狀安州為關西咽喉其城浚臨江前依山可以固守清川以北則其路四達由博川泰川達於朔州昌城由嘉山定州達於義州由寧邊熙川達於江界所謂城有所必守者此也

風俗尚武勇

山川加頭山在州東三里鎮山或云太子山　悟道山一名元通山在州南三十里　王山在州東十五里　馬頭山在州南二十五里　鳳德山在州東二十里山頂有九層鐵浮屠　海在安戎鎮距寺西南六十里　清川江古名薩水其源出寧遠熙川之境至寧邊府東合妙香山水至州東合孔浦水經州北城下西流三十里與大寧江合入于海隋攻高句麗師距平壤為乙支文德所狂旋至薩水文德因其半渡大破隋師三十萬者即此水本朝趙浚詩薩水湯湯漾碧空隋兵百萬化為魚至今留得漁樵話未滿征夫一笑餘大明祁順詩薩水縈回幾許深春風持節偶登臨兩堤斷隔無塵跡一鑑平開見道心帶雪寒山迷白壁破雲晴日漾黃金城頭畫鼓催行色入到中流自在吟　無骨島在州東二十里清川江中　漏盈池在州西十里　介池在安戎

土產綵　雪綿　麻　碼碯石出安戎　楮　莞席　海松子　蘇油　鹽　秀魚　銀口魚　真魚　鯽魚　石花　蟹　鰕

城郭 州城 高麗太祖時所築本朝以後又增修石城周四千二百五十五尺立門東日南日 城內有井泉十八

公署 節度使營 在州城內旧在寧邊府仁祖五年移于此 老江僉節制使

鎮 在州西南六十五里清川江八海處水軍僉節制使一人

學校 鄉校 在州城內東

宮室 安興館 即客館大明陳嘉猷詩州城屈曲俯清川民舍參差起湿烟數里松行青蔽日四圍山色翠連天方音髣髴閩南路水稻依俙百浙右田異域風光同上國皇恩直被海東堧 祥樓 在州北城內高麗忠肅王詩清川江上百祥樓萬景森羅不易收草遠長堤青一面天低列峀碧千頭錦屏影裡飛孤鶩玉鏡光中點小舟未信人間仙境在客城今日見瀛洲 大明邦順詩樓高地勝最相宜四面看山一樣奇風景豈殊摩詰画寸情偏助少陵詩平川日暖氷消易遠塞天高鳥度遲心在帝庭身在客五雲回首不勝思 本朝李珥詩飛樓收勝趣豈爲察機祥野接青天迥江通碧海長千山環縹緲複鳳對翱翔只恨黄昏近無由泛彩航 本朝奇大升詩城北樓高見效工翱翔雲際壓晴空香山縹氣飛朱拱渤海祥光隱画櫳朗月照襟開玉界仙風吹夢落瓊宮悠悠往事憑誰問一曲漁歌細雨中 萬景樓 在客館西本朝李克堪詩高樓突兀倚層空獨立悠悠夕照紅麗齊戰爭形勢裡隋唐征討笑談中画欄俯見千疇黍小艇徐牽萬里風四海一家逢至治山河何用千百重 大明張寧詩江上危樓離俗氛春初經過未相聞風雲丘壑高低見草樹人家遠近分千竈茶烟蒼冉冉方塘挑漲漾沄沄浴詢已過皎期促一倚雕欄日又曛九霄西去是皇畿萬景樓中暫解衣天遠江流何處盡春深詩興近來微歌辭隔浦眠鷗起松影迎風舞鶴飛時物未闌清賞倦不禁回首白雲飛

烽燧 城隍堂烽燧 北應博川郡禿山西應青山 青山烽燧 在州西十五里北應嘉山郡蓮池南應悟道山 悟道山烽燧 北應青山南應所里山 所里山烽燧 在州南四十七里東應悟道山南應甫川府都迎山 諸非筒烽燧 在州西四十三里北應博川郡德間串西應老江 老江烽燧 在州西六十六里南應甫川府息浦東應諸非筒

倉庫 軍倉 在城內收平壤三和龍岡江西三登中和成川等官租稅于此

郵驛 安興驛 在城內 峴院 在州南九里 新院 在州南十五里 雲岩院 在州南三十里 楓川院 在州南四十八里 南亭院 在州南十里 戴川院 在州南五十里

關梁

祠廟 社稷壇 在西 文廟 在鄉校 城隍祠 在州東三里 清川江壇 在江岸春秋降香祝致祭載小祀 厲壇 在州北

寺刹 七佛寺 在北城外諺傳隋兵陣于江上欲渡無舟忽有七僧到江邊六僧褰裳而涉隋人謂水淺揮兵爭渡溺屍滿川水為不流因建寺為名列置七石以象七僧 天王寺 在城內 權近詩寂寥僧院在州閭六月軒窓可寓居渡上行人潮退後田中耘叟雨晴初山橫野外平原潤水繞城隅古堞餘日日登樓吟興足偶成詩句壁間書 長樂寺 在鳳德寺有九層銅塔 僧賢寺 石泉寺 俱在古孟州 華嚴寺 在加乙頭山 淨水寺 彌陀寺 俱在馬頭山 永川寺 白鶴寺 慶雲寺 圓通寺 青龍寺 文殊寺 普賢寺 開法寺 雲住菴 金洞寺 俱在悟道山 靈華寺 隱寂寺 俱在王山洞

古蹟古孟州在州東十五里孟州本在德州之東北高麗高宗時孟州入民避蒙兵空其地入海島出陸僑寄于此仍稱孟州而為本府附縣至麗末乃返故地此乃為附縣時所居安戎鎮戎或作仁在州西六十五里海邊有土城高麗光宗二十五年築周二千四百九十尺古石城在州東六里周六千五十尺

名宦高麗崔陟卿明宗時以善治聞出為安北都護府使清直自律吏民畏愛庾碩高宗時為知刑部事以不阿權貴貶為安北都護府使所至以清白聞至府未久而卒金方慶高宗時為西北面兵馬判官時蒙兵未侵諸城入保海島方慶多方規畫保民務農人賴以活本朝崔潤德朝以贊成出為都節制使兼判安州牧使公廉多惠政嘗公務暇治廳後隙地種瓜手理有訴牒者不知是潤德乃問曰相公方在何所潤德謾應之入改服聽決焉其儉約如此州人愛慕猶父母高居正為安州牧使李元翼昭敬王朝為安州牧使時州饑殘餓莩滿野元翼請於觀察使得穀萬餘石與民賑飢播種邑中多盜賊設機捕治良民安業民不植桑謂非土宜元翼遍令名坊播桑堪自此始業蚕績名曰李公桑凡為政一以誠信為本教化為先居三年一境大治以政最賜表裡陞秩仍仕入為大司憲吳允謙昭敬王朝為安州牧使廉簡為政愛民以誠民鑄銅為碑以頌德南以興仁祖朝為平安節度使天啓丁卯虜兵大至城陷以興嘆曰朝家猜疑吾為將左遑不敢鍊一卒以至於此遂自焚死金浚安州牧使丁卯虜乱與南以興城守浚女新為鳳山守子婦或曰女宜急去以避兵浚曰吾為地主送女出境軍情謂何豈死守之義乎不聽及城陷巷戰死之

人物

烈女韓氏副正吳之界妻本朝太祖時夫死於艾田之役韓氏哀毀絶粒親戚勸之食不聽而死事聞賜轉旌閭

定州牧東至嘉山郡界三十八里南至海岸二十里西至郭山郡界十五里北至龜城府界四十二里至泰川縣界四十四里距京都八百九十九里

旱田

水田

建置沿革本高句麗地後沒於渤海因為女真所據高麗初為郭州地元宗時割置隨州因以知隨州事兼任郭州本朝太宗時降為隨州郡世祖十二年移定州治于此因稱定州遂省隨川郡定州本今邑城高麗高宗時陞邑州為定州牧後移治馬山南本朝世祖時又移於此復析置邑城府

官員牧使　判官　教授各一人

掌面

郡名隨州

形勝

山川馬山在州東三十里鎮山堂於嶺在州西十五里郭山郡界倪謙詩堂於嶺上強躋攀小石稜稜大石頑躍馬直升高頂望前程猶有萬重山元通山在州東三十五里泉洞峴在州北四十二里又見龜城府廣林山在州東十五里舊屬嘉山郡深原山在州北十五里諺傳鳳鳴于此故又名鳳鳴山七岳山在州東七十里上有龍池都致串在州南三十里有牧場天旱禱雨海在州南三十里撻川在州東五里源出龜城府楡山南流至防胡峴又西流入海元順帝立德興君為王以兵萬人送之恭愍王命我太祖率精騎一千赴之時賊已屯隨州之撻川太祖奮擊大破加磨川在州東四十里出泰川縣大思里至沙邑冬首入海伊彥池在古隨川東葦島在州東五十里高

麗高宗時金方慶爲西北面兵馬判官蒙兵來攻諸城八保葦島有地十餘里平衍可耕患海潮不得墾方慶令築堰播種民始苦之及秋大熟人賴以活島又無井泉常陸汲往往被虜方慶貯雨爲池其患遂絶又高宗十四年島有黃蛇大如柱穴於慢山有樵童過行聞有嗅聲四顧無人就視之則乃蛇也人語謂曰此島之人近必亂故告監瓜倉切須愼之監倉使疾之而秘後州人投蒙古子

島在州南二十里 撻島在州西南十五里

土產 絲 麻 紫草 塩 蘇魚 秀魚 洪魚 竹蛤 魚鰾 蝦 石花 土花 石首魚 絡締 銀口魚 民魚 眞魚 廣魚 烏賊魚 蛤 輪花 鵜鶘油

城郭 州城

學校 鄉校舊在古定州中宗時移北一里 鳳鳴書院在州時州之士子建立祠祀金尚容金尚憲

宮室客館 鄉射堂 風月樓在古定州 迎薰樓在州客館南舊名定遠大明詔使薰越改迎薰 納淸亭在州東四十里明詔使唐皐名之史道作記有溪山之勝 唐皐詩加麻河接曉星山譙構閣亭向此間蘿月侵波宵有伴松風度嶺晝無閑浮簷詩客留蒼靄淪茗呼童俯灣納淸碧滿前淸意足好將新扁爲亭顔 迎春堂在客館東

烽燧 立波山烽燧在州南三十二里西應郭山郷防䓁浦東應都致串 都致串烽燧西應立波山東應鎭海串 鎭海串烽燧在州南二十三里西應都致串東應蛤味 蛤味烽燧在州南三十四里西應鎭海串東應廣岩 廣岩烽燧在州南四十一里西應蛤味東應馬岩 馬岩烽燧在州南五十一里西應廣岩東應仍朴 仍朴串烽燧在州南五十三里西應馬岩東應含音山 含音山烽燧在州南六十里西應仍朴串東應彌勒堂 彌勒堂烽燧在州南五十七里西應含音山東應沙邑冬音 沙邑冬音烽燧在州東南七十里西應彌勒堂東應嘉山郡頓山 倪寧山烽燧在州西七里西應郭山郡所山東應馬山 馬山烽燧在州東南四十二里西應倪寧山東應七岳山 漆岳山烽燧在州東南七十一里西應馬山東應嘉山郡蓮池

郵驛 新安驛在州內 德濟院在州東二十五里 曉星院在州東五十六里 撻川院在州東五里撻川邊 唐五里院在州西十五里

關梁 撻川橋

祠廟 社稷壇在州西 文廟在鄉校 城隍祠在古定州及古隨州 厲壇在州北

寺刹 安養寺在五峰山寺西岩下有泉天旱禱雨即應 深原寺在深原山 地藏寺在德達山 石連寺在炭峴山 慈聖寺 松興寺俱在五峰山 元通寺在元通山 鎭江寺在七岳山 玉鷄寺在大峴層夜山

古蹟 隨川廢郡在州南十五里本高麗隨州高宗十八年蒙兵陷昌州昌州入入紫燕島元宗二年出陸寓於郭州海濵以州入失土割郭州東十六村及所屬安義鎭稱知隨州事仍兼郭州恭愍王二十年復折置郭州本朝 太宗十三年例改隨川郡 世祖十二年自馬山南移定州治于郡之新安驛省郡併入 故定州城距州東三十里馬山之南石土相半築周三千八百九十七尺內有井八池一今邑城本高麗定州後移治于此因稱定州至本朝 世宗時析置邑城郡復移州今治 城洞古城在州西十里土石相半外城周三萬一千七百九尺內城

周九千一百十八尺今廢 育地古城在州南二十七里土築周七千一百十六尺今廢

名宦本朝金尚容宣祖朝為安州牧使以廉簡善治賜表裏以獎之

肅川都護府東至慈山郡界三十里南至順安縣界二十里至永柔縣界十八里北至安州界十三里西至海岸四十四里距京都六百九十六里

旱田

水田

建置沿革本高勾麗地高勾麗亡地皆荒廢高麗太祖於此築鎮國城置通德鎮成宗時改為肅川後陞為郡 本朝恭靖王十六年陞為肅川都護府

掌面 官員府使 教授各一人

郡名通德 肅州

山川唐山在府北四里鎮山 通德山在府東五里 片雲山在府東十五里 聖山在府西南二十里 海在府西四十三里 通德川在通德山東源出順安縣法弘山歷府城南西流至唐子浦入海 唐子浦在府西三十里有魚梁 楓川在府北二十三里源出安州悟道山西流入海 楊贄池在府西十七里

土產絲 麻 紫草 塩 洪魚 石首魚 秀魚 蛤 蝦 細魚 石花 民魚 鱸魚

城郭府城高麗太祖時所築土城周四千五十尺有門城內有五井

學校鄉校在府東

宮室客館 小雪堂

烽燧都迎山烽燧在府南十八里北應安州所里山南應永柔縣米頭山 息浦烽燧在府西三十里北應安州老江南應高石里 高石里烽燧在府西三十里南應餘乙外北應息浦 餘乙外烽燧在府西三十里南應永柔縣所山北應高石里

郵驛肅寧驛在府西二里有樓䂓是肅寧樓大明金湜詩爽爽高樓對遠林閑花落盡數誰禁朝朝行路難為別處處看山易上心賓館華筵重疊醉故故入歌句短長吟秋風回首斜陽外家在江南芳幾岑大明薰越詩山色如城繞西樓重來風景豁入眸春皈碧樹閑花花瞑合空林倦翼投黃犢卧雲青草長野蠶成繭綠桑柔催耕布穀聲初緩屈指來年又報秋 通寧院古都延驛之地在府南二十里一名於坡 慈悲院在府北二十里

關梁大橋在府西一里 新橋在大橋南

祠廟社稷壇在府西 文廟在鄉校 城隍祠在府北三里 厲壇在府北

寺刹東山寺 望日寺俱在片雲山 白寺在老骨山 西林寺在檢山 千佛菴在千佛山 青龍寺在悟道山 正山菴在正山

古蹟古行城在府西三十里海邊長一萬八千八百十七尺今廢 虎田城在府東二十里土築周九千七百十尺今廢

名宦高麗忠仁太祖十一年為通德鎮頭 河允濟恭愍王時知肅州郡偽王叱帖木兒入寇諸道軍將往來皆道于肅州允濟待之無闕為政以仁恕為本抽斂絕而刑罰省吏民德之陞堂上官 本朝延庇為肅川府使惠莊王聞政簡賦平賜諭褒美

嘉山郡東至博川郡界二十里南至同郡界十七里西至定州界二十五里北至泰川縣界二十五里距京都八百三十六里

旱田

水田

建置沿革本高句麗地後没於渤海因爲女真所據高麗光宗置嘉州高宗八年降稱撫寧以叛逆降尋復爲嘉州本朝 太宗十三年改爲嘉山郡掌面

官員郡守 訓導各一人

郡名嘉州

風俗尚質不務華見郡籍

山川鳳頭山在郡北一里鎭山 青龍山在郡東九里博川郡界一名鳳尾山 曉星山在郡西十里山上有曉星臺俗傳古祭星之處 西門嶺在郡西二里俗名石門嶺一統志作嘉山嶺 大明金湜詩峭壁危峯勢入天馬蹄高下費攀緣雲深只覺山無路樹老方知地有仙背雨寒岩猶帶雪臨風樂草欲生烟回頭恍惚層霄外一派松聲雜澗泉 華岳山在郡西十里 望海山在郡西一里與鳳頭山相對 吾思弄山在郡西十五里定州界一名漆岳山 伐思弄山在郡西十里與吾思弄隅和磨川相代 大寧江在郡東二十里古稱蓋泗江又名博川江世傳宋蒙自北扶餘南奔到此魚鼈成橋因之利涉故名又見博川郡 加磨川在郡西二十五里即定州加磨川也 加之川在郡北二十五里 螺浦池在郡東二十里 曲池在郡西二十五里 松池在郡西十里 楸島在郡東二十二里

土産絲 麻 漆 紫草 磊綠 秀魚 蟹 蝦 酥油

學校鄉校在縣西一里

宮室客館 歆慌亭在大寧江上惠莊大王朝宗師時賜名 瞻虛亭在嘉平館西一里 新亭在客館東

烽燧頓山烽燧在郡西十五里西應定州沙邑冬音南應博川郡禿山 蓮池烽燧在郡東十八里西應定州漆岳山南應安州青山

郵驛加平驛在郡東三里金湜詩蒼松路遠石門斜下馬分明似到家過屋杜梨初結子盈階芍藥半開花嶺頭風起鳴岩瀑溪上雲來接海霞向晚登樓闊坐久夕陽留影送歸鴉 甘草院在博川江岸 加磨浦院在郡西十五里

祠廟社稷壇在郡西 文廟在鄉校 城隍祠在郡北一里 厲壇在郡北

寺刹金鷄寺在華岳山 天王寺在鳳頭山 普光寺在吾思弄山 青龍寺在青龍山 觀音寺在曉星山

古蹟古嘉山在吾思弄山南曲大池里高麗高宗時本邑避蒙兵入海島元宗時出陸居于此未幾還旧治今稱其地爲古嘉山 古雲山在郡西四十里高麗高宗時雲山郡被蒙兵空郡入海島至元宗二年出陸僑寓于此因稱爲雲郡恭愍王時始還本地 古長城在郡北十五里石築周五萬四千九百尺今廢 鳳頭山城石築周九千六十七尺今廢內有九十九井二溪二池 阜昌驛古基在郡東五里 安信驛古基在郡北二十里 七星臺在古城內

人物高麗韓希愈初爲州吏善騎射有膽畧從金方慶征珍島耽羅日本皆有功忠烈王時歷判密直司事與元薛闍于破哈丹于燕岐帝褒之拜懷遠大將軍賜虎符玉帶官至都僉議

中贊卒諡莊烈

永柔縣東至順安縣界九里南至同縣界十二里西至平壤府界三十五里北至肅川府界十三里至海岸三十五里距京都六百七十五里

旱田

水田

建置沿革本高勾麗地勾麗既亡地荒廢高麗置定水縣後改永清併入龍岡縣後復置永清縣高宗時以安仁鎮將兼縣事本朝初安仁鎮移入安州以咸從任内通海縣併于縣又省寧遠柔遠二鎮入之改爲永寧縣　世宗五年又改永柔掌面十

五官員縣令　訓導各一人

郡名定水　永清　永寧

形勝四面山圍本朝李之剛詩四面山圍作一城　西連滄海本朝元孝然詩

山川米豆山在縣東四里鎮山　天寶山在縣南四十里　慈華山在縣南十五里　圓山在縣西南二十里　石蓮山在縣西三十里斗起野中西臨滄海　海在縣西四十里　德池在縣西二十里周五萬三千四百尺　加訖池在縣西三十里周一萬一千五十尺　亐勒池在縣西二十五里　汐亇橋浦在縣西二十里　板橋浦在縣南二十里

土産絲　麻　漆　莞席　紫草　塩　秀魚　洪魚　石首魚　紫蝦　石花　魚鰾　輪花　鯽

魚　鱸魚　鮐

學校鄉校舊在縣東北二里崇禎末移縣西北一里

宮室客館　鄉射堂在客館西　武學廳在客館東

烽燧米豆山烽燧南應順安縣獨子山北應肅川府都延山　所山烽燧在縣北三十八里南應大船串北應肅川府餘乙外　大船串烽燧在縣西四十五里南應平壤佛谷北應所山

關梁板橋在縣南二十里

祠廟社稷壇在縣西　文廟在鄉校　城隍祠在縣東二里　厲壇在縣北

寺刹藥師寺　黃甲寺俱在天寶山　鳳進寺　北天王寺

南菴寺俱在米豆山　楸岩寺在圓山　水净寺在慈華山　石蓮寺在石蓮山西臨滄海義州椵島等諸島皆在眼底極稱勝景

古蹟柔遠鎮在縣北三十里本高麗平虜鎮靖宗七年命崔冲築土城周二千九百二十尺後改柔遠本朝太祖五年省入内有三井一池　寧遠鎮在縣西北四十里寧遠鎮本在㵲川之東高麗時其入民徙居永清縣海邊仍稱爲寧遠鎮本朝太祖五年省鎮併其地于縣

通海廢縣在縣北三十里高麗時併入咸從縣本朝太祖二年移入本縣有古城　古

小土城在縣北一里周一千八百二十尺内有一井　豆米山城土築周四千三百八十尺内有十四井二池　高麗太祖影殿在豆山鳳進寺之南中安太祖影幀東西壁畫三十七功臣十二將軍像每忌晨歲日燃燈端午秋夕冬至立春界首官致祭今廢遺址尚存

入物本朝金重仕為奉事性至孝遭父喪三年不脫襄經哀毀過禮嘗當朔貧無以祭哭於墓前忽有雌雉自落墓前守墓月餘有獨鹿常宿墓左逼之不驚三年後去入以為孝盛養老母承顏順志甘旨之供老而彌篤昭敬王朝旌閭

義州牧東至朔州府界一百十六里至龜城府界八十二里南至龍川郡界六十里至同郡界良策館六十六里至鐵山郡界七十九里西至鴨綠江十四里北至同江二里距京都一千一百八十六里

旱田

水田

建置沿革本高句麗地後沒於渤海因為女眞所據高麗置龍灣縣顯宗初陷入契丹稱保州後又稱抱州睿宗十二年遼刺史常孝孫避金兵泛海遁以抱州敀我改置義州遂復以鴨綠江為界睿宗十二年遼刺史常孝孫與都統耶律寧等避金兵泛海適移文于我寧德城以來遠城及抱州敀我〻兵入其城收拾兵杖錢穀王悅改為義州按來遠城宋史云高麗於鴨綠江東築城與來遠城相望則來遠城在鴨綠西北矣高宗時降稱咸新以逆降尋復為義州恭愍王陞為牧尋置義州萬戶府萬戶府本朝太宗二年改為牧省靜州及威遠鎮倂入 世祖時置鎮掌酉 鎮管郡二鐵山龍川 官負牧使 判官 教授各一人 今增宣祖二十六年陞為府二十五年上避倭寇西幸至州請兵大明擊賊明年乃還都陞州為府

郡名龍灣 保州 抱州

形勝鴨江天塹大明一統志 樂浪分壃大明祁順詩 西接遼陽

長江為界

風俗風氣強勁善射御好田臘地志

山川松山在州東三十里鎮山 彌羅山在州南一百里本龍川郡地本朝成宗時割屬于州魚箭二處一在龍川郡御子島南一在島北鹽盆二所 白馬山在州南三十里諺傳白龍馬出遊故名 馬頭山在州南八十里 華嚴山 天磨山俱在古定寧北距州一百五十里天磨山又見朔州 板幕峴在州東北一百十六里 加頭等峴在州東五十里 鎮兵串在州南五十里 海南在州 鴨綠江在州西北一云馬訾水西距遼東都司五百六十里其源出胡地白頭山南流數百里經咸鏡道甲山三水過本道閭延茂昌虞芮慈城至江界渭源境與禿魯江合至理山郡山羊會與蒲州江州源出遼合至阿耳堡與童巾江合經碧潼昌城小朔州至州北於赤島東分三派一南流匯為九龍淵名曰鴨綠江水色似鴨頭故名之一西流為西江一從中流名曰小西江至黔同島復合為一至水青梁又分二派一西流與狄江在鴨綠西北合一南流為大江繞威化島至暗林串西流至彌勒堂復與狄江合為大摠江八于西海朱子曰女眞起處有鴨綠江傳云天下三處有大水曰黃河曰長江曰鴨綠是也 新唐書馬訾山出靺鞨之白山色如鴨綠號鴨綠西南流至安平入海 宋史高麗時鴨綠江以為固江廣三百步其東所臨海水清澈下視十丈 本朝權近詩國有封疆險天分地利雄三江深不測一道浩難通水闊波連海風生浪接空小船如箭疾利涉謝篙工 大明祁順詩樂浪分疆近接遼一江中滿綠迢〻源從長白隼山骨流出東瀛雜海潮兩岸山光清侵玉四時雲影冷涵霄行入不用招魚鱉自有堅冰作為橋 大明王敞詩水暗長江萬頃秋樓船誰遣俠沙頭搗濤波浪如飛渡不

信投鞭可断流風飈旋旆翻赤幟夜寒戍幕擁青油不須銅柱遥分界滿岸人家是義州　**九龍**
淵　在州北八里淵南有土城基周六百尺諺傳哈丹指丹兄弟一居淵上土城一居州城內靜州戶長金裕幹許欲計遂之詐言我國於其夜欲殲介等至其夜於山上多設炬火以示之哈丹等以為信然遂舉城渡江而逃無江上無所渡船楫裕幹心異之諦視之於江北近邊沉鐵牛立之又以鐵鏁着南岸岩石間連亘於牛背作浮橋以渡矣裕幹即令破橋俾不復渡永樂戊子等州城時令善泅者取鏁鐵為城門鎖鑰其鐵牛則淪沒淵沙無復尋見　**玉江**　在州東北六十里有二源一出天磨山一出呂子山至山羊遷合又西流五十里入鴨綠江江中產淡青玉故名之　**古津**
江　在州東南三十六里其源有三一出天磨山南東一出西南一出普光山北至彌勒堂俱合經古定寧十餘里至廣化里為此江又南流經古寧州至古麟山西流入鴨綠江天順年間書狀官姜希壽溺死故又稱書狀江　**於赤島**　在蘭子島北周十七里其中平衍墾田六十餘頃　**黔**
同島　在州西十五里周十五里鴨綠江到此分三派兩島在二洲間有二氏梁丸渡江者必由島北赴京使臣入朝之路　**威化島**　在黔同島之下周四十里兩島之間有鴨江支流滿馬稱為堀浦距州城二十五里上三島其地俱沃饒民多耕墾天順五年辛巳農民為建州衛野人所虜自後官禁耕墾高麗辛禑謀攻遼陽次平壤督徵諸兵衆號十萬使我太祖將之左右軍渡鴨綠江屯威化島亡卒相繼於道太祖諭諸將回軍時霖潦數日水不漲及旋師纔渡岸大水驟至全島墾沒人皆異之　**蘭子島**　在威化島北周十里水落則連陸　**島沒亭島**　在州西七里周二十里　**鎮兵池**　在麟山鎮城南　**臨德池**　在古麟山　**老土洞**　以下並係鴨綠江外之地　**甘昌洞**　**孫梁洞**　**申胡水洞**　**金昌**
洞　**馬子山**　**多陽洞**　**婆娑鋪**　**沙吾郎山**
兄弟山　**大母城**　**權頭山**　**小昌山**　**大昌山**

松鶻山

土產　絲　麻　淡青玉　水泡石　蜂蜜　黃蠟
白芷　弓幹木　訥魚　秀魚　錦口魚　錦鱗
魚　鱸魚　蟹

城郭　**府城**　我恭愍王十五年以舊城狹隘遣高荊山巡審便否遂拓基改築石城周二萬七千五百三十一尺東西南北有門門設擁城城中有一池四十三井

公署　**方山僉節制使鎮**　在州東北六十一里我憲王朝築石城周八千七百八十二尺內有七井及軍倉　**麟山僉制使鎮**　在州西南三十八里我惠莊王朝築石城周八千二百六尺內有九泉及軍倉已上兵馬僉節制使各一人　**水口堡**　在州東二十八里舊置萬戶今廢夏遣則權管守禦冬則疊入沿邊他堡同康靖王二十四年築石城周二千四百七十三尺　**青水堡**　在州東北九十五里舊置萬戶今廢遣權管戍之康靖王二十四年築石城周一千六百八十六尺　**所串堡**　在州東南二十五里俗號大母城冬則遣助防將守禦春夏罷康靖王二十三年築石城周七千七百十二尺內有五井　**新增**
玉江堡　在州東北五十里石城周七百四十四尺

學校　**鄉校**　在州城內西　**譯學**　在州西

宮室　**客館**　**統軍亭**　在客館北城擁鴨綠江　本朝任士洪記州其北則女真氏之域其西乃上國之境島嶼之縈紆岡巒之崒嵂所謂大昌小昌松鶻諸山層出疊見於遠近因可以想中華山河城郭之壯麗而直州之北有峯突起通四方而騁望其上有亭名曰統軍不知創於何時云云本朝曹偉詩曰百雉層城迥朱欄畫日憑塞垣嚴虎豹溟海轉鷗鵬地勢西南拆天容上下澄徘徊無限意豪氣倍陳登　馬訾分疆遠龍灣古塞空江為襟帶固地作翰屏雄三島耕犁外

狐城聚落中晚來長嘯立斜日蒲江紅　四顧都無際茫茫萬象奔赴心窮宇宙兩眼隘乾坤日落江光動烟消海氣昏將軍令祁殺鎮鑰國西門　本朝李安訥詩六月龍灣積雨晴平明獨上統軍亭茫茫大野浮天氣滚滚長江割地形宇宙百年人似蟻山河萬里國如萍忽看白鶴西飛去疑是遼東旧姓丁

義順館 旧名望華樓在城南二里鴨綠江濱迎俟中朝使臣之所天順中撤樓置館　本朝李詹詩常怪平生似子陽遠遊中國得觀光　東還勝日登高閣北望群山接大荒雲故塞天低浩渺花隨春浪入蒼茫無窮往事難收拾吟罷新詩一呼長　大明陳嘉猷詩萬里天涯遠客過紅亭綠酒意如何扶餘地脈臨江盡遼左山光滿眼多節指京畿催晚騎息單海國漲晴波西行自是還朝路不用陽関向我歌

聚勝亭 在客館東弘治甲寅牧使具論建有洪貴達記　曹偉詩雄藩自昔壯邊部新搆華亭對翠微絕域雲烟來醉眼層城花柳媚晴暉山圍廣野青如画雨過長江綠漸肥巨耐登臨還望遠故心日夜正南飛雀淑生詩馬蹄西海到窮鄒百尺危亭近紫微且倚雕欄看勝景不教珠箔捲晴暉江橫鴨綠兼天淨柳暗鴨黃看雨肥忽憶玉堂身萬里蓬萊何處五雲起

倉庫　軍倉 在客館北　本道鐵山郭山定州宣川龍川等官税粗皆納于此

郵驛　義順驛 即義順館　**所串驛** 在州南三十三里　**方山驛** 在方山鎮　**古津江院** 在古津江虎　**盖武院** 在州東南五十一里

關梁　廣平堡 在州東一百十五里石城周一百十尺　**姑未城堡** 在州東北八十七里石周六百四十六尺　**松山堡** 在州東十二里甎城周八百五十餘尺　已上燕山時差權管戍之　**城峴堡** 在州東六十里石城周八百九十尺燕山時置冬則節度使遣助防將戍氷解則罷　**彌勒堂堡** 在州西南四十里今廢又三岐堡在州北黔同堡在黔同島今皆廢

祠廟　社稷壇 在州西　**文廟** 在鄉校　**城隍祠** 在城內北　**鴨綠江祠** 在九龍淵上　祀典與長湍德律及平壤江同為西瀆載中祀春秋降香祝致祭　**厲壇** 在州北

寺刹　彌勒寺　金剛寺 俱在松山　**觀音窟　寶羅寺** 俱在馬頭山　**佛藏寺　靈藏寺** 俱在天磨山

古蹟　國內城 一云尉那岩城高句麗瑠璃王二十一年郊豕逸王命掌牲薛支逐之至國內尉那岩得之還白王曰臣至國內見其山水深險地宜五穀又多麋鹿魚鼈若移都不惟民利無窮可免兵革之患王親幸觀地勢二十二年自卒本川還都國內築尉那岩城歷二百一十四年至山上王十三年移都丸都城　勝覽曰鄭麟趾高麗地理志義州有長城基德宗時柳韶所築起州之鴨綠江入海處又兵志起自西海濱古國內城界鴨綠江入海處則國內城當在古義州境內金富軾高句麗地志則云國內城未知的是何處當在鴨綠以北未詳孰是姑從鄭說附此　今按唐總章二年英國公李勣奉勑奏云鴨綠以北已降城十一其一國內城從平壤至此十七驛又北佑通曲馬訾水一名鴨綠水源出東北靺鞨白山水色似鴨頭故名之去遼東五百里經國內城南又西與一水合即鹽難水也二水合流西南至安平城入海云則此城在鴨綠以北明矣但不知今何所耳

廢靜州 在州南二十五里高麗初為松山縣德宗二年築城為靜州鎮徙民戶以實之文宗時又徙內地民戶城周一萬二千六百十尺　本朝恭定王二年廢州併入　莊憲王朝又築石城周二千七百七十尺內有五井

廢麟州 在州南三十五里高麗初為靈蹄縣顯宗九年陞置麟州二十一年築土城俗號鳥餘周一萬一千一百尺移永平鎮民實之高宗時以逆降捕含仁後復旧名　本朝初廢州併入　莊憲王朝置麟山鎮

廢靈州 在州南五十五里高麗初為興化鎮顯宗二十三年陞置靈州　本朝廢州併入有土城基周一萬二千五百八十尺　高麗顯宗元年契丹主自將來攻康兆闈興化鎮楊規為都巡檢使與戶部郎中鄭成副使李守和判官張顥嬰城固守後契丹蕭遜寧來侵以姜邯贊為西北面行營都統使大將軍姜民瞻副之師兵二十

萬屯寧州至興化鎮遣騎兵萬二千伏山谷中以大繩貫牛皮塞城東大川以待之賊至決塞發伏大敗之

定寧廢縣 在州東南二十五里本朝恭定王五年置莊憲王二十七年徙治方山陞為郡世祖元年還舊縣二年省入

威遠廢鎮 在州南二十五里高麗顯宗二十年遣柳韶修古城置威遠鎮在興化鎮西北城周四千八百四十尺本朝太宗時省入

寧德廢鎮 在州東南四十里高麗顯宗二十一年築土城周四千十二尺內有十二井文宗避契丹興宗諱改稱寧德城以鎮字從真也本朝改定寧縣後省入

寧朔廢鎮 在州東一百二十里高麗文宗城安義鎮據子農場為寧朔鎮以扼蕃賊要衝城周七千七百六十尺本朝初府令有土城遺址

定戎廢鎮 在州東八十里高麗顯宗時柳韶又修興化鎮北古石壁置定戎鎮徙永平城民實之築土城周七千七百九十二尺今府有遺址俗號臨川城

延平城 在州東南八十里土築周四千八百八十七尺內有十三井今只有遺基

延州城 在州東二十八里土築周四百八十尺今只有遺基

玉江城 在三江東岸石築周六百二十尺四面絕壁中有池

箭門嶺城 在州東南二十里土築周一萬一千六百十尺內有六十二井

嘉彌城 在州北一百里石築周七千三百尺無泉井

高麗長城 德宗初命平章事柳韶創置北境關城起自州之西海濱古國內城界鴨綠江入海處東跨威遠興化靜州寧海寧德寧朔雲州安水清塞平虜寧遠定戎孟州朔州等十四城抵耀德靜邊和州等三城東傳于海延袤千餘里以石為城高厚各二十五尺俗傳萬里長城在州東玉江里北者長三百二步在九龍淵北者長四百十一步

名宦

高麗楊規 穆宗時以巡檢使守興化鎮顯宗初契丹主自將渡江攻圍規與鎮使鄭成副使李守和嬰城固守契丹主詐為康兆書諭降規曰我受王命非受兆命不降規聞丹兵陷郭州圍西京急規率七百人至通州收兵入郭州擊契丹所留兵親斬之徙城中男女七千餘人于通州契丹主陷京城旋師規又邀擊於無老代石嶺余里站每戰皆捷前後斬殺六千餘級奪被虜入三萬餘口丹兵又大至規力戰死王手製教賜規妻洪氏粟歲百石賜壁上功臣

柳韶 顯宗時韶為西北面判兵馬事修置威遠定戎二鎮契丹興遼來請兵王不許使韶鎮邊上以備之德宗初授兵馬元帥進門下平章事詔始置北境關城起自西海濱東跨威遠興化靜州寧海寧德至孟州朔州等十四城以及東界和州王賜韶推忠拓境功臣歸進上柱國太尉

金仁存 睿宗時以判西北面兵馬使出鎮龍灣措治軍務時契丹來遠城刺使常孝孫避金兵乘舟而遁移文于寧德城以來遠抱州故我仁存遣兵抱州收兵使錢穀王悅改為義州置官守於是復以鴨綠江為界

金慶孫 高宗朝為靜州分道將軍蒙兵渡鴨綠江侵及慶州慶孫率衙內敢死士十二人開門出力戰蒙古却走後復來攻大戰二十餘日慶孫隨機設備應變如神蒙古曰此城以小敵大天所佑非人力也遂解而去尋拜大將軍知御史臺史

金克己 嘗在龍灣多所題咏

本朝李思儉 **俞益明** 俱為義州牧使

金汝岉 昭敬王朝為義州牧使州為西界使价迎送之地前後為官者唯事盃盤拜樂汝岉盡撤袪樂兒唯善修城池操鍊軍卒

李弘胄 光海朝為義州府尹清簡嚴重民服其政以善治加任一年

李莞 仁祖朝為義州府尹虜兵大至襲陷州城莞與判官崔夢亮巷戰死之

林慶業 仁祖朝為義州府尹時邊圍多故慶業善於事使民撫鍊士卒寂下者同甘苦百姓愛之如父母後又為本道節度使

流寓

鄭希良 本朝海州人燕山時以儒臣羅史獄謫本府後放還知有士禍自投江或云遯跡不知所之在謫中篇什甚多皆警切感人所傳有准元穀

曹偉 本朝金山人燕山時嘗謫本府後官至參判號梅溪

人物

高句麗乙豆智 **松屋句** 大武神王時二人為左右輔漢遼東太守將兵攻高句麗王會群臣問戰守右輔屋句曰臣聞恃德者昌恃力者亡今中國荒儉盜賊蜂起而

兵出無名憑險出奇破之必矣左輔立智曰衆寡不敵可以謀代不可力勝宜閉城自守待其師老擊之王入尉那岩城固守數旬力盡兵疲豆智曰漢軍謂我城岩石必無水泉久圍待疲宜取池魚包水草以酒致犒王從之漢將謂城內有水不可卒拔乃引還

高福章 太祖王時為右輔王將禪位於遂成福章諫曰遂成忍而不仁今日受禪明日害王之子孫願大王熟計之王不聽遂成既立殺福章〻〻曰我為先朝近臣其可見賊乱不言哉與其生於無道之時不如死之速遂死國人莫不痛惜遂成竟殺太祖王元子及其弟

晏留 故國川王既誅外戚拔者下令曰近者位非德進流毒百姓此寡人之不明也四部其各舉賢良於是共舉東里晏留王徵之以國政晏留乃薦乙巴素王曰非孤不能得也素拜留大使者

乙巴素 琉璃王大臣乙素之孫故國川王既任晏留〻〻辭曰臣庸愚不足以參大政西鴨綠谷左勿村有處士乙巴素者性質剛毅智慮淵深力田自給若欲理國非此人不可王厚禮聘之拜中畏大夫仍為國相巴素明政教慎賞罰入民又安內外無事及卒國人哭之慟

密友 **紐由** 東川王時魏幽州刺史毋丘儉來陷丸都城王奔南沃沮至竹嶺士卒皆散唯東部密友獨在側謂王曰追兵甚急臣請決死王可行矣遂募死士赴敵力戰王得脫間行至南沃沮魏追不止東部人紐由進曰勢甚危迫不可徒死臣請往犒魏軍遂隱刀食器進前刺魏將與之俱死魏軍遂乱王引軍為三道逐之王復國論功以密友紐由為第一賜密友巨谷青木谷為食邑追贈紐由為九使者拜由子多優為大使者已上都國內時入故附於此

高麗丁五甫 林衍擅廢立聞世子東還故遣兵待于鴨綠將賫之五甫夜渡江告變世子還朝以聞帝詔王復位入朝衍憂懼發疽死

趙文拔 定戎鎮人幼聰敏讀書輒記文詞清警擢魁科累轉中書注書會直宿省中一小胥寒甚文拔憐之許入被中小胥押加足腹上其夜會須政省吏來報注書作正言小胥徐执其足文拔猶若熟睡官至礼部郎中

本朝張思吉 本州土豪張氏不遵朝命國家政令不能及思吉頗隸我 太祖麾下自後無復反側後為開國功臣官至花山府院君謚僖襄

烈女趙開同妻 開同乃良民妻亦民家女也名伐㝵性貞方有婦行一日開同為虎所攫虎負哮人莫敢近妻大呼直前以挺擊虎〻〻棄去夫得不死鄉里歎服本朝 中宗朝事聞旌閭

鐵山郡 東至宣川郡界十八里南至海岸四十一里西至龍川郡界三十六里北至義州界五十六里距京都一千五十里

旱田

水田

建置沿革本高勾麗地後沒於渤海因為女真所據高麗置長寧縣顯宗時改為鐵州本朝 太宗十三年改為鐵山郡掌面五官員郡守 訓導各一人

今增 時陞為都護府

郡名長寧 鐵州

山川熊骨山 在郡東十里鎮山〻皆大石山南有石窟其深幾五里中皆空洞 **長花山** 在郡西南二十七里 **於郎山** 在郡西二十二里 **鷲家山** 在郡南三十五里大串牧場之內 **石懸山** 在郡北三十三里 **白梁山** 在郡南二十里 **海** 在郡南二十三里 **大串島** 在郡南十九里有牧場春秋官致祭 **加次里島** 在郡南四十里 **楮只島** 在郡西二十八里 **月老島** 在郡西二十七里 **車牛島** 在郡西四十里形如駕車牛因為號島中多奇岩怪石鳥獸不下八者近之則毛髮森豎凜〻然不可留春秋官致祭 **椵島** 在郡南四十七里周四十一里或稱皮島舊有牧場天啓元年金虜陷遼瀋軍門標下毛文龍浮海到龍川地招集遼民夜襲鎮江城斬降將佟養正明年陞為摠兵開府于椵

島彌東江鎮遼民來故者前後數十萬屋居櫛比島中不能容分處其中于宣川身彌島自登州船運粮物金帛不可勝計本國亦助軍粮出陸販賣者往來絡繹兩西沿海之地漢人相雜崇禎二年遼廣經畧袁崇煥會文龍于寧遠前洋以其通虜檣制誅之游擊陳繼盛代領其衆劉興治者初自虜中亡故在毛鎮與繼盛不協率降胡作亂攻殺繼盛本國乃遣李曙鄭忠臣將舟師伐之興治入登洋島中我軍罷歸興治詐稱受勅領島衆未久興治將按虜島衆不從相殺將軍及南商等將官沈世魁勒斬興治殺降胡八百里餘人島中乃定十年春虜既破本國奮本國兵襲皮島鎮世魁死之盡殲漢人掠婦女實貨而去島中遂空

土産　絲　麻　漆　紫草　水獺　鹽　麻魚　秀魚　石秀魚　洪魚　蘇魚　真魚　民魚　鯊魚　廣魚　絡蹄　蛤　石花　蝦　魚鰾　鶻鵰油　鱸魚　鯽魚　土花

城郭　**鐵山城**石築在郡南九里架山上周六千九百七十五尺內有九泉又有軍倉本朝恭定王時築為郡城惠莊王時以邑人憚其高嶮移于平地今頽廢

學校　**鄉校**在郡北二里

宮室　**長寧館**即車輦驛館　**鄉射堂**在府使衙北

烽燧　**熊骨山烽燧**東應龍川郡龍虎山西應宣川郡吾道串　**於郎山烽燧**南應鶩家山北應所串　**鶩家山烽燧**東應歧串西應於郎山　**歧串烽燧**在郡西二十三里東應白梁山西應鶩家山　**白梁山烽燧**東應宣川郡牛耳南應歧串　**所串山烽燧**在郡西二十五里北應龍川郡石乙串南應於郎山

郵驛　**車輦驛**在郡北二十七里館前有蟠松昂藏虬屈晴陰聲畝詔使金湜詩夜夜深根聯地脈盤盤偃蓋向天心者此也

祠廟　**社稷壇**在郡西　**文廟**在鄉校　**城隍祠**在郡北一里　**厲壇**在郡北　**大串島祠**春秋官致祭　**車牛島祠**春秋官致祭

寺刹　**雲岩寺**　**石峯菴**俱在熊骨山　**玉洞寺**在東山

古蹟　**古鐵州城**在郡北三十五里有砲峴北石築其餘土築周一萬五百尺內有七井　**古寧朔城**在郡東四里石築周一千二百尺舊有萬戶營今廢與義州寧朔鎮異

名宦　**高麗李元楨**蒙兵來寇元楨為鐵州倅固守力盡知不免遂焚官倉率妻子投火而死　高麗金坵詩當年怒氣闘塞門四十餘城如燎原倚山高堞當虜蹊萬軍鼓吻期一吞白面書生守此城許國身比鴻毛輕早推二信結人心壯士懽呼天地傾相持半月折骸炊晝戰夜守龍虎疲勢窮力屈猶示閑樓上管絃聲更悲官倉一夕紅焰發甘與妻孥就灰滅忠魂壯魄向何之千古州名記鐵空　**全忠**忠宣王時知鐵州為政簡便　**李希勣**為鐵州判官狄兵至城下攻之甚急城中粮盡不克固守希勣率丁壯自刎而死

人物　**本朝鄭鳳壽**慷慨有膽畧登武科嘗歷萬戶仁祖五年金虜入寇諸城皆潰時龍骨無守將叛人張士俊以城應賊郡中士民誅士俊推鳳壽為將保龍骨賊大至鳳壽與衆悉力拒守大小數十戰殺賊無數卒全龍骨城後為全羅兵馬節度使軍律嚴肅士卒畏服

龍川郡東至義州界良策館十九里北至同州界十九里南至鐵山郡界二十二里西至海岸四十里距京都一千一百七里

旱田

水田

建置沿革本高句麗地後沒於渤海因為女真所據

高麗置安興郡顯宗時改爲龍州後陞爲龍灣府
忠宣王初降爲郡本朝太宗十三年改爲龍川郡
掌而 官員郡守 訓導各一人 今增 時陞爲都
護府
郡名安興 龍州 龍灣
形勝江連渤海野接遼陽 柳廷顯詩
山川龍骨山 一名龍虎山在郡東八里鎮山西臨大海北望鴨緑江江之外松鶻諸山如在几案之前最爲勝絶 龍眼山 在郡西二十里 海 在郡西四十里 沙爲浦 在郡西三十里 長川 出城内西山東流至城東門又轉而西流入于海 薪島 在郡西六十里
大牛島 在郡南八十里 蔘島 在郡南二十九里 信知島 在郡西六十二里
獅子島 在郡西三十里 吾道島 在郡西三十九里 馬島 在郡南四十五里有魚梁 月老島 在郡南三十二里 梁良串 在郡西三十五里 龍岩 在郡西四十五里潮水往來岩上有龍爪痕
土産絲 麻 紫草 無名石 出柳山 蝅 蘇魚 石
首魚 廣魚 大蝦 秀魚 洪魚 石花 土
花 蛤 絡締 民魚 真魚 烏賊魚 滄魚
魚鰾 鵓鴣油
城郭郡城 石築周一萬三千三百八尺有門城内有九十五井三溪四池
學校鄉校 在郡城内西中宗朝移城外西
宮室客館 觀德亭 在郡東二里 桃流堂 在良策驛館接使客之所有泉

石勝驛
烽燧龍虎山烽燧 西應義州刀山東應鐵山郡甑骨山 代山烽燧 在郡西十一里西應義州方里岩東應龍眼山 龍眼山烽燧 西應代山東應辰串 辰串烽燧 在郡西四十二里西應龍眼山東應沙爲浦 沙爲浦烽燧 西應辰串東應石乙串 石乙串烽燧 在郡西三十五里西應沙爲浦東應鐵山郡所串
郵驛良策驛 在郡東十八里李詹詩烽傳如海嶠世變記山城洞客雲霞古窓寒雪月明
栽松院 在郡南二十五里 乾川院 在郡東二十七里
祠廟社稷壇 在郡西 文廟 在鄉校 城隍祠 在郡西二里 厲壇 在郡北
寺刹龍虎寺 在郡城内寺前有鴨脚樹一根二株或久枯復蘇如是者每三 佛頂寺 在城内 元通寺 元寂寺 俱在龍骨山
古蹟古龍州 在郡西二十里 柳等井廢縣 在郡南十五里
名宦高麗秋適 忠烈王時守龍州多惠政性豁達好直言享客當以簡潔何必費百金致八珍耶 本朝李希建 仁祖初爲龍州府使居官清儉累於邊事副帥無所擇謂府當邊塞無城整建請築龍骨山城身負石爲吏卒倡城成未久有虜難諸城皆陷敗而龍骨獨全人追思德之立石記功
昌城都護府 東至雲山郡界一百九十里至泰川縣界二百四十里南至朔州府界二十三里西至鴨緑江三里北至碧潼郡界六十三里距京都一千二百五十四里
旱田
水田

建置沿革本高句麗地後沒於渤海因爲女真所據高麗靖宗置昌州高宗時被虜兵城邑丘墟恭愍王時復於州南地置泥城萬戶府本朝太宗二年併昌城泥城改爲昌城郡世宗時陞爲都護府世祖時置鎮掌面

官員府使　教授各一人

郡名昌州

山川延坪山在府南二十二里山南朔州府界有鐵彌勤　達覺山在府東九十里碧潼郡界俗傳若樵朧喧閙則輒雲起雨下　青山在府東九十里　堂阿里山在府東一百七十五里　雲圓山俗稱雲頭里山在府西十三里泰川雲山兩郡之境　鴨綠江自碧潼郡界流入經府北四里又西流過朔州仇寧鎮入義州境見義州　昌洲川在昌洲鎮南源出府東於項洞南流入鴨綠江　甲岩川在府南十里源出防墻峴入鴨綠江　漁汀灘在府北三十里鴨綠江支流　馬節耳洞以下係鴨綠江外之地　尾遷洞　大尾方洞　小尾方洞　山羊遷　狄田岩　驢土灘

土產絲　麻　水泡石　貂　黃鼠　青鼠　人參　海松子　茯神　蜂蜜　黃蠟　白蠟　弓幹木　羚羊　麝香　水獺　銀口魚　餘項魚

城郭府城石築周二千一百五十五尺有門城內有十一泉　鴨綠江行城自府始起依鴨綠江岸延袤斷續至江界府滿浦鎮而止本朝初所築在府境者自至長二萬一千五百八十尺又自古林城至失𨂿里洞口二處長三百尺自昌洲鎮至漁汀灘洞口五處長一千尺

公署昌洲僉節制使鎮在府北四十五里石城周一千八百五十尺兵馬僉節制使一人

學校鄉校在府城內北

宮室客館

烽燧甲岩烽燧北應雲圓山南應朔州府延坪山西應同府權狄岩　雲圓山烽燧南應甲岩東應廟洞　廟洞烽燧在府北十里西應雲圓山北應漁汀灘　漁汀灘烽燧西應廟洞北應徐介洞　徐介同烽燧在府西三十九里西應漁汀灘北應古林城　古林城烽燧東應碧潼郡胡肶里西應徐介同

郵驛昌洲驛在昌洲鎮　猿貞院在府東九十里　九階院在府東百里

關梁延坪嶺關大延平嶺上又見朔州府　雲圓山堡在雲圓山石城周三百四十尺　大失𨂿里堡在府北五十三里石城周七百尺　甲岩川堡石城周四百十六尺　漁汀灘堡石城周三百四十七尺　田于洞堡在府東十五里石城周五百五尺　牛仇里柵在府東四十二里已上俱差權管戍之

祠廟社稷壇在府西　文廟在鄉校　城隍祠　厲壇俱在府北

寺刹福崇寺在堂阿里山　上菴寺在達覺山　淨惠寺在雲林山

古蹟青山鄉在府東　里本雲山郡地本朝世宗時割入府　青山城山石築周遺高麗末紅賊闌入州人倚險避難本朝太宗時築石城周五千四百五十尺四面危險只有一門設懸梯乃得入城內有三溪舊有軍倉今府　古城在府東一百五十里城周一萬七千尺內有大川又有十一井俗稱古城　玉開驛古址在府東二百五里　楓田驛古址在府

東二百里 聖人橋 在府南十五里鴨綠江岸水淺則可見

人物 本朝 金乙時 事親有至性城中失火延及其家父病不能起乙時直入火焰中負父以出與父俱死 成宗朝事聞旌閭

朔州都護府 東至昌城府界八十四里北至同府界十八里南至龜城府界九十四里西至義州界二十里至鴨綠江三十六里距京都一千九十五里

旱田

水田

建置沿革 本高句麗地後沒於渤海因為女真所據 高麗置寧塞縣顯宗時改為州後陞為朔州府 本朝 太祖三年降為郡 恭靖王十三年陞都護府 惠莊王十二年徙置小朔州置鎮掌西鎮 管鎮一 仇寧 官員 府使 教授 各一人

郡名 寧塞

形勝 水下要衝之地 本朝李志蹟朔州為水下要衝之地

山川 天磨山 一統志作雲山在府西南八十里義州及龜城府界 黑山 在府東二十五里 盖幕山 在府西二十里 青龍山 在府南九十里龜城府界 洗井山 在府南三十里 延平山 在府北十八里昌城府界 界畔山 在府南三十里 五峯山 在府東六十五里 豆龍山 在府東七十九里 八嶺山 在大朔州南九十四里又見龜城 三岐川 在府北十里其源有三一出洗井山一出盖幕山一出黑山至此合流故名又西流入鴨綠江 界畔川 在府東三十五里出界畔山西流入三岐川 溫井川 在府南三十五里出洗井山北流入三岐川 板幕川 在府西十五里出盖幕山與界畔溫井西川合流入鴨綠江 泉洞川 在府東七十里出大朔州東流入白呂子川 白呂子川 在府南五十里出天磨山南流入凡帛川 凡帛川 在府南六十八里有二源一出天磨山一出青龍山至府南合流東入溪畔川兩水交流故名凡帛 桂洞川 在府南九十五里凡帛川之支流 溫川 在府南三十里在溫井泉傍

土產 緜 麻 水泥石 海松子 人蔘 弓幹木 蜂蜜 黃蠟 麝香 貂 黃鼠 青鼠 羚羊 水獺 銀口魚 餘項魚

城郭 府城 石築周二千九百三十三尺有門城內有井泉十三 鴨綠江行城 在仇寧口子東西洞口者石築長一千二百三十尺

公署 萬戶鎮 戶鎮 在府北三十五里本義州地我世宗時割入于府石城周二千八百十七尺 兵馬萬戶一人

學校 鄉校 在城內南

宮室 客館

烽燧 延坪山烽燧 北應昌城府甲岩南應件田山 件田山烽燧 在府西南十二里北應延坪山南應梧里洞 權狄岩烽燧 在府北三十二里東應昌城府甲岩西應田往仇非山 田往仇非山烽燧 在府北三十三里東應權狄岩西應義州老江灘 梧里洞烽燧 在府南二十九里北應件田山南應城頭山 城頭山烽燧 在府南六十五里北應梧里洞南應龜城府八嶺山

郵驛 大朔驛 在古朔州 小朔驛 在府城南 界畔院 在府南四十里 大朔

院 在府南九十五里一名八嶺院

關梁 延坪嶺關 在延坪嶺上古置關門緣關左右等行城今廢有遺址 本朝李志完西邊形勢跡朔州為水下要衝之地延坪嶺為賊路左協仇寧鎮為其右協故昔契丹蒙古之入寇也皆由此路焉是嶺高峻險阻騎不得成列百二重關無以過之脫有警急提數千之兵據險守要則雖有鷹騎千群亦無如之何矣見其嶺上築城設關之基址宛然猶在昔人深意蓋可見

祠廟 社稷壇 在府西 文廟 在鄉校 城隍祠 在府西三里 厲壇 在府北

寺刹 普賢寺 在五峯山 藥師菴 在延坪山

古蹟 古朔州 在府南六十五里即古邑治俗稱大朔州石城周四千六百十五尺內有十一泉旧置軍倉收博川泰川嘉山等官租税今廢 歧伊驛 旧址在府南九十里 岩舍驛 旧址在歧伊驛西十里 昌平驛 旧址在歧伊驛東十里已上三驛本龜城地本朝 太祖時割入為府地

名宦 本朝 崔雲海 為朔州兵馬使有勇略愛民如子陞西北面都巡問使

流寓 權撥 本朝安東人累官為議政府贊成恭僖初以忠直罹士禍謫朔州居一年病卒及奸臣敗死始贈謚忠定鄭光弼嘗称撥有死亂不可奪之節

龜城都護府 東至泰川縣界三十八里南至定州界三十八里至宣川郡界七十二里至郭山郡界五十八里西至義州界一百十三里北至朔州府界二十九里距京都八百八十六里

旱田

水田

建置沿革 本高句麗地後沒於渤海因為女真所據 高麗成宗遣徐熙逐女真置龜州 高宗時陞為定遠大都護府 高宗八年蒙兵来侵兵馬使朴犀守禦有功故陞 又改定州牧 後移治隨川 即今定州 高麗末移治馬山之南至本朝又移隨川 本朝 世祖初以龜州本城地宗要害而與今定州懸遠復析置龜城郡尋陞為都護府置鎮掌面

鎮管郡二 宜川 郭山 官員府使 教授 各一人

郡名 龜州 定遠

風俗 務射御尚簡疾 並郡籍

山川 鑠鉾山 在府西北十里鎮山即青龍山東支山形尖秀如鑠鉾故名方言謂鑠鉾為甫十故諺稱甫十山 西陽山 在府南四十里 西山 在府西十五里即甫十山西支 青龍山 在府西北三十五里 檢山 在府西北七十里 八嶺山 在府北二十九里 泉峴 在府南四十八里又見定州 窟菴山 在府東北三十九里與八嶺山東支相連有石築古基周一萬五十尺內有二井 皇華川 在府北二十里出窟菴山經客館東流入丘林 丘林川 在府南三十里出檢山東流入八嶺川 八嶺川 在府北二十里出八嶺洞南流與丘林川合入博川大寧江 釜淵 在府東二十五里深不可測天旱禱雨有驗 古城池 在府南三十里

土産 絲 麻 銅鐵 産延間 樺皮 紫草 人參 蜂蜜 黃蠟 貂 青鼠 洪魚 真魚 民魚 蘇魚 石花 絡締

城郭府城石築周一萬二千三百三十五尺有門城內有井泉五十

學校鄉校在府北四里

宮室客館

烽燧所串烽燧在府北二十八里北應朔州府城頭山南應古城 古城烽燧在府西三里北應所串南應泰川縣籠吾里

郵驛龜州驛在府城內 釜淵院在府東二十四里釜淵停 八嶺院在府北三十里 五林院在府南三十里丘林川停

祠廟社稷壇在府西 文廟在鄉校 城隍祠在府北三里 厲壇在府北

寺刹廣法寺在青龍山 獅子菴 圓通寺俱在塞菴山 吉祥寺在檢山 文殊寺在西山

古蹟安義鎮在府南一百七十里旧屬隨州本朝惠莊王朝省入于府 片月城在府西七十八里土築周三千七百五十九尺內有泉二諺傳安義之民避亂于此 西陽驛旧址在府南五十里 通義驛旧址在府西三十五里 大平驛旧址在府西六十里

名宦高麗徐熙成宗時以平章事攻逐女真築城置龜州 金叔興為龜州別將顯宗初契丹主陷京城及其還叔興擊斬丹兵萬餘級丹兵又大至叔興與興化鎮巡檢使陽規合力終日力戰矢盡俱死王賜其母粟歲五十石追賜壁上功臣 朴犀高宗時為西北面兵馬使蒙古元帥撒禮塔屠鉄州至龜城圍城數重日夜攻之又擒渭州副使朴文昌令入城諭降犀斬之蒙兵圍住三旬百計攻城犀輒勝機應變終始固守蒙兵乃退有蒙將年幾七十者至城下環視城壘器械歎曰吾結髮從軍歷觀天下城池攻戰之形未嘗見被攻如此而終不降者城中諸將他日必皆為將相後犀果拜平章事

宣川郡東至郭山郡界十三里西至鉄山郡界七十里南至海岸二十一里北至龜城府界九十一里距京都九百六十三里

旱田

水田

建置沿革本高句麗地後没於渤海因為女真所據高麗置通州顯宗時改為宣州本朝太宗十三年改為宣川郡掌面

官員郡守 訓導各一人

增 時陞為都護府

郡名通州 宣州

山川棲雲山 菩提山俱在郡北六十里 釗山在郡西二十里峯巒嵯峨如釗芒故名 無骨山在郡東十里 所山在郡北六十五里古宣州鎮山 香山峴在郡北九十里 灵山在郡東南 海在郡南 東路江在郡東五十里出龜城馬轉山東流經郡東又南流入于海 清江在郡北四十里其源有二一出香山峴一出菩提山至古軍營合北流至鉄山郡境二十里入于海 掘江浦在郡西三十里源出菩提山 石和浦在郡南十五里 大池在郡南一里 炭島在郡南三十二里 大和島在郡南六十里 身彌島在郡南三十里周一百八十里巑峰峭壁為海面巨岳又有茂林豐草之饒旧有牧場天啓中明總兵毛文竜鎮椵島分處其衆於此改號為雲從島及椵島敗此島亦遂荒至今 上時始復置牧場 蝶島在郡南三十里諺傳有九十九井 亏里梗島在郡南七十里 真梗島在郡南八十里

土産絲　麻　紫草　磁器　紫硯石出郡東多米里　鹽　眞魚　青魚　蘇魚　秀魚　石首魚　洪魚　銀口魚　民魚　廣魚　烏賊魚　鯊魚　魚鰾　絡締　蝦　石花　土花　輪花　蛤　鶺鴒油

城郭郡城石築周一千八百五十六尺有門城中有二井

學校鄉校旧在城内南中宗時移城外南

宮室客館

烽燧牛耳串烽燧在郡西二十五里西應鐵山郡白梁東應立岩　立岩烽燧在郡西二十里西應牛耳串東應蟻腰　蟻腰烽燧在郡南十五里西應立岩東應郭山郡青奄山　吾道串烽燧在郡西二十里東應郭山郡松足西應鐵山郡餘骨山

郵驛林畔驛在郡北二十五里大明祈順詩石逕東來度一關迎賓亭館舉微間古城近接東林境去路遥通北岳山　加勿川院在郡東十五里　栢峴院在郡西六十里

關梁東路江橋跨東路江　清江橋跨清江

祠廟社稷壇在郡西　文廟在鄉校　城隍祠在郡南二里　厲壇在郡北　炭島祠春秋官致祭　大和島祠春秋官致祭

寺刹妙惠寺　栖雲寺俱在栖雲山　永安寺　寶德寺俱在鵂山　普光寺在普提山　無骨寺在無骨山　上覺菴在身彌島中高懷山上境致奇絶其下又有中覺菴

古蹟東林城在郡北六十一里即古宣川城西北土築東南石築周一萬七千五百六十二尺今麻内有井川五諺傳旧有五扇五部　古軍營在郡北四十里　水清鎮在郡西十

名宦本朝金應河光海時爲宣川郡守時中朝征建虜應河爲左營將從都元帥姜弘立等由東路進兵渡江到虜穴中朝諸將皆敗弘立等投虜獨應河力戰死之　神宗皇帝遣使褒贈遼東伯

人物高麗房瑞鸞本朝鄉貢進士也趙位寵舉兵西北諸城皆附瑞鸞謂其兄孝珍曰今位寵貪諺諸城士豪僞署官職我曹亦預其中位寵所謀不止討賊若不改圖恐同惡流醜遂密誘州人殺位寵所置將遣人賫首從間飛報行營諸城聞之皆罷兵王嘉之屬内侍

郭山郡東至定州界十三里南至海岸十三里北至龜城府西至宣川郡界二十三里界三十二里距京都九百二十七里

旱田

水田

建置沿革本高句麗地後沒於渤海因爲女眞所據高麗成宗遣徐熙逐女眞置郭州高宗時降稱定襄以叛逆降元宗初以被蒙兵殘破併于隨州恭愍王時復析置郭州爲郡本朝　太宗十三年改爲郭山郡

掌面　官員郡守　訓導各一人

郡名郭州　定襄

山川淩漢山一統志作熊花山在郡東北七里鎭山　長境山在郡北三十里　海在郡南十三里　三長川在郡西五里西流入海　防築浦在郡南二十里　浮落浦在郡西二十八里　召浦在郡南十五里有魚梁　居羅池在郡南十里　牛筒池在郡東十三里　聲伊串在郡東二十三里　芳里串在郡西十五里　内

隱金串在郡西二十里

土産絲 麻 紫草 紫硯石出宣沙浦 鹽 銀口魚 蘇魚 秀魚 石首魚 烏賊魚 鯊魚 民魚 洪魚 廣魚 真魚 鰕 石花 土花 絡締 魚鰾 鵝鵰油

城郭凌漢山城石築周六千九百十三尺有門城內有二十三井一池有軍倉

公署宣沙浦僉節制使鎮在郡西三十二里水軍僉節制使一人

學校鄉校在郡東一里

宮室客館 新亭在客館北 雲興館在雲興驛

烽燧青奄山烽燧在郡西二十八里西應宣川郡蟻腰東應防築浦 防築浦烽燧西應青奄山東應定州立波山 松足烽燧在郡西二十五里西應宣川郡吾道串南應所山 所山烽燧在郡東南五里西應松足東應定州悅寧山

郵驛雲興驛在郡北十七里 大明金湜詩路入雲興機渡河盤回漸覺地形多高低沙隴層々叅斷續溪田處々禾海上漁鹽時有利城中官府旧無科我來正值端陽節誰解龍舟競汨羅 凌霽院在郡北十三里 慈悲院在郡東十三里 加乙亇川院在郡西二十三里

關梁宗光川橋在郡南一里 史松川橋在郡北十里 三長川橋在三長川

祠廟社稷壇在郡西 文廟在鄉校 城隍祠在郡北二里 厲壇在郡北

寺刹開元寺在郡北二十三里 長境寺在長境山

烈女金氏女名四月郡民金末中女性篤孝年十九母得狂疾經年不愈爲夫所棄女聞生人骨可已疾自斷手指爲藥以進病即愈本朝世宗時旌其閭復戶大明詔使倪謙爲作孝女詩以記之

名宦高麗徐熙成宗時以平章事攻逐女真築城置郭州

寧邊大都護府東至价川郡界二十一里至德川郡界一百九里南至安州界五十六里西至泰川縣界四十里至博川郡界四十六里北至熙川郡界一百二里至雲山郡界二十一里距京都八百二十三里

旱田

水田

建置沿革本高勾麗雲南郡一云古青山成宗時改爲撫州高宗十八年避蒙兵空其地入海島元宗二年出陸僑居渭州古城屬嘉州恭愍王時倂入泰州恭讓王時復析撫州爲縣本朝恭定王十三年改爲撫山縣 莊憲王十一年築城藥山仍置邑倂延山府陞爲寧邊大都護府以都節制使兼府使世祖時因以爲節度使本營惠莊王朝割古延州之地屬雲山郡掌面鎮管郡三雲山熙川博川縣一泰川官員府使節度使兼仁祖五年移節度使營于安州特置府使判官 教授各一人

郡名雲南 撫州 撫山 延州別號藥山

形勝東據香山之阻南有清川之限西通龟朔之路北距江渭之塞天作之城府籍云藥山天作之城狀如鐵甕藥山之險甲於東方層巒疊嶂互回四面狀如鐵甕會兵之所本朝崔致雲記地居義朔江界諸州之中寀為會兵之所處諸州之中控御關西

風俗尚武勇

山川藥山在府西八里鎮山妙香山在府東一百三十里古名太伯山雄據四百餘里磅礴宏大山勢絕高檜柏不能長香木蔓山古記云山有三百六十庵高麗李穡記香山在鴨綠水之南平壤之北與遼陽為界山之大莫之與比而長白之所分也地多香木冬青而仙佛舊迹存焉高麗高宗三年金山兵奔此山燒普賢寺官軍追擊之斬獲二千四百餘級賊將只奴中箭死擒山在府東六十里耳山在府北六十里清川江在府東南二十里其源有二一出熙川郡狄踰嶺東流百十里為魚川一出寧遠郡西流至四十里與魚川合流于熙川郡鳳丹城為此江經府東又南流入安州界在府境者俗稱花遷江香山川在府東一百五十里源出香山流五十餘里與魚川合魚川在府東六十里即清川江上流孔浦水在府西十五里俗稱仇音浦津水其源出理山郡境牛嶺歷雲山至府北四十里為沙灘東流至安州無骨島入清川江大寧江在府西四十里其源出朔州昌城等境至泰川郡南流三十餘里經府西入博川郡境在府界者稱鎮江夬伊塔洞在府南十五里即孔浦支流龍湫在府城西門外旱則禱雨

土產絲 雪綿 麻 五味子 人蔘 海松子 茯苓 紫草 弓幹木 麝香 蜂蜜 黃蠟 羚羊 鷹 銀口魚

城郭府城即藥山城石築周二萬六千八百十五尺立門東曰 南曰 西曰 北曰 城內有五十井三溪

公署節度使營在府城內仁祖五年移于安州魚川道察訪司在府東六十里領魚川所古開平長洞平田加莫狄踰立石城于從浦出洞英土古理牛場古延碧團昌洲蒲浦大朔小朔方山草川二十二驛察訪一人

學校鄉校在府東三里

宮室客館本朝沈守慶寧邊府記岩巒峯嵂自北延寀乎西者藥山也川流縈回從西經帶乎南者孔浦水也雉堞緣岡者府城也客館居其中而宏敞元帥及僚佐各有廳壹於其側運籌樓在府城內崔致雲記通判李君楨告余曰夫藥山四方高峻岩石削立稱天作之城土且肥衍宜桑麻寀為達邑之地且義朔江界諸州之中亦宜會兵之所太宗之十六年春工曹敬奉王旨移文本道開築城子其時都安撫兼節制使辛公有定掌督之以為公貴經久宜莫如石乃役本道三萬六百名遂取本山之石疊之高可二丈周圍幾二十里東南水等三門門各起樓西北二門只設門扉以二月初二日肇役二十七日斷手焉城內造倉庫凡三十四間而收諸州租稅以備軍需倘有緩急但欲避亂而已殿下之十一年冬本道都體察使黃喜等上書謂藥山城者寀天作城基擬合撫延二州為一邑稱大都護府置府使判官以兵馬都節制使兼之以成巨鎮上從之都制使曹公備衡董役開設衙門倉庫至於營舍舟艤之事俱以訖工且於牙門之南起樓彌日運籌雖以負之不肖亦得與焉自是以後民之旧去者皆復新至者相繼環城無廢田矣前年春正月崔相公潤德以都節制使運籌于此聚會軍馬平定北狄秋七月復以右議政為都按撫察理使來莅于此余為佐幕運籌之事策無遺策而毛憐衛都督李撤滿荅失里建州衛都指揮李滿注等各遣帑侄恭致降書頓首闕下其餘頭目等身自來朝誠心投順邊警庶無虞矣子其記之以傳不朽顧

不韙歟余惟方當聖君眷相〻與咼治以重軍政之時子及曹相出膺廟選莅茲新邑撫字之方扞衛之具俱可稱述揆諸簡冊所載盖無愧也而況奉國家之命披榛棘斬荊棘招来人物成此大邑其功豈淺〻哉惟我右相公繼先公之業三承綸命来鎮本道爲國家藩屛破匈奴於一鼓来匈奴於一檄以成泰山之功余雖搦筆不敢辭因書以爲記

決勝亭 在夫伊塔淵上迎餞賓客之所 偃武亭 在府東十五里獐項渡上 寬心亭 在府北百里

烽燧 栗峴烽燧 在府西北三十九里西應泰川縣龍吾里南應博川郡秃山

郵驛 魚川驛 在魚川北虎察訪司本驛 開平驛 在府北百里高麗高宗三年金山兵屯延州開平驛諸軍莫敢前金就礪按劍策馬與將軍奇存靖直衝賊圍出入奮擊賊兵潰追至開平驛賊設伏發北急擊中軍就礪回軍擊之又潰 加乙峴院 在府北四十里 蝢坪院 在府東五十里 隨營驛 在府南 石橋院 在府北六十里

關梁 獐項渡 在府東十五里即清川江津渡路通价川德川

祠廟 社稷壇 在府西 文廟 在鄉校 城隍祠 在府北三里 厲壇 在府北

寺刹 普賢寺 在妙香寺西南寺有萬歲樓其東北五里又有内普賢菴 潤筆菴 安心寺 金剛窟 俱在妙香山 龍門寺 在倫山 林井菴 觀音菴 栖雲寺 元曉菴 深寂寺 義相菴 俱在樂山 蒲合寺 在耳山 今增内院菴 在妙香山東北又有内外窟鉢淵仙上仙下仙等菴 建閣寺 在妙香山北崇禎中僧灵熙重建 昆盧菴 在妙香山頂昆盧峯下有上下二菴 法王臺 金仙臺菴 俱在妙香山古記三國時有僧自白頭山来入香山昆盧峯北得北芙蓉峯〻有四臺中〻臺卓菴居焉東菴曰法王臺西菴曰金仙臺法王東有一臺曰散花臺金仙西有一臺曰極樂臺散花北有泉曰甘露水極樂北有泉曰芊尙水

古蹟 古撫州 在府北二十五里有土城周五千九百四十七尺俗稱撫山城 廢渭州 在府西北四十里高麗初置文宗四年築城改州廢元宗初爲撫州治所有土城周四千五百六十尺俗稱渭川城 廢延州 在府南三十里高麗初爲密雲郡光宗時改爲延州恭愍王時陞延山府本朝因之莊憲王十一年省合于本府惠莊王時割雲山郡今爲雲山地 新豐驛 古址在府北三十里 興郊驛 旧址在渭州 官化驛 旧址在古撫州 太伯山 古記稱昔有天神桓因與其子雄率其徒降于太伯山頂又云有神人降于太伯山檀木下是爲檀君立國號曰朝鮮 漫渤水 三國史扶餘王得女子於太伯山南漫渤水爲日影所照有娠生卵剖化爲兒骨表英奇七歲自作弓矢百發百中扶餘俗以善射爲朱蒙故名曰朱蒙是爲高句麗始祖東明王 按漫渤水未詳其地姑從太伯山南之說附于此 芿入國 在太伯山東南高句麗始祖六年遣烏伊扶芬奴伐取之今未詳其地

名官 本朝 辛有定 恭定王朝都節制使兼寧邊府使營築城邑 崔潤德 莊憲王朝爲都節制使征婆猪江野入獲捷全師而還後復以右議政爲都鎭撫察理使出鎮寧邊毛憐衛都督李滿住答失里建州衛都指揮李滿住等各遣子侄納降 曹備衡 莊憲王朝爲判寧邊府使營造官宇撫字民庶流亡還集田野漸闢 李楨 莊憲王朝通判寧邊勤幹有政績 具致寬 爲都節制兼寧邊府使性嚴正有文武材治軍撫民皆得其便成化三年帝徵兵討李滿住惠莊王令致寬又以領議政爲鎮西大將軍曰吾之萬里長城 張晩 光海初爲節度使便宜恤軍西民安之間延四郡廢且百年夷種多冒處晩謂祖宗疆土不可棄使人往視投以一公牒曰若遇虜出此示之果遇虜縛以故乃出牒以示其酋〻曰此官人不可殺間延本朝鮮地

我人居之是曲在我即撤去渡又以體察副使鎮閼西時深河師敗邊民屢驚晚從容鎮定之

人物高麗玄德秀延州人鐵面牟角有膽畧明宗時趙位寵舉兵西京岊嶺以北皆應之德秀與州將閔城固守屢敗諸城兵以功拜內侍祗候出爲安南都護府使爲政廉明右惡淫祀巫覡不得入境入爲都官郎中神宗朝累遷兵部尚書　兵世任萬至正甲午德興君領兵來其將要主欲竄避亂人民兵世禱于天以石投要主中死任萬斬其首德興君乃退以功叙其子孫

雲山郡東至寧邊府界五十九里南至同府界十五里西至泰川縣界三十四里北至理山郡界八十一里距京都八百五十九里

旱田

水田

建置沿革本高句麗地後沒於渤海因爲女真所據高麗置雲中郡光宗時爲威化鎮成宗時改爲雲州元宗初以被蒙兵殘破併于延州恭愍王時復析置雲州爲郡本朝　太宗十三年改爲雲山郡世祖時省入寧邊府尋復析置掌面　官員郡守訓導各一人

郡名威化　雲州

山川白碧山在郡西二十里鎮山〻頂有龍池天旱禱雨　雲臺山在郡北三十里頂有龍湫水深不測旱則祈雨　東川在郡東四十里有二源一出理山郡境一出碧潼郡境至寧邊府境入孔浦水　溫井川在郡東四十里出雲臺山至寧邊府境入孔浦水傍有溫井

平限川在郡西十里出白碧山入寧邊府孔浦　藥水在郡西三十里水冷甚可治百病

土產弓幹桑　絲　麻　茯苓　五味子　人參　松蕈　石蕈　蜂客　黃蠟　羚羊　錦鱗魚　餘項魚

學校鄉校在郡南三里

宮室客館

郵驛古延驛在古延州　車踰院在郡北六十里　牛界院在郡西三十五里　牛院在郡東六十里

祠廟社稷在郡西　文廟在鄉校　城隍祠在郡北三里　厲壇在郡北

寺刹般若寺在白碧山

古蹟白碧山城石築周一千五百六十九尺今廢　直洞土城在郡北三十里周六千九十九尺今廢　廢延州在郡東四十里高麗置延州恭愍王時陞延山府本朝因之世宗朝省州併寧邊府惠莊王時割入于郡有土城周八千五百八十九尺今廢　玉兒里驛旧基在郡東二十里　雲畔驛旧基在郡北四十里

熙川郡東至江界府界一百十九里北至同府界一百八里南至寧邊府界四十六里至寧遠郡界九十四里西至理山郡界七十四里距京都九百七十二里

旱田

水田

建置沿革本高句麗地後沒於渤海因爲女真所據高麗置清塞鎭高宗初陞爲威州以禦丹兵有功陞後改稱熙州爲价州兼任以背國投狄者其官本朝　太祖五年復置熙州　太宗十三年改爲熙川郡享丙　官員郡守訓導各一人

郡名清塞　威州　熙州

形勝國之僻裔本朝崔岦兩賢祠記熙爲郡僻江界國之僻裔　大山　渓谷　廣川

山川白山在郡北一百八里山東有頭疊窟自山腰至頂皆白石故名　南山在郡南一里　妙香山在郡南五十里詳寧邊府　狄踰嶺在郡北一百五十里詳江界府境　蚯蚓城嶺在郡西七十四里理山郡境　狐峴在郡西四十五里寧邊府界　平田嶺在郡東南九十三里寧遠郡界　元林峴在郡南二十二里寧邊府界　立巖在長洞東北十里有小峯孤聳狀如錐立水遶長三丈餘　魚川一云西川在郡西四里源出白山及狄踰嶺流入寧邊府境　溫泉在郡東五十里元洪里

土産絲　麻　漆　茯苓　人蔘　五味子　海松子　松蕈　麝香　弓幹木　蜂蜜　黃蠟　羚羊　貂　黃鼠　青鼠　水獺　餘項魚　錦鱗魚　訥魚

城郭郡城石築周九千七百七尺内有七泉高麗顯宗所築今頹圮有門

學校鄉校在郡北一里　寒暄書院在鄉校傍　宣祖時觀察使金繼輝建有兩賢祠記寒暄堂金宏弼靜菴趙光祖有李珥記

官室客館

郵驛長洞驛在郡東四十二里　狄踰驛在狄踰嶺下　平田驛在平田嶺下　狄踰嶺院

關梁

祠廟社稷壇在郡西　文廟在鄉校　城隍祠在郡東四里　厲壇在郡北

寺刹圓明寺　廣濟寺俱在妙香山北　今增深源寺在妙香山北又有金仙臺法王臺之菴皆在香山絶頂之東石崖棧道人跡罕通云云

古蹟鳳丹城在郡東六十四里古有鳳丹者居之故名今廢

流寓金宏弼本朝燕山時被史禍謫熙川時趙光祖年少隨父至魚川任所聞宏弼學有淵源從而講學

人物本朝金宇太宗朝以佐命功臣封熙川君諡襄靖

博川郡東至寧邊府界十一里北至同府界十二里至泰川縣界十二里南至安州界三十三里西至嘉山郡界十六里距京都八百里

旱田

水田

建置沿革本高句麗地後沒於渤海因爲女真所據

高麗置博陵郡成宗時改爲博州元宗初以被蒙兵殘破併于嘉州恭愍王時復析博州爲郡本朝

太宗十三年改為博川郡　世祖五年省入寧邊府十年復析置掌面　官員郡守　訓導各一人

郡名博陵　博州

山川臥龍山在郡東三里鎮山又名高方山　鳳翥山在郡南十八里一名深源山　大寧江一名大定江又稱博川江在郡西十五里其源出昌城朔州等境過泰川縣合于安州池老江入于海又見嘉山郡　蓮支池　孟之筒池俱在郡南三十里　江金池在郡南三十五里

土産絲　麻　紫草　漆　楮　莞席　蜂蜜　黄蠟　鯽魚　秀魚　洪魚　石花　蛤

學校鄉校在郡南一里

宮室客館

烽燧兎山烽燧在郡西三里北應寧邊府栗峴南應安州城隍堂　德闇串烽燧在郡南四十九里西應定州沙邑冬音南應安州虎穴

郵驛廣通院在郡南十五里

祠廟社稷壇在郡西　文廟在鄉校　城隍祠在郡東二里　厲壇在郡北

寺刹大藏寺在郡西南三十里大藏山　深源寺　極樂菴　西孔菴俱在鳳翥山　靈泉菴在臥龍山

古蹟古博陵城在郡南十里周七千三百五十五尺中有九泉三池　長林驛古址在郡二十三里李穡詩小憩長林驛開襟納午涼東蔔扶馬壯盃酒照入光屋古山仍近庭空日自長入言嘗駐蹕茇舍在高崗

泰川縣東至寧邊府界三十六里南至嘉山郡界三十五里西至龜城府界二十一里北至雲山郡界二十一里距京都八百四十六里

旱田

水田

建置沿革本高句麗地後沒於渤海因為女真所據高麗光宗置泰州元宗初以被蒙兵殘破併于嘉州恭愍王時復析置泰州本朝　太宗十三年改為泰川郡　成宗三年降為縣以郡人有殺其後母者降掌面

官員縣監　訓導各一人　今增時復陞為郡

郡名泰州

山川香積山在縣東二十五里　三角山在縣北五十里頂有泉湧出東流三十餘里入烏知川　退羅山在縣東十五里　陽和山在縣東二十五里　烏知遷川在縣東十里其源三一出昌城府青山一出朔州府一出古龜州八嶺至縣東合流至博川郡為大寧江　溫泉在退羅山下

土産絲　麻　烏玉出縣南長林里　蜂蜜　人蔘　紫草　五味子　海松子　茯苓　麝香　弓幹木　漆　羚羊

學校鄉校在縣西一里

宮室客館　滌暑亭在客館東下有蓮池

烽燧 籠吾里烽燧西應龜城府古城東應寧邊府栗峴

郵驛 退餘院在縣西二十三里 瓦洞院在縣東十八里

祠廟 社稷壇在縣西 文廟在鄉校 城隍祠在縣西二里 厲壇在縣北

寺刹 陽和寺在陽和山 松林寺在三角山 華藏寺 圓覺菴 圓寂菴俱在香積山

古蹟 古城在縣東十五里周六千六百七十四尺 籠吾里山城在縣西二十里石築周四千三百六十九尺內有泉三俗稱姑城

人物 高麗 邊呂高宗十九年蒙古兵圍松京王避于江華島賊造舡欲攻時呂以鄉戶被執賊問路至加炮烙答以水路甚險賊信之焚舡而退即授上將軍 本朝 金獜祥孝行純至母病欲嘗雉肉獜祥號泣有雉飛入室捕而進之病即愈父母沒哀毀喪葬一依禮服闋終身哀慕罔他心喪三年光海時旌其閭

烈女 金氏孝子獜祥女事父母舅姑極其誠心母病不脫帶嘗糞祈天代命及沒啜粥三年本朝光海旌其閭

成川都護府東至黃海道谷山郡界一百二十六里南至三登縣界三十八里至江東縣界四十二里西至殷山縣界四十六里北至孟山縣界九十里至陽德縣界六十五里距京都七百二十四里

旱田

水田

建置沿革 本沸流王松讓故都高句麗東明王自北扶餘來居卒本川松讓以其國降高句麗亡地皆荒廢高麗太祖置剛德鎮顯宗時改爲成州後降爲郡 本朝 恭定王十五年陞爲成川都護府 惠莊王朝置鎮掌西二十五鎮管郡五德川价川順川慈山祥原縣五陽德孟山三登江東殷山 官員 府使 敎授各一人

郡名 沸流 成州 松讓別號

形勝 東距洑沮西連平壤北 土壤肥美山河險固三國史 東南重岳西北巨川府志東南重岳西北巨川自古形勝之地

風俗 民性柔順務田蚕服食儉素府志

山川 紇鶻山在府東八里鎮山左右絕壁如劒如鵠故名 檜山在府北七十里石壁周三十里中有赤墳平衍巨泉攜流其下諺傳天作之城可容千兵 白嶺山在府東一百三十里中有石窟 樂水山在府西四十里又名普賢山周六十里上有蓮池 香楓山在府東北三十里一云香風山又名加月山頂有避亂窟北有靈鷲峯華卓峯芙蓉峯南有回鶯峯西有柱峯 鷲雲峯山在府東五十里東有牧丹峯南有避亂峯中有中臺窟下有石門千仞 九龍山在府東三十五里亦見三登縣 五雲山在府南三十五里 鳳頭山在府西四十里 紇骨山在府西北一里有擴峯十二世謂之巫山十二峯第一碧玉峯第二金炉峯第三天柱峯第四夢仙峯第五高唐峯第六陽臺峯第七神女峯第八朝雲峯第九暮雨峯第十笙鶴峯第十一紫雲峯第十二大柱峯本朝朴元亨詩江上群峯釼樣尖峯前江水正挼藍 碧山在府東一百十里又名三角山 白嶺山在府東一百三十里上有蓮池 聳雲山在府南十五里上有石名鼎天石山腰有石樓岩東有碧雲峯西有香炉峯 沸流江

在府西三十步其源有二一出陽德縣吳江山一出孟山縣大母院洞至府北三十里合流歷紇骨山下山底有四石穴水入穴中通流沸騰西出故名沸流又南流至江東縣境合于大同江輿地勝覽以此為卒本州**傳淵**在九龍山上周四十尺天旱禱雨有應本朝宣祖時府使崔岦遇旱作文以祭〻未畢大雨如注**溫泉**在府西樂水山下高麗鄭夢周詩火龍吐水潜藏地小洞含春別有天浴罷身心正無累舞雩故興信悠然**冷泉**在府東五里鶴嶺書院前**月老井**在府西七里世傳東明王旧井

土產絲　麻　白玉出白嶺山石窟　漆　楮　鷹　蜂蜜　黃蠟　人蔘　茯苓　松蕈　海松子　五味子　麝香　黃芪　半夏　芍藥　藁本　木　遠志　何首烏　安息香　紫草　黃楊　訥魚　餘項魚

城郭紇骨山城在府西世傳松讓所築可容千兵沸流水回抱其下高麗太祖時改石築周三千五百十尺內有官闕遺基

學校鄉校在府東一里有明倫堂東齋西齋講堂教授廳**鶴嶺書院**在釰鶴山下即龍泉寺旧基恭愍王時府使鄭曙建御筆賜額仍賜御籍有敘倫堂進德齋修業齋藏書閣後立嗣賢祠記鄭逑曹好益

宮室東明館即客館光海時館及降仙樓俱災府使朴燁改構一依旧制求大明侍郎翁正春書揭額本朝李安訥詩千古東明館西開第一州峽深迷楚夢江轉學巴流**鄉射堂**在**鍊武廳**在**降仙樓**在東明館西偶俯臨沸流江西對紇骨山連樓別館有通仙觀學仙觀昇真閣留仙觀伴仙觀朝雲閣逍遙軒蓬萊閣玲瓏閣玄虛閣倒影軒總二百餘間樓觀之壯江山之麗甲於國中古今題咏多矣其上樓額大明翰林學士朱之蕃筆高麗金良鏡詩神入古邑幾經春城郭依然鶴去來景物風流非世有觀遊指畫是誰哉瓊簪酒席雙舟並絳嶺仙曹列舸排滿目江山明十里笙歌環擁入瑤臺本朝宋寅詩降仙既有樓留仙可無處離欄對列岫丹檻臨江渚仙來不待呼仙逝豈容禦尚憑栖息便延之莫教去本朝李志完詩檻外秋潭徹底清小陽臺畔夕陽明楷峯北集香楓嶺疊壁西縈紇骨城故國興亡無盡恨危樓登眺有餘情更携樽酒追歡賞彩纜徐牽戲渚清**面江亭**府別館有面江亭又有臨江亭**平寬臺**在紇骨山之陽本朝李希濶詩妙香山勢自東來下有澄江上有臺登臨欲問群仙在十二峯頭雲欲開**會真臺**在府西四里沸流江邊又府南六里江上有顯然臺

郵驛溫井院在溫泉傍**成殷院**在府西十五里**保僵院**在府南四十里**迎賓院**在府西二十六里**臨水院**在府北十五里**望雲院**在府東三十四里

關梁九龍橋在客館前　**漁汀**　**遊車衣渡**

祠廟社稷壇在府北三里**文廟**在鄉校**城隍祠**在紇骨山**厲壇**在府北三里**武學祠**在府北二里昭敬王時府使鄭逑建祀高麗鄭顗崔椿命

陵廟李龜齡墓在府南二十里泉日里

寺刹安東寺在釰鶴山**普賢寺**在藥水山**淨進寺**　**香水菴**俱在香楓山**月淨寺**在五雲山**清涼寺**在白雲山**妙雲寺**在府鶴官山**望日寺**在鳳頭山**深谷寺**在五鳳山**白雲寺**在府南

古蹟卒本川三國史扶餘王有七子與朱蒙遊戲技能皆不及忌而欲殺之朱蒙乃與烏伊摩離陝父等行至淹淲水欲渡無梁追兵將迫於是魚鼈成橋乃得渡至毛屯谷遇麻衣人等乃曰我欲啓

元甚過此三督豈非天乎俱至卒本川視其土壤肥美山河險固遂欲都焉而未遑作宮室但結廬沸流水上居之國號高句麗亦稱卒本扶餘

沸流國 東明王朱蒙初至卒本見沸流水中有菜葉流下知有人在上流出獵尋之果有國曰沸流其王松讓見朱蒙曰我累世為王地小不足容兩主君立都日淺為我附庸可乎朱蒙與之較射松讓見射大驚朱蒙以詐降之　吳濬曰杜佑通典云朱蒙自扶餘東南走渡普述水至紇升骨城居焉三國史本記云朱蒙自北扶餘逃難至卒本川則紇升骨城卒本川必是一處也卒本川本沸流王松讓故地今成川府相傳高句麗始祖東明王所都而府地有紇骨山沸流江然金富軾又謂漢書志遼東郡距洛陽東北三千六百里屬縣有無慮即周禮北鎮醫巫閭山也遼於其下置醫州玄菟郡距洛陽東北四千里所屬三縣高句麗是其一焉則朱蒙所都紇升骨城卒本者蓋漢玄菟郡之界遼東京之西漢書所謂玄菟屬縣高句麗是歟我入聘遼入燕京者過東京渉遼水一兩日行至醫州以向燕薊故知其然也若據此說則成川非卒本耶　今按三國史東明王朱蒙以漢元帝建昭二年始起為高句麗而漢書武帝元封四年置玄菟郡其屬縣有高句麗後漢書云武帝滅朝鮮以高句麗為縣使屬玄菟賜鼓吹伎人則豈朱蒙未起之前又有所謂高句麗者而至朱蒙南奔至卒本為三國之始歟以此史高句麗傳觀之朱蒙之起似在漢武以前通典所記亦然而三國史本紀年表又皆歷歷如彼是未可知也至若卒本之為今成川地則三國史地志今闕西一帶郡縣舉皆漏無考然卒本與沸流國同是一處而在沸流水上則本紀已明言之高麗史地志云成川本沸流王松讓故都別號松讓成廟所定則成宗乃麗初之君自麗初已以成州為沸流可見矣金富軾乃高麗中葉以後之人而出於臆度其言無准據則成川之為卒本無疑也且以本史反覆參驗東明王朱蒙來居卒本二年沸流王松讓以其國降又東明王六年滅太白山南荇人國以為邑而太伯山在今寧邊府東明卒葬龍山而龍山在今平壤府境琉璃王既自卒本遷都國內城後太子解明在故都與其鄰黃龍國較力而死而黃龍國即今龍岡縣也據此以見則朱蒙所都卒本川者不應在遼東之境然則為今成川益無疑矣漢書所謂玄菟屬縣高句麗恐是朱蒙以前高句麗者金富軾述本紀則以為朱蒙之起在漢元帝時而論其所都則欲以漢武所置高句麗縣當之何也又按遼時東京即今遼東都司城漢書既云遼東郡距洛陽東北三千六百里玄菟郡距洛陽東北四千里而高句麗縣屬於玄菟又云高句麗縣有遼山遼水出註遼山小遼水所出西南至遼隊入大遼水唐書亦云小遼水出遼山西而南流大明一統志小遼水一名渾河出塞外西南流至瀋陽衛合渾河又西南至遼東都司城西北合太子河又與大遼水會入海然則漢書所謂高句麗縣亦應在遼東之東北而金富軾以為在遼東之西恐并為謬誤也

名宦

高麗尹承解 知成州剛廉有威愛州有豪黨擅殺官妓前後奉使者姑息不治承解按首謀者償死餘悉不理一邑寧息

本朝辛永孫 為成川府使

閔孝曾 成宗末為成川府使善於政事學宮公館皆重修官道種柳後有大水閭家盡漂邑人緣柳得生號其柳日閔柳

孔瑞麟 中宗朝為成川府使慈祥愛民邑人追思之

崔岦 為成川府使在任善舉職以平均徭賦為先務凡學校館宇皆興廢起壞適歲饑盡心荒政宣祖命陞秩通政

曹好益 宣祖時為成川府使有惠政好益德義素著居任未久而士民信服

鄭逑 代好益為府使政在安民教士以義時倭冠再逞妃嬪諸王子皆西赴駐府逑禮待有適上下倚重

李尚發 宣祖末由兵曹參判出為成川府使治務寬恕民懷其德及去立碑以思之有所撰成川志

流寓

鄭顗 本清州人寓居成州高麗高宗四年以臺掾分司西京成州人崔光秀殺西京兵馬使據其城傳檄北界聲言復興高句麗顗素與光秀同里閈率校尉畢玄甫等十餘人袖斧執光秀與語仍擊殺之誅其黨八十人餘悉不問城中遂安王大喜超授中郎將歷拜大將軍後畢玄甫以

西京叛顗承命馳傳宣諭玄甫見顗欲以為主且誘且脅竟不屈死之

人物高麗李龜齡 其先遂安人朝官至左政丞 金義忠 官至陽德縣監孝友謹行鄉人尊服

德川郡 東至寧遠郡界三十九里南至孟山縣界三十四里至順天郡界二十五里西至价川郡界四十六里北至寧邊府界三十九里距京都九百二十三里

旱田

水田

建置沿革本高句麗地後沒於渤海因為女真所據

高麗置遼原郡穆宗時改為德州忠烈王初以被

蒙兵殘破併于成州恭愍王時復析置德州本朝

太宗時改為德川郡 太宗十三年改今名十四年以孟山縣併入稱德孟縣十五年復析置孟山又陞德川郡

掌面　官員郡守　訓導各一人

郡名遼原　德州

形勝地接香山江通豊海 本朝朴嵓詩

山川長安山 在郡南二十五里鎮山 堂山 在郡北三里 南山 在郡南四里

金城山 在郡東二十里 長楊山 在郡南二十五里 香山 在郡北四十五里即寧邊府妙香山 觀音山 在郡北四十八里 凝江 源出寧遠郡過郡南二里又南流經价川順川為大同江 大川 在郡南三十里又稱獺灘即孟山縣大川之下流入凝江 三灘 在郡東十五里凝江之水與大川水至此合流故名灘邊有窟窟中有淵深不可測天旱禱雨有應

土產絲　麻　白玉 出長楊山 紫草　人參　五味子

茯苓　海松子　石清蜜　麝香　安息香　羚

羊　餘項魚

城郭金城 在金城山山之得名以此本朝太祖時石築三面絕壁周三千一百二十五尺有門內有一泉又有軍倉

學校鄉校 在郡西七里

宮室客館

郵驛平地院 在郡西四十里

祠廟社稷壇 在郡西 文廟 在鄉校 城隍祠 在堂山 厲壇 在郡北

寺刹觀音寺 在觀音山 興德寺 在長安山

古蹟古撫山縣 在郡西一百八十里舊入寧邊府本朝惠莊王時移入詳寧邊府

价川郡 東至德川郡界三十七里南至慈山郡界七十九里至順川郡界六十里至殷山縣界三十二里至安州界三十二里西至寧邊府界三十四里北至同府界六十三里距京都七百八十里

旱田

水田

建置沿革本高句麗地後沒於渤海因為女真所據

高麗置安水鎮顯宗時改為連州後改朝陽鎮高

宗初復為連州以禦丹兵有功復陞為州尋改翼

州後又改价州本朝　恭定王十三年改為价川

郡掌面　官員郡守　訓導各一人

郡名安水 連州 朝陽 冀州 价州

山川林大山在郡北四里鎮山 先山在郡北七里 五峰山 巾之山俱在郡西三十里 姑射山在郡南三十里 白雲山在郡南八里 橫溪山在郡南四十里 夘結峴在郡東四十四里 順川江在郡南三十里源出寧遠孟山至德川郡爲凝江入郡境歷恒天古墟故名又南流爲大同江 清川江在郡北三十九里寧邊府界俗稱獐項江其源出寧遠熙川又合妙香山水至郡西北境爲奔灘又西流入安州界 南川在郡南一里其源二一出白雲山一出夘結峴合而西流入清川江 釜淵在郡東二十里源出夘結峴入南川深不可測天旱禱雨 奔灘在郡西北三十八里即清川江灘水勢奔急故名

土産絲 麻 水鐵 石鐵皆出巾之山 紫草 人蔘 海松子 弓幹桑 蜂蜜 黃蠟 羚羊 水獺 銀口魚 餘項魚

宮室客館

學校鄉校在郡東一里

郵驛所古驛在郡西三十里 夘結峴在夘結峴下

關梁獐項渡在郡北三十八里即清川江津渡路通寧邊

祠廟社稷壇在郡西 文廟在鄉校 城隍祠在郡北二里 厲壇在郡北

寺刹觀音寺在姑射山 大林寺在大林山 三角山在白雲山 橫溪寺在橫溪山 磊寺在五峰山

古蹟朝陽鎮城旧址在郡西南二十里土築周一萬五千四百三十六尺 長桓城旧址在郡西三十里 奔難驛旧址在郡北 長里驛旧址在郡南 姑射山古城石築周三萬六千七百六十一尺

名官高麗蘇顒文宗時爲連州防禦副使長吏軍民等八百餘人告兵馬使楊帶春云副使自下車以來勸課農桑存恤民庶帶春聞于朝制令尚書吏部准制量用 權咀忠烈王時爲价州副使以廉勤精明稱後按三道行文書但用銓板未嘗發一吏令行禁止

順川郡東至殷山縣界十一里至孟山縣界十五里至德川郡界八十九里南至慈山郡界十一里西至价川郡界十二里北至同郡界十九里距京都七百一里

旱田

水田

建置沿革本高句麗地後沒於渤海因爲女真所據高麗置靜戎郡成宗時改爲順州高宗時省入德州後復析順州爲郡本朝 恭定王十三年改順川郡掌面

官員郡守 訓導各一人

郡名靜戎 順州

山川刀山在郡北四里鎮山 龍住山在郡東十里 鳳棲山在郡西十里 八峰山在郡東一百里山有八峰故名 奉日山在郡北二十里 官墮店在郡東一百十里諺傳昔郡守遊此墮死故名 龍邑在古邑城北周四百餘尺邑北七里有龍池周亦四百餘尺 鷲岩在郡 本朝閔齊仁詩削成蒼壁萬尋強倚薄青空俯大荒一望令人增意氣飛登直欲駕鸞鶴屹立岩岩孰可當崖寒石滑稟秋光蒼顏萬古還如昨流來行雲

太自忙順川江（即价川郡順川江下流經郡東又過慈山郡爲大同江）金川（在郡西南十三里源出安州檢山入于順天江）釜淵（在龍島南十五里天將里山谷中旱不渴冬不水至三里滲入地中）狸岾灘（在郡東一百十二里即順天江灘水行峽裡上下灘瀨頗促）斜灘（在郡東八里順天江灘其下又有岐灘）貴出泉（在郡東三十五里山南石壁有穴飛泉瀉出穴周數十尺流爲川南入順川江）廣泉（在郡東一百二十里南流入順川江）

土産　緜　麻　紫草　綠礬（出郡東一百十里甑峴里）漆　人參　石菖蒲　安息香　五味子　酥油　蜂蜜　黃蠟　羚羊

學校　鄉校（在郡西二里）

宮室　客館　清遠樓（客館門樓）

關梁　城巖渡（在郡東七里即順川江津渡）安平渡（在郡東一百十里即順川江上流津渡其下又有豆音津蚕墅津俱距郡東百餘里）

祠廟　社稷壇（在郡西）文廟（在鄉校）城隍祠（郡西四里）厲壇（在郡北）

寺刹　東林寺（在龍任山）西林寺（在鳳栖山）南禪寺（在八峯山）北泉寺（在奉日山）

古蹟　密曰驛（舊址在郡東六十里）咸德驛（舊址在郡東九十里）古邑城（在郡東一百五里土築周四千八百六十七尺高麗初所築令越入殷山縣東北）

人物　本朝　李龜鐵（事太祖朝累官至都摠制謚貞襄）

慈山郡　東至殷山縣界四里南至平壤府界三十六里至順安縣界三十九里西至肅川府界三十四里北至順川府界十一里至价川郡界二十二里距京都六百七十九里

旱田

水田

建置沿革　本高勾麗地勾麗亡地皆荒廢高麗太祖置文城郡尋改大安州成宗初改爲慈州後降爲郡本朝　太宗十三年改爲慈山郡掌面　官員

郡守　訓導（各一人）

郡名　文城　大安州　慈州

山川　鳳麟山（在郡西南三十里）慈母山（在郡西二十里）大同江（自順川郡界流入經郡東又東南流至江東縣境與沸流江合）禹家淵（在郡東四里大同江水至此渟滙爲淵其深不測諺傳故名）生頭里池（在郡北七里）

土産　緜　麻　石鍾乳　安息香　酥油

城郭　慈母山城（石築周一萬二千七百三十三尺有門城內每谷有泉湧出諺云九十九井有軍倉舊址又有軍倉）

學校　鄉校（在郡北二里）

宮室　客館

祠廟　社稷壇（在郡西）文廟（在鄉校）城隍祠（在郡西三里）厲壇（在郡北）

寺刹　安國寺（在鳳翔山）天王寺（在慈母山）正水寺（在水庫山）

古蹟　泥城（舊址在郡南三十里土築周一千二百五十尺）金川驛（舊址在郡北三十里）善田驛（舊址在郡西十五里）

名宦高麗崔椿命 高宗十八年為慈州府使蒙古兵圍州率吏民固守王忠蒙帥撒禮塔之詰責遣人諭降椿命閉門不對及三軍將帥以王命降淮安公侹遣大集成論降椿命坐城樓使人對曰城中不知有淮安公集成歸譖於崔怡曰椿命不降禍將不少宜殺之以示蒙古怡遣使將斬之椿命辭色不變蒙人問知乃曰此人於我雖拒命在爾為忠臣我且不殺爾殺全城忠臣可乎乃得釋後論功為第一官至樞密副使

人物本朝金光貴 太祖朝工曹典書

祥原郡 東至黃海道遂安郡界四十里南至同道黃州界四十一里西至平壤府界二十三里至中和郡界二十里北至三登縣界三十七里至江東縣界三十七里距京都六百里

旱田

水田

建置沿革本高勾麗息達縣新羅憲德王時改名土山高麗顯宗時屬黃州忠肅王時陞為祥原郡 以功臣趙仁規之鄉陞 後隸本道 本朝因之掌面 官

貟郡守 訓導 各一人

郡名息達 土山

形勝高山環擁 本朝張德良記高山環擁樹木葱鬱

山川盤龍山 在郡西三里鎮山 花山 在郡東三里 觀門山 又名觀音山在郡北二十里山中有窟曰佳殊窟 高嶺山 在郡北二十里 城山 在郡南十五里 龍邜山 在郡東一里 禾山 在郡東三十里 佳殊石窟 在觀門山中窟內有石凝成人形或如禽獸卉木臺榭幡幢鼎釜百物之形千狀萬類皆俱焉○本朝南孝溫記窟一口而八竅入其內則奇奇怪怪有萬其形余遊其窟使僧向導僕人執三十炬以從窟向南開當其有佳殊窟神板縣官降香所也東有石如獅子西有石如彌勒獅子之北有一竇名曰獨存窟其竇甚窄僅容一人匍匐行炬火不得入明燭然後可觀獨存窟之北有石如人形其下有石如舟形仰觀其北則如幢幡蓋旒之屬無數垂下境象殊異舟石之後有一竇入數丈許上穿於上名曰天窓窟〻前疊石成壇僧徒稱聖齋所自獨存而西可數百步南下一竇曰觀音窟兩手據地膝行數十步明炬以從入其內則甚廣左右奇形不可勝數當中有一石似人形稱童子石過此左有石如蓋而有綫上懸右有石如蓋而無綫墜地名曰磨天蓋過此而左右有石名天王者二又過此而有石上頭高大僧稱須彌臺〻上有石名觀音石臺下有井名甘露泉味甚佳臺南有圓石如鼎形過此而有十餘層石塔形者二塔兩間有童子拜伏之狀亦稱童子石過此又有水田區畫形余乃旋從故道出徑入塔西後逶至遲石石聳立之側水滴遲石上號曰遲龍臺〻後有凹石盛水越臺後則曩所歷須彌臺也自遲龍須彌兩間而西入一竇曰七寶窟左邊石皆如貫珠形上有琉璃寶幢之屬無數過此則有一石如人形佛像者無慮千萬軀奇恠莫測究然則一世界窟中之廣可半里歷覽畢還出左挾須彌臺伏出口又此西越嶺半里許有三窟有石起立自臺下連上石之南洞曰牛䀎窟北洞曰龍舌窟石之西曰地陷窟三窟隣此一石成一區域余從北道之攀援北邊石角勢若雲梯過龍石北行逶窮有石如龍舌垂壁舌端水滴成井其上有石如龍形下有石如龍足觀已還出逶右行至一石上有積石成堠僧傳古有禪者入此修道云歷此而南右入地陷窟鞠身行數十步回顧甚廣又其北有小竇直下其深無量投一炬火轉下之拜茫茫然久不絶諺稱入此則北通於嶺北古有僧學已者賫燭裹飯入此竇其中無窮有流川橫跨跋涉無盡不得涯岸乃還則七晝夜云余臨穴悚然不可久立乃出復逶南行入牛䀎窟洞口甚豁中有積石成壇過此而西有石如牛䀎橫置既歷其

下仰視一小竇攀巉巖上一層〻巖左右皆黑見大石如臺其上茫〻無涯僧徒亦不得至者也於是神疲還出窟口炬三十燒盡矣既出依然一夢咄〻怪亦造物者所戲耳是何千觀萬類皆具窟中耶。本朝金時習詩空洞深無底崚嶒嶒有形滴乳或爐蓋起脊作欄檻淹入佛仙國鷲聞頗宋星柳公如見此作記勸山屏　東川在郡東二里出禾山入天向江　於丁灘在郡北三十七里

土產絲　麻　紫草　蜂蜜　黃蠟　楮

學校鄉校在郡西一里

宮室客館　同樂樓有張德良記

郵驛普濟院在郡北五里　廣濟院在郡南二十里　臥佐未院在郡東三十里　於丁灘院在郡北三十一里　新院在郡東三十里

祠廟社稷壇在鄉校　文廟在鄉校　城隍祠在龍卯山　厲壇在郡北

寺刹雲際寺在盤龍山　深谷寺　東日寺　銀古寺俱在禾山在觀門山　法華寺在城山　開天寺在高巓山

名宦高麗郭宗知祥原郡事

人物高麗崔凝大相佑建子初母有娠家有黃瓜蔓忽結甜瓜邑人以告弓裔弓裔卜之曰生男則不利於國父母匿而養之自幼力學既長通五經善屬文佐　太祖統合三韓累遷元鳳省事廣評侍郎至太子太傅諡溫懿配享　太祖廟庭　李周憲初以小吏起頗稱勤幹成宗嘗云鐵中錚〻者授監察司憲顯宗時官至尚書左僕射　安紹光世為將體貌魁偉穆宗立以有翼戴功令掌宿衛　顯宗朝拜尚書右僕射諡敬剛　趙仁規母夢日入懷因有身生而穎悟稍長就學畧通文義忠烈王時選子弟通敏者習蒙古語仁規與是選閉戶三年晝夜不懈遂知名每有奏請必遣仁規凡奉使者三十頗著勤勞有王人與我國蓄憾欲改土風訴帝事叵測仁規單騎入覲數奏明辨事遂寢西北二鄙復歸于我亦其功也女為忠宣妃歷官至諮議都僉議司事封平壤君開府置官屬許朝會贊拜不名釼履上殿國有大事取咨於家卒諡貞肅　趙瑞仁規子忠烈朝中文科累遷同知密直入元賀千秋節帝授懷遠大將軍高麗副元帥及還王亦拜檢校贊成事諡莊敏　趙璉瑞弟官至僉議贊成事封平壤府院君元以為高麗王府斷事官忠肅王嘗在元璉權省事者五年　趙瑋璉弟忠宣朝拜密直代言忠肅時陞僉議贊成事封平壤府院君瑋為宰相務存大體不顧細瑣人謂有父風　趙德裕璉子襲父爵為王府斷事官性清白不畏強禦不慕榮利官至版圖判書

三登縣東至成川府界十九里北至同府界四十三里至江東縣界二十七里南至黃海道遂安郡界二十里西至平壤府界四十六里至祥原郡界三十一里距京都六百六十七里

旱田

水田

建置沿革本高麗成州地文宗時割入西京仁宗十四年析置三登縣本朝因之　世宗朝省江東縣併入　世祖元年復析置掌面　官員縣令　訓導各一人

郡名別號陽壤

山川鳳頭山在縣東北一里鎮山　祭靈山在縣西二十里　鳳尾山在縣北三十里　巾達山在縣西二十五里　九龍山在縣西九十里　能成江在縣南二

里其源即陽德縣南川過黃海道谷山郡境合高達山水經縣南又西流至江東縣界入大同江又見遂安郡 串洞泉在縣西二十里

土產綵 麻 自然銅出江知洞 紫草 楮

學校鄉校在縣東二里

宮室客館

郵驛大寺院在縣北二十三里

祠廟社稷壇在縣西 文廟在鄉校 城隍祠在縣西五里 厲壇在縣北

寺刹雙鳳寺在鳳尾山 巾達寺俱在巾達山 東林寺在鳳頭山 高山寺

古蹟碧雲臺在縣西二十五里有舊基

陽德縣東至咸鏡道高原郡界三十三里至同道安邊府界三十七里南至黃海道谷山郡界二十二里西至成川府界一百二十八里北至孟山縣界一百五十四里至咸鏡道永興府界五十一里距京都九百八十九里

旱田

水田

建置沿革本高勾麗地高勾麗亡地皆荒廢高麗置陽巖樹德兩鎮本朝 太祖五年合為陽德縣掌

面官貟縣監 訓導各一人

郡名陽巖 樹德

山川隱于山在縣北二十五里鎮山 靈山在縣北二十里一名載寧山山頂有龍淵諺云採膽者登此喧鬧則雲雨暴作 亐羅鉢山一名巨次里在縣北四十里咸鏡道高原郡界 吳江山在縣北一百十五里咸鏡道永興府界 青龍山在縣東十里 南川在縣南一里源出亐羅鉢山又西流歷黃海道谷山郡至三登縣為能成江 犬灘川在縣西一百四十五里 洞 亂田溫泉在縣北二十里凡三所甚熱 草川溫泉在縣西七十里凡二所微溫

土產綵 麻 松蕈 石蕈 人蔘 五味子 茯苓 海松子 紫草 鷹 蜂蜜 黃蠟 水獺

城郭陽巖城在縣西四里高麗 太祖二十一年石築周一千六百三十七尺內有二泉城地高險三面有水可容千兵有軍倉

學校鄉校在縣北一里

宮室客館

郵驛草川驛在溫泉傍 淳熈院在縣西三十六里

祠廟社稷壇在縣西 文廟在鄉校 城隍祠在縣西里 厲壇在縣北

寺刹白雲寺在青龍山

古蹟古樹德在縣西七十里有土城基周一千八百二十四尺高麗成宗二年築今廢

孟山縣東至咸鏡道永興府界三十一里南至陽德縣界五十四里西至順川郡界二十里至德川郡界三十三里北至寧遠郡界五十里距京都一千一百九十七里

旱田

水田

建置沿革本高勾地後沒於渤海已為女真所據高麗置鐵甕顯宗時改為孟州（孟一作猛）高宗時避蒙兵空其地僑寓安州東村本朝初還集人民併于德州尋析為孟山縣掌面　官員縣監　訓導（各一人）

郡名鐵甕　孟州

山川豆無山（在縣東北六十里鎮山）朴達山（在縣南五十里）安都里山（在縣北七十里）牛場山（在縣東十八里）秀羅山（在縣西五里）孔巖山（在縣南六十里）大川（在縣北二十里朴達豆無安都里山之水合而為一又西流至德川郡入大同江）南川（在縣南一里）大泉（在客館前東流入南川）圓池（在縣東六十里天旱禱雨）

土產綵　麻　紫草　人參　茯苓　五味子　海松子　石蕈　麝香　鷹　蜂蜜　黃蠟　水獺　訥魚　餘項魚（有鷹）

學校鄉校（在縣北二里）

宮室客館

祠廟社稷壇（在縣西）文廟（在鄉校）城隍祠（在縣北四里）厲壇（在縣北）

寺刹小林寺（在秀羅山）觀音寺（在孔岩山）豆無寺（在豆無山）

古蹟鐵甕城（在縣東三十里周六百五十尺四面絕壁如甕口故名高麗定宗所築今屬成

鏡道永興府

江東縣（東至成川府界五里北至同府界三十二里至慈山郡界四十四里南至三登縣界八里至祥原郡界四十六里西至平壤府界三十九里距京都六百六十八里）

旱田

水田

建置沿革本平壤府東村地高麗仁宗十四年割置江東縣仍屬西京後省入成州恭讓王時復析置縣本朝　世宗十七年併於三登而仍以本縣為治所（以縣入郡邑歐罵縣令革）成宗十三年復析置掌面　官員縣監　訓導（各一人）

郡名

山川大朴山（在縣北四里鎮山）九龍山（在縣南十五里）孫子山（在縣西三十里）蔓達山（在縣南三十里山頂有水鐵馬）歡喜山（在縣北十里）進士峯（在縣西二十二里即古邑城西麓俯臨江水）大同江（自慈山郡界流入至縣東合成川府沸流江至縣西二十三里古邑城下又合三登縣能成江又西流入平壤府境在縣西者謂之西江○西江中有石橋廣七八尺高十三尺長七十餘步橋上水深五六尺人不可渡俗稱龍橋）雜泒灘（在縣東即大同江與沸流江合流處）水精川（在縣南一里入于西江）

土產綵　麻　紫草　楮

學校鄉校（在縣北二里）

宮室客館

郵驛 西江院在縣西二十二里西江東岸

祠廟 社稷壇在縣西 文廟在鄉校 城隍祠在大朴山 厲壇在縣北

塚墓 大塚一在縣西三里周四百十尺諺傳檀君墓一在縣北三十里刀个山諺傳古皇帝墓

寺刹 龍福寺在九龍山 臺山寺在歡喜山

古蹟 古邑城在縣西二十二里土築周五千七百五十九尺內有二井高麗高宗三年契丹遺種金山金始二王子自稱大遼收國王席卷而東入保江東城蒙古將哈真及扎剌與東真萬奴所遣完顏子淵兵來攻會天大雪餉道不繼哈真使人請兵粮王遣趙冲金就礪領十將軍兵往會城下哈真自城南門至東南門鑿池廣深十尺西門以北委之完顏子淵東門以北委之就礪皆令鑿隍以防逃逸賊魁喊捨王子自縊死其官人軍卒婦女五萬人開城門出降王子妻息及偽丞相平章以下百餘人皆斬於軍前哈真以婦女童男七百口及吾民為賊虜掠者二百口歸于我其餘悉令自隨而還 太子院在縣南二十五里有石塔塔之南有連山俗傳古太子藏胎處

流寓 曹好益本朝昌原人少以行義聞為慶尚都事所搆流江東居高岦山下扁其齋曰遂志左右圖書沉潛玩繹人有饋遺非其義不受作幽居賦以見志西土人舊不知學聞風坌集好益隨材教誨立學規以示警居十七年蔚有西河之風萬曆倭亂 昭敬王西行釋為召募官好益馳向成川與門人號諭得五百餘人與士卒同甘苦激以忠義多所抄獲入咸鏡道尾擊清正兵轉至揚州命陞折衝獎諭賜貴歷官安州牧使成川府使後啟永川卒葬岦山

殷山縣 東至順川郡界二十里西至同郡界十二里至慈山郡界二十三里南至成川府界二十里北至价川郡界四十九里距京都七百五十一里

旱田

水田

建置沿革 本高句麗地高句麗亡地皆荒廢高麗置興德郡成宗時改為殷州元宗初以被蒙兵殘破併于成州恭讓王時復析殷州為縣本朝 太宗時改為殷山縣掌面十官員縣監 訓導各一人令

增 仁祖二十年陞為都護府以本縣官奴鄭命守入清國用事故陞 尋復為縣

郡名 興德 殷州

山川 鎮江山在縣北五里鎮山 天聖山在縣東北三十里有觀音三峯中峯岩上有馬跡諺傳東明王騎馬跡 崇化山在縣南十五里山上石壁有窟窟中有池池中有青蓮 付板山在縣北三十里 風穴在付板山下大風一旬二三起 東川在客館東出天聖山南流入大川 大川在縣東北六十里南流至慈山郡入大同江 价同池在縣西三里東流入東川

土產 絲 麻 鉛鐵出自吾里 漆 紫草 人蔘 五味子 安息香 海松子 麝香 弓幹木 蜂蜜 黃蠟 獺 羚羊

學校 鄉校在縣北一里

宮室 客館 駕鶴亭在客館東 瀉瀉亭在○本朝李安訥詩千尺蒼岩上紅亭迥出雲山平天勢濶川曲野形分○飛亭俯壓乱山顛縹渺朱簾捲半天長笛一聲人不寐五更寒月滿前川

祠廟 社稷壇在縣西 文廟在鄉校 城隍祠在縣西三里 厲壇在縣

北

寺刹　天聖寺　觀音寺俱在天聖山　迦葉菴　阿難窟俱在崇化山

古蹟　古邑城土築周五千一百六十八尺內有九井三池　興德驛舊址在縣南十五里　金川驛舊址在縣東北百順川二十九里

人物　本朝　李自華自少事親孝定省不懈朝夕必親執爨以供每遇時羞必獻父母及歿哀毀過禮事死如事生啜粥終喪嘗為成宗服喪三年廬山初事聞除觀山訓導旌門復戶至甲子以為說行將殺之自華對簿曰只知君父一體不意國憲乃爾遂從容就死時年七十餘國人莫不傷痛

江界都護府

東至古慈山郡界一百三十里南至熙川郡界二百七十里至咸鏡道咸興府界三百六十里西至渭原郡界三十六里北至鴨綠江一百三十里距京都一千三百六十一里

旱田

水田

建置沿革　本高句麗地後入渤海㠯為女真所據號禿魯江高麗恭愍王時置江界萬户府本朝　太宗元年以立石等伊彦二地併入稱石州三年復為江界府十三年為都護府　世祖時置鎮掌面鎮管萬户鎮二楸坡上土

官員　府使　判官　教授各一人

郡名　石州

形勝　地連靺鞨山川回互本朝鄭文炯仁風樓記江界府地連靺鞨山川回互　鴨綠繞其背　西北巨鎮前人記乃西北巨鎮而為一方管鑰

風俗　民風朴略本朝黃喜詩　板屋火耕

山川　獨山在府西南四十六里　薛列罕嶺在府東南三百六里東即咸鏡道咸興府界乃長白山南條我國西北雄關○恭愍王以我太祖為東北面元帥擊東寧府以絕北元　太祖率騎兵五千步兵一萬自東北面踰草黃嶺行六百餘里至雪寒嶺即此嶺　狄踰嶺在府南二百六十九里漁天郡界山勢雄亘數百里極高險即雪寒嶺西支鴨綠江以東清川以西諸山皆祖於此　公貴山在府南二十里　亘邑介山在府西三十六里渭原郡界　梨嶺在府北五十七里　黃青洞山在府北三十里　於乙外嶺在府西三十六里　五萬嶺在府　狄踰南洞在府○本朝閔齊仁詩翠壁重重雲外矗清溪曲曲樹邊途斜陽短笛春山路信馬吟過十二橋○邃壑藏仙境高林蔽日光千層鐵崖狀百曲石川長勝賞真非偶羈愁使欲忘重來安可卜却恨此遊忙　立巖在府臨江削立長可百餘丈望若削成然○閔齊仁詩屹立風濤百丈奇堂堂柱石見於斯今時若有憂天者早晚扶傾舍爾誰　長安洞此亦疑江界地閔齊仁詩　鴨綠江在府西一百二十里其源出胡地白頭山南流數百里折而西流歷甲山三水自閭延茂昌虞芮慈城經本府北境又西流入渭原郡界　禿魯江在府西一里其源有二一出熙川郡境狄踰嶺下一出咸鏡道界咪乙岾下至府南立石合流為禿魯江經渭原郡境入于鴨綠江　磨尚咪即禿魯江濟渉處　麼麼海川在府南五里出咸鏡道三水郡界西流入禿魯江　古營

川在府北二里源出古慈城西南流過楸坡城北八禿魯江　何眠洞　呼毋
立巖洞　羅漢德　時介　元時德　都乙根洞
家舍洞　大薫豆以上茂昌　小薫豆　墨洞　郍里川
甘音洞　漏屯洞　奉天臺　治鑪洞俗稱夫乙毛洞　朱
砂洞已上閭延　所美㤤洞　趙明干洞　於用㤤洞
申松洞　時〻乃洞　南坡洞已上虞芮　小甫里　古
道洞　波湯洞已上慈城　三岐峴　皇城坪距蒲浦三十里金國
所都　皇帝墓在皇城坪世傳金皇帝墓礲石為之高可十丈內有三寢又有皇后墓皇子等
墓　仇郎浦洞　瑞洞　用㤤洞　古都水洞已上江界
篭村里屬建州衛距滿浦二百七十里

土產　絲　麻　人蔘　海松子　五味子　麝香
紫草　樺皮　水泡石　石灰　蜂蜜　黃蠟
鷹　貂　青鼠　黃鼠　水獺　羚羊　餘項魚

城郭　府城石築周二千四百七十尺立門東曰南曰西曰城內有十二井一池有軍倉
鴨綠江行城在府西一百

公署　滿浦僉節制使鎮在府西一百二十八里石城周三千一百七十二尺有軍
倉　高山里僉節制使鎮在府西一百二十五里石城周一千一百六尺有兵
馬僉節制使營又有軍倉○已上兵馬僉節制使各一人　楸坡萬戶鎮在府東三十里
石城周二千二百三十尺有軍倉　上土萬戶鎮在府北一百里石城周五百三十尺
有軍倉○已上兵馬萬戶各一人

學校　鄉校在府城內西　晦齋書院在府李彥迪嘗謫從于此宣祖時觀察使金
繼輝建書院

宮室　客館　仁風樓在府城內西樓前有教場本朝初府使尹末孫建巡邊使鄭文
烱名而記之

烽燧　虛失里烽燧在府北八里北應金麼訖家北　金麼訖家北烽燧
在府北三十五里東應石茸峯西應虛失里　石茸峯烽燧在府東北五十里西應金
麼訖家北〻應安興道家北　安興道家北烽燧在府北三十里東應金麼訖家
北〻應安明守家北　安明守家北烽燧在府北五十里南應安興道家北〻應梨
峴　梨峴烽燧在府北七十里南應安明守家北〻應山羊遷　山羊遷烽燧
在府北一百十里南應梨峴西應松峯　松峯烽燧在府北九十三里東應山羊遷西應
金成敏家北　金成敏家北烽燧在府北一百五十里東應松峯西應餘屯峴
餘屯峴烽燧在府北一百五十里東應金成敏家北西應餘屯　餘屯烽燧
在府北一百六十一里西應伊車加大東應餘屯峴烽燧　伊車加大烽燧在府西一
百五十里南應宰臣洞東應餘屯　宰臣洞烽燧在府西一百四十里北應伊車加大
西應分土　分土烽燧在府西一百三十里東應宰臣南應許獜浦　許獜浦烽
燧在府西一百三十里北應分土西應馬時里　馬時里烽燧在府西一百四十五
里東應許獜浦西應渭源舍長仇非　新增　登公仇非烽燧在府北一百十五里
西應餘屯北應松峯

郵驛　立石驛在府南一百六十五里　城干驛在府南一百五里　從浦驛
在府城內　仁濟院在府西五十五里　坡院在府南二百四十里　於乙外院

在府西四十里林子坡院在府西二十五里

關梁外怗堡在府西一百二十三里石城周四百三十三尺登公仇非在府北七十八里伐登浦堡在府西一百十三里石城周回六百五十五尺○已上差權管戍之

古哈柵在府南九十里恭僖王朝設木柵廢〻海堡在府東十五里恭僖王朝築石城周八百七尺黃青柵在府北三十里燕山時設木柵從浦柵在府北二十五里燕山時設木柵

祠廟社稷壇在府西文廟在鄉校城隍祠在府北十里厲壇在府北

寺刹法藏寺在奉香山英覺寺在白雲山深原寺在善注山

古蹟閭延廢府東至茂昌多落仇非四十五里南至慈城新路現一百五里西至虞芮下無路北六十五里北至鴨綠江四里本咸吉道甲山郡之閭延村本朝恭定王十六年以距郡懸遠劃小薰豆以西為閭延郡屬本道莊憲王十七年陞為都護府乃置鎮為僉節制使惠莊王元年空其地移其民于龜城府茂昌廢郡東至咸鏡道甲山府磨尚味一百六十里南至慈城郡竹田峴八十八里西至閭延府所溫梁一百三十三里北至鴨綠江二里本閭延府上無路堡莊憲王十八年置萬戶二十二年以堡去閭延隔遠聲援不及劃閭延府出哈孫梁厚州甫山等地置茂昌縣二十四年陞為郡惠莊王元年空其地移其民于龜城府虞芮廢郡東至閭延下無路三十里南至慈城府吃頂五十里西至江一里北至趙明干二十三里本閭延府虞芮堡初置萬戶莊憲王二十五年以堡距本府遙隔劃本府榆坡趙明干小虞芮及慈城郡恭日等地置虞芮郡為江界府所管惠莊王元年空其地移其民于府慈城廢郡北距上土堡一百二十里本閭延府時番江之慈作里莊憲王十五年以其地與閭延江界遙隔就西邑中等城置慈城郡為江界府所管惠莊王朝空其地移其民于府厚州堡在古茂昌東一百三十三里甫山堡在古茂昌東八十三里時介堡在古茂昌東二十一里奉浦堡在古茂昌西三十八里家舍洞堡在古茂昌西薰豆堡在古閭延東四十里城破堡在古閭延南下無路堡在古閭延西四十五里榆坡堡在古虞芮東趙明干堡在古虞芮北二十五里小虞芮堡在古虞芮西泰日堡在古虞芮西

名宦本朝朴英恭僖王朝為江界府使清白如水御吏撫民威惠並行居三年以政最召拜承旨李濟臣昭敬王時為江界府使革弊法行惠政修築邑城自運石為士卒倡不閱歲而城池改觀御史上其清白特賜表裡以嘉之將校畏愛至沿江渚帥亦不敢為非曰得無李公聞乎

流寓李彥迪本朝慶州人以儒臣歷事恭僖榮靖兩朝為積成恭憲初謫居〻七年竟卒于此求仁錄大學補遺中庸九經衍義奉先雜儀等書皆謫中所著

渭原郡東至江界府界一百五十里北至同府界五十二里南至理山郡界三十九里西至同郡界四十三里距京都一千二百五十五里

旱田

水田

建置沿革本理山郡地本朝世宗二十五年分置渭原郡并劃江界府西境入之世祖六年省入理山九年復置仍置鎮掌面官員郡守訓導各一人

關梁加乙罕洞堡在郡西二十四里石城周五百四十一尺 新增直洞城在郡西四十里恭僖王朝始築周一千尺弓家一百三十內有一井 南波柵在郡西二十五里周五十五尺恭僖王朝設

祠廟社稷壇在郡西 文廟在鄉校 城隍祠在郡東五里 厲壇在郡北

寺刹龍福寺在味等羅山

古蹟都乙漢廢堡在郡東十里本朝太宗時置堡設萬戶以防賊路世宗二十五年以四方遼絕難以應援置郡罷堡 烽火臺廢堡在郡東三十里舊屬江界地太宗時罷堡割其地入理山郡世宗時又入于郡 古城在郡東七里石築周二千一百五十尺今廢

理山郡東至渭原郡界二十四里南至同郡界一百六十里至雲山郡界二百五十三里至濈川郡界二百五十里西至碧潼郡界五十九里北至鴨綠江十二里距京都一千一百九十三里

旱田

水田

建置沿革本高勾麗地後入渤海因為女真所據號豆木里自高麗末入物漸實本朝 恭定王二年置理州十三年改為理山郡 莊憲王時徙治央土里 惠莊王朝置鎮掌面官貟 郡守 訓導各一人

郡名

山川北山在郡北四里鎮山古名也大非羅 南山在郡南二里 西山在郡西二里 奉天臺山在郡東十里 味等羅山在郡南三十九里 獨山在郡東一百五里 南波山在郡西十三里 銅遷山在郡西六十里 林里岾在郡東十五里 鴨綠江來自江界府境經郡北西流入理山郡界 禿老江在郡東十八里詳江界府 南大川源出江界府及古理山鷹岐川合經郡南一里西入鴨綠江 檜洞以下係鴨綠江外之地 用怯洞 也屯洞 多田坪屬建州衛距郡二百四十里

土産絲 麻 人參 海松子 五味子 鷹 鸇 香 蜂蜜 黃蠟 水泡石 弓幹木 貂 黃鼠 青鼠 水獺 羚羊 餘項魚

城郭郡城石築周一千一百七十二尺有門城內有一井 鴨綠江行城在加罕洞口者長八百七十尺在加罕洞口者長一千一百七十尺皆石築

學校鄉校在城內東

宮室客館

烽燧舍長仇非烽燧在郡北十二里東應江界府馬時里西應南坡山 南波山烽燧東應舍長仇非西應銅遷山 銅遷山烽燧西應理山郡蛤池山東應南波山

郵驛下北洞驛在城內 上北洞驛在郡東九十里 豆音峴院在郡東一百四十六里

郡名　楚山　理州

形勝　地連大漠山高水急　本朝李志完疏蓋沿江諸邑地連大漠霜雪早降山高水急水旱易以爲災

風俗　民風貧朴　本朝李志完上疏蓋沿江諸邑地連大漠霜雪早降山高水急水旱易以爲災邊上無綿絮魚鹽民風貧朴所食不過秫荳菜根所服不過狗皮麻布

山川　崇積山　在郡東一百二十五里鎭山　巨雙山　在郡西南二十里○本朝閔齊仁詩登臨巨雙嶺異城追難分大地皆山岳長天極海雲　安贊嶺　在郡西二十五里　曹

東山　在郡南六十里　蛤池山　在郡東十五里　加乙罕嶺　在郡東三十里渭原　吹沙嶺　在郡南一百五十里　板幕嶺　在郡南一百七十里碧潼郡界○本朝閔齊仁詩板幕嶺高臨廣漠長林邃谷遠縈迴鳥邊一路分南北從古行人少往来　牛嶺　在郡南二百五十里　大物伊山　在古理山郡東二十里　山羊會坪　在郡西二十三里○本朝李志完上疏山羊會坪土地膏潤與江邊石田懸絶其地可三四月耕又沿江一帶不無閑曠可墾可闢廣屯田以實軍儲　鴨綠江　自渭原郡界流入經郡北十五里又西流入碧潼郡境　上雲臺川　在古理山郡南一里　牛場川　在牛場驛南流出牛嶺下北流入童巾江　童巾江　在郡西七十八里碧潼郡界上雲臺牛場諸水合爲一江過阿耳堡入鴨綠江　南川　在城南二里出薪洞入鴨綠江　婆猪江　以下係鴨綠江外之地　迠時山　兎子山　幹眉府　距郡二百四十里　紅陁里　距郡二百七十里　阿閑里　距郡二百七十里　兀剌山　距郡二百七十里自央土口子北渡鴨綠婆猪二江大野中有城名兀剌山城四面壁立高絶唯西可上高麗恭愍王欲絶北元以 我太祖爲東北面元帥擊東寧府同知李兀魯帖木兒聞 太祖至欲據險移保是城 太祖至也頓村兀魯帖木兒来挑戰俄而棄甲再拜率三百餘戶来降其酋高安慰猶據城不降我師圍之 太祖手射七十餘人皆正中其面城中奪氣安慰夜遁諸城皆降於是東至皇城北至東寧府西至海南至鴨綠爲之一空○已上四處今爲野人所居

土産　絲　麻　人參　五味子　海松子　鷹　鶻　香　蜂蜜　黃蠟　水泡石　石灰　貂　青鼠　黃鼠　水獺　餘項魚

城郭　郡城　石築周三千九百五尺南有門城内有六泉　鴨綠江行城　在赤灘者長二千八百七十尺在南門外者長四百四十尺皆石築

公署　阿耳萬戶鎭　在郡西五十五里石城周五千七百八十四尺内有三井有軍倉○兵馬萬戶一人

學校　鄉校　在城西内

宮室　客館

烽燧　蛤池山烽燧　東應渭原郡銅遷西應松峯　松峯烽燧　在郡北十八里東應蛤池山西應九天山　九天山烽燧　在郡北二十一里東應松峯西應古烟臺山　古烟臺山烽燧　在郡西三十一里東應九天山西應阿耳堡　阿耳堡烽燧　東應古烟臺山西應碧潼郡廣坪

郵驛　牛場驛　在郡南一百九十四里　古理山驛　在古理山城内　央土驛　在城中　板幕院　在郡南一百五十里　車踰院　在郡南二百四十里　牛嶺院　在郡南二百二十五里

關梁　山羊會堡　在郡西二十三里石城周九百十四尺　金士洞堡　在郡西南

七十五里○二堡俱差權管戍之

祠廟社稷壇在郡北 文廟在鄉校 城隍祠在郡北三里 厲壇在郡北

古蹟央土里柵在郡東五里 古理山城在郡南一百三十里石築周二萬三千十尺內有四井有軍倉 坪地城在郡南一百二十里石築周三千九百十七尺內有四泉今廢 山城在郡南一百八十里石築周六萬四千二百九尺內有二井今廢

名宦高麗康允哲為副萬戶善守禦

列女金氏校生朴鶴孫妻性貞烈夫死日夜號哭勺飲不入口毀盡而死親戚哀感遂同穴葬焉本朝 中宗朝旌表其閭

碧潼郡東至理山郡界一百四十五里北至同郡界九十一里南至昌城府界七十七里西至同府界七十一里距京都一千三百八十七里

旱田

水田

建置沿革本高句麗地後入渤海因為女真所據為林土碧團二縣高麗恭愍王時復其地改林土為陰潼并碧團以隸泥城府本朝 太宗三年置碧潼郡 世祖時置鎮掌面 鎮管萬戶鎮一阿耳 官員郡守 訓導各一人

郡名碧團 陰潼

山川九峯山在郡南三里鎮山 達覺山在郡西南五十五里 三日山在郡南六十里與達覺山相連最高險 金昌山在郡北十二里 國士峴在郡東六里 失蹄嶺在郡西七十一里昌城府界最高險 夫界峴在郡南七十八里昌城府界 加幕洞在郡東南一百二十里舊有社倉 照鵠山在郡南七十里 鴨綠江自理山郡界流入經郡西五里又西流入昌城府境 童巾江在郡東北一百四十里理山郡界源出理山南境牛嶺北流二百餘里入鴨綠江 潼川在郡南一里或稱邑川出達覺山東北流入鴨綠江 新洞川在郡南九十里出夫界峴北流入潼川 余時山以下係鴨綠江外之地 蔡家洞 金伊洞 沙倉浦 銅山斜 陽站 賣昌洞 胡照里洞 銅子洞 都乙根洞 兀剌山 古音漢里野人所居距郡七日程

土產綵 麻 漆 水泡石 石灰 鷹 蜂蜜 黃蠟 紫草 人蔘 海松子 銀口魚 訥魚 貂 黃鼠 青鼠 羚羊 水獺

城郭郡城石築周八千四十五尺有門城內有四井 鴨綠江行城在郡北者長一百九十尺在郡西者長一萬三千三十尺在大小坡兒間者長二萬四千二十尺皆石築

公署碧團僉節制使鎮在郡西五十一里石城周一萬三千三十二尺內有四泉一

○兵馬僉節制使一人

學校鄉校在郡城內東

宮室客館

烽燧廣坪烽燧東應理山郡阿耳西應小坡兒松林 松林烽燧在郡北四十里東應廣坪西應豆音只 豆音只烽燧在郡北四十五里東應松林西應波限還 波

限遷烽燧 在郡北三十里東應豆音只西應金昌山 金昌山烽燧 東應波限遷西應湫仍非 湫仍非烽燧 東應金昌山西應胡照里 胡照里烽燧 在郡西六十五里東應湫仍非西應昌城府古林城

郵驛 碧團驛 在碧團鎮

關梁 大坡兒堡 在郡北二十五里石城周四百八十尺 小坡兒堡 一云板幕在郡北四十里石城周四百二十五尺 湫仍非堡 在郡西四十里石城周四百尺 小失踰里堡 在郡西六十六里石城周回二百五十四尺 廣平堡 在郡北五十五里石城周五十六尺○已上差權管戍之 麻田洞堡 在郡西三十里石城周一千一百二十尺 新城堡 在郡南四十里石城周一千七百四十六尺 非兒里堡 在郡北七十里石城周九百尺冬則空堡入城夏則阿耳萬戶出戍于此 五音會柵 在郡東八十里又郡東五十里有方農堆柵郡東三十里有多大洞柵

祠廟 社稷壇 在郡西 文廟 在鄉校 城隍祠 在郡北二里 厲壇 在郡北

寺剎 妙香寺 上菴 俱在達覺山 三日菴 在三日山 中菴 在青石山

古蹟 古碧團城 在郡西五十八里石築周一千七百五十四尺

寧遠郡 東至咸鏡道定平府界一百六十里南至孟山縣界一百二里西至德川郡界一百六里北至熙川郡界四十五里距京都一千八里

旱田

水田

建置沿革 本高勾麗地後沒於渤海曰為女真所據高麗置寧遠鎮後徙鎮永清縣海濱 徙於永清縣亦名寧遠鎮 詳永柔縣古跡下 以其州入熙州本朝 世祖十二年復置寧遠郡 以熙川定平相去遼遠緩急難以應遂就古寧遠之地復置郡 仍為鎮

掌面官員 郡守 訓導 各一人

郡名 別號遼原

形勝

山川 快山 在郡西五里鎮山 南山 在郡南一百里 狼林山 在郡東一百八十里其北江界府界東咸鏡道咸興府界 釼山嶺 在郡東九十一里咸鏡道定平府界 馬踰嶺 在郡南六十里咸鏡道永興府界自咸興江界之界薛列罕嶺南連為釼山嶺為此嶺又自此南迤為艾田嶺長平嶺亘無山吳江山綿亘四五百里其東為咸鏡道咸興定平永興之境而其西即江界東南境及寧遠孟山之地古總稱蓋馬大山以古為蓋馬國地而山之迤衺甚大故名○按平安咸鏡兩道之界脊嶺連亘者在古稱為蓋馬大山傳記明白而高麗中世以後西北之地多陷於女真曰而山川之名或不能指的其地輿地勝覽以蓋馬大山附見於平壤府失之遠矣蓋〻馬大山在古蓋馬國之境高勾麗大武神王滅蓋馬國以其地為郡縣自後為高勾麗之地後漢書云東沃沮在高勾麗蓋馬大山之東高麗林彥九城記九城地方三百里東至海南接長定二州西北介于蓋馬山沃沮九城今為咸鏡道又三韓會土記本國山脉自蒙羅骨嶺為長嶺山為頭里山為頭白山為蓋馬山其下為東沃沮又云蓋馬山之脉回為鐵嶺其西南脉為釼池山為松岳云〻則其指蓋馬山不啻歷〻分曉矣大明一統志朝鮮山川載蓋馬大山而云在平壤城西其東即古東沃沮國蓋以蓋馬山在高勾麗境內而平壤為高勾麗故都故云然〻其所謂其東即東沃沮者則是矣而以為在平壤城西則誤矣勝覽曰此以蓋馬大山附於平壤古蹟下又謂隋煬帝伐高勾麗

左十二軍出蓋馬等道會于鴨綠水西且引九城記而帝就其地面起此山在鴨綠江外西北之界殊甚謬誤隋煬帝伐高句麗時左右各十二軍宇文述出扶餘道于仲文出樂浪道薛世雄出沃沮道出蓋馬道其他諸軍皆分校所出之道而度遼者唯九軍則元不渡遼矣其所謂出某道者部分諸軍而使出於其道也非謂經過其道而後會於鴨綠水西也果如勝覽之說則樂浪沃沮道亦可謂在鴨綠之西乎且高麗九城即令之咸鏡南道也以其地方三百里南抵長定二州觀之自可易見又豈可引九城於今之北道而以其西北云者為今野人地面乎 池莫只山在郡北六十里 廣城山在郡北三十里山中有石窟〻內有左右小池又有二石龍岩 千三峴在郡東一百里自郡南至此峴山高樹密石路如線蜿蜒上騰之狀故名石龍窟人馬不得並行有川出自池莫只山抱峴一面南流至德川郡境入黑淵川 黑淵川又名黑淵江在郡南三十里其源有二一出狼林山一出池莫只山合而南流入德川郡境為㶚江每天旱禱雨於此 廣城川在郡東三里源出池莫只山南流入黑淵川 温井在郡東三十里九老波里

土產 白玉出郡南穿洞 麻 弓幹木 石蕈 人參 海松子 五味子 鷹 蜂蜜 黃蠟 麝香 貂 黃鼠 青鼠 羚羊 餘項魚

城郭 郡城石築周四千七百四十四尺有門城內有四泉

學校 鄉校在郡西一里

宮室 客館

郵驛 所草驛在郡南九十里 加莫驛在郡東九十里 廣城院在廣城山下 釰山院在郡東九十里 文山院在郡北四十五里

祠廟 社稷壇在郡西 文廟在鄉校 城隍祠在城內西 厲壇在郡北

寺刹 温井寺在藥水山 南山寺在驪大山

古蹟 古邑城在郡南九十里土築周七千二百七十尺內有五泉

軌

提要

《臣軌》二卷，唐武曌撰，佚名注，清光緒八年（一八八二年）佚存叢書（日本林衡輯）木活字本。每半葉十行二十字，左右雙邊，白口，單魚尾。題『御撰』，前有『臣軌序』，後有『論』，卷末題『垂拱元年撰』。文中有注，但不知注者姓氏、年代。卷尾有天瀑山人題識。此書分國體、至忠、守道、公正、匡諫、誠信、慎密、廉潔、良將、利人十章。原書中土久佚。日本有古寫卷本（存上卷五篇）、寬文八年與《帝範》合刊本、活字本等。《臣軌》除被編入佚存叢書之外。阮元、楊守敬、羅振玉等人曾將其各版本一一尋得，影印歸入『宛委別藏』『東方學會叢書』等。又有『粵雅堂叢書』本等，據佚存叢書本刊行。

臣軌序

御撰

蓋聞惟天著象庶品同於照臨惟地含章羣生等於亭育朕以庸昧忝位坤元思齊厚載之仁式罄普覃之惠迺中廼外思養之志靡殊惟子惟臣慈誘之情無隔

靡無也聖心無私故視之若一也

常願甫殫微懇上翊紫機爰須衆僚聿匡玄化伏以天皇明逾則哲志切旁求

書曰知人則哲惟帝其難之又曰旁求俊彥啟迪後人

簪裾總川岳之靈珩珮聚星辰之秀

簪裾珩珮所以別貴賤也左思蜀都賦曰近則江漢炳靈代載其英蔚若相如皭若君王毛詩曰嵩高惟嶽峻極于天惟嶽降神生甫及申春秋佐助期曰漢將蕭何昴精生於豐通於制度也

羣英蒞職衆彥分司

蒞臨也文子曰知過萬人謂之英孔安國尚書傳曰美德曰彥

足以廣扇澆風長隆寶祚

易曰聖人之大寶曰位

但毋之於子慈愛特深雖復已積忠貞猶且思垂勸勵

書曰咸懷忠貞

昔文伯既達仍加喻軸之言

列女傳曰文伯相魯敬姜謂之曰吾語汝理國之要盡在經耳夫服重任行遠道正直而固者軸也軸可以爲相文伯再拜受教矣

孟軻已賢更益斷機之誨

列女傳曰孟子之少也既學而歸孟母方織問學

所至矣孟子曰自若也孟母以刀斷其織孟子懼而問其故旦夕勤學不息師事子思遂成天下之名儒

良以情隆撫字心欲助成比者太子及王已撰修身之訓羣公列辟未敷忠告之規

論語曰忠告而善道之

近以暇辰遊心策府

穆天子傳曰觀先王之策府

聊因煒管用寫虛襟

襟心也毛詩曰靜女其孌貽我彤管彤管有煒悅

懌女美

故綴敘所聞以爲臣軌一部想周朝之十亂奚著十章

論語曰武王曰予有亂臣十人鄭玄曰亂治也武王言我有治政事者十人謂文母周公召公太公畢公榮公太顛閎夭散宜生南宮括也

思殷室之兩臣分爲兩卷

謂伊尹傅説也

所以發揮言行鎔範身心

易曰六爻發揮旁通情也

爲事上之軌範作臣下之準繩

口口曰禹之爲君也左準繩右規矩

若乃遐想緜載眇鑒前修

楚辭曰謇吾法夫前修

莫不元首居尊股肱宣力

書曰元首明哉股肱良哉又曰予欲宣力四方汝爲

資棟樑而成大廈憑舟楫而濟巨川

書曰若濟巨川用汝作舟楫

唱和相依同功共體

毛詩曰唱予和汝

然則君親既立忠孝形焉奉國奉家率由之道寧二

毛詩曰率由舊章

事君事父資敬之途斯一

孝經曰資於事父以事君而敬同

臣主之義其至矣乎

父子雖至親猶未若君臣之同體故曰其至矣乎

休戚是均可不深鑒

休美也戚憂也

夫麗容雖麗猶待鏡以端形明德雖明終假言而榮

行

漢書張良言忠言逆於耳利於行毒藥苦於口利於病也

今故以兹所撰普錫具僚誠非筆削之工貴申裨導之益

史記曰孔子文辭有可與人共者弗獨有也至於爲春秋筆則筆削則削游夏之徒不能贊一辭説文曰裨倍益也

何則正言斯重玄珠比而尙輕巽語爲珍蒼璧喻而非寶

莊子曰黃帝遊於赤水之北遂歸遺其玄珠論語曰巽與之言能無說乎周禮曰蒼璧祀天

是知贈人以財者唯申即目之歡贈人以言者能致終身之福

家語曰孔子去周老子送之曰富者贈人以財仁者贈人以言吾雖不能富而竊仁者之跡請送子以言也

若使佩茲箴戒同彼韋弦

韓子曰西門豹之情急故佩韋以緩己董安于之心緩故佩弦以急己也

修己必顧其規立行每觀其則自然榮隨歲積慶與時新家將國而共安下與上而俱泰察微之士所宜三思

論語曰季文子三思而後行

庶照鄙誠敬終高德凡諸章目列於後云

臣軌序終

臣軌上

同體章　至忠章　守道章

公正章　匡諫章

同體章

夫人臣之於君也猶四肢之載元首耳目之爲心使也

四肢謂手足也元亦首也左氏傳曰狄人歸先軫之元耳聽目視皆由於心故爲心之使也

相須而後成體

君爲元首臣爲股肱上下相須乃成其體也

相得而後成用

君俟臣理臣俟君食上下相得乃成其用也

故臣之事君猶子之事父

資敬同也

父子雖至親猶未若君臣之同體也

古有無子之父無父之家未有無臣之君無君之國故云未若也

故虞書曰臣作朕股肱耳目

孔安國曰言大體若身

余欲左右有人汝翼

孔安國曰左右助也我所有之人富而教之汝翼
成我也
余欲宣力四方汝爲
宣布也孔安國曰布力立理之功汝羣臣當爲之
也
故知臣以君爲心君以臣爲體
臣稟君令故以君爲心君須臣力故以臣爲體也
心安則體安君泰則臣泰未有心瘁於中而體悦於
外君憂於上而臣樂於下
瘁病也言心病則體病君憂則臣憂也

古人所謂共其安危同其休戚者豈不信歟夫欲構
大廈者必藉衆材雖楹柱棟梁栱櫨榱桷長短方圓
所用各異自非衆材同體則不能成其構
言有棟梁栱櫨之材長短相扶然後成其廣廈
爲國者亦猶是焉
謂人夙欲理國者亦必養其衆賢也
雖人之材能天性殊禀或仁或智或武或文然非羣
臣同體則不能興其業
言有仁智文武之臣同其心體然後興其功業也
故周書稱殷紂有億兆夷人離心離德

夷平也孔安國曰平人凡人也雖多而執心用德
不同也
此其所以亡也
言殷以離心而亡也
周武有亂臣十人同心同德
亂治也孔安國曰言治理之臣雖少而心德同
此其所以興也
言周以同德而興也
尚書曰明四目達四聰
孔安國曰廣視聽於四方使天下無壅塞也

謂舜求賢使代已視聽於四方也昔屠蒯亦云汝爲
君目將司明也
汝變舛也杜預曰職在外故主視也
汝爲君耳將司聽也
汝師曠也杜預曰樂所以聽耳也
軒轅氏有四臣以察四方故尸子云黃帝四目
言有賢臣爲君視於四方
是知君位尊高九重奧絶
楚詞曰君之門若九重也
萬方之事不可獨臨故置羣官以備爪牙耳目

毛詩曰祈父予王之爪牙書曰臣作朕股肱耳目

各盡其能則天下自化

盡其臣之所能

故冕旒垂拱無爲於上者人君之任也

晏子曰古者人君冕前有旒惡多所見也書曰垂拱而天下理論語曰無爲而治者其舜也與

憂國恤人竭力於下者人臣之職也

書曰臣爲上爲德爲下爲民又曰乃命三后恤功於民至忠章曰竭力盡勞而不望其報

漢名臣奏曰夫體有痛者手不能無存心有懼者口

不能勿言

言手必存之口必言之以喻忠臣事君有過必諫也

忠臣之獻直於君者非願觸鱗犯上也良由與君同體憂患者深志欲君之安也

韓子曰龍之爲蟲也擾柔而可狎而騎然而喉下有逆鱗若攖之則殺人人主亦有逆鱗說者攖之則不幾全也

陸景典語曰國之所以有臣臣之所以事上非但欲備員而已

言君之俟臣欲其助已宣化豈但備其員數而已

天下至廣庶事至繁非一人之身所能周也

必俟賢臣之力

故分官列職各守其位

各有司在

處其任者必荷其憂

憂其所主事也

臣之與主同體合用主之任臣既如身之信手臣之事主亦如手之繫身上下協心以理國事

協合也

不俟命而自勤

同體故也

不求容而自親

協心故也

則君臣之道著也

臣主同體上下協心是其道著

蓋聞古之忠臣事其君也盡心焉盡力焉稱材居位

至忠章

稱已之材而居其位

稱能受祿

稱己之能而愛其祿
不面譽以求親
不面譽其君以求親己也
不偷悅以苟合
不苟悅君心而與之合
公家之利知無不爲
左傳曰公家之利知無不爲忠也
上足以尊主安國下足以豐財阜人內匡君之過外
揚君之美不以邪損正
爲正不爲邪也

不爲私害公
秉公而棄私也
見善行之如不及
論語曰見善如不及
見賢舉之如不逮
若鮑叔薦管仲子皮升子產也
竭力盡勞而不望其報程功積事而不求其賞務有
益於國務有濟於人
言臣竭力盡勞程功積事而不求其賞報者務求
益國濟人故也

夫事君者以忠正爲基忠正者以慈惠爲本故爲臣
不能慈惠於百姓而曰忠正於其君者斯非至忠也
至忠之臣則先行慈惠於百姓而後忠正於其君
也
所以大臣必懷養人之德而有恤下之心利不可並
去小利也
忠不可兼
行大忠也
不去小利則大利不得不去小忠則大忠不至故小
利大利之殘也小忠大忠之賊也

若存小利則大利不成若守小忠則大忠必廢故
小利爲大利之殘小忠爲大忠之賊所以必捨小
而取大也
昔孔子曰爲人下者其猶土乎
言臣之事君竭忠盡節夙夜匪懈勤勞不倦無所
不爲如土之性也
種之則五穀生焉掘之則甘泉出焉草木殖焉禽獸
育焉多其功而不言
不自伐其功也
此忠臣之道也尚書曰成王謂君陳曰爾有嘉謀嘉

獻則入告爾后於內爾乃順之於外
孔安國曰汝有善謀善道則入以告汝君於內汝乃順行之於外也
曰斯謀斯猷惟我后之德
孔安國曰此善謀此善道惟我君之德善則稱君人臣之義
臣人咸若時惟良顯哉
孔安國曰臣於人者皆順此道是惟良臣則君顯明於世也
禮記曰善則稱君過則稱已則人作忠善則稱親過則稱已則人作孝昌言曰人之事親也不去乎父母之側
言常在其左右也
不倦乎勞辱之事
言雖有勞辱之苦而不以爲倦也
見父母體之不安則不能寢見父母食之不飽則不能食
憂思在心故忘其寢食孝經曰病則致其憂
見父母之有善則欣喜而戴之
樂之而不厭

見父母之有過則泣涕而諫之
恐其不從已故涕泣以感之
孜孜爲此以事其親焉有爲人父母而惛之者也
孔安國尙書傳曰孜孜勤勉不怠也
人之事君也使無難易無所憚也事無勞逸無所避也
言皆樂爲之不以難易勞逸而生憚避也
其見委任也則不恃恩寵而加敬其見遺忘也則不敢怨恨而加勤
見君之委任非以恩而加敬見君之遺忘竟不怨而加勤此爲臣之道
險易不革其心安危不變其志
革改也言不以安危險易而改變其心志也
見君之一善則竭力以顯譽唯恐四海之不聞
欲君之善徧於天下
見君之微過則盡心而潛諫唯慮一德之有失
恐君之過聞於他人
孜孜爲此以事其君焉有爲人君主而惛之者也故事親而不爲親所知是孝未至也
親知然後乃爲孝也

事君而不爲君所知是忠未至也
君知然後乃爲忠也
古語云欲求忠臣出於孝子之門
言忠臣必出於孝子也孝經曰故以事君則忠也
苟非純孝者則不能立大忠
言大忠必出於純孝也左傳曰潁考叔純孝也愛其母施及莊公
夫純孝者則能以大義修身知立行之本
論語曰孝弟也者其爲人之本與鄭玄曰言人有其本性則成功立行也

欲尊其親必先尊於君
君尊而親卑故
欲安其家必先安於國
國大而家小故
故古之忠臣先其君而後其親先其國而後其家何則君者親之本也親非君而不存國者家之基也家非國而不立
親由君而得存家因國而得立故先君而後親後家而先國
昔楚恭王召令尹而謂之曰常侍管蘇

管氏蘇名常侍於君
與我處常勸我以道正我以義
言常以爲君之道義勸正於平時
吾與處不安也不見不思也
以其勸正已故
雖然吾有得也
謂得其爲君之道義
其功不細
言勸正之功甚大
必厚祿之乃拜管蘇爲上卿若管蘇者可謂至忠至正能以道濟其君者也

守道章

夫道者覆天載地高不可際深不可測
言道之廣大無所不包故上覆於天下載於地高而不可窮其際深而不可測其原
包裹萬物
道之放布無不含容
稟道無形
千品萬物皆始於道
舒之覆於六合卷之不盈一握

言能屈伸隨變
小而能大
小人無間大包無外
昧而能明
外闇而內明也
弱而能強
理直而氣壯也
柔而能剛
卑而不可踰也
夫知道者必達於理

理由道達
達於理者必明於權
權由理明
明於權者不以物害已
不以外物而害於已
言察於安危寧於禍福謹於去就莫之能害也
夫權道反經合義無所不通審其安危明其去就
福至不喜禍至不憂唯變所適故莫之能害也
以此退居而閒遊江海山林之士服以此佐時而匡
主忠立名顯而身榮

言以此道退居而閒遊潛遁則江海山林之士皆服從於已以此道佐時而匡其君主則忠名顯而身先榮也
退則巢許之流進則伊望之倫也
退謂閒遊進謂匡主
故道之所在聖人尊之
言道之所在者聖人尊貴之故黃帝問廣成於峒山唐堯見四子於汾水
老子曰道常無爲而無不爲
河上公曰道以無爲爲常也

侯王若能守之萬物將自化
河上公曰言侯王而能守道萬物將自化效於已也
人主以道自任者
河上公曰謂人主能以道權衡也
不以兵強於天下
河上公曰以道自任之主不以兵革順天任德敵人自服
夫佳兵者不祥之器
河上公曰祥善也兵者驚精神濁和氣不善人之

器也不當專倚也
故有道者不處
河上公曰有道之人不處其國也
又曰上士聞道勤而行之
河上公曰上士聞道自勤苦竭力而行
中士聞道若存若亡
河上公曰中士聞道治身則長保治國則太平皇
然而存之退見財色榮利竟感於情欲而復亡也
下士聞道大笑之
河上公曰下士貪狠多欲見道柔弱謂之恐懼見
道質朴謂之鄙陋故大笑也
不笑不足以爲道
河上公曰不爲下士所笑不足名之爲道也
莊子曰夫體道者無天怨無人非無物累無鬼責
言體道之人隨物變化故自天祐之吉无不利也
一心定而萬事得
事得由乎心定
文子曰夫道者無爲無形
湛然安靜莫見其形
內以修身外以理人

言理人修身皆資於道
故君臣有道即忠惠
君惠而臣忠也
父子有道即慈孝
父慈而子孝也
士庶有道即相親
更相親愛
故有道即和同無道即離貳
言人有道者雖疎遠而必和同無道者雖親近而
必離貳言道不可不貴也
由是觀之無道不宜也
道周萬物故所在皆宜也
管子曰道者一人用之不聞有餘
纔自足也
天下行之不聞不足
道濟羣生無不足也
所謂道者小取焉則小得福大取焉則大得福
言福之大小在其所取之也
道者所以正其身而清其心者也
言正身清心非道不可也

故道在身則言自順行自正事君自忠事父自孝
夫言行合宜忠孝盡誠皆由於道故君子守之也
淮南子曰大道之行猶日月
言道明自廣遠如日月臨天下無所不至也
江南河北不能易其所馳騖千里不能移其處
自江至河不能千里故其所不易千里之內暑景
同故其處不移道亦然也
其趨捨禮俗無所不通
道能通於萬事
是以容成得之而爲軒轅傅說得之而爲殷相

得謂得道
故欲致魚者先通水
泉深而魚自至
欲致鳥者先樹木
林茂而鳥自歸
欲立忠者先知道
知道而忠自立
又曰古之立德者樂道而忘賤故名不動心樂道而
忘貧故利不動志
言立德之人志在於道貧賤之辱尚且忘之則名
利之榮豈能動之乎
職繁而身逾逸官大而事逾少
以道理之故也
靜而無欲
志清靜而無所欲也
澹而能閒
心恬澹而能閒逸也
以此修身乃可謂知道矣
言能以此六者修身然後乃可謂之知道也
不知道者釋其所以有求其所未得

不知道之人則釋其已之所以有而求其已之所
未得者也
神勞於謀知煩於事
煩勞正所以疲乏精神也
福至則喜禍至則憂禍福萌生終身不悟此由於不
知道也說苑曰山致其高而雲雨起焉
山高而後有雲雨也
水致其深而蛟龍生焉
水深而後有蛟龍也
君子致其道而福祿歸矣

道成而後有福祿也
萬物得其本則生焉百事得其道則成焉
本亦道也

公正章

天無私覆地無私載日月無私燭四時無私爲
夫天覆於上地載於下日月之爲臨燭四時之有代謝而豈有私哉
去所私而行大義可謂公矣
夫志士仁人佐時匡主順天地之道行公正之心不以親昵而變其情不以利害而易其操故周公誅其弟石碏戮其子行大義而滅其親如此者可謂公矣

智而用私不若愚而用公
智而用私彌長其邪愚而用公轉近於正
人臣之公者理官事則不營私家
營私家則官事不成
在公門則不言貨利
言貨利則公門不正
秉公法則不阿親戚
阿親戚則公法不行
奉公舉賢則不避仇讎
避仇讎則野有遺賢左傳曰外舉不避怨
忠於事君仁於利下
言人臣之公者事君則盡忠利下則盡仁
推之以恕道行之以不黨伊呂是也
伊尹呂望也論語曰夫子之道忠恕而已又曰君子羣而不黨
故顯名存於今是之謂公也
伊呂忠義於湯武公正於殷周竭意君朝無心私室故得功存於古名顯於今可謂人臣之公也

理人之道萬端所以行之在一一者何公而已矣
唯公可以當此一焉
唯公心可以奉國唯公心可以理家
言無公心則不可理家奉國矣
公道行則神明不勞而邪自息
公道既行則人皆正直故神明不勞而姧邪自息也
私道行則刑罰繁而邪不禁
私道既行則人皆虛詐故雖繁其刑罰而姧邪不止也

故公之爲道也言甚少而用甚溥

公正無私其事易立故出言雖少而所用則溥也

夫心者神明之主

神非心不明故以心爲主

萬里之統也

統攝萬理皆由於心也

動不失正天地可感而況於人乎故古之君子先正其心

言動發心神不失其正則雖天地之大亦可感矣天地可感而況於人乎是以古之君子樹德立功者莫不先正其心也

夫不正於昧金而照於瑩鏡者以瑩能明也不鑒於流波而鑒於靜水者以靜能清也鏡水以明清之性故能形物之形見其善惡而物無怨者以鏡水至公而無私也鏡水至公可免於怨而況於人乎

言人能公正而後可以遠怨矣

孔子曰苟正其身於從政乎何有不能正其身如正人何又曰其身正不令而行其身不正雖令不從說苑曰人臣之行有六正六邪行六正則榮犯六邪則辱

言榮辱隨其所行也

夫榮辱者禍福之門也

禍福由榮辱而生也

何謂六正六邪六正一曰萌芽未動形兆未見

謂事未發之時

照然獨見存亡之機得失之要預禁乎未然之前使主超然立乎顯榮之處

謂使功格上天德流後裔也

天下稱孝焉

稱主之孝

如此者聖臣也二曰虛心白意

白謂潔白

進善通道

通有道之人於其君

勉主以禮義諭主以長策

勉謂勸勉喻猶曉也長策若張良八難陳平六奇

將順其美匡救其惡

孝經曰將順其美鄭玄曰善則稱君又曰匡救其惡又曰過則稱已

功成事立歸善於君不敢獨伐其勞

伐猶誇也功成事立雖由於已而皆歸之於君不
敢獨誇其勞也
如此者大臣也三曰卑身賤體夙興夜寐
毛詩曰夙興夜寐無忝爾所生
進賢不解
進舉賢良而不懈怠
數稱於往古行事以勵主意庶幾有益以安國家
往古行事者謂往君所行之事若堯舜禹湯者稱
之以勵其君
如此者忠臣也四曰察見成敗早防而救之

謂察見其君有成敗之事則早設智謀以防救之
也
引而復之
君若已有傾敗則引使復其未有之時
塞其間
塞君爲惡之間隙也
絶其源
絶君爲過之根源也
轉禍以爲福令君終以無憂
能轉君昔時之禍以爲今日之福而令終世無憂
也
如此者智臣也五曰守文奉法任官職事
文謂簿書也職主也
辭祿讓賜不受贈遺
言以貞白自居故雖有祿贈皆讓而不受也
衣服端齊食飲節素
守其廉潔不爲奢侈
如此者貞臣也六曰國家昏亂所爲不諛
雖國家昏亂惡貞醜正任姧用邪而不諂諛以曲
從君意

然而敢犯主之嚴顔面言主之過失不辭其誅身死
國安不悔所行
夫昏虐之君好行誅戮怒忠直之士喜諂佞之人
而能不憚嚴顔面言過失不辭身死冀護國得安
故龍逄以亡比干以喪志存必諫故不悔所行也
如此者直臣也是謂六正也六邪一曰安官貪祿
安其所居之官貪其君之爵祿
營於私家不務公事
營私家之榮弄公室之事
懷其智職其能

不用之以匡其君也
主飢於論渴於策猶不肯盡節
言君思其善論想其良策同於飢渴猶不肯盡節
以告之也
容容乎與代沈浮上下左右觀望
容容自安之貌左右觀望言希旨而取容
如此者具臣也二曰主所言皆曰善主所爲皆曰可
言進退隨君不爲匡諫也
隱而求主之所好而進之以快主之耳目
隱猶私也言私求其主之所好之物而進之以快

其主之耳目心意也
偷合苟容與主爲樂不顧其後害
言苟得與君合志同爲歡樂豈顧其有後害乎
如此者諛臣也三曰中實詖險外貌小謹
內慢而外恭也
巧言令色
論語曰巧言令色鮮矣仁
又心疾賢
疾害賢能恐君用之
所欲進則明其美而隱其惡所欲退則明其過而匿
其美
冀已意之得行
使主妄行過任賞罰不當號令不行
皆由進人退人不實故也
如此者姦臣也四曰智足以飾非辯足以強是反言
易辭而成文章
能令是非無一定也
內離骨肉之親
弃宗族也
外妬亂朝廷

陷良善也
如此者讒臣也五曰專權擅威
威權皆在於己而不由其君也
操持國事以爲輕重於私門成黨以富其家
擅發己意操持國事以爲輕重於其私門成其朋
黨以富其家業也
又復增加威權擅主命以自貴顯
又增己之權矯主之命而作威作福以自尊顯也
如此者賊臣也六曰諂主以邪陷主不義
進諂媚之言用邪僻之行而使其君陷於不義

朋黨比周以蔽主明

讒佞之人共爲朋黨以蔽主之明不得使其彰者也

入則辯言好辭

諂於主也

出則更復異其言語

謗其君也

使白黑無別是非無間

間猶辨也言能玷白作黑飾非爲是使白黑是非無辨別也

候伺可不推因而附然使主惡布於境內聞於四鄰

謂候伺君之行事謗毀以成其惡如可推尋因而附會以爲實然遂使主之過惡彰布境內流聞四鄰也

如此者亡國之臣也是謂六邪賢臣處六正之道不行六邪之術故上安而下理生則見樂

見人所樂

死則見思

見人所思

此人臣之術也

匡諫章

夫諫者所以匡君於正也

謂匡救其君使合於正道

易曰王臣蹇蹇匪躬之故

易之蹇卦六二爻辭也王輔嗣曰處難之時履當其位居不失中以應於五不以五在難中私身遠害執心不回志匡王室者也故曰王臣蹇蹇匪躬之故也

人臣之所以蹇蹇爲難

臣之事君鮮能忠正故以蹇蹇之材爲難也

而諫其君者非爲身也將欲以除君之過矯君之失也君有過失而不諫者忠臣不忍爲也

忠臣則必諫其君

春秋傳曰齊景公坐於遄臺梁邱據馳而造焉公曰唯據與我和夫晏子曰據亦同也焉得爲和公曰和與同異乎對曰異和如羹焉水火醯醢鹽梅以烹魚肉宰夫和之齊之以味濟其不及

杜預曰濟益也

君臣亦然

杜預曰亦如羹

君所謂可而有否焉
杜預曰否不可也
臣獻其否以成其可
杜預曰獻君之否以成君之可也
君所謂否而有可焉臣獻其可以去其否是以政平
而人無爭心故詩曰亦有和羹既戒既平
杜預曰詩頌殷中宗也言中宗能與賢者和齊可
否其政如羹敬戒且平也和羹備五味異於太羹
也
今據不然君所謂可據亦曰可君所謂否據亦曰否

若以水濟水誰能食之同之不可也如是家語曰哀
公問於孔子曰子從父命孝乎臣從君命忠乎孔子
不對又問三皆不對趨而出告於子貢曰公問如此
爾以爲何如
爾汝也
子貢曰子從父命孝矣臣從君命忠矣夫子奚疑焉
奚何也
孔子曰鄙哉爾不知也昔萬乘之主有諍臣七八則
主無過舉
言舉事無過失也孝經曰天子有諍臣七八雖無
道不失天下
千乘之國有諍臣五人則社稷不危
孝經曰諸侯有諍臣五人雖無道不失其國
百乘之家有諍臣三人則祿位不替
替廢也孝經曰大夫有諍臣三人雖無道不失其
家
父有諍子不陷无禮
孝經曰父有諍子則身不陷於不義
士有諍友不行不義
孝經曰士有諍友則身不離於令名

子從父命奚遽爲孝臣從君命奚遽爲忠
言其不得爲忠孝也孝經曰從父之令焉得爲孝
乎鄭玄曰委曲從君父之令善只爲善惡只爲惡
又焉得爲忠臣孝子乎
新序曰主暴不諫非忠臣也畏死不言非勇士也
能諫暴君不畏其死乃爲忠勇
見過則諫不用卽死忠之至也
見君之有過則犯顏而諫之諫而不用則以死繼
之可謂忠之至也
晉平公問叔向曰國家之患孰爲大對曰大臣重祿

而不極諫近臣畏罪而不敢言下情不得上通此患之大者也

言此三者皆國家之大患也

公曰善乃令曰臣有欲進善言而謁者不通罪至死

謁者官名也言臣欲有進善言於其君而謁者之官不通聞於上則罪至於死

說苑曰從命利君謂之順從命病君謂之諛逆命利君謂之忠逆命病君謂之亂

夫臣於人者不其難乎察通變之理識安危之機然後可以事其君矣故書曰爲臣不易

君有過失而不諫諍將危國家殞社稷也

見君之有過失而不能盡忠以諫諍則是將欲危其國家殞其社稷也

有能盡言於君

謂盡忠貞之言於其君無所藏隱也

用則留不用則去謂之諫

君用其言則留不用其言則去也

用則可不用則死謂之諍

謂能以死諍其君也

有能率羣下以諫君

羣下謂衆臣也

君不能不聽

言必聽也

遂解國之大患除國之大害

由其用諫故也

竟能尊主安國者謂之輔有能抗君之命反君之事

謂奪君之私心歸之於正義

以安國之危除主之辱而成國之大利者謂之弼故諫諍輔弼者所謂社稷之臣明君之所貴也

言諫諍輔弼雖事迹有殊至於安國寧人其功不異故俱謂社稷之臣而明君之所貴也

又曰夫登高棟臨危檐而目不眴心不懼者此工匠之勇也

眴猶動也

入深泉刺蛟龍抱黿鼉而出者此漁父之勇也入深山刺猛獸抱熊羆而出者此獵夫之勇也臨戰先登暴骨流血而不辭者此武士之勇也居於廣廷作色端辯以犯君之嚴顏前雖有乘軒之賞未爲之動

杜預左傳注曰軒大夫車

後雖有斧鑕之誅未爲之懼者此忠臣之勇也君子

於此五者以忠臣之勇爲貴也

夫武士獵夫工匠漁父雖有匹夫小勇而不能成其大功至於忠果之臣公正之士廣庭作色犯主嚴不顧乘軒之榮不憂斧鑕之戮而使國安人泰理定功成道著當時名流後代故爲君子之所貴也

代要論曰夫諫諍者所以納君於道矯枉正非救上之謬也

矯君之枉正君之非

救君上之謬誤

上苟有謬而無救焉則害於事

害於理人之事

害於事則危

國不安也

故論語曰危而不持顛而不扶則將焉用彼相矣

鄭玄曰相扶持者也

然則扶危之道莫過於諫

諫則無傾危也

是以國之將興貴在諫臣家之將興貴在諫子若君父有非臣子不諫欲求國泰家榮不可得也

孝經曰子不可以不諍於父臣不可以不諍於君

鄭玄曰君父有不義臣子不諫諍則亡國破家之道也

臣軌上終

臣軌下

誠信章　慎密章　廉潔章
良將章　利人章

誠信章

凡人之情莫不愛於誠信

誠謂無虛操信謂不愆期言能忠誠信實者則人皆愛矣

誠信者卽其心易知

言無誠信者則不可知矣

故孔子曰爲上易事爲下易知

上有誠信則易事下有誠信則易知

非誠信無以取愛於其君非誠信無以取親於百姓

人有誠信則君愛之君有誠信則人親之言致親愛唯在誠信也

故上下通誠者則暗相信而不疑其誠不通者則近懷疑而不信

言君臣誠通者則暗合而無疑誠間者則雖近而不信也

孔子曰人而無信不知其可也

鄭玄曰不知其可者言不可行也

大車無輗小車無軏其何以行之哉

鄭玄曰大車栢車小車羊車輗穿轅端著之軏因轅端節之車待輗軏而行猶人之行不可無信也

呂氏春秋曰信之爲功大矣

謂天地四時君臣父子兄弟朋友皆待信而成故曰大也

天行不信則不能成歲地行不信則草木不大春之德風風不信則其花不成夏之德暑暑不信則其物不長秋之德雨雨不信則其穀不堅冬之德寒寒不信則其地不剛夫以天地之大四時之化猶不能以不信成物況於人乎

言人不可以無信也

故君臣不信則國政不安

有傾危也

父子不信則家道不睦

失孝慈也

兄弟不信則其情不親

無恭友也

朋友不信則其交易絕

不能久也

夫可與爲始可與爲終者其唯信乎
信則終始不二
信而又信重襲於身
襲猶具也
則可以暢於神明通於天地矣
暢亦通也
昔魯哀公問於孔子曰請問取人之道孔子對曰弓調而後求勁焉馬服而後求良焉士必慤信而後求智焉
言弓不調而勁則摧折馬不服而良則馳騁士不

信而智則虛詐也
若士不慤信而有智能譬之豺狼不可近也
夫士無慤信而有智能適足濟其姦雄之詭而爲亂於家國猶豺狼而肆虐其可近哉
昔子貢問政子曰足食足兵民信之矣
鄭玄曰政有此三者則國強也
子貢曰必不得已而去於斯三者何先曰去兵子貢曰必不得已而去於斯二者何先曰去食自古皆有死民無信不立
鄭玄曰言人所特急者食也自古皆有死必不得已食又可去也
體論曰君子修身莫善於誠信
言誠信乃修身之本
夫誠信者君子所以事君上懷下人也
懷體也
天不言而人推高焉地不言而人推厚焉四時不言而人與期焉
有信故也
此以誠信爲本者也故誠信者天地之所守而君子之所貴也

天地有誠信然後萬物成君子有誠信然後百行著故天地所守君子所貴也
傅子曰言出於口結於心
結謂纏結
守以不移以立其身
謂守其前言而不移易也
此君子之信也故爲臣不信不足以奉君爲子不信不足以事父
奉又事也言事君事父不可以無信
故臣以信忠其君則君臣之道益睦子以信孝其父

則父子之情更隆
言臣不能以信忠於其君則君臣之道離貳子不能以信孝於其父則父子之情衰薄也
夫仁者不妄爲
爲得其時
知者不妄動
動合於禮
擇是而爲之
不爲非也
計義而行之

計合於義而後行之
故事立而功足恃也身沒而名足稱也
由其動爲不失故也
雖有仁智必以誠信爲本蓋以誠信爲本者謂之君子
言雖有仁智苟無誠信則不可以爲君子也
以詐僞爲本者謂之小人
言小人必無誠信也
君子雖殞善名不滅
身沒而名揚也

小人雖貴惡名不除
位隆而惡著也
慎密章
夫修身正行不可以不慎
謂若曾參顏回之儔
謀慮機權不可以不密
謂若孔光陳寵之儔
憂患生於所忽
忽輕也周書芮良夫曰惟禍發於人所忽也
禍害興於細微

言禍害之事皆從細微而起故蟻溜漂都突煙焚邑也
人臣不慎密者多有終身之悔
夫不慎於始則禍成於末雖終身積悔其何及哉
故孟德長恨於英雄智伯永慙於水灌也
故言易洩者召禍之媒也事不慎者取敗之道也明者視於無形聰者聽於無聲謀者謀於未兆慎者慎於未成不困在於早慮不窮在於早豫
早慮則不困早豫則不窮故書曰敬戒無虞易曰思患豫防

非所言勿言以避其患非所爲勿爲以避其危
爲非所爲必致傾危
孔子曰終日言不遺己之憂終日行不遺己之患
口無擇言身無擇行故憂患不至而吉乃大來也
惟智者能之
若非智者則必有其憂患也
故恐懼戰兢所以避患也恭敬靜密所以遠難也終
身爲善一言敗之可不慎乎
失之毫釐差以千里成之難毀之易雖終爲善而
一言敗之不可不慎也

夫口者關也舌者機也出言不當駟馬不能追也
論語曰駟不及舌鄭玄曰君子過言出口駟馬追
之不及也
口者關也舌者兵也出言不當反自傷也
人之出言若不當於理則反自傷已同於兵刃也
言出於己不可止於人行發於邇不可止於遠
邇近也若言布於人行流於遠雖欲復止其可得
乎故君子慎之也
夫言行者君子之樞機
韓康伯曰樞機轉動之至

樞機之發榮辱之主夫君子戒慎乎其所不睹恐懼
乎其所不聞
言於未睹未聞之前而戒懼之故能免於患難也
莫見乎隱莫顯乎微
言隱微尤爲顯見以其無隱不彰無微不著故也
是故君子慎其獨
獨謂獨居
在獨猶慎況於事君乎況於處衆乎
言事君處衆則慎之彌甚也
昔關尹謂列子曰言美則響美言惡則響惡身長則

影長身短則影短
響隨言而美惡影隨身而短長以喻憂寵患榮亦
隨人所行也
言者所以召響也身者所以致影也
言之所以召響身之所以致影亦猶慎之所以致
福慢之所以召禍也
是故慎而言將有和之慎而身將有隨之
而汝也言禍福之理既由人而與故當慎汝之言
慎汝之身
昔賢臣之事君也入則造膝而言出則易詞而對

人或問之則不告以實也風俗通曰禮諫有五諷爲上故入則造膝出則易詞辭善則其稱君過則其稱己也

其進人也唯畏人之知不欲思從己出其圖事也必推明於君不欲謀自己造畏權而惡寵

畏其威權惡其貴寵而不欲居之

晦智而韜名

晦其深智藏其美名不欲使人知之故韜藏

不覺辱之在身不覺榮之在己

言能渾忘榮辱

人閉其口我閉其心人密其外我密其裏

裏猶內也心尚閉之況其口乎內尙密之況其外乎

不慎而慎不恭而恭

惕於無形

斯大慎之人也故大慎者心知不欲口知其次慎者口知不欲人知

口知謂口言也

故大慎者閉心次慎者閉口下慎者閉門昔孔光稟性周密凡典樞機十有餘年時有所言輒削草稿

謂進言於其君也削草稿者懼其事洩於外

沐日歸休兄弟妻子讌語終不及朝廷政事

言其慎之至也

或問光溫室省中樹皆何木也

溫室殿名也在長樂宮中

光默而不應更答以他語

捨溫室之樹而別以他語答之

若孔光者可謂至慎矣故能終身無過享其榮祿

周密故無過至慎故享祿也

廉潔章

清靜無爲則天與之時

清靜無爲天之德也人能體之則天與之時所謂用天之道矣

恭廉守節則地與之財

恭廉守節地之德也人能體之則地與之時所謂分地之利矣

君子雖富貴不以養傷身雖貧賤不以利毀廉

言君子之人雖處富貴不以奢侈之養而傷其身雖居貧賤不以無義之利而毀其廉言所爲必合於道也

知爲吏者奉法以利人不知爲吏者枉法以侵人

言知爲吏之道者則奉公法以利人不知爲吏之道者則枉公法以侵人也

理官莫如平臨財莫如廉廉平之德吏之寶也

吏能廉平則患難遠已故爲寶也

非其路而行之雖勞不至非其有而求之雖强不得

越分故也

知者不爲非其事廉者不求非其有

知其不可故也

是以遠害而名彰也故君子行廉以全其真守清以

保其身富財不如義多高位不如德尊

夫不義而處富財必招郤奪之患無德而居高位必踐傾危之災故富財不如義多高位不如德尊也

季文子相魯妾不衣帛馬不食粟

性廉潔也

仲孫它諫曰子爲魯上卿妾不衣帛馬不食粟人其以子爲悋且不顯國也

仲孫不曉文子之意故發此言

文子曰然吾觀國人之父母衣麤食蔬吾是以不敢

欲與國人同其好惡

且吾聞君子以德顯國不聞以妾與馬者夫德者得之於我又得於彼故可行也

若唯自得則不足以行矣

若獨貪於奢侈好於文章是不德也何以相國

文章謂錦綺之屬也

仲孫慙而退韓宣子憂貧叔向賀之

賀其貧也

宣子問其故對曰昔欒武子貴而能貧故能垂德於後今吾子之貧是武子之德能守廉靜者致福之道

也吾所以賀宣子再拜受其言宋人或得玉獻諸司城子罕子罕不受獻玉者曰以示玉人

杜預曰玉人能治玉者也

玉人以爲寶故敢獻之子罕曰我以不貪爲寶爾以玉爲寶若以與我皆喪寶也不若人有其寶公儀休爲魯相使食公祿者不得與下人爭利

爭商賈之利也

受大者不得取小

大謂君祿小謂人利也

客有遺相魚者相不受客曰聞君嗜魚故遺君魚何

故不受公儀休曰以嗜魚故不受也今爲相能自給魚

言已爲相祿足以自給其魚

今受魚而免相誰復給我魚者吾故不受也

良將章

夫將者君之所恃也

恃之以禦侮也

兵者將之所恃也

恃之以勝敵也

故君欲立功者必推心於將

推其誠心於將

將之求勝者先致愛於兵

致其慈愛於兵

夫愛兵之道務逸樂之務豐厚之不役力以爲已不貪財以徇私内守廉平外存憂恤

言將愛兵之道務使其逸樂豐厚不可役兵之力以爲於已不可貪兵之財以徇其私内守廉平之性外存憂恤之心也

昔竇嬰爲將置金於廊下任士卒取之私金且猶散施豈有侵之者乎吳起爲將卒有病疽者吳起親自吮之其愛人也如此豈有苦之者乎夫將者心也兵者體也

言兵將其爲心體也

心不專一則體不安將不誠信則卒不勇

言心能專一然後體安將有誠信然後卒勇也

古之善將者必以其身先之

必以其身先於士卒而不避矢石之害也

暑不張蓋寒不被裘軍井未達將不言渴

達謂徧得汲也

軍幕未辦將不言倦當其合戰必立矢石之間所以

齊勞逸共安危也夫人之所樂者生也所惡者死也然而矢石若雨白刃交揮而士卒爭先者非輕死而樂傷也蓋將視兵如子則兵事將如父將視兵如弟則兵事將如兄

若將無子弟之恩則兵無父兄之敬皆由其將也

故語曰父子兄弟之軍不可與鬬由其一心而相親也是以古之將者貴得衆心

言以得衆心爲貴也

以情親之則木石知感況以愛率下有不得其死力乎

言將若能以情親其士卒則雖曰木石亦感應矣
況以仁愛率下而不得其死力乎言其必得之矣
孫子兵法曰兵形象水水之行避高而就下兵之形
避實而擊虛故水因地而制形
謂因地高下制其避就之形也
兵因敵而制勝
謂因敵虛實制其剋捷之勝也
兵無常道
隨時之變
水無常形
任地之勢
將能隨敵變化而取勝者謂之良將也所謂虛者上
下有隙將吏相疑者也所謂實者上下同心意氣俱
奮者也善將者能實兵之氣以待人之虛不善將者
乃虛兵之氣以待人之實虛實之氣不可不察
虛者喪兵之本實者勝敵之源得失由之故不可
不察
昔魏武侯問吳起曰兵以何爲勝吳子曰兵以整爲
勝武侯曰不在衆乎
武侯之意以衆爲勝也

對曰若法令不明賞罰不信金之不止鼓之不進雖
有百萬之師何益於用
杜預左氏傳曰鼓以進軍金以退軍
所謂整者居則有禮
有軍旅之禮也
動則有威
有征伐之威也
進不可當退不可追
進退不失其宜故也
前卻如節左右應麾
謂得前卻之節應左右之麾也
與之安與之危其衆可合而不可離可用而不可疲
是之謂禮將也吳起臨戰左右進劍吳子曰夫提鼓
揮枹臨難決疑此將軍也
軍法合戰則將自鼓也
一劍之任非將事也夫將有五才四義知不可亂明
不可蔽信不可欺廉不可貨直不可曲此五才也受
命之日忘家出門之日忘親張軍鼓宿忘主
宿謂止宿鼓以進之
援枹合戰忘身此四義也將有五才四義百勝之術

也
謂得百戰百勝之術
夫攻守之法無恃其不來恃吾有以待之無恃其不
攻恃吾之不可攻也
言攻戰守備之法無恃其敵不來當恃吾有備以
待之無恃其敵之不攻當恃吾之兵整不可攻也
夫將若能先事慮事先防求防如此者守則不可攻
攻則不可守
我守則彼不可攻我攻則彼不能守言其進退由
已也

若驕貪而輕於敵者必爲人所擒
口爲敵人所擒虜也
昔子發爲楚將攻秦軍絶饋餉
軍中饋餉無後繼之也
使人請於王因歸問其母其母問使者曰士卒得無
恙乎使者曰士卒升分菽粒而食之
以其絶於饋餉故用升分菽粒言不能全菽也杜
預左氏傳註曰菽大豆也孔安國尚書傳曰米食
曰粒
又問曰將軍得無恙乎對曰將軍朝夕芻豢黍粱

牛羊曰芻犬豕曰豢
後子發破秦而歸母閉門而不納
怒其失爲將之道故不許入門
使人數之曰子不聞越王勾踐之伐吳歟客有獻醕
酒一器者王使人注江上流使士卒飲其下流味不
足加美而士卒如有醉容懷其德也戰自五焉
士卒懷其恩德故至於戰陳各自盡力一當敵之
五焉
異日又有獻一囊糗糒者
書曰峙乃糗糧孔安國曰皆當貯峙汝糗糒之糧

也
王又以賜軍士軍士分而食之甘不足踰嗌
嗌咽喉也
士卒如有飫容
飫飽也
懷其恩也戰自十焉
一當敵之十也
今子爲將士卒升分菽粒而食之子獨朝夕芻豢黍
粱何也夫使人入於死地而康樂於其上
死地謂升分菽粒康樂謂芻豢黍粱

雖復得勝非其術也
言非爲將之道術也
子非吾子無入吾門子發謝然後得入及後爲將乃
與士卒同其甘苦
能齊其勞共安危也
人懷恩德爭先矢石
爭先犯於矢石
遂功名日遠若子發之母者可謂知爲將之道矣晉
趙孝成王時秦攻趙趙王使趙括代廉頗爲將括母
上書曰括不可使將也

言括之才不任將帥
始妾事其父
括之父奢
父時爲將身所奉飯而進食者以十數
親自奉飯以十數者所以厚養其士欲盡其力
所交者以百數
以友道交之者又百數也
大王所賜之金幣盡以與軍吏士大夫共之
不獨受君之賜
受命之日不問家事

專於君命
今括一旦爲將東向而朝
東向而朝者避君之南面也
軍吏無敢仰視之者
言括不撫士故軍吏懼也
王所賜金帛歸悉藏之
不與士卒共之
乃日視便利田宅可買者
欲取之以自益
父子不同立心各異

奢仁惠括貪虐
願王勿遣
勿遣代廉頗也
王曰吾計已決矣
謂用括之心已定矣
括母曰王終遣之設有不稱妾得無隨坐乎
言括之有罪必坐於已也
王曰不也
言必不使罪相及也
括遂行代廉頗爲將四十餘日趙兵果敗括死軍覆

終如括母之言也杜預左氏傳注曰覆謂威力兼
備若羅網所掩覆一軍見擒制故以覆爲文也
王以括母先言不加誅也若趙括母者可謂豫識成
敗之機也

利人章

夫黔首蒼生天之所甚愛也
書曰惟天惠人史記曰秦命人爲黔首
爲其不能自理故立君以理之
左傳曰天生人而樹之君
爲君不能獨化故爲臣以佐之
書曰樹后王君公承以大夫師長
夫臣者受君之重位牧天之甚愛
牧養也
焉可不安而利之養而濟之哉是以君子任職則思
利人事主則思安俗故居上而下不重處前而後不
怨
言君子既能利人安俗故居上而下不以爲重處
前而後不興其怨
夫衣食者人之本也
人非衣食不生故爲人之本也

人者國之本
國非人不立故爲國之本
人恃衣食猶魚之待水國之恃人如人之倚足魚無
水則不可以生人無足則不可以步故夏禹稱人無
食則我不能使也功成而不利於人則我不能勸也
皆引過以歸也
是以爲臣之忠者先利於人
利人然後乃爲忠也
管子曰佐國之道必先富人人富則易化是以七十
九代之君法制不一
不相襲也
然俱王天下者必國富而粟多
言國富粟多乃可以王於天下
粟生於農故先王貴之
貴在農也
勸農之急必先禁末作
末作謂雕文纂組也
末作禁則人無遊食人無遊食則務農
務勤農業
務農則田墾

墾開也

田墾則粟多

倉廩實也

粟多則人富

百姓足也

是以古之禁末作者所以利農事也

末作妨於農事故禁

至如錦繡纂組雕文刻鏤或破金爲碎

謂雕文刻鏤也

或以易就難

謂錦繡纂組也

皆非久固之資徒蠱凡庸之目如此之類爲害實深故好農功者雖利遲而後富好末作者雖利速而後貧但常人之情罕能遠計弃本逐末十室而九

本謂農功末謂末作

纔逢水旱儲蓄皆虛民爲此也

爲弃本逐末故也

故善爲臣者必先爲君除害興利所謂除害者末作也所謂興利者農功也夫足寒傷心人勞傷國自然之理也養心者不寒其足爲國者不勞其人

爲猶理也

臣之與主共養黎元必當省徭輕賦以廣人財

謂省人徭役十一而稅也

不奪農時以足民用

論語曰使民以時

夫人之於君猶子於父母未有子貧而父母富子富而父母貧

言必同其貧富也

故民足者非獨民之足國之足也民匱者非獨民之匱國之匱也是以論語云百姓不足君孰與足

孰誰也

故助君而恤人者至忠之遠謀也損下而益上者人臣之淺慮也

謂減損下人而增益君上

賈子曰上古之代務在勸農故三年耕而餘一年之蓄九年耕而餘三年之蓄三十年耕而人餘十年之蓄故堯水九年湯旱七載野無青草而人無饑色者誠有此備也

有此勸農之備

故建國之本必在於農忠臣之思利人者務在勸導

家給人足則國自安焉論曰夫君臣之道上下相資
喻涉水之舟航比翔空之羽翼
管子曰齊桓公歎曰孤之有仲父若飛鴻之有羽
翼也
故至神攸契則星象降於穹蒼妙感潛通則風雲彰
於寤寐
王文憲集序曰寤寐風雲實資人傑易曰雲從龍
風從虎聖人作而萬物覩
其同體也則股肱耳目不足以匹其同其益政也則
麴糵鹽梅未可以方其益
書曰若作酒醴爾惟麴糵若作和羹爾惟鹽梅
諒直之操由此而興節義之風因斯以著是知家與
國而不異君與親而一歸顯已揚名惟忠惟孝每以
宮闈暇景博覽瓊編觀往哲之弼諧覩前言之龜鏡
書曰允迪厥德謨明弼諧
未嘗不臨文歎賞撫卷思維庶令匡翊之賢更越夔
龍之美
夔龍皆虞舜之臣也
爰申翰墨載列縑緗以鑒榮辱無門惟人所召
左傳曰禍福無門惟人所召

若使心歸大道情切至忠
老子曰大道甚夷而人好徑
務守公平貴敦誠信抱廉潔而爲行懷慎密以修身
奉上崇匡諫之規恤下思利人之術
書曰臣下不匡其刑墨論語曰因民之所利而利
之
自然名實兼懋祿位俱延
莊子曰名者實之賓
榮不召而自來辱不遺而斯去然則忠正者致福之
本戒慎者集慶之源若影隨形猶聲逐響
書曰惠迪吉從逆凶惟影響
凡百群彥可不勗歟
垂拱元年撰

臣軌下終

明義錄

提要

《明義錄》二卷首一卷，朝鮮金致仁等撰，韓國奎章閣藏丁酉仲春芸閣活字本。每半葉十行十八字，四周單邊，單魚尾。是書為編年體史書，記載朝鮮英宗五十一年（一七七五年）十一月至純祖八年（一八〇七年）的朝鮮史實。卷首為『尊賢閣日記』（上下）及『御制綸音』。卷一為『進明義錄劄』，『進明義錄箋』，『下纂輯諸臣、傳教』，『都承旨洪國榮疏』，多記載朝鮮宮中之事，後有『臣等謹按』加以説明。卷二多記朝鮮大臣伏誅事，後附錄金鐘秀跋及『奉教纂輯諸臣』名單。

明義錄目錄

卷首

尊賢閣日記上

尊賢閣日記下

御製綸音

卷一

進明義錄劄

進明義錄箋

下纂輯諸臣　傳教

都承旨洪國榮疏

凡例

明義錄目錄　一

自乙未十一月癸巳至丙申六月甲子

卷二

自丙申六月丙寅至丁酉四月甲辰

丙申十二月二十六日　命承旨書下于纂輯諸臣曰大抵編書自有不易之例決不可混殺雜糅以失謹嚴之體以敍事之書而與綸音同錄以作史之法而與日記共編則是不過都監之儀軌各司之謄錄同一規矣若用右例既分卷首與一二則御製與纂輯略存區別之義同名明義錄則御製與纂輯又無各編之嫌不特編書之體編書之例兩得其宜抑亦箇中同異之論皆有所取未知卿等之意以為如何

臣等一依

聖教編次而前後所　下纂輯廳　傳教及都承旨洪國榮疏亦　稟旨添錄仍載此教於目錄之下使覽者知分編立名之　聖意云

明義錄目錄　二

明義錄卷首

尊賢閣日記上

乙未二月初五日○粥善吳載紹兼司書洪國榮入對兼司書曰近日有怪底所聞傳播於閭里亦入於臣耳不勝驚駭矣余曰何事兼司書曰去月望日及昨夜無賴輩數三人會飮於壽進宮近處一常漢家其中一人自外而入作鬧聲而辟人曰東宮微行方入此洞云諸人仍滅火隱避翌朝傳說狼藉無人不知云此必是挾雜或不謹行止致此叵測之說耶大抵從前民

間傳說不特微行一事其他奇奇怪怪之說不一而足何莫非驚心痛惋處而其傳播狼藉無識之類多有疑惑者莫甚於昨夜辭說也臣豈不知此等虛謊之說自起自滅而此必有主張做出使人眩惑者誠非細慮必有苗脉矣出入書筵之臣孰不知睿德度越孜孜於講學之工問寢之誠而初何嘗認以一毫爲外物所撓奪乎潛德春宮固當令聞之日彰臣民屬目而延頸今乃令聞不揚而反有此千萬意外之說臣若剖心使外廷之人洞知此等之說之起於起處則非所難也其於心雖剖而怪說之愈熾何哉余曰雖未知昨夜辭說之如何余亦慮此等之辭說必多傳播矣此無他余不能善待貴近致使怨憾之徒做作煽動至於此極大抵從古宮闈之浮言蓋自近宮闈之人所做出也是以聽之者信之以至於誑惑閭里固是易事獨不見維賢輩事乎余之難堪之狀前已屢言而屬垣之耳甚可畏也姑不盡言君其默念時余適在卧內故云余又曰此事何以處之兼司書曰無根之說若欲究覈則或慮觸忤權貴而此

則言者有之傳者有之宜付捕廳嚴加鉤問以察其脉絡好矣余曰善爲之

初七日○粥善吳載紹兼司書洪國榮入對余仍言捕廳事曰罪人之供援引甚多弓人即差備待令與中官親熟者而入其中宮奴即出入禁裏且其族屬結連於某處即和緩而入其中若欲更加一層究其言根則必有礙逼生梗之慮矣且與不尋脉絡有異作俑者傳播者既盡捕得至於言根設或究覈言根之中又有言根豈不難處乎今則無寧速速結末無致彼輩之疑

懼可也此而遷就則疑懼之徒安知不釀得何許禍機乎遂以收殺議定

初八日○有人投一封書於余所處尊賢閤廳上中官認以為戚里之封書持來告余余怪之而拆見即匿名書也書中所言無非罔測凶悖此閤即余講讀之所非外人之所可出入而忽有此投書之變心甚危懼之際又有守門中官拾得一封書以納即諺文匿名書也其言比前投書為尤甚而其中又曰若必欲尋言根則當告于　大殿云云是日令捕廳跟捕投書人

十一日○捕廳捕得投書人金重得河翼龍推問兩囚皆節節承欵推案在捕廳大抵重得者本以匠手出入於宮禁及諸宮家宮人中官莫不締交性又獰悍無所不為故啗之以利勢有此指使之舉也翼龍者即麟漢家人而以兵曹書吏常在　闕中故怨憾之徒綢繆募得作此叵測之事徽行云云之說既有所自起之處故不得窮治至於匿名書雖有所自出之處係是振古所無之變怵則至於　上達斷以極律未為不可雖以和緩猶不敢沮之麟漢時自內局乘間見余曰此胡大事至於　上煩耶反復誘脅使不得窮治故余亦畏其威勢不得違忤遂不窮覈只使捕廳治之捕廳則強盜之律外無他律文故只以強盜律移刑曹為奴

十五日○再昨　備忘下政院曰三日後見大釀前期教意盖深大抵此時浮言漸盛內外和應雖有一時禁酒之　飭教外間皆以為由余而發　備忘下後傳說又紛紜余平生無他長只是不飲酒為長處而亦以此做言則其他可知也

四月初五日○一日偶因言端謂人曰　賢嬪宮每見豐原之所佩密符則輒不樂曰若無腰佩之密符則吾病可少瘳云云　聖上每稱詡而賢之今番卜相之後　慈闈怵惕不安憂形於色至　教曰吾家又出相此非吾家之福也欲覆亡而然矣其畏慎謙約之　盛德與不欲見佩符之事前後一揆而自　上亦何以俯悉　慈闈之盛德云云矣此後麟漢忽引入而傳說曰此必有不好底意於渠作為此說而沮其行公云云其間渠輩之間辭說不勝其紛紜至

引古人身疾喻朝廷之事陳章不出而奇奇恠恠之說愈往愈甚余亦畏渠輩之浮言至以令若不出則自　上亦必疑之須即行公爲言然後始乃出仕當初余之所言不過欲爲稱揚慈闈之盛德何干於渠而忽地疑怒引入怨謗有非常情之所可度而其後又以余於書筵閒宮官某也某也之言而爲此說以沮渠云云怨怒浮言無所不至豈非可痛而可駭者乎

五月初三日○麟漢性行素悖不知有人倫至於家庭之間實有禽獸之行視乃兄如路人別

立門庭擅賣權勢及夫韓鍮事出後一門俱爲清議所不容則敢生托重媒進之計深結北村凶徒倡言于衆曰吾家乃東宮外家也苟有一毫不利於吾家者是不利於東宮者又深結厚謙一以爲黨援之計一以爲賣弄之資奇珍異貨絡續輦載甚至於使其弟約婚而極矣當是時也余則一身也一言一辭不敢放過低頭聽命猶恐不及其黨出一言則余曰諾矣行一事則余曰善矣操縱予奪專在於渠輩則余之畏惕危疑寧欲無生之心蓋可想矣麟漢又與厚

謙倡言于內間曰東宮孤危若不厚待外家則豈不危乎養厚泰淵輩又從以慫慂紹介於無恥無識之徒勢成威立根盤蔕固以余爲渠輩手中之物久矣余之本心實賴天畀烱然有不惑者故其所深惡而絕痛者或發於言辭顏色之間則渠輩之反蓄凶圖至於爲逆而不知悔者亦以此也

二十五日○庭試榜出後其翌日厚謙入內大言曰東宮當勤於講讀而已至於科事何爲而論其公私耶今番庭試得人甚多而聞東宮於

書筵對宮官曰某某人皆是命官及其試官用情者云云東宮何以知命官及其試官之意乎辭說狼藉事甚駭怪邸下之意無乃欲起科獄而然乎云云其後數日麟漢又曰東宮多不緊酬酢甚至於今番科事說話而極矣此何事也蓋其語脈一如厚謙之言而後數日厚謙又曰以榜中多有彼邊人有此不槪之說乎云云大抵庭試考券在於崇政殿而榜出在於四更量則余何知行私與否設或知之何暇與宮官酬酢而其言即入於厚謙之耳翌日即說道乎此

必是渠輩徒黨行私之跡昭然難掩故預為此
脅持之言使余恐恸不敢言此豈非春雉之鳴
耶
六月初十日〇此輩每於私覿時凡朝臣之相
親者必譽不容口不相親者必毁無餘地無論
賢不肖惟親疎是視故常以為絶痛矣兼司書
於癸巳夏以翰林入　侍于集慶堂余每於
侍坐之時見之則舉止端詳風儀清明已知其
為吉人而猶未知所存之如何其後自　上大
眷遇之實不下於從前任使之臣矣一日麟漢

家人上私書曰洪國榮素無名稱且與吾家不
往來他日雖為春坊决不可近也云云又言其
叔姪與吾家素惡之邸下預知之云云余甚疑
之心以謂雖不與渠家相親豈至於預使余不
親近耶事甚恠矣其後兼司書果以說書連在
春坊語次之間連為探試則其一言半辭實無
及於渠家之端則公然害人於暗地以沮日後
之進路者其亦凶且巧矣而近以彼輩凶謀觀
之益知其情狀處也是日以此語及於兼司書
仍錄之

十五日〇余晝夜侍　側之餘或有暫時之暇
少欲歸憩所處之室則和緩挽留不遣余始也
不知其挽留之本意或以為一時偶然之事矣
常常有意而見之余歸所處之室則探偵之人
隨余而来左右旁伺盖其意不欲使余歸憩者
以余或乘閑暇召接宫僚故也又以余召接宫
僚之時則或說渠輩之事故也此皆厚謙慫慂
之計云矣是以余知此意　侍坐之外亦不歸
来者此也此時艱苦之狀不可盡說熱日炎天
隆冬嚴沍尤難堪苦其亦變恠之一端也

十九日〇次對入　侍申晦麟漢以武臣中有
将来之人預為儲望自是當然之道前兵使李
得濟申大謙兩人俱以乃父之子當為倚仗
王室則特陞其資以為進用之階似好仰奏蒙
允時余晝夜侍　側不敢須臾暫退故其時
亦值　侍坐雖泛聞其所奏之語而初未嘗有
意於本事之是非廿三日往一處(即和緩)　其言曰
昨日書筵以李申之陞資事多有咎責時相之
言至以晦也小人麟也權臣等說為言果是否
余曰余雖　侍坐於諸臣入　侍之時諸臣所

奏之是非初未嘗留心則相臣　筵奏亦豈有説到之理設有不可之心向誰説道使之傳説於外間又設有此酬酢昨日書筵之言亦何能已爲傳播於外而復爲還入於内乎雖曰無脚之言日飛千里亦未及循環流傳而况初無此等酬酢乎此言果誰傳之而亦聞於何處乎彼以爲彼中人傳説故吾邊切近之人聞之云此亦虚謊之説乎余説之曰有一事不然者既非分撥朝報則設有云云必未及傳説况昨日連值　侍坐霎時開講則何得有此漫説話乎彼

意小解曰近日辭説吾亦撩耳未知其間曲折而所傳之人皆切親之人則豈有做作之理此必有往傳於外間者而然矣此等恐動之言不可以事理爭之故仍止之矣

二十日○都政時徐有寧爲谷山府使而不數日渠輩譸張浮言以爲余於書筵謂宫僚曰麟漢爲龍漢圖谷山申晦爲在善圖谷山縷縷懇托而銓官不聽故麟漢䕺怒㗲申晦以徐有寧

筵奏差遣必欲沮戲銓官備擬之人谷山府使非龍漢則無可爲之人乎豈可如是用權云云做出傳播大抵麟漢素蓄自危之心常懷掩覆之計凡事之不善者或恐被人之譏議則必作爲謊説以爲余有所云云此不必麟漢之言麟漢之徒黨做作煽動互相傳説一以爲掩跡之謀一以爲怨謗之資近日以来浮言日甚無所不有故余方危懼講讀之外不復酬酢政目亦不詳看渠輩之所爲從何以聞之亦何嘗言之而凶徒之言至於如此至曰某宫官入對有此酬酢云云豈不危險之甚乎

二十一日○余於講學曾無倦意故雖忩擾多

事之時苟得少暇則必開講筵矣近日以来侍坐頻數固無暇隙而雖或乘隙開筵凶徒莫不以此作爲辭説以爲某筵與某宫官酬酢某言某筵與某宫官是非某事做出浮言而稱之曰某日書筵有此酬酢某日書筵有此是非一番開講必增凶徒一番浮言又從以凶徒之腹心布列旁伺或開講筵或接宫官必屬垣竊聽轉以爲譸張之資故遂久不得開講非但　侍坐之無暇實畏凶徒之所作爲或有新入宫僚未悉如許事狀或以余爲倦於開講而然矣

七月初五日○厚謙之罪真所謂無可奈何矣渠本性禀奸巧妖惡千罪萬惡俱備一身而最是無君之意慢上之志不待年長之時而素所蘊蓄者厥惟久矣大哉　聖鑑也厚謙每當私覲于　上也不鞠躬而出入之時曳靴之聲櫜櫜全無敬畏之意　上謂和緩曰履聲何其太慢乎雖是一時戲劇之　教而自後厚謙每對余謂曰古則曳履之聲事君之禮也恨　聖上之不得俯察於禮節也又曰邸下則必讀儀禮為好云而又誇渠之致力於儀禮事此已萬萬

無嚴而不但此也其他自尊自矜似此之事不可勝道也

初十日○厚謙謂余曰近日宮官多不擇矣如洪相簡自是博識之人何久不入乎余曰此則銓官之事也非余所知也其後麟漢又謂曰洪國榮久不遞故如洪相簡輩不得入春坊此甚可悶洪國榮之一遞邸下何不下令耶臣亦當言及於渠使之遞去矣以其不遞之故辭說甚多皆由於此邸下若不放之則必多不好事矣余曰遞與不遞在其商量余何強迫其去就耶麟漢又忿然曰終非久置春坊之人也須使速遞好矣

十一日○與政堂即余起居之所而簷角掛鈴索一通集慶堂一通永善堂永善即和緩所處之室也厚謙間日来見其母則終朝密語余則不知其何等怪奇之說又為流入故雖對宮僚心輒跳動之際聞鈴聲出則急問曰何處鈴乎傍人曰永善鈴云爾則余之氣色自不覺其蒼黄此則宮僚所嘗目覩者吁亦慽矣

十三日○一日私覲戚臣麟漢謂余曰近日宮

官之罪不一而足傳播人口而其中洪國榮最甚焉此人若久在春坊則邸下必不能堪於保護邊人即渠輩所親者矣余曰宮官之罪果是何事而洪國榮之積受齮齕亦何事也麟漢曰近聞宮官輩以吾家邊人為非保護云此是賊徒之言而洪國榮主論云此豈可近之人乎近来銓官之必以洪國榮擬春坊者其意亦叵測許多名士何患無人必以不親於吾家者每每擬之耶洪相簡閔恒烈俱是峻望相簡又與光恩結婚者矣鄭台於此大有不平之色邸下操心為好

且東宮無生殺之權每事每議於大臣然後可以無憂矣余聞之骨驚亦不敢長語只曰謹聞命矣

八月初三日○兼文學鄭民始兼司書洪國榮入對余曰浮言日甚非但侵逼於余至曰某宮官入對有某言某宮官入對論某事所謂某事某言皆以為指論時事評論朝臣又以為余於渠輩心甚惡之先自疑懼競做浮言禍機漸緊凶徒之謀危余躬者皆欲先除宮僚以為危逼之計宮僚縱不自為身謀其若先受其害則非

智者之事至於兼司書既已許身成敗利鈍付之於天去就進退無可論於此際而但凶徒每以兩宮僚同入之時必有酬酢以此為陷人之機括一人若出去以觀渠輩之動靜則此後辭說或可止息耶況彌遠進羙女之說濟王圖瓊厓之言著於抄史之論（是時厚謙相簡并作此論）順宗狎昵之事伾文善糊之稱出於凶徒之口或形諸文字指意難掩或公傳塗說宮中喧傳此則不但厚麟兩賊竪所刱出也作論者造言者自有其人雖欲諱也其可得乎大體以此一事觀之宮官之為王伾叔文姑且置之濟王順宗果是何許人而比而方之若是無忌乎稱以儲君曰以濟王順宗則令聞之日彰潛德於春宮已無可論而余亦不知終能保有儲位也凶徒之言既如彼其無難則雖使凶徒自為發明於危逼動搖之罪不可得矣晝思夜度莫如姑且退俟亦使渠輩不得為執言之端可矣今雖乘間略說屬垣之戒亦可畏也上番姑為遞去為好

十一日○近來凶徒詆毀宮官之說益不勝其紛紜外間傳說無人不道云云宮官之初未嘗

說道亦未嘗意及之事如是喧傳漸漸層加心甚怪訝矣近始細思之此乃渠輩所嘗為之事而今欲移謗於宮官非但中懷忌嫉之心實是自掩其跡之計也雖以一二事言之相簡於春坊遞解之後宣言於外間以為余於渠際遇特深以此招權賣勢團聚怪鬼之類又忽上書于余連臂挾隸以獻之而其外封則書以世孫宮開拆臣謹封而裏面則書以原任左春坊相簡頓首上書于　王世孫邸下云云余極驚怪之問其所自來則中官曰別監之所呈也云故余

即令還給曰此等書既無下令則何可捧入乎勿以余見之為言只以此等書封不敢任自呈納為言可也云矣且於一日余於書筵言栗谷全書新刋事因曰彼鑄字如唐板本矣卽出則似好此不過泛説而其後聞相簡稱以書筵時有下令欲獻渠家所有栗谷全書板鑄字而病時為買蔘出賣於他人欲推還則已鑄銅爐口故不得入呈其代獻字書木板云云故余曰既遞之春坊使書役之人私獻此等物極為不可而還送之際殆同往復此亦不可勿為入置於

內棄諸差備之外以示不受之意分付中官矣其後又聞與光恩副尉忽地定婚云其所謂定婚卽是㮽裭兒而且是與他已約者猝然移定於光恩云云夫虛張儲君之眷遇藉勢於外間已是可怪可駭之事而又以前日之春坊私自獻書獻物是前所未聞之事道理廉隅雖不可責之於此類而分義亦不當如此且忽與戚里定婚外以聲勢相依聚會徒黨內以欲開私逕薦引於余此果何許人哉以此數事觀之辭説中善糊私書等説皆是出於移謗他人欲掩其跡之意也真是自道者也蓋自向年講筵中相簡恒烈敢稱若不殺攻洪之人而不扶洪家則不但戊巳之徒當為大北邸下亦將為何如人云而又於春坊直中相與執手飲酒曰吾輩不可不為瑶華之事此不得不然之道云云以後心嘗痛駭其為人第是彼邊人故雖不敢顯斥而近日事以後益知其極奸至巧之情節矣一日有人忽向余盛稱相簡之好處且曰相簡自遞歸之後有避嫌之人不得入春坊下情悵然云云余故曰余心之斥絶相簡久矣相簡之悵

然與不悵然欲入與不欲入余何必知之乎余又舉向所云上書等數事曰外言既已入內言必當出故余故為此言欲使相簡聞之云矣其後相簡聞余言既知余意之如此又知渠罪犯之不輕結納凶徒做出浮言至於此極未知終當至於何境也且於相簡新結婚媾私逕稱譽則光恩父子亦焉可逃其罪也

十四日〇厚謙謂余曰左相家子弟近欲赴科左相來見臣問臣以觀今番科之當否臣於此不必立異故以大小科並觀為當答之矣又聞

欲仰奏於邸下云邸下將欲何以答之乎余曰左相於余非不曰至親而至於科事有非東宮所可知之事也大抵婚事旣令我為媒科事又欲令我為媒乎厚謙笑曰果是矣後數日厚謙以私覿入内之時見余怒謂曰日前酬酢臣則意以為邸下中心之言也此說大播於外間其家子弟不欲赴科云而皆以為臣於邸下以左相家子弟有不欲赴科之意為奏邸下於書筵說道云果有是否余曰三昨說話之後非余干涉之事忘不記有於心矣何暇又言於宮官乎

厚謙疑不信之余曰雖欲說道向某人而傳說又向某宮官而言及乎厚謙曰果於李鎮衡及洪國榮入對時下令乎余笑曰其間元不入對何以說道乎厚謙始乃稍解曰然則怪哉余問厚謙其日說話或傳於何處乎厚謙曰傳於切親之人外無所傳之處矣余更不問之此乃養厚輩中間作倆也尤可駭痛也

九月十九日○俞彥鎬余素好其人待之厚矣時適以宮官上來行公是日余於召對乘間謂曰兼司書一心保護余躬賴以得安今則與余同休共戚世間雖有許多辭說必欲先除宮僚次及余躬而上有　上天又况　聖鑑孔昭惟是祈祝而至於君則為世標榜者亦已久矣在京不足為益歛身足可避禍速為下去無陷坑坎此亦相愛之意也其後數日即為尋鄉而厚謙問余曰俞彥鎬入對時渠乃攫取座隅參兩而去云果然否余曰無是而暫時上来之人又以辭說惑之吁可怪駭也

十月初三日○凶徒締結厚麟故宮中小大事無不知之不但窺余言動　上候凡百亦莫不

探知是時　上候日漸添加瘀候之升譫語之發最是罔措而自秋以後間有　差減之時雖差減之時即霎時之頃也内間以此憂遑度日而厚謙則自以為似此之時不可不結納麟漢益思附麗麟漢之計麟漢則自以為乘此機會乃濟渠之胷臆又思附麗厚謙之謀兩賊便作掎角之勢余或見渠輩謂以　上候日漸難強實有罔措之慮奈何云則麟漢則曰　聖壽當無疆矣一時　瘀候凝滯何可過加心慮云又或遣醫官於渠問湯劑則答以不必更定湯劑

以煩　上聽厚謙則聞余憂遑之說輒攘臂笑語曰　聖躬康寧一時　聖候若是過慮有若遑急者然是何事也恐動人心實非細事又況辭教之間精力如前則中外臣庶不知其有上候但切華封之祝而每聞邸下過慮之至於如此實不知睿意之何以然也豈其以　上候事酬酢作為消日之資乎余始知此輩伎倆計策在於掩諱　聖候後則不復言　聖候之添劇也大抵光佐之不設　侍藥廳為大罪案而渠輩則目覩　上候之日漸層加曾不留意

於湯劑之事反以余憂慮之說有此不滿之答其心所在不但光佐比也○時　上候以痰候浮氣譫語等諸症連夜不能就寢矣是日厚謙入內余謂曰昨夜　上候如許豈不萬萬焦迫乎厚謙作色曰　聖候添劇實為焦悶而俄者瞻望則　玉色如常及聞內間之言亦不至大段云此等睿教臣之獨自聞之無甚傷而雖中官輩聞之必有傳訛之慮矣余恐以此又為渠輩辭說之資反言前說曰余亦聞宮人所傳夜來問　安果有憂慮之心而及其仰瞻果如所

諭云而到此厚謙輩掩諱　聖候之計其罪尤無所逃矣

初四日○時　上在卧內諸臣入　侍時每當湯劑進　御必起坐凡於讀奏文書之時有所尊敬處則又必　起坐而今年以後不能運用玉體則必　命余扶起之是以余不敢暫退是日朝　診湯劑進　御後余適出坐户外宫人急謂余曰政丞窺視房內小人無處隱避伏望入往以防云故余入而見之則盖麟漢乘余出去之際欲奏所欲奏之事而猶未知余之不

在屏後有此納頭而窺覘故也余住足而聽則自　上別無下教而第二貼湯劑煎來之間也是日次對故先奏備堂入來事　上起寢曰誰也為　教則乘此言端麟漢奏曰其中如洪趾海者不但藎臣自來素有重望者矣　上曰重望莫過大臣乎麟漢不對此　教而伺　上未及寢睡之時少頃又奏曰鼎席不備久矣備員伏望云故余始出坐侍　側之處麟漢見余大變色密語余曰自　上下問故不得不仰奏云其後麟漢見余曰韓翼謩每惡鼎席備員之奏

蓋大臣或不新卜則舊卜既皆韓相之右故恐為降付左相此習絶痛故不得不以鼎席事仰奏云又曰以此之故欲避韓相之怨以錐　命新卜卿宰尚有多人仰奏臣意非欲有意於新卜矣縷縷發明移時不已余曰新卜舊卜大臣之事朝廷之事如余之人元非干涉者何其多言乎余於其時適出户外又未聞所奏之如何何故如是縷縷言之乎麟漢作色曰偶有所言矣其後數日厚謙謂余曰近日大臣諸臣以東宫　侍坐恐或見過奏事之際不能任意為之

甚可悶此後不必出坐侍　側隱處屏後也令則東宫威令反勝於　大朝此非好底事也余曰所諭甚是而湯劑進　御時外無時每　命扶起朝臣所見之處宫人不得扶奉内侍則初不敢扶奉余之侍坐　座側初非得已之事矣於是乎訨海作相之謀益急矣

初五日〇厚謙每誦傳賊黨之言曰金鍾秀妖邪無所不為之人性本至妖行又極奸吾輩既無大逆不道之罪則以吾輩為可殺主殺戮之論則其心在於甘心儲君之意也且聞與一隊不逞之徒作為死黨而此則不可盡説也宫中喧傳以為近日東宫所親信之宫官與彼輩中人日夜謀議極為秘密而昏夜之中每送驢騎金鍾秀輩一陣怪鬼之徒將有不測之慮東宫之事誠非細慮云又以為麟黨猶以於邸下為不好間故不得言此等事於邸下云余是日見厚謙乘間謂曰金鍾秀余亦不知何許人而亦豈有往來交結之人乎然不利於余而包藏不逞之志者傳説雖喧擾彼於余既無干涉之事則忠與不忠猶無可論況不利不逞等事余果

未以為然也外人之議余實不以為懼也大抵東宫即儲君也何困撓至於此乎厚謙色甚不快即起出

初六日〇一日厚謙入内出去後流言又出曰月前洪國榮於書筵因言端力陳夷簡瑤華之罪因多陳戒之辭云此非渠為國之事也乃受錢五千於金基大故出力右袒而然也至以金尚默豈有不利之理等語又為力陳者其亦與金峙默結婚之後昏夜相從與具庠尚默飲酒設誓必欲禍人家國而後已故也如此而抹樓

下猶不捨耶行已履心若是無據則　聖明豈
不俯燭耶事出之後渠雖多智安敢免乎其為
譸張熒惑百計圖害吁亦甚矣
初七日○延和門行常參時　上候日漸添加
是日以　痰候中譫語有　殿座之命　聖候
雖在靜攝而宵旰之憂不懈於寤寐之間者也
自內仰請還寢　殿座之命而　上不許及
臨門　香祇迎後欲　御寶座而左右扶侍猶
未之能焉此時下情焦迫不可勝言是日大臣
諸臣亦不敢奏事即為　還內有時急回啓判

付事而中官從中作奸混同書下言念朝事凜
然而寒心者猶是歇後語也是日　上教曰予
之今日常參雖是痰候中譫語既書備忘故兼
欲試予筋力有強起臨門之舉而及當祇迎後
莫辨咫尺此何事也今則雖使予自強自力萬
無強作之道予於昨夏命世孫看檢明禮宮事
宮事非國事比而欲試世孫之裁決者也此雖
小事宮府無異況近来大小　祀典必令替攝
者予意蓋亦深且遠矣以今日予氣予已決斷
于心者有之矣昔　皇兄下教予尚今莊誦予

何不身親為之乎沖子夙成事予至誠決不負
予所望矣及予痰候猶不添加之時代聽機務
則豈不好乎予亦可以親見於予亦豈不光鮮
乎　上教縷縷不啻數萬言而余聞　命悚惕
不能仰對而退
初八日○時　上候痰眩譫語等症候已是萬
萬罔措而至於咳逆之頻數寒氣之升降又甚
罔措以是宮中大小莫不焦遑而浮氣近又兼
發　腰部以下不能運用目下所見不勝煎迫
而自去夜咳氣大作徹曉不能　寢睡是日朝

診都提調請進生清至午後少無變動至於
水剌則自近年以来雖或間有　差復之時
即不過重蒸飯水澆而否則粥飲米飲而已又
或　添劇之時則雖水飲亦不能吞嚥是時亦
然強　命夕診欲進湯劑則咳逆而亦不能順
下矣自是之後間有　痰候開霽之時咳氣闖
發或於深夜氣度不能斡旋則罔措之狀不忍
形言近值寒事頗緊之日幾乎無日不然中官
宮人無不焦灼煎熬而獨彼厚謙則恬然不以
為慮至以余之憂遑為疑甚至於對余言曰

聖候康寧自臻平復云究厥心腸極爲凶獰而翌日　瘀候少降　聖聰似勝　命書御製文字其幸不可勝言而以　親臨崇政殿月臺親授爲　教夜中　上候又添不得　臨殿此時聖候之曰以無憂者實非人理論者也

十三日○時渠輩之腹心爪牙盡列左右　上躬起居儲君動靜何所不知何所不聞近於余者惟宮僚有之而又是於渠輩不親附之人則以此爲疑懼之端故凶徒之謀欲售則近余之人必先除之此不待凶徒之說而可以瞭然者

也且況左右探伺豈有難便之事而所不可探偵者講筵之時也所不得結納者宮僚也雖不如此尚欲先除況如此其疑懼怨恨者乎以是之故駭機危謀日甚一日而尤可畏者凶徒各挾妖孽之權也時余躬之孤危固勿論苟非忠憤激烈之人則孰能擔當向前奮身保余乎是以余於一宮僚不特以不與彼輩相親爲難也誠以感其苦心血誠而然也同休共戚與死同生不謂於今日宮僚而何哉一日厚謙大咆哮盛氣謂余余觀貌察色毒螫向人殺氣次骨真是迫隘之會也其日余怪其色辭問于渠曰有何不平之事乎答以爲朝鮮之不亡幸矣余問曰何事乎渠答以傳說雖欲歸之浮言所聞之處非虛語既非虛語則是豈非可怪駭之事乎余曰何說也渠以爲元義孫家人蔘幾斤有之之說果不聞於宮官乎余曰此說何從以聞之乎渠又以爲宮官果不於書筵時攫取座傍所置襪中人蔘乎余曰是又何說也余之座側元無什物襪櫝等屬初不列置之則人蔘何處攫取乎況余之庫中亦不留一角蔘則殆不近理

之說也渠又以爲與宮官不言　上候如何如何之說乎余曰怪哉豈臣子所敢酬酢之事乎渠又以爲宮官果不以北村之人皆可殺爲說乎余又曰北村何處乎余不知北村誰某居生則安有北村可殺之說乎渠又以爲與宮官日夜密勿者何事乎余又曰　侍坐之餘曾無宴時之暇則何暇與宮官酬酢而設有從容之時以何事公然密勿況　聖明在上百度惟貞又安有密謀之可言乎渠又以爲醫人白漢圭果不聲罪乎余曰雖自台所而聞白哥名字而元

無干涉於余則豈有聲罪之理乎似此等說千言萬語余疲於應答半日迫隘之狀不可盡錄憤懣中只錄數條而大抵所謂辭說亦非特厚謙做出無非渠輩詬罵之說也究厥造言之罪吁可痛駭也○余所處外室即尊賢閣也閣在興泰門内閤後環以布帳隔之夜則勿論宮内宮外之人不敢出入處也昨冬一日夜深後余適閤坐聞人跡從帳後漸近而至帳後近處絶不復聞心甚怪之使中官出視之則此中官即蒙騃之人急走密謂余曰果有一人屬耳布帳

竊聽帳内云故余聞之驚悸使他中官照燭見之果無人矣翌日余往集慶堂宮人言昨夜有一男子入集慶堂直從階上登廳事而行宮人輩見之云時自　上寢睡時少故每夜宮人輩達宵伺候故也余聞之心自以謂昨夜帳後有竊聽之人云者果然非虛語云矣而余不答一語又聞昨夜於所處堂近處有人蹴門破鑠之不得自西華門而下周遊往來蹤跡狼藉時夜氣甚寒天又大雪翌朝宮人尋其跡則雪上有大足之跡分明云此後婦寺夜則隱身不出晝

則轉相傳說宮中訛傳刺客入宮中或曰被鐵甲或曰仗長劒不勝其紛擾不數日自凶徒邊喧言曰近聞張志恒遣刺客入宮中而以鑄錢時所剩萬金募得云以此作為辭說一邊傳播一日以麟漢黨言謂余曰張志恒刺客之說若是紛紜夜必鎖門而睡往來之時亦多率從人為好余答以謂刺客豈有入宮中之理乎雖欲潜入巡邏嚴矣墻垣固矣必是婦寺輩虛說彼輩又以謂抹樓下豈知張志恒本心而若是着保乎又以為近日所謂張志恒行賂東宮之說

果不虛矣大抵此事不但出於誑惑動搖而已凶徒之暗中設計實非常情之所可測真所謂無所不至也

十四日○余與和緩語及閑漫說話和緩問余曰義州(即洪龍漢)之差遣以吾之力知之乎余曰元無留意之事安有是哉彼又曰不然則每見進封之物則何不平之色見於面乎余曰疑人何其甚乎和緩曰吾與彼定婚雖出於不得已而既已定婚之後人之或以我為親密於義州至以用手差遣義州知之無怪矣余又曰是何言

也朝廷官爵自　上出矣焉有人臣疑以圖得此等事乎和緩又以為抹樓下之言果然而吾兒則以此不安云矣余曰過中之慮也和緩又以為不然人皆以抹樓下以吾與義州定婚事藏怒一欲害之云此則不但吾兒聞而傳之國洞諸人無不以此知之云余曰何足信乎和緩又曰浮言雖欲不信其日書筵以此事多有酬酢云是否余曰非也此豈真說話也必是造言者之浮言也和緩曰吾兒昨日入見時多有難便之言矣余曰浮言何其多也今則浮言多聽

聽之亦厭矣然此等之說勿動則豈不好乎和緩不答又以麟漢箕伯事為言亦如義州之說皆渠輩自危自懼之說不難知也然少爾則必以書筵辭說歸之吁可駭憤也○是時自　上㾀侯往來乍减乍劇則　靜攝中辭教固當方便奉行無使外人動搖可也凶徒則以掩諱聖候為能事而不以方便　聖教為權宜故去曉以　㾀侯中譫語有今日陳賀百官入集慶堂庭行禮之　教而時則五更又非陳賀之日百官初無入來之事矣余以為在下道理固當

姑不須布以俟　㾀侯之少霽而㾀侯差降則更不當　下此教況譫語之　教須布於五更極為不可又況百官亦豈可無端會集乎時麟漢以入　侍事在　闕中余屢次言及曰此不過譫語中　下教非止一二次則姑待天明又待　㾀侯之少降須布此　教尚不晚也揆以道理毫無如何之端又況近日　上教每以譫語中事氣勝之後予亦不知如有礙眼之教勿為須布縷縷　下教此亦依此　教决不可須布之事也麟漢答以謂不可自五鼓時幾至日

明而屢次往復畢竟余不更爭任渠為之渠以百官來會之意竟使須布而翌朝以陳賀百官來待之意仰稟則自　上下教曰此何教也左右以分明有是　教仰對則　上曰既會之百官不可復退自內製　下教文以宣諭例書出伊日自　上謂余曰予於病中常有欲聞軒架之心故譫語時設有如此之教中官之不稟汝徑先須布可駭百姓皆以予為耄荒之君矣須布中官即　命刋名大抵麟漢之明知譫語而不從余縷縷之言亦不待　聖候之差勝力主

須布之議致使 上意煩惱至有伊日朝 診
不許之事此無他即角勝於余而又是掩諱
上候之意也
十六日○時自夏徂秋自秋徂冬飫聞者浮言
也浮言即所謂奇奇怪怪書蹟酬酢也余本疾
惡之性太過見人之惡則不堪若浼之心故非
不欲加意於矯揉之工而始也余憤凶徒無臣
分之心憂懣之色憤怒之意猶不能自制矣幸
賴兼司書庇護規警之力從茲以後勇於含忍
之工浮言雜談一不掛心一日二日以此加工

明義錄卷首　三十一

漸覺進益而彼輩亦莫知余意之在於含忍故
所聞之浮言渠輩無不傳聞於余矣是以資益
之工益覺其甚多也向非宮僚以余辭氣太露
而無含蓄之量為戒又以韜晦之地決不當如
彼之褊狹為勉則其間凶徒豈為余之所含垢
而亦豈使凶徒盡自呈露其奸狀乎惟此一事
可見宮僚保余庇余之力量余亦自以為不可
及也此其脫禍之一大關也○一處 (即和緩) 對余
氣色頗和密謂余曰洪國榮今則殆將逢事矣
余愕然曰何謂也答曰似聞尹台 (即尹養厚) 以為此

人在朝則必多深害不可不除去矣雖費二萬
兩錢若有可圖之道當為之矣必欲通路於他
逕云吾輩何所干預乎當觀其動靜而已抹摟
下亦必勿播此言也吾兒雖聞之決不出口矣
余聞之而不覺心寒而骨驚姑且應答而歸矣
蓋婦人口軟語次之間透露此語其為排布凶
圖可以想矣○麟漢內結厚謙為血黨又與所
謂桂洞諸賊作為緩急相須之勢而至於趾海
最是別交趾海之西伯也渠既自外宣力靡不
用極又入內而宣言曰趾海純潔廉白真是宰

明義錄卷首　三十二

相生可為大官死可為書院重言復言狼藉傳
播又向余說道者不知幾次而猶為不足因一
他逕晝宵締結密通賂物必欲使趾海為相而
後已以 聖上之明終不肯可畢竟不能遂計
焉真所謂死生之交渠輩所謂其也主壁其也
配享之說信不虛矣
二十七日○近來 上候凡節漸不如前雖一
日之間 瘀候屢次往來或數三日凝滯不下
如此之時則雖左右近侍亦或不知為誰某房
闥之內亦不得扶掖 運動每加入參附連為

進脤則雖或有少間而　痰候旋又如前中心之隱憂焦悶已不可言而　傳教備忘之下多有不可頒示中外者　侍坐之時則每稟奏不下而離　側之際或有所下者則直下政院而余未及知之秋冬以後　證候終無差勝之時是日尤有萬萬焦迫者譫語中　下教中官不奏余任意傳之出至差備門外僅得收還後仰奏矣翌日厚謙入內見余曰昨日如此之　備忘以下令傳于政院不為頒布云代理時　大朝傳教亦不敢自東宮任意收還凡東宮命令

下於政院可乎余曰余豈不知此道理乎余元無下令於政院者矣厚謙曰臣所詳聞之事既下可諱之乎余曰聞於何處乎昨日事不過如許矣厚謙曰外間則辭説恠恠當初所　下備忘亦非自　上親製云矣余曰然則余自為而自收乎大抵雖是小事凶肚逆腸無可言矣設心如此何事不為乎

三十日○　上候以痰候中浮氣數日不能寢睡足部又生瘇癤連付麥飯此亦氣度不能順幹之致下情不勝焦遑而厚謙則以為陽氣旺盛故有此　瘇候可賀而非可憂之事云而麟漢則以為　足部瘇候時湯劑順進猶勝於聖心煩惱之時不進湯劑云渠意果出於湯劑欲為順進之意乎否則余不可知也盖麟漢每當藥院都提調之時或有湯劑不進之事則輒以為渠有何見過於　上前而然矣行賂求媚愈往愈甚尤可笑也

閏十月初五日○時賊徒逆黨醞釀綢繆危逼之計迫脅之謀日急一日余晝而煎心夜而繞壁而左右潛伺之徒百計乘釁以故不但憂懣

之言不敢出於口外憤恨之辭亦不能形諸文字而侍　側終日或夜分而退或侵曉而歸凶徒賊余所處之室言語動靜無不探察故亦不得解衣安寢矣凶計益甚凶謀益肆則一邊做出儲君之言誑惑人心一邊做出宮僚之言疑亂一世是日見和緩和緩忽然問曰近聞於吾見抹樓下與宮官有何怪怪說話云此何說也余答以為設余否德有此事安有宮官答之況今世道危險人各自謀其身之不暇則何可有此意外之事乎果是丁寧之說必有見之之人

聞之之慶必須明言其曲折以破余疑可乎和緩以為雖人君之威不能尋言根即常談也聞者聞之傳者傳之傳之之人聞之之慶何以知之乎余又曰不然以余孤弱有何威柄而雖聞所聞之人所傳之慶余豈敢生罪之之計乎雖傳於余余但知其虛實而已幸須明言曲折也和緩假言數三人名曰此漢傳之云余笑曰所諭誠假托也此漢輩或輿儓之至微者或婦寺之至愚者不識東西不辨菽麥則豈有做出浮言之理哉和緩作色曰到今從容說道之時抹

樓下不即明白言之如吾兒言向後事端大起如至難言之境則亦可諱而不言乎彼所謂向後事端大起云者其意叵測此時禍色之急於燎原其可盡言乎◯和緩嘗謂曰抹樓下非吾家與外家則豈可在此位乎必於言議取捨之際以兩家為主然後可無事矣而吾兒近日於邸下將信將疑此必是抹樓下有他意而然矣吾兒每欲痛言而姑且忍之云矣翌日厚謙曰邸下不可信世道誠可慮矣余曰何謂對曰近日朝廷之上論議多貳不入於吾邊者甚多而至若尹養厚斷斷保護之徒亦不免受疑云此豈成說乎　大朝患候當寒則或添而日暖則平常　聰明若蘇則必當有大事矣邸下亦豈不難乎余曰此邸下可謂難矣外間事何以知乎云云

十五日◯時聽政之議內間雖不知之但以前月初七日常參後說話為渠輩所先知者故厚謙是日入　闕時見余氣色頗不好曰近日　上候何如云蓋渠覩承　上候宜無更問於余而後知之之理矣况前此亦未嘗問　上候於

余忽於是日問余者其旨意所在蓋可想也余答以漸臻　康復下情不勝慶忭云前日則渠聞余之語次以為　上候添加則作色不答　差勝則和顏酬酢矣是日渠雖聞余　差勝之答亦作色不悅曰似聞醫官之說近日　上候日漸添加云可悶矣余又曰向日所進附子今則去之則以此觀之可知　上候之已差復也渠良久曰然則所聞誤乎云渠意設此　添加之說欲試余意而又欲為此說引出聽政　容教之意也余即以閑漫他語酬酢則渠變色謂

余曰東宮之德在於問 寢視 膳則雖以從古人君觀之監軍撫國雖是不得已之事大體則不成說之事也天無二日民無二王之嫌終是有之矣余曰所諭果切當不但天不可有二日民不可有二王之大義如此又以東宮言之豈敢受不當受之 命乎渠曰然矣

十九日○趾海於麟漢最為親密故入 侍之際無不稱道蓋時 聖候連在靜攝中凡事必頻頻登徹而後始或記有故每稱道趾海以為聖德記有之地時箕伯作窠麟漢囑韓翼謩

以趾海首擬而忽上書於余曰箕伯之望即首相之所為渠則不知云云此乃或恐余意之以為如何預為此發明之端其為計極凶譎也薦望入啓後自 上屢欲點下末望而末乃以首望 落點仍以兄弟不可同時為監司 命遞述海海伯之任矣翌朝内局入 侍時 上教曰昨日兩西下教可見予精神否諸大臣皆以精神之無所不周舉皆稱賀大抵近來 靜攝中記得兄弟之為藩任有此 下教誠莫大之喜也而麟漢獨以海伯遞除之不由於渠心甚不快諸大臣雖齊聲稱道而獨無一言之稱賀乃曰兄弟道臣亦多有之在古則尤不知幾許人云云 上憮然曰予則自以為精神稍勝矣既有前例則昨日事此亦似是譫語中一也諸大臣皆以不然仰奏獨麟漢無一言而退余時 侍坐觀其氣色不覺切憤設令渠心有不愜之端渠之行胷臆亦久矣海伯一事雖不滿於渠心當此 上心欲試聰明之差勝諸大臣舉皆稱賀之時顯有怏怏之色終無一言之稱道此雖小事可見無臣分之一端曾未數日以

養厚輩言有流入之說以為余謦欬於 上特遞海伯海伯許遞 備忘書下之時夜已三更時内間適以進膳咸聚紛擾明知其無密奏之隙而少有不愜於渠輩之意則此等無根之說做出公傳伊後麟漢說余以掖隸中如有親信人則以褊裨送于箕營為好云云欲以此為掩覆渠之蹤跡而亦為媢我之計可痛還可笑時方畏渠輩之浮言未嘗發一言而入 診時事心甚痛駭故對奉朝賀略有所傳矣渠輩聞之狠怒益甚以為惡趾海之為藩任而如此云云

方伯之除朝廷之事非余之所知而以略言渠之情狀乃做作浮言事事侵逼豈有如許心腸耶

二十六日○時　上候連在靜攝中凡諸　祀典必　命余代攝或經宿而還或移時而回矣余既承　下教而往則未及竣事之前不敢任意回還故其間雖是霎時下情不勝抑欝焦悶每遣中官掖隷絡續承　候而雖在　闕中之時少或歸憩之時則必令中官承　候而來此實出余憂慮下情之不能自耐者則凶徒又以

爲東宮伺察　上之動靜云甚至於中官之與彼輩相好者亦譸張此說而及夫見本宮中官往問　上候者則渠輩從以竊語曰　上之動靜如是探去用於何處云云是以本宮中官則下令之下雖不得不往而迫隘之色達於面目無論奸凶之勢莫可奈何中官輩以余問　安中官之送反作辭說真所謂無如之何矣

明義錄卷首

尊賢閣日記下

乙未十一月初一日○麟漢自西營歸後又萌占相之心晝宵獻媚於厚謙而其時自　上痰候日加酬應日倦雖以渠輩之巧惡實無闖間之道而余長侍　座側不暫離違故亦無抵隙之術矣至甲午十二月初七日余偶因氣憊來歸所處之堂午睡少頃則中官示加卜之望單矣急起見之麟漢已拜右相矣心甚駭愕往見和緩曰因何故此人拜相乎以近日　聖候觀

之則雖微末差除實無振作之望而拜相何等大事何如是速成耶和緩作色曰吾實不知矣余仍不索問而歸矣其翌日厚謙入內謂余曰右相乃保護東宮之人今此　特拜公私幸甚余強答曰可謂擇相矣云到今思之伊時余之不露辭氣甚幸

初三日○兼弼善鄭民始遞去後凶徒輩所謂兩宮僚入對必有酬酢之說庶幾止息矣其後怪說層生危機日甚所謂怪說危機又非前日之比日甚一日無所不至凶徒之余所不見者

猶不盡言而以余時時見之者觀之口之所言已無可論而目之視我殆欲眈眈余之日夕危懼不特不得解衣而寢又且廢食而廢寢者不知其幾許日矣針氊之懼累卵之危不足以喻其岌岌之狀也時余位之安不安猶屬自己間事賴天地　宗社之靈佑之保之則可脫危機此外萬事付之度外而但一宮僚之晝夜保護以余之故而迤及禍機余心罔措當如何哉是日謂兼司書洪國榮曰今則賊勢凶熖無可道也余躬之安危國勢之存亡有非一木之可支

而宮官以余之故反受無窮之禍則是小不忍也斂跡退避之外無他道矣勿以余之艱危掛慮上有　皇天又有　聖明来頭安危惟是之恃耳尚何言哉余躬孤危切勿為念好矣

初五日○厚謙嘗以為向時世人指目渠輩謂之以三伯堂三伯即伯益伯殷伯愚也一日厚謙以為世雖目之以三伯今則皆散去而此是金尚黙輩各自離散非渠之所棄也然桂洞之人未必皆賢云云故余意其時或有不相能而然者乃答曰果如所言桂洞人豈皆盡賢云云矣未久與書金尚黙之説自桂洞而流入此必桂牌之説厚謙傳之養厚養厚傳之麟漢輩徒黨而其後厚謙反疑此中之人或有傳説是日入内謂曰近聞與書金尚黙而尚黙亦以密札使宮官入呈云日前臣以桂牌之説語次之間適有所言則邸下於其時頗有樂聞之色臣已疑之今者流行之説又復如是之紛擾宮官必有所傳之人矣余曰惡是何言也余於向日説話只答台言而已又安有與宮官酬酢況宮官亦豈傳之於他人乎世間辭説不足取信也厚

謙忿然作色曰臣言豈其虛謊乎余更不答之自此之後尚黙事喧騰於凶徒之間或曰與書或曰與之謀議時事盖詬罵之不已惟意慢弄實不勝其駭憤也○養厚天下之妖孽也余嘗於春坊時見之已知其不祥而如　落點圖得之計於渠猶屬薄過而及結厚謙之後聲名日聞於宮闈厚謙每謂余曰尹某乃名父之子而為人無事不通且與洪氏親密此真保護之人也聽其隨事納款至當云云而余則初不肯答矣其後和緩每日稱道而　聖上素惡其為人

一次承旨　除授之外更不假借矣其後厚謙每慮其不復進用又慮其見過於余常懷如何之心矣是日厚謙謂余曰聞以尹養厚事酬酢於書筵而多所非議云儘然否余答曰無是事矣厚謙又曰豈有無根之說入於耳乎此人可謂朝廷一等人物而且於我最是親交則邸下何必聽宮官之讒言而異議於其間乎其後麟漢之私覿也又謂余曰邸下誠不訒言矣尹台乃抱望之人而且與鄭台及臣家情同一家則何其非議之有耶此必無據宮官聽其庳之言

慫慂於邸下也凡事若是無可信者畢竟吾家必將見殺於邸下矣余答曰初無是事不必為慮而大父之言及鄭台之言如此當益勉其所不勉也云云盖養厚之妖惡余所知也而姑無酬酢於書筵者則忽地生疑若是恐喝者即無他無乃出於預防之計耶○趾海圖相事可謂無所不至也時　聖候日漸倦勤凶徒自以謂及此時吾之所欲為之事可以濟矣無所不為故當此時趾海在箕伯而麟漢在相位正是內外恊力之時也一日　上謂曰世上政丞請亦有之乎左右不敢仰請其故後數日又　教曰左相以洪趾海為相尹養厚為吏判尹泰淵為訓將然後可以叶於意乎左右亦不敢仰請其故又數日　上教曰左相實非托大事之人矣奈於朝事何後聞麟漢自何處似聞此　教故自茲以後甚有危懼之色每貽書余又自內間問余以今日　上意如何昨日　上教何如余每答以或以一時湯劑勸進事有所匪怒之教何必過慮云云矣

十五日○自前月初七日常祭　上還內後

下教之後渠輩一倍疑懼謂余有所干預於聽政事傳說喧藉甚矣小人之謀無所不至也余雖欲干預從何干預又焉有儲君而有意於授受事乎甚是驚怯之說而不可徑自問之於凶徒以益其疑心故余知若不知矣一日自上又教於余曰予百爾思之汝不可不代聽予機務而所謂代理徒有其名而無其實故予仰聞于　昔年則丁酉　聽政之後　慈聖奏于　昔年曰小大公事小朝必稟于　大朝而後下故貽勞　聖躬固無異於代理之前矣予至

今莊誦久而不敢忘于中矣果如　慈教今予
雖使汝聽政小大公事汝欲裁稟于予則此與
丁酉　春秋鼎盛時無異也予不欲如此矣是
以今予欲使汝替勞者非欲但依丁酉　聽政
時故事也然則汝之責望益重矣然觀汝事予
之事幾年侍側晝夜不離感汝之至誠者久矣
以此心聽庶政何患于不能善為乎汝其日夕
不懈憧憧之心也余聞　命祗懼不敢以一辭
仰對其時　上候痰滯之外眼視又有非昔之
歎故俄者縷縷　下教于余者即是　密教而

未及燭傍有人而聽　下教矣余雖知傍有潛
聽者而亦不敢仰奏心甚焦悶果又以此傳播
于渠徒矣
二十日○是日朝　診時原任大臣承　候後
退出時麟漢每當入　侍必欲盡其所欲言行
其所欲為者故雖目擊　上候之酬應稍久則
痰候凝滯至有譫語而故乘此機必行胷臆
而退矣以聽政事自前月　上於筵中微示
聖意者屢矣以故雖因科事強或入　侍而至
於承　候及賓對入　侍則入叅自跡矣是日

之即為退出恐或有如彼不欲聞之　教故也
諸大臣出至閤外更　命入侍進伏良久　下
分勞之教縷縷　辭教不翅千言萬語畢竟麟
漢奏以三不必知之說此外亦有許多防遮之
說不可勝記　上聞麟漢奏語　噓欷久之叩
楹曰卿等姑為退去大臣以下出至户外復
命入侍　上曰予之事業其將不得傳于我孫
乎予不但衰耗如此譫語痰升又是別症大則
夜半出寸紙召卿等小則痰候轉劇卿等雖入
侍予不知領相左相之為何人如中官之驅逐

則國事其將奈何心腹之言今不可更言於卿
等毋寧使我孫知予心法此後東宮召對自省
編警世問答進講俾知予事業毋使後世不知
予心此所謂暴予心於千百世也此入　侍筵
教又不翅千萬語大臣以下嘿無一言　上又
命史官傳于宮官以冊字進講之意又　命領
議政韓翼謩曰卿方帶師傅之任以此分付春
坊大臣退出至户外　上叩閾曰朝事無可為
矣於　宗社何生靈何　上還内執余手　教
曰汝勿動於大臣之言祖依於孫孫依於祖相

依之時有何例套辭讓乎汝則只當遵予之教遵予之志是汝之孝也余悚惶不敢對是日從筵說余所聞有所記錄者後見注書朴相集筵說盡拔緊關之語許多上下酬酢一皆不錄故自內所記者不得錄於此中槩以相集之罪雖甚無狀而堂后日記之所不錄而只以余之所聞者錄出恐欠慎重故只從堂后筵說耳○朝　診麟漢以三不必知之說仰對矣　慈闈聞之以小紙具道必欲分勞之　聖意縷縷勤懇之　下教通于麟漢而及至夕　筵其所奏對又如朝　診噫使麟漢果不知　聖上之本意而少無他心腸三不必知之說有非臣子所敢發諸口者而然朝

診時所對猶可諉之於未知　上心出於彌縫之計而及見　慈闈書示之後入　侍奏對又復如前朝　診時雖曰未知　上心而既知之後辭語如一者其果無他心乎是故麟黨雖欲發明於本事而至於不知真欲分勞之　聖意等說猶不敢顯言公道者以其伊日書通後猶復背馳也心跡之顯著者如此雖使渠輩之血黨言之其敢曰無他意於其間乎○夕　上命春坊上下番持台對時所講自省編入　侍兼弼善鄭民始說書申光絅進伏　命讀內外篇篇題又　命書御製跋　下詢曰近日時象大臣無可恃予欲傳心法於我孫有此進講之命矣台對時有何文義之可聞說話乎兼弼善仰對曰　御製體重不敢為文義矣　上曰何必然哉此後依他經書例與之講論可也宮官起伏　上顧謂余曰予之在春宮時得力於宮官者多矣汝其寓之友道從容講說汝晝夜侍側果無其暇而勤學之誠其若慥慥則何患其無暇乎雖然師傅之責甚重而以今日觀之予不覺騂面何勸于汝也雖然世道如此大臣如

此予氣如此予之事業恐泯於後汝其知之讀自省編及警世問答句句體念是乃繼志之孝也

二十三日○自　上患候日漸添加而近日以來連以聽政之意　下教於內間者亦屢朔矣和緩初則以為此事不可遲緩云矣曾未數日厚謙入內有所慫慂則一自厥後或稱病或稱以不知自　上屢為下問而一辭漫漶終不出一言半辭究其所為一則厚謙之慫慂二則厚謙之慫慂妖惡之暗地情狀尤可痛也

二十七日○時凶徒廣布腹心日夕伺察余之一動一靜一語一默無不探聽以爲脅持之計而和緩在內故尤有甚焉余凡於文字之間雖一時吟咏之作或藏之袖中置之案上則必俟間搜見傳之厚誣以此爲浮言之端而亦以爲恐喝之資故雖些小筆翰之事亦不得任意爲之日記所錄尤不可宣露者而艱辛記得未嘗不錄者盖此迫隘之狀不可不傳之來後俾人人知之之意也

二十八日○夜鶴林君入　侍趙載俊以承宣入　侍請進湯劑　上曰置之　上教載俊曰近日事予之疲倦又加一層必是用心之致也左右可乎世弟可乎之　教予至今莊誦矣若非　皇兄之恩予豈有今日大臣聞予之教固當感泣受命奉而行之而前後勤懇之諭如風過耳俗所謂小兒之言越耳而聽大臣之事誠慨然矣載俊坐處稍遠　上教低微未及仰對　上又曰承宣亦畏大臣乎仍　命玉堂持警世問答入　侍至夜分罷對時　上倦漸不如前房闥之間運動亦難故諸臣入　侍之時以

開户爲　殿座罷對之後雖　命還內而只以閉户爲　還內矣是日入　侍之筵教　還內後自　上誦傳于余旁伺之徒竊聽之又作凶徒一場疑懼之端翌日有問于余者余竊思之上教之誦傳於余既出於使外人不欲聞之聖意則余之傳而不秘實非仰體　聖意之道故余果以不知答之其後凶徒又以伊日上教之不傳至以余爲有意於　授受之際尤可痛矣

三十日○　上御常參時　上着笠倚余而坐臚唱未畢還　卧枕上曰朝事國事猶是歇後語卿等觀之予氣可以知於此一事　厲聲曰從今以後大臣尚可爭之乎仍　命大臣進前有許多　辭教遂有不緊公事達于東宮之教時多少　下教不啻千萬語而大臣環坐於承史之上使承史不得諦聽　上教盖其時坐處之地勢然也麟漢設心排諆於是乎極矣已而　上聞領左相所奏　震怒親自開户　教諸臣速退又曰今日朝廷事可與卿等議之乎問於路傍長丞之外予無可恃矣大臣以下降

至殿陛　上使中官傳于大臣曰大臣其可恃乎是時午皷已過而朝　膳不進是日至夕膳終不下箸宮中人雖不知大義以朝夕之不進亦皆焦遑度日麟漢之罪於是乎益無所逃矣○常參時諸臣奏事未及畢　上痰候添劇大臣以下請退少選　痰候差降顧謂諸大臣曰予氣如此今則予病予亦自知自古有例之事今日予欲斷而行之予之前後之教若何而卿等聞若不聞如風過耳卿等之視八十人君何其迫切之甚也予有所思之事故先諭

于卿等卿等今日更可持難乎諸大臣未及仰對麟漢從諸大臣後進前伏曰此何　教也是豈臣子奉承之事乎寧伏鈇鉞之誅決不敢奉行也諸大臣以次仰奏訖麟漢又曰今日奉此上教出閤外則其可曰有臣分乎　殿下躬親萬機少無留滯臣等每與相對賛賀何為而有此過中之　教耶臣實不忍仰聞矣又請與諸大臣退出　上曰卿等之事奇怪矣　上又曰方欲命書傳教卿等勿退可也　上命承宣進前書　傳教曰不緊公事入于東宮達下而

如䟽批及時急公事予與世孫相議為之稍待數日覩其手熟當有加於此之下教矣時麟漢遮坐承宣之前不但使承宣不得書亦使不得聞　上教之如何又以　上教之呼書　傳教謂以口傳　下教於諸大臣者是以承宣抽管以俟　傳教之命書而麟漢又以不必如是下教之意高聲仰奏　上教承宣曰所書傳教讀之　聖意以為俄者呼書之　傳教已為書之故也麟漢又曰不敢聞之　教為臣子者誰敢讀之乎時余侍　座側聞此　教憂懼不知

所出謂麟漢曰此事非可參涉者而事勢迫隘固當上䟽辭避雖數字文跡有之然後可以陳䟽必須書數字　搨教以開余陳䟽之路麟漢默不應答顧見承宣揮手而止之李命彬在諸大臣後諸大臣在麟漢之後俱不知麟漢坐前事之如何亦不諦聽　上教之如何承宣遂不得書出　傳教大臣又不知所以仰對之說矣已而麟漢與諸大臣齊請還寢　上教　上又教以巡監軍及政望付標時中官弄奸事翼謩曰　聖明在上渠輩安敢乃爾又況　聖聰無

減於前日少無遺漏之事不足為憂也蓋自內
付標之規不得　親點則以標紙付於名上踏
啓字以代　落點故　聖教中及之　上開領
相奏閉戶　厲聲教大臣曰卿等速退今日朝
廷事可與卿等議之乎卿等何故若是困我言
之無益予氣又甚蕭然矣諸臣遂退出○常㕘
罷後　上還內下教曰今日事不可與大臣共
議即　命承傳色傳　下教于政院曰巡監軍
曾有入東宮受點之例巡監軍東宮依例點下
吏兵批中官稟于大殿受點于東宮該房知悉

此雖與聽政有間而亦係國之重務則不可晏
然承當故雖欲陳疏辭免而午前所下　傳教
至于晡後而政院不為頒布有請對繳還之舉
成　命之下已久而頒布之前亦不得陳疏焦
悶之中繼有大臣以下求對之舉故不得已始
議構疏矣又有諸大臣入侍之　命仍值侍
座未及草出○請對諸臣入　侍時諸臣以不
敢奉承　下教之意略有所奏少頃時原任大
臣入　侍領府事金相福進伏以臣等仰　殿
下如年少君上等語仰奏　上曰卿等雖不知

予心亦不念予氣之如此乎殊可慨咄也麟漢
則以相率諸大臣入　侍仰奏有若渠獨主此
不奉承之論以倡率諸大臣者然此事非但渠
心之所不欲或冀此等之論可作獻媚之資而
淵鑑孔昭燭其情狀　嚴譴隨下奸計莫售
憂分之嚴明豈不盛哉○是日諸大臣請對
入　侍有特寢不緊公事達下之　教又有此
教依例舉行之　教蓋常㕘入　侍　上命承
旨書不緊公事入于東宮達下　傳教而麟漢
揮手止之竟不得書　上又使承旨讀奏所下

傳教而麟漢既已揮止之故恐其事露掩引
不敢奉承之意仰奏漫漶彌縫故　上意則知
以書出故今有特寢之　命而此教依例舉行
之　教即巡監軍及吏兵批受點于東宮之
教也○是日請對入　侍諸大臣縷縷力請還
寢　上曰然則非但巡監軍落點凡諸公事酬
應及政望落點當替勞云云諸大臣則只知以
巡監軍之自內點下而麟漢前此因　諺札知
聖意故余謂之曰代聽猶有前例而至於自
內替勞則章奏之批答文書之判下皆　命余

替行至又以　大寶與啓字皆　命置諸東宮
為　教允字之書下啓字之踏下便是代攝雖
代聽之時猶不敢為況朝臣國人皆不知之而
余豈可自內奉行乎此則决不可奉承而　上
教則以諸大臣不足與議汝則只從予命為
教豈不萬萬迫隘乎須善辭仰奏為可云而佯
若不聞乃以自內之事臣等何以知之為對相
率退去此則殆有甚於陛下家事者也　上還
內又　教于余曰大臣如許以予氣何以力爭
乎姑令汝自內替勞汝須勿以無前例為難也

余聞　命悚懍百爾思之分勞之　聖意非不
欲仰承　授受大事也雖尋常自內之事名曰
替勞則固不敢承當而況此軍國之政　實啓
之用奉行於宮闈之內不使朝廷知之豈有如
許道理乎力辭不得則陳疏之外無他計策不
獲已搆疏疏成方欲入啓以　聖候添加中官
自內間出以　坤殿命急召余侍　側是日疏
未果徹只有草本○余之不得解衣而寢者不
知其幾許月矣余竊思之自語于心曰上有
聖明尚何有憂而凶賊之旁伺日甚一日外面

驟看則雖有危逼之謀而似無危逼之形然其
實則有大不然者大抵麟漢為余外戚厚謙為
余懿親外人之不識裏面者安知本事之如此
乎大抵苟有智者不待多言而有可以推知之
事何者余於潛德之地雖有不潛德之事固當
庇護而掩諱或恐令聞之不彰而惟彼凶徒不
但不庇護而掩諱以千不似萬不當悖悖奇奇
之浮言虛說日日做出誑惑世人則此已路人
所知之心腸而不特此也入而威脅者莫非可
驚可愕可悖可駭之事出而顢傳者又是至奸

至妖至凶至惡之說又從以恐喝曰南村人欲
謀危儲宮云至以行鴆及刺客等說狼藉說道
矣南村人於余本無恩怨彼亦朝鮮臣子豈有
此等之慮乎大抵凶徒之意不難知也欲以此
脅持余牢籠余恐余之不聽施於渠輩之論而
一或不如凶徒之意則渠輩所蓄之意正如渠
輩所道之說故也甚矣凶賊之謀也若無凶徒
此等之說則余安知其渠輩之設心排謀若此
之凶獰乎真所謂欲巧反拙者也至於厚謙尤
有甚焉目之視余言之慢余雖使聾者見之聾

者聞之決無不曉之理也且近余者只是一宮官也必欲先除百計千方無所不至噫渠輩剌客行鴆之言無乃渠輩自道之說乎雖然余既無鋤治凶徒之威則其將坐受凶賊之困是豈安寢便食之時乎況憂慮交中自不能耐是以余於一日謂一宮官曰凶徒欲下手於余躬則其害當先及於宮官以是余尤不能寢食矣況一自張志恒剌客之說盛行而有人作怪於宮中之後彼輩之怪說日甚則實以此余不能解衣而寢而君亦必慎寢慎食云云矣此時光景

令人髮竪而軆粟大抵古亦有此等之時乎茍非　天鑑孔昭事事庇覆之則向後事余實不知也

十二月初一日○至月以後事機甚急渠輩之謀益甚厚讒一出入則和緩之氣色一層激厲言言皆以洪國榮為欛柄至曰怪哉抹樓下何於此人若是之不捨耶吾兒大以為憂何不捨之時余不敢詰難其委折但察其色貌而已則必欲羅織構陷成一獄案而後已其計若售則儲位安危姑勿論無罪宮僚因余逢禍豈不慘

然以是之故使之乞養或乞郡則洪國榮以為死生在天惟當順受欲避而將何往乎何幸奸謀未成而聽政　命下事機稍緩其亦天也○以自內替勞之悚懍難安不敢奉承及時公事受點望單積滯未下尤甚罔措更為力辭則上教縷縷曰自內替勞予非不知無例而昨日慨然於大臣有不得已之舉勿以無例為辭自後世觀之豈以自內之授受為予與汝之失也罪在時相汝何不念分勞望九爾祖之道乎余不敢長語以辭亦不可以大臣之故冒當不敢

當之事此時迫隘有不可言　上教雖甚懇惻在余道理決不敢承當又復力辭　上曰然則自內之事不可陳章予當有下教汝其便意也當下二字之教陳章之路既阻自內之　教自命承傳色傳于政院曰冲子若有陳章之事如而公事之下批答之傳無不來稟而俱不敢酬應是日軍號巡監軍中官如前自下踏下而他餘公事皆不得下尤不勝悶悚○藥房　批答有曰是誰是誰左右忠臣左右忠臣蓋昨日酬應既多　常膳亦闕夜中　痰候添加至

於進服真油之境是誰是誰四字以大臣之不
即奉承過勞　聖心以致症候之添加示不槪
之意也左右忠臣左右忠臣八字近日每誦
景廟左右可乎之　教而大臣不軆　上意至
曰左右無足憂有若以左右為忠臣者然故又
以此八字示慨然之意也
初二日○召見兼弼善鄭民始兼司書洪國榮
于尊賢閤余曰近因心界煩撓不能久坐雖宮
官不得頻見良以此也今日召君等者欲說禍
機而君等俱是余親近之臣今余此言不于君

等而何哉嗚呼　大朝辛壬則事面與此時異
矣其所危疑亦或可也而今余處地果何如而
一身安危猶未能自卜是亦余命數也尚誰咎
哉余以孤露宜死不死者只恃　大朝庇覆之
恩也而今則　王候日漸危綴而讒賊臣慝內
外交煽無所不至從前許多浮言許多危機固
勿論今以聽政一款作為一大陷穽其可其否
之間彼輩必欲甘心於余余豈可一毫與聞於
此等事而彼凶疑之以窓圖余豈有一毫致憾
於渠邊人而彼凶誘之以嫁禍陰謀秘計日甚

一日直使余坐待渠輩之煽變寧不痛哉寧不
阽哉　大朝雖在靜攝中而　止慈之心未嘗
暫解　坤殿又撫愛甚至此所以仰恃者而此
輩之所為陰譎難測其意外之慮安知不出於
今日而今日雖安過明日又將若何支過耶至
若兼司書則彼輩認為余腹心之臣毒鋒必將
先及當此之時余其安乎否乎昨今連察景色
則事甚急矣今則無他道理只願君等捨余而
去之東之西各保身家而余亦乞憐於彼輩若
至終不釋然則亦將待變而已復何言哉此皆

余之命數於君等何有　天心至仁此輩若終
不得售則亦豈無相逢之日乎此專由於余矣
而所可哀者君等也兼司書曰從古凶逆何代
無之而豈有如此輩者乎廿日　筵話終不傳
播故外人全然不知中間辭說不一而足皆以
麟漢無罪為言云萬古天下豈有如許事乎內
間危逼之狀今不可洞諭於外人而三不必知
揮手等凶節若或使人知之則在朝之臣孰不
以麟也為賊耶臣受邸下恩與天無極一死之
心常着胷中且職是宮僚目見儲位之危若計

其死生禍福不一陳於　大朝則是亦不忠矣臣即當搆疏痛陳矣若能仰格則　宗社幸甚苟或不然臣死而已有何難哉兼弼善曰臣等為郎下死報之心天日在上當與兼司書聯名而為之矣余曰君等之言雖感激而誠不緊不緊矣雖無陳章之事彼輩必以君等為余同心之人而況兼司書彼輩以一言一事相議於余知之則此疏適足以挑余大禍而少無益於國家勿生此念至可至可兼弼善兼司書曰凡今在廷臣子孰非　大朝暨邸下之臣子而側

聽屢日無一人敢言者直以麟漢勢成威立且忌諱　筵説使不得知之之致也此將奈何余曰此世界孰能扶義理乎君等之言徒無益矣須早退可也近日余之一言一動無不旁伺故不得安心久坐今日即與君等相别之日也須各勉旃焉兼弼善兼司書泣曰臣等雖死何處去乎厚謙妖惡濟之以麟漢之凶譎　國家之事誠罔極而謙則决不可先論以致速禍而麟漢亦豈無聲罪之人而人心陷溺義理不明者久矣此等忠赤既非判死生者則孰肯出而為之乎徒切罔措而已

初三日○時余侍　側中官奏以行副司直徐命善上疏到院而齋日之故不得捧入云　上扶而起更衣而　命即入侍曰何事也徐命善若論時相此忠臣也否則何事此時困我乎或者偏論之疏乎方今大義孰有大於授受乎予知此人之純熟决不為無所據之事矣來乎來乎使即速入　叩闕而教曰朝鮮與乎亡乎諸臣遂入　侍時余見和緩道麟漢之事和緩面色如土不敢問曲折自夕後氣色如常矣○行

副司直徐命善持上疏入　侍時時原任亦命入侍　上命取疏輪見　上曰徐命善之疏如何領府事金相福曰云云末曰臣等所不知所不聞之説徐命善獨聞而知之必有自何處得聞之所矣至於兩大臣所奏中不必知無足憂之説臣等未見　筵説全然不知而命善知之徐命善處　下詢則好矣　上又教相福曰勿論言根徐命善之言是耶非耶只陳其是非可也相福於是非二字無一言仰對而復曰未知宰臣有何所聞有此陳疏臣則未見　筵説

宰臣則必有所聞之處矣 上又命注書取來
政院日記讀奏注書入來以未及修正還奏
上命命善進前教曰卿於何處得聞此事乎命
善對以聞於宮官則東宮欲以此陳疏至出草
本云東宮至於引義而爲朝臣者若無一言則
國體臣分果何如哉臣之陳疏出於此義也
上命取余疏本讀奏後又 命臺臣進前大司
憲宋瑩中曰不必知之說臣未詳知而此不過
如臣頃年所奏中色目勿留 聖心之意臣則
左相所奏實未知其爲非 上又問曰然則無

足憂之說如何瑩中曰未詳其本事矣 上謂
瑩中曰毋論本事此疏是非直陳可也瑩中曰
臣意則雖未知徐命善之本意而疏語恐涉深
文矣甚矣小人之計也倘非 天鑑孔昭奸情
莫售則徐命善之死生禍福只在此頃刻之間
吁可危也瑩中奏語未畢 上命書處分傳教
相福則以聞都憲語臣心亦然云一何苟且爲
教瑩中則以頃者所奏何襯着於今日爲
教韓翼謩麟漢則以莫重 下教如風過耳此
等輔相雖千何恃爲 教至於徐命善則大加

褒稱以滿腔忠心有此舉今此樹立不負其
父嗚呼暮年見一直臣爲 教又 命加資大
哉 王言光明痛快而凶徒之旁伺咆哮將自
此而尤極矣噫當國勢岌嶪之日尺疏叫閽不
顧生死非赤心其能然乎
初四日○是日曉又 下備忘以瑩中漫漶欲
免之心萬萬能猾夜而思之處分輕矣爲 教
加施刊削之典當此 上候之彌留奸計不難
售也而似此 傳教迫出尋常故凶徒猶且低
徊潛伺奸謀未及發而渠輩自速邦憲者此豈

非 聖德所及乎○凶徒伺釁之餘有徐命善
之疏則凶徒以此爲漫漶義理網打士夫之計
而是日 傳教又下於朝 諺時首尾數千百
言可謂字字泣鬼末又曰仰問彼蒼八十三歲
朝鮮一君恃大臣乎恃耳目乎今日吾國大臣
之國也令我翰林大書特書呼寫畢只知叩閾
而慷慨仍即 還內進朝膳時 執余手教曰
汝今則放心乎手權綱猶在彼大臣無論其也
何足難也朝 諺時 傳教頗多而酬應稍久
故纔 下此教而以 痰候壅滯不進朝膳

聖意尚以入　侍未退知之．呼書傳教余奉御手不覺淚被面也時　聖候若此故凶徒之凶論熾盛而　上候雖在如是彌留中　痰候少霽之時　辭教猶有嚴正磊落之意故奸人之謀雖急而竊發之計猶不敢速售者此也是日機務多滯而余亦不敢奉承自內替勞之教尤甚悚悶

初七日○自有自內替勞之　教事勢迫阨心甚焦悶今日又　下承旨持狀啓入對東宮稟處以奏之命此則　傳教下于政院雖與自內

明義錄卷首　二十六

之　命有異而既非聽政之時而對承旨處決公事道理事體俱不可為故不得已陳疏懇辭至於三疏更皷已深而潰擾不知止悚悶尤不可言自承分苦分痛之　教苟有一分分勞之事則　聖上每有相依之　教余之所以仰體者當以誠心奉承忍為疏辭文具之事乎余之本心如此故雖至於聽政事勢不得已則當誠心以受不必為飾讓之計而今日之事乃是前例所無之事故不得不屢煩辭疏非但惶悚亦非余之本心也

初八日○和緩於至月二十日　下教之後別無他意矣數日後其子入見出去之後言辭氣色大異於前判若二人至以余謂有意於聽政之事凡於集慶堂　侍坐之時必隨來伺察疑其有分勞之説話無日不然矣及其徐命善疏出後稱病深卧閉戶不出又至初七日狀啓稟處　命下之後忽謂余曰　上心每喜辭巽之舉今番必陳疏固辭為好云云其日自晝至夜自　上不為寢睡而亦不出來矣夜深後　下聽政之教此與昨者稟處之　命有異以余至

明義錄卷首　二十七

誠仰體之本心初不欲為疏辭之舉矣非但和緩彼輩皆以為不一陳疏而奉承則體面徑先不可不為云故凶徒之恐動辭説亦可畏不得已一番陳疏非不知屢次疏辭而凶徒之言雖如此終非余之本心故更不為矣其後厚謙對余言曰一疏承　命不無徑受之嫌云云名曰聽政儲君而面前侵侮若是之甚此不但眼無儲君放恣無嚴之致亦欲因此為恐喝凌逼之計吁亦兇矣

初十日○是日行聽政朝叅於景賢堂因還入

尊賢閤閭內間所聞則麟漢家人齊會一處扼腕厲聲曰東宮與其宮官同謀必欲殺我我何負於東宮云云大抵凶逆雖有許多般而如許慢君於稠人之中者古未有也○厚謙私覿後因含笑而言曰聽政事順成矣余曰有何順不順之可言乎厚謙曰邸下之政令可以拭目而協贊之宮官當為首功矣余曰是何言也厚謙曰古亦有定策功臣而此亦徐命善可當耶余曰何其戲耶仍以他語塞之矣其面弄儲君誹笑大義未有如此之甚者也

十三日○取見假注書朴相集十一月二十日入　侍時筵話則　上下酬酢皆不書之至若　上教中世弟可乎左右可乎之　教麟漢所奏三不必知之說無一錄出者使之更修以入則三次改修終不書之而諉之以不得聞矣適因入對問翰林成鼎鎮曰相集日記如此與翰林所承聞者如何鼎鎮對曰小臣以下番翰林其日入　侍　聖教懇惻諄複而大臣以三不必知之說仰奏臣果詳聞此日記果不成說云云故更令相集修納又不書入翰林所聞所書之說話注書豈有獨不聽聞之理乎堂后日記所重何如其日酬酢關係何如而相集以彼輩中人曲為麟漢之地不但麟漢之說全不載錄莫重　聖教亦惟意不書已極無狀翰林既曰聞之申飭亦已屢下而終始曲諱漫漶為辭相集護逆之罪固不可言而亦可見麟漢之權勢遠過於　國家也自二十日　筵話至于今月初十日終不書入初十日即聽政之日也朝參之時亦令催促則了不動念史官回奏曰相集以所聞只是如此故不敢強以書納為言大抵

相集即蒙騃無知覺之物此豈渠之拒逆哉以故彼輩則又自內間倡說恐余至請以強令書入有若初無根着之事脅勒為之者然此亦渠輩可以發明乎雖是一事亦爭抗威脅之一端也

二十日○時　聖意不但在於聽政而已必欲決意　內禪而以余涕泣力辭之故雖未即宣諭廷臣而自內則無日不以　傳禪之事縷縷　下教或命以　大寶及啓字置諸余所至又　下教曰予則衣紫衮袍見冲子之衣紅衮

而朝羣臣則何等歡慶之事而予亦當為有福之人云云每承此等　聖教悚惕罔措至誠懇辭故自　上曲軫余意雖不忍即　命而　聖意則日深一日矣　聖上之斷斷苦心余之迫隘罔措之狀非但內間之人無不知之　慈殿皆親聞而目覩矣

二十一日○翔雲凶書出後危機迫急欲探根因往見和緩則彼忽作色曰今日有何事而氣色何不平耶余曰別無他事而令胤所稱沈翔雲者投一疏指意頗叵測矣彼答曰不知何許

疏而此人善文云想有見識矣余曰於余大有禍心矣和緩曰何以知禍心耶余曰宮官溫室樹等語豈非禍心耶因以解釋言之則彼曰宮官若操心則豈有是耶余曰聽政何等大事而宮官亦何與焉其指意不獨在於宮官專在於余身矣姑毋或聞此辭說乎彼曰吾豈知之何必問於此身乎吾兒亦似不知矣余曰然矣

二十三日○徐命善疏出後凶徒之計益急罔其勢也而睢盱綢繆日甚一日厚謙敢曰　上候漸有差勝之望欲探試羣臣而有此　教而

當云云（此二字即不忍書之言）　麟漢則又以為鄭台於內間事無不明知此言甚是互相公傳則北村諸賊以此二字為渠輩藉口之資無人不言萬古豈有如許凶言乎思之痛心

二十七日○凶徒之喉出妖雲即無他也渠輩互以為　上候瘀症春和必解矣當此之時以雲書仰奏則溫室樹三字必當起疑　下詢而建明門　殿座亦當先及於宮官宮官雖百口安能發明乎到此地頭徐命善疏可以角勝而所謂宮官亦將一網打盡矣綢繆醞釀駸機甚

密而余亦略聞賊邊之聲氣則大略如此噫　聖候之復常豈非億兆生靈所企祝者而此輩則反以此為構殺宮官謀危儲位之端以我　大朝至仁至明夫豈有一毫他慮而賊徒之用心真所謂難容於覆載者矣

丙申正月初九日○自　上有敎諭麟漢之命矣其書啓曰一段理外之說有不忍呶呶追提又曰伊後一轉再轉甚至有必欲湛滅而後已所謂理外之說即指徐命善之疏也一轉再轉必欲湛滅指申應顯之書也徐命善之疏名

正言順辭理當然則渠當服罪之不暇而斥之以理外之說不忍呶呶者已極放恣而至若申應顯之書即是申明徐命善之疏意則安敢斥之以湛滅有若有意構捏者然哉此猶餘事申應顯之書即余所賜批而未及稟于　大朝者則　大朝書啓中隱然插入如是張皇自　上若果下詢則申應顯陳書之事將仰奏而凶黨之譖說時方盛行於內間或以黨論爲疑或以不稟爲非則其將生出何許葛藤乎以小朝之事陳于　大朝已非臣子之所敢爲者而故欲

生出事端隱然說去尤極無嚴矣

二十五日○近日政望　落點之下凶徒皆以爲余於渠輩皆惡之故不爲落點至以趾海提調之望恒烈定州之望以爲余有意而不點下云不特此二望凡於一政一望皆以爲余之有意而然云云余雖　侍坐　落點等事非余所可預知者且雖或見望筒之出入而某人之爲某官於余不干故未嘗與聞而渠輩布置腹心爪牙左右旁伺必欲捏造成說以爲怨謗之資夫儲君之事渠雖目擊猶不敢質言況以不見不聞之事互相傳說至謂之代點或謂之有意而不點下以余無所參涉之事譸張怨謗至於如此則他尚何說

二月二十八日○麟漢作相之後其所行胸臆者不可勝道特以一節言之一自入相之後作一伎倆計策者惟以脅持威喝爲鉗制一世之柄是故入　侍之時必乘　上候差劇之時每奏所欲爲之事甚至有　痰候未寧不能俯察諸臣入　侍與否之時佯奏數語自以爲　上敎允可大抵入　侍之時所薦用者即趾海養

厚而趾海一稱則趾海之子與諸弟及諸弟之子子之姻婭族黨弟之姻婭族黨無不極口稱讃蓋是時　聖候日漸添加諸臣姓名入　侍與不入　侍不能記有蓋　痰候壅滯故然也乘此時濟其胸臆又或　上候差減痰候少降則又乘此機以彼輩數人之名日日仰奏以平日　聖聰之卓越奸僞豈不　照燭而特以倦勤之中未及　照燭則渠輩又以爲此時可乘以故大臣入　侍之時趾海養厚之名無日不出雖然　聖鑑孔昭之故一日　上曰左相

只知一重臣一宰臣矣時參聽此　教者即趙
載俊也余或慮麟漢之得聞此說矣伊後聞之
以　上教之低徽不得諦聽云至是而　下備
忘記曰以趾海為門生麟漢為座主嗚呼　聖
人之聰明雖在未寧之時不減於平常吁亦盛
且大哉○凶徒之團聚醖釀雖非一朝一夕之
故而亦非自初同心合力者也始雖分派推瀾
各主門户而末乃自懷疑懼不得不聲勢互依
惡慝相濟不期會而促會則於是乎成一黨而
共逆謀矣大抵庚辛（庚寅辛卯）之前朝象國事板蕩

無餘地一世皆入於洪氏門下而麟漢亦苟同
於兄弟叔姪以為均利之計矣庚辛之後麟漢
又見其兄之失勢乃反倡言曰吾與明汝以異
腹之故與吾兄議論不同乃與金時默相合互
為推詡時默必欲圖囑和緩使麟漢為相麟漢
又欲密托厚謙使時默為箕伯而時默亦嘗謂
余曰麟漢勝於乃兄可以為相矣云云已而時
默死則麟漢又自托於保護東宮之說以為藉
重之計曰攻東宮之外家者是不利於東宮云
云蓋厚謙初與麟漢家至親相與仇疾而庚寅

間麟漢之附麗厚謙者亦只是使時默連臂作
梯圖攻兄而濟已故也然猶未切覩矣至辛卯
秋冬又與厚謙交驩合勢自此以後權威凶謀
日益熾肆眼無儲君猶是歇後語也又至癸甲
之間厚謙於國洞邊人吹噓扶植認以為渠黨
其實則國洞之人於厚謙佯示相親之色潛懷
奪權之計而養厚妖孽左右慫慂東西跳踉居
於兩間一味互欺故厚謙莫之知也只以洪氏
之人為渠之血黨也則麟漢嵬然中處指揮厚
謙忽然為箕伯而忽然為大臣變幻千萬情狀

巧惡此輩所為洞知者惟余一人此輩權焰不
撓者亦惟余一人則無論厚謙麟漢自生疑㤼
之心必欲角勝於余者勢所然也麟漢既得權
位則又以為吾位如此吾權如此如厚謙輩別
無可藉之道無寧刋落之與桂牌一塲用權則
好矣遂與所謂桂牌諸徒聚會結黨而厚謙之
勢果日孤矣麟漢又以為吾根柢已固而所不
可知者東宮之心也又可慮者宮官之非吾黨
也轉輾生疑節節起猜則相箇輩失志於余者
煽動浮言傳播一世或誣逼余躬或構陷宮官

無所不至而麟漢則自以為得計從而危脅之從而恐喝之養厚輩又從中宣播使日入於厚謙之耳厚謙又入告于其母層浪毒焰無日不生當是時厚謙麟漢雖相圭角而一段怨余之心兩賊同膓故麟漢必恐動於厚謙以為自內生事之計厚謙必慫慂於麟漢以為自外煽變之謀大抵此輩心術專以斥余誣余危余逼余為苦心故權勢雖或相奪此心則未嘗一日各異也且厚謙於麟黨內實怏怏而亦不敢肆發誹斥之言者盖以同做浮言同懷陰圖必以禍

余為大機關故目見渠勢之移而不敢出一言半辭專心致力於敎宮僚危余躬之事麟漢之專享其利獨擅其勢者良以此也彼簡恒輩凶徒雖不與厚謙朝夕從遊而惟此妖惡之計如貫一串故聲氣之相依臭味之相同實由於此而厚麟兩賊仇余之心未嘗暫忘所以些少離合初不致意而只以此一節為同歸之根柢矣又有一戚聯禁臠之人依其子之勢欲售下莊子之計者與相簡結搵袾之婚與麟漢藉汲引之勢詐斥厚謙欲假外論密通宮禁以占日後

相簡之為文衡吏判之計渠之他日為鶴南之說藉藉於內間屢煩於余耳一種浮言亦從此輩而喧騰此無他趾海父子又固結於此輩以為一段壟斷之術耳及夫聽政事成一大義理則不但厚謙簡恒輩前後之得罪於余者多矣余若代聽則渠輩決知其不敢用事非徒不敢用事又當不容於世故厚麟乃復交結同謀而其他凶徒亦皆轉相嘯聚雖不待見面促膝而成一大逆黨矣既成一黨之後則合勢共圖而乃於聽政義理初則角勝爭抗終又百計沮戲

其間情節無所不至而一日厚謙謂余曰從古人主能恬靜於大位者最為難能之事矣云云余知其嘗試之意遂答曰誠如所言余亦粗知此義矣渠笑曰邸下能力辭聽政乎余曰　聖意勤懇出於至誠則何敢力辭乎渠又曰　聖候如此之時　聖意豈必堅固於聽政事乎此必有以聽政事欲為媒寵於邸下之計者也邸下若於此為此等人所誑則不但有古人難明之疑也今世亦豈無董狐之筆也余和顏色曰余之所知者惟是問　寢視　膳而已何有乎

難明之疑何論乎董狐之筆乎台之爲我之慮何其至也蓋難明之疑董狐之筆云云時余作宋太宗論曰恨不奮董狐之筆云故渠敢以此而斥言若是其無顧忌矣然余務悦其意饋之以酒饌而善待之矣其日朝厚謙出去後和緩以笑語説余良久又問余曰近日外間傳説以爲洪國榮以聽政事方爲周旋以下令日夜往來云是否余以爲戲劇之語而答曰是何言也雖惡洪國榮而爲此等説豈不念有害於余躬乎和緩曰不然吾兒以爲吾多讀古人書知事理自古人主不爲辭巽於代聽則與臣下如何然聽政何等大事余豈使宮僚周旋於他人而宮官亦豈敢以余言干托於他人乎設如浮言雖欲干於他人此等之事豈臣下所可爲之之事乎此言必有苗脉矣和緩曰余亦知其可悶而吾兒常時不誑吾故吾則信吾兒而吾於抹樓下亦不欺所聞於吾兒之言故如是告之雖吾兒入來時慎勿以此言爲聞於吾而傳之爲好若不然而吾之慇懃之言先泄則吾兒並與吾而欺之必不傳世上之所聞矣余曰當如戒矣大抵厚麟輩前後離合而窮凶極惡之狀可以見焉厚謙與麟漢始焉相仇中焉乍離卒乃同歸於大逆之科梟獍心腸與常人之情異者亦可見矣

明義録卷首

御製綸音

王若曰嗚呼辛壬之事尚忍言哉釁孽之徒梟獍之種乃敢異論於　建儲之策岐議於　代聽之　教陰謀滋長怨心轉痼馴致戊申之亂釀成乙亥之變滔天之禍急於燎原幾使　宗社顛覆搢紳塗炭相厭所自自於辛壬而辛壬之時不能掃蕩辛壬之逆畢竟禍胎終至於莫可救之境此為已然之轍而方來之鑑則玆豈非今日君臣上下所可懲前而毖後者哉近日

兇逆之獄事其端雖微其流甚大始也猜克於儕流之間中焉爭抗於貳極之尊末乃肆傳不道之說顯有不滿之心至于今御極之後謀愈急而計愈密其所以瀾漫綢繆狼藉和應者即耆輝鏡夢之所不敢道於辛壬者也噫嘻是何心肝是何腸肚為今日北面之臣茍有一分秉彝則固不敢萌於心而發諸口況是渠輩之徒黨家世簪纓受國厚恩躐躋清顯坐致富貴則有何怨懟於國家者而效此辛壬兇徒之覬覦於失志之後哉此予之尤所痛駭於兇賊之徒黨者也原夫獄事之顛末即是兇徒之交通宮闈締結戚里蹤跡詭秘脉絡通關團聚而伺釁醞釀而鬩發奸毒之計未行而狠怒之意益深如困獸之反噬惡草之旋生至于今番事端之作而極矣予今不諭在廷諸臣既未知兇人之謀又不見鞫獄之案則何以知曩日儲宮之孤危國勢之岌嶪哉嗚呼當日之事誠不忍更提亦不欲盡說略舉其萬一以諭中外嗟爾臣庶靜聽無譁向予在儲之時戚里近習未嘗假借者誠以予之若浼之性不合於側媚之態而然

也以此之故異志不逞之徒左右潛伺日夕陰探者即是翦除儲君之羽翼眩惑儲君之心志之計凡係近侍僕御以至掖庭賤隷布植渠輩之爪牙部曲儲君之一言動一語默無不聞之無不知之把持牢籠不可以筆舌道也當此之時予之不得解衣而寢者不知其幾許月則到今思之其孤危岌嶪之狀可謂汲汲乎殆哉戚里近習既皆如此左右前後又無可恃賴此一宮僚之竭心保護至有今日凡為戕害此人之計者乃是翦除羽翼之兇心是故逮至昨秋流

言益甚用計益急觀於令宮僚捨予避禍之教
可以知事機之迫在呼吸也何幸　天心止慈
奸情照燭至月之初　殿座還内之日已有所
下教於宮中者則渠輩於此無辭沮遏故乃
以御將執手之說泥峴竊柄之語又以與書金
尚默之言包得無限罔測底意内外煽動恣意
恐喝使予為渠輩之所脅持而不得受　先朝
之明命又於二十日　筵中麟漢以三不必知
之說肆然仰對以至三十日　筵中揮手止之
之舉而無忌之心極矣予猶寬假而曲恕若重

臣徐命善之一疏辭理嚴正打破其兇謀則怨
憾次骨毒螫向人及當聽政之後窮凶之計愈
往愈急喚出妖雲以為翻覆之圖渠輩以為春
間　痰候少差之時密奏雲書則　臨門之舉
可以唾掌而待又以為雲書中温室樹查問則
可以一網打盡矣又以為宮僚剪除則徐命善
輩如摧枯拉朽噫嘻是何心也歷觀前史逮治
東宮官僚果是何許時也則渠輩以此為剪除
羽翼之要方妙計至于臘月二十一日内設盛
饌進之外以妖雲急書投之伊日即　試取之

日也渠輩又以為以今日　試事觀之　聖候
之不勞於　臨門可以知之至欲朝呈雲書暮
售凶計幸賴　天佑　宗國　聖鑑孔昭未試
巧惜之術旋有懲討之論則因入南間之說出
於厚賊之口理外湛滅之語登於麟漢之啓憤
鬱交中怨懟弸心乃於即阼之後當日怨國之
徒各以其罪并在掃除之科戚里半在其中所
謂戚里無非角立國家讎視君父者則顧安有
藩蔽之可恃宮闈之間又甚孤危亦無保護之
可言則言念國勢其為凛然而寒心者又非在

儲時比自在春宮以至今日左右近侍者只是
一介臣則如有一分為　宗國之心豈忍必欲
除去使予孤危而益無所恃也究厥情狀明若
觀火是可忍也孰不可忍也大抵漸磨既久根
柢且固言其兆朕始予潛德之時究其權與實
自浮言之日其所煽惑譸張之狀殆乎無人不
聞無人不知誠予不欲污口不忍泚筆毋論事
之某事言之某言無非渠輩之所為設使渠輩
初無所犯其所傳聞而流入者皆因渠輩之黨
則渠輩雖欲發明得乎渠輩設有似此之陰謀

詭計不從渠輩而聞之則予何知之不徒此也由渠輩之浮言為渠輩之脅持曾無一日而弛心一時而安坐此予之飽經而備嘗者也嗚呼養德春宮朝夕講筵所與討論者不過經史之說則渠輩抑獨何心做出無根之言作為傳說之資乎宮官雖甚無狀設有云然之說予無所答則安有酬酢之可言乎又如渠輩之浮言則宮官之無狀姑無論予之不能潛德可以知之噫嘻儲君之於廷臣亦有君臣之分以廷臣而無禮於儲君者其可謂之有臣節乎自不覺其

明義錄卷首　五

歸於欲驅宮官而反逼儲君之罪真所謂欲巧反拙者也聽政之前初無政令事為之聳動瞻聆則渠輩敢以浮言為惑世之欛柄聽政之後既有設施注措之昭布耳目則渠輩反以譖言為害人之機關其計窮而其勢急則一轉而有雲書再轉而為淵奏聲氣似殊志味相連枝葉纔治窩窟旋綻到今凶逆之徒即前覬覦之輩此予所謂其端雖微其流甚大者也從古亂逆不一其跡雖有稱兵之賊跋扈之凶而未有如近日諸賊之旁伺陰蓄始於在儲之日至于即

阼之後也若商輅以麟漢之切姻敢生怨狠之心貽書趾海以重臣之疏曰以機關陰秘又以為景象危怕末又曰近以風色之不佳脾胃不定噫重臣之疏即是為　宗社大計則曰以機關者指意何歸機關之不足又以為陰秘聽政之日何等時也　授受正大朝象清明則渠獨何故始焉危怕至於不定耶其心所在路人所知又若善海亦以重臣之疏謂之下語陰慘則是與商輅腸肚相連者也若趾海纘海麟漢之血黨若淵啟彬相簡之死友趾海則商輅之書

明義錄卷首　六

往復於聽政之時宗厦之說酬酢於登極之後纘海則帳殿親問之下肆然而發惡商輅叵測之書不以為凶言若淵則感麟漢館錄之恩預相簡龜案之謀泰淵為忠赤麟漢為國邊之說本情已綻　因山後某般討逆為迎合之語真贓畢露至以用人專任謂之以舉國以聽庚申獄事引之為自明之端其排布設置之狀渠既自服而受人之指嗾為人之嗃矢則即一渠黨中孤雛腐鼠敬彬則不參聽政朝叅之事已無臣節少論欲殺老論之說共濟父惡譸張書筵

之說輙矢口而傳人剪除宮官之謀率攘臂而
稱先究厥罪狀不可殫記然而凡此數賊之罪
惡非不貫盈特不過虱附豢養為渠輩之卒徒
苟究其本相簡恒烈是已惟彼相簡恒烈俱以
狐狸之性濟以虺螫之心聲勢固結於麟漢輿
援潛通於厚賊轉相汲引暗自結納門生之
教人蔘之饋苟非情之至密愛之至深者固如
是乎以故相簡恒烈在宮僚之時則渠輩莫不
吹噓延譽及其解宮僚之後則渠輩又復薦引
恐喝不勝其紛紜一或不得遂其意而副其望

明義錄卷首　七

則胥動浮言噂沓背憎乃曰昨日書筵論及某
事今日台對酬酢某言特以一二事言之昨夏
科試曰以予將起獄昨冬代點曰以予有用意
朝言而暮已入昨說而今已徹是果孰言而孰
傳之歟當是時也以予孤危畏彼氣勢既不能
嚴辭退斥則毋寧温言巽辭以探其本故其根
因端倪予已熟知之矣似此等事於渠薄物細
故其所包藏其所干犯若止於此等事而已則
人命至重豈不用寬貸之典王言宜簡何如是
播告之脩耶噫嘻往在戊己辛壬之間世道屢

變渠輩當局之後相簡與恒烈於講筵敢曰邸
下不扶邸下之外家而不除不利之徒則戊巳
之徒固當為大北而邸下亦將如何重言復言
威之脅之噫嘻痛矣予以孤露之餘所依賴以
生者惟是　慈宮也且於奉朝賀元無欲害之
心則渠輩初何敢以大北等說擬議於其間爲
人臣亦何敢以此等之說肆然直陳於儲君之
前哉此予所以至今駭痛久而不忘者也渠輩
初為此疑亂恐動之言欲為嘗試之計予既嚴
斥而不得遂則又轉而為迎合之謀乃於直中

明義錄卷首　八

盃酒之間兩賊屏人而相議已巳之餘論又從
以流聞於予將作他日容悦媒寵之資是以相
簡之招既曰果有謀議於恒烈恒烈之招又曰
果有傳說於某處云則其陰慘巧惡之前後情
節即前古所未有之亂臣賊子也大北之說既
不得行已巳之論又不敢售則潛附養厚陰結
泰淵今日做一訛言明日做一訛言集千古人
君所無之失德厚誣恐喝於内麟漢威脅於外
直使予晝夜煎熬日夕危凛漢之梁冀之惡不
足以比於麟漢唐之士良之罪不足以浮於厚

謙此非特麟漢厚謙之所自辨者也專由於諸賊之慫慂煽惑巧密排布之致外面驟看則相簡之於厚謙似不從游恒烈之於泰淵似不親密而養厚出沒於中間泰淵綢繆於左右同一妖肚同一凶言千方百計或誘或脅欲使予墮渠輩圈子之內何幸 天誘予衷予志予守愈久愈固則於是乎舉懷自危之心又思自全之計輾轉層激窮凶極惡幾使予不安於儲位及夫聽政之後狼心益狠梟腸愈肆至以光明之義理欲為沮敗則不可不除羽翼之宮僚也欲

除羽翼之宮僚則必欲進心腹之人然後可以行胷臆之惡而惜乎麟漢之不得以趾海為相也其所密圖於內力薦於外者若得售於聽政之前則國家之事其將奈何言之髮豎思之眦裂以至今番若淵之指而怨國不道之狀尤為昭著雖掩恒烈相簡真所謂一而二二而一者也揔而論之專出於得失之患終歸於辛壬之逆此予所以謂之以始也猜克中焉爭抗末乃不道不滿於御極之後者也噫嘻謂天可欺天可欺乎謂神可誣神可誣乎奸情自露罪人斯得國勢因是而賴安予誣由此而天下則此豈非 上天之休 宗社之慶哉雖然辛壬之所以為戊申乙亥者特以當日之兇徒誑誘草莽鄉曲無識之類以為亂階予於今日若不洞諭前後之奸狀明示誅討之本意使八域臣庶咸知諸賊之所以為凶逆則安知無今日之為辛壬之徒者嘯聚餘黨團結無賴以復圖戊申乙亥之變哉且夫諸賊多出於故家大族則其姻婭親友之間漸染其氣味訛惑其論議者必多其人皆從罔治之意俾底惟新之化咨爾中外

臣庶咸須知悉

傳曰不教而刑孟夫子豈不謂之罔民乎今此綸音之布示中外即予欲使中外臣庶明知兇賊之根柢不歸於誑惑之科之意也令政府正書一通遍示百僚亦令政院下諭諸道監司及居留之臣到府日各即謄布列邑事一體下諭

明義録卷首終

進明義録箚

大匡輔國崇祿大夫領中樞府事致仕奉　朝賀臣金致仁大匡輔國崇祿大夫領敦寧府事臣金陽澤大匡輔國崇祿大夫議政府左議政兼領　經筵事監春秋館事臣金尚喆大匡輔國崇祿大夫領中樞府事臣李溵大匡輔國崇祿大夫議政府右議政兼領　經筵事監春秋館事臣鄭存謙等伏以霜氷之漸始於辨之不早得失之患終於無所不至聖人之閲理甚熟慮事常遠故其爲言深微痛切信而有徵可不鑑乎嗚呼惟我　殿下躬睿聖之姿居正體之地　毓德春宮垂二十年　宗社之屬托素定臣民之愛戴普切肆惟我　英宗聖祖以大耋之齡軫萬幾之重監于故事詔以　代聽堯倦舜攝允協天人以時則可以名則正而惟彼一種妖凶爲鬼爲蜮爲蝃蝀爲梟獍謂　聖候可諱謂　大策可沮恃奥援之既固覬國柄之久竊表裏煽動之跡首尾和應之情一綻於　筵奏再闖於章牘卒瀾漫於密室酬酢私札往復而居然與辛壬諸逆同一膓肚當時國事思之

懍然尙微我　聖祖之至慈至明我　殿下之盛德偉度則國安得有今日乎臣等伏讀　内下日記自乙未二月初五日至丙申二月二十八日益聞其所不聞益知其所不知言言骨驚段段心寒嗚呼我　殿下閲歷艱危至於此極而乃臣等漠然不知恬然度日曾不能一效沫浴之義早杜禍亂之源臣等之愚迷稽緩萬死而有餘罪矣所賴一介宮僚乃心　王室仗孤忠於賊焰熾張之際翊　聖躬於國勢岌嶪之日密勿開導之誠慷慨扶護之功眞可謂文厦之一木擎天之隻手而重臣一疏又有以轉斡危機賛成大計使賊謀莫售　邦運回泰此前後凶徒所以必欲甘心於一二臣而剪除戕殺之計日深日急終自陷於劇逆大憝而莫之逭者也夫危　社稷者爲逆故扶　社稷者爲忠任保護者爲功故害保護者爲賊盖自　聽政以前直至　御極之後端緒層生情節畢露釁起於擠軋異己而惡至於睥視　君父罪始於交通　宮禁而禍幾於顚覆邦家厚麟之姦既折則衛　上之功益大恒簡之欵既輸則先事

之忠益著此誠忠逆之一大案而義理之一大
關也今幸天道孔昭國人齊討加以鈇鉞載之
丹書有耳目而具心腸者孰不知此輩之爲亂
爲逆而惟其窩窟深暗機謀陰秘醞釀之源委
排布之脉絡雖在廷諸臣亦容有未能細悉而
明知而況踈遠之人乎且今番諸賊專出於戚
聯貴近世族巨室附麗而譸張者亦多是出入
清要上下言議之徒漸染既廣誑惑必多今若
不發揮光明之義理劈破凶邪之情狀如日月
之懸雷霆之震則誠恐時日寖遠聞見或訛懲

討之義漸晦而翻覆之計復萌也今此纂輯之
命盖所以立　君綱正人心明逆順叙功罪
嚴其名分峻其隄防使世之爲臣者曉然知天
常之不可侮　王法之不可干稔惡者雖強必
禍懷忠者雖危必福綏聲於討罪者自歸護逆
誠心於推功者乃爲向國咸有以痛憤讎嫉於
既往懲懼感化於方來秋殺春生一舉並行義
之盡仁之至也臣等受　命祗懼夙夜編摩先
以　尊賢閣日記表諸卷首以尊其體段次以
政院日記序其月日摭其事實刪節其文字以

該其始終叅之金吾文案以悉鞫情間以朝廷
疏　啓以見國論每段之下輒附論斷以倣古
史氏誅貶之義編輯規模一依闡義昭鑑而凡
例大義悉禀　睿裁設局四朔始告訖書凡三
編臣等謹拜手稽首封　進焉取　進止
答曰省劄具悉卿等之懇嗚呼寡人之有今日
荷　先王天地之恩也名雖祖孫實則父子之
教每一思惟有淚被面我　先王止慈之情
卿等之所共知也而我　先王以聖神之姿享
倦勤之齡彼一種不逞之徒敢欲滓穢於太清

始以患得失之心終至讎視貳君危逼儲位寡
人之不能仰奏　先王者以恐妨於　靜攝也
先王之未及俯燭奸情者以常在於　靜攝
也凶徒之交煽於內外者亦以乘間於　靜攝
也眇予寡人坐受其困之狀已詳於內下日記
更不忍泚筆而宮省事秘戚畹勢重大臣不得
知公卿不得知士庶人亦不得知當其時也惟
一介臣洪國榮入而飲泣出而沬血誓不與此
賊共生保護予躬逆折奸萌惟臣鄭民始焦心
竭誠矢死靡他惟臣徐命善尺疏叫閽轉危爲

安此皆樹百世之綱常明天下之義理可以俟
聖人而不惑者也卿等思欲明亂逆之原請以
書闡之尊君父討亂賊之道可謂備矣嗚呼大
獄纔鋤人心靡定巨室就戮國勢罔涯在宮之
義解網之仁宜乎兩行而不悖卿等亦毋以巨
慝之已誅而弛心斯編之已成而忽慮噫雨露
霜雪固是人君之造化隄防義理實爲臣子之
常分益堅乃心永我邦家深有望於卿等

進明義錄箋

大臣輔國崇祿大夫議政府左議政兼領　經
筵事監春秋館事臣金尙喆等誠惶誠恐稽首
稽首　上言竊以討亂懲惡鈇鉞所以行　天
誅摭實纂言簡冊所以正國是亂賊從玆知懼
倫彝賴以益明自昔國家凶逆之萌多在　聖
神授受之際安老托保護之論釀成凶國之圖
耆輝肆危逼之謀馴致滔天之禍始也投間抵
隙欲濟己私終焉干紀亂常自底上犯粤若再
昨年　代聽之命寔在　先大王倦勤之齡慶

一人之元良至諭紫衮之故事妨庶務於
靜攝每嘆　丹扆之強臨閱歲之　慫慂彌留
蓋緣五十載　勤政　列聖之舊章是述爰命
大小朝分勞猗文顯之武承而愛戴厥維舊
矣若堯老而舜攝顧事勢庸可已乎惟　儲德
夙著英明伊凶徒積有畏憚義理洞　見其頭
腦邪說無地自容鬼蜮畢露其肺肝　睿鑑如
日斯照凡朝著濁亂之罪人孰不知若宮省糾
結之蹤　上所獨悉雖　大聖含弘之度不見
幾徵以小人伺測之奸自生疑懼所以戚聯

王室之輩敢懷覦視　儲宮之心漢梁冀之深忌主明遂長跋扈之志宋彌遠之自知已罪轉畜不軌之謀倡訛言而惑中外之聽闇靡所不至布私人而察　禁奥之動静將欲何為故當成命之誕宣益圖　大策之力遏逆鱗則地處肺腑席乃兄之餘威賊厚是天生奸妖挾其毋而同惡藏禍心而逞沮格之計至曰不必知者三憑幽徑而主翻覆之謀蓋其罔赦罪非一氣勢之所驅使心腹爪牙言議之所關通鷹犬嚆矢居然雲妖之幻出繼以淵疏之闖呈做温

室隱映之言欲為除宮端之地感瀛館吹嘘之力遂敢謂國邊之人至若恒烈相箇之凶已著大北已已之說疑　越黠而公肆怨懟積漸蓋有由來論宋史而潛售脅持私獻猶屬餘事絅打戕殺之計趾纘難為弟兄機關陰慘之書輅善俱是姻婭或囊疏而募順指之類自來東西跳踉或掌兵而托肝膽之交底事昏夜出沒雖其改頭而換面悉是連肚而共腸駃機迭出於在　儲之時噫其殆矣陰謀益彰於　御極之後思之懍然幸諸賊咸伏其辜有今日伊誰之

力翊　震儲於永善醞釀之際謁　長樂之至慈廓　乾斷於羣凶沮遏之中偉　大行之宏度時亦有一二臣貞亮永綏我四百年　宗祊隻手擎　天左右宮僚之夾輔一疏叫　閽慷慨司直之孤忠而泰磐奠安之功實由　上下之調護抑隨機處變之道莫非　聖明之彌綸迨兹懲討之行尤急闡明之舉肅　天威於五用金吾之鞫案可徵樹人紀於千秋石室之史牒斯在然惟牖羣蒙之要莫如裒一通之書威里勢張尚多餘蘖　宮禁事秘有難盡知斯廷

臣之建言奉　聖旨而開局首揭　内藏日記比則春秋經文間附　筵話廷章取諸昭鑑凡例劈破其窩竇蹊徑既拔本而塞源刋落孚附釁脅從且含垢而藏藪凡厥含生秉彝之類舉幸披霧而覩天雖彼怵勢懷息之徒尚亦發蒙而去蔽建天地而不悖貫金石而靡渝恭惟主上殿下以　上聖姿處至艱會　睿智超詣寔資動忍增益之工　天休篤棐誕啓光大悠久之業迺以懲前毖後之意　深軫明理正義之圖寓筆法於大書特書魑魅魍魎之莫逃情

狀圉世道於會極歸極霜雪雨露之并施 恩
威伏念臣等俱以庸愚濫叨編輯 命攝之遺
旨惻怛於乎不忘沫血之輿情激昂書之惟謹
編摩之勞粗效敢曰為此頗詳逆順之分大明
孰不顧名思義嗟人心之久溺忍言當日之鴟
張炳天彝於將湮庶作百世之龜鑑兹當獻
御徒切兢惶所纂明義錄三編謹隨箋以 聞
無任激切屏營之至臣尚喆等誠惶誠恐稽首
稽首謹言大臣輔國崇祿大夫議政府左議政
兼領 經筵事監春秋館事臣金尚喆等謹上
箋

下纂輯廳 傳教
丙申八月二十四日討逆頒 教後
傳曰臨殿布告者欲使中外臣庶咸知亂逆之
源不至誑惑之歸也其首尾源流有非可悉於
教文者大臣既有筵奏其在正義明理之道不
可無一編成書昭示來後開局纂輯等節依例
舉行
十一月初三日
備忘記聽政之逆有浮於辛壬而辛壬之論至
于今崢嶸不息惟此義理不出一年漸欲解弛

其稍換頭面者安知不倡為凶譎之論陰護逆
邊角勝天討而後已哉嗚呼寡人之於諸賊豈
有一毫私好惡而然也其黨鴟張則國家無稅
駕之地其計潛售則寡躬無止泊之所始而畏
惕寢食幾廢中焉迫隘身國罔涯終也賴天之
靈轉危為安凡厥廷臣其試思之當此之時儲
位安乎危乎國家興乎亡乎且此輩俱是戚里
權臣則所薰染而吹噓者不止一二人矣到今
豈無面陽背陰口唯心誹之人乎大抵今日之
義理只是存天下之大防立天下之大經國可

亡此義理不可漫漶也審矣羸豕之戒履霜之
憂實有倍於向日危疑之時內藏日記從當出
示矣
十二月二十六日
傳曰大抵成書之道貴在謹嚴且爲今日臣子
者姓名一入於其中則便一人鬼關頭可不懼
哉況昭鑑已例亦是 先朝成憲凡政院日記
中疏劄所論之人非干連鞫獄及緊出逆招者
一並勿錄以示寬嚴得中俾此一部之書以爲
萬世之關和事其令纂輯諸臣知悉

丁酉二月初五日
傳曰諸賊之斷雖倣闡義昭鑑之例而各月之
中亦依經筵日記之規逐條立斷事令纂輯廳
知悉

嘉善大夫行承政院都承旨兼 經筵參贊官
春秋館修撰官藝文館直提學尚瑞院正 奎
章閣直提學臣洪國榮誠惶誠恐頓首頓首謹
百拜上言于 主上殿下伏以臣以年則淺以
學則蔑百無肖似最居人下釋褐之初特蒙我
英宗大王眷顧之恩吉士之 教至及簪筆
之微區區自效之心感結無地不幸 仙馭上
賓報答已矣中夜思惟有淚盈眦逮事我 殿
下荷 天地罔極之恩逢千載不世之 遇古
人所謂外結君臣之義內托骨肉之親者正指

臣今日際會也臣門寒跡孤惟 殿下憐之人
忌世猜惟 殿下拔之才踈識短惟 殿下任
之臣之一身毛髮非臣之有也臣亦不知何以
得此於 聖明之主致位於宰相之列自懼自
疑何嘗夙宵已也嗚呼向來之事尚忍言哉禍
熵於 宮省變起於戚畹四百年 宗社其將
稅駕無所思之骨青念之膽掉方其時也 殿
下之危可謂岌乎殆哉嗚呼我 英宗大王以
止慈之情重以日月之明奸賊莫售凶徒自
敗於乎不忘天高地厚亦惟我 王大妃殿以

妊姒之德念 宗國之重保護我 殿下撫愛我 殿下集慶湯膳之際未或跬步而暫離永善醞釀之時必於辭氣而先 察逆折禍萌丕贊 大策此則大臣公卿之所不知朝廷八方之所不聞也惟 殿下涕淚而 下教於臣惟小臣掩抑而承聆於 殿下者也日月雖久怳然如昨 慈覆之恩莫大之德可與我 英宗大王匹美於萬世有辭於天下方今諸逆就戮義理大明大臣諸臣迭請編書以埀來後是書也即金石不刊之文也豈徒然哉臣奔走夙夜未預纂輯之役而編成之後取以見之劉 批之下伏而讀之無狀賤臣姓名居半於其中嵬然為保護之主人噫嘻此何事也當 殿下孤危之日苟有秉彝之天者孰不沫血切齒不與賊共生而特以臣夤緣倖會跡忝僚屬有人所不知而知之者有人所不聞而聞之者而已何有尺寸之功補益於 宗社之危乎其早夜焦心拚死衛 君臣不如鄭民始也手樹綱常只知 國家臣不如徐命善也此皆 聖明之所俯燭賤臣之所仰奏者也嗚呼無功而曰以有

功上失其政無功而自以有功下誣其身天地神明臨之在上質之在傍臣豈敢飾辭例讓於殿下之前哉局役已訖刊布在即臣之蘊抱者不陳於今日而更何待乎嗚呼 王大妃殿聖德如彼其盛未遑闡揚之道者盖 殿下有所待矣而是書之編劄箋之間在下者安可不一語揄揚以答 聖母之恩乎伏願 殿下將臣疏本 下諭於纂輯諸臣思所以發揮於編首以光 聖孝仍刪臣名之太過分數者以嚴書法焉臣無任屏營祈懇之至

答曰省疏卿之苦心具悉 東朝保佑之德予豈無表揚之心而仰體 撝謙之盛意未及一諭於朝廷矣卿之歸美之忱揄揚之誠若是懇至益感予衷當令纂輯之臣如卿所陳謹書於編首至若疏中辭巽是豈卿之可以讓於人者而予之可以私於卿者噫非卿曷予有今日且觀本編則褒卿之功美卿之忠者自是一世之公議卿何庸辭為

明義錄凡例

一是編也所以明 先大王分勞代聽之 聖意使覽者皆知沮遏大策之為亂逆以昭揭義理於天下後世使亂臣賊子知懼焉

一立綱分目一依編年之體而命辭下字略寓誅賞之意事關義理處則事實紀載之外逐段立論以倣史法

一廷臣懲討䟽 啓諸賊訊鞫文案並抄節載錄而芟繁撮要一以謹嚴為主

一伏法罪人外雖蒙 恩酌處者著其情節干連之不輕者錄之雖鞫案逆招之外罪犯緊重者亦特錄之

一逐段斷論者於記事下低一字書以別之

明義錄卷一

自乙未十一月癸巳至丙申六月甲子

英宗大王五十一年乙未十一月癸巳 命以御製自省編警世問答進講于東宮

時 聖壽已躋大耋 慈候逐歲有加靜攝中每以軍國機務為憂是歲十月七日行常叅於延和門 痰候添劇諸臣不敢奏事即為 還內下教于 王世孫曰昨夏命汝看撿明禮宮事此雖小事宮府無異近來大小祀典必令汝替攝者予意深矣今日欲試予筋力而萬無自強之道冲子夙成事予至誠決不負予所望及此時代聽機務則於吾身親見亦豈不光鮮乎 世孫不敢對至是時原任大臣入 侍于集慶堂 上曰近來神氣益薾一張公事亦難酬應如此而為萬幾乎言念國事夜不能寢者久矣冲子知老論少論乎知南人小北乎知國事乎知朝事乎知兵判誰可為吏判誰可為乎如此而置宗社於何地昔我 皇兄有世弟可乎左右可乎之教今之時尤不啻 皇兄時矣欲

為二字蓋指傳禪二字 下教而恐傷冲子之心至
於聽政自有 國朝故事卿等之意何如洪
麟漢左議政 挺身對曰 東宮不必知老論少
論不必知吏判兵判至於朝廷事尤不必知
矣 上欷歔久之曰卿等不知予意將奈國
事何今不可更言於卿等無寧使我孫知予
心法也遂 下兩冊子進講之命
臣等謹按古之聖人將以天下傳於人必
並與治天下之法而傳之大舜精一之訓
是也惟此兩編 御製即我 聖祖五十

年躬行心得發為謨訓之書而舉以畀之
於我 聖上付托之丁寧授受之光明猗
歟盛哉嗚呼當 聖祖倦勤靜攝之時
宗社之所依臣民之所望惟我 聖上國
事朝政我 聖上不知伊誰當知又況幹
蠱丕子之常職代聽 列聖之故事茍有
體國大臣固當不命其承而噫彼賊臣身
居輔弼之地耳聞惻怛之 教不惟慢不
感動乃敢公肆沮戲其言之絕悖無倫無
復人臣之禮使我 聖祖付托授受之苦
心大計閼月淹時格而不行顧其中外締
結前後煽動之罪姑不暇數即此一 筵
奏而將心露矣逆案具矣可勝痛哉

癸卯 命巡監軍受點于東宮吏兵批中官稟
于大殿後受點于東宮

是日常參 上御筵子倚 東宮而坐臚唱
未畢 還卧枕上曰予氣可知大臣尚可爭
乎仍 命諸大臣進前 下教不啻千萬洪
麟漢先進力爭遽請退出 上曰方欲下傳
教卿等勿退仍 命書曰不緊公事入于東

宮稍待數日當有加於此之下教矣承宣抽
筆以俟麟漢顧而揮手止之 上曰所書傳
教讀之麟漢抗聲曰誰敢讀此 教乎 上
曰巡監軍付標一付中官之手亦安知無圖
免之弊乎領議政韓翼謩曰 聖明在上此
輩不足憂也 上曰公事酬應之自內替行
多有古例予亦曾為之此則與代理聽政大
不同矣麟漢曰既以自內為之為 教則非
臣等所可知也 上閉戶曰卿等速退仍以
承傳色 下巡監軍入于 東宮之 教時

上意已决 大寶啓字皆 命移置 東
宫 上教日三四下而因麟漢游辭力沮事
竟不行
臣等謹按前月七日 還内後下教外廷
之所未知而麟漢則知之及至是日大計
之已决 聖意之益切麟漢亦旣承聞於
筵教之先而猶復一例周遮惟恐或成
坐次居諸相之後而爭覆必先出納乃承
宣之職而指揮惟意入則漫漶彌縫出則
秘諱掩覆至於機務之自内替勞便同

代攝而 傳教未下國人不知我 聖上
之辭不敢當者非不念國事之可悶非不
思 至意之仰體誠以 授受大事不可
以不光明故也麟漢之敢以非臣等所知
為奏者語旣不敬意亦叵測至此而凶情
慝謀益彰著不可揜矣
是時和緩主所後子鄭厚謙傾邪無行倚主
橫甚麟漢深相附結乘 上静攝竊弄威福
及 聽政議起麟漢等大懼百端沮格為計
益急内布耳目外引黨與或造言脅持或游
辭探試又詭毁宫官之衛 上而不附已者
必欲更置所親暱晝夜經營情跡叵測賴
聖鑑孔昭卒不得售
臣等謹按厚謙兩賊戚聯 王室富貴已
極而甘自陷於極惡大憝者豈一朝一夕
之故哉惟我 聖上天挺英明不怒而威
兩賊之所素憚也洞覽古今之治亂深悪
戚里之干政兩賊之所竊憂也憂與憚相
因身與 國為敵竟至於掩諱 聖候沮
戲大策沮戲不足至於迫脅迫脅不已幾

於動揺無嚴之習不逞之心日甚一日無
有紀極八域之愛戴方切而敢做驚惑聽
聞之言 兩宫之慈孝無間則先出剪除
羽翼之計至於投書之變刺客之說而極
矣百哥千恠都歸一串兩賊之所以為賊
厥惟久矣不獨為士師者可以誅之矣
十二月丙午前參判徐命善上疏請正洪麟漢
沮格 代聽之罪 上命進命善秩二級 賜
祭其父
自十月常參日 還内下教之後羣兇之謀

計日急以至有麟漢三不必知之奏則外言益洶擾　禁中事有至難言者而猶無一人言之者命善時在散啣乃慨然上疏曰惟我
聖上臨御五十載　勤勞如一日機務之煩有妨頤養繼　先朝之故事有今日之下教其至誠惻怛有足以感神明孚豚魚而伏聞前月二十日入　侍時左議政洪麟漢敢以　東宮不必知之說肆然陳達謂儲君不能則當作何如人也其無嚴放肆極矣常參時前領相韓翼謩左右無足憂之說又何

為而妄發也身居首相之位質言闇竪之事古之大臣亦有是否至於伊日所奏自內為之臣不爭執之說尤萬萬驚駭今此　聖教在國家為何許大事而秘之於　宮闈之內行之於深嚴之中萬姓不得知八方不得聞則其可曰國有人乎嗚呼　殿下今日之舉明正磊犖卓越千古誠心懇惻之旨藹然於辭教之間而噫彼職忝具瞻者看作虛文假飾專以彌縫為事使　殿下之苦心至德黙而不章豈不痛哉諸葛亮之言曰宮中府中

俱為一體小事猶然況此莫重莫大之事乎國事如此大臣又如此而無敢言之人臣不勝痛哭太息手自封章乞降　明命亟正大臣之罪疏入　上亟召命善持疏入侍命讀疏命善讀之　上遽曰是矣是矣如是者屢讀至　東宮不必知之句　上曰鄙予聞此奏時予心亦以為如何矣命善曰為臣子敢為此言乎讀未半　上曰直哉又叩閾教曰然矣然矣　上問自內為之臣不爭執是誰之言也對曰麟漢也讀訖命善曰今

世之人誰有肯見忤於臣室者臣若不言是負　殿下也仍聲淚俱發　上曰聞其流涕可見其慷慨亘中矣予謂命善為人柔善今日作此樹立賢哉仍　命大臣臺諫入侍領中樞府事金相福曰伊日　筵說臣則未聞徐命善必有所從聞之處矣　上問命善命善對曰臣聞宮官之言　東宮欲以此陳疏未及上徹云矣　上命入　王世孫疏讀奏
上曰果然有此語矣大司憲宋瑩中曰不必知云云與臣曾在丞署時所奏色自不必

留着　聖心之語相似臣則不知其為非矣

上曰徐命善䟽是耶非耶瑩中曰深文也

相福對模糊遂　命瑩中及翼謩麟漢並刋

去仕版相福罷職不叙以命善斷斷血忠募

年見一直臣　命進資嘉義大夫戊申　教

曰此人予知熟矣今番此舉滿腔血忱百人

媕婀大臣依違慷慨挺身能思乃父此正孝

於家忠於國故判書可謂有子暮年其亦得

臣昔朱溪君深源彈一任士洪名登續三綱

末編此等之人雖生旌門猶非過也豈可一

例加而止徐命善特授都揔管使苟且依違

世界咸知其忠祭文製下代生旌閭遣承宣

致祭於故判書徐宗玉以示末世聳百人之

意

臣等謹按厚謙母子挾麟漢諸賊外內煽

妖事變叵測自有十月七日自內　下教

戚聯諸逆固已先外廷聞知指畫排布十

八九成矣其後十一月二十日　筵教及

不緊公事入于　東宮與代黜之　命續

下則自　上每有一番　下教諸逆輒增

一番凶計當是時也　代聽之大策已決

而　代聽之　成命未降諸逆之百計沮

敗者其勢於是乎益急而其為計又不止

於沮敗　代聽而已危亡之機迫在呼吸

宮僚之扸死生一明凶逆情狀其計雖決

而地嫌矣秪趣禍耳徐命善乃能奮不顧

身以徇　國家之急辛之一言仰契不數

日而大策亟定以永鞏我四百年丕基若

命善者真古所謂危忠也其功又何如也

觀乎宋瑩中之強引不當之言為麟漢分

䟽至以深文斥命善則賊勢之鴟張可知

也鄙非　先大王日月之明則命善之為

凶徒所魚肉久矣噫　國家其有今日乎

於戲沒世之思逾久而不可忘矣

庚戌　上命　王世孫代聽庶政

先是　上特命狀聞中　稟請者入于　東

宮　王世孫再上䟽辭　不許及三䟽入

上特下備忘于承政院曰凡事正名然後言

順聽政光明正大前例班班該曹知悉仍

命都承旨宣　王世孫䟽批曰於今名正言

順東國再安冲子寔體　列朝聖德嗚呼祖
孫相依將見臨堂受朝參之舉於予萬幸於
爾可謂榮親詳察庶務莫敢少忽扶我三百
年　宗國仍召領議政金尚喆等　教曰名
不正則事不順今見冲子受朝參於景賢堂
於予豈非榮乎尚喆曰今雖夜深原任大臣
及禮官　命招節目　啓下何如　上曰唯
今則事面圓矣　命書　宗廟社稷告由祭
文記　命頒赦中外設科取士又　命聽政
朝參景賢堂為之次對尊賢閣為之望前三

對大朝入侍望後三對小朝入對翌日　答
藥房啓曰豈意冲子長成為予聽政昨夜後
心快紓冲子習知國事三百年　宗國庶幾
喜何睡乎○王世孫上疏辭聽政　不許○
議政府　王世孫聽政節目入　啓答曰世
孫代理此莫大之孝也付托得人豈特世孫
受賀於予何辭其日景賢堂前其何循例設
軒懸（軒懸即大朝法樂也故事小朝只有鼓吹）事添儀註令其
祖志喜焉後又　命聽政朝參用法駕儀仗
設水晶杖金斧鉞受賀時百官朝服行禮聽

政後　太廟展拜時自　殿庭乘輿出城外
隨輿軍兵從令訓鍊禁衛御營陪從皆特例
也　上教曰不重則不威如此然後人心定
也○傳曰今日我孫心可知相依幾年予當
一慰仰依寶鑑祖孫雖舞賢堂可也十五日
世孫設小饌而來予當備小饌而待殿庭奏
雙笛祖孫同食殿中予受者授政院冲子受
者授春坊
癸丑　上御景賢堂受　王世孫聽政賀　王
世孫坐景賢堂　聽政朝參受百官賀侍　上

進饌行九爵禮
上親製志喜歌　命樂師升階歌之又　親
製二句詩　命王世孫與入侍諸臣賡進宣
教官徐有防讀宣　御製頒赦文曰五紀臨
御加一年問其年八十而且三每稱祖依於
孫孫依於祖於今軒懸特設於庭中冲子受
朝於賢堂邦國有百代之安吾民有萬世之
慶嗟哉冲子能知為祖之孝今者邦慶漢唐
豈有主鬯得人朝鮮庶幾親製其文先告
廟社猗歟冲子先陞堂而朝參几杖其祖強

陛座而受賀今日此禮予何辭焉嗟我今日慶雲將凝於堂前萬民咸喜於國中讀畢王世孫行四拜禮百官亦四拜山呼　王世孫陞堂侍坐　上命貢市人舊逋及徭役一年除蕩減　賜鰥寡孤獨米於興化門以示與民同慶之意又　命王世孫十五日展謁太室已　王世孫具翼善冠袞龍袍行聽政朝參禮已　王世孫坐堂受百官賀已上御景賢堂　王世孫侍坐進饌　上曰今日事可謂曠絶千古不可無飾喜之道遂

命特行九爵禮　王世孫進第一爵奏樂軒懸在廷舞列升階　上徹御卓花使諸臣簪之　上顧笑甚樂也諸臣皆呼千歲是日夕上御集慶堂召承旨呼書　傳教曰八十三歲爾祖夙夜憧憧一則追慕一則元元嗚呼輔予孝悌惟望于爾爾若少忽此非特負其祖負　陟降也嗚呼君民相依若祖與孫之相依普有肌膚何惜之　教視八道若一家今者於爾初政也八道元元闔代理皆拭目而待焉相謂曰八旬吾君命冲子代理其若前乎庶幾勝乎若是期待嗚呼若或不然望雲霓之民心若何興惟及此暮年予心萬倍于前承旨持傳爾須對焉今者祖孫問答高高蒼蒼照予心照爾心也夫　王世孫坐尊賢閣令曰　傳教承旨親傳于余左承旨徐浩修跪而奉進　王世孫受覽訖語浩修曰　聖教若是懇惻余所以仰體之道惟在於以實心奉行以此仰奏浩修復　命　上曰所對極好極好予心嘉悅使予為答無以加此矣

臣等謹按代聽之禮起自唐虞盛際歷代因之已成典故昔在　孝宗大王時先正臣宋時烈引古太子參决之語以告之是時　孝廟春秋鼎盛而先正之言尚如此況於大耋之年乎又況於疾患沉痼之後乎洪惟我　先大王以大耋倦勤之齡數年以來長在靜攝　褻候之有往來而神用之隨以顯晦諸臣之所仰覩八方之所共知則我　殿下以冢適之重儲貳之尊代聽庶政如堯老而舜攝真是建天地而

不悖俟百世而不惑者也位在大臣者雖按故事而上請可也而今則反是自十月以來自內　下教與前席　下教之外如公事入于　東宮如　代點如狀　啓稟請等　成命凡幾下矣由微而及著鄭重而不遷其所以開示　聖意者至矣而獨無奈下之人一向牢拒則畢竟不諶於衆而斷自　宸衷此有以仰見　大聖人苦心所以為四百年　宗社慮者至深且遠而當時事勢之艱棘亦可想矣噫代聽從

古何限而在當時則事勢之尤不容一日緩者夫人無不知之則彼戚聯諸逆亦人耳而其所以外內締結必欲沮敗動搖而後已者此其故何也伊時　上候沉綿月異而日不同戚聯諸逆乘間竊弄自謂唯此時不可失而我　殿下神聖英明夙有以畏讋其心至若洞見義理之大處深惡戚里之用事而尤嚴於淑慝逆順之分者則雖以我　殿下之潛德不露而微之顯誠之不揜者自不免為諸逆所窺測重以

諸逆藏頭匿影從中作奸之許多罪惡謂天可欺謂一世可欺而所不可毫髮欺者唯　儲宮是已是故彼其於　儲宮也始而猜以妨其事也中而懼以覰其奸也角立之形既成則謀危之迹漸生自全之謀益深則上逼之計寖急終焉抵死與　儲宮為敵者此固事勢之所必至也噫彼凶逆之徒初既百計沮格於未　代聽之前而頼　聖明在上計不得售則至敢生翻覆之計於已　代聽之後噫嘻梟獍之生

雖曰別有肺腸而　列聖在天之靈何負於渠輩嗚呼可勝誅哉

乙卯　令假注書朴相集下義禁府推問

前月二十日入　侍相集以史官主記事而相集日記中　上教所舉　皇兄下教及麟漢三不必知之說皆不錄　王世孫令入相集日記讀奏訖　下詢諸史官記事官成鼎鎮對曰臣以下沓翰林其日入　侍　聖教懇惻諄複而大臣以三不必知等說仰對臣則聞之矣　令曰其日　聖教中有曰世弟

可乎左右可乎 皇兄此言予今誦之余其
時 侍側承聞此 下教而相集身為記注
莫重 聖教惟意不書極為非矣仍 令改
書以入相集推托不改至十餘次及是領議
政金尚喆請拿問 許之
甲子鞫沈翔雲配絶島
初青平主子沈廷輔所後子師淳本辛丑逆
竪益昌孫也師淳又無子取翔雲父一鎮為
子翔雲與弟翼雲天性妖邪能文而無行及
翼雲登第廷議謂益昌孫也靳之久不注官

翔雲輩恨之使廷輔外孫金相福囑時相絶
師淳歸宗而以一鎮所生父繼廷輔於是士
論譁然以為翔雲翼雲自為身計使既死之
兩祖皆易其父時贊善宋明欽造 朝上䟽
言之由是翔雲翼雲不得齒于人類矣未幾
翔雲又登第計無所出遂傾身事厚謙又固
結洪樂任為其死友至是 上俟寢劘而
代理之議久不決及徐命善䟽入甫數日而
代理之命下凶徒大恚曰此宮官激命善
也遂募翔雲上書 小朝以陳戒為名而諸

條如曰譏曰戚用意多巧密終又指斥宮僚
至引温室樹語叵測是時厚謙母子挾麟漢
張甚危逼 儲宮無所不至左右前後無非
厚麟之人者獨宮官洪國榮等一心保護持
危避礙死不肯去凶徒深惡之以謂宮官不
去則其計終不可行也謀所以去宮官者百
方及是聞徐命善 筵對遂謂先除宮官以
翻動 成命此其時也外内之排布既成而
翔雲之書出矣書入 王世孫曰余之未徹
之䟽誰不聞者獨宮僚乎而翔雲敢言温室

樹此禍心也翔雲之心路人所知又曰翔雲
之為此其必有嗾之者翔雲之陸梁於巨室
可知矣翔雲以洪氏之力發身翔雲敢言戚
一字乎已而 召諸大臣 令曰 上俟自
昨年如何余之涕泣太息者幾何徐命善之
䟽斷斷血忱則翔雲此䟽事關忠逆非可以
漫漶彌縫者 授受之際若不光明則當如
何耶乙丑判中樞府事金陽澤等奏翔雲上
書事 上命入翔雲書讀之讀至曰黨條
上以翔雲逆竪孫上書中乃敢列書黨名

命刑推栲棘于黑山島更 命義禁府鞫問
後翔雲兄弟並永為庶民于黑山島
乙丑 上命寬配以下小朝裁斷○執義申應
顯上書請洪麟漢明正典刑 不從
時司憲府司諫院弘文館 啓請麟漢削爵
黜門外只以不必知之說萬萬無嚴為目獨
應顯上書曰麟漢親居肺腑敢生不滿之心
以三不必知之說挺身陳達謂 邸下方在
冲齡而有不足知歟謂 睿學未就而有不
及知歟謂 國家事初非 邸下所知歟

邸下而不知誰當知之究其心跡誠不可測
又言麟漢勢席父兄權傾人主威焰所加莫
敢歧貳寧甘得罪於 國家不敢違拂於權
門猶恐不瀾漫同歸是以 大朝命書代理
傳教而相臣揮手止之則承旨不敢書 大
朝俯詢宰臣之疏則都憲謂之深文而原任
亦敢和同以此觀之則承旨只知有相臣而
不知有 國家都憲與原任亦知有相臣而
不知有 國家義理晦塞人心陷溺懲討不
舉國是靡定至沈翔雲而極矣包藏禍心語

意叵測窩窟未破根柢盤結他日之憂豈勝
言哉請麟漢明正典刑附從扶護者次第鋤
治 不許丁卯又上書言之又 不許
五十二年丙申正月甲戌 令寬尹養厚于海南
修撰李秉模上書言養厚奸細側媚有不忍
正視出入人家主張時論一國喧傳十目難
掩則自知見棄清議乃作陰護朋類之說若
使一日在朝則不知何操機關出於何地快
施屏裔之典使朝野洞知小人勿用之義書
入 王世孫曰養厚曾擬館職至十七次未

蒙 天點乃敢因戚里干托於余余於其時
已知養厚本末矣遂 下答曰尹養厚之嗜
利已知於 靳點館職之時所請依施
臣等謹按忠志之士以鷹鸇逐雀之心聲
養厚之罪則其為目奚但為奸細而止哉
儒臣之書引而不發有若緦功之察者豈
無所以而然也噫于斯時也麟漢厚謙姑
未及明正典刑則直陳養厚無君之罪時
未可也欲隱忍以竢則羽翼權奸凶圖日
亟 宗國之憂靡所止屆忠憤之議唯以

去養厚於輦轂爲幸而已尚何恤聲言之未能到底也儒臣之書泛以觀之不過爲君子指陳小人之態也細以繹之毅然爲春秋誅討亂臣之義也後之覽此者不可不知也

三月丙子 英宗大王昇遐于慶熙宮之集慶堂辛巳 上嗣位于崇政門告 廟頒赦

臣等謹按皇天 祖宗眷佑我邦家篤生聖哲以主匕鬯歷險履艱而 睿德彌光動心忍性而大任斯降方其 繼序之

際凶徒潛伺禍機莫測歷選前史至危且艱未有若此時也然而四門不扃中外晏然百姓但知如喪之痛 宗社益鞏泰磐之勢是何爲而然也惟我 先大王以至慈至明之德乃於 王侯沉篤之中維懷永圖亟決大策 命攝機務 授受光明有以早係人心逆折奸萌使朶頤徘徊之徒卒莫售其計焉 國家之得有今日何莫非我 殿下克紹之烈 先大王先事之謨而一宮僚翊 儲存社之功豈不愈益炳烺乎哉惟彼沮戲 聽政危動 貳極之逆至是而尤無所逃其誅矣噫嘻可勝痛哉

甲申擢弘文館應教洪國榮爲承政院同副承旨

臣等謹按惟天生聰明時乂亦有一二承弼之人爲之左右以相須而共濟焉其人也必公忠而正直沈密而機敏足以寄大事托重任而又必俾之涉至危而處極艱以益其智以彰其勞以別其利器蓋明良

相得之際自古已然也嗚呼嚮我 殿下之在儲宮也其孤危岌嶪之勢顧何如也惟彼群凶竊弄威福譸張浮言外以誑惑一世潛通奧援依藉聲勢內以威脅百端剪除之謀翻覆之計醞釀既久次第將售銅闈之不寧寢食不知其幾月矣嗚呼尚忍言哉方其時也左右前後無非逆黨之人者其一心扶護以其身繫 國本之安危者獨國榮一人耳然其應機處變之際既不可以亟又不可以徐亟則易激其

變徐則易失其機於是乎彌綸調護上以戒　辭氣之露以盡養晦之道下以察形影之微以杜抵隙之勢至於以萬金購其死而不動毫髮　諭前席使之去而彌堅一節其所以維持旋轉之方愈往而愈密卒之銷患於方兆折奸於始萌以永鞏我四百年洪基不其偉歟蓋其所知者國耳所秉者義也而濟之以器識才猷能處至難之會而辦非常之事其可謂功存社稷之人也夫時當凶徒未鋤　主勢方孤特置近密之班益專心膂之托寔徒以榮其身也哉

明義錄卷一　　二十二

丙申大臣三司求　對請亟正鄭厚謙母子之罪　命竄厚謙于慶源府

是日憲臣上劄言鄭厚謙天生戾種自在童騃奸竅已穿及至長成禍心漸萌依藉城社出沒深嚴所事者容覘　上意也憑恃寵靈脅制朝廷所營者陰移　國柄也羈絡將相而作爲羽翼主張銓選而排布氣勢嚬笑之間榮枯判焉淵滕之際殺活分焉跡其所行無一事之非犯分無一日之非賣國天下寧有是耶然此在渠猶屬細故又有窮天極地之惡國人齊憤誓不共生者惟我　先大王祖孫相依之教可以感動臣隣除非有莽操懿溫之心則孰不延頸顒戴而敢蓄猜嫌常懷忿懟傲慢之態見於辭色譸張之說恣意誑惑其疑動之跡危逼之形雖昔之耆輝無以過此只賴我　先大王照之如日月鎮之如山岳譖間莫行慝謀未逞得至有今日而梟心未化狠毒故在指顧之間幻出翔雲之

明義錄卷一　　二十三

妖逆敢售其疑亂　授受之計此其罪雖咸聚軍民快示顯戮夫孰曰不可願以厚謙前後罪惡布告中外明正典刑至於和緩翁主真所謂是母是子國人之所共讎懟者而長處　禁中絕罕出宮其內外交煽之跡灼然可見到今情地殊前疑忌轉甚其暗售潛逞將不知做出何等變怪昔周公不敢屈法於管蔡況　殿下上奉　宗廟下係億兆奈何自輕而或忽於防患耶亦願即日屏出早賜勘處焉於是承政院司諫院弘文館相繼

啓劄　上並不從大臣三司請　對言此非憲臣之言乃一國公共之論到今始發亦晩矣　上教曰當初靳允予意在焉恭默之時有難多言鄭厚謙施以遠竄之典翁主既已出第今無可論矣弘文館又上劄爭之不從

四月戊申　命竄洪麟漢于礪山府

三司連請麟漢遠竄大臣又率百官庭請至是　教曰嗚呼　大行大王患候彌留靜攝多年至於昨冬則朝事國事實有難言之慮

而以　日月之明念　宗社之重　前席示代勞之意　中朝發無臣之歎苟使古之大臣當此時世則何待　聖教而彼麟漢以性則本自愚濫以學則難卞帝虎以乃兄之弟受　先王拂拭之恩節次推遷致位三事則固當竭力圖報以效塵刹而乃反以貪樂為妙計以賣寵為能事至以不必知之說容易發口猶不知懼及夫徐命善之疏出而反生對敵之計不念懼悔之道噫雖以庚寅間事言之其所患得無異蔡攸之按脉所以處於君父兄弟之間者如此則他尚何說其在正名義之道所當嚴處判府事洪麟漢為先削職礪山府竄配

五月辛未　命鄭厚謙即其配所栫棘

從三司之請也其後諫臣又疏言厚謙於徐命善疏後貽書於人以為耆輝復出又潛嗾妖孽粧出凶疏指意陰慘至於翔雲推鞫之日敢又攘臂大言於稠人之中至曰焉有儲君而因人南間之事乎其將心逆節於此益露此而不誅亂賊無以懲矣　不從

六月癸亥　親鞫尹若淵

若淵以修撰上疏以討逆為名而疏中引夏書殲厥巨魁脅從罔治而曰先後之序本自如此蓋以巨魁當厚謙而脅從當麟漢也又曰國邊之人亦且見利忘義蓋以國邊人屬之麟漢也又曰　聖明原情以定罪諸臣執迹以誅心蓋謂其迹似有罪而情則可恕也又曰阿諛之態迎合之風理勢之容或不免者蓋以討逆大同之論歸之阿諛迎合也末乃只以島配請勘麟漢至其論用人之語有

曰無以貌華言梲為可喜一才一藝為可任而必國人皆曰可用然後任以事權聽以舉國則上無取舍之輕下無忌克之私藏頭為説指意叵測䟽入 上遂若淵職召問國邊人指誰也若淵曰麟漢應無沮戲聽政之心故謂之國邊人矣 上曰止勘島配何意也若淵曰厚謙乃臣舅麟漢則是國邊人故臣謂厥罪輕矣 上曰執迹以誅心者何謂也麟漢逆節昭著奚止誅心而已乎若淵不能對 上曰麟漢敢沮大策厥罪如何而謂之

明義録卷一　二十六

輕於厚謙何也若淵曰麟漢不過妄發不必深誅也 上曰然則麟漢只可島配而止乎若淵盛氣對曰臣則不知洪麟漢之為罪殿下必欲處之待 因山後觀勢某般為之無妨 上教曰春秋之義護逆亦逆若淵䟽與翔雲換頭易面而筵中奏語逆節昭著若淵當親鞫令王府拿囚左承旨洪國榮曰親鞫事面至為重大况當一初尤宜審慎顧寢 親鞫之命 上曰若淵投䟽營護以為嘗試之計此不嚴究方來之憂何可測乎國

榮曰書云欽哉欽哉惟刑之恤哉深加 裁度焉 上曰始欲親鞫得情今聞所奏承宣匡輔之言豈可不從遂 命義禁府推鞫翌日 教曰若淵逆節非比尋常且昨夜見其文書端緒情節已無可言豈可推鞫而止仍命親鞫 上御金商門鞫若淵問麟漢雖以議親不忍直斷而執法者敢主參恕之論乎至於 因山後觀勢云者汝之黨逆其可掩乎若淵供麟漢厚謙之罪不知輕重故有區別之奏矣問汝抵汝叔書以攻泰淵者謂

明義録卷一　二十七

之憸人汝兄書以泰淵謂之忠赤莫暴泰淵何為忠赤攻泰淵者何為憸人供書札既見捉更無可達矣問汝䟽有迎合等語討逆大同之論汝敢隱然歸之迎合乎必有指揮者其直告供自前切親者即洪相簡李成運而臣嘗問相簡曰汝久不為春坊近間或有見過事否相簡云當今用人則入眼者用之不入眼者不用之自 上處分則自下一從上意而迎合云矣問用之者誰也供洪國榮等云矣問徐命善䟽乃聽政大策攻此者猶

為逆況洪國榮當國家孤危之際戚里近習皆異心者而保護國家獨有洪國榮一人耳隻手擎天功存 社稷者汝輩必欲戕殺其意何在此與謀害徐命善之事一串貫來欲殺洪國榮之人一一直告供欲殺洪國榮者即洪相簡李成運洪纘海而聞於相簡則閔恒烈李敬彬亦言洪國榮用權云矣問相簡與恒烈敬彬常時議論如何與汝酬酢時其言云何供相簡云洪國榮多有不善處故臣答以庚申獄事亦多不善者而有功之人當

濶略細事云則相簡云雖然洪國榮非宰相器故未愜人望矣問言語間庚申事何為而發耶聽政非關偏論而汝以庚申事言之聽政亦為偏論乎供相簡有欲殺洪國榮之心而臣則以為只看其大節而細事則不必論矣問福海招云汝為麟漢死生之交汝之堂錄亦出於麟漢然則汝之筵奏可謂畢露奸情相簡又汝之死友而渠輩自聽政以至于今公傳塗說者無非不道之言也見捉文書既在此同情之節汝敢隱諱乎供堂錄實因

洪麟漢為之故果有私情於麟漢以此遲晩矣 傳旨麟漢之罪固國人之所知予之所以不置於法者特不忍之意也而身為北面之臣不知麟漢之罪者已是黨逆之類而況職在三司義重沐浴者其所聲罪斷法尤何等自別則若淵之疏敢以島配了當又於入侍敢以叵測之說肆然奏對有若爭抗者然其文書中現捉包藏之禍心排布之凶謀不覺心寒而體栗此而不問不知何揆禍機伏在幽陰之中矣其書無非陰慘與泰淵相簡

輩交結綢繆之跡綻露無餘或曰泰淵之忠赤莫暴環視而無可救之道又以攻泰淵者謂之憸人又以為世道危險其他罔測之說不可勝記特命親鞫先問搨前所奏之凶言次問麟漢之所以為國邊人討逆之所以為迎合用人之所以為舉國而聽之者渠乃直以根柢端緖箇箇納供獄事之轉益層加諸賊之次第就獄皆由於若淵之供到今若淵即一凶徒鷹犬也嚆矢也比之趾海輩輕重有間而趾海輩亦且傳生則此等之類何足

深誅渠以王堂出於麟漢之力實有感歉之心納招以此觀之前後罪犯不過出於鄉曲卑微之類圖得官爵之計眞所謂鄙夫不足責而且非若淵之招則此等凶賊何自而趁即鋤治乎既施六次之刑若淵絕島減死定配配珍島郡金甲島兩司　啓請更加嚴鞫快正　王法　不允若淵道死

臣等謹按若淵以泰淵之至親相簡之死友與恒烈成運腸肚互貫相簡翻案之謀若淵從以綢繆恒烈誣　上之言若淵與

之和應恒簡之聚首相議者即一宮官之戕害而若淵又爲之嚆矢交煽飛語詆毀　睿德罔有紀極者盖出於脅持　儲君惎間僚屬之意而　明鑑先覷情狀奸謀莫之敢售則乃於　嗣服之初投進一疏指意叵測若其精神所注專在數句藏頭之話必欲剪除保護之人以爲孤危　聖躬之地其爲計也誠狡且憯矣紹介泰淵而送款於厚謙寅緣咸分而結驩於麟漢藉其吹噓冒占瀛選銜恩死黨之志於是乎益固麟漢之爲國邊盛稱於章奏泰淵之有忠赤至騰於私札暨乎　前席之下詢也辭氣忿勃乃敢曰洪麟漢之爲罪臣則不知自　上必欲處置則稍待　因山後觀勢其殷爲之云身居三司之地名以討逆之論而欲其觀勢曰以某般古今史牒之所未聞此正其心所在路人可知者也罪莫大於厚麟而曲爲區別義莫重於懲討而歸之迎合庚申之獄事敢比於今日泰淵之論劾反指爲憸人寧歸背君之

科自甘黨逆之罪人心之陷溺胡至此極然由是而根蒂始露窩窟乃破魑魅莫逃於禹鼎檮杌自底於舜刑　君誣夬伸邦命永鞏則寔由於　聖智之逆折奸萌豈不休哉噫渠以其祖之孫附麗凶黨身陷大戮眞所謂國之逆臣家之悖子可勝誅哉

甲子鞫洪相簡結案徑斃

問相簡以汝之嚅聚逆徒釀成逆論已於若淵之招綻露無餘討逆大同之論謂之迎合

且汝怨國之極而至以用人等說綢繆謀議其皆直告相簡供若淵來見時以臣之久無職名為惑而問之故臣果有所酬酢而語次間或及書　筵說話及宮官之事矣問若淵昨以汝迎合用人等說分明納供此二事斯速直告供討逆時論豈謂之迎合而至於用人則近來擢用中如洪國榮似過矣用人之道廣用甚當而今則偏用故有所酬酢矣問若淵云汝與恒烈敬彬為戕殺洪國榮之計又以庚申獄事為言云其顛末詳告供臣嘗

與恒烈果言洪國榮是非敬彬亦言洪國榮書　筵多說話而以徐命善疏與若淵酬酢時果有庚申獄事之言矣相簡與若淵面質相簡曰汝豈不以徐命善事比論於庚申獄事乎若淵曰是非關頭故果與汝酬酢矣相簡曰我何嘗與恒烈敬彬為戕殺洪國榮之論乎若淵曰汝豈不有欲殺之心至有怨國之言乎更推相簡問今日國家無戚里之可恃者徐命善上疏為　宗社大計非不為重而比之隻手擎天功存　社稷之洪國榮則猶為緩矣國家安危在於呼吸而終始保護者獨洪國榮一人汝之與恒烈敬彬輩必欲戕殺其意安在相簡供洪國榮有嫌於臣家臣豈有好意而聞恒烈亦嘗不好洪國榮故果與恒烈輩有所議之事矣相簡與敬彬面質相簡曰洪國榮等諱　筵多言之說汝豈不為乎敬彬曰吾豈為此言乎昨秋汝來言洪國榮之說故吾果聞之矣更推相簡問在春宮時與宮官講說之外有何酬酢而汝之徒黨以上下酬酢之甚多唱說於外流入宮

中不勝其苦至欲使宮官退去當初金鍾秀之優待便作一番滄桑矣上有孤危之漸而以汝賊邊人故姑為假借則自以為知遇唱言於外汝輩在宮官時則出以鋪張他宮官時則做出許多浮言此豈非逆情乎相簡供書　筵多言之說果與敬彬酬酢矣問麟漢為汝家縷縷陳白其瀾漫綢繆之狀在邸時予已飫聞矣麟漢欲以汝父為相驅出徐命善及宮僚之為國家者以為一網打盡之計故　先朝雖在倦勤中而以門生座主為

教此姑勿論汝父欲自辟李繼與賂錢二萬兩又容交厚謙受其人參此豈非通宮禁之計乎供近日事以前何知麟漢之如此而不與交乎麟漢之心以臣父或有可為之道故欲以為相矣賂繼與事則曖昧而臣之病時厚謙送人參故果受而服之矣問此書是商輅抵汝父書也汝家為逆賊之魁故以不忍發口之言作書於汝父而汝父既已作答以此遲晚嗣服後象厚向汝父有宗廈等凶言汝父與之瀾漫酬酢之狀亦已承款汝亦遲

晚供商輅之書臣父素柔善故未能斥之而作答矣宗廈事伊時朝廷間果有此語四月間聞之矣問宗廈之說出於聽政時而嗣服後則尤何敢發口酬酢乎商輅之札見之已駭尚留篋中豈非逆心乎遲晚可也供並當遲晚而既非自犯當以知情遲晚矣問癸巳八月十二日夜對後宮闈間莫重說話傳播方外流入宮闈而使之流入者即汝徒黨之所為也汝與恒烈言不敢言之事傳不敢傳之言（事見卷首即己巳仁顯王后遜位事也）恒烈既皆遲晚汝亦遲晚供既傳不敢言之言當遲晚矣問汝於伊日春坊與恒烈有所酬酢此豈臣分所可為而恒烈先言之乎汝先言之乎恒烈又云以渠　靳黙事汝先為言以此遲晚供恒烈則同為入對之人故果言之而恒烈既已納招臣實先言矣問商輅凶書作答留置汝雖遲晚不可以子證父黨聚徒黨之事迎合用人之說欲殺宮僚煽播浮言及　靳黙酬酢等事無非亂言犯上至於不敢言之事酬酢於直中不敢言之言傳播於方外汝與恒

烈罪惡既同恒烈處問目當使讀之汝聽此而遲晚供又以言不敢言之罪并遲晚矣相簡結案凡刑六次物故兩司　啓相簡既與恒烈同捧結案不可與恒烈有所異同宜施同律　上允之籍産如法○鞫李敬彬問以徐命善䟽即　宗社大計謀害此人者乃是　宗社之賊況向來孽孽之徒日夜潛伺必欲剪除儲君之羽翼當此時儲宮之孤危國勢之板蕩顧如何而惟賴一宮僚之保護即祚以後當日伺釁之輩並在掃除之中其孤

危懍然非前日之比惟此一介臣是仗而汝輩必欲戕殺而後已其心將欲何爲敬彬供相簡以連姻之人在春坊臣在桂坊故其時頻見而洪國榮亦與之熟知豈有相害之心乎問若淵掐以爲聞汝言於洪相簡而知汝有相害之心安敢欺隱汝在桂坊時已知汝陰鷙而不叅聽政朝叅乃是逆心且不欲連啓麟漢之意也右袒麟漢焉可欺也供臣在鄉實有病故不得来非避麟漢之啓而然矣問此是汝叔抵汝父之書也父子叔姪一室

之内豈有異議亦豈有不知之理如許凶書藏之篋笥汝亦同心故也其直告供臣叔與麟漢連家故有是書矣臣則在謫不得見其書臣父亦有病不知而尚藏置矣　傳旨敬彬不但善海之至親相簡之切友諸囚之供無不援引至于渠父以相簡輩窮凶之謀敬彬無不共知之意不待帳殿之親問先已說道於廉探人試問之時則敬彬之罪父已告之友且證之不必更問敬彬加刑一次絶島定配配康津縣智島兩司　啓請拿鞫得情不允○鞫李成運以相簡家客之說現露於文書及締結凶徒交通密逕等事拨問納供後刑一次配慶尚道熊川縣

臣等謹按相簡之爲逆也其情最巧慝而陰秘渠本賊邊人性狡諂善容飾以恒烈名家子也欲得其重結爲死友且就附時論而托儒名者爲之依歸以沽譽儕流間欲掩夫一世耳目然若其爲凶徒之腹心爪牙以與　儲宮爲敵而轉輾猜激終歸於極惡大逆而後已者其情不難知也夫

儲宮貳君也爲人臣者敢以大北之說（事見卷首即光海時西宮事也）脅之　前席使不得不扶洪氏而又不得不殺攻洪氏者則是盖以洪氏之成敗爲渠性命關頭故肆然闖發不暇顧其犯分也至於已巳之論渠亦人耳豈不自知其悖逆而將欲藉此以遂渠輩之所大欲者其心灼若觀火而況以濟王之圖瓊厓彌遠之進義女形諸文字進之　睿覽抑何意也濟王之比固臣子所不敢道而麟漢渠所宗主也甘自擬於

彌遠者特借引其事以為恐動脅持之計也噫　离明所照魑魅莫遁而以其賊邊也姑且包容不示顯斥則乃敢虛張　眷遇招權賣勢嘯聚徒黨內締外結巧計潛圖靡所不有以至私書私獻而益無所顧忌及夫洪國榮以貴戚宦妾所不知之人其所秉者義理也一言仰契　知遇特殊而凡所陳說一出於嚴淑慝明倫彝既與渠之悖言凶謀一切相反且於渠嫌家也於是乎自懼自疑懼者懼　睿知之燭其

奸也疑者疑宮官之枳其進也然其所以懼者則渠獨自知其所以疑者則人或可信故諱其自知之事颺其可信之說構虛揑無雄唱雌和至以順宗之狎昵伾文之善糊為言喧播中外必圖所以除去國榮而潛通禁鑰為銓長文衡之托密囑厚麟有勒解春坊之奏而其計卒莫能售則自危之心漸生自全之圖益力始之戕害宮僚之計寖以上及於　銅闈而其設心用謀遂無所不至此其事與勢之所必然也

吁亦凶且憯矣蓋相簡以趾海為父而商輅不道之書趾海與相往復藏之篋笥則凡其凶國之謀即渠家傳之法而原其為逆不待剪羽翼圖翻覆然後始乃彰著也自其為大北已巳之說而將心已露矣論者不可以不早辨也夫○敬彬以福海為父善海為叔於渠乎何誅而附而事之者沮遏　大策之麟漢也仰而友之者譸張妖言之相簡也所參者剪除宮官之邪謀與非議重臣之悖說也所不參者中外同

憂跛躃咸造之　聽政大朝會也有一於此在法罔赦而況於兼有數者乎　聖教有曰自在桂坊已知陰鷙狠子野心固莫逃於　明睿之照矣且臣聞之觀遠臣必以所主誅亂逆先治其黨觀乎麟簡則敬彬之罪可知誅麟簡而不治敬彬豈春秋之義哉

明義録卷二

自丙申六月丙寅至丁酉四月甲辰

六月丙寅李善海伏誅

問善海以徐命善疏爲　宗社大計汝抑何心腸敢以陰慘二字肆然筆之於書乎善海供果是臣之書而其時不得見其疏故不知事狀而有是書矣問書中既有下語陰慘之語若不見其疏何知其下語之陰慘與否而手書此二字乎供見朝紙故知之而不知裏面故有此語矣問二字凶言汝既親自書之此爲汝斷案斯速遲晚供以犯上不道遲晚矣結案正刑籍產如法○鞫李福海問徐命善疏爲　宗社大計汝獨何心敢逞罔測之論同議同情之人今已綻露無餘雖欲隱諱得乎福海供徐命善疏初則不知其爲好而全未聞　朝廷上所聞只聞少論欲殺老論之說矣問其說聞於何處汝有及第之子豈無往來處乎供臣之子自謫還只往見洪相簡矣問自昨年汝輩眞贓已露而昨與守卒酬酢之事亦已現捉何敢欺隱乎仍出示善

海結案及其凶書供臣弟不知曲折以徐命善爲非而有此書臣亦泛然見之矣問如此凶書何可藏之篋笥乎供以同情遲晚矣問尹若淵之疏汝以爲如何供若淵初不知面不過以麟漢食客知之矣問汝何以知之乎供人皆曰如此而麟漢以若淵爲玉堂故若淵疏出云矣若淵以武將之孫得爲玉堂與麟漢爲死生之交推此可知而麟漢與若淵之叔又親切故每事皆議於麟漢云矣　傳旨福海之罪可勝誅哉有弟善海有子敬彬弟若子之凶謀亂言若是狼藉其敢曰在家不知重臣之疏爲　宗社大計苟非有莽操懿温之心者孰敢有戕害此人之計而渠弟則以凶惡之說肆然抵書於渠渠子則以剪除羽翼之謀瀾漫綢繆於相簡輩渠則以少論欲殺老論之說掇拾渠黨中稚少之陰計可謂百罪俱發擬以邦憲難保首領不但年過七十聽言觀貌決非平人何必深誅子弟之罪雖不告官以渠供觀之甘爲同情則知情之律焉可免乎按律文亂言犯上之知情

為減一等福海杖一百流三千里遂配甲山府

臣等謹按善海以凶譎之性有醜戾之行與其兄福海及其姪敬彬議論回邪舉止狂悖人皆指目自麟漢用事以後憑恃姻婭而諂附之如奴事主又交結相簡恒烈往來謀議為麟漢私人者久矣 先大王命我 殿下 代聽國政而麟漢乃敢沮之於是重臣抗章斥麟漢辭嚴義正 先大王召見奬諭既五日而 大策成中外清明而善海貽兄之書謂之陰慘抑何心哉蓋善海附麗麟漢惟恐逆黨之失勢故深恚重臣陳疏而發此不道之言可勝痛哉可勝痛哉

閔恒烈伏誅

問恒烈以徐命善疏即 宗社大計若有謀害此人者則乃是 宗社之賊而此猶緩也至於左承旨洪國榮自在宮僚保護上躬有隻手擎天之功凡為戕害此人之計者乃是剪除羽翼之凶心即昨以後無他倚仗之戚屬國家之孤危懍然寒心惟此一介臣是倚是仗而必欲戕殺而後已其心所在將至於何境綢繆謀議為計益急窮凶心腸路人所知今則諸賊之招情節綻露從實直告恒烈供嘗謂洪麟漢三不必知之言與韓翼謩無足憂之意同而洪國榮為宮官時人或有說故臣亦同為如何之言矣問宮闈之間通聲息者即汝也洪相簡之文書已有汝名字尹若淵之招又云汝同情汝之情跡已盡綻露焉敢欺隱供 下教既洞燭何敢發明洪相簡尹若淵果與相親矣問汝以定州安岳之越黜公傳怨詈之說此是 先朝下教代黜則汝何敢以此怨國家乎供臣於洪國榮動於他人之浮議向國榮有如何之言矣相簡以謂因此而 越黜故臣亦以為吾與洪國榮不好故必 越黜而果以此到處唱說矣問癸巳八月十二日夜對後汝與相簡酬酢於春坊以至還為流入於宮闈汝幾處唱說乎供臣果言之未知幾處唱說而一處唱說則次次傳說而然矣自知無識自知死罪

併當遲晩矣問汝於大罪既承服不必更問
而徐命善疏後汝之徒黨以聽政為如何耶
商輅貽書趾海云機關陰秘景像危怕汝與
相簡酬酢之時必有此等說其直告供果有
如此如彼之言矣問如此如彼之議直招可
也供言議之間嘗以為麟漢未必為逆賊矣
上命書傳旨使恒烈聽之曰徐命善之疏
今日臣子固當同然一辭無復異議而汝等
之促膝聚首聯襟執袂公傳不道之言互說
罔測之謀綢繆於家室之內往復於書札之

間是可忍也孰不可忍也異議於聽政者非
不曰逆而比之關係上躬之事猶是緩且漫
也不可不一番明諭使汝不為不知義理之
鬼國家向在春宮釁孽之徒梟獍之種日夜
潛伺左右陰探着即是剪除儲君之羽翼眩
惑儲君之心志以故凡係近侍僕御以及掖
庭賤隷盡布渠輩之腹心爪牙國家一言動
一語默無不閒知當此時也國家之不得解
衣而寢者亦不知幾許月則儲宮之孤危如
何國勢之艱難如何可謂岌岌乎殆哉特賴

一宮僚之保護儲宮國家得至有今日凡為
戕害此人之計者乃是剪除羽翼之凶心以
故及至聽政之後奸謀愈急喚出妖雲以為
翻覆之計渠輩以為春間　瘮候少差之時
密奏雲書則　臨門之舉可以唾掌而待噫
嘻是何心也渠輩又以為宮官之溫室樹査
問則事可濟矣噫嘻從古歷代逮治東宮官
僚是何時也則渠輩所以排謀設計者果是
何事以此經營至臘月二十一日內以盛饌
進之外以雲書投之渠輩又以為以今日試

事觀之　聖候之不難於臨門可知也何幸
天祐宗國　聖鑑照燭妖雲之奸計未售而
討賊之公議乃行即阼之後當日伺釁之輩
并在掃除之中以竄以配又或有抵以死罪
者惟彼伺釁輩戚里半在其中所謂戚里無
非角立於國家讎怨於國家之人則窮寇之
計何所不至我國戚里雖曰與同休戚在今
日則無可言宮闈之間又無可以保護者今
日廷臣孰能知之於此每不欲索言至於汝
與相簡入直春坊之日盃酒間不敢言之說

流自汝徒之口至徹國家之聽只此一款諸
臣雖皆不知汝輩獨知之則宮闈之懍然不
待國家之提教而知之咸里之間無藩屏國
家之人宮闈之中無保佑國家之人其孤危
懍然又非前日之比自在東宮以至今日竭
心保護者只是一介臣則必欲戕害而後已
其心所在行路所知諸賊之指情節綻露無
餘根柢既固揣摩且久其所兆眹始於潛德
之時外面驟看與本事似不相關若其權輿
從一串中來毋論某事某言汝等所為汝等

不知乎儲君之於臣僚亦有君臣之義以人
臣而蔑分於儲君者可謂純臣乎於敵之間
尚有善則稱人過則歸己之義況乎君臣之
分乎養德春宮朝夕講討者不過經史何干
於渠輩而做出許多浮言煽動傳說豈非汝
等之斷案乎汝徒凶謀不從汝徒而流入則
國家何以知之宮官設有無狀之人或有無
狀之說國家初不答之則安有酬酢之言乎
然則宮官雖無狀儲君之不能潛德可知而
設若汝徒之浮言潛德之地果有可憂之事

固當仰屋竊歎何敢傳之徒黨傳之宮闈欲
驅宮官而反逼儲宮汝輩牢籠國家之說把
持國家之罪不可以一筆書以汝浮言中至
細至微之事言之其時政望　落點即代點
之時則汝以定州安岳之　越點公傳怨詈
之說至曰云云此在汝雖是踈節汝說道之
處其可欺乎千罪萬惡纏在汝身有一於此
難逭邦憲況此亘古今所無之罪惡乎恒烈
遂以亂言犯上結案正刑籍産如法
臣等謹按恒烈以文貞文忠之孫無文而

濫第自以名家子謂仕宦當無與已爭先
者既銳意進取而又見洪氏執國柄遂以
洪氏為依歸而與相簡為密友相簡以洪
氏之人憑結厚謙而患地輕無以自立既
得恒烈為重聲援益廣恒烈之詿誤陷溺
由是益深凡凶徒逆黨之為洪氏若厚謙
腹心爪牙謂　國家可抗謂　代聽可沮
者無不打成一團則於是恒烈不待日出
入厚謙之門而居然為厚謙之人矣是時
洪氏倡為保護　東宮之說以攻已者為

不利東宮（時凶徒流言曰洪氏不安則東宮不安凡爲救洪之論者皆不利於東宮者是書輝復生云）其計將以網打善類誑惑人心恒烈見此說者若可以眩亂事情庶幾自解其附麗洪氏之譏則其心益無所顧憚矣於是乎爲洪氏脅　儲宮則大北之說進由匪道求進用則已已之說作已而皆不得售則自知罪重益堅附賊之謀遂至於蓄憾　儲宮仇視宮僚晨夜綢繆譸張浮言以爲剪除危逼之計者又與麟漢厚謙異身而同腸矣吁亦凶矣嗚

明義錄卷二　九

呼世教既衰法家先敗失身權門覆墜舊業者比比有之噫故家大族者國之所恃以爲國也而乃如此寧不痛哉書曰世祿之家鮮克由禮禮之不由至於從逆此可以觀世變焉且夫權奸之柄國也蓋已驅一世而入其籠絡矣又或有一種人文飾義理皷倡邪說陽擠陰扶匿形迹而通聲氣此其爲世道之害又非委身服事者比也其傳法之地密相付受言議之所漸染精神之所灌輸不自覺其換易心腸矣原

夫此輩所以捐廉恥戰公議抱持賊邊死不肯舍去者是其睥睨指畫自以謂占萬世泰山磐石之安耳豈料　大聖人所作爲出尋常萬萬窩窟掀破萬事瓦裂鄙之所圖利適足爲賈害之資若是之亟哉彼世之工於計較趨避者亦可以少戒也夫昔孔子論鄙夫之害曰苟患失之無所不至而朱子釋之直推到弒逆然後已聖人之言豈過也哉臣謂厚麟之爲逆也易知而恒烈之爲逆也難見故不可以不辨

明義錄卷二　十

鞫李商輅承款徑斃

問商輅以昨年聽政之後汝於麟漢等聲罪致討之時或曰所遭罔測或曰機關陰秘至以景像危怕風色不佳脾胃不定等語肆然筆之於書此等凶言即書輝之所不敢道汝何心腸有此不道之言見捉書札出示於汝此非汝手自書者乎商輅供臣不知何爲而作此札萬死無惜矣問其時以聽政謂之機關陰秘者汝之徒黨恒茶飯說道故至於筆之於書少無顧忌一一直告供天奪其魄至

有此書只願速死而已問汝書中以為台則方在外任有何福力云以在外為福力其意何在供既是覩查故有此語矣問何事為機關何事為陰秘供臣既書四字當以犯上遲晚矣凡刑三次物故兩司　啓商輅書札指意陰慘語脉凶悖渠既以手書遲晚宜施孥籍之典　從之俄而特　下傳教曰法者天下平也雖以人君之尊不可有所低仰是以斷死罪未死而必捧結案既死而必準律文者即我朝四百年不易之常典也向者一罪

囚之援用東鼎之例雖出於一時嚴懲討之意此豈法者天下平之義乎自今以後未結案而用逆律者身已死而追施孥籍者結案於次律而請加極律者一併除之又　命慶分之在於　先朝者外一並依此受教施行於是只　命散配諸子

臣等謹按商輅即麟漢之血黨而趾海之死友也當重臣之討罪麟漢也抵書趾海有凶悖之說噫　先大王為　宗社命代聽　辭旨惻怛　授受光明而輅乃陰懷異志謂天地可謾謂日月可翳敢曰機關陰秘重臣之疏出而亂萌始折危機底定四百年　宗國得有磐泰之安則輅反恚嫉敢曰景像危怕至若風色不佳脾胃難定云者亦由於兇慝咈菀即此而可知其撑膓拄腹者都是逆心也盖其凶情之所綢繆陰謀之所濡染不滿　大策必欲角勝故發於心形於言而筆之於書者若是其窮凶絶悖噫嘻痛矣昔者　景廟命先大王代理而諸賊煽誣恣為譸張今

輅之狠逆不道殆有浮焉可勝誅哉

鞫洪趾海承款

問趾海以汝家文書中有一書札聽政時以領左相所遭罔測機關陰秘景像危怕風色不佳脾胃難定等說肆然措語作書者之陰凶叵測固不可盡說而汝若非平日同一心膓者渠何敢以此等說登之於往復書札汝於覽此之後苟有一分人心何敢泛然看過留置於書篋中乎即此一事汝之不滿聽政昭不可掩矣趾海供臣見其書欲毁棄而未

爻矣問汝與彼類同一心腹固嘗知之而何為以徐命善之疏謂有機關耶汝常時與洪麟漢同一心腹聽政後麟漢欲與汝為機關之事而汝之答狀方在此汝與麟漢有大於此之罪固已洞燭而今以機關二字先為發問其直告供答狀中以機關為言是臣自陷死罪臣以人事無心之故書之矣問汝雖云人事無心汝何敢書機關字乎供機關本是有妙理之謂也　聽政謂之機關罪合萬死而與凶漢連家相親且在遠不知有何事而

然矣問商輅書中不但書以機關且書陰秘二字汝必知其裏面故有答狀聽政之後汝又抵書於商輅以為風波無已時云此是何許風波也供此乃朝廷風波頻數故書之矣問聽政國家大慶而敢發此等說汝雖泛然看過難免知情之律況汝書又有機關二字何以發明乎供見其書不為告變而留置其書當以知情不告遲晚矣問麟漢胷中汝為第一欲以為相徐命善一隊將欲一網打盡而　先大王洞燭不得售其計而其罪與麟漢同且商輅以如此陰慘之書有所往復則是商輅知汝心故有此書而汝乃視若尋常商輅猶屬汝之卒徒汝是魁首此為同情豈但為知情乎供若同情則豈不以同情遲晚乎以知情不告遲晚矣問汝之上京後必有酬酢之人其直告供上京後申大年來見故臣以為麟漢何不奉承云則大年以為畏㤼而然矣除非厚謙黨外豈有不滿　聽政之人云矣問機關之說比之囚人南間之言十倍凶慘汝黨中必多有此類何不直陳昨日

文書中所捉之姓名汝其直告金仲佑誰也供金相翊也問相翊有何酬酢乎供外哭班與之逢着則以為養厚欲附洪氏生事而不得云矣且聞於尹象厚則徐命善疏後有徐門復出宗厦之說云矣拿鞫尹象厚以宗厦之說與趾海面質後刑一次放歸田里　傳旨趾海受國厚恩位躋正卿凡於忠逆義理尤當切嚴而聚會凶徒主張凶論不但與之綢繆於言論之間亦且肆然往復於書札之中究厥心腹行路所知聽政前有與人之書

至以儲宮事有陰慘酬酢已是死罪況於聽政後商輅抵書於渠聽政之疏曰以機關陰秘聽政之事曰以景色危怕又以為風色不佳脾胃難定其他凶言逆說有不可汚口此乃耉輝鏡夢之所不敢道者商輅之書已極凶惡趾海之答尤豈不萬萬凶惡乎茍有一分人心是豈泛然看過者而渠亦以此等語答之留置書篋視若尋常句語即此一事趾海不滿聽政之心昭不可掩為人臣子有此腸肚已難容置於覆載間而此猶不足御極

後徐門復出宗厦等說與人酬酢凡此罪犯渠既箇箇遲晩所當斷以三尺此等凶說相箇即是窩主而趾海亦一癡騃之物在法有可恕之道原情有可矜之端參酌決折不害為惟輕之典既施一次之刑趾海減死定配配穩城府後移楸子島栫棘◯鞫洪纘海問徐命善䟽即　宗社大計以耉輝鏡夢所不敢道者至有作書於汝兄者既已綻露正法則汝等逆情今無可言而至於左承旨洪國榮自在宮僚當岌嶪之時有隻手擎天之功

而欲為戕害者是剪除羽翼之心況即阼以後孤危懍然又非前日之比惟此一介臣是倚是仗而必欲戕殺而後已且國家潛德春宮時汝與若淵輩叵測情節盡露於諸囚之招雖欲發明得乎纘海供狀殺宮僚及胥動浮言等事未嘗發口又無與若淵恒烈相親酬酢之事而臣姪相簡則與若淵恒烈果相親矣問以凶言作書於汝兄者汝知之乎供似是李商輅矣問汝兄弟見書以為如何供似以為徐命善之䟽非出於忠赤矣問見其

書而不為驚心痛骨視若恒茶飯汝心所在可知非特商輅汝之徒黨之心皆如此故尋常看過矣供臣所見者似是未快之語矣問如此凶書見之而只認以未快豈非逆竪乎汝之聲音勃慢尤極無嚴矣不但商輅之往復凶書汝兄還京後以此等語瀾漫酬酢汝兄已以知情不告納供無隱直告仍出示商輅凶札問何句節為凶語乎供見之則一句節果凶矣問今始知其為凶書乎俄以未快為對者何也供死外無他道矣問汝以一句

節為凶云以何句節為凶乎供景像危怕云者為凶言矣問國家聽政何為而有機關何為而難定脾胃乎此等處尋常看過俄既以未快納供今但以一句節為凶豈非逆乎以同情遲晩供俄者只見一句節未及詳見而更思之則機關二字亦凶矣見其書而不即告為知情遲晩矣問豈可尋常遲晩問汝以三層說一則商輅書札事二則洪國榮戕殺事三則國家在春宮時煽動浮言事也弁即遲晩供當為遲晩矣　傳旨纘海毋論本罪

之輕重商輅之輩凶言凶書不知其為凶又於帳殿出示凶書之後其所納供大體一般渠亦有秉彝此何心腸又況納供之時其所發惡尤極凶獰畢竟渠亦遲晩而相箇既為魁首方欲擬律特以曠蕩之典纘海加刑一次絶島減死定配配黑山島後移濟州牧兩司　啓商輅善海書札中凶言悖說實是亘古所無之逆節而趾海纘海之瀾漫同情渠既自服宜快施當律尹象厚宗厦復出之說既面質見屈則渠自做也況渠以養厚之兄

同惡相濟宜絶島定配弁　不允

臣等謹按趾海貌似癡騃心實陰譎挾妖子相箇而其惡共濟仗死友養厚而唯利是趍聚私黨而團成部落做浮言而誑惑視聽推賊麟外為窩主結逆厚內通奧援左右鑽刺路逕多歧晝夜綢繆情迹叵測以至腴藩之必占台府之力薦而極矣以
先大王門生座主之教觀之鬼蜮情狀已莫逃於日月之下矣及夫妖子之邪謀既綻死友之凶圖益急則血視秉義之宮

僚與之角立背馳　代聽之國是必欲力沮於是乎厚麟兩賊表裏交煽排布愈密麟漢網打之計決則推引益急商輅往復之書出則真贓畢露噫嘻痛矣惟我　聖祖以倦勤之年齡　宗社之計代攝機務之　命何等光明正大而逆輅之札曰以機關則趾海之書亦曰機關逆輅之札曰以風色則趾海之書亦曰風波邦家　授受之大策歸之機關重臣忠憤之一疏謂之風波則是趾海亦一商輅也噫趾海之

許多罪惡固不勝誅而即此輸欵為渠斷
案至若纘海之　帳殿肆惡聲氣凶悖真
所謂難為兄難為弟也
丁卯出掖屬七十餘人付有司處之
臣等謹按自古貴戚權倖不欲一日無私
人乎其君之側盖為伺其奥也抵其隙也
防其患也今此七十餘人即厚麟諸賊之
私人也噫彼諸賊布植此輩於禁密之地
内覘外煽譸張誑惑以蔽　令聞以售陰
圖者皆此輩為之偵也夫諸賊貴戚也其

言易信於外朝此輩掖屬也其勢易誣於
閭巷其表裏相和以為上下俱惑之計者
誠亦巧且凶矣乃者賊黨始鋤餘醜并除
宮闈肅清　威明赫然猗歟盛矣而向
日諸賊之寔繁其徒排布之廣機謀之密
從可知已至今追思寧不懍然
己巳大臣率百官請誅洪麟漢鄭厚謙
初三司以厚謙之梼楝其母之出第不過薄
勘請并依律麟漢罪犯不可編配而止請移
絕島交章迭争連日不止及若淵就鞫　教

曰麟漢尚置善地故如若淵輩視若尋常敢
為營護礪山府竄配罪人麟漢古今島梼楝
於是自重臣以至武蔭儒生皆上章請討重
臣等疏有曰麟漢攀援邪逕兜攬權勢　先
大王関歲靜攝百僚焦憂而麟漢則暗喜其
乘時恣臆我　殿下養德儲宮萬姓延頸而
麟漢則深忌其　聰明有臨　宮闈之間大
策已决而佯若不聞敢以三不必知之說容
易發口肆然沮遏末乃挾逆謙之凶熖倡妖
雲之凶書疑亂煽動於　授受光明之際近

地薄竄適足以長其怨狠之心而部落徒黨
之失志怏怏者自成窩窟偶語羣聚惟思初
政之誹訕仰視俯畫必欲　宗國之殄覆始
也屋下之躡咕終焉紙上之贊薄至於若淵
妖疏而極矣其餘凶邪之次第就捕未及究
勘者要皆麟漢圈柙中物噫彼麟漢逆節昭
著大勢既傾而得其死力乃能如此則吁亦
可怕也已乃若厚謙亦一天生劇賊而與麟
漢一而二二而一也則使厚謙至今偃息於
地上顧何以熄亂逆而靖世道我伏乞亟誅

兩賊使　宗社奠安亂逆知懼　上不允至
是時原任大臣率百官庭　啓論麟漢厚謙
十二罪前後凡九　啓三司又連陳　啓劉
猶　不允
七月庚午兩司請拿鞫尹養厚尹泰淵
養厚始配海南縣後移巨濟府泰淵始配機
張縣移蝟島又移濟州牧并栫棘至是憲府
啓養厚之於厚賊締結綢繆之狀到今益
彰著宜令　王府拿鞫嚴問諫院　啓泰淵
本以凶猾之性素畜跋扈之志交結厚麟作

明義錄卷二　二十一

為腹心爪牙身帶將兵之任晝夜出沒於厚
麟之家蹤跡陰秘為世指目以今著淵護逆
之計觀之陰護麟漢即曲為泰淵之地其陰
謀綢繆之狀不可不究覈宜嚴鞫得情并
不允
癸酉　下綸音諭八方○賜洪麟漢鄭厚謙死
是日時原任大臣卿宰暨三司求　對請誅
麟漢厚謙　上曰外人豈知宮中之事乎綸
音姑舉其槩而罪惡不但止此則非謂其無
罪也亦非為外戚而有所顧惜也特有所恩

故耳對曰昨日　批答以議親為　教周公
之殺管蔡不拘於議親　殿下何可遲疑於
此賊乎　上曰渠雖無狀既經大官當商量
處之諸臣齊聲奏曰雖　綸音前厥罪當誅
況　綸音後畢露無餘則雖半刻豈可容貸
乎　上曰綸音今日始頒昭布耳目然後更
當下教矣諸臣齊聲奏曰百官軍民皆已知
之斯豈非昭布耳目乎　上猶不許是夜大
臣復入　侍　上曰予每欲處分而惟恐
慈宮之不安今日以此悶然之意仰稟則

明義錄卷二　二十二

慈宮教以私恩雖重不可伸王法至嚴不可
屈庭籲臺啓累日相持何必顧余不安而俾
損國體乎承此　德音予志大定今當處分
矣　傳旨洞諭綸音昭布罪惡公法不可屈
輿論不可遏古今島栫棘罪人麟漢慶源府
栫棘罪人厚謙並賜死三司　啓厚謙母子
前後聲討已盡其窮凶極惡之罪而其內外
相應排布經營潛售凶圖危逼　聖躬者莫
非其母為之窩主厚謙雖　命置法其母尚
逭　王章請厚謙母依律處斷又　啓請厚

麟兩賊快施顯戮仍舉孥籍之典並 不允
其後有未結案未正法者依國典勿為孥籍
之 教三司之 啓遂停只 命散配麟漢
諸子
臣等謹按麟漢之眼無 儲君所由來漸
矣貴戚之於國家志得則易縱其慾勢逼
則易逞其凶顚擅之鳳跋扈之冀古亦有
之而豈有若麟漢者哉盖洪氏地近而任
專心無所顧畏至使朝士大夫皆欲出乎
其門黜陟與奪皆欲歸其掌握以驅使一

世者自是伎倆而麟漢繼其兄而作相性
猾濫且無識其地處則實籍其兄其威權
則欲專乎已以至骨肉之間猜克爭奪則
其所移之以事君者可知也大抵渠輩之
憑恃作用者以外戚也則度以常情延頸
願戴宜別於人而惟其所耽者勢利也所
欲者顚恣也夫小人者繇古及今不欲其
為君者之賢且明苟賢且明矣則妨於已
故也噫彼麟漢托肺腑之親席父兄之勢
內而厚護毋子為之奥援外而養厚趾海

為之死黨渠乃嵬然中處假托保護 東
宮之說煽一世靡然凡有作為順指氣使
無求不獲而獨奈我 殿下英睿天縱明
有以燭其奸威有以制其強將不得以恣
其胷臆則此麟漢之所素忌也然而慢君
之心有難卒革戚屬之尊猶自妄居乃敢
憑奥援之力挾死黨之勢所以恐喝之威
脅之無復有人臣禮而畢竟莫售其計秪
增其罪則自念勢成威立足以有為於外
而技窮釁積實無可恃於 上於是乎疑

惻之心生角立之形成而遂與 儲宮為
敵矣嗚呼乙未秋冬間是何等時也 先
大王玉候日益沈綴 特命我 殿下代
聽庶政是誠 國家之大計 列朝之彝
典也方其時台大臣入 臥內敷心懇諭
丁寧惻怛有足以貫金石孚豚魚而麟漢
挺身獨前敢以三不必知之說肆然沮遏
至以予之事業其將不得傳我孫為 教
慷慨叩楹 辭旨嚴正而彼麟漢者猶悍
然不動 慈宮以書諭之亦復牢拒噫是

可忍歟先知　聖意之所在則率僚而徑出以沮　俯詢之路及夫　成命之旣降則越次而前遮以防坐後之聽甚至於尼承宣而勿書　傳旨喚史臣而不錄　筵諾其陰蓄異志顯逞手勢者已不容誅而妖雲逆淵次第迭出剪除羽翼之計飜覆成命之謀一節深於一節吁其殆矣盖代聽大策卽我四百年　宗祐安危之所關八域臣民歡慶之所同而渠輩禍福成敗之機亦於是判矣故羣凶併力抵死

爭抗謀所以沮格危動者靡所不至其得有今日豈非天也嗚呼昔在辛丑　景廟有疾四大臣建請　先大王代理時耉輝之徒相與譁　聖疾而讎　代理此耉輝之徒所以爲千古凶逆也雖以麟漢之凶在平日亦豈不知此義理而不惟躬蹈其惡若相傳法其所以醞釀排布者又是耉輝之所未有也噫嘻痛矣始而患得患失中而自疑自㤼終焉仇視角勝至於剷逆大慝而後已者其豈無所自而然哉○厚謙者本一海曲寒賤兒時和緩主取而子之性狡黠薄有才與其母皆爲　先大王所愛然　先大王終不以愛故假厚謙淸要且戒厚謙毋妄交人而厚謙猶藉母勢市權于外先是洪氏久竊朝柄以黜陟朝士大夫之附己不附己朝士大夫靡然歸嚮之未有不出入洪氏之門而得爲仕宦者一朝見厚謙勢盛雖洪氏亦畏之遂以事洪氏者事厚謙不敢置輕重其間厚謙見朝廷士大夫旣如此矣猶慮夫世之持

淸議者不與也往往上疏言時事曲收名譽又心忌洪氏謂攻洪氏爲可以悅人心乃顯言攻洪氏於是向之不附洪氏者亦或不肯深斥厚謙而士流之知其情者益惡之厚謙知士流終不與己也遂復專意洪氏而益張威福以籠絡一世於是自大臣以下凡有進退人物必先問厚謙意可不可人皆惴惴無敢出一言者厚謙意益驕遂謂擧一世更無與己相難者所未知者惟　東宮視己爲何如又懼其平生本

末與暗地作用獨被　東宮所燭破其所
以誘之使不得不從脅之使不敢少違者
其術百端而其計卒不得售則遂與其毋
及麟漢諸賊內外合勢而逆謀成矣始也
布私人而伺察　言動造蜚語而誣惑視
聽終焉顯試剪除羽翼之計陰主翻覆
大策之謀者靡極不用而雖至言辭禮數
之際亦不復以人臣自處矣此從古凶逆
之所未有也迹其罪犯雖施以肆市之典
未足以當其罪而　聖朝寬仁律止　賜

死一國神人之憤庸有旣乎嗚呼當乙未
秋冬之間　先大王玉候日臻惟幾　代
聽之議久不時決而獨厚謙毋子頻出入
　上臥內國人疑之于斯時也倘非我
先大王日月之明風霆之決則國其如何
　國運之靈長與天地同其悠久者斯可
以卜之矣雖有厚謙百千輩其如天何哉

辛卯沈翔雲伏誅

翔雲始竄黑山島後移濟州牧臺啓連請拿
鞫至是　允之問翔雲汝以逆孽之裔亂倫
之徒蟲附匪類主視父事日夜所以經營排
布者罔非至奸至妖凶國禍家之事而前冬
凶書殆同急書精神所注專在於右袒徒黨
欲試冒聽之謀剪除羽翼欲售危逼之計以
紹述益昌挾逆宦助賊者之餘習其時重臣
之疏亶出於爲國忠赤則宮官之沈默與不
沈默畏愼與不畏愼何預於其間乃敢以溫
室樹等語肆然筆之於書不少顧忌以爲網
打宮僚動搖貳極之計溫室樹果指何事而
何人指使設令所傳之宮僚親自陳疏爲

先朝之分勞痛賊臣之濁亂是豈歸於諂佞
乎其時國家上疏便同已徹使宮官草之宮
官雖出而言之豈爲溫室樹乎汝之主視父
事者誰也溫室樹之說聞於何處翔雲供臣
常時厚謙洪樂任家外無往來處而溫室樹
事言於洪樂任家　書筵酬酢等語聞於領
府事矣問所聞何語耶書筵說話亦必有從
他流聞者並直告供如謄書細微之事亦聞
之矣問汝聞於何處供聞於洪樂任矣問洪
樂任外他無相親者則以汝釁孽之徒何能

如彼拔身乎汝豈不以厚謙為堦欲圖彌善
而轉閒於國家乎向國家奇奇恠恠之說無
非汝輩之所做出張志恒金鍾秀事云云之
說亦豈非汝徒黨之言乎汝之逆案即温室
樹語而汝必有閒慶弁直告供徐命善疏後
宮官傳於重臣之委折果聞之厚謙以為鄭
民始言於徐命善云矣問汝往厚謙家聞何
說汝只知厚謙不知他人乎供厚謙家尹養
厚尹泰淵往来矣問聽政何等大義理而為
厚謙為此上書寧甘得罪於國家則於汝必

明義錄卷二　二十九

有大利故為之宮官雖或傳言於重臣汝豈
忍謂以自上使之上疏乎供宮官若忍之則
好故不能慎默之失臣果言之矣問重臣之
疏汝輩以為如何供厚謙曰此疏必欲殺人
而為之人皆由此疏死矣臣答曰一大臣則
可死令監豈必死乎厚謙曰徐命善欺我而
上疏豈不凶乎吾則親洪家故必死矣問與
厚謙酬酢之說直告供臣上書後一本送厚
謙厚謙曰執事則以為忠而彼人則必以為
小人僥倖云矣與洪樂任厚謙又有所酬酢

若問於洪樂任則可以知之問厚謙危逼之
言一一直告供往洪樂任家則尹養厚在坐
樂任曰大臣之言出於無情而徐命善歸之
於用意必欲殺人而然矣尹養厚曰徐命善
疏後　闕中事實無路知之云矣問汝之徒
黨豈不知宮中之事而謂之不知乎其時巡
邏少嚴則謂予微行故查得一人則乃厚謙
之人故只施為奴之典矣其後以絶悖不道
之說真諺為書潜投於宮中且惡宮官而飛
語無所不至又謂奪武士之驄帽互相唱和

明義錄卷二　三一

以為機關而狼藉傳說[illegible]捕廳捉治矣其後
汝所云温室樹之說[illegible]言之出於汝徒
黨可知且舉世皆附於渠輩而獨宮官不附
故必欲除去此豈非危逼之計乎汝雖不為
上書必無不知之理况為此書者乎汝之上
書專為僥倖死中既料其生道而為之則料
其不死者必有裏面委折從實直告供果因
厚謙之指使而為之以此承欵矣問汝與厚
謙酬酢之說温室樹之所以然終不直告乎
供臣心則以為　書筵說話不當言於人也

問書筵說話何所謂耶供 殿下以麟漢為不忠憾之而欲上䟽之意宮官出而言之之謂也問汝從何聞之供聞於洪樂任而安大濟來見臣亦有自 上憾之之言矣翔雲大濟面質翔雲曰 小朝憾之之說自國洞出而汝亦不言之乎大濟曰汝何陷人耶翔雲曰汝豈不言久則自然知之云乎大濟曰吾果為此言矣問翔雲汝輩以為重臣之䟽自上使之為之而如是傳說乎翔雲供臣聞殿下憾之故宮官出言於徐命善而使之上

䟽云矣問聽政不滿猶屬餘事汝之上書其意止於上書乎汝之為逆有五條罪一曰上書中溫室樹事也二曰寧得罪於儲君不敢違其指使者專出於僥倖之心也三曰先上書而後翻覆之計也（事見卷首即凶徒先除宮僚次圖復政之計也）四曰符同逆類做出奇奇怪怪之訛言也五曰設使宮官傳言而重臣陳䟽此是 宗社莫重之大計則何敢謄諸章奏以為戕害宮官危動國本之地也今此五條為汝斷案一一逐條遲晩供五條中二條知之三條不能詳知矣問汝無不知之理第三條上書後事汝知之乎供果知之即翻覆事矣問汝既以知翻覆事納招則其他條件萬無不知之理更為直告供臣果知之矣問汝既以五條自服不但溫室樹之言汝之上書出於翻覆之計此不為逆賊乎供以溫室樹侵斥宮官意在於犯 上其時上書果是厚賊之指使蓋厚賊嫉徐命善以為徐命善間宮官之言而上䟽乃使臣論徐命善而不能直斥徐命善以溫室樹移斥宮官以為除去羽翼之計者

此果厚賊之所指使矣以犯 上不道結案正刑籍産如法○安大濟放逐鄉里憲府啓請更鞫 不允

臣等謹按翔雲天生一妖孽也憸邪巧慝無所不為逆昌之孫為其祖則嫌其累及囑時相而易之此人倫之大變萬世之逆子也自是以後渠亦自知不容於世遂投身於厚麟之門結其腸肚為其爪牙指天畫地所謀者禍事也前唱後和所做者訛言也附耳日夜惟僥倖是覬及夫 代聽

之大策既成沮遏之陰圖莫售則此賊之凶書遂出矣噫嘻痛矣其計至憯毒而其辭則隱睽也寂其精神機括專在於温室樹三字欲以戕害宮僚危逼　儲君惟此語也欲以眩惑　天聽翻覆大策亦此語也排布益密揣摩至巧而畢竟凶肚逆節狼藉於五條結案之中噫升本之猱教者伊誰厚麟之逆以翔雲而益彰矣

十二月己亥鞫尹養厚承欵徑斃

臺啓連請拿鞫至是　允之問養厚以汝締

結厚麟濁亂世道之罪猶屬細故鼎冬代聽之命乃是　宗社大計陳疏之徐命善汝欲嗾人而劾之囊貯疏草東西跳踉其計不售則暗與厚謙同謀做出妖雲以為翻覆之計者誠一天地間妖賊也聽政時汝與厚謙相對以為聽政是姑試之事　瘓候差勝則將如是云云以此二字（即復政二字）恐動一世厚謙已以此言入奏而汝又曰春和後　上候平復則李東模亦豈無死日乎汝之書札中有如許之說故亦已詳聞此三罪案遲晚可也養厚供常時以麟漢厚謙輩為戚畹故不知為逆而為其所欺以至此境當為遲晚而以此三罪案遲晚則自歸於大逆不道豈不難乎問汝之三大罪既皆出於厚謙之口春間瘓候之說即厚謙公傳道之者也汝與翔雲酬酢之凶言出於翔雲之招載在推案汝敢不遲晚乎供與翔雲果相遇於洪樂任家有所酬酢而　下教如此無辭發明當以亂言犯上遲晚矣問汝既遲晚則與麟漢厚謙沮戲聽政之凶謀其直招供臣與厚謙麟漢

果為親密沮戲　聽政之謀無不同參矣問汝既以與厚麟同謀之意遲晚則其同情節次直告供臣惟恐金氏之得志敢生沮戲之計矣問汝何敢以此等說漫漶納招乎供臣既為厚謙麟漢之爪牙故一從其意果為沮戲矣問其欲沮戲之心腸既已納招其所沮戲之委折斯速直告供徐命善疏後厚謙輩愈激深惡　聽政大計而必欲沮戲故臣亦同激而敢生沮戲之計徐命善常時以臣為麟漢爪牙而惡之故臣亦惡之且其疏以麟

漢為逆故臣以為太過轉輾猜激而有沮戲之心矣問汝抑何心腸以聽政為過乎供其時謂徐命善之疏出於利害故果欲攻斥矣問囊中疏草事從實直告供其時不知麟漢之為逆而見徐命善驅之於死地心有所憤言於親舊中矣問汝欲謀害國邊之人做出無根之說此等情節比諸三大罪案猶是細事故姑不盤問三件問目從速直告供指喉翔雲及做出不道之說當為遲晩矣凡刑四次物故大司諫金普淳疏言諸賊肯綮都在

養厚而不幸徑死根脉難究養厚雖斃而又有一養厚泰淵是也究問泰淵則養厚未吐之情節可得也請拿鞫　不從

臣等謹按養厚天地間索性妖慝之物耳姦竅只通於趍勢薄慧專用於利己清官美職苟可圖也雖悖倫斁紀之事亦不暇恤焉　先大王以日月之明知其為不祥之物前後館職屢靳　天點於是乎汲汲為内通幽陰之計侍厚謙如子弟事麟漢若奴僕晝出夜沒端倪莫窺側肩帖耳機關叵測其所以密勿綢繆者無非凶國害家之事而以其覆載間最難容者言之厚麟仇視　儲貳欲除羽翼甘心於盡忠之宫僚則養厚為之謀主家出萬金必欲戕殺厚麟不滿　代理百計沮戲甘心於陳疏之重臣則養厚為之謀主橐貯一疏東西喉人及其　聖斷赫然奸計莫售　代聽機務大策告成則受指厚謙募得妖雲敢呈凶疏以為翻覆之計末乃以不忍言之言肆然倡說恐動一世凡此閃倏情跡

夫孰非厚麟之倀鬼也哉鄙夫患失無所不至孔聖之訓弑父與君皆由患失朱子之解養厚之附麗權凶始則出於一身得失之患而炎炎燎原滔滔滔天畢竟國家之禍幾乎難言聖賢之教不我欺也惟其頑忍徑斃邦刑未正不亦痛哉○泰淵特一蹹注之賤也以狡黠之性習孤媚之術狎附厚麟作為腹心則凡厚麟圈柙中人皆其死黨而於養厚則直是異身而同腸時人至謂之文武尹每厚麟養厚聚首議

事泰淵未嘗不在其間也時泰淵方掌御營兵每夜騎驢屏騶出沒戚里禁臠之家蹤跡詭秘人莫能測則厚麟輩凶謀陰計泰淵實為其機牙至如恒簡諸賊之於厚麟也其慫慂紹介如嫗詡溪如隸傳命者皆泰淵之為也況將任者國家安危之所注意而當賊勢張甚之日泰淵謀去宿將而身代之意慾未饜圖占元戎其經營排布之跡畢露於　先大王筵教之下噫從古亂逆之出未嘗不結納握兵權者以為

明義錄卷二　三十七

之用吁亦凶矣

今　上元年丁酉四月甲辰　命荐棘洪啓能于大靜縣

啓能陰譎凶慝為元惡巨魁而特以外託儒名之故久逭嚴討國人憤怒至是大司諫李義翊　啓論曰易曰開國承家小人勿用小人之情態不一有奸憸者有凶譎者奸憸易露其害速而少凶譎難測其害遲而大終至於禍人家國而後已今當　一新之會朝著清明鬼蜮之徒宜莫敢衒於　日月之下而乃有嘯聚凶徒文飾奸言如賊鏞者主張邪論熒惑羣工如載興者即前執義洪啓能是也啓能素有狂疾為士友所棄而歲月稍久所覩出力忽為抄選由是濫滑之習漸長狂易之疾益痼猖披縱恣無所不為強作不忍之行盜占虛譽肆為駛悖之論自許俊氣向來一種不逞之輩自知不容於士類則乃推啓能為窩主渠亦掀髯箕踞自謂莫我若也於是乎大北之論慫慂恒簡追崇之說時凶徒矯誣追崇睿旨以為他日將思悼世子云恐動儕流甚至於日

明義錄卷二　三十八

後國洞之世啓能為右相金相翊為鶴南即凶徒所稱厚謙祖鄭羽良也相簡為文衡之說喧傳世間流入　宮禁有耳皆聞無人不識　殿下亦嘗俯悉於向者濁亂之徒矣自乙未冬　聽政以後厚賊逆節益顯而其前氣勢頓長於李潭柬銓之日則潭是啓能私人也指揮牢籠惟意所欲麟賊之凶亦著於　聽政之初而麟賊所以恃而自肆者亦有啓能故也聲勢暗結於厚賊禍福相須於麟漢其綢繆之狀至於起舞而益難掩矣且其戾性天賦麤習

日長凡有自好之士不附之人無不攘臂詬
罵俚辱輒加見者側目聽者隱憂今則諸賊
既鋤未破者窩窟也大義既明未拔者根柢
也其在明國是定人心之道斷不容已請先
拔抄選削去仕版　上允之且　教曰予在
銅闈時以啓能之故見困於凶逆輩多矣不
但以凶論脅持而已凡為之推詡薦引者且
誘且喝牢籠操切使不得少有違越雖例頒
宮僚之物偶或不及於啓能則厚隣輩輒以
醴酒不設等說恐嚇脅逼至於　邸下無得

罪於啓能之說而極矣名以抄選之人苟係
微嗇薄過則愛護掩覆之可也忠逆關頭尚
可以抄選而貸之乎此　啓始發於今者可
見啓能之氣勢過於國家也已而兩司合辭
繼請荐棘絶島　上教曰啓能之罪惡豈止
於大北之說聽政之議亦豈止於樂禍之意
起舞之時則其所臚列不但草草況於前後
筵中予之為啓能所脅持所牢籠之意縷
縷　下教則執法之地固不當若是其泛論
殊極慨然然請律則加律依　啓

臣等謹按啓能家國洞隣漢兄弟以比隣
而最厚李潭以友婿而狎昵簡以近族而
密自少好為詭譎之行乖激之論盜竊虛
名濫通抄選朝士大夫權貴子弟亦多從
之遊者時洪氏專柄與士類成仇敵而獨
啓能樂為之用故乃推啓能為宗主啓能
遂傳會奸言鼓倡邪議剏出他日追崇之
說以恐動儕流引發恒簡大北之言以脅
持　上下前後宮賓如洪啓禧則顯誦其
悖論李潭則力薦其大用小小匪頒偶或
不及則厚隣輩輒引醴酒等說以恐嚇之

其所憑藉操切靡所不有於是啓能之聲
勢日益張大徒黨日益歸附隱然為逋逃
之淵藪凶徒每語必稱吾山林至曰國洞
之世啓能為右相金相翊為鶴南相簡為
文衡喧播誇張使之流入　宮闈及潭之
秉銓也啓能乘時增氣恣意指使與厚謙
聲援益密糾結益固辛壬之間善類擠盡
賊勢更熾則志得意滿雀躍而舞人之無
良胡至於斯凡逆徒之傳授凶論以為迫

脅貳極之計譸張浮言以為疑亂一世之術者無不倚啓能之名而為之籍重借啓能之口而使之誑惑操弄之說日進危逼之謀恣行此 聖明所以受困於凶徒者不勝其多而啓能情狀莫逃於 日月之下者也及相簡獄起相簡言言輒舉啓能 上教曰是乃向來凶徒以姓名日聞宮禁之洪啓能耶由是舉世始知啓能情跡之凶秘而懲討之論吁亦晚矣噫自古凶逆之徒欲禍人家國者罔不依附虛名之士文飾義理熒惑視聽故爾瞻倡凶

而仁弘斯推堅柟譸逆而賊鏞是托雖至德師戴翰之輩亦以戴與為窩主由其虛名足以匿奸威勢足以驅世故也今此諸賊之倚啓能為窩窟者直與爾瞻之推仁弘堅柟之托賊鏞同一心腸而至若龜張叵測之言慫慂不逞之徒 上逼下唱無所顧忌此又弘鏞諸賊之所未有也噫亦痛矣迺者臺言峻發 聖斷斯赫國是大明人彝克正斯豈非世道之幸耶方啓能

之欺世盜名也自以為巧於占利工於使權及其罪惡貫盈神人齊憤鬼蜮之蹤自綻鯨鯢之誅難逭則其平日費用機關者適足為自戕之階亦可以為世戒也夫

明義錄跋

昔孔子作春秋而亂賊懼是時王室微弱誅賞不行故孔子托之魯史以明大義立大法蓋不得已也洪惟我 國家 聖聖相承垂四百年運有平陂亂逆間作而既皆及時誅討用訖天威則宜若無待乎書矣世變無窮人心易惑巨室世族之讎 國家而誣 君父者往往始於聞見言議之差而終至為逆而後已噫由来之漸而辨之不可以不早詿誤之深而諭之不可以不明於是乎書不得不作而迷者以牖頑

者以格此勘亂錄闡義昭鑑所由作也嗚呼我殿下躬聖神之姿處冢適之位而不幸釁起戚里禍煽 宮省其所以表裏醞釀譸張幻惑有至難言者獨賴我 先大王天覆地載明并日月雖在 倦勤寢疾之日而 止慈至德無間可投亦惟我 王大妃殿下德著嗣徽化洽承乾內遏凶圖上贊 大策下則一二宮僚拚死生而翊 聖躬折亂萌於未著轉危機於方張卒之措 國家於泰山磐石之安而諸賊次第就戮矣 王法克舉國是大定惟是戚里勢重早令舉世皆伏 宮省事秘有非外人所知則以舉世皆伏之心當外人不知之事其何以一朝曉然於逆順向背之分乎我 殿下之命開纂局 頒下日記臣等之承 命編摩夙夜不敢少懈者皆將以明天下之大義曉一世之耳目也其辨之早諭之明以牖迷而格頑者視勘亂闡義之時尤有急焉而直與春秋之書殊塗而同歸者也噫是書之出將見鄉之怵於勢懷於恩惑於邪論沈溺而不返遲疑而不決者如眇得視如夜得燭改心易慮遠罪遷善舉一

世咸囿於 會極歸極之治則刑雖措而不用可也此 聖上命編是書之意也我 國家祈天永命於萬斯年之休將於是乎在

上之元年夏四月庚子嘉善大夫江華府留守兼鎮撫使臣金鍾秀拜手稽首奉 教謹跋

奉

教纂輯諸臣

大匡輔國崇祿大夫領中樞府事致仕奉朝賀臣金致仁

大匡輔國崇祿大夫領敦寧府事臣金陽澤

大匡輔國崇祿大夫議政府左議政兼領經筵事監春秋館事臣金尚喆

大匡輔國崇祿大夫領中樞府事臣李溵

大匡輔國崇祿大夫議政府右議政兼領經筵事監春秋館事臣鄭存謙

輔國崇祿大夫行知中樞府事兼兵曹判書奎章閣提學臣蔡濟恭

崇祿大夫行吏曹判書兼知經筵事藝文館提學臣徐命善

崇政大夫行龍驤衛司直臣鄭弘淳

明義錄　一

崇政大夫行禮曹判書兼知經筵事臣洪樂性

崇政大夫行議政府左參贊兼判義禁府事知春秋館事臣李重祜

崇政大夫行知中樞府事兼奎章閣提學臣黃景源

正憲大夫議政府右參贊臣鄭尚淳

正憲大夫漢城府判尹臣李徽之

資憲大夫行龍驤衛副司直臣李福源

資憲大夫戶曹判書兼知經筵事弘文館大提學藝文館大提學知春秋館成均館事臣洪樂純

嘉義大夫行龍驤衛副司直兼同知經筵事弘文館提學臣李宜晳

嘉義大夫吏曹參判兼同知春秋館事臣沈頤之

嘉善大夫行龍驤衛副司直臣李世澤

嘉善大夫工曹參判兼五衛都摠府副摠管臣鄭光漢

嘉善大夫同知中樞府事兼同知義禁府事臣嚴璹

嘉善大夫行龍驤衛副司直臣具庠

嘉善大夫禮曹參判臣李瀰

嘉善大夫行龍驤衛副司直兼同知成均館事臣徐浩修

嘉善大夫兵曹參判兼同知經筵義禁府事臣吳載純

嘉善大夫行龍驤衛副司直臣趙璞

嘉善大夫江華府留守兼鎮撫使臣金鍾秀

嘉善大夫行承政院都承旨兼經筵參贊官春秋館修撰官藝文館直提學尚瑞院正奎章閣直提學臣洪國榮

折衝將軍行龍驤衛副司直臣金文淳

明義錄　二

折衝將軍行龍驤衛副司直臣金夏材

折衝將軍行龍驤衛副司直臣吳載紹

通政大夫行刑曹參議臣閔鍾顯

通政大夫成均館大司成臣鄭民始

通政大夫吏曹參議兼奎章閣直提學臣俞彦鎬

折衝將軍行龍驤衛副司直臣尹弘烈

通政大夫承政院同副承旨兼經筵參贊官春秋館修撰官臣李鎮衡

禦侮將軍行龍驤衛副司果臣李獻慶

通訓大夫行吏曹正郎兼校書館校理東學教授漢學教授奎章閣直閣臣李秉模

通訓大夫行吏曹佐郎兼校書館校理南學教授臣李敬養

通訓大夫行弘文館修撰知製　教兼　經筵檢討官春秋館記事官西學教授臣閔養燮

通訓大夫行弘文館校理知製　教兼　經筵侍讀官春秋館記注官臣李在學

禦侮將軍行龍驤衛副司果臣洪明浩

禦侮將軍行龍驤衛副司果兼漢學教授臣宋煥億

通訓大夫行司諫院司諫臣朴天衡

通訓大夫行司諫院正言臣趙時偉

禦侮將軍行龍驤衛副司果臣李鼎揆

禦侮將軍行龍驤衛副司果臣李儒慶

通訓大夫行弘文館副修撰知製　教兼　經筵檢討官春秋館記事官中學教授臣沈有鎭

禦侮將軍行龍驤衛副司果臣尹墊

通訓大夫行弘文館副校理知製　教兼　經筵侍讀官春秋館記注官臣沈念祖

禦侮將軍行龍驤衛副司果臣鄭志儉

禦侮將軍行龍驤衛副司果臣金憙

禦侮將軍行龍驤衛副司果臣高裕

朱氏舜水談綺

提要

《朱氏舜水談綺》三卷，明朱之瑜撰，日本寬永五年（一七〇八年）刊本。是書輯錄中國古代書柬、服裝、棺槨、碑銘、旗旌、墳墓、貨物、日用器具的式樣和製作，祭祀、慶典的禮器圖形和儀式，廟堂、樓宇、亭館、園林的構造和建築，飲食起居和禽獸、米穀、草木的種類等，分别繪圖製型，度量分寸。此書以漢日雙語對照寫成，其中漢語部分均標有訓讀標記。朱之瑜，字魯嶼，號舜水，明季浙江余姚人，寄籍松江。

舜水朱氏談綺 元

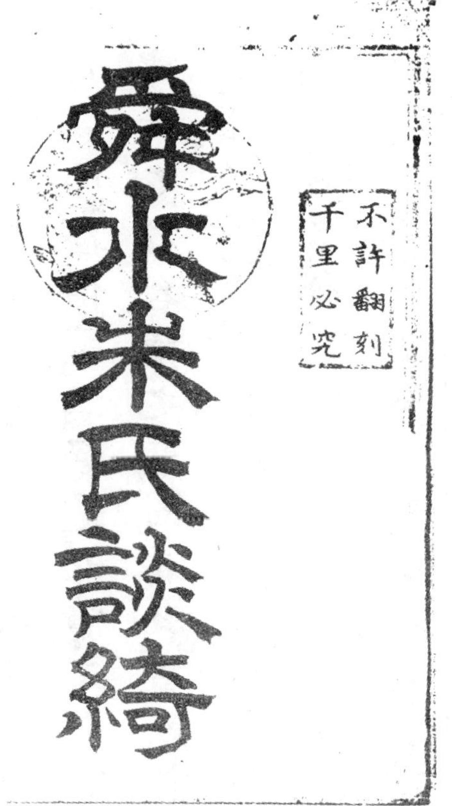

舜水朱氏談綺

神京 書鋪柳枝軒 茨城方道藏版

不許翻刻 千里必究

舜水朱氏談綺序

文恭先生研究古學。視科場為兒戲。薄海鼠辮。而獨峩衣冠。航海晦迹。流落于交趾暹羅。轗軻阻絕。抗節皦厲。幾瀕死而不悔。遂客崎港。屹為明室遺老。我

西山公禮致而賓師之。敬齒德而講道義。嘗有志于興學校。先生商確古今。著學宮圖說。

公使梓人依圖而造木樣。大居三十分之一。先生親指授之。湊離機巧。絲髮縝密。觀者服其精妙。既而權裝學宮於別莊。使習釋奠禮。先生折衷禮典。刪定儀注。厖眉皓髮。褒衣博帶。日率

府下士子講肄其間。周旋規矩。蔚有洙泗之風。距今三十餘年。猶聞其謦欬也。懋齋野傳。嘗從先生遊。問簡牘牋素之式。質深衣幅巾之制。旁及喪祭之略。裒其所聞。題曰朱氏談綺。先友今井弘濟。先生之門人也。益習之暇。概舉所聞事物名稱。以備遺忘。

公覽而善之。一日命覺曰。二者宜合爲一。補其遺漏。以行于世。其學宮規度。約爲小圖。併載焉。覺退而釐正之。顧事物之夥。名稱之廣。固非此書所能盡。而覺逮事先生之門。未届成童。所謂事物名稱。什之未能得一。偶所記者補之。不記者闕之。雖不足爲大方之觀。亦可以塞童蒙之需。如學宮圖。已有成式。不敢增損。營構之法。一從梓匠所筆。使人易曉也。雖然此皆先生之緒餘。而不足窺其涯涘。矧簡牘之零碎。事物之瑣微者乎。蓋先生夙抱經濟之才。遭時屯蹇。卷而懷之。齎志歿恨。未嘗一日不以恢復爲心。大

義著於安南供役。忠憤見於陽九述略。至於廟堂之制。配享之禮。皆有所論列。參酌通融。則有宗廟圖說。辨析精詳。則有太廟典禮議。其餘所著。該博富贍。維持世教。務爲適用。載在文集。覺已奉命纂修。而

公景仰之篤。不弃蕉萃。愛及屋烏。如此

書者。亦頗能注意。豈不休哉。昔魚朝恩觀郝廷玉之布陣。歎其訓練有法。廷玉惻然曰。此臨淮王遺法也。自臨淮殁。無復校旗事。此安足賞哉。覽者有味乎斯言。庶爲得矣

寶永四年丁亥仲冬穀旦

水戸府下澹泊齋安積覺敘

朱氏談綺總目

卷之上

書柬式　上表式附
野服圖説
道服圖説
披風圖
尺式
棺製
銘旌式

神主式
墳墓式
碑式
排行式
饗禮式
迎歲式
祭竈式
殷奠儀注

卷之中

大成殿 本堂

尊經閣

兩廡

戟門

大門

明倫堂

鐘樓

鼓樓

中軍廳

旗鼓廳

學舍

儀門

進賢樓

金鼓亭

射圃

監箭

燕寢

報鼓

舉旗掌號

饌房 六字

實籩所 酒醴所 蒸饎所

鼎俎所 烹飪所 潔牲所

頖水

櫺星門

牌位

先師 四配 十哲 七十二子

從祠

孔廟總圖

禮器圖

簠 簋 爵 籩 登 豆 鉶 其餘器製

皆同闕里誌 旗竿

啓聖宮圖

改定釋奠儀注

卷之下

天地 時令外國附

居處

人倫 百工技藝附
形體 疾病附
衣服 染色附
飲食
寶貨
器用
禽獸
鱗介 蟲豸附
米穀 菜蔬附
艸木 果竹附

總目畢

朱氏談綺卷之上

目録

書柬式 上表式附
野服圖説
道服圖説
披風圖
尺式
棺製
銘旌式
神主式
墳墓式
碑式
排行式
饗禮式
迎歲式
祭竈式
殷奠儀注

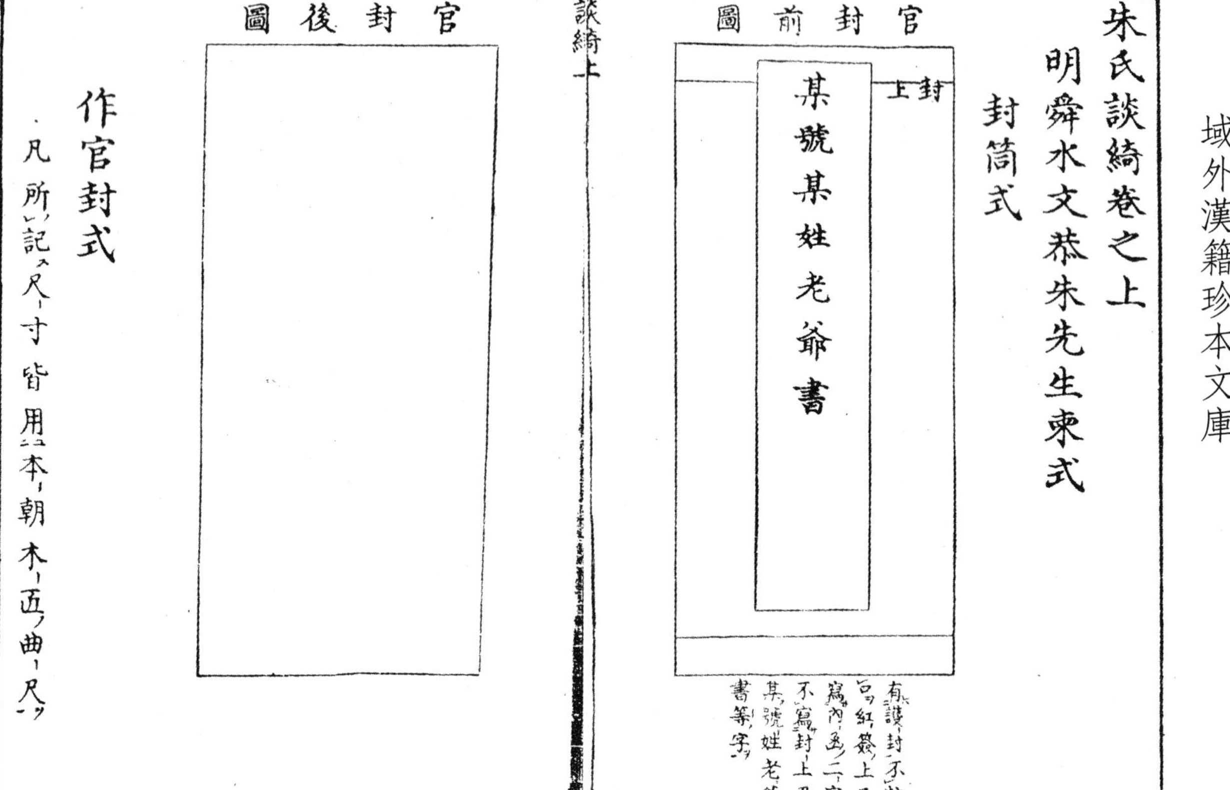

朱氏談綺卷之上

明舜水文恭朱先生柬式

封筒式

官封前圖

有護封不粘白紙袋上只寫內函二字不寫封上及某號某姓老爺書等字

官封後圖

作官封式

凡所記尺寸皆用本朝木匠曲尺

護封前圖

護封後圖

別裁紙濶三分以益糊于本紙口底及背中粘上

作護封式

口長六分

中濶四寸九分

長壹尺

總長壹尺壹寸二分

右三寸四分

左三寸七分強

底長六分

紅簽式 慶賀平交通用○簽太闊非禮

長八寸五分
闊壹寸九分

藍簽式 弔慰用之

長八寸五分
濶壹寸六分

弔父母喪全用藍色但大功已下惟襯粘

紅紙出四邊半分許

長闊與藍簽同

名紙式 用紅紙單帖

長八寸七分　闊三寸九分

某生某姓名拜

有封套不粘口不摺又紅簽不寫字

名帖式

此拜帖也所以通名者即古之刺也非儀狀○佳節訪人之柬或用全柬或用單帖單帖中無頓首二字

三寸五分	三寸五分	四分	三寸五分	四分

古式

某生某姓名頓首拜

四板二扣每板長九寸三分闊三寸五分前後兩邊闊六分前邊摺向裏後邊摺向外

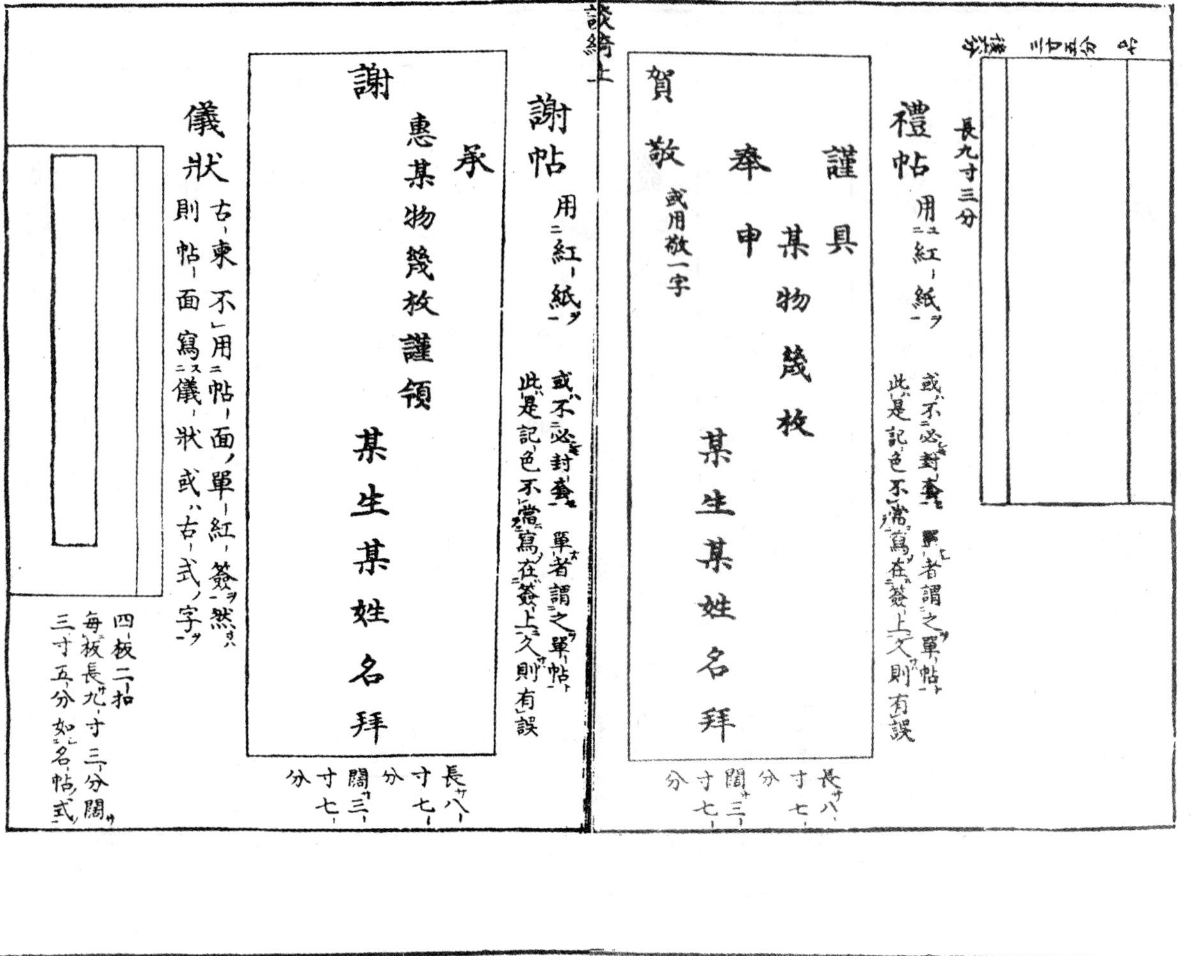

談綺上

長九寸三分

禮帖 用紅紙 或不必封套單者謂之單帖 此是記色不當寫在簽上又則有誤

謹具 某物箋枚

奉申

賀敬 或用敬一字

某生某姓名拜

長八寸七分 闊三寸七分

謝帖 用紅紙 或不必封套單者謂之單帖 此是記色不當寫在簽上又則有誤

謝

承

惠某物箋枚謹領

某生某姓名拜

長八寸七分 闊三寸七分

儀狀 古柬不用帖面單紅簽然或則帖面寫儀狀式古式字

四枚二扣 每枚長九寸三分闊三寸五分如名帖式

談綺上

扣

謹具 湖筆箋枝 唐扇箋柄 唐墨箋函 上增一字二字 或用箋勿

奉申

敬

某生某姓名頓首拜

簽長八寸五分闊壹寸九分

扣

有封套不粘口不摺 入護封帖多則寫謙狀謝狀之類不然單紅簽耳不寫何物

謝狀 古柬不用帖面單紅簽

扣

謝 領

某生某姓名頓首拜

簽長八寸五分闊壹寸九分

扣

四枚二扣 每枚長九寸三分闊三寸五分如名帖式

有封套不粘口不摺 入護封帖多則寫謝狀儀狀之類不然單紅簽耳不寫何物

或用

謝

承惠某物謹領

半納
半不納則
用之

謝

上

承
惠謹領某物某物餘珍藉手璧

上疏封套式

前式

實封

某官○○○○○○臣姓名謹封

進呈

長壹尺五寸 口底五分摺粘在其内
闊四寸五分

後式

○○幾年某月 内幾件 初壹日

談綺上

上疏式 長九寸五分 闊三寸六分 十二板六拍
面用別紙裝飾用深青色赤黑色者更佳有磠花者更佳

某官○○○○○○臣姓名謹
呈為禮儀事 四字不用亦可

計開

某物 幾許

右 具

呈

簽用紅紙長壹寸壹分弱闊壹寸襯粘白紙出四邊半分許通計長壹寸二分闊壹寸壹分強上餘寸半中央粘之簽上寫呈如内白事寫稟
如物多或參件或四件五件作兩疊寫
吉事用紅手本
尋常用白連四手本
不用毛邊奏本紙

○○幾年某月 日姓名具

屬下 或ハ治下 某ノ官 某ノ姓 某ノ名 謹テ稟ス 或ハ呈ス 或ハ謝 或ハ賀 或ハ謁 或ハ見

屬下惟府ヲ為レ然ト 按屬 撫屬 鎮屬 道

屬各於テ屬ノ字ノ上ニ加フニ按撫鎮道ノ之一字ヲ

朱舜水曰手本或ハ曰ニ揭帖ト式全ク是但嫌ニ短小ヲ

耳第一行須ク高ニス一字ヲ

奉宰相書式

送ニ遠處ニ有リ護封 近處ハ無シ護封 而ノ上ニ尊長ニ雖モ近處ト有ニ護封 亦佳之

紅封 紅簽

謹啓

大台柱卽務侯(號)翁(姓)老先生老大人 閣下

無護封粘ス口ヲ 有護封不粘口ヲ

或ハ書ニ大台柱卽銓卿ト 或ハ書ニ卽宰衡 或ハ書ニ卽揆端

先生曰大台柱卽銓卿推官治縣皆可用 監察御史亦可用 非上宰相者卽宰衡卽揆端

詹事府ノ正詹少詹翰林院ノ諭德春坊以上吏禮部侍郎可用 非宰相ノ稱呼

問テ曰如キ我カ朝ノ弱老中ノ如何ン稱呼セン 先生對テ曰凡大稱國老ヲ曰ニ大鈞衡 大柱國 大台輔 保衡 皆可用 如キ弱老中ハ除キ大ノ字ヲ更ニ佳ナリ

上無簽

台禧 恭候

肅啓壹通

某姓某名頓首拜

前邊摺向裏

姓名上無稱呼

長九寸闊三寸六分 十二摺六扣

談綺上

談綺上

後邊摺向外

大啓

大啓用紅全帖無白帖無紅古來之禮

長八寸九分闊三寸
十二板六扣

姓名上無稱呼

先生評然此乃大啓之式若副啓則前無姓名頓首拜大台柱紅簽竟是伏以起

啓
或寫肅啓

某姓某名頓首拜

大台柱即券侯（號）翁（姓）老先生老大人閣下

伏以
或寫恭惟
此二字爲子行

紅簽

頂格者爲一擡頭，爲雙擡；低一字爲一擡頭，爲單擡。後有出格，如郊廟社稷天地日月祖宗等字，此大瑣碎，晚世之弊，不當遵用。

副啓壹通 或寫小啓壹通或手啓壹通 或手奏壹通

副啓別爲一通，不粘連大啓之後。大啓四六，小啓散文。或小啓言事，有要事書此於大啓之後，無要事總書於帖中。又曰紅封紅帖白護封白副啓，無錯雜之理。又曰紅者爲大啓，與全帖同，不如此狹小。

副啓

用大啓，又當用一副啓，或二或三，或六七俱可。

副啓

長八寸九分闊三寸壹分 六板三拈

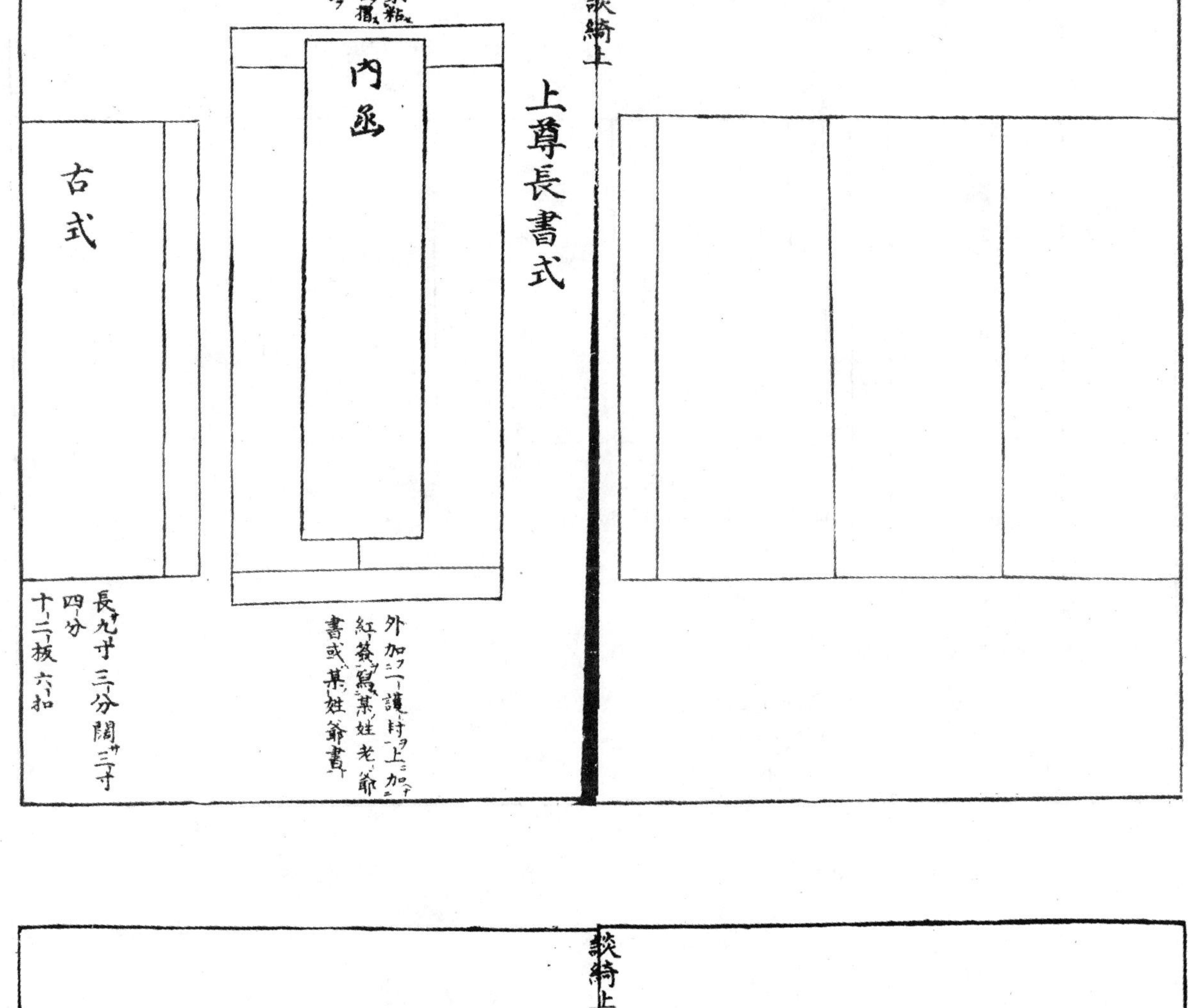

談綺上

台禧 恭談

副啓 謝狀 儀狀參通

某生姓名頓首拜

或寫副啓壹通或寫
副啓謝狀貳通或寫
副啓儀狀貳通

談綺上

肅啓

長サ九寸 [illegible]分 闊サ二寸壹分半

八板四扣

談綺上

某月某日

某名再頓首

左恪

左恪 左玉 左冲

左肅 皆通用之

又式

紅紙單帖有封套遠處有護封上尊長雖近亦有護封或平等或下輩用之無護封粘口

恭候

台禧　新年用新禧

奏記　壹通

某生某姓某名拜

長九寸　闊三寸五分

上等用奏記平等用手啓副啓下等用手札

奏記　手啓副啓手札與單帖照寫

、、、、ノ

長九寸二分闊三寸五分　八板四扣

副啓有四扣之式此帖闕非副啓四扣便是殘紙

手札二字亦是副啓手書字面若全帖手書用之亦不妨

帖惟六扣貳扣其餘皆非帖也

某月某日

賤名單具

先生曰副啓二板為一扣二扣三扣四扣六扣可用惟五扣不用乃殘紙耳寸楮舊無其制兵興以來方有之亦倣副啓之例稍潤則為帖二扣者為古柬六扣者為全柬三扣四扣五扣皆不可用俱為殘紙副啓盡而書不能盡則復用一啓續之其二其三以至六七俱可粘連不粘連隨意粘連者用鈐縫印記均不割去面葉割去面葉則為殘紙所以謂之殘紙總之處其不敬也寒舍子往來則不在此例

書面用拜帖回帖非也上達者用手奏、奏記手啓副啓之類平行者用副啓如晤談如晤言代面等類下交者用札諭劄諭帖等類

弔慰式有封套藍簽有副啓并無副啓不粘口有副啓則寫封上寫某人書

古式

弔 敬

某生姓名頓首拜

副啓 儀狀貳通

藍簽 黒看 不明

長九寸壹分闊三寸四分 四板二扣

儀狀

長九寸壹分闊三寸六分 四板貳扣

謹具

眞香壹炷

白燭貳枝

紙褚壹副

楚帛貳端

巳上代黄金貳步

奉申

弔敬

某生姓名頓首拜

長九寸壹分闊三寸二分 六板三扣

副啓

長九寸壹分闊三寸二分 六板三扣

書生通用式

如此封套書生或騷客用之有官有位之人用不得

某月某日
某名再頓首拜

長壹尺闊四寸三分

先生曰不莊重褻人亦即褻故不用耳

長九寸闊三寸七分
四板二扣
古滴古式雅古從古
復古文字通用 用印者亦有之更無何意
古式上圖艸木魚鳥

之類書生用之有官人者用不得

寸封式

雖非體近時用之以其世亂小則易藏也

長五寸八分闊二寸六分口底四分
紅簽長五寸三分闊壹寸

長五寸五分闊二寸五分
四板二扣

稱呼書生

兄 極尊
諸兄 尊
諸生 同輩
足下 同輩
英畏 卑幼
生 卑幼

書柬往復題書

咸綺上

呈某書 奉獻天子
上某書 上尊長
奉某書 卑幼上尊長

送某書 同輩
與某書 寄幼卑
寄某書 寄遣人行旅人無尊卑

報某書 書生好用
酬某書 有禮意
復某書 通用

答某書 俗

寸封式 商賈用之

長四寸六分闊二寸五分 無紅簽封上以朱印繪如圖

咸綺上

寸楮式 商賈用之

長四寸三分闊二寸二分 六折十二摺

明舜水朱先生、余師友也。一日請問古簡式。先生曰、嘗授門人今井將興以書式十四條。予就寫之。因借寫焉。方今先生既歿、若其紛亂遺失則無復徵之。故鱗次圖式、間亦附平生所聞之說於各條下。冊為二一巻、以為文房之珍。

貞享改元季夏下浣　意齋野傳涉筆于武之小石河東皐。

上表式

表ヲ書スルニハ常ノ書簡ノ如クニ紙ヲ折リ第一行ニ官銜ヲ書スヘシ官銜イカホト長クトモ一行ニ書クヘシ官銜ノ下ニ姓名ヲ書ス少ニテモ上ニテトマルホトニ書スルガ禮也ソノカキ様タトヘハ

右大臣從二位兼行左近衛大將臣清原朝臣夏野

臣聞トカキ出シ一行アゲテ

守分有地――云云

詮ニハ上進以聞トカキトメ、又別行ニ年號月日ヲカキ日ノ下ニ官銜姓名前ノ如ク一行ニカキ下ニ謹上表ト書トムル　サテ年號ヨリ謹上表マテハ一行ナリ又日ヲハナルホト細字ニ朱ニテ書ワソレヲ塡小日ト云ナリ官銜ヲ日ノ下ニ書スルヲ戴日ト云ナリ小日ヲハタトヘハ二十三日ナラハ貳拾參日トカヤウノ文字ニテカクカ禮ナリ但シ日ト云字ハ墨ニテカキ二十三ト云ハカリ朱ニテ書也

表ノ本紙ノ外題ニハ眞中ニ表ト云一字ヲ書スヘシ

天子ヘ上ル上表ニハ印判ナシ但シ天子ヨリ圖書ヲ賜ルトテ何ニテモ經史ノ語ニテモ弍二字三字アルコトニテモ印ニシテ賜ルハ臣下ノ榮ナリ若左樣ノ印賜リタル人ハ何ニテモ急度シタル書モノニハ其カキモノヽマン中ノ上ニ押スナリ自己ノ印首又ハ常ノ姓名ノ印ハ平生ノ通用ニヲスナリ表ニハ天子ヨ

リノ圖書ハカリマン中ノ上ニ押スヘシ圖書ナケレハヲサス天子ヨリ賜ル印ニハ定式ナシ體ハ石ニテモ金ニテモナリモイカヤウニモスルナリ

袋ハ常ノ書簡ノ可漏子ノヤウニナルホトウスキ紙ニテコシラヘ上ニハ

實封　進呈

官街　姓名

表ヲハハサミ板ニハサミ上ヲ絹ニテ袋ヲ縫ヒ袋ノ首ノ左右ニ紐ヲツケテ結フヤウニスルナリコレハ天子ヘ上ルモノニテハナシ執奏ノ人マテツカハス執奏ノ人開キテシタノ可漏子ノマヽ奏上スルモノナリ

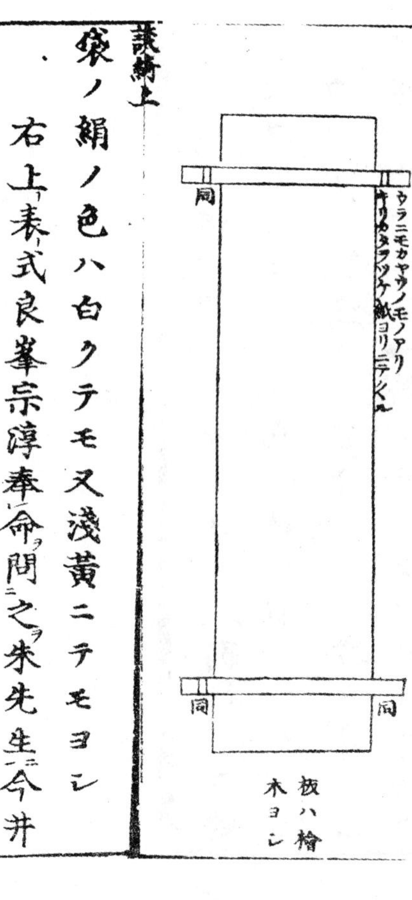

袋ノ絹ノ色ハ白クテモ又淺黃ニテモヨシ

右上表式良峯宗淳奉命問之朱先生今井將興譯之

野服正制題辭

子朱子晩年著野服見客嘗稱呂原明之言從趙季仁之制事載于文公年譜羅氏玉露然年譜略而未盡玉露雖寖備而其言簡矣余患其制難詳因是揭玉露本文附註於其下未詳者弁按淺衣道服之制蒐輯當時鉅儒之定論間亦竊附管見以爲成式繪圖于後便觀覽也凡幾易不措方得脫豪於是就正于弘文學士林先生損益疏允庶傳考古者有所折衷云

寬文甲辰三月旣望懋齋野傳書

題後數年會明徵士舜水朱先生來本朝遊事我君余陶炙久矣懇求改削之先生指點無隱完補罅漏於是始愜素願深以爲幸丁未之夏野傳書于武州不忍池上寓舍

衣用黃白青皆可

衣用黃或白或青亦可○按深衣制衣全四幅由是則野服之衣亦宜四幅或曰用紗及帛制之本文不言袂我嘗見朱子畫像野服而立其袂廣大長與膝齊且按道服制度其袖之長可以回肘因是則袂又用全[illegible]　衣之制云

直領兩帶結之

直領與官領異故謂之直領非對衿之謂也兩帶者兩衿當腋之處及左脇袂下內邊右脇袂

下外邊各綴小帶穿著[illegible]右衿之末斜交于左脇而一帶結之左衿之末斜交于右脇而一帶結之○或曰設兩帶者不繫大帶之時可結之已繫大帶則不結兩帶亦可是所以爲便服也

緣以皂如道服

緣用皂絹爲之領袂口及齊皆用二寸半許如道服也

長與膝齊

其長及膝也是爲上衣

裳必用黄中及兩旁皆四幅

裳必用黄色也中及兩旁者言自中而及兩旁也裳制當臍處爲馬面內外各一一邊自中歷右而至于背一邊自中歷左而至于背亦內外皆有馬面○裳亦用帛可

不相屬

屬連屬也言裳之左右各開對拚於胸與背故不相屬耳或謂與深衣制衣下屬裳裳上屬衣之屬同義不相屬言上衣與下裳不相連屬也所謂衣長與膝齊則豈有衣裳相屬之理哉

頭帶皆用一色取黄裳之義也

頭裳頭也帶裳頭之小帶也言頭帶皆用黄色以取易黄裳元吉之義所謂文得中也是爲下裳

別以白絹爲大帶兩旁以青或皂緣之

別以白絹爲大帶用青絹或皂絹緣紳之兩旁及下其制宜從朱子家禮

見尊長則繫帶見卑者則否謂之野服又謂之便服

以閑居對朝廷則野也所以有野服之名見貴客則束帶足以爲禮見卑幼則解帶足以燕居故又名便服也

裁衣法 用大明裁衣尺爲度

用紗二幅〔紗幅以一尺四寸半爲則〕中摺前後爲四葉長及膝下其在前兩葉上留一尺四寸從一邊裁截六寸許爲衿自腋下至齊直修起上闊二寸下闊一寸向外爲虛縫別用裁片二條一條上闊五寸下闊一尺一寸縫連虛縫之幅外一條上闊三寸餘下闊五寸半並綴前條

之外一左一右如一是謂襬襬頭各縫綴于腰間裾內頭則用裁片上闊七寸下闊一尺一寸上綴領之中間當乳處上頭一邊出於領外處斜截去以爲外襟又用一片上闊二寸半下闊五寸綴領端爲內襟其在後兩葉亦上留一尺四寸從一邊裁截六寸許爲袼腰間兩葉通留闊一尺七寸齊邊兩葉二尺一寸半許自腋下至齊截去幅邊是謂裾袂用紗二幅各長三尺每幅中摺爲前後兩葉每幅長一尺五寸縫連衣身却從腋下漸漸修成至袖下邊袖口留一尺五分縫合其下以爲袂領用皂帛一條長三尺四寸半闊三寸五分爲領如常衣法只直領耳別用帛一條長闊與領齊以爲領裏緣用皂絹爲之衿裾袂口及齊皆用二寸二分

裁裳法

用帛八幅〔帛幅以一尺一寸爲則〕其長短隨人身自中及左一邊縫四幅作一聯自中及右一

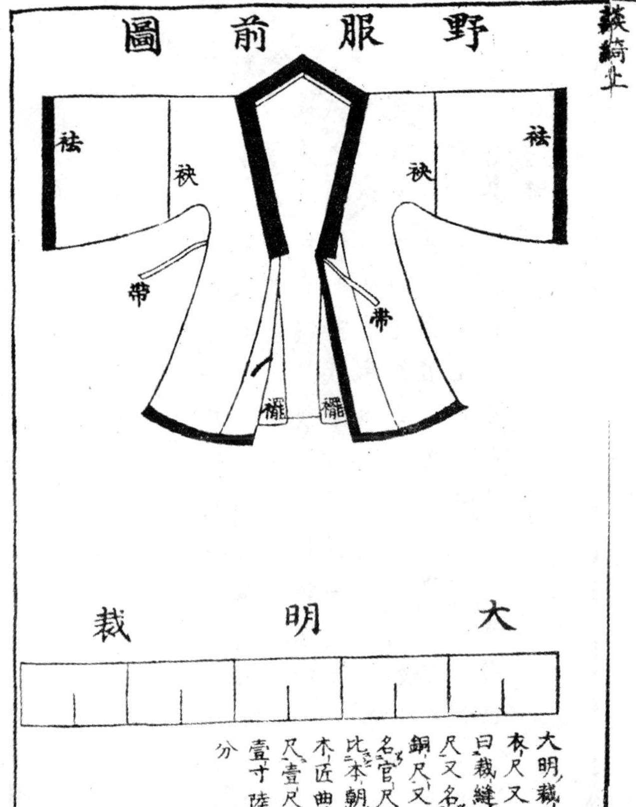

邊縫四幅作一聯兩邊不相連兩脇各做三箇輒子其作輒子也於兩脇幅上頭將入腰處用指提起帛少許摺向右又提起少許摺向左相向輳著用線綴住而空其中間其大小隨人肥瘦耳其縫也邊幅皆向內左四右四共八幅左邊一幅拚於右邊一幅爲前馬面同作一腰別用帛闊四寸半長三尺五寸許闊中摺之爲裳頭裳頭兩端各有帶以前馬面當于臍邊左幅止于右胯右幅止於左胯則右端一幅拚於左端一幅爲後馬面故雖八幅圍腰止六幅耳〇予見明制裳有十二幅者有六幅者十二幅裳左右各一聯每聯兩端用全幅中間四幅各用半幅兩聯通爲十二幅前後有馬面且當兩脇處各做輒子六幅裳左右各一聯共用全幅前後有馬面當兩脇二幅各有六箇襞積前後相向野服之裳只八幅耳

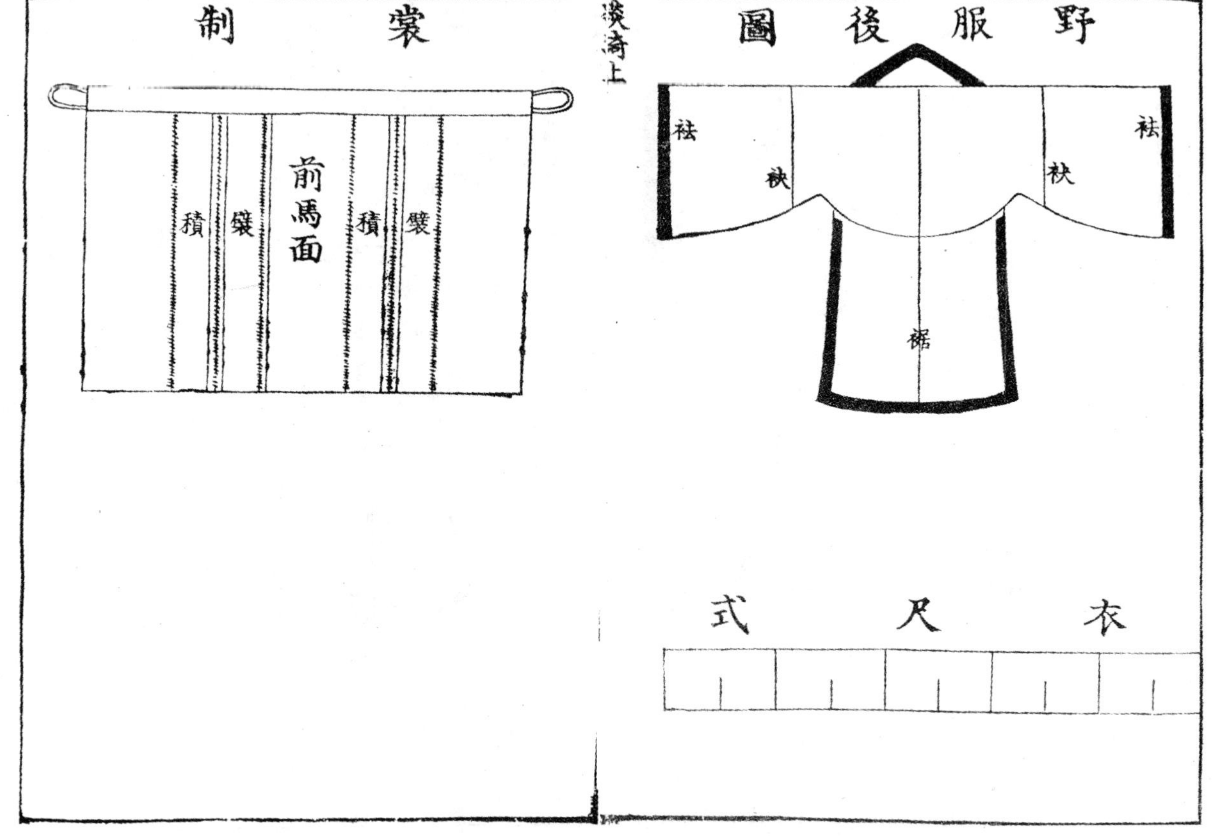

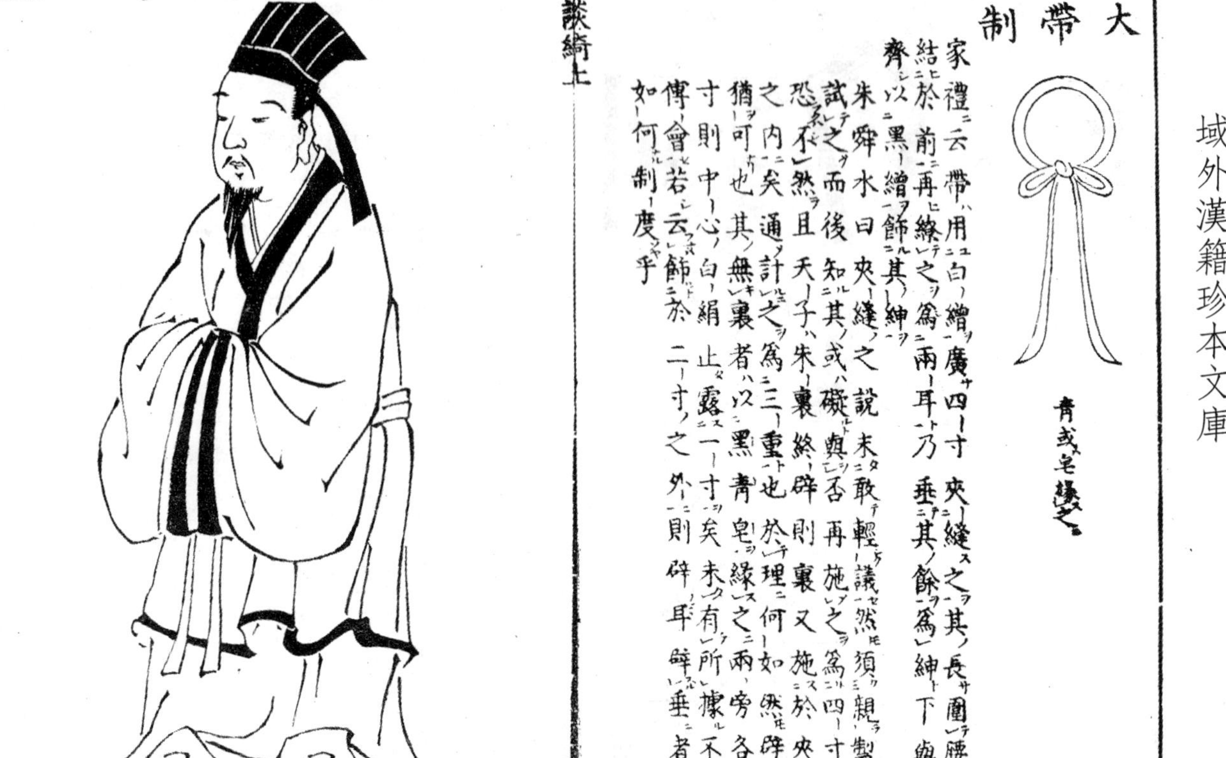

大帶制

家禮云帶用白繒廣四寸夾縫之其長圍腰而結於前再繚之爲兩耳乃垂其餘爲紳下與裳齊以黑繒飾其紳

朱舜水曰夾縫之說未敢輕議然須親製以試之而後知其或礙與否再施之爲四寸亦恐不然且天子朱裏終辟則裏又施於夾縫之內矣通計之爲三重也於理何如然辟之猶可也其無裏者以黑青皂緣之兩旁各半寸則中心白絹止露一寸矣未有所據不敢傅會若云飾於二寸之外則辟耳辟垂者又如何制度乎

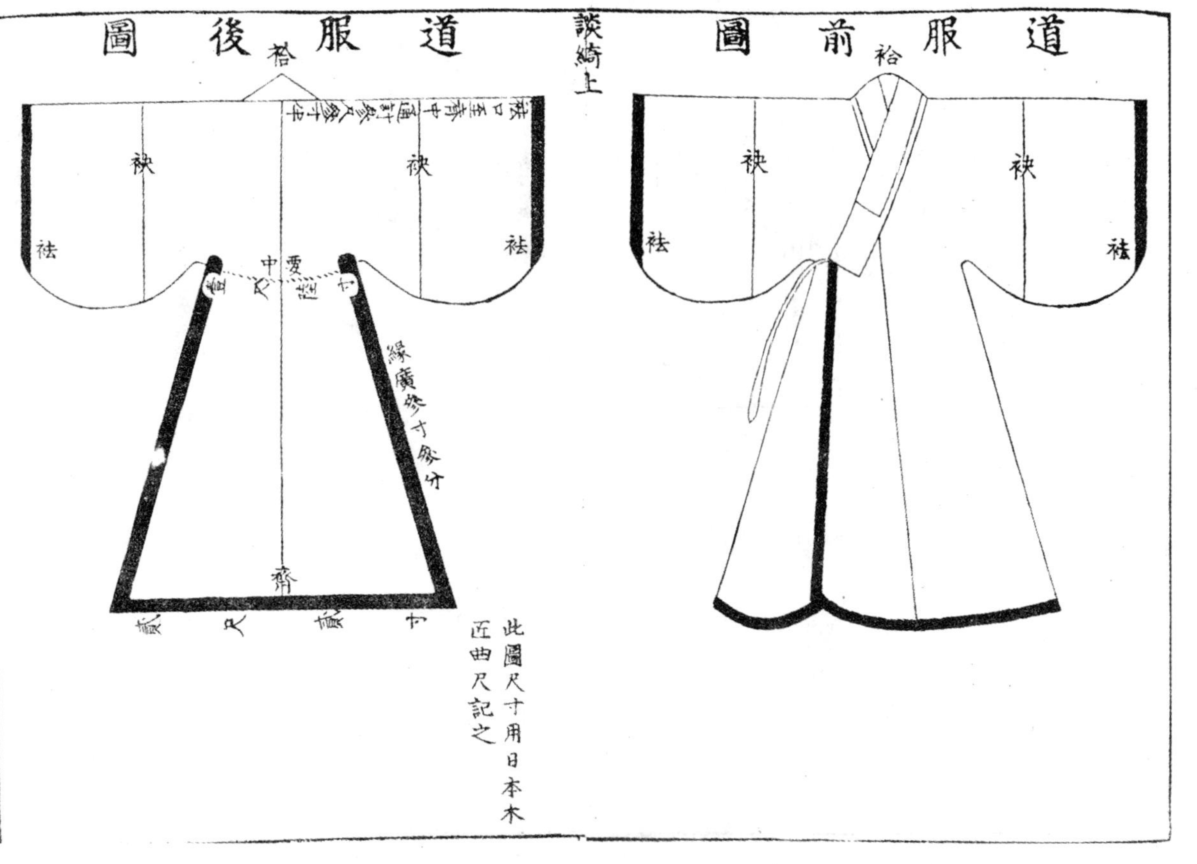

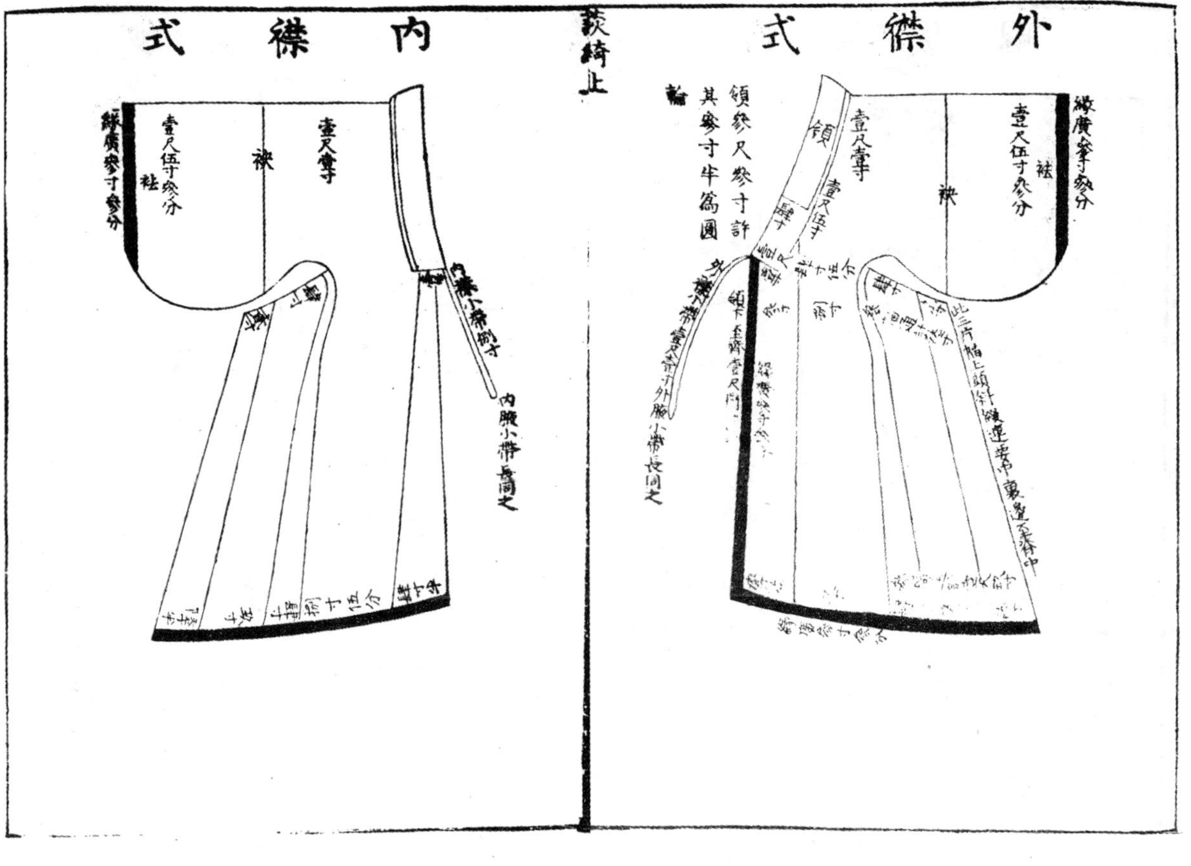

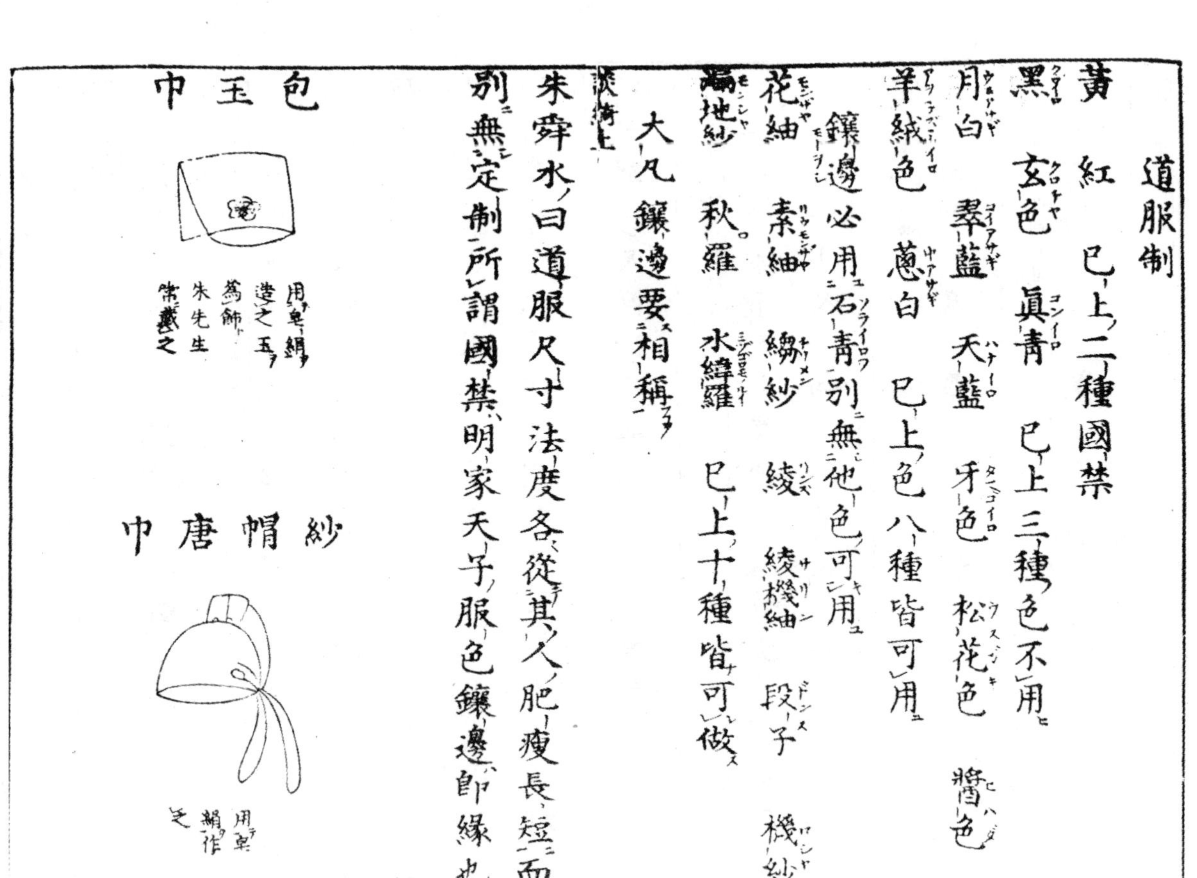

道服制

黄 紅 已上二種國禁

黑 玄色 眞青 已上三種色不用

月白 翠藍 天藍 牙色 松花色 醬色

羊絨色 葱白 已上色八種皆可用

鑲邊必用石青別無他色可用

花紬 素紬 縐紗 綾 綾機紬 段子 機紗

漏地紗 秋羅 水緯羅 已上十種皆可做

大凡鑲邊要相稱

朱舜水曰道服尺寸法度各從其人肥瘦長短而別無定制所謂國禁明家天子服色鑲邊即緣也

包玉巾

用皁絹造之五爲飾朱先生常戴之

紗帽唐巾

用皁絹作之

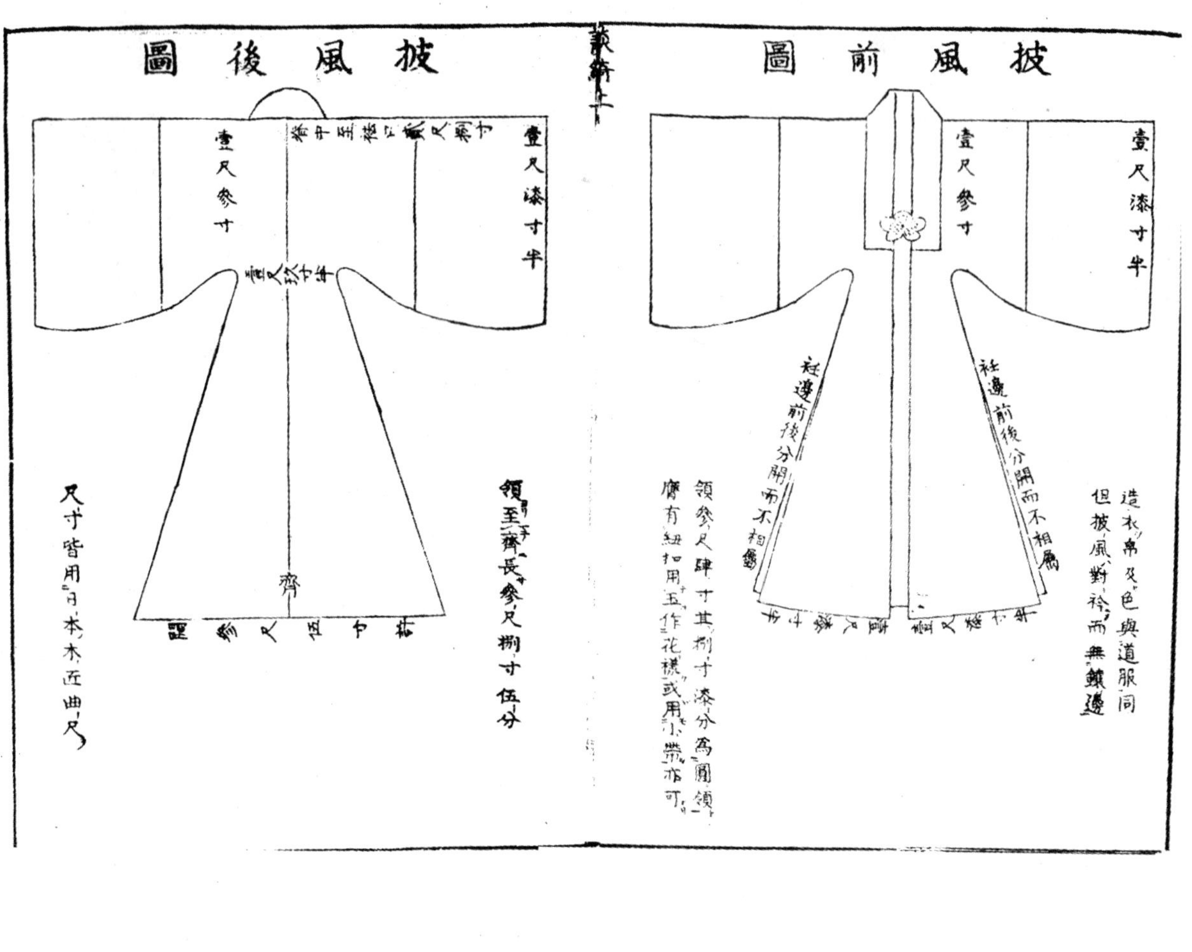

尺式

比日本木匠曲尺陸寸肆分弱

周尺黄鐘之長均作五段去一段爲尺（作神主之尺）

比日本木匠曲尺漆寸參分強

周尺　明朝裁縫尺陸寸肆分弱

朱舜水答吉元常問曰周尺今人以爲今尺六寸四分弱按文王十尺湯九尺以周尺量之則文王六尺四寸也如此人今猶在何及見其書乎然則知周尺非今六寸四分明矣文公家禮所謂六寸四分弱鈔尺也鈔尺與今尺不甚相遠

比日本木匠曲尺玖寸參分弱

明朝木匠尺　量地尺　營造尺　浙尺

小尺　曲尺　準尺　鄉尺　皆同

比日本木匠曲尺壹尺肆分強

大明銅尺　量地尺　明以之作升

比日本木匠曲尺壹尺陸分半

比日本木匠曲尺壹尺壹寸伍分半

大明鈔尺　裁衣尺也　夏四尺爲三尺

明朝裁衣尺　銅尺　裁縫尺　官尺
織染所金星牙尺

比日本木匠曲尺漆寸玖分半

縱黍尺黄帝制宋用之是爲律本名古律尺作十二律尺也　横黍尺舜制作古升尺夏唐用之名古度尺是爲度母　斜黍尺周景王尺十分爲寸九寸爲尺　按三尺者皆同

即日本木匠曲尺也

商尺　成湯用之名曲尺　或營造尺

唐明日本共木匠所用之尺也

比日本木匠曲尺捌寸玖分

漢尺　黄鍾之長玖寸外加壹寸爲尺

比日本木匠曲尺壹尺肆寸壹分

劔尺

棺製

一蓋一底兩牆兩和凡用板六塊板取堅緻不爛不蠹者爲佳不必定取油杉油松也惟梓與黄腸法之所禁非士大夫之所得用者註史云黄腸爲松木之油心此儒生不通理不聞世務者之註誤人不淺甚爲可笑　鐵環防變事四索備而不用非謂喪轝中用環與索也

棺横圖

四黑點爲四大鐵釘所以釘棺蓋者又一點爲柏木釘謂之長命釘下垂者爲五色絹條

蓋

牆

棺直圖

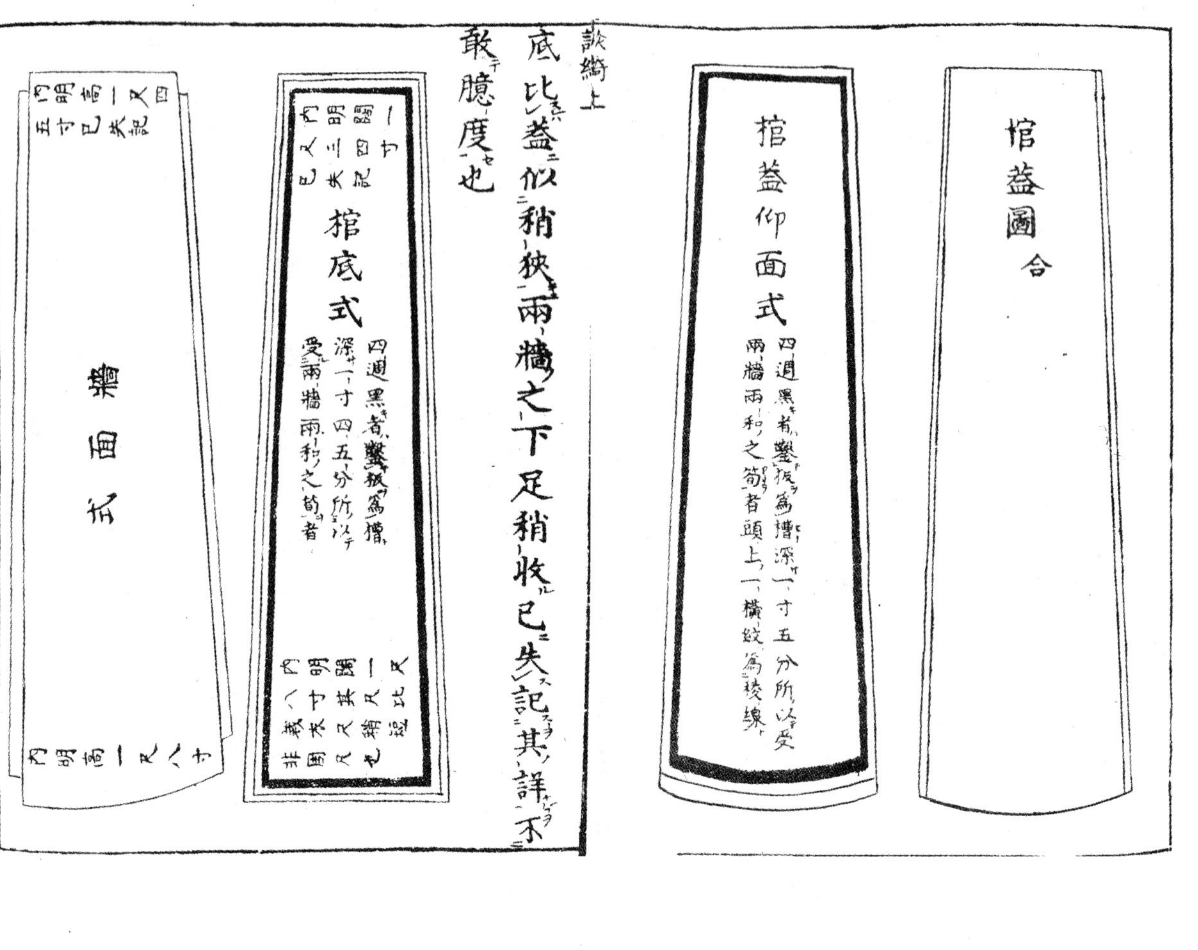

底比蓋似稍狹，兩牆之下足稍收。已失記其詳，不敢臆度也。

兩牆中橋而上下皆斂，形如鼓礎，合之有式，若焰板為之，則直而無棱矣。上下所出寸餘為子口，即筍也。上者入於蓋，下者入於底。

牆內式

兩頭黑者為槽，所以納兩和之馬蹄筍者，口狹而腹中闊，含其筍使不開也。

兩牆中窪而上下皆翹。

四圍之所出者為筍，合之上者為子口，三面皆為筍頭，上下用直筍，兩傍入牆者用馬蹄筍，頭張而頸細。

棺後式

四週者為稜線，所以文之也。

棺前式

後和頭式

前和頭式

兩和俱中高而四邊低合之有式若焰板坦平則無樣矣　上下兩子口及兩牆兩頭之槽俱用淨生漆加細瓦灰以合之其次用桐油石灰內底縫一週亦生漆夏布以牽合之其次用桐油石灰棺內家禮用瀝青近古亦有用之者今人多不肯用其必有所試矣伊川先生謂久則堅及化琥珀之說不敢信也一棺止用四釘一釘不敢多用蓋日久遇溼則一釘爛一大孔蟻蚋循之而入故也近世弃鐵環亦不用亦爲此耳

又曰棺不用木擲厚約四寸以上太厚恐重而難運不必高大量體而作之大約內淨一尺八寸 廣高同 後約一尺六寸 高廣同 須比身軀稍長 長五六寸 人死則長於在生時也不然則短而不可殮矣

銘旌

以絳帛爲之廣竟一幅六品以下七尺無更短者上用板作題下用板作墜俱采畫題頭處用綠絹作兩層簷也 絳亦 以粉筆大書曰　日本故某官某之柩 或士或處士或所宜而稱之酌量風俗 以竹爲杠如旌而稍長倚於靈座之右

銘旌題以板爲之厚約五分下墜同采色繪畫

綠帛作簷亦名走水亦名滴水若設板作三尖題頭恐移動及在道時掛礙

神主　式據家禮

凡有官爵者皆書之婦人一品曰一品夫人二品曰夫人三品曰淑人四品曰恭人五品曰宜人六品曰安人七品曰孺人八品九品散官共用孺人

庶人妻曰媼或姬女曰姑或祖粉面屬稱有官爵者曰顯考顯妣士庶人曰先考先妣男在官者曰府君不仕者曰處士無官無學者曰郎

墳

墳高四尺圍牆如其墳之高牆端高二尺餘自右肩漸漸低亞而至於牆端左肩亦如之圍墻之外環植楸檜柏以蔭其墓前面不植欲其開厰也墳製圓近來三四百年間並無馬鬣封之制矣穿地直下爲壙以磚甃槨爲妙近土則棺速朽

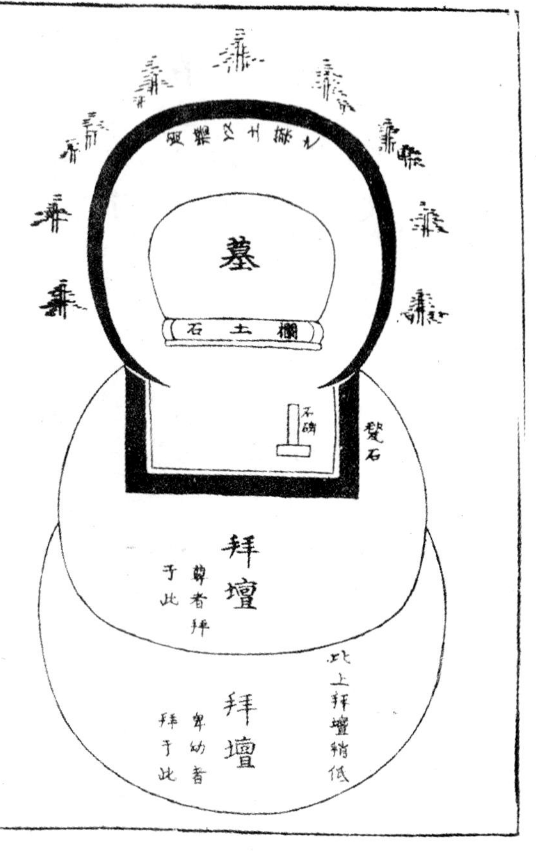

朱舜水答佐藤盛辰問曰立一小石碑於墳前高四尺闊尺以上厚七八寸圭首而刻其面曰某人之墓略述其世系名字行實而刻於其左轉及後與右而周焉

與安東省菴書曰碑身僅一方石耳厚七八寸以至尺四五而止兩頭作牡以納上下牝中碑陰或磨礲或粗質皆有之長短視碑文之多寡無定數無可圖也四週各勒二道相去二三寸小者餘中勒花卉大約纏枝牡丹纏枝蓮爲多韓文公平淮

談綺上

西碑碑高三丈字如手除去螭首及贔屭則碑身亦不下於一丈七八尺大明碑之極小者連首及趺亦必一丈四五尺其廣大略三尺至五尺而止長短闊狹貴於妥適

大明俗吉禮用偶數凶禮用奇數故卜葬日必用單日言一三五七九凡銘旌石碑等文書其官爵屬稱若會偶數言二四六八十則加之字足以爲奇如之柩之墓之類也唯神主從吉用偶數若會奇則亦加之字

大明俗凡修造墳墓必用十一二月他月不用

談綺上

碑式

碑首及趺有三官尊者螭首贔屭趺次者雲日首方趺下者方首方趺碑中書故某官某贈及勳階某號某府君之碑或神道碑其妻無別立一碑之理唯釋子欺人則有之

故某姓名之碑
暨元配某氏
孝男某立

或者卒於他所不祔葬則有之然近古以來無有不祔葬之理

子不寫或者其子別賜姓則書之

碑陰書先考諱某某年歲次某甲子某月日時生於某所歷仕某君某年甲子某月日時卒於某所享年若干娶某氏小字某年月日時生於某所某年若干適先考某年月日時卒于某所享年若干生幾子長某次某女某適某或未字

孝男某泣血稽顙記或勒

右據朱舜水答賀州人中村子知問碑式書之

排行式

行	排			
元	一	二	三	四
光	一	二	三	四
先	一	二	三	四
世	一	二	三	四
業	一	二	三	四
祜	一	二	三	四
啓	一	二	三	四
後	一	二	三	四
人	一	二	三	四
謨	一	二	三	四

無排行則世次不明不排則長幼雜亂

父　某

子　某一　某二　某三　四　五　六

孫
某　未年五月終生第六
某　丁未年正月生第三
某　未年五月生第五
午年二月生第二
丙午正月生第一
未年三月生第四

饗禮式

盆	景	五	色
黏	果	五	色
水	果	五	色
米	食	五	色
臘	味	五	色
海	味	五	色
湯		五	道
餅	餌	五	道
熱	菜	五	色
醢	醬	五	色
渣斗 魚骨肉骨ヲ入ル器		嘗食	
楷	盆	十	五色
筯	臺盤		

盆景五色

黏果五色

榧子　核桃　榛子　銀杏　龍眼

水果五色

九年母　蜜柑　栗子　藕　慈菇

米食五色

炒米糕

臘味五色

鹿肉　臘鴨　臘雞　火腿　風魚

海味五色

徹者徹也　鳶飛魚躍　鼇駕山來　來牟厥明　萬事盡理

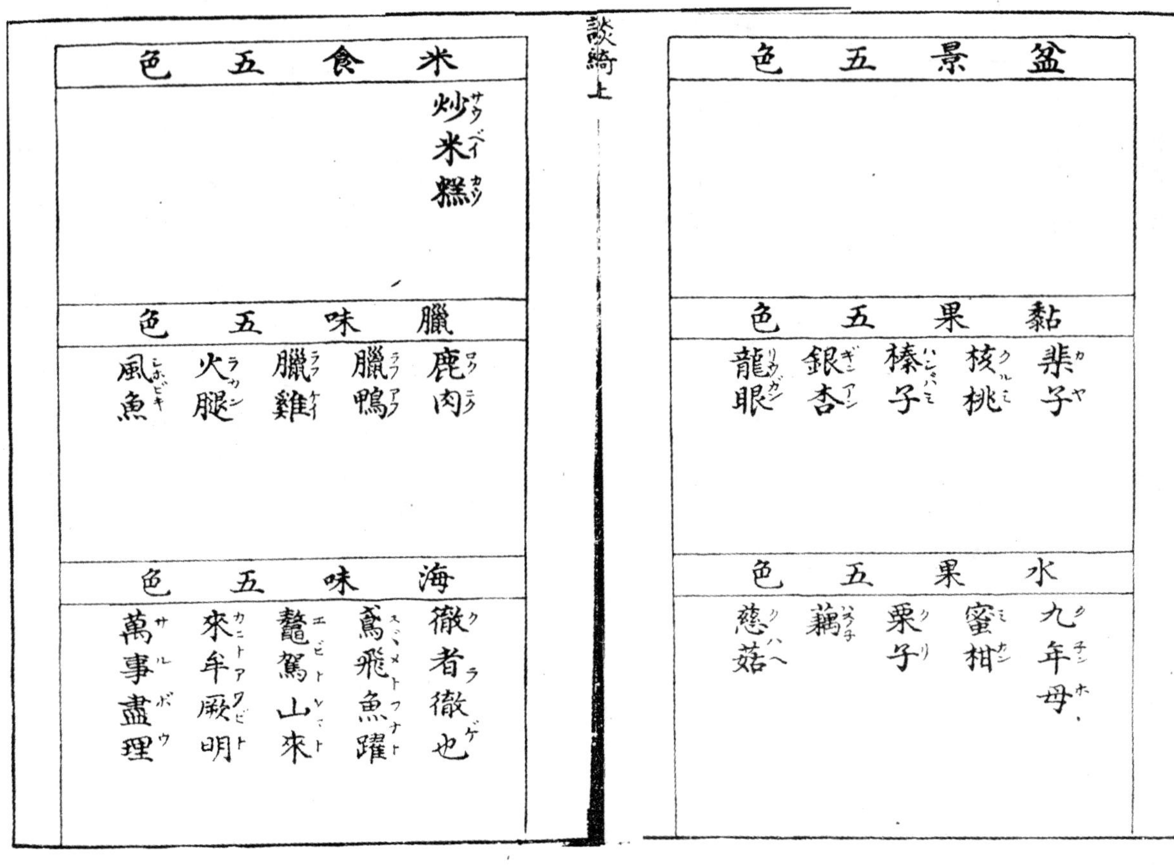

湯五道

麪　粉湯　象牙湯　肉丸湯　魚酸湯

餅餌五道

饅頭　春餅　豆沙糕　鵪鶉餅　軟落甘

熱菜五色

春盤　鹿筋　鼈　肚肺　魚

醯醬五色

醬油　肉桂　胡椒　醋　山椒　鹽　蒜

渣斗　賞食

措盆十五色

魚翅　蜜餞　炖掌

臘雞　橘餅　心腰舌

火腿　牛皮糖　海蜇

燕窩　蜜餞　蝦

海竹　柹餅　鰒魚

筋

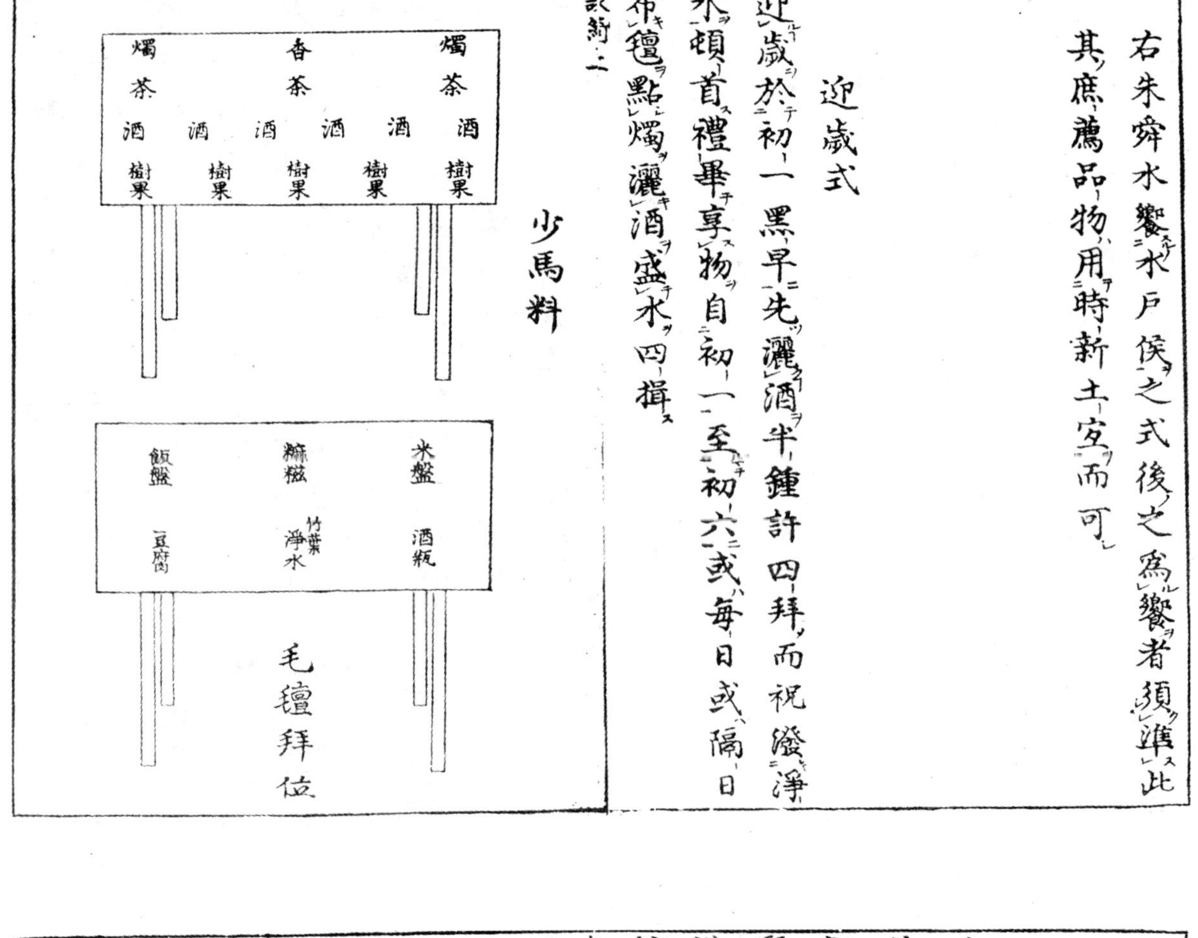

右朱舜水饗水戸侯之式後之爲饗者須準此其庶薦品物用時新土宜而可

迎歲式

迎歲於初一黑早先灑酒半鍾許四拜而祝潑淨水頓首禮畢享物自初一至初六或每日或隔日布氈點燭灑酒盛水四揖

談餘二

祭竈式

除夕設享物如此先灑酒滿盃而四拜祝潑水頓首禮畢修享物謂之送竈神少刻設享物如此只少馬料拜禮如前初一早亦拜至六日設位點燭換水灑酒拜禮如前而後修之

俗傳曰始飲食之神曰老夫故曰老夫之祭飯米盛於麤鉢享物都用麤質

談餘上

送歲用馬料
接竈不用

殷奠儀注 殷盛也解見喪大記

祝一人 史一人 寫祭文讀祭文者

喪主迎門外見馬首即回在門內右邊不敢執杖

君入門喪主即於門右之位拜稽顙 西向 祝入門而

先執桃茢祓除不祥 檀弓下云君臨臣喪以巫祝桃茢執戈惡之也所以異於生也 韻會茢說文芀也徐曰玉藻注云茢帚也當用此爲桃帚非徒黍穰也 檀弓注茢萑苕可以爲帚除不祥爾雅謂之芀玉篲 按周禮喪祝注茢作厲釋文云黍苞穰也 祓說見東序牆

南面而立或盧位 未必南面以此推之可也

君升東階祝稍在君之右便是祝既執桃茢在先

史攝相君禮

陳設 庶羞隨意豐儉

燭

酒 酒 酒 雞湯 飯 羹 粉湯

米 會五色 乾 會五色

麪 水

食 果

一 一

行 行

丹雞一 赤色雄　豕首一　鮮魚一

小三牲皆熟

豕一口 腥

此爲時豚祭

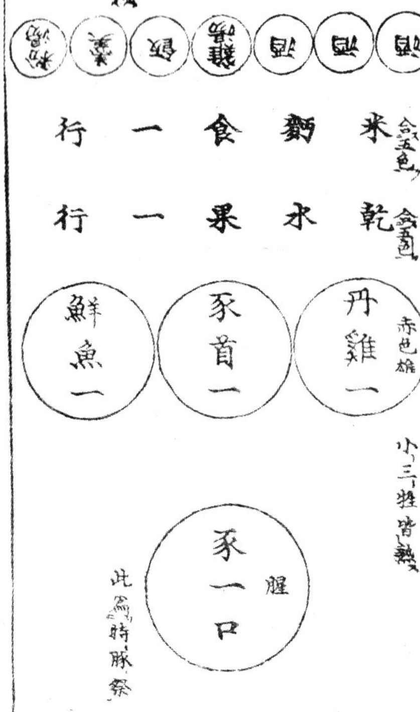

君再拜上香獻酒 頻用三獻 史讀祭文 祭文用諡其子

君又再拜喪主在階下拜

君出降階喪主拜謝四拜母親及諸子孫拜謝四

拜喪主送出門外四拜稽首

君歸喪主一人隨 稍後 到公門外四拜稽首

掩公門

奠具

香燭

焚帛貳端 每端三尺餘內實以紙外用薄絹包

之祭畢同祭文焚之其灰埋室西北隅坎中

雞湯 雞用小者百不之外全用張其兩翼兩腿單取雞胸覆於背上上用紅花紫菜蛋皮等物以文飾之 紫菜者葛西海菜水戸玉海之類蛋皮者雞卵線也

粉湯 若無粉湯即用葛水線作絲亦可

乾水果 乾果串柿枝柹乾栗茘枝龍眼之類皆用水果梨葡萄蜜柑柿栗之類

米麪食 凡用米粉所造蒸糕外郎餅之類是謂米食也用麥粉所造饅頭之類謂之麪食也

上終

朱氏談綺卷之中

目録

大成殿 本堂
尊經閣
兩廡
戟門
大門
明倫堂
鐘樓
鼓樓
中軍廳
旗鼓廳
學舍
儀門
進賢樓
金鼓亭
射圃
監箭

燕寢
報鼓
舉旗掌號
饌房 六字
實籩所　酒醴所　蒸饎所
鼎俎所　烹飪所　潔牲所
頖水
櫺星門
牌位
先師　四配　十哲　七十二子　從祠
孔廟總圖
禮器圖
簠　簋　爵　籩　登　豆　鉶 其ノ餘ノ器製皆同シ
闕里誌ニ 旗竿
啓聖宮圖
改定釋奠儀注

朱氏談綺卷之中

大成殿 本堂

總シテ尺ハ日本大工尺ヲ用下皆此ノ例ナリ

一 表長サ八丈
此ヲ五軒ニ割ル一軒一丈六尺間ツヽナリ

一 脇四丈九尺五寸
此ヲ拾一架ニ割ル但シ脇角一架ハ九尺間此ヲ表縁カハ通ト云フ同中ノ間三丈一尺五寸ヲ八架ニ割リ合ス但シ一架三尺九寸三分七厘五毛間ツヽナリ殘テ二架四尺五寸間ツヽナリ此ヲ裏縁カハト云フ

一 堂ノ總高サ五丈六尺四寸 古老錢ノ上ハヨリ伏蓮華ノ下ハマテ
但シ九ツ桁ノ上バヨリ總臺ノ下バマテノ高サハ二丈五尺八寸ナリ

一 總臺ハ丸シ指ス亘柱ノ太サニテ裏メニ定ム同ク高サ柱ノ太サニテ九分トリ其高サノ内四分ハ伏蓮花ノ高サヲ用ユ同五分ハ總臺高サニ用ユ上ノ方九柱ノ太サ一面ニ合セ四方ヘ其ヨリ少

ツヽフクラミ繪様ハ伏蓮花ヲ見合取合ヨキ程ニ刻ム
ヘシ
一居石四角ナリ居石ノ間縁石外廻リ同入カワ總廻リ
居石ノ高サニ切合ス但シ居石ノ高サハ地形ヨリ八
寸恚ニ居ルナリ
一柱ノ太サ木口ノ亘リ一尺九寸貳分丸柱ナリ但シ両ツマ
外カハノ柱太サ一尺六寸貳分柱ノ上ノ方貳分コキチヽ
クヘシ
總シテ柱桁垂木等皆丸シ木口ノ亘リニテ
寸尺ヲ定ム末々皆此例ナリ
一地覆ノ高サ柱ノ太サニテ九分トリ同厚サ四分トリ腰
貫ヒヌキノハヾ柱ノ太サニテ七分トリ同厚サ三
分トリ柱貫ハヾ柱ニテ八分トリ同厚サヒチ木ノ
セヒホトナリ
一同高サ定様ハ柱貫下バニ柱太サ程小壁アリ
小壁ハ土ニテハナシ板バメナリ大工言葉ニ小壁ト云フ末々マテ此例ニ做ヘシ　同其下ニヒ
ヌキアリ同腰貫有其下ニ小壁同腰貫上小
壁二箇所ノ高サトリソノ高サヲ十ニ割リ四ツ地

覆ト腰貫ノ間小壁ニ用ユ同六ツ腰貫ト匕貫ノ
間小壁ニ用ヘシ同小壁厚サハ腰貫厚サ三ツニ
割リ一ツヲ用ナリ
一平桁厚サハ柱太サ半分ハヾノ柱程ハ十組合ナリ
ハナノ長サ柱太サホト出シ繪様キテウメンアリ
一組物出組割様ハ大斗指渡柱ホトニシテ五ツ半
ニ割リ一ツヽ斗ジリ両方ヨリクリ同高サハ五ツ
半ヲ三ツ用ヒソレヲ五ツニ割リ二ツクリ一ツハ敷メン
二ツハヒチ木ヲクヽム
一巻斗ノ割様ハ垂木ノ太サニ本合巻斗ノ指亘ニ
定メソレヲ五ツ半ニ割リ一ツヽ両方ヨリ斗ジリ
クリ其五ツ半ヲ三ツ用ヒ巻斗ノ高サニ定ムソレヲ
五ツニ割リ貳ツクリ一ツハ敷メン貳ハヒチ木ヲク
クムナリ
一ワクヒチ木太サハ大斗三ツニ割リ其一ツ分トリ高サ
ハ下バニ貳分増シ實ヒチ木ハ下バ四方共ニ其太サ
ホト鼻出シ繪様拳バナ有リ
一組物ノ間ガウジ壁ニ牡丹カラ草桐カラ草鳳凰ヲ

両面ニ彩色ニ画ク但シヒ貫ト柱貫ノ間小壁ニ牡丹
カラクサニ孔雀ヲ彩色ニ両面ニ畫ク
一入カワ外ノ方上ノ小壁装束貫ノ上ニ臺輪ヲ置キ組物
ト臺輪ノ上小壁ニ桐カラクサニ鳳凰ノ彫モノ有
一丸桁太サ七分トリ同丸桁下ノサ子ヒ千木ヲ通ヒ
千キニシテ桁ヘ丸ニ仕合千キリホゾニテ堅メ同ヒ千
木ノ鼻角く許ニ繪様キサムヘシ
一垂木丸シ但シ太サハ柱ヲ六ツニ割リ一ツ分ノ太サ也常
ニハ垂木ノ小間貳分ノ仕方ナレ𪜈此ハ丸キ垂木故
ニ小間ヲモ垂木ノ太サニ致スナリソレユヘニ巻斗ト
シ亘垂木三本ニ定ムルナリ同角木下バ柱太サニテ
六分トリ同木負下バノ高サトモニ垂木ノ太サ一ツ
半四方同萱負下バ垂木ノ太サ一ツ半同高サ垂
木ノ太サ貳ツヲ用ヒ萱負ノ太サニ定ム角ニ貳分増
シソリカヤヲヒノ太サ四本半ソルナリ但シ前フリワケ
ニカクヘシ同裏カワ厚垂木ノ太サニ貳分増同出クバ
垂木貳本出ル
一軒ノ長サ但シ地ノ軒ハ垂木六本飛簷ハ垂木五本
打積リ此ハ扇垂木故軒ノ垂木數ハ不入事ナカラ
軒ノ長ヲ知ルユヘニ垂木數ヲ此ニ書スルナリ　同
飛簷垂木ハ太サ先ノ方貳分ゴキ但シ地垂木カウ
バイ三寸ト同ク飛簷垂木高配貳寸五分
一垂木ノ打様ハ前ノ間五軒ハ貳拾貳本ツヽ両脇一架
ツヽハ六本ツヽ以上貳拾八本ニテ間ノ中央ヨリ角
ノ方バカリ扇垂木ニスルナリ同後ノ間モ同断總
垂木數八拾六本ナリ　但シ扇垂木ノ仕方ハ両
脇九尺ツヽノ間垂木拾九本ニテ割合打ヘシ
一入ガハ両妻中通リ關柱總臺上バヨリ頂上ノ棟下
テ立ノボセナリ其外入ガハ柱ノ高サハ貳丈八尺八
貳寸　總臺上バヨリ
内一丈七尺貳寸貳分ハ總臺上バヨリ装束貫
下マテ
同一尺五寸三分装束貫幅
同一尺八寸装束貫上バヨリ平震マテ
同四尺八寸平震幅
同二尺八寸五分平震上バヨリ柱ノ頭マテ

同柱ノ上ニ出組ノ組物ヲ居ヘ同梁丸シ太サ一尺五寸ワク肱木ヲ直ニ梁下ヘテ持送ノ如ク繪樣取付ルナリ同内室ノヤ子裏高配ハ六寸桁打越七通リ但シ丸シ太サ一尺五分梁丸シ太サ一尺五分但シ軒ノ桁ハ下ノ梁トセイ違ニ置モヤノ桁ニ通リツヽハ梁ト組合ス何モ桁下ニケイ肱木ノ如ク太サ四寸五分四方ニシテ桁ノ丸ミニ仕合千キリアリニテ取付ル同桁ノ上ゼンクワ厚サ三寸六分高サハ垂木ノセイ程ニシテ桁ニアリホゾ左右ノロシンクワニ宂ホリテ取付ヨリ返リクサビ打ヘシ

同小屋短丸シ太サ一尺五寸下ノ方郷ノ但シ稚實ナリ

同平震棟下ニ一通リ幅一尺五分厚四寸五分

同下ヨリ第一ノモヤノ桁下ニモ平震一通リ幅一尺貳寸厚四寸五分但シ右ノ稚實ナリノ小屋短ニ貫ノ如クニ通ス同右ノモヤノ桁兩カワニテ四通リ同棟ノ桁共ニ五通リ錦巻ノ繪花輪違龜甲雹麻花打込三電菱牡丹カラクサウスカラ草ヲ畫ク同繪ノサカイハス筋違ハセ繪ノ界筋二筋ツヽ宥リ同垂木丸シ太サ三寸六分宛同垂木ノ小間モ三寸六分宛ナリ右ノ桁ノ上ゼンクワニ垂木アリカゲニシテ裏板アリ右ノ平震貫ノ厚サニテ幅廣ク有之故ニ柱宂平震貫其儘通シ用ユレハ柱ノ弱リニ成ルヲ以テ平震貫又木細ニ付ケ柱宂二所ニ穿腑ヘ違テ付柱キワニコミセン竪サスヘシ 但シ地震ノユリヲ止ムルユヘニ平震ト云フ也

一四方椽カハ組物出組同入ガハ外方組物外緣カバ組物ノ如ク片フフニ組入カハ柱ヘ指合取付同梁丸シ太サ一尺貳寸軒ノ桁太サ下バ七寸八分高サ九寸六分モヤノ桁同梁短共ニ丸シ太サ七寸五分棟ハ無之屋子裏垂木但シ輪垂木ノ間三ツニ割合スケイ同ゼンクワ垂木裏板ノ仕方本屋ノ如ク同入カハ外ノ方惣廻装束貫ノ上ニ臺輪宥リ臺輪ノ上組物ノ間ニガウジ壁ニ牡丹カラ草キリカラ草ノホリ物ニ鳳凰飛入ニホリ取付ルナリ

一後ノ方椽カハノ内ニ孔子ノ御座兩脇ハメ前ノ頬上ノ方唐破風ノ如ク繪樣アリ其上装束貫ノ間小壁ハメニシテ下ハ戸帳懸クルナリ

一總入ガハ縁ガハ共ニ瓦ヲ敷ク次第ハ先下ニ一通リ究其上ニ茶碗ヲ伏セ置ク如ク短ヲ立其上ニ四半瓦ノ高サ縁石ト同シ高サニ敷クナリ但瓦ノ厚サ一寸八分程瀬戸焼ノ如ク焼ヘシ

一前ガハ五軒總唐戸但シ一軒ニ六本宛ニ付地覆取リ置ニシテ先後總臺ノ居石ニ穴ヲホリ地覆仕合両脇方立シテ上下猫座ノ繪様ヲシテ取付ルナリ同唐戸サン八本中ニ竪サン一通リ十文字ニ組合不残サン頭内ノ方中高ニ削リ組合ナゲシ合シテ木ノ長面五カトル但内ノ方凸削リ二面ハ竹ノ内ノ如ク窪ヘシワタノ板入唐戸内ノ方下ノ小壁ニテツセンカラ草ホリ付同中ノ小壁ハガウシ組入裏板ハ青貝カ又ハ白ダンノ裏板ヲ當ル事ナリ同上ノ小壁黄連カラ草両面ホリ入ル何茂扉ニ金物アリ錠前内ノ方下ノサンニ三ツ坪打同ムソウノセン取付地覆ノ内面ニ二重ハシカミ右ノ三坪ヘ取合ムソウノセンヲサシ置ナリ但扉ノ立合様唐戸ノ頭上下ノツノ鴨居ト地覆トヘ切入立合扉外面ト地覆ノ外面ト一面ニ合スル様ニ立合スルナリ

一右ノ唐戸三拾本也内ノ方ヨリ錠ヲロシ出ルニ付左ノ脇ニ貳枚ヒラキノ門幅四尺貳寸高サハ地覆ノ上バヨリ腰貫ノ下バマテ両脇方立タテテ扉サン五本内ノ方ニ上下猫座付ケ内ヘヒラク立合セ様右ノ表唐戸ノ如ク同ク外ノ貫木授様ノ次第ハ両腰方立ニ貫木サシ置ク木ニ繪様致シ取付扉ニ二重ハシカミ一鏁ツヽ打同貫木表ノ方ニアダ坪二ツ打右ノハシカミ一ツハ貫木ノ立ノ方ヨリカケ一ツハ貫木ノ下ヨリカケ錠ヲロシ置クナリ但シ貫木長サハ両方柱ヘ押シ通シ取置ニ致ス物ナリ

一唐戸仕様ハ柱ノ太サヲ以テ定ル事ナリ

柱太サ定様前後中ノ柱共ニ太サ前ノ間一丈六尺間ニテ一寸貳分取リ同両妻中柱太サ寸取ニ致ヘシ　唐戸ハ柱ノ太サニテ三分ノ方立タテ同厚サハ戸ノ頭程サテ又方立横内法取リ一丈貳尺九寸貳分四厘有ルヲ六ツニ割リ一ツヲ唐戸幅トス

又其戸一枚ノ幅ヲ又六ツニ割リ一ツヲ頭ノ太サト
ス但シ三寸五分九厘ナリ　同高サハ地覆上ハヨリ
鴨居内法ヲ取リ一丈三尺五寸九分有ルヲ十二割
リ六ツヲ中ザンノ上バニ定ム但シ八尺一寸五分四厘
ナリ同其中サンノ上五尺四寸三分六厘ナリ但シ唐
戸ノ上方ヨリ次第上ニ三寸五分九厘ノサン有同
小壁一尺八寸八分七厘貳毛同三寸五分九厘ノサ
ン有同小壁二尺八寸三分八毛同三寸五分九厘ノ
サン有同小壁四寸一分八毛同三寸五分九厘ノサン
有同小壁二尺三寸八分三厘八毛同三寸五分九厘
サン有同小壁四寸一分八毛同三寸五分九厘ノサン
有同小壁二尺三寸八分三厘八毛同三寸五分九厘
ノサン有同小壁四寸一分八毛同三寸五分九厘ノ
サン有右ノ唐戸上ノ方ヨリ第一ノ間黄連カラ草
両面ニホリ入ル第二ノ間ガウシ組入第三ノ間小
壁入第四ノ間小壁入第五ノ間小壁入右三箇所
小壁ノ所中ニ竪サン組合有リ第六ノ間ニ小壁入
同ク唐戸内方ニテツセンカラ草ホリ付ル第七ノ

間ニ小壁入同扉ツリノジユク頭外ノ方ニ丸クサクリ
付ニ致ス可シ但シ總廻リ平桁上場ヨリ飛遠垂
木端一テ銅罘罳張ル
一小屋組土居木十子木如常但シ小屋短ニ段々ニ指
梁ニイタシノ桁ヲリ置ナリ其外如常兩妻破風
丸桁中墨ヨリ外ヘ立ル但入母屋作リシカイ垂木
數破風共ニ七本前包ミ長サニテ五分半幅ハ大斗
程組物三ツ斗二重梁繪様蛙股同棟下ハ太平
短繪様有リ破風ノ幅下留ニテ寸取厚サハ垂木ノ
太サ貳分増シ幅ハ上ニ三分増シ下ニ少増有リ前ハ
七ツ半一ヘ三欠ヘシ同懸魚幅破風ノ腰ニ枚一分下リ
ハ懸魚ニテ八分半下リ桁隠シ懸魚ハ陰陽ニ欠ヘ
シ同釘隠シカラ花六曜形同野垂木角木裏板
土居フキ如常屋上瓦フキ但シ瓦一通リニ釘三所
究指ス同下リ棟八箇所ノ内四箇所ハ棟ヨリ軒ヘ
下ル四箇所者右ノ下リ棟ヘ取付ケ角ヘ下ル此モ
如常瓦ニテ致スナリ○右八箇所ノ下リ棟ニ鬼龍
子ヲ居ユ其形ハ猫ニ似リ胸蛇腹毛筋ホリ付ケ口ハ

開ク卜不開卜牙有リ前ノ足ハ立テ後ノ足ハ折ル瓦ニテ焼物ニ造ルナリ高配七寸五分但屋子タル三尺四寸五分ノ長サ内ニテ一寸タルメニ致ヘシ

一 箱棟古老銭高サ三尺四寸五分両妻ガンギノ如ク箱棟疊ミ上ケ上ノ方ヲ破風葺瓦ヨリモ箱棟ノ上ノ方ヲ疊ミ出シ下ヨリガンギ見ユル様ニ致スナリ箱棟ノ下地ヲハ木ニテ致シ上包ハ元來銕ニテ包事ナレ圧瓦ニテモ不苦事也同両妻ニ鬼状頭ヲ居ユ其形ハ龍ニ似タリ胸ノ蛇腹鱗ホリ付髪毛ソウニタチ毛筋ホリ付背同尾ノサキ魚ノ如ク手前ヘ一ツ後ヘ一ツ出ス小角アリ銕或瓦ニテモ造ル但シ耳ハ無シ頭ニ鳥威ノ角 角ニテ物ヲ闘トテフ 二本銕ニテ長サ九尺上ノ方曲ラセ枝ニ股究付ケ鳥ノトマリ得ザル様ニ劍ノ刃ノ如クニ致スナリ右箱棟ノ上両妻ヘ状頭ヲ望カセ居置ナリ

一 右瓦葺屋上總シテ繼目ニ桐油シツクイヲカヒ箱棟包ミノ銕ヲハ全ク桐油シツクイニテ塗ルナリイツマテモ朽損スル丁ナシ

一 丸桁ヨリ上ハ釘打ズチキリ或ハアリ膌ヲ立テ其時ニ見合堅ムヘシ但シ丸桁ヨリ下ハ釘ニテモ苦カラサルナリ

一 總堂廻リ塗様三遍布ヲ衣黒漆ニ塗ル同廻リニカケ戸取置ニ寄カケ立置ナリ

一 捲蓬事

此ハ常ニハ取置祭ノ時許取付ル物ナリ 高サ貳丈六尺石ノ口ヨリ桁ノ上マテ 柱ノ太サ一尺貳寸四角柱ナリ桁行ハ本堂ノ如ク梁ノ間一丈四尺五寸ニ軒ニ割ル七尺貳寸間ツヽナリ本堂取付ノ方梁鼻出シ本堂ノ平桁ノ上ニカヽル内ノ方梁下明ケハナシ外桁廻シ三方内ノリ貫一通リツヽ貫ノ上六ハノ下ハ明ケハナシナリ屋上丸シ桁四通リ小屋短有垂木何レモ桁上ニテ繼メ仕合アリガケナリ 卜マノ仕様ハナヨ竹ニテ網代ニ組緣皮アテ桐油ニテシツクイ致シ両面共ニ塗リ緣カハニコハゼ取付垂木ニ懸合スルナリ 但シ上ハ黒ク下ハ内方朱色ニ桐油塗ナリ

以上本堂

此ノ末皆造作ノ仕様ハ本堂ヲ以テ本トスソレ

故末々ニハ譬ヘハ總臺ノ高サ本堂ノ如クト書
シテ委細ニハ不書前ヲ以可考合也

尊經閣　本堂後

一表長八丈
此ヲ五軒ニ割ル但シ両脇二軒ハ一丈九尺六寸間ツ
ツ中三軒ハ一丈三尺六寸間宛

一脇長五丈貳尺八寸
此ヲ三架ニ割ル但シ脇二架ハ一丈九尺六寸間宛中
一架ハ一丈三尺六寸間也

一總高六丈四尺九寸五分　古老錢上バヨリ伏蓮華下バマテ
但シ高サ四丈八寸九分ハ丸桁上ハヨリ伏蓮華
下バマテ

一居石四角同緣石總廻リ中仕切共ニ本堂ノ仕
方ノ如クナリ

一總臺高サ柱太サニテ九分取リ内四分ハ伏蓮花
ノ高サ同五分總臺ノ高サナリ共ニ如本堂

一柱太緣ガハ並ニ二階持ノ柱共ニ一尺三寸五分
但シ入ガハ柱太サ一尺六寸貳分共ニ丸柱也

一地覆高サ柱太サニテ九分取同厚四分取リ腰貫ヒ
貫幅柱太サニテ七分取厚三分取リ柱貫幅柱ノ太
サニテ八分取厚サハ肱木ノセイホト鼻出シ繪様
スヘシ

一腰屋子高サ定様高サ一丈九尺三寸八分丸桁上バヨ
リ伏蓮花ノ下ハマテ内一丈一寸五分ハ丸桁ノ高サ同其
下ニ一尺一寸五分ノ小壁有リ其下ニ幅九寸五分ノヒ
貫有リ同ヒヌキノ下バヨリ地覆ノ下ハマテ一丈六尺一
寸三分有ルヲナニ割リ六ツヒ貫下バヨリ腰貫ノ中
墨ヘ當ル同四ツハ腰貫ノ中墨ヨリ伏蓮華ノ下
バ迄

一腰屋子丸桁上バヨリ切目緣上バ迄七尺八寸九分也
腰屋上垂木カウバイ三寸四分ノカウバイ五寸五分
軒ノ出バナ三尺九寸丸桁中墨ヨリ萱負外マテ同
カヤヲヒノソリカヤヲヒセハ二本半ナリ

一高欄ノ幅四尺九寸五分柱中墨ヨリ高欄中ヌ三
マテ同高サ五尺鉾木上バヨリ地覆下バマテ○鉾
木丸シ太サ六寸平桁厚三寸幅六寸地覆太サ六寸四

方同上下ニ小壁アリ仕様ハ總高サヲ十割リ六ツ下ノ小壁四ツヲ上ノ小壁トス同欄干ノ短柱ノ大サ八寸但シ四方柱也短ノ頭蓮花上ヘ一ツ下ノ方ヘ一ツ繪様見合ヘシ高欄下ノ小壁何レモ万字形隔子ノ太サ貳寸四方宛ニ組合ノ所ハ長押合ニ致スナリ同上ノ小壁油烟形ノスカシ同廻リ玉ブチホリ付ケ同中ニ両面ニ黄連カラ草ホリ物有リ

一上ノ重高サ一丈三尺六寸二分丸桁上バヨリ切目縁上バマテ切目縁ノ上バニ柱太サニテ六分取リノ長押有リ同柱貫下ニ七分取リノ長押有リ同柱貫幅八分取リ厚サ肱木ノセイ程同ハナ出シ繪様アリ其上ニ出組物アリ同丸桁太サ一尺垂木カウハイ四寸カウバイ七寸五分屋上タルミ六分軒ノ長サ五尺七寸丸桁中墨ヨリ荳負外マテ破風丸桁ノ中墨ニ立ル懸魚蛙腰ニ重棰組物ニカイ垂木共ニ如ク本堂ノナリ

一小屋組屋上箱棟等總テ如ク本堂ノナリ

一四方ニ二階下共ニ門四箇所宛唐戸アリ仕方ハ如常立合様如シ本堂唐戸ノ但右ノ内門一箇所ニハ両方方立ニ貫木カスカイ打貫木押通シ錠ヲ口シ置クナリ

右ノ外立地割平妻其外内室指圖ニ枚同ニ階下共ニ木口繪圖ニ枚別ニ圖シ詳其寸法ヲ出ス此段ト引合セ委細ニ書記ス相考ヘ合スヘシ 事詳圖記

両廡 東西

一表長拾八丈

此ヲ拾二軒ニ割ル但シ九軒ハ一丈六尺間宛ニ軒ハ一丈二尺間宛

一脇長二丈四尺

此ヲ三架ニ割ル但シ前一架ハ六尺間殘二架ハ九尺間宛

一總高三丈四尺 箱棟上バヨリ伏蓮華ノ下バマテ

但シ高二丈二尺六寸五分ハ 丸桁上バヨリ伏蓮花下バマテ

一居石四角同縁石中仕切共ニ本堂ノ如ク

一總臺高サ柱太サニテ九分取リ内四分ハ伏蓮華ノ高サ同五分ハ總臺ノ高サ仕方本堂ノ如ク

一 柱ノ太サ一尺三寸二分廂ノ柱太サ一尺皆丸柱ナリ

一 地覆ノ高サ柱太サニテ九分取リ同厚四分取リ腰貫ノヒヌキノ幅柱太サニテ七分取厚三分取柱貫ノ幅柱ノ太サニテ八分取厚サ肱木ノセイ程同柱貫下ニ兩面柱太サニテ七分取ノ長押宥リ

一 高サ定樣ノ次第柱頭ニ柱太サニテ八分取ノ柱貫有リ其下ニ柱太サニテ七分取ノ長押有リ其外長押ノ下バヨリ地覆ノ上マテヲ取其レヲ十ニ割リ四ツ地覆ノ上バヨリ腰貫上バマテト定メ六ツハ腰貫上バヨリ長押ノ下バマテトス同前ノカワ一間通リハ三拾間ハ明ケハナシ上ニ落シカケノ如ク貫入小壁有リ同ク長押ノ下ニ柱太サ程ノ小壁有リ其下ニ柱太サニテ七分取ノ貫宥リ同厚サ三分取同前ノカワ總唐戸右ノ七分取ノ貫下ニ鴨居方立付ケ立合樣並唐戸ノ割樣本堂ノ如ク

一 三斗組物割樣本堂ノ如ク　同前軒ノ長サ二尺六寸九桁中墨ヨリ萱負ノ外マテ後軒長四尺二寸九桁中墨ヨリ萱負ノ外迄垂木カウバイ六寸五分ノカウバイ七寸切リ妻作リ

餘ハ圖ノ所ニ詳ニ書ス平妻木口割等ノ分可合見

戟門

一 表長八丈

此ヲ五軒ニ割ル但シ一丈六尺間宛ナリ

一 脇長一丈八尺

此ヲ二架ニ割ル九尺間宛也右表五軒ノ内三軒門兩脇一軒ツヽハ廻リハメナリ入口一箇所開戸ナリ　戸カマチ太サ四寸七分サン太サ四寸ナリサン數八本ツヽ二枚開キ貫木堅樣兩方立ニカスカヒ鉄物打貫木指シ通シ中メシ合頭ニ二重折セウガ鉄物打テ上下ヨリタリカケ中ニ唐錠ヲロシ置クナリ

一 總高三丈四尺五寸

但シ高サ二丈一尺五寸ハ丸桁上バヨリ伏蓮花下バ迄 古老錢上バヨリ伏蓮花下バ迄

一 居石四角同緣石總廻リ中仕切共ニ如本堂

一 總臺高サ柱太サニテ九分取內四分ハ伏蓮花ノ高サ五分ハ總臺ノ高サ也仕方如本堂ノ

一柱太サ定樣ハ廻リノ柱太サ間ニテ寸ヲ取リ中柱
四本ハ太サ間ニテ一寸二分取リ但シ桁行ノ間ニテ
太サ定ムヘシ何レモ丸柱也
一地覆高サ柱太サニテ九分取リ同厚サ四分取腰貫
ヒ貫幅柱太サニテ七分取厚三分取ル
一高サ定樣ハ丸桁下ニ柱ノ太サ二本ノ小壁有リ其下
ニヒ貫有リ右ヒ貫下ヨリ地覆下ヲ取テ十ニ割リ
四ツハ地覆下バヨリ腰貫上ハ迄六ツハ腰貫上バヨ
リヒ貫下バ迄ナリ　門ノ左右一軒ツヽノ所圓法ノ
窻アリ扇子ノ字モ丸ヒ貫ニ通ツヽ有リ内方メシ
合ニ戸ヲタツル也
一垂木カウバイ四寸六分ノカウバイ七寸軒ノ長サ五尺
五寸五分（丸桁中墨ヨリ萱負ノ外マテ）萱負ノ反リ萱負セイ一本半也
一入母屋作リ破風立所丸桁中墨ヨリ二尺立出シ破
風ノツラナリ同妻ニ前包ノ上三ツ斗梁太平短ノ拳八
十有リ同箱棟古老錢ノ高サ二尺一寸但シ疊三
上ケ樣如シ本堂ノ
餘平妻同内室ノ見樣木口ノ繪圖委細ニ圖ノ
所ニ記ス此ヲ以テ引合可考ハ見ル也
一表長サ八丈
大門（中門ハ常ニハ不通孔子ノ牲ヲ引キ入ルヽ時バカリ通ル也總シテハ東角西角門バカリ通ル事ナリ）
此ヲ五軒ニ割ル但シ一丈六尺間究也
一脇長三丈
此ヲ二架ニ割ル一丈五尺間究也右表五軒ノ内二
軒ハ門左右一軒ツヽハ廻リハメ入口一箇所開戸有
リ如戟門ノ
一總高サ四丈二尺五寸（古老錢上バヨリ伏蓮花下バ迄）
但高二丈四尺七寸五分ハ（丸桁上バヨリ伏蓮花下ハ迄）
一居石四角仕方如戟門ノ
一總臺高サ仕方同上
一地覆高サ仕方同上
一高サ定樣丸桁ノ下小壁割樣並門左右圓法ノ窻
等皆如戟門ノ
一柱太サ定樣廻リ柱ノ太サ一尺六寸八分但シ中柱四
本ハ太サ一尺九寸二分共ニ丸柱也
一垂木カウバイ五寸ノカウバイ七寸五分軒ノ長サ五尺

八寸五分丸桁中墨ヨリ萱負ノ外マテ同萱負ノ反
萱負ノセイ一本八分ナリ
一入母屋作リ破風立所中墨ヨリ一尺二寸立出シハフ
ノツラナリ同シガイ垂木破風共ニ五本打同妻ニ
前包ノ上ニ三ツ斗梁太平短拳ハナ有同箱棟古老
錢高サ三尺但シ疊様ハ如本堂
餘平妻同内室ノ見様木口等圖ニ詳ニ記ス
可合見

明倫堂

一表七丈一尺四寸
此ヲ五軒ニ割ル一丈四尺二寸ハ分間究ナリ
一脇三丈五尺七寸九分
此ヲ五架ニ割ル左右二架ハ七尺五寸間ツヽ中三
架ハ六尺九寸三分間ツヽ
一總高サ四丈七尺七寸　古老錢上バヨリ伏蓮花下バマテ
但高サ二丈三尺七寸ハ　丸桁上バヨリ伏蓮花下バマテ
一居石仕方如本堂
一總基高サ仕方同上

一柱太サ椽カハ入頬共ニ一尺六寸二分何レモ丸柱也
一地覆ノ高サ柱太サニテ九分取リ厚サ四分取リ腰貫
ヒ貫幅柱太サニテ七分取厚三分取柱貫幅太サニ
テ八分取リ厚サハ肱木ノセイ程ハナ出シ繪様致ス
ヘシ
一高サ定様柱貫ノ下ニ柱太ニ程ノ小壁有リ其下ニ
ヒ貫有リ同腰有リヒ貫ノ下バヨリ地覆ノ上バヲ十
割リ四ツハ地覆ト腰貫ノ間小壁ニ用ユ六ツハ腰
貫トヒ貫ノ間小壁ニ用ユ同小壁ノ厚サ腰貫厚サ
ヲ三ツニ割リ一ツ分也
一平桁ノ厚サ肱木ノセイ程幅ハ柱ホト鼻出シ繪
様如本堂
一組物出組割リ如本堂
一地ノ垂木カウバイ二寸六分飛檐カウバイ貳寸五
分軒長サ六尺三寸丸桁中墨ヨリ萱負外マテ同
萱負ノ反カヤヲヒノセイ貳本半ナリカウバイ七寸
五分タルミ三六分ナリ
一入母屋作リ破風立所丸桁外ノツラ破風ノ外ト合

スヘシ但シカヒ垂木敷破風共ニ七本同妻ニ前包ノ上
ニ三ツ斗栱太平短拳バナ箱棟古老錢ノ高サ三尺
仕方皆如本堂ノ

鐘樓

餘内室平妻見樣木口等圖ニ詳ナリ可合見

一總間一丈八尺四方但シ二軒ニ割九尺間完同入頬
一丈二尺ヲ二間ニ割ル六尺間ツヽ也

一總高サ三丈六寸　古老錢上バヨリ伏蓮花下バマテ
但シ高サ貳丈一尺六寸ハ　地覆下バヨリ丸桁上バマテ

一居石ノ仕方總廻リ入頬共ニ如本堂ノ

一總臺ノ仕方如本堂ノ

一柱ノ太サ七寸五分同入カハノ柱ハ九寸共ニ丸柱也

一地覆ノ高サ取樣皆如戴門ノ

一腰屋上高サ定樣ハ腰屋上高サ一丈一尺三寸丸桁
上バヨリ伏蓮花下バマテ丸桁下ニ太柱一本程ノ小
壁有リ其下ニ柱ニテ七分取ノ比貫有リ其下ニ
鴨居有リ地覆下バヨリ鴨居下バヲ十ニ割リ四ツハ
鴨居下バヨリ敷居上バマテ六ツハ地覆ノ下バヨリ
閾ノ下バ迄閾ト地覆ノ間ニ小壁有リ

一腰屋上垂木カウバイ四寸ノカウバイ五寸五分軒ノ
長サ三尺丸桁中墨ヨリ萱負ノ外迄

一上ノ重高サ七尺二寸　丸桁上バヨリ切目縁上バマテ
同丸桁ノ下ニ柱一本ノ小壁アリ其下ニ鴨居有リ切
目縁上ハニ柱ノ太サニテ五分取ノ長押アリ垂木カ
ウバイ六寸ノカウバイ七寸五分軒長三尺三寸丸
桁中墨ヨリ萱負ノ外迄同カヤシヒノ反カヤシヒ
セイ貳本也

一高欄ノ幅二尺二寸五分高欄ノ高サ割樣ハ如常ノ
同短柱頭ノ刻樣圖ニ詳ナリ故ニ畧ス

一入母屋作リ破風立所丸桁中墨ヨリ一尺五寸破風
ノツラニ立出ス但シカイ垂木破風共ニ二本同前
包其上ニ木隔子ノ窻有リ同箱棟ノ高サ一尺五
寸同古老錢疊ニ上ケ樣ハ如本堂ノ

餘平妻木口割圖ニ詳ニ記ス

鼓樓

一右總シテ高サ共ニ作リ樣皆同鐘樓ニ但シ鐘樓ニ

八屋上裏アリ鼓樓ニハ天井アル丶テナリ圖ニテ可㕘
見

中軍廳 明倫堂ニテ事ヲ行フ時重キ官人ノ支度スル所ナリ

一表三丈六尺
此ヲ四軒ニ割ル但シ九尺間究
一脇一丈八尺
此ヲ三架ニ割ル六尺間究也
一總高サ三丈六寸 箱棟上バヨリ伏蓮花下バ丶テ
但高サ一丈八尺九寸八 地覆下バヨリ九桁上バ丶テ
一居石四角仕方如本堂ノ
一總臺高サ仕方同上
一柱ノ太サ總廻リ入頬共ニ一尺三寸五分丸柱也
一地覆高サ取様柱太サニテ九分取リ厚サ四分取
リ腰貫比貫ノ幅柱ノ太サニテ七分取リ厚サ三分取
リ柱貫幅柱太サニテ八分取厚サハ肱木ノセイ程ハ
ナ出シ繪様アリ但シ三ツ斗ノ組物割様如本堂
一高サ定様一丈八尺九寸柱貫ノ下ニ柱一本ノ小壁ア
リ下ニ比貫アリ比貫下バヨリ地覆上ハヲ十ニ割リ
四ツハ地覆ノ上バヨリ腰貫ノ下バ迄六ツハ腰貫ノ上
バヨリ比貫ノ下バ丶テ同垂木カウバイ六寸ノカウバイ
七寸但内室ノカウバイ四寸軒ノ長サ五尺一寸九桁中
墨ヨリ萱負ノ外迄切リ妻作リ也 外ハ圖ニ詳ナリ

旗鼓廳 同上 右造様丈尺皆如中軍廳

學舍

學舍ハ學生ノ寮ナリ第一依仁齋ト云其次キヲ據德齋ト云右ニツハ學問成就身修タル人ノ寮ナリ游藝齋ハ諸藝ヲ習フ人ノ居所ナリ初學ノ者ヲハ志道齋ニ居クナリ

一表拾二丈 此ヲ二拾軒ニ割ル但シ六尺間究也
一脇一丈八尺 此ヲ三架ニ割ル但シ六尺間究也
一總高サ三丈一尺二寸 箱棟上バヨリ伏蓮花下バ迄
但シ高サ一丈八尺七寸五分八 九桁上バヨリ地覆下バ迄
一居石ノ仕方
一總臺ノ高サ割様
右仕方如本堂ノ
一柱太サ一尺二寸總廻リ中仕切共ニ但丸柱ナリ
一地覆高サ割様並ニ三ツ斗組物如中軍廳ノ
一高サ定様次第如前但軒長サ五尺一寸九桁中

墨ヨリ萱負ノ外迄同萱負ノ反カヤヲヒノセイ一丁
本ナリ同垂木カウバイ二寸五分ノカウバイ七寸也
一妻入母屋作リ前包有リ同其上ニ三ツ斗ノ組物梁
太平短峯八十宥リ同破風立所丸桁中墨ヨリ
破風面迄二尺二寸立出シ同シカヒ垂木數破風共
ニ四本也
餘平妻木口圖ト引合可見也
儀門（明倫堂ニテ事アル時ハ東西門ヲ通ル常ニハ儀門ヲ通ルナリ）
一表七丈一尺四寸
此ヲ五軒ニ割ル但シ一丈四尺二寸八分間ツヽ
一脇一丈八尺
此ヲ二架ニ割ル但シ九尺間ツヽ
一高サ二丈七寸（丸桁上バヨリ地覆下バ迄）
右何レモ造リ様ノ仕方如戟門也
進賢樓
一表七丈一尺四寸
此ヲ五軒ニ割ル但シ一丈四尺二寸八分間宛
一脇二丈八尺八寸

此ヲ二架ニ割ル但シ一丈四尺四寸間宛也
表五軒之内三軒ハ門左右二軒ハハメナリ
一總高サ五丈四尺二寸（古老錢上バヨリ伏蓮花下バ迄）
但シ高三丈三尺六寸ハ（丸桁上バヨリ地覆下バ迄）
一居石四角仕方如前
一總臺高取様同上
一柱太サ一尺九寸二分但シ中柱四本ハ廻リ柱太サニ
二分増シナリ
一地覆高サ取様如前
一高サ定様ハ切目縁ノ上バヨリ地覆下バ迄一丈九尺
五分同縁頭有リ其下ニ出組ノ組物有リ同柱
貫ノ下ニ柱一本ノ小壁アリ下ニ比貫有リ比貫下
バヨリ地覆上バヲ取テ十二割リ四ツハ地覆ノ上バヨ
リ腰貫ノ中墨ニ定ム六ツハ腰貫中墨ヨリ比貫ノ
下バヘ當ツヘシ
一上ノ重高サ定様一丈四尺五寸五分丸桁上バヨリ
切目縁ノ上バ迄丸桁下ニ出組ノ組物アリ組物
割様ハ如本堂同柱貫有リ下ニ柱ニテ六分取ノ

長押有リ下ニ鴨居有同切目縁ノ上バニ柱ニテ
六分取ノ長押アリ
一高欄ノ幅三尺九寸同高欄ノ割様ハ如レ常
一軒ノ長六尺九桁中墨ヨリ萱負外迄同萱負及ヒ
カヤヲヒノセイニ本也同垂木カウバイ三本六分ノ
カウバイ七寸五分タル三五分
一妻入母屋作リ前包ノ上ニ三ツ斗ノ組物繪様梁
太平短拳八十有リ同破風立所九桁外面ニ同破
風ノ外ニ立ヘ同シカヒ垂木數破風共ニ七本古

老錢ノ高サ三尺右仕方ハ如二本堂ノ
餘平妻内室弄ニ二階下木口ノ仕方圖ニ
詳ニ記ス引合テ可レ見

金皷亭

一表一丈二尺
此ヲ二軒ニ割ル但シ一軒六尺間ツヽ
一脇九尺
此ヲ二架ニ割ル但シ四尺五寸間ツヽ
一總高サ二丈一尺四寸五分 桁棟上バヨリ土臺下バ迄

但シ高一丈四尺四寸ハ 桁上バヨリ土臺下バ迄
一柱太サ九寸何レモ丸柱也比貫ノ幅柱太サニテ七
分取リ厚三分取同桁ノ下ニケイ有リ其下ニ柱
一本ノ小壁有リ其下ニ比貫ノリ同土臺高サ九
寸六分幅モ同シ程ナリ裏頰ハメ兩脇ノ間中敷
居前ハ明ケハナシ
一兩脇ノ間ニ土臺上バヨリ柱程ノ小壁有リ其上ニ
敷居有リ同敷居ノ厚サ柱ノ太サニテ三分取幅
ハ柱程ナリ

一垂木カウバイ六寸五分ノカウバイ七寸タル三二分也
一切妻作リツハ軒長サ三尺三寸其内ニ破風共ニ
五本同破風ノ幅九寸但シ上ヘ四分増シナリ妻ノ
短推ノ實形同箱棟ノ高サ一尺八寸仕方ハ兩廡ノ
棟ノ如ク
餘ハ圖ニ詳ニ記ス

掌號

一表脇何レモ造様ハ如二金鼓亭ノ
但シ高サ八一丈二尺九寸 土臺下バヨリ九桁上バ迄

射圃 在本堂左大射禮鄉飲酒此所ニテ行フナリ鄉飲酒モ弓イル時バカリ射圃ニテ行フ弓イザル時ハ明倫堂ニテ行フナリ

一 表七丈一尺四寸

此ヲ五軒ニ割ル但シ一丈四尺二寸八分間宛

一 脇三丈六尺

此ヲ五架ニ割ル但前後ノ椽頰ハ七尺五寸間ツヽ中三架ハ七尺間宛

一 總高サ四丈四尺四寸 古老錢上バヨリ伏蓮花下ハ迄

但シ高一丈二尺九寸五分ハ 地覆下バヨリ丸桁上バ迄

一 居石仕方

一 總臺高サ 右如本堂仕方

一 柱太サ椽カハ入頰共二尺六寸二分丸柱也

一 地覆ノ高サ柱ノ太サニテ取樣如中軍廳

一 高サ定樣ハ如前

一 平桁厚サ肱木ノセイ程幅柱太サ程ハ十出シ繪樣如本堂

一 組物三ツ斗割樣ハ皆如本堂

一 垂木カウハイ三寸八分軒ノ長サ六尺四寸五分丸桁中墨ヨリ萱負ノ外迄同萱負ノ反カヤヲヒセイ二十分也ノカウバイ七寸五分タルミ六分

一 入母屋作リ破風立所丸桁外ノツラ破風ノ外ト合セテ立ベシ同シク垂木數破風共ニ七本同妻ニ前包ノ上ニ三ツ斗組物梁太平短拳八十有リ同古老錢ノ高サ二尺七寸五分但疊樣ハ如本堂

餘平妻内室見樣木口ノ亘圖ニ詳ニタリ

一 的鳥居高サ一丈二尺幅二間的木綿桐油カキ色ニ入リ熊ノ前足ヲ立後足ヲ折ル畫ク星ヲ五ツ付横ニ三ツ中ヨリ下ニ二ツ附也

監箭 的ノ射手ヲ見ル所ナリ

一 表三丈六尺

此ヲ六軒ニ割ル但シ六尺間ツヽ

一 脇一丈二尺

此ヲ二架ニ割ル但シ六尺間宛也

一 總高サ二丈三尺七寸 古老錢上バヨリ伏蓮花下バ迄

但シ高一丈五尺土臺下バヨリ桁上ハ迄同桁下ハニケイ有リ其下ニ柱太サ程ノ小壁アリ其下ニ比貫アリ同土臺上バヨリ比貫下バヲ取テ十ニ割リ四ツハ

二ハ土上バヨリ腰貫ノ中墨ニ立テ同六ツハ腰貫ノ中墨ヨリ比貫ノ下バ定ム

一柱ノ太サ九寸同腰貫比貫ノ幅柱太サニテ七分取厚三寸分取同軒長サ四尺五寸九桁中墨ヨリ萱負ノ外迄同カヤヲヒノ反カヤヲヒノセイ一本也同垂木カウバイ四寸ノカウバイ七寸五分

一妻入母屋作リ前包有リ破風立所桁中墨ヨリ二尺五寸外ヘ立出シ破風面ニ定ヘシ同シカヒ埀木數破風共ニ五本同古老錢ノ高サ一尺三寸疊様ハ如

本堂ノ但シ箱棟ノ仕方ハ兩廡ノ如シ

此外ノ仕方ハ圖ニ詳ニ記ス可合考

燕寢 休息ノ所ナリ

一右表腸丈尺共ニ何レモ仕方如監箭也

報鼓 旗ヲ擧ケ喇叭ヲ吹時ヨニテ太鼓ヲウツ所ナリ

一右高サ丈尺共ニ何レモ作リ様如金鼓亭也

擧旗掌號 中リ矢ノ時旗ヲ擧ケ喇叭ヲ吹ク所ナリ

一右表腸間共ニ何レモ作リ様皆如金鼓亭也

但シ高サハ上ノ掌號ト同シ高サニテ一丈二尺九寸也

土臺下バヨリ九桁上バ迄

饌房 六宇在兩廡後

右高サ並表腸作リ様皆同但シ宰牲所許表十二軒ノ違ヒアリ詳ニ末ニ出ス因テ東方ヨリ初テ實邊所ヲ以テ次第ス

東

實邊所

一表四丈八尺

此ヲ八軒ニ割ル但シ六尺間宛也中ニ仕切有リ

一腸二丈四尺

此ヲ四架ニ割ル但六尺間宛也

一總高サ三丈一尺五寸 土臺下バヨリ箱棟上バ迄

但シ高サ一丈五尺ハ 九桁上バヨリ土臺下バ迄

一柱大サ九寸同貫幅柱ノ太サニテ七分取同厚サ三分取桁ノ太サ柱太サ程ナリ但シ柱ハ何レモ角柱也

一高サ定様ハ一丈五尺 土臺下バヨリ桁上バヘテ 同桁ノ上ニセンクワ有リ センクワノ仕方本堂ノ如ク 下ニ一尺八寸ノ小壁有リ其下ニ比貫有リ比貫ノ下ヨリ下ノ貫ノ上バヲ取テ十二

西

鼎俎所　同

烹飪所　同

右表脇並丈尺高サ共ニ作リ様皆ナ如ク實ノ遵ル所ニ

潔牲所

一表七丈二尺

此ヲ拾二軒ニ割ル但シ六尺間究也

一脇二丈四尺

此ヲ四架ニ割ル但シ六尺間究也右作リ様並高サ共ニ戸口ノ仕方迄皆ナ如ク實ノ遵ル所也但シ表ノ軒數ノ長キ迄也

頖水　養老ノ禮ノ時ハカリニ老五更勿論天子諸侯中橋中門ヨリ出入ス常ニハ雖ニテモ不通ナリ

一頖水長折廻リ百五拾間幅三間

一橋五箇所前ニ三箇所兩脇ニ一箇所ツヽ橋ノ長サ三間半幅二間ヌハ常ノ橋ヨリ少ク高欄ノ高サハ其時ニ至テ見合ヘシ

櫺星門　三ツ共ニ同シ事雖ニテモ通ルナリ

一幅丁入二尺高内法リ九尺一寸五分地覆上ハヨリ割リ上ノ交四ツ下ノ交六ツニシテ内法リ貫ニ定ムヘシ下ノ貫下ハヨリ土臺上ハ迄柱一本置クナリ同土臺ノタケ柱ノ太サ程幅ハ一寸也

一垂木カウバイ四寸同ノカウバイ七寸五分ナリ同タルミ三寸分ナリ

一軒ノ長サ桁ノ中墨ヨリ萱負ノ外迄四尺九寸五分

一妻入母屋作リ其ノ上ニ短有リ但前包ノ太サ程同桁ノ太サモ右短ト同斷同短柱ノ兩脇木隔子ノ窻有リ同破風ノ立所桁中墨ヨリ破風ノツラ迄一尺八五寸立出ス同シカヒ蟇木數四本ナリ

一箱棟ノ高サ二尺一寸仕方兩廡ノ棟ノ如シ　同ヲ以テ可見合ス

一後兩脇ハメ前内法リ貫ヨリ下ハ明ケハナシ

一戸口仕様ノ次第向テ左脇間中ニ二間ノ戸口有リ同後ニ中ニ二間ノ戸口有リ向テ右ノ間後ニ中ヨリ左ニ二間ノ戸口有リ

餘平妻木口ノ亘リ詳ニ圖ニ出ス可合見ス

酒醴所　作リ様同シ上

蒸饎所　同

カブキ　下バ迄

一柱ノ太サ一尺三寸五分地覆ノ高サ柱ノ太サニテ七分取同厚サ四分取リカブキノ長サ一尺三寸五分厚サ九分取左右ニ屏カブキノ下バヘヲサマル様ニ立ヘシ

餘ハ圖ニ詳ニ記ス

以上　本堂丹墀深サ三丈　明倫堂丹墀二丈
啓聖宮ハ一丈五寸

一總圍百七拾間四方但シ東脇中央ヨリ北折廻リ西中央迄塀ヲ立ツ同東中央ヨリ南折廻リ西中央迄ハ柵ヲ立ツ柵ノ内總廻リ門三所ニ開ク詳ニ立地割ノ大指圖ニ記ス凡ツ地方一里四方ヲ地取シテ地形ハ北上リニシ、間々ニ谷峯ヲ致シ樹木ヲ植ヘ見計ヒ地形致ス事也

牌位

先師孔子

一長三尺三分幅六寸五分厚サ八分半

一趺ノ高九寸五分下ノ横幅一尺五寸上ニテ一尺三寸上ノ竪幅五寸六分下ノ竪幅七寸五分形チ上臨ク下廣也

一文字ハ鐫テ金ヲ置ク

一金ヲ押タル所ハキテウメン其上ニ金ヲ置ク其下ハホリクボメ青漆ニ塗ル

一牌位趺共ニ裏ハ黒漆ニ塗ル

右用日本ノ大工尺ヲ

同

一長二尺二寸三分幅七寸厚サ八分半

一趺高サ一尺三分下横幅一尺六寸一分上ニテ一尺四寸上竪幅六寸下竪幅八寸二分形チ上臨ク下廣ナリ

一文字ハ鐫テ其ノ上ニ金ヲ置ク金ヲ押タル所ハキテウメン其下ハホリクボメ青漆ニ塗ル

一牌位趺共ニ裏ハ黒漆ニ塗ル

右用大明本匠尺ヲ

四配

一長二尺八分幅五寸三分厚サ五分半趺高四寸三分横一尺七分厚三寸

一哲

一長二尺六分幅四寸三分厚五分半蹈ハ三寸七分
横八寸七分厚サ二寸八分

七十二子

從祠

一長一尺八寸三分幅三寸三分厚サ五分半蹈高三
寸四分横八寸一分厚サ二寸八分

一長一尺四寸七分幅二寸五分厚四分半蹈高二
寸八分横八寸厚サ二寸五分

右ハ同用ユ大明木匠ノ尺ヲ

捲蓬

此ハ常ニハ取置祭ノ時ニ臨テ取付ルナリ

中巻四十三

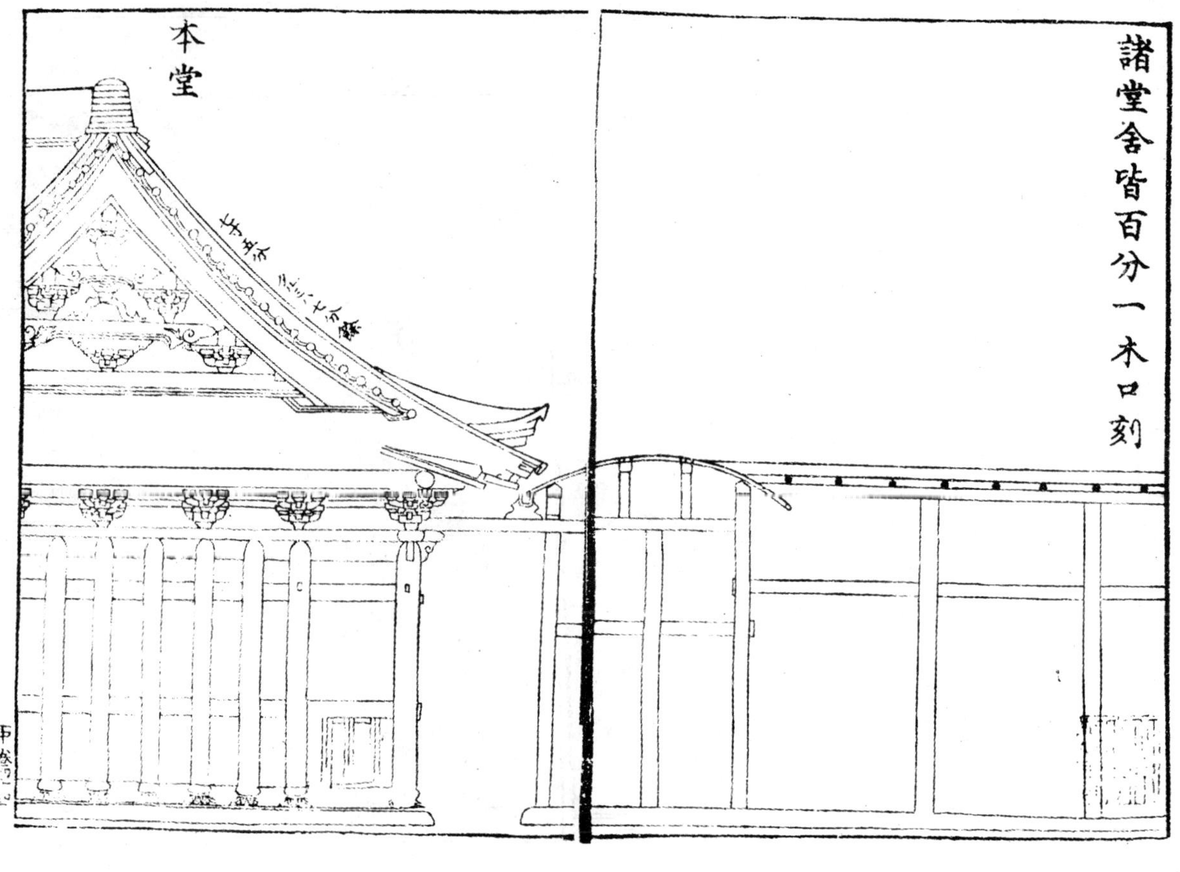
本堂
諸堂舍皆百分一木口刻

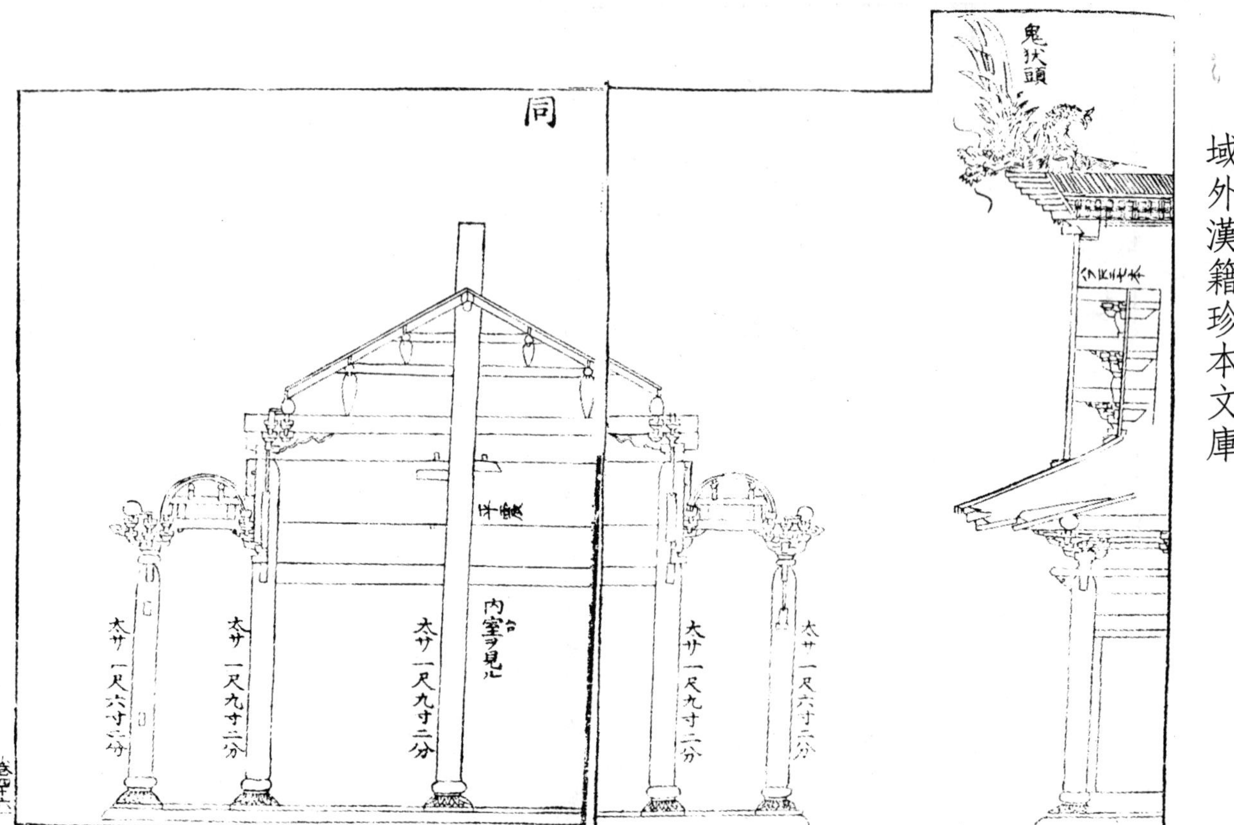

同

一丈六尺間

二架ニテ九尺

八架ニテ三丈一尺五寸

九尺間

角ハ七本ニシ扇ニ打合

垂木二十二本

二十二本　二十二本　二十二本　二十二本

本堂屋上裏

百分一木口刻

一丈五尺七寸五分間

妻一間ノ内室ナリ

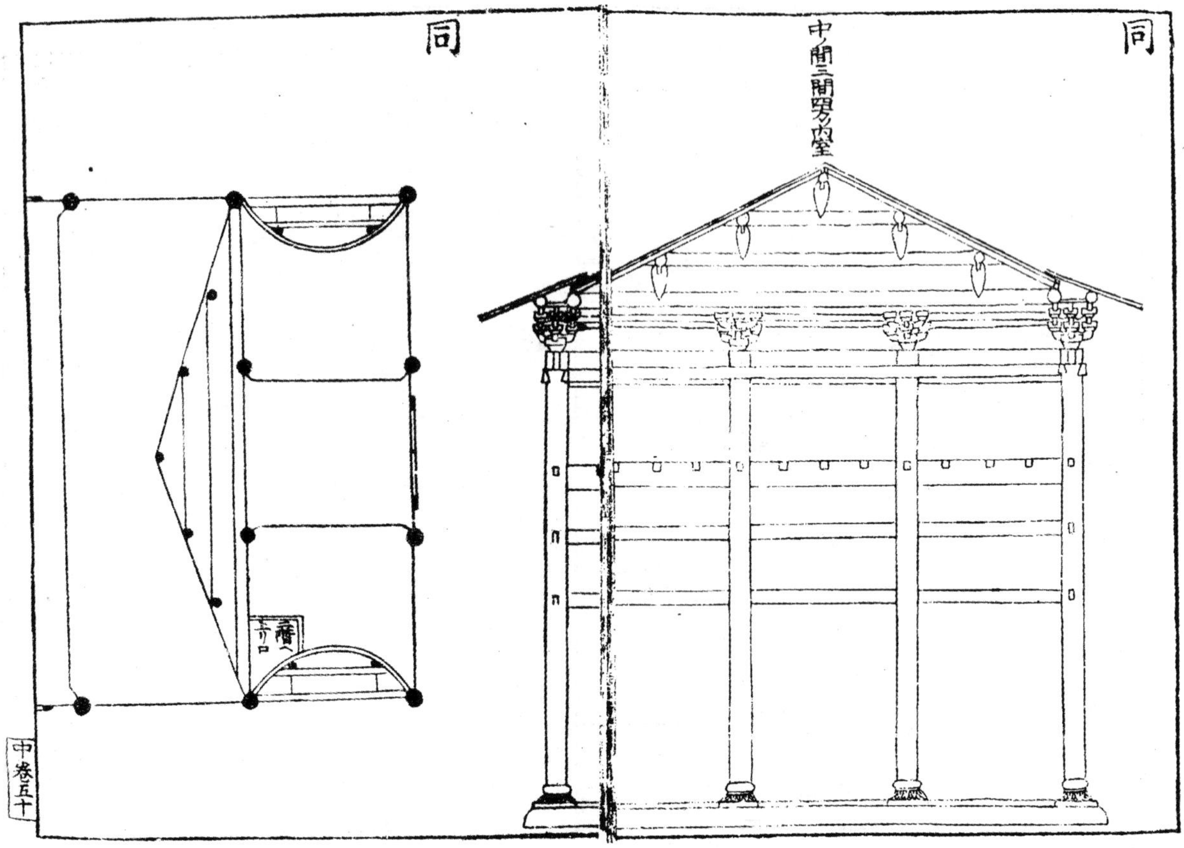
同
中間三間架内室
同
中巻五十

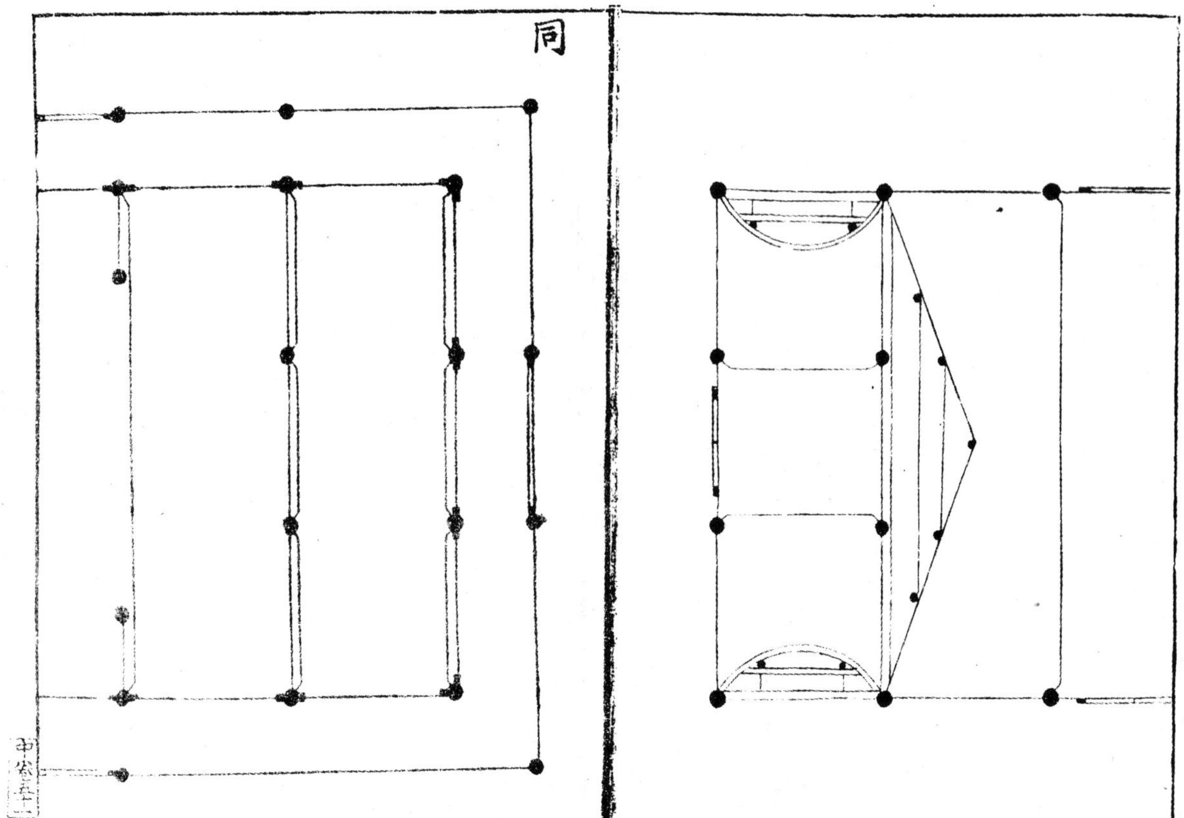
同
中巻五十一

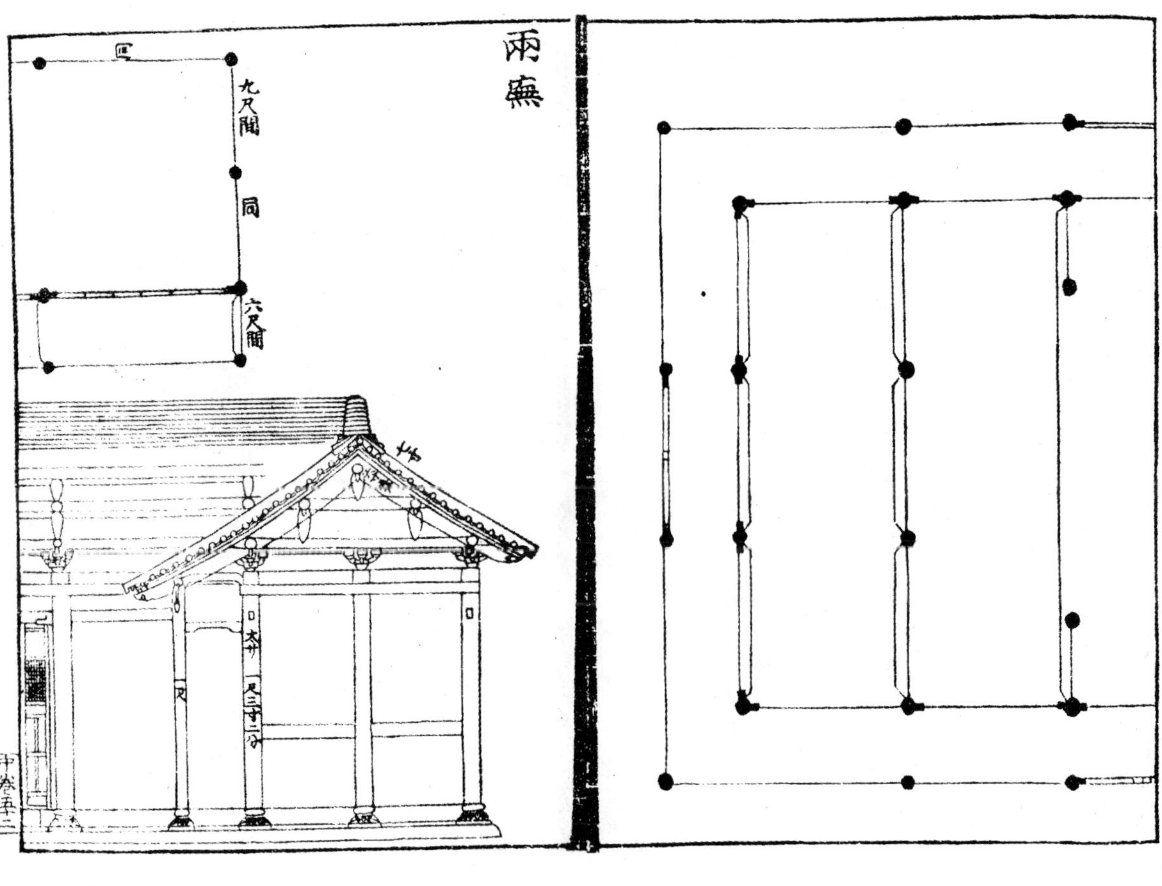
兩廡
九尺間
同
六尺間

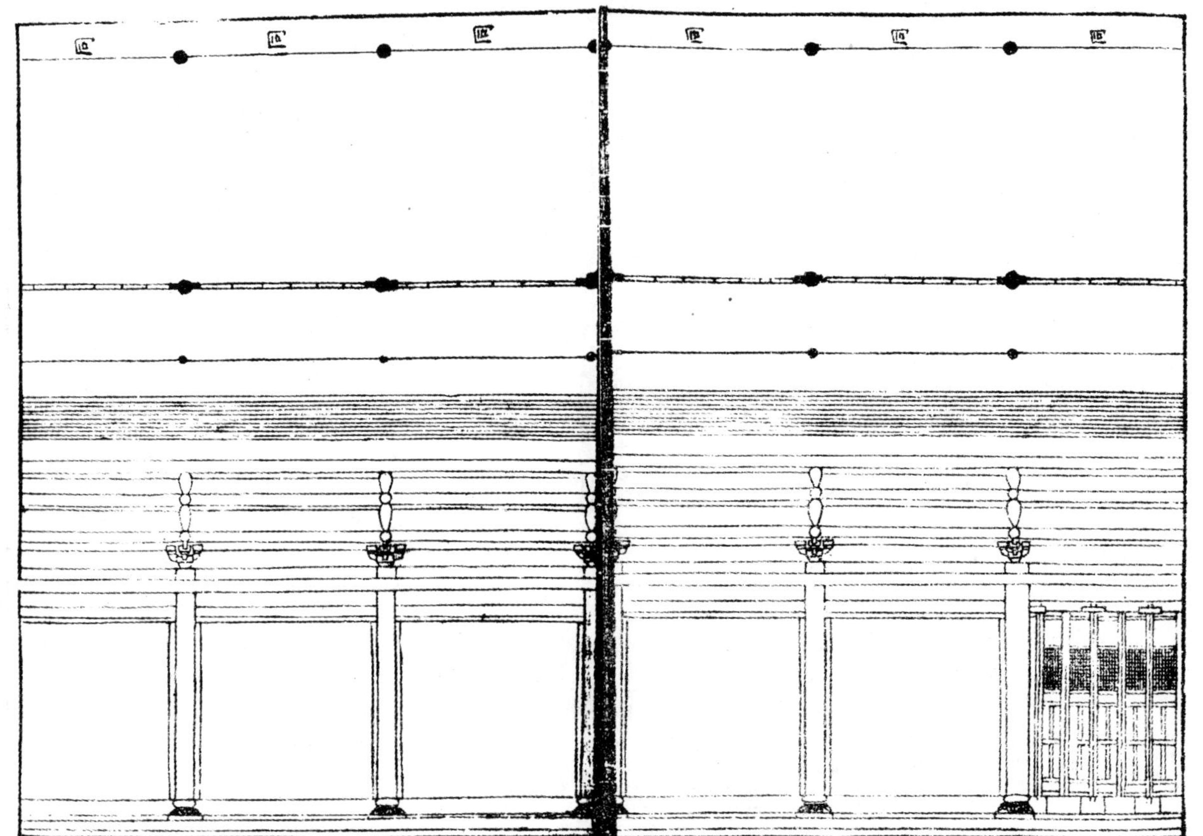

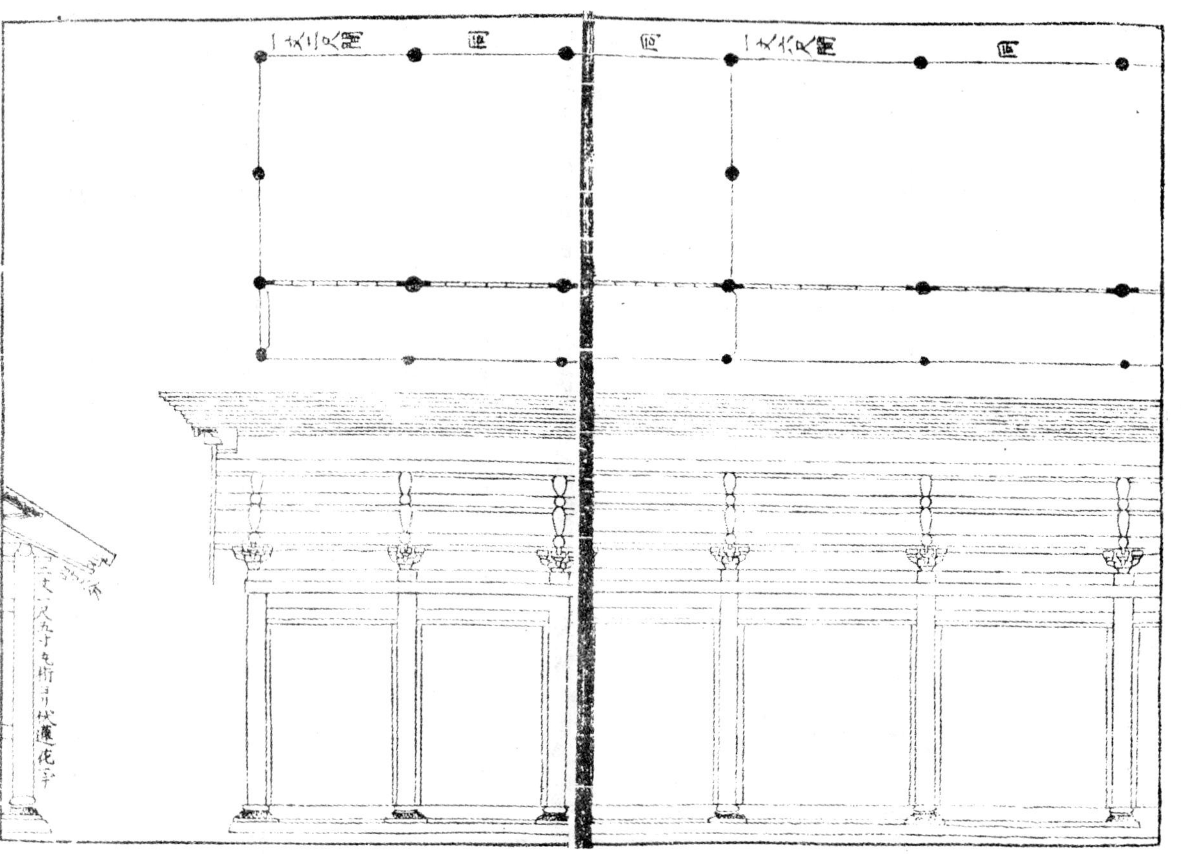

戟門

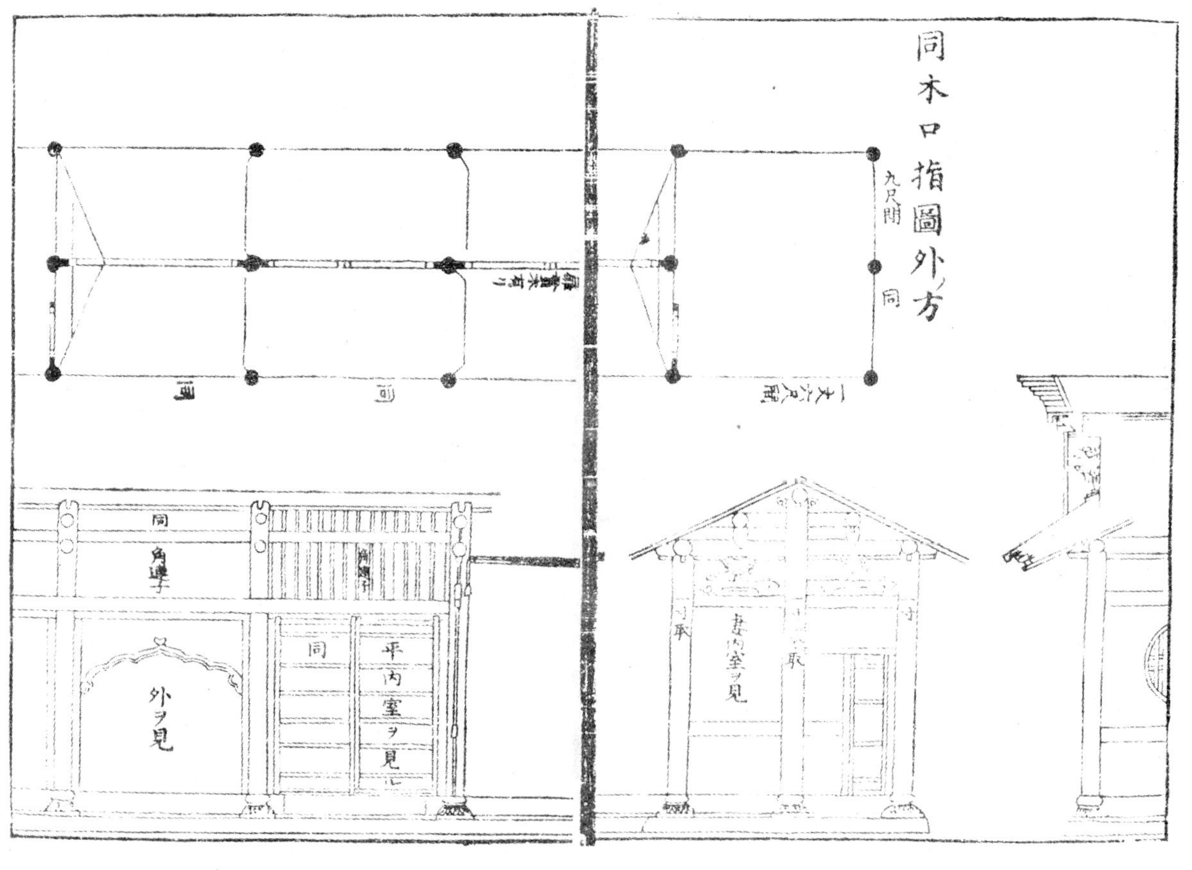
同木口指圖外方
九尺間
同
同
同
内障子
同
平内室ヲ見ル
外ヲ見
妻内室ヲ見

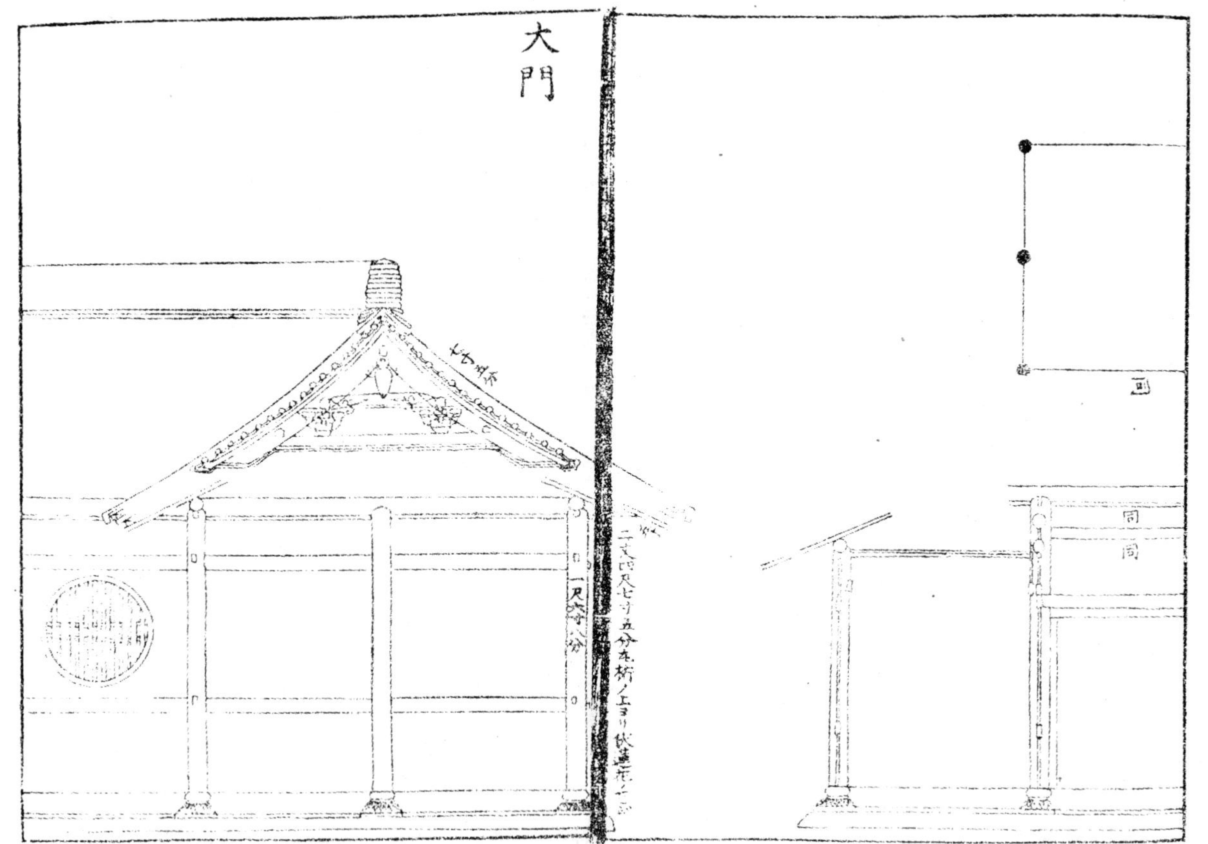
大門
同
同

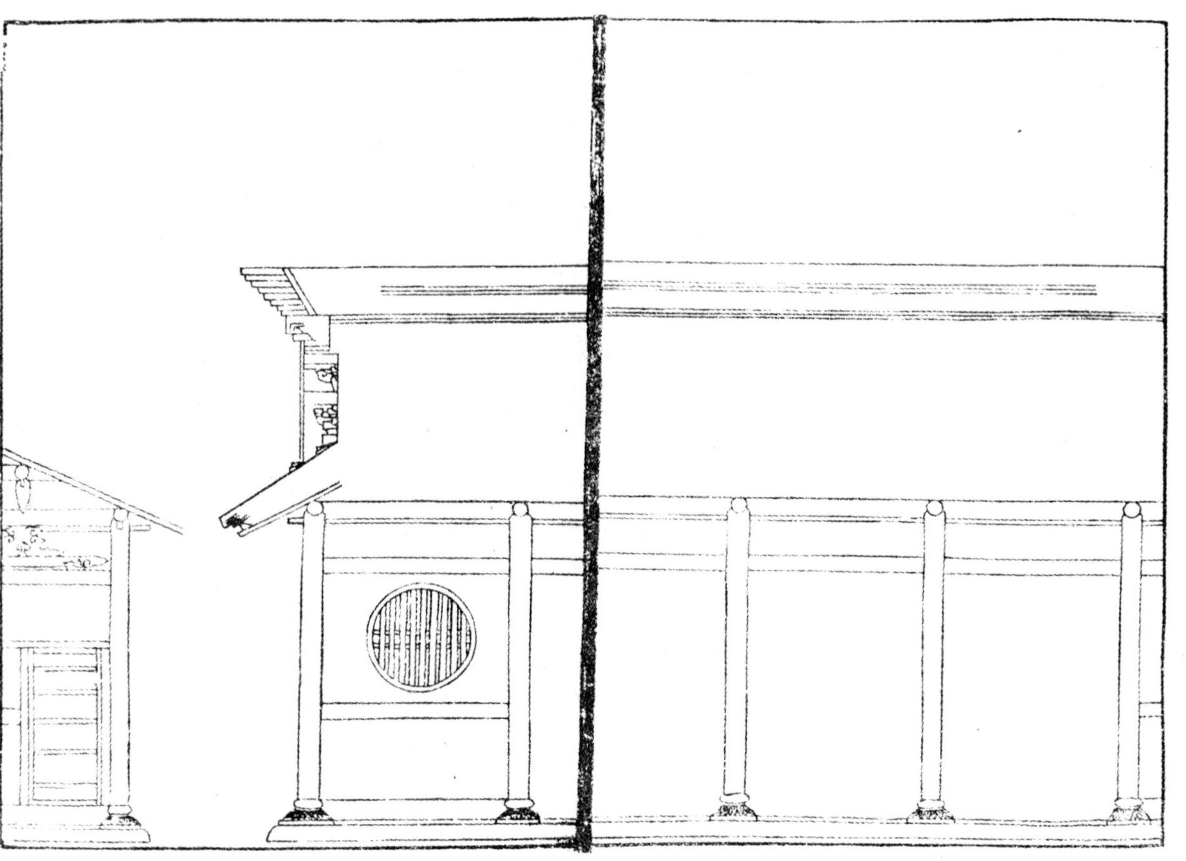

門ノ外ヲ見

門内ヲ見ル

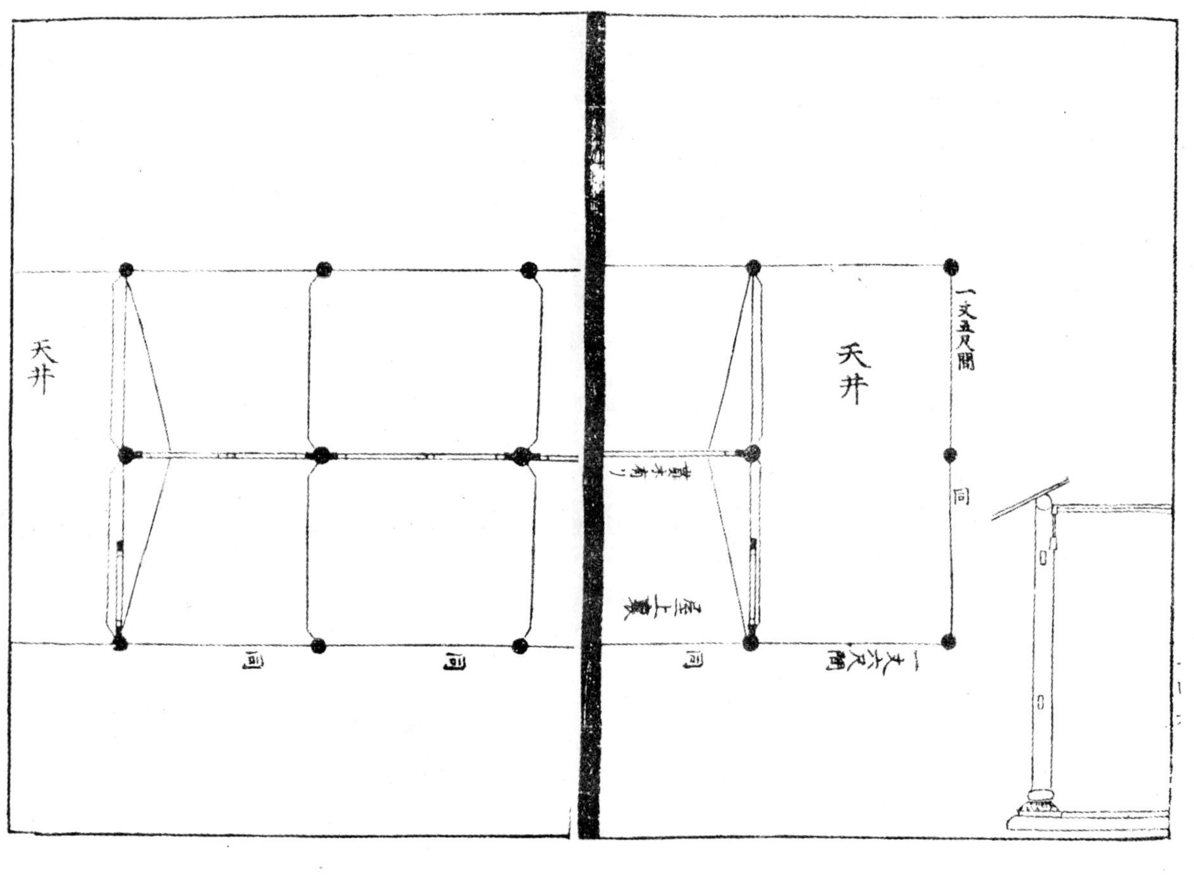

明倫堂

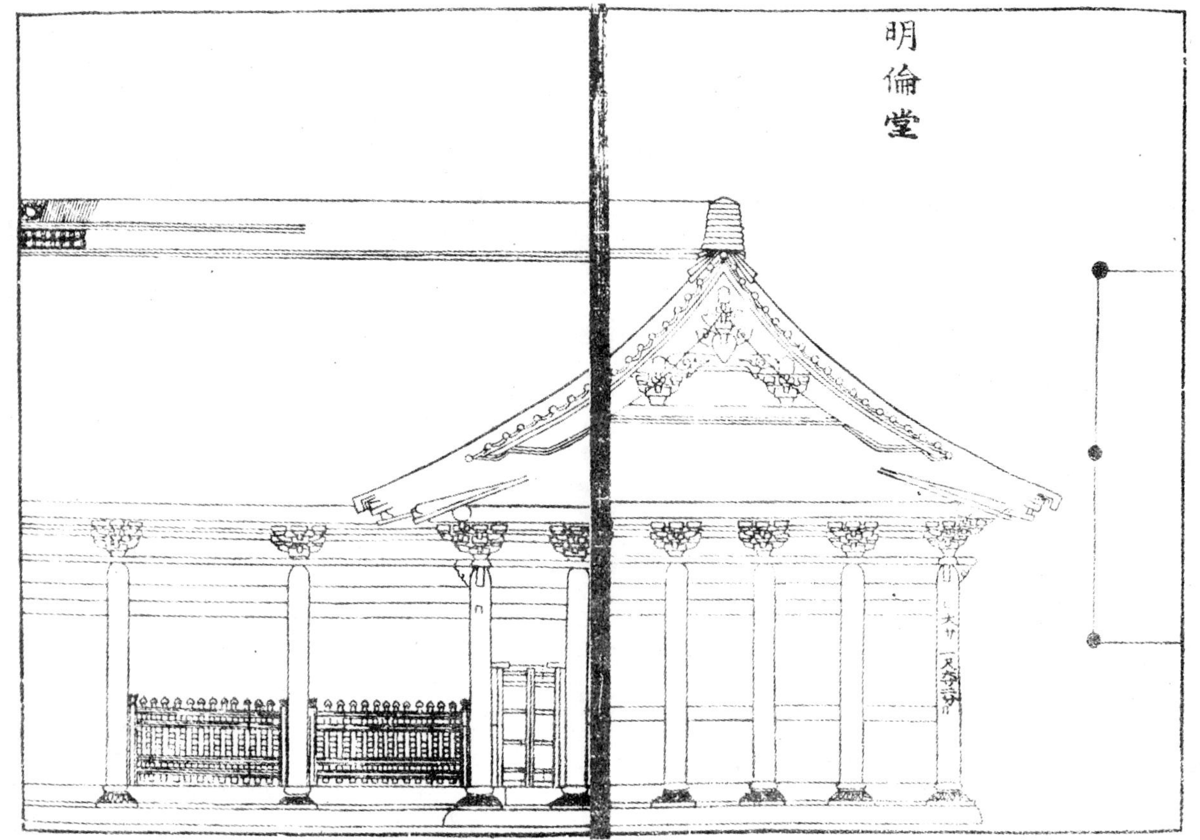

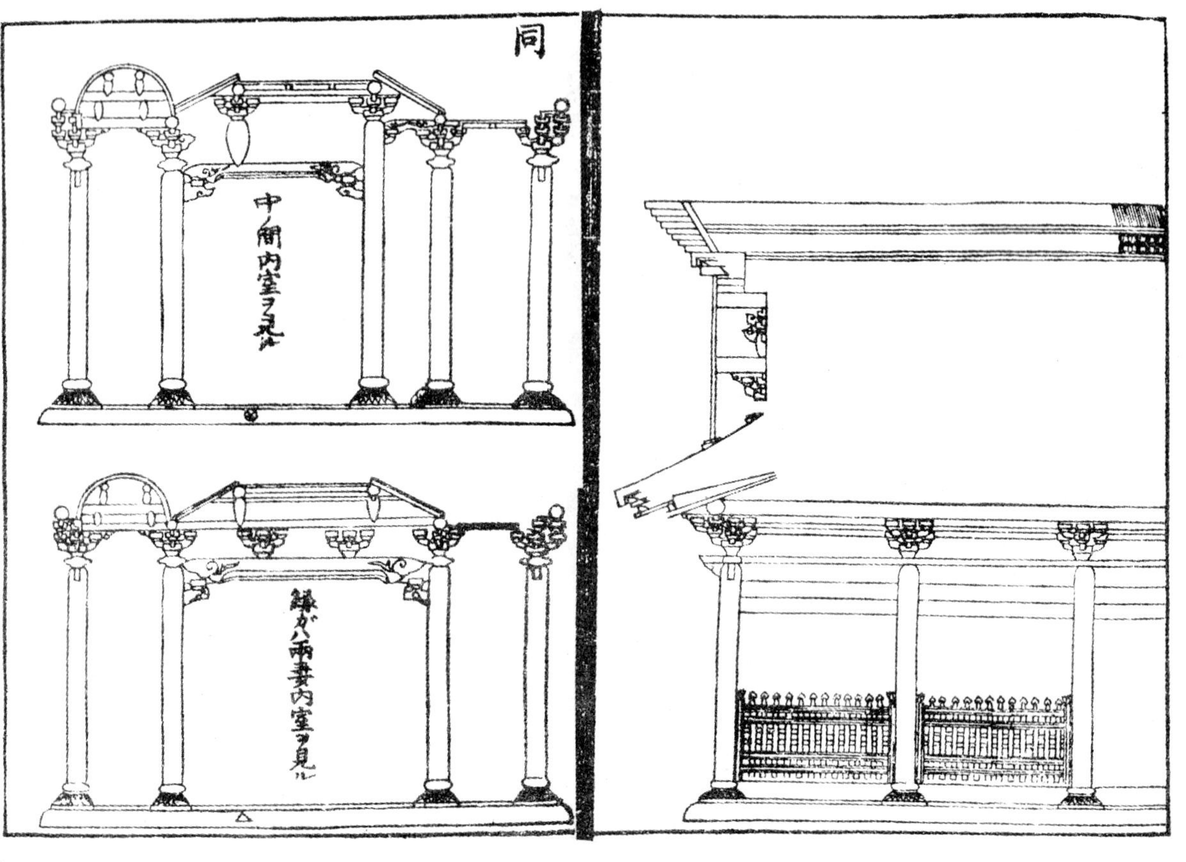
同
中間内室ヲ見ル
緣ガハ両妻内室ヲ見ル

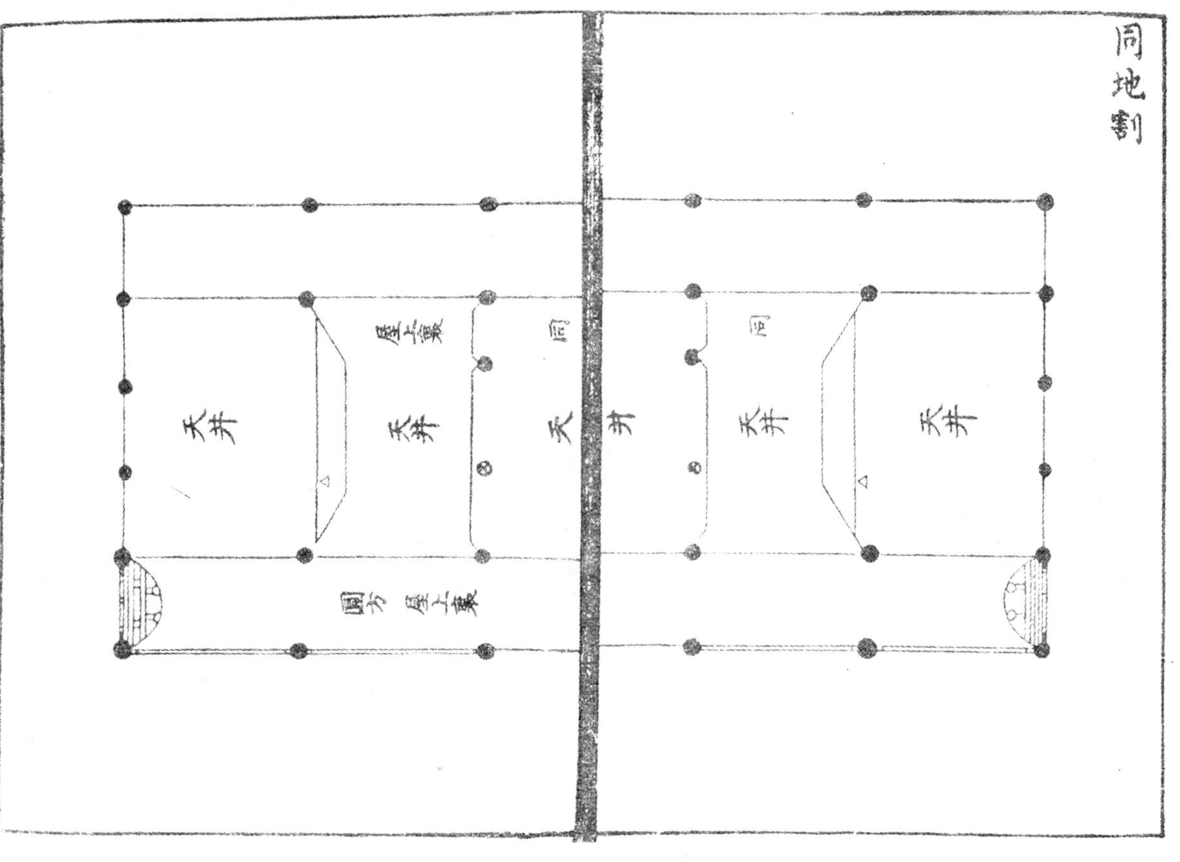
同地割
天井
天井
天井
天井
天井
屋上裏
屋上裏
同
同
圓分 屋上裏

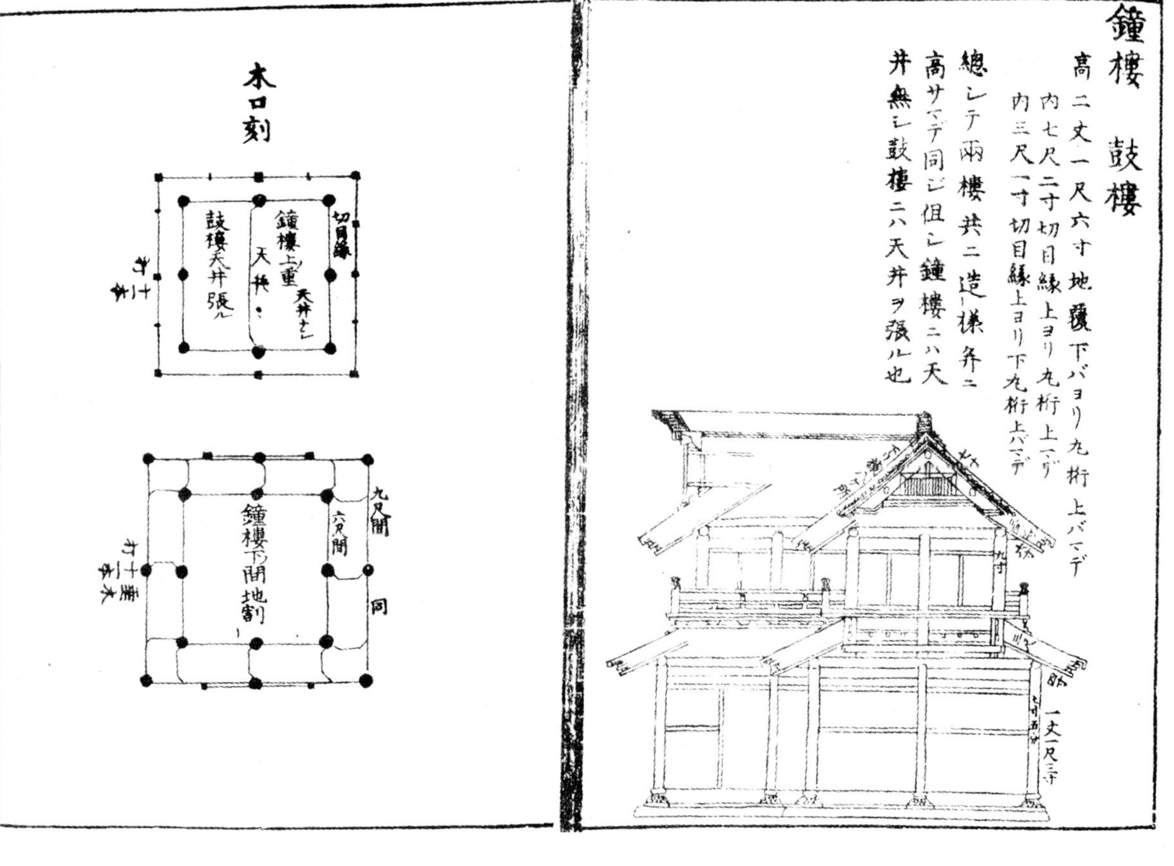

鐘樓　鼓樓

高二丈一尺六寸地覆下バヨリ九桁上バマデ
内七尺二寸切目緣上ヨリ九桁上バ
内三尺一寸切目緣上ヨリ下九桁上バマデ

總シテ兩樓共ニ造リ様幷ニ高サマデ同ジ但シ鐘樓ニハ天井無シ鼓樓ニハ天井ヲ張ル也

木口割

中軍廳　旗鼓廳

兩廳何レモ同様

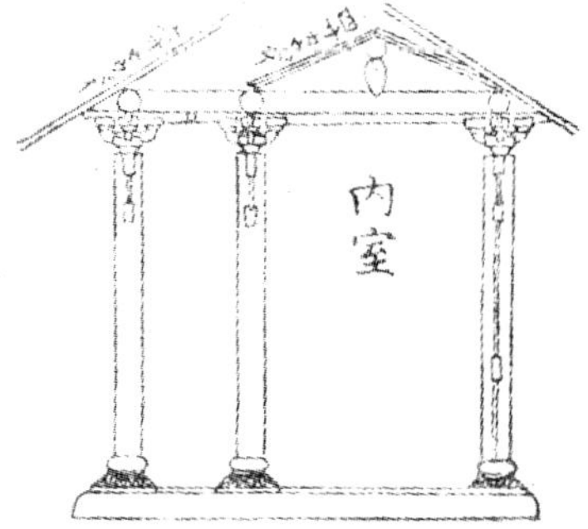

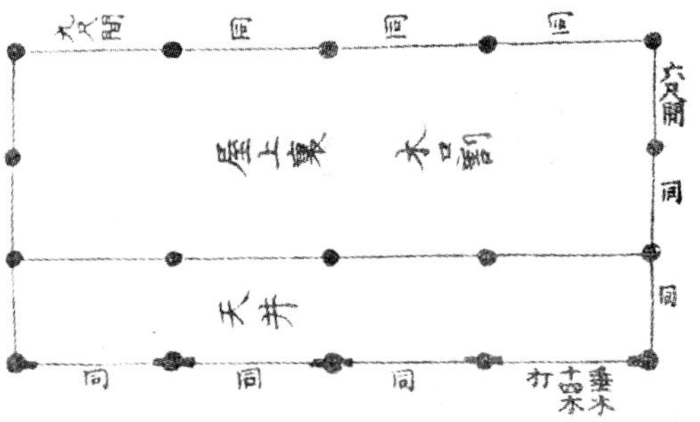

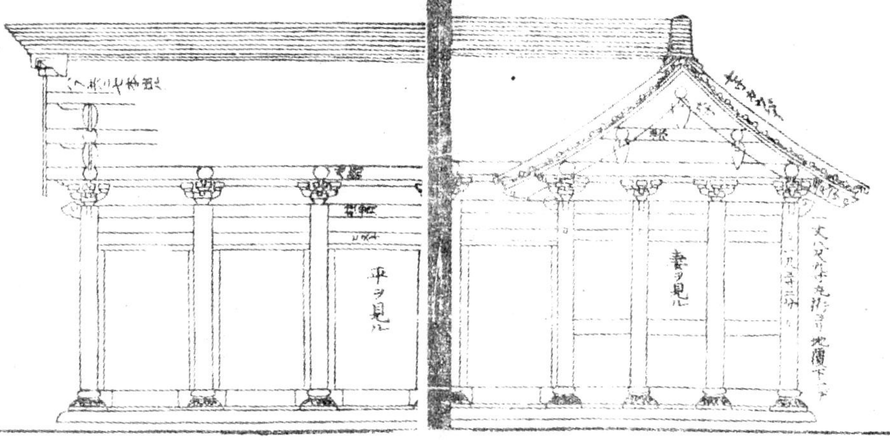

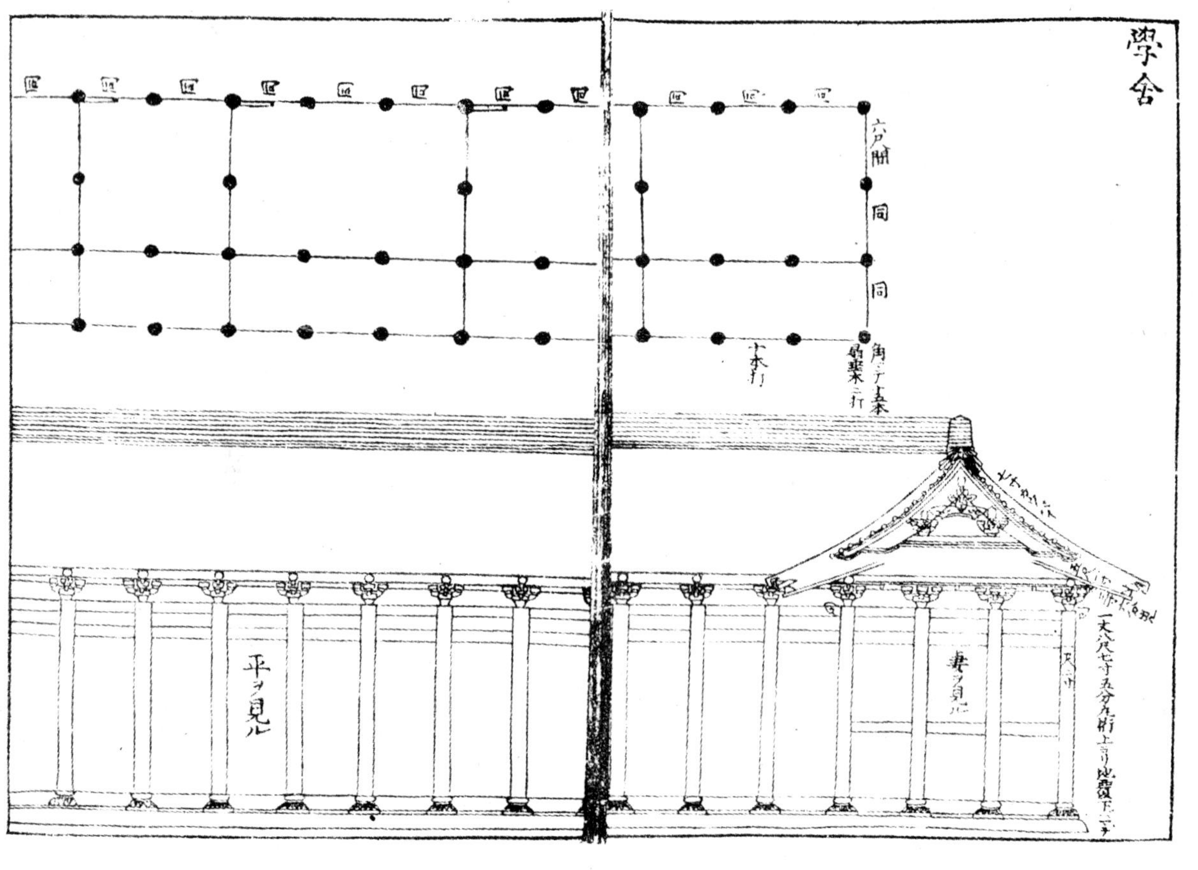
學舍
平ノ見ル
妻ノ見ル

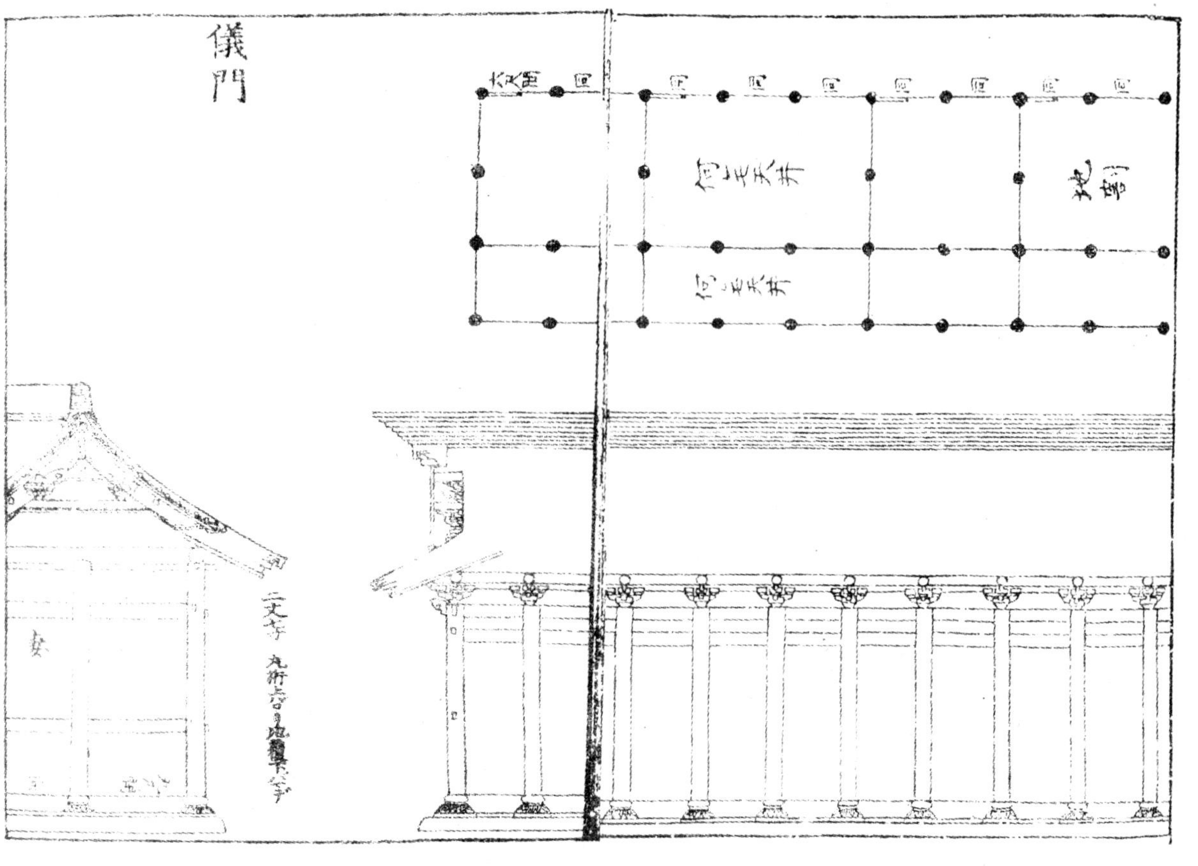
儀門

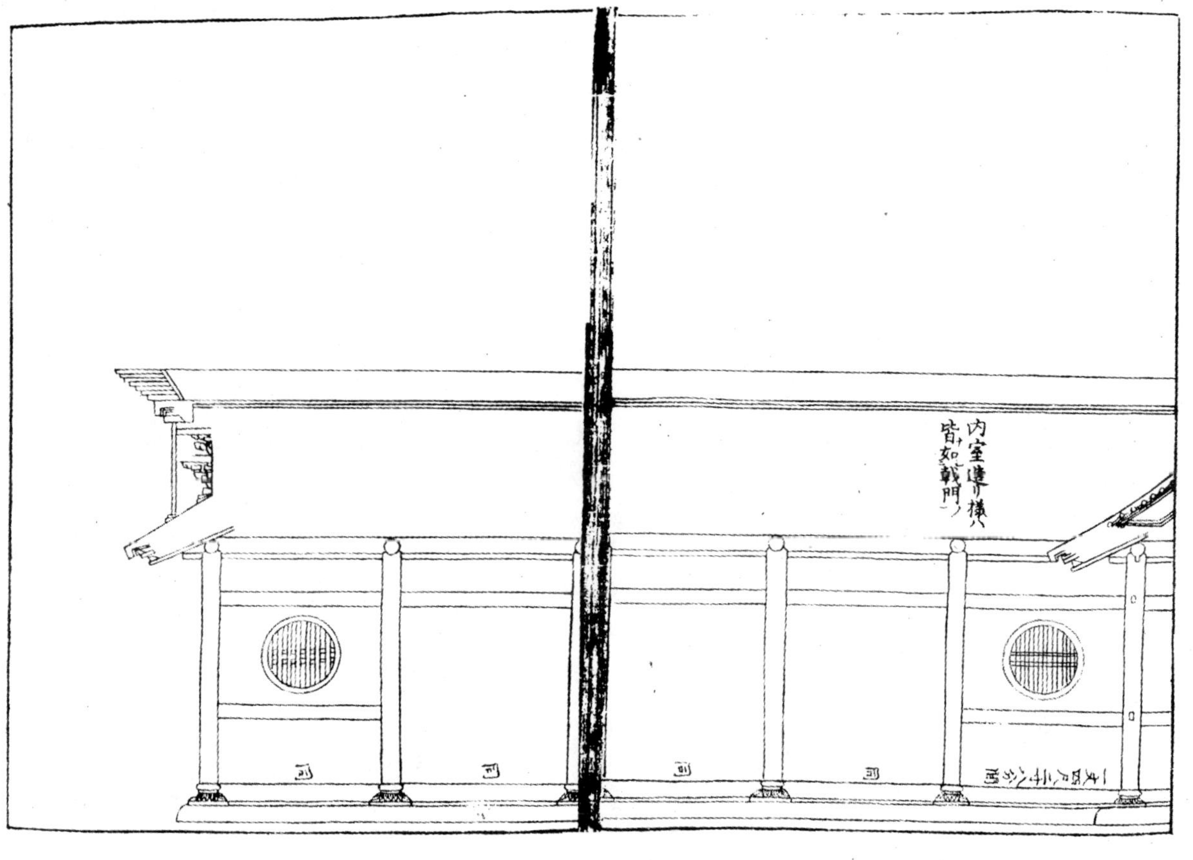

進賢樓

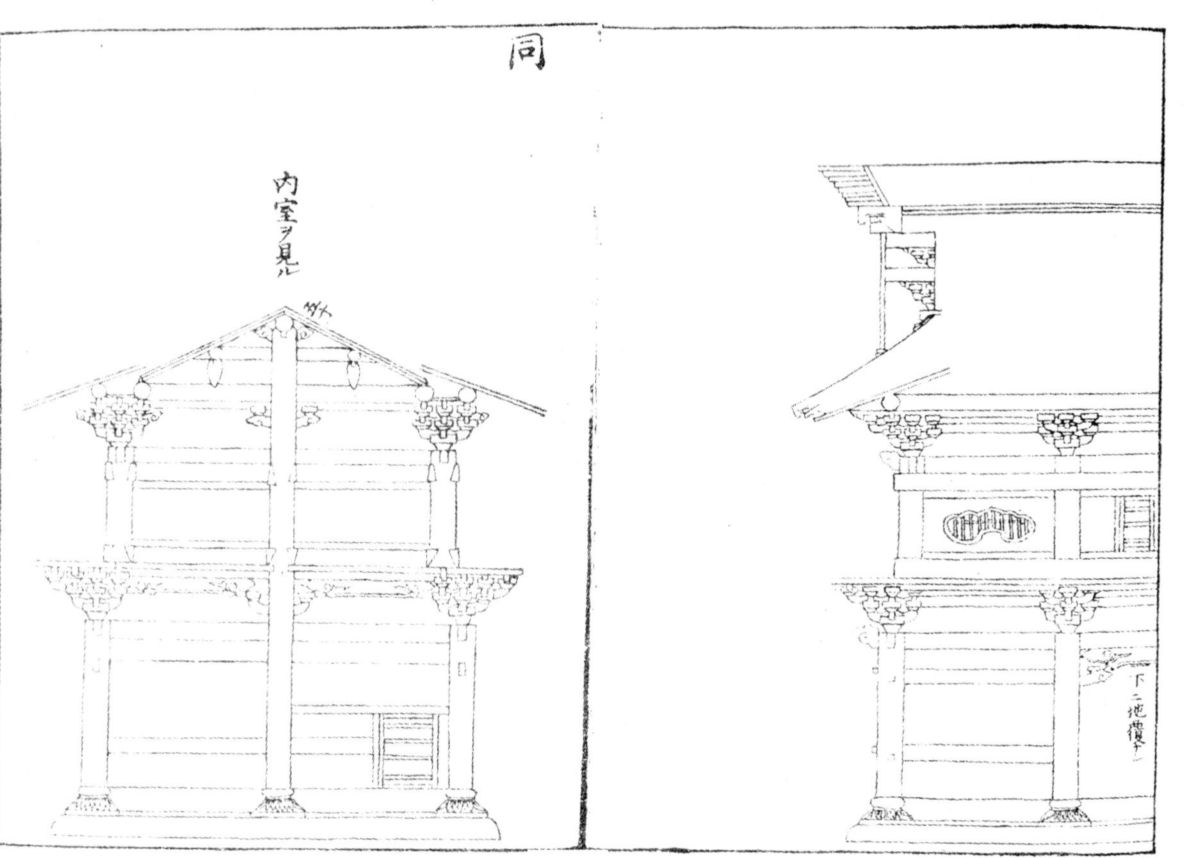
同
内室ヲ見ル
下ニ地覆アリ

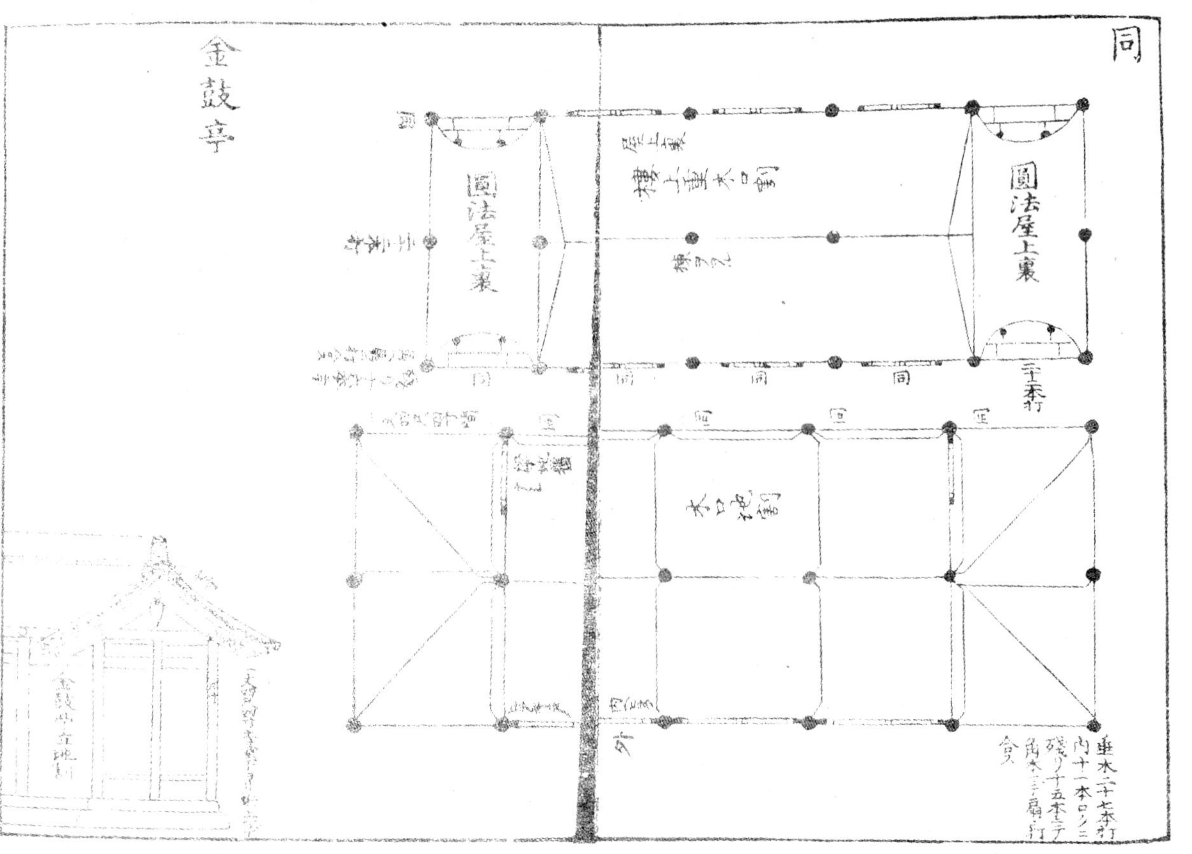
同
金鼓亭
圓法屋上裏
圓法屋上裏

射圃

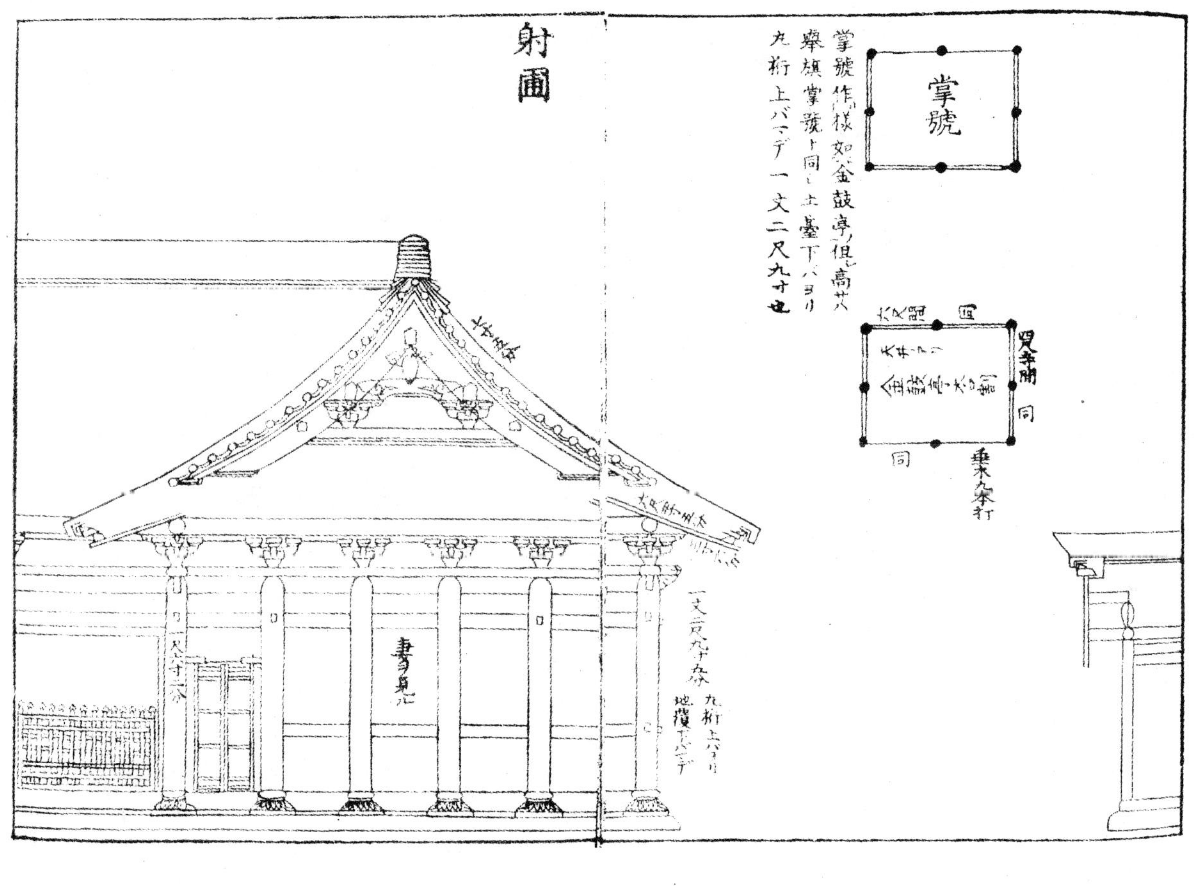
掌號
掌號作リ様如金鼓亭ノ但シ高サ八
寧旗掌號ト同シ土臺下バヨリ
九桁上バマデ一丈二尺九寸也
金鼓亭ノ木ワリ
同
妻ヲ見ル

同

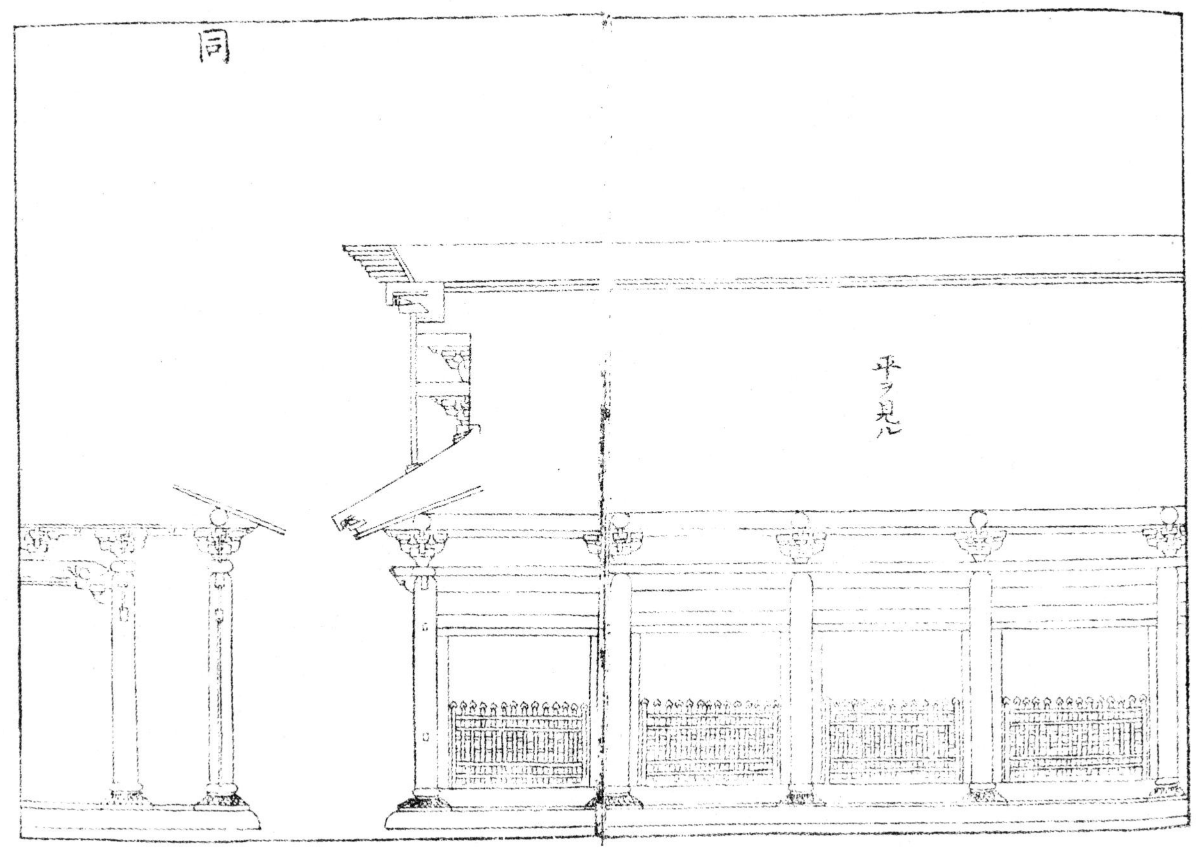
平ヲ見ル

同 木口割

內室ヲ見ル

後

天井

天井

天井

前

監前

右ノ角ト同断

平ヲ見ル

燕寢

天井

天井 木口割

高サ衣脇丈尺共作事皆如監前也

報鼓

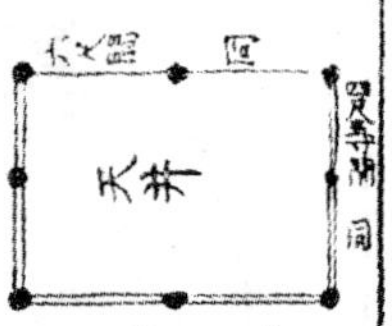

天井

高サ何七尺
仕方如釜
鼓亭詳ニ上ニ書ス

搴旗掌號

天井

右ニ同シ
土並下バカリ九
桁上バカリ一丈
二尺九寸也

饌房六宇

實籩所　酒醴所　蒸饎所

鼎俎所　烹飪所　潔牲所

右高サ并作リ様皆同シ但シ潔牲所ハカリ表ヲ

十二軒ニ作ル残リ五ケ所ハ表八軒ツヽ也詳ニ作事ノ記書ス

潔牲所

饌房六ケ所地割同断

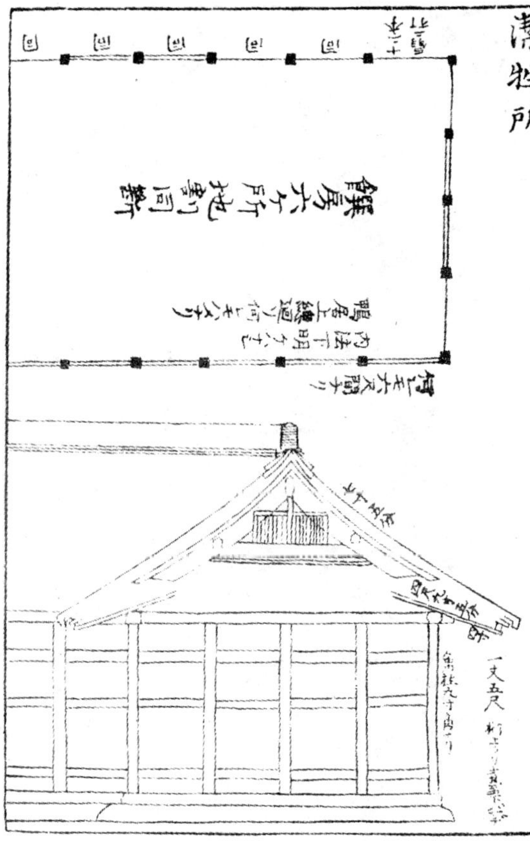

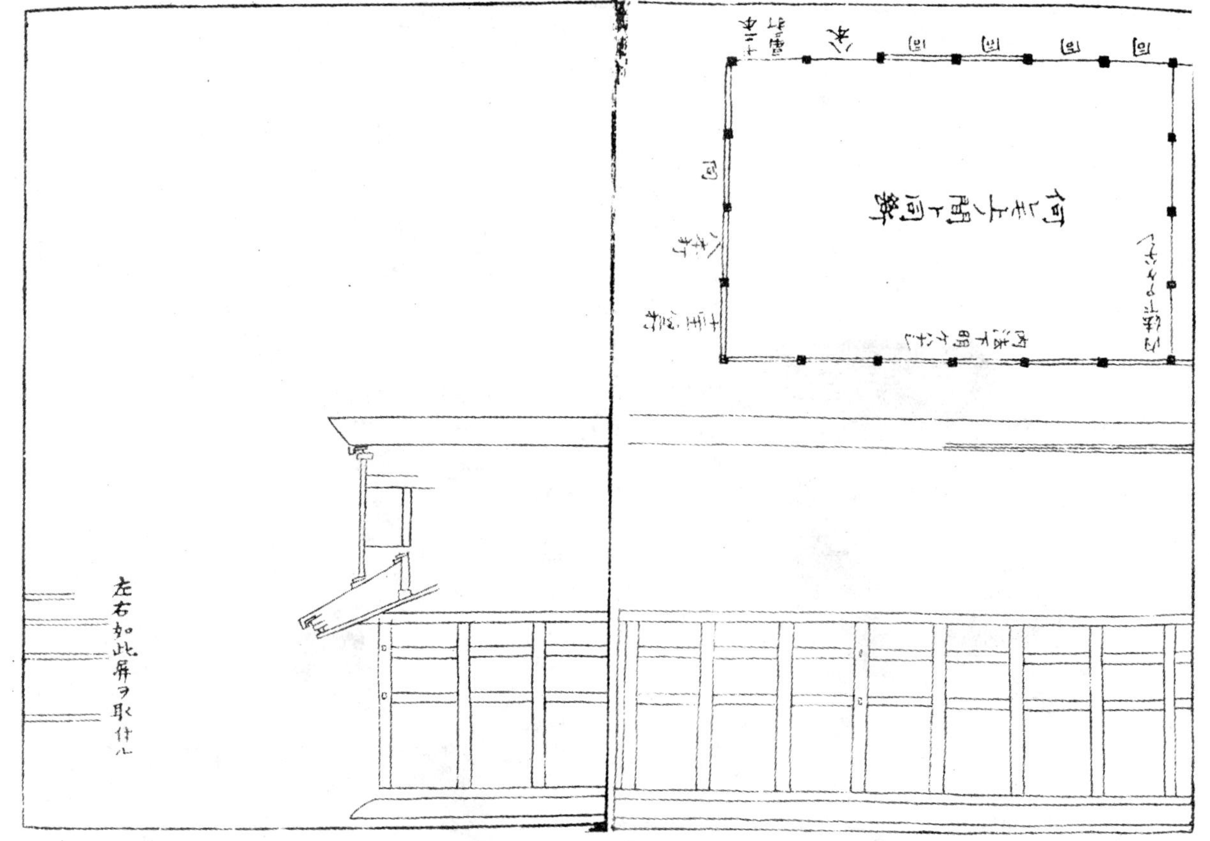

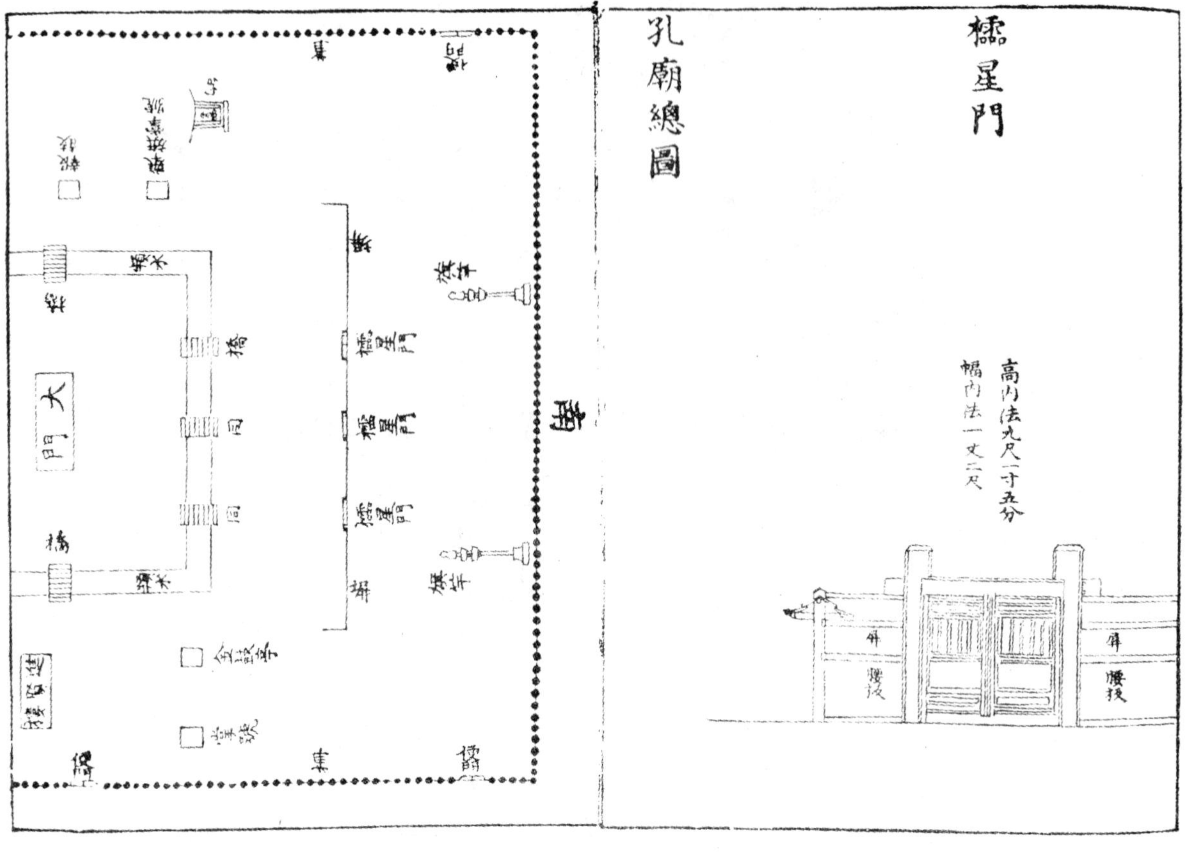
欞星門
高內法九尺一寸五分
幅內法一丈二尺
孔廟總圖
大門
欞星門
欞星門
欞星門

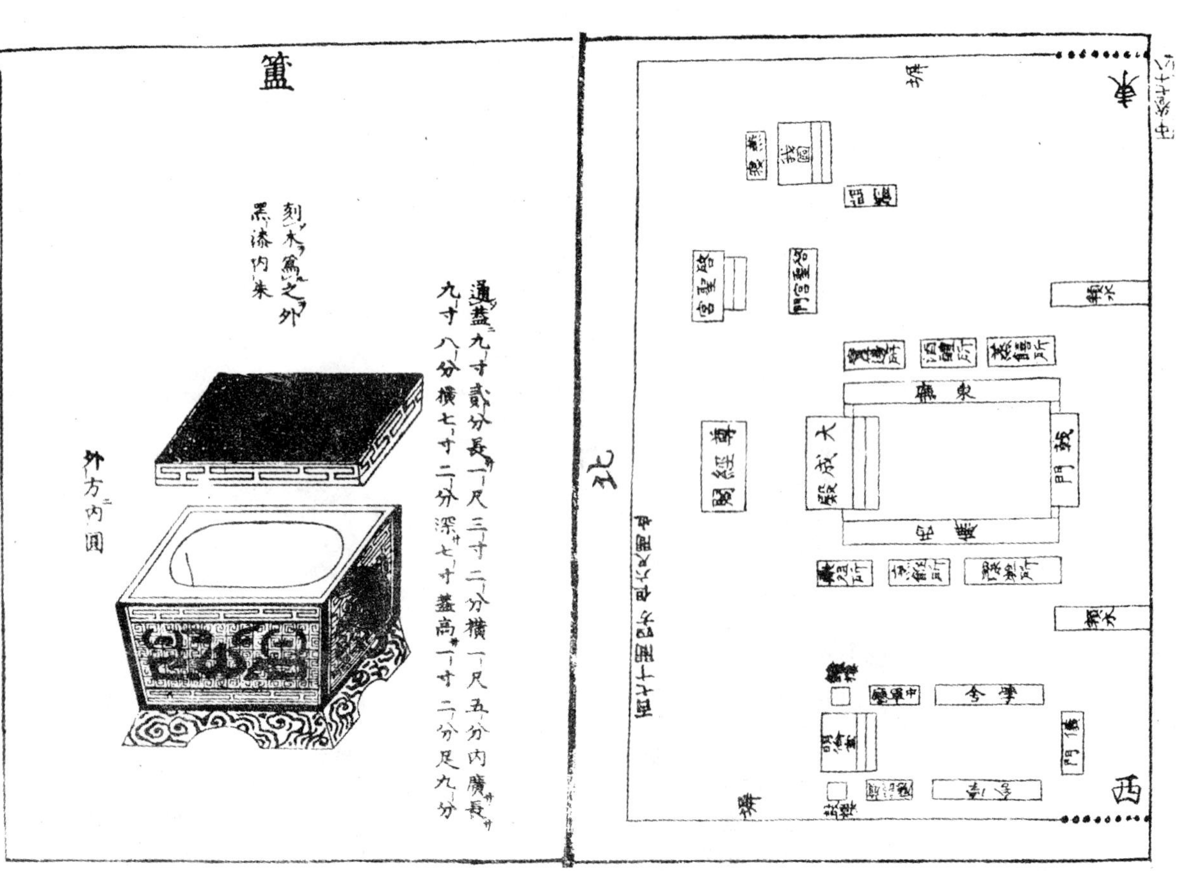
簠
通蓋九寸貳分長一尺三寸二分橫一尺五分內廣長九寸八分橫七寸二分深七寸蓋高一寸二分足九分
外方內圓
刻木爲之外黑漆內朱
北
東
西
大成殿
尊經閣
東廡
西廡
門

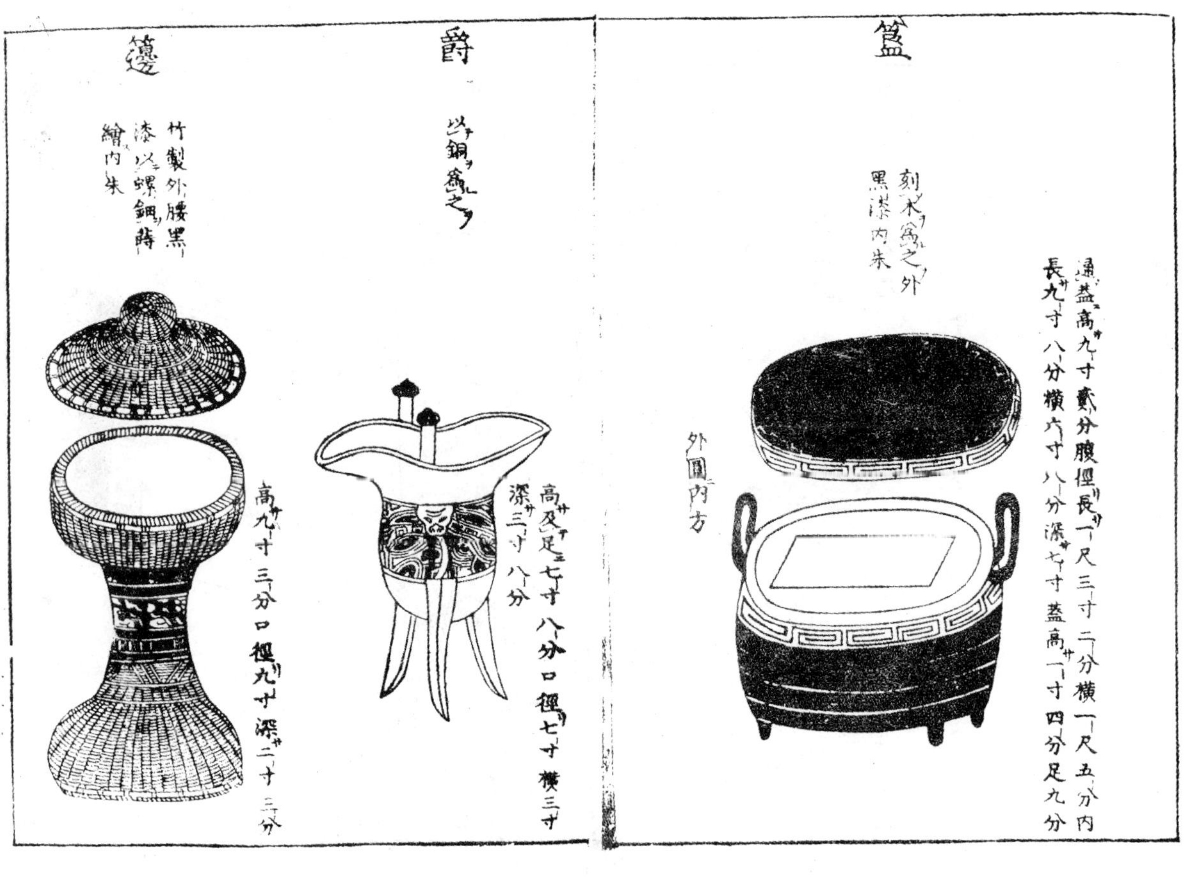
簠
刻木為之外黑漆内朱
外圓内方
通蓋高九寸貳分腹徑長一尺三寸二分横一尺五分内長九寸八分横六寸八分深七寸蓋高一寸四分足九分
爵
以銅為之
高及足七寸八分口徑七寸横三寸深三寸八分
籩
竹製外腰黑漆以螺鈿蒔繪内朱
高九寸三分口徑九寸深二寸三分

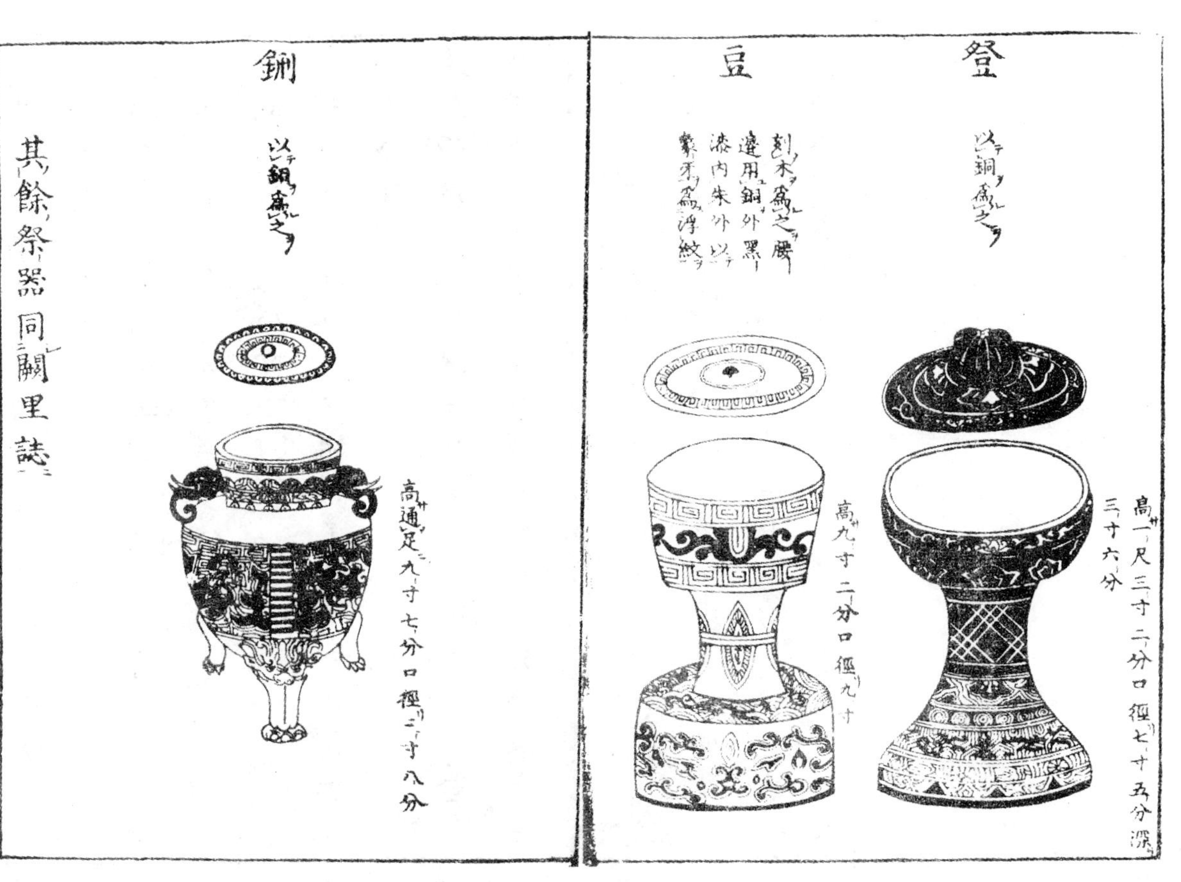
登
以銅為之
高一尺三寸二分口徑七寸五分深三寸六分
豆
刻木為之腰邊用銅外黑漆内朱外以蒙秀為浮紋
高九寸二分口徑九寸
鉶
以銅為之
高通足九寸七分口徑二寸八分
其餘祭器同闕里誌

旗竿

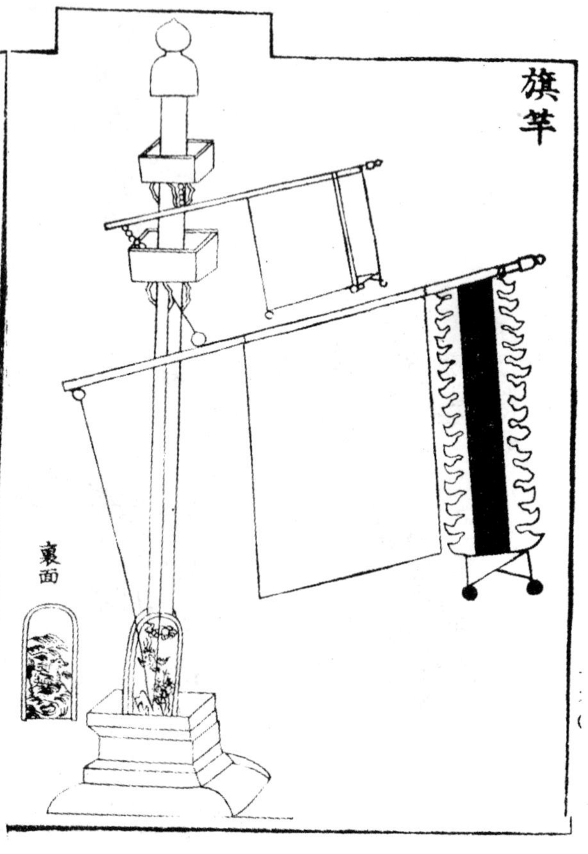

高サ七丈八尺八葫蘆頂ヨリ石垣下バマデ
竿ニ旗五色ニ添メ二流ツリ小旗ノ末ニモ
葫蘆頂付ル竿太サ七尺五寸廻リ上ボリ石
垣ノ高サ四尺六寸指郎シ七尺八寸四方也
右詳ニ本形ト見合スベシ

啓聖宮圖

攙蓬ハ如本堂ノ

表長サ七丈五尺
此ヲ五軒ニ割ル但シ一丈五尺間ヅヽナリ
五軒ノ内両脇一軒ハ廡ナリ但シスガル破
風取付ケ
脇四丈二尺八寸

此ヲ六架ニ割ル内前後緣頬九尺間ヅヽ也
中四架ハ六尺二寸間ヅヽナリ
總高五丈一尺四寸五分 古老錢上バヨリ伏蓮花下バマデ
但シ高サ二丈五尺二寸八 丸桁上バヨリ伏蓮花下バマデ
庇ノ高サ一丈九尺八寸 丸桁上バヨリ地覆下バマデ
柱ノ上ニ三ツ斗ノ組物アリ同軒ノ長サ四
尺八寸 丸桁中墨ヨリ萱負ノ外マデ
居石四角同緣石總廻リ中仕切共ニ如本堂ノ
總高サ柱太サニテ九分取ル同四分ハ傴蓮花
ノ高サ同五分ハ總臺ノ高サ仕方如孔子堂ノ
地覆ノ高サ柱ノ太サニテ九分取リ同厚サニ
テ四分取リ腰貫比貫ノ幅柱ノ太サニテ七
分取リ厚サニテ三分取リ柱貫ノ幅柱ノ太
ニテ八分取リ厚サ肱木ノセイホドハナ出
シ繪様アリ
平桁厚サ肱木ノセイホド幅ハ柱ホドハナ出
シ繪様ハ如孔子堂ノ
高サ定メ様ハ柱貫ノ下バニ柱ノ太サホドノ

小壁アリ其下ニ比貫アリ比貫下バヨリ地覆上バヲ取テ十ニ割リ四ツハ地覆ノ上バヨリ腰貫ノ中墨ニ定メ六ツハ腰貫ノ中墨ヨリ比貫ノ下バニ定ムベシ

平桁ノ上ニ出ル組物アリ組物割様ハ如本堂同ク丸桁柱ノ太サニテ八分取ル

垂木カウバイ三寸六分同軒ノ長サ六尺七寸五分丸桁中墨ヨリ萱負ノ外マデ萱負ノ反カヤヲヒノセイ二本半ナリ同屋上タルミ一尺二寸八分ノ内ニ九分ノタルミ有リ

妻入母屋作リ前包同三ツ手ノ組物蛙股二重梁太平短拳ハナ有リ同破風立所丸桁外面ト破風ノ外ト合スベシ同シカヒ垂木数破風共ニ七本同古老銭高サ三尺畳上ゲ様ハ如本堂

右ノ外平妻内室ノ地割柱木口ノ亘等ハ圖ニ詳ニ出ス丈尺ヲ記ス此ヲ以テ引合セ可考見也

門

表長サ七丈五尺

此ヲ五軒ニ割ル但シ一丈五尺間ヅヽ也

脇長サ一丈八尺

此ヲ二架ニ割ル但シ九尺間ヅヽ也

高サ二丈一尺六寸

地覆下バヨリ丸桁上バマデ

右何レモ造作ノ仕方戟門ノ如シ故ニ詳ニ圖セズ

啓聖宮　總高五丈一尺四寸五分 古老銭上バヨリ伏蓮花下バマデ　但シ高二丈五尺三寸 丸桁上バヨリ伏蓮花下バマデ

一尺八寸

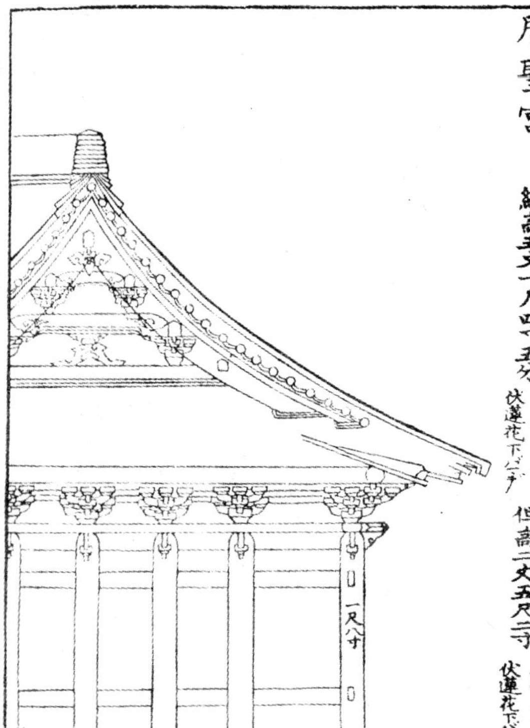

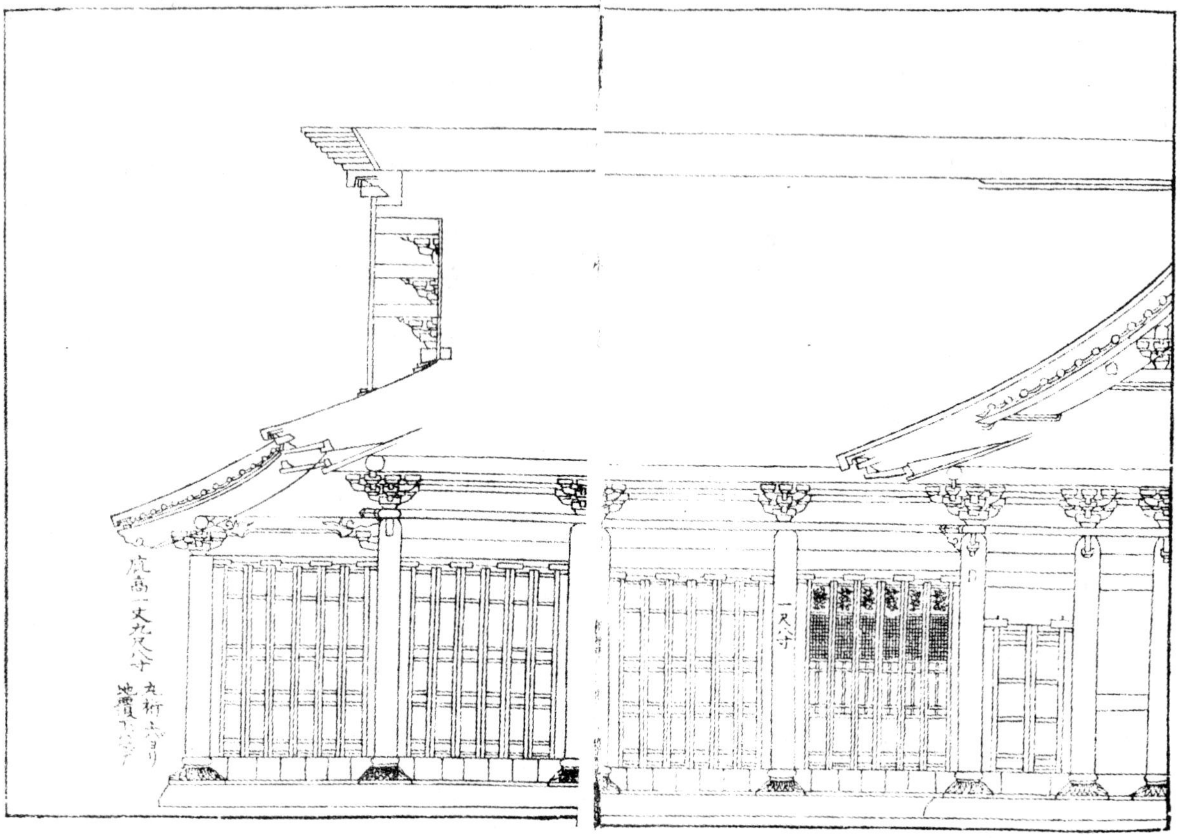
一尺寸

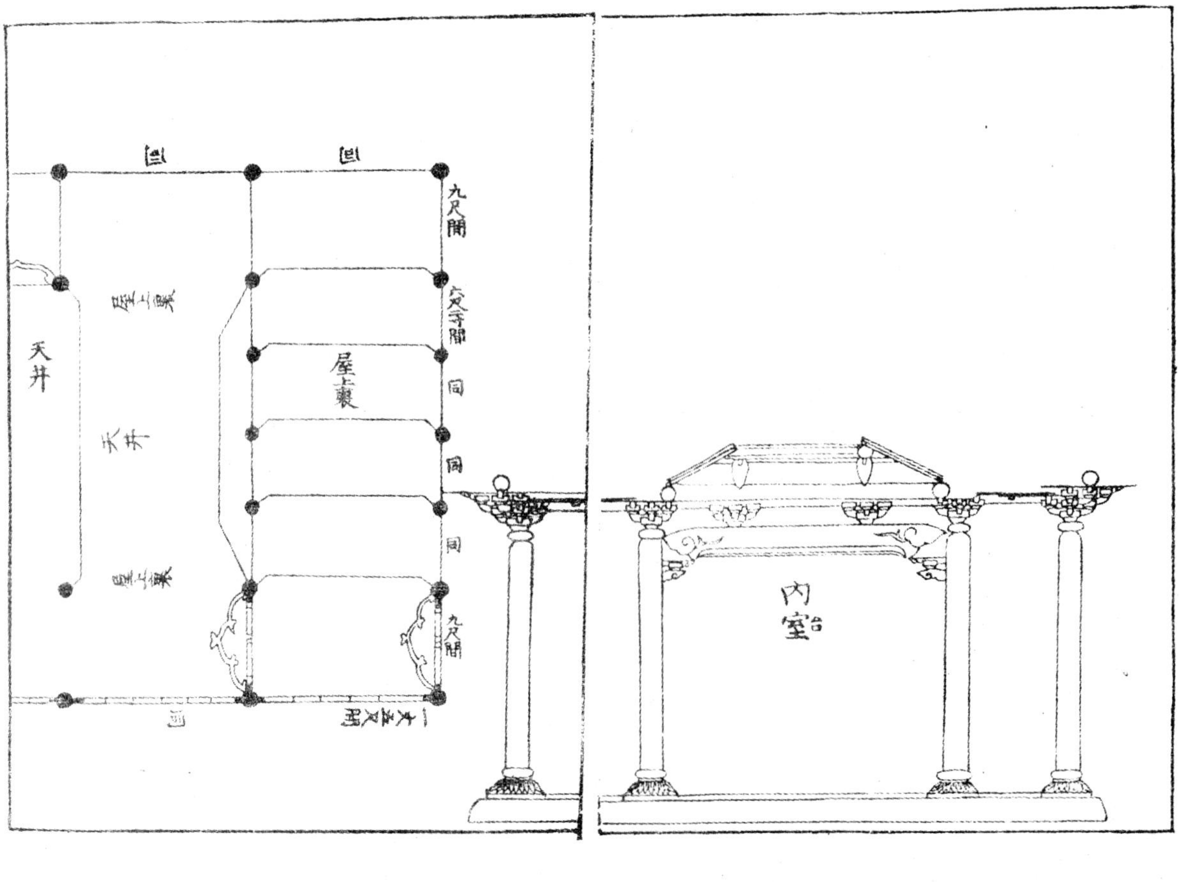
九尺間
同
同
同
九尺間
屋上裏
天井
天井
內室

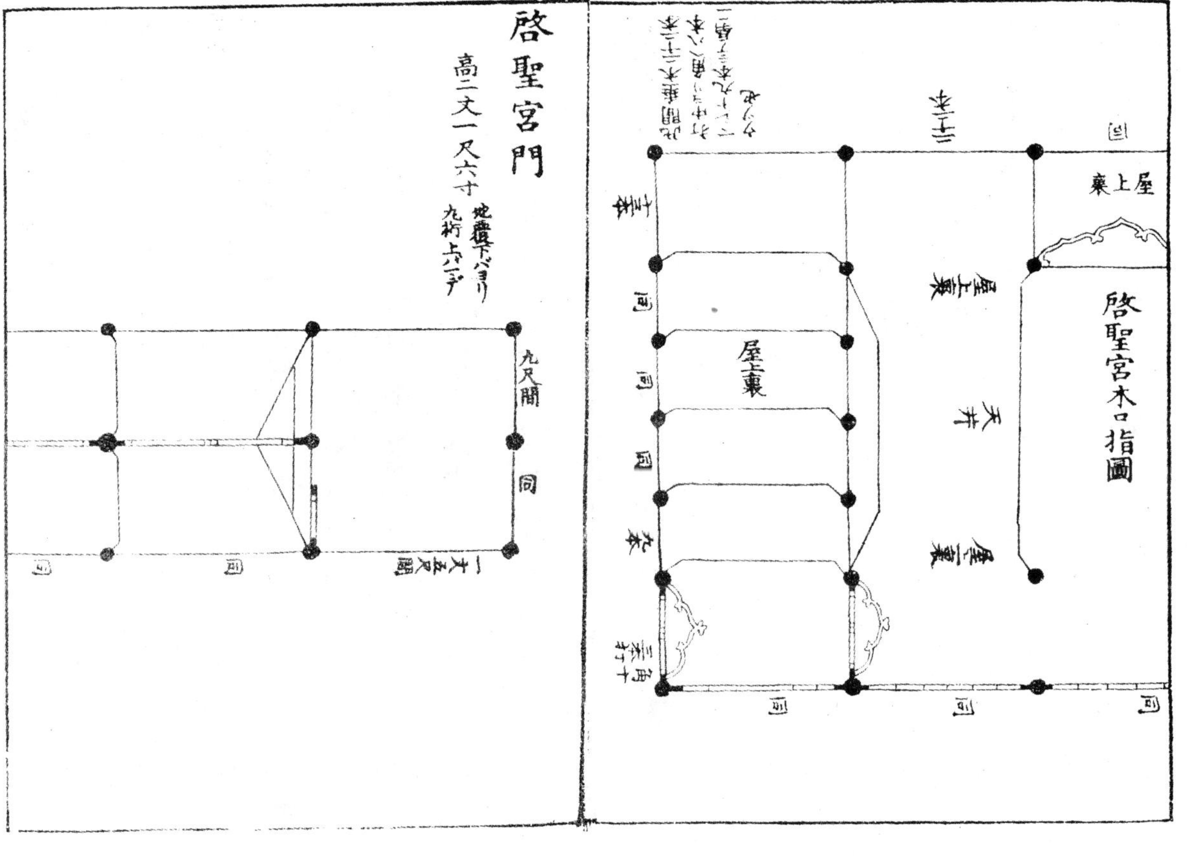
啓聖宮門
高二丈一尺六寸
九尺間
同
一丈五尺間
啓聖宮木口指圖
天井
屋上裏
屋上裏
屋上裏
同
二十二本
同
同
同
同
同
同

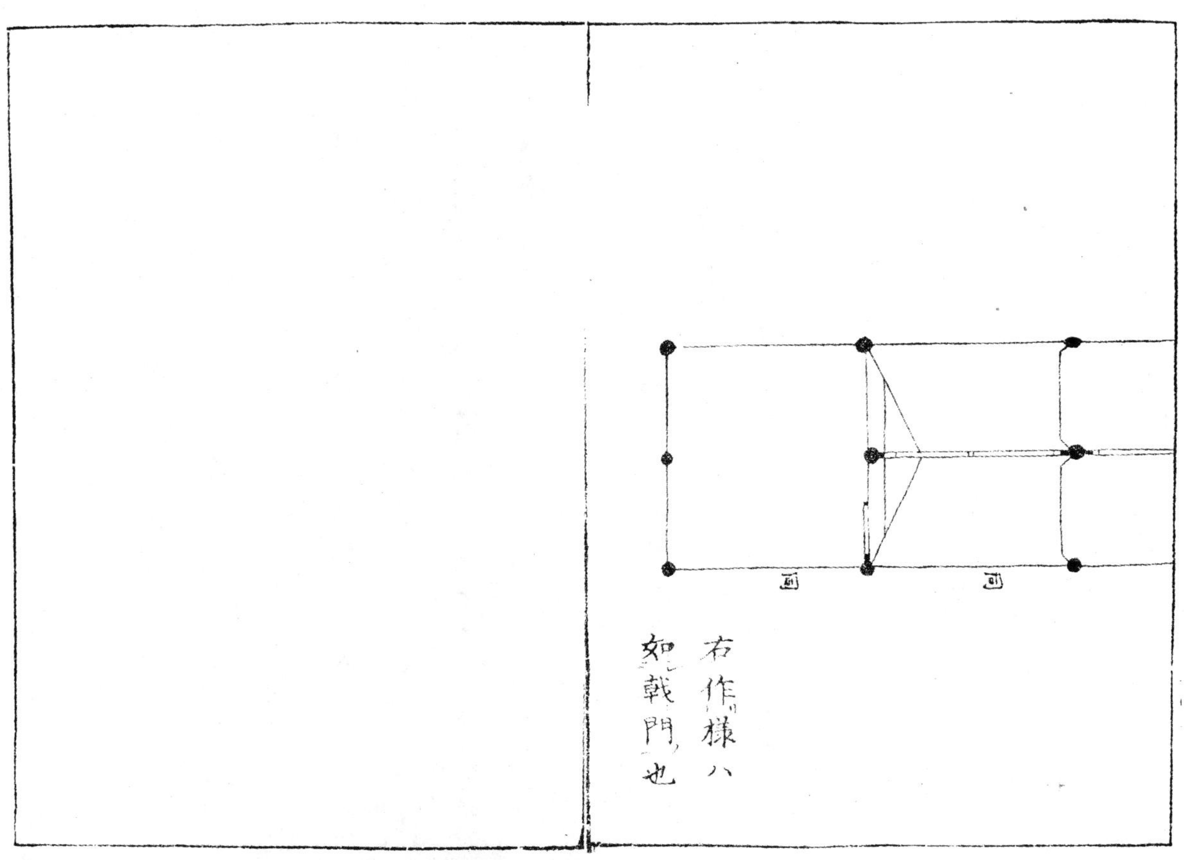
右作樣ハ
如戟門也
同
同

改定釋奠儀注

士三人擇謹愼周摯者爲之至東墊前專理祀事禀上命命之攝祭則專理自令之一人自東角門進歷東丹墀視盥洗諸物外自東側階視尊爵勺冪視籩豆至堂中視各項陳設過西榮視簠簋登鉶俎饌盤之類降自西側階歷西丹墀西角門至東墊門外跪禀濯具言潔而且備此即詩絲衣朱傳所謂告濯具也一人出東角門外遍視牛羊豕訖回至東墊門外跪禀牲拴博碩肥腯此即及告充也一人過西入潔牲之所遍視屠牲之具及鼎冪諸物訖至東墊門外跪禀鼎冪諸物並皆潔淨此即告鼎冪告潔也告畢牽牲二隸中門入餘十二隸西角門入至潔牲所燗治士十二人自潔牲所捧毛血正廟四人開中門入隨閉餘八人隸東階陞薦正廟四盤四配兩哲兩廡各一盤薦訖退至月臺朝上叩一首各散立起鼓初嚴遍燃庭燎香燭專理祀事監禮典儀監饌各官至捲蓬下行拜禮序立典儀贊唱執事者各司其事執事者至月臺行一拜禮訖籩人司籩豆人司豆司尊者實酒於尊餘俱同正壇陳設先簠簋次籩豆登鉶並兩俎陳於西榮前登鉶俎俱自潔牲所次陳登次陳鉶又四人舉盤二至西榮階下階上人外肉於俎每俎兩人舉至正壇陳設次陳饌盤鼓再嚴通贊贊引祝至捲蓬下行拜禮樂舞生各序立於丹墀兩傍鼓三嚴贊引引各獻官至戟門外立候通贊唱樂舞生各就位樂舞生各以序進立於殿庭奏樂之所司節者分引舞生至丹墀東西兩階各序於舞佾之位司節在東則退至東四班舞生之首在西則退至西四班舞生之首相向立通贊唱開門管門者開戟門中門訖外施行馬先時行馬在西側通贊唱陪祭官各就位衆官隸東角門入就位訖以後俱同通贊唱分獻官各就位各贊引引各分獻官至拜位各贊引退立東西訖通贊唱亞獻終獻官各就位各贊引引亞獻終獻官至拜位各贊引退立東西訖通贊唱獻官就位贊引引

獻官至拜位贊引退立於獻官東西兩傍相向立訖通贊唱瘞毛血執事者捧毛血正廟由中門出四配東西哲由左門出東廡隨之過西西廡隨之瘞於坎西丹墀將餘存毛血同瘞遂啓俎盖簠簋籩豆登鉶等蓋通贊唱參神鞠躬執羽籥麾生舉麾唱樂奏咸和之曲擊柷作樂通贊唱鞠躬拜興拜興拜興拜興平身獻官以下俱拜訖麾生偃麾樂盡擽敔通贊唱行初獻禮贊引引獻官外階取一爵於坫授執爵者捧虛爵四配四爵隨之贊引唱詣盥洗所引獻官降階至盥洗所東面立司盥者捧盆贊引唱搢笏獻官搢笏盥畢進巾贊引引獻官至洗爵所北面立洗爵並洗四配爵拭訖贊引唱出笏獻官出笏贊引唱詣酒罇所引獻官至酒罇所贊引唱司罇者舉冪酌酒執爵者以爵受酒司帛者捧帛同捧爵者俱由中門入至神案之側朝上立贊引引獻官由左門入唱詣　至聖先師孔子神位前麾生舉麾唱樂奏寧和之曲擊柷作樂贊引引獻官至神位前唱跪獻官跪唱搢笏獻官搢笏捧帛者轉身西向跪進帛於獻官右獻官接帛贊引唱奠帛獻官獻帛以帛授接帛者奠於神位前案上執爵者轉身西向跪進爵於獻官右獻官接爵此時司帛者即將帛篚蓋訖移至第三行籩下朝西奠訖贊引唱奠爵獻官獻爵以爵授接爵者奠於神位前贊引唱出笏獻官出笏贊引唱俯伏興平身詣酒罇所贊引引獻官由左門出至四配酒尊所贊引唱司罇者舉冪酌酒先時捧四配已洗之爵者以爵受酒同捧帛者四人俱在獻官前行贊引引帛爵獻官俱由左門入帛爵至神位前朝上立贊引唱詣　復聖顏子神位前引獻官至神位前唱跪搢笏獻官搢笏捧帛者跪於獻官右進帛於獻官獻官接帛贊引唱奠帛獻官獻帛以帛授接帛者奠於神位前案上執爵者跪於獻官右進爵於獻官獻官接爵此時司帛者移帛如正壇但移於籩西南朝北奠訖贊引唱奠爵獻

官獻爵以爵授接爵者奠於神位前贊引唱出笏獻官出笏贊引唱俯伏興平身贊引唱詣宗聖曾子神位前儀同復聖但捧帛執爵者跪於獻官左進帛爵訖移帛者移於籩東北朝南奠訖贊引唱詣　述聖子思子神位前儀同復聖贊引唱詣　亞聖孟子神位前儀同宗聖贊引唱詣讀祝位讀祝位即在香案前贊引引獻官至香案前麾生偃麾樂暫止讀祝者跪取祝文退立於獻官之左贊引唱跪獻官並讀祝者

皆跪通贊隨唱衆官皆跪階祭官俱跪訖贊引唱讀祝讀祝者讀畢仍將祝文跪置於祝案上退堂西朝上贊引與通贊同唱俯伏興平身麾生舉麾不唱樂生接奏先未終之樂贊引同唱復位贊引引獻官至原拜位訖通贊隨唱行分獻禮各贊引詣各分獻官前同唱詣盥洗所各贊引引兩哲兩廡分獻官外階贊引引東廡獻官循搭簷外過東至東廡西廡獻官循搭簷外至西廡盥洗獻奠並同正壇兩哲分獻官取爵

於坫東哲八爵西哲八爵四人捧爵前行降階至盥洗所司盥者酌水贊引同唱搢笏各分獻官搢笏盥畢進巾贊引引分獻官至洗爵所北面立洗爵進巾拭訖贊引同唱出笏各分獻官出笏兩廡各有盥盆爵洗酒尊帛儀同兩哲但唱贊時外階即入兩廡與此稍異贊引同唱詣酒罇所引各分獻官詣酒罇所同唱司罇者舉冪酌酒各執爵者以虛爵受酒與捧帛者俱在分獻官前行各至堂東西神案之側朝神位立

贊引唱詣東哲西哲神位前各贊引引各分獻官詣東哲西哲俱由左門進各至香案前同唱跪同唱搢笏各分獻官搢笏東哲東廡捧帛者轉身跪於分獻官右西哲西廡捧帛者跪於分獻官左進帛分獻官接帛贊引同唱奠帛分獻官獻帛以帛授接帛者奠於神位前案上捧爵者轉身進爵如進帛儀此時司帛者移帛於案南西哲移於案北分獻官接爵贊引同唱奠爵分獻官獻爵以爵授接爵者奠於神位前先進

五爵捧爵者每位前奠一爵次進三爵卽奠香案上贊引同唱出笏各獻官出笏贊引同唱俯伏興平身贊引同唱復位麾生偃麾擽敔樂止各贊引引各獻官至原拜位立執事者亦隨至罇所立候通贊唱行亞獻禮贊引引獻官升階至以爵受酒並同初獻但捧爵者一人由中門入贊引引亞獻官由左門入唱詣　至聖先師孔子神位前麾生舉麾唱樂奏安和之曲擊柷作樂贊引引獻官至神位前如初獻獻爵之儀

行禮訖贊引引獻官如前出至原位麾生偃麾擽敔樂止通贊唱行終獻禮贊引引獻官升階取爵並執事者儀同亞獻但麾生舉麾唱樂奏景和之曲擊柷作樂行禮復位俱如初惟執爵者不必出廟外俱在廟內兩傍立候徹饌麾生偃麾擽敔樂止通贊唱飲福受胙執事者設一席於廟中門外中霤前西楹之東北向贊引引獻官升階於捲篷東楹進至所設席南過西就飲福位席端朝上立祝取正壇爵一取復聖宗

聖爵和之進福胙者捧盤立於神位之東又令一執事取正壇羊左肩胙置於盤贊引唱升飲福位令二執事立於獻官西贊引引獻官至飲福位祝與捧福胙者出立於獻官東獻官西二執事與捧爵捧胙者相對立贊引唱跪通贊唱衆官皆跪贊引唱搢笏獻官搢笏祝跪於獻官右進爵於獻官贊引唱飲福獻官接爵祭酒啐酒奠爵於席北端贊引唱出笏俯伏興拜興拜興跪搢笏卒爵西傍接福酒者跪於獻官左接

爵捧福胙者跪於獻官右進胙於獻官贊引唱受胙獻官接胙西傍接福胙者跪於獻官左接胙捧胙由中門出管門者啓行馬出後復施贊引唱出笏獻官出笏贊引通贊同唱俯伏興平身獻官衆官皆同贊引唱復位贊引引獻官至原拜位通贊唱鞠躬拜興拜興平身各官俱拜訖通贊唱徹饌麾生舉麾唱樂奏咸和之曲擊柷作樂執事者各於神位前將籩豆稍移動復立於原位舞生直執其籥與翟同司節者在東

進至於東一班舞生之首在西者進至於西一
班舞生之首舉節朝上分引舞生於丹陛東西
序立相向樂盡麾生偃麾擽敔樂止通贊唱辭
神麾生舉麾唱樂奏咸和之曲擊柷作樂通贊
唱鞠躬拜興拜興拜興拜興平身各官俱拜訖
樂盡麾生偃麾擽敔樂止通贊唱讀祝者捧祝
進帛者捧帛執事者各詣神位前讀祝者先跪
取祝文捧帛者跪取帛齊轉身向外立通贊唱
各詣瘞所正殿由中門出四配十哲由左門出

兩廡執事者取帛隨班出通贊唱望瘞麾生舉
麾唱樂奏咸和之曲擊柷作樂捧祝帛者過訖
贊引唱詣望瘞位各贊引引獻官亞獻終獻官
分獻官陪祭官至瘞所贊引唱祝板一帛一段
徵至九段待焚訖樂盡麾生偃麾樂止贊引通
贊同唱禮畢各官俱朝北一揖回至露臺上初
獻官亞終獻官分獻陪祭各官以次東邊西面
立專理祝事監禮典儀監饌各官以次西邊東
面立通贊贊引祝北面以西為上圓揖
諛篇中終

朱氏談綺巻之下

目録

天地 時令外國附
居處
人倫 百工技藝附
形體 疾病附
衣服 染色附
飲食
寶貨
器用
禽獸
鱗介 蟲豸附
米穀 菜蔬附
艸木 果竹附

朱氏談綺巻之下

天地 時令外國附

凡ノ如キ霧露霜雪山川溪谷三光五星四瀆五嶽之類皆畧メ而不載セ

氷雹 ヒサメ

霰珠 アラレ

零糖 ツラヽ

閃電 イナヅマ

波濤 波ハ通稱分テ云トキハ水紋ヲ生ズルヲ波ト云漣漪ナリ風吹テ水起ルヲ浪ト云瀾ナリ風浪ヲ鼓スルヲ濤ト云

溝澮 ミゾ又渠

塹 ホリ又坑

衚衕 交巷ナリ俗ニ云ヨコ町

壠圃 壠ハハタケノ高ク平ナルヲ云圃ハ常ノハタケナリ

墩 丘陵ニ非シテ地形ノ少高キ處ヲ云

畛 ウ子

塍 クロ塍同

畯 ナハテ

闉 ヒノクチ水門

窖 アナクラ

沙嘴 沙ノ洲サキ

匯 水ノウヅマク處俗ニ尾閭ト云

渓 遠アサノ舟ツキ

青淄泥 泥田ヒブノ出ル

搌 斥候ノ處日本ノ火ノ見櫓ノ如シ五里ニ一堠ホド置

燕壠 祖先ノ墓ヲ自稱スル詞又先塋

八節 立春春分立夏夏至立秋秋分立冬冬至

五節 唐ノ五節ハ二月十五日端午七夕重陽冬至其後七夕ヲ中秋ニ改二月十五日

ヲ上元ニ改又其後上元ヲ上巳ニ改ムヾ

朝ノ五節ハ清明端午中秋重陽冬至ナリ

花朝 二月十五日

臘八 十二月八日

分歳 除夕ニ長幼相聚テ酒菓魚鳥ノ散傾ヲ設ケ年ヲ送ルヲ分歳ト云俗ニ出生ト云

侵晨 アケボノ又平且昧且黎明

煞更 ヨアケトキ

晌午 近午ナリ又日中ヲモ云

晡時 夕飯時七ツ時ナリ

魆黒 クラヤミ又物ノ色甚黒ヲモ云

穀旦 吉日穀ハ善ナリ

兩京 明朝ノ兩京南京應天府古ノ建業金陵六朝ノ都太祖ヨリ建文帝ニ至テ此ニ都ス北京順天府古ノ幽州燕ノ地遼金元ノ都世祖燕王ニ封セラレ北虜屢入寇スルヲ以テ此ニ都ス南京ハ南直隷北京ハ北直隷ナリ

十三省 明朝天下ヲ分テ二直隷十三省トス浙江江西福建湖廣廣東廣西四川山東山西陝西河南雲南貴州是ヲ十三省ト云凡中國ノ幅員東西一萬四百餘里南北一萬四千餘里アリ

安南 アナン 即交趾ナリ一名交州中國ノ西四ニアリ南方ユヘ暑氣極テ甚ク冬ハ彌熱ス土俗履ヲハカズ沙上ヲ步行スルユヘニ足ノ指廣ク開キテ扇ヲ開タルニ似タリ田ナ種ルコト一年兩度五六月ナ俶香ト云其比雨多シテ水漲ル時ハ稻ヨク熟ズ熟テサレハ稻アレヽニ月種テ五月斂メ六月種テ十二月或ハ明年ノ正月斂ム藁ノ長サ一丈二三尺短キモ八九尺ホトアリ

琉球 リウキウ 日本ノ西南ニアリ

呂宋 ルスン

占城 チヤンパ

モ七八月ヲ土俗做春ト云

暹羅 シヤムロ 土俗九十月ヲ做春ト云交趾ノ如ク做春ノ時水漲ル時ハ稻ヨシ澇レテ水多キユヘ二階屋ニ居テ下ヲアケヲキ舟ニテ往來ス蔓菁蘿蔔ノ類極テ少シ水漲ルニ隨テ稻長スルユヘ藁ノ長キコト交趾ノ如シ

東京 トンキン

麻六甲 マルアカ

和蘭 ヲランダ 即阿蘭陀

柔佛 交趾ノ近國

東埔寨 カボチヤ 一名眞臘高綿北國

交畱巴 カラハ又咬カタラ 交喇吧トモ云

大泥 タニ

紅毛 和蘭ノ類

吉蘭丹 ケランタン 柔佛ノ近國又吉連單トモ云

舊港 柔佛ノ近國即古港

回回 モウル

韃靼 タツタレ

彭亨 古港ノ近國 一名

臺灣 タカサコ 東寧

兀良哈 ヲランカイ

建夷 女直古ノ金ノ地毛憐女直等ノ種類アリ毛憐一名紅毛韃魚皮韃黄毛韃蝦夷ノ種類ナルベシ其地女直寄陽ニ近シ

蝦夷 岢嵐賀蘭並ニ同シ

蘭州 中國西北ノ隅ニアリ交趾ト相反シテ寒氣極テ甚シ暑キニハ中國ノ風始テ夏衣ヲ着スルユヘ此處ニモ禮義マデニ紗ニテ制シタル服ノ上ニ著スレトモ下ニハ狐裘ヲ着ス此處水極テ乏シ井ヲ深クホリテモ水ヲ得カタ

シ唯雨ノフルヲ待テ諸ノ陶器ニ儲ヲキ飲食ノ料トス是故ニ婚姻ヲ結ニモ壺瓶ノ類ヲ多ク用意シテ婚嫁ス新婦ヲ迎ルニ先瓮甁ノ數ヲ問定ノテ咸ハ二百三百甚家ノ有無ニ隨テ持行ナリ空地コトニ塢ヲ置テ雨水ヲ儲ル　トヲ專要トス

居處

禁闥 官中ノ門
廡 ヒサシ
廳 政所 又廳事
城郭 城ハシロ郭ハクルワ
外羅城 二ノ丸
廊 ホソドノ 廻廊クハイラウ
審事 評定所ノ類
樓 タカトノ 俗ニ云二階
子城 本丸 一名牙城
月城 三ノ丸 又關廂

諺解下　居處

敵樓 ヤグラ 櫓飛樓並同 城樓櫓
城門 コグチ
甕城 ムマダシ
月臺 横一矢
臺十 リ
垣 ドヰ 垣面ドヰヲモテ 垣後ドヰウラ 垣上ドヰノタイラ
牆 ヘイ 牆面ヘイヲモテ 牆後ヘイウラ
銃眼 鐵炮サマ
影屏 シトミノヘイ
敵臺 ヤグラタイ
門關 クハンノキ 又拴
城墻 イシカキ
嘹哨 外國或ハ敵兵ノ來ルヲ遠見ノ高
箭眼 矢サマ
影墻 シトミカザシ
柵 サク

垃圾堆 塵落シノ類
瓦 ヤ子 カハラ
窰 カハラカマ
土窖 アナグラ 又地窨子
階 キザハシ
書齋 學文所
臥房 子ヤ 寢室閨並同
舖 ミセ
酒店 サカヤ 又酒肆
磚 ヒラカハラ
筒瓦 丸カハラ 圓同
竈 カマト
廠 カリソメノコヤカケナドノ類又棚トモ云 敞 敫
百歩階 石坂
浴室 ユドノ 又浴堂
店 イチクラ 又肆
茶店 チヤヤ 又茶肆
飯店 ハタゴヤ

諺解下

當舖 シチヤ
廩 コメグラ
廚 クリヤ 俗ニ云料理ノ間庖廚厨房並同
厩 ムマヤ
猪圈 ブタヤ
華表 トリ井ノ類
梁 ウフバリ
棟 ムナギ
椽 タルキ 又榱
倉 クラ 庫同
土庫 ドザウ
厠 カハヤ 厠所並同 茅厠 溷軒
牛室 ウシヤ 又牛欄
牢獄 ヒトヤ 又囹圄
井欄 イゲタ
檯梁 サス
柱 ハシラ 又楹
桁 ケタ

科栱 マスカタ

鴟吻 日本ノ鬼瓦ノ類

欄干 ランカン

蔦爪 鴟吻ノ類形龍ノ如ニシテ技ノ三ツ四ツアル角ヲ鐵ニテ仕リ頭ニサス明朝ニ用之

屋脊 ヤノムチ

板屋 イタヤ

礫墩 マルハシラノ石ズヱ此下ニ又シク石ヲ礫盤ト云

行馬 門ノ前ニ横タヘテヲク木又欄馬

格子 シヤウジ

闑 山門ノ門ニハ両ノトヒラノ立合處ニ柱ヲ立コレヲ闑ト云

紗櫥 紗ニテ四方ノ戸ヲハリ夏ハ其中ニ居テ蚊蠅ヲ避ク是ヲ紗櫥ト云以テ衣ヲ田周ス日

談綺下　人倫

人倫 百工技藝附

爹 チヽ 又爺 父也

哥 アニ 兄也

伯父 ヲヂ 父之兄

叔父 ヲヂ 又季父 父之弟

伯母 ヲヂヨメ 先生答問姻戚日伯父之妻日伯母叔父之妻日叔母

妗 ハヽカタノヲヂヨメ 答問姻戚日母舅之妻日妗子外甥稱之

姑 ヲバ 答問親族日父之姊妹姊日姑媽妹日姑娘總日姑婦謂舅之妻亦日姑又日嬸娘

母舅 ハヽカタノヲヂ 答問姻戚日母之兄弟日舅母舅也婦謂夫之父日舅壻謂婦之父日舅亦日外舅

姨 ハヽカタノヲバ 答問姻戚日母之姊妹日母姨日季母又日嬸妻之姊妹亦日姨

姪 ヲイ 兄弟之子

甥 ヲイ 姊妹之子

女姪 ヲイ

從兄弟 イトコ 答問親族日伯叔之子相呼日從兄弟又日堂兄弟

表兄弟 ハヽカタノイトコ 又父ノ姊妹ノ子ヲモ云女子ヲ表姊妹ト云

家子 ソウリヤウ 長子也

媳婦 ヨメ

家婦 ソウリヤウヨメ 姆嬸者娣姒也兄之妻日姒弟之妻日娣後世稱為姆嬸

娣姒 娣ハオトヨメ姒ハアニヨメ 答問姻戚日

女壻 ムコ

贅壻 イリムコ

連襟 アヒムコ

舅姑 舅ハシウト夫ノ父 姑ハシウトメ夫ノ母

談綺下

岳父 シウト 妻之父 又岳翁丈人

岳母 シウトメ 妻之母 答問姻戚日岳者五嶽也東嶽泰山有丈人峯故稱妻之父日丈人因丈人而遂稱妻之母日丈母後乃以其俗世遂丈之日岳父岳母

親家 アヒヤケ

尊寵 他人ノ妾ヲ稱ス 又盛寵令寵

尊閫 他人ノ妻ヲ稱ス 又尊壼

側室 己カ妾ヲ稱ス 又小妾

拙荊 己カ妻ヲ稱ス 又房下

令愛 他人ノ女子ヲ稱ス 又令嬡令愛玉

令郎 他人ノ子ヲ稱ス

女兒 ムスメ

昆玉 他人ノ兄弟ヲ稱ス

豚犬 己カ子ヲ稱ス 又豚兒

跨竈 他人ノ子ノ父ヨリ賢レルヲ稱ス

繼子 ヤウシ 養子也 又螟蛉承繼定ヽ

リテ養子ニナルヘキ者ヲ養ヲ應繼ト云
其人ノ心次第ニ養ヲ命繼ト云

繼妻　ノチノメ　後妻也又繼室　俗語ニ塡房ト云

節婦　婦人ノ節義アル者ヲ稱ス大概夫死シテ嫁セサル者ヲ云或烈婦貞婦

孀婦　ヤモメ　嫠也

望門　未嫁シテ夫死スル者ヲ云

穩婆　コトリウバ　又生婆

滿月ト云二月ニシテ剃
月ニシテ剃リ再剃ルヲ覆頭ト云

拿週　子生レテ朞年ノ時父母其欲スル所ヲ試ムルタメニ筆墨弓矢金銀財實ノ類ヲ並置テ其子ノ意ニ任セテ取シメテ其欲スル所ヲ見ヲ拿週ト云北人ハ拿朞ト云

二婚　再嫁ノ女ヲ云

乳母　メノト　又奶娘

滿月　子生レテ一月ニシテ頭髮ヲ剃ヲ双滿月ト云一ヲ二

談綺下

執友　志相合スル知己ノ友ヲ云

僚友　同役ノ友ヲ云

老嫗　バヾ　又老婆

价者　家事ヲ治ムル者ヲ云俗ニ云ヲトナ

使婢　メシツカヒ女　小女ヲ丫鬟丫頭ト云

門子　コシヤウ

輿臺　ノリモノカキ　又轎夫

佃戶　他人ノ田ヲ種テ生業トスル民ナリ

健步　ヒキヤク　又急足

窻友　同處同學ノ友ヲ云

嚴友　我ニ意見ヲモ加ル隔心ナル友ヲ云

義男　我家ニテ生ル下人ノ子ヲ云

小厮　ザウリトリ

庖人　リヤウリ人　又廚子

書手　モノカキ

皂隸　シモベ　奴僕ナリ

娼妓　ウカレメ　俗ニ表子ト云

屠戶　獸ヲホフル者俗ニ云エタ　又屠者

光棍　マイスモノ

快手　罪人ヲ召捕ル役ナリ　日本ノ雜色ノ類

卜人　ウラナヒシ

鍛工　カヂ　又鐵匠

鋸匠　コビキ

尼姑　アマ

喝營　トリウリ

石匠　イシキリ

皮匠　カハサイク

乞丐　コツジキ　又叫化化子

劊子　人キリ

冶工　イモノシ

木匠　ダイク　又木エ

泥匠　サクハン　又圬人泥水匠

牙家　スアヒ　又駔儈

畫工　エシ

裁縫　スイモノシ

貨郎　コマモノウリ

談綺下

筆工　フデユヒ

漆匠　ヌシ

船主　フ子ヌシ

夥長　船中ニテ針ヲ三ル役

香公　船中ニテ香ヲ燒神ニ祈リ　又石火矢ナトヲ打ツ役

杉板子　舟ヲ掌ル役

直庫　船中一切ノ道具ヲ掌ル役

總部　船中ノマカナヒ食物ノ事ヲ掌ル役

陶家　スヱモノツクリ

銀匠　シロカ子サイク

舟子　フナコ

舵工　カヂトリ　又副梔

大繚　帆ヲ主ル役大繚二繚トテ二人アリ

頭碇　イカリヲ掌ル役　頭碇二碇二人アリ

財副　船中ノモノカキ

車夫　クルマヒキ

獵戶　レウシ

啞子 ヲシ　吃子 ドモリ
聾 ミヽシヒ　瞎子 メシヒ 又瞽
矮人 チイサコ 又侏儒　矮石婦人 陰戸ナクシテ矮小ナル婦人ナリ
俺 東埔寨ノ人自稱シテ我ト云事ヲ俺ト云 又嗒或咱ト云 又北人モ如此稱人
崑崙奴 クロボウ 又崑崙兒阿蘭陀ノ俗人ヲ鬼ト云 貴キ者ヲ白鬼ト云 賎キ者ヲ黒鬼ト云 漳州福州ノ人ハ鬼子ト呼

形體 疾病附

嗜臉 俗語ニ人ノ面ノ總體ヲ云　容貌 カホカタチ
狀貌 スガタ　形象 ナリフリ
悅膚 ハダヘ細ニ潤澤アルヲ云　頭顱 カシラ
額顛 ヒタイ　面頰 ホフ
眼睛 マナコ　臉 マブタ
瞳子 ヒトミ 瞳人 瞳神 瞳子並同　眉睫 眉ハマユ 睫ハマツゲ
眉叢 マユガシラ 眉頭也　眉梢 マユジリ 眉尾也
眉心 眉間　天庭 眉間ノ上額ノ下
蜂谷 コメカミ　耳朶 ミヽ
輪郭 輪ハ耳ノ内ノ方ノミゾ 郭ハ外ノミゾ　聃 ミヅナキ耳ヲ云

耳糠 ミヽクソ　眼渣 マクソ
頭泥 カシラノアカ 頭垢同　準頭 ハナサキ
鼻梁 ハナスヂ　人中 ハナミゾ
口角 クチワキ　口屋 口中上ノ方鼻ノ下
涎塘 口中兩ノ頰ノトホリヲ云　齒牙 ハ
牙齦 ハグキ　齒垢 ハガスミ 又齒涅
笑靨 ヱクボ　喉嚨 ノンド 又咽喉
項頸 項ハウナジウシロクビ 頸ハマヘクビ　頭頸窩 クビホ子ノアイダノクボキ所ヲ云
鬍鬚 ヒゲ 鬚ハ下ヒゲナリ　髭鬍 髭ハクハヒゲ 鬍ハホフヒゲ

胸膛 ムナ子 又胸膛　心坎 ミゾヲチ 又心窩
奶 チ 乳也　肋 アバラ
背脊 背ハセナカ 脊ハセスヂ セボ子ト云ハ非ナリ　膂 脥ノ下ノ腹ヘサシクミタル筋骨ナリ
肚腹 ハラ 又肚子　肚臍 ホゾ
脚跟 クビス　窟臀 イサラヒ
轉肘 ヒヂシリ　手腕 ウデ
手背 テノウラ　大拇指 大指ヲホユビ 又巨擘
食指 第二指 人サシユビ　將指 中指ナカユビ 又命指

談綺下

無名指 第四指 クスリユビ

指甲 ツノ爪也

筋絡 スヂ

膂 臓ノ際ノ膂ヲ云

鐵面 怒レル顔ノ如クニ嚴ナルカホヲ云

華蓋文 ヒタヒノシハ

近覷眼 チカメ 又短眼

青盲 アキメクラ

凹鼻 ナカクボクガキタカキハナ

小指 尾指 又季指 禁指 コユビ

哨指 ユビヲカムナリ俗ニ云ツメクハヘ

毛孔 ケノアナ

馬面 ヲモナガ

蹙頞 ヒタヒニ常ニシハアルヲ云

弔眼 ツリメ

眇眼 スカメ

酒渣鼻 ザクロハナ

兎缺 イグチ

歪嘴 クチノユカミタルヲ云

齞齒 ムシクヒバ

雞胸 ム子タカク出タルヤマヒ鳩胸ナリ 仰コトナラヌ病セムシナリ

蓬篨 ム子スグニシテカヽムコトナラヌ病ナリ

狐臭 ワキガ

駢拇 ムツユビ拇指ノニツアルヲ駢拇ト云 其外ノ指ニ枝アルヲ枝指ト云

癱瘓 手足ノナユル病

瘃 シモヤケ 寒瘡也

痣 アザ 黒子也

露齒 デハ

耙牙 上齒ノニワソリタルヲ云

戚施 セナカ高シテ仰コトナラヌ病ナリセムシト云

體氣 身ノクサキヲ云

皸 アカヽリ

瘤 コブ 贅也

麻疹 ハシカ

痘瘡 ハウサウ

痧 麻疹ニ似タル吹出物

痞積 ツカエ シヤク

羊兒風 テンカン

衣服 涂色附

冠 カウムリ

紗帽 タウカウムリ

紗帽唐巾 タウカウムリノ形ノ如ニテ織物ニテ作ル 紗帽巾トモ云唐巾トモ云

痘斑 イモカホ 又麻子 イモノアトナキヲ光面ト云

楊梅瘡 タウカサ

膨脹 ハラノハル病 脹滿ナリ

纓 カウムリノヲ又紗帽ノウシロニアル左右ヘヒラキタルヲモ云又下ヘサガリタルヲモ云

展翅 紗帽ノウシロノ纓ヲ云

談綺下 衣服

幞頭 ボクトウ

幅巾 フクキン

包玉巾 頂ニ玉ヲ付タル巾ナリ

明道巾 程子ノ所著

褦襶 涼帽ナリ

掠頭 絹ニテ廣サ一寸ホドニ帯ノ如ニシテウシロヨリ額ヘマハシ又引カヘシテ髻ニマキヲク物ナリ

冪䍦 アラキ布ニテ作リ婦人喪ヲ送ルトキ頭ニ戴ク物ナリハヾニ尺長四尺或ハ三尺五寸アリ日本ノカツキノ袖ノナキ様ナル物ナリ一名[illegible]

方巾 サキノケタナル巾ナリ

網巾 唐音マンキン

浩然巾 一名披雲巾

帽 ヅキン

毘盧帽 僧ノカフリ物ナリ搭衣ハ袈裟ノ類單ハ僧ノ袖ニカケテモツヒフンキナリ

紅抹額 琉球人頭ヲマク赤キ物ナリ

道服 ダウフク 閑居ノ服ナリ

便服 ベンフク 道服ニ似テヘリナシ

野服 ヤフク 服ナリ

衫 ヒトヘノヒタギ 汗衫トモ云 藍衫ハ上ニモ服ス秀才ノ服ナリ

背心 袖ナシ前ヲ合セズ羽織ノ如ニヒモヲ付前ニテ結フ古ノ半臂ト云モノナリ

披風 ヒフウ 古ノ褙子ナリ

袷 アハセ

綿襖 ワタイレ

圓領 唐音エンリン 官人ノ服ナリエリ圓シ

紫羅襴 紫色ノ圓領ナリ

對衿衣 日本ノ羽織ノ如ナル服ナリ

一口鐘 袖ホソク身セハキ衣ナリ先生戯場ナド見物ノ時著セラレシ服ナリ

秃爪龍 ヱカツハノ如ク袖モナクタケモ短シ賤人ノ服ナリ一名四不像

談綺 下

合柱 農夫ノキルモノナリ頭ヨリ背マテ垂テ長四尺ハカリナリサヽノハ又笹竹ノ皮ニテアミタル物ナリ

角帯 ツノヽヲビ

襪子 タビ 襪帯ハタビノヒモ 襪底ハタビノウラ

裹脚 絹或ハ木綿ニテスネヲマク物ナリ 古ノ偪縛行縢邪幅皆是ナリ

袴 下ハカマ

被 フスマ 日本ノフトンニ少モ異ナル

コトナシ綿 被單被アリ

兜肚 ハラカケ

護涎 ヨダレカケ 小兒ノ 又涎衣

坐褥 シトネ

簪 カンザシ

釵 婦人ノ首飾形曲リタルヲ掩鬢ト云 ウニシテ頭サスナリ

花勝 金紙ニテ花形ヲツクリ面ヲ掩ヤ

戒指 指ニトホス 指環ナリ

耳環 婦人耳ニトホス 環ナリ

耳色 玉或金銀ニテ作リ婦人ノ耳ニサス器ナリ一名耳塞俗ニ丁香ト云形圖ノ如シ

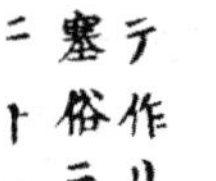

雷圈 道士ノ耳ニトホス環ナリ

紐釦 ボタン 蟬ノ形ニ作リタルボタンヲ蟬釦ト云 先生答問ニ釦曰飛鈕亦可作釦然稍貴矣作鈕玉爲上琥珀次之然脆而不堅瑪瑙又次之亦有以黃金爲鈕嵌物於内者雖華美然非大人丈夫之服也

舃 クツ 鞋子也赤ク飾リタルヲ赤舃ト云

皂靴 クハノクツ 官人ノ履ナリ

靸鞋 ザウリノ如ナル履ナリ

手巾 テスグヒ 帨也

抹布 ザウキン

明衣 ユカタ 浴衣也

雨衣 カツハ 又油衣

談綺 下

綫 イト カタ絲ヲ絲ト云 アハセ絲ヲ綫ト云

麻線 アサイト

綿紗線 モメンイト

山繭 ヤマヽユ

綿花 モメンワタ 燗ト云

斑脂花 パンヤ 又班枝花俗ニ水蠟

綿胎 ナカワタ

袱 フクサモメ フロシキノ類 襆同

綿紬 ツムギ

布 モメン 毛青布皂青布刮青布皆モメ

ンナリ其色ニ隨テ稱ス

麻布 ヌノ 又夏布

曬白 サラシヌノ 又漂白

葛布 クズヌノ 極テ細キヲ絺ト云

綾 リンズ 綾子ノ唐音ナリ 花綾モンリンズ

紬 サヤ

素紬 リウモンサヤ

綾機紬 花紬 モンサヤ サリンサヤ

段子 ドンス 緞也

紗 シヤ 漳州ヨリ出ルヲ漳紗ト云

機紗 ロシヤ

漏地紗 モンシヤ

秋羅 ロ

水緯羅 ミヅコロモノ類

縐紗 チリメン 縐紗同

花縐紗 モンチリメン

綌絺 シユス

纈文絹 カノコキヌ

天鵝絨 ビロフド

哆囉呢 ラシヤ 毛ヲハサミ集テ弓ニテワタノ如クウチホヤシテ釜ニ入熱湯ニヒタシ取出シテワタツクルヤウニヒトエクニ重テ上ヲヒタト踏何遍モ其トホリニシテ端ヲタチテ取リソノタチノヲ引カヘシテヘリニス茜草ニテ染ルナリ

毧毯 モウセン 毛氈ハ綿羊ノ毛ニテ作ル

組 クミ 條也

襤褸 ツヾレ 衣ノ破レタル貌

兩純束 凡ソ絹帛二端ヲ曰レ兩ト四端ヲ曰レ純ト五疋ヲ曰レ束ト

大紅 紅ヲ九入染タル至極ノ眞紅ナリ

二紅 大紅ニツギタル色ナリ

絳色 紅ニ黃ヲ兼タル色ナリ

蘇木紅 蘇芳染 又木紅トモ云

燈紅 燈火ノ色ノ如キ紅ナリ

東方曉 朝日ノ色ノ如クウス紅ナル色ナリ

粉紅 東方曉ニ似タル色ナリ東方曉ハ外ニチト光ヲ含ム粉紅ハ内光外紅ナル色ナリ

深桃紅 コキモヽイロ

淺桃紅 ウスモヽイロ

出爐銀 内紅ニシテ外白色ヲ含ミ銀ヲ爐中ヨリ取出シタル時ノ如クナル色ナリ又銀紅トモ云

金紅 紅ニ少シク黃ヲ帶タル色ナリ

金黃 ウス紅ニ黃ノカチタル色ナリ

肉紅 北方ノ人染紅ヲ名ケテ肉紅ト呼

眞紫 大紅ニ染テ紫ニ染入タルナリ

紅頭紫 紫ニ少紅ヲ帶タル色ナリ

黑頭紫 紫ニ少黑ミヲ帶タル色ナリ

鵝黃 淺黃色

赭黃 絲ヲ金紅ニ染入テ織出シタル色ナリ昔ハ黃朱ト云今ハ赭黃ト云

牙色 タヽゴ色 象牙色トモ云

糙米色 象牙色ヨリ一入コキ色ナリ

古色 糙米色ニ少紅ヲ帶タル色ナリ

松花色 ウスガキ

醬色 ヒハダ

沉香色 トノチヤ

茶褐色 クロチヤ

玄色 クロチヤ 黑色ノツヤアリテ青クミユル色ナリ

鐵色 カチンノウスキ色ナリ

鼠色 子ズミイロ

羊絨色 アイ子ズミ色又水絨色トモ云

藕褐色 子ズミ色ノ少赤ミヲ帶タル色ナリ

茄花色 子ズミ色ノ青ミヲ帶タル色ナリ

鶯背色 茄花色ノ少黑ミヲ帶タル色ナリ

蜜褐色 黃ニ青ミヲ少帶タル色ナリ

天藍 ハナイロ

翠藍 コキアサギ

石藍 南京ノ新名常ニ定レル色ナシハナ色ヲヨク染入テツヤヨク出來タル時如此名ツクルナリ

莎藍 藍ト綠トノ間ノ色ナリ

天青 コキハナイロ

眞青 コンイロ

石青 ソライロ

三青　青豆ヲムキタル色ナリ

柳青　豆青ノ少黄ヲ帶タル色ナリ

淺青　紺ノ少アサギニ近キ色ナリ

月白　ウスアサギ

葱白　中アサギ月白ノ午トコキ色ナリ

魚肚白　ウスアサギニ少赤ミヲ帶テ鯉ノ腹ヲミルヤウナル色ナリ

水毛色　ミヅイロ

佛頭青　紺トハ十色トノ間ノ色ナリ

竹根青　新竹根ノ色ナリ山西潞州ノ染工ヨク此色ヲ染出ス外ノ所ニテハ染ルコトアタハス

燕尾青　紺ノツヤアリテ光アル色ナリ又鴉青トモ云

青蓮色　眞紫ノ青ヲ帶タル色ナリ

玉色　北方ノ人ハナイロヲ名ケテ玉色ト呼

官綠　綠ハ木葉ノ色ニテ翠ニ近シ官綠ハ綠ノコキ色ナリ

大綠　官綠ノ少ウスキ色ナリ

明綠　官綠ヨリツヤアル色ナリ

菠綠　綠ノ光アリテ一キハヽエタル色ナリ

油綠　ミルチヤ

黑綠　官綠ヨリ一入コキ色ナリ又暗綠トモ云

柳綠　柳青ノ綠ナル色ナリ

豆綠　豆青ノ綠ナル色ナリ

鸚哥綠　豆綠ノ少コキ色ナリ

鴨頭綠　鴨ノ頭ノ如ク綠ナル色ナリ

飲食

茶　廬山ニ茶ノ出ル処多シ蒙山ヲ第一トス蒙山茶ハ色黄ナリ高山ニ茶ノ木アリ茶ノ露石ニ滴リテ苔生スソノ苔ヲ藥ニ用ユ越王笋ヲ蒙山茶ノ次トス色白シ味二種ハ香シテ味少シブシ芥茶ハ色微黄ナリ六安茶ハ色紅ナリ色ト云ハ濁ニ

テ出シタル色ナリ清明茶ハ清明ノ節ヨリ前ニ採タル新茶ナリ最貴シトスォハ唐山ニモ採茶ヲ用タリ鳳團龍團トテ龍鳳ノ形ニ造リカタメ用ユル時ハ少シ切テタテシナリ宋朝以後ハ皆出茶ヲ用ユ茶ヲ湯ニテ出ス時桂花或ハ茉莉花蘭花ヲ茶出ノ蓋ノ内ノ方ニサシテ出シタル茶ヲ桂茶或ハ茉莉茶蘭茶ト云甚香シテ賞スルニ堪タリ

白酒　シロサケ

濁醪　ニゴリサケ

黃酒　黄米トテ一種アシキ米アリフレニテ造リタル酒ナリヨキ酒ニハ石灰ヲ入ルヽユヘ藥ヲ製スルユ用ヒズ只黄酒ヲ用ユ

陳酒　フルキサケ

燒酒　シヤウチウ

葡萄酒　葡萄ヲ火ノ上ニテ炙リ其汁ヲトリテ造ルナリ

黙到酒　糯米ニテ造リタル甘キ酒ノ中ヘ牛乳或ハ雞卵ヲ入アタヽメテ飲ヲ黙到酒ト云今按ニ到當作烈

洞庭春色　酒ノ名ナリ凡菓實或ハ香草ヲ酒ニ造ルニハ酒瓶ノ上ヲ布ニテ包ミ其上ニ香草ニテモ菓實ニテモ置又其上ヲ竹ノ皮ニテ包ミ其外ヲ泥ニテヌル久シテ香氣酒ニ移ル直ニ入ルヽニハ非ス只龍眼肉ハ直ニ入ルヽナリ

醍醐　酥酪ノ汁ナリ牛乳ノスミタル處ヲ酥トシ凝タル處ヲ酪トス

醬油　シヤウユ

燻　タバコ　又煙酒

飯湯　メシノトリユ

糜　ウスキカユ

肉糜 カユヲ煮肉ヲ入ヨク合セテ食ス
羹 アツモノ汁ナリ俗ニ湯トス
ト云唐音タント云
日本ニ云ゞ茶ノ 點心 テンジン テモ少シ喫ヲ云 何ニ
コソ類ナリ
糕 米粉麪粉ニテ造リタル菓子ノ通稱ナリ
然レトモ大抵小麥ヤキモチノ類ノ餅トリ
云ムシモノ
餅 ヲ餻ト云
麪粉ニテ作ルモチ 糒糕 日本ノモチナリ
ノ總名ナリ
圓團 ダンゴ 麪 日本ノウンドンナリ
餺飩 麪粉ヲ水ニテコチ打ヒロメテ二寸四
方ホドニ切リ中ヘ何ニテモ餡ヲ少シテ
入レ四方ノハシヲ見ユルヤウニ殘シテ
包ミ煮テ汁ヲ用テ食ナリ

識韻下

温淘 又温麪 ヌルムギ
饅頭 マンヂウ 索麪 又線麪 サウメン
或ハ猪肉猪油ヲ用テ餡トス 唐山ノ饅頭ハ鷄鵝鴨ノ肉
餺飥 饅頭ヲ造ル麪ノ如ニシテ中ヘ餡ヲ入上ニ色
色ノカタヲシ或ハ黄色ニ塗テ焼タル物ナリ
餃子 唐音ニキヤウツウ一名包子俗ニ様官菊ト云麪粉
ニ油ヲ加テ造リ中ヘ色々ノ餡ヲ入蒸タル物ナリ
炒米餻 サウベイカウ米ヲ炒テ粉ニシ沙糖ヲ入ラク
ガンヲ造ル如ク木形ニイレ打出スナリ
牙笏餻 米ノ粉ニ沙糖ヲ入茴香ヲ加ヘ蒸テウスクヘ
ギ火ニテ炙レバ笏ノ形ノ如クニナルナリ
豆沙餻 ヤウカン 角黍 チマキ一名粽子
糯米ヲヨク水ニ
ヒタシ洗テ水ノナキヤウニ滴ラセテ竹
ノ皮或ハ菰草ニ包ミ[illegible]ヲ入テ火ヲユ
リクタキヘク煮テ皮ヲハキ絲ニテ切リ
食ナリ端午重陽ニ是ヲ用

栗餻 重陽ニ用ユ製法前ノ如ニシテ中ヘ栗ヲ入レ、
リホドニ ナリ或ハ米ノ粉ニテモ造ル大サ一尺五寸ハハ
スルナリ
月餅 中秋ニ用ユルヤキ餅ナリ麪粉ニテ造リ
大中小段々ニタゝミカサ子上ニ五色ノ
飾リ物ヲ置桂花ヲ
挿月ニ供スルナリ
龍纏 コンペイタウ 中ヘ入ル物ニヨリテ名ツク松子ヲ
入レハ松纏ト云茶ヲ入ルレハ茶纏ト云
沙糖 サタウ 甘蔗ノ 氷糖 コホリザタウ
汁ヲ煎シテ造ル
黒糖 クロザタウ 蜜煎 ミツヅケ
梨糕 梨ヲ研細ニテ子 橘餅 蜜柑ヲ沙糖ニツケ
リツノ造ル 推ヒラメタル物ナリ
柿餅 ツリガキ 鹽梅 ムメボシ

識韻下

梅醬 ムメヅケ 薑蕪梅 鹽梅ヲ沙糖ニ
生薑紫蘇ヲ細ニ剉ミカ 漬打ヒラメテ
ニマジヘタル物ナリ
家慶子 李ヲ火ニテ烘リ 飴 アメ
乾タル物ナリ
牛皮糖 求肥糖 豆腐 トウフ
腐皮 ウバ
渣 カス 豆腐ノカスナトノ 麪筋 フ
ゴトキアラカスヲ云
糟瓜 カスヅケノフリ 醃菜 シホツケノナ
醢 シヽヒシホ 鮝魚 鹽ニ漬テ乾タル魚ナリ黄
肉醢 鹿醢アリ 魚ノ乾物シ黄魚鮝ト云
板壁鮝 鯉ノ乾物ナリ鴨ヲ去山椒茴香ヲ入テホス
味甚美ナリ堅キユヘニ板壁ト云
風魚 シホビキノ類 魚餻 カマボコ

蝦米 小エビノカラヲ去テ乾タル物ナリ東埔寨ヨリ出ル

燕窩 エンス外國ヨリ出ル暹羅ニ多シ

蝸牛 牛肉ヲ六七月ノ比酒醬油酢ニテイリツケ料理シタルヲ云

鹿筋 鹿ノアト足ノスヂヲ乾タル物ナリ

火腿 家猪ノヱダヲ寒ノ内醃漬ニシテ松ノ葉ノ烟ニテフスヘ乾シタル物ナリ俗ニ臘干ト云ヱダニ限ラス肉ヲ乾タルヲ臘肉ト云

腰子 家猪ノ腎ノ臓ヲ云

肝花 家猪ノキモ諸畜共ニ通稱ス

枝桃肉 家猪ノ兩眼ノワキニアル胡桃ホドナルマロキ肉ヲ云其味甚美ナリ

羅隔肉 家猪ノ肋ノワキニアル油ツキタルウスキ肉ヲ云是モ味美ナリ凡猪肉ニ闕膝聽蹄ノ四味アリ極テ賞玩スル處ナリ闕ハ上脣ト鼻ノ間ナリ膝ハ舌臘ハ耳蹋ハ蹄ナリ

八珍 猩唇豹胎金蓋玉膾紫駝峯熊蹯龍肝龍髓明朝ノ八珍是ナリ猩唇ハ猩猩ノ唇豹胎ハ豹ノハラゴモリ金蓋ハ黃魚ノ舌下ニアル小指ノサキホドナルウス白キ物ヲ云玉膾ハ魚ノ名長サ八九寸アリ三四月出ル紫駝峯ハ槖駝ノ背ニアル鞍ノ如ナル肉ヲ云高クレテ峯ノ如ナルユヘ紫駝峯ト云熊蹯ハクマノタナコヽロナリ

寶貨

金 唐山ニテ金ノ出ル處多シ就中雲南ノ金ヲヨシトス雲南ハ西南ニ當リタル國ナリ山ヨリ掘出ス金ノ中ニ狗頭ト云アリ圓クカタマリテ狗頭ニ似タルユヘ云ナルヘシ重サ或ハ二十目ホドアリ此金ノ中ヨリ金剛鑽ヲ得ルコトアリ堅キコト石ノ如ニメ小サシ玉ヲ琢ニ用ユ甚重寶トス又雲南ニ麗水アリ其處ノ人家々ヿ家鴨ヲ飼家ノ大小ニ從テイクツト定ノ多ク飼コトヲ許サズ日々アヒルヲ麗水ヘツレユキテ魚蝦ヲハノマシムアヒル沙ヲ食ユヘ糞中ニ金アリソレヲ淘テ金ヲトルナリ是ヲ鴨沙金ト云

玉 石中ニ産ス常ノ人ハ玉アル石ヲ見シラス田々人ハヨク見知ナリ燈ニテ照シ見テ玉アルコトヲシル赤玉玄玉白玉白晰蒼玉青玉綠玉碧玉黃琮等ノ諸色アリ此外淡墨色桃花色ナドアリ玄玉黃琮最希ニシテ貴トス

璖 靑色ニ少紫ヲカ子タル石ナリ大サ拇指ノ先ホドアリ婦人産スル時手ニ握レハ忽チ産ス又難産ニハ是ヲ呑忽チ産シテ其子ノ手ニ握リテ生ルヽト云明朝ニモ

天下ニ只二ツアリ最重寶トス一名祖母珠

珠 タヾ貝ヨリ出ル者多シ蜘蛛ノ腹ヨリ出ヅル珠ヲ良トス定風珠ト名ツク

紫貝 小サキ貝ナリ古ハ錢ノ如クニ用タリ今モ雲南ニテハ錢ノカハリニ用ユ

琥珀 コハク色少淡キヲ金珀ト云又淡ヲ蠟珀ト云又淡キヲ蜜珀ト云

珊瑚 サンゴ黒珊瑚ヲ希ナリトスアサギ色ナルモアリ

玆珉 玆ハ黃石ノ玉ニ似タル物珉ハ石ノ玉ニ似タル物ナリ山中ヨリ出ルヲ好トス今ハ大略子リ物ナリ

玻瓈 ビイドロ石ヲ煉テ造ル色綠白紫藍黃數種アリ北京ニ多シ烏獸岩石ノ形ヲ作リ中ニ水ヲ入テ魚ヲ放テハスキ透リテ大魚ニ見ユルナリ

倒鼈氣

大理石 雲南ヨリ出ル
硇子石 玉ノ如クニヤキタル石ナリ
凍石 蠟石 印ヲホル石ナリ 一名青田石
雄黄 ヲワウ大小アリ米粒ホドナルモアリ是ヲ米黄ト名ツク其外二三寸五七寸一二尺マハリナルモアリ
滕黄 雌黄
參青 紺青
三青 大青石青參青是ヲ三青トス
打銅 倭鉛銅錫ヲ雜ヘテコシラヘタル金ナリ眞鍮ノ類
低銀 下品ノ類
紋銀 上品ノ銀俗ニ南鐐ト云
細絲 南鐐ノ極品細絲ノ十分一銅ヲ入ルヽヲ九成ト云五成ヨリ九成マデアリ九成ヨリ細絲マテ九一九二九九々マテアリ日本ノ銀ハ八成ノ二二ナルヽ
鋼鐵 ハカ子
鐵線 ハリカ子
金箔 キンハク
刻絲 金絲ニテ紋ナトヲ織タルヲ云一名鍥絲
瓔 佩玉ノ上ニ付ル玉ナリ
璜 佩玉ノ下ニ付ル玉ナリ

器用

紙 カミ 楮皮ニ限ラス竹桑木檀ノ類皆紙ニ造ル是ヲ皮紙ト云日本ヘ渡ル紙ハ多ハ竹紙ナリ新竹紙ノ皮ト内ノアマ皮トヲ去ナルホドヨク打テ水ニヒタシクサラカシテスクナリ新竹ト云ハ今年ノ竹ヲ九十月ノ比キルヲ云
筆 フデ 湖州ノ筆ヲ好トス
筆筩 フデタテ
筆架 ヒツカ
筆管 フデノヂク
硯 スヾリ 硏同 端溪ノ紫石ヲ最上トス
水注 ミヅイレ又水滴形色々アリ中ニモ龜蟾蜍ノ形ヲ造タルヲ佳トス
書格 書タナ書架也
殼面 ヘウシ又部面
褾 帙 俗ニ書套ト云
簽 ゲダイ
紅簽 紅紙ナリ書簡ノ上ニヲス
標 ツケガミ
牙籤 象牙ニテ小サキ札ヲ作リ一部ゴトノ書名ヲカキテサゲヲキ見ヤスキヤウニスルヲ云
活板 ウエ字板銅ニテ作ル一名銅板
牌扁 額 唐山ニテハ板ヲ用ユ極ノ木ヲ第一トス次ニ文梓粉梓又其次ニ銀杏ヲ用ユ
隔子 ケ 罫也又格根唐山ノ罫九行十七字ヲ定法トス
鎮紙 ブンチン ケサン
印 イン 印色インニク
笏 シヤク 象牙ニテ作ルヲ牙笏ト云長サ匠尺ニテ二尺六寸廣サ三寸上ニテハ廣サ五寸アリ
麈尾 シユビ 佛家ノ拂子ナリ麈ノ尾ニテ作ル談論ノ時持ツ器ナリ
如意 ニヨイ 鐵銅ニテ作ル竹ニテ作ルヲ竹如意ト云
扇 アフギ 又箑
團扇 ウチハ
扇梢 ガナメ 多
桌 シツホク 桌子同 長桌方桌半桌其類
椅 キヨクロク 椅子同
几 ケウソク 又曲几

天然几 長ヤ大ツクヱナリ唐山ニテ珍家アルトキ此上ニ色々ノ物ヲ五種七種カザルナリ
発子 シカケ テ小サシ 発子也形キヤタツノ如ニシ
蹈発 キヤタツ
兀子 形発子ト同シ発子ハ攅長ク兀子
榻 ユカ ハ四方ナリ共ニコシカクル物ナリ形チ床ノ如シ床ハヲホヒアリ榻ハヲホヒナシ
床 藤床竹床アリ
屏風 ビヤウブ 又圍屏
衣架 イカウ 衣桁同
轎 タゴシ
藍輿 日本ノノリモノアヲダ 皆籃輿ニ似タリ
柳車 棺ヲノスル車ナリ
榜 ノボリハシ
燈籠 常ニ云アンドンナリ

譯綺下

提燈 テウチン
㶉燈 タカホンボリ
石燈 イシトウロウ
燭臺 シヨクダイ
燭剪 シンキリ
燈盞 トウガイ
燈挑 カキタテギ
面盆 テウヅハチ
脚盆 アシアラフハチ
浴桶 スイフロヲケ
脚桶 アシタラヒ
火爐 ロ
火盆 ヒバチ
火筯 ヒハシ 又火快子
快子 ハシ 筯也箸也
吹火筒 ヒフキ 又吹筒
梢柴 ツケギ
水杓 ヒシヤク 木杓銅杓アリ

按板 マナイタ
蒸籠 セイロウ
甑 コシキ 古人瓦器ヲ用ユ今ハ木ニテ作ル
箱 ハコ 匣也
櫃 ヒツ
抽斗 ヒキダシ
蓋子 ブタ
鎖鬚 ジヤウノハ子
鎖 ジヤウ
鑰 カギ 又鑰匙
眼鏡 メガ子 又靉靆
千里鏡 トヲメガ子
羅經 日ヲミル針
枕 マクラ 又枕頭
櫛 クシ 又梳子
篦 風篦也 俗ニ云タウグシ
抿子 クシハラヒ 唐山ニテハ髪ヲナヅルニ用ユ

譯綺下

剪刀 ハサミ 又剪子
鑷 ケヌキ
耳空 ミヽカキ
裁刀 モノタチ
剜刀 物ヲウスクヘグ刀ナリ
剃頭刀 カミソリ
熨斗 ヒノシ
藥研 ヤゲン
薑擦 ワサビヲロシ
匕 サジ 匙也
藥匙 クスリサジ 刀圭也
銅鍬 アカヽ子サジ
糊刷 ハケ 又刷帚
算子 サンギ
算盤 ソロバン
等子 ハカリ 稱也
稱等 日本ノハカリニテ九銭アリ 今按薩州等子ナリ

天平 唐音テンビン唐山ノ天平日本ノ天平ヨリ二分軽シ

廣平 日本ノ天平ト同シ十三號天平ト云

法馬 フンドウ又兒馬兒子

錘 ハカリノヲモリ

水平 ミツハカリ

衡 ハカリノサホ

升 マス 唐山ノ升不同ナリ餘姚ノ升ハ日本ノ四合ヲ一升トス是ヲ郷升ト云官升ハ六升ヲ一升トス然トモ處々不同河南ノ升ハ日本ノ八合五勺ヲ一升トス大方通用ハ日本ノ五合五勺ホトヲ一升トスルナリ黄鐘ノ律ヨリ出タル升ハ古今カハラズ日本ノ升ニテ五合六七勺入ナリ

斗 十升ナリ十升ヲ曰斗二斗五升ヲ曰桄又曰栲五斗ヲ曰構

石 十斗ナリ一擔トモ云米百二十斤入ル器ナリ古ハ石斛相同シ明朝ニテハ五斗ヲ斛ト云

斗栲栳 底セハク上ヒロク米ヲハコブ器ナリ北方ニテ是ヲ用ユ南方ニテハ又ロト云物ヲ用ユ

沙鍋 イリナベ俗ニ云ホウロク

鏇 鐵ニテ作レルシヤクシナリ油アゲヲスルトキ用ユ長碕ノ俗所謂チヤンコ鏇鍋ノ唐音ナリ

銅鑵 ヤクハン

宜興壺 茶ダシ宜興ノ朱用賢名譽ノ上手ナリ是ニヨリテ名ヲ得タリ

碗青 ゾメツケ茶ワン涤付ノ藥ヲ碗料ト云

碎磁 クハンニウ又碎器

龍泉青 セイジ

酒注 スヽ口ノ長クサシ出タルヲ云

盃 サカツキノ總名耳ニツ付タルヲ盃ト云一ツ付タルヲ卮ト云

盞 サカヅキチヨクノ形ニテ小サキヲ云

鍾 チヨク茶鍾酒鍾アリ

托手 茶鍾ヲノスル臺

菓盆 クハシボン

缶 ホトギ口ノ開タルヲ淺淺トモニ缶ト云

乾 ハラノフクレタル大ナルカノ

壜 カメ口小ニシテ尻ホソキヲ云

盆 底セハク口ヒラキタルヲ云スリハチノ類ナリ

長脚盃 足ノ長キサカヅキ又勸盃

臺盤 サカツキノダイ又托盤

煙筒 キセル

提梁 ヒサゲカンナベツルナベナトノ取手ヲ云

缸 ロノヒラキタル大ナルカメ

瓶 カメ形小サク口モ小サキヲ云又瓿

鉢 ハチロヒラキ腹少シフクルヽヲ云

罌 モタヒ大小共ニ通稱ス但シ口小サキヲ云

甕 モタヒ大小通稱但シ口ノ大ナルヲ云

壺 ツボ頸ノツキタルヲ云

酒壜 サカヽメ

槽 フ子

篘 ス

醋篘 スノス

紡車 イトヨリクルマ

繅筐 ヲゴケ繅筐同

扣 ヲサ

甀 一石入ルカメヲ云

靛缸 アイカメ

醋甕 スカメ

酒槽 サカフ子

酒篘 サケノス

油榨 アブラシメギ

籰子 ワク

梭 ヒ

篾框 ヲサカマチ

綵駝 ツミ 俗ニ云ヨリツミ
犂 カラスキ
竹耙 俗ニ云コマザラヒ 竹爬同 リ 一名鐵耙
鐮 カマ 鎌同
人碓 カラウス 足ニテ踏ヲ踏碓ト云手ニテツクヲ駝碓ト云
水碓 水ノチカラニテツクカラウスナリ
礧子 石ニテクボク臼ノ加ニ作リ杵モ石ニテ圓ク作リ牛ニヒカセテモミヲスル物ナリ
木礱 モミスリウス
鋤 クハ
耙 ムマクハ 形クマテノ如シ
鐵搭 堅キ地ヲ打器ナ
水車 ミヅクルマ 龍尾車 龍骨車ノ類アリ
泥礱 俗ニ云タウウス 竹ニテ作リ泥ニテヌリ齒モ竹ニテ作ルナリ

數術下　叁

磨子 イシウス 又石運轉
篩箕 イカキ
籃 カゴ 目ノコマヤカナルヲ云
笊籬 メカゴ 日本ノウドンスクヒノ加キ物ナリ
尿桶 イバリヲケ
麻繩 アサナハ 兩股(フタツ)曰〻繩ト三股(ミツ)曰〻徽ト四股曰〻纆ト
轆轤 ロクロ
簸箕 ミ 箕ニテフク 播弄ト云
篩 フルヒ
籠 カゴ 目ノアラキヲ云 又疎眼籠
扁挑 ニナヒボウ
繩索 ナハ 繩ハフト ナハ索ハホソナ
苫 コモ
尺 シヤク 裁縫尺 尺匠尺 周尺 曲尺 其鈔品多シ

尺界 ジヤウギ
鋸 ノコギリ
鐵鎚 カナツチ
鑿 ノミ
斧 ヲノ マサカリヲ斧頭ト云
鑢 ヤスリ 錯子也 ヨコタテニ目ヲ切タルヲ鑢ト云 横ニハカリ切タルヲ錫ト云
釘 クギ 竹釘タケクギ
鉗 カナハサミ 鍼同
墨斗 スミツボ
槌 ツチ
錐 キリ 鑽也
推刀 カンナ 鉋也
釿 テヲノ
馬蝗絆 カスカイ
旋網 タウアミ 又撒網

數術下

罾 ヨツデ
紙鳶 イカノボリ 聲アルヲ風箏ト云
浮頭 ウケ
花炮 花火ヲ紙ノ筒ニクヽリ薬加減ニテハ子ル様ニシコミ年ノ暮ヨリ正月マデ放ツ所謂爆竹ナリ昔ハ竹ニ入タルニヨリ爆竹ト云今ハ紙ヲ用炮爆義同
烟火 カラクリ花火ナリ多ハ故事ヲ用人形ノ如ク見ユル極テ巧ナルカラクリアリ其品日本ト同キ物流星ハ相通ス賽月明ハ玉火水老鼠ハ子ツミ火走線ハ絲火クルマ火又轉紡車三請九回トモ云此外滴々金青木香拖地木香爆松毛梨花文梨丈菊垂絲海棠金菊對芙蓉等ノ名目アリ
碁子 ゴ 唐山ノ碁ノ手多クハ日本ト同シ コウヲ打切タメヲ官着シチヤウヲ征ト云

螺鈿　アヲガヒ

摻金　ナシヂ

箬笠　タケガサ

涼傘　キヌカサ一説ヒガサト云ハ非ナリ形傘ノ如ニメフチニ垂タルキヌアリ外官用之ヲ京官ノ中ニハ錦衣衛都指揮使御史ハカリユルサル、ナリ外官ハ涼傘ヲ用京官ハ張扇ヲ用ユ

張扇　形千圖扇ノ如ニシテ大ナリ柄長シ或ハ鳥ノ羽ヲ以テ作ルモアリ

三絃子　サミセン　或三線子

喇叭　ラツハ角也

諸器二

銅鑼　ドラ一名鐃鈸物ニ掛置シユロノ毛ニテ包タル物ニテ打ナリ

錫鑼　トラヨリ大ナル物ナリ

鉦　唐山ニテ黄香ヨリ初更ヲ打カ子ニ用ユ

九鉾　日本ノ八鐘ノ如ク小サキカ子ナリ十アレトモ九鉾ト云

堂鼓　日本ノ大鼓ヨリ大ナリ胴ニ畫ヲカキタルヲ畫鼓ト云ソレヲ掛ル物ヲ套ト云

弓　ユミ大消弓小消弓ノ二種アリ長短不同カラ

韔　ユフクロ　韔同

弓腦　ウラハズ

閃　トリウチ　ツホタニ

描金　マキヱ

嵌金　ザウガン

雨傘　アマカサ

檀板　ビンザヽラ　簡板節板並同

嗩吶　チヤルメラ

京鑼　ドラニ似タリ官人出行スルトキ打ナリ

雲鑼　鉦ヨリ小サシ雲形ヲ畫キタル物ナリ

消　ユハズ　弭同

弦　ツル　唐山ニテハキヌスル絲ニテヨル

墊子　ヒタイギ

甬面　スヱトコロ

把子　ニギリ

箭袖　ユゴテ

鞬　弓タテノ類

嚆矢　カブラヤ　鳴鏑也

矛　テホコ　鉾也

槊　ホコ　矟同

刀鞘　サヤ

諸器下

鐔　ツカヾシラ

刀盤　ツバ　又托手

匕首　形チ短クシテ劍ノキツサキノ如シ利器ナリ

偃月刀　ナギナタニ似タリ關壯繆カ彌ノ刃ニ斬馬カアリ日本ノ薙刀ヨリハヾヒロク柄短シ

鉄鉞　ヲノマサカリ　戚揚同

干　タテ　盾也

扣　ヒカケ

背　トダケ　弓ノウラヲ云

決拾　ユガケ　決ハユカケ拾ハヲシテ決ハ唐山ニテハ五石弓角ノ類ニテ作リ拇指ハカリヘ掛ルナリ

鏃　ヤジリ　鏑同

鎗　ヤリ

戟　ホコ　枝アルヲ戟ト云

刀　カタナ日本ノカヲ唐山ニテ倭刀ト云テ甚タ貴重ス

刀欛　ツカ

鐓　イシツキ　鐏也

鍔　ヤキバ　刃也日本ニテ刀盤ヲ鍔或ハ鐔ト云誤ナリ

旗幟　ハタ

狼筅　戚南塘始テ作之ヲ竹ノ枝々ノサキ下ヲ鐵ニテハリ鏃ノ長サニシテ敵ノ兵器ヲ防ク器ナリ圖ハ武備志三才圖會ニ見タリ

甲 ヨロヒ 又鎧

冑 カブト 頭盔兜鍪並同

烏銃 テツハウ

火藥 テツハウクスリ

鉛彈 テツハウダマ

砲 イシビヤ 又佛郎機

火箭 ヒヤ

鞍 クラ 前輪ニ鐵ニテ輪ノ如ニシテハリ付タルヲ判官頭ト云形圖ノ如シ

判官頭

鐙 アブミ

籠 ヲモガヒ 又籠頭

鞦 シリガヒ

肚帶 ハルビ

銜 クツハ

鑣 クツハノカヽミ

韁 タヅナ 轡也

鞭 ムチ 策也

諺解下

槽櫪 ムマフ子 馬槽同

猪槽 ブタフ子

汗韉 ハダツケ 形圖ノ如シ 又脊韉

以テ毛ヲ爲ル之ヲ約マ厚サ二三寸上ニ用

肚帶ヲ約ス潤サ三寸許リ

障泥 アヲリ 形圖ノ如シ

以テ細梭ノ繩ヲ結ビ花ヲ內ニ襯ル

以テ藍布ヲ此ヲ謂フ梭ノ裙ト

串皮 日本ノアヲリノ類 形圖ノ如シ

以テ牛皮ヲ彫リ薄ク爲ル之ヲ漆而繪畫ス如シ錦ノ然リ故ニ謂フ之ヲ錦韂ト昔シ王濟用フ錦障泥ヲ即チ此ヲ然モ此レ非ス障泥ニ

禽獸

鶴 丹頂 先生答テ問ニ鶴ヲ曰中國稱スル者聽テ其ノ唳ヲ不食河北ニ有リ灰鶴亦不食 鶴盃ヲ造ル法 鶴ノ卯ヲ巢ノ中ヨリ取出シ沸湯ニテ煮テ又巢ニ入ヲク母鶴草ヲ含ミ來テ卯ヲ十ソレハ生氣出テ潤アルヲ又取出シ煮テ入ヲク如此スルコト三四度ニ及テ卯甚大ニナルナリソレヲ取テ錫ニテ引ワリ盃ニ作ルナリ

白鶴 シロツル

灰鶴 マナツル

諺解下 禽獸

鶬 カウ 鶬ノ治ス方ニ食フ不知シ食リ鮮ナル者ヲ

雁 カリ 答 雁ト云 先生答テ問ニ雁ヲ曰中國

白雁 ハクガン

鴻 ヒシクヒ

鵝 カ 爲ル上ト餘ノ如キ者次ク之ニ 先生答テ問ニ鵝ヲ曰味最肥ヘ美ナリ河南固ノ始ル者

天鵝 ハクテウ 鵠同 最モ少シ問有レ之不知其ノ性味ヲ 先生答テ問ニ鵠ヲ曰中國

鴨 カモアヒルノ總名 野鴨ハマカモ 家鴨ハアヒル 飛鳧 水鳧 鶩 水鴨並同 家鳧並同 先生答テ問ニ鴨ノ性ヲ曰能ク益ス人ニ夏則加ヘ料ヲ燒テ食フ餘月ハ炖シテ食フ爲ス美ト然ドモ性稍寒如キ者宜加ヘ生姜ヲ

水葫蘆 コガモ

栗鴨 クロカモ 答テ問ニ鳧鴨ノ種類ヲ先生曰

頸ニ及頭ニ有赤毛或ハ黒或ハ蒼シ亦曰漂鴨以浮漂水ニ甚多也亦曰鸊鷉

鴨蛋　アヒルノタマゴ半ハカヘリテ頭トノ形ミユルヲ喜蛋ト云甚人ヲ補フ

鸂鶒　ヲシ日本ニテ鶖鶩ヲヲシトリトイヘトモ鶖鶩ハ日本ニテ未見ニホト云ハ非ナリ

鸊鷉　小鳥ノ類ナリ

白鶴子　タイサキ

蒼鷺　アヲサギ　蒼鵙青鵲並同

信天縁　鷺ノ一種俗ニ云ミナクチマモリ

鸕鷀　ウ

魚狗　カハセミ　翡翠翠鳥並同

鷄　ニハトリ　一名家禽又窻禽徳禽先生答問鶏日性平温無毒足短體圓者佳宍炙鮓炒皆美白煮雞臛無有不宜白毛鳥骨者最補家雞亦同雞取肥嫩者老者不可用有毒炖鴨則取老者為佳

雞蛋　ニハトリノタマゴ

鶤雞　タウマル

遲羅雞　チヤボ　矮雞同交趾ノ雞ハ時ヲシラス終夜鳴ナリ

雉　キジ　一名野雞日本ノ雉唐山ノ雉ヨリ味美ナリ

鷩雉　キンケイ　錦雞同

雀　スヽメ　麻雀同

烏　ホソカラス　慈烏同

鴉　ハシフトガラス

鵰　ワシ　鷲同

鶉　ウヅラ　一名鷂鶉

鴿　カウライバト　唐山ニテハ白キ鴿ヲコノミ食フナリ古ヘ張九齢家書ヲ傳ヘサセタルト云コトアリ今モヨクカヒタル鴿ハ書ヲツタフルコトマヽアリ

青鵻　ヤマハト

鳩　ツチハト

布穀　俗ニ云カツコウトリ一名戴勝

黄鸝　日本ニナシ日本ノウグヒスハ唐山ノ黄頭鳥ニヨク似タリ唐山ノ黄鳥ハ大サ日本ノヒヨドリホドアリ嘴ト足ハ朱色身ハ黄ニメ羽サキ黒ク其聲甚長シテウルハシ

杜鵑　日本ノ杜鵑ヨリ聲高ク慘マシ多ハ夜啼口邊ヨリ血出ル啼血屋上ニ落レハ不祥ナリト云

桑鳸　マメワシ　シメニ似テ大キナリ　一名蠟觜又竊脂

鸜鵒　ハヽテウ又鴝鵒　俗名八哥

啄木　テラツヽキ

鳶　トビ　鴟同

鴟鵂　ミヽヅク　一名角鴟　俗名逐瘟又[illegible]

鴞　フクロウ　梟同

白頭公　シヽウカラ　唐山ノ白頭公日本ニアルヨリ少シ大ナリ

伏翼　カハホリ　一名蝙蝠本艸釋名ニ一名飛鼠トアルハ誤ナリ飛鼠ハ外ニ一物アリ

鸓鼠　ムサヽビ　鼯ノ皮ハ子ニナリ高キヨリ卑キニ飛卑ヨリ高ニ飛コトアタハス

鵲　カサヽギ　山鵲ハ身モトビ色腹白ク尾キ赤ク臙脂ノ色ナリ

鸜哥　唐音インカウ　鸚鵡ヨリ小サシ交趾ヨリ出ルハ彌小サシ

鵜鶘　一名淘河　俗ニ云ヲホトリ

孔雀　クジヤク　南方ヨリ出ル唐山ニテハ毒アリトテ食セズ南方ノ人ハ常ニ食フ異ナルコトナシ

鸐雉　日本ノ山トリニ能似タリ

竹雞　日本ノバンニ能似タリ　一説ニ山シギト云ハ非ナリ

秧雞　日本ノクイナニ能似タリ

雲雀　日本ノヒバリニ能似タリ

鶲 シギト訓スルハ非ナリ日本ノシギ唐山ニ甚多アレトモ其名ヲシラズ鷸ハ海邊ニヲル鳥ナリチドリノ類ナランカ

駝 タクダ俗ニ云ロトウ背ノ肉鞍ヲキタル如シ

牛 ウシ 唐山ニテ牛皮ヲタヽキノベ蕨繩ノ如ク用ユ是ヲ牛筋ト云

騸牛 外腎ヲヌキタル牛ナリ閹牛トモ云

牸 コウシ

猪 ブタ 豭豕豚 家猪家豚並同

剮猪 外腎ヲスキタルブタナリ閹猪トモ云牡ハ外腎ヲヌキ牝ハワキ腹ヨリ花膓ト云膓ヲスク色紫黒ニテ細キ膓ナリ牝牡トモニヌキタル跡ヲヌイ合セ鍋墨ヲ油ニテトキヌリヲク如此スレバ情慾生セズシテヨク肥テ生長スルナリ

野猪 イノシヽ 野豚野豕野彘並同

羚羊 カモシカ 俗ニニクト云 麢羊同

綿羊 ヒツジ 外腎ヲ抜タル羊ヲ羯羊ト云

山羊 ヤギウ

鹿 シカ 大ナルヲ麋ト云

麂 鹿ヨリ小サクシテ足ニ蹄アリ馬足ノ如シ鳴コヱ狐ニ似タリ肉味甚美ナリ皮大ニ好鹿ノ皮ヨリ重寳スルナリ

麞 クジカ 麕同 俗ニ云ノロ牡麞ハ細クマカリタル牙三四寸程上口ヨリ生ス山ニ在ヲ麞ト云澤ニ在ヲ麝ト云一說麞ノ小キ者ヲ曰レ麂ハ非ナリ麞ハクビホソシ皮大ニ好日本ニテコビトヽ云ニチカシ

貓兒 子コ ハ非ス虎狸猫貍等ノ種類アリ

貍 狐ノ類ニテ毛ニナシナアリタヌキニ

鼠 子スミ 唐山ノ俗語ニ老鼠ト云雄鼠ヲ猳鼠ト云

鼷鼠 ハツカ子ズミ

石鼠 日本ニ所謂越後ウサギナリ眞ノ白兎ハ稀ナル物ナリ崇禎年中遠國ヨリ白兎ヲ獻入ソレモ石鼠ヲ誤リテ白兎ト云シナリ石鼠ハ目ノ色兎トカハリクリ唐山ニ甚多シト云

貂鼠 朝鮮韃靼ヨリ出ル俗ニトツヒト云形鼠ノ如ニシテ毛フカシ本艸釋名ニ一名栗鼠ト云ハ誤ナリ栗鼠ハ外ニ一物アリ

黄鼠狼 イタチ 鼬鼠同

獼猴 猿ノ通稱俗ニ活猻ト稱ス食物ヲホフニタメヲクヲ活猻袋ト云本艸獮猴ノ條下ニ眼如レ愁胡ト云々胡人ハ眼陥テ圓シ愁ル時ハイヨ〳〵陥テ圓クサルノ眼ノヤウナリ故ニ如レ愁胡ト云

通臂猿 エンコウ

海獺 アシカ

木獺 カハヲソ

香貍 ジヤカウ子コ 一名靈貓風貍モ此類ナリ毛ヲ筆ニ作ル下品ノ筆ナリ

當門子 麝香ヲ細ニ篩ヒ中ニ少シ圓クカタマリタル物アルヲ云

騾 騾ハ子ヲ生コトナシ牡驢牝馬ニ交リテ騾ヲ生ジ牡馬牝驢ニ交リ或ハ牡牛牝驢牝馬ニ交リテ生ズルヲ通メ騾ト云

膃肭獸 一名海狗北海ヨリ出ル唐山ニモ甚希ナリ其外腎ヲ海狗腎又膃肭臍ト云臍ヲ連テソギトルユヘ如此云ナルヘシ

鱗介 蟲豸附

鰡魚 十ヨレ 俗ニ云ボラ 鯔魚
甾魚 鰡魚並ニ同

石首魚 イシモチ 一名黄魚
此ニベ最ヨシ 鰾膠ト云

鱸魚 スヾキ 松江ノ鱸魚ニ三種アリ第一
ハ紫腮鱸魚腮三ノ十紫色ニメ味甚美十一
リ長六七寸許第二ハ四腮鱸魚長八九寸
丁尺許リ味次之第三長三四尺日本ノ鱸魚
同

鯧 マナガツヲ 一名鯧鯿 新麥ノ時多クア
ルニ由ヘ俗ニ麥鯧ト云頭ニバマリタルユ
ヘ縮項鯿トモ云一説鯿魚ヲマナカツヲ
ト訓スレドモ日本ニテ鯿魚ヲ未見

馬鮫魚 サハラ

海豚 イルカ

沙魚 サメ 鯊魚ハサメニ非ス長四五寸ホ
ドアリテ溪澗ノ中ニ生ス本草釋名ニ

談綺十 鱗介

河豚 フグ
一名吹沙ト
云是ナリ

比目魚 カレイ 鰈魚唐山ノ一名比

師魚 ブリ
目魚ハ尾ノサ
キトガリタリ

海鷂魚 エイ 俗名鯆蓋魚

文鷂魚 トビウヲ 一名飛魚
一名鰊鰯唐山ニテ人ノ罵ルニ鰊鰯ト云
何ノ用ニタヽヌモノト云義ナリ

黄顙魚 ギヾウ タラ
ト云ハ非ナリ

鱵魚 サヨリ 一名針嘴魚
ヒロウヲ

帯魚 タチ

金魚 金魚銀魚トモニ
通メ金魚ト云分

銀魚 シラウヲ
テ云トキハ銀魚ヲ銀管ト云金魚ヲ金管
ト云唐山ニテ銀魚ト云ハ日本ノヒロツ

ヲ十

鯰魚 リ ナマズ

海鰍 クジラ 海鰌同

鰻魚 ウナギ 鰻鱺同

烏賊 イカ
スルメヲ

海参 ナマコ 明脯ト云

龜 イシガメ
リ或九肋ナル者アリ
藥ニ用ユルニ甚良

鰌 ドヂヤウ 一名泥鰍 鰍同

海鰻 ハモ 狗鰻並同 海鰻鱺

章魚 タコ

柔魚 アヲリイカ スルメ 一名柏魚

海蛇 クラゲ 白皮紙シロクラゲ 海蜇同

鼈 ドウガメ 團魚甲魚
並同 鼈甲皆八肋十

談綺十一 鱗介

鰒魚 アワビ 俗名鮑魚
貝ヲ石決明ト云

蛤蜊 ハマグリ

牡蠣 カキ 肉ヲ蠣黄ト云

車螯 ヲホハマグリ 一名昌娥肉ヲ桃

花片ト云土民
ノ食物ナリ
ノアカヽイ

魁蛤 一名大蚶
テ泥中ニ飼ラキ
食品ニ充ルナリ

蚶子 俗ニ云サルボウ 一名小蚶唐山ニ

郎君子 スガイ

海螺 サヾイ

蓼螺 ニシ

田螺 タニシ 田贏同 唐山ノ田螺ハ形

竹蟶 圓ニシテチバリ十
ニ蛤モ子バリ十ニ
カマテ一説馬刀ヲマテト云非ナリ馬
カハ別ニ一種ナリ

蜆 シジミ

蟹 カニ 凡ソ蟹ハ數種アリ一月ニ一度甲カハルナリ六七月ハ腹中ニ芒アルユヘ不食八九月ニ海ヘ下リテ芒ヲ吐出ス故ニ輸芒ト云輸芒スギテ後肥ルニヨリ味甚美ナリ故ニ八月以後賞味ス年貢ヲ納ル時節ユヘ是ヲ輸稲芒ト云

寄生蟲 ゴウナ

螃蟹 俗ニ云シヽムラガニ

蠘 ガザミ 一名黄甲

鱟 カブトガニ 官鱟方鱟並同唐山ノ小児鱟ノアトサキヲ切ステ中ヲ柄杓ノ皮ニハリ玩ニスルナリ、

蝦 エビ

對蝦 クルマエビ

蝦蛄 シヤクナゲ 一説海馬ヲシヤクナゲト云ハ誤リナリ

鰶殘魚 形状全ク本州ニ云如シ〇シロウヲノ大ナル者ニテ長サ七八寸ナルモアリ鱠魚ノ類一説キストト云ハ非ナリ王餘魚王鱠魚麪條魚皆異名同物ナリ

鱘魚 フクトト云ハ非ナリ形状本州ニ云ヿトシ口甚尖リテ腹ニ近シ長サ一二丈ホドナルモアリ

鱧魚 ハモト云ハ非ナリ其形蛇ノ如ニシテ水ナキ時ハ泥土ノ中ニ伏シ居ル魚ナリ

鱅魚 コノシロト云ハ非ナリ頭大ニシテ尾ノ方細ク年ヲ経ルニ随テ頭愈大ニナル故ニ一名胖頭ト云一二尺ヨリ三尺ホドナルモアリ

エソト云ハ非ナリ腹ウスクトガリタル魚ナリ

鰣魚 サバト云ハ非ナリ大者ハ五六尺小者

青魚 リ五六寸アリ形状サバト異ナリ

鯇魚 アメト云ハ非ナリ唐山ニテ池ニ養ラキ甚多キ魚ナリ形日本ノサイニ似タリ鱓魚草魚皆一物ナリ

鰷魚 アユト云ハ非ナリ大ナル者ハ二三尺ナルモアリ

鱭魚 一名子魚帶魚ニ甚似タリ日本ノタチヨリ眼小ク牙大ニシテ鱗ナシ

魚虎 唐山ニテ魚虎ト云ハサメナリ皮ヲ沙魚皮ト云魚虎ヲシヤチホコト云説アレドモシヤチホコヲ未見本州ニモ變而爲鮫ト云説アレハ魚虎ハサメナルヘシ

鱖 サケト訓ス分明ナラス

鯛 タイト訓ス分明ナラス

鱒 マスト訓ス分明ナラス鰄鯛鱒三種トモニ唐山ニテ未見故ニ其是非ヲ不知

蚌 ハマグリト云ハ非ナリ形日本ノカタ貝ノ如シ

淡菜 ミルクヒト云ハ非ナリ殻黒シテ

肉黄白色其形斧ノ如シ日本ニテ未見交趾ニ多シ斧頭蜆トモ云

車渠 ホタテガイニ似テ色白ク甚大キナル貝ナリ

海月 クラゲト云ハ非タイラギト云モ非ナリ本州釋名ニ江珧トアリ江珧モタイラギニ非ス肉クヲハレズ汁ヲ取テ用ユ

蝛蜼ヲタイラギト云モ非ナリ

石蜐 ホヤト云ハ非ナリカキ色ニテ形龜ノカウノゴトシ

官艙爵 日本ノザコノ類ヲ云 官艙ハ舟底ナリ

蜻蜓 トンボウ赤キ者ヲ紅蜻蜓ト云

馬蝗 ヒル

蠅蝗 ハイトリグモ 蠅虎同

馬蟻 アリ 麻蟻螞蟻同

蒼蠅 ハイ 頭ノアカキヲ俗ニ頭火蒼蠅ト云

蛆 ウジ

蟲豸下

虱子 シラミ　跳蚤 ノミ

蟬 セミ 蟪蛄ハ小サク蜩ハ大ナリ日本ニテ未詳ナラ
寒蟬ハ羽アカクシテ聲急ニナクセミナリ

蚱蜢 イナゴ 俗ニ云ハタ〳〵

蟋蟀 コホロギ 唐山ニテ夜其鳴ヲ聞テ
聲清ク長キヲ取テ百千モ養ヒ置是ヲ闘
シム繊ク瓜ノ花ヲ飼テ養ナリ

蝦蟆 ヒキカヘル 背ニ圓キカタアルヲ蟾
蜍ト云海アリ

鼃 カハヅ 背ニ爪ノスヂノ如ク青キ筋アル鼃ヲ
唐山ニテ田雞ト云テ賞味スルナリ

青蛙 アマガヘル　科斗 カヘルコ 蝌蚪同

蝸牛 カタツブリ　蚰蜒 ゲジ〳〵

蠛蠓 マクナギ 俗ニ云ブユ　孑孒 ボウフリ

蠼螋 ケラ　尺蠖 シヤクトリムシ

蛣蜣 クソムシ　蠹魚 シミ 蟫同

蝮蛇 クチハミ　蜥蜴 トカゲ

蠑螈 イモリ　守宮 ヤモリ 俗名四脚蛇

米穀 菜蔬附

粳米 ウルシゴメ　糯米 モチゴメ

糙米 クロコメ　稻子 モミ

西國米 サンゴベイ　糠 ヌカ 米皮糠コヌカ

礱糠 スリヌカ 畢眼糠コヌカノアラキヲ云

穀類下

綠豆 ヤヘナリ　豌豆 ヱンドウ ノラマメ

蠶豆 ソラマメ 蚕豆同　刀豆 ナタマメ

赤豆 アヅキ 本ニ云唐アヅキ唐山ニテモ食品ニ不充

紅豆 色淡紅ニシテ小豆ヨリ大ナリ日

豇豆 サヽゲ 青赤二種アリ

帶豆 十六サヽゲ 藊豆同

扁豆 ヒラマメ 黒白二種アリ　豆芽 マメモヤシ

芝麻 ゴマ　罌粟 ケシ 鶯粟同

玉蜀黍 タウモロコシ

秫 ヒエ子 俗ニ扁子ト云　有穀 穀半バアリテ半ハシヒ子アルヲ
云又有糧トモ云共ニ俗語
ナリ有ヲ有ニ作ハ非ナリ

韭 ニラ　蒜 ヒル 蒜ヲスリ置テ一
夜過タルヲ炊蒜ト云

胡蒜 ヲヽビル　蒜葱 アサツキ

蕪菁 カブラ 根ヲ菜頭ト云　白菜 ウキナ 一名菘 ハタケナ

蘿蔔 ダイコン　胡蘿蔔 ニンジン

薑 ハジカミ フル子ヲ薑母ト云ワカ子ヲ
呰薑ト云四川ヨリ出ル生姜ヲ種ヲキ
テンバヨリフル根ヲホ
リトルヲ俗ニ偸娘ト云

蠻椒 トウガラシ 番椒同　莧 ヒユ

馬齒莧 スベリヒユ　芹 ミツバセリ セリ
ト云ハ非ナリ ヒロリ

ハ水芹野芹ナリ

薺 ナヅナ

茄 ナスビ 一名落酥

菠薐 ハウレンサウ

山藥 ヤマノイモ 薯蕷同

蒟蒻 コンニヤク

蓴 ジユンサイ ヌナハ

慈姑 ヲモダカ シロクワイ

黄瓜 キウリ 一名胡瓜

芥 カラシ 芥菜同

萵苣 チサ

芋 イモ 芋艿同

辣蓼 タデ

蒲公英 タンポヽ

荸薺 クロクワイ 同一名地栗 勃臍

甜瓜 マクハ 香瓜同

冬瓜 トウグハ カモウリ

南瓜 ホウブラ

西瓜 スイクヽハ サ子ヲ瓜子ト云

壺盧 ユウガホ 葫蘆瓠蘆同

マツ タケ

石耳 イハタケ

海白菜 ワカメ

石花菜 フノリ

絲瓜 ヘチマ

菰 タケ イタケ 香菰香蕈 松菰松蕈

木耳 キクラゲ

紫菜 アマノリ

鹿角菜 ツノマタ

牛毛石花 コヽロブト トコロテン

草木 果竹附

牡丹 ボタン 一捻紅ハ白牡丹ニ紅ノ飛入アリ王

樓春ハ千葉ナリ此外種類甚多シ

葵 アフヒ 古葵菜ト云ハ外ニ一物ニテ形大ニ

異ナリ圃ニウヘ菜蔬トス公儀休カ抜去シ

ハ葵菜ナリ葵花ノ種類甚多シ

黄葵 子リキ

鳳仙花 ホウセンクハ

山丹 ヒメユリ

瞿麥 ナデシコ

秋海棠 シウカイダウ 唐山ノ秋海棠日本ノヨリ大ナリ高サ八九尺花四寸マハリホドアリ日ヲ怯ル陰地ニウユルホドヨシ

金燈籠 ホウヅキ

雁來紅 ガンライコウ 一名老少年

雞冠花 ケイトウゲ

百合 ヤマユリ

卷丹 ヲニユリ

洛陽花 千葉ノ石竹

錦荔支 クサレイシ 一名苦瓜

午時花 ゴジクハ 一名子午花

蝴蝶花 シヤガ

金線草 ユキノシタ

烏頭 トリカブト

蘭 建蘭幽蘭九頭蘭三種アリ建蘭ハ一莖六七花色白シ日本ニテ植玩フ蘭ナリ幽蘭ハ一莖一花所謂春蘭ナリ建蘭ヲ貴トス幽蘭ヲ次トス蘭根白キ者紫ナル者アリ白者ヲ貴トス紫ナル者ヲ次トス唐山ニテ蘭ヲ養フニハ鹿肉ヲコヘニスルナリ

蕙 九頭蘭ニ似タリ一莖六七花其香蘭ニ不及者

菊 唐山ノ菊花品類甚多シ日本ノ菊ト大抵相同キ

滿天星コカ子メヌキ 夏菊ナツキク 白丈菊

大白ノ類 木紅クチハノ類 青蓮色南禪寺大紫

ノ類 粉紅スイヤウヒノ類 沉香毬猩々ノ類ヲソザキ

ナリ 傲霜黄ヲソザキ 先生乞菊帖云金菊老黄花

大而圓幹長枝勁者爲金菊粉紅鶴翎淡紅而花大

者鶯黄剪絨淡黄花不甚大而色婧者白剪絨花

青蒿 小如鐵花瓣 細如絨線者 カワラヨモギ 神麴ヲ製スルニ用ユ唐山ニテ夏日水ヲ飲トキ青蒿ノモミ汁ヲ入ルナリ能水毒消スト云

芒 スヽキ 俗ニ稱ス蘆芒ト

蘆 アシ 未タ秀ヲ蘆ト云 長成スルヲ葦ト云

狗尾草 エノコクサ 俗ニ云イノジアハ

牛膝 イノコヅキ 俗稱鼓搥頭風ト

麥門冬 俗云ゼウガヒゲ

木賊 トクサ

燈草 イグサ

茅 チカヤ

荻 ヲキ

鴨跖草 ツユクサ

萬年青 ヲモト

蓖麻 カラヱ

薏苡 ジユスダマ

藍 アイ 靛花 アイバナ

紅花 ベニノ 臙脂ベニ

苧麻 カラムシ

葒 イヌタデ 一名川蓼 俗稱ス水辣蓼ト花ヲ水葒花ト云

菱 ヒシ 兩角ヲ菱ト云三角四角ヲ芰ト云

菖蒲 セキシヤウブ

萍 ウキクサ

覆盆子 クサイチゴ

蛇苺 ヘビイチゴ

紫草 ムラサキ 一名染緑子

地膚 ハヽキヾ

芡實 ヲニハスノミ 一名雞頭實

茭草 マコモ

藻 モ

懸鉤子 キイチゴ

蒲萄 ブダウ 紫蒲萄 白蒲萄 黑蒲萄 瑣瑣蒲萄四種アリ瑣々蒲萄ハ大サ豆ノ如クニシテ味甚美ナリ

薜荔 ツタ 薜蘿同

萂藤 日本ニテ細工ニ用ユルトウナリ東埔寨柬佛大泥古港彭亨等ノ國ヨリ出ルヲ良トス

馬尾藤 交趾ヨリ出ルホソキトウナリ又白藤トモ云

芭蕉 バセウ 交趾ニ甚多シ毎歲花ヲ開ク大サ五寸ハリホトニテ内黃ニ外紅ナリ實ハ玉蜀黍ナドノ如シ芭蕉又甘露ト云常ニ客ニ供ス

鳳尾蕉 ソテツ 鐵蕉 番蕉並ニ同

靈芝 レイシ サイハヒダケ

蕊頭 ツボミ 半ハ開クヲ蓓蕾ト云

蠟梅 ラフバイ

藤 フヂ 紫藤ムラサキフヂ

美人蕉 ダンドクセン

瓦松 屋瓦ノ上ニ生スル草ヲ云

梅 ムメ 唐山ノ梅花日本ノ梅花ヨリ香潑シ

桃 モヽ 日本ノ桃花唐山ヨリ種類多ク花モ勝

レリ 未熟ノ桃子ヲ毛桃子ト云

碧桃 ハナシロキモヽ

玉皇李 白スモヽ 一名黃熟李

林檎 リンゴ 一名沙菓

方柿子 五所柿 一名萊柿

棗 ナツメ 唐山ノ棗子日本ノ棗ヨリ甚大ナリ

榛 ハシバミ

石榴 ザクロ

椎 シイ 椎栗 シイノミ

麥熟李 アカスモヽ 一名青甜李

杏 アンズ

梨 ナシ 宣州ヨリ出ルヲ上品トス宣梨ト云

榧 カヤ 棐同

胡桃 クルミ 核桃同

枇杷 ビハ 日本ノ枇杷唐山ヨリ味勝レリ

銀杏 イチヤウ ギンアン 一名鴨脚子

松子 マツノミ

楊梅ヤマモヽ、

橘子ミカン　蜜柑同　洞庭ヨリ出ル蜜柑ヲ一顆紅ト云最上品ナリ此洞庭ハ蘇州ノ洞庭ナリ

金柑キンカン

枸橘カラタチ

橙子ユズ　日本ニテ柚ト云ハ誤ナリ唐山ノ柚ハ上ニクビレメアリテ肉ナシ下ニ肉アリテ徑リ六七寸アリ　先生答問柚曰柚有紅白二種紅柚其皮皆黄色或黄或青黄稜紅肉實頗多而甘少味淡不佳其大者可比二外罍稜曰瓤亦曰囊亦曰瓣亦曰瓤白柚穰白肉總味更不及紅柚其大者可比三四外罍

佛手柑ブシユカン　先生答問佛手柑曰有夏生秋生冬熟者大其手指皆拳異夏生者小而指皆舒而香食之味辛秋冬熟曲味淡香氣微減

柳條穿カラタチハナ

茘支レイシ

龍眼リウガン　福州ヨリ出ルヲ良トス

檜ヒノキ

柏　日本ノヒムロニ似タリ　先生答問柏曰中國樹於墳墓寺觀其材堅而美可爲器具及棺所謂黄腸東園秘器是也

側柏コノテガシハ　偏柏ヲコノテガシハト云ハ誤ナリ偏柏ハ檜ノ類ナリ

混柏ヒヤクシン

攢針松ゴエフノマツ

杉スギ　唐山ニテ庭前ニ杉ヲ栽ルコトナシ古ヘ袁山松庭ニ栽レトテ古今笑之ヲ云

油杉　杉油多ク極テ堅キ杉ナリ棺ヲ作ルニ最良ト

桑クハ　唐山ノ桑日本ノ桑ヨリ葉甚大ナリ

柰ウレン　柰樹同

楮コウゾ　一名穀

木犀モクセイ　木樨同

黄楊ツゲ　唐山ノ黄楊葉少異ナリ

蘇䒷十

樟クス　日本ニテ楠ヲクスト訓ス未詳

皂角サイカチ　皂莢同

刖穀樹ニヽラキ　俗名鳥不宿　杠谷樹同

梧桐アヲギリ

烏木コクタン

紫檀シタン

奇楠香キヤラ　先生答問香類曰伽楠沉速皆生結有生結熟結在活樹上旋研旋取者名生結樹枯或所其樹埋砂中木朽香存大小成器成形者爲熟結　氷片生於梅樹産㕑六甲柔佛等州府有大如錢者爲梅花片有上四六中四六下者爲糠米　速香産占城新洲較之沉香體薄質輕色黄多海片有孔佳者謂之鯽魚片武士帽　占城新洲者味甜柔佛亦産香然味酸噯以産麻六甲柔佛烹州府状如瀝青乳香不香但用以煮黄熟諸香耳　黄熟香質甚輕鬆底價用噯以煮有蜜熟者佳　芸香狀如滴乳香色比松

五

蘇木スハウ　香更爲嫩白亦倣有黒子

山茶ツバキ　花大ナリ實珠　頂茶ハ紅ノ八重ナリ日本ノ茶花ハ唐山ヨリ種類多ク花モマサレリ

海棠カイドウ　鐵根海棠西府海棠垂絲海棠三種アリ鐵根海棠ハ二月ヨリ十月マデ花開クナリ

茉莉　草茉莉木茉莉二種アリ　今按ニ茉莉ハ茶蘭ナリ

珍珠花　枝タラヤカニシテ花ハコゴメザクラニ能似タリ

紫薇花　俗名怕痒樹　百日紅

月季花チヤウシユン　一名月々紅

羊躑躅　黄色ノ山ツヽジ　俗ニ云モチツヽジ

杜鵑花サツキ

辛夷コブシ　一名木筆

木蘭モクレン

玉蘭　白モクレン
木槿　ムクゲ
櫻桃　サクラニ非ズ唐山ニ櫻ナシ櫻桃ノ花實形狀全ク日本ノユスラニ似タリ
南天燭　ナンテン
椶櫚　シユロ　椶或ハ作ル椶
椶竹　シユロチク
竹　唐山ノ竹甚大ナル者アリ桶ノゴトクキリテ水ヲ汲モアリ五月十三日ヲ俗ニ竹酔日ト云此日竹ヲ移シ栽レバ必ヨク茂生ス九月十三日モ亦可ナリ凡竹ニ雌雄アリ地際ヨリ第一ノ枝一ツアルハ雄ニツアルハ雌ナリ雌雄相對メ種レバヨク筍ヲ生ス種テ二年メニ筍ヲ生ズ必小サシ切捨テ留メズ三年メモ如シ四年メニハ大サ親竹ト同シ　竹外ノ皮ヲツケヲキ内ノ方ヲヘギ取タルヲ橫竹ト云

桃絲竹　ナヨタケ　一名ハ桃竹　竹又四季竹
矛竹　ヤジノ　ヤノダケ
淡竹　ハチク
筋竹　唐ウスクシテフシ合ナガキ竹ナリ
竹米　竹實同　サヽノミ
箬　タケノカハ
筍　タケノコ　筍同四明ノ筍ヲ上品トス總シテ唐山ニハ四季トモニ筍アリ只七月十ヨリ八月ヨリ十二月マテハ竹ノ根ヲ尋子筍ノ少シ土ノソコヨリ頭ヲ出シタルヲ大キナル鏝ヲ打カブセ土ギワヲスリコメヲク數日スギテカメヲ取テヲコセバ筍カメノ中ヘ生ヒ入リカメノナリニ丸ク生ヒテワリテアルナリ是ヲ鏝筍ト云ヤワラカニシテ味ヨシ正月ヨリハ土ノ中ヨリ芽ヲ出スヲ掘リテ食フコレヲ露青ト云毛筍トモ名クコレヨリ少シ後ヲ燕筍ト云筋竹淡竹ノ筍モ此時分出ル三四月ノ比ヲ龍鬚筍ト云此後ハ雜筍イロ〱アリ六月ハ鞭筍ヲ用ユ欒ノ落ル時分ヲ鞭筍ト云

朱氏談綺巻之下　終

寶永戊子年書林茨城多左衛門壽梓

夷匪犯境聞見錄

提要

《夷匪犯境聞見錄》六卷，清佚名編纂，日本安政四年（一八五七年）高鍋藩明倫堂漢籍活字本。是書為清道光間東南地區官員編纂的有關鴉片戰爭之文獻匯錄。內容包括：上諭與大臣奏議，沿海數省及所屬府縣的公文，編纂者的見聞、英軍與清政府中央及地方當局的往來函件共四部分。其中地方當局公文，至今不見其他典籍收錄，資料尤其珍貴。是書約成於一八四三年後，稿本不久流入日本。其後由日本明倫堂印行。今是書流傳國内者據說有三，一藏大連圖書館，五卷，書名無『聞見』二字，為日本鈔本。一為滎孟源藏書，六卷，亦日本鈔本，乃鄭振鐸原藏。一為遼寧省圖書館所藏，即此本。

夷匪犯境聞見錄卷之一

討抄夷書

大英國特命水師將帥爵子伯麥陸路統領捴兵官布爾利敬啓定海縣主老爺知悉現奉大英國主之命率領大有權勢水陸軍師前往到此特意登岸如有占據定海並所屬各海島至該島居民若不抗拒本國將軍大英家國亦不欲加害其身家產業也夫粵東上憲林鄧等於舊年行為無道凌辱大英國主特命正領事義律暨英國別人民故不得不然占據辦法現今須要保護本地、夷弁兵一均

安當是以老爺必須即便將定海並所屬各海島其堡臺一均投降故此本將帥統領招老爺安然投降致免戮但不肯投降本將帥統領自應即用戰法以奪據之且遞書委員惟候半个時辰致啓覆此時完了而老爺不肯投降並洛後本將帥統領即行開炮轟擊島地與其堡臺及率兵丁登岸特此啓定海縣主老爺閣鑒一千八百四十年七月初四日即道光二十年六月初五日啓

兩江閣督部堂伊里布江蘇巡撫部院裕謙會札各屬爲飛札飭遵事照得本年六月十二日本部院接據浙江藩臬兩司稟稱本月初八日據定海縣稟稱初二夜有夾板船二十餘隻內兩隻中煙氣旁有排車轟于圭山西北一帶游奕卑縣海外孤懸誠恐乘汛竄入現在會同營汛對港防堵等情浙撫憲接據稟報並准提督來函即于是日酉刻拜摺親自前往督辦隨即起行初九日未刻又據鄞縣稟稱初七日探有夷船七隻駛進定海道頭內洋又有夷船三隻駛至三山洋面該處貼近鎮海蛟門不逾百里奉道憲諭令鎮邑黃令及委員在招寶山下迅紮木椑牛繫鐵索以備堵禦其餘傳聞不一正在肅稟間詎于酉刻又據探差稟報初六日有夷人三四十名乘杉板船到定海道頭上岸城外居民遷入城內夷船俱在

定海相近左右洋面等情又據城守書識來稱本官在鎮海發書添撥兵丁三百名各等語隨據道憲署中抄來定邑姚令申提憲稟稿內云夷船下書迫令降城姚令業已雇募鄉勇保護將夷送來書抄錄稟報卑職接閱夷書悖逆已極不識姚令孤城獨力如何保守實爲萬分焦急該夷船輒敢如此藐法猖獗定邑危在旦夕卑職據有確聞不得不據實馳稟等情本司等查該夷船致定海縣書詞甚屬狂悖看其先景竊恐未肯善退難免示以兵威現經撫憲親臨督辦所有浙省沿海各營縣業經移行加意防範實力堵遏外惟江浙洋面毘

連此逐彼竄均未可定似應一律嚴防厚集兵威以資犄角飛速馳稟等情幷錄抄呈夷書前來查該夷匪膽敢聯帮二十餘船闖入浙洋言詞狂悖居心叵測聞之實堪髮指江省洋面與浙省毘連其定海又屬切近之區難保其不乘風竄入適值本閣部堂在蘇閱伍接報後即馳赴吳淞海口會同提督調集兵船預為防堵自可無虞闌入惟該夷匪之敢于深入內洋必有漢奸從中指引勾接所有沿海江各口岸急應連絡聲勢協力防堵以杜杉板小船及漢奸船隻渡載夷匪闖入口岸合亟抄粘飛札特飭札司立即查明境內可以出海之

商漁船隻共有若干如有停泊口外者一概押令收歸口內聽候調用多弁派兵役備預鎗炮在于沿海一帶小心巡邏將進出海口船隻逐一盤查有無夾帶夷匪倘探聞夷船業已駛入江洋即行封港該官文武各官親詣口岸互相聲援協力堵禦如有匪夷登岸入口即行擒拏就近解赴本閣部堂行轅如離蘊州較近地方即解本部院衙門聽候訊辦不服拘拏即用鎗炮轟擊如防守不力致任一人一船登岸入口者無論大小文武官員皆可以軍法從事本閣部堂（撫部院）令出如山想各該地方素所深悉不得視為具文致貽後悔更不得縱容兵役藉端擾害行旅並于參咨仍將遵辦緣由報查並查探情形隨時飛稟備查火速火速

計抄發夷書　二十年六月十三日發行

制臺伊隨帶司員太湖同知吳縣武進縣丹徒縣武官中軍參將社壇營守備社壇營把總臬憲張王口督查商漁船隻數十三日起陸續發兵一千六百名至（上海吳淞）兩處

二十年六月初十日在會稽舟次奏

浙撫烏奏為暎夷致書定海揔兵肆其狂悖謹將途次籌辦情形恭摺由驛奏聞仰祈聖鑒事切臣于本年六

月初七日酉刻據寧波府鄞縣知縣舒恭受以六月初五日辰刻訪有夷船多隻在象山洋面遊奕申刻又聞有大夷船兩隻小夷船兩隻從深水洋駛入定海縣洋面經提臣祝廷彪帶領將弁出洋堵禦並經寧紹台道李紹昉力疾會同水師馳赴鎮海口防堵等情臣以事關重大必須親往寧波一帶海口督辦當于初八日由省起程具摺奏報在案臣乘夜渡江于蕭山境內舟次即接提臣祝廷彪函稱定海洋面有夷船大小二十餘隻遊奕臣不勝焦急星夜趲行至初九日未刻在會稽境內舟次即接准定海鎮臣張朝發來咨在洋先有大

小夾板夷船二十六隻隨即整頓炮械堵逐無如該夷船行駛如飛至旗頭洋面分作兩幇一幇竄入定海一幇向西駛去鎮臣張朝發卽駛回定海防堵一面飭令署中軍遊擊羅建功會同署定海縣姚懷祥帶領兵役在于城廂內外及口岸炮台簽列隊伍嚴密防範並亟送夷人所遞書一紙到臣又接提臣祝廷彪先後咨函開初七日午刻鎮臣張朝發在船與該夷接戰未能取勝夷人俱已上岸約有三四千人圍攻城池鎮臣已進城保守提臣祝廷彪以該夷勢甚猖獗必須大兵方資攻勦先調署鎮海營參將朗得耀提標右營遊擊周士

法帶領水師兵三百名前赴定海隨同鎮臣防護尚有標兵五百名預備撥往現又飛調內地之湖州金華協兵各四百名嚴州協兵三百名紹興協及處州衢州鎮標兵各八百名速赴鎮海以資調撥再聞夷船最畏火攻有新任黃巖鎮標中軍遊擊林亮光熟悉火攻之法現留鎮海口聽候差遣臣飭鄞縣鎮海縣各備火攻船四十隻候用等因臣閱看夷書詞甚狂悖鎮臣張朝發何以遽准遽收夷船在洋遊奕既經帶兵防堵何以任其登岸均應嚴查奏辦惟定海縣孤懸海外被圍甚急亟須添撥水師往馳救援方保無虞而另幇西駛之夷船難保其不窺伺直達寧波之鎮要口所關甚鉅尤須加兵嚴行防守方免竄入臣已卽日飛咨提臣祝廷彪妥為調度刻速籌辦至于該夷匪多集醜類猝至定海其包藏禍心殊堪髮指必當痛加勦辦以張國威現今定海情形日日不同臣心急如焚雖會督相離鎮海尚有三百數十里速夜前往不過兩日亦可到彼臣與提臣祝廷彪見面當將應敎應守以及應勦各機宜按到後情形妥速再籌定議隨時奏報以期仰慰宸廑除將夷書咨送軍機處恭呈御覽一面札調粮餉軍火解赴寧波聽候撥用並飛咨督臣鄧暨溫州黃巖各鎮及沿

海各督撫臣一體防堵外合先由驛馳奏伏乞皇上聖鑒謹奏

聞本月十一日定海失守縣尊姚懷祥自盡身亡鎮台被砲傷大腿身故遊擊被炮傷身亡又聞乍浦探報云夷船共發二百七十號大將軍一名水軍提督一名其船大小不等陸續發來初來二十餘隻至後又來十餘隻十一日已共有夷船四十餘隻內大者有長四十丈闊五丈旁掛車輪以超水行船之具如划槳然也勢甚猖獗又聞乍浦海塘居民紛紛逃竄正值霉雨連天不顧泥途搬場甚闊至十四日官長出示安民招集鄉勇

府廳縣設席城隍廟勸助口粮至十六日聚有鄉勇一千五百名各富戶共助得夕一萬餘千千文

定海縣姚來單稟提督告急稟

敬啓者本月初二日夷船十餘隻駛至卑縣道頭遣人投遞書函詞甚悖逆卑職現在督率員役並募鄉勇護守城池因事在危急謹將原書呈覽伏惟大人速即施行並知照道府會辦曷勝待命之至謹稟

五枝桅夾板船三隻每長廾餘丈寬五丈餘約二百餘人

三枝桅夾板船十三隻每長十餘丈寬三丈餘內約一

百餘人

二枝桅夾板船八隻每長五六丈至七八丈不等寬一丈餘及七八九尺不等內約三四五十人

煙筒夾輪船兩隻二枝桅約長二十餘丈寬二丈餘內約百餘人其煙筒船兩旁俱有車輪夾掛于外面其船中嵌有方式灶頭上下艙排輪之横木之下用火在灶爐內焚燒而兩旁車輪即旋轉如快磨其船行走無論風之順逆快疾如飛

六月十八日得乍浦來信知夷人佔據定海散匁洋于百姓撫恤周詳市恩陰毒鎮海地方夷船直視又有逆書投遞約于本月十五日攻戰即據聽候差遣黃岩鎮中軍遊擊林亮光先于十三日乘其未備即用火攻燒去夷船兩隻生擒獪子七八餘船四散逃竄停泊于外洋再開上海口外遇有夷船二十餘隻駛往天津口去矣

六月廾一日聞乍口漁柴等船進口傳聞夷船十餘號復聚于鎮海口門內有車輪夷船在洋往來巡邏招集過路商船至定海賞買垂鎮海拿獲夷匪所遣奸細二十餘人俱是漢人內有一人頭髮四角已留髮有三寸來長中髮已雉去一塊臂上刺有夷字一個如𥄎然

兩江閣督伊江蘇巡撫裕謹奏爲夷船駛入浙江洋面擾及定海縣境據咨調兵抵禦等情江南海面浙省在在毗連亟宜

厚集兵力嚴加防堵倘有夷船竄入江境洋面痛加勦逐以固海疆而壯聲威恭摺奏聞仰祈聖鑒事切臣伊於本年六月十三日在蕪州省城接准浙江撫臣烏咨幷撫臣裕接據浙江藩臬兩司稟報共有夷船二十餘隻駛入定海洋面江省吳淞海口與定海相去不遠恐其乘風北駛臣伊於六月十三日自蘇起行仍赴吳淞會同臣陳相機籌辦當經恭摺具奏六月十五日臣伊行抵吳淞臣陳巳帶提標兵一千名先經到口當率鎮道各員調集提標吳淞營兵分投機宜排設卡房多安鎗炮遣探浙省情形預籌截堵一面通飭地方文武嚴

禁漁船刁販勾結外奸正在辦理閒十六日復接浙省來咨大小夾板夷船二十六隻分作二幫一幫竄入定港約有三四千人圍攻定海勢甚猖獗一幫向西駛去難保其不窺伺寧波府之鎮海縣境已經由馹馳聞調撥兵餉前往勦辦咨照江省一體防堵各等因臣等自應加調官兵以備勦堵兼施伏查崇明鎮縣一面臨江三面臨水雖有攔沙夷船難以駛入究屬跨入海內亦應加意防守現有四營將弁統兵三千足資保禦惟寶山上海兩縣逼近吳淞海口必須水師船隻嚴為堵守吳淞上下南北兩岸多安鎗炮兵丁方資保障夷船如

敢竄入水陸交轟始能大加懲創臣等公同商酌在上海安兵三千七百三十二名寶山安兵三千六百六十一名內除吳淞營兵一千零十一名調吳淞提標兵一千名上海營兵七百三十一名外現在又札調徐州壽春二鎮兵各四百名揚州營兵五百名狼山福山京口左右奇兵等營各三百五十名鎮江常州太湖高資四營兵各三百名飭令鎮江叅將速帶該兵前於兩岸海岸上層層密佈水師聲勢聯絡各備軍火以待水陸夾攻臣伊往來寶山上海兩縣協同提臣督率鎮將統領水陸兩軍嚴加巡防倘夷船闖入江境即時親督攻勦

其餘近海各地方要口業與臣裕通飭嚴防幷提藩庫銀四萬兩以供支放鹽糧兼札藩司赶辦火藥軍資務期不致缺用仍飭臬司整飭驛遞毋或遲悞文報除俟續接浙信夷逆就殲另當撤防馳奏外所有接准浙信調兵加守以備勦堵情形謹合詞恭摺具奏伏乞皇上
聖鑒訓示謹奏

聞吳縣知縣蔡惟新在上海承辦封船三十號繳令制台即差千總赴口點數點見二十六只缺少四隻立將叅軍法處斬因道台跪求免斬捆打四十棍打至十下合營文武跪求免止令在效力贖罪又聞十八日鎮海

夷人登岸被鄉兵敵退追至海邊夷人逃走下船即被夷人之大船放炮擊斃鄉兵二百許聞定海之失初因夷船陡至鎮台即提兵城外羅列縣主姚公親到夷船問其來意至船見彼頭目踞傲相待怒目而視深稱該處原屬彼國之地曾建會館現在何處基地即是其處今因上年廣東被逐國主大怒欲取原地通商等語隨將夷書一封當面遞與姚公展閱後即登舟還岸姚公形跡似瘋緊拉鎮台之手飛走至縣堂上一言不發秖出夷書交付後向內手招喊撥疾趨而進取一縣印復出大堂周閧旋轉鎮台閱書即出城外傳令開炮夷船

亦開炮互相轟擊我兵潰散鎮台受傷退進城內閉城將米塞門夷人隨登小船上岸見有炮位在城邊即將炮移轉反擊城門三四擊後城門打開鎮台與一遊擊退出後門三遊擊陳亡知縣投河自盡因德政甚好百姓救起不知了結典史被縛不屈罵賊而死教諭被剖腹而死是以夷人佔據定海改爲安定縣悖謬行事

二十年六月十三日鎮海行館由驛馳奏

浙江巡撫烏 浙江提督祝 奏爲定海縣城失守夷船直逼鎮海要口臣等現在辦籌堵禦恭摺由驛馳奏仰祈聖鑒事切臣烏前因𠺕夷船致書定海揔兵肆其狂悖先將途次籌辦情形于本年六月初十日由驛具奏一面星夜趲行于十一日酉刻行抵鎮海口與臣祝會晤驚悉先于初七日定海鎮臣張朝發與𠺕逆接戰被𠺕逆炮傷官兵甚多船亦擊沈初八日定海縣城已被𠺕逆攻破署定海縣知縣姚懷祥典史全福不屈投水被害身死惟鎮臣張朝發護定標左營遊擊錢炳煥受傷及署定海中營遊擊羅建功護定標右營遊擊王萬年署定海中營守備龔配道俱回鎮海又有沈淼巡檢徐桂馥先受姚懷祥之命回郡請救其餘文武官兵尚無下落臣烏聞信之下不勝髮指伏查定海鎮海相距僅止百有餘里

一帆可到鎮海口直逼內地其要隘全在笠山外障與招寶山及金鷄山對峙作爲鈐口先經臣祝分布提標五營八兵百餘名並調回署鎮海營參將胡得耀提標右營遊擊周士法派配鎮海兵九百餘名在要于口縣城及沿海一帶駐札防守臣烏又調撫標兵四百名飛速來鎮聽候撥用並面諭寧波府知府鄧廷彩置辦船隻沈于通內要口再用木排以鉄鍊繫住上竪木城以爲保護使夷船阻塞不能駛入正在籌辦詎于十三日寅刻據報瞭見夷船多隻在于笠山以外往來遊弈相距鎮海不過十有餘里臣等現在親駐要口調度並嚴兵堅守以防不虞惟聞𠺕逆夷船又來五隻連前共有三十一隻四面裝炮大者三層次者兩層小者一層內有兩隻船旁裝有車輪盤旋駛如風往來甚速以爲前導其兵約有五六千人若與之戰必須兵數相敵方可接仗臣祝前調之湖州等協兵三千五百名祗到紹興協兵三百名此外及臣烏所調撫標各兵到鎮尚須時日合計在鎮各兵止有二千餘名與夷兵多寡懸殊此時利于固守而不宜于速戰乞當定計以老其師使之進退維谷一俟大兵雲集再行合謀攻擊以期一鼓成擒辰下濱海大小各口岸均須設兵防堵溫州黃岩兩

鎮水師亦應各守各汛以防竄入即抽撥來鎮亦不能多現在鎮海兵力未免單薄相應請旨勅下閩浙總督臣鄧選派閩省大員帶領舟師星飛來浙無論夷船在于何處即行會同浙江水師合兵會勦並請旨勅下協辦大學士兩江總督臣伊亦飭水師在于江浙交界洋面堵禦以防夷船北逸並爲浙洋應援除咨行浙省沿海各文武嚴行巡防並咨省督撫臣一體飭屬防堵外謹合詞由驛恭摺具奏伏乞皇上聖鑒訓示謹奏

鎮海移平湖縣文

密啓者於十四日戌刻拏獲形跡可疑之人訊據供名

聞吉祥祖居鄞縣生長江南海州自幼離家由廣東投入紅毛國被夷人在左小臂刺字作記紅毛人所利船炮不能步戰現在夷船二十餘隻各船安五行編號該犯在土字號船上國王哈利布現在船上掌軍之子伯麥係國王之壻亦屬中國人從少年擄去紅毛人因上年廣東毀其船隻被辱挾制故此遣將前來求通買賣自念中華故土逃回獻計破夷等語詰其何人所遣同來幾人該犯不獨堅不吐出且將前供飜盡查驗該匪頭上偏右短髮留有一絡長三寸許左小臂亦有夷字皿令其親筆書供係從左邊寫起口音確係江北身邊帶有香泥彈丸如鵞蛋大其爲向在夷船之漢奸無疑現在夷船相持蛟門之外自必有人進探我處消息情形奸細必不少合亟馳布敬祈速即移營弁飭致鄰州嚴諭精細委役在于城鄉留心偵緝如有前項形跡相似奸匪務即拏獲嚴究飛移敝處以備偵問爲要

乍防同知周召棠署嘉興府于尚齡平湖縣王鼎勲敬稟者竊照定洋暎夷猖獗變出意外實堪髮指惟定洋與乍浦洋面處處毘連瞬息可到亟應嚴密防守以期有備無患昇府等察看乍浦海塘自西至東長塘一道中連山阜十餘處濱臨大海不似他處有小口可守然雖無口可守而御有險可

恃葢緣灘脚下有鐵板沙塗自西山嘴至西砦山塘脚沙塗約遠五里自西山嘴接連益山等山東至茅竹塞江南金山界止塘脚沙塗約遠三里七八里及十餘里不等該夷船身重大難能在沙塗外深水停泊若欲上塘祇能用小船杉板由沙塗推上然塘高丈餘居高臨下易乎抵敵但自西至東堤長約二十餘里非處處設兵碁布星羅則有顧此失彼之虞今查乍浦陸汛僅可派兵百名水師僅可派兵二百七八十名內尚有一百七十名在洋來往都統滿兵除老弱當差及城守外派出上塘亦屬無多大率未便戰陣勢及單弱殊不足

資抵禦伏念定海係屬重鎮一戰失守此外鎮海與乍浦兩處俱係浙省緊要門戶今鎮海有提憲重兵防堵而乍浦僅一守備帶兵百名水師一署都司帶兵一百餘名較之鎮海聲勢懸殊萬分一經貽悞雖損軀不足以塞責此臬府等所爲日夜寒心而望大添兵力速行接濟也又乍浦地方五方雜處向有閩廣台黃無藉遊民不下一二千人在乍挑拾各行貨謀生名爲脚班夫今經封港又洋面未靖各處貨船不來該脚夫無以謀食勢必滋竊滋事是外患未來而內憂先至臬府等現在熟商擬即僱募脚夫作爲鄉勇業經查出人數已選

僱一千二百名不惟可以少壯聲勢抑且消禍未形即地方細民亦以爲一舉兩得同聲稱善各願另籌經費所派鄉勇即派委署縣丞楊肇修主簿王重遠乍浦巡撿王照淳三員統領約束晝則在于海塘空闊處所操鍊技勇並資防禦夜則駐扎海塘捍衛瞭探第此輩係烏合之衆未經訓鍊必得添派重兵隨同堵禦方能得力且添兵即須發餉現在嘉協派兵一百名即日前來即應計口授食且所僱鄉勇飯食亦須先行墊發斷不能使其枵腹從軍延頸以待紳士之損給臬府等熟商至再委實無欵可籌五中焦急莫可言宣伏思乍洋之

緊要與鎮海情形絲毫無異現在預籌防堵兵餉一項均不可緩合無仰懇憲臺俯念奸夷恐旦夕即至地方有累卵之危敢請憲臺速調重兵得有威望大員統領庶事權歸一人皆效命一面札行藩司速撥餉銀數千兩以資用度免致臨事周章事在危急不勝迫切待命之至謹肅寸稟恭請金安除稟督憲外ム ム等謹稟

乍浦于六月廿四日未刻有㗰夷船一隻駛進其船兩旁外用銅皮包釘內有牛皮貼裹周圍架炮四十餘門停泊于辦銅之泊所即時都統帶領滿兵八百名飛至葫蘆城協同乍協水師及鄉勇等在海塘開炮驅逐詎

料該夷不懼反敢亦用連環炮亂轟以致彼此相持至戌刻始行退出蔡旗門查都統與乍川巡撿在燈光山未傷其葫蘆城被擊塌又天后宮前大石碑一座被炮擊爲粉碎關帝廟門本屬常閉被一大鉛蛋打穿一窟入內至聖座石臺穿出後面直至潮聖廟前落地洋貨場亦落有大鉛蛋一個我局內樓屋脊亦被帶灘其餘沿海之廠房船塢各處小傷及大小炮子落下者不計其兵民鄉勇共被擊斃十餘人皆斷頭少足甚至腹破腸流血腥冲鼻防廳被傷一腿如是則南門外大街各行店頓時關閉居民紛紛逃竄下河船隻俱已僱完以

致一家僱舟十家下座即我等所僱河駁船歸家及至
登舟而船中已有百人先登東門外爭渡者扶老攜幼
至夜不絕至二十五日午刻開船即平湖嘉興亦有搬
家者

蘇巡撫裕于六月二十日出示安民

兩江閣督部堂伊于六月廿三日出示召募鄉勇

七月初五日接乍口路春山信知杭州將軍帶滿營兵
二百名於初一日到乍口尚有營兵三百名即日可到
其察看天后宮前海塘加高土堆以當炮子初二日西
埭塘外撈得夷人帽子四個又爛腐屍身兩具不能識
其中外人也

七月初三日准兵部火票遞到

軍機大臣字寄協辦大學士兩江總督伊道光二十年
六月二十六日奉上諭本日據烏爾恭額等由驛奏定
海縣城被嘆逆攻破該撫現駐鎮海縣防堵瞭見夷船
多隻在笠山以外遊弈鎮海官兵只有二千餘人應候
兵集攻擊等語著伊里布遴派弁兵大員揀選水師數
千預備調用江浙相距較近浙省倘有警報該督一面
奏聞一面派兵迅速駐往應援毋得延悞至江浙分縣
督飭水師認眞防堵毋令竄入將此五百里諭令知之

欽此

七月初八日得閩報

探得閩浙督鄧現接厦門文武各官馳稟有夷船帶有
夷兵入口停泊滋事並上岸搶奪馬匹傷有官兵耍兼
漳泉二郡臺米莫通粮價昂貴茲鄧大人于六月十一
日自省起程隨帶武巡捕顧漁欽弋什哈六名書吏八
名跟丁五名前赴泉厦一帶辦理并調撥同安營兵五
百名前赴厦門駐劄防禦等因

道光二十年七月初六日鎮海行館奉到

浙江巡撫烏提督祝本年六月十三日由驛會奏定海縣失守
緣由于六月二十六日內閣奉上諭本日據烏爾恭額
等由驛馳奏定海縣城失守現籌堵禦一摺此次嘆夷
船隻擁衆滋事官兵猝遇冦賊自應出奇制勝謀定後
動迺該揔兵慎謙撤守以致喪師失城情罪重大遊擊
羅建功等於敗後遽即回鎮亦屬罪有應得今鎮海揔
兵張朝發署中營遊擊羅建功護左營遊擊錢炳煥護
右營遊擊王萬年署中營守備龔配道均著革職拏問
交部分別定罪烏爾恭額祝廷彪籌備不力前降旨交
部嚴議茲據該部奏請革職尚不足蔽辜惟當防備之
時若竟與罷斥治罪轉得置身事外烏祝著先行革職

暫留本任戴罪圖功以觀後效署鎮海營叅將胡德耀鎮海縣知縣黃維周著撤回仍留該處所候差遣沈[illegible]巡檢徐桂馥請救巳遲著郎革職署定海縣知縣姚懷祥典史全福不屈投水被害身死甚屬可憫該部加等議恤餘著照所議辦理欽此

六月二十日夷人又下逆書

大英國特命水路軍師爵子伯麥陸路統領總兵官布爾利督理攢大軍機帥三戶炮兩軍機帥龍渾謹啓浙江巡撫烏今奉大英國主之命率領水陸雄兵到此決意討還寧城內外洋面所建炮臺關隘各海島等處舊年粵東揔憲林鄧騙買去之鴉片煙五千萬

零七百六十斤面允議償國主番銀拾千五百六十五萬約至今春尚未解來交郎國主於本年二月十五日遣使下書暫討數十萬就粵東配茶以為大英國之用乃天朝大臣粤憲非但不給銀與來使配茶竟將國主差遣使臣辱罵逐出海洋郎移到大英國書內稱奉六臣在此爾小國不吠之犬膽敢遣使進內索取煙洋本大臣要斬爾國來人以正大清國法今念使者無辜放回告爾等知悉本大臣威鎮三山五岳計取四海九州兵精糧足如爾小國不守外夷臣節本大臣即申奏聖朝提袖兵率猛將出臨下洋殺盡爾國片甲無存等語今麥主大怒起仁義之師發兵六十萬往四海齊來報仇仰各督撫部院保奏天朝將林鄧二人並送出洋並還寧城粵福建島地面等情神明鑒察若不從四海兵到各集徒招災阨非我國主之不仁也特稟明各督撫憲大人限定于八月初十日寅時為止如無旨發到大英國郎于是日午時率各處精兵到岸郎此浙地亦于是日率兵開炮直進鎮關沖戰可毋後悔

六月廿日大英國水陸大師致書於浙江巡撫烏

鑒靜候發旨

閩督鄧等謹奏為各路哨船水勇襲擊番船生擒黑夷

並在洋拿獲購帶漢奸恭摺奏聞事切照夷船來至閩洋圖銷鴉片奸民勾通販運如蟻附羶事非一年害幾遍地仰蒙宸衷獨斷刻意湔除臣吳文鎔自上年接任閩疆會同各所督臣嚴加督飭去冬今春始經調任水師提督臣陳化成金門鎮揔兵竇振彪督率師船開炮攻擊本年二月間臣鄧廷楨自粵移閩路經漳泉等屬接見水陸提鎮道府告以夷人之無能為而我師之大可用又沿途訪察奸匪得有主名到省後面商臣吳文鎔酌定章程派委興泉永道劉耀椿汀漳龍道李照美分設督辦並咨行水陸提鎮分別外洋內港各專責成

適欽差尚書祁嶲藻侍郎黄爵滋奉旨來閩查辦海口
事件開除利病宣布德威在事文武各員咸曉然于聖
主意旨所向如圖蔓艸不盡不休或密設巡防或明陳
師旅羣情震悚漸覺奮興先于三月間經前署水師提
督程恩高在梅林洋面攻擊夷船致斃夷人撈獲洗炮
木棍由臣鄧廷楨奏奉恩旨特予甄敘在案茲于五月
初一日據興泉永道劉燿椿稟稱該道因金門銅山交
界地方為夷船來泉要路於此設伏攻打該夷必不提
防隨密飭厦門同知顧教忠損廉僱募水勇三百八十
名分配民船十二隻委令水師提標右營守備楊靖江

督率出洋扮商緝捕於四月二十一日駛至穿山洋面
遇有夷船一隻在彼寄碇該備出其不意揮令外委李
茂松督飭水勇各船一齊駛近兵丁拋擲火罐打入夷
船水勇等亦擲火開鎗連環竝擊夷人受傷無算落水
死者三人倉猝之間夷船不及開炮惟亂擲銕彈打來
復經該守備飭令水勇將夷船後梢用鐵搭住水勇頭
目陳育手執藤牌首先躍上夷船隨之而登者二十餘
人搶得銅炮一門炮葢一個夷人執鎗亂刺我軍開鎗
回擊又中八人落水而死適南風大作夷人砍斷船纜
乘風駛逃兵勇恐其去遠亦即跳入海中梟水回船在

海面鈎起夷帽一頂鐵標四枝竝于本船上拾得大小
鐵彈四十五個維前署銅山營參將陳顯生率師赶至
該備會合窮追夷船且拒且逃駛入深水大洋我軍始
行投回查點水勇斃傷八人業經該道與顧教忠按名
郵賞等情竝據將夷帽鐵標銅炮彈子解送前來經臣
等親驗屬實又於五月初八日據署銅山營參將陳顯
生稟稱四月二十日駕帶兵船在洋督捕見有夷船一
隻竄至虎嶼洋面開放杉板小船內坐夷人數名似欲
上岸該將遂令各船弁兵迎頭施放鎗炮將夷人杉板
擊沈夷人全行落水惟有黑夷二名浮水近岸經大雷

汛額外外委郭德長督兵拏獲搜出小刀一把該將仍
復督率舟師逼擊夷船直至東南外洋始行收回等情
竝據漳浦縣稟報相同經臣等飭同委員即提來省臣
鄧廷楨帶有廣東通事督飭譯訊據供一名夾果一名
賠麻又據同供係阿役西國人受僱在嘆夷拉土坦治
加漢治船上充當水手船上黑白夷人共有四十餘名
內裝有鴉片不知箱數本年四月初間由山東省開船
至來福建一路見有小船駛近夷船即被師船開炮攻
打因此船上雅片無人來買後駛來到崇武洋面遇有
師船二十餘隻開炮攻打夷船不敢灣泊就駛回不知

地名洋面寄椗小夷乘坐杉板欲行上岸洗衣即被拏獲等語核與營稟大略相同又于五月初三日接據陸路提臣余步雲來函並與泉永道劉耀椿稟稱委員署福州協都司周光碧僱募水勇二百餘名配駕民船出洋誘捕于四月二十六日夜在閩頭洋面截獲通夷匪船一隻人犯十一名起獲煙土二千餘兩現在發縣訊供已究出施郭施掌二名係屬通夷匪犯等情査明以上三事均係旬日之間似水陸文武各員皆有軒鼙鼓舞之意益夷人固惡將盈貲漢奸亦罪不容誅自當乘此機緣益加奮迅臣等惟有申明賞罰策勵羣材化其

畛域之私勉以協恭之誼庶幾同心合力外攘內偵以冀仰副皇上拔本塞源除惡保民之至意謹奏硃批所辦認眞可嘉另有旨欽此

閩浙總督鄧接據同安營叅將魏廷寅稟報七月初六日辰刻有夷船闖入廈門正去差目打听接據同安縣典史潘恭信稱即刻廈門文報於初五日巳刻不意夷船闖入廈門大担口地方付書與營看當即擲還將空炮驚嚇冀其出去該夷回放火炮數十門傷兵不少將炮台打壞傷人二千餘名並民房及廈門港配料舘均被燒去落下炮子於廈門廳署前約計千餘個夷船炮聲不絕廈港兵民散去人心驚惶同安縣胡令飛即馳赴察看去後無信舁職即分派弁兵前赴各處交界地方防禦並揀精兵二百名整頓器械炮位俟候親帶送用等因

七月十七日奉上諭烏爾恭額奏𠹭夷船隻駛入浙江定海縣登岸滋事情形一摺前因遠禁鴉片煙廣東省巳斷絕該夷貿易疊經降旨令沿海各督撫嚴加防範何以毫無覺察形同木偶致令登岸滋事烏爾恭額祝廷彪均着先行交部嚴加議處欽此

閩吳淞口寶山縣于七月初二日有夷船三隻進口打

仗夷匪敗逃其沿口被夷炮回放擊斃兵民一百餘名轟燒民房幾家

署兩江總督裕移文寶山縣爲飛飭堵禦事道光二十年八月初三日准兩江總督裕咨開據蘇松鎭崇明縣等稟據把總毛正和等及地方黃成稟報七月二十七日辰刻瞭見廖角嘴東洋面白帆小夷船兩隻在彼遊弈巳刻該夷船駛至大安沙南面糖鑪沙相近膽敢施放鎗炮該把總等督率兵民實力抵禦亦開鎗炮轟擊鎗傷夷人數名下午該夷船方始退出兵丁李新元鄭勇范茂春俱受鎗藥擊傷延燒海濱積貯柴薪並延燒

草棚五間現在該夷船仍在廖角嘴外遊奕探聞佘山北首五條沙尚有夷船四隻拋泊等情據此查大安沙南面糖鱸沙係海門廳管轄五條沙洋面係狼山鎮管轄該夷船胆敢竄入糖鱸沙地方施放鎗炮更難保其不由崇明北面闖入江口除專札海門廳勘明情形查驗飛飭沿海各府州縣營汛一體嚴密堵禦勿稍踈虞施行

再昨有提標右營外委袁兆魁及崇標千總張鴻選奉差改裝漁人往浙探悉夷情具稟云定海城內外節節俱有夷人支搭牛皮帳房或有百餘項或八九十項不

等四城門各設大炮四位並有夷人三四十人肩掮鳥鎗日夜巡查其炮大小五十七門銅轟十位臨放時俱有車輪並有文生陳之賢將女兒獻與布爾喇爲妻該生已更夷服出入俱有夷鬼護從其爵子伯麥自赴城隍廟內將城隍之袍脫下穿在自巳身上將紅背心穿在城隍身上是晚自刎而死死後穿大紅一口鍾放三齊鎗埋于鎮臺衙門後該夷船三隻停泊深海洋面其餘在招寶山各地排泊并在洋刼鳥船十二隻所刼船上之人剃髮漆黑吃啞藥以作黑鬼該夷即乘鳥船在洋遊奕誠恐扮商竄入江境飛稟等情再由東省亦有夷船遊奕經巡撫托大人於七月十三日具奏

兩廣總督林查辦夷務情形片奏再臣等會辦夷務以來切思鴉片必要清源而邊釁亦不容輕啓是以兼籌並顧隨時密察夷情乃知邊釁之有無惟視寬嚴之當否寬固可以弭釁寬而失之縱弛則貽患轉在養癰嚴似易于肇釁嚴而範我驅馳則小懲即可大戒此中摻縱貴審機宜也夫震于𠹭咭唎之名者以其船堅炮利而稱其强以其奢靡揮霍而豔其富不知該夷兵船笨重喫水深至數丈祗能取勝于外洋破浪乘風是其長技惟不與之外洋接仗其技即無所施至海口則運棹

不靈一遇水淺沙膠萬難轉動是以貨船進口亦必以重貨倩土人引導而兵船更不待言從前嗶嘮嘽冒昧一進虎門旋即驚嚇破膽回粵身死是其明証且夷兵除鎗炮之外俱非所嫻而其腿足裹纏結束緊密屈伸皆所不便若至岸上更無能爲是其强非不可制也該夷性奢而貪不務正業專以貿易求贏而貿易全賴中國俾以馬頭乃得藉爲牟利之藪設使閉關封港不但不能購中國之貨以購他國之財即彼國之洋布綿花等物亦皆別無售處故貿易彼者國之所以爲命而中國馬頭乃彼國貿易者所以爲命有斷斷不欲自絕之

勢而彼肆其貪乃以鴉片漏中國之卮歷年旣深得財無算于是奸商黠賈富甲諸夷第又聞該國每因搆兵多年大虧國用乾隆年間于粵省夷館設立公所抽取貿易之利原議三十年限滿即聽民自行買賣迨限滿而國用無出又展兩次限期該國夷民遂多不服甫于道光十四年將公所撤去是其富亦足奪也且該國所都蘭𠼪地方來至中華須歷海程七萬里中間過峽一處風濤之惡四海所無行舟至此莫不股慄是越國過都猶知其難迴非西北口外得以縱轡長驅之比又聞該國現係女主在位四載年僅二十其叔久封外埠恆

有覬覦之心內顧不遑窺邊何暇惟其貿易夷商向在他國往往爭佔馬頭雖無國主之命亦可私約兵船來往攻奪得一新地則許出貲之人取利十三年乃歸其主故于貿易之處輒起併吞之心如夷洋所謂新埠新奇坡等皆其數十年來侵佔之地距廣東海程不過旬日佔得一處則以夷目鎮之蠶食之心由是益肆而畏强欺弱是其秉性所成當嘉慶十三年圖佔澳門之先曾以七船夷兵圖佔安南東京之地被安南人誘入淺港乘夜火攻七船俱成灰燼從此遂不敢進窺一步今其商船條約尚有不許進安南馬頭之語其爲創鉅痛

深可知即同在粵省貿易之咪唎㗆等國夷人皆言㖊國不知妍醜但嚴制壓蓋亦深知其虛懦之習也臣等細察夷情略窺底蘊知彼萬不欲以侵他國之術窺覘中華而其奸謀揔以鴉片爲侵淫之漸當臣林到粵之始雷厲風行該夷知臣等上秉天威惟恐患不可測故一經嚴諭即將二萬餘箱和盤托出嗣見稍爲寬假未曾繆及夷人甫定驚魂復萌故智遂徘徊上海請澳門爲馬頭冀逃約法之嚴兼收東隅之失此又其情之大可見者也臣等每于收銷煙土時逐箱撿出夷票交洋商譯出漢文始知其按年按月計箱編號竟有一月之

內裝至一萬二千數百箱者是牽算一年夷地所發不下十萬餘箱雖其售于他國者亦在此數之內而中國總舉大半若源源再至貽害何窮此時斷絕間不容髮假使新煙不繳竟須遵照新例實辦一二夷人以示懲創況命案抵償華夷同例乃敢宣言于衆以爲㖊國不能與他國相同並臣林已調兩江私探起身何日值此除惡務盡之際臣林何敢意存趨避粉飾目前臣鄧職任海疆亦豈敢稍存泄視屢與撫臣怡提臣關並海關監督臣豫仔細熟商咸知該夷別無伎倆即使私約夷埠一二兵船如前嗶嘮嗎馳喻之類並非該國主遣

調擅至粵洋遊奕虛張聲勢亦惟嚴防各口總不與之接仗一面斷其薪水使之坐困至偏僻港口該夷大艘斷不能行而三板小船夜須防其闖入臣等察看民情所有沿海村庄不但正士端人恨之刻骨即漁舟村店亦俱恨之刻骨必能自保身家團練抵禦彼見處處有備自必不致停留而鴉片來源非如此嚴重堅持必不能永遠斷絕是以臣等同摻實力意見均屬相同但該夷義律在粵多年狡黠素著常時購覓邸報探聽揣摩並聞有邊釁二字借此暗爲酬唱實則毫無影響秖因該國相距太遠轉得影射欺人且密囑漢奸播散謠言

皆其貫技凡此詭詐百出無非希冀雅片復行伏乞皇上明降諭旨切責臣等務將夷船新煙查明全繳如違即照新例懲辦彼奸匪自然帖服于杜弊清源之道實爲有俾在生民永斷病源無非托一人之福佑在臣等力肩重任須仗聖主之聲威不揣冒昧謹合附片瀝陳伏乞皇上聖鑒謹奏

兵部火票軍機大臣字寄七月初九日奉上諭浙江定海縣逆夷滋事烏爾恭額辦理不善已降旨革職令隨營効力復因閩省亦當吃緊鄧廷楨未便遠離本月降旨頒給伊里布欽差大臣關防者馳驛前往浙江查辦事件該督接奉此旨即將總督鹽政關防交裕謙兼署該督即往寧波察看情形再定進勦江蘇省水陸將弁如有得辦者准其帶往差遣現在所調本省兵諒已齊集並節次降旨令余步雲帶兵赴浙及鄧廷楨酌派水師會勦諒已先期可到伊里布厚集兵力相度機宜務須好謀而成以副朕望將此由五百里諭令知之欽此

浙江拿獲夷匪口供

據布定邦供係廣東福州府香山縣人年廿八歲父母俱故庶母歐陽氏年四十七歲弟兄四人大兄定功二兄定漢小的行三定邦四弟定申向做紅毛西洋等國

生意小的是今年廣東商販忽有紅毛人名好地臣船名礫花打船主晏臣僱小的去每月洋夂十元就到他船上去了並沒有言明地方小的在後船上十六日到舟山兩只船同來的夷人大船可裝四百人中號裝二百五十人小號八十人大船有兩只中小等號廿四只火輪船兩只共計廿八只船上住的有千餘人城內住的有四千餘人小的船上裝的食物統律總兵義律居坐係廣東做生意的頭目還有馬禮遜是寫稟帖郭士立是審官事作告示美士坦是師爺加立也是師爺伯麥巡查海面所有布爾利不是布爾利就是路麼時紅

毛國分發到舟山看各船只若何如舟山不得回去再叫孟加喇船來現在還有散地旣生加波巴里共四國此四國係紅毛踞佔來的如今地丁餉項皆是紅毛人收取還有花旂黃旂花冷西大呂宋西洋喘國此六國時常來往交易的因林大人燒了鴉片煙又不還錢又不肯叫他做生意茶叶大黃有一年不到他國是以帶領衆兵來粵圖報彼時外國洋船均在那里林大人叫各外國洋船相帮驅逐他紅毛不敢交戰故此到舟山來的他們在廣東時並沒說出到此地來小的坐船係前載棉花羽紗各貨來廣東售賣貨已起清欲將大黃

茶叶買回紅毛國因義律將一萬洋夂僱去裝食物于六月十六日到舟山小的向在粤門等生理所以也會說紅毛西洋國話紅毛大船有炮五十位鳥鎗二百桿小船有炮廾四位鳥鎗一百桿火藥用紅毛出的係紗藤炭灰配合硝磺所以砲甚利害紅毛人脚穿牛皮鞋在船脫去極爲便利若穿鞋上岸則行走不及漢人現在招寶山他們恐怕火兵進攻不敢直闖一步一步慢慢進的紅毛鎗炮利害難以近身破他的法用火攻最好今年三月開在廣東時林大人用木排上堆茅柴薪灌油燒起順潮放下共燒三次第一回十個火排燒去

大船一只第二回用五個火排有一回用過二十個火排因廣東洋面闊大均未燒著從此他也怕了他們大船上用大鐵猫大鐵索下定如拔起鐵猫約須一个時辰所以不及逃避全被燒燬似此破的法子是最好現在船廾八只裝的只有火藥鉛彈荳蓟燒酒麫粉食物及衣服等並無買賣貨物他們的意思先占舟山府可以做生意然後卽能搬家眷運貨物來此內地售賣通商各往粤門一帶若無生意可做卽可回去作個進退自便的生意現在已求請撫憲大人懇求聖旨許他准任舟山生意他就退兵若不許准現有船上夷兵二千

餘人係孟加喇國人性不伶俐極有氣力紅毛國僱他來的又本國兵二千餘人統共五千餘其郭士立的父母本紅毛人向在直隸天津地方生理卽在天津生長所以會說官話及閩粤諸省的話小的想出破舟山的法舟山城內並無居民只用十來个人身帶火藥乘夜揚火便可破縣城若要破他的船只用十來只小船假作向他買賣暗裝火藥撑到船邊一點就走他們大船密排在舟山道頭港內窄小可以一燒盡淨或用火排亦好小的願獻計破紅毛求大人開恩至紅毛人向來不吃雅片其國亦不出此物係孟加喇國出產所以船

中黑鬼子多吃鴉片紅毛國來的鴉片亦是向孟加喇販來的紅毛船近底一半俱用銅包出水面一半全是木板約厚七八寸小的在他船上做厨子現住城隍廟定海縣衙門是馬禮遜郭士立美士坦加立四人其義律住在鎮台衙門各城上設放炮位小的廿五日在舟山北門外買牛肉吃因無牛肉買猪肉尚未買得即被舟山百姓營兵拏獲送案的求開恩是實

閩督部堂伊為咨會事據安徽繁昌縣知縣陳文述稟稱服官蘓省三十餘年捧檄往來之地稍悉情形擬具防夷管見四條並請訓示等情前來本閣部堂細閱所

陳各條尚可採擇備用除抄粘札飭揔局蘇松太道核明飛速移行沿海各文武酌量情形分別備用相應抄粘咨會為此合咨貴部院煩請查照一體飭辦施行

江蘇防夷管見四條

一崇明四面環海其東三百餘里有銅砂一道俗名鉄板砂南北横長約三百餘里東西二三十里及五六十里不等潮來漫溢潮退顯露海船誤經擱淺即致損壞故北岸則循漲水洪深水行走南岸則循滙水期深水行走滙頭係南滙縣地界有三尖嘴營汛距吳淞口數十里閩廣船隻進口三尖嘴鳴炮照會吳淞口稅房挂號再至上海夷船大者吃水四丈不敢進口若係小船則兵力自足用之

一夷船炮械既利兵丁雖勇然其兩腿因其纏束日久屈折不靈最畏中國虎兵卑職籍隸武林家在江干門前正對江岸暎夷初次入貢在乾隆五十餘年惟時卑職年尚幼稚目擊一虎兵滚地抱一夷兵兩足曳之倒拖夷兵不能起立通事稟知押送官弁數人扶之始能直立而起前此夷人啤嘮嘆兵船入粤卑職方在楚省曾以所見稟知前兩廣督憲盧嗣奉回示云試行有效此刻似亦宜多製虎兵衣帽並為增

練以壯陸路兵威又聞啤嘮嘆以三船入粤洋其法似亦可採

一調兵貼防之外似宜添僱鄉勇陸路則本地之人可用若水路用船似宜閩人較為得力關船水手抽撥之外尚恐不敷查上海縣城外天后宮西皆閩人所居其中不乏材勇及善于撑舟之人似可選用

一添兵必須增餉若為日不久尚可通省攤措若防兵不能即撤需用浩繁國家經費有常若不請帑即須設法查近年淮北票鹽民販挾資過多本年派鹽不及二折餘皆挾資空返查該處近年所定額銷鹽四

十六萬連鹽價每年約及百萬若以三四年之鹽招徠
併其豫納分年給鹽則三四百萬之欵易于集事以上
四條管見所及是否有當伏祈採擇

附抄傳浙人無名氏所賦定海失陷詩十二首

桴鼓初從海上聞蟲沙猿鶴已紛紛城孤坐失舟山險
戍遠空屯石浦軍將略人思湯信國罪言誰是杜司勳
桑麻四野承平地萬戶炊煙入陣雲

同時生死事難量獨有文臣竟國殤半夜龍蛇爭起陸
諸軍鵞鸛不成行攻城頓使千夫潰罵賊先聞一尉亡
何處更尋新令尹淒涼燐火照沙場

蜃氣漫空白晝昏虎符玉節駐蛟門羣夷反側輕民命
往日懷柔負國恩泛泛漁人爭受甲啾啾野鬼待招魂
關心最是南田路一作遭逃便久屯

苦雨悲風六月寒海天愁浪正多端何人敎識中原字
片紙思降一縣官蹈水捴戎仍倚劍籌邊開府未登壇
可能謝傅圍棊局屐齒眞從折後看

直到妖氛聚始知羽書難向象山馳連疆如入無人境
列鎮徒勞禦寇師盜賊歡娛多故日閭閻沈痛被圍時
安危慢道皆天定自古勞臣易鬢絲

東渡城頭士氣和早輸金帛望揮戈山河地利風雲壯
廊廟天良草野多諸葛大名誰料敵陽城下考獨催科
幾番聽奏平夷策坐待烽煙奈爾何

蛟門失守地形偏招寶山前路盡便島嶼民防資寇用
封疆事要息人肩乘風番舶時窺岸如雨王師合佩弦
告許功成誇將帥條侯堅壁世應傳

截石沈舟塞要津木城鐵銃見經綸文章慷慨彈新鬼
軍火倉皇借比鄰殺賊未聞諸部曲謀身亦損舊精神
不知幾日烏頭白時遣漁舟問水濱

有客開關語更哀恨看城陷賊中來琴堂竊據囚先縱
羽箭紛傳市互開但欲流亡隨所適竟無殺戮是何才

羣公急抱憂時戚如此夷情結禍胎

點點台山近甬東下臨滄海接蛟宮時清尚有探丸日
書生紙上談兵事無數樓船在眼中

俗久難移佩劍風罌粟花開田半廢芙蓉土販市常通
天險常憑說坦途乍川形勢控甯湖城堅壁壘尊都護
地滿樓臺勝畫圖炮火深宵開劫運衣中道誤兵符
請看夷舶乘潮入鐵板成沙事有無

縱使鯨鯢跋浪高豈無京觀築周遭一方患難蒼生厄
千古征誅上國操視汝頭顱橫草易消人髀肉據鞍勞
煙蓑雨笠乘槎去網得黿鼉亦足豪

山東巡撫托渾布謹奏爲據報夷船在外洋往來乘風北駛臣帶兵親往登州府督防恭摺具奏仰祈聖鑒事竊臣自聞㗭夷在浙洋四擾深恐海道分岐一帆可到即經咨行鎮道遴委文武幹員調撥附近弁兵防禦嚴守口岸巡探洋面並將籌辦情形節次具奏在案兹於七月十二日戌刻接據登州鎮總兵梁登萊青道王報稱派委水師北汛守備顧清源駕駛戰船在洋巡防該守備于初九日酉刻遥望東北大洋外有白布桅篷大夷船四隻小夷船一隻在外洋遊奕相距百里之外正欲追前偵探詎東南風甚緊夷船乘風向北駛去瞬息

不見該鎮道等恐有續來船隻現在嚴兵防堵等情臣查該夷匪越過江省經行東省巡洋弁甫經望見該夷踪蹟乘風往西北疾駛而去其勢非近窺天津即遠趨奉天該夷匪既敢北來恐其船隻斷不止此數隻雖不在東洋停泊切恐防範稍疎即乘虛而入臣現擬親帶省城官兵五百名並調東昌臨清高唐營兵五百名即日星夜兼程馳登州府督防夷務使沿海要隘口岸處處有備使該夷匪不敢窺我邊陲至此次調兵較多一切軍需必須寬爲預備並飭藩司楊慶琛動支司庫銀二萬兩委員解往以濟急需除先由五百里飛咨直隸奉天等省一體防堵並俟臣抵登州府後將辦理情形隨時據實奏聞外所有夷船乘風北駛臣親往督辦緣由理合恭摺具奏伏乞皇上聖鑒謹奏

寧紹台道桂自縊遺書係七月二十七日亥刻身故

一介書生未諳軍旅適逢其會命也如何月餘日於郡城鎮邑兩地奔馳雖總局銀毫委員專司其事我並未經手銀錢究屬顧此失彼屢經面稟撫憲未荷允行猶冀即日勦除庶免決裂之患不意星使按臨事益煩劇撫憲又經革職護院遠在省城遇事無所稟陳自問才

力精神實不能獨當其任設有貽悞患曷可言中夜自思寸心如割且到任已在封港之後關稅無征例須賠出造船急如星火又須津貼其累伊於胡底現並薪水之資已難設措而省城幼穉日有斷炊之虞不能兼顧若再加以軍需憑空受累竟是無路可通何惜拚此餘身以符定數但未斬樓蘭不及復覩昇平爲恨耳揮淚書此留遺兒輩覽之不必出示外人恥笑苟有一線之途斷愚不至此柰何柰何

八月十三日接信聞上海有廣駁船進口據傳聞云該船係往十臘國貿易回來知十臘亦屬㗭咭唎該管㗭

國現是女主竝無悖逆之心今來犯境者乃十二國俱唊之屬國因上年廣東口吊燬煙土絕其利藪欲來索詐金銀是以求請唊國發兵其唊國所遣元帥行至十臘國業已病故竝未另遣將帥十二國者即所謂新舊埠也皆係彈丸窮徒近年販賣鴉片土以實其橐勾結專出煙土之孟加喇國無如唊國元帥已故毫無所恃是以孟加喇即向十臘左近之咭嚀埠其處最窮孟加喇出結向彼買兵每人以五十洋銀買之竝合糾向在十臘貿易流落在彼之閩廣人同來其船祗有三四十隻云云

又聞乍浦有閩商船進口云係八月初六日廈門出口看見夷船一只于午刻乘潮進口止扯白旗大書講和通商四字放小杉板船近岸官兵放箭斃其一人該夷即回大船開炮擊坍民房數間壓斃三人官兵隨亦開炮彼此轟擊各有死傷三個時辰退去等云

奉上諭鄧廷楨奏廈門攻擊夷匪一摺此次唊夷兵船駛近廈港口稱意欲求和經該文武阻斥不許上岸該逆夷胆敢執旗開炮直撲炮台船頭一人夷服華言甘語嫚詞經水師中營守備陳光福放箭射中前胸斃命兵丁連放鳥鎗擊中夷人二名落海護參將陳勝元執矛刺中白夷一人身死噴船及岸上弁兵鎗炮聯絡中傷夷人甚多所辦甚好所有在事出力各員署廈門同知蔡勤龍即署廈門同知顧教忠署同安縣知縣胡國榮滐石巡撿金光耀俱着交部從優議敘護水師提標中軍參將海壇鎮標右營守備陳勝元着以都司儘先陞用先換頂戴署水師提標中營守備右營千摠陳光福着以都司儘先陞用先換頂戴俱着加恩賞戴花翎會同攻擊之備弁林建猷魯思仁何有時閩海關委員興貴着以應陞之缺儘先陞用傷亡兵丁照例咨部議恤該部知道欽此

夷匪犯境聞見録卷之一　終

夷匪犯境聞見錄卷之二

道光二十年七月二十七日亥刻准兵部火票遞到軍機大臣字寄欽差大臣協辦大學士兩江總督伊兼署兩江總督江蘇巡撫裕道光二十年七月十八日奉上諭昨已降旨頒給欽差大臣關防飭令伊里布前往浙江勦辦逆夷並派裕謙兼署兩江總督所有征調防堵各事宜責成裕謙一手經理該大臣等接奉諭旨諒已分別遵辦矣本日接伊里布等奏調兵分布堵禦情形一摺覽奏均悉現在伊里布督兵前往鎮海余步雲計

日可到合師會勦兵力甚厚但恐該夷等分竄各海口滋擾著裕謙嚴飭將備認眞防堵無稍疏虞昨據奇明保等奏稱該夷逼近乍浦業經擊退本日又據伊里布等奏稱分布各兵遙為浙省聲援所有適口堵禦著張紬保前往佈勒亨仍守鎮省垣似此布置內地要隘尚稱嚴密前經檄調各兵如有應行歸伍之處即着撤退以免征調之煩又裕謙片奏江蘇省金山縣與乍浦接壤離吳淞口亦不甚遠屢次查探並無夷船蹤跡其餘各小口亦皆添兵設守等語所有採買硝磺備辦快船並預籌米石等事俱著照所議辦理惟夷船遊奕必須探明船隻多寡並密派幹員察其來意果係尋衅滋事抑有呈遞字帖如該夷只駕小船求遞字帖務須飭令委員就近接收由驛馳走呈覽倘巨艦連檣來勢甚猛即著督飭將弁併力攻擊以壯聲威該署督當相機妥辦勿涉輕躁將此諭令知之欽此

署兩江總督江蘇巡撫裕謙奏為恭報微臣行抵寶山縣接辦防堵事宜并近日洋面情形仰祈聖鑒事切臣奉旨兼署兩江總督當將起程及接印日期先後奏報在案嗣于崑山舟次接晤欽差大臣伊里布又將防堵應援事宜面加商定後各自開船七月十九日在青浦途次據報有夷船來寶山洋面遊奕情事當即加緊遄

行二十日至寶山縣城詢悉十七日有大夷船三只在洋遊奕內有一只闖入內洋經提臣陳化成督率將備弁兵開炮轟擊及其船邑該夷船隨各轉帆開放兩炮不能及我塘岸一同駛向東南大洋深水而去須臾不見影蹤提臣陳化成因該夷船旋來旋去其情甚為詭譎時已傍晚未經窮追洵屬老成持重之見臣連日周歷海塘察看形勢寶山縣城外東北有土塘環抱塘外即屬大海東南為吳淞黃浦二江所會入海口即所為吳淞海口也凡海舶之貿易上海者必從此口出入海

口之東北卽係崇明天曙注視約略可辨寶山之守固則內可保障全省外可控制崇明實爲第一險要之地提臣陳化成不避風雨暑熱住宿單布帳房與士卒同甘苦已將五旬號令亦極嚴明現在各處調防官兵業已到齊臣按營查驗兵情俱極踴躍整齊恪遵紀律演放炮位亦能致遠現已分別最要次要派定段落無事則劃地而守以免趨避生事一有夷船蹤跡責成瞭見之處施放信炮爲號上下各段互相接應陸兵則預備鎗炮水兵則整理火具哨探漁船誘使入淺然後水陸夾攻火炮並發務祈計出萬全殲此醜類以仰副聖主

綏靖海疆之至意至火藥鉛丸最關緊要前經臣會同臣伊里布各處抽調製造並飛咨河南安徽各撫臣借撥現准來咨均已起解無虞缺乏所需鹽糧經費前提藩運各庫銀四萬兩核計尚有不敷現又續提銀四萬兩以資儲備地方民情安貼近日洋面亦甚靖謐臣謹恭摺具奏伏乞皇上聖鑒再臣將寶山應辦事宜料理穩安卽赴上海察看情形並將新到防兵善爲布置仍回寶山督率防堵以扼其要其餘各小口亦已委員密查派防各兵均甚嚴整合併陳明謹奏

再㕮吉唎逆夷以區區小醜犯我邊疆陷我城邑其所恃者不過船堅炮大不知該逆夷犯兵家之忌者八千里餽糧師不宿飽況海道數萬餘里矧糧一匱後繼爲難此一忌也遠涉重洋一往返閱動逾經歲且撼天巨浪莫可屯兵前師一敗後師莫援此二忌也該夷國富民貧平時養兵不甚愛惜一旦驅鬪於數萬里之外素無同袍之戀何有敵愾之心此三忌也該夷炮火雖利然炮之爲用不利仰攻卽以我吳淞口而論下有石塘上有土塘又有炮台其勢高出夷船彼時仰炮上攻鉛彈沉而力緩且船與浪低昂施放亦難得準此四忌也該夷以船爲家破浪乘風固屬長技但船身笨重喫水

極深內洋沙綫亦非所熟悉不得土人導引一遇水淺沙膠屹然山立轉動萬難此五忌也該夷船雖堅固然利于水者不利于火我兵若用火攻彼船頃刻焚燬此六忌也該夷雖習水戰而其戰也專用鎗炮擊刺步伐皆非所嫻且其腰硬腿直結束緊密礙難屈伸一撲卽不得起不利陸戰此七忌也該夷生長外洋不服中國水土探聞竊據定海後或出天花或染時疫死亡相繼殆無虛日此八忌也該夷犯此八忌其敗可立而待臣惟有會督提鎭激勵將兵固不可預存輕敵之見尤不可稍有畏敵之心奮勇小心嚴防口岸力戢內奸絕米

粟之接濟禁茶黃之偷漏斷樵汲之徑途以逸待勞以衆待寡其沿塘扼要處所安設大將軍紅衣神威等炮位大者重至四千五百斤小亦二三千斤及數百斤不等火藥鉛彈均已足用該逆夷倘敢深入內洋卽當相度遠近分別用炮轟擊可期制勝設或駛進內口臣已於汊港內預伏柴船數十隻每船各堆柴草數千斤灌桐油加以硝磺派令水師督押配帶噴筒火箭繞出其後佔其上風順流追逐縱火焚燒兩岸仍用鎗炮轟擊截其歸路若竟挺而走險舍舟登岸更可大加戰洗不令其一人生還以彰天威而洩民憤總之該逆夷性雖

狡而多疑力雖強而少智止知貪詐不知信義孤軍深入實自取滅亡不足爲患以仰慰聖懷合併附片陳明

謹奏

杭嘉湖道敬稟者本道前赴海寧州海鹽縣暨乍浦等處督同府廳縣籌辦防堵夷船事宜當將議辦緣由均稟憲鑒在案茲于十九二十等日復同府廳遍歷乍浦各山查其沿塘俱有沙塗惟獨山在東離乍浦十五里沙塗稍近形勢稍孤已由嘉協派兵一百名把守又唐家灣山口沙塗亦近地勢低平且聞該夷匪于十三年曾在此處泊船至口內陳山寺進香由此入內西行不及二里卽係乍浦東門現雖有守門兵二十名恐不足恃本道當將所募義勇三百名內撥四十名委鹽平汛外委沈萬清帶領駐口協防其大隊義勇一千二百餘名俱在山灣天后宮木廠一帶石塘由該府廳所派委員平湖縣丞楊肇脩主簿王重遠乍浦巡檢王熙淳帶領並與陸路兵丁分段堵禦本道復令候補未入流王希璧帶義勇一百六十名海防營念汛千總夏德風帶本營鎗手四十名往來策應與該府廳縣議于山灣等處用竹簍蔴袋裝貯沙泥安置沿海石邊排作女墻約高四尺遮覆兵勇該府廳等復僱募同安船數只隨水

師營兵丁駕泊彩旗門外以備戰捕伏思夷船卽至碍于沙塗必不能抵岸倘換三板小船到塘勢亦不得直上似屬可保無虞抑又稟者本道現蒙委令兼署運篆前邁司詳蒙憲批定于六月二十三日在嘉所開掣引鹽茲奉札飭本道當囑府廳縣一切備察奸細晝夜嘹望務須小心經理十分儆戒本道應于廿二日赴所開掣相距八十餘里如有動息得信之時可以到乍督辦云云

署嘉興府于爲飛移事本年七月初四日奉撫局蕃臬運各大憲札開軍需局案呈准杭巡道移開本道于六

月十二日親赴道屬各海口查辦防堵事宜飭次稟移因奉撫憲札犁嘉所議鹽本道于二十二日自乍赴禾亦經稟移茲於二十五日辰刻在所接據署嘉興府于丞暨委員王希璧念汛千摠夏德風稟有夷船一只在乍洋灣泊上下攻擊等情當又報移各在案本道即于犁所起身酉刻抵乍又據署嘉興府平湖縣稟稱切照逆夷在定海滋事乍洋一水可通當將僱備義勇及乍洋形勢有險可守亟須發兵給餉于十三日會奏在案茲於二十四日未刻瞭有夷船一只由東西對塘駛來將近塘腳沙塗淺處十餘里外轉而向西亦多淺沙逆

風向東駛去將近西山嘴砲台正面都統憲在山頂炮台開炮夷船乃退至西北停船亦即還放火炮無如其炮甚遠未申酉三時將義勇擊斃四人滿營兵丁擊斃五人又斃民人一名水師兵一人共傷十餘人夷船既不用杉板登岸而在堵義勇亦無所施技卑署府及卑職與縣丞楊肇脩主簿王重遠在西首塘面管理鄉勇其沙子打來有落于塘邊水中者有擊碎塘上民屋之瓦片者而乍防周同知乍巡撿王熙淳在西塘之東首管理義勇俱被沙子擦傷右面幸不甚重而水師滿兵亦各打著夷船數次該夷船仍復開炮于戌初向東南

上退去伏念此次一船而火炮甚遠人心似覺搖動設大幫前來何以抵禦乍浦為浙江門戶與鎮海無異鎮海則口門險要難以攻擊乍浦則塘勢寬長處處受敵若非速發重兵斷不足以資保障而定人心並據委員未入流王希璧海防營念汛千摠夏德風具奏卑職等奉札同外委沈萬青帶領兵勇在海塘防堵當于廿四日城守備李純塗往唐家灣移搭蘆篷以防風雨正在辦理之時瞭見夷船一只由東南角乘風而來即同李守備由沿山小路奔回各傳齊兵勇暨千總夏德風帶鎗手四十名在天后宮之西塘禦以後見夷船駛至內

洋遊奕或西或北施放火炮向塘攻擊水師亦開炮拒敵卑職同夏總千帶領兵勇鳥鎗器械攻打不到只得謹守塘岸候其近塘攻戰約有三个時辰見夷船張蓬仍向東南退去查有滿兵鄉勇受傷及被炮擊死尚不知的數勢在危險特將今日夷匪駛來攻守情形馳稟速即添兵防守各等情到道據此本道親歷海塘一帶查勘實與該署府等所稟情形相符因其被擊斃傷兵勇現已查明妥為撫恤一面會督文武員弁嚴加防守並飭傳將塘上沙土簍袋多為堆貯以資捍禦現在乍浦居民情形倉惶本道已多方勸諭一俟安靜再行赴

禾監掣商鹽另行移知惟査此項夷船現在復回東南難保不駛入他處海口急應一體嚴防庶其有備無患除奏報外移請飛飭沿海文武會督實力防堵等因到局爲此合亟飛飭札府立卽遵照飛飭沿海文武晝夜嚴密防堵勿任竄入倘有疎虞大于參咎凜遵等因奉此除分別移行外合亟飛移爲此合移云云

八月大倉洲稟切于本月十六日丑刻據七浦司巡檢曾鳳翔稟稱十七日酉刻有夷船三只腳船四只駛入浪港口夷匪用腳船上岸約有二百名在岸搶奪居民什物當卽會同七行汛堵禦第兵力單薄難以拒敵用

特專馬飛稟等語卑職聞信之下不勝駭異隨卽飛移劉河營並調防之淮安營作速帶兵攻擊卑職率同鎭洋縣李令點集壯勇馳赴浪港口會同營弁併力勦捕不令滋蔓合先稟聞

通州知州稟敬稟者切照暎夷匪船大小三只前在卑縣呂四洋面遊奕當經卑職會同營汛堵逐業已遠颺無跡通稟在案卑職恐有漢奸勾接及探听消息情事諭飭各守口實力巡查卑職因奉江藩司檄飭親赴泰興縣勘灾于本月初十日前往亦經奏報十三日勘畢回署在途次接據守口差役邱正等稟稱隨同狼營江汛王把總京口左營凌千總右營額外卡林桂中營額外王步青于十一日在姚港地方盤獲漢奸孫成功一名搜出夷匪洋面輿圖一張係夷紙均有八卦方向並道光元年憲書一本中華京報一本舊文書殼兩件外江葯藥一小包紅筆一枝押解赴營理合奏明等情卑職赶行進署承准狼鎭飭發孫成功一名到州隨提研訊據供楊州府興化縣人住中營一鋪夏家園地方年三十歲小的原名孫起龍父親孫添受已故母親呂氏兄弟三人小的居長弟子起鳳起鹿同母親均在原籍上年七月間小的在上海因換洋匁同堂弟孫成義被

夷人誘上洋船小的至江省洋面在不識地名合海邊乘空投腳船上岸行有三日至姚港被官兵拿獲夷船大小五十三只內大船九只頭號船一只高三十丈長三百八十丈係莊帥督引綫乘坐主帥並有法術其船行走如飛可裝四五千人現在分往洋面漢奸在廣東福建蘇州上海貴州等省有五十三人有在船者有上岸者等語核之營訊供情相同卑職復飭加熬審詰以上岸探听消息約在何處回船有何暗號據供夷人令小的到各海口打听約定八月二十六日在上海東門洋行南首用小船來接恐被人看破不能喊叫招呼說

明遇有旗桿處或有高墻處用紙寫信心天雷四个夷字貼石墻上傍插紅鷄毛爲記名爲遇高而逢其船只即在通處等嚴敲木梆响聲爲號等供當堂飭令書寫信心天雷四字附卷復加究詰供甚烱爍將犯收禁卑職伏查該犯詭譎異常所供當有不盡不實似應解省審辦昨經狠鎮恭稟請督憲示遵旳嚴批示辦理惟恐另有漢奸探听消息由上海仍回夷船應請密飭上海縣在東門一帶查拏除再飭令守口兵役認眞防堵查拏漢姦并就近飛移興化縣查明孫成功是否該縣人民究于出外等情移覆另報外合將拏獲漢奸訊供緣

由肅泐稟聞並照摹夷字附呈　即信心天雷四字

寶山縣稟切卑縣于初六日下午瞭見距東門外三十餘里有大夷船一隻寄椗業已具稟報明憲鑒在案該夷船擱淺至今仍在彼處不動至初十十一等日續到有夷船三只分布在前船之南北遥隔數里停泊約離塘岸有三四十里不等第制臺以固守爲主俟其到口炮力可及方可攻擊不准輕舉妄動至十三日午後瞭見烏船一只由南而來與夷船上下交接良久然後開離進口掛號即經近防弁兵拏獲糖船水手七人解縣卑職訊據僉供福建人係從廣東販糖銷售曾去浙洋遇盜行到吳淞將近入口即被夷船截住搶去糖包一個柴火三四捆然後方行等語查看船上形跡相符旋即釋放入口又于十四日午後瞭有三板夷船兩只揚帆進口即經旋放數炮其後一船即行退去前船一隻因鄉勇船追赶攏到東岸被行沙汛防兵上前擒獲船內九人解督轅發下卑縣訊據僉供廣東潮縣人裝載洋糖蘇木胡椒等貨前來上海交易我等九人係駕腳船尚有裝貨大船一只內有六十餘人行近吳淞尚未入口即被夷船將大船截留隨有三板小夷船將我們

腳船鈎住黑白鬼子數十持刀上船挾令代彼投書帮送我們入口因其開炮夷鬼將書拋入我船該夷船逃脫我們被鄉勇迫急喊叫救命攏岸即被拏獲其書信已經武營老爺起案夷鬼將貨船截留要等我們回信等供現將所訊供詞制憲折閱于十六日入告矣現在夷船共有四只仍在洋面停泊不動卑職惟有日夜登城防堵不敢稍有疎懈毋著督轅接准伊中堂來咨現奉上諭崇明孤懸海口切近浙洋田松林著即在崇明防堵毋庸派往恭錄轉飭田鎮在崇防堵其前次選備水師二千名俟需用再行分派將弁統領來浙協勦等

因咋田鎮軍于十一日奉調來吳謁見制台後即于十二日仍回崇明防堵所有現在防堵情形合肅稟明道光二十年八十八日

署兩江總督裕奏再臣前獲夷船所遞字帖文理雖屬不通而察其情詞大抵伸訴該夷領事義律呈繳鴉船煙土及禁絶柴米驅逐出澳之事惟查呈繳煙土係在道光十九年二三月禁絶柴米則在是年六月現在所遞字帖內有道光十九年正月十八日由嘆國髗噸地京城付字樣是該國繕發此帖之日義律既尚未呈繳煙土即欽差大臣林亦未行抵粤省尚有數萬里何由

預知臣聞義律係嘆咭利人最爲狡詐十餘歲時前來澳門經已故之僞軍師嗎噼哂教以漢夷言語文字嘗理貿易帶兵等事爲該國領事頭目告示文書悉出其手該國兵船向泊離粤二萬餘里之嗌哈喇萬打喇沙等處專爲販煙而設皆聽義律調遣該國王僅知收税不理軍務則今之勾結謀逆竊踞定海造言挾制皆係義律所爲而非該國所遣已可概見臣愚以爲義律不誅兵端不息必得拴獲義律則蠱惑無人各酋自皆解散破之不啻摧枯拉朽矣江南地方雖居該逆必到之地而臣誓不與同天日見在懸立重賞偵探布置務期誅此逆夷以快人心而伸天討除飛咨欽差大臣並沿海將軍督撫各臣一體設法嚴拿外理合附片具奏伏乞皇上聖鑒再該夷船現仍忽隱忽見或多或少出沒無常遊奕不定情形深爲可惡臣惟有堅持定見鎮靜防堵如敢乘潮駛入內洋近岸侵犯自當會同提鎮督率官兵併力攻勦殄此醜類合並陳明

據提右水師兵目卓大成夏文魁鎮海蟹浦目兵沈武康來叩撫憲行轅面陳奉周士發胡得耀大老爺差往定海探聽于六月十七日起身十八日早到岑港進西門城望見夷匪三十二名手拿鎗刀當即至鎮臺衙門並未列有營寨

衙門後鎮山列塞帳房約有五六十項帳篷似雨傘樣式白布面牛皮裏兩張有黑夷防守又至定海縣衙門看見夷匪山有兩張告示一張寫大嘆國水陸提兵官兼理定海縣正堂布爾利示內說商漁船隻來往過境領照輸税一張寫示禁地棍搬搶鎮臺衙門並未有人居往城隍廟內貯有軍器不能進去因有白夷四名防守城垜均列有炮位黑夷防守兵等出南門到半路又見有白布帳房五六十項銅炮二十四門砲身約長一丈零前圓後方下用輪盤本城火藥去在海內他們自帶白色藥料定海縣軍械庫內好刀拿去打磨次刀自

行改製米倉封鎖只有一夷匪看守城隍廟間壁有祖
音寺間據僧人說是夷國將帥駐札門口拴有夷馬一
匹比內地之馬高大尾斷後足有兩銅筅聯索扯長道
頭夷船有二十二隻竹山門起至大道頭止一字排泊
道頭對門有烏龜山寨有營列兩個砲三門烏龜山外
另名粤山亦有營寨兩個砲三門此係由鎮至定海要
口兵等仍由沿城復至岑港于十九日早回鎮昨得鄞
縣來稟知獲奸細一名福建人復供出十七名經該縣
拏獲十二名鎮海亦獲黑鬼子一名訊其供詞皆不通
言語惟令其跨十字架則斷不肯等情謹呈

定海輿圖

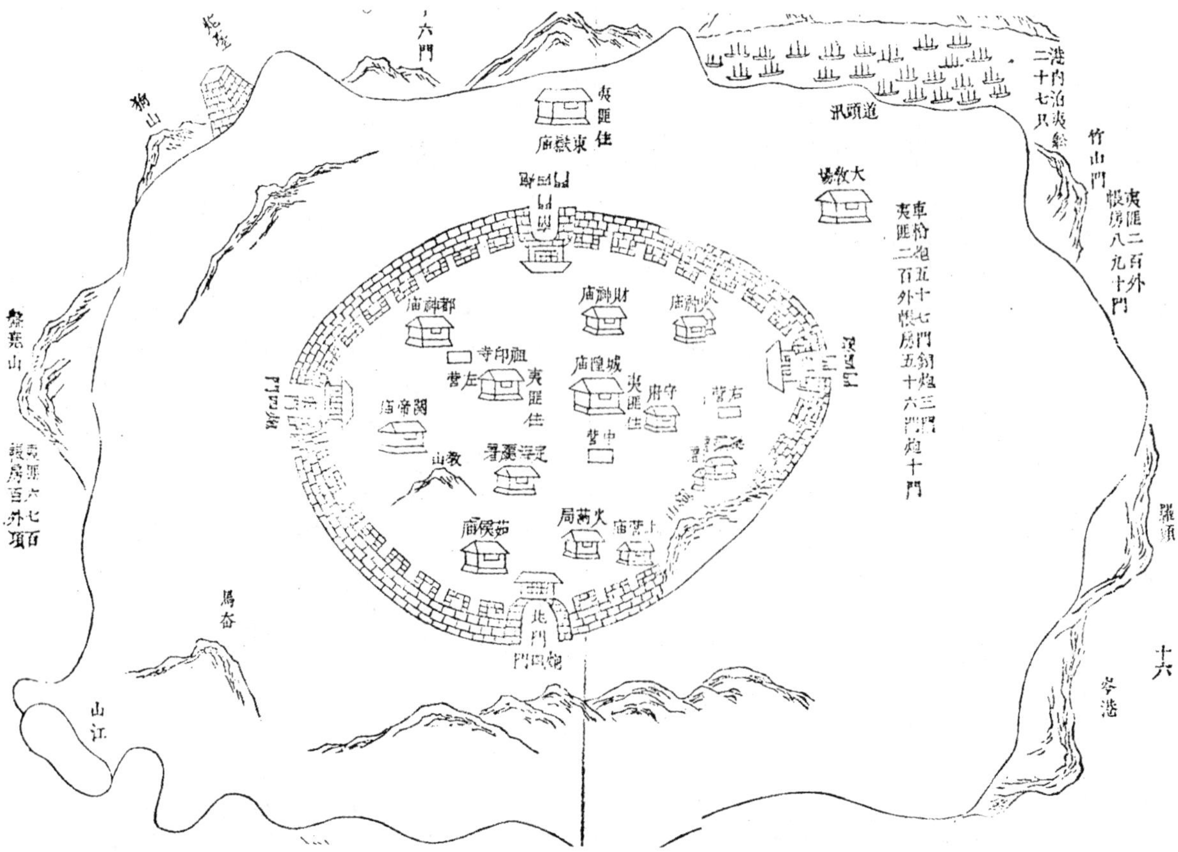

浙省于七月初旬獲奸細一名據供廣東人唤夷滋擾因上年林鄧二大人用油稻草放在木排點火推去轟壞夷船一隻是以國王怒恨差子伯麥等來此報讐我國王差來買辦大黄茶叶帶一萬洋夂來的實在不是奸細再國王現差人往□□國調黑鬼子二千人其兇異常專來打仗現在船上人有四國人到此外國再有六國夷人未到如勝六國不來如敗六國皆要來的其大夷船每船上夷人一千名砲四十五个鎗二百管小夷船每船上五百名砲二十八个鎗一百管等語

松江文士所作無名氏禦夷論傳來附録

逆夷唤咭唎在西海窮陬數萬里昔與紅毛爲鄰而紅毛爲其所并故亦稱紅毛國習天主教素富强未嘗通中國乾隆年間始遣使入貢即懷二志自嘉慶初以鴉片流毒中夏迄今四十餘年每年之利以千萬計一旦斷絕其貿易驅逐其巢窟窮戚無歸其能安然無事耶有識者早知其必有今日矣數年前曾來此即有棄粤海而通市之意蓋定海于前明曾爲紅毛所佔故至今有紅毛道頭之名逆意欲復舊踞之地想無反叛之心然我朝威德何比前明任其踞佔惟定海之失守非失守也不守而自失之也夫市之不可通也明矣當元之

時日本嘗與四明互市至明卽爲冦迫宣德開金線島之捷不敢復來自嘉靖復有倭患東南海隅歲見兵革持久方平其禍可勝道哉今嘆逆之强十倍于倭其始而和好通市未敢驟流煙毒窺伺漸弛其防肆其販煙騙財流毒然後趁强攻掠爲害內地奸民相與啓戎召衅煽惑蔓延羣率爲患尚有已時耶今乘其初來如火乍燃猶可撲滅然沿海防守之兵竟同虛設四時巡哨之令亦爲具文器械無堅銳之具樓舩少組練之師則淅兵之不足恃非一日矣必合閩粤諸水師四路夾攻焚其蓬索奪其鎗炮沈其艎艦窮迫其島嶼之中勦獲

其醜類使其破膽驚魂惕于中國之威不敢稍存覬覦如李忠毅之滅蔡逆可法也如前世之慕容皝陳稜子李勣蘇定方故事未嘗不得志于海外若勞師襲遠欲直搗其巢穴纍其國主恐未所及元人一敗使中國世世以此創艾甘受其侮尤不可不愼也定海之失月餘日矣不聞出一艇開一砲惟以塡門塞口募勇集卒爲堵禦計兵民各以其全身軀保家室之謀村落播遷鵓啼鶴唳雖未見干戈之動而已有離亂之憂幸而得志于海外且逆意在于通市謀利不在專心攻刼否則入蛟門而鎭海危入石浦而象山危入黃盤而乍浦危入吳淞而上海崇明危矣彼則隨波飄忽一帆之駛甚易我則左右牽制一鞭之長莫及必先會勦定海使無立足之地無他顧之貪遲則根牢草蔓當事者其必有以處之

七月夷人遞第三道札

大英國統領爵子伯麥具言於大清國督撫二憲大人麾下盖識時務者呼爲俊傑知經權者稱爲英雄上國一統疆宇帶甲百萬今俺師摻鼓南下爾軍自相戕殺取定海如拾芥我兵不衆搦鎭海如土木士皆縮首與師遠來苦無立足今藉有據養精蓄銳鹿角安枕要隘

重守豈不聞兵貴神速計不及此抑非人力盖天援也前呈文書詳奉曲直玆勿復言前陳五島從國今廼投告于爾飛龍島大淵國主俊淚跌飛鳳島古梧國主百里突兀和鸞島鳳鳴國主尫上英親領巨艟八十三號爲俺後應不日可到爾等不信粤文又至順元島槐蔭國主青眞人清流島黑扇大王黑哈呵多親領巨艟二十四號爲經上海一路大將軍達摩的波後應現在本部新招降卒不下數萬士之來歸如水投東爾乃兵乏將寡紀律不競俺則師廣兵精全營皆整爾等不怕與俺決一雌雄苟懷畏懼可將寧越版籍獻上免受誅戮

爾如糾集戰士躊躇妙策諒無佳計爾能爲害如非伏波再世武侯重生俺當返旗歸國不爾治罪於木命矣

粤東幕友撰平𠻳條記呈撫軍 不著姓名

𠻳咭唎國去中華七萬里在歐羅巴西北故荷蘭之屬國也其人黠而悍常與紅毛荷蘭佛郎機搆兵侵奪其地寖以强大顧自古不通中國其來粤東請貿易也自雍正十二年始其進中國通朝貢也自乾隆五十六年始昔嘗窺伺大岐山香山灣欲借爲屯儲交易之地疆吏燭其奸不允所請遂乃益桀驁輒入內洋耀兵嘗我于是有主鎭定之說所謂示寬恐損國威主懲之說所

謂示猛恐開邊釁恆不得其控馭之策幾乎寬猛兩窮嗣聞𠻳夷有兵船進零丁洋直逼蠔境議者紛紛同于築室竊以𠻳夷之履我中土犯兵家之忌有六而無知焉不足慮也如何六忌云云已見前昌裕條言奏章內夷之所忌皆我之所利我用利以制之又有三策焉貪兵遠來利在速戰我惟堅壁封壘以逸待勞力殲內奸禁米粟之接濟嚴防各島絕樵汲之逕途曠日持久飽不可得饑且思颺此坐困之策也若欲戰滅之則外陳羸師以驕其志陰遣閒諜以誘其來俟其全軍駛入內洋萬艇載薪縱火齊發立見蓬檣灰飛如殲一邱之貉此顯創之策也夷人生長海邦而不習水性香山溪澳內有善沒水者混名水鬼能入海三晝夜而出如調一二百名使各執利斧潛沒海底就夷船下椗處砍斷其纜毀傷其柁纜柁斷傷則船自漂流無定驚風駭浪之中欲收口而不能遇石樵而莫避不覆則碎此隱懲之策也雖有窺邊之心斷無啓釁之事徒以兵威恫愒不敢蹂躪我邊圉然夷性叵測若竟示以枯容彼將以我爲怯不時遊奕于虎門關以震驚民人亦非綏靖海疆之道酌用三策以懲驁之彼庶有所省悟知我天朝不可犯也而油然生其畏威懷德之心豈不休哉以今日事勢揣之海外之𠻳

夷固宜堵禦而境內奸匪尤貴防閑自鴉片煙之流毒中國也閩粤之人藉爲生計廣開窰口轉輾販售小則贍家大可富𠻳夷深知中國生齒日繁生計日絀故以利啖之利之所在人競趨焉利之所在奸即生焉即如上年有禁鴉片煙立置重典之奏又有議奏大黄茶叶當以𠻳夷用紋銀購買之說疆吏甫有斯議而粤人已早聞知刊板遍傳海外我中國機要大政竟使外夷悉早知之此漢奸之明証也抑又聞𠻳夷國在西北數萬里外距粤海極遠或可恃以無恐今聞其爭雄海外移兵西南凡西南最著之國如咭嚼丹丁加羅喝喇叭噶

呀明呀唎叟達喇薩亞咖三佛齊孟買烏木等國皆被其蠶食而供其賦稅焉其勢日高則其心自侈豈有饜足之時嘗考粵洋海島有名新埠者距大岐山十日之程汏野五百里閩粵人在彼耕種以盡地利阡陌田園一歲再熟卽粵人所謂洋米是也暎夷以强力據之撥兵三千駐防其地居然一大鎮又有海島名新嘉坡者距大岐山六七日之程崇山平野廣袤二千數百里閩粵人數萬聚集其地市廛井里頗近華風暎夷亦據之廣建消棲宮室其國人萬餘人亦徙居于此建造堅厦書院數百椽選擇我國之俊秀者肄業其中而其師有

敎漢文者有敎漢語者凡經史子集無不畢備駸駸乎有慕風向化之象焉又有島名嗎喇格距大岐山十一日之程地方千里暎夷書院在焉華夷雜居風俗與新嘉坡等其待華也農賈收其租稅子弟皆入學且月給廩餼以贍士子之貧者是以閩粵人多依之此三島之去內洋不過萬餘里時不及旬暎夷據而有之非若前日無所屯積之難于賫粮也非若前日駐兵無所之難于策應也試思彼無漢奸之謀畫焉知創書院敎士子謀積儲以備征兵抑且漢語文皆非夷人所能爲則漢奸之嗜其利而樂爲之用者于此更可見矣竊恐暎夷書院必將藉以陰刺中國之虛實況今漢奸專與暎夷內外勾結者洋商暱之如骨肉暎夷視之爲心腹我之一動一靜彼必纖悉知之彼之一虛一實我則瞢然罔覺此尤彰明較著者也雖有大岐山香山澳屯門虎門等處天險重重而漢奸不能嚴禁殊可慮也故欲防暎夷之蔓延必先杜漢奸結党漢奸剪除暎夷雖强又何畏哉然則今之急務應先令其漢奸之不通然後以我之三策制彼之六忌六合之內不亦金湯永固也哉

太倉洲劉河營同稟報八月十七日浪港口夷匪上岸搶刼清單

據被創事主供稱夷匪來有二百餘人狀貌怪異腰邊各帶皮鞘刀一把身上各背鳥鎗一桿並各帶有火藥袋一个婦女們見而啼哭該夷匪搖手自指口腹以示求吃之意將四家牲畜米麥全行搶去並未傷人等語卑職等當卽善爲安撫現在該處居民安堵如常堪抒藎念另開被搶食物清摺呈電云云

計開

陳福全家被搶　牛一隻猪二隻羊五隻鷄十七隻鳥五隻布被一條米五斗（將被包去）麥二石

楊濟倉家被搶　猪三隻鷄十四隻麥五石
楊　滐家被搶　猪三隻鷄十隻布被二條米三石
麥二石餘水牛一隻
楊　廣家被搶　牛大小兩隻猪四隻鷄二十九隻
米二石零麥三石零

八月署督憲札

爲崇明被刼爲札飭事據蘇松田鎮稟稱八月三十日卯刻夷匪駛放脚船五隻夷人一百餘衆由長安西沙分路登岸搶掠當即親督兵弁鄉勇擊傷夷匪十餘名殺死四名鎗斃二名奪取夷刀一把手鎗一桿夷人皮

鞋三只小船一只奇營鎗兵鄔士良左肋受傷鄉勇黃瑞方陣石和尚俱被鎗炮傷斃鄉勇徐定右肩有子傷等情到本署部堂據此查夷匪于八月三十日在長安沙登岸搶掠經兵民協力擊退並有殺傷奪獲恂屬可嘉惟署部堂密遣偵探在彼目睹惟鄉勇最爲出力鄉勇中又惟龔加和鎗擊夷匪落水一死一逃尤屬勞績懋著黃瑞方陳石和尚接戰陣亡徐定身受重傷可憫可惜除批令會同崇明沈令委員王令各矢天良將實在何人最爲出力何人其次出力官兵因何並不當先衝殺以致黃瑞方等慘遭擊斃據實明定賞罰稟候分別究辦當此用兵之際賞罰不明則人心不服必致解體該鎮縣等膺海外重寄如稍玩視冒濫本署部堂斷不能稍有將就至受傷兵勇鄔士良徐定由縣驗明傷痕照章給賞陣亡鄉勇黃瑞方陳石和尚先行賞銀五十兩仍候咨部議卹以昭激勸所獲夷船即解來上海行轅聽候查驗並將刀鎗鞋札發蘇臬司貯庫外合亟札飭云云

道光二十年八月二十八日准兵部火稟遞到軍機大臣字寄欽差大臣協辦大學士兩江總督伊護理浙江巡撫宋署理兩江總督裕署理江蘇巡撫邵山東巡撫

托閩浙總督鄧兩廣總督林道光二十年八月二十二日奉上諭前因暎夷在天津海口投遞呈詞甚覺恭順籲懇施恩當飭令琦劄切曉諭不准滋擾祇許赴越叩關如果出于至誠該大臣等自能代爲轉奏乞恩茲據琦奏稱該夷聽受訓諭業經全行起椗南還並稟稱沿海各處如不開鎗砲亦不敢生事端倘被攻擊勢難已于回手定海之兵亦可先撤一半等語該夷前次猖獗雖屬有激而成殊堪髮指必應痛勦示威現在福建之泉州府浙江之乍浦江蘇之寶山崇明各洋面均經前後轟擊夷船大挫其鋒該夷旣肯赴粵乞恩自不當窮

于所往本日己降旨派琦作爲欽差大臣馳驅前赴廣東査辦事件俟該大臣到粤後自能辦理妥協但恐沿海各督撫不知現在情形特此由五百里飛示伊宋裕部托林鄧等一體遵照各守要隘認眞防範如有該夷船只經過或停泊外洋不必開放鎗炮但以守禦爲重勿以攻擊爲先其應布置嚴密之處仍不可稍形鬆懈是爲至要本日琦原摺照會㗭夷底稿及該夷回文均著抄給伊等閱看將此由五百里諭令知之欽此

道光二十年八月二十三日奉上諭昨已降旨將㗭夷在天津海口乞恩情形應派琦前往廣東査辦事件由

五百里諭知伊等欽遵辦理矣本日據林片奏密探定海情形知此次領兵統兵及帶兵官等名字又該逆中有僞立定海縣官能爲華言並請將兵勇扮作鄉民或將鄉民練爲壯勇詐爲見招而返約期動手等語著伊里布密査各夷目果否實有其人現在作何舉動其所稱詐誘一節是否能行昨據該夷稟稱定海撤兵一半果否屬實著于査明後詳晰具奏原片抄給閱看又御史許乃安奏稱杭州居民紛紛遷徙山陰會稽等縣官用印票索借民間銀兩三千五千至一萬兩不等省垣捐助未定章程等語著伊宋一面曉諭居民各安本業毋令虛疑驚竄一面密査該地方官有無勒指捐輸情弊認眞核辦不得令胥役人等藉端擾害地方又該御史奏稱蘇州一帶居民亦多遷徙丹陽縣有創議加賦激成歐官劫獄之事著裕謙加意撫綏居民示以鎭靜勿令惶恐逃亡以安衆志如査有該地方官創議加賦釀成事端著卽嚴參治罪以順輿情將此各諭令知之欽此

九月具呈定海縣難衿印用教諭金士奎生員林錫瓚 徐廷濟 李翰昌 周言 葉鑑 藍新 余胡宋 修應 煥彩 鍾動 劉大鎬 趙初 照侯 元才等呈爲流毒愈甚懇切聲明事切㗭夷盤踞定城當其初至亦思要結民

心故雖擄掠無非牛馬猪羊尚未肆其毒性後見民心不附漸次猖狂成羣結隊或數十人或百餘人凡各鄉各岙無不遍歷遇衣物銀兩牲口食物恣意搶奪稍或抵拒卽被劍擊鎗打如東鄉之甬東庄西鄉之盤倉庄北鄉之白泉嶺河庄近城一帶遭毒尤甚或因傷殞命或受傷沉重痛苦遭連不堪枚舉邇日來毒心更熾愈横愈遠如馬岙小沙大沙舵岙大展北㟁岑港等鄉皆離城五六十里幷有峻嶺阻隔逆夷亦復接踵而至又縣海之榭穿鼻烈港等處均遭其害猶然陽奉天朝陰行刼剝不料數日前逆夷寔傳一字限百姓十日内完

粮納稅如有不從即行編號剪辮改換服色可憐定邑百姓一聞此言慟哭震天思欲挈眷避難不待盤費無出而夷船之在內港遊奕者一遇女眷必被刼去數十萬生靈如坐針毡延頸待斃奎等聞此情形不勝悲憤伏思聖朝深仁厚德久遍羣黎定邑之民雖懸居海島而士食舊德農服先疇漸被涵濡淪肌浹髓自遭夷逆之難切齒痛恨思食其肉務祈垂念民情並體皇上一夫不獲之衷迅賜拯救倒懸百姓雖愚當無不感激皇仁奮身圖報犁鋤棍棒皆可爲兵婦女兒童咸知殺賊逆夷將一鼓而盡殲矣爲此懇切聲明公叩中堂核奪

施行奎等不勝感激待命之至頂德上呈

大暎國特命水陸督署將帥爵子伯麥爲咨會事照得從前業經照會本國特命大臣前往討大清宰相伸冤正會議間本國不得弁兵交戰等言本將帥果然守約但雖然免戰查聞寧波操權官憲常以挑撥定海居民强使行之不肯買賣食物且前日拐掠實僕一人本月二十一日無法匪徒看本國武官安突德與跟斑不帶兵械在內地遨遊即時拐帶而去送與大人台前等情無可疑矣但自稱大國而作爲如此殊屬不堪當也是以本將帥催討將安突德等與跟斑並將前稱實僕立即送回設使一名一毫有害本國弁兵者義然嚴行報仇累及有害無辜者一均敗亡特此咨知貴部院提督電鑒

暎國一千八百四十年九月二十日即大清國道光二十年九月二十五日

烏祝覆暎夷文爲照覆事本月二十七日據鎮海營林參將接貴將帥三板小船投來字帖均已閱悉現奉大皇帝欽差宰相兵部尚書右都御史兩江總督紅帶子伊欽派太子少保乾清門侍衛福建提督余來定查辦本部院提督即將來字轉呈閱看核查字內所稱之實僕及武官安突德等現均在此且天朝所獲之人不但安突德等數名另有陸續到之白黑夷人二十餘名白暎婦一

名現俱好爲看待並不一毫傷害今來字欲將安突德等討還必須貴將帥先退還定海城並將船隻全數退遠道頭欽差大臣伊自嘗奏懇大皇帝天恩將安突德等釋放且前次來字內所求通商一事欽差大臣伊亦可代爲奏懇恩允俾兩下罷兵自享太平之福豈不全美欽差大臣伊係當朝宰相是天子一家之人奉大皇帝特派來定查辦此事與別項官員不同貴將帥即詳揆情理審度利害如再有字帖只管差官來遞可也爲此照次貴將帥知照須至照覆者

九月初八日奉上諭林則徐鄧廷楨在廣東查辦鴉片

乃將逾兩年不但未絕根株轉致該夷赴近畿呈訴冤抑成何事體已將該督等悞國病民辦理不善之處降旨宜示兹據吏部遵旨將該督等議以革職實屬咎所應得林則徐鄧廷楨均著照部議革職林則徐著輒回廣東鄧廷楨著迅亦速前往廣東以備查問差委欽此九月內先奉上諭前因鴉片流毒海內特派林則徐馳往廣東海口會同鄧廷楨查辦原期肅清內地斷絕來源隨地隨時妥為辦理凡自査辦以來內而奸民懲治不能盡絕外而興販來源並未斷絕至令暎夷船隻沿海遊奕福建浙江江蘇山東直隸盛京紛紛征調糜餉

勞師此皆林則徐辦理不善所致林則徐鄧廷楨著交部分別嚴加議處林則徐即行來京聽候部議兩廣總督著琦善著理琦善未到任以前著怡良暫行護理此次暎夷投遞稟帖所稱冤抑朕洞悉各情斷不為重加痛剿惟該督等以特派大員辦理終無實濟轉致別生事端誤國病民莫此為甚是以特加懲處並非因該夷稟訴遽予嚴議也欽此

十月十三日申刻上海信報寶山洋面有夷船三十餘號探報稱每船約有三十餘丈長內有七八隻船身五十餘丈長船頭船尾俱有彎角船內裝載棉衣皮被及牛角其牛角內不知所藏何物俱往崇明一面行駛署制臺即于十三日起行復至寶山防堵

十月二十八日接奉上諭鄧廷楨吳文鎔奏請防堵經費一摺閩省為海疆重地訓練兵勇督查要隘原不因暎夷船隻往來遊奕始行防守至如暎夷佔踞定海因前撫臣未受該夷訴冤呈詞以致激成事端現在該夷僅止困守並未敢肆出滋擾鄧廷楨等所稱厦門受敵未知所受何敵該夷因閩浙疆臣未能代為呈訴冤抑始赴天津投遞呈詞頗覺恭順現在特派大臣赴粵查辦不日即可戕兵鄧廷楨等所稱該夷猖獗不知在何

處猖獗摠因該革員等種種辦理不善遂費周章著吳文鎔即將本省各鎮弁兵照常認眞訓練堅守海口所需支發錢粮著斟酌籌畫裁汰浮糜其應用欵項隨時奏聞所有該省僱募水勇租賃漁船著酌量裁汰以節糜費而照核實欽此

兩廣摠督林則徐奏為恭讀批諭惶悚難名謹瀝下情請旨將臣從重治罪恭摺奏祈聖鑒事竊臣奏報拏獲鴉片煙犯摺內欽奉硃批外而斷絕通商並未斷絕內而查拿犯法亦不能盡無非空言搪塞不但終無實濟反生出許多波瀾思之曷勝忿懣看汝何詞以對朕也

欽此臣跪誦之下伏地磕頭愧懼惝惶莫能言喻伏思
上年微臣奉命至粤查辦禁煙先蒙頒給欽差大臣關
防繼復簡調兩廣總督責成至重委任至專臣何人斯
膺任倚敢不盡力殫精竭慮以冀永臻成效仰答高深
及爲時已閲年餘而鴉片尚未禁除夷船别經遠竄雖
異類難延殘喘而淺謀未出萬全之計夙夜循思特爲
忿愧兹蒙訓飭感悚尤深自慚庸質駑駘實無詞以對
君父惟有仰求聖主將臣從重治罪以儆無能不勝戰
慄屏營之至所有微臣惶悚下情謹繕摺具奏伏乞皇
上聖鑒謹奏

再臣渥蒙厚恩天良難昧每謂一身之獲咎尤小而國
體之攸關甚大不敢不以見聞所及爲聖主陳之查此
次唉逆所憾在粤省而滋擾在浙省雖變動若出于意
外其窮蹙在於意中該逆夷所不肯灰心者以鴉片獲
利之重每歲易换紋銀出洋多至數千萬兩若在粤可
以復興舊業何必遠竄浙洋現聞其于定海一帶大張
招貼每鴉片煙一斤只賣洋夂一元是即在該國孟啊
嗹等處出産之區且不敷成本其所以欲甘心虧折急
于覓銷者或以之給斧資或以之充食用訪聞在夷洋
各埠賃船僱兵而來費用之繁日以數萬金計即炮子
火藥亦不能日久夫窮蹙之形已可概見又夷人向來
過冬以氊爲暖不著皮衣葢其素性然也浙省地寒勢
不能忍受現有夷信到粤言定海陰濕之氣病死者甚
多大抵朔風嚴届自然捨舟走山揚帆而竄各國之夷
商在粤者自六月以來貿易爲唉逆所阻亦各氣忿不
平均欲向該國派來之兵船講理是該逆現有進退維
谷之勢能不內悵于心惟其虚驕性成愈窮愈肘愈欲
顯其桀驁試其恫喝甚且别生秘計冀得陰售其奸如
一切皆不得行仍必貼然俛伏臣前此屢經躰驗頗悉
其情即此時不值與之交鋒而第固守藩籬亦使是坐

困也夫自古頑苗逆命初無損于堯舜之朝皇上以堯
舜之治治天下如鴉片煙之爲害甚于洪水猛獸即堯
舜在今日亦不能不爲之驅除聖上執法懲奸實爲天
下萬世計而天下萬世之人亦斷無以鴉片爲不必禁
之理若該夷船之來浙係由禁煙而起則彼之以鴉片
入內地者早已包藏禍心發之于此時與發之于異日
其輕重自有辨矣臣愚以爲鴉片之流毒于內地猶癰
疽之流毒于人身也癰疽生則以漸而成膿雅片盛則
以漸而致冦原其意計中國若在數十年前查辦其時
吸烟者尚少禁令易行猶爲未成膿之癰疽內毒尚可

消散今者流毒已久譬諸癰疽作痛不得不極爲拔膿而逆夷滋擾浙洋即爲拔膿無異然惟膿潰而後疾去果如其法醫治托理根源待至膿盡之時自然結痂收口若因腫痛而別籌消散萬一毒邪內伏誠恐患在養癰矣溯自査辦鴉片以來幸賴乾斷嚴明天威震疊躉船二萬餘箱之繳係咉夷義律自行遞稟求收現有漢夷字可査並有中紙印出可驗旣而在虎門毀化煙土先期出示準令夷人觀看惟時來觀之人有撰爲夷文數千言以紀其事者大意謂天朝法令足服人心今其夷書具載其文譯外域書者能傳誦迨後各國來船連

其切結爲明如有夾帶鴉片烟人即船貨繳官亦以漢夷字爲一紙自給之後查驗他國夷船皆已無鴉片惟嘆逆不遵法度且肆鴟張是以特奉諭旨斷其貿易然未有浙洋之事尚可仰懇施恩今旣攻我城池戕害文武逆情顯著中外咸聞非惟不准通商自當以威服叛第恐議者以爲內地船炮非外夷所敵與其曠持日久何如設法羈縻抑知夷情無厭得一步又進一步若威不能克即恐患亦無已且他國效尤更不可不慮臣愚昧之見務使上崇國體下拂夷情豈敢稍存游移之見也即以船炮而言本爲防海必需之物雖一時難以猝辦而爲長久計亦不得不先事籌維且廣東利在通商自道光元年至今粤海關已征銀三千餘萬兩收其利者必須豫防若前此以關稅十分之一製炮造船則制夷已可裕如何至尚形棘手臣節次伏讀諭旨以稅銀何足計較仰見聖主內本外末不言有無誠足昭垂奕禩但粤東關稅已比各省豐饒則以通夷之銀量爲防夷之用從此製炮必求極利造船必求極堅似經費可以酌籌即禆益實非淺鮮臣于夷務辦理不善正在奏請治罪何敢更獻芻蕘然苟有禆于國家雖頂踵捐糜亦不敢惜倘蒙格外天恩寬其一綫或令戴罪前赴浙

營效力以贖前愆臣必當竭盡血誠以圖克復至粤東各處口隘防堵加密察看現在情形逆夷無可乘之隙藉堪仰慰宸懷謹繕片密陳伏乞聖鑒謹奏

夷匪犯境聞見錄卷之二 終

夷匪犯境聞見錄卷之三

十一月廿二日閲見署理兩廣總督廣東巡撫怡良奏爲撤防師船歸營狡被嘆夷在洋轟擊奪去米艇二號在船兵丁多名並近日又有擄船尋衅之案恭摺奏祈

聖鑒事竊臣于九月十八日接奉軍機大臣由五百里字寄道光二十年九月初四日奉上諭據托渾布奏嘆夷船隻前由東省外洋北赴天津有夷兵船八只現在夷船五只已開帆南駛其三只亦由外洋先回該夷情形極爲恭順等語嘆夷船隻俱起椗南旋恐沿海將軍

督撫等不知現在情形特此飛示著英裕諭怡良知悉並著詳加酌覈將前調防守各官兵分別應留應撤妥爲辦理托渾布摺片著抄給閲看將此由五百里諭令知之欽此臣前因督臣林則徐前次接奉諭旨即已陸續議減臣接護督篆復與提臣熟商將次要各隘遞相減撤其虎門內外並各炮臺扼據要衝仍前加意防守當經附片陳奏實以嘆夷狡獪異常變機百出貪罔性成陰險萬端不得不慎之又慎以防其乘虛直擣之謀惟遵旨不與之接戰則前調各營師船即須逐漸撤歸各原營以節糜費節經函商提臣飭令分起行走在案十月二十日接到提臣函開撤回陽江中米艇三只于十六日夜乘退潮開行由龍穴之西直赴横門不料陽石六號中米艇行遇淺灘適潮水將次退盡不能行動其陽左四號砲洲三號兩船業已趁風遠去該弁兵不得守候潮長船浮再行前進詎俟至十七日黎明即有梳夷杉板七八只每船約有五六十人蜂擁趕來該弁兵等見其來意不善即聲言此係奉撤回營師船有令不閙鎗炮爾等不可滋事該夷船駛至將近即對船開炮轟擊夷衆即紛紛上船將弁兵追赶落水船內各兵尚在爭持之際適值潮長該夷等即連船擄劫拕標

中軍參將李賢遠聞炮聲登山瞭望眞切即督率各師船開帆起椗赶往援救迎潮行近龍穴洋面瞭見伶行攀石原泊夷兵船三只已經乘潮赶來因各杉板將陽石六號師船拖帶向南直駛該參將因奉文行令不敢進出外洋接仗只得仍將各船收回稟候核辦等由臣接閲之下不勝駭異該夷在粤肆擾業近年餘既逞狼貪之性復肆豕突之兇不自知其過惡之多端轉以譸張爲得計仰蒙聖明燭照天地爲懷特派欽差大臣來粤辦理飭令該夷南旋聽候查辦各情伏思我皇上撫有華夷並無畛域招擕懷遠怙冒同深該夷宜如何感

激方足仰戴生成乃于師船撤防歸營誤過淺沙之際輒敢肆擾多船開炮生事經弁兵聲說情由置之不理一味逞強肆橫紛紛上船該夷兵船復又圍截併船拖去實出情理之外殊堪髮指查該夷自前次關閘生事後兩月來尚無動作昨據澳門同知稟報本月十三日有㗎夷中巡船一只來至九洲洋面拋泊經引水等認係七月初十日駛出老萬山外東去之船復來寄椗是該夷于天津情形在前且回泊之火輪船傳說亦已至此更當曉然受恩之重飜然自悔其前次之形爲尚有人心猶可附於負氣含生之屬乃吐嚧夷巡船于十六

日在桂椗洋面截去福建漕船一只駛出石欄門向東南駕駛據澳門同知飭令引水跟探尚未稟報復據鹽運司轉據商人呈報鹽船在洋被㗎夷先後截去八只僅據水手逃回報知如此情形又復漸形猖獗茲于十七日又據被刼陽江右營六號米艇除落水鳧歸之外委何卓然並兵二十一名外尚有兵丁三十名不知下落現飭沿海訪尋再行核辦臣思㗎夷頑梗居心勾結內地居民陰刺持事所作所爲往往不遵法度年來更形傲慢其于事理有不可行者則托爲言語不通文飾其罪甚至稱兵犯順奪據地方現蒙皇上俯鑒其衷大

[illegible]

侮尚托諸空言跋扈竟見諸實事臣雖與之無怨而國體所關臣亦同立覆載之內此心實非常憤懣疊奉諭旨不敢輕遽率爾靜候欽差大臣到粵後相機辦理若該夷等宄心未已敢來窺伺生事開炮滋擾勢不能任其蹂躪亦惟有盡力轟擊以固口隘現已飛咨水師提督暨沿海各鎮及各府州縣加意嚴防並咨明欽差大臣外謹將防師奉撤歸營被奪及㗎夷又有擄船尋衅情形會同水師提督臣關恭摺由驛具奏伏祈皇上聖鑒再廣東巡撫係臣本任合併聲明謹奏

閩督鄧謹奏爲防堵夷匪經費不敷謹據實籲懇恩施續撥庫欵恭摺奏聞仰祈聖鑒事竊臣等六月間因㗎夷突向廈門滋擾一切防堵事宜經費當寬爲籌備奏請動撥藩庫銀十萬兩俟陸續攤廉歸欵七月初七日奉上諭准其作正開銷欽此仰蒙恩施高厚俾臣等措置從容跪誦之下莫名欽感嗣因逆夷攻陷定海閩洋已覺腹背受敵七月二十五六等日該逆夷兵船復敢來至廈門開炮相向雖經官兵擊退而沿海要隘尤宜處處設備刻刻戒嚴無如閩省海疆袤延二千里其孤懸海中如廈門台灣固屬最爲險要其次如銅山金門

海壇等處亦皆四面環海無城可守○濱海各縣林立潮漲河平一帆直達之處不一而足日來增撥戍兵安設炮墩建築土硼理置釘板隨地隨時分投布置惟多一處繕治即增一番費用分之則尚形支絀而合之已不免浩繁且僱募水勇租賃漁船計日授値積累有加前此籌動庫欵十萬兩已將次支完臣等盡心守營力圖節省而茲當逆夷猖獗之際又未敢稍爲拘泥致悞事機再四思維惟有據實籲求皇上天恩准於閩省藩庫暨鹽道庫籌撥正欵銀十五萬兩隨時酌給以應軍需將來如用有存餘仍行歸還本欵臣等惟有督率各

該管道府核實撙節支用斷不致稍任虛糜致滋冒濫爲此恭摺奏聞伏乞睿鑒謹奏奉上諭録前

聞十一月初四日有夷船兩只闖進鎭海口聲言討還所獲夷人二十七人被官兵擊退又聞定海該夷另築外城即將該處各故墓之石料礦板發掘起出以作城墻城內起造夷人會舘且該夷將定海婦女年輕者姦淫無度至斃則拋之于海

道光二十年十一月初二日浙江巡撫劉謹奏爲探訪定海夷情尚有可疑請旨飭令廣東浙江各欽差大臣斟酌妥善恭摺奏祈聖鑒事竊臣仰蒙天恩擢授浙江巡撫自川省起程沿途訪詢不得㗅夷實情深爲焦急嗣行抵安徽之鳳陽縣臨淮關獲晤廣東欽差大臣琦亦祗將天津夷情向臣告述其定海夷情伊亦未能深悉臣抵任後本擬先赴寧波探詢底蘊會同籌議緣各前任因其在軍營防堵不能兼顧署中一切案牘奏咨展限數月以來不無積壓不得不先爲清理並因各屬應試武生紛紛來省守候已久又不得不赶辦武闈業經奏明於十一月初四日開考是以一時不能前往前准浙江欽差大臣咨會業經出示定邑士民如果夷人並不向定民擾累定民亦不得復行查拿現又准咨會

㗅夷船只定于十月十九日分艌起椗赴粤聽候查辦所有外省官兵全行撤退本省官兵酌量裁撤各屬所僱鄉勇一併撤去沿海商漁船隻開港放行並接來函云㗅夷近來頗爲馴順夷船前去六只茲據夷書已于十月十九日起椗十四只各等因到臣是該夷之果否並不擾累是否如期赴粤及是否輸誠馴順欽差大臣伊專司其事固知之甚悉而臣雖身羈省垣其夷情若何民困若何不密加探訪夢寐殊覺難安當卽差人密往定海查探現據回稱該夷在定海城外築有炮臺在道頭地方亦備有馬頭復開有河道通達城內設有

鋪而售賣洋貨闔城民房實已蹂躪不堪臣又聞該夷初到定海尚不騷擾現在不甚安靜已將定城所屬之岑港沈家門等處民房佔踞搶奪姦淫雖定海奸民間亦有爲其役使者揔屬該夷而各鼎居民仍均志切同仇不肯趨附竝聞該夷有設立僞官示諭定民令其接濟事情至其起椗船只有云赴粵者有云未盡赴粵者有云時來時去者隻數多寡亦傳說互異復據象山縣稟報十月二十二日有夷船六隻在洋遊奕各等情查夷船既未盡赴粵省其象山遊奕之船或卽係在定洋停泊之船亦未可定其夷船赴粵之多寡自應以欽差

大臣函稱數目爲准亦未便以探問之詞爲據惟該夷旣蒙聖恩准其赴粵聽候查辦何以仍在定海有脩築炮臺等事是否修築在甫陷定海之時抑或修築在蒙准赴粵之後及搶奪奸佔是否在欽差大臣示禁定民之先抑或在示禁定民之後臣尚不能確知如果修築等事在後是廣東籌議尚在未定之時而定海夷情已顯露藏禍之跡如果搶奪事情在後是我雖以誠相予而彼終以詐相應且如果眞心赴粵又何以設立僞官示諭定民種種情節均屬可疑誠恐該夷有欲在定海五市之意緣定海爲海洋適中扼要之所南近福建廣

東北達江蘇山東直隸皆可揚帆分駛倘在此通商其船只忽南忽北較前更爲便捷若任其往來則沿海貧民以失利漁船竝土盜船只更難保其不被其勾結設各省口岸處處防堵嚴加稽察是又不得任其自如亦未必能相安于無事也且定海居民旣被蹂躪不堪猶不得附和從夷將來籌辦善後自應加意撫卹該夷在此商通則文武之稽查彈壓輕重兩難在在均屬棘手況浙省爲東南財賦之區而寧波實爲浙省菁華之地跡其欲住定海之心難保無覬覦寧波之意否則燒煙在廣東受挫在浙閩何以不卽豕突澳門廈門而豕突

定海邪溯查乾隆二十一年間寧波崎頭洋有夷船一隻停泊恭奉上諭向來洋船進口俱由廣東之澳門等處其至浙江之寧波者甚少間有遭風飄泊之船自不得不爲經理近年來多有專爲貿易而至者將來熟悉此路進口船隻不免日增是又成一市集之所海濱要地殊非防微杜漸之道不可不預爲留意又乾隆二十二年奉旨諭寧波向非洋船聚集之所將來只許在廣東收泊不准收入浙江海口各等因欽此我皇上亦祗許該夷赴粵叩關仰見先聖後聖愼重海疆若合符節現經欽差大臣琦善奉命赴粵查辦自必籌度萬全斷

不偉爲目前之計卽欽差大臣伊里布駐札鎭海亦必能洞察夷奸妥爲經理原無臣之鰓鰓過慮第臣握受殊恩探知夷情既有可疑若專廣東查辦恐廣東不知定海近時夷情猶恐赴粤夷人甘語僞求致被朦混臣思患預防卽不能據實入告相應請旨飭令廣東欽差大臣琦善將臣採訪情形查核斟酌辦理仍請飭浙江欽差大臣伊里布就近確查夷情隨時密咨廣東以期籌劃妥善臣俟武闈事後將署中案牘分別趕辦卽當馳往鎭海親歷察看再行具奏所有臣現在採訪定海夷情可疑並請訪籌辦緣由謹繕摺奏聞伏乞皇上聖

鑒訓示謹奏

十月廿三日鎭海民人朱蕭等呈爲公懇留兵籌備以保生聚事切思聖天子治益求治安益求安兵可百年而不用不可一日而無備未有賊兵臨境而可視爲安枕者也前者夷船廿七隻一日之閒輕踞定海鎭海居民紛紛逃竄城幾爲空因是時鎭地無備一無所恃故也幸賴爲撫憲星夜馳至調集官兵立法嚴守民心始安仍歸安妥今已滿城生聚矣奈夷人狡詭懈我軍心空以求和相誘全無去志縱有數船起椗僅在外洋遊奕搆報者紛飾太平遂稱夷船開去此皆悞國悞民深可痛恨且夷船既稱往粤如何更加船隻前無往粤之書祇踞定海一處今有求和之議反佔城外各山似此情形諒大憲之深悉無庸贅述但揆今事理既不可以攖與之戰又不可以撤罷官兵在桑梓有不得不爲切近之慮者自不得不竭盡愚衷以備採擇查鎭海爲浙東門戶欲守寧郡先保鎭海鎭海安則寧郡自安浙東亦無不安矣且鎭海爲天險之區守之極易在外則有後門其次則有游山又有虎蹲山重重設險控禦江流最緊要者招寶金雞二山巉岩對峙相去不及百丈江峽流急進出不能自由設在兩山之旁多列炮位賊船

斷難脫逃但空守之不盡心耳茲星夜欲駐郡城以去此地是固大君子不坐簷前之意而民等自處險地豈敢攀留但守禦之法先宜籌備茲者祇提憲守招寶山葛鎭臺坐沿江汎以及各處員弁分守要害夷船不敢闖入乃兵已撤回悉知夷書各撤一半之語是示不失信于夷人而夷人竟失信于星使現在分駐要隘之官皆將撤移入城賊兵在境視若太平當民如坐針毡之際而節使欲捨此遠駐省城民心大爲惶駭爲急公請設法禦防堵截江口追回已撤之兵一一籌備安妥然後往來郡縣不失調度小可以保寧郡卽大可以保浙

東上體聖意下保民生憲心安而先貼安矣上呈

鎮海民人揭貼

鎮海城內外居民知之本年六月初間夷船二十七隻攻犯定海官兵失守易如反掌張鎮台受傷身死姚縣尊全典史不屈殉難定海城內外遭逆夷殘害佔據搶奪姦淫不可言狀近又將定海之岑港沈家門佔據該夷投出謊言開放船隻前往廣東一面添入四十五隻之多本營探聽失實僅稟夷船已開多隻欽差伊大人將各路官兵撤回一半提憲祝大人向駐招寶山今撤至東嶽宮且聞有撤入城內之說歷奉諭旨各隘防守

仍須嚴密目下夷船較六月間加添四十五隻現在定城濟河修城築砌馬頭招集安山久踞情形顯著思治鎮海相離一浙而招寶山尤為全浙咽喉之地險要異常前經逆夷三板由後山登岸當即驅逐設或舟來不備直衝內港一面竟向招寶山該夷得踞上遊轟放鎗炮鎮海城內即為虀粉斯時傷慘已無及矣為此傳知凡我居民定于二十三日辰巳二刻老幼男女齊全均各執香跪求欽差當為國家深計夷情真測緊備無患咨請提台仍上招寶山駐札鎮憲仍居東嶽宮嚴加防守並求飭追撤回官兵同為守禦以保數十萬生靈特此告知

十月初八日暎夷告示

定海縣正堂嘉音諭示城庄各嶴內保長庙老鄉合縣居民人等知悉照得現奉本總兵憲飭令本縣彈壓滋亂而護良民是以派撥將士巡行庄嶴事所必常該縣即行先將兵弁過鄉或居嶴之間將民人當必如何行為情節開列于左明白曉諭

一每遇將士過嶴責成該保長老民等外出迎接倘次挑使即扭行李過即隣鄉或就近地方駐札者有事必僱工人皆責長等代僱民人行作各工

一每次各人挑物三里俾謝工五十制錢僱作工一日准給謝工一日五十錢

一凡兵弁往時該保長必須在各鄉外開設墟市日日賣物該管將士必當派委各員在場保護致令援濟各人得受公道價

一凡市鄉人等受兵冤屈者即可在鄉里保長申訴

一凡保長人等或自有冤屈或為他人申請當呈稟較近營汛管官倘有不蒙伸冤即准前赴城中本衙門定必成全保護公妥辦理

一鄉內如有細作探子而該保長等不能即將此等匪

類解送鄰駐英國官憲即當照藏匿倡亂者嚴行治
罪
一凡將士近各鄉里遇有良民離屋逃去該人之房產
派照管俱人安居房屋照常事務必得憮愛全保
一鄉里保長居民等自經自來恭迎大英國官弁軍士
且如遇各鄉里擾亂惟該保長白問
以上各條分明諭示合屬民等知悉爾等安分務業以
須秉公保護但有膽敢擾亂毒行攔截定將嚴行彈壓
禍福不可自取慎之毋違特示
道光二十一年正月十一日奉上諭奕山等奏隨帶司

員一摺理藩院員外郎西拉泰候選員外郎知府衛福
奎兵部筆帖式慶福戶部員外郎穆騰額李相棻筆帖
式全興均著准其隨帶軍營听候差委一併馳驛前往
欽此
奉上諭御前侍衛珠勒亨三等侍衛德崇額乾清門二
等侍衛岳松額三等侍衛德爾格勒俱著跟隨奕山馳
驛前往廣東以備差遣委用欽此
奉上諭奕山著賞給大緞袍掛料各二件隆文楊芳著
賞給大小袍掛料各一件楊芳賞賜物件著奕山帶往
御前頭等侍衛珠勒亨三等侍衛德崇額乾清門侍衛
岳松額三等侍衛德爾格勒每名賞給銀八十兩正白
旗二等侍衛忠太正黃旗三等侍衛巴楊阿布特海粘
杆處藍翎侍衛福明廂黃旗委護軍參領那瑪善每名
賞給銀四十兩健銳營前鋒校擒住文英德奎穆隆額
烏勒精阿海瑞阿靈阿副前鋒校海通玉興藍翎長納
欽布興奎前鋒慶瑞伊拉通阿慶泰火器營鳥鎗護軍
校舒忠穆特布海通鳥鎗藍翎長英勒根泰武瑞每名
賞銀三十兩戶部員外郎穆騰額李湘棻理藩院員外
郎西拉泰候選員外郎知府衛福奎每人賞給銀四十
兩戶部筆帖式全興兵部筆帖式慶福每人賞給銀三

十兩俱由廣儲司給發欽此
道光二十年十二月十四日奉上諭前因嘆夷反覆無
常已飭令耆英等加意防範預備攻勦矣本日據琦善
奏夷情益形桀驁不可理諭著再申諭該將軍督撫等
遴選將弁整理砲械務當先事預備毋致臨渴掘井如
該夷再來投遞稟詞一概拒絕不准接收或該夷船駛
近口岸即行開放鎗炮痛加攻勦固當謀定後動不可
稍涉鹵莽尤不可稍形畏葸坐失機宜總期勝算克操
成謀共濟是為至要將此由六百里各諭令知之欽此
前廣東制軍林家信二十一年正月初四孝泉發

廣東夷務大不可問議和之事靜者以爲秘計不令外人知情密任白含章直隸守備及漢奸鮑鵬得來寄知雖甚秘密其實人人皆知如煙價七百萬尚要一千萬且要現銀聞已許伊現付一百萬尚且不肯其馬頭除廣東外聞又許福建省城及厦門兩處而彼尚要蘇州上海寧波等處定海亦不肯還其驕恣如此看來和議不成仍須動干戈彼時欲收已懈之軍心與已散之壯士何可得哉譬如治氣血大虧之症在用葯扶持中間被一甕用了瀉劑幾乎氣脫如何保全此其可爲痛哭者也逆夷與靜者照會動輒限以三日若不許即攻打

虎門如是者已數次且其照會内云若添兵勇來敵則不准和靜者一意要和竟不欲添兵文武等再四稟求密派二百名至五百名爲止夜間諭載渡船散插各處毫無濟事十二月十五日逆夷突乘多船來攻沙角炮台後而有二千人用革梯爬上後山副將陳連升久歷川楚軍營最爲老歷曾於山後埋有地雷將機發動擊死百餘人然不能再發後遂逆夷及漢奸復擁而進打至申刻我兵止六百名彼有五倍而火藥已竭彼又火輪船三板船數十只繞赴三門口將師船十只放火燒燬其船官兵或陣亡或逃命人心已亂砲台上已來不

及矣其横檔靖海載遠清遠各台俱在附近而各保自己不能相救且即欲添兵辦濟火葯亦須用船而夷船横截之矣沙角大角兩砲台俱被奪去可怜陳連升並其子陳鵬舉俱被挫數十刀且剜破肚腹言之可痛守備張清齡俱陳亡三口營兵死者最多惠洲次之撫標殊少大抵死者死而傷者傷逃者亦復不少矣提督關滋圃尚守鎭遠李瀾堂守感遠馬辰多隆武等守定遠皆不過數百名藩籬全不足恃向來廣東門戶之緊總因內河水淺夷船重笨不能進來今日議和以來兵勇撤去九月底卸事後更無人管了靜者到後更縱漢奸

之所爲新造三板小船招集販烟蜈蚣快蟹等船數百只竹梯千餘架此外火藥噴筒之數照內地製造更不可以數計此次爬沙角後山之人大半皆漢奸或冒官兵號衣或穿夷服用麻索引而上從前七八月間一面拏漢奸出示令其殺夷領賞漢奸密謀動手鬼子心怖不敢留漢奸在船一時盡除羽翼靜者到後有人拏鴉片烟即碰其釘子有人拏漢奸曰汝即漢奸故此間全無忌憚釀成今日之事沙角大角兩台既已被佔伊即于山上造屋其小船闖進三門則鎭口唾手可得關提李鎭雖在感遠等處而兵單難以拒守若鎭口一失儘

可直逼省城徒守此三四砲台亦復何益衆文生請大添兵力而靜者到此田地尚且恐因添兵而阻和議各官懇求再四乃准暗添兵數百於夜始渡官兵俱極憤憤此次失事之後鄧嶰老作字來謂再難坐視且云此後再無議和之理因各備一稟遣人赴督署稟稱聞有此事心甚焦急特遣人來請安並請中堂吩咐據其答云無須商量蓋其諱疾忌醫尚不欲人知道那事也聞兩日連赶數信與義律皆不肯與人知而逆夷聲稱須事事全依乃能歇手不然限至十九日止二十日又要動手關遣專弁請兵而僅許密添二百名差官來寓哭

訴據云提鎮兩位在砲台相向而泣既無援兵安得不坐以待斃余謂若能以死報國亦是分所當然但何以不將此情形透切一稟死後亦有伸寃之日卽一時不能伸寃後世亦可記載未知關滋圃能見及此否今既無別法且看他和議成否如和議成原不過暫解一時而大事已去三年後不可設想矣若和不成則有省垣首受其虧倘鎮口一失省城更危則此山窮水盡又何所逃也十五日打仗之後義律卻用文書與提督並寄靜者之信限三日回信否則再攻聞靜者業已畫許之矣伊全不信廣東官員凡奉到廷寄以至發遞稟摺及夷書往來從不以一字示人卽見司道時偶然說及亦不過云夷人求幾件事而已所求何事卽秘而不宣已過三日之限聞掛了白旗似是和了頃聞又掛紅白雙旗傳言要新安縣不知果否李揔戎跪向靜者號啼痛哭不肯再去亦云若下不去只有死伊既說此語是亦知和之不得成矣而尚諱疾忌醫猶可聞乎此次攻佔砲台在和議次日以後必不能遙接上文仍謂繳煙有激而成也乃嶰老猶以爲慮殊不思逆夷前此所以不敢輕犯者原因防守嚴密而衆志成城解散漢奸不收狡焉思逞也自奉旨不開砲卽搶去師船靜者到時先

要究問何人放砲並說聽砲台上放一號砲以致夷人生氣將師船搶去如此則倒行逆施懈軍心頹士氣壯賊胆蔑國威此次大敗皆伊所賁豈尚能溯繳煙之事乎尚謂有激而成則七百萬銀繳之牛羊鷄鴨水菜之饋涉之而已若果再爲誣枉之言歸咎前事則得拚死暢敘一逞遣人赴都察院逞遞卽置之死地亦要說明白也連日探知和議已定沙角一帶許其蓋屋居住作爲貿易之所所賠之銀勒伍怡和家墊出一百萬約于新正給付夷船已允正月退出並先退還舟山或可希冀目前無事然其情僞不可知也本日早辰靜者接到

廷寄內云當大張撻伐又云朕志已定決無游移然後
之果否游移仍屬難料計算上元之內當有五个批摺
回答一直生怒則靜者亦是覆轍但恐無人下藥又求
抓住舊醫此時萬難措手之處較諸從前一氣做下難
易迥殊霄壤奈何此次廷寄此間還不敢轉行然處處
皆有漢奸探聽情事不出數日自必盡知倘其再襲來
則虎門各砲台全無預備火藥兵丁俱無接濟省垣殊
覺可危靜者現與義律約定新正四日在獅子洋邊之
蓮花城相會無人敢阻之想彼此別有心交不致相害
也此次川楚調兵難瞞漢奸耳目況煙價已許先付一

百萬此時夷人窮極必先索付此項令伍怡和墊出渠
亦迫于有旨不得不然耳若有不准給還之旨伍商豈
肯出乎夷人正在要錢靜者無錢給付逆夷又必攻打
此時虎門各處兵力單薄兵心全散若再狼奔豕突即
使省垣保住而新安香山兩縣及虎門砲台俱恐一手
而去禍患真不可測新正初三日靜者赴獅子洋與義
律約于初四見面頃知義律又不肯見改于初五日辰
刻尚未知情形何如也

正月廿五日奉上諭前因㖏夷自浙回粵復肆悖逆攻
陷砲台特授奕山為靖逆將軍隆文楊芳為參贊大臣
調集各路精兵聲罪致討玆據琦善奏㖏夷獻出沙角
大角砲台並遣人赴浙繳還定海懇情俯准所請暫示
覊縻等語覽奏曷勝憤懣不料琦善怯懦無能一至于
此㖏夷兩次在浙江廣東肆逆攻佔城池砲台傷我鎮
將大員荼毒生靈驚擾郡邑大逆不道覆載難容無論
繳還定海獻出砲台之語不可深信即使真能還地亦
祇復我故土被害之官弁罹難之民人切齒同仇神人
共憤若不痛加勦洗何以伸天討而示國威著奕山隆
文兼程前進迅即馳赴廣東整我義師殲玆醜類務將
首從各犯及通夷漢奸檻送京師盡法懲治其沿海各

省將軍督撫等尤當加意嚴防來即攻擊務令片帆不
返同奏膚功至琦善身膺重任屢奉諭旨不准收受夷
書此時膽敢附摺呈遞幷代為懇求是誠何心且據奏
稱司城之將軍副都統巡撫學政及司道府縣均經會
商何以摺內阿克精阿怡良等並不會銜所奏顯有不
實琦善著革去大學士拔去花翎仍交部嚴加議處欽
此

二月初五日奉上諭前因㖏夷占據定海特命伊里布
為欽差大臣相機籌辦並因該逆自浙回粵日肆猖獗
屢經降旨令伊里布迅速進兵不必俟廣東知會即行

攻剿乃伊里布不遵諭旨惟知順從琦善屢次奏報斯
以兵炮未集藉詞緩攻繼以接得繳還定海之札卽信
以爲實已有旨令折回本任命裕謙馳赴浙江作爲欽
差大臣會同提督余步雲迅速剿辦伊里布未回任以
前所有兩江總督著程矞采暫行兼護矣本日據裕謙
馳奏逆夷未受懲創飭兵仍行前進一摺所奏均是逆
夷攻據定海之後姦淫搶奪荼毒生靈凡我士民自必
志切同仇人思敵愾裕謙此次赴浙以順討逆以主逐
客以衆擊寡必當一鼓作氣聚而殲旃朕切望該大臣
迅奏膚功懋膺上賞斷不因該逆現有繳還定海之說

夷匪犯境錄 卷之三

稍事遷延又隨逆夷詭計而蹈琦善伊里布辜恩悞事
之故轍凜之伊里布身膺特簡迭次催令進兵竝不遵
旨剿辦株守數月觀望遷延寔屬畏葸不堪伊里布著
交部嚴加議處欽此

二月初六日奉上諭前因𠸄逆日肆猖獗降旨令琦善
等嚴密防範如有必須攻勦之處不可遷延悞事嗣因
該逆攻占砲台特將琦善交部嚴議仍諭令奮力剿除
以圖補救乃琦善到粵以後甘受逆夷擩弄卽經諄切
告誡迷而不返自稱專辦夷務不令阿精阿怡良等與
聞迭次奏報情形非係開脫逆情卽屬代求恩宥於一
切防範剿堵事宜置之不問竝因該逆有繳還定海之
言輒將義律呈遞伊里布文件及該夷自給與留浙頭
目夷信代爲由驛遞交伊里布以致伊里布聽信順從
遷延觀望本日據怡良馳奏𠸄夷投遞逆詞并在香港
地方出有僞示一摺香港地方緊要前經琦善奏明如
或給予必致屯兵聚粮建台設砲久之覬覦廣東流弊
不可勝言旋又奏請准其廣東通商并給香港地方泊
舟寄居前後自相矛盾已出情理之外况此事竝未奉
旨允行何以該署督卽令逆夷公然占踞現據怡良奏
報𠸄夷盤踞香港稱係琦善說定讓給已有文據竝僞

夷匪犯境錄 卷之三

發告示稱該處百姓爲𠸄國子民覽奏殊堪痛恨朕君
臨天下尺土一民莫非國家所有琦善擅與香港擅准
通商胆敢乞朕恩施格外是直代逆乞恩且被人恐嚇
奏報粵省情形妄稱地理無要可扼軍械無利可恃兵
力不固民情不堅摘舉數端危言要挾更不知是何肺
腑如此辜恩悞國實屬喪盡天良琦善著卽革職鎖拏
派副都統英隆并著怡良揀派同知知州一員一同押
解來京嚴行訊問所有琦善家產卽行查抄入官欽此
二月初九日奉上諭本日據奕瑞奏于初八日辰刻到
琦善家抄出黃金六百八十二斤紋銀一千七百九十

四萬兩並有珠寶十一箱著鐵麟交貯內庫現今降旨令怡良將琦善衙署嚴密查抄乃思該大員不思盡心報國反為代逆懇求屢次濫奏實屬悞國害民著奕瑞將琦善丁春及在任丁胥人等一併解赴來京交形部嚴加審究欽此

二十一年二月十四日奉上諭前因暎夷在天津投遞夷書聲稱訴冤朕惟仁育義正無間華夷特命琦善赴粵查辦並諭知伊里布暫緩進兵旋因該夷日肆猖獗迭次降旨令伊里布迅速進兵攻復定海乃伊里布屢次奏報總以兵砲未集為詞直至探明該夷願繳定海

確信始行遣將帶兵前往本日據奏定海業已收復夷船全數起椗等語逆夷占據定海已要數月現因粵省命將出師聲罪致討方行繳還定海全數起椗出洋可見逆夷並無能為設使伊里布奉到進兵諭旨熟審順逆主客之勢密籌剿防攻取之宜一鼓作氣四面兜擒復我故土殲除醜類庶足以伸天討而快人心乃觀望遲延株守數月直至該夷聞有大兵望風遠竄遂將定海收歸可謂庸懦無能之至前將該督交部嚴議該部議照溺職例革職實屬咎所應得姑念一時簡用乏人伊里布著革去協辦大學士拔去雙眼花翎暫留兩江摠督之任仍帶革職留任處分八年無過方准開復以觀後效欽此

二月二十七日欽差大臣裕咨為飛飭防剿事道光二十一年二月二十二日亥刻准兩廣摠督琦六百里咨開逆夷大肆猖獗虎門砲台已失守水師提督已不知下落該逆現帶兵船進省相距業已不遠飛咨堵剿等因到本大臣准此查逆夷之注意本在廣東因天氣和暖地利熟悉而與沿海居民又多相識前兩年廣東防守嚴密沿海居民非應募充當水勇即密奉軍令偽作漢奸從中取事該逆不能以欲得之天時地利人和奪

我固有之天時地利人和技無所施遂來竊據定海而其居心終不能忘情于廣東故又逞其奸狡擇可欺者而欺之逕赴天津在前任直隸督院琦處遞呈乞撫並有中堂若赴廣東我們即可永遠和好之語前任直隸督院琦不識兵機不知夷情墮其奸計毅然以為已任一到廣東著兩廣督院即將防兵水勇盡行撤退甚至責備副將不應在炮台施放號炮驚動逆夷致令生氣此等謬妄情形已屬可詫可恨迨逆夷日縱日驕防守各官再四告求添兵僅止密派三百名乘夜多募水勇與省城文武各官協力同心妥為防剿事尚不致掣肘

乃視同僚如膜外事逆夷如頑父一任提鎮大員痛哭請兵堅不調派雖至要之虎門炮台僅止防兵數百提鎮相向而哭坐以待斃兵民盡已解體安得不復失事現雖奉旨將其革職鎖拏解京嚴訊抄沒家産而廣東官兵被戕民人受害業已不少此等悞國殃民喪心病狂之輩誠萬死不足蔽辜此廣東省屢次失利之實在情形並非逆夷之用兵神奇亦非我兵之不能敵與諒我兵民亦各有所聞見浙江省沿海地方守禦嚴密定海縣兵有五千砲械鉛藥亦皆足用與廣東之自撤藩籬開門而揖者迥乎不同凡屬帶兵鎮將地方文武只

須激勵弁兵鼓舞民勇則衆志成城雖有百萬之賊亦不敢正視何況此海上遊魂並無後繼之數千逆夷切勿聞風疑懼自餒其氣除聲明轉飭浙省寧郡二局翼長五鎮臬司等一體遵照鎮靜防守嚴密巡探隨時稟報不得違悞外相應飛咨爲此合咨貴部院請煩查照一體飛飭防勤施行

刑部左侍郎黄爵滋奏

奏爲籌辦海防急宜募兵節餉以操勝筭而利永圖恭摺奏聞仰祈聖鑒事切思㗘逆猖獗沿海戒嚴籌兵籌餉在在均關緊要臣奉命往來閩浙竊見該省招募水勇辦理情形雖係權宜足濟急用有可通行各省者緣我國家承平已久水師廢弛兵額既缺非用水勇鄉勇無以助攻守戰艦未修非募商漁船隻無以資駕駛至于陸兵不習水性正能守岸不能守口臣于奉使之際留心察訪親見海口離岸汪洋無際近則數里遠則數十里或一二百里一遇夷船駛至若不許其進口必須出口接仗若不許其登岸必須下岸交鋒惟遠攻乃可近守非利涉不能有功苟僅列營以待未免向若而驚是陸兵不能入水猶海舟之不能行陸也臣前在福建厦門察看堵禦情形水師不如水勇陸兵不如鄉勇均

用商漁等船來往攻探約飭嚴防實有成效上年穿山洋面追逐夷船水勇陳堉奮勇攻擊蒙恩准予保奏士氣兵心頓加鼓舞此雖一時應變之計而寔萬世經久之謨臣思逆夷勞師襲遠本不足虞我師征調有需時日彼來而我未集我散而彼復來使中國財力耗敝于無用之地殊爲不值故惟募勇則可以節餉目前既客易集事而經久之計即在其中查自㗘逆占據定海擄掠荼毒民不堪命其棄家來逃者數且逾萬臣謂即於其中選用壯丁先驅以爲鄉導潛入以作内應然後聚集兵勇統率難衆乘駕兵民船隻環攻而進人人思歸

報仇必能決以死戰剋日成功其最要如閩之厦門等處又須專用水師濟以水勇進攻退守可保無虞次要如浙之乍浦江蘇之崇明等處須分撥水師督率水勇巡口鄉勇守岸互爲聲援使夷人不敢他犯至荒岸散口農人漁聚處惟責成地方官弁團練鄉勇聲勢聯絡以警窺伺窃計水勇須選熟識形勢技勇過人者督令協同水師循環防守如果足額可用即將陸兵漸次裁撤以杜虛糜鄉勇各保田廬無不自相糾結一加鼓勵競相激勸則輸力兼肯輸餉養勇即爲養兵故征調百人之費即可招練千人而征調千人之用不及招練百

人以此節餉何啻十倍或謂沿海多屬奸民恐其偷漏硝礦器械反爲夷人接應不知此輩用則爲勇不用則爲奸其家室妻子仍居內地勢難挾族出洋一旦開其歸路彼必願爲我用加以嚴行警察更可斷絕私逃夠夷性貪而多疑自定海失守彼時特懸賞格定民即擒夷人以獻該夷大懼盡逐新附漢奸不敢收留此用水鄉勇以離漢奸之要術也或謂民船率通夷党更難收用不知商漁本係利徒今既封港海道不通船戶即皆失業其舵工水手不下數十萬人夷奸或巧爲勾結或肆行刼制若令准捐助餉自足備粮殺敵至于漁船舊

有漁甲之例開泊有定期出入有定地斷其接濟即應廣爲招來與商船一體團練一遇夷船入口即撥陸地散戰避砲之法糾合數十百艘四面兜剿更番迭進就令夷船開炮不過一面受敵而我師三面攔截定能制勝昔安南用軋船破夷使其喪胆永不敢犯即係此法此用商漁船以制夷命之要策也乘此急爲招練俾沿海之民家自爲守人自爲戰以急濟緩以逸待勞人人盡屬精兵處處皆爲重鎮迨事平之後則商船可以歸業漁船可以歸次鄉勇可以歸農惟水勇人多雜項除計功拔擢外或留補缺額或另立一營或度葦蕩屯田

或籌閒款生息以作安插庶夷匪反覆狡詐即令一時懲創難保其不去而來海防不可稍疎即水勇不可驟撤內戢奸民外防夷匪其法莫善于此現在粵海沙角砲台被奪占緣虎門水師既不敷用陸兵不能水戰若先多備水勇協同水師出口接戰該夷何能闖入今既登岸陸兵方能得手而截其歸路使彼首尾不能相顧尤恃水勇得力皇上赫然震怒宣示中外迅奏膚功共膺上賞此時薄海聞風自無不勇于赴義應請一面飭諭沿海任事諸臣迅速招練船勇並相度現在及將來各處情形如何辦理之處迅議具奏務爲持久之計並

責成地方文武員弁實力奉行如有貽悞失機即照例從重治罪毋稍狥隱一面飭下吏兵二部明定章程水勇鄉勇擒獲夷首漢奸守口得功者酌定議敘等級或捐資修造砲械僱募船隻酌予軍功議敘並將來水勇應如何安插之處一併妥議施行如此則人思敵愾志切同仇而一勞可以永安矣臣愚昧之見是否有當伏乞聖鑒謹奏

太尊黄冕稟撫憲於二月十二日遵奉欽憲札飭會督江浙各委員自蛟門渡海查看定邑背山建城東南距海一二里爲船砲所能及其南門外道頭横長里許偏

臨海口尤當敵衝現經稟蒙欽憲指示在于道頭左手岸邊之東嶽宮山起西至曉峯嶺東至青壘頭沿海横築土城一道以爲外障業已鳩集難民抱耕挑窓以工代賑其城廂民房慘罹殘破窮簷小戶焚毁一空難民歸徠多係露宿現已查明屋數開數設局給價俾資修造又故墓多半被夷掘挖尸骸狼藉亦由官爲埋葬仍查明戸口請給三月口粮又文武廟城隍廟風神龍神各廟被夷剝落總鎮縣官各衙署文卷廨宇全被摧殘亦經稟請次第修復又請免三年匁糧陞縣爲廳並懇奏請錫以嘉名增廣學額以爲士民抗不從賊者勸又該逆僞定海縣郭士利住過房內留存木箱六隻內五隻面寫煩送盛京北京八旗官兵字樣均係刊印滿文一箱寫送日本國字樣刊印不可識之草書大抵皆天主教文字亦稟請奏明銷毁現在人心未固瘡痍未復兼旬以來辦理土城已有五分工程被毁房屋亦已查明給價惟口粮戸口尚未辦竣二月二十一日以後定海內外各洋復又探有夷船四隻在外遊奕二十二日戌刻並有夷船一隻逡巡于斜對道頭之吉祥門片刻而去二十四日卑職在工次督築土城目擊逆夷十餘人駕杉板船横穿道頭探水窺境隨飭兵勇追拏飛棹

而遁二十八日逆夷六人登崎頭山瞭望我兵勇殺傷三賊生擒船主嘁咻吐咁一名夷鎗一桿夷火藥皮袋一付當經星使訊明盡法處治梟首招寶山示衆而夷船受此小挫即皆駛遁現在浙省洋面並無夷船遊奕欽憲有初六來定之信看來善後事宜必須後三月初間方能告藏若夷船專事廣東不再赴浙豕突則星軺回江亦速周石生廉訪因升肅藩司未即遵札渡海致奉奏請嚴議嗣以廉訪星夜赴來並經王坡中丞斡旋復經續爲聲說但視前摺議覆稍遲不致開缺爲幸也粤省來信夷船距省二十里相持十二日始退現在誠

村參贊已到靜相已交替出省人心粗定斷無他虞恍
亭中亟來信詢稱去冬十一月有廷寄通飭沿海防堵
責成各督撫有守土之責不能當此重咎云云撫署並
未接到想係靜相所扣囑此間抄去已于前數日抄寄
想恍翁必更有文章靜相之甘爲遺臭誠不可解聞虎
門不患逆夷佔據大兵齊集該逆定可退出外洋不致
再有鴟張知關藎念用以縷聞

參贊大臣楊芳具奏爲逆夷兵船欲進省河經鳳凰岡
官兵擊退恭摺馳奏仰祈聖鑒事切奴才抵粵後迭將
布置機宜于二月十四二十等日兩次具奏在案查逆

夷兵船自關進烏涌即於二沙尾大黃滘兩次分投遊
奕欲進省河經奴才察看大黃滘近後之五里鳳凰岡
係屬項冲要隘約可容兵千名阻截入省河道是以奏
明派令南贛鎮總兵長春帶江西兵一千名掘濠控坑
安營駐守其餘一千名由省河北岸渡赴南岸另派參
將劉禮忠遊擊崔開泰等帶領分投埋伏以資策應連
日與廣州將軍阿克精阿並署督怡良暨原任督臣林
則徐鄧廷楨及各司道督飭廣州府知府余保純籌運
各粮並砲位赶置蔴布叉袋貯沙堆垛張掛牛皮以搪
砲彈並赶緊紮竹筏木排攔截水道一面指示安我鎮

總兵段永福帶領貴州官兵把住口岸陸路于小北門
外紮營復于東盛寺等處分設伏兵一切布置甫于二
月廿三日稍經就緒果于二十四日未刻即有逆夷乘
駕大兵船兩隻火輪船一隻杉板船十數隻衝過大黃
滘廢營直欲闖進省河將攔河竹排迭用大砲轟擊其
飛砲紛至營壘斷拗掀囊飛沙四起總兵長春力督參
將潭恩及都守等官率兵開砲抵敵適有炮子飛過長
春右眼角擦傷右顴皮破血流其在傍之把總被砲打
死並傷亾兵丁四名長春激勵士卒奮不顧身迭開大
炮百餘首先擊沉逆夷杉板一隻夷衆盡行落水又有

杉板一隻被炮打破入水其夷衆極力鼓棹力挽出水
我師再擊一炮人船俱沒其大兵船木料堅厚雖未能
即時打穿已將大桅一枝擊斷逆夷均極倉皇即將各
船退出查該逆大肆猖獗以來恃其船堅炮大於奴才
未到之先虎門內外各炮台卡座節次失守今復攻泊
鳳凰岡營壘欲進省河被我師打破沉杉板船兩隻再
擊斷大船中桅致斃夷匪多名始行畏懼退走不敢遽
闖進省已可稍定民心惟該夷後船尚多恐仍分路駛
入以防夾攻奴才惟有鼓勵各鎮將扼要分投極力堵
截第一時兵力尚未甚厚仍飛檄赶催各路官兵迅馳

來粵俾資調遣又據香山縣知縣吳思樹稟報二月二十一日逆船駛入芙蓉沙闖至距縣數里之馬頭欲圖攻城該縣會營抵禦即飛稟帶兵駐扎縣轄前山之南韶鎮總兵馬殿甲高廉道易中孚分帶兵勇赴援是晚逆夷始行退去奴才與怡良商明此時首以保護省城為急該處香山前山祇得責成原駐之鎮道督飭員弁兵勇盡力剿堵毋失機宜除隨時具奏外所有現在擊退逆船情形謹會同廣州將軍阿精阿兼署兩廣總督怡良合詞恭摺由六百里馳奏

兵部火票遞到道光二十一年三月十一日奉上諭本

日據楊芳馳奏逆夷欲進省河官兵奮力擊退一摺喫逆于二月二十四日駛駕兵船闖進省河經楊芳等先期預備擇要埋伏夷船開炮轟擊總兵長春被炮子擦傷右顴皮破血流仍復奮不顧身開炮迎抵擊沈夷杉板船二隻人船俱沒並將其大兵船擊斷大桅該逆勢極倉皇即時退去等語自嘆逆犯順以來從未受創此次擊沈夷船二隻殲斃夷匪多名洵足以伸天威而寒賊胆參贊大臣楊芳調度有方出奇制勝朕心實深嘉悅著交部從優議敘南韶鎮總兵長春帶傷督陣忠勇可嘉著加恩賞戴花翎並賞給特呼勇巴圖魯名號此次傷亡兵弁及在事出力官弁著該大臣確切查明具奏欽此

夷匪犯境聞見錄卷之三終

夷匪犯境聞見錄卷之四

廣東撫院恰爲飛咨事切照㗘夷于攻陷大角沙角兩炮台後情形日肆猖獗本月初六日駕駛兵船火輪船杉板多隻闖入虎門以內守台將弁因該逆砲力甚猛急切難于抵禦水師提督關天培當時陣亡并有陣亡將弁兵丁次日長驅直入泊于離省六十里之烏涌地方該處有先到之湖南鎮草鎮祥福帶領湖南兵數百名在彼防守見有夷船駛近奮勇攻擊亦因夷砲難以拒敵鎮草鎮祥福亦當時陣亡並有陣亡將弁兵丁自

烏涌以內爲黃埔爲滙州爲臘德爲二沙尾離省更近此處水勢較淺該夷即在臘德之外泊有六日本部院鼓勵本標將弁弁會同督部堂將軍都統齊心協力固守省城十三日叅贊湖南提督楊業己到粵仍會商防守各事宜以俟靖逆將軍奕叅贊大臣隆到粵並奏調之各省官兵到齊再商進剿之策現在探得該逆已將兵船由臘德逐漸退出誠恐犬羊之性復于別省海口再肆鴟張不可不預爲之防爲此飛咨一體飭屬加意防範云云

二月二十三日接到探得粵東夷境逆夷肆横擄掠新會香山二縣居民避難逃散廣州素稱殷富悉爲餓殍本是通衢變爲鬼國二十三日靖逆將軍帶領侍衛六員統率雄兵五千隆叅贊帶領侍衛二員統率標兵二千到來逆夷聞風逃遁將軍直追至虎門外關住鏖戰殺死賊匪二千餘名半係捲髮碧瞳實係黑鬼其餘逆党驚逃四散覓路登舟豈料林前督與隆叅贊預伏精兵截其歸路殺死白夷黑鬼漢奸何止千餘最勇者海侍衛擒二賊據係百麥及布爾利即解省城楊侯帶領營兵于沙角地面連開三炮轟去大夷船三隻火輪船四隻奪得大號夷船二隻火輪船兩隻現已開市指日蕩平海疆安謐此報

三月二十二日得廣東信鬼子自初六日打破虎門提督關天培自刎夷人直入內河以致合城震恐舖戶居民雜亂如麻紛紛搬運市井一空幸而民心尚靖並無乘亂搶奪之事參贊大臣楊侯在途得報輕騎來援於十二日到省即親至黃埠相度形勢同城令備淨桶敗棉胎等物想是擋砲所用現傳紙紮匠紮草人木匠裁縫等匠卻不知其作何用度也十四日義律請總督往會因委廣州府同洋商到船上夷人復插紅旗乃鬼子進攻之號旗也各城門聞風關閉楊侯立命洞開諸門

并諭嗣後日間不准關閉縱使鬼子上岸聽其入城即可盡數洗剿倘有踈虞惟我一人自問城中城守兵及滿州駐防兵不下萬餘若預先佈置得宜鬼子一二千名誠毋庸畏避耳河南貴州江西廣西各路官兵次第到來近日士氣大振民心亦漸安貼稍有搬回省城者現在鬼子船大小有數隻在內河自烏涌直抵黃埠尚未退出至虎門外之船數傳說不一不知的實數目琦侯素稱精明及至現在辦事始知其闇自到廣以來鬼子純乎恃強中堂一味示弱險要處所置之不防閑走私船聽其出入迨至砲火來攻則以先至到之河南兵

招集之勇壯等徒乎當之以致損折失去沙角之後往返再四議欲給銀割地罷兵通省民心不服聯名具呈謂香港亦隸版圖天朝子民不能棄諸外國將軍撫臺皆有批語惟總督未批靖逆將軍月內可到各路官兵共有二萬餘名藐茲醜類真如泰山壓卵海水沃螢安有不平者乎省城安如磐石定可無虞矣

二月內忽傳報此怪出于浙江處州府青田縣地界內山中口吐青煙傷人不計刀鎗火炮俱不能入周身綠色鱗甲人聞青煙之氣味則死茲有憲示曉諭軍民人等如有能擒促者即邀重賞爲特畫形圖影遍傳知悉

查案此怪曾于康熙四十九年出過當時並未傷人後入海中約身長丈餘大如金剛不知何物

四年前河南汲縣有一寺院其中男婦燒香聚會者甚衆上憲聞之檄縣查拏縣廉亦知人衆會營帶兵前獲然不過念佛燒香而已並無他意及煽惑等事一聞查拏均皆四散因此打毀其寺以覆上憲云云毀寺盡淨寺後首舊有土墩官兵搜尋有無悖逆是比發掘土墩挖出石碑一座題名諸葛亮記甚清其句子字跡多有剝落約酌斷續筆畫繹出傳來錄後

細細紛紛不見天　憂愁空在一九年　三先上邊無

日月　十月山中埋銅錢　五四方知五四歲　兩地方知兩山河　三七才郎三九病　二八姣娥二八歌　無病老者分世界　前水後水打破鑼　狗猪之年還猶可　鼠牛之年沒奈何　來騎江水三千里　東魯血衣染地舖　羣生要見同姓事　壬虎之年定干戈

二十一年辛丑正月至今閏三月雨雪連連天晴日少春熟已滅

閏三月十九日准軍機大臣字寄前任兩江總督伊道光二十一年閏三月十三日奉上諭本日已降旨著伊

里布來京諭旨將裕謙補授兩江總督矣伊里布授奉此旨即將兩江總督篆務交程矞采暫行護理即行起程來京家丁張禧一名即着伊里布帶來京聽候查辦毋任逃逸硃筆再朕聞伊里布買備沙船裝載石塊爲填塞吳淞海口之計該處海口關係農田水利一經填塞爲患不小此議紕繆之至現在如已填塞着伊里布即行開通倘辦理不善致有淤塾漫淹等弊必當重治其罪決不寬貸將此由五百里諭令知之遵旨寄信云云

靖逆將軍奕山叅贊大臣隆文三月十七日在韶州府

城遞摺奏爲途次疊奉星夜趲行截留官兵整旅而進諭旨及奴才等訪聞粵省現在情形恭摺具奏仰祈聖鑒事切奴才等于三月初五初九日兩次承准軍機大臣字寄諭令奴才等星夜趲行並督率後到官兵整旅而進如何抄賊後路相機攻剿等因欽此前來奴才等知識淺陋仰蒙聖主指示方略跪聆之下欽佩無極當即一面趲行飛咨浙江停止續調官兵八千二百名廣西新調官兵二千名令其迅速南下又札飭南韶連道楊九畹除已過韶境赴省者無庸停止外其餘無論何省續到者全行截留令其整頓軍火聽嚴隨同前往各

在案奴才等于三月十二日馳過廣東南雄州界接准南韶連道稟稱雲貴湖南四川官兵由韶赴省者已有八千餘名此外各省後起官兵尚未抵粵無兵可留恐奴才等即日到韶不及催提現撥韶州鎮標兵三百名護道奴才等又催到湖北參將達三所帶弁兵三百名隨同前往至續調湖南湖北廣西兵丁尚未入境不能久待惟廣東砲位大半散失除城守安放外餘賸不敷攻守茲據江西撫臣咨稱札委員外郎福奎等稟稱江西舊存鐵砲十餘位因存貯年久外皮鏽裂堂口內凹澁不平不堪施放此外湖南廣西續調者尚未據咨覆

所調硝磺亦未到粵奴才等正在焦急又訪聞逆夷于虎門失守後兵船直抵黃埠海珠等砲台亦爲所得貨船停泊廣州城外逆夷屢次施放大砲火箭打入城內更兼奸民乘機焚掠省城內外商民紛紛逃避適㖷唎噻懇求通商省中大臣等暫示羈縻許爲奏請刻下逆夷兵船不肯退出外洋仍在黃埔接應聲言俟奴才等到省即求定局等語奴才等聞之不勝憤悶伏思逆夷內犯以來占據砲台連傷提鎮兇焰所至豈真莫之敢當總緣前此議撫自撤藩籬是以伊得乘虛深入進逼門庭在該大臣因時制宜可以從權而奴才等奉命征

剿豈敢依違觀望坐失機宜上負委任惟兵力既難猝集砲火又未運到設奴才等到省拒絕通商夷人必盡力攻城倘有意外之虞救援莫及是欲保廣州返速之失陷日下冦志不宜再長國威不宜再損必須計出萬全方□聖訓此時督臣祁𡒄現過梅嶺奴才等在韶州暫行停泊飛咨該督臣迅速赶赴會商聚衆各路官兵在距省旱路可通扼要地方分營防守備齊火藥暗造攻守器具分頭埋伏激勵兵勇出其不意將內泊者先行痛剿使逆夷喪胆並堵截各河港示以久守鬧夷船糧儲窘迫利在併力速戰不過急于售貨以濟其用若

堅壁清野俾漢奸無利黨羽必貳然後派撥精銳抄其後路火筏塡河而下水陸連環分道兜捦使逆夷片帆不返以彰天討而快人心所有奴才等隨帶官兵並訪聞粵省情形理合由馹恭摺奏聞伏乞皇上聖鑒謹奏

閏三月二十一日接到上諭前因暎夷大肆猖獗傷我提鎮大員疊經降旨命楊芳先行會同怡良等領兵攻剿以伸天討而快人心今據楊芳等奏各省調兵到粵已有八千餘名之多尚不知及時進剿遷延觀望甚至仍請准令暎夷所屬港腳商船在粵貿易是有意阻撓怠慢軍心殊出情理之外楊芳怡良著先行交部嚴加議處欽此

四月初九日聞傳說靖逆將軍於前三月二十三日進廣東省城而夷逆首義律于二十四日進城與靖逆將軍會議講和義律進城時行至中途被一挑白坦者行刺傷及義律右肩當被護從鬼子拿住立時砍爲肉泥所有以前鴉片之通行及今夷兵之犯境上年夷船赴天津訴冤琦侯代奏乞恩陷害林鄧兩制軍革職皆委之洋商伍姓一人主謀即于二十五日酉時起大風大雨怒雷急電徹夜不息直至二十六日卯時方止共雷擊三物一係洋商伍姓即提出擊死在伍家門前一擊

粵海關前旗桿一擊撫臺衙門前旗桿其香港知縣夜開協同武營及紳衿巡查守夜至卯刻開城後派兵丁家丁及各紳衿之家人在各城門看守以防夷匪至日間地方公事並民間案牘一概毫無是以縣官于日間清閒無事反得安息現在業已成和通商貿易未知確否姑記此以作後驗然日下各舖洋貨俱已鬆價甚奇

五月接閱抄報擬閱琦侯各條

一琦善此次辦理夷務將廣東舊建炮臺盡被夷人占據旋據奏稱該省砲位兵丁皆不可用琦善彼時飭制兩省如患兵丁不堪用或調廣西兵弁或奏請飭

調兵前往助剿皆可大張軍威何以一味遷延直不
提用兵之事若非皇上先機燭照調各路兵弁前往
廣東幾不可問
一琦善抵廣東後自應與該省大吏商辦一切或詢問
地方情形據怡良等奏稱琦善到省直未聞商議一
事直至失去砲台閤省大吏往拜琦善始問各員應
守應剿亦無把握是何意見
一琦善到粵因何將從前招集之水勇守具全行撤去
迨大角砲台失事提鎮專弁赴省求援僅發兵數百
名遣之夜渡惟恐逆夷知覺以致提督關天培失守

陣亡傷死弁兵無數
一琦善因何正月初五日在蓮花港請逆夷宴會現據
奕山等遵旨查明是琦善只令鮑鵬一人在艙傳話
首府暨洋商等均各坐西瓜扁船前往坨頭地方與
義律相見是日是何商議該府等供稱概不知情以
國家重大事情控馭外夷如此行踪詭秘是何主意
一鮑鵬乃一無賴匪徒係前督臣指拏之犯琦善何以
信用遞後遵旨添鮑鵬並非在官之人何以知在山
東擕往粵省
一香港地方琦善曾奏稱斷不可給與外夷恐其屯兵
聚粮建台設炮何以剿後竟敢給與前後矛盾顯然
易見
一國家寸土尺地皆當世守琦善給與該逆香港地方
令其棲止已屬罪無可逭尚無奏奉諭旨胆敢先令
居住以致尚未收復海疆緊要地方私給外夷是何
肺腑
一逆夷反覆無常稍形桀驁即奉旨飭令督兵進剿何
以琦善遷延觀望揔不議剿一自議剿以後曾奉旨
不准收受夷書何以琦善違背收接代逆乞恩若此
悖妄遞後遵旨添逆夷既不恭順便是逆夷遂以駁

站爲叛逆遞信昇誠何心
一琦善辦理此事已屬錯謬何以義律呈遞文件及該
夷目給與留浙頭目夷信代爲由驛遞交伊里布以
致伊里布听信順逆避惧剿辦遞後遵旨添琦善給
過伊里布信幾次每次信內係何語話
一福建廈門全閩之門戶關鍵琦善久任封疆豈不知
之何以在閩辦理棘手率致奏請將廈門該逆夷通
商移禍鄰省
一辦理夷務欲其貼服必應斷其接濟何以該夷由海
道馳赴浙江琦善竟給發照驗准其購置食物旋又

囑伊里布銷煌顯有情獘

一琦善既與義律往返說話情意親密自天津以至廣東該夷目餽送琦善物件若干琦善回送是何物件均須一一供吐不准隱瞞

一琦善既知廣東兵械不可用即當設法調兵何以屢用危言恐嚇

一大沙門角炮台既被逆夷佔據斷無議撫之理何以琦善仍與該夷商議章程四條盖用關防誠思該夷已形猖獗佔據炮台傷斃弁將即今說合暫時了局日後該逆反覆妄求又將何以處之

一琦善信用鮑鵬令其傳話他人皆不能知琦善用鮑鵬傳知義律是何話語回覆用何語言恐嚇琦善鮑鵬業經拏問交部不難嚴訊明確琦善諒不敢代為隱飾

五月初八日院署接廣東總督祁來函粵省連攻失利因水勇大半漢奸一經遇敵竟返戈相向現在紳民等籲叩求請保全復允逆夷通商據云一允通商即將各炮台退還等語星使及大僚意見相同已專摺馳奏矣初九日又接祁宮保信夷船近逼省河辦理殊難措手初一日見該夷兵船似有攻擊之意惟我軍器具尚未齊備不得不先發制勝遂于是夜督率兵勇同時舉發焚燒夷船十餘只殺斃夷匪漢奸溺死者不計其數人心為之稍快詎意自燒逆船之後該夷兵船源源而來而省河之快蟹等船紛紛四散漢奸登岸竊伏乘機搶奪劫掠縱火沿河居民業雜被其焚劫者不一而作迫初五日外洋夷船復有數百駛至省河攻逼城池連日兩軍相持新城商民紛紛避入老城人心惶懼奔馳惟百姓相率遞呈求憐而該逆亦以請償欠項罷兵如准其償欠通商即可將兵船退出虎門不敢再行滋擾等語弟等再四思惟我軍陸路兵卒無所施其伎倆僅於

沿海要口分屯以張聲勢水面攻剿所恃者水勇而已而水勇亦皆烏合之衆與漢奸聲息相通勝則糾合求賞敗則反戈相向原非昔日訓練素有紀律之兵抑之漢奸四下焚掠居民驚疑靡定使再相持日久勢必激成內變省城倉庫監獄在在可慮況該逆猖獗揔歸虎門失守要隘為其所據以致毫無忌憚與其必欲爭戰百姓受其荼毒不若暫恕所請該夷船退出收復各所要隘然後杜絕商販庶為得計但事關重大未敢擅便適合城文武與弟等公同商酌均以為然刻下該逆見我允准即陸續撤兵外颺在弟奉命而來固惟知有戰

陣而闔城文武則有地方之責我軍連日戰守業已疲瘦竊恐漢奸乘間發復即為省城巨患是以彼此籌商衆論僉同弟等復思此舉具有天良且屢奉上諭嚴飭何敢以身試法稍存通融之見然以目前之時勢論之是弟等待罪于斧鉞鼎鑊者其罪輕致蒼生于盈野盈城者其罪更大也至於詳細之處一時未能縷述容俟抄錄摺稿再為寄呈台覽

四月二十四日據廣東糧道赴江西藩司任稟報廣東省于四月初一二日合兵進剿大獲全勝捷摺已於四月初九日過大庾嶺

四月二十六日准裕星使咨會文後抄粘探得四月初一日午刻忽聞該夷有信于初二日子時對仗將軍揚傳令先行動手當派水勇其木排赶辦不及是以封用小船並于各處駐兵固守楊侯為右翼駐泥城離城十五里與花球對面張必祿提台駐西炮台洋行對過為中權隆參贊駐東炮台為左翼初一日亥刻起手有四明餘丁可充水勇者招募得四百名燒其三桅大船一只張提台在炮台放炮打損三桅大船一只又火輪船一只三板小船三只祁宮保募得水勇燒其兩桅大船一只共燒大小船七只有三桅大船一只因小船圍繞救去東首有火輪船一只欲進省河幾為我焚中途竄逸落水夷人無數自初一亥時起至初二丑時止生擒夷人七名官兵斬漢奸八名義律初在夷船逃匿火輪船內幾為我獲三年以來從未有得此勝仗此時軍心大振惟恐其報復不得不格外防範祗須木排一到使其胆破然須將各炮台固守方可無虞日內即煩發摺以慰聖心等情云云

靖逆將軍奕山參贊大臣隆文楊芳兩廣總督祁𡎴合詞具奏奏為夷船退出省河撤還炮台義勇剿殺漢奸及滋事夷匪省城安堵恭摺奏聞仰祈聖鑒事切奴才等於四月十五日拜發保固省垣從權辦理一摺後一

面嚴守城池安戢居民一面飭令夷船赶緊起椗該夷當即退出十餘艘又據該夷目遣兵頭嗌喻稟稱實係各國夷商向其索欠情急是以懇求准予清理並非有心于犯天朝乞將軍各大人在大皇帝前懇恩原宥奴才等查夷船此番闖入內河俱是漢奸引導雜以各島野夷借端生事搶擄鄉村不可不急為殲除但漢奸行踪詭秘有衣夷服者有扮作兵勇者散漫各處必須分路兜截若分兵四出恐分別不真殃及平民激成事端不如本地鄉民團結義勇易于識認當即傳諭城西北

東北各鄉團頭人梁彩煥等分路搜補殺死漢奸及黑白夷匪二百餘名內夷目二名奴才等又前遣義勇紳士等于南岸拴斬大頭一名據其密報係即伯麥夷人恳出洋銀萬元購求其尸該紳士密藏深室是否屬實容查明再行具奏現在夷船已陸續退去大黃滘之獵德各炮台已派兵防守省垣城門一律開通商民照舊生理安堵如常惟遷徙遠者尚懷觀望奴才等業經出示並查明彼火房開妥爲撫邺所有流亾可期歸業至粤省炮位散失各炮台急須補砌添鑄量爲變通舊制藏高補低相度整理以期守禦得力用乘永久近省河

道修築不及要隘處所或用木排或用砂石尤須趕辦且現在漢奸土匪在南海縣屬之三元里等村乘勢搶切尚須分兵前往就近彈壓聯絡聲勢以固民心奴才奕山隆文帶兵二千名分駐石門金山一帶會同參贊大臣齊籌辦一切并查驗後路木排船只以備放下堵塞河口又于離城十五里之韮塘地方移住兵二千名令摠兵琦忠督帶以防東路臣楊芳留駐省城會同督臣祁𡎴臣怡良等督率內外各兵及御前侍衛珠勒亭等嚴密防守新任水師提督吳建勳亦即飭令赴任揀選䃾建水勇帶領前赴虎門查收砲台一俟夷船退出外洋奴才等即親身週歷再行妥議章程以固藩籬而資保障統俟夷船退出虎門另行奏報外所有夷船現經退出省河及義勇戰殺漢奸緣由合先恭摺馳奏仰慰聖懷伏乞皇上聖鑒謹奏四月二十一日出奏

奉上諭國家設立兵丁勤加訓練所以嚴武備而戒不虞摠督有統轄之責必應于平時督率將備加意訓習使之有勇知方一旦猝遇外侮何患不破敵摧堅立功奏凱道光十二年兩廣總督李鴻濱廣東提督劉榮慶因辦理軍務不能依律平素毫無整頓曾經遣戍前任兩廣總督鄧廷楨履任多年懈怠因循不知整頓所設

排練空費錢根全無實用以致該省兵丁柔儒無能諸多畏葸虎門之役竟有爲夷匪買通者思之殊堪痛恨前任兩廣摠督林則徐經朕特給欽差大臣關防辦理廣東事件繼復令其實授摠督全省軍務皆其通轄既知兵丁協習甚深自應多方訓導勤加習練其于夷務亦當威德並用控馭得宜乃辦理諸務未臻妥協深負委任鄧廷楨業經革職林則徐著革去四品鄉銜均從重發往伊犁効力贖罪即由該處起解以爲廢弛營務者戒欽此

閏五月初四日沙洲頭有渡船數只被逆拉去適客爲

奸並有婦女數人老者拋溺水中少者留于夷船姦汚
間初五日晨刻逆夷直撲東門一帶連絡施放炮位幸
城垣鞏固未經傷殘惟靖海門打傷一角旋又縱火延
燒東門一帶沿海民房約計數百餘家新鑄八千斤火
炮盡被劫去民壯水勇半屬漢奸與逆接仗鎗向水中
而放反殺川兵並傷武員一員郡制軍避入老城寄居
撫署午刻逆夷由泥城地方登岸攻擊北門是日各城
門俱皆緊閉將沙袋堵塞該夷被壯勇用單刀藤牌截
殺傷斃逆兵數十名望風畏退壯勇追殺逆兵正在將
勝之際被湖南兵開放排鎗轟斃壯勇數十名壯勇腹

背受敵即時分散湖南兵之放鎗乃緣不甘壯勇獲勝
邀賞欲奪功冒領獎賞之故幸有大北門西村南岸居
民協力截戰殺死逆兵數十名逆兵不能抵敵竄回舟
中即放火箭延燒半塘地方居民房屋數百間有火輪
船一只駛至海珠砲台前被觸于香案石上破底沉溺
西砲台曾派撫兵段永福鎮守督兵逆夷曾來打過數
十炮巍然未動固守是台該逆疑有暗計息炮而退詎
料將軍下令撤回段鎮忽調一將來守未悉姓名逆夷
聞風復來經逆夷數炮其將驚逃兵亦尾竄是台從此
失陷民皆號哭憤惜

間初六日晨刻逆夷仍由泥城登岸復攻北門其四方
炮台東西得勝兩炮台各台鎮守將弁遙見逆兵即皆
逃避該逆如入無人之境轉瞬間將三炮台全行佔踞
勒民運炮上台該逆登台將千里鏡打照城中遍城一
動一靜彼竟可以一目了然對城施炮不休並發火箭
貢院中魁星閣打殘一角貢院即將軍參贊公館炮子
火箭連綿墮落勢甚急迫將軍參贊先將資財箱籠等
物遷徙寄頓民間隨即出院避居撫署一無主張臬司
王廷蘭欲帶兵勇出戰糾約運司糧道皆不肯同往滿
洲兵四川兵貴州兵亦愿出城奪回炮台奈將軍曾已

有令不准啓城均成不果王臬司痛哭而返滿城大吏
惟王臬台一人而已

聞初七日逆夷攻逼省垣炮聲震地將軍參贊竟無計
可施廣州府余曾請議和未准茲因屢次攻逼而將軍
參贊茫無所措甘心忍辱仍從廣府余之議即傳令余
廣府向逆講和余廣府以繩縛身縋城而出偕伍洋商
往見逆首義律三次始見即據逆首勒允數條方肯議
和一彼兵糜餉計洋六百萬元折紋銀四百三十二萬
兩皆須庫項封銀立限七日清繳一據須將軍還北行
一至百里該逆兵船亦退出四十里一據立限七日內

撤退官兵現在各洋行各貼二百萬其餘在藩庫關餉
鹽庫糧道庫提湊銀兩業已依限交清所駐城外旗兵
壯勇糾約欲往擊逆奪回炮台忽將軍下令撤兵是以
又成不果將軍悉從逆議是以贊參楊芳親至城上與
逆夷當面應允

聞初八日守炮台之逆夷皆洋行接濟伙食日囑官店之人送往湖南官兵在城內強姦婦女滿路搶奪不遂剪去髮辮作爲漢奸邀功請賞嫖娼宿妓不給夂文無所不致被娼妓家將麻瘋姿應之以致該兵丁遍染麻瘋之毒繼又悮聞人肉可療麻瘋遂而擅殺壯勇擇其

躰肥者割其肉剖其心烹食是以壯勇糾齊在城內截殺湖南兵楊侯彈壓不止是此湖南兵與壯勇見則相

聞此係督率不嚴致生內變自相戕殺

聞初九日守台逆兵闖入各鄉姦淫婦女辱汚而死及被逆刼去者共計一百數十口擄掠財物逼民搬運如違拗即被殺搶得女人小腳鞋再爲得意想係在定海帶擊婦女在船所用

聞初十日該逆肆横益甚是以各鄉耆富會合共有百餘鄉計集三萬餘人每鄉各設大旗一面以爲號令各持器械與夷截殺傷斃逆兵數十名逆夷遂敗退是日民間稍舒寃恨

聞十一日逆夷復攻各鄉而鄉勇詐敗退逃誘逆入鄉圍困逆兵百餘名正在殲戮忽將軍傳令廣府余寶仁率同南番兩縣急急出城勸民釋圍鄉勇聲言該逆獻還炮台方始釋圍即于是日午後義勇飛登四方炮台殺逆百餘名奪回炮台一面阻塞逆夷來路又遏住洋行不准接濟逆夷伙食似此斷路絕糧逆首義律在船登大桅頂持千里鏡窺探得見該夷敗績即時懸𩙪白旗擊鼓求釋

聞十二日逆夷將四方東得勝西得勝三炮台全行撤

兵獻還是以鄉勇圍困之逆亦均放回逃竄還舟所遺炮械各洋行僱人運交逆夷船上並已開築逆夷會館

聞十五日逆夷兵船仍泊省河逆首義律出有告示安稱安民必待將軍先行撤兵還北方始退出

聞十六日齊參贊往省會晤各憲十七日將軍參贊欲起程以順該夷之心

明楊參贊受廣府余公所送美女六名日夜取樂以致大事漸廢靖逆將軍廣收古玩不理大事

戊戌星使臨粵好事者題詩于粵秀山房以刺時事不著姓名

開道廷臣急理財海疆新令走如雷養成煙戶供朘削
既倒銀河望挽回生道殺民原聖德變通盡利仗宏才
此邦凋敝難堪命況復頻年水大災
元寶如泉布百蠻分明津要失防閑望洋空歎銀濤湧
籌海虛縻鈇鎖環誰遺貨通獅子國豈無兵駐虎門山
年年悖出河沙數幸有離師取賂還
蠻流烟毒遍關津輿霧嵩尤術固神拯救有權仍在我
誅鋤爲事反詢人效雖可必先防擾法亦何常不外仁
正惜羣魚甘受餌翻教釜內作遊鱗
遠物焉能徧市闤舟帥沿海可防奸渴來不飲貪泉水

夷匪犯境錄 卷之四

飛渡難過大嶼山君子有財兼有土今人爲暴卽爲關
燃犀試向源頭照百怪呈形咫尺閒
樓船威震粵西東全改盧遺蕃戶風曾列戎行皆巨富
縱抄民物亦奇功何時鍾室誅韓信自昔銅山屬鄧通
正本清原誰不解同官無奈要和衷
鐵鑒爭傳節鉞臨月錢三萬六千金江湖盜賊收王振
錦綉妻奴羨蔣欽自詡得名兼得利須知能縱始能擒
至今反覆波瀾處孽海茫茫怨毒深
編飛鴉草越江湄送往迎來任所之新正忽聞尊國體
宿䟽早已朘民脂道途竟欲搜淫具河海焉能塞漏卮
到處營私兼犯法如公原不是謙詞
風土民情久漸移煙霞痼疾急難醫法當密處宜行恕
利未興時害轉滋鬼滿棘林聞夜哭人多菜色忍朝饑
怪哉寃積蟲無限吉了能言鳳亦知
鶯粟花香分外濃晨昏恹然兩衙蜂棄烟尚是難逃死
比戶居然盡可封幾處閭閻齊罷市半年囹圄已難容
下民易虐渾閒事那有痌瘝達九重
眞同兒戲捉迷藏息鼓篝燈泛夜航越境誰能識官長
倒戈況乃自傷戕貪功趙括成名喪爲政張堪德頌長
假使當時聲罪討村旿焉敢抗王章

夷匪犯境錄 卷之四

飲泣何人解恤辜漸看法網似秋荼逃亡家室生何計
笞病纍囚死未殊坎地埋書徵合比叫天無罪覺良夫
從來南海蕭祠外幾見親祠鬼哭無
小民畏罪復何求武士貪功卒未休種禍詐財奸屢敗
誘人犯法術難周飛蚨有母將焉往野雉無媒肯自投
王道從來稱正直也同餌敵任權謀
羊狠狼貪案牘繁狐埋狐搰孰平反木人巧竊江充智
蒼豉爭鳴馬援冤黔赤萬家愁大索倉黃半夜走訛言
請看貫耳巡軍日秦鏡歎呼照覆盆
平時偏用立切名不用文官但用兵牙爪倍承新父恤

腹心惟向武夫傾一坯土繫恩民命萬竈烟屯大將營
怪得牧豬屠狗輩紛紛投筆請長纓
但見纍纍日被拘不聞研鞫脫冤誣三章新改蕭何律
一卷誰陳鄭俠圖執法敢辭民怨辯宣威剛被鬼揶揄
感君寬厚培風俗遮道空衣盡博徒
官吏返呼遍石濠尚防沽丐有殘膏淡烟已逐波中散
明月虛從浪裏撈掩耳盜鈴聊自慰拖泥帶水不勝勞
地皮剗盡君知否猶當黃金鎮日淘
無復天津估客船都從橋上聽啼鵑雖通百貨價三倍
已散四方人幾千屈指有呼庚癸日關心又近丙丁年

可憐粵海繁華地城市荒凉但禁烟
希旨惟求固寵榮全拋國計與民生但將驚擾爲能事
幾見申韓致太平入境逢人皆槁瘠斷煙無日不清明
長歌當哭吾何敢半是嗷嗷澤雁聲
欽命太子少保兵部侍郎兩廣總督部堂祁　廣東巡撫部院怡二十一年四月初七
日告示爲曉諭事諭城廂內商民人等知悉據呈惶恐
呼號等詞閱之淚隨聲下爾等皆天子赤子本部堂院無
日無時不以保全護安爲念而驚慌至此本部堂即憤且
慚今據聯名籲懇惟有極力設法以圖拯救但有一分
之力必盡一分之心斷不稍存膜視爾等其共諒之特
示

又同日出示

廣州府正堂余爲曉諭事照得前與暎夷打仗禁絕接
濟現在息兵議和所有食物均准賣給合行示諭爲此
示仰買辦人等知悉如有暎夷應需食物照常賣給其
餘人等挑賣食物亦准照常挑扭賣給毋違特示
欽命參贊大臣隆　靖逆將軍奕　參贊大臣楊告示四月初八日爲通行曉
諭事照得現在息兵所有鄉勇水勇人等未能週知合
再明白曉諭爲此示仰各營官兵鄉勇水勇等知悉爾
等在營下安靜住守勿得妄生事端捉拏漢奸藉詞滋

擾如遇各國夷商上岸赴行貿易亦不得妄行拘拏倘
有故違軍令妄拏邀功及强買强食不給錢鈔者查出
即按軍法治罪各宜凜遵毋違特示四月日又諭軍民
人等知悉本帥按兵不戰固守城池定不貽累爾等遭
兵燹之苦爾等商民毋得驚恐特諭
欽命靖逆將軍奕參贊大臣隆楊四月十一日告示爲申
明大義再行曉諭以安閭閻事前者暎夷犯境大兵雲
集爾等衆百姓驚心惶惑深可憐憫現在大兵分隊移
撤城市肅清爾等各安生業不必驚恐心懷疑懼不敢
歸里是今本帥仰體皇上好生之德再行申明曉諭爾

等照舊各歸故里安分度日勉爲良民恕爾等從前之
愚蒙槪不究問爾等務其明白效順本帥決不詐爾等
也各宜凜遵特示

欽命兩廣總督祁 廣東巡撫怡 二十一年四月日告示爲曉諭事照
得爾等隨同滋事之人本係內地良民不過一時貪圖
小利以致悞入迷途自陷罪辜本部堂院每一念及實爲
憫惻玆特明白宣諭爾等以往之罪不復追究仍卽各
安舊業善自謀生侍爾父母見爾妻子一家團聚永爲
盛世良民洗淨漢奸名目不可自擾鄉土再行滋事各
宜凜遵毋違特示

四月日廣東閤省商民啓

葢聞普天之下莫非王土率土之濱莫非王臣我粵生
民遭兵燹之苦旦夕之危幸得各省大兵奉王命以剿
唊逆効　君力以蘇民命不勝雀躍之喜惟是湖南弁
兵自二月到粵以來徒有剿夷之名反有害民之實動
輒邀功捏良爲奸如斯罪惡髮數難堪且于本月初二
初三兩日當居民倉惶奔走之時或乘機搶奪或藉勢
奸淫婦女甚而至於以壯勇爲漢奸不容投訴審訊竟
私自殺戮削其骨食其肉剖其心是可忍也孰不可忍
也嗚呼壯士助兵以拒敵而兵反將壯士作奸民無辜
者受此慘毒見聞者莫不傷心湖南之兵如此行爲定
必倚勢所恃常存殺民之心不奮剿夷之志不祥之兆
早已先形毋怪乎禦敵之不克也伏想楊侯爺爲國愛
民何忍坐視兵丁殘酷生靈若不執持軍法以伏天威
諒亦縱容養奸耳壯士之寃魂何慰商旅之行處何安
況蒙憲示曉諭兵丁各歸營寨不得佔住民房而湖南
之兵並不遵行仍然率行依然搶奪將來此兵之爲禍
不知何底也若此寃氛難填滄海恨不能轉達聖主爲
此瀝情佈告四方縉紳先生庶幾寃氛或伸是所切望
今雖蒙大人啓城以放生民無奈湖南兵在城外搶刦
行李生民雖生猶死不啻遭夷之戮也悲夫特啓

又粵民示諭唊夷

駐廣東省垣各鄉居民申論唊夷知悉爾等抗拒天兵
竄進內河擅張僞示邀結居民目無法紀義律等輩本
化外之頑徒我縱鄉曲小民俱係天朝赤子惜身家亦
惜土地終懷父母之心保土地卽保身家願作干城之
寄同仇共憤何煩官長操戈振臂一呼自足殲諸醜類
日下爾等詭行詐術妄肆鴟張佔香港則冀取錢根踞
定海則姦淫婦女種種不法罪惡貫盈我等兆民豈能
坐視其所以伏而未發者葢由倉卒之際衆未聯這後

集衆同盟又阻于官師之和議故暫退以俟自保自家未便挫行惟思我輩素嫻遺經深知大義遷移家室者雖屬過半而闔城之衆志終始無殊自諭之後爾等倘敢仍循故轍執迷不悟當即修我戈矛整我義兵壯夫盡力智士盡謀舉手則江海可平埋伏則鬼神莫測務期追掃盡淨定使爾等片帆不返方足彰大義于寰區復我羣黎之仇恨爾等一隅僻處誠未週知宜速播告各使凜遵毋貽後悔特諭

廣東三元里居民示諭咦夷

三元里西村南岸九十餘鄉衆衿耆等爲不共戴天誓

滅咦夷事向來咦夷屢不安分久犯天朝昔攻沙角炮台戕害官兵我皇上深仁厚德不忍加誅且示懷柔彼尚不知感恩包藏禍心深入重地施放火箭殘害居民攻及城池目無大憲欽差大臣見城鄉內外遭殃是議息兵安民該夷理宜得此好意當即仰體憲仁豈料貪心不足得尺進尺不知輸服益且縱容兵卒擾亂村庄搶我耕牛傷我田禾壞我祖坟淫辱婦女鬼神共怒天地難容所以我等奮不顧身困義律于北門斬百麥于南岸汝等逆党試思此際若非我府尊爲公解圍該逆等其能保首領下船乎今聞爾出示當途罵大憲無功揚言于衆揔要代百麥伸寃視我此地無人殊堪髮指是則飽德之義士稟取兵餉荷鋤之農夫操戈禦敵糾集壯勇數十萬何懼咦夷之義律不可剪除我等水戰陸戰兼能豈怕夷船堅厚務使鬼子無隻身存留鬼船無片帆歸國爾等毋得逃避不日交戰合行預示知悉

特諭

粤民檄咦夷文

盡忠報國全粤義民示諭逆夷義律知悉查爾等素習豺狼成性搶奪爲强即前明倭冦之党我天朝曾經將爾誅滅因大西洋各國求我皇上准其通商是體天地

好生之德容爾番邦通商交易爾不過貪利而已有何知識爾之貪利猶畜生之貪食不知法度不知禮義爾試攬鏡自照爾模樣與畜生無異不過一能言之禽獸耳何知忠孝節義爾雖有大呢羽毛非我湖絲焉能織就雖有花邊鬼頭非我紋銀白鉛焉能鑄成其餘各物皆學我天朝法則而成我天朝大黄茶葉各樣藥材皆爾狗邦養命之原我天朝若不給發爾等性命何在爾不知報我天朝厚恩反佈流毒用鴉片害我百姓騙我銀錢爾狗邦素不食此物何以毒我人民我天朝聞而震怒派欽差大臣林大人除盡鴉片之害先期出示令

爾繳煙免罪爾畜類尚知畏懼避罪繳煙所以奏知皇上賞爾大黃茶葉爾畜類竟不知感激公然不領又不具結爾既妄稱利害何以不敢在林大人任內攻打廣東廼竄去浙江殘害定海百姓又往天津妄遞呈詞何以先據定海後到天津可見自知罪重不能解免不得已妄揑誑詞希圖欺騙不料貪相受爾朦蔽代爾轉達我皇上好生為德一時聽信撤去各省兵丁饒爾狗命不開鎗炮爾果認真恭順何不將定海兵船退回廣東聽候查辦乃仍在定海肆技並在各洋遊奕貪相受爾朦蔽撤去沙角橫擋之兵阻住衆軍不施炮火縱爾竄

入內河勾通無父無君之輩作為漢奸不過使錢哄買而已有何長處既據妄稱知兵何不專用爾唤夷交戰今用我國人為漢奸並非爾唤狗之能我大朝素行仁義不忍製造狠毒之物豈似爾畜類專事搶奪為生至爾船隻堅固炮火燥烈火箭狠猛除此之外更有何能前日佔據炮台所用火箭等物全不中用可見爾畜類別無才能其時我們義民約齊數百鄉村同時奮勇原思滅盡爾畜類爾如果有能不該轉求廣州知府苦勸我們使之罷戰今各鄉義民既饒爾等之命尚敢妄自尊大書此不通之告示爾不過孽畜而已竟敢稱為上憲又妄稱曉諭百姓爾知百姓二字作何解上憲二字作何解一派混帳可惱之至我們義士爺爺爾畜生竟敢誑稱百姓又妄稱寬容試思誰寬容誰前日爾船陷沙不動我兵何難將爾焚燒爾據炮我台兵何難架炮轟擊特地寬容爾等留爾等一線生路爾反言寬容我百姓耶全以假仁假義騙我百姓既謂不敢加害旋又屢屢騷擾一片誑言焉能信我粧模作樣假殺一二騷擾之蠻夷希圖朦騙使我不加防備便可乘閒攻奪如此淺計我們豈受爾愚爾又賣弄能幹恐嚇我等豈不知爾等伎倆早已盡知據爾聲言戰法即與陸戰陣戰

馬戰步戰我們無不兼能看誰得勝爾伏砲火猛烈則爾砲幾觔我砲幾觔兩下對放看誰利害其餘排鎗刀劍等物亦可兩下對仗若言水戰爾即將船退出虎門候我百日後造就船隻與爾外海對戰果能勝我方為利害爾一味花錢勾買恐嚇即算爾狗畜之能我天朝大皇帝仁慈寬厚不忍即誅大將軍金枝玉葉諸大臣厚德君子衆官員亦皆忠厚慈祥非真無能也因憐念爾身同畜類性本無知豈有人與畜鬥之理故任爾獨狂今不用官兵專用鄉民非我鄉民不仁因爾害我鄉村傷我男婦不得不與爾畜類相鬥現在全粵商民數

十百萬大村富厚者接濟小村所有兵餉草料器械均有義士損資備辦又有熟識水路者數百萬熟悉陸路者數百萬志切同仇恨聲載道若不滅盡爾畜類誓又無生若不及早退出虎門我有千百計燒船妙法燒爾片帆不返不但在船畜類全行燒盡並要前赴大洋滅爾㗎邦我們義士爺不論男婦每人出錢十文便足以造船隻製辦戰具剿滅爾有餘矣我們義士受天朝豢養垂二百年若不誅盡爾㗎夷便非人類爾殺害我衆鄉百姓大傷天和又將各處棺骸盡被開掘各廟神佛盡被殘毀正天人共怒天地不容該畜類如若不信試

看前之大班喇佛國占灣門身死嗶嘮嗶闖進虎門旋即憂懼而死嗎哩咥喳中播弄是年亦死其慣賣鴉片煙之嘰嚓神差鬼使今其自刎而死個個難逃天譴歷歷均作證鑒何況今日之爾等大逆回天豈能逃出天網即現在爾等船隻或遭風火或陷沙洲俱是天意前日所放火箭竟然無用豈非鬼神護佑我們該畜類若再逆天行事得罪上蒼行將雷殛爾義律雷火燒爾兵船狂風掀翻爾船隻葬爾等狗徒于魚腹今且不動天神即用我們義民亦足以滅盡爾畜生爲上天洩怒下爲怨鬼出氣不用官兵不用國帑自已出力殺盡爾等豬狗方洩我恨爾咟㗎嘰嗶平日何等強橫今二人已被我們輕施手段將二人擒住碎屍萬段爾等更有何能敢犯我們如敢再有違拗何難一鼓而擒將爾勦滅爾所用漢奸皆我天朝犯法之徒或殺人逃走或舞文弄弊平日極無本領所以屏棄不用者爾等乃重用者此等忘恩負義之輩既負于我必負于爾將來必爲此等人受害爾花錢勾賣此等之人養活辦事豈不知大患在後爾占據內河強橫霸道無非要在此通商好賣鴉片殊不知買賣要人情愿我們不情愿與爾交易爾又有何法且爾之貨物我們甚不希罕如要買貨自有

恭順各國交易爾如此可惡我已痛恨已極如不殺盡爾等豬狗之徒便非頂天立地之男子我們一言既出萬折難回一定要將爾等殺盡斬盡燒盡就請人出來勸我我亦不依務必要剝爾之皮食爾之肉方知我們利害也特此先期示諭爾義律嗎禮遜啞等及無父無君犯法漏網之漢奸知之本應措詞推鍊因爾等畜類不通文理故用粗俗淺言告諭爾畜類急宜悔罪自首面縛跪求庶可分別首徒不忍全誅如再延挨後悔莫及特諭

此係道光二十一年四月初旬㗎夷直犯粵省城外長

綆一帶鄉村被鄉民圍困勦殺惜其時爲廣州府余寶仁出勸解圍以致逆首義律逸去在陸夷奸未得盡殲遺患于後爲憾鄉民因此作檄文給諭嘆夷知悉

六月十三日奉上諭現在粤東夷船業經退出虎門情形恭順已降旨准令該夷循照舊章在該省通商並無出不售賣鴉片烟土甘結該夷等自不敢再去粤東夾帶銷售惟閩浙兩省口岸甚多該夷惟利是圖難保不勾結沿海奸民潛行偸售即如閩省夷船私銷貨物向俱視爲泛常趁此清釐之時尤宜力加堵截以除積弊著該大臣等督飭所屬文武員弁隨時偵探加意巡查

遇有夷船在洋遊奕防密爲防範不准其潛近口岸稍有偸售並嚴查內地奸民私駕小船出洋勾串販運别滋事端如仍有此等奸民與之交接賣買一經拿獲即照新定章程盡法懲治不准稍有踈縱以除積弊而靖海疆將此由五百里諭令知之欽此

六月二十日接廣東總督咨會江蘇巡撫文件迭次夷船由粤省洋而前赴東北一路業經隨時飛咨在案現在本部堂風聞嘆夷有欲仍赴浙江一帶之信並據署大鵬協副將賴恩爵具稟亦稱聞有此語並稱風聞早晚該夷又有新兵船大船到粤俟新船到齊現在兵船始行前往等情此雖係傳聞尚無確據惟夷情詭詐多端亟應一體預備以期有備無患除飭令再行密探馳稟外合行飛咨查照轉飭預防等因

六月初三日廣東粤秀山觀音大士顯聖靖逆將軍奏請匾額奉上諭奕山等奏廣東省城神廟顯應請頒給匾額一摺據奏此次嘆夷肆擾撲近城墻正欲開炮轟秀山觀音大士神像顯靈居民共見撲滅火箭雷雨傾盆冲滅漢奸夷匪多名夷人無不畏懼現在海氛既熄省垣安堵護國庇民仰賴神貺實深寅感著發去親書匾額交奕山等祇領虔詣廟中敬謹懸掛以答神庥

欽此

奉上諭奕山奏官兵凱撤請分期開行等語著照所請先湖南次湖北次雲南次四川次貴州次江西按省起行即飭沿途各地方妥爲辦理並飭帶兵員弁嚴爲約束毋許滋擾欽此

奉上諭祁墳奏請將辦理粮台之藩司飭令回省並將各屬酌量分别撤留等語粤省夷船現已退出虎門軍務漸定江西藩司本任事務殷繁趙炳言著即飭令回省辦事餘著照所議辦理欽此

奉旨前因伊里布于浙江軍務辦理不善降旨交王大

臣定擬罪名茲據仁壽等會議具奏此案伊里布以欽差大臣辦理浙江夷務不能迅速收復定海屢次降旨即行進剿一味遷延觀望實屬庸懦無能前任兩江總督伊里布著即革職發往軍台效力贖罪以示懲儆欽此

奉旨琦善著交原審三五大臣會同形部定擬罪名具奏欽此

臣奕山等謹奏為神祇護國疊著顯應恭摺奏聞事竊查廣東省城北面以粵秀山為城墻舊有觀音殿呼為觀音山士民瞻仰久彰靈感本年四月初三至五六等

日唤夷攻城之際據捉獲漢奸聲稱賊攻靖海門挨近城墻正欲開炮煙霧中望見白衣神像立于城上遂不敢轟擊火藥局在觀音山下貯藥三萬觔漢奸潛拋火彈火焰冲起倘藥力發動全城灰燼當弁兵搶救之時居民望見白衣女裝在屋上展袖撲火登時撲滅且夷匪火箭如雨射入內城無一延燒所有火箭飛入水塘即落空闊之處而夷匪方欲謀運大炮向城安放而迅雷暴雨瀉若傾盆冲沒漢奸及黑白夷百餘名夷人無不畏懼現在海氛既熄省垣安堵雖文武之同心亦神明之默助此皆仰賴聖主洪福德威遠播上邀天佑百神效靈臣等及軍民無不共深感戴為此不揣冒昧恭請御書匾額供奉山巔以彰神貺庶外夷永生畏懼之心邊疆長享奠安之福是否有當謹奏

奉硃批朕深寅感另有旨欽此

七月二十五日接到福建巡撫警報廈門失守信文

福建撫臣奏為唤逆夷船滋擾閩洋廈門失守現在嚴密防守省垣情形恭摺由驛馳奏仰祈聖鑒事切臣等于本年七月十二日接陸路提臣普洛七月初十日戌刻准督臣顏自廈門軍營八百里咨會現有唤逆夷船多隻駛泊大担一帶亟應調兵協剿咨調精兵一千名

協剿等因又據同安縣知縣盛朝輔稟報廈門大担內外洋共有三桅夷船十二隻火輪船十二隻兩桅夷船十餘隻大小遠近不等情臣等當以唤逆夷船多隻膽敢駛至廈門滋擾現在督臣駐札剿辦該夷一經被創必致四處竄逸即經飛行沿海各口岸文武嚴密把守並查閩安協新轄五虎門一口為省垣咽喉扼要之區最為吃重先已飭委撫標中軍參將保芝琳同署巡防並飭水師協領得音布派水師佐領黃振麟帶兵在洋嶼一帶安砲防守茲復會商臬司飭令臬司裕康糧道常大淳馳往會同該管副將逐細查勘添派兵勇實辦

堵禦去後茲於十四日卯刻先據同安縣知縣盛朝輔稟報該縣因大担內外有夷船三十餘號親遞防堵行抵江頭地方見有百姓紛紛來縣據稱夷船攻打鼓浪嶼勢甚猖獗復據稟報十一日早督臣顏移駐同安探悉廈門業已失守等情臣等接閱之後不勝憤懣惟廈門究竟如何失守該縣並未逐細稟聞亦未准到督臣咨會第省垣爲根本重地最關緊要臣等現復飭令臬司裕康等會同武員實力防禦務保無虞除查探廈門實在情形再行具奏一面飛調延津邵各營兵丁二千名至省听嚴調遣外所有嚴密防守省垣情形謹合詞

由驛五百里馳奏伏乞皇上聖鑒訓示謹奏

再正在具奏間臣劉接靖逆將軍奕等咨會六月二十七日據廣州府知府稟呈嘆咭唎國夷人新到領事噗嚨喳呈逆夷書二件一係知照義律已革領回國伊郎接辦領事一係要定章程照去年七月在天津呈訴各條辦理如廣東不能承當卽分船北上再求宰相商議等語並有七月初一二卽行起程之信已委派首府余保純前赴虎門曉諭開導而夷性犬羊難保听從合行飛咨轉飭防範等因伏查該逆桀驁非常現已攻陷廈門難保不分船北上除臣已飛咨沿海督撫外應請旨勅下直隸山東江蘇浙江各督撫臣一體嚴密防範謹合詞由驛附奏伏乞聖鑒謹奏

再臣在繕摺拜發間接督臣顏來函知已將廈門失守情形由驛具奏現在退駐同安保守縣城力圖克復第閩省沿海口岸處處喫重臣等惟有督領文武員弁嚴密防守期無所虞理合附片奏聞伏乞聖鑒謹奏

八月十二日蘇撫梁札開於八月初十日准欽差大臣裕咨照得接准福建巡撫劉咨會廈門夷船三十餘隻于七月二十一日起椗北來現在浙江洋面夷船日增出沒不定八月初二日在鎮海之盛𡉏地方登岸焚燒

民房當經官兵擊退初三日闖入象山縣之石浦內港與官兵互相轟擊現當相持未定其大幫夷船探無下落惟恐竄入乍浦與江蘇上海洋面咨飭密加嚴防云云

七月二十九日准欽差大臣裕咨據駐防穿山之提營遊擊文斌報稱二十二日未刻崑亭汛瞭見夷船兩隻由羅岐門駛往青龍港口復轉駛至江口停泊係三桅大船又來三桅船一隻車輪船一隻又於二十三日申刻瞭見羅岐門洋面又有夷船三隻遊奕各等情幷據副將福禧同報前來該夷船駛進羅岐門遊奕停泊情

實叵測極應嚴密防禦飛咨云云

八月十七日未時復失定海

奴才裕謙謹奏爲逆夷大肆猖獗定海失守現先嚴守鎮海一面調兵進勦恭摺由六百里馳奏仰祈聖鑒事切奴才于八月十五日子時將逆夷于八月十二日侵犯定海登時擊退並有夷船二十九隻横截定海洋面尚有十餘隻隱見不定緣由恭摺具奏甫經拜發風潮陡作鎮海縣城外平地水深四五尺官兵帳房皆在水中夷船張帆起椗勢將乘風還進幸谷官兵先將火藥砲位搶獲稍高處所堅壁不動該逆無隙可乘欲前又

卻適風轉西北潮隨風落船即轉帆東駛直撲定海旋據鎮海縣等屢次探報聽聞定海砲聲未絶又見有擊破之三板夷船數隻及無桅篷之大夷船由定海漂出隨風南去惟連日風逆浪大又爲逆船梗阻不獨衆應之兵一時無從東渡即探報亦不能刻期往返直至十八日申時據奴才遣派前赴定海查探弁兵飛報十三日午時有夷船十三隻在内地瞭見之竹山門外停泊旋有火輪船兩隻三桅大船一隻駛進竹山門經總兵葛雲飛等督兵開炮擊斷夷船大桅當即竄去十四日連檣駛進攻打曉峯嶺開放三四百炮我兵伏于石巖之中並未受傷該逆駕駛三板船由竹山嶼登岸經處州鎮總兵鄭國鴻督率弁兵開放抬炮擊殺夷匪無數傍晚該逆繞至定海南面孤懸海中之五奎山登高瞭望十五日即在山支搭起帳房我兵即在土城開炮遥擊打壞帳房五頂逆夷十數名十六日該逆先從吉祥門駛進攻打東港浦經我兵連開火炮轟擊該逆不敢駛進旋即攻打曉峯嶺竹山門二處至酉時逆夷登岸被我鎗炮轟擊死者不計其數十七日丑時該逆又駛火輪船逆攻定海鎮總兵葛雲飛親自開炮擊中其船上火藥當即焚燒片板無存巳時該逆分作三路一由

五奎山近面攻打一由東面之東港浦一由西面之曉峯嶺進攻壽春鎮總兵王錫朋首當其鋒督兵開放鎗炮轟擊夷匪冒死前進我兵前隊陣亡後隊繼進衆將夷匪殺退數次無如愈殺愈多我兵所抬炮位俱已紅透不能裝入火藥猶捨命死戰至未時逆夷約有三四千名分路登岸我兵勢難抵敵等情奴才正在調兵策應並具摺奏報間旋定海縣典史晉鈞帶同水勇救護定海糧臺委員同知黄維誥等弁九千兩及定海縣印信到營奴才傳訊黄維誥據稱定海縣城巳于十七日未時失守歴訴十六日以後接仗情形與探報大略相

回詰以文武各官下落則稱壽春鎮總兵王錫朋被炮打斷一腿陣亡處州鎮總兵鄭國鴻在竹山門陣亡定海鎮總兵葛雲飛在東岳宮陣亡署定海縣石浦同知舒恭受攖城固守被火箭打傷旋即殞命其餘將備弁兵共戰六晝夜已筋疲力盡陣亡者甚多一時無從查悉至登岸逆匪身穿黑衣黑袴皆係閩廣亡命夷匪隨後指揮被我兵擊殺一起亦有一起接踵而至約計總有萬餘人其所持器械鎗火罐火箭等項無所不有又有皮梯可以爬越城池山嶺寡不敵衆以致失守定海糧台本在城內署知縣舒恭受因事危急恐資盜糧

委令典史鄧鈞帶領鄉勇將糧台鎗炮護至城外山岙寺內並將印信交付家屬囑令鄧鈞倘或縣城疏失即行保護南渡城內百姓亦已保護連日接戰道路不通致未隨時稟報等情奴才聞信之下不禁眥裂髮指惟查該逆驕盈已極定海既已失守則我之鎗炮器械又爲彼有勢將同撲鎮海現在會同余步雲督率鎮將協力守禦城存共存斷不敢稍有退志以冀保守斯土一面專遣精細改裝易服前赴定海查探敵情並查王錫朋鄭國鴻葛雲飛舒恭受等屍身下落及陣亡將備弁兵共有若干名招集散卒毋使驚疑致爲賊用又分派員弁兵丁在于沿海一帶查奸細安插難民俟辦有頭緒再行具奏至奴才前此請調江寧駐防八旗官兵八百名壽春官兵一千名現已飛檄催調尚有駐札江蘇寶山縣之徐州鎮標官兵三百名本爲江浙兩省策應之兵奴才先已咨商江蘇臣梁章鉅陳臣酌量情形分別調派已准咨覆遣令星夜兼程前來約計今明可到又有巡洋北來爲東船阻滯不能回閩之黃岩鎮標官兵一百數十名奴才亦已截留在鎮協防再前奉諭旨派調江西兵二千名前赴福建撫臣劉鴻翱來函知該省以招僱民兵爲得力毋須另調外省官兵現在

廈門業已收復更無須多兵而浙江需兵甚急奴才于接到定海危急探報後即已繕發傳牌並咨明閩省督撫將江西兵二千名截赴浙江俟各兵到齊再用漁船分遣東渡埋伏山嶴就近招募鄉勇克復定海至壽春鎮總兵王錫朋處州鎮總兵鄭國鴻定海鎮總兵葛雲飛署定海縣石浦同知舒恭受會督將備弁兵苦戰六晝夜連得勝仗祗以衆寡不敵效命疆埸忠憫可嘉相應請旨加恩獎賜並請將奴才交部從重治罪以爲失地喪師者戒奴才謹恭摺具奏伏乞皇上聖鑒訓示謹奏

梁撫札八月二十三日准浙江撫院劉咨開本部院前接鎮海營縣稟報該逆在鎮海港口船隻全數駛往定海聞定海自十五日以後絕無文報到省正深躬慮間玆于二十日亥刻連接鎮海提鎮道府函稟均稱該夷自十三日至十八日迭次攻打定海所築土城俱未得手且被定海鎮葛擊破火輪船一隻逆夷于十四日由陸路進曉峯嶺而上經壽春鎮王帶領壽春兵奮勇拒敵相持四日殺逆無算十七日該逆仍更番迭進壽春兵所餘無幾王鎮軍傷重殉節曉峯嶺為該逆所奪由嶺轉攻竹山門處州鎮鄭陣亡葛鎮軍與署定海縣舒

丞等勢孤不支亦先後殉節等因接閱之下實深憤恨浴會轉飭嚴防剿辦等因云云

計抄定海失陷情形

署定海縣舒恭受故員之堂弟舒恭烈賫印到官哭訴定海縣自十三日至十七日官兵連打勝仗數次轟擊夷船打死夷人無數該夷人因新設土城堅固不能取勝隨于曉峯嶺地方別用杉板小船裝載逆兵由陸路攻取先經三鎮會議曉峯嶺道路險要必應重防守禦後因壽春王鎮軍帶領本標兵八百名到彼堵禦自十五日至十七日壽春兵極力殺賊前隊陣亡後仍繼進業將逆夷殺退數次無如愈殺愈多官兵所用鎗炮因巳紅透不能裝打壽春兵捨命死戰王鎮軍身受重傷不知下落夷人隨由曉峯嶺闖打竹山門鄭鎮軍被炮轟擊糜爛無存該逆夷由竹山門至東嶽宮攻打葛鎮軍勢孤亦即陣亡舒故員攖城固守身受重傷城陷之後旋即身死先于危急之時委典史鄧鈞同候補同知黃維誥將粮台剩銀九千兩運送南渡又將印信交其堂弟舒恭烈攜呈至鎮海行營等情

八月初二日聞孫春陽家到足信甚至立限三天到蘇信力銀一百兩又聞南濠之馮萬豐藥材號到足信據

傳馮家業巳被搶俱傳言鎮海巳失寧波被攻甚急是以在蘇之寧波人或有早回鄉里或有接信之後不敢回里惟哭而巳是日南濠通市不兌銀匁者有三個時辰初三日藥材行戶罷市一天寧波人大為惶惑

八月初四日欽差大臣兩江總督裕靈柩到蘇初五日出滸墅關回京因鎮海失守投池殞命聞搶奪屍身成殮回籍

浙江巡撫劉等跪奏奏為逆夷猖獗異常鎮海復又失守現委臬司等帶兵馳往紹興一帶防堵以杜內犯請旨速派大臣統兵來浙剿辦恭摺馳奏仰祈聖鑒事竊

臣等前因定海失守乍浦省垣兵力單弱于本月二十一日會摺奏請飭調江西湖北兩省兵三千名來浙分防在案嗣于二十七日亥刻疊接鎮海等縣營稟報二十四五等日夷船三十餘隻由定海陸續駛入鎮海之蛟門在笠山虎蹲山一帶遊奕等情臣等笠山等處距鎮海縣城不過十餘里該逆連艅內駛顯係窺伺鎮海正在奏報間二十八日酉刻接據寧波府知府鄧廷彩六百里稟稱該府在郡辦理防工二十六日午刻驚聞逆夷于是日攻犯鎮海由招寶山口開炮闖入欽差大臣裕親督官兵堵禦無如夷逆炮猛不能抵當隨即殉

難被百姓救護出城送至都城昏迷不醒鎮海業已失守急應招集散兵設法防剿除稟寧紹台道及提督妥速辦理外合亟飛稟等情臣等接閱之下忿氣填膺目眥皆裂憤懣難名該逆於旬日之間連陷二縣鴟張已極寧波府爲浙省東南重鎮全恃鎮定兩縣爲之屏蔽今兩縣先後失守該府藩籬盡撤並無險要可扼而府城向爲商賈馬頭民殷物阜該逆垂涎已久既將鎮海攻陷距府城水陸均止六十里我兩處炮械悉爲彼有難保不乘勢內犯臣劉責任封圻分應親督重兵馳往應援惟省城逼近尖山要口夷船可以直達城下較寧

波猶爲緊要兩省標滿綠各營兵力甚單守衛尚屬不敷勢不能多爲調發且省中五方雜處良莠不齊又自定海被陷以來該縣難民及鎮海寧波等處民人紛紛來省復有安徽江西江北被水災黎接踵前來更恐有奸宄混跡其中現在省垣內外居民一聞鎮海警信盡皆驚懼各思遷避猶恐匪徒乘機滋事此時臣劉若帶兵二三百名馳往寧波於該處未必即能有濟而省垣根本重地設有他虞爲患更大臣等與司道等通盤籌劃現在寧波情形究竟若何難以懸揣而自寧波內河以至紹興再由紹興以至省城除手塘曹娥兩處大江

外其餘皆係支河汊港該逆大船斷不能到惟恐其杉板小船分頭竄入滋擾流毒地方戕害黎庶惟有紹興上虞餘姚一帶赶緊設兵防堵阻其內竄之路以期保護臣等不得已現于撫標挑撥精兵二百名并壯健鄉勇一百五十名飭委臬司蔣文慶賫帶金箭會同金華協副將朱貴并文武員弁馳往該數縣適中要隘之處巡防堵禦如遇逆夷及漢奸駕坐小船闖入內地即督飭兵勇同本處鄉勇痛加剿擊俾令不敢深入一面飭委候補知府王壽昌帶同佐雜數員賫帶銀兩前往餘姚縣之後海一帶地方僱募鄉勇該處風氣剛勁人皆

強壯足以禦侮折衝臣等現令該府不惜重資廣爲招募並令臬司確探寧波消息如果逆夷前往侵犯即就近轉飭該府所僱各勇陸續遣赴寧波以爲戰守之助其自鎮海散回兵丁如有至紹興餘姚等處者亦由臬司就近截回寧波以資遣用至提臣余步雲寧紹台道鹿澤長下落寧波府來稟並未確切指明此外各鎮將或存或亡向未稟及惟該府現稟內載有稟請提督等招集散兵之語是余步雲等均尚無恙即其餘文武各員無恙者諒亦不少現亦飭令該司確加查訪並查鎮海實在失守情形另行奏報惟是該逆強悍兇悖疊次

攻陷城池罪大惡極實爲天地所不容神人所共憤亟應大加撻伐攘除兇逆克復疆圉以彰天討第浙省重兵本皆聚于鎮定兩處今該兩處兵丁皆係潰散之餘不能深資倚賴此外各兵分守本境尚形不足萬難再撥其裕謙前此奏調之徐州兵三百名壽春兵一千名江寧駐防旗兵八百名又奉調赴閩截令來浙江西兵二千名臣等請調之江西兵一千名湖北兵一千名內除徐州兵江寧旗兵已先後到浙又臣等所調之江西湖北官兵到浙後應分防省城乍浦外裕謙所調之壽春江西兵共三千名現俱未經入境其爲數無多夷逆兇焰甚熾恐亦不足以資攻戰裕謙現又昏迷臣等復未嫻韜略況省垣乍浦在在喫重均應從嚴防守勢難遠離惟有仰懇皇上天恩迅賜簡派帶兵大臣多發京營及各省勁兵兼程來浙剿辦以期克復盛沐鴻慈實無旣極再臣劉前因定海失守已請旨交部議處今鎮海又復失守應請敕部併案嚴加議處以示懲儆臣等謹合詞由六百里加緊恭摺馳奏伏乞皇上聖鑒訓示

謹奏

九月初聞八月內鎮海失守之後寧波府城亦被攻陷夷人發放僞官踞于城內九月二十二日聞杭州信探

報逆匪欲由尖山林平一路進抗州攻打省垣浙撫文開九月十四日奉到硃批爲國捐軀深堪憫惻逆夷之可恨難以言喻即有旨欽此同日奉到軍機大臣字寄道光二十一年九月初八日內閣奉上諭兩江總督裕謙功臣後裔世篤忠貞經朕擢任封疆適當逆夷滋事特派爲欽差大臣辦理浙江軍務該督銳意圖功方資倚畀前以鎮海縣城失陷投水殉節爲國捐軀深堪憫惻著加恩贈太子太保銜照尚書例賜恤任內一切處分悉予開復伊祖班第于乾隆年間在伊犁殉節入祀昭忠祠今該督臨危致命不忝前人著附昭忠祠並候

軍務完竣之後再于鎮海縣建立專祠以彰盡節其靈柩回京時著沿途地方官妥為照料並著伊弟裕恆前赴江蘇迎接到京時准其入城治喪應得恤典該部按例具奏欽此

奉上諭奕紀著加恩釋回發往廣東軍營効力贖罪無庸來京欽此

奉上諭奕經著授為揚威將軍哈哴阿胡超均着授為參贊大臣馳驛前往浙江辦理軍務陳階平着仍以提督用馳驛迅赴浙江軍務欽此

奉上諭怡良作為欽差大臣馳驛前往福建會同顏伯燾劉鴻翱辦理軍務欽此

奉上諭容照著賞給三等侍衛馳驛前往浙江軍營交奕經等差遣委川琦善著加恩釋放發往浙江軍營効力贖罪欽此

奉上諭文蔚著馳驛前往浙江隨同揚威將軍奕經辦理軍務所有左都御史左翼總兵着麟魁署理麟魁著補授總管內務府大臣欽此

奉上諭奕經奏請隨帶司員一摺吏部郎中貫承暮吏部員外郎阿彥達形部員外郎胡之愼形部候補主事揚熙內閣候補中書張炳正黃旗二等侍衛什長文藝正黃旗三等侍衛西拉布正白旗二等侍衛什長常清左翼前鋒參領廣林左翼前鋒校續齡均着准其隨帶軍營聽候差委印一併馳驛前往欽此

奉上諭御前頭等侍衛明慶二等侍衛希凌阿乾清門四等侍衛伊昌阿藍領侍衛穆騰阿跟奕經馳驛前往浙江欽此

奉上諭自上年英夷犯順以來滋擾廣東福建浙江三省沿海居民慘遭鋒鏑或被搶掠一空或被流離失所朕統御寰區痌瘝在抱每閱各處奏報為之寢食不安已命奕經為揚威將軍特依順文蔚為參贊大臣調集

各路精兵尅期進剿大兵到浙自必迅速蕆功惟各路所調官兵經過郡縣地方或恐約束不嚴藉端滋擾着責成該將軍等嚴飭營兵各員分飭所屬謹守紀律秋毫無犯違者即以軍法從事如有縱容狥隱別經覺發惟該將軍是問其沿海各處鄉村均宜自行團練鄉勇聯絡聲勢上為國家殺賊下即自衛身家其有奇才異能足備禦侮之用者許赴軍營自行投効該將軍等量才器使遇有出力之處隨時保奏候朕施恩從前三省夷匪滋事儘有由義勇出身擢至大員者該將軍務當多方激勸咸使有勇知方一技一長毋許屈抑凡茲薄

海臣民皆係朝廷赤子二百年來食毛踐土具有天良
當此逆夷不靖自必志切同仇斷不爲奸夷所惑自外
生成其或被脅陷自拔來歸亦即宥其既往予以自新
俾得同贊膚功共享天平之福着沿海各督撫刊刻謄
黄遍行曉諭用示朕外攘內安至意欽此
奉上諭烏爾恭額着加恩釋放發往軍台充當苦差琦
善著發往軍台充當苦差毋庸前赴浙江軍營欽此
奉上諭曾逼羣著賞給六品頂戴隨同揚威將軍奕經
發往浙江辦理粮台事務欽此
奉上諭貴州安義鎮總兵段永福着馳驛前往浙江隨

同揚威將軍奕經辦理軍務欽此
奉上諭參贊大臣特依順着改赴浙江辦理軍務哈哴
阿着毋庸作爲參贊大臣仍回山海關防堵欽此
奉上諭本日已改派文蔚爲參贊大臣胡超着帶領陝
西兵一千名馳驛前往天津會同訥爾經額辦理防堵
事務欽此
奉上諭文蔚奏揀派兵弁隨帶差遣一摺委護軍參領
文興倭什額護軍校德恩玉明候補千總蔡傳唐武塔
恩騎尉魯肇英外委薛殿璽丈治均着准其隨帶浙江
軍營並帶領護軍四名營兵四名聽候差遣者一併馳

驛前往欽此
奉上諭奕經奏揀派員弁隨帶一摺步軍統領衙門筆
帖式聯芳巡捕營千總集端王致祥李萬年史榮椿馬
瑞把總石長用柏文滙蘇恩綬程秀外委費明辭庭耀
于得海均着准其隨帶浙江軍營並帶領兵目十六名
聽候差遣即一併馳驛前往欽此
奉上諭達洪阿等奏擊沈夷船擒斬逆夷奪獲炮位一
摺八月以來夷船疊向台灣外洋遊奕停泊經該總兵
等飭屬嚴防堵禦是月十六日卯刻夷船駛進口門對
二沙灣炮台發炮攻打經該參將邱鎮功等將安放大

炮對船轟擊淡水同知曹謹等亦在三沙灣放炮接應
邱鎮功手放一炮立見夷船桅折索斷退出口外冲礁
擊碎夷人紛紛落水死者無數其上岸及乘船駛竄者
復經參將督同署守備許長青等帶兵駕船赶往生擒
格殺黑夷多名復經印用知縣王廷幹等駕船出洋帮
同出力生擒黑夷多名見白夷自行投水其時復經千
總陳大坤等駕船開炮擊沈杉板一隻格殺白夷並生
擒黑夷多名又據曹謹等在大武崙港外追獲逃竄杉
板一隻刺殺白夷及生擒黑夷多名並撈獲黑夷屍身
炮位搜獲圖冊此次文武義首人等共計斬白夷五人

紅夷五人黑夷二十二人生擒黑夷一百三十三人擄
獲夷炮十門搜獲夷書等件辦理出力甚屬可嘉提督
銜台灣鎮總兵達洪阿着賞戴雙眼花翎台灣道姚瑩
著賞戴花翎達洪阿姚瑩及道銜台灣府知府熊一本
均著交部從優議敘其在事出力各員弁並勇義首人
等著據實保奏候朕施恩傷亡兵勇查明照例賜恤已
革候補同知台灣縣知縣托克通阿丁憂候補同知署
澎湖通判徐桂邦休致通判銜前任福青縣知縣盧繼
祖俱着准其留于台灣差委此軍務緊要是以允准其
留不得援以為例欽此

十一月二十日聞浙江餘姚縣失守

八月內提督銜福建台灣鎮總兵臣達洪阿馳奏為夷
船攻擊雞籠炮台我兵擊沈夷船一隻杉板兩隻生擒
黑夷一百三十三人斬馘白黑夷三十人奪獲夷炮圖
冊現提審辦恭摺馳奏仰祈聖鑒事切照台灣自上年
六月間夷船至鹿耳門外馬鬃隙洋面停泊經臣等督
率官員擊走之後台澎外洋時有夷船往來經先後籌
備兵勇防守日益加嚴本年八月初一初五等日據淡
水鳳山各屬稟報北路之雞籠中港南路之小琉球等
外洋有夷船遊奕當飭守口文武各員相機防守倘進
口門即開炮轟擊旋據護台灣水師副將江奕喜南路
參將余躍龍署鳳山縣白鶴慶稟報南洋夷船一隻將
進口門見文武兵勇人等防守嚴密立即竄駛北去又
據淡水廳營先後稟報八月十三日申刻有船在雞籠
山外之雞籠磯洋面停泊等情又經臣等飛飭旗營會
同文武營員義首人等嚴防去後茲於八月二十五日
據艋舺營參將邱鎮功淡水同知曹謹雞籠協防澎湖
通判范學恆委防海口即用知縣王廷幹稟報該夷船
於十五日辰刻移泊近口之萬人圻洋面該員等用千
里鏡照見一隻桅大號夷船施帶杉板多隻有夷人在

桅頂張望十六日卯刻該夷船駛進口門對二沙灣炮
台連發二炮打壞兵房一間其兵尚無損傷該參將邱
鎮功督率調防雞籠之署噶瑪蘭守備許長明署艋舺
營守備歐陽寶等在二沙灣將安防大炮緊對夷船轟
擊曹謹范學恆王廷幹督同艋舺縣丞宓惟康在三沙
灣炮墩亦放炮接應邱鎮功並手放一炮惟八千斤六
千斤大炮有準立見夷船桅折索斷船即隨水退出山
外海溜驟起冲礁擊碎夷人紛紛落水死者不計其數
或鳧水上岸或上杉板駛竄邱鎮功督同守備許長明
歐陽寶署千總陳連貴外委尤登和帶兵駕船赶往生

擒黑夷四十三人又割取格殺黑夷首級四顆該令王廷幹遣派家丁隨同縣丞宓惟慷亦駕快船帶領屯丁鄉勇出洋生擒黑夷三十一人總理謝集榮董事吳朂安及屯弁義首人等生擒黑夷二十五人割取首級一顆又同知曹謹之親屬郝芝帶領家丁生擒黑夷五人督臣等委來台之候補從九品周晋貽亦經赶到幫同出力當該船擊碎時見一白夷自行投水是否頭目打撈無獲其時有署艋舺營滬尾守備台協千總陳大坤同委員德化縣典史陶榮在滬尾守防聞信駕駛巡船截擊在野柳鼻頭洋面見夷人數十駕杉板一隻向南

逃駛該署守備等揮令兵勇開炮將其杉板擊沉夷人落海該署守備帶同家丁陳功陳經邦義首林俤亦等割取白夷首級一顆生擒黑夷十八人委員陶榮生擒黑夷二人有包黑汎外委林光章兵目何得利兵丁李起鳳陳[illegible]協同出力又據該同知曹謹通判范學恒參將邱鎮功署北路協右營遊擊安定邦先後稟報十六日晚有白夷等帶領黑夷三十餘人駕杉板一隻在大武崙港外竄駛該廳遣派役勇坐船追尋十七日早在觀音山追及互相格鬭該署遊擊督率兵丁截擊當經官兵役勇刺死白夷二人落水生擒黑夷十二人奪獲炮

位四門兵丁謝捷升同鄉勇二人均各受傷謝捷升傷重旋即殞命十九二十三等日署守備許長明縣丞宓惟慷在海濱撈獲白夷屍身二具查驗一穿紅色戰甲胸前刺有八卦形一係尋常夷服胸前刺蓮花形左右腳腕或刺蓮花形鳥形獅形又撈獲夷炮五門重七千九百斤不等大小炮子數十粒鐵碇一門大鐵鈎一個署千總陳連春撈獲大夷炮一門重二千斤大炮子一粒捺毬二個被水火藥不計斤數又該同知曹謹通判范學恒遣派義首帶領壯勇及宓縣丞丁役人等于七百駕駛搜捕至外洋草嶼有白夷二人紅夷五人携帶

圖冊在彼藏匿經義勇等上前圍拿該夷俱被格殺取首級帶回搜獲夷圖一幅中繪山海形勢冊頁五十一張夷書二本又夷字一紙其夷書內亦繪有城池人物車馬形狀等因前來臣等查此次文武義首人等前後共計斬馘白夷五人紅夷五人黑夷二十二人生擒黑夷一百三十三人撈獲炮位十門搜獲夷書圖冊等件辦理尚爲出力夷船初受炮傷之時海潮忽起遂將夷船冲礁擊碎具見海若效靈助順天朝尤深寅畏惟該夷船是否即係滋擾廈門之船抑係另幫必須解郡查訊方可根究夷情台地並無通事惟有醫生連廷桂係

粵人通曉夷語可以傳供現獲夷人爲數較多路程窎遠現在委員馳往行提分起解郡容俟紮明恭請王命正法以彰國威而壯士氣並將夷書圖冊恭呈御覽該逆夷此次受創之後雖保不再集大幇來台冀圖報復臣等仍嚴飭各口文武添派兵勇嚴防以免踈虞查明在事出力文武兵勇義首人等另行請奬受傷之兵勇分別賞䘏照例查辦外所有擊沈夷船擒斬白黑夷多人奪獲炮位圖冊緣由合先恭摺馳奏伏乞聖鑒再澎湖外洋亦有夷船遊奕臣在籍提督王得祿欽遵諭旨在彼駐扎督同文武嚴密防堵現在尙無滋擾合併陳明奏聞請旨

奉硃批覽奏嘉悅之至別有恩旨欽此

奉上諭鎮海縣丞李問陽着照陣亡例給雲騎尉世職襲次完時給予恩騎尉世襲罔替欽此

夷匪犯境聞見錄卷之四 終

十一月都察院審訊山東民人擱輿呈遞封章據具供張鴻年四十四歲係山東新城人于道光七年間至密雲新營房外邊開雜貨攤生理父母俱故現有一女年五歲素未讀書識字亦未習武現聞南省用兵要到軍營心內想出圖樣央懇畫匠邢老三代為畫就又托文生趙德三塡註字樣因與素相認識並未給錢陣圖內有外三層名為虎尾陣內層三百弓圓圈計九百弓每弓用人三百名用炮三百尊架在小車上共用

人二千七百名炮二千七百尊中層八門四門用馬隊每門二千共用馬隊八千不用炮外層九百弓圓圈二千七百弓共用火炮軍八千一百名不用馬隊陣外又三個虎尾陣每陣一百弓共用人三百名炮三百桿轉遭俱是壕溝臨陣用小車三千輛大車二百輛架炮施放求將圖樣奏明皇上差我到軍營去所供是實

十二月二十日有人自乍浦歸眼見乍口於十七日午刻夷杉板兩隻駛進口內停泊米旗門外大小夷船數十餘隻連檣而泊後即有火輪船兩隻駛進口內傍貼在兩局之東洋蘚銅船上夷人皆登銅船嘉會局之得室船上被取去泉糖四包夥長柁工總管箱籠俱被劈開衣物盡被搶去並搶去水手兩人官局之太平船上亦被取去泉糖四包夥柁總管之衣物亦盡被搶去將柁工一人拿去此极虛傳不准乃係夷人將擄去銅船上之人于十九日送還駕小船直抵海塘以被恢傳登岸云云

二十一日得探報稱乍浦夷人於二十日丑時登岸申刻進城業已失守恢傳不準

二十一年十二月奉上諭珠勒亨喀拉吉那岱昌俱著馳驛前往浙江軍營交揚威將軍差遣委用欽此

奉上諭發去造辦處庫中圓城炮位十五位木靶子毋炮十二位着珠勒亨喀拉吉那岱昌帶往浙江軍營交揚威將軍奕經備用欽此

奉上諭用兵之道貴乎紀律嚴明賞罰必信誠以紀律嚴則法度自昭賞罰信則德威並濟我國家承平垂二百年各省將弁所以恩養而教育之在至優極渥偶遇征調宜如何爭先思奮為國立功乃自上年軍興以來與暎夷接仗惟定海一役力戰六晝夜之久擊斃夷匪無數其餘各仗帶兵各員不能申明紀律激勵士卒以致臨陣脫逃非逆夷之兇焰竟不可滅實由統兵大臣

一味姑容故將士不能用命若不亟加整頓何以挽積習而勵軍心着揚威將軍參贊大臣等查明失守各城首先逃走之將弁嚴切訪明即照軍法從事毋稍寬縱惟犯法者既正刑誅立功者當膺懋賞激勸以壯其氣錫賚以獎其勞全在該將軍等開誠布功勗以忠義使令有勇知方同心敵愾似此貪狡兇夷罪惡貫滿揆之人心天理殲滅何難若使紀律嚴明賞罰必信自可迅奏膚功茲特發去內花翎五十枝藍翎五十枝搬指八十個翎管四十個小刀九十把火鐮七十五把六品頂六十個七品頂八十個着珠勒亨等帶往軍營交揚威

將軍奕經祗領其將備兵丁及收羅異材並撒調各省官兵人等內如有拔幟先登不避鋒焰斬獲逆首者該將軍等即將領去各件優加賞賚仍敘述事蹟保奏朕必破格施恩該將軍等惟當恩威並布整飭戎行以副朕綏靖海疆至意欽此

奉上諭奕經奏請將捐輸人員懇恩鼓勵一摺候補郎中張錫霖等因現在辦理軍務急公輸將均堪嘉尚自應從優獎勵張錫霖捐銀三萬兩爲數較多著准其賞戴花翎並賞加道銜其捐夊四千串之捐納兵馬司正指揮汪傅霖准其儘先補用捐銀三千兩之告病病痊山西應州知州段洪恩免其坐補原缺歸于應補班內儘先選用並賞加同知銜捐米二千石之江蘇試用縣丞張肄孟准其以知縣歸于捐班儘先選用捐銀二千兩之江蘇試用縣丞程槐照准其歸于候補班內補用捐夊一千串之江蘇試用府經歷田濤准其歸于正班前儘先補用以上捐輸各員既據該將軍等察看才具尚堪驅策俱著准其留營差遣欽此

二十二年正月奉上諭前據劉韻珂奏英夷復犯餘姚代理縣事司獄林朝聘親赴夷船斥令退回當諭令奕經查明保奏外據該將軍等查明請將該員以縣丞補

用等語逆夷復犯餘姚意圖肆擾該代理知縣林朝聘因聞焚燒民房之謠即率同水勇家丁親上夷船令以大義聲色嚴厲即開船而去實屬勇敢有爲林朝聘着加恩以知縣儘先陞用留于浙江遇缺即補並給予六品軍功頂戴藍翎以示激勵欽此

二十二年二月三十日聞浙江有報文到云定海又有新到夷船四十餘隻共來夷人一萬餘人俱戴紅帽穿白衣者操有攻打天津及上海口之信云云

二月蘇撫程咨爲密咨事本年二月二十八日准浙撫劉咨據鄭藩司稟稱餘姚縣林朝聘稟轉稱廟山巡撿

稟稱二十二日酉刻周家路洋面對直外洋約計五六十里瞭見有三桅夷船六隻由東而來向西駛去係屬隔洋瞭望難期確實惟由南而北實有夷船多隻並據探報寧鎮兩處夷船十四隻而定海內外實在夷船之數究未的確頃據副貢生盧源探報馬禮遜又來帶到紅頭兵一萬船四十隻已到定海紅頭兵已有數百到寧俱戴紅呢白鑲高帽面皆微有紅色深言要進黃道關並據黃道關委員金宗埈等稟本月二十五日未刻瞭見巫子山洋面有兩桅火輪船一隻上冒黑烟並有小船一隻相跟西駛海面相距十餘里向尖山洋面駛

去正發稟閒該逆火輪船駛至白螞礁海面折回復向東南駕駛又據海寧州知州許發和稟二十五日酉刻尖山汛把總陳鳥魁等報稱本日未刻瞭見鳳凰山之東南約距二三十里有火輪船一隻在彼停泊又據鄉勇張仁佩等報稱巳刻見火輪船一隻由白螞礁駛至鳳凰山直南三四里停泊隨後將船調頭向東南洋面駛去等情到本部院據此查逆夷屢有窺伺乍浦省城之意幷有至上海天津等處滋擾之謠今既有夷船其心叵測其駛至尖山等處船隻雖係其非窺探虛實查看道路其船隻既多幷恐分船北駛除札飭加緊巡防

外合轉飭到本部准此云云

二十二年二月奉上諭齊慎仍作爲參贊大臣携帶關防馳驛前往浙江辦理軍務欽此

奉上諭伊里布着賞給七品銜咸齡着賞給四等侍衛均着交耆英帶往浙江差遣一併馳驛欽此

奉上諭耆英奏請隨帶官員兵丁一摺佐領塔布芳補充驍騎校剛安委官官林並書寫滿漢字兵丁九名均着准其隨帶前赴浙江以資差委一併欽此

奉上諭奕經奏查明接仗情形拿獲漢奸訊取供詞一摺逆夷竊據三城肆行滋擾又復勾結奸匪窺探軍情

實堪髮指茲據奏逆夷撲鼎喳于上年八月定海打仗被葛雲飛用炮轟斃死在夷船撲姓係屬假冒並茲裕接仗時炮斃逆夷頭目寧波城內夷人盡爲掛孝據報即係逆夷巳姓又逆夷安突德臂受一箭並有大夷目受傷甚重死夷屍身共載五船運往定海埋掩又最要漢奸陳秉鈞等五犯現巳拿獲訊明正法其餘所獲夷目漢奸人數甚多等語其在著名緊要逆夷或臨陣受誅或被傷垂斃其助逆肆惡之漢奸亦經先後擒獲是逆夷以漢奸爲爪牙漢奸以逆夷爲利藪表裡爲奸殊堪痛恨惟該將軍既將剴切曉諭于前茲復查拿懲辦

于後想軍民人等自當曉然于順逆利害之故志切同仇益加感奮著奕經等激勸將士相機進剿其未獲奸匪仍當嚴密查拿毋稍疎懈務期迅復郡縣盡掃逆氛以伸天討而懲奸邪欽此

二十二年四月初五日乍浦有火輪兩隻進口初八日又有夷船十六隻進口初九日又有大夷船六隻進口共有夷船二十四隻一字排列泊于乍浦口內即于初九日向海塘開炮打仗一面由唐家灣登岸翻灯光山由陸家棚一路進乍浦城之南門都統在葫蘆城自刎巳刻乍城失守吉泉等俱當時逃歸至平湖見敗下之

逃兵及退下各官並逃難之百姓陸路河下紛擾異常不能枚舉

初十日接到金山縣稟初九日探得界境篠館墩外洋停泊火輪等大小船二十餘隻於初八日寅卯時先後放炮鳴鼓開行旋又探得是日申酉刻乍浦燈光山起至天妃宮前共泊火輪各夷船十九隻試放一炮尚無動靜嗣又據炮台汛把總郭鏞差探報初九日辰刻乍浦已被逆夷竄入現在篠館墩瞭見一船直對金山墩停泊等語

四月十三日准浙江撫院劉咨案照夷船於本月初七日駛至乍浦已於初九日失守據嘉興府稟稱該逆於攻陷乍浦後將杉板拖入內洋又將內池蒲鞋頭等船拆去圈棚裝載炮位火藥等物於十三日進犯嘉興之說本部院查該逆曾在寧波向人逼索揚子江黃河輿圖稱欲內犯蘇杭今又在乍浦預備內河船隻其心殊不可問蘇州人殷物阜且浙省軍需銀兩貯於蘇省該逆早已偵知若竟竄入嘉興其勢必分犯蘇杭亟應預爲備禦以免不虞除會同欽差大臣遣兵至嘉興平湖等處守禦外飛咨赴緊擇要防堵等因

十七日蔣姓開設糖行名恒昌向在乍浦有年今有行

夥下官一人出店一人當時夷人登岸乍城失守惟此兩人看守行房不能逃避直至十七始歸據述該夷已於初七暗度夷兵登唐家灣山凹內埋伏比及該處居民報知防守統領之副將洪公已在初八日矣即帶兵征剿殺斃夷兵無算夷兵不能抵敵在山頭將白旗招颭初九黎明船上夷人見之即放炮轟擊山灣登光山葫蘆城西行等處各文武員弁俱走夷人一以救應唐家灣之兵一以乘勢攻取乍城以致乍浦失守其下官等坐守恒昌行內並無驚動至十二日土人糾衆劫掠南門外市街劫至恆永海貨店內該店鳴鑼亂擊城內

夷人聞知出救土人見夷人出救不能行刦卽分頭各
處放火以致南門吊橋起至税關止兩岸房屋盡被燒
燬當時下官等見傷屋已延燒方出後門而走其出店
係平湖鄉里人二人祗拿衣包二個搭連一個內放釘
鞋一雙錢四百文到平湖出店家中居住隨後又有逃
難之人亦於出店家中投宿不料該處鄉民見多人聚
宿必有攜貲欲行搶刦是以卽于後日動身赴蘇
又向開皮貨店在乍之人當時不及逃走被夷人挾住
令尋取鷄鳥無奈隨其尋到數只又挾令燒煮熟後各
黑夷大啖又令其尋買鷄蛋給夊六百文在外給夊四

百文以作工夊此事幸無夷人押走是以持此一千文
逃蘇亦于十七日到蘇
金山縣報頃于本月十六日辰刻據西路炮台汛把總
郭鏞探稟十五日夜子時密探同報乍浦于本日辰刻
夷人宰牛放炮祭海登城見天后宮前停泊夷船十隻
唐家灣八隻餘已分向海鹽至申未時山東兵勇五六
百名殺進壯門被夷截住對敵連開鎗炮以致兵勇百
姓受傷過多夷匪亦殺死無數後有應援官兵千餘名
被夷追出北郊是以亦未取勝夷卽入城固守並捉民
人百外剪去長髮硬作鄉勇黑鬼姦淫婦女着醜不知
犬羊無異所有木關洋船索杠盡行搬去軍工廠料搶
拾一光銀錢已經搜盡米石亦搬上船並探得伊大人
有帶兵赴乍進剿之信又于十六日巳刻瞭見金山門
西南洋面內洋兩桅夷船二隻三桅夷船一隻均落蓬
停泊
得悉乍浦布業之何定香住居乍城合家被擄至城隍
庙中該夷將神像擄開自坐神龕中以定香之一妻一
妾三女指配夷人五名當時跪拜扯進內屋挾令定香
當廚灶燒火之職定香爲人素稱良善豈不哀哉憐哉
四月廿一日接據慈谿縣稟稱據探子回報鎮海招寶

山仍舊泊夷船兩隻試放炮四門船上夷人二百餘名
有漁船六七十隻過鎭關每船索去洋金二元見夷目
羅伯丹帶領鬼子六十餘名各執鳥鎗在鎭城內外巡
邏又將我處人二名削落髮辮放回並有鬼子挑運淡
水上山等語
同日接嘉興府轉據海鹽縣稟稱本月十九日辰刻夷
船全行起碇退出乍浦向東而去惟查灯光山葫蘆城
是否尚有夷船停泊無從瞭見除專丁前往確查另稟
等語
同日接嘉興秀水兩縣稟報乍夷船於十九日辰刻

令行往東而去又據南滙縣十八日申刻見白逢大夷船三隻由南駛往東北外洋遠望無踪等語

聞伊中堂曾先經微服全往一次有講和之說

浙江巡撫劉韻珂前奏爲大兵在慈谿失利事勢深可危慮謹將實在情形由驛恭摺密奏仰祈聖鑒事臣前因揚威將軍與參贊大臣文蔚進兵攻取寧波定海二城不能克復恐逆夷以報復爲名到處冲突當經飭屬從嚴防堵茲于初六日繕摺奏報在案是日傍晚接准守駐上虞之衢州鎮總兵李廷揚稟稱初四日我兵與逆夷在慈谿縣城外接仗勢甚危急次日又接行營粮

台各委員銑等會稟長谿嶺參贊大營於是夜被逆夷放火燒燬等情接閱之後萬分焦灼正在確加查探間揚威將軍旋自曹江回省臣細加査問據云是日逆夷與假扮鄉勇商民之漢奸分爲數隊先在慈谿縣城外與我兵接仗或直逼于前或暗襲于後或横冲于旁四面攻撲其鎗炮火箭又極猛烈我兵死者六七百人營盤帳房盡被燒燬兵勇勢不能支紛紛潰散至昏暮之際又有漢奸數百人假充難民鄉勇混入長谿嶺山口山內復有數處火起猶恐踪虞飭令移營一面先行下山乃未行數里即被入山之漢奸將營盤燒谿臣復詢

門前次攻城不克情形據云伊等自上年抵蘇以後因堂堂正正之師恐難取勝是以委令安徽泗州知縣張應云等與地方紳士用重貲招撫該逆重用之漢奸令其轉邀義勇分伏城內候大兵進剿之時作爲內應詎事機洩露被該逆預作準備而用爲內應反爲賊用之人故城池不能克復轉多傷亡各等語臣聞此情由不勝心驚髮指伏查該逆滋事以來恣横無忌上年定海鎮海之守備無不固若金湯而旬日之間蕩爲灰燼臣已知該逆之兇焰難以遏抑然以本省兵勇類皆怯弱或者調集勁師可冀一勝故于鎮海失守之時即經奏

請調派精兵留浙協勦以雪前恥仰蒙我皇上不惜度支簡調川陝等省師途遠道赴浙皆係百戰之師一可抵十迥非本省官兵可比且揚威將軍抵浙後又招集江南山東等省義勇多名其精壯勇悍亦無異于川陝之兵聲勢不可謂不壯況將軍等密防數月一切有區畫之處悉從隱秘臣忝任封圻猶不能深悉遑論其他機宜亦不可謂不密以將軍之深謀秘計加以各省之勁師似無難于擒巢掃穴臣祇慮大兵到後該逆畏懼逃遁竄擾他處初不料攻剿竟無成功轉致摧折將兵實出意外浙省自交兵後官紳士庶無不企望捷音乃

延頸數月復聞敗音人心潰散愈甚於前竊恐此後之用兵更爲不易而大局深屬可危臣焦慮之衷難以枚舉謹爲皇上略陳其概

查各省兵勇兩延衽刼銳氣全消即防守他處未經接仗之兵亦皆聞敗中餒若復欲鼓而用之其勢恐難再振臣所慮者一也在各省兵勇既難深恃似宜另調然西北各省距浙遥遠非四五月之後不能到浙該逆驕縱已極未若前次之伏而不動刻下事在燃眉豈能遠待於四五月之後不能到浙之兵况各省額兵類皆强弱參半即以浙省初次所到之壽春兵最爲精勇及第

三次復行調派其膂力材技與初次迥不相同他省情形諒亦如是即續行添調每恐無濟于事臣所慮者二也該逆火器之精不特火炮一項其火箭火彈亦無不猛烈異常無可抵禦我兵以血肉之軀安能當此利害臨陣之際有披甲百人被其所傷則餘衆自然瓦解雖有技勇亦無他施臣所慮者三也論者本爲該逆不長陸戰而兩年之中該逆之戰勝皆在陸路且能爬越山嶺又有漢奸爲之引導各路溪逕較我反爲熟悉其隱謀詭計復出我兵所備之外使我萬難防閑臣所焦慮者四也水戰尤爲該逆之所習我欲制其命必當籌海洋制勝之策若僅攻之于陸路無論現在師途撓敗未能取勝即使日後幸獲全勝而該逆登舟我兵祇好望洋而歎逆焰未消後患無窮臣所慮者五也該逆前在定海半載有餘兹在寧波等處又經數月以小信小惠邀得人心在大家巨室自不致被其所誘至無賴之徒則皆被該逆勾充漢奸樂爲盡力即有不敢從逆之人亦因該逆並未凌虐彼此相安轉以大兵進剿爲慮是民間已鮮有同仇敵愾之心况此次將軍等往彼攻剿先在慈谿寧波等一帶屯札兵勇該逆聞知將兵勇住歇之房悉用火炮火彈擊燬如居民因急公好義即被

横羅摧殘此後人皆畏懼恐爲該逆之耳目者將不獨在漢奸臣所慮者六也大兵屢敗敵驕我餒不惟攻剿之難防守極爲不易恐該逆所到之處無定而乍浦爲浙江咽喉省城爲根本重地尤爲緊要現在乍浦雖有兵勇六千餘名然本省之兵闔省之勇本不足恃其川陝及山東兵勇爲數本屬不多設被該逆乘突恐難堵禦至省城距尖山百餘里道路綿長兵勇之數不如乍浦之重議者以尖山口内水淺沙淤恃以無恐不知該逆之杉板船到處可通原不論水勢之深淺况目下春潮日長水漸充盈不特杉板船可通恐火輪船亦可駛

入當此際人心震動士氣不揚倘有夷船數隻突然竄入必到全城鼎沸不戰自潰且近聞無業遊民希圖搶掠有不以該逆之內犯爲可懼而以該逆之內犯爲可喜者紹興嘉興等府皆然卽省中亦復不免人心如此又安望其共謀保衛臣所慮者七也浙省上年秋成固屬歉薄然未經有災者仍屬有收乃有漕各處收納漕粮多未完竣且有未收及一半之處實爲從來所未有實由逆氛不靖花戶人等半已流離半爲觀望遂至輸納不前返呼罔應今大兵復有失利催征更屬爲難體察情形實難免于貽悞而各處地方之粮不能催納已

屬爲難且乍浦有驚則江省蘇松二府亦難免震驚恐收粮亦多掣肘臣所慮者八也去冬湖州杭州紹興各縣匪徒聚衆搶掠勢甚猖獗雖由十一月間猝被雪災而起實則因該逆滋事各匪明知地方官不能兼顧遂藉詞逞兇臣分委文武多方彈壓威惠兼施甫就解散然首要各犯尚未弋獲難保不潛相煽惑散而復聚況上年雪災之後春花多未布種現在米麥菜蔬價日增昂小民度日維艱卽使前次各奸民未能復集安保此外不另有不法之徒乘隙而起臣所焦慮者九也該逆犯順以來沿海九省警備兩載而逆勢轉益驕橫不惟

浙省之防勦皆難卽他省亦在吃重在各將軍督撫思患預防已是盡臻嚴密然一以浙省之覆轍推之臣不敢謂他省之境竟爾無慮設令再有摧破實屬大虧國體且就令該逆不復他援而浙省一日不能罷兵他省一日不能弛備糜餉勞師伊于何底臣所焦慮者十也凡此十端皆屬必然之患無解之憂若不早爲籌劃則國家之事豈容屢悞臣心急如焚寢食俱廢將軍現赴海寧查勘海口情形參贊大臣文駐紹興府城調度前路防守事宜究竟此後作何籌備將軍等似亦尚無正見臣素被生成若不將實在情形直陳於聖主之前設

日後省垣蹂虞臣雖粉身碎骨亦屬罪人伏乞皇上俛念浙省事在危急獨操乾斷勅令將軍隨機應變妥協辦理俾浙省危而復安卽天下亦胥受其福臣不勝迫切待命之至伏乞皇上聖鑒訓示謹奏將軍前在蘇州招集各省鄉勇以助兵力臣雖聞知其事而鄉勇籍隸何省人數實在若干臣並未知悉茲各勇在慈溪等處戰敗潰散連日携帶器械紛紛抵省臣抓員盤詰有原籍江蘇者亦有原籍安徽者亦有原籍山東者亦有河南者爲數不少臣以此項壯勇如尚須遣用自宜就近截留如無須留用者則其所執鎗刀等物必須向其返

繳庶免持械滋事當經咨會將軍據覆以無須留用令
臣委員逕取器械听其自便臣現已飭令省城巡防各
員及沿途紳耳之會督由陰嵩山石門秀水嘉興等縣
遵照辦理並因水勇人數衆多潰散之時四處奔竄未
必概由大道行走且該勇等性多勇悍多有恃衆不肯
繳器械之人浙省必不能收繳淨盡復又移咨江蘇安
徽山東河南各撫臣飭屬一體巡查如有成羣結隊執
持器械逐繳入官以免事端臣謹附片陳明伏乞聖鑒
謹奏再臣前請將已革兩江總督伊里布改發浙江軍
營效力贖罪未蒙允准何敢復行瀆請惟念該革員之

獲罪究屬因公且較之僨事悞國者亦有區別皇上愛
惜人材凡内外獲咎臣工苟心跡可原或有棄瑕錄用
或令戴罪立功不知凡幾周天爵林則徐等亦皆令其
及時自効仰見聖度如天不使諸臣終身有廢棄之意
伊里布與周天爵等同係造成之人情罪似無歧異且
公忠體國並無急功邀名之心臣生平之所見者止此
一人現在將軍等差委需員除隨帶司員之外又咨取
各省之丞倅並本省舉貢生員查辦事件君老成謹慎
不貪功不圖利如伊里布者正可以當任使況該革員
爲逆夷所愛戴令其來浙或逆夷聞知不復内犯亦未

可定可否伏乞天恩將伊里布發至浙省軍營効力贖
罪之處出自聖裁臣冒犯天顏不勝戰慄如蒙俞臣無
他意伏望俛賜採納深爲幸甚臣謹附片具奏伏乞聖
鑒謹奏

奉硃批爾之焦急情狀朕已洞悉有將不可恃有兵不
可用文官以畏水爲護身之符而又多方掩飾深堪痛
恨爾一到任即遇有事之秋非爾之過爾其殚心竭力
一切軍需襄助揚威將軍速殲逆夷克復郡縣除將酬
庸之不暇何其罪爾乎勿爲過慮勉之加勉毋負朕意
欽此

四月二十五日金山縣稟

探得唤夷於十八日聞伊大人有到乍之信夷人即將
所設之夷炮一切搬運上船隨放火將水師船隻及官
民房屋天后宫一帶市房卡房盡行燒燬又將乍浦鉄
砲盡數將銅炮取去即於十九日辰刻火輪各夷船先
後開出向東南駛去乍城内外尸骸無數是日傍晚有
委員押解前獲留省夷人十三名自杭州由内河送至
乍浦因夷船先已退去該委員仍帶夷人回杭現在乍
浦並無夷踪等情云云

四月二十四日接乍浦棧房生理之汪丙齋來信海鹽人

今春逆船泊據寧波大將軍領兵剿辦不能克復不料
於本月初六日該夷船遊奕舍山洋面即于初七日駛
進乍口共計大小夷船二十六隻一字排泊乍港內之
洋船埭當時該夷將舊停泊之各商船趕放他所至
初九日自辰至午開炮轟擊該夷在船用千里鏡打照
官路杜營之處葫蘆城天尊廟水仙宮石日西營汛等
處並無一處不將炮回擊官兵盡行逃散該夷即放杉
板小船在對牛山東首之唐家山灣上岸該處雖有湖汛
兵防禦對敵奈葫蘆城一帶海塘亦被該夷全行登岸
官兵盡散後無救應以致被傷甚多不能抵敵遂被該

夷亦即登岸追至東門冲殺滿營夷即登城施放火箭
乍城遂爾失守問都統自盡道台海防廳逃至箬山逕
查船避至平湖緣將逃至海鹽其餘官員有傷有逃不
一丙齋先於三月二十三日返里其時乍城失守丙齋
在里中聞信初九早晨在海鹽塘岸遠望乍浦殆值天
霧迷瞞瞭望不能清楚惟見火光烟氣冲天而已今于
本月二十日抵乍細悉情形方知初九被夷所燒係南
門外沈義豐起上下兩岸北至吊橋南至水陸財神廟
[illegible]骨街飲馬池街火神街荳餅行家三家止又于義和
行燒起至小街止各當俱被搶劫惟長木橋典當一所

爲土人所保未搶民間劫掠一空十六日夷人率衆抵
平湖由陸路至黃泥堰幸鄉人將石橋折斷不能前進
即退回乍浦十七日又領衆至海鹽鄭家埭白鬼騎馬
跌下損傷兩足亦即退轉十八日該夷盡行下船臨行
又將海塘之天后宮炭會館灯光山廟並停泊之游銅
洋船兩隻兩銅局之海駁船六隻內外營船數隻盡皆
燒燬至十九日方始全行開去擄去婦女無數生民塗
炭凄慘之至極云云

奉上諭奕經等奏派委員焚燒逆夷船隻殲斃夷匪一
摺據奏二月二十五日夜間經奕經等並劉韻珂飭令

鎮海縣知縣葉堃商同鎮海縣生員王師貞統領火藥
船隻及水勇數十名由僻港駛至鎮海縣對逆夷大船
發火即將停泊招關道頭之大夷船後尾燃燒該逆夷
等驚起號呼不及待放杉板紛紛竄入水中彼時生員
王師貞帶乘勢督催水勇頭目人等將火藥船隻重重
繼進各杉板船四面圍住遇船搜奈火具觸動機關各
船火藥並時並發附近暗伏鄉勇亦各發火開鎗作爲
疑兵應援鄉勇水勇陸續撤退並無一人受傷焚燒夷
船及燒斃夷匪不少等語該逆經此懲創自已胆慑心
驚着奕經等依順文蔚秀慎劉韻珂仍當商同相機攻

剿撫失機曾與鎮海縣生員王師與設法密辦火藥船隻親往督令鄉勇攻燒逆夷實屬勇敢出力着賞給六品頂戴並賞戴藍翎鎮海縣知縣同知銜葉堃上年失守縣城本有應得之罪姑念此次辦理火攻船隻焚燒夷船尚爲出力著從寬免其治罪仍責令設法防剿如果始終奮勉殺賊立功必當再沛恩施以昭獎勵所有奕經等請將該員賞戴藍翎之處著毋庸議欽此

欽差大臣署杭州將軍耆英會同參贊大臣特依順抗州將軍恒浙江巡撫劉韻珂奏爲逆夷猖獗乍浦已被攻陷現在省及嘉興府等處均屬危急恭摺由驛馳奏

仰祈聖鑒事竊臣等于本月初八日接據駐守乍浦之杭嘉湖道宋國經馳報有夷船二十餘隻于初七日午刻自江省之金山洋面轉入乍浦其火輪船二隻已抵帶杉板在西行汛往來遊奕等情當查該逆早有退出寧波滋擾他處之語今大幫船隻突至乍浦顯係包藏禍心該處地無險要逆焰又甚張誠恐難以抵禦即經委令七品職銜伊里布等連夜起程赴彼設法羈縻一面飭令該道等鎮靜防守將辦理緣由於初九日繕摺馳奏在案是日又接乍浦副都統臣長等以該逆船內人數甚多若同時分頭攻撲防守兵勇勢不能支咨請派兵策應臣等因查揚威將軍等所統各兵均在紹興甯以東省城兵數本單萬難抽撥惟續調之陝甘兵二千名內頭起兵一千名有已經抵省者有將次抵省者可以撥往應援遂不及與揚威將軍等咨商即札飭帶兵各官赴緊前往乍初十日巳刻又據宋國經馳報初九日辰刻該逆將各船在天后宮西山嘴唐家灣獨山塘一帶排列與我兵相持又據平湖縣知縣胡培堃禀稱該逆在乍浦海塘外木船上擄去水手二名旋即放回該逆向該水手聲稱欲俟攻陷乍浦後進攻嘉興等語臣等因查該逆于初九日巳與我兵在乍相持伊

里布等于初八日夜自省前往須至初十日方能到乍其陝甘兵雖剋期而達其勢均屬無及私衷万分焦灼迨是日酉刻復接胡培堃及嘉興府知府劉榮熙禀報乍浦業已失陷十一日戌刻又接在彼防守之陝西漢中鎮總兵德坤甘肅中衛協副將哈拉吉那等呈報初九日逆夷大小各船排列陳勢別用杉板船數十隻每船各載數十人分撲西山嘴唐家灣等處其大船亦開放大炮直向內逼該鎮等官兵奮勇放炮抵禦斃逆無數我兵亦多傷亡詎該逆由灯光山等處登岸火箭齊放乍浦城內復有漢奸接應亦放火箭烟燄張天各

兵不能開目紛紛潰散乍城失守該副將哈拉吉那被矛戳傷右腿與該鎮德坤退往平湖等情前來臣等接閱之下髮指眥裂憤懣難名伏查乍浦爲浙西保障猶之定海爲浙東藩籬該逆于上年十二月本年二月兩次用火輪船赴彼遊奕窺探其蓄意攻犯已非一日因其衆估我寧波鎮海定海三城力不能分得以幸全今該逆用船數雙兵數百名據住鎮海招寶山要口將寧波鎮海各船全數退出復將定海之船分出數雙併力攻擊乍浦以致一朝而陷其居心之險毒實爲可恨現在乍浦既失逆氛離省甚近可以朝發夕至省中兵力

本不如乍浦之衆地勢又極爲綿長遼闊水陸交通今兵分段扼守勢甚單弱且自屢開敗衄兵心皆已不寒而慄斷難冀其踴躍用命本年二月以後尖山口內漲有沙塗本可阻遏逆艅而前數日連遇大雨漲沙漸被沖光該逆又在定海製有小船多雙淺處俱可行駛設竟豕突而來則根本重地寔屬可危至該逆現又有窺伺嘉興之語雖未必非惑我軍心但嘉興額設兵丁無多調赴乍浦郡城留兵無幾今乍浦之師已經潰散即招回防守亦恐未必得力該府爲江浙咽喉設不疎虞則兩省中外文報俱不能通不特浙省勢同瓦解即江省亦爲患匪經又乎湖海鹽二縣距乍均止三十餘里平湖爲自乍至嘉興之路海鹽爲自乍至省城之路現在均無守兵勢皆危迫臣等統籌各處情形不禁慟哭現在親督省中將弁激勵士卒爲背城一戰之計其嘉興府等處惟有將發往乍浦之陝甘兵一千名分別地勢之緩急酌量分注防守並准揚威將軍等札飭壽春鎮尤滁帶河南兵六百名馳往嘉興復准移會續調之廣西河南兵二千名到浙亦一併截留派赴嘉興一帶[illegible][illegible]防衛惟是逆夷勢甚猖獗而我地廣兵稀實恐無濟于事臣劉韻珂職司守土屢失地方實屬罪無可逭

臣特奉命防剿臣耆英臣恆統轄滿營今旗兵駐防重地失事均屬不可辭咎仰乞皇上敕部從重治罪以昭儆戒除確查該處實在失守情形及各文武下落別行具奏外所有乍浦失陷省城嘉興府各處危急緣由謹由六百里繕摺馳奏

奕經等謹奏爲密派委員在鎮海梲關道頭焚燒逆夷船隻燒斃夷匪恭摺具奏事切臣奕經于進攻寧鎮之先密令各處預伏壯勇以備臨期接應正月二十九日接仗雖一時未能全行得手而水路仍有壯勇潛伏茲據鎮海縣知縣同知銜葉堃稟稱從前接奉臣等

面諭並臣劉韻珂飭商同鎮海縣生員王師真密造
藥器藏具發火機關試演靈使另備船隻遴擇水勇多
名並由各委員協助鄉勇以備進攻二月二十五日夜
聞生員王師真統領火藥船十二隻分作六排水勇四
十餘名由僻港撐至鎮海附近夷船處所時已四更將
頭排藥船用卡繩從水底繫定乘潮退之時緊對逆夷
大船發火即將停泊税關道頭之大夷船後尾燃着是
時響聲震地火光燭天該夷衆驚起但聞呼號之聲不
及解放杉板紛紛竄入水中其餘夷匪聞聲遂各駕大
小杉板船前往撲救彼時生員王師真即乘勢督催水

勇頭目並各鄉勇將後隊五排藥船重重繼進逆夷見
前後左右皆是我兵船隻各杉板即從四面圍住遇船
搜察火具觸動機關各船火藥立時並發烟焰冲天硫
磺藥彈上下飛騰我船與逆船攙襍一處均經燃着逆
夷亦莫能辨認惟聞人聲鼎沸各船遥見如此聲勢即
時開放鎗炮從兩面轟擊彼時該令所帶鄉勇並附近
暗伏鄉勇在曠僻處所聞逆夷鎗炮之聲亦各放火開
鎗作爲疑兵應援逆夷不知虛實但見各處火焰又有
鎗聲疑我軍有無數兵勇其鎗炮愈發愈多復向正面
亂擊直至天色將明各鄉勇水勇並即陸續撤退藏匿

並無一人受傷至該逆被焚杉板及焚斃夷匪因時在
深夜不能確計其數但是夜火光甚熾逆夷號呼不絶
約計焚燬之船燒斃之人實屬不少惟該逆大船未能
全焚止燒燬後尾並後艙蓬桅等物彼上懸之船數隻
該逆驚擾徹夜天明即向各處尋覓蹤跡並捉拿沿江
漁户人等追究根底竟不知兵勇船隻實從何處駛來
現僅止張帖僞示聲言是夜有火攻船數隻多幸無虞
百姓不必驚恍等語是其胆怯心驚故作掩飾之詞已
可概見臣等誠恐該令侈張其辭稟報未能確切一面
遴派兵役密往該處鄉勇民人查探一面札飭寧紹台

道鹿澤長在曹江就近詢查據實具稟逐日探回並據
該道稟覆船隻人數未能確查其大致均與該令葉堃
原稟相符查鎮海縣同知銜葉堃接奉臣等札諭即能
商同生員王師真設法辦理藥船乘夜潛往鎮海焚燒
逆夷大船後尾桅柁並燒燬大小杉板船隻燒死夷匪
足使該逆夷膽懾心驚實屬明幹有爲該員前于鎮海
失守時投河未死帶罪立功本屬分所當爲但現當軍
務吃緊之際該員辦理火攻船隻焚燬夷船夷匪著有
微勞自應懇恩施以示鼓勵相應請旨將鎮海縣知
縣同知銜葉堃寬免從前失守縣城之罪並賞戴花翎

鎮海縣生員王師眞設法密辦藥船親往鎮海督催鄉勇發火攻燒逆夷亦屬勇敢出力應請賞給六品頂戴並賞戴藍翎其出力之鄉勇水勇均由臣等酌量獎賞所有密派委員焚燒逆夷大船並燒斃逆匪緣由理合繕摺由驛馳奏伏乞聖鑒謹奏

奉硃批大約燒斃逆匪若干仍當查奏另有旨欽此

奉上諭奕經等奏定海焚燒夷船打獲勝仗一摺原任處州鎮總兵鄭國鴻之子候補批驗所大使鄭鼎臣等前蒙該將軍等派令招集水勇僱募火攻船隻會同營員渡洋暗伏定海兩城內外並各嶴島預備焚燒攻剿

茲據奏稱三月初四日鄭鼎臣暗向各船裝載柴草火藥等物駛至梅山港分三路向北前進守備徐楨寶督率火攻船隻先由十六門分作七排放進道頭該處停泊大夷船三隻各排船隻重重繼進圍住夷船猶用炮轟擊即時引燃正值東南風大作火光燭天人聲鼎沸逆夷猶用炮轟擊繼見蓬索全燃無處躲避向杉板船逃竄武舉蔣忠清等帶兵接應開鎗放炮迎面攻擊逆船驚亂復自相觸沈夷船多隻並有退回仍被焚燒者及逆夷放炮反致自行擊折大桅兩根其逃走杉板夷船奔出竹山門水勇頭目袁高榮帶船自小渠山駛來該逆用箭鎗攻擊射準柴草燒燃直向噴燒又焚夷船多隻其蝦峙停泊最大夷船一隻千總韓慶瑞王庭鰲並壯勇頭目李世茂等帶領大號火攻船二十餘隻一齊放進乘風發火首先燃燒大桅蓬索等件該逆僅止開放四炮艙板均已引燃不及解放杉板船各逆焦頭爛額鳧水逃奔逆船被燒烟燄飛過山頂即時桅倒船沈不見蹤跡維是軍功頂戴詹成功把總羊大升在定海城內望見火焰知係火攻得手當即放火延燒逆夷房屋擊殺逆夷數十名生擒白夷一名奪獲鎗刀等件其城外埋伏之委員鍾流等焚燒沿城房屋以助聲勢

鄭鼎臣復見江奎山有逆夷屯札上山攻擊逆夷旋即潰散我兵追殺十餘人奪獲夷箱等物其自北駛來接應之火輪船兩隻亦被開鎗擊破統計燒燬大夷船四隻內燒沈一隻燒燬溺沈杉板船數十隻燒斃沈溺擊殺逆夷三四百人我兵並無損傷等語覽奏曷勝嘉悅逆夷自上岸騷擾海疆猶未在海洋大受懲創此次奕經文蔚由蘇至杭運籌數月密派員弁先期埋伏乘風潮順利之時焚燒大小夷船擊殺逆匪數百名實屬調度有方出奇制勝奕經著加恩賞戴雙眼花翎發去花翎一枝並白玉喜字翎管一個交奕經祗領文蔚賞加

頭品頂戴特依順駐守省城盡心防禦著與奕經文蔚均交部從優議敘其在事出力員弁及水陸兵勇着奕經查明據實保奏分別鼓勵候朕施恩欽此

五月初十日子刻接太倉州稟又于初九日辰刻接加定縣知縣稟據報初八日卯刻夷船闖入吳淞開炮轟擊東西炮台俱被轟碎提督陳被砲轟傷殉難寶山縣業已失守督憲牛退保羅店鎮未刻帶兵入加定縣城傳諭由加定起旱赴太倉水路至崑山縣駐營等語現在僱備船隻大約初十日早晨可到太倉合肅馳稟惟

爲飛洛事本年五月初九日准署督部堂牛咨准貴撫

部院准督部堂奏調壽春尤鎮帶赴浙江兵一千名馳至上海應援等因查平湖與金山接壤該官兵應取道金山縣境直抵黃浦江毋庸由官塘赴蘇除飛札嘉興松江兩府外洛明查照等因到本部堂准此查現在夷船于初八日攻陷寶山有火輪船兩隻駛入吳淞口黃浦江內逼近上海縣城則浦江一帶自不便于行走所有本部堂前經奏調壽春尤鎮所帶兵一千名及續經奏調該鎮管帶兵一千名均應由駐札平湖至嘉興石門等縣馳赴蘇州如已抵崑山仍即折回蘇州咨會飛飭蘇藩司會同臬司妥速應行截留在蘇聽候派撥幸勿延悞切速等因到本部院准此查現在夷船已于初八日攻陷寶山有火輪船兩隻駛入吳淞海口之黃浦江內逼近上海縣城則浦江一帶自不便于行走應由平湖縣至嘉興石門吳江等處馳赴蘇州如已抵崑山仍即折回蘇州聽候調撥合亟飛飭札司即速刻行會照轉飭經過各屬一俟前項官兵抵境立刻妥爲應付截留在蘇聽候調派防守毋得刻延千咎速速

三月內奉上諭本日達洪阿姚瑩由五百里馳奏逆夷復犯台港破舟殲逆一摺據稱淡水同知曹謹署鹿港同知魏瀛澎湖通判范學恒彰化縣知縣黃開基護副

將關桂稟報正月三十日有三桅夷船及杉板船在淡水彰化交界之大安港外洋欲行入口見兵勇衆多攻撲不進復出外洋經護霧巡撿高春如及大甲巡撿謝得琛所募之漁船粵人周梓等與夷船上之廣東漢奸作土音招呼誘從北地台港駛進果爲暗礁所擱其船欹側入水該處埋伏兵勇齊起關桂及署北路右營遊擊安定邦督令署守備何必捷千總何建忠李青雲把總翁標桂林飛鵬等施放火炮奮力攻擊其船遂破逆夷紛紛落水死者不計其數復有數十人手執短械跳上漁船該廳縣將備同大甲巡撿謝得琛竹塹巡撿汪

是外秀蕭振輝李廷賢等及義首總頭兵勇奮力圍擊殺斃白夷一人紅黑夷十八人生擒白夷十八人紅夷二人黑夷三十人暨東漢奸五名奪獲夷炮十門又獲鉄炮鳥鎗腰刀號書文件等語覽奏欣悅大快人心該逆上年竄伺台灣業被懲創復敢前來滋擾達洪阿姚瑩以計誘令夷船淺擱破舟取馘大揚國威實屬智勇兼施不負委任允宜特沛殊恩以嘉懋績達洪阿著加恩賞加太子太保銜並賞加阿克達春巴圖魯名號姚瑩着賞加二品頂戴達洪阿姚瑩均仍處部從優議敘所有在事之武員弁及義首義勇人等均着開單保奏候

朕施恩欽此

五月十一日上海失守蘇州震動日有緊報三四次並無一字抄出人心惶惶十二日南濠各処庄紛紛歸銀十三日尤甚至十四日聞火輪夷船至松江府城外轟炮未破又直進白泖河探水之深淺而退南北兩濠山塘等處俱有龍市之形賊中大戶紛紛搬避各典鋪打折出當十五日延及楓橋一帶亦然如是遷避者絡繹不絕下午又開葑門外有漁船十餘只魚行內識認均非向日之販客稟報到官提兵查驗是以葑婁盤三門皆午開關閉十七日開夷入坐漁船至室帶橋外二十餘里探水又坐沙船在泖河之新店地方搶劫宋姓一家劫去牛七頭婦女兩人燒屋而退上海僞知縣羅阿三係當地之大地棍改姓名爲山海縣

奉上諭奕經等由驛馳奏大兵進剿寧郡逆夷畏懼逃竄現在派員收復一摺據稱夷情逆已窘迫經該將軍等密派將備委員帶領兵勇分路進發剿因鄭偶臣等焚燒大小夷船殺斃逆夷數百名寧沈兩城逆夷驚惶無措又加壯勇隨處驚擾自二月以來先後擒斬沈溺各逆不下數百名眾逆夷始覺窮蹙現經曾帶官兵之游擊高峻及分帶勇壯之請陞副將托金泰帶兵赴近

夷船乘勢截住該逆等遙見兵勇紛至不敢迎拒紛紛奔上船只沿途遺棄物件倉惶遁逃赴鎮海即于三月二十七日收復寧波郡城等語該逆自上年八月占據鎮海之後並在寧郡蹂躪居民勒索財物可恨已極見因屢次被創勢蹙力窮又以大兵截擊紛紛逃遁似此窮迫情形不難立就殄滅着該將軍參贊等乘勝跟踪進截相機收復鎮海所有此次在事出力人員著確切查明據實保奏等此

嘉定縣稟敬稟者初十日午刻據探子回報初九下午身混入寶山縣城內查得縣署房屋並未損動黑夷四

五人在大堂宰牛祀神並有夷鬼在更樓煮飯其居民
廬舍悉皆如舊惟韋馱廟娘娘廟俱被焚燒吳淞口一
帶炮台蕩爲平地西城門均有黑夷三四人把守城朶
上插有紅旗書院共有七八十人內有白夷一人再是
日有一白夷身穿紅衣並隨從五六人在堤上瞭望其
人身子長大跌落堤下當經隨夷四人扶送下船又東
世炮台口門有夷船五只口外有七只其餘大小船約
十餘只均在高橋以至寶山月浦羅店等處皆有安堵
等語續又得又據上海探子回報上海城內無人文武
不知下落火輪船直至東溝轟放三炮各逆夷大小船

遂往崇明下遊駛去應請飭令防堵爲要初九日午刻
逆夷放三板船至高橋買牛未得鎗斃民人一名婦女
西口值潮退水淺不能行動該夷即令鄉人下水推出
該縣縣丞孫豊門即飭鄉人將一路能通南翔鎮之橋
盡行拆去所有東南兩港又口亦釘木阻塞並有木排
橫截逆船似不能進等情又探得寶山縣周令在月浦
受傷陳提台屍身在柴塘口界縣縣丞孫豊門兩購得
寶山舊賊數名偷出提台屍身自當重賞不知天暖能
否如何

崇明縣稟報現有大小夷船二十一只遊奕

常熟縣昭文縣稟報探得福山瞭望口外有大火輪船
數隻請發兵一千松江府并青浦縣稟稱民心惶惑俱
各搬動現在出示安頓云云

巡撫臣牛鑒奏爲逆夷大集船炮闖入吳淞提臣陣亡
寶山縣城失守臣移駐嘉定收集潰兵情形恭摺由驛
馳奏請旨將臣加重治罪以儆失律仰祈聖鑒事切照
五月初七日馳奏逆夷相持情形臣于拜摺後復周歷
海塘會晤提臣陳化成據該提臣面稱經歷海洋幾五
十年海上防禦全恃炮力此身在炮彈中入死出生難
以數計刻下佈置精密可打勝仗並囑臣放心等語詎

料初八日卯刻臣正傳集遊擊張蕙轉傳軍令開驟聞
海塘炮響知係開仗即至南門城外親往督戰庶將士
見臣親至益加奮勵惟時炮子從空亂飛冒險而往乃
甫至教場地面砲彈在臣前後左右落者無數適見該
大船巍如山立係將臣砲安于桅上覷定臣所隨之隊
重迭施放隨員被擊斃者十餘人俄報提臣陳化成在
塘對擊曾轟壞夷船三隻殺傷斃夷匪數十人夷匪仍
迭放大炮火箭不止教場房屋以及將台連被打破臣
憤懣填胸恨不以一身敵愾而將士見勢危急扶臣折
回見炮彈所著處屋瓦亂飛草木披靡臣自度萬無生

理行五六里之遥漸至賊門竟未遭其毒燄臣回至縣城之內居民本少業已搬空而寶山令周恭壽帶鄉勇二千名巳在月浦防堵俄報提臣業已陣亡遊擊張蕙身等重傷周恭壽墜馬跌傷又報所堆土牛多被打塌土塘業已轟裂逆夷由衣周塘登岸臣看此光景巳不可支即從西門退出不過四五里之遥即見東門一帶火起又見西炮台存貯火藥之處竝被焚燒又探報逆夷船兩隻蓦進海口尚恐後船連檣而進上海無險可守知巳不可復問臣于黃昏時始抵嘉定連夜傳令收集各營潰兵即馳至太倉州城防堵劉河要口竝一路

査探逆䑸截其入省之要道保守根本重地臣惟有仰天痛哭自謪自恨提臣陳化成爲國家忠勇兼全之臣遽致死于頃刻之間臣又不禁仰天痛哭伏念臣一介庸儒未嫻軍旅仰蒙皇上不次鴻恩擢任兩江半載以來與提鎮文武講求防禦舉凡練兵善械賞功懲惰一切機宜寔巳驚目腐心不遺餘力詎料逆夷兇猛迥出尋常意料之外此次挫失臣目擊身經方知兇燄不可猝制忝非將才仰負明命惟臣忝任封圻統兵無術致有變失撫躬自問萬死難償惟有仰求天恩先將臣從重治罪以爲失律者儆除查明陣亡將備兵丁另行具奏外所有唉夷突入吳淞提臣陣亡寶山失守緣由謹由六百里馳奏伏乞皇上聖鑒訓示臣不勝惶悚待罪之至謹奏

臣奕經跪奏爲查明定海焚燒夷船打獲勝仗恭摺奏聞仰祈聖鑒事切查定海孤懸海外現在逆夷佔踞恃爲巢穴洋面風潮旣屬險惡逆夷船隻又復堅固督兵進攻頗難得力當因浙江候補批驗所大使鄭鼎臣係上年陣亡原任處州鎮總兵鄭國鴻之子稍知軍事曾隨伊父在定海辦理防堵于該處洋面情形亦爲熟悉特派該員招集水勇僱募火攻船隻即委令總司其事

會同營兵渡洋暗伏縣城內外竝各嶴島預備焚燒攻剿竝札委現駐乍浦督辦防堵事宜之杭嘉湖道宋國經山西遺缺知府王用賓經理錢糧督飭料理惟海洋風潮無定難以尅期舉動該委員曾屢次稟報定期進攻或以風信不順或因逆夷預知巳有防備皆未能動手臣等恐該大使等冒昧輕進迭次札知該道等轉飭各營員委員如風潮不順務須暗伏不動設有隙可乘即行佈置進剿亦不得坐失事機竝諭令各水勇等內査有柔脆膽怯者即行撤回庶免臨期悞事而于國帑亦稍節省旋由該委員陸續撤退水勇約有二千餘名

均由臣等派員押令同籌節次奏明在案茲于三月初十日迭據杭嘉湖道等稟據委員鄭鼎臣稟稱三月初四日督帶水勇火攻船隻分路放入十六門等處焚燒大小船共四隻杉板船數十隻擊斃逆夷多名並據軍功頂戴曆成功把總吳大升稟稱在城內埋伏內應燒燬逆夷房屋殺斃逆夷數十名生擒白夷一名並將奪獲鎗刀等件呈繳到臣等因定海遠隔重洋究竟焚燒夷船若干有無奪發見並據鄭鼎臣等稟稱尚有紛飾難于盡信復飭宋國經等核實確查並派御前侍衛珠勒亨三等侍衛容照帶同台州府同知陳權前往乍

浦嚴密訪查嗣據杭嘉湖道宋國經等連次具稟並由該道派令委員鹽大使劉元蘭等五員改裝出洋赴黃盤洋彩旗門等處向自定海駛來漁商船只及販蠣商人江姓等盤查俱與稟報相符該侍衛等到乍浦後密傳由定海來乍商民張大江等分別查問均無異詞據實稟覆前將奪獲及撈獲夷衣夷物被燒蓬索船板各件解送前來查得委員鄭鼎臣于正月間帶領船勇出洋逆夷處已有漢奸告知夷船遂日在水搜捕並出偽示銀兩捉拿該員所有出洋各船只得分向偏僻小港潛伏兼之風潮總未順利遲至月餘未敢輕進嗣將

各船漸次聚集鄞縣大嵩港內停泊乘隙舉動並預行通知在定色賊內埋伏之軍功頂戴曆成功等如望見海面即暗令各船裝載柴草火藥等物先駛至梅山港黃岩田港分三路向北前進適值東南風大作守備徐楨會督率火攻船隻先由十六門地方分作七排奮勇放進道頭該處停泊大夷船三隻逆夷見頭排船隻攏近即時開施鎗炮各船同時發火水勇赴緊換坐小船或鳧水避走風急緊潮七排船只重重繼進內有兩排未能牽掛夷船隨潮駛過其餘皆關住逆船即時引燃火光燭天人聲鼎沸逆夷如猶竭力撲滅並用炮四面

轟擊繼見蓬索全燃火勢愈盛無處躲避逆等紛入板杉船逃竄適值水師効用武舉將泰清等督帶後路兵勇接應亦到開鎗放炮迎面攻擊該逆船只驚亂復自相觸沈多隻並有退回仍被焚燒者東嶽宮逆夷見道頭火起連放八九炮聲震數里火攻船雖被逆炮擊沈數隻而夷船大桅亦被自擊連斷兩根該勇等乘勢滅殺逆夷大半落海只因黑夜潮急不及撈獲亦有逃脫上岸者徑向東嶽宮定色賊逃避其逃走杉板夷船奔向竹山門又遇水勇頭目袁高榮帶領火攻船自小蕖山駛來該逆急用鳥鎗火箭擊射即將柴草燒燃風

熾火猛烟燄迷天直向夷船噴燒逆船逃避不及又被焚燒多隻在蝦峙港地方自上年秋間停泊最大夷船一隻總未移動是晚千摠韓慶瑞王廷鰲並壯勇頭目李世茂帶領大號火攻船二十餘隻一齊放進乘風發火首先燃燒逆船大炮及逆索各件烈焰飛騰在逆夷僅止開放四炮舵板均已引燃解放不及三板船各逆多半焦頭爛額勢如鼠竄鳧水逃去轉瞬間逆船火藥燒燃聲如巨雷烟焰飛過山頂即時脆倒船沉不見踪跡惟時軍功項戴詹成功把總吳大升等在定邑城內望見東南面火焰沖天鎗炮連聲不絕知係火攻船

只得手當約齊埋伏兵勇先行放火延燒逆夷房屋乘其搔救擾亂之時奮力攻擊逆夷鎗炮並施兵勇奮勇向前擊斃逆夷數十名生擒白夷二名並奪獲夷刀夷鎗等件時已天明內伏兵勇人數較單恐被逆匪看出形踪即後轉難藏伏因止割取首級數顆仍前分藏各處預備再行攻勦所獲白夷暫存民人許成明家內所割首級亦因夷人守城嚴密尚未能拿出其城外埋伏之委員鍾沉等亦經放火焚燒沿城房屋以勵聲勢但距逆匪較遠未能擊殺擒獲至委員鄭鼎臣分飭三路船只發火後即上螺頭門山頂登高瞭望遥見城內火

光騰躍又有鎗炮之聲並見五奎山有逆匪屯紮即分領弁勇先行奮力上山攻擊該逆亦開鎗炮迎拒此地逆匪人數無多旋即潰散我兵乘勢追擊復殺死十餘人並奪獲夷箱夷刀錫插衣帽等物數十件旋有火輪船兩隻自北駛來接應各逆弁勇即時開鎗迎敵擊破柁板一塊逆船遂下道頭洋面橫亘開炮堵截天已漸明勢難前進該管員委員等漸次撤退回望水路烟燄迷漫尚未息止復遣人順流撈取燒殘夷船柴片船板底棧等物多件仍回至大嵩港停泊陸續查點各路兵勇止十餘人帶有鎗傷並火箭焚傷亦有在水中被礁

石及船幣碰傷者並無一人陣亡統計此次火攻燒燬大夷船四只內燒沉一只杉板燒燬觸沉者共有數十只燒斃沉溺並城內擊殺逆匪約有三四百人實在數目未能確查現在逆匪將各岙停泊之船聚集一處不能遠駛四面用横木支撑搬運木料修理焚燒船只並駛駕火輪船向各路搜尋凡過柴車堆垛概行焚燬船只往來益加盤詰處處查問官兵現屯何處頗有畏我火攻之意查逆夷自上年侵擾海疆在海洋水面從未稍受懲創今于二月間鎮海道頭焚燒一次止燒燬大夷船尾杉板船多隻逆夷自相擊殺多人尚未燒沉大

船玆復上定海各洋焚燬大夷船三只杉板船數十只
並燒沈大夷船一只城內及洋面復擊殺夷匪數百名
逆匪向恃其船只堅固又以我兵並無出海兵船故敢
往來洋面猖狂無忌不虞我等以小船火攻打獲勝仗
該逆夷受此大創足使其膽碎心驚而我軍亦倍加氣
壯臣等現在激勵將士即日乘勝前進相機攻勦所有
此次焚剿逆船逆匪之在事出力人員統俟確切查明
再行據實保奏謹將定海打獲勝仗情形恭摺由六百
里馳奏伏乞聖鑒再定海遠在外洋往返查探有需時
日其奏稍遲合併聲明謹奏

奉硃批覽奏曷勝嘉悅即有恩旨欽此
五月十七日亥刻接到嘉定縣稟探得松江上海寶山
各處夷船全行退出等因
五月十九日接到浙江巡撫劉容照本月十一日據定
海紳士云稱定海本有夷船十四五隻於初六日新到
夷船二十一隻初九日又到夷船四十隻定海原住夷
船十餘隻統計現在停泊夷船共有八十來隻新到船
內帶有黑馬數百其人黑色身長形狀可怕原在定海
城內之紅夷百餘名當時讓出城外黑夷進城用五六
人吹打入城分住祖印寺及財神殿內頭目佔住郭寅
斗陳養齊兩家或說自天竺國所來或說自佛喃及呂
宋等國開往上海天津等處窺伺等語
五月二十日有下人金寶喜自家中來伊家住蕩口據
述彼處離福山七十里於本月十五日有住福山之親
戚搬來云有夷船自外國駛進口內現與官兵相持十
六七兩日又有多人搬來云已開炮彼此轟擊至十八
日又有人逃至蕩口傳說福山已於十七日失守云云
實意欲行搶劫未曾登岸有船四只停泊相持
四月內奉上諭此次定海焚燒夷船據奕經等屢次奏
訪確實並經委員呈有斬獲夷首及夷衣物件夷船板

片可憑又訊據鄭鼎臣稟覆如有不實願甘軍法等語
該逆佔據郡邑勢甚猖獗倘非經此大創何至倉皇竄
迫遽將大小船隻退出寧郡是定海夷船被焚毫無疑
義護理定海鎮總兵事遊擊周士清稟報浙江巡撫與
該委員等所查情形不符是有不實者交部嚴加議處
欽此
督憲牛鑒于初九日具奏寶山失守提督陳化一摺於
本月十九日卯刻奏到十四日硃批憤懣填胸即有旨
欽此
又於摺內提臣陳化成業已陣亡句傍奉硃批揮淚覽

之欽此
同奉上諭陳化成久歷海疆素昭忠勇交部照提督例賜恤加恩賞銀一千兩即由江蘇軍需局給發並着該原籍督撫查照該故員子孫幾人據實具奏并于殉難處及該原籍各建專祠該故員靈柩回籍時着各該地方官妥爲照料其隨同將弁兵丁着該督一併查明具奏該督撫失着暫緩治罪現已有旨着奕經酌派參贊一人帶兵赴蘇並令耆英伊里布馳赴上海會同該督相機籌辦江南提督已諭劉允孝兼程赴蘇署理欽此
加定上海守失之後飛文至浙會商伊大人設法仰經

伊大人作札與夷人錄後
前任協辦大學士兩江總督部堂署理乍浦都統伊照會事切查前遣員弁送交所獲夷人並寄書函正在講撫寵兵議商勿戰按江南來文貴國大幫船隻駛往吳淞口不知又屬何事前年本部堂駐在鎮海與各帥書信往來夙知貴國專講信義乃今兩國議撫之際乍浦全幫船隻忽向上海海口放炮尋衅是以一面講撫書函往復一面復往他處生怨結仇信倚何在義尚何在深爲本前任閣部堂所不取也兩國交兵三年之久殺害兵民不計其數慘傷何極言之以爲痛心現當天方厭亂正在厭兵有或違天之命恐天降罰誰能當之貴國素以通商爲重交兵爲非尚望戢兵之殃開市之利如此則貴國之人均可歸國樂業我國之人各得歸家謀生共享昇平之福豈不勝于連年兵禍積尸滿地爲愈哉專弁投函佇望復音爲此照會者
又伊中堂知照牛制軍札遵與提師商定先派弁兵投書於夷爲上海緩兵之計如趕不及亦可緩蘇州之危倘事十分緊急業與提師商議第親往再爲吳民一拚性命救之云云
太倉州稟本月二十二日辰刻加定縣報稱十九日午

後在上海城頭望見川沙洋面有整布七道蓬大夷船三隻又于二十日崇明洋面有夷船七隻開放數十炮鄉子不能及城旋即駛去又接七丫口巡檢會稟稱二十一日酉刻有三桅大夷船六隻內火輪船兩隻由劉河駛至七丫口北面阜經口對渡崇明協安沙拋碇
寶山縣稟吳淞口外停泊之夷船四十七隻于二十一日午刻開去火輪船兩隻夷船五隻向北駛去似至劉河其餘仍在停泊並有黑夷在附近村庄掠去鷄鴨鄉民剿據逆夷言稱俟閣老修完即行開去
二十二日接常昭兩縣會稟百潮河先生橋地方有火

輪夷船六隻因兵力單薄炮力尚不能及故未施放請委大員帶兵防勦等因

又接浙文稱鄞寧二縣會報現于十九日寧波有夷船四隻鎮海有夷船二十四隻停泊定海有夷船十六隻停泊云云

五月二十四日接信知乍浦奉有伊大人發下六尺長大旗一面黃紬紅鑲邊中有烏絨字係伊中堂三字立竿掛在海塘趙家衕口云夷人見此不至

五月十九日浙江平湖縣接到浙江巡撫劉札知撫部院劉由五百里爲飛札知照事據鄞鎮二縣會探稟報

鎮海夷船兩隻定海有十六隻大輪船一隻現在竹山門又停有四隻艕艀門有二十三隻闖省南桃花洋面駛來又東山頭開去七隻開炮相送裕昌行內有受傷夷人數十名在彼醫治等云

乍浦何定香之女因有姿色被白鬼擄去在城隍廟將城隍夫人之袍裙與穿即在大殿上拜堂就于寢宮內神床上同卧後將都統之綠色大轎招去船上黑鬼遇婦女不論老少即輪姦無度局厰內屋供被佔踞外屋皆是黑夷做飯捉住在厰看守之人逼勒挑水燒火扛抬什物擄掠婦女四十餘人監于內屋之樓其爲飯也牛猪鷄鴨及麪餅而已如遇缺食始將大米煮飯盛飯之器即將馬桶倒去尿糞以作盛飯之用如黑鬼在厨下手上或粘即在尿桶內洗手皆不知汚穢食物皆半生半熟乍防同知魏被鎗死滿營副都統逃至嘉興自盡

奉上諭奕經等奏逆夷猖獗乍浦失守一摺逆夷甫經退出寧波輒復聚集船隻駛進乍浦攻撲該將軍等未能先事預防以致乍浦失守奕經文蔚特依順劉韻珂均著交部嚴加議處欽此

夷匪犯境聞見錄卷之五　終

夷匪犯境聞見録卷之六

五月二十六日由驛馳奏臣耆英伊里布牛鑑程矞采跪奏爲逆船多隻北竄現仍折回吳淞口外聚泊臣等公同籌議設法防堵恭摺聞仰祈聖鑒事切臣牛鑑於五月十九日欽奉上諭現已有旨飭令奕經酌派參贊一人帶兵來蘇並令耆英伊里布馳赴上海會同該督相機籌辦江南提督已諭令劉允孝兼程赴蘇署理矣欽此等因臣牛當以上海逆夷既已退去吳淞口外嘉興一府究係江浙兩省門戶自應各專責成一時恭摺具

奏並于摺內聲明欽差大臣耆署乍浦副都統伊亦似可毋庸來蘇茲臣耆臣伊接奉諭旨後于二十二日馳抵崑山會同臣牛悉心熟商所有內河分岐處所經臣牛派委妥員勘明分別沈船釘樁堵截來路其崑山縣境之三江口白塔灣河面雖不甚寬惟係水路衝途業皆減運廢船排列兩傍預備土石中間僅留丈餘口門以便民船往來俟有警報即可登時鑿沉兩岸仍各有弁兵三四百名以備埋伏夾擊連日接據寶山縣探報該逆北竄之船四十多隻仍復折回吳淞口外聚泊並崇明縣稟報夷船多隻在近口開施火炮十餘門仍然駛去劉河瀏山各口亦均報有夷船游弈臣等查吳淞之戰雖擊壞大船四隻兩次滋擾松江亦經官兵擊退該逆並未大受懲創乃于五月十五日倉皇退出上海縣城復又將北竄之船折回停泊吳淞口外該逆詭譎萬端居心叵測且恃其船大炮猛專覷我兵力堅厚之處避狠直攻就現在情形而論江蘇內河支港業經擇要攔截該逆諒不敢冒險深入惟既勾結醜類添船至四十餘隻之多又陸續擄截沙船烏船在吳淞口演習駕駛逆党日衆逆燄張勢將豕突內犯臣耆臣伊已行文該逆酋詰責其犯順之故原期稍示羈縻茲接回文

竟云不肯戢兵並有欲攻江寧天津之說查天津爲畿輔重地大兵聚集最關緊要江寧襟江帶海雖有暗礁伏沙該逆三桅大船未必即能闖然直入而火輪杉板等船喫水較淺當此夏潮正旺迥異冬春萬一漢奸導引駛至楊子江則南北聲援頓處阻隔且我兵當挫衄之後軍械不全士氣不壯近復分撥各海口尤嫌力量單薄朝夕情形不同殊爲可慮臣等公同商議現値萬分緊迫亟應妥籌抵禦之方除崑山一帶已責成臬司覺羅崇恩前往駐守臣牛擬親往楊子江京口溯流而上視各海口情形竭力防範並至江寧省城與將軍臣

德會晤商辦一切至參贊大臣齊愼現駐王江涇臣等飛咨催令來蘇以便會同臣耆臣伊臣程籌商防守事宜並移咨揚威將軍一體查照再臣牛前次具奏該逆船于初五日擱淺二隻欽奉諭旨垂詢、查該逆船于初六日潮長時即行駛去合併聲明所有臣等現在籌辦各情形謹合詞恭摺馳奏伏乞皇上聖鑒訓示謹奏

四月二十四日京城朝陽門箭樓被雷擊燒

六月初一日申正日食九分三十四抄

四月奉上諭浙江提督余步雲經朕畀以海疆重任上年定海失陷總兵王錫鵬等帶領各路官兵轉戰六晝

夜之久該提督並不督兵應援以致孤城失守迨至鎮海寧波接踵失事總督及總兵等先後殉難余步雲輒敢節節退避當鎮海寧波未失之時與定海尚隔海洋若使鼓勵士卒奮勇當先嬰城固守地勢既據上遊精兵復聚重鎮何至四路潰散頃刻不支言念及此實堪痛恨總緣該提督平時既訓練無方臨時復生畏敵首先退縮大懈軍心作此厲階罪難擢髮早經降旨飭令揚威將軍奕經查明屢次退敗情形按律治罪用彰國憲比因軍務吃緊查訪非倉猝所能遂先其所急暫緩遲回乃軍營將弁兵丁等相率效尤紛紛潰散此皆余步雲爲之倡也昨據奕經等奏稱乍浦失守不過數時之久該處將弁兵丁不爲單弱何至逆夷甫至尚未交鋒遽爾奔潰棄城幾同兒戲總因余步雲身爲提督屢失城池並未查究遂人人各懷倖免之心不思破敵之計遷延觀望坐失事機若再不整飭紀綱大申軍令何以挽惡習而整軍容余步雲着即革職交奕經傳旨鎖拿派委妥員押解進京交軍機大臣會同刑部審訊治罪至前次飭查失守定海鎮海寧波三城此次乍浦失事各文武員弁兵丁除鎮海縣知縣葉堃着有微勞功過尚足相抵其餘均着奕經分別查明首先潰散之員

弁兵丁開單請旨此後務當嚴申紀律如再有臨陣退怯首先潰散者即以軍法從事一面正法一面奏聞毋許仍存姑息致令失氣不揚該將軍等鼓勵戎行副朕委任欽此

五月二十三四日起蘇郡各鄉村糾集婦女或數十人或百餘人成羣向各處稍有身家之家持强勒索匁米甚至觀音山一帶靜室和尚亦被勒索於是孫家橋塔子港西津橋楓鎮各處俱被累日甚一日至二十九日夜有長邑一都七圖地棍勾結匪徒聚集百餘人明火執杖水陸並行至楊山麓向街等處方方一帶假稱英

夷鳴鑼打門該各村男女半夜睡中聞聽俱各嚇出紛紛逃避甚至柝橋渐路落水者不少該匪徒卽將各家抄刼而村中男人亦有不懼者當時拿獲四人解縣卽蒙長洲縣張廉立時問供痛責收監稟同蘇州府舒兩次稟請撫憲元于六月初三日王命斬首長邑兩名元邑一名吳邑一名號令各處號令于欽鈴關一名係長邑向街人小本營生者名徐阿祥從此地方寧靖萬民戴德歡頌載道

五月二十九日在寶山城外有逆夷僞示大暎國大元帥吳密論示吳淞口居民知悉因本國商船誤傷廣

東人三名故清國不許通商致經五載為此我國命我求和只因詐我不肯保奏朝廷我主發員叩國盡殺奸徒非干爾百姓毋得驚慌亂竄仍可安居耕種勿懼倘我黑鬼私行橫掠爾眾民便可殺之無以為罪十日內本帥整頓三軍再叩北關直抵京師自行講和爾百姓勿憂之特示

五月內奉上諭朕以鴉片流毒中國貽害生民前歲特令諭旨飭令各省嚴禁并二劃切申誠因廣東為外夷通商之所特令林則徐前往查辦各國夷商均遵約束唊咭唎逆夷義律以燒燬煙土之故藉口滋事因林則徐辦理不善旋亦罷斥遣戍乃該逆于道光二十年六月潛竄浙洋竊據定海繼復于天津海口呈遞稟詞朕惟中外一體念切懷柔不以其侵犯在先訴辯在後追加屏絕復命琦善前往廣東確查核辦又將伊里布在浙江擒獲逆夷頭目安突德等多名特予寬典免其誅戮於定海退出之時卽行給還乃該逆夷狡詐反覆要求無厭明知琦善意存撫馭不設防守竟爾發兵首禍迭犯大角砂角各炮台陽我提鎮大員殘我海疆黎庶是逆夷因私販烟土而肇起釁端復陽為乞請而陰施詭計背信負恩神人共憤朕之命將出師實由此也及

至靖逆將軍奕山等到粵逆夷已竄入內港窺覗省垣彼時帶兵守土大吏僉以該逆貪利性成希冀通商懇將商欠該夷銀兩准令給還朕至誠待物從不以逆夷為懷如果得利相安不至別圖滋擾區區之施實非所吝蠢爾醜類何足為仇此又朕軫念濒海民生不得已之權宜也孰意逆夷包藏禍心欺天滅理粵東甫經歛蹟閩浙又復揚波定海再窺連城襲據以致督臣殉節鎮將捐軀荼毒生靈罪難擢數爰命揚威將軍奕經等帥師攻剿數月以來賊退寧波旋陷乍浦是該逆在粵以厚施為飽颺之謀在浙則以擄掠為責粮之具察其

克狡情狀實已罪惡貫盈上天降罰必加誅戮下民何辜致罹慘酷朕撫躬循省五內焦勞每念毒孽未除顛連莫極痛心自責恨予德之未逮夙夜難安將軍參贊督撫及內外文武諸臣亦宜仰體朕懷亟蘇民困勿存苟安之見狃于目前勿懷倖免之私貽臭于後至于將弁兵丁動謂船堅炮利兇焰難當因而見賊倉惶望風先潰殊不知賊之深入早已自蹈危計果令奮勇直前有進無退加以鄉民義勇層層接應則主客之勢既異衆寡之數亦殊因地乘機何難制勝逆夷之肆意猖獗皆士氣不揚所致也其從逆漢奸係窮蹙愚民以生計

惟艱爲利所誘遂至甘心從助暫飽身家試思蹂躪在誰之鄉里搶奪在誰之資財賊來則驅之使前俾當鋒刃賊去則委之于後仍蹈刑誅苟有人心當知悔恨朕爲天下生民之苦祇願目前苟安無事不思久者遠者一聽煙毒橫流不行禁止自朕上負皇考副托之重下不能保我生民之命思此曷有肯不竭力禁之曷敢不竭力禁之也目前奸夷滋擾日肆貪殘爾閫帥疆吏身膺重寄宜如何激發天良申明紀律凡奮勇爭先者賞不逾時退縮不前在誅之無赦如此則何攻不克何守不固耶從前辦理不善諸臣除分別懲儆諭令帶罪立功原冀其知感知奮勉贖前愆倘復坐失事機殃民縱寇國法具在不能爲若輩再寬也至士民中果有謀勇出衆之材激于義憤團練自衛或助軍需以復城邑或扼要隘以遏賊鋒或焚擊夷船擒斬大憝或聲明大義開啓愚頑能建不世之殊勳定膺非常之懋賞總之禁煙所以恤民命禦寇所以衛民生朕宵旰思惟兢兢業業爾諸臣工惟當和衷共濟鼓勵戎行不戀小球以作士氣必能剪除夷孽掃蕩海氛與天下蒼生共享昇平之福茲將辦理夷務前後情形及朕爲民除害之本意特諭中外知之欽此

五月內奉上諭奕經等奏定海兵勇連次奪獲焚燒逆夷大小船隻一摺據稱初八日壯勇頭目王建功等在定海海頭門鎗擊逆夷鄉勇白成位等用火罐拋擲燒燃夷船該逆竄被落水王建功帶領鄉勇民人將船搶獲駛回並將夷目丁時儀之弟砍倒割獲首級水勇沈仁定等砍斃白夷一名委員鄭鼎臣等接奉札諭裝載火藥從後路進兵牽制十二日風火大作副將鄭宗凱遊擊池建功派令守備徐楨寶將火攻船七十餘隻督同兵勇水勇將船鑽近該逆大船先暗放火藥罈一聯即時擊破逆夷船頭我船連排繼進火焰飛騰四面攻

搶喊聲四起逆船多被焚燒計燒斃沈溺及擊死約有三百餘人將兩桅大船燒去半截三桅大船三隻兩傷燒燬並燒斷大桅兩根燒壞大杉板船四隻奪獲火藥夷帽槳片船片船板及逆夷救火之水鼓等件解進到營呈驗等語該逆屢肆猖獗總因未受懲創今被焚燒亦知船堅炮利之不足恃如果將軍參贊及沿海封疆大吏處處皆能準備火攻船隻相機籌辦該逆必膽裂心寒不敢再行窺伺此次火攻夷船其最爲出力之副將鄭宗凱著陞補福建福寧鎮總兵遊擊池建功着以參將遇缺即行陞補均着賞戴花翎委員鄭鼎臣前次

焚燒夷船多隻此次復能奮勇立功自應優加鼓勵鄭鼎臣著先賞給四品頂戴並賞戴花翎該將軍等調度有方奕經着賞還雙眼花翎文蔚著賞還頭品頂戴特依順齊慎均着交部從優議敘其在事出力文武員弁及兵丁鄉勇水勇民人等均著該將軍參督查明保奏候朕施恩欽此

奉上諭劉韻珂奏浙江署乍浦同知候補知縣韋逢甲當乍浦失守之際帶領鄉勇在西行汛防堵被逆夷戕害該員爲國捐軀深堪憫惻著照例優恤以慰忠魂此外陣亡弁兵著侯查明後由該將軍等照例辦理欽此

五月二十六日接奉上諭牛鑒奏特參移駐弁兵之遊擊等語所奏是江蘇金山營遊擊塔明阿前因夷匪駛入乍浦遽將守塘弁兵移至西門外駐守雖據同知沈炳垣查稟西門爲乍浦來蹟該遊擊因乍浦民人紛紛東來駐兵彈壓盤查現已照舊移回塘岸尚無退避情事惟軍旅之時有進無退冦擄在前遽爾因兵遠岸難保不人心動搖紀律不嚴往往由此塔明阿着降爲守備留營差遣以觀後效俾效尤者知所儆戒欽此

英夷告示張掛于上海地方大英國統領水陸軍師大憲郭巴爲照會事道光二十二年五月初八日勝取寶山縣

城及所屬吳淞口堡城之後統本水陸統領照會上海縣中官憲等討求即發贖銀一百萬元俾免本水陸軍師進前占取該縣城恐未接到復又就經本統領等于初十日前進雖有妄行抗敵者及城東官憲等俱已逃去遂經本統領占據城池矣惟本統領懷仁愛之心其安居良民不忍難爲則城中所獲貨物除炮位兵械之外並未獲取他物迨過四日即經撤退該城並未受本軍師之害奈本統領仍必討要税銀以贖上海縣城及所隸之松江府城其數既爲不多自必早爲發出不然則本軍師現在大江河面甚衆必須撥弁兵再進該城及責

成松江府城中宦憲協同輸納贖銀其事先已親投日
久恐一百萬元尚未可足數也爲此照會貴軍門巡道祈爲
查辦須至照會者

右照會

江南全省提督軍門

蘇松大兵備道

夷書橫字三行

一千八百四十二年七月初五日

道光二十二年五月二十七日

六月初八日由驛臣耆英伊里布程矞采跪奏爲夷船
大幫闖入江口已過江陰之鵝鼻嘴地方情形甚爲危

急恭摺由驛馳奏仰祈聖鑒事切照夷船三十餘隻在
于福山口外遊奕並有火輪船向江陰靖江洋面行駛
恐炮力不能遠及中洪兩岸無從攔截該逆可以乘風
直達揚子江業經臣等于六月初三日恭摺馳奏在案
查由海入江以江陰縣之鵝鼻嘴爲第一重門戶該嘴
屹立南岸可以設炮屯兵其北岸地方盡係沙灘潮落
則水勢淺阻且該處無險可據難以設防是以督臣牛
飭令徐州鎮王志元帶兵七百名同各本汛弁兵在于
鵝鼻嘴協力防守一面札飭署常州府事大倉州知州
徐家槐預備火攻船隻及南岸釘樁堵截各事宜旋據

寶山縣稟吳淞口夷船三十餘隻俱已起椗向西北行
駛探聞欲至江寧並據劉河福山等處探報夷船均由
該境洋面陸續行駛已有六十餘隻之多復徑臣等飛
飭江陰等縣一體嚴防茲據常鎮道周項等稟稱初三
日瞭見火輪船兩只由北岸繞過鵝鼻嘴江面正值大
汛之期水長六七尺該船順風行駛直向上游沙線之
上乘潮行駛如飛該處弁兵度量炮力難及未經開放
鎗炮後面大幫夷船相距不過一二十里因兵力眾寡
不敵難以設法堵截等情臣等接閱之下不勝憤恨該
逆勢既披猖情尤詭譎似此險要之鵝鼻嘴已可乘潮

乘風驀然闖進則由此以至圖山焦山象山等處江面
漸寬更可揚帆直達長江門戶實屬一無足恃正在萬
分焦急間接徐州鎮王志元常鎮道周項稟稱該夷火
輪船二只于初三日傍晚在江陰上流二十餘里之申
港停泊初四日辰刻回頭東下申刻在江陰下流八里
之黃山港寄椗其後面船隻尚多不能辯認又據京口
水師遊擊李澄稟稱初五日辰刻瞭見大幫夷船及火
輪船蜂擁而來連檣直上自辰至午已有三十餘隻後
面尚見夷踪該逆如此猖獗不特江陰對岸之靖江通
州等所人心震動即江寧以下之揚州鎮江等府均屬

可危該逆竟敢直犯江寧則根本重地更覺不堪設想臣牛已馳往鎮江會同參贊大臣齊等督辦攻擊一切事宜該郡駐札官兵尚屬不少其江寧省城已添由浙調回之八旗官兵八百名又有已到之江西兵三百名即咨會星速前往以資調遣惟揚州兵力單弱即由臣程飛咨漕臣河臣分發弁兵星速前往協防臣等仍咨會江寧將軍等督率將弁兵丁認眞守禦第該船大帮衝突即使按兵不動而道路已多梗阻之虞且難保其不分投擄掠至吳淞口尚泊有夷船四隻脚船十二只太倉州稟報劉河口外亦有夷船停泊竝時見小船遊

奕自是往來接應其居心叵測該處逼近黃浦江恐其再犯松江府肆行滋擾竝已咨行提鎮嚴加防範不任乘虛分竄以固蘇垣所有夷船闖入江口扼要地方現在分別防守緣由謹恭摺由六百里馳奏伏乞皇上聖鑒謹奏

再正在拜摺間接准軍機大臣字寄道光二十二年六月初八日奉上諭耆英伊里布奏接閱酋目回信一摺覽奏可惡之至該逆旣不肯戢兵若再事羈縻不特于事無益且恐有傷國體着與牛鑒程矞采專意剿辦無稍遊移等因欽此仰蒙我皇上指示機宜曷勝欽服惟今昔情形迥異即旦暮亦多變更現當江水盛漲伏汛方長該逆船折戧往來較內港檣帆行駛猶爲迅速且彼兵在船安坐施放炮火直有不可嚮邇之勢我兵在岸露立旣無障蔽又甫經收集銳氣全消大炮均已無存兵械又復不整如驟與爭鋒必難望其得力甚至地方糜爛民困滋深殊覺傷心慘目至從前督臣牛所奏水師戰船十六只招募各船大小七十隻另製水輪船四只自吳淞失守後均經散失竝被逆夷燒燬無論一時備辦不及亦斷難與彼相持若一意堅守長江旣爲所扼則聲勢梗阻是戰守兩難日久更不堪設想惟有

籲懇天恩俯念東南時事應如何曲予矜全飭下廷臣速議良策務期有裨國計而衛民生方足以濟危急臣等不勝戰慄縷陳伏乞聖鑒訓示謹奏

奉硃批前於初八日已有密諭令耆英等妥籌辦理矣欽此

京口副都統咨六月初八日辰刻據沿江東馬頭京口旗營官兵報稱江面有白布蓬夷船數十餘隻越過鵞鼻嘴圌山峰攤而來火輪船兩隻在前導引經撲南岸行駛即經官弁開炮該逆船回擊致將一帶炮房打破竝被傷甲兵三名我兵伏于土墩下裝藥連擊數十炮

炮子多有打中夷船逆夷落水多人相持自辰至未旋即火輪船打回東北駛去又據探得焦山以下圌山以北仍有大小夷船數十隻仍恐大幫來犯京口僅有官兵一千六百名齊參贊所帶數百名難以抵禦現在軍需局無人辦理驛站亦無一人粮儲不敷接濟南北阻隔文報不通現有馳驛奏摺只得差遞下站轉行鎮江城内民庶衆多尤虞乏食内奕萬分危急等因云云

江陰縣稟敬稟者昨日夷人四十餘人上岸近城窺探業已稟報在案本日午後約有百餘夷人手執洋鎗並用船桅架大銅炮一尊令十餘人扛抬隨行其意揔欲

入城居民見此動魄心驚紛紛逃避卑縣與董遊府再三勸慰終不見聽查夷船初三抵境以來將及旬日各兵丁晝夜寒暑防守十分得力刻見居民如此慌張未免漸形竭蹷該夷船自福山至京口江面節節有船停泊卑境南門爲無錫常州大路其大炮既可陸行萬一糾衆内竄爲患匪輕尤須設法堵禦卑職仝咸與董遊府惟有竭盡心力嚴督兵丁一面撫諭民人勿使恐懼鎮静固守合將現在日逐危急情形飛肅馳稟伏祈云云

鎮江府稟敬稟者本月初八日辰刻准旗營探報突有夷船兩隻駛入卑屬丹徒縣境東馬頭地方因前兩日據江陰縣稟報有夷船駛入鵞鼻嘴逕奕曾經京口副都統海飛調在鎮防堵之青州旗營官兵四百名並派本旗營兵沿城分布聞報望見逆匪火輪船兩隻駛來副都統即派旗兵四百出城在東馬頭堵禦彼先開炮我兵回炮四十餘出奮力擊退擊斃夷匪數十名落水數名旗兵被傷三名卑府會同海防廳仝丞錢江營盧守備隨同副都統在城上堵禦並卑府在北城垜上瞭見東北來有五桅夷船上冒白烟及火輪等船由北岸陸續駛向西去又申刻瞭見火輪船一隻自東駛來行

至金山似欲停泊又回至焦山下停泊旋又有火輪船一隻往西行駛因炮力不及均未開炮伏查逆船胆敢駛入內江實堪髮指卑府除會同京口副都統並文武各員弁相機堵截外合將擊退夷船兩隻旗兵受傷瞭見夷船緣由合派稟報伏祈云云

巡撫程飛札鎮江府爲飛札飭查事據鎮江府稟道光二十二年六月初九日據丹徒縣典史徐人驥稟稱于本月初七日巳時英夷船隻駛進京口江面猖獗滋擾等因所有居民人等早經均已搬遷十分之七八惟卑職專司監獄日夜防範未敢稍事踈虞擅離職守現在

情形更甚於始所有監禁人犯七十六名現亦驚慌發動看其情形竟難保禦今傳書役人等不知逃往何處即赴縣署稟知印官適値空署並無一人無處探聽不知在于何處又加以乘開劫搶等事重重疊疊而卑職係微末窮員百計為難設法毫無除加意盡力防守外合將無救情形據實稟報鑒核俛賜迅即通報實為公便等情到府據此除飭該典史徐人驥加意盡力防守外相應據情通稟仰祈鑒核批示祇遵等情到本部院據此查鎮江地方為南北往來要道該縣有守土之責豈容擅離職守現在夷船駛入金焦江面雖居民遷徙

勢難執法相繩而彈壓撫綏在在均關緊要乃書役既相率效尤而該縣署內亦復空無所有究竟該縣現往何處披閱之下實堪髮指該縣監禁人犯七十六名為數不少倘竟乘開逃逸試問該縣能當此重咎否且羽書旁午絡繹交馳驛站丁書倘亦紛紛逃避一有貽悞關係又匪淺鮮本部院風聞該郡城門俱已關閉該縣既不在署豈該府專守城垣遂能禦寇郡城以外置之不問耶尤不可解至城外江口地方以及鄉僻處所土匪乘機搶奪肆無忌憚該府不以安民為先務僅守此彈丸之地于民事置若罔聞該縣則更飄然遠去不知何往恐外患未除內憂先作該府即固守城池亦復于事何濟言念及此尤堪痛恨合亟飛飭札到即速飛飭該府遵照督同典史嚴密守護務使監犯不致越獄其府城四門應即酌定時刻啓閉免致民心愈加搖動所有匪徒乘開搶掠之案亦即按名嚴拿稟解欽差大臣參贊大臣行轅正法以示儆惕一面確查該縣究在何處逗遛何以署內一空所有一切文報現在如何接遞昨十一日欽差大臣及本部院均有六百里驛遞奏摺是否不致延悞即速查明具覆勿違勿遲

六月十一日巡撫程奏奏為夷船闖過圖山關江寧情形甚為危急現在欽差大臣耆馳赴鎮江與參贊齊會籌防守恭摺由驛馳奏仰祈聖鑒事切照夷船大幫駛入江陰之鵝鼻嘴地方業經臣會摺馳奏在案自鵝鼻嘴以上則圖山關亦為由海達江緊要門戶疊經臣移

飭慎防密守去後旋據丹徒縣等稟稱初六日申刻有火輪船三隻向圖山關行駛督率兵勇連開鎗炮打中該船後艄該夷施放火箭旋即退去並據鎮江府稟初八日辰刻有白布帆篷夷船數十隻連檣越過圖山要隘蜂擁而來內有火輪船兩隻經在南岸行駛在防弁兵開炮四十餘出奮力轟斃夷匪數十名落水者數名

逆船亦開炮回擊將一帶炮房盡行打毀旗兵被傷三名該逆大帮船隻俱向北岸駛往西去因砲力難及未經轟擊現在停泊焦山以下圌山迤北地方各等情查該逆既已闖入圌山地面再上則爲金焦兩山無險可守只南北兩岸係揚州鎮江兩府揚郡兵力單薄該處相距瓜洲江口僅止四十里人心震動不能不加意隄防前次咨調漕河兩標兵丁該標均有分守海口要隘碍難分撥現已飭兩淮運司督同揚州府等勸諭紳商團練鄉勇以爲有備無患之計至京口滿營以及調防青州官兵共有一千六百名又有參贊臣齊帶兵八百

名駐紮復准督臣牛咨會派令由浙赴蘇之江西兵一千名協同守禦兵數尚不爲少該逆現在注意江寧金焦以上江面甚寬如果乘風西駛不崇朝可到督臣牛現已馳赴省垣會同將軍德珠布籌辦防堵事宜昨准署提臣劉允孝咨于初五日由王家營折回已飛咨將管帶之湖北官兵一千名由揚州至儀徵渡口前赴江寧堵禦並經督臣飛調九江鎮李錡管帶江西兵一千名即赴江寧防守伏思江寧爲二江省會該逆倘敢侵犯自不能不併力堵擊第兵力强弱既有不同衆寡又甚懸絕一經開仗兵民均有糜爛之虞言念及此不覺心動怵目現在欽差大臣耆與署乍浦副都統伊會同商酌以京口爲江寧鎖鑰應行前往督辦臣耆業已星速起程臣査京口現駐重兵既有參贊大臣齊暨副都統海齡在彼防守臣耆現無統帶之兵計該逆業已越過鎮江實屬措手不及蘇州爲省會要地自上海寶山失守以來逆船時往劉河福山等處人心已極驚惶加以匪徒佈散訛言致令居民紛紛遷徙疊經出示曉諭不能禁止而該匪徒等轉得乘機搶奪並有鄉僻地方本屬安靜每于夜半更深訛稱寇盜前來刼殺因而老幼羣起逃避該匪徒等在室則夥搶米錢在途則截留

衣物經臣于訪聞後督飭蘇州府暨長元和三縣拏獲搶犯多名先將首犯徐阿祥陸五觀毛關慶杭向頭子郎杭燦庭四名由臣督同藩司等親提審明當即恭請王命一併綁赴市曹處斬以正典刑從此民心稍形安定並因欽差大臣耆等駐紮蘇城亦皆有恃無恐茲聞逆夷闖入大江咽喉爲之梗塞民間恐復動搖刻下臣伊雖駐蘇州第恐臣耆遠赴京口閭閻不免驚疑奸匪因而窃發則根本重地尤爲岌岌可虞況吳淞停泊夷船既未遠徙劉河等處亦有番船往來設使浙省于鎮海等處乘虛進剿恐該逆勢窮分竄更難保不再入黃

浦復犯松江臣焦思過慮寢饋難安相應據實奏明請
旨勅下耆仍回蘇州與伊一同駐守以杜該逆窺伺之
漸並可爲鎮江一帶聲援即嘉興乍浦等處與蘇州省
城毘連該大臣等照應能周亦免顧此失彼是否有當
由六百里馳奏

奕山奏廣東先逃弁兵一摺奉硃批不寔不盡之至事
已如此即使先逃之兵徼倖苟免豈有概行誅戮之理
庶可稍爲寬貸朕祗恨世道人心何至如是之不誠不
寔朕以重任付諸臣諸臣無非還一欺字最不解是何
居心也欽此

奕山又奏拏獲漢奸一摺奉硃批廣東漢奸在在皆有
年餘止獲一溫東幅尚靦然入奏耶欽此

聞六月十四日夷人在鎮江登岸入城殺戮滿州營于
十六日大帮夷船駛往南京窺伺省城仍留夷船兩隻
守住鎮江晝則登岸夜則歸船楊州鎮江兩府城居民
盡行遷避一空鎮城內外鹽梟土匪放火刧掠以致油
機被焚桐油流入河內甚至常州河下皆有桐油漂流
十六日大帮又至瓜洲口內直抵由閘關京口副都統
海被火焚死

六月十九日午鑒奏奏為探報鎮江城失守城中官員
不知下落恭摺具奏仰祈聖鑒事切臣于六月十五日
恭報逆夷登岸一面接仗一面攻城弁齊劉退至新豐
鎮地方緣由業經奏明在案茲于十六日午刻又據常
鎮道稟報該逆用大炮攻擊又用雲梯登城開門釋放
百姓逕趨滿營慘殺弁兵城中竟夜火光不絕官兵退
至新豐者忽于三更驚起潰散齊劉不知現往何處副
都統海鎮江府許丹徒縣錢亦不知下落等語臣査該
逆蓄謀叵測自吳淞至金焦瓜洲儀徵各要口均用大
船把守危迫實不可言伏求皇上速決大計以拯民命
臣經會同江寧將軍德合詞恭摺具奏伏乞皇上聖鑒

訓示

再臣等在拜摺間接據高資巡撿宋汝揖稟報六月十
一日巳刻見有夷船三隻駛至儀徵之老河影停泊該
處本爲鹽梟出沒之地現已有私販聚衆滋擾等語又
據常鎮道周稟報十一日卯刻該逆大帮船隻全數駛
過焦山已將瓜洲門口封閉斷絕途道辰刻復見有大
船六七只望江寧進發並稱鎮江紳士有捐職同知顏
崇禮者于初十日隻身前往焦山直上夷船口稱鎮揚
兩處民衆求見詳問來意該逆回稱斷不驚動百姓只
要岸上不開炮我們並不動手又再三詰問大皇帝意

思如何對以不知又問伊中堂因何不來又給告示一大張歷數前此相待之不端此來專爲伸冤伸冤之道有三一則還烟價戰費一則内外臣工用平行禮一則量割海濱作貿易之所此數事若行其餘不難等語臣伏查老河影向有私梟盤踞衆至數萬臣先經密飭着運司明諭設法安頓今該夷内犯之際該私梟忽行乘機滋擾而常鎮道所稟該逆復有要求之詞臣均不敢壅于上聞可否敕下廷臣集議之處理合附片謹奏

六月十七日江蘇巡撫臣程矞采具奏奏爲逆夷肆披猖京口副都統遇害鎮江府城失守恭摺由驛馳奏

請旨將臣交部從重治罪仰祈聖鑒事切照逆船四隻于初十日駛至京口江面在後大帮夷船亦陸續駛進焦山口門並將瓜洲江口用船封固業經臣於十三日由驛馳奏在案茲據常鎮道周頊等稟稱十三日逆夷將船排列江邊約有七八十號十四日辰刻夷匪自江口登岸直趨城邊先用大炮轟擊又用雲梯越進北門我兵上前接仗因勢力不敵紛紛潰散京口副都統海在城内禦敵不住當時遇害鎮江府城即已失守府縣不知下落參贊齊署提督劉退至新豐鎮該道保護粮台退守丹陽適署京口水師副將孝順武鎮江城守營參將陳慶祥自江陰赶到隨將沿河要隘會督地方官堵塞設兵防守各等情江接聞之餘忿恨交集該逆闖入江南洋面先已攻陷二城茲駛至大江鎮郡又已失守此等猖獗情形較之閩浙時要不相同現在南北咽喉已經梗阻倘再乘風西上則江寧旦夕可危督臣牛所調由浙赴蘇之江西官兵一千名雖已由九江鎮李錡督帶前往兵力尚形單薄且江面阻隔砲位亦未解到署提督臣劉所帶湖北兵丁先經督臣牛奏明馳赴江寧嗣道出瓜洲因京口地方吃緊經贊參大臣齊奏明暫行截留防守今鎮江既已失守江寧勢甚危迫臣

現已咨商劉允孝即將所帶官兵尅日馳赴江寧駐紮以備不虞至鎮郡溧陽徒陽運河水勢淺窄該逆大船斷難深入而丹陽壤接鎮江倘不加意備防則杉板小船亦恐内犯臣復咨商參贊大臣齊將所帶四川廣西官兵在于丹陽以西地方擇要屯紮既防該逆西竄並可安撫難民其江陰之鵞鼻嘴地方尚有夷船數只寄泊徐州鎮臣王志元所帶官兵七百名已調赴江寧省城協守誠恐該逆乘虛闖入則縣城尤屬可虞該縣相距無錫祇數十里之遥無錫叉與蘇州切近萬一江陰有警蘇城更覺動搖正在萬分焦急間適揚威將軍派

撥之江西兵丁四百五十名行抵蘇省並有先到蘇州之廣西兵三百五十名均屬驍健是以臣復咨商欽差大臣耆統帶該官兵丁在于適中之無錫縣皋橋地方堵禦則東可以顧蘇州北可以顧江陰即西至常州丹陽一帶亦均可爲聲援抑臣更有請者儀徵縣上接江寧下連揚鎮本爲梱鹽之地梟徒出沒無常自逆夷駛入京口臣深恐其乘機竊發即經諄飭該府縣擇其壯健可用者募充鄉勇按日給發口糧雖于保衛地方未必全能得力而口食有賴或不致勾串夷匪另滋事端玆聞夷船停泊老河影地方該梟徒等已漸形蠢動則團練之舉是否有濟尚可不知容俟再行體察情形妥爲籌辦前次調防海口之奇兵營兵一百四十名現已撤回該縣地方防堵並爲彈壓梟徒之用惟揚州相距瓜口匪遙鹺貫稅關洵爲江省菁華之地且運庫錢粮不少萬一該逆分船竄入關係尤非淺鮮前因漕河兩標兵丁均多派防海隅未能分撥嗣逆夷堵截瓜口閘閘倍覺驚惶河臣麟予無可調撥之中酌派河中營兵五十名河右營兵五十名飭令將弁管帶馳往守衛第該郡文職除運司知府外別無大員駐紮現在情形十分喫重臣在蘇城亦萬難分身已飛咨河臣麟酌帶弁

兵移駐該郡內以壯聲勢而定民心相應奏明請旨勅下麟即日前往實于地方有裨臣猥以庸材謬膺重寄前此上寶被陷負疚滋深乃蒙逾格矜全尚不遽予治罪撫躬循省感悚難名玆又失守郡城愧恨無地惟有仰懇天恩將臣交部從重治罪以爲疊失郡縣者戒所有傷亡弁兵以及文武各員實在下落及倉庫監獄疎失情形容俟查明另行奏報合將鎭江府城失守京口副都統遇害緣由謹恭摺由六百里馳奏伏乞皇上聖鑒謹奏

海口傳來夷船張貼告示安南國唐加封拜徃通文引示諭中夏沿海居民守城主領知悉我國與爾國向無仇隙僅隔三千餘里一水可通實爲脣齒數百年通商不絕始於雍正四年我國祖考帶嫁妃子女贍仰爾國之光將此女配與廣東將軍廟紅旗索倫額長子爲妻嗣後數十年來與各旗婚配綿綿不絕丙申秋唐加封號二十五年長和明娶廟白旗主達靈阿長女爲室巳亥六月初六日達靈阿次子鄂對投我國哭奏中夏道光位任權奸併吞各國蠶食各旗無敢與兵將白旗盡行洗蕩哭求發兵復仇等語我國即差精密什伯十二員至加峪關密訪的確情由表奏據旗云聞於大明數

世尚貫明末時蜂擁四起割據城郭直逼京城危如纍卵時山海關總兵吳三桂求拯各旗八旗之主盟爲手足其進中原不及半載掃清諸逆各旗兵因離鄉久遠皆有思歸之念議留一旗駐紮京城安撫黎庶兼訪大明後裔惟鑲藍旗覺羅康恬附大明其次廂白旗餘外六旗假道往來越國遥遠惟覺羅駐紮京城七旗之衆盡歸故土是年冬季即有中原以七旗共有勛勞每歲各發銀十萬兩與國同休百數十年來各皇知照駕到日期預備駐紮之處一面遣使知照各旗或遣子姪至達靈阿處護駕返三月隨至都陽湖給俸祿巳亥夏開

並無知照日期大兵驟至責比不備駐紮之處必有異謀隨即開刀將達靈阿等親丁五十七名悉被斬首其子鄂對探親未返免遭屠戮如若有異謀必先預備況達靈阿管轄十餘萬衆豈難敵數千之兵耶實思蠶食虛陷逆謀無道之至各旗切齒痛恨巳亥九月初開即差阿家爵子伯麥統領水陸巴哆五十萬據爵子伯麥奏稱五十餘萬精練巴哆取中原易如反掌但得城郭必留守禦計中原城郭二千之多必得數十萬留守之兵方保萬全奏准我國即發國書遣水軍都督護海屠龍帶領鄂對至日本琉球暹羅朝鮮眞臘六國各取巴哆十餘萬約于庚子二月朔加封發又有河技錫蘭婆娑祿門答剌五邦兵助巴哆二十餘萬附同六國由廣東閩浙寧紹而進今於庚子朔加封爵子伯麥平清什伯賜七旒凝冕蟒袍玉帶鄂對爲家伯木兼理餉道水軍都督護海屠龍掛先鋒印我國進兵附有六國旌旗響應腹背夾攻清兵雖衆難當百萬雄師特此示諭沿海居民毋得畏怕毫無侵犯守城主領見機投順定加厚祿決不食言倘有無知進退螳臂當車進兵後玉石俱焚莫貽伊戚安南國唐加封拜往三十年朔日通關文引平清都督什伯耆通事文員譯漢文字榜文者中

胥吏謄寫分派各船務于沿海居民集處張掛以安民業特示

鎮江府稟敬稟者切照嘆夷內犯前經界府將防守情形節次稟報在案卑府始意以爲兵力既厚民心亦固縱不能殺敵攻剿或可堅守城池迨今六月十二三兩日夷船愈集愈多臨口列百十餘隻十四日卯刻該夷登岸先攻西門經我兵開炮擊斃夷目夷兵多名該夷旋即四面兜圍紛紛如蟻不下萬餘或撲營壘或攻城垣砲勢猛烈迥異尋常火箭尤爲迅疾竟能致數里之遠飛射滿城密如雨點城外大兵先與接仗即行敗退

城內滿綠兩營兵丁分禦四面衆寡不敵然又有死命相持及至午刻該逆北固山開放大砲卑府署後石山門打破竄入夷兵數十其時卑府正在南門城上督戰一聞此信卽會同都統營員帶兵折回行至府前鼓樓岡遇見夷兵遂督兵竭力將其堵截紛紛逃逸不料北門城樓被火箭射著立時燒燬官兵站立不住夷兵乘此緣附而上北城遂破大隊夷匪蜂擁入城官兵不能抵禦死傷潰散一時迨盡都統及滿綠兩營各兵弁被衝走散卑府見事勢如此萬無可爲惟有仰天痛哭矢以身殉兩次捐軀未許明志徒受劇創加以忿恨塡胸

痰氣上湧竟爾不省人事家丁希冀罔知尋尺徒以卑府有老母在乘昏迷之中將卑府挾架出城送至丹陽安頓古廟百計醫治現在人事業已清明回念一切眞同隔世伏思卑府仰荷天恩畀兹劇郡當逆夷攻犯力竭智窮竟不能嬰城固守坐見生民塗炭毒燄猖狂負國負民罪何可逭顧兩次求死不得或者彼蒼以卑府咎戾太重非一死所能塞責特使留此餘生以待大兵克復倘許荷戈相從終必殲醜類而盡食其肉一伸曹沫雪恥之志卑府刻下雖已清肯而飲食少進行坐皆難不能叩謁理合先將郡城失守情形稍述大概肅稟伏乞大人將卑府嚴行參辦以爲不能守土者戒再府印一顆現在遣丁混入郡城如有隙可乘行將印藏出凡關緊要之件暫用丹陽縣印合併陳明

丹陽縣馳稟者二十五日未刻據探子來報鎭城十三門外被鬼子扒開走路一條下有埋伏面上用蘆蓆遮蓋鬼子出入別有記認二十三日鬼子將大倉米石拉我百姓扛運下船至今尚未扛完城內尚有黑鬼子數十人去住無常自甘露寺後起至金山止尚有夷船數十隻忽上忽下遊弈不定二十二日夷人在北固山點兵短少八百餘名欲拿百姓充數進城百姓多有被拿

者府縣衙門及府學東門越城均有埋伏其物似砲非砲如銅鼓一般約有五尺圍圓中有口門五六人方能抬起其餘府衙門駐放二銅物形或如馬不知何意又聞二十二日到牛頭國夷船數隻各等語合肅稟聞云云

丹徒縣錢燕桂稟報敬稟者切卑府奉委鎭揚一帶公幹行至馬陵途次適遇家丁王福稟報逆夷自二十二日以後日間進城夜間均在北門之北固山甘露寺及西門之銀山門玄檀宮南門之鶴林寺峴山頂等處分起住宿城內並無居住府縣署及學宮東門越城等處

均埋有銅鼓及銀錠或砲位大小不等並拾火藥進城埋伏舁府于途中聞見大略相同又從鎮對江山沙地方泊有三桅夷船一隻于二十四五等日有白鬼子兩名黑鬼子八九名用小船渡至丹徒鎮連次登岸搶去茶瓶二個錢一捆經該處地保陸祥率領守鎮之鄉勇等赶散該逆並在江村地方搶牛六頭等因現已飭各鄉鎮義民嚴行防範以期無虞舁府行至鎮江因京口現泊夷船五十餘隻瓜洲泊有夷船兩隻不能渡江是以折回由大港鎮北度合肅稟聞云云

提督陳化成陣亡小傳公姓陳諱化成號蓮峯閩之同安人由行伍游陞福建水師提督屢建軍功訓士卒有紀律道光二十年調江南任甫七日逆夷滋擾浙江定海失守公即馳赴吳淞防堵築土城幾二十里鑄大炮六十位其最大者重八千斤可及數十里相度形勢設砲台兩處西砲台直擊夷船使之不能犯我東砲台阻其登岸使之不能截我法至善也而訓練戎行演習陣勢飲食衣服聯爲一體嘗霪潦數日水高過膝亦上下相安其與士卒同甘苦者如此有以供帳請者公曰我誠安矣將士能人人供應則甚善峻卻之公察其兵已可用揆以避砲法先辨烟色白者乃空發可不必避惟黑煙冒出者宜急避之伏地乃不損以炮火必離地三尺故且演之使士卒觀無不信服公駐吳淞三載未嘗安寢夜深人靜往往至砲台遠望對天默禱蘇松人民莫不倚之如長城戴之如慈父母三年中閭閻安堵非公之力不及此二十一年春逆夷去定海入粤浙警稍弛公戒嚴如故八月定海復陷欽差大臣裕謙死之江南震動上海浦越訛言四起不越月而商民如故此公之靜鎮所致也蓋公駐吳淞深得士卒心逆夷亦畏公威名不敢犯故逆夷有不怕江南百萬兵祇怕江南陳化成之語今年春浙江進剿失利始乘勢入慈谿雖無

所得而即有窺伺吳淞意三月初上海火藥局失火轟去火藥無筭傷文武數員民心大恐逆夷又入浙之乍浦逼近金山衛旋舍乍浦在金山衛川沙洋面遊弈似將竄入吳淞公審其來勢設法佈置愈加嚴密不爲稍動逆夷旋去至四月下旬夷船逼近吳淞倏往倏來公知其必至大享士卒諭以大義且云即至絕無可爲以吾死爲度士卒感激皆含淚應之各給藥一丸謂臨陣時納諸口可壯膽皆拜受於是軍心益固先是徐州兵有騷動者民訴之公貫三人耳以狗並責其隊長賞罰嚴明士卒整肅五月初八日寅刻逆夷直逼吳淞公上

西砲台指揮擊賊連舉大炮壞夷船大小十餘隻逆夷死者甚衆已將退方其時松江太湖兵在前徐州兵在後安徽兵伏於土城內以備東路而東砲台守將不能禦其登岸督戰者亦失應援惟遣騎邀公者再公面叱之至是已閱時五前茅當稍息公飭後勁代進而徐州兵因陣腳移動卽乘機而遁安徽兵尾之公駁回顧爲夷砲傷足猶指揮塘上施放大炮屹然不動而東砲台登岸之逆夷已大隊擁至又傷洋鎗七不能支乃北面再拜而絶松江員弁韋印福錢金玉許林許攀桂徐大華死之兵丁死亡數十人武進士劉國標負公屍藏諸

蘆葦中越十二日國標乃至蘆葦中負出膚體不敗面如生殮于嘉定城中紳耆士庶及婦人女子擔夫販豎莫不奔走哭送柩過處盡設香案祭于路者幾相望道出省垣江蘇巡撫程矞采率文武僚屬設祭官亭痛哭皆失聲奏入御批揮淚覽奏憤懣塡胸照提督例賜恤殉難處及原籍俱建專祠所過地方着文武官員妥爲護送噫公可謂哀榮兼至矣子五長次武職次文職六月松江闔郡紳士感公之德謹于東嶽庙設位以祭葆廉亦與焉謹敘其事爲小傳

道光二十二年六月華亭縣生員雷葆廉譔

蘇松太道巫宜禊稟蘇巡撫程七月初旬具謹稟大人閣下敬稟者切前月二十四日據寶山縣高橋民人王世勳投稱是日辰刻伊在海塘經過被夷匪數人乘坐腳船上岸將其捉赴大船有一通事聲言該船夷目係佛郎西亞國大兵將現有信一封勒令送交蘇松太道收啓伊畏懼不允該夷用刀嚇逼并稱信內別無他事不過要來帮助天朝如不往投遞此信必將高橋地方屠滅伊因住居高橋恐其認眞上岸滋擾故而賚書前來投遞等語職道因該夷船既另是一國且言欲來帮助或者可以乘隙破敵亦未可定當卽拆閱係佛郎西

亞國夷目則濟勒遞書求見并有願欲帮助天朝之語細察書中詞意雖極恭順並無悖逆語詞惟該夷船既與英夷同來現又聚泊吳淞口難保非串同一氣假言求見前來窺探虛實復圖擾亂當以天朝功令非奏明大皇帝不能與外夷接見之語諭令王世勳前往回覆切謂該夷目或可不來乃忽於初三日復有該夷目必欲來見上海官府定于初四日駛進上海之語職道隨與上海縣秋令暨在城紳士公同商議上海現在兵勇無多軍火器械均未完備如其冒突內來斷難抵禦若任其駛入浦江又恐居民驚惶紛紛搬遷土匪得以乘

聞蠢動萬不得已議請提右營遊擊封會同秋令在於城廂內外巡查彈壓職道于初四日辰刻帶同紳士二人坐船前赴距上海縣城數里之陸家嘴地方停泊待其前來以便詰詢來意并可免其上岸驚擾百姓旋于是日未刻該夷目則濟勒乘坐雙桅三板小船一隻帶同通事一人夷官二人夷兵十數名另三板船一隻亦坐夷官兩人夷兵十數人銅炮兩門夷鎗數十桿似係護衛該夷目之船一同飛駛而來職道即飭役探往則濟勒同夷官兩人通事一人上船相見該夷目具言伊國向在廣東通商與天朝最好素無嫌怨此來意欲相

帮詰其既與天朝素無嫌怨又欲相帮何以听從暎夷號召同來據云伊國與暎咭唎國並稱強盛從前兩國互相爭鬭幾三十年嗣經約結仍歸舊好今國王聞暎夷內犯中華恐其佔據馬頭益加强橫特派兵船兩隻先後駛赴中國探听消息伊船于上年十月間到粵尚有一隻約今年六月間亦可行抵廣東並非暎夷號召而來所以並不隨同打仗亦不上岸滋擾究其如何相帮天朝則稱暎夷上年許給馬頭償還烟價均係出自臣下之意並非大皇帝情愿以故不服今若奏明大皇帝准暎夷設一夷官在京辦事與俄羅斯等國相同自必心服職道答以俄羅斯琉球等國僅有遣令該國王子弟在京肄業三年之事向未設立夷官該夷目又云現欲前赴揚子江先見僕𠸄喳然後稟見總督大人勸令暎夷栽兵并說伊船重大不能駛赴長江且恐官民指爲助戰之船轉多疑慮請代僱民船一二隻可坐三四十人者以便即日前往等語職道因其所言帮助一節不過從中勸和即以天朝定例非向奉正朔之國前來朝貢不能擅自作主代爲僱船諭候申詳定奪并催令即日退出吳淞該夷目即帶同夷官通事同船駛去以查佛郎西亞國僅止一船係於暎夷大帮船隻開去

鎮江之後始行駛來據稱並不帮同打仗似屬可信第現在南京如何情形尚無確信是否准其前往職道未敢擅便除會督營縣嚴密防範外理合據實稟陳仰候憲台核示祇遵

計夷書一張上海大官佛郎西亞兵船名號吱唎哪此船大兵將現在吳淞口外下錨令通事請安上海大官通事並無別事就告明上海大官知道此佛郎西亞船與天朝並無相害也江南省總督大官仍知道此船將至到天朝岸界無小讎如今佛郎西亞國同暎咭唎國有的約結刻下大兵將欲到上海往拜大官但大元帥

本註愛民不旨上去因城中百姓未悉佛郎西亞國同
天朝從前到此時最合相好恐怕欲亂故此通字先教
知上海大官欲知若可以用小船帶幾個將軍十幾個
兵到上海去往拜大官望回吳淞口六月二十二日佛
郎西大兵將則濟勒

印

六月奉上諭此次調防天津之察哈爾蒙古兵二千名 有印
行過京師者派倭什訥阿靈阿前往得勝門外彈壓照

料每官一員賞銀五兩每兵一名賞銀一兩由廣儲司
給發並另行犒賞羊二百隻由該衙門預備應用欽此
聞傳言夷船直逼南京各大臣與之講和據逆夷云欲
求洋銀三千萬折銀一千四百萬均作四年取討上海
乍浦寧波三處出入商稅歸彼收取廣東之香山浙江
之定海兩處地方要割去作彼貿易之所自後如有他
國前來滋擾與該國無干並須照意出一文憑請用御
寶給彼收執方可戢兵等語聞已具奏請旨矣然未待
覆言即欲先取與一百萬兩該船又豎起紅旗架出大
銅炮如有不依即放炮打仗聞又依允先付與一百萬

交彼去矣該夷實情無處擄掠軍需已乏亦在勢窮力
竭之時也
南京於七月十六日發信和議已成將各議條開列并
用各關防印於十五日（欽差伊欽差[illegible]欽差耆 江寧藩司黄總督牛道台鹿）同
赴夷船拜會夷目璞鼎喳定于十七日璞鼎喳至靜海
寺回拜訂俟二十二三奉到諭旨如蒙允准各夷船即
當退出等因
浙江於十七日發信揚威將軍奕經奉旨以王江涇距
南京太遠飭帶兵赴常州一帶駐扎堵禦以防竄擾之
事設有變更即至南京應援現聞和議已有就緒現在

靜候旨下自應就近密爲防備奕將軍定于二十二日
起程鎮江於十七日發信探得夷船自南京退下五六
隻停泊金山現在鎮江口上共有夷船十七八隻其江
寧之觀音門沿江一帶共泊夷船三十餘隻鎮江京口
沿江之茶館飯店各鋪自從夷船大幫駛去南京之後
各鋪安堵而且生意甚好不料所存夷船上黑夷在城
內外搶掠并姦淫婦女是以各民戶又紛紛搬遷其黑
鬼多自福建口音者
七月十五日蕃司覺羅崇出示勸輸軍餉內開損輸
銀兩與出力將士無異嘗必奏請優獎現在元邑令洪

已捐輸請奬在案南北紳商已捐銀六十萬兩蘇州殷富之邦定加踴躍倍增捐輸等云

二十四日聞南京奏聞議和之摺業已批轉回不准並聞另有欽差至江南進勦等因

二十六日揚威將軍自王江涇來路過蘇州出滸墅關至常州防堵隨從船隻一千五百餘號

江寧來信云和議之摺于二十二日丑刻已奉到批摺所議各條已邀允准惟福建厦門馬頭係通陸路于沿海另給一處仍着侍衛咸江寧藩司黄至夷船會議云云

七月二十九日傳聞佛郎西亜國來人仍作罷船由内河達江寧㗰夷見之下跪相迎於是斷令㗰夷不准在各馬頭設立會館仍歸廣東口賣買議和條十給銀加給一百萬兩共計一千五百萬本年先給五百萬外均作三年分給揔督畫卽㗰夷均各祗遵于是酬給佛郎西銀一百萬並聞佛郎西係廣東洋商伍姓令人說出現在伍洋商在江寧司事

七月初九日欽差大臣耆英乍浦副都統伊里布兩江揔督牛鑑江蘇巡撫程矞采奏爲形勢萬分危急呼吸卽成事端冒死允夷所請以拯民命請旨將臣等從重治罪恭摺奏聞仰祈聖鑒事切臣等于本月初八日將辦理夷務情形會摺馳奏先于初七日據該夷所請求各欵開列清單交委員塔芬布等移回臣等公同開看一係索討洋銀二千一百萬元本年先交六百萬元其餘分年帶交一係索討香港作爲馬頭幷求准廣東福州厦門寧波上海等貿易一係與中國官員用平禮其餘雖尚請求大抵不出此三欵之外並據堅稱若能如其所請卽當永訂和好不敢再起兵端不如所請卽行開仗幷往別省滋擾等語臣等正在會同酌議間擬卽明晚照覆詎料初八日戌刻逆夷因聞訛傳有調壽春

兵來省防勦之信忽換紅旗幷于鍾山之上安設火炮聲稱定于次早開炮攻城勢甚猖獗臣查江寧省城雖已派撥弁兵分段防守惟周圍五十餘里兵力不敷且所調江西湖北徐州各官兵均曾經挫衄士氣不揚未敢恃以爲固況鍾山逼近省會該夷登高臨下一經轟擊勢必不支兼之民風柔懦一聞此信均各驚慌而卽有男婦數萬人赴臣等各衙門遮道啼呼籲請救民臣等伏査該夷自犯順以來由粵赴閩歷浙入江屢經命將出師總未能挫其兇燄近復大集醜類兵船八十餘隻輒敢攻陷京口橫據長江斷我南北衝要茲復逆檣

逼進直逼金陵以致危在旦夕臣等目覩萬分緊迫情形若冉事固執萬一危城莫保臣等死不足惜所慮三省根本萬一搖動不惟京口梗塞不通卽安徽江西江北各省會該夷均可揚帆直達逼擾江都縣彭□□探得該夷若有戰不勝卽遣漢奸偷挖高堰等情如果情實禍患尤不可不問臣等伏思該夷所請各條雖係貪利無厭而其意不過求賞馬頭貿易通商而止尚非潛畜異謀與其兵連禍結流毒愈深不若姑允所請以保江南大局現已照會該夷申明盟誓如果悔禍戢兵卽照所議各條逑爲商定一面奏明乞恩倘犬羊之性仍

不馴伏臣等惟有激勵將士嬰城固守成敗利鈍非所逆覩惟念臣等均荷聖恩畀以重任不能宣威殄寇又復胆大擅專罪難擢數應請將臣等一併從重治罪理合會摺馳奏伏乞皇上聖鑒臣等不勝悚惶待命之至

謹奏

七月十六日上海道接信飛啓耆制軍鏡翁八百里信以議撫已經定局須先銀兩方退出長江囑致台端將上海商人所議大衍之數迅卽交官已與英夷說明上海揚州共湊一數歸入此項內卽行付給壁貳千一百萬兩其零數卽上海揚州之項也其餘大數以七折合錢一千四百萬兩刻下須付三百五十萬兩勢難措墊將來須由各府勸捐歸欵已經據實陳明如邀允准則捐項亦大費周章上海向爲好義之區此須保全者多似應卽與紳董商之能湊若干先歸藩運各庫墊欵該商等須知該夷本欲勒交一百萬元今僅付其半餘歸大衆籌捐似上海不能不再行措處此外松屬均須同力卽蘇常亦不能不設法捐輸也望先將所許之數赶緊運至金陵官爲付給庶爲人所共見共聞該夷無所施其詭詐之計矣事關至緊急期與紳董相商以速爲妙此係最下之策然時勢如此諸老亦出于無可如何

無非爲大局起見從此通商貿易上海更有利可圖亦人所樂從似湊捐亦尚易爲力也惟心照不宣

七月十七日上海道稟覆敬稟者頃奉鈞諭轉准制憲八百里諭以議撫業已定局飭令將上海商人所議大衍之數迅卽交官卽行付清等諭職道當卽飭令沈丞炳垣秋令傳齊紳董沈少由舉人朱春坪船商郁泰峯行家等面諭作速集議將洋銀解赴督轅轉給由該紳董沈少由等面囘上海銀洋全賴沙船進口方能湧集此時岸帆不進諸多掣肘數日內恐難全數湊足面懇職道代爲籲求大人飛咨伊中堂轉諭璞公使卽日

知照吳淞口夷目何夏密先將沙船放進即可准解足
數無悞職道以事關通商大局豈容稽遲片刻飭令該
董事等傳齊各號商赶緊議限十月內辦齊起解以濟
要需一面據實稟奉伏乞大人迅賜書致（伊相 督憲）轉諭璞
公使飛飭吳淞口夷目開放俾河沙船早一日進口而
銀洋早一日齊集庶幾事半功倍肅先稟覆恭請金安
伏惟垂鑒職道□□□謹稟
七月十九日奉到軍機大臣字寄道光二十二年七月
十三日奉上諭耆英等奏形勢萬分危迫姑允所請一
摺前有旨着耆英等便宜從事不爲遙制原爲保全民

命起見茲據奏稱該夷請將各欵開單索討并因傳有
調兵防剿之信又復換旗安炮江南民風柔懦男婦數
萬號呼籲求巳據該大臣等允其所請等語覽奏不勝
憤恨繼念江南數百萬生靈一經開仗安危難保既經
該大臣等權宜應允朕亦祗可以民命爲重惟所稱本
年先交洋銀六百萬元從何措給香港准其常借廈門
寧波上海等處亦可准其貿易但只許來往通商不准
久住築爲巢穴其福州一處內地係屬陸路且山逕叢
雜商旅不便閩省既有廈門通市自不得復求福州着
耆英等再行商酌將福州一處撤去即萬不得已或于
閩省泉州附近酌與通商均着妥行定議惟該夷既稱
如其所請不敢再啓兵端現在業經俯允該夷如何退
出長江各省夷船如何遣散回國該大臣等必當切實
議定永杜兵萌又不可稍涉含糊徒顧目前仍成不了
之局所請從重治罪之處着毋庸議將此由六百里加
緊諭令知之欽此

八月初二日接到儀徵縣稟夷船巳開去八隻於七月
二十八日退出圌山關大帮開得八月十八日大潮汛
內陸續可以盡行退出講和條議上應給銀兩現在將
次湊齊付給矣巳于七月二十九三十兩日先付洋九

十萬元至福州馬頭者伊兩星使續奏請給亦已仍奉
允准現將合同議單先用星使關防付給俟英夷國主
看過再行倒換等因云云

講和合同議約條款

茲因大清大皇帝大英君主欲以近來不和之端解釋
息止肇衅爲此議定設立永久和約是以大清大皇帝
派命欽差便宜行事大臣（太子少保鎮守廣東廣州將軍宗室耆英頭品頂戴花翎 前閣督部堂乍浦副都統伊里布）大英伊耳蘭等國君主特派欽奉全
權公使大臣英國所屬河度等處三等將軍世襲男璞
鼎查公同各將所奉之上諭便宜行事及勅諭全權之

命左相較閲俱屬善當即便議擬各條陳列于左
一嗣後大清大皇帝大英君主永存和平所屬華英人民彼此友睦各住他國者必受該國保佑身家全安
一自今以後大皇帝恩准大英國人民帶同所屬家眷寄居大清沿海之廣州福州厦門寧波上海等五處港口貿易通商無礙且大英君主派設領事副領事等官住該五處城邑專理商賈事宜與各該管地方官公文往來令英人按照下條開敘之例清楚交納貨稅鈔餉等費
一因大英商船遠路跋涉津洋往往有損壞須修補者自應給予沿海一處以便修船及存守所用物料今大皇帝准將香港一島給予大英君主暨後世襲主位者常遠據守主掌任立法治理
一因大清欽差大臣憲等于道光十九年二月間强將大英國領事官及民人等强留粤省嚇以死罪索出鴉片以爲贖命今大皇帝准以洋銀六百萬元償補原價
一凡大英國民在粤貿易向例會館額設行商亦稱公行者承辦今大皇帝准以嗣後不必仍照向例乃凡有英商等赴各該口貿易者勿論與何商交易均聽

其便且向例額設行商等內有累欠英商甚多無措清完者今酌定洋銀三百萬元作商欠之數准明由中國官爲償還
一因大清欽命大臣等向大英官民人等不公强辦致須撥軍士討求伸理今酌定水陸軍費洋銀一千二百萬元大皇帝准爲償補惟是道光二十一年六月十五日以後英國因贖各城收過洋銀之數大英全權公使大臣爲君主准可按數扣除
一以上三條酌定銀數共二千一百萬元應如何分期交清開列于左此時交銀六百萬元癸卯年六月交銀三百萬元十二月間交銀三百萬元共六百萬元甲辰年六月交銀二百五十萬元十二月間交銀二百五十萬元共五百萬元乙巳年六月間交銀二百萬元十二月間交銀二百萬元共四百萬元自壬寅年至乙巳年止共交銀二千一百萬元倘有按期未能交足之數則酌定每年每百元加息五厘
一凡係大英國人無論本國屬國軍民等今在中國所管轄各地方被禁者大清大皇帝准即釋放
一凡係中國人前在英人所據之邑居住者或與英人有來往者或有跟隨及伺候官人者均由大皇帝俛

降御旨賸錄天下恩准全然免罪且凡係中國人爲
英國事被拿監禁受難者亦加恩釋放
一前第二條內言明開關係英國商民居住通商之廣
州等五處應納出口進口貨稅餉費均宜秉公議定
則例由部頒發曉示以便英國按例交納今又議定
英國貨物自在某港按例納稅後即由中國商人廣
運天下而路所經過稅關不得加重稅例只可按估
價則例若干每兩加稅不過某分
一議定英國住中國之總管大員與大清大臣無論京
內京外者文書往來用照會字樣英國屬員用申陳
字樣大臣批復用札行字樣兩國屬員往來必當爲
平行照會若兩國商賈上達官憲不在議內用稟明
字樣爲善
一俟奉大清大皇帝允准和約各條施行並以此時准
交六百萬元交清大英水陸軍士即退出江寧京口
等處江面並不再行攔阻中國各省商賈貿易至鎮
海之招寶山亦爲退讓惟有定海縣之舟山海島厦
門廳之古浪嶼山島仍歸英國暫爲駐守迨及所議
洋銀全數交清而前議各海口均已開關俾英人通
商後即將駐守二處軍士退出不復占據

以上各條均關議和要約應俟大臣等分別奏明大清
大皇帝大英君主各用親筆批准後即速行相交俾兩
國分執一冊以昭信守惟兩國相離遥遠不得一旦而
到是以另繕二冊先由大清便宜行事大臣等英國欽
奉全權公使大臣各爲君上定事蓋用關防印信各執
一冊爲據俾即日按照和約開載之條施行妥辦無碍
矣要定和約者
道光二十二年　月　日即英國紀年之
一千八百四十三年　月　日由江寧省會行
七月奉上諭耆英奏查明鎮江城陷時京口副都統海
齡並其妻及次孫同時殉命該副都統爲國捐軀忠義
可嘉着加恩照都統例賜䘏並着耆英派委妥員尋覓
該副都統及伊妻伊孫屍身妥爲盛殮並查其現存子
女一同護送回旗該副都統有子幾人着俟百日孝滿
後由該旗查明一併帶領引見候朕施恩俟軍務完竣
着該地方官建立專祠以表忠藎伊妻及伊次孫俱着
附祀又據奏驍騎校祥雲投水殊堪憫惻着耆英查明
咨部加等賜䘏著於該副都統祠內一併附祀欽此
道光二十二年八月十六日奏一廣東洋行商欠除議
定三百萬元官爲保交外此後英國通商現經議明無

諭與何商交易均听其便既已英國自授之行即非中國額設行商可比如有施欠止可官爲著追不能官爲償還查此款業據該夷照覆嗣後通商利害均由自取若有欠項由管事官呈明內地官着追爲不可再求官爲償還

奉十一月日上諭國家命將出師征討有罪原以保疆土而申撻伐該將軍叅贊等應如何激勵將士申明紀律誅勇兼施剋期奏績以副朕委任之重上年暎夷滋擾粵省特命奕山爲靖逆將軍授以重兵前往攻剿乃奕山抵粵未即入城遲延觀望迨夷兵闖困省城又不

夷匪犯境錄續卷之六　四九

能奮我兵威剿除殄滅及至夷船退出省河佔據香港事閱半餘一味因循束手無策以致該夷竄入浙閩江蘇肆行滋擾是其坐失事機厥咎甚重嗣因定海鎮海寧波相繼失守爰命奕經爲揚威將軍文蔚特依順爲參贊大臣前赴浙江征調各路精兵克復三城用揚我武乃奕經等駐札蘇州省垣籌畫數月集兵募勇以期一鼓成功覽其所呈分路埋伏水陸並進各圖說其運籌非不周匝無如謀事不密先期洩漏以致該夷處處準備我兵到彼不能得手因之乍浦失事傷我兵弁遂得直犯長江毫無梗塞是奕經祇知株守一隅不圖收復勞師糜餉誤國殃民文蔚擁兵駐札紹興坐視夷氛日熾但以退守爲計一籌莫展殊屬無能又安用此將軍叅贊爲耶奕山奕經文蔚前已有旨飭令回京均着交部治罪以示懲儆特依順齊慎到粵在後未與暎夷接仗惟特依順在浙於乍浦失守不能設法救援齊慎帶兵前赴江蘇不能保守鎮江事後又未能用兵收復亦有應得之咎特依順齊慎均著交部嚴加議處欽此

奉旨載銓奏遵旨定擬奕山等罪名一摺奕山奕經文蔚經朕授以將軍叅贊重任特命前往廣東浙江辦理攻剿自應力矢公忠勉圖報效乃勞師糜餉坐失機宜

夷匪犯境錄續卷之六　五十

辜恩昧良莫此爲甚奕山奕經文蔚均着照載銓等所議革去職任定爲斬監候秋後處決奕山諒已自粵起程無論行抵何處着沿途各督撫傳旨鎖拿解京奕經等前有旨諭令折回浙江辦理軍需報銷此時毋庸留浙着耆英程矞采劉韻珂傳旨鎖拿解交宗人府刑部分別監禁其經手錢粮之員飭令暫行辦理報銷彙交軍需總局報部特依順齊慎本應照議革職惟念特依順到浙未經派令督兵接仗即乍浦失守時伊亦駐札杭州齊慎于廣州被圍時駐彿山且到浙在後迨鎮江失陷尚能設法攻擒殺斃多賊尚可稍從末減特依順

齊慎俱着加恩改爲革職留任八年無過方准開復欽

此

夷匪犯境聞見録卷之六 終

鏤板考

提要

《鏤板考》七卷，朝鮮正祖二十年（一七九六年）徐有榘編，韓國奎章閣藏高麗手鈔本。每半葉十行二十字，白口，單魚尾，四周雙邊。是書為朝鮮當時中央與地方冊板的總錄。卷一為御撰、御定之藏書，卷二為經部，卷三為史部。卷四、卷五為子部，卷六、卷七為集部。是書所列書籍的收藏之所，以官署、書院、寺廟、私家為區別。鏤板考現有四種鈔本，分別藏於漢城大學圖書館、高麗大學校圖書館以及國立中央圖書館，另此書尚有洪命憙校訂本。

鏤板考凡例

一歷代盛際雅重文籍藏之有府掌之有官稽之有簿為其係治道升降也粵我　世祖朝大提學梁誠之請置奎章閣以奉　御製時圖籍又請令列邑開錄書籍藏板上送典校署使之考察　世祖亟稱其可行而未及施用我　聖上丙申初載置　奎章閣于內苑建官藏書多用誠之議粵二年戊戌下諭諸道公私所藏刊書板本並令計開錄上自本閣考察其存佚益至是而　聖祖之志事賢輔之訏謨始綱擧目張

燦然大備矣既又命閣臣等取中外藏板簿分門條例彙成一書凡卷帙多寡刓缺與否無不謹著而識載為其專錄剞劂之本故曰鏤板考

一唐徐堅初學記以太宗御製升列歷代之前益尊尊之大義宜然也焦竑國史經籍志朱彝尊經義考並遵前規今另立　御撰　御定二目凡　列聖朝典學之篇憲章之書恭錄其義例槩畧冠之四部之首而親撰曰　御撰命撰曰　御定

一每書之左必標其撰人爵里而或節取序跋或摭引評隲以見其義例之大略得失文武誌其刊刻之歲月俾資乎沿革之考據至於別集一類文章月朝出處本末無不旁搜博采以存古人論世之義惟一人而疊見者不復著其爵里事蹟

一古今簿錄之學有七畧七志七錄四部五部之異而惟唐之經史子集四類為後來書目家不易之例是書分門立綱亦用四類而若其宏綱之中細目條分則又損益折衷于歷代藝文志陳振孫書錄解題鍾音浙江遺書總錄諸書凡

其一類一書之離合進退未嘗不兢兢乎博參而愼取庶幾繹書名按部位而作者之大指瞭如指掌云

一活版之式始見沈括筆談而東本書籍最多用其法為其工力省而程功速也　太宗初載置鑄字所範銅為字攤印經史　聖神繼承累鑄銅字我　聖上甲寅復述國初故事即宮中置鑄字所印頒　御定諸書於是乎秘府雲委之儲充園罷筍之藏太半活版之本而緗梓鋟槧特其什佰之一耳是書既恭遵　睿旨秖載見

在板刻故雖須立學宫盛行域内之本往往不在錄中若迺廣蒐博攬統紀昭代之文獻俾作藝苑之大觀則别有奎章總目此毋庸架疊云

鏤板考目錄

卷第一
御撰
御定
卷第二
經部
總經類
易類
書類
詩類
禮類
春秋類
四書類
小學類
卷第三
史部
通史類
雜史類
傳記類
掌故類

史評類

卷第四

子部上

儒家類

兵家類

醫家類

天文算法類

術數類

雜纂類

說家類

書類

譯語類

道家類

卷第五

子部下

釋家類

卷第六

集部上

楚辭類

總集

別集類上

卷第七

集部下

別集類下

鏤板考卷第一

御撰

列聖御製十八卷

仁祖朝義昌君珖編 太祖 定宗 太宗 世宗 文宗 世祖 睿宗 成宗 中宗 仁宗 明宗 宣祖十二朝御製手寫刊進藏之璿閣 肅宗己未福昌君楨增輯 仁祖 孝宗 顯宗三朝御製以進尚多逸編乃考實錄又令京外士民有藏 御製者令所在官錄上命朗善君俁編為八卷藏其板于宗簿寺之奎章閣後又補刻

端宗御製詩二首 景宗庚子嗣刻 肅宗御製十卷吏曹判書宋相琦等奉教編校 英宗丙午嗣刻 景宗御製一卷礪城君楫等奉教編校

宗簿寺藏印紙十五牒九張一乇

光國志慶錄一卷

肅宗辛巳編先是 宣祖戊子謝恩使俞泓奉欽賜大明會典還始知 宗系之辨正 宣祖取覽山海關主事馬維銘賀詩 御製步其韻一時詞臣皆承命和進至是 上追感 皇恩 御製和前韻並錄 宣廟御製諸臣和章名曰光國志慶錄 英宗甲子又以 御製恭和前韻詩補編重刻

奉謨堂藏印紙一牒一乇

大訓一卷

英宗辛酉 御撰歷叙逆臣金一鏡睦虎龍誅危儲闈釀成誣獄之罪告 太廟頒中外飭掌銓臣勿以黨目互對用人

校書館藏 缺印紙五張

常訓一卷續常訓一卷

英宗乙丑 御撰分敬天法祖敦親愛民祛黨崇

儉勵精勤學八目其續編則戊寅 御撰撮原書中敬天愛民二目而推演其餘意蓋敬天愛民為八目之綱領也

奉謨堂藏印紙一牒四張

自省編二卷續編二卷

英宗丙寅 御撰續編己卯 御撰並分內外二篇內篇以身心為主外篇以鑑戒為主教諸臣曰自今言動政令有違於自省編者以其書陳戒

奉謨堂藏印紙二牒十二張

古今年代龜鑑一卷

英宗丁丑　御撰先叙歷代享年長短而凡其立
國規模嗣王繼述無不溯沿今古指擧得失末復
會極歸要于尚書無逸之旨總二千餘言
奉謨堂藏印紙七張
追慕錄一卷
英宗壬午　御撰時　上展拜　肅廟翌早展拜
璿源殿出御　殿門外親述感慕之懷
奉謨堂藏印紙四張
揄揚盛烈錄一卷
英宗癸未羣臣以　聖壽光躋七旬在宥恰滿四
紀請擧賀儀乃於月正元日告　廟社敎中外仍
以　廟社告文及頒敎綸音合編剞劂皆親撰也
奉謨堂藏印紙三張
警世問答一卷續錄一卷
英宗癸未　御撰續錄甲申　御撰　御製小識
曰暮年自強之中自顧六十八歲前事且念末世
風俗自悔自慨設爲問答以警世名之
原錄嶺南觀察營藏印紙一牒十八張　原錄
大邱府藏印紙一牒十五張　續錄湖南觀察
營藏刓印紙一牒十張一片

雲漢篇一卷
英宗甲申以亢旱親爲圭璧于　廟于　社　御
撰文一篇四言一百六十四句戒諭方伯守令
開城府藏印紙五張　京畿觀察營藏印紙四
張　關東觀察營藏印紙八張　海西觀察營
藏印紙七張　嶺南觀察營藏刓印紙五張
百行源一卷
英宗乙酉　御撰專言事親之道故名曰百行源
凡二千五百餘言譯以方音布諭衆庶
江華府藏印紙十一張　嶺南觀察營藏刓印
紙十一張　咸興府藏印紙十一張
小學指南二卷
英宗丙戌　御撰分上下二篇上篇　御註朱子
題辭下篇演繹内外篇篇題旨義
南漢開元寺藏印紙十一張　北漢太古寺藏
印紙十一張
永世追慕錄一卷續錄一卷
英宗庚寅　御撰是歲九月　上展謁　明陵親
述感慕之懷分原續二編
原錄奉謨堂藏印紙六張一片　續錄湖南觀

箕營藏印紙一牒十三張

續光國志慶錄一卷

英宗辛卯遣使辨朱璘誣史使還　御製銘一篇七言二句　王世孫及諸臣承命賡和

奉謨堂藏印紙六張一片

樹德全編一卷

英宗辛卯建　肇慶廟于全州奉國朝　始祖司空位板親述　先公積德肇基之盛告諭有位勉以善繼

奉謨堂藏印紙七張

鏤板考　卷第一　五

耆耈宴會錄一卷

英宗癸巳　聖壽躋于八旬曆紀于五十　王世孫陳章請進宴飾慶乃宴耆耈于金商門親綴樂歌一章以主聖得人為喜　王世孫及在筵諸臣皆承命賡和

奉謨堂藏印紙一牒三張一片

勸世為孝悌文一卷

英宗癸巳　御撰推闡事親事長之道鋟板廣頒戒諭臣庶凡一千三百餘言

奉謨堂藏印紙七張

定銅闈冠禮文一卷

英宗癸巳　上取覽春坊日記命自今銅闈加冠服之禮無踰十歲親綴綸音永垂來式

奉謨堂藏印紙五張一片

心鑑一卷

英宗朝　御撰以授　東宮凡十三則皆省察操存之要蕪濩體驗之工即　聖人傳授心法之旨訣也

奉謨堂藏印紙八張

關東賓興錄五卷

鏤板考　卷第一　六

當宁癸丑命關東伯選本道儒生嫺習功令窮經讀書者七十九人分試科體經義親定第次賜及第除官有差命內閣詮編其優等諸作鋟板壽傳取周禮三物賓興之義以名之卷中所載　御製策凡二道五經四書孝經爾雅條問凡一百一十條諸臣之應製條對特附焉耳今用賡韻例係之

御撰

原州牧藏印紙三牒十四張

右　御撰之書二十部

御定
訓義資治通鑑綱目五十九卷
通鑑綱目宋朱子撰其綴緝成書多出門人趙師淵之手本朝　世宗丙辰命集賢殿副校理李季甸等因資治通鑑訓義而撮其要語逐節分註復命集賢殿副校理李思哲修撰崔恒等讐校三閱歲而書成用活板印行其綱文大字我　世祖承命書之後來鋟板皆其翻刻本也
湖南觀察營藏刊印紙一百六十一牒二張
龍飛御天歌十卷
世宗乙丑集賢殿大提學權踶鄭麟趾等奉教撰以　祖宗積累之深締造之艱後　王不可不知撰述　穆祖以後肇基之跡摠一百二十五章卽宮中鋟梓以為朝祭燕享之樂
嶺南觀察營藏刊印紙十五牒十張
三綱行實圖三卷
世宗辛亥集賢殿副提學偰循奉教撰輯古今忠臣孝子烈女之卓然可法者並著圖說係以詩讚令鑄字所鋟板　成宗時追刻諺譯于欄格之上
海西觀察營藏刊印紙二牒十八張　綾州牧

藏印紙二牒十五張一匡　嶺南觀察營藏缺刊印紙二牒十張　關北觀察營藏缺刊印紙二牒十九張　關西觀察營藏缺刊印紙二牒十八張
新註無冤錄二卷
無冤錄元王與撰其書專言殺獄檢復之事盖因宋惠父洗冤錄趙逸齋平冤錄二書而損益者本朝　世宗戊午吏曹參議崔致雲等奉教註之共註事窮源字究巢穴並著音訓務詳纖
忠州牧藏刊印紙二牒十一張一匡　關西觀察營藏印紙三牒二張

天文類抄二卷
世宗朝承政院承旨李純之奉教撰取王義明步天歌雜采諸家釋其旨意又以天地風雲雷雨之說附之
觀象監藏缺印紙一牒十八張一匡
諸家曆象集二卷
世宗癸丑承政院承旨李純之奉教撰輯歷代天文志及諸家象緯之說分天文曆法儀象晷漏四門
觀象監藏缺印紙三牒五張

東國兵鑑二卷

文宗朝諸臣奉教撰就三國史高麗史錄出其侵伐禦敵之事凡三十七條

嶺南右節度營藏印紙三牒六張一乇

兵將圖說一卷

文宗辛未我 世祖以首陽大君奉教撰集賢殿直提學李塏等音釋蓋國初五衛兵陣之制也舊有景泰本天順本互有詳略弘治壬子 成宗命廣川君李克增等考校二本而一之有 世祖英宗兩朝御製序

海西觀察營藏刓印紙一牒六張 嶺南右節度營藏印紙一牒七張 關北觀察營藏訖刓印紙一牒八張

易學啓蒙補解

世祖丙戌國朝寶鑑作戊寅 義政府左參贊崔恒等奉教撰先是 上在潛邸以朱子啓蒙所著理數有非凡學所可領悟親爲要解悉闡微奧至是又命恒等增補訓釋

關北觀察營藏刓印紙五牒四張

經國大典八卷

世祖朝議政府領議政崔恒等奉教撰做唐六典詮次國初以來成憲分吏戶禮兵刑工六典 睿宗己丑書成刊進

光州牧藏訖刓印紙七牒十張

五禮儀八卷序例五卷

成宗甲午高靈君申叔舟等奉教撰始 世宗朝命禮曹判書許稠詳定諸祀序例又命集賢儒臣詳定五禮儀未及施用 世祖朝命申叔舟姜希孟等更加撰次至是書始成原編八卷專紀儀注序例五卷紀典章綱領間附圖說

嶺南觀察營藏刓印紙二十四牒十張

樂學軌範九卷

成宗癸丑禮曹判書成俔等奉教撰先是 世宗庚戌命知中樞府事朴堧取黍定律採石作磬以制朝祭之樂又述唐鄉樂譜至是取舊譜及儀軌分爲雅唐鄉三部而首之以樂調聲律廣引前書令人易解有 英宗御製序

掌樂院藏印紙五牒十一張一乇

四聲通解二卷

中宗丁丑內贍寺副正崔世珍奉教撰以申叔舟

四聲通攷有音無釋雜採韻書逐字釋義又以玉
篇係下
　司譯院藏印紙五牒一張
續三綱行實圖三卷
中宗辛未西館大提學申用漑等奉教撰取國初
以來公私乘牒及明一統志採其忠孝烈不及與
原編者七十人圖贊諺譯以續原編
　關西觀察營藏缺 印紙二牒十二張
救荒撮要一卷辟瘟方一卷
舊傳 世宗朝命撰然考卷首載 明宗甲寅賑
恤廳啓語云 世宗朝著救荒辟穀方適者湖嶺
飢遣使賑饑又鈔救荒方之最要者名曰救荒撮
要印布中外而吏慢民頑曾不預講請飭中外鋟
板廣諭據此則是書之撰當在 明宗初 中宗
末矣
　海西觀察營藏缺刓 印紙十張
周易諺解九卷書傳諺解五卷詩傳諺解二十卷大
學諺解一卷論語諺解四卷孟子諺解十四卷中庸
諺解一卷
宣祖朝儒臣等奉教撰始 世祖以我東學者口

讀不明分授四書五經于鄭麟趾申叔舟崔恒等
因鄭夢周權近所撰口訣而訂定之至是設局校
正以方音譯經文並釋其旨義纂修諸臣名氏之
可考者惟柳希春申欽李廷龜沈岱而餘不可詳
其設局干支則諸臣私乘或稱癸酉或稱辛丑可
推其起訖之遲速也 仁祖初始頒之諸道貢闈
取士一切準是與永樂大典相表裏
北漢太古寺藏刓 周易印紙十一牒十張書傳
印紙十一牒十五張詩傳印紙十六牒二張大
學印紙十七張論語印紙七牒十張孟子印紙
十五牒十張中庸印紙一牒十七張 嶺南觀
察營藏刓 周易印紙十牒十五張書傳印紙十
牒十五張詩傳印紙十三牒十三張大學印紙
十六張一卮論語印紙七牒六張孟子印紙十
四牒十九張一卮中庸印紙二牒十五張 寧
邊府藏刓 周易印紙九牒十八張一卮書傳印
紙九牒十二張一卮詩傳印紙十二牒十二張
一卮大學印紙十六張論語印紙七牒二張孟
子印紙十二牒十九張中庸印紙一牒七張一
卮

東醫寶鑑二十五卷
宣祖丙申太醫許浚等奉教撰出內藏方書五百卷以資考據首內景次外形次雜病諸方以至脉訣証論藥性治法攝養要義鍼石諸規拯撫繁富條理井然其內景篇中形氣神三類經鄭磪是正故尤精密可喜近有燕肆刻本桂陽縣事凌魚序之
湖南觀察營藏刊印紙三十八牒
嶺南觀察營藏刊印紙四十九牒十七張
小學諺解六卷

舊有 中宗戊寅刻本即己卯諸賢所撰也後從程愈集說改撰未詳其時也 顯宗丙午又以改撰本與李珥集註間多違庭命弘文館釐櫛益前後凡三撰而戊寅本久佚今行者皆改撰兩本也有 英宗御製序
原州牧藏印紙十二牒十五張 海西觀察營藏印紙十二牒十四張 湖南觀察營藏刊印紙十二牒七張 嶺南觀察營藏刊印紙十五牒五張 慶州府藏刊印紙十牒十一張一乇 善山府藏缺印紙十四牒 豬山府藏印紙十二牒七張一乇 醴泉郡藏印紙十二牒七張 清道郡藏印紙十二牒十一張 禮安縣藏刊印紙十二牒九張 居昌縣藏印紙十二牒八張 關西觀察營藏刊印紙十三牒
璿源系譜記畧二十二卷
肅宗乙未編首 先系以肇王跡次繼序以正大統次世系以昭玉牒次 八高祖圖以備源流次子孫譜以詳派別 當宁壬寅重加訂定凡書法之失實年月之闕誤廣考久獻多所修潤
宗簿寺藏印紙十七牒三張一乇

北道陵殿誌八卷
英宗戊寅戶曹參議魏昌祖奉教撰紀關北十陵 兩殿 兩本宮故實及象設之儀崇奉之典如讀書堂馳馬臺赤田赤島釋王寺等凡有國初遺蹟者皆以其類附焉本條昌祖私撰戊辰 上徽覽其藁仍命昌祖續修至戊寅書成有 御製題
關北觀察營藏刊印紙五牒十張
闡義昭鑑四卷諺解四卷
英宗乙亥領中樞府事金在魯等奉教撰起自

景宗辛丑迄于　英宗乙亥記逆賊趙泰耉柳鳳輝李麟佐尹志等逆節始末間著論斷于記事之下

南漢開元寺藏印紙十牒　湖西觀察營藏印紙十四牒七張　海西觀察營藏印紙十一牒十一張　嶺南觀察營藏印紙十五牒　關北觀察營藏闕諺解缺刊印紙四牒十三張　關西觀察營藏印紙十二牒一張

續大典六卷

英宗甲子刑曹判書徐宗玉等奉教撰始　成宗朝以經國大典所未錄之條制編為續錄　中宗朝有後續錄　肅宗朝有典錄通考雖皆羽翼大典然各為一書昧於考据至是以續錄通考及各司掌故之書一倣大典義例彙類成書有　御製戒勑六典四言及綸音弁首

校書館藏缺刊印紙五牒十九張

續五禮儀五卷序例一卷補編二卷

英宗甲子兩館大提學李德壽等奉教撰申叔舟原書出後　累朝因革只憑禮曹掌故之書汗漫無統艱於考据至是命德壽等續修之分門義例

一依原書其補編二卷辛未禮曹判書申晚奉教撰

嶺南觀察營藏刊印紙八牒五張

國朝喪禮補編六卷圖說一卷

英宗壬申吏曹參判金致仁等奉教撰以五禮儀所載喪禮古今異宜間多因革悉取前後儀軌損益編摩以補五禮儀之闕然各為一書艱於互閱丁丑重加修潤取五禮喪禮篇合編類彙

湖西觀察營藏印紙十三牒　湖南觀察營藏刊印紙十一牒十四張一乇　嶺南觀察營藏刊印紙十二牒五張

守城節目一卷

英宗辛未備局諸臣奉教編國制以王城五部四十九坊分屬訓局禁衛御營三營用備有事時徵發舊有節目未須至是命諸臣修潤之首分界之圖次分界總錄次守城節目鋟板廣布有　御製綸音弁之

校書館藏缺刊印紙六張一乇

訓義小學大全六卷

小學宋朱子撰以朱子集中癸卯與劉子澄書考

之實子澄之所類次循通鑑綱目之出趙師淵手也初附文章一門後乃改定爲内篇四外篇二舊有本朝李珥集註　英宗甲子命儒臣就舊註增潤名曰思政殿訓義小學大全有　肅宗　英宗兩朝御製序識

原州牧藏印紙八牒五張　海西觀察營藏印紙八牒　湖南觀察營藏刓印紙七牒十九張一㐌　嶺南觀察營藏刓印紙十牒五張　嶺南左節度營藏印紙八牒　慶州府藏刓印紙八牒　安東府藏刓印紙八牒三張　尚州牧

藏印紙九牒十八張　星州牧藏印紙八牒十張　東萊府藏印紙八牒　咸陽郡藏印紙七牒十七張一㐌　義城縣藏印紙八牒五張　關北觀察營藏刓印紙八牒十九張　關西觀察營藏刓印紙九牒一張　成川府藏缺印紙七牒十張

皇極一元圖二卷

英宗甲午弘文館提學徐命膺奉教撰推衍邵子經世書之旨爲元會運世之圖起甲子會止庚午會之十二運書契以前以一卄爲一世一行爲一運伏羲以後以一圖爲一運一卄爲一年畧著事實大綱而中國在卄之右東國在卄之左又有千歲曆一卷紀方來一百十九年之節氣早晚

校書館藏缺刓印紙三牒三張

續兵將圖說一卷

英宗己巳南漢守禦使趙觀彬等奉教撰以　光廟御撰兵將圖說即五衛陣法與今兵制有異用見行五營之制續成此編先圖說次程式有　御製序

訓鍊都監藏印紙二牒十一張一㐌　鐵原府

藏印紙二牒十五張　關西觀察營藏印紙三牒四張

兩漢詞命九卷

英宗辛巳弘文館副提學徐命膺奉教編進漢高祖文帝景帝昭帝宣帝後漢光武明帝章帝策制詔勑之可爲法則者畧撥註語旁採先儒評隲間有　御評則大書標選以別之有　御製題

嶺南觀察營藏刓印紙四牒十張

奎章全韻二卷

當宁壬子奉教撰以貢闈所用韻書督祭踈陋命

內閣改撰之補增韻字則旁參康熙詩韻演釋字義則博證字典諸書四聲分格以存沈約之舊古叶古通多取邵氏之書至丙辰刊頒學宮自今科體詩許押入聲增韻

鑄字所藏有大小二本並印紙二牒五張

國朝寶鑑六十八卷別編七卷

當宁辛丑奉敎撰紀 列聖朝謨訓功烈之可為後世法者始 世祖朝命大提學申叔舟等撰 太祖 太宗 世宗 文宗寶鑑謂之四朝寶鑑 肅宗朝命工曹參判李端夏撰 宣廟寶鑑 英

宗朝命大司成李德壽撰 肅廟寶鑑前後凡三撰寶鑑而餘 十二朝謨烈尚闕撰述是歲 英宗實錄成議將繼編寶鑑遂命館閣臣並編 十二朝寶鑑與三寶鑑及 英廟寶鑑合為一書其別編紀 仁祖以後尊攘之義翌年壬寅告獻 宗廟分藏 當朝寶鑑于各室以為萬世楷式

校書館藏印紙四十四牒十五張一卮

咸興 本宮儀式二卷永興 本宮儀式二卷

當宁乙卯奉敎撰咸興 本宮在雲田社 太祖潛龍舊宅奉 穆祖以下五朝位板永興 本宮在順寧社 太祖誕降舊址奉 太祖位板益欽漢之原廟也國初遣重臣守之後送內司別坐典祀因謬違式者且幾百年 當宁辛亥因舊制而修潤之節文品物煥然以新是歲又以 流虹舊甲追蹕 桓祖于永興 本宮命內閣編成儀式凡建置事實享儀祭品有表有說一展卷可按有御製題

關北觀察營藏印紙五牒三張

宮園儀四卷

當宁乙亥奉敎撰謹載 景慕宮 永祐園儀物

節文圖說一卷儀注二卷又紀丙申以後 崇奉事實為附錄有 御製引

校書館藏印紙三牒十七張

明義錄三卷諺解三卷續明儀錄一卷諺解一卷

當宁丙申奉敎撰記乙丙凶徒作逆之顚末以御製尊賢閣日記及綸音為首卷其下二卷取政院日記金吾文案朝臣疏啓删繁節要立綱分目事關義理處則逐段著論略倣史法其續編記丁酉龍輝之變治獄顚末義例一倣原編

湖南觀察營藏印紙十五牒九張一卮 嶺南

觀察營藏印紙二十三牒四張　統制營藏印紙十七牒十一張　關西觀察營藏印紙十七牒十七張

欽恤典則一卷

當宁丁酉奉教撰時命京外釐正刑具此即象魏布刑之書也杖笞枷杻皆著其厚薄尺寸官之高下用有差等罪之大小律隨重輕凡十一目有

御製序

校書館藏印紙十七張一㐲　湖南觀察營藏印紙十七張一㐲　嶺南觀察營藏印紙十七

張一㐲　關西觀察營藏印紙十七張一㐲

字恤典則一卷諺解一卷

當宁癸卯以歲儉設賑賙恤既又命有司略倣道濟院育嬰社之制凡道路遺棄之兒聽民收養官給米絮撰著節目九條永為令式

校書館藏印紙七張一㐲

大典通編六卷

當宁乙巳奉教撰以大典原續各為一書難於考据取二書合編之又以後出之受教制度隨其類增入分門列目一從原典義例繁簡間有更定使四百年金科玉條一展卷瞭若指掌有　御製小題

校書館藏印紙九牒六張一㐲　湖西觀察營藏印紙十一牒十張　湖南觀察營藏印紙九牒十二張　關西觀察營藏印紙九牒十張

金忠壯遺事五卷

當宁戊申賜故忠勇將軍金德齡謚忠壯既又命取其詩文及年譜紀傳碑贊編為三卷又以德齡兄德弘其弟德普遺集遺蹟附之有　御製序

光州義烈祠藏印紙二牒十四張一㐲

兵學通二卷

當宁丙申奉教撰始我國兵制專用兵學指南而營各異式有礙通習是書彙輯訓局龍虎禁御四營場操程式較絜異同以便按閱又為陣圖附之至乙巳刊頒中外有　御製序

軍器寺藏印紙二牒十八張

隷陣總方二卷

當宁辛丑奉教撰紀內府扈隷操練之方凡十四目有圖有說

內府藏印紙九張

武藝圖譜通志五卷諺解一卷

當宁庚戌奉教撰始禁苑鍊兵之制只有弓矢一技　宣祖朝命訓局郎韓嶠從東征將士傳棍棒等六技纂譜刊行　英宗朝　小朝代聽庶務增竹長槍等十二技作爲新譜至我　聖上光承前烈復增以騎藝等六技並前譜所載總二十四技遂命諸臣裒合原續圖譜博引羣書箋釋源流其器法之利鈍得失則間附案說而評隲之又有諺解一卷冠以總譜總圖並就簡要另爲一書有

御製序

鑄板考　卷第一

壯勇營藏原編印紙七牒十三張諺解印紙二牒十三張一乇

協吉通義二十二卷

當宁甲寅奉教撰取魏鑑象吉通書梅餞成協紀辨方書芟繁正訛會通詮次而增以推測占驗畫政術家附會之說斷以五行生剋之理

觀象監藏印紙二十一牒一乇

史記英選六卷

當宁丙辰　御定選史記一本紀二世家二十二列傳太史公自序附下自鑄字所活板擺印分送關西嶺南湖南翻刻壽傳

湖南觀察營藏印紙六牒二張一乇　嶺南觀察營藏印紙六牒二張一乇　關西觀察營藏印紙六牒二張一乇

八子百選六卷

當宁辛丑　御定就明茅坤八大家文鈔選其體裁齊整氣格圓活者一百篇命內閣校對印頒俾作昭代摛文之矩矱

鑄字所藏印紙五牒九張

朱書百選六卷

鑄板考　卷第一

當宁甲寅　御定以操觚家日趨明季尖新奇衺之體宵旰憂勤思有以一變至道親選朱子書牘中最粹者百篇印布中外用作回醇反經之指南

湖南觀察營藏印紙四牒十四張　嶺南觀察營藏印紙四牒十四張　關西觀察營藏印紙四牒十四張

嶠南賓興錄一卷

當宁壬子遣內閣臣致侑于禮安陶山書院下御題賦一道經義一道試陪班儒生收其卷馳驛以進親考選三十人賜第一第二人及第命嶺南

伯取優等作錄板壽傳以　御製致祭文綸音幷
之
禮安陶山書院藏印紙六張一乬
右　御定之書四十六部

鏤板考卷第一

鏤板考卷第二

經部

總經類

周易大全二十四卷書傳大全十卷詩傳大全二十
卷大學大全一卷論語大全二十卷孟子大全十四
卷中庸大全一卷
明永樂中翰林院學士胡廣等奉勅撰易用董楷
董真卿胡一桂胡炳文四家之書書用陳櫟陳師
凱二家之書詩用劉瑾通釋四書用倪士毅輯釋
剽襲餖飣彙萃成書而立之學官定爲一代取士
之制論者謂經學盛衰所由云舊竝禮記春秋謂
之五經四書大全我東刻本但止三經四書又闕
庸學或問
北漢太古寺藏刊周易印紙二十八牒書傳印
紙十八牒十張詩傳印紙二十牒六張大學印
紙一牒十七張論語印紙十七牒八張孟子印
紙十四牒十七張中庸印紙三牒五張　濟州
牧藏刓缺大學印紙四牒論語印紙十二牒十四
張孟子印紙十六牒十八張中庸印紙二牒四
張　嶺南觀察營藏刊周易印紙二十七牒十

五張書傳印紙十七牒詩傳印紙十九牒一張
大學印紙二牒論語印紙十六牒五張孟子印
紙十三牒十三張中庸印紙三牒五張　關北
觀察營藏 刊 周易印紙二十八牒十張書傳印
紙二十二牒五張詩傳印紙二十三牒十五張
大學印紙一牒十二張論語印紙十七牒二張
孟子印紙十三牒一張中庸印紙三牒二張
寧邊府藏 刊 周易印紙二十七牒三張一卮書
傳印紙二十牒八張詩傳印紙二十二牒十六
張一卮大學印紙一牒十一張一卮論語印紙

十五牒十九張孟子印紙十二牒十二張中庸
印紙二牒十八張

三經四書講經四十九卷

不著編人名氏 載經文節畧訓詁並明經記誦
之書
關西觀察營藏 周易印紙六牒十六張一卮
書傳印紙五牒一張詩傳印紙七牒十張一卮
大學印紙十張一卮論語印紙五牒十九張孟
子印紙五牒十四張一卮中庸印紙一牒一張

陽村八學圖說一卷

本朝議政府左贊成文忠公權近撰自題云洪武
庚午謫金馬郡授鄉人肄學為其易解作圖示之
旁及他經仍記問答之語各附圖下
清道紫溪書院藏 刊 印紙一牒十張

經書釋義八卷

本朝議政府左贊成文純公李滉撰哀輯諸家口
訣而證訂之間附與門人辨難之說　宣廟朝纂
修經書諺解以是書為藍本云
禮安陶山書院藏 刊 印紙二牒十一張一卮

右總經書類四部

易類

易傳四卷

宋程子撰門人楊時校正經文用王弼之本惟解上下經彖象及文言亦與弼同

南漢開元寺藏印紙九牒十張

周易本義十二卷

宋朱子撰近世刻本皆改從程傳之次第此本以經爲二卷十翼爲十卷猶朱子之原本也附音訓考異

南漢開元寺藏印紙七牒十張

大河圖一卷小河圖一卷 李滉退溪集作啓蒙圖書功要

本朝禮賓寺正趙有亨撰李滉小識云金慕齋思齋得此圖於趙公趙即金之姨丹夫也因易學啓蒙諸書而湊成此圖可爲初學指南

星州檜淵書院藏大河圖 刓缺 印紙十四張小河圖印紙三張

啓蒙傳疑一卷

本朝李滉撰朱子啓蒙本謀蒙之書故不厭淺近爲其易解而滉之此書又博引諸家圖說箋註而參訂之益亦謀蒙之謀蒙也

禮安陶山書院藏 缺 印紙一牒十九張一乇

關北觀察營藏 刓 印紙二牒六張

周易本義口訣附說二卷

本朝刑曹參判崔岦撰舊有鄭麟趾等所撰周易口訣萬曆壬寅設局校正岦請補一倅郡專意治易尋爲杆城郡守撰次是書隨號以進其書以方音諢句讀而往往自立己見不盡從傳義

關西觀察營藏 刓 印紙二牒十八張一乇

易學圖說九卷

本朝議政府右參贊大東公張顯光撰蒐集古今

易家諸圖雜采經傳箋註之說以深之觸類汎濫推及於醫曆術數

仁同東洛書院藏印紙十四牒

右易類六部

書類

書集傳七卷

宋蔡沈撰其說原出朱子而與朱子頗有異同據其子杭進表尚有小序一卷朱子問答一卷問答久佚小序雖尚存而宋以來刊本悉不載今本附序辨一卷及音釋

南漢開元寺藏印紙十三牒十張

書傳正音四卷

當宁甲辰司譯院校刻但錄經文註以華音

司譯院藏印紙三牒十四張

範學全編六卷

本朝議政府左議政文純公朴世采編取朱子易學啓蒙中洛書圖說及蔡氏洪範集傳皇極內篇合編之又采箕子言行之雜見經傳者附下

平壤府藏刊印紙七牒十四張

右書類三部

詩類

詩集傳二十一卷

宋朱子撰其初稿亦用小序後與呂祖謙相難遂改從鄭樵別著辨說以攻小序今刻本 英宗御製序并晉序辨一卷及音釋附末

南漢開元寺藏印紙三十牒

詩傳正音七卷

當宁甲辰司譯院校刻說見書類

司譯院藏印紙五牒

右詩類二部

禮類

纂圖互註周禮十二卷

後漢大司農鄭玄註晉載周禮經圖及唐賈公彥正義序周禮廢興序又於鄭氏註中間附他解以重言重意互註等目標別之未詳其出於誰手本朝金宗直趙綱金演各有跋語並不著編人名氏金演跋則云從家藏得活字本鋟板

高靈縣藏缺刓印紙十四牒四張

禮記淺見錄二十六卷

本朝權近撰近謂禮記篇章多亂於漢儒捨濡之餘參究同異更定章句其註解則專采黃震陳澔二家而附以己見永樂中知中事黃喜聞于朝給奉書局楮筆令近門人金泮等繕寫以進又命校書館用活板印之以備經筵講讀

濟州牧藏缺刓印紙二十三牒八張、嶺南觀察營藏缺刓印紙二十三牒二張

禮記補註三十卷

本朝議政府領議政忠靖公金在魯撰以陳澔集說間多疎舛雜採註疏諸家及東儒劄記而補訂之往往附以己說

清道郡藏印紙九牒十五張一尼

右禮類三禮之屬三部

司馬氏書儀十卷

宋尚書左僕射文正公司馬光撰分書式冠儀婚儀喪儀四目其禮本之儀禮參以當時可行朱子亟稱其七分好文公家禮蓋折衷於是

嶺南觀察營藏印紙三牒十六張

奉先雜儀二卷

本朝議政府右贊成文元公李彥迪撰本之文公家禮參以司馬氏程氏祭禮及時俗之宜又採經傳所見報本追遠之義附之

慶州玉山書院藏印紙十三張

五先生禮說前集八卷後集十二卷

本朝司憲府大司憲文穆公鄭逑撰取明道伊川涑水橫渠朱子禮說分門類彙凡言單辭之雜見於語錄箋註者無不蒐羅其論王朝禮者為前集論家禮者為後集

星州檜淵書院藏缺印紙十五牒

五服沿革圖一卷

本朝鄭逑撰取儀禮五服圖而訂正之參以歷代

沿革之制凡三十五目

龍潭校宮藏印紙一牒二張　星州檜淵書院藏缺印紙八張

四禮訓蒙一卷

本朝議政府領議政兩館大提學鰲城府院君文忠公李恒福撰金止男序云公以訖禮之家但治名物度數不究聖人制禮之精義採禮經要語而詮次之使可一閱卷瞭然知儀文品節之各有義意

星州雙溪寺藏印紙二牒十張

家禮考證七卷

本朝安州牧使曹好益撰其喪禮成服以下未及編著而卒門人金堉等得其劄記之雜見者序次以續之

永川道岑書院藏印紙六牒十張

家禮輯覽十一卷

本朝刑曹參判文元公金長生撰取諸家論辨刪繁撮要彙註于逐條之下又為圖說弁首

連山遯巖書院藏印紙十二牒

喪禮備要二卷

本朝金長生因申義慶所撰而修潤之蓋以禮易失於急遽凶變之際苟非素講難以應節本原家禮參以諸家間附時俗之制使可按而行之至今東人言喪禮者視為券契

北漢太古寺藏刓印紙三牒　連山遯巖書院藏印紙二牒十三張　全州石溪書院藏印紙三牒五張　濟州牧藏刓缺印紙二牒十二張　嶺南觀察營藏印紙三牒十張　關北觀察營藏刓印紙五牒十二張　關西觀察營藏刓缺印紙三牒四張　寧邊府藏刓印紙三牒三張

疑禮問解四卷續解一卷

本朝判中樞府事文敬公金集取其父長生所答知舊門人疑禮問目分部彙類并著問答其續解即集之禮說而集門人尹宣舉所編也大抵其書兼言家禮者詳喪服唯續解編末喪禮異同議論王朝之禮　孝宗己丑投進之本也

全州石溪書院藏刓印紙七牒　濟州牧藏印紙七牒一張

五服通考九卷

本朝黃海道觀察使申湜撰涌之初名也上自儀

禮下記麗季凡論五服之制者蒐羅彙輯著其沿
革五服之外並及五世祖免同爨改葬師友舉主
郡縣吏為其守令僕隷為其主之服凡三十一目
星州雙溪寺藏印紙四牒六張

四禮問答四卷
本朝司諫院大司諫金應祖編取朱子及李滉柳
成龍鄭逑張顯光疑禮問答之書截略要語分冠
婚喪祭四編
榮川郡藏印紙五牒

家禮源流十六卷往復書一卷

本朝吏曹參判文忠公俞棨撰以家禮本文立綱
博采三禮經文及宋元諸家東儒禮說為目又以
王朝四禮為續錄始棨以其書托尹宣舉修潤及
肅宗癸巳相臣李頤命達于朝將鋟行其書宣舉
子拯及其孫行教不肯還之乃以棨初本登梓有
棨孫相基與行教往復之書附下
林川七山書院藏印紙二十三牒五張

六禮疑輯三十三卷
本朝朴世采撰雜採杜氏通典及宋儒禮說分冠
婚喪祭鄉飲酒相見禮六類而倣鄭逑五先生禮
說分前後二編又採東儒禮說為別編
嶺南觀察營藏印紙三十二牒二張

三禮儀一卷
本朝朴世采撰以金長生喪禮備要闕冠婚祭禮
為此以補之首揭圖式末附後說
義興縣藏刓缺印紙三牒二張　關西觀察營藏
印紙一牒十四張

南溪禮說二十卷
本朝工曹判書文敬公金幹取其師朴世采禮說
之雜出於書牘問答者分類詮次以書院禮王朝
禮附之

平壤府藏刓缺印紙二十一牒一乇

明齋疑禮問答八卷
本朝議政府右議政文成公尹拯門人編疑禮一
倣疑禮問解
尼城魯岡書院藏印紙十五牒十三張

四禮儀
本朝司諫院大司諫沈昜之撰採文公家禮及東
儒禮說中合於時宜者分冠婚喪祭四目
成川府藏印紙二牒十張

右禮類雜禮書之屬十七部

春秋類

春秋正音四卷

當宁甲辰司譯院校刻說見書類

司譯院藏印紙二牒十三張一丐

魯史零言二十九卷

本朝李恒福撰取春秋内外傳年經月緯屬事合編而繁文支辭間加刪刊疑義名物略綴註釋

星州雙溪寺藏缺印紙二十四牒

右春秋類二部

四書類

大學章句一卷論語集註十卷孟子集註七卷中庸章句一卷

宋朱子撰四書之名始此今刻本大學中庸二書有 英宗御製序

南漢開元寺藏印紙十九牒十張

大學正音一卷論語正音四卷孟子正音六卷中庸正音一卷

當宁甲辰司譯院校刻說見書類

司譯院藏印紙八牒十二張一乇

大學章句補遺一卷續或問一卷

本朝李彥迪撰其書以物有本末知止而后有定二節爲格致之傳是時董王黃蔡考正之本末傳我國而彥迪之說先與之合其移聽訟一節于經文之下則又據程子之本也 當宁甲寅御製序弁其卷

慶州玉山書院藏印紙一牒三張一乇

大學童子問答一卷

本朝曹好益爲其門人金鉉撰雜記平日講蒙之說故謂之童子問答

永川道岑書院藏印紙十六張

右四書類四部

小學類

禮部韻略四卷玉篇一卷

宋殿中丞邱雍所定知制誥丁度重修其書收字最狹亦多疎舛而宋一代程試懸爲功令不敢一字出入南宋坊本舊有釋文互註及貢舉條式一卷今刻本並不錄

清道仙巖書院藏印紙四牒五張

增補三韻通考一卷

三韻通考不著撰人名氏或云出自日本分三格橫看倣古表譜之例至今操觚之家奉爲律令然所收至約註解不過二三字本朝金濟謙成孝基同編增補

北漢太古寺藏刊印紙二牒十三張　淳昌郡藏刊印紙二牒十張　濟州牧藏印紙二牒一張　清道郡藏印紙二牒九張　關北觀察營藏缺刊印紙二牒四張

三韻通考補遺五卷

本朝同知中樞府事朴斗世撰亦因三韻通考而補訂其註又增通考未收字若干

尼城魯岡書院藏印紙四牒　蔚山府藏印紙

七牒十五張

篆海心鏡五卷

本朝金振興撰金萬基序云君以我東中汝權篆韻未究字畫之變景惟謙便覽尤疎略無法過用玉筯體寫四聲而每字各具其變法

關北觀察營藏缺刊印紙四牒十張

華東正音通釋韻考二卷

本朝朴性源撰取三韻通考分註華音東音于字下俗音訛誤多有是正有　當宁御製序　司譯院藏

鑄字所藏印紙二牒十五張一戹

印紙二牒十三張一戹　湖南觀察營藏印紙二牒十五張　關西觀察營藏印紙二牒十五張一戹

右小學類五部

鏤板考卷第二

鏤板考卷第三

史部

通史類

史記評林一百三十一卷

漢太史令司馬遷撰舊缺其十篇褚少孫補之古註存者有裴駰集解司馬貞索隱張守節正義宋元豐刻本合三書為一明凌稚隆又輯諸家評語謂之評林然東國刻本率皆刊去評語竊冒其名爾

湖南觀察營藏 刓 印紙六十四牒五張一尺

漢書評林一百一卷

後漢玄武司馬班固撰其妹昭續成之唐顏師古註明凌稚隆又採諸家丹鉛之評彙次鐫之名曰評林東刻本之刊略評語亦猶史記評林也

嶺南觀察營藏印紙七十四牒

漢雋四卷

不著編人名氏或云本朝金尚憲編選漢書列傳三十二篇並著註解別有崔岦所編漢雋以方音譯其口讀板在關北今佚

長城府藏 刓 印紙七牒三張一尺

史漢一統十六卷

不著編人名氏選史記二本紀二世家一書四十四列傳漢書三十八列傳而太史公報任安書附史記之末

慶州府藏 刓 印紙二十四牒十張一尺

三國誌六十五卷

晉著作郎陳壽撰其書頗高簡有法宋之葉適推為班固之上然其乞米作佳傳不與蜀正統未免後儒之論端云

濟州牧藏 缺刓 印紙二十五牒一張

通鑑節要五十卷

宋少微處士江贄撰裔孫淵音註其書取司馬氏資治通鑑而節要之江鎔序云具存點抹以擧其綱而我東刻本率皆刊去之

南漢開元寺藏 缺刓 印紙三十三牒五張 北漢太古寺藏 缺刓 印紙三十三牒五張 濟州牧藏 缺刓 印紙三十牒二張 安東府藏 刓 印紙三十三牒 關北觀察營藏 刓 印紙三十五牒 關西觀察營藏 缺 印紙三十五牒二張

十九史略通考八卷

明進士曾先之撰其元紀以下余進續成之題云十九史畧而其實編年體也

南漢開元寺藏 刓缺 印紙十五牒十張 北漢太古寺藏 刓 印紙十五牒十張 湖南左節度營藏 刓 印紙十五牒 濟州牧藏 刓缺 印紙十七牒十張 慶州府藏 刓 附觀察使鄭昌順所撰明紀一卷印紙十七牒十四張 關北觀察營藏 刓 印紙十五牒 寧邊府藏 刓 印紙十二牒十一張一丐

歷代通鑑纂要九十二卷

明弘治中華蓋殿大學士李東陽等奉勅撰取通鑑綱目撮其要畧又採通鑑前編續綱目諸書上溯三皇下訖元季正德二年書始成 御府刊布

嶺南觀察營藏印紙八十八牒

帝王歷年通攷一卷

本朝大君師傅鄭克後撰義例頗靡畧不足考据

慶州西岳書院藏 刓 印紙六張

麗史提綱二十三卷

本朝俞棨撰倣朱子通鑑綱目體編年繫月立綱以提要著目以紀事

嶺南觀察營藏印紙二十九牒十五張

東國通鑑提綱十四卷

本朝司諫院司諫洪汝河撰取徐居正東國通鑑立綱分目倣朱子通鑑綱目之例始於箕子為正統之首繼以馬韓黜衛滿之僭而馬韓未亡之前辰韓卞韓並用附庸之例其不及於高麗者以其別有麗史彙纂也

尚州近嵒鄉賢祠藏印紙十一牒五張

右通史類十一部

雜史類

懲毖錄十六卷

本朝議政府領議政兩館大提學豐原府院君文忠公柳成龍撰記萬曆間禦倭始末起壬辰迄于戊戌其本有二在安東者二卷在龍宮者十六卷附以狀啓文移

安東屏山書院藏印紙二牒六張　龍宮縣藏刊印紙十一牒十五張

晉州敘事一卷

本朝工曹參議安邦俊撰敘萬曆壬辰之難金千

鎰黃進崔慶會等守城死事始末

順天府藏刊印紙四張一卮

右雜史類二部

傳記類

孝行錄一卷

高麗門下侍中雞林府院君文忠公李齊賢爲其師權溥作孝行六十二人圖讚本朝權近註之齊賢自序云辭語不嫌冗卑蓋欲田野之民皆得易知也

慶州龜岡書院藏刊印紙一牒三張

二倫行實圖一卷

本朝司譯院正曹伸撰正德中承政院承旨金安國以三綱行實不及兄弟朋友請撰二倫行實以

續之既而安國出按嶺南遂屬伸撰次之圖讚諺譯悉倣三綱行實附宗族於兄弟附師生於朋友

海西觀察營藏刊印紙一牒七張　關北觀察營藏缺刊印紙一牒十四張　關西觀察營藏印紙一牒七張

三仁錄一卷

本朝善山諸儒撰三仁者高麗禮儀判書金澍本朝禮曹參判河緯地居昌縣監李孟專皆善人也澍之於麗末緯地孟專之於　莊陵其去死靖義不同而危忠峻節之一出於至誠惻怛則若合符

節三仁之名庶無怍爲朴濆喚醒堂集有三人事蹟錄實爲斯卷之權輿

善山金烏書院藏印紙二牒

趙氏十忠實錄一卷

本朝趙希孟編後孫輝晉重訂十忠者趙旅趙鵬趙瑚趙宗道趙俊男趙信道趙敏道趙凝道趙益道趙善道趙纘先也旅及宗道事蹟見下別集類鵬等九人當 宣 仁兩朝南北交訌之際或殺身殉國或赴難策勳皆旅之裔孫也

咸安西山書院藏印紙十三張

景賢錄二卷

本朝弘文館副提學李禎編集刑曹正郎文璞公金宏弼事蹟詩文及褒贈之典以户曹參判文莊公曺偉事實附下

順天玉川書院藏印紙一牒八張

崇孝錄十四卷

本朝朴世采撰集其始祖以下誌狀遺事及輓誄之類其有遺文遺詩者亦皆以類附之

陝川海印寺藏印紙十四牒十九張

達城碑誌錄三卷

本朝議政府領議政恭肅公徐文重編集國朝以來達城徐氏碑狀輓誄又以安州牧使徐彌性判中樞府事忠肅公徐渻遺稿附之

全州府藏缺印紙四牒六張

右傳記類總錄之屬七部

箕子志三卷

本朝議政府領議政文靖公尹斗壽撰首載尚書微子洪範二篇次經傳諸子論說次後人詩文

平壤府藏刓印紙二牒一乇

箕子外紀三卷

本朝判中樞府事兩館大提學文靖公徐命膺撰因箕子舊志而增潤之分叙述篇章制度出處道學論說廟享事蹟歌詠九目命膺爲關西伯時所刻

關西觀察營藏印紙二牒四張一乇

朱文公年譜二卷

宋通判辰州李方子撰朱子門人也明葉公回訂校附行狀之類及朱子所撰童蒙須知

鏡城府藏缺印紙二牒九張

壯節公遺蹟

本朝朴世采撰采據史傳志書中所載高麗申崇謙事蹟以祠院碑誄附之崇謙太祖時大將太祖與甄萱戰被圍急崇謙力戰死之

平山雲峰祠藏版印紙一牒十張一卮

晦軒實紀

高麗贊成事文成公安裕後孫等裒輯裕碑誌及褒崇始末後人讚述裕當忠烈王時捐私財創學宮以興作儒化鄭夢周諸人皆聞其風而起者故後世推為東方理學之祖

谷城縣藏印紙二牒四張

冶隱言行拾遺三卷

本朝吉興先編冶隱者高麗門下注書吉再號興先其裔孫也再之遺文久已刊行興先復取 列朝賜祭文及所享祠院事實合編為三卷首世系年譜及遺文次褒崇事實次後人讚述

善山金烏書院藏印紙一牒十五張

敬菴遺事一卷

本朝河陽縣監李憲洛裒輯議政府左議政文敬公許禂誌狀及言行之雜見於諸書者以河陽為禂之桑梓鄉也

河陽環城寺藏印紙十七張

疑溪實記二卷

本朝玉世寶裒輯其先祖弘文館校理沽事蹟者沽當 獻陵 英陵之際以文學著然其文不傳世寶就輿地勝覽等書錄其行蹟與沽之誌狀及遺詩一首合編之

安東默溪書院藏印紙一牒十二張

烟村事蹟二卷

本朝參奉崔珽裒輯其七世祖藝文館直提學德之之事蹟者德之靈巖人也始由府使棄歸景泰初以淳德高年徵授直提學未幾復告老歸一時諸名士皆屬詩文贐之人以比唐之楊少尹

靈巖鹿洞書院藏印紙一牒十六張

許貞簡公遺事一卷

本朝李憲洛裒輯議政府左參贊貞簡公許詡遺文行狀誄狀及後人誄詠之作詡禂之子也當 光廟靖社之際與皇甫仁同死

河陽環城寺藏印紙一牒二張

藝尊錄二卷

本朝刑曹判書文忠公金宗直撰為其父成均館

司藝叔滋纂輯其譜牒言行故取禮記施于烝彝鼎之義以名之首世譜次紀年次師友名氏次事蹟遺訓次奉先儀節宗直外祖朴弘信傳母朴氏行狀附下

密陽禮林書院藏(缺刊)印紙一牒十六張

知足堂忠烈記一卷

本朝趙𤣰裒輯其曾祖侍講院輔德之瑞及之瑞妻鄭氏行蹟者之瑞燕山君為世子時講官也以嚴見憚及燕山即位屛居十餘年竟遇禍豬宅鄭結廬其側設遺衣朝夕哭泣以終三年　中宗初旌其里

義城縣藏印紙十張　晉州新塘書院藏印紙十張

寶白堂實紀二卷

本朝金承鈺裒輯其七世祖弘文館副提學係行事蹟者首世系年譜次遺文次後人叙述係行成宗朝名臣也燕山時以金宗直黨言遠謫卒得釋歸老

安東默溪書院藏印紙一牒八張一乇

愚齋實記二卷補遺一卷

本朝孫汝斗裒輯其先祖吏曹判書景節公仲暾年譜誌碣吊文及所享東岡書院事蹟而合編之仲暾詩文不傳可徵以論世者惟有其甥李彥迪其友李荇鄭光弼所撰述　當宁壬寅纂修　中廟寶鑑得仲暾都憲疏一篇後孫鼎九又得詩一篇并附後人詩文為補遺一卷

慶州東江書院藏印紙二牒四張

退溪言行錄六卷

本朝李滉門人等撰次滉之言行者舊有權斗經所刻本頗多訛舛禮安諸生校訂重刻附後人叙述

禮安陶山書院藏印紙四牒十六張

黃岡實記四卷

本朝吏曹參判李選裒輯其外高祖司憲府大司憲金繼輝年譜碑狀而遺文若干附焉繼輝以聰明才學負一時偉望如朴淳奇大升李珥皆推其經濟之才

義城縣藏(缺刊)印紙二牒七張

忠武公家乘六卷

本朝新寧縣監李弘毅裒輯其高祖三道統制使

李舜臣事蹟者首遺稿次紀述次朝廷教命附後
人叙述
順天忠愍祠藏印紙三牒三張　關北觀察營
藏刊印紙三牒十張
北遷日録一卷
本朝錦南君忠武公鄭忠信撰紀李恒福還謫北
青時始末原本間雜環俚恒福曾孫世龜略加訂
正以恒福丁巳獻議手草及忠信事行附刻之
北青老德書院藏印紙一牒四張
白雲齋實紀四卷
本朝權弘運裒輯其先祖工曹判事花山君忠毅
公應銖年譜碑狀及朝廷所賜教諭而應銖書牘
亦附見焉應銖當萬曆壬辰之亂倡義旅擊倭屢
立奇功其復永川之役尤著云
新寧龜川書院藏印紙三牒十九張
湖史實紀八卷
本朝鄭一鑽裒輯其六世祖黃山道察訪剛義公
世雅五世祖生員宜蕃譜系遺事而詩文及褒享
之蹟附焉萬曆壬辰之亂世雅唱義旅擊倭屢捷
永慶之間既而世雅陷重圍宜蕃潰圍力戰死之

宜蕃歸柏巖
永川環邱世德祠藏印紙三牒十三張
梅軒實紀二卷
本朝知中樞府事忠毅公鄭起龍紀年之書起龍
晉陽人萬曆壬辰之亂數討倭立奇功其復尚州
之績尤著云事實一卷曹挺融編年譜一卷蔡休
徵編
尚州鄭氏齋舍藏印紙二牒十六張
忠烈録一卷
本朝議政府領議政朴承宗裒輯宣川郡守忠武
公金應河賜祭文及傳紀輓誄之類應河安東人
萬曆己未從姜弘立軍攻建州虜力戰死之俗傳
皇朝贈封遼東伯今録亦載　神宗皇帝詔然文
殊鄙俚不類皇明制誥
鐵原府藏印紙二牒二張一乞
金將軍遺事一卷
本朝李時恒裒輯平安道節度使襄毅公金景瑞
年譜遺文事蹟者景瑞龍岡人也深河之役以副
元帥陷於虜拘幽六年竟被害始敗報至朝廷疑
其降收其告身後得景瑞密疏始知擊檄状復官

贈秩
　龍岡金氏家藏印紙二牒三張一乇

忠壯公遺事二卷附錄一卷
不著編人名氏忠壯者本朝平安道節度使宜春
君南以興謚也以興當天啓甲子討李适立奇功
及丁卯清人之難守安州城死之是錄記載頗詳
凡璣事迹聞之雜出傳記者罔不蒐羅其附錄則
記同時死節金浚等十二人事蹟卷末識云玄孫
益華刻疑即益華所編也
　茶谷松林寺藏印紙四牒

仙源年譜一卷清陰年譜二卷
仙源年譜本朝議政府右議政文忠公金尚容紀
年之譜裔孫等編清陰年譜尚容弟議政府左議
政西館大提學文正公金尚憲紀年之譜宋時烈
編　英宗丁亥尚憲玄孫用謙取二譜訂補合編
以世系圖弁之
　尚州西山書院藏印紙三牒四張

沙溪年譜一卷
　本朝金長生紀年之譜裔孫憙編
　連山遯巖書院藏印紙一牒十四張

旅軒年譜三卷
　本朝張顯光紀年之譜門人張學編
　仁同東洛書院藏印紙二牒四張

貞武公實記四卷
　本朝公州鎭營將崔震立後孫編崇禎丙子之亂
震立隸觀察使勤　王至龍仁之險川遇清師身
被數十創死此即其紀實之書而震立遺文見者
僅數三編式條之集類殊未然今據標題仍置傳
記之類
　慶州龍山書院藏印紙三牒十七張

白江年譜一卷
　本朝議政府領議政文貞公李敬輿紀年之譜不
著撰人名氏
　大丘滂泉寺藏印紙二牒一張

澤堂年譜一卷
　本朝吏曹判書兩館大提學文靖公李植紀年之
譜子端夏編曾孫箕鎭訂刻
　關北觀察營藏缺印紙一牒十九張

同春堂年譜四卷
　本朝吏曹判書文正公宋浚吉紀年之譜門人等

撰金昌協刪正之後吉曾孫堯佐校刻

全州威鳳寺藏印紙四牒十三張

南漢年譜四卷

本朝朴世采紀年之譜

平山九峰書院藏印紙二牒一張一乇

明齋言行錄五卷

本朝尹拯門人錄其師言行者旁孫光紹取諸人錄合編之

尼城魯岡書院藏印紙四牒五張

明齋年譜六卷

本朝尹拯紀年之譜旁孫光紹撰光紹小識云懷川事欲詳則傷繁簡之則無以見其實取前後疏辨別為後錄又編家狀輓誄為附錄

尼城魯岡書院藏印紙十六牒十二張

晦谷年譜一卷

本朝議政府領議政西館大提學文敬公李畬紀年之譜子翼鎮編

茂朱山城寺藏印紙一牒十五張

右傳記類別錄之屬三十五部

掌故類

平壤誌九卷

本朝尹斗壽撰自疆域分野止雜志詩文凡三十六目采摭繁富頗稱詳贍係斗壽按道時作

關西觀察營藏刓缺印紙六牒十四張

續平壤誌四卷

本朝吏曹判書翼憲公尹游撰斗壽後孫也因斗壽舊志而續修之

關西觀察營藏印紙五牒十張

昇平誌二卷

本朝吏曹判書文簡公李睟光撰因輿地勝覽所載而增益之睟光題詠亦附見昇平順天舊號睟光知府時所撰後府使洪重徵增補

順天芝峰書院藏印紙二牒一張

霽峰遊瑞石錄一卷

本朝工曹參議忠烈公高敬命撰瑞石山在光州以名勝聞是錄即萬曆甲戌與知州林薰遊山時作有明翰林院學士徐光啓序

光州褒忠祠藏印紙九張一乇

耽羅志一卷

本朝濟州牧使李翊漢撰舊有耽羅記不知出於誰手頗踈䟽難於考据翊漢取徐居正輿地勝覽金淨濟州風土記諸書而訂補之然門目頗繁義例仍未免蕪雜也

濟州牧藏印紙　二牒一乇

京山誌六卷

本朝吏曹判書李元禎撰元禎京山人紀其鄉山川風俗及遺聞故事往往雜以恭谷事蹟者以恭谷即故八莒縣爲星州屬縣也志殊蕪雜散無體例

星州茂屹寺藏印紙四牒十張

西岳志一卷

本朝鄭克後撰西岳者享新羅弘儒侯薛聰開國公金庾信文昌公崔致遠之院號也首建院始末次三賢事蹟附以後人撰述

慶州西岳書院藏刓缺印紙一牒二張

北關誌十卷

本朝議政府右議政兩館大提學文忠公李端夏撰端夏父植爲北道評事紀南北道郡邑沿革關防形要爲北關志未鋟尋佚其本及端夏爲評事繼父志成之

鏡城府藏刓缺印紙三牒十五張

彰烈祠志　卷續志　卷

本朝李端夏撰彰烈祠即　顯宗甲辰端夏爲北道評事倡義建置享壬辰忠臣鄭文孚者也是書先錄文孚倡義討倭時奏啓次叙建祠事實其續志則邑人李禮燦以李麒壽徐遂朴惟一吳慶獻追配事實續刻者

鏡城彰烈祠藏刓印紙四牒九張

東京雜記三卷

本朝慶州府尹閔周冕撰其書倣邑志例紀新羅赫居以後風俗事蹟

慶州府藏印紙五牒十五張

北漢誌一卷

本朝釋聖能撰聖能　肅宗時率其徒創太古寺于北漢鋟三經四書大全通鑑節要唐時品彙喪禮備要等書藏于寺蓋俗衲之有定力者也誌則類蕪雜無體裁

北漢太古寺藏印紙十二張

成川誌

不著撰人名氏成川以東明王舊都形勝甲於關
西而誌殊菲略未足考據
成川府藏缺印紙二牒十七張
右掌故類地理之屬十二部
通文館志十卷
本朝司譯院官金指南撰通文館今之司譯院舊
號也其書首官制沿革次學徒勸課次事大交鄰
之大小程式次人物故事末附紀年二編起自
仁祖丙子略載謝賀使事實及禮部咨文　景宗
以後則院官等續修之
司譯院藏印紙九牒十張一尾
右掌故類職官之屬一部
大明律三十卷
明洪武癸丑刑部尚書劉惟謙等奉勅撰丙辰命
丞相胡惟庸釐正乙亥又命詞臣等續修之改名
例律冠於篇首次吏律戶律禮律兵律刑律工律
凡一千六十六條
關西觀察營藏缺印紙六牒十張
五禮儀鈔二卷序例目錄一卷
不著編人名氏就五禮儀鈔錄州縣典禮及文武

官士庶之禮
關北觀察營藏印紙三牒
決訟類聚補一卷
不著撰人名氏　英宗丁亥刻舊有決訟類聚一
卷亦不知出於誰手取大明律及國朝刑典而鈔
錄其功於聽訟者分四十二目是書因其部目而
增補之其附美律及賍濟糴糶之法則未免蛇足
矣
宜寧縣藏印紙二牒
右掌故類政書之屬三部

史評類

唐鑑二十四卷

宋翰林院學士范祖禹撰著作郎直秘閣成公呂祖謙註其書摘唐事標題繫以論斷疑陳剴切於法戒多所申明

嶺南觀察營藏 刊 印紙九牒十六張

讀史隨筆八卷

本朝吏曹參判李敏求撰取歷代史政教風俗之可資勸懲者撮其菁華斷以己見其所未擴不出司馬氏通鑑

關北觀察營藏 缺刊 印紙九牒三張

歷代史論四十一卷

本朝戶曹參判宋徵啟撰孫翼輝訂校歷叙唐堯以後君臣記于趙宋雜採諸家評斷以繫之

關北觀察營藏刊印紙二十四牒

右史評類三部

鏤板考卷第三

鏤板考卷第四

子部上

儒家類

忠經一卷孝經一卷

忠經舊傳後漢南郡太守馬融撰然後漢書融傳歷叙著述而獨不及忠經疑後人所托孝經大義宋董鼎因朱子刊誤而逐節註解者本朝鏡城府判官李萬維合刻之名曰忠孝經

鏡城府藏 缺刊 印紙一牒十二張

二程全書六十八卷

明徐必達編始朱子取程子門人所記語錄附行狀之類編爲遺書後得他書所載程子語一百五十五條以補遺書所未備爲其真僞相雜故謂之外書其與二程文集經說合刻則有長沙五羊臨川中州諸本互有詳略必達合諸本參校復以楊時所編二程粹言益之舊本錄伊川易傳全文東刻本但著其目不錄其文

校書館藏 缺 印紙二十九牒十五張

程書分類三十卷

本朝議政府左議政文正公宋時烈編以遺書外

書皆出門人記錄散漫雜見艱於考据倣朱子語
類例分門類編
清州華陽書院藏印紙二十六牒一張
小學大文
編刻人未詳但載正文去諸家註釋
寧邊府藏印紙三牒三張
小學集說六卷
明禮部員外郎程愈撰成化中本朝金馹孫使于
燕從愈問學得是書賜鏤明儒之註解小學者有
黃裳何士信劉實陳選諸家程則獨無著稱特以

鏤板考　卷第四　二

其最先東來遂至今崇信焉
濟州牧藏刓印紙八牒八張
近思錄十四卷
宋朱子呂祖謙同撰書成於淳熙二年取周子程
子張子之言擇其切要者得六百二十二條據黃
榦答李方子書朱呂原本未曾分門朱子遺書中
所載者猶其舊本今所刊道體等目輙謂出自金
華門友未詳名氏淳祐中葉采為之集解表進于
朝
慶州玉山書院藏印紙六牒六張　關北觀察

營藏刓印紙五牒六張　咸川府藏板印紙七
牒
近思錄釋疑十四卷
本朝議政府左參贊文貞公鄭曄因金長生所撰
本而修潤之長生序云讀近思錄列難會處來諸
儒論說以釋之間附己見請鄭刊正鄭沒後其甥
羅萬甲厤其本中有一二可疑處恨未及鄭在世
時辞論歸一宋時烈重加訂正
海州紹賢書院藏刓印紙六牒十三張
童蒙須知一卷

鏤板考　卷第四　三

宋朱子撰本朝議政府領議政兩館大提學文簡
公盧守慎註附程端蒙性理字訓以方音釋之
関北觀察營藏刓印紙十四張
朱子語類一百四十卷
宋沙縣主簿黎靖德編朱子沒後輯門人記錄之
語者有池錄饒錄饒後錄建錄其類編為書者則
有蜀本徽本翻刻不一詭舛日增靖德裒集諸刻
删除重複釐為二十六目類清整易觀然前後異
同之處則未能考正也　英宗辛卯奉教重刻
嶺南觀察營藏印紙一百六牒

天地萬物造化論一卷
宋文憲公王柏撰明周顒註其書推明一元萬化
之理
鐵原府藏缺印紙十一張
性理大全書七十卷
明永樂乙未翰林院學士胡廣等奉勅撰所採宋
儒之説凡一百二十家其中觧錄原書自爲部帙
者九種掇拾羣言分門編纂者十三類勦襲蕪雜
襞積成書如異端類之闢釋氏朱子門人類之不
載林擇之范伯崇黨尤見其踈漏云

湖南觀察營藏刊印紙五十三牒十五張
讀書錄要語三卷
明禮部侍郎文靖公薛瑄撰瑄爲有明一代儒宗
是録皆其躬行心得之言原録十卷續録十二卷
吳廷舉摭其要語爲三卷
關北觀察營藏刊印紙一牒二張
明心寶鑑二卷
不著撰人名氏自繼善止婦行凡十九目
昌平龍興寺藏印紙十三卷
心經附註四卷
明翰林院學士程敏政撰自序云西山嘗摭取聖
賢格言爲心經一篇然疑注中或稱西山讀書記
凡經朱大儒開示警切之言多不在卷意此經本
出先生而注則後人雜入之因爲叅校且附註其
下
關北觀察營藏刊印紙四牒十三張　寧邊府
藏印紙三牒四張
心經發揮四卷
本朝鄭逑撰以程敏政附註猶有踈舛雜採程朱
集中論心學之説以類彙輯又以周子太極圖説

程子定性書伊川好學論橫渠西銘朱子仁説明
道晦菴行狀附之
星州檜淵書院藏印紙五牒十五張
心經質疑考誤一卷
本朝曹好益撰自序云心經質疑出於退溪門人
記錄之際頗失先生本旨今於顯然訛誤處略加
訂正
永川道岑書院藏印紙十八張
大學衍義輯略二十一卷
本朝判中樞府事文康公李石亨撰取真德秀衍

義删其繁穢以高麗史中可作鑑戒者隨類增補
成化壬辰隨箋進于朝
義城縣藏板印紙十六牒十張
中庸九經衍義二十九卷
本朝李彥迪撲倣真氏衍義書雜採經史諸家之
說推衍九經之義而又以體天道畏天命戒滿盈
終之其散九目以下六目未及撰著而本有自序
稱臣蓋將進于朝也
慶州玉山書院藏刻印紙十七牒三張
求仁錄四卷

本朝李彥迪撲取論孟中庸言仁之文而類彙之
諸儒註解略附見洛閩諸子發明仁體及用工
之要者別為一篇蓋倣張南軒洙泗言仁錄之義
也
慶州玉山書院藏印紙四牒三張
關西問答錄一卷
本朝李彥迪子全仁記彥迪言行其稱關西以嘉
靖中彥迪謫在關西之江界時所錄也有論曹植
斅倀種集亦有解關西問答錄一篇醜詆全仁並
及彥迪或云非植之言鄭仁弘所竄入也

慶州府藏印紙一牒三張
童蒙先習一卷
本朝軍資監正朴世茂撰或云金安國撰其書首
說五倫次敘歷代沿革
校書館藏印紙九張　龍潭校宮藏印紙九張
濟州牧藏印紙八張　旌善郡藏印紙九張
義興縣藏板印紙七張
理學通錄十一卷外集一卷
本朝李滉撰起宋朱子訖于明鄭智韓采傳誌文
集語錄而叙次之略於事實而詳於講學大抵朱門

諸子居什之七八其外集一卷則首陸九淵兄弟
趙穆跋謂錄儒名置行之人然撰穆跋蓋滉未成
之書也有成渾點批
禮安陶山書院藏印紙十五牒
古鏡重磨方一卷
本朝李滉編上起盤銘下訖洛閩凡箴銘之可資
警省者無不蒐羅取朱子詩古鏡重磨要古方之
句名之有　英宗御製序
禮安陶山書院藏補刻印紙一牒八張　寧邊府
藏印紙十大張

聖學十圖一卷

本朝李滉採周子太極圖朱子白鹿洞規圖仁說圖程復心西銘圖心統性情圖心學圖王柏敬齋箴圖權近大學圖益之以滉所著夙興夜寐箴圖小學圖各附論說劄進于朝　肅宗朝命弘文館作屏以進又命編書印進

嶺南觀察營藏印紙二牒五張

朱書講錄刊補六卷

本朝李滉門人錄李栽刊補蓋滉箋釋朱書之話而記錄之際訛舛頗繁栽之刊補多所訂增

安東虎溪書院藏印紙七牒十張

聖學輯要十三卷

本朝議政府右贊成兩館大提學文成公李珥撰以真德秀大學衍義猶欠汗漫仿其例採摭經史刪繁能要分爲五類曰統說曰修己曰正家曰爲政曰聖賢道統萬曆乙亥隨箋進于朝　英宗朝進講于經筵　御製序弁首

海州紹賢書院藏刊印紙十六牒七張

擊蒙要訣二卷

本朝李珥撰列叙立心飭躬奉親接物之方自序云在海山時爲一二學徒作

海州紹賢書院藏刊印紙一牒六張　順天玉川書院藏印紙一牒一張　泰仁校宮藏印紙一牒四張　濟州牧藏印紙一牒六張　嶺南觀察營藏刊印紙一牒五張　關北觀察營藏鐵刊印紙一牒十六張　鏡城府藏鐵刊印紙一牒六張　關西觀察營藏鐵刊印紙一牒十張

五先生遺書三卷

本朝朴世采取李滉聖學十圖成渾爲學之方李珥擊蒙要訣三書合編校刻

安邊府藏印紙二牒

臨谷進學圖四卷

本朝司諫院司諫權春蘭撰仿李滉聖學十圖而衍之又益以四書五經聖賢傳緒等圖總二十六圖

安東周溪書院藏印紙七牒八張

太極問辨二卷

本朝鄭述編首周子太極圖朱子圖說解次朱子與二陸問答書次本朝李彥迪與孫忘齋失名暨曹漢輔問答書蓋孫曹之論皆以無極二字歸之寂滅

也

慶州玉山書院藏印紙一牒十六張　星州檜淵書院藏印紙二牒十張

性理說八卷

本朝張顯光撰首圖書發揮次易卦總說次太極說次理氣經緯說次晚學會要次宇宙說或附以圖說或雜錄經傳之文義例頗傷繁殺意其隨得雜記而晉輯成書出於門人之手

仁同東洛書院藏印紙十一牒

道學正脉一卷

本朝童蒙教官權韓撰以淵源理學兩錄鈔錄點批

全州威鳳寺藏印紙三牒五張

日省錄一卷

本朝縣監洪錫撰節錄古語中可資警省者

龍潭枝宮藏印紙一牒十七張

初學字訓增輯三卷

本朝李植撰倣陳埴性理字義而益主簡約其下篇雜采先儒說訓釋性理名目

關北觀察營藏缺刓印紙十九張

問義通攷三十四卷

本朝宋時烈撰以朱子論孟或問中所云某說是者其全載在精義者無精義參互難以知或問取舍之義遂以精義彙附于或問逐條之下其非或問所則闕之後門人權尚夏益取補錄

安東府藏印紙二十四牒十張

啓蒙編一卷

不著撰人名氏歷叙天地人物之形名槩畧以諜蒙學即童家先習之類也

北漢太古寺藏印紙七牒

磻溪隨錄二十六卷補遺一卷

本朝進士柳馨遠撰馨遠論經世之務以分田制產爲本領故其書首田制次教選任官職官祿制兵制等部每一部先叙綱領節目次採經史諸子之說系之又有續編二卷雜論邦禮工制補遺一卷專言郡縣建置之制蓋其書酌古宜今規劃纖整可舉而措之雖未嘗說心說性如近世儒者之爲而儒者之實用究莫加焉今仿歷代史志列桓寬鹽鐵論于儒家之例特進之于儒家類

嶺南觀察營藏印紙二十七牒

宇宙要指一卷

不著撰人名氏首載一原傳統等圖撮略先儒心性道器之說附之　肅宗乙未杆城郡守朴吉應印進疑即吉應所撰

杆城郡藏缺刓印紙六張

學顔錄

本朝開城府留守朴吉應撰來輯顔子言行之雜見於經傳者間附己說而頗踈漏無可觀蓋未見徐達左顔子鼎編張星顔子繹等書也

杆城郡藏刓印紙十五張

鏤板考　卷第四　十二

書社論誦一卷

本朝禮曹判書兩館大提學文正公李縡編其書選濂洛諸子文裒切於學問者三十餘篇蓋爲學徒講誦而作

校書館藏缺刓印紙二牒六張一片

敎孝錄五十七卷

本朝講書院諭善文獻公朴聖源撰蒐輯經史諸子論孝之文分爲孝義孝教生事喪事奉祭孝感願美繼述廣孝守身處變十一目以孝經一篇冠之並孝經衍義也　當宁癸卯御製序并卷命嶺

南伯鋟板

嶺南觀察營藏印紙五十牒

古儒家類四十一部

鏤板考　卷第四　十三

兵家類

六韜六卷

舊傳周呂望撰明進士劉寅直解蓋六韜之偽託
後世談藝者皆能言之梁陸德明莊子釋文謂太
公六韜文武虎豹龍犬也則其為在陳隋以前矣
寅之直解分節詮釋頗為明暢
關西觀察營蔵五本缺刊印紙五牒三張一本印
紙七牒十三張

孫武子三卷

周孫武撰明劉寅直解史記列傳載武之書十三
篇即是書也兵家書之傳於今者此為最古
關西觀察營蔵一本缺刊印紙三牒十九張一本
印紙七牒十一張　寧邊府蔵印紙三牒十四
張

吳子二卷

周吳起撰明劉寅直解隋志唐志皆作吳子一卷
惟晁氏讀書志作三卷然六篇之目則與今本合
亦真古書也
關西觀察營蔵一本缺刊印紙一牒十四張一本
印紙二牒十一張

司馬法一卷

齊司馬穰苴撰明劉寅直解今證以史記蓋齊威王
諸臣集古兵法為之而附穰苴於其中非穰苴作
也其時去古未遠三代遺規往往於此書見之
關西觀察營蔵一本缺刊印紙一牒十三張一本
印紙二牒十七張

尉繚子五卷

周尉繚撰明劉寅直解漢志兵家有尉繚三十一
篇今本二十四篇未詳即漢志所載然其言多近
於正與戰國權謀頗殊故横渠張子亦嘗註之
關西觀察營蔵一本缺刊印紙三牒六張一本印
紙三牒十九張

三略三卷

舊題黃石公撰明劉寅直解世傳是書即圯上
授張良者然其文不類秦漢間書漢光武詔雖嘗
引之安知非反摭詔語以證實其書
南漢開元寺蔵印紙一牒五張　濟州牧蔵印
紙一牒七張　關北觀察營蔵缺刊印紙一牒八
張　關西觀察營蔵一本印紙二牒十八張一
本缺印紙一牒十六張　寧邊府蔵缺印紙一

牒一張一片

李衛公問對三卷

舊傳唐衛國公議景武李靖撰明劉寅直解陳師道何遠邵博皆以是書為阮逸所托然其指畫攻守變易主客於兵家微意時有所得故鄭瑗井觀瑣言謂其書雖偽亦出於有學識謀略者之手

關西觀察營藏一本缺刊印紙三牒十一張一本印紙四牒一張

將鑑博議十卷

宋龍圖閣學士文端公戴溪撰自春秋孫武迄于五季郭崇韜各取其才品高下器量大小智計短長而論斷之有　英宗御製題

關西觀察營藏缺刊印紙九牒十張

紀効新書十八卷

明少保右都督戚繼光撰乃其官浙江參將時鍊兵備倭之作首為武問一篇解釋疑阻次分十八篇每篇各有圖説其詞率如口語不加文飾取其易於論衆也

關西節度營藏印紙十一牒九張一片

武經要節

不著撰人名氏蓋取宋曾公亮武經總要節略其要語者也

關北觀察營藏缺刊印紙三牒十五張

兵學指南五卷

不著編人名氏蓋因戚氏新書而撮其精要分為九目我國練兵以是為津梁故屢經剞劂板本散在而義例互有詳略惟壯勇營藏板　當宁丁未宣傳官李儒敬奉教合諸本釐校有　御製序

莊勇營藏印紙二牒十四張一片　訓鍊都監藏印紙二牒十一張　南漢開元寺藏印紙三牒　海西節度營藏印紙三牒　雲峯縣藏有節度使崔禎訓解印紙三牒　濟州牧藏印紙二牒七張　統制營藏印紙二牒十二張　嶺南右節度營藏印紙二牒九張　慶州府藏缺刊印紙二牒十六張　尚州牧藏印紙二牒十八張　關北南節度營藏印紙二牒十一張　關西觀察營藏缺刊印紙三牒五張　寧邊府藏缺刊印紙三牒四張一片

演機新編三卷

本朝安命老撰握奇經註解及論黄帝九軍武侯

八陣李靖六花陣法者爲陣書一卷取武經七書提綱撮要彙分立目者爲兵書一卷就星象及太乙奇門二法指出其切於兵家者爲陰陽家一卷

梁山郡藏印紙四牒十張

火砲式諺解一卷

本朝御營使完豐府院君忠定公李曙撰記大小火砲之制以方音譯之並別破陣鍊藝之書或附煮焔硝方

軍器寺藏印紙十六張　海西節度營藏刊印紙十九張一片　關北觀察營藏缺刊印紙十六張　關北南節度營藏印紙一牒十張

新傳煮硝方一卷

本朝金指南撰指南嘗再入燕得傳其煮硝之法比我國舊法費半而功倍　肅宗戊寅領中樞府事南九萬奏令指南叙述其方且以諺譯之刊布中外　當宁丙辰議政府右議政尹蓍東陳達重刻

軍器寺藏印紙十二張一片　關北觀察營藏缺刊印紙十一張

行軍須知二卷

不著撰人名氏舊載武經總要中其另編印行始自本朝金錫冑其書起誠將訖受降凡十五目每目先叙大義次列條法

關北觀察營藏缺刊印紙一牒十三張

右兵家類十五部

醫家類

補註黃帝素問十二卷

唐王冰註宋嘉祐中光祿卿林億國子博士高保衡奉勑補注冰之言以爲黃帝内經十八卷素問即其經之九卷兼靈樞九卷廼其數焉舊佚第七篇冰時始獲詮次爲二十四卷冰自號啓玄子晁公武讀書志作硃誤

慶州府藏印紙二十二牒五張

纂圖脉訣四卷

六朝時高陽生撰不著名氏其書假托晉王叔和

脉經詞多鄙淺本朝　宣祖辛巳内醫院僉正許浚奉教訂注

惠民署藏印紙五牒十五張一片

銅人鍼灸經五卷

宋天聖丙寅殿中省尚藥奉御王惟一奉詔撰惟一或作維德晁公武讀書志云仁宗嘗詔惟德考次鍼灸之法鑄銅人爲式分腑臟十二經旁注俞穴所會刻題其名並爲圖法而著主療之術讀書志作三卷清四庫全書簡明目録作七卷

惠民署藏印紙三牒十四張

醫學正傳八卷

明虞摶撰自序謂私淑丹溪之遺風以証分門每門先論症次脉法次方治皆搜輯列代名醫之語更以得于家傳及己所親試驗者附入焉前有醫學或問五十條

湖南觀察營藏缺刓印紙十七牒十九張一片

嶺南觀察營藏缺刓印紙十七牒十九張一片

醫書纂要三卷

明朱震高撰永洛中以醫顯　太宗皇帝賜祭其墓

慶州府藏缺刓印紙五牒十七張

增補萬病回春十卷

明龔廷賢撰採擬軒岐以下諸家之精英而合成一書間附己見

嶺南觀察營藏印紙十九牒十七張

廣濟秘笈四卷

本朝進士李景華撰自救急雜病以至婦人小兒單方治法采摭諸家間附經驗

關北觀察營藏印紙七牒五張

右醫家類七部

天文籌法類

步天歌一卷

隋王希明歌訣明西洋南懷仁星圖舊王南二象各有歌圖是本歌取王本圖用南本又以星名之古有今無古無今有者附著于末

觀象監藏印紙十張

觀象玩占四十一卷

舊題唐太史令李淳風撰然書中引唐文宗肅宗之事非淳風所著明藝文志云不知撰人或曰劉基輯其書具著天地日月星辰風雲雷雨等占驗

每引史事以證之本朝李正華增訂

觀象監藏印紙二十五牒十八張

天東象緯考十八卷

本朝觀象監官崔天璧撰專紀高麗四百七十年日食星變

觀象監藏 缺印紙九牒八張

九數略四卷

本朝議政府領議政兩館大提學文貞公崔錫鼎撰劉羲明李之藻同文籌指續訂成書而其以日月星辰分排四季則又近於帝鑿無謂

鏤板考 卷第四 十二

南州牧藏印紙四牒三張

右天文籌法類四部

鏤板考 卷第四 十三

術數類

人子須知五十二卷

明徐維志維事同撰李維禎叙云徐君居德興其地故多堪輿家君以為不慊於志更走四方求勝己者師之危峰幽壑遺墟荒隴皆窮蹤獨覽三十年而書成

觀象監藏印紙三十牒十張一片

琢玉斧二十五卷

明徐之鏌撰首龕頭歌括次理氣定議次作用諸法其稱琢玉斧者以玉喻山川以琢喻相地以斧喻古今方術之書也

觀象監藏印紙十七牒一張一片

雜經環門鈔五卷

明徐之鏌撰專言相地家扦穴之法

觀象監藏印紙六牒四張

右術數類堪輿之屬三部

邵康節心易梅花數一卷

不著撰人氏明通州太守夏昂刪校其法不用龜筮以所値之日辰起數以數起卦謂皆出於康節今据朱子語類其說不為無本後人之推衍增益則有之矣

觀象監藏印紙一牒十一張

右術數類占筮之屬一部

袁天綱三星三命指南十卷

唐袁天綱撰分發端貴神食神祿神等十五類

觀象監藏印紙一牒十六張

應天歌四卷

宋郭程撰楊晠序云程字去非因遇異人撰成此書

觀象監藏印紙一牒二張一片

子平三命通變淵源二卷

宋徐大升撰自序云自幼慕三命之術參訪高人傳授徐子平真數定局歷學屢歲頗得真趣類成編次尋其捷徑

觀象監藏印紙一牒

範圍數二卷

明趙迎撰專主占筮之術自序云會粹諸家別之以類前圖式門次起例門又次源流格流等門凡十五門

觀象監藏印紙一牒十一張

右術數類命書之屬四部

天機大要二卷

明林紹周撰推陰陽宜忌之理定日辰推擇之法我東刻本有丙子癸巳二本而丙子本久佚英宗丁巳諏吉官沁百源取癸巳本增刪重刻癸未百源孫日贊又以曆中星之古今異候用新法訂正之

觀象監藏印紙三牒七張　尚州牧藏印紙一牒十八張

選擇要略三卷

本朝判中樞院事靖平公李純之撰專言日辰忌擇之術

觀象監藏 缺 印紙四牒十九張

右術數類陰陽五行之屬二部

雜纂類

千字文一卷

舊題梁散騎常侍周興嗣撰 宋劉克莊云於舊刻法帖見漢章帝已書此文則非梁人作也馬端臨文獻通考載此書於經部小學類為其幼學也然以幼儀入小學宋以前無其說今置雜纂之類於古義為允焉

校書館藏印紙一牒十二張　南漢開元寺藏印紙一牒七張一片　北漢太古寺藏印紙十八張　濟州牧藏 缺刓 印紙一牒一張　星州雙

溪寺藏印紙一牒十一張　清道郡藏 缺 印紙一牒一張　旌善郡藏印紙一牒一張

類合一卷

不著撰人名氏 即急就篇蒙求諸書之類而專紀名物度數

清道郡藏 缺 印紙十三張

警民編一卷

本朝禮曹參判文穆公金正國撰 僕正國按察海西時戒諭民人之作凡十三條每一條先叙勸戒之辭而以化者當律係之 孝宗戊戌完南府院

君李厚源為之跋謹附以朱陳襄真德秀勸諭文
本朝鄭澈訓民歌劉進請刊
漕道部藏印紙一牒三張一尺
右雜纂類三部

鏤板考 卷第四 十八

說家類
破閑集三卷
高麗寶文閣學士李仁老撰雜紀詩話而詳於事實略於月朝高麗一代名章佳句之至今可徵者多賴是篇及崔滋補閑集
慶州府藏刊印紙一牒二張一尺
補閑集三卷
高麗中書門下平章事文清公崔滋撰補輯李仁老之所未收浮屠兒女之詩句可資談笑者亦並收錄

鏤板考 卷第四 十九

慶州府藏刊印紙二牒五張
櫟翁稗說四卷
高麗李齊賢撰有前後二錄前錄紀公私乘牒後錄多詩文評騭櫟翁齊賢一號謂之稗說自況以稊稗也
慶州龜岡書院藏印紙一牒
谿谷漫筆二卷
本朝議政府右議政兩館大提學新豐府院君文忠公張維撰雜記經史聞見而往往參以雜事逸聞

兗州牧藏印紙二牒二張一乇

種德新編三卷諺解三卷

本朝議政府領議政文貞公金堉撰自序云每觀古書有愛物濟人之事必欣然記之釋疑辨姦而附見焉愛物本於仁濟人本於義釋疑本於智

嶺南觀察營藏刊印紙七牒八張　關北觀察營藏刓印紙二牒五張　平壤府藏刓印紙二牒二張

右說家類五部

類書類

訓蒙字會三卷

本朝內贍寺副正崔世珍撰蓋蒙求千字文之類多紀草木名物嘉靖丁亥書成進于朝

巨濟校宮藏印紙二牒十六張

類苑叢寶四十七卷

本朝金堉撰取藝文類聚唐類函天中記山堂肆考諸書因其門目而增損之蓋免園剩徵之資

嶺南觀察營藏印紙五十四牒

經書類抄三卷

不著撰人名氏割裂五經四書句語分門類彙蓋經義拈括之書

尚州牧藏印紙三牒十二張

右類書類三部

譯語類

老乞大一卷諺解二卷

不著撰人名氏雜叙華語用之象鞮較藝之時其諺解則崔世珍撰 當宁乙卯司譯院奉教重訂

司譯院藏印紙四牒九張

朴通事新釋一卷諺解三卷

不著撰人名氏亦雜記華語學譯者以此編及老乞大爲津梁其諺解則崔世珍撰司譯院官邊憲等重訂

司譯院藏印紙六牒二張

清語老乞大八卷

不著撰人名氏舊傳崇禎丙子被擄人東還者所作 英宗乙酉司譯院官金振夏訂正

司譯院藏印紙四牒十七張一片

蒙語老乞大八卷

本朝司譯院官玄文恒撰以蒙古方音譯老乞大院官李億成重訂

司譯院藏印紙四牒十一張

伍倫全備記四卷諺解八卷

舊題迂愚叟所撰未詳名氏假戲場搬演之說以勸化風俗我國象鞮之隸業率用是書爲其雅俚並陳風諭備至也舊無諺解 顯宗辛丑司譯院官高時彥撰

司譯院藏印紙十五牒十張

小兒論一卷

不著撰人名氏亦雜記清語者 當宁丁酉金振夏訂正

司譯院藏印紙七張

八歲兒一卷

不著撰人名氏 當宁丁酉金振夏訂正

司譯院藏印紙六張一片

三譯總解十卷

不著撰人名氏以清語譯三國志十回 肅宗癸未司譯院官金世弘等校正

司譯院藏印紙六牒一張一片

蒙語類解三卷

不著撰人名氏亦雜記蒙語而以類彙分李億成復得原本闕漏一千六百餘言逐類增補

司譯院藏印紙三牒十六張一片

倭語類解二卷

本朝司譯院官洪舜明撰列錄事物名目以倭語釋之末係日本官名及通信行程道記院官玄啓根重訂

司譯院藏印紙二牒十八張

譯語類解三卷

本朝金指南等撰崇禎乙亥漂海人文可尙自言文天祥後孫仍留不歸錄華語三卷進于朝指南等就授音義以方言譯之指南孫弘喆補遺

司譯院藏印紙四牒十三張

捷解蒙語四卷

不著撰人名氏亦雜紀蒙語者李億成重訂

司譯院藏印紙二牒

同文類解二卷

本朝玄文恒撰以清語雜記名物　英宗戊辰禮曹判書李周鎭陳達鋟板

司譯院藏印紙三牒十一張

捷解新語十卷

本朝司譯院官康遇聖撰遇聖萬曆壬辰被擄日本十年而還用倭語設爲信使問答之說

司譯院藏印紙七牒十八張

漢淸文鑑十五卷

本朝司譯院官李洙等撰取乾隆中所撰清文鑑刪略原註之繁冗增以漢字解釋凡三十六類

司譯院藏印紙二十三牒十張一乞

隣語大方五卷

本朝司譯院官崔鶴齡撰亦雜記倭語者

司譯院藏印紙五牒十八張

捷解新語文釋十二卷

本朝司譯院官金健瑞撰取康遇聖捷解新語增釋其音義

司譯院藏印紙二牒五張一乞

右譯語類十七部

道家類

新註道德經二卷

本朝吏曹判書文貞公朴世堂撰世堂謂老子之道漢用之而治晋人用之歸於玄虛道非二致觧有善不善耳遂爲之疏釋其旨歸多駁林希逸注之謬

尚州收藏缺印紙一牒九張

句解南華真經十卷

宋中書舍人林希逸撰所得於莊子者頗淺乃排作舊註殊不自量然詞旨明顯易入尚有裨於幼學

今刻本有本朝崔岦諺讀

關北觀察營藏刊印紙十三牒十五張

周易參同契一卷

漢魏伯陽撰宋朱子註伯陽參同契世稱爲易家其實假借爻象以論作丹之意丹經中此爲最古朱子註舊題考異然訂正文字者不過七八處餘皆詮釋丹法實郎箋註也今本本朝南九萬從俞琰參同契發揮中掇取朱子註及黃瑞節附錄編爲一卷

關北觀察營藏印紙一牒七張

右道家類三部

鏤板考卷第四

鏤板考卷第五

子部下

釋家類

大藏經六千五百五十八卷

舊傳新羅哀莊王時刻今按高麗史韓彥恭傳成宗時彥恭以兵部侍郎如宋奏請大藏經太宗皇帝賜藏經四百八十一函二千五百卷高宗世家大藏經顯宗時板本燬於壬辰蒙兵王與羣臣更願立都監十六年而功畢辛亥幸城西門外大藏經板堂率百官行香今藏經刻本或標戊申或標甲辰皆高宗辛亥前十六年間干支則是經之東來在高麗成宗時鋟板在顯宗時重鋟在高宗時無疑獨卷帙多寡不合或東來後續入者多或彼以冊計此以編計不可知高宗辛亥當宋理宗淳祐十一年距今五百四十六年中州藏書家之競以宋槧蜀刻誑爲奇寶者率僅止斷爛𥫱本未有若是經之累經兵劫板刻尚存也板皆髹漆銅飾左右俗言藏弆之室鳥鼠不能穴若有神物護之凡一千五百三十九種今列其目于左

鏤板考 卷第五 一

大般若婆羅蜜多經六百卷 唐三藏玄奘奉詔譯

放光般若經二十卷 西晉三藏無羅又共竺叔蘭譯

摩訶般若經二十七卷 一名大品般若經）姚秦三藏鳩摩羅什共僧叡譯

光讚經十卷 西晉月氏三藏竺法護譯

摩訶般若經抄五卷 姚秦天竺三藏曇摩蜱共竺佛念譯

道行般若經十卷 後漢月氏三藏支婁迦讖譯

小品般若婆羅蜜經十卷 姚秦三藏鳩摩羅什譯

勝天王般若經七卷 陳優禪尼王子月婆首那譯

大明度經六卷 吳月氏居士支謙譯

文殊師利所說摩訶般若經二卷 梁扶南三藏曼陀羅什譯

文殊師利所說般若婆羅蜜經一卷 梁扶南三藏僧迦婆羅譯

濡首菩薩無上清淨分衛經二卷 宋南海三藏翔公譯

秦金剛般若婆羅蜜經一卷 姚秦三藏鳩摩羅什譯

魏金剛般若婆羅蜜經一卷 元魏天竺三藏菩提流支譯

陳金剛般若婆羅蜜經一卷 陳天竺三藏真諦譯

般斷金剛般若經二本各一卷 一本唐三藏玄奘譯 一本唐三藏義淨譯

實相般若經一卷 元魏天竺三藏菩提流支譯

仁王般若婆羅蜜經二卷 姚秦三藏鳩摩羅什譯

般若婆羅蜜多心經一卷 唐三藏玄奘譯

摩訶大明呪經一卷 姚秦三藏鳩摩羅什譯

大寶積經一百二十卷 元魏天竺三藏菩提流支譯

三戒經三卷 北涼三藏曇無讖譯

無量清淨平等覺經四卷 後漢月氏三藏支婁迦讖譯

阿彌陀經二卷 吳月氏居士支謙譯

無量壽經二卷 曹魏天竺三藏康僧鎧譯

阿閦佛國經二卷 後漢月氏三藏支婁迦讖譯

大乘十法經一卷 梁扶南三藏僧迦婆羅譯

普門品經一卷

胞胎經一卷

文

鏤板考 卷第五 二

殊師利佛土嚴淨經二卷 右三種西晉月氏三藏竺法護譯 法鏡經一卷 後漢安息三藏安玄譯 郁迦羅越問菩薩行經一卷 幼士仁賢經一卷 右二種西晉月氏三藏竺法護譯 決定毗尼經一卷 失譯人名 須摩提經一卷 元魏天竺三藏菩提流支譯 發覺淨心經二卷 隋天竺三藏闍那崛多譯 優填王經一卷 西晉三藏法炬奉制譯 須摩提菩薩經一卷 阿闍貰王女經一卷 離垢施女經一卷 右三種西晉月氏三藏竺法護譯 得無垢女經一卷 元魏三藏瞿曇般若流支譯 文殊師利所說不思議佛境界經二卷 元魏天竺三藏菩提流支譯 如幻三昧經二卷 西晉月氏三藏竺法護譯 聖善住意天子所問經三卷 元魏三藏毗目智仙共般若流支譯

藏板考 卷第五 三

太子刷護經一卷 西晉月氏三藏竺法護譯 太子和休經一卷 失譯人名 慧上菩薩問大善權經二卷 西晉月氏三藏竺法護譯 大乘顯識經二卷 唐天竺三藏地婆訶羅譯 大乘方等要慧經一卷 後漢安息三藏安世高譯 彌勒菩薩所問本願經一卷 西晉月氏三藏竺法護譯 遺日摩尼寶經一卷 後漢月氏三藏支婁迦讖譯 摩訶衍寶嚴經一卷 西晉失譯人名 師子吼方廣經一卷 宋天竺三藏求那跋陀羅譯 毗耶娑問經二卷 元魏三藏瞿曇般若流支譯 大集經六十卷 北涼天竺三藏曇無讖譯 大乘大集地藏十輪經十卷 唐三藏玄奘奉制譯 大方廣十輪經八卷 失譯人名 大乘大集經二卷 隋天竺三藏那連提耶舍譯 菩薩念佛三昧經五卷 宋西

域三藏功德直譯 虛空孕菩薩經二卷 隋天竺三藏闍那崛多譯 虛空藏菩薩經一卷 姚秦罽賓三藏佛陀耶舍譯 虛空藏菩薩神呪經一卷 觀虛空藏菩薩經一卷 右二種宋罽賓三藏曇摩蜜多譯 大方等大集經菩薩念佛三昧分十卷 隋天竺三藏達摩笈多譯 大方等大集經賢護分五卷 隋天竺三藏闍那崛多譯 般舟三昧經三卷 一名十方現在前立定經 佛說般舟三昧經一卷 右二種後漢月氏三藏支婁迦讖譯 拔陂菩薩經一卷 失譯人名 阿差末菩薩經七卷 西晉月氏三藏竺法護譯 無盡意經六卷 宋涼州三藏智嚴共寶雲譯 大愛經八卷 西晉月氏三藏竺法護譯 大集譬喻王經二卷 隋天竺三藏闍那崛多譯 寶女所問經四卷 西晉月氏三藏竺法護譯

藏板考 卷第五 四

自在王菩薩經二卷 姚秦三藏鳩摩羅什譯 奮迅王所問經二卷 元魏三藏瞿曇般若流支譯 無言童子經二卷 西晉月氏三藏竺法護譯 寶星陀羅尼經十卷 唐天竺三藏婆羅頗蜜多羅譯 大方廣佛華嚴經六十卷 東晉本、東晉天竺三藏佛陀跋陀羅譯 大方廣佛華嚴經八十卷 唐本○唐于闐三藏實叉難陀譯 入印法門經五卷 元魏天竺三藏曇摩流支譯 如來德智不思議境界經二卷 隋天竺三藏闍那崛多譯 大乘金剛修行分一卷 元魏天竺三藏菩提流支譯 華嚴經修慈分一卷 唐于闐三藏提雲般若譯 度諸佛境界智光嚴經一卷 失譯人名 大方廣入如來智德經一卷 大方廣如來不思議境界經一卷 大方廣佛華嚴經不思議佛境界分一卷右三經唐于闐三藏實叉難陀譯漸備一切智德經五卷一名十住經又名大慧光三昧經〇西晉月氏三藏竺法護譯佛說梵沙經一卷後漢月氏三藏支婁迦讖譯大方廣普賢所說經一卷唐于闐三藏實叉難陀譯菩薩十住行道品一卷西晉月氏三藏竺法護譯諸菩薩求佛本業經一卷西晉居士聶道真譯菩薩本業經一卷吳月氏居士支謙譯莊嚴菩提心經一卷姚秦三藏鳩摩羅什譯大方廣菩薩十地經一卷元魏西域三藏吉迦夜譯菩薩十住經一卷東晉天竺三藏祇多蜜譯十住經四卷姚秦三藏鳩摩羅什譯如來興顯經四卷等目菩薩所問三昧經三卷一名普賢菩薩定意經〇右二西晉月氏三藏竺法護譯顯無邊佛土功德經一卷唐三藏玄奘譯羅摩迦經三卷西秦三藏聖堅譯度世品經六卷西晉月氏三藏竺法護譯華嚴經入法界品一卷唐天竺三藏地婆訶羅譯大般涅槃經四十卷北涼天竺三藏曇無讖譯大般泥洹經六卷東晉平陽三藏法顯譯大般涅槃經二卷唐南海波凌三藏若那跋陀羅譯方等般泥洹經二卷西晉月氏三藏竺法護譯四童子三昧經三卷隋天竺三藏闍那崛多譯大悲經五卷隋天竺三藏那連提耶舍譯大莊嚴經十二卷唐天竺三藏地婆訶羅譯普耀經八卷西晉月氏三藏竺法護譯法華三昧經一卷宋涼州三藏智嚴譯無量義經一卷蕭齊天竺三藏曇摩伽陀耶舍譯薩曇分陀利經一卷失譯人名妙法蓮華經七卷姚秦三藏鳩摩羅什譯正法華

經十卷西晉月氏三藏竺法護譯添品法華經七卷隋天竺三藏闍那崛多共笈多譯維摩詰所說經三卷姚秦三藏鳩摩羅什譯維摩詰經二卷吳月氏居士支謙譯說無垢稱經六卷唐三藏玄奘譯大方等頂王經一卷西晉月氏三藏竺法護譯大乘頂王經一卷陳優禪尼王子月婆首那譯善思童子經二卷隋天竺三藏闍那崛多譯大乘悲分陀利經八卷失譯人名悲華經十卷北涼天竺三藏曇無讖譯金光明最勝王經十卷唐三藏義淨奉制譯合部金光明經八卷隋大興善寺三藏寶貴譯佗真陀羅所問如來經三卷後漢月氏三藏支婁迦讖譯大樹緊那羅王所問經四卷姚秦三藏鳩摩羅什譯道神足無極變化經四卷西晉安息三藏安法欽譯佛昇忉利天為母說法經三卷西晉月氏三藏竺法護譯寶雨經十卷唐天竺三藏達摩流支譯寶雲經七卷梁扶南三藏曼陀羅仙共僧伽婆羅譯阿惟越致經三卷西晉月氏三藏竺法護譯廣博嚴淨經六卷宋涼州三藏智嚴譯不退轉法輪經四卷失譯人名不必定入定入印經一卷元魏三藏瞿曇般若流支譯入定不定印經一卷唐三藏義淨奉制譯等集眾德三昧經三卷西晉月氏三藏竺法護譯集一切福德三昧經三卷姚秦三藏鳩摩羅什譯持心梵天所問經四卷西晉月氏三藏竺法護譯思益梵天所問經四卷姚秦三藏鳩摩羅什譯勝思惟經六卷元魏天竺三藏菩提流支譯持人菩薩經四卷西晉月氏三藏竺法護譯持世經四卷姚秦三藏鳩摩羅什譯

濟諸方等學經一卷西晉月氏三藏竺法護譯大乘方廣摠持經一卷隋天竺三藏毗尼多流支譯文殊師利現寶藏經二卷西晉月氏三藏竺法護譯大方廣寶篋經三卷宋天竺三藏求那跋陀羅譯大乘同性經二卷宇文周天竺三藏闍那耶舍譯證契大乘經二卷唐天竺三藏地婆訶羅譯深密解脫經五卷元魏天竺三藏菩提流支譯解深密經五卷唐三藏玄奘奉制譯解節經一卷陳天竺三藏真諦譯相續了義經一卷宋天竺三藏求那跋陀羅譯緣生初勝分法本經二卷隋天竺三藏達摩笈多譯分別緣起經二卷唐三藏玄奘奉制譯楞伽阿跋經四卷宋天竺三藏求那跋陀羅譯入楞伽經十卷元魏天竺三藏菩提流支譯新譯大乘入楞伽經七卷唐于闐三藏實叉難陀譯菩薩行方便經三卷宋天竺三藏求那跋陀羅譯尼乾子所說經十卷元魏天竺三藏菩提流支譯大方等無想經六卷北涼天竺三藏曇無讖譯大雲經一卷宇文周天竺三藏闍那耶舍譯大雲輪請雨經二卷隋天竺三藏那連提耶舍譯大方等大雲經一卷宇文周天竺三藏闍那耶舍譯諸法無行經二卷姚秦三藏鳩摩羅什譯諸法本無經三卷隋天竺三藏闍那崛多譯無極寶三昧經二卷西晉月氏三藏竺法護譯寶如來三昧經二卷東晉天竺三藏祇多蜜譯慧印三昧經一卷吳月氏居士支謙譯如來智印經一卷失譯人名灌頂經十二卷東晉天竺三藏帛尸梨蜜多羅譯文殊普超三昧經三卷西晉月氏三藏竺法護譯藥師如來本願經一卷隋天

竺三藏達摩笈多譯藥師琉璃光如來本願功德經一卷唐三藏玄奘奉制譯藥師七佛經二卷唐三藏義淨譯阿闍世王經二卷後漢月氏三藏支婁迦讖譯放鉢經一卷失譯人名月燈三昧經十卷隋天竺三藏那連提耶舍譯月燈三昧經二卷宋本一名文殊師利菩薩十事行經宋三藏先公譯無希望經一卷西晉月氏三藏竺法護譯象腋經一卷宋罽賓三藏曇摩蜜多譯大淨法門經一卷西晉月氏三藏竺法護譯大莊嚴法門經二卷隋天竺三藏那連提耶舍譯如來境界經二卷元魏天竺三藏曇摩流支譯度一切諸佛境界智嚴經一卷梁扶南三藏僧伽婆羅譯後出阿彌陀偈一卷失譯人名觀無量壽經一卷宋西域三藏畺良耶舍譯阿彌陀經一卷姚秦三藏鳩摩羅什譯稱讚淨土佛攝受經一卷唐三藏玄奘奉制譯觀彌勒上生兜率天經一卷宋居士沮渠京聲譯彌勒大成佛經一卷姚秦三藏鳩摩羅什譯彌勒來時經一卷失譯人名彌勒下生經一卷西晉月氏三藏竺法護譯彌勒下生成佛經一卷姚秦本姚秦三藏鳩摩羅什譯彌勒下生成佛經一卷唐本唐三藏義淨譯諸法勇王經一卷宋罽賓三藏曇摩蜜多譯一切法高王經一卷第一義法勝經一卷右二種元魏三藏瞿曇般若流支譯大威燈光仙人問疑經一卷隋天竺三藏闍那崛多譯順權方便經二卷西晉月氏三藏竺法護譯樂瓔珞莊嚴方便品經一卷姚秦罽賓三藏曇摩耶舍譯六度集經八卷吳康居三藏康僧會譯太子須

大箄經一卷 西秦三藏聖堅奉詔譯 菩薩睒子經一卷 失譯人名
佛說睒子經一卷 西秦三藏聖堅奉詔譯 太子慕魄經一卷
西晉月氏三藏竺法護譯 九色鹿經一卷 吳月氏居士支謙譯 太子慕魄
經一卷 後漢安息三藏安世高譯 無字寶篋經一卷 元魏天竺三藏菩提
流支譯 大乘離文字普光明經一卷 大乘遍照光明
藏無字法門經一卷 右二種唐天竺三藏地婆訶羅譯 老女人經
一卷 吳月氏居士支謙譯 老母經一卷 失譯人名 老母六英經一
卷 宋天竺三藏求那跋陀羅譯 月光童子經一卷 西晉月氏三藏竺法護譯
中日兒本經一卷 宋天竺三藏求那跋陀羅譯 德護長者經二
卷 隋天竺三藏那連提耶舍譯 文殊師利問菩提經一卷 姚秦三藏
鳩摩羅什譯 伽耶山頂經一卷 元魏天竺三藏菩提流支譯 象頭精
舍經一卷 隋天竺三藏毗尼多流支譯 大乘伽耶山頂經一卷
元魏天竺三藏菩提流支譯 長者子制經一卷 後漢安息三藏安世高譯 菩
薩逝經一卷 西晉河內三藏白法祖譯 逝童子經一卷 西晉三藏支法
度譯 犢子經一卷 吳月氏居士支謙譯 乳光佛經一卷 無垢賢
女經一卷 右二種西晉月氏三藏竺法護譯 腹中女聽經一卷 北涼
天竺三藏曇無讖譯 轉女身經一卷 宋罽賓三藏曇摩蜜多譯 中日經一
卷 西晉月氏三藏竺法護譯 無上依經二卷 陳天竺三藏真諦譯 甚希有
經一卷 唐三藏玄奘奉詔譯 未曾有經一卷 後漢失譯人名 決定總
持經一卷 西晉月氏三藏竺法護譯 謗佛經一卷 元魏天竺三藏菩提流支

譯 寶積三昧法身經一卷 後漢安息三藏安世高譯 入法界體
性經一卷 隋天竺三藏闍那崛多譯 如來師子吼經一卷 元魏天竺
三藏佛陀扇多譯 大方廣師子吼經一卷 大乘百福相經
一卷 大乘百福莊嚴相經一卷 大乘四法經一卷
菩薩修行四法經一卷 右五種唐天竺三藏地婆訶羅譯 善恭敬
經一卷 希有校量功德經一卷 右二種隋天竺三藏闍那崛多譯
最無比經一卷 唐三藏玄奘譯 前世三轉經一卷 西晉三藏法炬
譯 銀色女經一卷 元魏天竺三藏佛陀扇多譯 阿闍世王授決
經一卷 西晉三藏法炬譯 採花違王上佛經一卷 東晉西域三藏
曇無蘭譯 正恭敬經一卷 元魏天竺三藏佛陀扇多譯 稱讚大乘功
德經一卷 唐三藏玄奘譯 妙法決定業障經一卷 唐至相寺三藏
智嚴譯 如來示教勝軍王經一卷 緣起聖道經一卷
右二種唐三藏玄奘譯 佛說諫王經一卷 宋居士沮渠京聲譯 佛為勝
光天子說王法經一卷 浴佛功德經一卷 曼殊室
利呪藏中校量數珠功德經一卷 右三種唐三藏義淨奉制譯
大方等修多羅王經一卷 文殊師利巡行經一卷
右二種元魏天竺三藏菩提流支譯 轉有經一卷 元魏天竺三藏佛陀扇多譯 文
殊尸利經一卷 隋天竺三藏闍那崛多譯 了本生死經一卷 貝
多樹下十二因緣經一卷 龍施女經一卷 八吉祥
神呪經一卷 右四種吳月氏居士支謙譯 佛說稻芋經一卷 失譯

人名 自誓三昧經一卷 後漢安息三藏安世高譯 如來獨證自誓三昧經一卷 龍施菩薩本起經一卷 八陽神呪經一卷 盂蘭盆經一卷 右四種西晉月氏三藏竺法護譯 灌洗佛形像經一卷 西晉三藏法炬譯 摩訶剎頭經一卷 西秦三藏聖堅譯 造立形像福報經一卷 作佛形像經一卷 右二種失譯人名 八佛名號經一卷 隋天竺三藏闍那崛多譯 報恩奉盆經一卷 失譯人名 浴像功德經一卷 校量數珠功德經一卷 右二種唐天竺三藏寶思惟譯 八吉祥經一卷 梁扶南三藏僧伽婆羅譯 不空羂索經三十卷 元魏天竺三藏菩提流支譯 不空羂索呪經一卷 隋天竺三藏闍那崛多譯 不空羂索神呪心經一卷 唐三藏玄奘奉

制譯 不空羂索陀羅尼自在王呪經三卷 唐天竺三藏寶思惟奉制譯 不空羂索陀羅尼經一卷 北京天竺三藏李無諂譯 千眼千臂神呪經二卷 唐揔持寺三藏智通譯 千手千眼陀羅尼身經一卷 元魏天竺三藏菩提流支譯 千手千眼大悲心經一卷 唐天竺三藏伽梵達摩譯 觀世音如意摩尼經一卷 唐天竺三藏寶思惟譯 觀世音神呪經一卷 唐于闐三藏實叉難陀譯 觀自在菩薩如意心陀羅尼呪經一卷 唐三藏義淨奉制譯 如意輪陀羅尼一卷 元魏天竺三藏菩提流支譯 文殊師利根本一字陀羅尼一卷 唐天竺三藏寶思惟譯 曼殊室利一字呪王經一卷 唐三藏義淨奉制譯 十二佛名神呪經一卷 隋天竺三藏闍那崛多譯

稱讚如來功德神呪經一卷 佛說大孔雀呪王經三卷 右二種唐三藏義淨奉制譯 孔雀王呪經一卷 姚秦三藏鳩摩羅什譯 大金色孔雀王呪經一卷 佛說大金色孔雀王經一卷 右二種失譯人名 孔雀王呪經二卷 梁扶南三藏僧伽婆羅譯 陀羅尼集經十二卷 唐天竺三藏阿地瞿多譯 十一面觀世音經一卷 宇文周天竺三藏闍那耶舍譯 十一面神呪心經一卷 唐三藏玄奘奉制譯 摩里支天陀羅尼經一卷 失譯人名 呪五首一卷 唐三藏玄奘奉制譯 千轉陀羅尼呪一卷 唐揔持寺三藏智通譯 七俱胝佛母心經一卷 唐天竺三藏地婆訶羅譯 七俱胝大明陀羅尼經一卷 唐天竺三藏金剛智譯 六字神呪經一卷 元魏天竺

三藏菩提流支譯 觀自在隨心呪經一卷 唐揔持寺三藏智通譯 三種種雜呪經一卷 隋天竺三藏闍那崛多譯 佛頂尊勝陀羅尼經一卷 唐京兆杜行顗譯 佛頂最勝陀羅尼經一卷 唐弘福寺三藏彥悰譯 佛頂尊勝陀羅尼經一卷 宋罽賓三藏佛陀婆利譯 最勝淨除業障經一卷 唐天竺三藏地婆訶羅譯 佛頂尊勝陀羅尼經一卷 唐三藏義淨譯 無量門微密持經一卷 吳月氏居士支謙譯 出生無量門持經一卷 東晉天竺三藏佛陀跋陀羅譯 無量門破魔經一卷 宋西域三藏功德真共玄暢譯 阿難陀目佉尼呵離陀經一卷 宋天竺三藏求那跋陀羅譯 阿難陀隣尼經一卷 元魏天竺三藏佛陀扇多譯 舍利弗陀羅尼經一卷 梁扶南三藏僧伽婆羅譯 一

問出生菩薩經一卷（隋天竺三藏闍那崛多譯）出生無邊門陀
羅尼經一卷（唐至相寺三藏智嚴譯）勝幢臂印陀羅尼經一
卷（唐三藏玄奘奉詔譯）妙臂印幢陀羅尼經一卷（唐于闐三藏實叉難
陀譯）無崖際總持法門經一卷（西秦三藏聖堅譯）尊勝菩薩
所問一切諸法入無量門經一卷（高齊居士萬天懿譯）金剛
上味陀羅尼經一卷（元魏天竺三藏佛陀扇多譯）金剛場陀羅
尼經一卷如來方便善巧呪經一卷（右二種隋天竺三藏闍那
崛多譯）花聚陀羅尼呪經一卷師子奮迅菩薩所問
經一卷佛說六字呪王經一卷善法方便陀羅尼
經一卷金剛秘密善門陀羅尼經一卷（右五種失譯人名）
花積陀羅尼神呪經一卷（吳月氏居士支謙譯）六字神呪王
經一卷虛空藏菩薩問七佛陀羅尼經一卷（右二種失
譯人名）持句神呪經一卷（吳月氏居士支謙譯）陀鄰尼鉢經一
卷（東晉西域三藏曇無蘭譯）東方最勝燈王陀羅尼經一卷最
勝燈王如來經一卷（右二種隋天竺三藏闍那崛多譯）護命法門
神呪經一卷（元魏天竺三藏菩提流支譯）無垢淨光大陀羅尼
經一卷（唐天竺三藏彌陀山譯）消伏毒害陀羅尼經一卷
（天竺居士難提共晉言法喜譯）寶網經一卷菩薩行五十緣身經
一卷梵志女首意經一卷四不可得經一卷（右四種西
晉月氏三藏竺法護譯）私呵昧經一卷菩薩生地經一卷（右二

種吳月氏居士支謙譯）大方等如來藏經一卷（東晉天竺三藏佛陀跋陀
羅譯）內藏百寶經一卷（後漢月氏三藏支婁迦讖譯）須賴經一卷
（前涼月氏居士支施崙譯）成具光明定意經一卷（後漢天竺三藏支曜譯）
演道俗業經一卷（西秦三藏聖堅譯）百佛名經一卷（隋天竺三
藏那連提耶舍譯）諸德福田經一卷（西晉三藏法立共法炬譯）溫室洗
浴衆僧經一卷（後漢安息三藏安世高譯）佛語經一卷（元魏天竺三藏
菩提流支譯）菩薩修行經一卷（西晉河內三藏白法祖譯）金色王經
一卷（元魏三藏瞿曇般若流支譯）稱揚諸佛功德經三卷（元魏西域
三藏吉迦夜譯）修真天子經四卷（西秦月氏三藏竺法護譯）摩訶摩耶
經二卷（蕭齊三藏曇景譯）除恐災患經一卷（西秦三藏聖堅譯）孛
經抄一卷（吳月氏居士支謙譯）觀世音授記經一卷（宋黃龍三藏曇
無竭譯）海龍王經四卷（西晉月氏三藏竺法護譯）首楞嚴三昧經
二卷（姚秦三藏鳩摩羅什譯）藥王藥上菩薩經一卷（宋西域三藏畺
良耶舍共宋言時稱譯）觀普賢行法經一卷（宋三藏曇無蜜多譯）不思
議光菩薩所說經一卷（姚秦三藏鳩摩羅什譯）十住斷結經
十卷（姚秦涼州三藏竺佛念譯）未曾有因緣經二卷（蕭齊三藏曇景譯）
諸佛要集經二卷（西晉月氏三藏竺法護譯）菩薩瓔珞經十四
卷（姚秦涼州三藏竺佛念譯）超日明三昧經二卷（西晉清信士聶承遠譯）
賢劫經八卷（西晉月氏三藏竺法護譯）大法炬陀羅尼經二十
卷大威德陀羅尼經二十卷（右二種隋天竺三藏闍那崛多譯）佛

鐫板考　卷第五　十五

名經十二卷元魏天竺三藏菩提流支譯過去莊嚴劫千佛名
經一卷現在賢劫千佛名經一卷未來星宿劫千
佛名經一卷右三種失譯人名五千五百佛名經八卷隋天
竺三藏闍那崛多譯不思議功德經二卷曹魏失譯人名華手經十
卷姚秦三藏鳩摩羅什譯大方等陀羅尼經四卷北涼高昌三藏法眾
譯僧伽吒經四卷陳優禪尼王子月婆首那譯力莊嚴三昧經
三卷隋天竺三藏那連提耶舍譯大方廣了義經一卷唐罽賓三藏佛
陀多羅譯觀佛三昧海經十卷東晉天竺三藏佛陀跋陀羅譯大方便
佛報恩經七卷後漢菩薩本行經三卷右二種失譯人名法
集經六卷元魏天竺三藏菩提流支譯諸法行經四卷隋天竺三藏闍
那崛多譯菩薩處胎經七卷姚秦涼州三藏竺佛念譯廣顯三昧經
四卷西晉月氏三藏竺法護譯施燈功德經一卷隋天竺三藏那連提耶舍
譯無所有菩薩經四卷隋天竺三藏闍那崛多譯央掘魔羅經
四卷宋天竺三藏求那跋陀羅譯明度五十校計經二卷後漢安息
三藏安世高譯文殊師利問經二卷梁扶南三藏僧伽婆羅譯如來祕
密藏經二卷失譯人名中陰經二卷姚秦涼州三藏竺佛念譯月上
女經二卷隋天竺三藏闍那崛多譯大法鼓經二卷宋天竺三藏求那跋
陀羅譯大乘密嚴經三卷唐天竺三藏地婆訶羅譯文殊師利問
菩薩署經一卷後漢月氏三藏支婁迦讖譯造像功德經二卷
唐于闐三藏提雲般若譯蓮華面經二卷隋天竺三藏那連提耶舍譯占察

鐫板考　卷第五　十六

善惡業報經二卷唐天竺三藏菩提登譯廣大寶樓閣善住
祕密經三卷五佛頂三昧陀羅尼經四卷右二種元魏天
竺三藏菩提流支譯大陀羅尼末法中一字心呪經一卷唐天
竺三藏寶思惟譯一字佛頂輪王經五卷元魏天竺三藏菩提流支譯
首楞嚴經十卷唐天竺三藏般剌蜜帝譯大毗盧遮那經七卷
唐天竺三藏善無畏共一行譯蘇婆呼童子經三卷唐天竺三藏輸波迦羅譯
金剛頂念誦經四卷唐天竺三藏金剛智譯牟梨曼陀羅經
一卷失譯人名蘇悉地供養法經三卷唐天竺三藏善無畏譯蘇
悉地羯囉經三卷唐天竺三藏輸波迦羅譯七佛所說神呪經
四卷失譯人名大吉義神呪經四卷元魏天竺三藏曇曜譯文殊
寶藏經一卷金剛光焰止風雨陀羅尼經一卷右二
種元魏天竺三藏菩提流支譯安宅神呪經一卷後漢失譯人名摩尼羅
亶經佛說呪時氣病經佛說檀特羅摩油述經佛
說辟除賊害呪經佛說呪小兒經佛說呪齒經佛
說呪目經合一卷玄師颰陀所說神呪經一卷右八
種東晉西域三藏曇無蘭譯護諸童子經一卷元魏天竺三藏菩提流支譯
大普賢陀羅尼經一卷阿吒婆拘神呪經一卷阿
彌陀鼓音聲經一卷右三種失譯人名諸佛心陀羅尼經
一卷八名普密經一卷拔濟苦難經一卷六門陀
羅尼經一卷持世陀羅尼經一卷右五種唐三藏玄奘譯清

淨觀世音普賢陀羅尼經一卷唐摠持寺三藏智通譯大七寶陀羅尼經一卷六字大陀羅尼經一卷右二種失譯人名千佛因緣經一卷垂般涅槃略說教誡經一卷右二種姚秦三藏鳩摩羅什譯隨求即得大自在陀羅尼一卷唐天竺三藏寶思惟譯一切功德莊嚴王經一卷拔除罪障呪王經一卷香王菩薩經一卷莊嚴王陀羅尼呪經一卷善夜經一卷右五種唐三藏義淨譯佛地經一卷唐三藏玄奘譯心明經一卷鹿母經一卷寶網經一卷滅十方冥經一卷右四種西晉月氏三藏竺法護譯金剛頂經一卷唐天竺三藏金剛智譯月明菩薩經一卷吳月氏居士支謙譯出生菩提心

鏤板考 卷第五 十七

經一卷隋天竺三藏闍那崛多譯異出菩薩本起經一卷西晉居士聶道真譯賢首經一卷西秦三藏聖堅譯文殊師利般涅槃經一卷西晉居士聶道真譯佛印三昧經一卷後漢安息三藏安世高譯觀自在瑜伽法要一卷唐天竺三藏金剛智譯虛空藏菩薩求聞持法經一卷唐天竺三藏善無畏譯救面然餓鬼經一卷唐于闐三藏實叉難陀譯諸佛集會經一卷智炬陀羅尼經一卷右二種唐三藏提雲般若譯百千印陀羅尼經一卷唐于闐三藏實叉難陀奉制譯諸法最上王經一卷隋天竺三藏闍那崛多譯德光太子經一卷般泥洹後灌臘經一卷右二種西晉月氏三藏竺法護譯商主天子所問經一卷隋天竺三藏闍那崛多譯寂照三摩

地經一卷佛臨涅槃記法住經一卷受持七佛名號所生功德經一卷右三種唐三藏玄奘譯大乘四法經一卷右遶佛塔功德經一卷右二種唐于闐三藏實叉難陀譯堅固女經一卷隋天竺三藏那連提耶舍譯師子素馱娑王斷肉經一卷唐至相寺三藏智嚴譯有德女問大乘經一卷不增不減經一卷右一種元魏天竺三藏菩提流支譯離垢慧菩薩禮佛經一卷西明寺三藏道宣撰唐天竺三藏那提譯差摩婆帝授記經一卷元魏天竺三藏菩提流支譯八部佛名經一卷元魏三藏瞿曇般若流支譯大乘流轉諸有經一卷佛為海龍王說法印經一卷妙色王因緣經一卷右三種唐三藏義淨奉制譯師子莊嚴

鏤板考 卷第五 十八

王菩薩請問經一卷唐天竺三藏那提譯造塔功德經一卷唐天竺三藏地婆訶羅共唐言日照譯大意經一卷宋天竺三藏求那跋陀羅譯優婆夷淨行法門經二卷金剛三昧本性清淨不壞不滅經一卷師子月佛本生經一卷薩羅國經一卷右四種失譯人名十二頭陀經一卷樹提伽經一卷右二種宋天竺三藏求那跋陀羅譯長壽王經一卷甚深大廻向經一卷十吉祥經一卷一切智光明仙人慈心因緣不食肉經一卷右四種失譯人名菩薩內習六婆羅蜜經一卷後漢清信士臨淮嚴佛調譯長者法志妻經一卷失譯人名菩薩投身飴餓虎起塔因經一卷北涼三藏法盛譯天王太

子肸羅經一卷長者女菴提遮師子吼了義經一卷右二種失譯人名八大人覺經一卷後漢安息三藏安世高譯四輩經一卷過去世佛分衛經一卷當來變經一卷右三種西晉月氏三藏竺法護譯法常住經一卷法滅盡經一卷金剛三昧經一卷北涼失譯人名右三種三品弟子經一卷吳月氏居士支謙譯菩薩地持經十卷北涼三藏曇無讖譯菩薩善戒經九卷宋罽賓三藏求那跋摩譯淨業障經一卷失譯人名優婆塞戒經七卷北涼三藏曇無讖譯梵網經二卷姚秦三藏鳩摩羅什譯受十善戒經一卷後漢失譯人名佛藏經三卷姚秦三藏鳩摩羅什譯菩薩瓔珞本業經二卷姚秦涼州三藏竺佛念譯菩薩戒本一卷北涼三藏曇無讖譯菩薩善戒經一卷宋罽賓三藏求那跋摩譯菩薩戒本一卷菩薩戒羯摩文一卷右二種唐三藏玄奘譯菩薩內戒經一卷五戒威儀經一卷右二種宋罽賓三藏求那跋摩譯文殊師利淨律經一卷文殊悔過經一卷右二種西晉月氏三藏竺法護譯清淨毗尼方廣經一卷姚秦三藏鳩摩羅什譯寂調音所問經一卷宋三藏法海譯大乘三聚懺悔經一卷隋天竺三藏闍那崛多共笈多譯菩薩五法懺悔文一卷失譯人名菩薩藏經一卷梁扶南三藏僧伽婆羅譯三曼陀菩薩經一卷菩薩受齋經一卷右二種西晉居士聶道真譯舍利弗悔過經一卷後漢安息三藏安世高譯法律三昧經一卷吳月氏居士支謙譯十善業

道經一卷唐于闐三藏實叉難陀譯大智度論百卷姚秦三藏鳩摩羅什譯十地論十二卷天親菩薩撰彌勒菩薩所問論九卷大寶積經論四卷右三種元魏天竺三藏菩提流支譯寶髻經論一卷天親菩薩撰元魏天竺三藏毗目智仙譯佛地經論七卷親光菩薩撰唐三藏玄奘譯金剛般若論二卷無著菩薩撰隋天竺三藏達摩笈多譯能斷金剛般若經論頌一卷無著菩薩撰能斷金剛般若經論三卷右二種唐三藏義淨奉制譯金剛般若經論三卷天親菩薩撰元魏天竺三藏菩提流支譯金剛般若經假名論二卷功德施菩薩撰唐天竺三藏地婆訶羅譯文殊問菩提經論二卷天親菩薩撰元魏天竺三藏菩提流支譯妙法蓮華經論一卷婆藪槃豆菩薩撰元魏三藏勒那摩提譯勝思惟梵天所問經四卷天親菩薩撰元魏天竺三藏菩提流支譯法華經論二卷波藪般豆菩薩撰元魏天竺三藏菩提流支共曇林譯遺教經論一卷天親菩薩撰陳天竺三藏真諦譯無量壽經論一卷波藪般豆菩薩撰元魏天竺三藏菩提流支譯涅槃本有今無論一卷天親菩薩撰陳天竺三藏真諦譯涅槃論一卷波藪般豆菩薩撰元魏達摩菩提譯三具足經一卷有釋論無經本轉法輪經一卷右二種元魏天竺三藏毗目智仙譯瑜伽師地論百卷彌勒菩薩撰顯揚聖教論二十卷大乘阿毗達摩集論七卷顯揚聖教論頌一卷無著菩薩撰王法正理論一卷彌勒菩薩撰瑜伽師地論釋一卷最勝子等諸菩薩撰阿毗達摩雜集論十六卷安慧菩薩撰右七種唐三

藏玄奘奉制譯中論四卷龍樹菩薩撰姚秦三藏鳩摩羅什譯般若燈論十
五卷唐天竺三藏波羅頗蜜多羅譯十二門品目一卷龍樹菩薩撰姚秦三
藏鳩摩羅什譯十八空論一卷龍樹菩薩撰陳天竺三藏真諦譯百論二
卷提婆菩薩撰姚秦三藏鳩摩羅什譯廣百論本一卷聖天菩薩撰廣百
論釋十卷右二種唐三藏玄奘奉制譯十住毗婆娑論十七卷
姚秦三藏鳩摩羅什譯菩提資糧論六卷隋天竺三藏達摩笈多譯大乘
莊嚴論十三卷唐天竺三藏波羅頗蜜多羅譯大莊嚴論十五卷
姚秦三藏鳩摩羅什譯攝大乘論三卷無著菩薩撰陳天竺三藏真諦譯順
中論二卷元魏三藏瞿曇般若流支譯攝大乘論釋十五卷陳天
竺三藏真諦譯攝大乘論二卷元魏天竺三藏佛陀扇多譯攝大乘論

鏤板考 卷第五 三一

本三卷唐三藏玄奘奉制譯攝大乘論釋論十隋天竺三藏笈多共
行矩譯攝大乘論釋二本各十卷一本世親菩薩撰一本無性菩薩撰
唐三藏玄奘譯佛性論四卷中邊分別論二卷決定藏論
三卷右三種陳天竺三藏真諦譯辯中邊論頌一卷唐三藏玄奘譯寶
性論四卷元魏天竺三藏勒那摩提譯辯中邊論三卷唐三藏玄奘奉
制譯業成就論一卷元魏天竺三藏毗目智仙譯大乘成業論一
卷因明正理門論本一卷右二種唐三藏玄奘奉制譯成唯識
寶生論五卷因明正理門論一卷右二種唐三藏義淨譯因
明入正理論一卷唯識二十論一卷唯識三十論
一卷右三種唐三藏玄奘譯大乘唯識論一卷顯識論一卷

轉識論一卷右三種陳天竺三藏真諦譯唯識論一卷元魏三藏瞿曇
般若流支譯成唯識論十卷護法菩薩等造唐三藏玄奘奉制譯大丈夫
論二卷北涼三藏道泰譯大乘起信論一卷寶行王正論
一卷右二種陳天竺三藏真諦譯大乘五蘊論二本各一卷一本
唐天竺三藏地婆訶羅譯一本唐三藏玄奘譯大乘掌珍論二卷唐三藏玄奘譯
入大乘論二卷北涼三藏道泰譯三無性論二卷陳天竺三藏真
諦譯大乘起信論二卷唐于闐三藏實叉難陀譯發菩提心論二
卷姚秦三藏鳩摩羅什譯觀所緣論釋一卷唐三藏義淨譯如實論
一卷陳天竺三藏真諦譯方便心論一卷元魏西域三藏吉迦夜譯觀所
緣論一卷唐三藏玄奘譯無相思塵論一卷陳天竺三藏真諦譯迴

鏤板考 卷第五 三二

諍論一卷元魏天竺三藏毗目智仙共瞿曇流支譯百字論一卷元魏天竺
三藏菩提流支譯壹輸盧迦論一卷元魏三藏瞿曇流支譯六門教
授習定論一卷手杖論一卷觀總相論頌一卷取
因假設論一卷掌中論一卷止觀門論頌一卷右六
種唐三藏義淨譯大乘法界無差別論二本各一卷一本
賢首疏釋本○唐于闐三藏提雲般若譯緣生論一卷隋天竺三藏達摩笈多譯提
婆菩薩涅槃論一卷元魏天竺三藏菩提流支譯解捲論一卷
陳天竺三藏真諦譯大乘百法明門論一卷唐三藏玄奘奉制譯提婆
菩薩破外道四宗論一卷十二因緣論一卷右二種元
魏天竺三藏菩提流支譯長阿含經二十二卷姚秦罽賓三藏佛陀耶舍共竺佛念

譯中阿含經六十卷（符秦罽賓三藏僧伽提婆譯）增一阿含經五十一卷（符秦三藏曇摩難提譯）雜阿含經五十卷（宋天竺三藏求那跋陀羅譯）別譯雜阿含經十六卷 大般涅槃經三卷（右二種東晉平陽三藏法顯譯）佛般泥洹經二卷（西晉河内三藏白法祖譯）般泥洹經二卷（失譯人名）人本欲生經一卷 尸迦羅六方禮經一卷（右二種後漢安息三藏安世高譯）梵志阿颰經一卷（吳月氏居士支謙譯）寂志菓經一卷（東晉西域三藏曇無蘭譯）梵網六十二見經一卷（吳月氏居士支謙譯）起世經十卷（隋天竺三藏闍那崛多譯）起世因本經十卷（隋天竺三藏達摩笈多譯）大樓炭經六卷（西晉三藏法炬共法立譯）中本起經二卷（後漢西域三藏曇果共康孟祥譯）十報法

鏤板考 卷第五 二三

經二卷（後漢安息三藏安世高譯）七知經一卷 諸法本經一卷 䆊魔試目連經一卷（右三種吳月氏居士支謙譯）鹹水喻經一卷 緣本致經一卷 古來世時經一卷 梵志計水淨經一卷（右四種失譯人名）一切流攝守因經一卷 四諦經一卷 本相倚致經一卷（右三種後漢安息三藏安世高譯）恒水經一卷 頂生王故事經一卷 求欲經一卷 苦陰因事經一卷 瞻婆比丘經一卷 伏婬經一卷（右六種西晉三藏法炬譯）文陀竭王經一卷（北涼天竺三藏曇無讖譯）閻羅王五天使者經一卷 瞿曇彌記果經一卷（右一種宋三藏慧簡譯）鐵城泥犁經一卷 阿耨風經一卷（右二種東晉西域三藏曇無蘭譯）阿

那律八念經一卷（後漢天竺三藏支曜譯）離睡經一卷 受歲經一卷 樂想經一卷（右三種西晉月氏三藏竺法護譯）是法非法經一卷（後漢安息三藏安世高譯）釋摩男經一卷（吳月氏居士支謙譯）苦陰經一卷（後漢失譯人名）漏分布經一卷（後漢安息三藏安世高譯）魔嬈亂經一卷（後漢失譯人名）鸚鵡經一卷 四人出現世間經一卷 鞞摩肅經一卷（右三種宋天竺三藏求那跋陀羅譯）箭喻經一卷 食施獲五福報經一卷 三歸五戒功德經一卷 梵調經一卷 邪見經一卷（右五種失譯人名）婆羅門子命終不離經一卷 十支居士八城人經一卷 婆羅門避經一卷（右三種後漢安息三藏安世高譯）佛說意經一卷 尊

鏤板考 卷第五 二四

上經一卷 鴦掘摩經一卷 應法經一卷（右四種西晉月氏三藏竺法護譯）佛說數經一卷 婆斯匿王大后崩經一卷（右二種西晉三藏法炬譯）泥犁經一卷 戒德香經一卷（右二種東晉西域三藏曇無蘭譯）優陂夷墮舍迦經一卷 佛為黃竹園老婆羅門說學經一卷（右二種失譯人名）頻婆娑羅王經一卷（西晉三藏法炬譯）普法義經一卷（後漢安息三藏安世高譯）善生子經一卷（西晉三藏支法度譯）梵志頞婆羅延問種尊經一卷（東晉西域三藏曇無蘭譯）頻吡和羅經一卷 齋經一卷 梵摩喻經一卷 須摩提女經一卷（右四種吳月氏居士支謙譯）長者子六過出家經一卷（宋三藏慧簡譯）賓義法門經一卷（陳天竺三

藏真諦譯)須達經一卷(蕭齊天竺三藏求那毗地譯)鴦崛髻經一卷
難提釋經一卷相應相可經一卷(右三種西晉三藏法炬譯)三
轉法輪經一卷五蘊皆空經一卷(右二種唐三藏義淨譯)四
泥犁經一卷水沫所漂經一卷(右二種東晉西域三藏曇無蘭譯)
舍衛國王夢見十四經一卷舍衛國王十夢經一
卷(右二種失譯人名)緣起經一卷(唐三藏玄奘譯)不自守意經一
卷(吳月氏居士支謙譯)七處三觀經一卷阿那邠邸化七子
經一卷阿難同學經一卷轉法輪經一卷八正道
經一卷五陰譬喻經一卷(右六種後漢安息三藏安世高譯)治禪
病秘要法二卷(宋居士沮渠京聲譯)雜阿含經一卷(失譯人名)放

牛經一卷(姚秦三藏鳩摩羅什譯)七佛父母姓字經一卷(失譯
人名)四未曾有經一卷力士移山經一卷聖法印經
一卷(右三種西晉月氏三藏竺法護譯)舍利弗遊四衢經一卷(後漢
西域三藏康孟祥譯)馬有八態譬人經一卷(後漢天竺三藏支曜譯)佛
母般泥洹經一卷(宋三藏慧簡譯)大愛道般泥洹經一卷
(西晉河內三藏白法祖譯)滿願子經一卷(失譯人名)十一相思念如
來經一卷(宋天竺三藏求那跋陀羅譯)馬有三相經一卷(西晉月氏
三藏竺法護譯)國王不梨先泥十夢經一卷(東晉西域三藏曇無蘭譯)
摩鄧女經一卷鬼問目連經一卷阿難問事佛吉
凶經一卷(右三種後漢安息三藏安世高譯)摩鄧女解形中六事

經一卷餓鬼報應經一卷(右二種失譯人名)舍頭諫太子
二十八宿經一卷(西晉月氏三藏竺法護譯)修行本起經二卷
(後漢西域三藏竺大力共康孟祥譯)摩鄧伽經二卷(吳天竺三藏竺律炎譯)雜
藏經一卷(東晉平陽三藏法顯譯)五母子經一卷(吳月氏居士支謙譯)
沙彌羅經一卷(失譯人名)阿難分別經一卷(西秦三藏法堅譯)
王耶經一卷(東晉西域三藏曇無蘭譯)王耶女經一卷(失譯人名)慢
法經一卷(西晉三藏法炬譯)阿遬達經一卷(宋天竺三藏求那跋陀羅譯)
譯太子本起瑞應經二卷長者音悅經一卷(右二種吳
月氏居士支謙譯)過去現在因果經四卷(宋天竺三藏求那跋陀羅譯)
四十二章經一卷(後漢三藏竺法蘭譯)海八德經一卷(姚秦三藏

鳩摩羅什譯)龍王兄弟經一卷(吳月氏居士支謙譯)罪業應報教
化地獄經一卷㮈女祇域經一卷(右二種後漢安息三藏安世高
譯)法海經一卷(西晉三藏法炬譯)七女經一卷蓱沙王五
願經一卷八師經一卷(右三種吳月氏居士支謙譯)瑠璃王經
一卷(西晉月氏三藏竺法護譯)所欲致患經一卷堅意經一卷
(右二種後漢安息三藏安世高譯)三摩竭經一卷(吳天竺三藏竺律炎譯)阿
闍世王問五逆經一卷(西晉三藏法炬譯)貧窮老公經一
卷(宋三藏慧簡譯)得道梯橙經一卷(失譯人名)越難經一卷(西晉
清信士聶承遠譯)進學經一卷淨飯王涅般經一卷(右二種宋
居士沮渠京聲譯)五苦章句經一卷(東晉西域三藏曇無蘭譯)禪秘要

法經三卷姚秦三藏鳩摩羅什譯　生經五卷西晉月氏三藏竺法護譯　義
足經二卷吳月氏居士支謙譯　正法念處經七十卷元魏三藏瞿曇
般若流支譯　佛本行集經六十卷隋天竺三藏闍那崛多譯　本事經
七卷唐三藏玄奘奉制譯　興起行經二卷後漢西域三藏康孟祥譯　首迦
長者業報差別經一卷隋洋川郡守瞿曇法智譯　大安般守意
經二卷　陰持入經二卷　處處經一卷　罵意經一卷
分別善惡所起經一卷　出家功德因緣經一卷　十
八泥犁經一卷　阿含正行經一卷　禪行法想經一
卷　長者子懊惱三處經一卷右十種後漢安息三藏安世高譯　須
摩提長者經一卷　阿難四事經一卷　猘狗經一卷

鏤板考　卷第五　二十七

黑氏梵志經一卷　四願經一卷　未生冤經一卷右六
種吳月氏居士支謙譯　阿鳩留經一卷失譯人名　八關齋經一卷
宋居士沮渠京聲譯　分別經一卷西晉月氏三藏竺法護譯　法受塵經一
卷　揵陀國王經一卷右二種後漢安息三藏安世高譯　孝子經一
卷失譯人名　燈指因緣經一卷姚秦三藏鳩摩羅什譯　五百弟子
自說本起經一卷　四自侵經一卷　大葉迦本經一
卷右三種西晉月氏三藏竺法護譯　自愛經一卷　忠心經一卷　呵
鵰阿那鋡經一卷　見正經一卷　阿難七夢經一卷
右五種東晉西域三藏曇無蘭譯　婦人遇辜經一卷西秦三藏聖堅譯　罪
福報應經一卷　迦葉度貧母經一卷　十二品生死

經一卷右三種宋天竺三藏求那跋陀羅譯　五恐怖世經一卷　弟子
死復生經一卷　佛大僧大經一卷　耶祇經一卷　摩
達國王經一卷　旃陀越國王經一卷　五無反復經
一卷　末羅王經一卷右八種宋居士沮渠京聲譯　佛為年少比
丘說正事經一卷　羅云忍辱經一卷　沙曷比丘功
德經一卷右四種西晉三藏法炬譯　懈怠耕者經一卷宋三藏慧簡譯
大魚事經一卷東晉西域三藏曇無蘭譯　辯意長者子經一卷
元魏三藏法場譯　無垢優婆夷問經一卷元魏天竺三藏般若流支譯
四天王經一卷宋涼州三藏智嚴譯　時非時經一卷唐天竺三藏若
羅嚴譯　因緣僧護經一卷　盧至長者因緣經一卷　出

鏤板考　卷第五　二十八

家功德經一卷　無上處經一卷　木槵子經一卷　五
王經一卷　護淨經一卷右七種失譯人名　八無暇有暇經
一卷　療痔病經一卷　略教誡經一卷　譬喻經一卷
長爪梵志請問經一卷　無常經一卷右六種唐三藏義淨奉制
譯　佛說受新歲經一卷西晉月氏三藏竺法護譯　新歲經一卷
比丘聽施經一卷右二種東晉西域三藏曇無蘭譯　身觀經一卷
西晉月氏三藏竺法護譯　鬼子母經一卷　頞多和多耆經一卷
普達王經一卷　佛滅度後葬送經一卷　梵摩難國
王經一卷　栴檀樹經一卷右六種失譯人名　天請問經一
卷唐三藏玄奘譯　九橫經一卷　父母恩難報經一卷右二種後

漢安息三藏安世高譯孫多耶致經一卷吳月氏居士支謙譯羣牛譬
經一卷比丘避女惡名欲自殺經一卷右二種西晉三藏法
炬譯禪行三十七品經一卷後漢安息三藏安世高譯賢者五福
德經一卷西晉河內三藏白法祖譯摩訶僧祇律四十卷東晉天竺
三藏佛陀羅共法顯譯十誦律六十一卷姚秦天竺三藏弗若多羅譯一
切有部毗奈耶五十卷根本說一切有部苾芻尼
毗奈耶二十卷一切有部毗奈耶雜事四十卷根
本說一切有部尼陀那目得迦十卷右四種唐三藏義淨譯
五分律三十卷宋罽賓三藏佛陀什共竺道生譯四分律六十卷
姚秦罽賓三藏佛陀耶舍共竺佛念譯一切有部苾芻尼戒經一卷

鐫板考 卷第五 三十九

根本說一切有部戒經一卷右二種唐三藏義淨譯十誦比
丘尼婆羅提木叉戒本一卷東晉平陽三藏法顯譯摩訶僧
祇比丘尼戒本一卷東晉平陽三藏法顯共覺賢譯彌沙塞五分
戒本一卷宋罽賓三藏佛陀什譯十誦比丘婆羅提木叉戒
本一卷姚秦三藏鳩摩羅什譯摩訶僧祇律大比丘戒本一
卷東晉天竺三藏佛陀跋陀羅譯四分僧戒本一卷姚秦罽賓三藏佛陀耶舍
譯五分比丘尼戒本一卷梁建初寺三藏釋明徽撰沙彌十戒
法并威儀一卷舍利弗問經一卷右二種失譯人名四分
尼戒本一卷四分比丘戒本一卷右二種唐西太原寺三藏懷素集
撰解脫戒經一卷元魏三藏瞿曇般若流支譯沙彌威儀一卷

宋罽賓三藏求那跋摩譯沙彌尼離戒文一卷沙彌尼戒經一
卷右二種後漢失譯人名根本說一切有部白一羯磨十卷
唐三藏義淨奉制譯羯磨一卷唐三藏曇諦譯彌沙塞羯磨本一卷
唐大開業寺三藏愛同譯大沙門白一羯磨法一卷失譯人名曇無
德律部羯磨一卷曹魏天竺三藏康僧鎧譯四分比丘尼羯磨
一卷十誦羯磨比丘要用一卷右二種宋三藏僧璩撰優婆
離問佛經一卷後漢失譯人名曇無德部四分律刪補隨
機羯磨二卷唐西明寺三藏道宣撰僧羯磨三卷尼羯磨三
卷右二種唐西太原寺三藏懷素撰根本說一切有部毗奈耶頌
三卷唐三藏義淨奉制譯大愛道比丘尼經二卷失譯人名根本

鐫板考 卷第五 四十

說一切有部毗奈耶尼陀那攝頌一卷根本說一
切有部略毗奈耶雜事攝頌一卷右二種唐三藏義淨奉制譯
目連問戒律中五百輕重事一卷失譯人名優婆塞五
戒相經一卷宋罽賓三藏求那跋摩譯迦葉禁戒經一卷宋居士沮
渠京聲譯犯戒罪報輕重經一卷後漢安息三藏安世高譯戒消災
經一卷吳月氏居士支謙譯根本薩婆多部律攝十四卷唐三
藏義淨奉制譯薩婆多部毗尼摩得勒伽經十卷宋三藏僧伽跋
摩譯鼻奈耶十卷姚秦涼州三藏竺佛念譯毗婆娑律十卷善見
律毗婆娑八卷右二種蕭齊三藏僧伽跋陀羅譯阿毗曇經二卷
陳天竺三藏真諦譯毗尼母經八卷失譯人名大比丘三千威儀

經二卷（後漢安息三藏安世高譯）毗尼毗婆沙九卷（失譯人名）律二十二明了論一卷（陳天竺三藏真諦譯）阿毗曇八揵度論三十卷（苻秦罽賓三藏僧伽提婆共竺佛念譯）發智論二十卷法蘊足論十二卷集異門足論二十卷識身足論十六卷界身足論三卷品類足論十八卷（右六種唐三藏玄奘奉制譯）阿毗曇論十二卷（宋天竺三藏求那跋陀羅共菩提耶舍譯）阿毗曇毗婆沙論六十卷（北涼三藏浮陀跋摩共道泰譯）阿毗達摩大毗婆娑論二百卷（唐三藏玄奘奉制譯）阿毗達摩俱舍釋論二十二卷（陳天竺三藏真諦譯）阿毗達摩俱舍論本頌一卷阿毗達摩俱舍論三十卷順正理論八十卷顯宗論四

十卷（右四種唐三藏玄奘奉制譯）阿毗曇心論經六卷（隋天竺三藏那連提耶舍譯）阿毗曇心論四卷（苻秦罽賓三藏僧伽提婆共惠遠譯）雜阿毗曇心論十一卷（宋三藏僧伽跋摩譯）甘露味論二卷（曹魏失譯人名）隨相論一卷（陳天竺三藏真諦譯）尊婆須蜜菩薩所集論七卷尊婆須蜜論三卷（右二種苻秦罽賓三藏僧伽跋澄譯）入阿毗達摩論二卷（唐三藏玄奘奉制譯）三法度論三卷（苻秦罽賓三藏僧伽提婆譯）成實論十六卷（姚秦三藏鳩摩羅什譯）立世阿毗曇論十卷（陳天竺三藏真諦譯）解脫道論十二卷（梁扶南三藏僧伽婆羅譯）舍利弗阿毗曇三十卷（姚秦三藏曇摩崛多共曇摩耶舍譯）五事毗婆沙論二卷（唐三藏玄奘奉制譯）鞞婆沙論十四卷（苻秦罽賓三藏

僧伽跋澄譯）三彌底部論三卷分別功德論五卷（右二種失譯人名）四諦論四卷部執異論一卷十八部論一卷（右三種陳天竺三藏真諦譯）異部宗輪論一卷（唐三藏玄奘譯）辟支佛因緣論二卷（失譯人名）佛本行經七卷（宋涼州三藏寶雲譯）佛所行讚經五卷（北涼天竺三藏曇無讖譯）撰集百緣經十卷（吳月氏居士支謙譯）出曜經三十卷（姚秦涼州三藏竺佛念譯）賢愚經十三卷（宋三藏惠覺共威德譯）修行道地經七卷（西晉月氏三藏竺法護譯）僧迦羅刹所集經三卷（苻秦罽賓三藏僧伽跋澄譯）道地經一卷（後漢安息三藏安世高譯）百喻經四卷（蕭齊天竺三藏求那毗地譯）菩薩本緣經三卷（吳月氏居士支謙譯）菩薩行門諸經要集三卷（唐至相寺

三藏智嚴譯）付法藏因緣傳六卷（元魏西域三藏吉迦夜共曇曜譯）坐禪三昧經二卷（姚秦三藏鳩摩羅什譯）惟日雜難經一卷（吳月氏居士支謙譯）佛使比丘迦旃延說法沒盡偈一卷（失譯人名）迦葉赴佛涅槃經一卷（東晉西域三藏竺曇無蘭譯）四品學法經一卷（宋天竺三藏求那跋陀羅譯）菩薩呵色欲法經一卷（姚秦三藏鳩摩羅什譯）佛入涅槃哀戀經一卷（失譯人名）佛醫經一卷（吳天竺三藏竺律炎共支越譯）治意經一卷佛治身經一卷（右二種失譯人名）雜寶藏經十卷（元魏西域三藏吉迦夜共曇曜譯）那先比丘經二卷（失譯人名）達摩多羅禪經二卷（東晉天竺三藏佛陀跋陀羅譯）禪法要解二卷（姚秦三藏鳩摩羅什譯）舊雜譬喻經二卷（吳康

居三藏康僧會譯五門禪經要用法一卷宋罽賓三藏曇摩蜜多譯雜
譬喻經一卷後漢月氏三藏支婁迦讖譯法觀經一卷西晉月氏三藏
竺法護譯十二遊經一卷東晉天竺三藏迦留陀伽譯思惟略要法
一卷姚秦三藏鳩摩羅什譯內身觀章句經一卷禪要經一
卷右二種失譯人名阿育王經十卷梁扶南三藏僧伽婆羅譯雜譬喻
經二卷天尊說阿育王譬喻經一卷右二種失譯人名雜
譬喻經一卷東晉比丘道略撰阿育王傳七卷西晉安息三藏安法
欽譯阿育王子法益壞目因緣經一卷符秦西域三藏曇摩難提
譯四阿含暮抄二卷符秦西域三藏鳩摩羅佛提譯法句喻經四
卷西晉三藏法炬共法立譯法句經二卷吳天竺三藏維祇難譯撰集三

藏及雜藏一卷失譯人名口解十二因緣經一卷後漢安息
三藏安世高譯一百五十讚佛頌一卷唐三藏義淨譯三慧經一
卷失譯人名阿毗曇五法行經一卷迦葉結經一卷右二
種後漢安息三藏安世高譯小道地經一卷後漢天竺三藏支曜譯文殊
師利發願經一卷東晉天竺三藏佛陀跋陀羅譯六菩薩亦當誦
持經一卷失譯人名讚觀世音菩薩頌一卷唐佛授記寺翻經三
藏慧智譯金七十論三卷陳天竺三藏真諦譯無明羅刹經三卷
迦丁比丘說當來變經一卷右二種失譯人名馬鳴菩薩
傳一卷姚秦三藏鳩摩羅什譯龍樹菩薩傳一卷唐三藏義淨譯勸
發諸王要偈一卷宋三藏僧伽跋摩譯婆藪盤豆傳一卷陳天

竺三藏真諦譯賓頭盧說法經一卷宋天竺三藏求那跋陀羅提婆
菩薩傳一卷龍樹菩薩傳一卷右二種姚秦三藏鳩摩羅什譯請
賓頭盧經一卷宋三藏慧簡譯龍樹菩薩說法要記一卷
宋罽賓三藏求那跋摩譯大勇菩薩分別業報略經一卷宋三藏僧
伽跋摩譯勝宗十句義論一卷大阿羅漢說法住記一
卷右二種唐三藏玄奘譯釋迦譜五卷梁三藏僧祐譯釋迦方志二
卷釋迦氏譜一卷右二種唐終南太一山釋氏撰經律異相五十
卷梁三藏僧旻寶唱撰陀羅尼集經十卷失譯人名諸經要集二
十卷唐西明寺三藏道宣撰出三藏記十五卷梁三藏僧祐撰衆經
目錄七卷隋三藏法經撰歷代三寶記十五卷隋翻經學士費長房

撰衆經目錄五卷唐釋靜泰撰大唐內典錄十卷唐西明寺
釋氏譯大周刊定衆經目錄十五卷武后周三藏明佺撰古今
譯經圖記四卷唐三藏靖邁譯續古今釋經記一卷唐西崇福
寺三藏智昇撰大唐內典錄一卷唐西明寺[illegible]揔持寺釋氏撰[illegible]開元
釋教錄二十卷唐西崇福寺三藏智昇撰一切經音義二十五
卷唐翻經三藏玄應撰新譯華嚴經音義二卷唐淨法寺三藏慧苑撰
大唐西域記十二卷揔持寺三藏辯機撰唐三藏玄奘奉制譯續集古今
佛道論衡四卷唐西明寺釋氏撰續集古今佛道論衡一
卷唐西崇福寺三藏智昇撰沙門不應拜俗事六卷唐弘福寺三藏彥悰
撰三寶感通錄三卷唐西明寺三藏道宣撰宣律師感通錄

一卷失譯人名三藏法師傳十卷唐弘福寺三藏彥悰撰大唐西域求法高僧傳二卷唐三藏義淨撰昔道人法顯從長安行西至天竺傳一卷失譯人名高僧傳十四卷梁嘉祥寺三藏惠皎撰續高僧傳三十卷唐西明寺三藏道宣撰辯正論八卷破邪論二卷右二種唐三藏法琳撰甄正論三卷唐佛授記寺釋玄嶷撰十門辯惑論三卷隋大興善寺釋復禮撰弘明集十四卷梁三藏僧祐撰廣弘明集三十卷唐西明寺三藏道宣撰南海寄歸內法傳四卷受用三水要行法一卷說罪要行法一卷護命放生軌儀法一卷右四種唐三藏義淨撰比丘尼傳四卷唐大莊嚴寺釋寶唱撰集諸經禮懺儀二卷唐西崇福寺三

鏤板考　卷第五　三十五

藏智昇撰大乘莊嚴寶王經四卷宋西天譯經三藏天息災譯大乘無量壽光明王如來陀羅尼一卷宋西天譯經三藏法天譯聖佛母小字般若波羅蜜多經一卷宋西天譯經三藏天息災譯最勝佛頂陀羅尼經一卷七佛讚唄伽陀一卷右二種宋西天譯經三藏法天譯無能勝幡王如來莊嚴陀羅尼一卷宋帝釋寺三藏施護譯大乘吉祥持世陀羅尼經一卷大方廣總持寶光明經五卷右二種宋西天譯經三藏法天譯守護大千國土經三卷宋帝釋寺三藏施護奉詔譯出生一切如來法眼徧照大力明王經二卷宋那爛陀寺三藏天護譯分別善惡報應經二卷大乘善見變化文殊師利問經一

卷右二種宋西天譯經三藏天息災譯大乘日子王所問經一卷宋西天譯經三藏法天譯樓閣正法甘露鼓經一卷宋西天譯經三藏天息災譯大護明大陀羅尼經一卷宋西天譯經三藏法天譯金耀童子經一卷宋西天譯經三藏天息災譯大寒林聖難拏陀羅尼經一卷宋西天譯經三藏法天譯較量壽命經一卷宋西天譯經三藏天息災譯聖虛空藏菩薩陀羅尼經一卷宋西天譯經三藏法天譯佛頂放無垢光明入普門觀察一切如來心陀羅尼經二卷聖最上燈明如來陀羅尼經一卷消除一切閃電障難隨求如意陀羅尼經一卷右三種宋帝釋寺三藏施護譯無能勝大明王陀羅尼經一卷嗟韈曩法天

鏤板考　卷第五　三十六

子受歸依獲免惡道經一卷諸行有爲經一卷右三種宋西天譯經三藏法天譯一切如來正法秘密篋印心陀羅尼經一卷息除中大陀羅尼經一卷讚法界頌一卷右三種宋帝釋寺三藏施護譯妙法聖念處經八卷六道伽陀經一卷右二種宋西天譯經三藏法天譯勝軍化世百喻伽陀經一卷法集要頌經四卷讚揚聖德多羅菩薩一百八名經一卷菩提行經四卷聖觀自在菩薩一百八名經一卷右五種宋西天譯經三藏天息災譯大迦葉問大寶積正法經五卷法集名數經一卷聖持世陀羅尼經一卷沙彌十戒儀則經一卷十二緣生祥瑞經二

卷右五種宋帝釋寺三藏施護譯外道問聖大乘法無我義經一
卷苾蒭迦尸迦十法經一卷無能勝大明心陀羅
尼經一卷聖多羅菩薩一百八名陀羅尼經一卷
金剛針論一卷目連所問經一卷諸佛心印陀羅
尼經一卷苾蒭五法經一卷無能勝大明陀羅尼
經一卷比丘胝菩薩一百八名經一卷右十種宋西天譯經
三藏法天譯大方廣菩薩藏文殊師利根本儀軌經二
十卷觀想佛母般若波羅蜜多菩薩經一卷佛爲
娑伽羅龍王所說大乘經一卷十號經一卷右四種宋
西天譯經三藏天息災譯寶生陀羅尼蓮花眼陀羅尼經合一

卷大金剛香陀羅尼經一卷月童子問法經一卷
一切如來安像三昧儀軌經一卷大自在天子因
地經一卷廣大蓮花莊嚴曼拏羅滅一切罪陀羅
尼經一卷如意摩尼陀羅尼經一卷大金剛妙高
山樓閣陀羅尼經一卷普賢菩薩陀羅尼經一卷
右十種宋帝釋寺三藏施護譯妙臂菩薩所問經四卷寶藏神大
明曼拏羅儀軌經二卷聖寶藏神儀軌經二卷右三
種宋西天譯經三藏法天譯大摩里支菩薩經七卷一切如來
秘密王未曾有大曼拏羅經五卷右二種宋西天譯經三藏天息
災譯聖無能勝金剛火陀羅尼經一卷宋西天譯經三藏法天譯

聖莊嚴陀羅尼經二卷花積陀羅尼經一卷千轉
大明陀羅尼經一卷智光滅一切業障陀羅尼經
一卷勝幡瓔珞陀羅尼經一卷右五種宋帝釋寺三藏施護譯賢
聖集伽陀一百頌一卷宋西天譯經三藏天息災譯聖大總持
王經一卷尊聖大明王經一卷如意寶總持王經
一卷持明藏八大總持經一卷普賢曼拏羅經一
卷最上意陀羅尼經一卷聖六字大明王陀羅尼
經一卷大威德金輪佛頂熾盛光如來消除一切
災難陀羅尼經一卷右八種宋帝釋寺三藏施護譯佛說衆許摩
訶帝經十卷衆許摩訶帝經三卷月光菩薩經一

卷金光王童子經一卷揵稚梵讚一卷佛說布施
經一卷右六種宋西天譯經三藏法賢譯毗婆尸佛經二卷文殊
師利一百八名梵讚一卷大三摩惹經一卷聖曜
母陀羅尼經一卷長者施報經一卷七佛經一卷
佛一百八名讚一卷解憂經一卷毗沙門天王經
一卷聖觀自在菩薩梵讚一卷右十種宋西天譯經三藏法天譯
聖多羅菩薩梵讚一卷聖最勝陀羅尼經一卷遍
照般若波羅蜜經一卷帝釋般若波羅蜜多心經
一卷大乘舍黎娑摩經一卷五十頌聖般若波羅
蜜經一卷四無所畏經一卷諸佛經一卷大乘戒

經一卷聖六字增壽大明陀羅尼經一卷佛頂輪
王一百八名讚一卷增慧陀羅尼經一卷右十二種宋帝
釋寺三藏施護譯大乘無量壽莊嚴經三卷佛母寶德藏
般若婆羅蜜經三卷薩鉢多酥哩喻捺野經一卷
右三種宋西天譯經三藏法賢譯金剛手菩薩降伏一切部多大
教王經三卷最上大乘金剛大教寶王經二卷一
切如來烏瑟膩沙最勝總持經一卷菩提心觀釋
一卷右四種宋西天譯經三藏法天譯護國尊者所問大乘經四
卷金剛香菩薩成就儀軌三卷右二種宋帝釋寺三藏施護譯佛
說妙吉祥最勝根本大教經三卷金剛菩薩墙說

鐫板考　卷第五　廿九

頻那夜迦天成就儀軌經四卷佛說幻化網天大
瑜伽教十忿怒明王大明觀想儀軌經一卷妙吉
祥菩薩所問大乘法螺經一卷八大菩薩經一卷
持明藏瑜伽大教尊那菩薩大明成就儀軌四卷
佛說妙吉祥瑜伽大教金剛陪囉嚩輪觀想成就
儀軌經一卷八代摩拏羅經一卷救療小兒病經
一卷較量一切功德經一卷難儞計濕嚩囉天說
支輪經一卷迦葉仙人說醫女人經一卷瑜伽大
教王經五卷大乘觀想曼拏羅淨諸惡趣經二卷
一切佛攝相應大教王經觀自在菩薩念誦儀軌

一卷聖金剛手一百八名讚一卷俱枳羅陀羅尼
經消除一切災障寶髻陀羅尼經妙色陀羅尼經
栴檀香身陀羅尼經鉢蘭那賒嚩哩大陀羅尼經
宿命智陀羅尼經慈氏菩薩誓願陀羅尼經滅除
五逆罪大陀羅尼經無量功德陀羅尼經十八臂
陀羅尼經洛叉陀羅尼經辟除諸惡陀羅尼經合
一卷三身讚曼殊室利菩薩吉祥伽陀合一卷寶
授菩薩菩提行經一卷八大靈塔名號經八大靈
塔梵讚三身梵讚合一卷阿羅漢具德經一卷妙
吉祥菩薩陀羅尼無量壽大智陀羅尼宿命智陀

鐫板考　卷第五　卅

羅尼慈氏菩薩陀羅尼虛空菩薩陀羅尼合一卷
尊那經一卷無畏陀羅尼經一卷大愛陀羅尼經
一卷大正句王經二卷聖多羅菩薩經一卷延壽
妙門陀羅尼經一卷祕密八名陀羅尼經一卷佛
說大吉祥陀羅尼經寶賢陀羅尼大吉祥經合一
卷觀自在菩薩母陀羅尼經一卷戒香經一卷息
除賊難陀羅尼經一卷一切如來名號陀羅尼經
一卷頻婆娑羅王經一卷信解智力經一卷舊城
喻經一卷善樂長者經一卷佛說入仙經一卷信
佛功德經一卷法身經一卷決定義經一卷最上

秘密那拏天經三卷帝釋所問經一卷解夏經一
卷四品法門經一卷護國經一卷寂上根本大樂
金剛不空三昧大教王經七卷右六十七種宋西天譯經三藏法賢
譯新集藏音義隨函錄三十卷宋漢中三藏可洪撰御製蓮
華心論迴文偈頌十一卷御製秘藏詮三十卷御
製消遙詠十一卷御製緣識五卷右四種未詳何代御製大
方廣佛華嚴經四十卷唐罽賓三藏般若金剛譯新華嚴經論
四十卷宋長者李通玄撰穢跡金剛法禁百變法一卷穢
跡金剛說神通大滿陀羅尼法述靈要門一卷大
威力烏芻澀摩明王經三卷右三種唐天竺三藏阿質達霰譯普

遍智藏般若波羅蜜多心經一卷唐摩竭提三藏法月譯金
剛頂瑜伽修習毗盧遮那三摩地法一卷千手千
眼觀世音菩薩大身呪本一卷千手千眼觀自在
菩薩廣大圓滿無碍大悲心陁羅尼本一卷不動
使者陁羅尼秘密法一卷千臂千鉢曼殊室利經
十卷右五種唐天竺三藏金剛智譯瑜伽念珠經一卷金剛頂一
切如來真實攝大乘現證大教王經三卷大樂金
剛不空真實三摩耶經一卷大方廣曼殊室利經
一卷一字奇特佛頂經三卷金剛恐怖集會方廣
儀軌觀自在菩薩三卷世最勝心明王經一卷出

生無邊門陁羅尼一卷金剛頂瑜伽文殊師利經
一卷阿唎多羅阿嚕力經一卷普賢行願讚一卷
地藏菩薩問法身讚一卷大吉祥天女經一卷底
哩三昧耶經一卷十一面觀自在菩薩經三卷一
切如來秘密全身舍利寶篋印陁羅尼經一卷吉
祥天女十二名號經一卷金剛頂瑜伽十八會指
歸一卷菩提場所說一字頂輪王經五卷略述金
剛頂瑜伽分別聖位修證法門一卷佛說一切如
來金剛壽命陁羅尼經一卷佛母大孔雀明王經
三卷大雲輪請雨經二卷雨寶陁羅尼經一卷囊

麌哩童女經一卷慈氏菩薩所說大乘緣生稻幹
喻經一卷大寶廣博樓閣善住秘密陁羅尼經三
卷菩提場陁羅尼經一卷除一切疾病陁羅尼經
一卷能定一切眼陁羅尼經一卷救拔餓口餓鬼
陁羅尼經一卷三十五佛名禮懺一卷八大菩薩
曼荼羅經一卷葉衣觀自在菩薩經一卷訶利帝
母真言一卷毗沙門天王經一卷觀自在菩薩說
普賢陁羅尼經一卷文殊問經字母品一卷金剛
頂蓮華部心念誦儀軌一卷金剛頂瑜伽千手千
眼觀自在菩薩念誦法二卷無量壽如來念誦儀

軌一卷阿閦如來念誦供養法一卷佛頂尊勝陀羅尼念誦儀軌一卷金剛頂勝初瑜伽普賢菩薩念誦法一卷金剛王菩薩祕密念誦法一卷普賢金剛薩埵略瑜伽念誦儀軌一卷金剛頂瑜伽金剛薩埵五祕密修行念誦儀軌一卷金剛壽命陀羅尼念誦法一卷一字頂輪王瑜伽觀行儀軌一卷一字頂輪王念誦儀軌一卷仁王般若念誦法一卷觀自在王菩薩加意輪念誦儀一卷大虛空藏菩薩念誦法一卷瑜伽蓮華部念誦法一卷甘露軍吒唎菩薩供養念誦成就儀軌一卷聖觀自

在菩薩真言觀行儀軌一卷金剛頂經多羅菩薩念誦法一卷大方廣佛華嚴經入法界四十二字觀門一卷大聖文殊師利菩薩讚佛法身禮一卷授菩提心戒儀一卷金剛頂經金剛界大道場毗盧遮那如來自受用身內證智眷屬法身異名佛最上乘秘密三摩地禮懺文一卷大樂金剛不空真實三昧耶經般若波羅蜜多理趣釋二卷般若波羅蜜多理趣經大安樂不空三昧真實金剛菩薩等一十七聖大曼荼羅義述一卷金剛頂瑜伽護摩儀一卷都部陀羅尼目一卷大乘緣生論一

卷聖者鬱楞伽撰七俱胝佛母所說准提陀羅尼經一卷大虛空藏菩薩所問經八卷仁王護國般若波羅蜜多經二卷大聖文殊師利菩薩佛刹功德莊嚴經三卷仁王護國般若波羅蜜多經陀羅尼念誦儀軌一卷成就妙法蓮華經王瑜伽觀智儀軌一卷密嚴經三卷五字陀羅尼頌一卷金剛頂勝初瑜伽經中略出大樂金剛薩埵念誦儀一卷大樂金剛薩埵修行成就儀軌一卷大樂又女歡喜母并愛子成就法一卷普遍光明清淨熾盛如意寶印心無能勝大明王大隨求陀羅尼經二卷金剛

頂超勝三界經說文殊五字真言勝相一卷聖閻曼德迦威怒王立成大神驗念誦法一卷文殊師利菩薩根本大教王經金翅鳥王品一卷不空羂索毗盧遮那佛大灌頂光真言一卷佛說摩利支天經一卷聖迦尼忿怒金剛童子菩薩成就儀軌經三卷大威怒烏芻澀摩儀軌一卷佛爲優塡王說王法正論經一卷金剛頂經一字輪王瑜伽一切處念誦成佛儀軌一卷大方廣如來藏經一卷佛說一髻尊陀羅尼經一卷速疾立驗摩醯首羅天說迦婁羅阿尾奢法一卷大日經略攝念誦隨

行法一卷金剛頂瑜伽文殊師利菩薩儀軌供養
法一卷大毗盧遮那成佛神變加持經略示七支
念誦隨行法一卷曼殊室利童子菩薩五字瑜伽
法一卷金剛頂降三世大儀軌一卷文殊師利菩
薩及諸仙所說吉凶時日善惡宿曜經二卷金剛
頂經觀自在如來修行法一卷金剛頂瑜伽中發
阿耨多羅三藐三菩提心論一卷金剛頂經釋字
母品一卷修習般若波羅蜜菩薩觀行念誦儀軌
一卷金輪王佛頂要略念誦法一卷仁王般若陀
羅尼釋一卷觀自在大悲成就瑜伽蓮華部念誦

鏤板考 卷第五 四十五

法一卷佛說大孔雀明王畫像壇場儀軌一卷金
剛手光明灌頂經一卷末利支提婆華鬘經一卷
大聖天歡喜雙身毗那夜迦法一卷觀自在菩薩
如意輪瑜伽一卷金剛頂瑜伽降三世成就極深
密門一卷右一百九種唐並三藏不空譯天大乘理趣六波羅蜜
經十卷大華嚴長者問佛那羅延力經一卷般若
波羅蜜多心經一卷右三種唐罽賓三藏般若金剛譯守護國界
主陀羅尼經十卷唐罽賓三藏般若共牟尼室利譯大乘本生心
地觀經八卷唐罽賓三藏般若譯十力經一卷唐龜茲三藏勿提提犀魚
譯迴向輪經一卷十地經九卷右二種唐于闐三藏尸羅達摩譯

根本說一切有部毗奈耶藥事二十卷欠二卷根本
說一切有部毗奈耶破僧事二十卷根本說一切
有部毗那耶出家事四卷根本說一切有部毗奈
耶安居事一卷根本說一切有部毗奈耶隨意事
一卷根本說一切有部毗奈耶皮革事二卷根本
說一切有部毗奈耶羯恥那衣事一卷右七種唐三藏義淨
譯大宗地玄文論二十卷馬鳴菩薩撰陳天竺三藏真諦譯釋摩
訶衍論十卷龍樹菩薩撰姚秦三藏伐提摩多譯續開元釋教目錄
三卷唐西明寺三藏圓照撰續貞元釋教目錄一卷唐西都報恩院
三藏恒安撰釋法琳別傳三卷唐弘福寺三藏彥悰撰貞元新定

鏤板考 卷第五 四十六

釋教目錄三十卷唐西明寺三藏圓照撰高麗國新雕大藏
挍正別錄三十卷宋海東三藏守其編大般涅槃經三十六
卷宋三藏惠嚴撰佛名經三十卷失譯人名大藏目錄三卷宋高
麗大藏都監撰法苑珠林傳一百卷唐西明寺三藏道世撰清印經
一卷宋帝釋寺三藏施護譯未曾有正法經六卷分別緣生
經一卷右二種宋西天譯經三藏法天譯大生義經一卷分別布
施經一卷大集會正法經五卷圓生樹經一卷聖
觀自在功德讚一卷了義般若波羅蜜經一卷帝
釋巖秘密成就儀軌一卷勝軍王所問經一卷一
切如來金剛三業最上秘密大教王經七卷最勝

妙吉祥根本智最上秘密一切名義三摩地分經二卷諸教決定名義論一卷大方廣未曾有經善巧方便品一卷佛說輪王七寶經一卷佛母出生三法藏般若經二十五卷大方廣善巧方便經四卷大乘不思議神通境界經三卷發菩提心破諸魔經二卷佛母般若波羅蜜經一卷給孤獨長者女得度因緣經三卷大集法門經二卷集諸寶最上義論二卷淨意優婆塞所問經一卷菩提心離相論一卷大乘破有論一卷無二平等最上瑜伽大教王經六卷集大乘相論二卷佛母般若波羅

蜜多大明觀相儀軌一卷光明童子因緣經四卷入無分別法門經一卷寶帶陀羅尼經一卷金身陀羅尼經一卷六十頌如理論一卷金剛場莊嚴般若波羅蜜多教中分一卷佛吉祥德讚三卷息諍因緣經一卷大乘二十頌論一卷醫喻經一卷月喻經一卷初分說經二卷廣釋菩提心論四卷如幻三摩地無量印法門經三卷蟻喻經一卷一切秘密最上名義大教王儀軌二卷大堅固婆羅門緣起經二卷秘密三昧大教王經四卷聖八千頌般若波羅蜜經一卷聖觀自在菩薩不空王心

陀羅尼經一卷旋一切無畏陀羅尼經一卷佛母般若波羅蜜多圓集要義論一卷同論釋論四卷灌頂王瑜經一卷廣大發願頌一卷秘密相經三卷尼句陀梵志經二卷白衣金幢二婆羅門緣起經三卷右五十五種宋帝釋寺三藏施護譯金光明經四卷北涼三藏曇無讖譯一切如來真實攝大乘現證三昧大教王經三十卷福力太子因緣經四卷無畏授所問大乘經三卷頂生王因緣經六卷勝義空經一卷五大施經一卷隨勇尊者經一卷佛十力經一卷清淨心經一卷右九種宋帝釋寺三藏施護譯大乘寶要論十卷除蓋障

菩薩所問經二十卷右二種西晉月氏三藏竺法護譯身毛喜竪經三卷宋西天譯經三藏惟淨譯聖佛母般若波羅蜜多九頌精義論二卷大乘大方廣佛冠經二卷八種長養功德經一卷右三種西晉月氏三藏竺法護譯海意菩薩所問淨印法門經十八卷宋帝釋寺三藏施護共惟淨譯大乘中觀釋論十八卷宋西天譯經三藏惟淨譯金色童子因緣經十二卷施設論七卷佛說開覺自性般若波羅蜜多經四卷如來不思議秘密大乘經二十卷大乘菩薩藏正法經四十卷右五種西晉月氏三藏竺法護譯大乘集菩薩學論二十五卷宋西天譯經三藏日稱譯大乘入諸佛境界智光明

嚴經五卷宋帝釋寺三藏施護譯大趣輪廻經一卷十不善業道經一卷尼乾子問無我義經一卷事師法頌一卷諸法集要經十卷福蓋正行所集經十二卷父子合集經二十卷右七種宋西天譯經三藏日稱譯續一切經音義十卷唐三藏希麟撰一切經音義一百卷唐翻經三藏慧琳撰

陜川海印寺藏印紙七千七百二十牒三張

謹按海印寺有大藏經目錄三卷卷端題戊申高麗大藏都監奉勅雕造卽高宗三十五年所刻也義例頗又耗雜今略加釐

櫛至於種目序次姑仍原本以存舊觀

金剛般若波羅蜜經二卷

姚秦三藏鳩摩羅什譯唐釋惠能口訣宋密纂要又有傅大士贊冶父川禪師頌蓋大藏教般若經合六百卷四處共十六會是經卽其十六會中第九會六百卷中第五百七十七卷也前後凡六譯其文而世多行鳩摩羅什本

寧邊普賢寺藏印紙六牒

妙法蓮華經七卷

姚秦鳩摩羅什譯宋釋戒環解眞德秀跋云此皆佛氏之寓言也昔唐李翶問藥山禪師曰如何是惡風吹船飄落鬼國師曰李翶小子問此何爲翶佛然師笑曰發此瞋恚心便是黑風吹船飄入鬼國也藥師可謂善啓人矣利欲熾然卽是火坑貪愛沈溺便是苦海一念淸淨烈焰成池一念警覺船到彼岸讀是經者作如是觀則知補陀大士眞實爲人非浪語者

寧邊普賢寺藏印紙十二牒八張

圓覺了義經六卷

唐罽賓佛陀多羅譯宋密跡解晁公武讀書志云

圓覺之旨佛爲十二大士說如來本起因地修之以三觀楞嚴之旨阿難因遇魔障啟問學菩提最初方便終之以二義圓覺自誠而明楞嚴自明而誠

寧邊普賢寺藏印紙十六牒十二張

萬行首楞嚴經十卷

唐天竺般剌密諦譯宰相房融筆授宋釋戒環要解楞嚴之始入中國在唐神龍初其註疏惟子璿師元納師二家盛行戒環註視二家頗主簡約

昌平縣藏印紙十二牒二張

泰仁雲住寺藏

印紙十七牒 陜川海印寺藏印紙八牒 寧
邊普賢寺藏印紙十二牒

華嚴經六十卷

唐于闐實叉難陀譯釋澄觀疏華嚴經佛成道後最初說大乘正法者明法身之體者莫辯於楞嚴明法身之用者莫辯於華嚴云澄觀號清涼國師卽韓愈贈詩者

寧邊普賢寺藏印紙一百二十六牒十張

起信論二卷

天竺馬鳴菩薩造梁三藏眞諦譯唐釋宗密疏晁公武讀書志稱雖云名相益明心宗指義玄微文辭明織故盛行于世

寧邊普賢寺藏印紙三牒十九張

禪源諸詮集都序一卷

唐宗密述先錄達摩一宗會通頓漸二門參以諸家同歸正覺列之爲圖圖分兩畔朱表淨妙之緣墨表垢染之果裴休所謂融瓶盤釵釧爲一金攪酥酪醍醐爲一味者殆禪家之五炭績也

寧邊普賢寺藏印紙一牒十六張一片

景德傳燈錄三十卷

宋釋道原編其書披奕世祖圖采諸方語錄由七佛以至法眼之嗣凡五十一世一千七百一人景德中獻于朝詔楊億李維王曙潤色其文考正差謬遂盛行于世爲禪學之源

寧邊普賢寺藏印紙二十牒十二張一片

大慧普覺禪師書一卷

宋釋慧然錄其師宗杲書者叢林謂之書狀其筆端機鋒亦自爽利往往墮落彼猶術中其謂以仁義禮智信爲學格物忠恕一以貫之之類爲道只管如博謎子相似云云正是識切朱子門路異趣之論雖不足深而其所周旋往復無非一時名公則南渡一種士大夫淪於禪學槩可見矣

寧邊普賢寺藏印紙二牒十六張

高峯禪要一卷

宋釋持正錄其師高峯和尚之語者不特話頭直截指示心原大凡禪門關講示衆豎拂拄杖之容亦略可見矣

寧邊普賢寺藏印紙一牒七張

禪門拈頌說話三十卷

高麗釋慧諶撰本朝釋天隱子說話其書標擧禪

經字句而廣引諸家疏釋音義東國佛典中最爲富博

寧邊普賢寺藏印紙十三牒

右釋家類十二部

謹按宋胡寅永寧院輪藏記稱海內釋氏之書凡五千四十八卷而高麗高宗時所刻大藏經已六千五百八十八卷則當時釋典之東來蓋括天下之藏而無遺矣是外轉輪之秘藏禪門之私刻雖不啻浩如烟海而其範圍規模要不出乎藏經之外今先刻藏經目錄次錄經疏論記之最著十餘種以見其梗槩餘自有彼之佛藏在毋庸代爲篇錄也

鏤板考卷第五

鏤板考卷第六

集部上

楚辭類

楚辭八卷辨証二卷後語六卷

宋朱子集註以屈原所作二十五篇爲離騷宋玉以下十六篇爲續離騷隨文詮釋各註以比興賦字如毛亨詩傳例其糾駮舊註者別爲辨證又刊定晁補之續楚詞變離騷二書錄荀卿至呂大臨所作五十二篇爲後語

關北觀察營藏刻印紙七牒五張

選賦八卷

不著編人名氏上起屈原離騷下訖國朝名家古今世次往往錯亂失序

安東府藏刻印紙八牒十五張

右楚辭類二部

總集類

古文真寶大全前集十二卷後集十卷

元陳櫟編進士宋伯貞音釋其書選古今騷賦詩文凡七十六家末附宋謝枋得文章軌範一卷

玉果縣藏 刊印紙八牒五張

唐詩品彙九十卷

明高棅編因楊士宏唐音而廣之分正始大宗大家名家羽翼接武正變餘響旁流九格元末詩格纖仄多頽小詞棅始標舉唐音以救其弊云

北漢太古寺藏印紙四十牒

唐宋八大家文鈔一百四十四卷

明大名兵備副使茅坤選韓愈柳宗元歐陽脩蘇洵蘇軾蘇轍曾鞏王安石之文而批評之益八家之目朱右而右書不傳坤之此編實沿唐順之文編但文編以文彙類此編人各為集

嶺南觀察營藏印紙八十六牒

古文百選三卷

本朝議政府右議政兩館大提學清城府院君文忠公金錫胄編選秦漢以下至南宋諸家文滿百而止

北漢太古寺藏 刊印紙六牒七張

皇華集五十卷

國朝故事每華使東來必選一代詞藻之士以伴接之刻其唱酬諸作名曰皇華集自景泰元年至崇禎六年為集者凡二十五 英宗癸未合刻之有
御製小序

湖南觀察營藏 刊印紙四十一牒一張一七

西原世稿七卷

高麗藝文館直提學鄭誧雪谷集二卷子進賢館大提學文簡公樞所編後又以樞之圓齋集樞之子藝文館大提學文愍公摠之復齋集合編之

星州茂屹寺藏 刊印紙五牒

晉山世稿四卷續集四卷

本朝議政府贊成文良公姜希孟編其祖東北面都巡問使淮伯通亭稿一卷父知敦寧府事戴敏公碩德玩易齋稿一卷兄仁壽府尹希顔仁齋稿一卷養花錄一卷是為原集其後貢海道觀察使姜裕後又編其曾祖弘文館應教克誠醉竹稿二卷祖學諭宗慶梅墅稿一卷伯父 昌陵參奉晋暉壹漢稿一卷是為續集

清州菩薩寺藏缺印紙四牒十二張

六先生遺稿三卷附錄一卷

本朝永春縣監朴崇古編六先生者朴彭年成三問李塏河緯地柳誠源俞應孚世所稱　魯陵六臣是也彭年舊有遺稿一卷藏於家係鄭崑壽編三問遺稿一卷萬曆中尹裕後刻之唯李河柳俞四家無遺集特行崇古從趙渝考古錄錄出又采六臣言行事蹟之雜出諸賢記述者爲附錄崇古彭年七世孫也

寧越府藏印紙四牒十四張

兩賢淵源錄二卷

本朝議政府舍人鄭鵬兵曹參判文穆公朴英撰英從鵬問學有松堂集行于世　顯宗庚子朴晃金濡等以鵬新堂詩若干首及後人讚述之語合編之以著英學之有淵源

善山金烏書院藏印紙二牒九張

北窓詩集一卷古玉詩集一卷附錄一卷

北窓集本朝抱川縣監鄭𥖝撰古玉集𥖝弟掌隸院司評碏撰𥖝舊有遺稿編在三賢珠玉碏詩經亂放失存者僅數百篇崇禎庚午蔡亨後合刻之張維論𥖝詩多信筆直寫暢意而止碏詩聲調清遠時有唐人風味附行蹟遺事之類及其弟侍直磧琴松堂遺稿京畿都事磚十竹軒遺稿成川府使磧萬竹軒遺稿從父子之作叢桂堂遺稿從祖孫戶曹佐郎晦撫松堂遺稿

大丘湧泉寺藏印紙四牒十四張

家山世稿

本朝議政府右贊成西館大提學文景公朴忠元及其子兵曹判書文莊公啓賢撰忠元父子當明　宣兩朝之際接武藝苑論者謂忠元文典實啓賢詩贍敏然兵燹之餘存者寥寥矣

濟州牧藏印紙一牒十二張

嶺海唱酬錄

本朝朴忠元及吏曹判書文貞公趙士秀酬和之詩末附朴啓賢與禮曹正郎林悌酬和詩若干

濟州牧藏印紙一牒十六張

兩先生徃復書三卷

本朝軍器寺僉正奇孝曾編其父弘文館副提學文憲公大升與李滉徃復書牘以答問先後爲序所論多心性理氣之說

光州證心寺藏缺印紙五牒十張

三節遺稿十卷

本朝司僕寺正文烈公尹暹果齋稿一卷弘文館應教忠簡公尹棨薪谷稿一卷弘文館校理忠貞公尹集林溪稿一卷棨集皆暹之孫其稱三節者萬曆壬辰之亂暹從巡邊使李鎰于尚州陣潰死之崇禎丙子清人圍南漢棨以南陽守死之集亦以斥和議執詣瀋陽不屈死之　孝廟嘗稱其兩世三節故稿名三節所以述　聖訓也

金山直指寺藏印紙四牒十三張

河陰遺稿一卷一竹遺稿一卷

河陰集本朝掌隷院判決事姜大虎撰一竹集大虎子濟用監奉事樹撰大虎以孝行聞而所著無幾樹亦短於年外裔孫趙瑆以大虎詩五篇樹詩十二篇合刻之係以諸賢輓誄之作卷頁仍不盈一寸矣

星州茂屹寺藏印紙十二張一兒

素隱湖山合集二卷

本朝弘文館副提學愼天翊弟禮曹佐郎海翊撰學生也俱有能文名海翊早死所著僅數篇而止天翊嘗　仁祖初由玉堂棄歸以高標自喜晚放於酒著亦不克富

靈巖愼氏家藏缺印紙三牒

李氏聯珠集九卷

本朝吏曹判書兩館大提學文憲公南龍翼選李一相青湖詩嘉相氷軒詩殷相東里詩弘相東郭詩萬相琴谷詩有相東苑詩端相靜觀齋詩各一卷七人者皆從父兄弟也宋時烈節略七人行狀爲附錄一卷有相弟翊相及見龍翼選詩故譏不與焉翊相沒後申懷遴梅淵詩一卷繼刻之

全州威鳳寺藏缺印紙四牒十張

右總集類十七部

別集類上

陶靖節集二卷

晉彭澤令陶潛撰今所傳六朝別集唯此與謝朓集爲原本然北齊陽休之增入聖賢羣輔錄孝行傳二書非梁昭明八卷之舊矣是本係明浙江參議何湛之編舊有註頗詳今皆刊略註解獨載跋語附傳誄之類及後人評語

靈光郡藏印紙三牒十張

虞註杜律二卷

唐檢校工部員外杜甫撰元侍講學士文靖公虞集註專錄七言近體揭傒序稱其註倣朱子楚辭註例多求之用事造語之外諸家中較爲活潑然考歐陽原功所撰虞碑不擧是書名疑非出於虞手

和順縣藏刊印紙三牒二張　　義城縣藏印紙三牒二張

杜詩批解二十八卷

本朝李植撰始植解有初晚兩本植沒後曾孫箕鎭參証而節刪之用黃伯思之例編年爲次而不分古今體且以方音譯其句讀

嶺南觀察營藏印紙二十四牒十二張

白氏文集七十卷

唐刑部尚書文公白居易撰居易集自宋迄今唯有一本或題長慶集或題白氏文集標目行款有所改削而實則一也

安東府藏刊印紙三十五牒

擊壤集二十卷

宋康節先生邵雍撰其詩源出寒山拾得然寒山拾得之派不行於唐而此集之派蔓延於南宋至明陳獻章莊昶等以講學名者大抵宗之

義城縣藏缺印紙十牒五張

山谷內集二十卷外集十七卷

宋知太平州黃庭堅撰其內集任淵註外集史容註庭堅詩工於用事鎔裁鑪鞴點化無痕註未必盡得所出至於考訂行歲證明時事則所得者較多

綾州牧藏缺刊印紙二十四牒十張

南軒集四十四卷

宋侍講宣公張栻撰朱子編於栻早年之作多所刪削卽張浚行狀朱子所據以作墓誌者亦刊除

不載去取極其精審凡箴規朱子之語一一具錄不以爲忤駁詰胡安國胡寅之語亦一一具錄不以爲嫌尤見至公云

嶺南觀察營藏缺刓印紙十七牒一張

朱子文集一百卷續集十一卷別集十卷遺集二卷附錄十二卷

宋朱子撰原集相傳子在編別集余師魯編惟續集不知出誰手黃鏞序作於咸淳元年則理宗時所編也裔孫朱玉重加詮次名爲大全集我東刻板大抵皆此本 英宗辛卯重刻得詩文逸篇若

干爲遺集二卷然原集中三先生論事錄序遺集中性理吟陰符經序皆非朱子之文編錄者誤也別有附錄十二卷歷叙道統源流傳狀叙述書院題記撰著書目門人題名以至黨禁錄三姦誣語凡十八目其年譜則並載李方子朱玉兩本

湖南觀察營藏印紙一百三十一牒三張

朱子書節要二十卷

本朝李滉編國初得見朱子文集者鮮罕嘉靖癸卯 中宗命芸館刊頒滉始見而篤信之遂其書讀中最切於日用學問者遇文理難解略綴註釋

東人之尊崇朱書實權輿於是書

禮安陶山書院藏印紙二十二牒十張

朱書要類十二卷

本朝議政府右議政文李公趙翼編翼以李滉所編朱書節要猶欠反約更選其尤切要者分門彙類之

嶺南觀察營藏印紙十五牒

節酌通編三十六卷補遺七卷

本朝宋時烈編取李滉朱書節要鄭經世朱文酌海而合編之其補遺七卷則二書之所未收者

嶺南觀察營藏刓印紙五十五牒

勉齋集八卷

宋知安慶府文肅公黃榦撰原集爲四十卷是本係清張伯行選訂

關西觀察營藏印紙六牒六張

西涯擬古樂府三卷

明華蓋殿太學士文正公李東陽撰自序云取史冊所載忠臣義士幽人貞婦奇蹤異事或因人命題或緣事立義托諸韻語各爲篇什

長興府藏缺刓印紙四牒十八張一片

益齋亂稿十卷

高麗李齊賢撰齊賢嘗從忠宣王在元與姚趙諸子遊既又奉使川蜀從王吳會遊覽之偉壯有非東人所及故其詩華豔昭雅決脫三韓僻滯之陋當爲東方二千年來第一名家是集子彰路孫寶林編萬曆庚子十一世孫時發重訂得詩文逸篇若干爲拾遺附以誌銘　肅宗癸酉裔孫世碩又修年譜附之

慶州龜岡書院藏刓印紙五牒十九張一片

稼亭集二十卷雜錄一卷

高麗政堂文學文孝公李穀撰子穡編原集久佚裔孫基祚得斷爛本刻之達城尚多漏佚　顯宗壬寅裔孫泰淵復以穡所編原本刻于完山云得之逆旅有年譜并首雜錄附下雜錄者諸賢讚述之作也穀曾擢元朝制科故錄中多中州文士贈酬詩

韓山文獻書院藏印紙七牒六張一片

遁邨雜詠十一卷

高麗判典校寺事李集撰集以剛直忤辛旽負其父逃脫誅始還其詩雅麗典暢爲麗末名家集有

永樂刻本景泰重刻本十世孫厚遠等以李穡鄭夢周李崇仁金九容與集唱酬之詩彙附篇下

寶城開興寺藏印紙一牒

牧隱集五十八卷附錄一卷年譜一卷

高麗門下侍中韓山伯文靖公李穡撰詩文凡五十五卷久多散逸或以遺本鋟行天啓丙寅十世孫德洙得全集斷爛殘本參校合編附碑狀及後人讚述穡之文章經術在勝國爲後勁在本朝爲前唱後四百年之中殫力纂新者終莫能先或譏其好談釋典然未聞顏真卿以書多寶塔碑作姑壇記遂滅其文章聲價也

韓山文獻書院藏刓印紙四十牒十一張

圃隱集四卷續集三卷

高麗門下侍中益陽郡忠義伯文忠公鄭夢周撰正統中子宗誠進于朝寶文閣直提學權採奉敎序之萬曆甲申　宣祖又命弘文館提學柳成龍校讎得遺文十七篇益之附傳狀誄詩令藝閣鋟印　肅宗己亥十一代孫纘輝得詩文逸篇若干爲拾遺又倣朱子紀譜通編例編續集三卷分年譜遺事尚論祠廟褒典陳請讚述記題八目

開城府崧陽書院藏印紙六牒十四張　永川
臨皐書院藏閒續集刊印紙二牒十五張

閒隱集五卷

高麗知密直司事大提學李崇仁撰崇仁之詩名
闢中華而其爲鄭道傳所忌卒死析楊市由於嗚
呼島詩一篇李穡稱其詩灑落無一點塵如走盤
之珠財臺之冰集有明進士周倬文華殿太學士
張溥禮部侍郎高巽志序跋
星州安峯寺藏印紙三牒丁四張

麟齋集一卷

高麗進賢館提學李種學撰從孫耔編種學穡之
子本朝開國爲鄭與宗所殺今集古近體詩一百
二十餘首皆其季年遷謫時作也
韓山文獻書院藏印紙一牒四張

松堂集四卷

本朝議政府領議政平壤府院君文忠公趙浚撰
浚佐　太祖開國徐居正稱其詩若不經於意而
有橫放傑然之氣然久無集行世後孫硜得東文
選東人詩話諸書所見詩文編爲四卷
星州茂屹寺藏[illegible]印紙二牒十一張

三峯集十四卷

本朝判都評議使奉化伯鄭道傳撰道傳佐　太
祖開國立經創制皆出其手權近序稱其詩文典
雅質浚　當宁壬子奉教重刻
大丘龍淵寺藏印紙十三牒六張

梅軒集六卷

本朝藝文館提學權遇撰近之弟也其文不逮近
而亦自清麗縝密時以擬眉山欒城集附行狀
務安縣藏刊印紙六牒

亨齋集四卷

本朝議政府領議政星山府院君文景公李稷撰
稷佐　太祖開國歷相　四朝以文章鳴嘗使
皇朝與陸顒章謹輩遊多唱酬之作金宗直編其
詩三卷以雜著附下年譜弁首
星州安峯影堂藏印紙一牒十張

別洞集三卷

本朝成均館大司成尹祥撰祥當　世宗時以文
章經術典教胄二十餘年一時名士多出其門金
宗直序稱其文辭見雖近質俚細玩之醇有餘趣
是集祥子季殷所編　英宗乙丑李光庭重訂附

年譜墓碣之類
醴泉尹氏家藏印紙二牒四張
訥齋集六卷
本朝吏曹判書弘文館大提學南原君文襄公梁誠之撰誠之治經濟之學尤明習朝章典故歷事六朝多所建白金安國碑銘云有奏議十卷家集六卷金守溫序則作奏議八卷然久軼不傳 當宁辛亥內閣奉教博采載籍得奏議雜著古今詩若干篇附以遺事碑誌先以活板印行又命湖南伯鋟梓壽傳有 御製題
南原府藏印紙六牒五張

梅月堂四遊錄一卷
本朝清簡公金時習撰有全集二十三卷是錄獨載其紀行之作奇自敘所編也時習以絕世之才遊方之外隱淪放言故其詩汪洋博肆時見靈慧錢謙益列朝詩集謂菲淺無可觀猶未免史相也謙益又云梅月堂詩二卷不知誰作有遵金鰲閑東錄疑即見此篇也
慶州府藏刊印紙一牒九張
漁溪集二卷
本朝進士貞節公趙旅撰旅少遊太學聞 光廟受禪即日歸東洛江上除戶曹參議不就世所稱生六臣旅其一也舊有集行世為其後孫續所編今軼 英宗壬戌後孫鎣裕得諸數十首序一首附以傳誌為二卷
咸安西山書院藏印紙一牒九張
佔畢齋詩集二十三卷文集二卷
本朝金宗直撰宗直得家傳之學文章經術為時冠冕其以遺戲擬做之作卒賭泉壤之禍則亦文人好事之過也集為曹伸所編遭難焚煬隻字為

諱不敢十年仍復戶誦信乎名世之文磨滅他不得矣
密陽禮林書院藏刊印紙十三牒十三張一尺
虛白亭文集三卷
本朝吏曹判書兩館大提學文匡公洪貴達撰貴達受知 成宗主文柄十餘年所著詩文甚富既而死於燕山時稿多散佚存者僅十之一
安東鳳停寺藏 印紙六牒四張
懶齋集二卷
本朝司憲府大司憲仁山君襄靖公蔡壽撰壽號

敎　世祖朝刊書諸人又論任士洪姦以直截聞
集附誌文年譜
　務安縣藏刻印紙五牒一張
月軒集五卷附錄二卷
本朝司憲府大司憲丁壽崗撰壽崗少以文行名
燕山時杜門屏居　中宗反正復晉用尋謝事歸
詩酒自娛是集以其父子倡詩四首并首兄壽崑
孫應斗詩文若干附下　英宗癸丑徵覽其稿
御製五言二句以下命湖南伯重刊
　湖南觀察營藏印紙六牒十七張一片

濯纓文集五卷
本朝司諫院獻納金馹孫撰馹孫從金宗直學文
章汪洋自恣步驟高遠其早死史禍不克化而大
之則非才之罪也其文盛行于世而詩則罕傳權
應仁松溪漫錄錄其三嘉觀水樓詩一首和權睡
軒詩二首謂皆本集所未收今載拾遺中未詳誰
編也附世系及誄文
　清道紫溪書院藏缺印紙三牒四張
二樂亭集十五卷附錄一卷
本朝議政府左議政兩館大提學文景公申用漑
撰用漑以文忠公申叔舟之孫致術文學克紹祖
風金安國序稱其詩文醇嚴典則不事靡麗集附
誌狀之類
　全州威鳳寺藏缺印紙五牒十五張
鄭文翼公遺稿一卷
本朝議政府領議政鄭光弼撰光弼名德煜耀史
筞文章即其餘事也是集後孫載崙編附碑文行
錄及後孫議政府左議政昌衍跋鄭蘊跋一篇
　陜川海印寺藏印紙二牒五張
再思堂集

本朝禮曹正郎李黿撰齋賢之後也少從金宗直
學及戊午禍作以曾在太常議宗直美謚坐死金
尚憲稱其詩文峻潔如其人有述志賦最著
　海西觀察營藏刻印紙十張
寓菴文集四卷
本朝弘文館校理洪彥忠撰貴達子也早擢高第
捍鞅詞垣與朴誾李荇鄭希良號爲詩家四傑燕
山甲子貴達被禍彥忠坐謫絕島及　中宗反正
益養晦絶意進取集附其弟彥國詩文若干篇
　尙州近巖鄉賢祠藏印紙二牒十一張

容齋集十一卷外集一卷
本朝議政府左議政兩館大提學文獻公李荇撰荇少與朴誾為詩社友名亦相埒金昌協評其詩云格力雖不及誾而圓渾和雅意致老成反為一時對手集附行狀
沔川火峯寺藏印紙十四牒十四張

挹翠軒遺稿四卷
本朝弘文館修撰朴誾撰誾詩世推為東方詩聖是集李荇所編趙錫徹重刻于完山俞得一又以詩文各體分編之刻于統制營然僅一卷而止

令上在春邸得天磨鼇頭錄中原集所漏者若干篇增為四卷附以墓表誌銘題曰新增挹翠軒集乙卯命嶺南伯刊行 御製序弁首
順川府藏印紙二牒十七張 統制營忠烈祠藏印紙二牒九張

松齋集二卷
本朝戶曹參判李堣撰堣當 中廟靖難時以承旨聞變而逃大議既定始從大臣稟命 東朝策功封勳言官劾削之其出處不足觀而其集為從子滉所編遂傳至今所謂因人而貴者也附年譜誌銘
禮安陶山書院藏印紙二牒一張

聾巖文集五卷
本朝知中樞府事孝節公李賢輔撰賢輔當 仁明兩朝之際以儒行聞與金安國朴祥李荇等善集中多唱酬之作趙絅謂其文如大樸未散古樹新斷
禮安陶山書院藏印紙二牒十五張

訥齋集八卷續集五卷
本朝羅州牧使文簡公朴祥撰弟祐所編為原集

金壽恒所編為續集祐詩及兄楨子敏中祐子溉詩文若干附之 當宁丙辰命湖南伯印進全集特除其裔孫官蓋祥詩曠契淵鑑亟稱其渾涵雄崛可作回瀾反醇之模楷故有是命以勸當時操觚者
光州校宮藏印紙七牒十八張

慕齋集十五卷
本朝議政府左贊成兩館大提學文敬公金安國撰金宏弼門人也以己卯黨籍屏居授徒一縷正學賴而維持推為當時儒宗洵非過語柳希春稱

其所著根於仁義禮法之醇不可與詞人墨客伍
然其詩曲備體裁亦非有韻語錄也今集門人許
忠吉編　肅宗丁卯朴世采重訂附行狀誄文
龍岡鰲山書院藏印紙十四牒

思齋集四卷
本朝金正國撰安國弟也其師事寒暄遯跡己卯
旹與安國同時謂二難然正國長於政事詩文則
當遜其兄一步集有擬言一卷雜記聞見正國墓
誌附下
龍岡鰲山書院藏印紙四牒八張一先

陰崖集四卷年譜一卷
本朝議政府右參贊文懿公李耔撰耔五世孫如
以己卯黨籍隱約以卒所著多散佚不得盡守慎
撰行狀云只得詩三千六百五十六篇文七十四
篇今亦不復睹是集係耔後孫道興所輯詩賦一
卷文一卷日錄雜著一卷附錄一卷
大丘龍淵寺藏印紙四牒四張

冲庵集五卷
本朝刑曹判書文簡公金淨撰從父姪大守所編
始分原外二集崇禎丙子曾孫聲發以年月先後
合編之金堉稱其文近西京詩學盛唐未免推詡
過當然以集校之其修辭之善當為己卯諸賢之
冠
報恩象賢書院藏印紙十三牒九張

冲齋文集九卷
本朝議政府左贊成忠定公權橃撰橃歷事三
朝以名節顯文章為其所掩然洪汝河稱其文渾
涵簡嚴為有德者之言久無集行世橃後孫霂等
裒集遺文若干篇以年譜附錄合編之
安東三溪書院藏印紙七牒十七張

松隱集二卷
本朝進士金光粹撰光粹始遊太學見燕山政亂
即棄歸義城家有萬年松日飲酒其下張顯光每
誦其自喜萬年松影裏四時風景屬閒人之句曰
此老胷中無一點塵
義城藏待書院藏印紙一牒七張

晦齋文集十三卷年譜一卷附錄一卷
本朝李彥廸撰李滉編　宣廟時又命盧守慎讎
校之守慎序有官用活字一印便已之語又許曄
跋云九經衍義求仁錄亦待校完團本印出意當

時自秘書省印頒其稿也附年譜及碑狀之類
慶州玉山書院藏印紙九牒五張
靜菴集八卷
本朝司憲府大司憲文正公趙光祖撰有安東綾
州二本綾州本不著編入名氏僅詩文四卷安東
本朴世采編首世系年譜次詩賦雜文次語錄遺
墨附行狀碑誌之類及褒贈始末祀享事實
綾州竹樹書院藏印紙四牒十張　安東府藏
劂印紙六牒十張
龍巖文集四卷

本朝進士朴雲撰朴英之門人也與李滉吾世以
比臺溪之於晦菴云詩文二卷擊蒙篇心學篇一
卷附錄一卷鄭榦序稱其文溫柔簡朴如其為篤
行君子
善山洛峯書院藏印紙六牒十張
雲巖逸稿二卷
本朝江原道觀察使金緣撰緣與李彥迪同學作
金安老奸不容於朝以名節聞
禮安陶山書院藏印紙一牒十五張
獨菴遺稿一卷附錄一卷

本朝弘文館典翰趙宗敬撰宗敬　中宗時補劉
論金安老為其黨所擠屏居果川之清溪山吟哦
自適有遺興諸作子廷樞以活字印行後孫曮刻
于嶺南以墓文遺蹟附之
尚州南長寺藏印紙三牒五張
立巖集六卷
本朝議政府左贊成閔齊仁撰齊仁當　明宗時
翺翔藝苑其白馬江賦尤膾炙一時後忤尹元衡
等卒于謫是集孫汝慶所編其附錄補遺裔孫蓍
重等繼刻

大丘龍淵寺藏印紙六牒九張
石川集八卷
本朝江原道觀察使林億齡撰億齡少從朴祥學
詩以放逸凌肆勝集附遺事及同時諸人唱酬之
什
靈巖道岬寺藏印紙六牒
葛川文集四卷
本朝掌隸院判決事林薰撰薰以經明行修徵當
明　宣兩廟之際屢典郡邑數封章勉君德鄭蘊
稱其文得之韓歐者為多集附碑狀之類

安義龍門書院藏印紙三牒六張

瞻慕堂文集三卷

本朝延恩殿參奉林芸撰薰之弟也少治兵法既而讀孟子悅之遂博通羣籍儒雅彷彿集附誌碣

安義龍門書院藏印紙二牒七張

石溪集二卷

本朝玉果縣監金範撰範當 明宗朝與成運李恒等同徵以經明行修聞有論心學書四卷不傳外孫趙瀣得其詩九篇賦八篇上疏碑碣四篇編爲一卷又次 明宗賜札賜祭文及範狀傳爲附錄

範後孫應麟又得詩二篇文三篇益之

尚州玉成書院藏印紙一牒八張

花潭集三卷

本朝 厚陵參奉文康公徐敬德撰敬德起自鄉曲研窮理數之學李滉謂近理學故後世方術之士得以藉口然以集觀之殊平正無異滉之言蓋猶叔程之論邵子也集有二本舊本不知誰編清四庫全書載之別集類今刻本蓋用議訂定附碑銘年譜及言行雜錄

開城府花谷書院藏印紙二牒九張

大谷集三卷

本朝司宰監正成運撰運與曹植徐敬德李之菡友善嘉靖中以經明行修徵授官棄歸柳根序稱其遺閒諸作似若不甚經意而簡潔沖淡有魏野林逋之遺響

報恩象賢書院藏印紙四牒五張

河西集十四卷別集九卷

本朝弘文館校理文正公金麟厚撰麟厚道學節義炳烺今古盧守愼所稱詩得高岑遺韻者亦其緒餘也其稿舊有刊板佚於亂金壽恒朴世采重編剞劂附事實輓誄之類其西銘事天圖周易觀

象二書竟軼不傳

長城筆巖書院藏印紙十二牒九張

南冥集五卷別集九卷

本朝宗親府典籤文貞公曹植撰植與李滉倡明道學於嶺之左右名亦相埒然植之學畦逕差異其文亦好奇驚高不似滉粹然於布帛菽粟也其別集九卷即崇禎丙子朴絪以世系年譜及言行錄師友錄合編者 英宗甲申金塾等訂正

晉州德川書院藏板印紙十五牒十張

一齋集一卷
本朝掌樂院正李恒撰始恒業弓馬遊俠盧執而
見朱子書悅之遂從朴英學研精刻厲以醇儒顯
人以比橫渠之一變至道集爲朴世采所編趙畯
又得其逸篇續刻之附碑狀輓誄
泰仁寶林菴藏印紙一牒十五張
溫溪逸稿五卷
本朝司憲府大司憲貞愍公李瀣撰瀣滉之兄也
明宗時忤李芑被誣死稿亦散佚後孫見龍裒得
詩百餘篇附以日錄及碑狀誥命其年譜一篇後

孫級所編也
禮安陶山書院藏印紙四牒
退溪文集五十一卷續集八卷年譜三卷
本朝李滉撰原集及年譜門人柳成龍編滉六世
孫守淵蒐得詩文逸篇爲續集
禮安陶山書院藏印紙七十二牒七張
退溪自省錄一卷
本朝李滉撰即裒集所答門人知舊之書牘者也
禮安陶山書院藏印紙一牒十八張一片
忍齋集四卷
本朝議政府領議政兩館大提學景憲公洪暹撰
趙光祖門人也少爲金安老所陷竄興陽安老敗
還光顯宋時烈序稱其詩溫厚和平不役於標格
全州威鳳寺藏印紙八牒四張
耻齋遺稿三卷附錄一卷
本朝進士洪仁祐撰仁祐少師徐敬德後從李滉
遊以學行名然短於年著僅詩文一卷日錄一卷
遊金剛山錄一卷附碑狀輓誄之屬
禮安陶山書院藏印紙三牒九張
長吟亭遺稿一卷

本朝宣陵參奉羅湜撰湜少從趙光祖學明
宗時忤尹元老死乙巳之禍稿亦軼於籍李遇春
許曄得詩賦八十餘篇鋟板附湜墓表其三命圖
說師友往復書竟佚不傳
全州威鳳寺藏印紙十六張
峒隱集三卷
本朝工曹正郎李義健撰義健隱於酒與鄭碏成
渾朴淳等善集中多唱酬之作申欽删正其詩爲
二卷附以誌銘輓誄
清風府藏缺刓印紙一牒十九張一片 陜川海

印寺藏印紙一牒十九張

月川文集六卷

本朝工曹參判趙穆撰穆少從李滉遊以學行名世是集爲許穆所刪正其尚書家禮心經等質疑諸篇具著全文以存陶山之門疑難往復之詳云附碑銘輓誄

禮安陶山書院藏刊印紙四牒二張

錦湖遺稿一卷

本朝濟州牧使林亨秀撰亨秀 明宗丁未死於黨禍其遺文爲外孫柳衽所收金壽興編定之附

鏤板考 卷第六 三十一

諸家雜記及從子檜觀海遺稿

光州枝宮藏印紙三牒

龜巖集二卷

本朝弘文館副提學李楨撰李滉門人也原集一卷許穆編續集一卷魚有成編

泗川龜溪書院藏印紙四牒一張

林塘遺稿二卷

本朝議政府左議政兩館大提學鄭惟吉撰光弼孫也揮毫詞垣下筆神捷所著數萬篇佚於兵燹今集特千百之一申欽序稱其詩清麗華贍步驟於元和長慶之間

江華傳燈寺藏印紙三牒七張一尼

眞樂堂集二卷

本朝金就成撰就成興弟就文同學於朴英嶽辟不就隱居講學集僅詩文十餘篇始附於就文久菴集下今別爲一卷附以誌碣之類

善山洛峯書院藏印紙二牒二張

久菴集四卷

本朝司諫院大司諫金就文撰崔應龍稱其文根於義理之正操筆成章滔滔不竭集附行狀輓誄之類

鏤板考 卷第六 三十二

善山洛峯書院藏印紙四牒五張

頤菴集十二卷

本朝礪城尉宋寅撰 中宗朝駙馬也愛賢好士富著述工書法著有詩文十數卷孫多故佚今集孫圻編並錄禮說尺牘爲十卷附誌狀之類李植序稱其詩文簡潔閒雅不鶩於浮艷

聞慶縣藏缺刓印紙七牒二張

眉巖集一卷

本朝司憲府大司憲文節公柳希春撰金安國門

人也　明宗時以諫官謫于關北之鍾城　宣祖初始召還博覽强記富有著述然稿佚不傳萬曆壬子關北伯韓浚謙得詩一卷于鍾城校訂鋟板蓋其居謫時作也

鍾城府藏刷印紙一牒

錦溪文集四卷外集八卷

本朝星州牧使黄俊良撰俊良雅善李滉頻昧困親之義特以師事李滉遂得附驥之名當守丹山有惠貺率丹人鳩財刻其集滉爲之手校其外集八卷則鄭述編皆滉所未収者附師友輓誄

豊基郡陽書院藏印紙十牒四張一乇

嘯皐集四卷續集四卷附錄二卷

本朝司諫院大司諫朴承任撰李滉門人也著有孔門心法纂目心法疑禮講錄並不傳惟詩文行于世　當宁辛丑李象靖復得遺文若干首爲續集其附錄則誌狀輓誄之類也

榮川龜江書院藏印紙七牒十八張

蘓齋文集十卷內集八卷附錄一卷

本朝盧守慎撰守慎之詩與鄭士龍黄廷彧齊名時稱三家然守慎特高占一格非黄鄭班也金昌協稱其詩沈鬱蒼宕深肖老杜得之憂患者爲多原集久已刊行曾孫命峻重訂復取守慎雜著書八種編爲內集其夙興夜寐箴解並刊初晚二本又以行狀年譜遺文附下

尚州道南書院藏印紙十七牒五張

悔堂集二卷

本朝教授申元祿撰元祿有孝友至行其兄某爲作孝友錄以記之

義城藏待書院藏印紙一牒十二張

浮查集八卷

本朝進士成汝信撰曹植門人也以篤行聞集爲孝孫東益編附年譜誌狀之類別有晉陽誌未鐫

晉州臨川書院藏印紙六牒四張

霽峯集五卷遺集一卷續集一卷

本朝高敬命撰崇禎中子用厚充書狀官齎其集入燕中吳莊應會爲之序稱其詩詠物無累生韻流動方之近代濟南北地瑯琊未遽多讓

光州褒忠祠藏印紙七牒十六張

正氣錄一卷

本朝高敬命撰敬命當萬曆壬辰之亂唱義旅擊

賊死錦山之戰長子從學繼爲復讐義兵將死於
晉州城次子由學集其前後檄書通文書牘爲是
錄附散令碑銘

光州褒忠祠藏印紙二牒十七張

德溪集八卷

本朝弘文館典翰吳健撰健少從曹植學篤於踐
履晚以科第進爲吏曹正郞恆張公道既而知時
不可爲棄官歸屢徵不起集附行狀及輓誄之類

山淸西溪書院藏印紙五牒七張

藥圃文集七卷

鏤板考 卷第六 二十四

本朝議政府左議政西原府院君貞簡公鄭琢撰
琢少從李滉遊起白草萊歷都通顯李珥稱其
天資近道旁涉象數兵家之類

安東府藏板刻印紙六牒一張

白麓集三卷

本朝弘文館副提學文莊公辛應時撰應時與朴
淳鄭澈成渾等遊以文行名集附其子司憲府大
司憲慶晉丫湖稿

光州褒忠祠藏印紙二牒十張

柏潭文集四卷

本朝吏曹參判具鳳齡撰鳳齡少從李滉講朱門
宗旨故其文亦醇乎儒者也集有年譜弁首

安東周溪書院藏印紙八牒

簡易文集九卷

本朝崔岦撰岦以文章擅起閭井文摹班馬詩得
黃陳句法雖其兀傲勝而雅潔遜往往有瑕不掩
瑜之處歷論國朝作家終當以岦爲首崇禎辛未
李廷龜達于朝刻其集

湖南觀察營藏印紙十七牒十一張

鵝溪遺稿六卷

鏤板考 卷第六 二十五

本朝議政府領議政兩館大提學鵝城府院君李
山海撰穡七世孫也崔岦跋稱其詩曲盡性情出
於森然句律之外而山海之論詩則最不喜岦之
作每見諸人唱酬之卷必先令裁紙掩岦詩然後
始爲遊目云

禮山天方寺藏印紙七牒六張

四留齋集十二卷

本朝知中樞府事月川君忠穆公李廷馣撰廷馣
萬曆壬辰以前任延安府使招集義旅守延安城
拒倭以全海西一路

延安顧忠祠藏印紙十牒

松江文稿二卷

本朝議政府左議政寅城府院君文清公鄭澈撰子弘溟編澈金麟厚門人也雅善李珥成渾爲一時清議之主幾死於讒毀氣尚謇序其詩謂得離騷怨誹之旨附子起溟華谷稿

昌平瑞鳳寺藏印紙二牒二張

松江歌辭一卷

本朝鄭澈撰詩騷之支流曰樂府樂府廢而有詩餘詞餘之名我東歌曲雜以方俗之語率多鄙俚

之詞獨澈所撰激楚瀏亮有愛君憂時之意得詩騷餘響者也

星州牧藏印紙一牒三張　關西觀察營藏印紙十五張

柔榆集二卷

本朝禮曹參議柳思規撰思規號內省堂詩文什餘卷帙於壬辰兵燹今集乃其晚年所作故名以柔榆皆詩稿也

海州紹賢書院藏刊印紙二牒九張

東谷集十卷續集三卷外集一卷年譜二卷

本朝李珥撰原集成渾編朴汝龍續修之朴世采又從珥玄孫紳得草藁九卷釐爲續集又得經筵日記三卷釐爲外集其年譜有二本一爲李景臨撰一爲朴世采撰景臨本刻于臨瀛今佚

海州紹賢書院藏刊印紙三十九牒七張

牛溪續集六卷

本朝議政府左參贊文簡公成渾撰外孫尹宣擧編

尼城魯岡書院藏板印紙七牒十六張

覺齋集三卷

本朝參奉河沆撰曹植門人也爲人清苦文亦不喜蹈襲前人集附行錄輓誄之類

晋州大覺書院藏印紙二牒

賁趾文集四卷

本朝南致利撰李滉門人也許穆序稱其篤禮說易精密可喜

安東魯林書院藏印紙二牒十八張

困齋愚得錄三卷

本朝谷城縣監鄭介清撰介清起自微賤依附李潑終連鄭汝立之獄死於謫其人不足言而顧其

論治論學衷然盈卷所謂本之則無者也
務安縣藏刓印紙十一牒二張
龜峯集十一卷
本朝宋翼弼撰翼弼生於微賤以文行顯申欽稱其詩理取濂洛調近盛唐舊有詩一卷行世係門人沈宗直所刻其雜著一卷書一卷則宋時烈李喜朝權尚夏皆為之手校未及開雕金相聖又以玄繩編二卷禮問答一卷家禮註說三卷合編之附碑狀一卷翼弼弟翰弼雲谷稿一卷
義城縣藏印紙十二牒二張

勿巖集四卷年譜一卷附錄一卷
本朝　集慶殿參奉金隆撰隆遊李滉之門以篤行見推於師友集有通書家禮等書講錄皆其弱冠所著云附年譜行狀之類
榮川三峯書院藏印紙三牒九張
謙菴逸稿四卷
本朝原州牧使柳雲龍撰成龍兄李滉門人也舊有集未行是本為李光庭所校詩三十三篇雜文五十七篇有世系圖年譜弁首狀碣輓誄之類附下

安東柳氏家藏印紙三牒十張
西崖文集二十一卷別集四卷年譜三卷
本朝柳成龍撰李滉門人也其文以儒術補經濟聽暢而敏當萬曆壬癸之際爲體察使接應天兵奏啓文移動如山積而吐薦如流未嘗更稿當時草創潤色之功推爲第一其年譜不著編人名氏甫宋時撰
安東屛山書院藏刓印紙十八牒十八張
喚醒堂逸稿三卷
本朝朴演撰雲之子也嘗爲其父作師友淵源錄

記聞錄今載集中是外詩文僅數十篇誌碣輓誄附末
善山洛峯書院藏印紙一牒二張一片
東岡集十九卷
本朝吏曹參判文貞公金宇顒撰宇顒嘗　宣廟時以儒學久處帷幄集中多奏議疏啓附諡狀
星州晴川書院藏缺印紙十四牒
孤竹集一卷
本朝鍾城府使崔慶昌撰其詩好學盛唐與白光勳齊名有以崔白詩合刻者崔集以爲白非崔班

著說以難之或云明詔使朱之蕃得崔詩歸鑴然
未有徵惟錢謙益列朝詩集裵昌詩孙村詩前後
兩見誤認二人也集附孫安山郡守振海樓村稿
　全州府藏印紙一牒十四張一㐌
玉峯集三卷別集
本朝宣陵㕘奉白光勳撰崔白方駕詩墠號為
盛唐體而白之詩長於絕句亦工書法舊止詩集
三卷五世孫受徵復以遺詩若干及年譜誄碣合
編為別集
　靈巖白氏家藏印紙四牒五張

蓀谷集六卷
本朝李達撰達與崔慶昌白光勳力摹擬盛唐五
劉體時謂三唐集然地微不自顯所著畧千篇皆
散佚不存萬曆中李再榮得三百七十首編行于
世後白岐𨵗流入中州錢謙益列朝詩集錄其詩
三十六首朱彝尊明詩綜則李達詩蓀谷詩前後
兩見誤認二人也
　慶州府藏刊印紙一牒十三張一㐌
蘭雪軒集一卷
本朝承文院正字金誠立妻許氏撰篈之妹也所
著甚富遺命茶毗之篈錄其所記者為一卷明朱
之蕃奉使東來為序其集仍携以歸遂盛傳中夏
尤侗外國竹枝詞云最憐兩瑣女道士上梁曾到
廣寒宮亦指許氏八歲作廣寒宮上梁文也錢謙
益列朝詩集則謂其詩多竄竊唐詩歷舉八九句
以證之
　東萊府藏刊印紙十九張一㐌
重峯集五卷附錄一卷
本朝奉常寺僉正文烈公趙憲撰成渾李珥之門
人也萬曆中以質正官入燕有朝天日記三卷既

還上疏陳皇朝制度十六條謂之東還封事及殉
節錦山安邦俊編其請斬倭使疏及舉義書檄為
抗義新編二卷閔維重又刻其詩文四卷英宗
庚申命芸閣取諸書合編活印附年譜誌狀之類
凡二十卷今刻本係錦山從容祠諸生編比芸閣
本頗多脫漏
　錦山從容祠藏印紙七牒十五張
鶴峯文集八卷行狀一卷續集五卷
本朝弘文館副提學文忠公金誠一撰誠一萬曆
庚寅使日本覘虜有海槎錄久已刊行後又並取

詩賦奏議雜文編爲八卷其續集五卷則誠一後
孫柱雲等所拾遺附言行錄及誄文之類
安東虎溪書院藏刊印紙十五牒二張一疋

梧里文集六卷附錄四卷續集二卷別集二卷附錄
二卷
本朝議政府領議政完平府院君文忠公李元翼
撰元翼以宿德偉烈爲一世之望不僅以文學稱
而其奏議章疏率多經邦大猷自足占三不朽之
一其原集門人許穆編元與玄孫存道復得劄疏
啓議之佚於原集者編爲續集又從承政院日記

錄出元翼登對記注編爲別集其原續附錄則皆
誌狀年譜誄之類也
安東屛山書院藏刊印紙十五牒十張

息菴集五卷年譜一卷
本朝司憲府大司憲黃暹撰暹當萬曆壬癸之際
敦封章言時務其論守宰解由之中最使价關從
之定數後爲令式集附碑狀之類
豐基愚谷書院藏印紙五牒三張

坡谷遺稿一卷
本朝戶曹判書忠簡公李誠中撰誠中當 宣祖
朝以文學顯其稿逸於壬辰兵燹僅傳龍山吟湖
西吟二卷孫命雄詮次鋟梓後孫星慶又得古近
體詩書牘若干首合刻之
泰谷天柱寺藏印紙二牒八張

錦江集六卷
本朝開寧縣監張璹撰璹以學行聞於鄉集附行狀
挽誄之類
榮川郡藏印紙二牒十張

一松集八卷
本朝議政府左議政兩館大提學文貞公沈喜壽

撰李敏求序稱其詩中多敏曲無一字蹈襲
星州茂屹寺藏刊印紙九牒十張

健齋逸稿二卷
本朝朴遂一撰雲之孫也少志於學萬曆壬辰之
亂遇賊罵死集附碣銘
善山洛峯書院藏印紙二牒六張

晦谷文集二卷
本朝權春蘭撰春蘭少師具鳳齡亦及李滉之門
著有進學圖孔門言仁錄而詩文存者若干篇
當宁丙申安復駿以師友唱酬原韵及行錄誌狀

合編之

安東周溪書院藏印紙二牒十二張

鰲峯集五卷

本朝軍器寺正金齊閔撰李滉門人也其保郡要務四十二條萬曆中撰多言禦倭保民之策

古阜道溪書院藏印紙四牒五張

柏巖集六卷年譜一卷附錄二卷

本朝吏曹參判敏節公金玏撰李滉門人也當穆陵盛際以清名直道顯及壬辰嶺南最著聲績集附外孫金烋等所撰年譜及碑

誌輓誄之類

榮川金氏家藏印紙六牒十二張

柏谷集四卷年譜一卷

本朝議政府左贊成西川府院君忠翼公鄭崐壽撰崐壽與其弟逑遊李滉之門文學稍遜於逑而壬辰請兵之勳足可焜燿東牒古稱三不朽立言居下者誠有以也集爲閔鎮厚編並收科體諸作附行狀輓誄之類其年譜則崐壽玄孫鍵所編也

星州柳溪書院藏印紙六牒二張

寒岡集十五卷續集六卷別集一卷年譜一卷

本朝鄭逑撰逑少從李滉曹植遊以儒行顯尤精家禮之學集中大抵多禮說又著寒暄堂年譜及師友錄附集末

星州檜淵書院藏印紙二十二牒十三張

艮齋集十四卷

本朝永春縣監李德弘撰李滉門人也諸弟中從學最久有心經質疑久已刊行今集五世孫慶泰等編附年譜輓誄

榮川迂溪書院藏印紙七牒十張

百拙齋集二卷

本朝議政府右議政清平府院君忠靖公韓應寅撰應寅當萬曆中以乞師及宗系辨誣使四赴皇京一赴遼廣今集詩百二十餘篇皆其途中唱酬之作賦表一卷則登第前舉業也

全州威鳳寺藏印紙三牒一張

漢陰文稿十二卷

本朝議政府領議政兩館大提學文翼公李德馨撰集之八世孫也爲穆陵名臣彪炳史冊不必與操觚者爭長短而出其緒餘亦足無忝作者李埈稱其文簡淡高永爲有德之言舊有集四卷孫

象鼎續採其遺文合編之
尙州近巖鄕賢祠藏印紙十牒九張

獨石集一卷

本朝承政院承旨黃赫撰赫廷彧之子少以詞翰名萬曆庚辰庭試赫對策未卒篇刻燭已盡考官李珥爲請寬其限遂擢第一集中庭試對策一道是也後死光海壬子之誣獄稿多散佚存者僅什之一附賜祭文碣銘

大丘桐華寺藏印紙二牒六張

守夢集八卷

本朝鄭曄撰曄少從宋翼弼學既又遊李珥之門治濂洛之學今集女壻羅萬甲編宋時烈序稱其立朝議論之正可以追古之濂儒碩輔

海西觀察營藏刊印紙四牒十張一片

鳴皐集八卷

本朝參奉任錪撰錪少從成渾李珥遊其爲詩非盛唐不讀與同門李春英論詩文角至死不相屈時謂李詩麤豪任詩寒儉集附輓誄之類

嶺南觀察營藏印紙二牒八張一片

白沙集三卷

本朝平安道觀察使尹暄撰暄斗壽子也天啓丁卯之亂以不救節度使南以興坐死

海西觀察營藏刊印紙二牒二張

月峯集五卷附錄一卷

本朝黃海道觀察使金順命撰順命當萬曆壬辰之亂擧家死於兵順命亦被斫復蘇集中有辭關東伯及請討賊復讎疏辭甚悲懇附碑狀輓誄

星州伐此寺藏印紙五牒五張

松亭集六卷

本朝縣監河受一撰沆從父子也以文行著於鄕

黨李玄錫序謂其詩文饒風致祛雕琢

晉州大覺書院藏印紙六牒

芝山文集十一卷

本朝曹好益撰好益研究性理旁涉曆數原集五卷久已附碑狀鋟板行世五世孫善迪又以易象推說大學問答編爲續集六卷附年譜遺事之類

永川道岑書院藏印紙八牒五張

大笑軒集三卷

本朝咸陽郡守忠毅公趙宗道撰曹植門人趙氏十忠之一也萬曆壬辰倭寇之亂與郡趙同死於

黃石城曾孫琦集其遺文若干首　英宗戊申李光庭重訂附以年譜及朝家褒恤之典後人讚述之作

咸安德巖書院藏印紙二牒一張

敬菴集七卷

本朝弘文館校理盧景任撰張顯光門人也柳成龍以文衡主試得景任策曰文章才也以兄之子妻之然短於年所著不克富集附誌碣

善山松山書院藏印紙四牒十四張一葉

愚伏文集二十一卷

本朝吏曹判書兩館大提學文莊公鄭經世撰經世少從柳成龍私淑李滉之學　宣　仁兩朝之賢人處經幄數封章言事趙絅稱其立朝議論經筵講說率從朱子書中得來

尚州道南書院藏印紙十九牒七張

南溪文集二卷附錄一卷

本朝沙斤道察訪康應哲撰應哲幼有神童名晚隱詩酒與鄭經世吾集附墓碣誄文之類

尚州淵嶽書院藏印紙二牒十二張

象村集六十三卷

本朝議政府領議政兩館大提學文貞公申欽撰張維序稱其文道逸俊發光芒絢爛詩出入中唐盛宋之間詩文外雜綴之書凡八種先天窺管晴窓軟談倭寇搆釁志記使姓名設求正錄諸書最顯附碑狀輓誄之屬

長城府藏刊印紙三十六牒九張一葉

月沙集六十三卷附錄五卷別集七卷

本朝議政府左議政兩館大提學文忠公李廷龜撰其文發之甚易頃刻萬餘言主持文柄數十年王國辭命皆出其手時論臺閣體者推為鉅匠集

有明翰林院修撰汪煇編修姜曰廣河南按察副使梁之垣序附碑狀輓誄之屬

大丘龍淵寺藏印紙四十三牒十五張

農圃集二卷

本朝刑曹參判忠毅公鄭文孚撰文孚當萬曆壬辰之亂以北道評事糾義旅討倭以復關北一路仁祖時坐詩案死獄中集附謚狀及倡義事蹟褒忠始末

晋州鄭氏家藏印紙四牒六張

近始齋文集四卷

本朝藝文館待教金垓撰緣之孫也從趙穆遊早聞李滉之學萬曆壬辰之亂糾合義旅功未就而卒有鄉兵須知西征錄諸書多散佚不全曾孫錫胤得其遺文若干合編之

禮安陶山書院藏印紙三牒十一張

梧峯集八卷

本朝承政院承旨申之悌撰之悌生從於李滉慕滉學甚篤其出知宣城月輒至陶山謁其遺廟卽此可知其所存也舊有檜山雜咏龜堂漫錄二篇後孫震龜得遺文若干首益之附以誌狀

義城藏待書院藏印紙六牒二張

石樓遺稿四卷

本朝判中樞府事李慶全撰山海子也其集詩居四之三

禮山天方寺藏印紙六牒七張

耐菴集二卷

本朝佐郎鄭士雄撰士雄爲人疎放困於郎潛以詩酒自適鄭斗卿序稱其詩專學蘇長公

星州茂屹寺藏印紙四牒

睡隱集四卷看羊錄一卷別集一卷附錄一卷

本朝刑書佐郎姜沆撰沆萬曆丁酉被擄入日本四年而歸有看羊錄紀日本郡國之制及萬曆中東來諸將始末頗詳和名中東錄尹舜擧寧重訂取蘇武看羊之事以名之其別集則科體諸作附錄則沆之行狀輓誄之類也

靈巖姜氏家藏印紙八牒六張一片

右別集類上一百四十五部

鏤板考卷第六

鏤板考卷第七

集部下

別集類下

仙源遺稿五卷

本朝金尚容撰其稿遺亂放軼今集其子光燦等編亦非全本也申翊聖序稱其古今詩清腴合度詞傳於理可見出於性情之正而歸於敦厚溫柔之教附碑銘

尚州西山書院藏印紙四牒六張

清陰集四十卷

本朝金尚憲撰尚憲以名節聞天下文章不足輕重而亦自砥礪潔淨一洗東人膚率之陋嘗由登州朝天尚書張延登館之家爲刻其朝天錄一卷遂盛行中州如列朝詩集明詩綜池北偶談諸書皆錄其詩數篇集有張延登及翰林侍讀學士李康先序

安東鳳停寺藏印紙三十二牒

雪窖唱酬集一卷後集一卷別集一卷

本朝金尚憲撰崇禎庚辰尚憲以斥和議與曹漢英被執詣瀋陽幽于別館凡楚蔡越吟之賦志宣

鬱者輒錄爲袂取蘇子卿事名之其後集癸未再入瀋陽時作別集甲申留瀋館時作

茂朱山城寺藏印紙二牒八張

雲川文集六卷

本朝驪州牧使金涌撰誠一從父子也權瑎序稱其詩競情趣文亦平淡少雕琢之跡集附年譜碑狀之類

安東默溪書院藏印紙六牒十一張

體素集三卷

本朝宗簿寺僉正李春英撰成渾門人也申欽稱其詩宮商翻數好學眉山尤工於文近世操觚家無不瞠然退舍

清風府藏缺刓印紙二牒一張一尺

晚翠集四卷

本朝禮曹正郎金藎國撰藎國以孝行聞顧未有著述五世孫相玄得其遺詩若干首附後人讚述爲四卷

榮川三峯書院藏印紙一牒九張

龍溪集四卷

本朝慶尚道觀察使金止男撰止男年十三次韓

文公南山詩時人擬之晏殊楊億晚當光海時抗
言毋子大義世又以名節許之吳道一謂其詩典
雅道俊爲有本者之言
　大丘桐華寺藏印紙三牒十八張
月礀文集三卷附錄一卷兄弟急難圖一卷
本朝知禮縣監李㙉撰㙉有孝友至行萬曆倭寇
之難負其弟埈以免埈爲繪其事一時諸名士皆
有賦詠四世孫增祿編次與其遺文同鋟其附錄
則墓碣輓誄之類也
　尚州玉成書院藏印紙五牒十一張

鏤板考　卷第七　三

蒼石文集十八卷
本朝弘文館副提學李埈撰㙉之弟也埈於　仁
祖初出入經幄所從遊皆一時名賢固南方之秀
者其文剪裁未到而贍暢容與則未易當也
　尚州玉成書院藏印紙十九牒十張
鶴谷集九卷附錄二卷
本朝議政府領議政兩館大提學益寧府院君文
靖公洪瑞鳳撰其稿舊止九卷朴承健刻于龍安
曾孫九行又益之以詩文若干首附碑狀挽誄及
瑞鳳子命一蓀翁遺稿吳道一稱瑞鳳詩清跋遒

健得開元天寶之遺
　開寧府藏缺印紙六牒十八張一片
楸灘集四卷
本朝議政府領議政忠貞公吳允謙撰成渾門人
也當　宣　仁兩廟之際以儒行進騰躬砥行爲
時名臣是集即其孫道一編詩二百三首疏劄啓
議雜文一百三十九首有年譜附錄
　星州茂屹寺藏缺印紙五牒十九張
九畹詩集五卷
本朝忠清道觀察使李春元撰春元少有能詩聲

鏤板考　卷第七　四

宣祖嘗問尹根壽當今士子孰爲能詩根壽以春
元對李敬輿亦謂其詩翛然清遠無塵垢氣集附
碑狀輓誄之類
　尚州南長寺藏印紙三牒二張
海峯集五卷
本朝京畿觀察使洪命元撰瑞鳳從父子也舊本
僅詩文三百篇後孫啓廸等增編科體附錄爲五
卷
水色集八卷
　大丘桐華寺藏印紙四牒二張

本朝漢城府判尹陽陵君許禇撰其文長於詞賦
權韠以為古色蒼然若瓦尊銅鼎許筠亦稱其
詩出入景龍開元之間
河陽環城寺藏印紙六牒十七張
八松封事一卷附錄二卷
本朝司諫院大司諫文正公尹煌撰成渾門人也
天啓中國家議與清人和煌力斥其不可自丁卯
止丙子前後奏啓疏劄凡累萬言子宣擧編為一
卷又以雜著十八首及後人叙述為附錄二卷
尼城魯岡書院藏印紙四牒二張

竹牕集
本朝僉知中樞府事姜籀撰鄭斗卿序稱其文清
麗奇逸
關北觀察營藏刊印紙四牒八張
敬亭集十二卷
本朝承政院承旨李民宬撰趙絅序云嘗奉使入
燕又颿浮渤澥歷覽齊魯之邦以還自是詩長一
格縱橫自恣
義城藏待書院藏印紙十牒二張
紫巖集七卷
本朝刑曹參判李民寏撰民宬弟也萬曆己未以
姜弘立從事官赴渡河軍敗陷於虜三年而歸集
有柵中日記一卷建州聞見錄一卷記行師始末
及建州風土頗詳附行錄軼詩之類
義城李氏家藏印紙四牒十三張
東岳集二十六卷
本朝禮曹判書文惠公李安訥撰荇之曾孫也其
詩世推為東方大家自言少善賦誦棄之治古風
·涉躐徑又棄之七言律最難工耑力數十年云
湖南觀察營藏刊印紙二十八牒十二張一尺

竹陰集十六卷
本朝禮曹參判趙希逸撰其文長於詞賦 宣廟
嘗稱其元氣渾渾
江西縣藏印紙十一牒十張
丹圃集一卷
本朝掌樂院正趙希進撰希逸之弟也其詠雪詩
一首或云希進妻安李作
晋州新塘書院藏印紙一牒一尺
伸寬牛栗兩賢疏一卷
本朝吏曹判書延安府院君忠定公李貴撰傒貴

遊太學時作時有諸生柳永健等疏詆李珥並及
成渾不告貴署其名貴發憤上疏歷論珥渾之冤
凡數萬餘言貴珥之門人也
礪山竹林書院藏刻印紙一牒十張
沙溪遺稿十四卷
本朝金長生撰繼輝之子是集係門人宋時烈編
附碑狀誄之屬 肅宗乙丑下旨玉堂索其遺
稿時烈隨劌以進
連山遯巖書院藏印紙八牒四張
旅軒文集十一卷

本朝張顯光撰其文大抵本之性命道德有學部
旨訣一篇說性理名義頗詳
仁同東洛書院藏印紙十一牒十二張
村隱集三卷
本朝劉希慶撰希慶生於閭井以詩遊公卿間同
時有白大鵬者亦地微有能詩聲時有劉白之號
集附誌傳行錄及諸賢唱酬之作金昌協序稱其
詩楚楚可喜
南海龍門寺藏刊印紙二牒十五張
晅獨齋遺稿十五卷

本朝金集撰附碑狀之類集得家傳詩禮之學蔚
爲一代儒宗富有著述是集外尚多逸篇未及剞
劂
連山遯巖書院藏印紙十一牒
省吾堂集四卷
本朝山陰縣監李介立撰介立少從金誠一學有
孝友至行詩文傳者若干篇附後人讚述
榮川義山書院藏印紙三牒三張
晴沙集一卷
本朝掌隸院判決事高用厚撰敬命子也明翰林
院學士徐光啓序稱其詩不爲奇麗自有眞意不
爲曠達自有遠思

光州褒忠祠藏印紙三牒十三張
頤齋集二卷
本朝承政院承旨曹友仁撰友仁當光海時坐詩
案三年繫獄 仁祖初始得釋集有李植評批
尚州道南書院藏 印紙三牒三張一片
認齋文集十三卷別集二卷年譜一卷附錄一卷續
集七卷
本朝江原道觀察使崔晛撰晛當 仁祖時出入

經幄數封章言事既而坐不討李仁居又辭連楊天植之獄廢居以死論者稱其論事之文騁暢而有質常從金誠一學撰鶴峯言行錄一卷今載原集又充書狀官赴燕有朝天錄五卷今載續集其別集則萬曆庚戌鳳察閑酉時啓奏附錄則晛之誌狀也

善山松山書院藏印紙十八牒十一張

石洲集八卷外集一卷別集二卷

本朝權韠撰韠之詩時推百年來初有 宣廟嘗徵其稿入以布衣佐儐使光海時坐咏柳詩死原集外集李植刪正別集宋時烈刪正

全州府藏印紙六牒六張一片

無住逸稿六卷

本朝司諫院大司諫洪鎬撰貴達玄孫也崇禎壬申充書狀官遊燕有行聖公孔胤植贈詩及提督孔聞標所撰無住號辨今附集末

咸昌洪氏家藏印紙三牒十七張

東州前集八卷別集一卷詩集二十四卷文集十卷

本朝李敏求撰敏求當丙子江都之亂脫身苟免頗干清議其文章則客與衍暢囿一代之雄也自序其集云詩文四千餘首佚於兵燼既始存錄辛酉以前作為別集壬戌以後作為前集丁丑以後作為詩集文則合前後總敘之

關北觀察營藏缺刊印紙二十四牒十九張

谿谷集三十四卷

本朝張維撰子善瀲編其文典雅通暢體裁不苟蔚為東方大家金尚憲以為較之李穡範圍遜而精審勝

白江集十五卷

光州收藏缺刊印紙二十七牒七張一片

本朝李敬輿撰敬輿遭際 仁孝兩朝議論讜獻蔚為時望章疏奏劄居集之八九子敏敘所編

全州府藏刊印紙十四牒十八張一片

桐溪文集四卷附錄二卷

本朝吏曹參判文簡公鄭蘊撰蘊少從趙穆鄭逑學及崇禎丙子斥和議不復仕趙絅序稱其文無一字非格君憂國之語許穆亦言蘊之文可與日月爭光集附行狀輓誄之類

安義龍門書院藏缺刊印紙九牒十六張

澤堂集十卷續集六卷別集十八卷

本朝李植撰荇之玄孫也原續二集植自編別集
宋時烈編植之文章與谿谷張維號爲伯仲金昌
協云澤堂文體段渾成不如谿谷而結構精密過
之谿之詞賦澤之駢儷又足相當比之於古殆似
韓柳
南漢開元寺藏印紙三十四牒　茂朱山城寺
藏印紙二十九牒一張
疎菴集五卷拾遺一卷
本朝弘文館修撰任叔英撰叔英當光海時坐直
道黜及　仁祖中興之初歷揚臺閣以清標自喜

鏤板考　卷第七　十一

今集爲李植編定附諸賢唱酬之作及挽誄之屬
張維序稱其文操紙立就尤富於駢偶
海西觀察營藏刻印紙四牒
畸菴集十二卷
本朝司憲府大司憲兩館大提學文貞公鄭弘溟
撰澈之子金長生門人也申翊聖序稱其好讀離
騷文選韓杜之作爲賦誄悲慨悱惻詩尤蒼深遒
健
昌平瑞鳳寺藏印紙十牒三張
中峯集六卷
本朝弘文館校理朴漪撰瀰之季弟也仲兄灘遺
文數十首附下
平山府藏刻印紙三牒五張
天坡集四卷
本朝慶尚道觀察使吳䎘撰鄭斗卿序云肅翊近
體詩嚴緊遒勁格力俱至其得意處不愧古名家
肅翊䎘之字也
晋州青谷寺藏印紙五牒十五張
百十堂遺稿四卷
本朝司憲府持平吳翻撰䎘之弟也少從張維爲

鏤板考　卷第七　十二

文李緈稱其詩若古玉不琢光怪熊熊是集即緈
所編尹鳳九又得近體詩如干首並之附以碑狀
輓誄
青霞集八卷
本朝進士權克中撰克中少學崔命龍晚從金長
生遊以文學名南方鄭斗卿序云博通三教尤邃
修煉家詩亦清遠富博
統制營龍華寺藏印紙三牒八張一片
溪巖文集六卷
古阜權氏家藏印紙三牒十五張

本朝司諫院司諫金坽撰緣之從孫也私淑李滉之學當光海政亂棄官歸及崇禎丙子之後杜足痿杜門鄭蘊稱之爲海東伯夷詩文雖無多而亦可見憂深思遠之音集附誌狀之類

禮安陶山書院藏印紙五牒九張

化堂集五卷

本朝成均館大司成申敏一撰敏一受業成渾　仁祖時以諫官力爭追崇之議坐謫　孝宗時以經術薦爲大司成

全州威鳳寺藏印紙六牒十二張一片

白洲集二十卷附錄三卷

本朝吏曹判書兩館大提學文靖公李明漢撰廷龜子也金尚憲序稱其詩天得爲多舒而爲元和長慶激而爲大曆開元集附碑狀輓誄之屬

全州威鳳寺藏板印紙十四牒十張

苔川集二卷

本朝鍾城府使金地粹撰地粹當光海時抗言母子大義　仁祖丙丁之後退老於天台山下以終金昌協序稱其言詞塞曲往往有王仲初李君虞之遺

古阜道溪書院藏印紙一牒十二張

竹南堂稿十二卷附錄一卷

本朝判中樞府事吳竣撰鄭弘溟稱其詩無斧鑿之痕

杆城郡藏板印紙四牒七張一片

晚沙稿五卷附錄一卷

本朝議政府領議政沈之源撰之源遭際　孝廟以醇謹稱文學非其長也集附輓誄

陜川海印寺藏印紙四牒四張

涬溟集 續集

本朝議政府左參贊兩館大提學尹順之撰斗壽孫也朴世采序稱其文才思通逸

江西縣藏印紙四牒四張

湖洲集七卷諡狀一卷

本朝吏曹判書兩館大提學文惠公蔡裕後撰其文最工駢儷洪瑞鳳稱爲曠世絶藝集有　肅宗英宗兩朝御題弁首

關西觀察營藏板印紙四牒十五張

鶴沙文集九卷外集一卷年譜一卷附錄一卷

本朝金應祖撰少從張顯光遊以文學鳴於南方

集附年譜碑狀之類
榮川義山書院藏印紙十二牒
晴峯集六卷
本朝弘文館應教沈東龜撰東龜以不論金尚憲
鄭蘊見黨人坎壈終身峯敏求稱其詩調警拔
雖專門名家未嘗不退一舍
安邊府藏印紙四牒四張
敬堂集二卷
本朝　昌陵參奉張興孝撰興孝少從金誠一學
晚遊鄭逑張顯光之門集有一元消長圖日記要
語等篇類為師友所訓附誌狀之類
安東鏡光書院藏散印紙四牒八張
龍洲遺稿二十三卷
本朝判中樞府事兩館大提學文簡公趙絅撰其
文好學王世貞每論千古文章以司馬遷韓愈王
世貞為大家云嘗使日本有東槎錄附末
順天松廣寺藏印紙二十二牒二張
萬休集十一卷
本朝承政院都承旨貞僖公任有後撰少從任叔
英學天啓丁卯清人入寇上平山使劉興祚來請

和有後以注書扈從江都再上箚和疏後又疏上
疏論尊攘大義
南漢開元寺藏印紙十六牒八張
孤山遺稿六卷
本朝禮曹參議忠憲公尹善道撰善道當　顯宗
初與許穆等論服制之失以詆宋時烈禮訟之所
由始也博通群籍尤長堪輿家說集附諡狀
海南尹氏家藏印紙十三牒八張
澗松堂集七卷
本朝工曹佐郎趙任道撰旅之後孫張顯光門人
也崇禎丙子之後三除官不起有與顯光書論出
處之義
咸安松汀書院藏印紙八牒二張
朽淺集八卷
本朝掌苑署別提黄宗海撰宗海從鄭逑遊治家
禮之學集中多與金長生張顯光往復之書附行
狀
固城雲興寺藏印紙七牒十九張
記言六十七卷別集二十六卷
本朝議政府右議政文正公許穆撰原集穆手定

別集門人所編其經說禮說及雜纂之書皆以類
彙分又倣太史公自叙爲自序二卷附下係別集
家變禮撥漫設雜莫定義例
羅州月泉書院藏印紙四十四牒十一張
東溟集十一卷
本朝禮曹參判鄭斗卿撰晦之子也尹新之序稱
其文學史記樂府師漢魏歌行摹擬山陵今集係
南九萬所刻僅止詩稿別有斗卿後孫壽崑所刻
全集二十八卷板在宜寧今佚
關北觀察營藏刊印紙五牒十四張

滄洲遺稿十八卷
本朝吏曹判書兩館大提學文貞公金益熙撰長
生孫也 孝廟時與宋時烈等協贊大義南九萬
稱其章奏明白剴切辭旨暢而理到集附世譜誌狀
義城縣藏印紙十一牒五張
宋子大全二百十七卷附錄十九卷
本朝宋時烈撰舊有門人權尚夏所編謂之黃江
本 肅宗丁酉校書館奉教活印分尤菴集一百
五十八卷別集九卷經禮問答二十四卷較舊本
殆倍其半 當宁丁未趙璥金憙等合兩本編正

以教書賜祭文一卷年譜十一卷墓表像贊一卷
語錄五卷紀述雜錄一卷爲附錄其稱大全蓋倣
朱晦菴大全集云
清州華陽書院藏印紙二百七牒八張
同春堂文集二十四卷別集九卷
本朝吏曹判書文正公宋浚吉撰金長生門人也
原集疏劄啓議書牘雜文凡二十三卷詩僅一卷
係末別集書牘雜著八卷附遺事挽誄之屬一卷
文義黔潭書院藏板印紙二十九牒十三張一
件 尚州興巖書院藏印紙三十八牒十張

市南集二十三卷附錄三卷年譜一卷
本朝俞棨撰宋時烈序稱其文本源經術方其遭
際 孝廟殿進章論事既非迂濶之陳談又不墮
功利卑說集附年譜及誌狀輓誄之類
林川七山書院藏印紙二十四牒十一張
魯西遺稿二十卷附錄二卷
本朝司憲府執義文敬公尹宣舉撰煌之子金集
門人也崇禎丙子之難從 廟社入江都城陷微
服而歸自以臨難不死屢除官不就講道邱園篤
於踐履今集係其子拯所編其附錄二卷即以年

譜誌狀之類敘次者
尼城魯岡書院藏印紙四十八牒

台溪集二卷
本朝司憲府執義河溍撰溍晉州人崇禎丙子之亂里人推為義兵將勤　王至尚州遭父喪歸仁　孝兩廟之際以諫官數封章論時政
晉州河氏家藏印紙三牒十六張

吳忠烈公遺稿一卷附錄一卷
本朝弘文館校理吳達濟撰允謙從父子也與洪翼漢尹集等殺身成仁天下聞其風文固不足輕

重而其文實關世教人紀竟為天壤間不可磨滅之書其附錄一卷即後人讚述之作
泰仁蒙頭寺藏印紙三牒十張

梧灘集十四卷
本朝弘文館副提學沈攸撰東龜子也早以詞藻鳴凡工於詩金鎮圭序稱其詩斷斷以盛唐名家爲型範黃以下不屑學云
義城縣藏缺刓印紙十六牒一丸

久堂集二十卷附錄四卷
本朝吏曹判書文孝公朴長遠撰長遠有孝友至行好讀濂洛諸子之書集有劄錄記聞等篇往往雜綴程朱格言而附以己見其附錄即挽誄碑狀之類也
陝川海印寺藏印紙二十四牒八張

孤松集四卷
本朝司諫院正言申弘望撰之悌子也少從張顯光學
義城申氏家藏印紙二牒十三張

初菴集十四卷
本朝弘文館修撰申混撰混幼有神童名二十一

射策擢第然短於年不克成就故其近體詩瑕瑜不掩云
海南縣藏刓印紙七牒四張

老峯集十卷附錄二卷
本朝議政府左議政文忠公閔鼎重撰齊仁玉世孫也歷事　四朝出入經幄廊廟殆四十餘年故集中最多疏劄奏牘之作其附錄則遺說牒狀之類也

靜觀齋集十六卷別集六卷
長興淵谷書院藏缺印紙十一牒十六張一丸

本朝弘文館副提學文貞公李端相撰子喜朝編
端相明漢子也少以治詩名既登第處經幄悅心
性道器之學未老恬退硏精覃思所著一本之洛
閩旨訣其別集則以詩文逸篇附錄拾遺一卷年
譜二卷合編之
原集關北觀察營藏缺刓印紙十四牒三張 別
集全州威鳳寺藏印紙五牒三張一片

東里集十六卷
本朝刑曹判書文良公李殷相撰廷龜孫也金昌
協稱其詩尤長近體即事遇境發之捷給而紆餘

鏤板考 卷第七 三十一

贍暢時見工麗云是集爲其壻金萬重所刪定
重子華鎮又附駢儷諸文爲十六卷
大丘龍淵寺藏印紙十牒四張

梅澗集七卷
本朝吏曹判書文僖公李翊相撰廷龜孫也其詩
長於近體贍敏圓暢大抵不出家庭規度云
茂朱山城寺藏印紙三牒八張

文谷集二十八卷
本朝議政府領議政兩館大提學文忠公金壽恒
撰子昌協編定始以活板印行安世徵復刻于靈
巖視前本略有增刪
靈巖道岬寺藏缺刓印紙二十九牒十張

清溪集八卷
本朝慶尚道觀察使洪葳撰葳當 孝宗時與金
壽恒李端相等進處經幄以文學名金昌協刪正
其稿序言其文以理致勝章劄明白剴切
全州威鳳寺藏缺印紙六牒十張一片

秋潭集四卷
本朝戶曹參判俞瑒撰宋時烈序稱其詩優游閑
澹

鏤板考 卷第七 三十二

統制營藏印紙七牒十八張

西浦集十卷
本朝兵曹判書兩館大提學文孝公金萬重撰金
昌翕序稱其詩源清而調圓其韻折悠揚處往往
有文論緒風之態
義城縣藏缺印紙五牒

木齋文集十四卷
本朝洪汝河撰鎬之子也毀敗牛栗黜於黨論然
硏治經史之學有庸學口義
海東姓苑等書惟東史提綱及文集鋟行附誌狀

輓誄之類

咸昌洪氏家藏印紙十二牒一張

竹西集四卷

本朝司憲府大司憲李敏廸撰敬輿子也其文長於論事 孝宗丙申建對 上得其策嘉歎曰此真經濟之文擢置第一

全州威鳳寺藏鋟印紙三牒十二張一卮

西河集十七卷

本朝吏曹判書兩館大提學文簡公李敏叙撰敏廸弟也其文出之甚易操筆立就宋時烈評其文

典實而華集附行狀

忠州德周寺藏鋟印紙十五牒二張

南溪集八十九卷外集十七卷續集二十三卷

本朝朴世采撰門人金榦所撰行狀云有朝命刊行而集無序識今不可考文集外纂輯之書無慮數十種雖其類聚薈萃不專出於己而著述蕃富亦近世儒者之所罕也

陜川海印寺藏鋟印紙一百三十牒一張

西溪集二十卷

本朝朴世堂撰其詩集有東行拾囊潜稿前後北征錄使燕錄石泉錄補遺錄之目並雜文爲二十卷李宜显稱其詩當與李穡朴誾崔岦任叙英爲國朝五大家云

星州雙溪寺藏印紙二十二牒十七張

一峯集十七卷

本朝仁川府使趙顯期撰金昌翕序稱其前後萬言疏所論養士均役改貢鍊兵之說皆鑿鑿中時宜其子正緯一默軒遺稿附下

龍潭校宮藏鋟印紙十五牒六張

槽巖集四卷

本朝司諫院司諫趙昌期撰顯期第也好經濟之學 顯宗時出入臺閣數封章言事 肅宗辛卯從父子正禮刻其封事一卷于奉化 英宗辛巳曾孫德常復取詩文合編之刻于晋州附遺事行狀之類

晋州新塘書院藏印紙五牒十張

悔泉文集八卷詩集十八卷別集二卷補遺四卷附錄一卷

本朝司憲府大司憲李沃撰沃負才早聞與權愈等齊名 肅宗初議禮之訟凡論宋時烈劉啓太

半汏之作也集有修省便覽一卷務本圖說一卷
卽 顯宗末 肅宗初投進之本附子萬敷所撰
過庭錄
陝川海印寺藏印紙十二牒九張
迂翁集六卷
本朝禮曹叅議洪柱國撰李廷龜外孫也宋時烈
序稱其詩辭調清踈格力暇逸附其子司憲府持
平萬廸臨湖稿
義城縣藏印紙六牒五張
息菴遺稿二十三卷別稿二卷

本朝金錫胄撰其文工於剪裁最近皇明名家亦
不趨北地信陽之蹊徑章劉尤精嚴曲寫人所不
能言昭代藝苑當置高席其別稿二卷則皆科體
賦策也
靈光郡藏印紙二十五牒
畏齋集十一卷
本朝李端夏撰植之子也尹鳳朝稱其文不事雕
飾自中規度疏劄尤紆餘贍暢矢口成章
大丘湧泉寺藏印紙十三牒三張
止觀集一卷

本朝礪山郡守朴銑撰長遠之子也由蔭路進以
文行薦謹聞集附行狀之類
陝川海印寺藏印紙一牒八張
損菴集九卷
本朝弘文館校理趙根撰絿之後孫宋時烈門人
也詩文八卷年譜一卷從父子爀所編
咸安西山書院藏印紙七牒六張
滄溪集二十七卷
本朝司憲府大司憲林泳撰泳當 肅廟時與金
昌協進居經幄研索精密遜於昌協而敷對明暢

則過之故金昌翕論其兄經術有輸與滄溪數篤
程之句是集昌協所編詩文十七卷經筵錄一卷
讀書劄錄六卷日錄二卷附錄一卷
清道紫溪書院藏印紙二十九牒六張
明谷集三十四卷
本朝崔錫鼎撰錫鼎以文學才猷遭際 肅廟出
入經幄廊廟者逾三十餘年南九萬稱其疏劄尤剴
切
陝川海印寺藏印紙三十五牒十九張
是窩集八卷

本朝司憲府執義韓泰東撰泰東剛介好言論
肅宗時出入臺閣經幄以清節自喜南克寬稱其
文酷類孫樵今以集觀之未知信然而亦自踔厲
風發想見其人云
陜川海印寺藏印紙五牒三張

定齋集九卷別集五卷
本朝弘文館應教文烈公朴泰輔撰世堂子也泰
輔當　肅廟己巳以尺疏辨兎婦孺皆誦其名文
章固其餘事即論文章亦自靡映明切非齷齪庸
陋者所能及詩文九卷為原集此牒一卷投壺儀

鏤板考　卷第七　三十七

一卷追允錄一卷坎流錄二卷為別集附行狀
揚州府藏印紙十四牒

寒水齋集三十四卷年譜一卷
本朝議政府左議政文純公權尚夏撰宋時烈門
人也其學篤以得之遂稱時烈嫡傳集附年譜
丹陽上仙菴藏印紙四十五牒八張

睡谷集十九卷
本朝李畬撰權尚夏稱其文精密典重絕無藻繪
之態
大丘桐華寺藏印紙二十牒

農巖集三十六卷
本朝禮吏判書兩館大提學文簡公金昌協撰昌
協研思經術而其文亦能曲備作家體裁不讓於
語錄陳句世以比宋之真德秀集有雜識內外篇
經義辨証為內篇詩文評隲為外篇雜識精究近
無其儔附年譜誌銘
安東府藏印紙三十六牒

芝村集三十二卷
本朝吏曹參判文簡公李喜朝撰端相子也李台
重序稱其講學論辨謹守憲章不喜創立己說詩

鏤板考　卷第七　三十八

文亦纖悉曲暢達意而止
關西觀察營藏印紙三十二牒十二張

瓶窩集十八卷
本朝同知中樞府事招討使李衡祥撰其書贖雜
著頗多性理之說別有禮書四十卷未鐫
永川郡藏印紙十七牒

東溪集
本朝成均館大司成朴泰淳撰宋成明序稱其詩
文以氣勝
關北觀察營藏鋟刊印紙十牒十五張

閔文忠公奏議十卷
本朝議政府左議政閔鎮遠撰疏劄啓議狀箋凡百數十篇附以雜文十餘首總名之曰奏議實則其文稿或稱丹巖奏議丹巖鎮遠號也
嶺南觀察營藏印紙九牒十八張　閔西觀察營藏印紙九牒十張

希菴集二十九卷
本朝禮曹叅判蔡彭胤撰裕後之從孫也李德壽論其詩妙悟入神趙龜命亦稱其文雖欠險詭財力宏富則未易敵
尙州龍興寺藏印紙二十七牒五張

碁峯集四卷
本朝慶尙道觀察使南正重撰孫有容編附碑狀輓誄
成川府藏印紙三牒十八張

朴正字遺稿十三卷附錄二卷
本朝權知承文院副正字朴泰漢撰鈗之子尹拯門人也早死於孝集多論學經禮之說附行狀遺事及弟恒漢靈思遺稿
陜川海印寺藏印紙十五牒六張

鳴巖集六卷附錄二卷
本朝全羅道觀察使李海朝撰一相子也金昌翕序稱其詩文不屑摹擬自作風格集附碑狀輓誄
全州威鳳寺藏板印紙六牒十三張一片

東菴遺稿五卷
本朝洪大龜撰汝河之孫好治經義
咸昌洪氏家藏印紙二牒十九張

圃巖集二十二卷
本朝判敦寧府事兩館大提學尹鳳朝撰其詩頗近錢謙益文亦長於臺閣體集有學易淺見一卷推演朱子啓蒙之旨
醴泉郡藏印紙二十五牒

農叟遺稿一卷
本朝進士崔天翼撰世爲興海郡小吏天翼獨業儒
興海崔氏家藏印紙一牒十三張

琴湖集五卷
本朝僉知中樞府事李志傑撰分芹宮錄備提錄等十七錄皆詩藁也南九萬序稱其詩諧和而氣醇

陜川海印寺藏印紙四牒九張

耐齋集六卷

本朝洪泰猷撰泰猷少遭家難閉戶治詩文李宜顯謂其詩格健調雅李德壽亦稱其文氣勁而力完是集金昌翕所選附遺事誌狀之類

慶州府藏印紙五牒十七張　醴泉郡藏印紙五牒三張

厚齋集四十六卷

本朝工曹判書文敬公金榦撰朴世采門人也經說禮論占其集之二

湖南觀察營藏鋟刊印紙四十六牒十六張

悠悠子稿一卷

本朝李熠撰　肅宗時人居黃驪江上貧不治產業棄稻田植芙蕖以聯韵自喜有側室女集其詩鋟版

清道郡藏印紙一牒四張

寄翁集六卷

本朝同知敦寧府事南漢紀撰正重子也子有容編附行狀遺事及其孫進士公輔省齋零稿李秉成嘗稱漢紀詩格力遒健

成川府藏印紙五牒十九張

翠虛集四卷

本朝長興庫主簿成琬撰琬從鄭斗卿遊以能詩聞嘗從信使入日本日本人爲刻其途中唱酬詩金昌翕亦稱其詩富博宏肆

平壤永明寺藏印紙四牒十八張

芸齋稿二卷附錄一卷

本朝河陽縣監李坪撰坪好讀莊子史記以工詩聞尤長駢儷集附誌碣之類及從弟埴魯谷稿一篇

河陽環城寺藏印紙二牒八張

澗虛齋文集一卷

本朝成獻徵撰獻徵幼有異質年十五已博通羣書然短於年著不克富

尙州興巖書院藏印紙十六張

青泉集六卷

本朝平海郡守申維翰撰其詩文好師雪樓七子頗以奇峻自喜嘗隨使价入日本別有海游錄

陜川海印寺藏印紙七牒八張

菊圃集十二卷

本朝咸從府使姜樸撰近世作家中頗矯厲自喜時稱詩楞後初有

尚州龍興寺藏缺印紙十五牒七張

槎川詩鈔二卷

本朝進士李秉淵撰秉淵老於詩所著凡萬有三千餘首是集係其徒金益謙所選益謙嘗携之入燕中州文士丞稱渢渢大雅之音云

關西觀察營藏印紙三牒

沙村集四卷

本朝司諫院大司諫金致垕撰餘之嗣孫也　英

宗戊午上疏論李光佐謫于島

關西觀察營藏印紙四牒十四張

屯庵集八卷

本朝吏曹參判申昉撰有雜識一篇論異端雜術之害頗確

湖南觀察營藏印紙六牒十七張

涵漢集六卷

本朝鄭碩達撰世雅四世孫也少好擊劍馳馬既而治儒學其文質勝而少華

永川梅谷書堂藏印紙六牒

梅山集十二卷

本朝刑曹參議鄭重器撰碩達子也以文學名於嶺南集中禁多禮說

永川梅谷書堂藏印紙十二牒一張

太華集四卷

本朝權知承文院正字南有常撰漢紀之子少有能詩聲雖其短於年不克大成而殘稿剩馥翕然爲士友所推李天輔謂其運思超然妙在聲律之外吳瑗亦稱蜀辭溫柔稱物芳潔

大丘龍淵寺藏印紙五牒二張

正庵集二十卷

本朝　王子師傅李顯益撰顯益從金昌協講學故集中多經說其管山問答一編專攻尹宣擧父子又論朴世堂思辨錄崔錫鼎類編之非

大丘灣泉寺藏印紙二十牒一張

薰山集二十卷

本朝平壤府庶尹俞肅基撰肅基少從金昌翕游其論未發五常及心氣之辨頗爲士友所韙

大丘桐華寺藏印紙十二牒十七張

南塘文集三十八卷

本朝司憲府執義韓元震撰元震少遊權尚夏門其論人物五常專主孟子犬牛人性章之旨又謂未發之中自有氣質之性與同門李柬等各樹墠垣胥相警䛲卿毋論眞詮之孰在富於著述近罕其儔

金山郡藏印紙四十二牒七張

巍巖集十六卷

本朝侍講院諮議李柬撰權尚夏門人也與韓元震等辨難人物五常之旨遂啓後來聚訟相韓者謂之湖學相李者謂之洛學

慶山縣藏印紙七牒十六張一片

東谿集十二卷

本朝工曹佐郎趙龜命撰其文好學蘇軾自謂七分東坡其靜諦一篇則又宗說老氏之道附再從弟參命南谷遺稿三從孫九鎮聽流軒稿　英宗癸巳　御製序弁首

慶州府藏印紙十二牒十三張

蒼霞集十卷

本朝吏曹判書忠文公元景夏撰景夏少慕明葉向高文章疏之作尤極意摹擬遂取向高之號以自號　英宗癸巳徽覽其集　御製序弁首

湖南觀察營藏印紙九牒三張

晉菴集八卷

本朝議政府領議政兩館大提學文簡公李天輔撰一相之曾孫少與吳瑗南有容黃景源以詩文相礪切有容謂其詩抒情寫事不假雕繪而亦自清曠雋邁

大丘龍淵寺藏印紙九牒六張

潛齋稿

本朝察訪金益謙撰少從金昌翕學詩

湖南觀察營藏印紙一牒十八張一片

麗澤齋遺稿六卷

本朝權載運撰始爲邑掾吏既而去吏學書以賢行聞里中集附誌狀之類及弟啓運風雷軒遺稿

安東柞溪書堂藏印紙四牒

青溪集四卷

本朝進士李東運撰東運少以科賦鳴亦工於詩今集四卷大抵皆詩也辭一記一跋一附末

鳳麓集四卷

洪州龍鳳寺藏印紙一牒十八張

本朝新溪縣令金履坤撰尚容六世孫也以工詩聞今集中詩三百餘篇皆其手自選定云

平壤府藏印紙三牒十一張一片

艮翁集二十四卷

本朝工曹判書李獻慶撰誠中六世孫也其詩文謂可伯仲姜樸今以集觀之雖其體格未遠樸而老健博贍則固樸之後勁也

蒼谷鄭氏家藏印紙十七牒

荷棲集十一卷

本朝議政府右議政忠定公趙璥撰其文鑄句鍛

字力祛浮響集附誌狀

関西觀察營藏印紙九牒十五張

右別集類下一百四十部

鏤板考卷第七

奎章閣志

提要

《奎章閣志》二卷，朝鮮金鍾秀等奉敕編，朝鮮正祖八年（一七八四年）京城奎章閣活字本。每半葉十行十八字，四周單邊，雙魚尾。奎章閣為朝鮮李氏王朝皇家藏書地，此書記載奎章閣建築、職官、器用等。是書凡上下兩篇，上篇分建置、形勝、堂宇、匾額、職官、器用、書策，下篇分書策、晉接等。

御製奎章閣志序

閣臣修閣志造而言志成予語閣臣曰志之體斯有二焉詳於事者有之備於蹟者有之事詳則蹟不備蹟備則事未詳苟不氏於事氏於蹟安能該古今綜名實乎哉欲使事與蹟咸悉須待氏於志之才然後方可擬似之不其艱哉世稱彭門古今志汴都名實志近於詳備彭門尚古今故事多畧之汴都尚名實故蹟或濶焉俱失該綜之義也是志也善固善矣主蹟不主事亶欲垂後則庶矣如措時用未謂之備也噫奎章閣之設在我朝

一

迄于今始刱其制蓋昉于宋之龍圖天章予惟不患蹟之不備患事之不詳事之詳矣行之無非爲蹟曷比乎蹟之但說己事也閣臣曰唯迺命閣臣訂正之月餘閣臣又以訂正之本造焉而請進之予又謂閣臣曰有是乎志也今而後得其體不愧古太史氏於史之才也昔人之論志者之言曰志可以觀學學以昭事事以布文以之義例燦焉有類乎史又可以觀世也是志也事該蹟綜古今名實一開卷瞭然可以助於學而裨於世一志而二善兼焉烏可但以志忽之哉

二

閣臣曰唯書此俾閣臣爲之序閣
臣提學也直提學也直閣也待教
也

三

奉
教編閱時原任閣臣

提學輔國崇祿大夫行判中樞府事兼吏曹判書判義禁府事知 經筵事弘文館大提學藝文館大提學知春秋館成均館事五衛都摠府都摠管守禦使臣徐命膺
輔國崇祿大夫行判中樞府事兼兵曹判書判義禁府事知 經筵春秋館事同知成均館事弘文館提學五衛都摠府都摠管臣蔡濟恭
崇政大夫議政府左參贊兼判義禁府事知 經筵事弘文館大提學藝文館大提學知春秋館成均館事臣黃景源
資憲大夫禮曹判書兼弘文館大提學藝文館大提學知義禁府春秋館成均館事臣李福源
嘉善大夫行承政院都承旨兼 經筵參贊官春秋館修撰官藝文館直提學尚瑞院正弘文館提學臣洪國榮
直提學嘉義大夫行吏曹參判兼同知 經筵義禁府春秋館成均館事藝文館提學五衛都摠府副摠管臣俞彥鎬
嘉善大夫行弘文館副提學知製 教兼 經筵參贊官春秋館修撰官同知義禁府事五衛都摠府副摠管臣鄭民始
直閣通訓大夫行弘文館應教知製 教兼 經筵編修官春秋館記注官南學漢學教授校書館校理臣李秉模
通訓大夫行弘文館副應教知製 教兼 經筵編修官春秋館記注官西學漢學教授校書館校理臣鄭志儉
通訓大夫行弘文館副應教知製 教兼 經筵編修官春秋館記注官中學教授校書館校理臣金憙
通訓大夫行弘文館修撰知製 教兼 經筵檢討官春秋館記事官東學教授校書館校理臣金宇鎮
待教通訓大夫行藝文館奉教兼春秋館記事官校書館博士臣徐龍輔
通訓大夫行藝文館奉教兼春秋館記事官校書館博士臣金勉柱

奎章閣志目錄

上篇

建置
稽考　謨訓　經理
形勝
彔形　局勢　塘沼
堂宇
樓閣亭臺　門闥
扁額
墨妙　題語　楳文
職官
敘職　差除　品秩
例兼　肅拜　出入
頒賜　起居　入直
公會　襃貶　劄疏
啓目　草記　箋文
關移　用牌　前導
器用
寶章　鑄字　牙牌
通符　附摛文院器用

下篇

書策
藏書　奉書　曬書
編書　寫書　印書
購書　校書　粧書
頒書　考書　進書
晉接
宣召　宣醞　宣飯
曲宴　賡載　燕射
幸院　事實

奎章閣志上篇

建置

有閣則有志有志則必以建置爲首者所以述稽考昭謨訓記經理而先立一書之宏綱大目以爲開卷第一義

稽考

書冊乃天道聖言之所載可敬而不可褻故邃古造字以典之爲文象冊在丌上尊閣之則尊閣書冊已自邃古之初矣是故成周藏書之所曰柱下東觀置史守之西漢藏書之所曰麒麟天祿閣在未央宮内後漢藏書之所曰東觀秘書監亦在禁中皆選通經博古之士典之宋承唐制建昭文館史館集賢院于禁中儲積書冊置學士領之太宗臨幸以其樸陋不足以盡天下圖籍延四方之士也命中使別建崇文院以其中堂爲藏書之所名曰秘閣棟宇之制親自規畫極其壯麗盡移三館書冊及内出圖畫瑞寶藏于秘閣學士直學士直閣皆極一代文學之士凡辭命講討顧問之事皆任焉故詞苑之臣稱爲館閣言其三館一閣也及至真宗又述秘閣之制剏立龍圖閣以奉太宗御書文集且以藏典籍圖畫寶瑞之物及宗正寺所進屬籍世譜而其官一惟秘閣之制盖亦紹述文治之意也自玆以後仁宗爲真宗建天章閣神宗爲仁宗建寶文閣哲宗爲神宗建顯謨閣以至高宗之焕章閣孝宗之華文閣遂成歷代之家法嗚呼觀於此而可見有宋右文之盛矣洪惟國初藏書之所久未備焉　世宗大王稽考唐宋遺制建集賢殿于禁中聚古今之圖籍選文學之士以充提學直提學直殿兼帶經筵史館恩禮之隆邁越唐宋故賢才丕興菀爲王國之楨榦而當時詞苑之臣亦稱館閣言其殿與閣一也及至　世祖初年權罷集賢殿只存藝文館後因梁誠之之言集賢書籍移置于舊東宮之東偏小室號曰弘文館　成宗元年又移集賢書籍于藝文館凡經筵記注等事一如集賢古例其後十年又改稱弘文館則是集賢或寓於藝文或寓於弘文實未嘗有復設之事而乃說者以爲集賢變爲弘文則豈其然乎至如館閣之稱今奏　御文字亦常用之然無閣而爲

有閣識者之竊歎久矣惟我　聖上學通天人知貫古今卽位之初以　英宗大王御製御書多至萬卷并　列聖朝御製御書則無慮累萬卷而藏弆無所且大内所藏圖籍堆積堂室甚非所以尊閣之義也遂就　禁苑之北刱建奎章閣其制則取乎龍圖閣其義則取乎崇文院其官則取乎集賢殿盖一舉而復　世宗之盛烈合前代之徽規可以興學可以登賢可以黼黻政教吾東方億萬年文明之運其將權輿於是嗚呼休哉

三

謨訓

維丙申春三月　日　上命詞臣編輯　英宗大王御製謀入鋟梓又以　英宗寶墨刻石摹印分藏于各處史庫　召有司之臣泣而教曰我朝凡事皆倣宋制至於　列朝御製御書尚未有奉安之所况今　先大王雲章寶墨幾皆詔教予小子之篇其所以尊奉敬謹豈尋常懷簡之比乎有宋龍圖閣之制正有待於今而乃若　列朝御製御書不必如宋之每朝建閣宜同奉一閣之内則亦有合於省費祛繁之道卿等其卽昌德宫之後苑别刱一閣以慰予追慕愛敬之心也仍授建閣之制涓吉經始是年九月二十五日　上召左議政金尚喆右議政鄭存謙吏曹判書李重祜　教曰奎章閣今既建置豈可無典守之官乎卿等其以宋朝龍圖閣之制我朝集賢殿之制參互損益學士稱爲提學直學士稱爲直提學而堂下官并稱直閣待教使宜於今不悖於古也三臣等皆惶恐對曰宜一如　聖教也明年三月二十八日宗簿寺以　璿源譜略已成草記請進呈　上曰噫是有龍圖閣已然之例本寺堂郎與本閣堂郎其具儀仗進詣奎章閣奉安于奉謨堂越四月初二日具儀仗奉安

四

經理

丙申春三月十九日經始是年夏四月二十七日上樑秋七月二十日告成董事諸臣戶曹參議鄭民始戶曹正郎洪元燮監造官前參奉尹欽烈别工作繕工監監役官沈原之

形勝

形勝者天之所以慳秘是區以待聖王

之瓞是制故雲中山脉融會於冀都而至帝堯然後建義和曆象之臺天地風氣會合於洛陽而至周公然後營太師埋管之室蓋不惟龍盤虎踞鳳峙鸞翔爲盛世之都而已也今奎章閣形勝處大内咫尺之地三百有七十有餘年之間閒曠自在至於今而始有此規制之瓞雖曰 聖謨之洋洋豈非天之所命哉故以形勝次於建置

象形

在天曰象在地曰形然地之形實上應於天之象焉今夫奎壁二星居于紫微垣之北而紫微垣爲天帝之燕寢奎壁二星爲天下圖書之秘府故奎章閣亦在誠正閣之北而誠正閣爲大内之燕寢奎章閣爲天下圖書之秘府惟形與象上下洽合有如此矣又況暎花堂擬古辟雍而象北斗之燕朝春塘天成璧水（其形如半璧）而象斗杓前之亢池摛文院在暎花堂之傍而又象文昌太史之星在北斗燕朝之傍石階三十六層在登賢門摛文院之間爲 大駕臨幸摛文

院之階而又象内階六星在北斗文昌之間爲上帝幸文館之階嗚呼此豈人力所可容者哉亦惟曰天而已

局勢

道峯之麓迤邐西馳聳出爲三角山三角山又南迤爲白嶽而奎章閣在其下岡巒環繞窈窕靚深宛然如奎星之體勢而自成一局又其外卽所謂春塘可以賓射可以選士而亦自成一局又其外卽文廟太學八路之生進儒生居業其中而亦自成一局凡此三局互相連絡如貫珠也易曰方以類聚物以羣分 昭代右文之所咸萃於東北生物之方者自有不期然而然亦異矣哉

塘沼

奎章閣之南有塘沼廣二十步長亦如之環以卉植者曰太液沼大抵自古藏書之所必有塘沼者不惟備火辟塵而已聖人作事必兼數義靈臺一也而觀雲物察灾祥時游觀節勞佚故石渠之閣環以渠水天章之閣亦有流杯之水蓋欲於檢書講書之餘神氣堙鬱則顧望游泳

以宣其堙欝禮曰張而不弛文武不能也弛而不張文武不爲也一弛一張文武之道也

堂宇

堂宇所以鋪敘於形勝也無是堂宇則形勝不能爲形勝故岐下之周原雖膴必因彊理繩版咸得位置然後方爲王業之基本故以堂宇次于形勝

樓閣亭臺

正中曰奎章閣凡二十間上下二層上爲宙合樓所以藏古今書籍圖畫者也西南曰奉謨堂凡四間所以奉　列朝御製御書及　璿譜世譜者也正西曰書香閣凡二十間所以爲考書曬書講書時　臨幸接引處也正南曰閱古觀凡三間上樓下閣又北折爲皆有窩二間爲房一間爲軒皆所以藏古今書籍圖畫者也奎章閣之北有石臺廣三十步高一丈東爲拂雲亭西爲喜雨亭喜雨亭本　肅宗朝得雨以今名易醉香舊扁也拂雲亭皆飾以竹一間以象太極之一六稜以象卦爻之六所以爲燕射之所蓋古者射于澤宮謂之大射射于路門謂之賓射射于燕居謂之燕射故大射則當行于太學之下輦臺賓射則當行于暎花堂之春塘臺燕射則當行于登賢門內之拂雲亭也太液沼在閣之南窩之北其中有嶼嶼岸有澤水齋亦肅宗朝刱建命名者然　御製詩則曰大哉澤上水曰愛人節用始分明有取於水澤之節而扁額則乃以澤水之困決是入刻時互換故命提學臣徐命膺改書水澤齋刻揭則積年未遑之事因此釐正而節約不流之義尤若有待於逍遥游泳之所吁亦異矣哉乃若直所庫舍之類以非正堂故不著焉

門闥

拱辰門在奎章閣之西北以其爲　大報壇之東南故曰拱辰門亦　肅宗朝命名也魚水門在奎章閣之南以其處太液沼之前取猶魚有水之義以況　君臣契合之密故曰魚水門登賢門在奎章閣之東以其外之暎花堂即古者澤宮選士之所故曰登賢門西成門在奎章閣之西有平秩西成之義故曰西成門

扁額

樓閣亭臺門闕之各有扁額與人之名稱一也至於扁額之外或以題語刻柱或以文字鐫楣于以賁餙其棟宇者又如字以尊名而有字說也苟不詳著其所爲書與夫所爲述則時移事往考徵無所故麟鳳雨露之句不見於墨蹟類記則夫孰知其爲晦翁之筆與文哉故以扁額次于堂宇

墨妙

宙合樓摛文之院　御墨也奎章閣大提學臣李徽之筆也書香閣弄薰樓閱古觀皆有寓拂雲亭直提學臣洪國榮筆也奉謨堂吏曹參議臣鄭民始筆也喜雨亭本　肅宗朝所命似或是　寶墨也拱辰門魚水門亦直提學臣洪國榮筆也登賢門藝文提學臣徐命善筆也西成門直提學臣俞彥鎬筆也

題語

奎章閣二柱題語曰飛觀層樓閒以喬林嘉樹碧潭素瀨糅以芳草新英　御墨也宙合樓四柱題語曰龍圖舊制文淵新閣蘂珠之室羣玉之府直提學臣洪國榮筆也蘂珠羣玉即宋天章閣東西殿名文淵即　皇朝内閣藏書之殿名云

樑文

奎章閣上樑文曰伏以周王几之道揚末命慕切見墻宋龍圖之别藏御書禮重尊閣虹梁載屹雲漢昭回恭惟　大行大王治平逾五十年功化曠千百載得祿得名得壽皇天眷于有仁立德立功立言　聖人久於其道猗歟日月光華之德發爲天地經緯之文布方冊而可法可師動合三謨二典奉咫尺而如綸如綍具著一札十行貫條理於中和金聲玉振總綱領於巨細地負海涵虞殿賡歌明良喜起之會衛寢存警盤盂几杖之銘嗟乎没世之恵在茲貫道之器抽金櫃石室之秘煥可述焉邁赤刀弘辟之琛足爲範也粤我　主上殿下一心紹述至誠賛揚洪惟殷宗之不言適追湯德允矣周武之達孝丕闡文謨　寶墨煌煌命詞臣而讐校玉編秩秩建　御閣而留藏輸木石而神鬼助工相基址而陰陽叶吉　宸遊髣髴宋甍近暎花

之堂地氣英明翠苑接採芹之泮泱月繕寫旁收珠玉咳唾之零不日經營上應奎壁圖書之府庶慰抱弓之慟奚但在丌之尊會白虎而開石渠不過古經之潤色考追蠡而存昌歜昌若此書之流傳續鳳藻於新編心法承　列聖之蹟寓　燕謨於寶簡　手澤在　神孫之懷緬讀莫若式遵　先王玆涓吉辰載擧隆棟敢綴風無逸之列書何必遠求上世貞觀政要之拱兒郎之頌用侑匠氏之勞抛樑東罘罳朝旭瑞光籠康衢謠俗渾如昨　文華洋洋八域中抛樑西華岳金精望欲迷千古江山靈淑氣護來麗桶　五雲齊抛樑南觀稼亭高俯碧潭琴裏薰風猶殿角阜財　餘澤萬民涵抛樑北上林蒼翠望中色衆星錯落拱　辰居夜夜虹光干斗極抛樑上曉靄初收天宇朗　陟降於昭在帝傍文明嘉瑞長來貺抛樑下殖殖其庭淨掃灑藏府和闕典則同千年永錫　文孫蝦伏願上樑之後　錄牒長完丹雘彌煥詳耳目之所逮足徵　一王之規模顧　志事之善承永垂萬世之文獻　直提學臣洪國榮製進

拂雲亭上樑文曰蓋聞仙人三清之居室以瑤玉匠石九層之構材取梗楠或爽涼之太過或雄麗之徒賞曷若斲彼渭原之脩節成此琅苑之小亭　聖工緝熙猗猗方咏於綠竹佳境粧點翼翼堪擬於黃樓六面之制團圓寓至象於卦畫四時之景總攬兼幽趣於林泉奎閣之學士時陪藻魚亦賴於瀟灑松壇之射帿前設箭響若爲之琮琤斯爲太平世勝觀堪作　天王家韻事爰效獻頌用助擧樑兒郎偉抛樑東扶桑曉旭放光紅乾坤晃朗無纖翳恰似　聖人初載功兒郎偉抛樑南木覓春容起翠嵐燧燧永占山海晏垂裳功化正登三兒郎偉抛樑西寶樓高與璧奎齊爭言夜夜祥光燦文氣蟠空結彩霓兒郎偉抛樑北鷹峯秀色干雲直長撐斗極護神京雨潤風敲均動植兒郎偉抛樑上和氣春空方濡宕　聖主齋扃扃以弘蒼蒼之大同其量兒郎偉抛樑下觀稼　宸情常在野最是春淵魚水歡天機潑潑描難寫伏願上樑之後花卉合雨露之澤鳥獸感笙鏞之音五雲蓬萊之間穩着茅榭萬機厦氈之暇永怡　荃

心 同副承旨臣李鎮衡製進
閱古觀上樑文曰盖聞漢朝裒六經之編爰置石渠天祿唐家儲四部之籍遂設崇文秘書煥乎文章美哉輪奐洪惟我　主上殿下志在稽古治則右文日就月將之工念終始典于學文經武緯之道猗功烈多于前登宙合之樓則有包括萬古之意御書香之室則思博極羣經之言　聖學方懋於緝熙載籍宜先於尊閣乃相地於禁苑之北遂建宇於奎章之南天星應奎壁之輝測圭正景地靈分華岳之秀背陰面陽

十三

不日成之若神助也翬飛鳥革上棟下宇之可觀王軸牙籤九經百家之咸萃於是迨萬機之暇日閱千古之遺乘左圖右書燦然常目而在來今往古瞭如指掌之明誦唐虞之顯謨庶幾堯舜之祖述繹聖賢之明訓殆若顏曾之後先若文質因革之宜或損或益暨治亂否泰之迹可戒可師時或延通經之儒引績文之士論道講學沈潛乎性命之原考藝數言賁飾乎笙鏞之化前言往行摠入範圍之中治法政要不出簾陛之內渠渠乎屋郁郁哉文熊帳風鳴時見

燕射之禮龍池日暖咸誦魚切之詩茲因兒郎之詞敢陳暫御之頌抛樑東春台曉日曈曨圖書一室清讌閒看三十六宮抛樑西奉謨堂上扁題羹墻日夕興慕　聖訓洋洋耳提抛樑南浮來紫閣青嵐長安陌上佳節相和鬨歌燕喃抛樑北羣星錯落環極觀豊小閣翼然王業先知稼穡抛樑上層樓近接雲幢一心對越蒼蒼萬歲長承景貺抛樑下軒窓俯瞰郊野嗟哉八域蒼生將庇千間廣厦伏願上樑之後雲星常朗風雨永除松桶竹楹與南山而齊壽瑶函緗

十四

秩並化日而俱長文運振析木之墟風行草偃詞人撰棫樸之頌家誦户絃 左承旨臣鄭民始製進

職官

奎章閣所以奉　御製藏圖書則曷爲以職官先於　御製圖書乎典守　御製發揮圖書乃奎章閣之事也職官所以事其事之人也無是人則無是事故周禮三百六十職何莫非至重至敬之事而必以職官先之者亦此意爾故以職官次于扁額

叙職

奎章閣職官一依唐翰林院六學士之例設置六人提學二人直提學二人稱爲堂上直閣一人待敎一人稱爲郞位○司卷二人領籤二人稱爲内閣屬官○率隷監書六人直二名所以供奎章閣之事者也書吏八人使令八名水工二名房直一名所以供摛文院之事者也

差除

提學以大提學薦望提學通望之人直提學以副提學通望之人自吏曹長望受 點直閣以王署吏弘之人待敎以翰林薦望之人本閣堂上一會停當爲薦狀以送于吏曹然後吏曹乃得擬望受 點非薦狀中人吏曹毋敢擅擬建閣初提學黃景源李福源直提學洪國榮俞彦鎬皆丙申九月二十五日政除授直閣李秉模同月二十七日政除授○丙申十月奎章閣提學李福源因事坐罷其代前望中徐命膺受點時命膺方爲平安道觀察使矣傳曰此時關西道臣不可輕遞以兼啣舉行此知州府觀文殿太學士之制也○内閣凡事不可無主管之人一提學爲有司堂上待敎爲句管郞廳○司卷領籤則提學直提學相議備三望入 啓受 點監書則依政院抄擇別監之例三望受 點直則

使司卷差出書吏則自摛文院啓本差出使令水工則本院直爲差出房直則使書吏差出凡内閣所屬之吏隷雖五上司政院毋得任意推治

品秩

提學正二品以上直提學正三品至從二品直閣正六品至從三品待敎正九品至正七品並以他官兼之盖奎章閣之職卽唐宋之内相也學士院也閣學士也唐制乘輿所在必以文詞經學之士直於別院以備燕見而自諸曹尚書下至校書郞皆得與選入院則是兼職也宋制閣學士直學士㢘官之外別加職名以屬行義文學之士高以備顧問其次與論議典校讐得之爲榮選擇尤精又或許帶尚書又或領監司帥臣加恩除之則亦兼職也故設置之初有是命司卷正五品領籤從五品陞叙則有四品

例兼

一二提學例兼校書館一二提調直閣例兼校書館校理待敎隨其翰苑職品或兼博士或兼著作或兼正字每提學直閣待敎新 除授日

兼職自吏曹單子啓下（校書館舊放天祿閣秘書省本在大內如今奎章閣中因鑄字時往往有失火之獘故移設于南山之下俗稱鑄字洞者是也提調一窠本爲大提學例兼校理二窠亦以玉堂兼帶因提學臣徐命膺剳請以奎章閣爲內閣校書館爲外閣而外閣堂郎皆爲內閣堂郎之例兼又因提學臣洪國榮建白別設外閣檢書官四窠以一名入有文學識解者充選以備內閣撰書時校檢之事）

肅拜

提學直提學肅拜時摛文院使令設席於差備門外（昌德宮則宣化門 慶熙宮則顯謨門）司謁引儀以黑團領立門之左右肅拜人具黑團領進立於席上引儀臚唱四拜訖吏曹郎廳立前親授官教則肅拜

十七

人雙手擎受展見後卷摺懷揷於衣領之間引儀臚唱興四拜而退直閣待教肅拜時亦然而但無授官教一節其必於閣門內者亦用唐宋學士閣門內起居之例也司卷以下閣院諸屬皆就謁新除堂郎於闕中〇奎章閣肅拜亦以黑團領只行四拜而當日肅拜或更卜日肅拜稟 旨舉行

出入

唐學士院深嚴非本院人不可遽入雖中使宣事及有文書必先動鈴索立於門外俟院吏出而授之以傳于學士宋制亦然故今於摛文院以非先生雖議政文衡毋得任意出入十四字刻扁揭之且設守門廳于永肅門外凡有外入往來必須符標然後方始許入

頒賜

唐宋之頒賜學士院者班班見於韋執誼翰林故事蘇易簡翰林志與夫李昉禁林讌會詩序等書至今稱爲盛事而我朝 世宗朝頒賜集賢殿學士尤逈越前代今此奎章閣頒賜折衷於 本朝唐宋有監二郁郁之休焉肅拜日賜

十八

膳此續志所謂初遷者本院賜宴尚食供珍饌酒坊供羙酒也入直及編書考書校書時自內厨宣飯亦時賜酒肴此故事所謂豐敵潔膳取給大內也至若正月有歲饌魚鱐之頒二月有絲綿之頒三月有新鮮之頒四月有羅絹杏魚之頒端月有菖蒲桃符貼扇之頒六月有氷牌之頒八月又有絲綿之頒九月有盆菊之頒十月有貂皮之頒十一月有曆書煎藥之頒十二月有臘肉之頒與凡青魚橘柚生雉鰒魚駱粥或隨節頒賜或因貢頒賜頒賜無月無之殆前

代所未有也凡賜物之大者受賜入率皆上箋陪進以謝 恩榮

起居

凡正朝冬至 誕日及大慶會 陵幸還宮後本閣堂郎以公服品帶黑靴俱詣差備門外門名見上請 大殿承傳色至則並起立相與對跪一提學以單子奉傳後俯伏告問安承傳色亦俯伏興入奏 上前受批答出傳亦如之仍饋酒宣醞有樂饋酒無樂宣醞承旨領筵饋酒中官宣傳

入直

堂郎入直不必通一年逐日分排如弘文館之例或因 御製編次及其他編書校書凡有事之時堂郎晝則草記齊會夜則受 點入直而若一提學入直則依弘文館副提學入直之例首吏都使令直宿○凡堂郎不入直之時八書吏八使令每朔四日輪回直宿而書吏一人逐日待令於政院凡有舉行之事聽 傳教通告于諸堂郎凡直宿時柴炭柤木等物以戶曹惠廳米一百四石六斗四升四龠綿布一同三十七匹三尺四寸錢一百七十四兩零一作貢畫給於吏隸等處使之擔當進排

十九

公會

奎章閣諸學士凡於 舉動公會皆乘 御廐馬具鞍事奉 傳教施行蓋用唐宋學士院之例也翰林志曰乘輿奉郊廟翰林乘廐馬由內朝出翰林故事亦曰鑾鑣得御廐之駿○凡動駕時直閣待教並忝于侍臣班提學直提學並忝于本職班次而雖直閣待教若當馬轎動駕之時則與諸玉堂並列于經筵班

褒貶

每年六月朔十二月朔前夕司卷一人具公服進詣四堂上家門外進呈仕日單子稟褒貶則一提學以待分付爲答二提學以下並以知悉爲答司卷自門外還歸一提學擇無故日往復停當於三堂上招書吏分付日字書吏即爲告目於直閣待教當日曉頭司卷公服進詣四堂上家門外請赴坐四堂上亦以知悉答之書吏二人分詣直閣待教家請赴坐時至四堂上至闕外改着黑團領入于摛文院兩提學列立于主壁位交椅之前直提學列立于東壁位交椅之前書吏向兩提學俯伏稟相揖兩提學仍於所立之位鞠躬相揖書吏向直提學前俯伏稟

二十

進前再拜直提學進兩提學前再拜書吏向兩提學前俯伏稟答再拜兩提學答再拜訖書吏稟交椅坐四堂上各就交椅坐書吏稟直閣祭謁直閣向兩提學再拜兩提學舉手揖又向直提學再拜直提學舉手揖書吏稟待教祭謁待教再拜四堂上舉手揖並如前儀書吏以次稟檢書官各領籤闕監檢律[illegible]來謁並於楹外堂上不舉手揖——書吏[illegible]於中階禮數使令皆於階下禮數畢書吏俯伏請平坐四堂上平坐書吏進書案於兩提學前又以一書案及硯筆墨當中對設直提學中下位進前對坐一提學與二提學議定直閣待教之題目而直提學書之以次書司卷領籤之題目後皮封着押使領籤入啓

二十一

劄疏

奎章閣學士乃是古者內庭待詔之職有所見則當陳達於燕見固不待劄疏然　皇朝內閣學士密邇殿閣視草中批亦是內庭待詔之職也而劄疏論事未嘗以是爲拘今奎章閣學士雖與　皇朝內閣有間然既以顧問考据爲職則凡有意見豈可無陳劄之道乎劄子用草注紙半張裁作貼子書兼奎章閣某職臣姓名伏以云云取進止依玉堂例逐句點朱不爲拜劄依政府陳劄例使書吏呈政院呼望○初拜閣職陳章控免時上疏用草注紙全張書某大夫某職帶銜長臣姓名誠惶誠恐頓首頓首謹百拜上言于　主上殿下伏以云云謹昧死以聞大年號某月某日短啣用閣職啣臣某着押押署也以草書名爲押古者書名破真從草取便於書記難於摹倣其皮封右邊書　上前開坼下端合衿處書臣着押謹封亦使書吏呈政院呼望劄疏紙依五上司例取用於貢人書寫吏亦以各司書吏中善書者捧甘

二十二

啓目

啓目用壯紙半張書奎章閣啓目今某事據云云何如大年號某官堂上臣姓着押某官郎廳臣姓着押書吏差出時用之直令監書入啓

草記

本閣有舉行之事則提學直提學草記舉行用壯紙半張書奎章閣啓曰云云何如或有外方書冊印來及燕貿書冊之事則云奎章閣司卷以提學直提學意啓曰云云何如末端並無年

月職啣掌吏出草于堂上後正書使司卷呈于
政院入啓或直使司卷入啓

箋文

凡內閣諸員奉箋稱謝之時諸員相議撰出箋
文後咨文紙則捧甘於造紙署紅籤則捧甘於
濟用監寫字官則捧甘於寫字廳先書中草諸
員會坐查對後使寫字官寫出正本其制則咨
文紙長七寸九分廣三尺許用周尺一行書二十
字字極細用淡墨皮封合衿處書職臣姓名等
謹上箋其式則職臣姓名等言云云罯以對偶形容所被

二十三

恩光臣等不勝感激謹奉箋稱謝者臣某等誠惶
誠恐稽首稽首伏以云云純用駢儷不限句數臣無任瞻
天望　聖激切屏營之至謹奉箋稱謝以聞大
年號幾年某月日職臣姓名等謹上箋云云○
親臨受閣臣謝箋儀　其日掖庭署設　御座
於奎章閣正中南向掌樂院展軒懸於前庭設
協律郎位於西階上東向設閣臣以下拜位於
前庭北向東上設階上典儀位於東階上階下
典儀及讀箋官展箋官位於東階下俱西向前
二刻司僕寺正進輿於閤外近侍以黑團領俱

詣閤外伺候典樂師工人入就位協律郎入就
位閣臣以下黑團領依時刻集到摛文院奉箋文
函盛龍亭細仗鼓吹前導詣奎章閣前以箋函
置於案先設案於閣之東階上西向引儀引閣臣以下出就
外位西向立前一刻左通禮跪啓請中嚴少頃
又啓外辦　殿下具翼善冠衮龍袍乘輿以出
鼓吹振作左右通禮前導至閤門外閣臣以下鞠躬
祗迎左右通禮前導至降輿所左通禮跪啓請
降輿　殿下降輿陞座爐烟升鼓吹止軒架樂作承旨
史官入侍如常軒架樂止引儀引閣臣以下入就位

二十四

典儀曰四拜贊儀唱鞠躬四拜興平身閣臣以
下鞠躬樂作四拜興平身樂止展箋官二人外閣臣公服
對舉箋案陞詣　座前典儀曰跪贊儀唱跪閣
臣以下跪讀箋官直閣陞詣　座前北向跪展箋
官對展讀箋官讀訖俯伏興降復位贊儀唱俯
伏興平身閣臣以下俯伏興平身典儀曰四拜
贊儀唱鞠躬四拜興平身閣臣以下鞠躬樂作四
拜興平身樂止左通禮進當　座前跪啓禮畢贊儀亦唱
引儀引閣臣以下還就門外位西向立　殿
下降座軒架樂作左右通禮前導至乘輿所左通禮

跪啓請　殿下乘輿軒架樂止鼓吹振作　左右通禮前導至閤門外閣臣以下鞠躬祗迎　殿下還内如來儀鼓吹止　引儀引閣臣以下出

○進謝箋儀

其日該司設箋案於協陽門外道東近北南向設進箋官拜位於協陽門外近南北向執事通禮院官以箋函盛龍亭細仗鼓吹前導進箋官以下黑團領隨之至協陽門外執事以箋函置於案進箋官以下就拜位承旨以黑團領出就位承傳出就箋案之東西向立執事唱鞠躬四拜興平身進箋官以下鞠躬四拜興平身執事唱跪

二十五

進箋官以下跪執事以箋函跪授進箋官進箋官受以授承傳承傳受以授司謁以入執事唱俯伏興平身進箋官以下俯伏興平身承傳出復位執事唱鞠躬四拜興平身進箋官以下鞠躬四拜興平身承傳及承傳退進箋官以下出

關移

奎章閣體貌自別雖大臣衙門亦當通關容齋隨筆云翰苑故事皆廢而惟公文至三省不用申狀但尺紙直書其事一節僅存則唐宋故事亦然也關文之式壯紙則三折白紙則二折書

奎章閣爲相考事云云合行移關請照驗施行須至關者右關某衙門大年號月日踏印別行某職踏關花押

用牌

粉牌二面如政院湖堂粉牌之制其一則凡奉教編書校書撰文之時筆墨紙地等進排皆以此牌知委各司而或有不卽進排之事則該郞廳以此牌進來申飭其一則囚禁下吏時用之

前導

凡前導闕內則大臣以近仗軍士權頭前導其

二十六

餘卿宰以下皆以使令前導而容齋隨筆云翰苑故事皆廢惟學士八朝朱衣院吏雙引至朝堂一事僅存云云今亦稍存唐宋故例提學以下出入摛文院時書吏一人前導至於闕外則提學固當用常時前導而直提學直閣待教一依弘文館副提學至正字之例必以胥徒隨後引陪導前而引陪所負鐵牌依宋朝例改以牙牌

器用

有閣矣有官矣其所操以運用經理必

有待於器用故古之聖人爲之印章爲
之符節以至黼純帷帳之屬莫不畫爲
規制寓以道理以爲千古不易之常典
況奎章閣乃　昭代至治之權輿也乎
故以器用次於職官

寶章

奎章閣三寶一曰濬哲之寶所以用於　御製
鈐識者蓋　皇明宣宗朝閣臣楊士奇請文淵
所儲祖宗御製文集及古今經史子集皆用寶
鈐識永久藏弆卽今　皇朝內閣所藏遺書多

二十七

有流傳我　國者而皆以廣運之寶爲之鈐識
亦可見此規之悠久遵行也二曰奎章之寶所
以用於古今經史子集也三曰同文之寶所以
用於頒賜諸臣之書策也濬哲之寶奎章之寶
同文之寶皆銅鑄金鍍龜紐朱組各有其匣如
御寶之制而稍加質約又別有印朱一匣
于宙合樓司卷例兼典寶臨用之時稟請奉出
一如　御寶出入之例

鑄字

奎章閣鑄字凡三十萬字其十五萬字以七檝

藏置于奎章閣之內閣其十五萬字以七檝藏
置于秘書省之外閣蓋外閣七檝卽　世宗朝
所刱造也

提學臣徐命膺撰奎章字範記曰天將以大統付畀帝王必假器物以爲之符瑞故天球大貝赤刀之屬是固無與於實用而古先帝王藏之甚謹守之甚嚴朝會大禮必列于陛庭至如九鼎之不能饋粥者石鼓之不能響節者亦必安于廟學以爲傳國之寶甚或以二寶之得失覘其國運之隆替是與儒家衣履之傳其事則一而其義較大也若我國家　世宗朝所鑄活字其殆傳　國之符瑞乎瓊球琳琅箇箇匀整奇巧精緻渾然天成以其摹印書策則不知爲幾百萬卷以其陶甄才智則不知爲幾千百人性命之理由是而明焉彌綸之業由是而廣焉曲禮三千經禮三百五音十二律六十聲之度數由是而毫髮不差焉至今三百有七十有餘年之間屢經兵燹終不泯滅以與　國家相終始其視九鼎石鼓雖有大小

二十八

輕重之別若乃闡發妙用神化無迹以黼黻於斯世則又九鼎石鼓所不能然而彼天球大貝赤刀各適一器之用者其不足比方也審矣顧以傳世之久典守者不能謹藏所閣失十而八九我　聖上自在春宮慨然於此壬辰年間令賓客臣徐命膺稟于　大朝搜出　世宗朝己經範鎔之木本三萬餘字且　下內藏古本心經五秩綮其有無補鑄十五萬字及今　大獻時升刱立奎章閣以臣命膺備員閣臣　教曰閣不可藏書而止又當有摹印之具然後可以嘉惠四方啓蔎人知也遂　命開鑄於關西按察營新鑄十五萬字藏于奎章閣於是乎內外閣前後所鑄共爲三十餘萬字而　本朝傳國之符瑞以我　聖上之元年迥越　國初肇刱之元數猶寶鼎乍淪旋躍石鼓既缺復完人相與之機自有不期然而然嗚呼異哉抑臣嘗疑今之活字俗名爲衛夫人字衛夫人卽魏晋間人王羲之之所學書者也令之活字乃是　明初翰林學士所書爲善陰騰也其書與人不啻燕越之殊奈何冐其名以爲名乎毋寧以

奎章閣範鎔之字而仍名曰奎章字範者質直簡當故玆於進獻之初敢以是爲請云

牙牌

宋朝宣召殿閣學士之時必用象牙牌此雖小事亦可見待學士之禮於斯爲盛也今亦以牙牌長一尺三寸廣三寸五分一面刻篆書奎章閣 御署其下一面刻篆書命字臨時書所宣召之臣職姓名或因 特召司卷傳于掌吏或因本閣草記請招掌吏奉之至所宣召司員家則司員降階擎受奉覽後還授書吏書吏騎馬司僕寺馬奉牙牌前導司員公服隨之

通符

通符體圓一面刻第次一面刻通符以鹿皮爲囊司卷領籤等入直之官依兵曹京兆郎官之例佩之帶間每當休沐之日自內傳與傳授

附摛文院器用

印信摛文院銅印兩顆一曰奎章閣學士印有司堂上掌之一曰摛文院印句管郎廳掌之

椅子凢四提學直提學所坐

凳床凢一直閣所坐

平床凢一南床學士所坐

書丌凢六六學士校書編書撰文時所用

燈檠凢二上下番房所用

玉燈凢六象六學士之數分掛院中左右架

硯匣具石凢六亦校書編書撰文時六學士所用

水滴凢二一置堂上房一置郎位房

爐凢四其二郎廳中燒香之爐其二郎廳外行用之爐

雨傘凢六六學士雨中往來時所用

奎章閣志下篇

書策

昔宋之富弼知吳郡大新學校藏書之閣臨泮池起層臺爲十六楹三百八十四桶而張伯玉記之曰觀是閣者知六經之在則知有聖人之道知有聖人之道則知有朝廷之化知有朝廷之化則禮義之澤流于外絃誦之聲格於內云云當時曾子固諸人見其文而莫不驚歎大抵尊書策所以尊其言也尊其言所以尊其道也旣尊其道則凡諸推行發揮庸詎不盡心乎哉此伯玉之論善於推本者也雖然徒束之于高閣而守藏芘護一不謹焉使爲風雨蟲鼠所毁傷則惡在其尊閣之意哉今以藏書以下十二目備論尊閣之法以爲一書之樞紐此篇猶洪範之皇極一疇大學之誠意一章故上不聯屬於六目下不聯屬於一目而特以書策標其名

一

藏書

先就藏書堂樓爲書架於北壁下層之高廣隨宜濶狹或四架或六架南向列峙所以藏經史者而左經右史又爲書架於東壁下制如北壁之架西向列峙所以藏子者也又爲書架於西壁下制如東壁之架東向列峙所以藏集者也以張伯玉六經閣記定凡架三面皆隔以版且高其足免有風雨之滲漏蟲鼠之透入經爲甲庫史爲乙庫子爲丙庫集爲丁庫而奉謨堂則 璿譜爲甲庫 王妃世譜爲乙庫 御製爲丙庫 御筆爲丁庫各題庫名於架額以苣腦四囊掛于

二

每架之上下左右直閣與一司卷一領籤掌甲乙庫待敎與二司卷二領籤掌丙丁庫而提學直提學摠理其事書籤唐宋秘府之法以牙骨刻書名塡朱狀如曲尺銳其一端揷于各帙之間以便搜索然此法殊不簡便六經閣記或用油素或用油黃至今遵用以時措之宜皆用色紙或厚紙爲之每春秋提學直提學直閣待敎具黑團領先行肅拜於堂閣之前率司卷領籤奉審每架卷帙以奎章總目較考書籤有誤則正之若經霖雨別爲奉審有滲漏處隨卽修改

○奉謨堂乃是奉安 列聖御製之閣事體尤爲謹嚴直閣待教毋得任自開閉必具堂郎各一人然後開閉如實錄考出之例

奉書

凡 列聖御製修正後本閣以進奉日時草記 璿源譜略修正後宗簿寺以進奉日時草記 允下後若奉 列聖御製則本閣以幄次儀仗軒架等屬待令之意捧甘各該司依下文奉書儀行禮若奉 璿源譜略則宗簿寺先使郎廳以進奉日時草記 啓下之意通告于本閣本

三

閣掌吏成告目通告于諸堂郎伊日早朝諸堂郎俱黑團領一齊來會於摛文院宗簿寺以幄次儀仗軒架等屬待令之意亦爲捧甘各該司伊日早朝宗簿寺堂郎俱黑團領依下文奉書儀陪進于魚水門外通知于本閣堂郎本閣堂郎與宗簿堂郎同爲行禮○奉書儀 前一日掖庭署設奉 御製御書案若奉他書則隨所奉稱之及香案一於奎章閣正中南向置香爐香盒於香案上典寶設安寶小案於前楹當中又設濬哲之寶案於東廡下典設司設龍亭幄次於魚水門外道西東向掖庭署設 殿下小次於魚水門外道東西向又設祇迎位於小次之前版位於奎章閣庭中第三階上北向典儀設閣臣拜位於 殿下拜位之後北向提學在直提學之前直提學在提學之後直閣待教在直提學之後又設門外位於小次之左典儀贊儀引儀位於兩階下差退掌樂院展軒懸於奎章閣前庭當中北向協律郎舉麾位於西階上東向 其日早朝陪進堂郎俱朝服使捧書官宗簿寺則正主簿摛文院則直閣待教 奉書函於魚水門外幄次龍亭上陳儀仗鼓樂於其前若自宗簿寺進奉則龍亭奉書儀仗鼓吹前導

四

至幄次權安龍亭後儀仗鼓吹陪列於亭前陪進堂郎分侍幄次前前二刻司僕寺正進輿於翠微門外諸承旨及護衛之官各服公服承史及執事官朝服武臣器服依時刻集到閤外伺候前一刻左通禮俯伏跪啓請中嚴少頃又啓外辦 殿下具遠遊冠絳紗袍乘輿以出鼓吹振作繖扇侍衛如常儀至小次前左通禮進當輿前啓請降輿 殿下降輿以入鼓吹止典儀贊儀引儀先入就位無拜時至奏時官二人分詣龍亭幄次及小次前俯伏啓正時陪進堂郎奉龍亭以行儀仗鼓樂前導振作龍亭進魚水門

外典儀曰樂作協律郎跪舉麾俛伏興工鼓柷
閤前庭軒架迎作典儀曰行祇迎禮左通禮俯
伏跪啓請出次行祇迎禮　殿下出次左右通
禮導　殿下就祇迎位西向立左右通禮俯伏於左右繖扇陳
於後龍亭至左通禮俯伏跪啓請鞠躬　殿下鞠
躬過則啓請平身　殿下平身左右通禮導
殿下還入小次龍亭由正門陞至奎章閣階上
典儀曰樂止協律郎跪偃麾俛伏興工戛敔樂
止鼓吹俱止陪進堂郎以下至捧書官退候於魚水
門之外先是閣臣之在承史者待　殿下還入
小次就門外位引儀引接引儀引閣臣以下及捧書
官外閣官安寶官俱就門外位典儀曰引儀引
閣臣以下入就位庭中拜位直閣待教及外閣官隨之書吏俱公
服各陪其後典儀曰引儀引捧書官陞詣奉書案前
捧書官二人陞自西階入詣閣中左右捧書函
奉安於案上訖典儀曰引儀引捧書官降復位
捧書官俱降復位典儀曰左右通禮導　殿下
入詣版位北向立左通禮俯伏跪啓請出次
殿下出次左右通禮導　殿下入詣版位北向
立繖扇侍衛停於門外　殿下將入門典儀曰樂作凡樂作協

五

律郎舉麾工鼓柷如上儀下皆倣此少頃典儀曰樂止凡樂止協律郎偃麾
工戛敔如上儀下皆倣此典儀曰行奉書禮左通禮跪啓請
行禮典儀曰樂作典儀曰四拜　殿下四拜閣
臣以下四拜賛儀傳唱通禮承賛儀之辭跪啓請下皆倣此　殿下鞠
躬四拜興平身閣臣以下同典儀曰樂止典儀
曰跪　殿下跪閣臣以下同典儀曰三上香承
旨二人由東西階陞至香案前分左右跪三上
香俛伏興降復位典儀曰安寶典寶二人俱公服
以濬哲之寶及印朱匣奠于安寶案之傍典儀
曰引儀引安寶官就位安寶官外閣官中差出俱着公服陞
自西階進伏於安寶案之南出寶點朱典儀曰
引儀引捧書官就位捧書官陞自西階詣捧書
案之前每一卷以奠于安寶案上安寶官用寶
子揭冊設印機於卷端安寶衿識畢典儀曰引
儀引捧書官安寶官俱降復位捧書官安寶官
降復位訖典儀曰俛伏興平身　殿下俛伏興
平身閣臣以下同典儀曰樂作典儀曰四拜
殿下四拜閣臣以下四拜　殿下鞠躬四拜興
平身閣臣以下同典儀曰樂止典儀曰引儀引
閣臣陞自東階詣閣內奉書開卷閣臣陞詣閣

六

内揩笏開卷典儀曰左右通禮導 殿下升自阼階詣閣内北向立 殿下將詣閣内典儀曰樂作左右通禮前導以入 殿下升詣閣内奉審訖閣臣奉書還置於案上訖典儀曰左右通禮導 殿下降復位左右通禮前導至版位典儀曰樂止典儀曰引儀引閣臣降復位閣臣書笏俱降復位訖典儀曰樂作典儀曰四拜 殿下四拜閣臣以下四拜 殿下鞠躬四拜興平身閣臣以下同典儀曰樂止典儀曰左右通禮導 殿下還小次 殿下將還小次典儀曰樂作左右通禮前導如上儀 殿下至小次前典儀曰樂止典儀曰引儀引閣臣及捧書官升詣閣内奉安 御製 御書閣臣以下升詣（閣臣由東階升捧書官由西階升）閣内至奉書案前左右卷束書策裹袱盛函還奉于龍亭上典儀曰樂作（軒架鼓樂並作）儀仗前導由魚水門（軒架止）至 奉謨堂奉案封鏁畢（鼓樂止） 閣臣以下至小次前啓奉書禮成典儀曰禮畢左通禮跪啓請禮畢左右通禮導 殿下至乘輿所跪啓請乘輿還内 殿下乘輿還内（鼓吹振作）繖扇侍衛如來儀承史閣臣以下皆

七

退

曬書

崔湜月令詳論曬書之法矣其曰五月濕熱蠹虫生魚書籍五月以後七月以前須三度云云此盖言曬書之日時也又曰須要天晴時於大屋風凉處不見日曝令乾若乘熱氣卷生虫彌速云云此盖言曬書之節度也今以五月端午後七月初伏前分三度擇日後摛文院草記稟旨○（親臨曬書儀） 前一日掖庭署設 殿下版位於 奉謨堂前庭正中北向設祇迎位於堂庭道東西向又設小次於祇迎位之後典儀設閣臣以下拜位於 殿下版位之後又設外位於堂門外俱北向東上設典儀賛儀引儀位於階間左左掌樂院展軒懸於堂庭設協律郎擧麾位於西階上東向又設鼓樂於堂之階上左右兵曹陳儀仗於堂庭左右龍亭彩輿在前其日閣臣以下具黑團領依時刻集到俱詣摛文院前二刻司僕寺正進輿於閣外承旨及諸護衛之官俱詣翠微門外伺候前一刻左通禮跪啓中嚴引儀引閣臣以下就門外位時至

八

典儀以下先入就位無拜禮少頃左通禮跪啓外辦　殿下具翼善冠袞龍袍乘輿以出將至門鼓吹作閣屬闕　奉謨堂内外門以俟繖扇侍衛如常儀左右通禮前導至降輿所左通禮跪啓請降輿　殿下降輿入小次典儀曰引儀引閣臣以下入就拜位閣臣以下就位典儀曰左右通禮導　殿下入詣版位北向立左通禮詣小次前跪啓請出次　殿下出次左右通禮前導以入繖扇侍衛停於門外典儀曰行展拜禮左通禮跪啓請行禮典儀曰四拜左通禮跪啓請鞠躬四拜

九

興平身　殿下鞠躬樂作四拜興平身樂止閣臣以下同贊儀亦唱典儀曰左右通禮導　殿下陞自東階詣堂内奉審左右通禮導　殿下至前楹外殿下入詣堂内奉審承旨一負挾侍一人隨入訖典儀曰左右通禮導　殿下降復位左右通禮導　殿下降復位典儀曰禮畢左通禮跪啓禮畢典儀曰左右通禮導　殿下詣小次左右通禮導殿下至小次　殿下入小次若有只行展拜之命則還至小次後請乘輿還內無祗迎節次典儀曰四拜贊儀唱鞠躬四拜興平身閣臣以下鞠躬樂作四拜興平身樂止○樂作樂止如儀但以鼓樂奏之無軒架節次典儀曰行曬書禮典儀曰引儀引閣臣陞自東階詣階上西向立閣臣自東階陞率屬自西階陞立它直閣待教率司卷領籤各二人具公服入詣堂内　御製　御書　璿譜　世譜捧出書吏具公服對舉以次安于龍亭彩輿直閣待教但檢察而已司卷領籤左右捧傳閣臣以下鞠躬過則平身閣臣以下隨後儀仗鼓樂導前儀仗鼓吹龍亭彩輿禮畢後陳於階上左右龍亭御製御書彩輿璿譜世譜至小次前左通禮跪啓請出次殿下出次又啓請鞠躬　殿下鞠躬過則啓請平身　殿下平身左右通禮導　殿下詣乘輿

十

所左通禮跪啓請乘輿還内　殿下乘輿還内鼓吹作承旨及諸護衛之官退閣臣以下至奎章閣曬書如儀還奉于　奉謨堂後詣閣外復命見曬書儀自内行宣醞宣飯節次見曬書儀○〔曬書儀〕其日早朝閣臣等具黑團領詣　奉謨堂肅拜贊儀讀笏記引儀臚唱並如儀肅拜畢若有展拜之命則展拜畢行曬書禮見展拜儀閣臣等率司卷領籤啓鑰陞　堂奉審訖復位捧書官司卷領籤中二人爲之分詣冊架奉出　列聖御製　列朝御書以次安于龍亭彩輿次　璿譜次　世譜輿動鼓吹儀仗

導前閣臣陪後若展拜時殿下有祗迎禮至奎章閣房內迎風處曬訖後卷束匣之還奉龍亭彩輿安于奉謨堂以次曬奎章閣閱古觀等書策如儀但不作樂亦無移奉之節當日如未及畢曬翌日分曬而每曬書日自內宣飯宣醞以上式令○曬書後復命儀 曬書畢本閣堂郎及外閣官內閣率屬仍具黑團領俱詣閤門協陽門外請承傳色啓曬畢訖以次列坐于班少頃承傳色傳知道而入本閣堂郎外閣官及內閣率屬則先退請承傳色如上儀承傳色至班前唯首以下跪班首曰恩霈

霈雲德洽醉酒臣等不勝歡欣慶忭之至承傳色還入班首以下以次列坐于班少頃承傳色出而傳之曰膚勞卿等班首以下俯伏起立典儀曰四拜贊儀傳唱本閣堂郎四拜而退若非自內宣醞則曬畢只行復命儀次日本閣堂郎詣閤門外上箋謝恩

編書

奎章閣編書之法凡有二焉其一 當宁御製若詩若文若綸音傳教之屬承旨之兼帶直提學者翰林之兼帶待教者居常収聚謄出一冊滿一卷後堅封書臣謹封着押投摛文院首吏以送于一提學則一提學出令一會于摛文院捧甘紙筆墨于各司又捧甘各司書吏中善書者出草本較準後以好紙作冊使畫士畫印札寫字官書正本粧績既畢裹以紅袱安于櫃中草本亦盛別櫃同爲封鎖奠置案上藏于奎章閣此編次 御製之法也其一自古有閣則天下之圖籍聚於此天下之名士聚於此故必有編書之舉漢有白虎閣則有白虎通義有天祿閣則有外史九種七略宋有崇文院則有太平御覽冊府元龜文苑英華有天章閣則有樂髓

新經武經總要有煥章閣則有 皇朝文鑑炳苑文治與閣名俱傳至今照人耳目况奎章閣爲吾東億萬年文教之本而蓋不特奎章總目而已如河圖洛書一見於世遂啓充棟汗牛之典籍亦天人相應自然之機也或因 特教編書或因劄請編書一會捧甘並如上儀而其卷秩多者一會時四堂上二郎廳相議分授歸家編次既畢又復一會合聚較正進獻而當初所命之 傳教與所請之劄子必編諸卷首俾後人知其始末此又編次諸書之法也

寫書

漢武帝建藏書之府置寫書之官則是以寫書者列官秘府矣唐高祖武德初令狐德棻奏請書籍之亡逸者令繕寫數年圖籍略備太宗貞觀中魏徵虞世南顔師古爲秘書監請求天下書選五品以上子弟工書者爲手書繕寫藏于内庫則是又以朝士子孫並力寫出矣蓋是時鏤板印書之法未及出焉故有此寫書之事而今則不必待於繕寫然或有卷秩甚多刋印之功未可遽議者則用此法自摛文院抄擇各司書吏之善書者分授繕寫又或行關分送於各道監營抄擇善書者繕寫以送又或有　特敎冊子繕寫之命則或以寫字官或以各司書吏之善寫者抄擇爲之閣臣中一員受點入直看檢

十三

印書

以鑄字印出　御製或印出新編之書又或印出古今圖籍　可廣布者則摛文院草記｜稟旨　閣臣二員　郎廳一書吏進去外閣　以内外閣鑄字合聚印出後内閣鑄字則歸之内閣外閣鑄字則歸之外閣而其運致鑄字時率用司僕寺外廐卜馬｜若自本閣印書則時閣臣中受點入直舉行｜或用木板鋟梓則摛文院看檢使寫字官書出刋本草記分送于兩南監營刋印之物力以儲置米會減｜外方營邑所鋟梓之板本如有可以印來者則摛文院｜草記印來而其價本亦以儲置米會減其未有儲置米之邑則以他穀會減

購書

内閣四庫所未備之書或在於京外摛文院草記請買而其價京則自度支拮据外則自備局區畫又或直自内閣經紀要使優厚不較其高下至於燕市書冊有可購來者草記允下後本閣堂上以某庫某銀幾兩畫給于首譯上通事包外入送之意行關平安道臣且令赴燕三使臣照管貿來同玉堂例

十四

校書

自古國家藏書之府必選博雅之士使掌其事者非但爲典守出納而已有逸則補之有誤則正之而方其補之正之之時益其智慮廣其識

趣者又不淺尠故漢唐宋明諸名臣莫不自秘府中立其基本是名臣者又莫不以校書補書作爲已任誠心理會殆無異於飢者之求食渴者之求飲嗚呼此其所以臣焉而事業光輝君焉而治具卓犖不若後世所藏之書策爲無用之書策也即今內閣書策固皆善本然其中亦豈無淄澠陶陰之錯魚魯亥豕之謬哉閣庫所藏之書如有此類者摛文院—稟旨後 閣臣二員率一檢書官相議校對依古人雌黃滅誤字之例以朱墨刊正於誤字之上此外如新印書策
十五
及新編書策必堂郎率外閣檢書官齊會校對後藏于閣庫則文籍之潔淨人才之培植庶乎一舉而兩得之也

粧書

凡編書寫書印書購書之後 內閣分付外閣—抄擇冊工之精鍊者隨卷帙多少定其人數使之—入來 粧績或直付外閣粧績以上—其物力工錢則捧甘戶曹量宜計給乃若唐本冊子必用藁精紙爲衣而藁精紙唯平安監營有之自內閣從多少行關卜定

頒書

凡編書印書之後自摛文院列書頒賜朝臣之職姓名入啓受 點後閣臣使同卷—稟請同文之寶遂即其第一卷端題曰某年月日宣賜某官某某書某件命除謝恩提學或直提學臣姓押乃於初板第一行低一字以同文之寶爲之衿識以鎭之————下堂受之饋書吏酒肴從多少帖給

考書

國家凡有典禮儀章之可疑者必使掌書之臣
十六
博考以進者蓋以掌書之臣必能博覽所掌之書籍故也如孔子問禮於老子以老子爲周守藏史遍觀三皇五帝之書而 本朝每有疑禮有令儒臣博考之 命亦此義也但內閣密邇禁林親承 顧問不必撰成文字敷衍論說如弘文館之例只博考商確或登對以奏或因司卷領籤轉奏意見且不特疑禮而已雖尋常文字間起疑之事自 上若有考入之 命堂郎中一員承 教考入

進書

凡　御製及諸書上進參考奉書進書兩儀○

（進書儀）　其日早朝掖庭署設　殿下幄次於暎花堂置進書案于前楹之左近北掌樂院展軒懸于春塘臺上當中典設司設龍亭幄次於青陽門內近東鼓吹儀仗排列於前餘如奉書儀奏時官奏正時前一刻　殿下具翼善冠衮龍袍自內出御暎花堂通禮稟請前導贊儀引儀左右贊唱並如儀陪進堂郎黑團領（進御製則朝服）隨龍亭鼓吹振作將至殿庭贊儀曰樂作協律郎跪俯伏舉麾興工鼓柷殿庭軒架迎作龍

十七

亭至階下（進御製則龍亭陛至階上）陪進堂郎列立中庭捧書官二人就龍亭之左右捧書函陞自西階（進御製則先陞自西階奉函）奉安于案上分立左右贊儀曰四拜樂作陪進堂上皆四拜贊儀曰樂止爐烟升進讀官（以玉堂中自吏曹前期差出）黑團領（進御製則朝服）進立奉書案之北捧書官展袱奉出第一卷以篚子揭卷進讀官高聲讀序文一遍訖降復位贊儀曰安寶典寶以安寶案及寶匣（御製則濬哲之寶諸書則奎章之寶）印朱匣設于前楹之中安寶官盥手陞自西階安寶如儀降復位捧書官以書還奉於奉書案典寶撤寶匣及案贊儀曰四拜樂作陪進堂上四拜樂止與捧書官俱陞至奉書案卷束書策褁袱盛函還奉于龍亭上儀仗鼓吹由登賢門入至奎章閣封鎖畢樂止陪進堂郎出至御座前稟奉安贊儀曰禮畢　殿下還內如儀

晉接

天尊於上地卑於下所以定乾坤之位也天氣下降地氣上升所以成乾坤之化也若天氣不能下降地氣不能上升

十八

則天自天地自地造化之功於是乎息故天下於地爲泰天上於地爲否蓋言其流行相交之妙也而古之聖人觀定位之嚴制爲之禮察流行之和制爲之樂今考周雅諸篇太半爲燕見之樂詞夫以周公之大聖人豈或以流連之樂蕩人主之心哉誠以忠志之士謀猷之臣率多契合於燕見之際故馬援感[illegible]幘迎笑而決其褁革之志陸贄感友道相待而竭其納忠之志此古今人情之

所同然故周公作爲燕見之禮以酒食合其歡心以聲音導其和氣三代盛時人人皆有忠愛之心苑爲王國之楨榦者職此道也而唐宋之待館閣學士猶得其遺意焉今夫奎章閣近參唐宋之徽規則有知之者矣又孰知其遠稽周公之微旨哉遠稽周公之微旨則有知之者矣又孰知其寤合天地造化之正哉於是以接見之節宴游之儀撰成晋接一篇用備考論

宣召

宣召奎章學士一依唐宋故制率用牙牌之法其詳已見於器用篇矣凡出牌之時司巻直招摛文院掌吏使之傳宣

宣醖

〔親臨宣醖儀〕閣臣以下升堂曬書有頃自內廚設宣醖中使一人領之來俟於西成門之外先是閣臣以下承史參筵諸臣外閣官內閣率屬侍食位設席同宣飰儀整齊訖　殿下出御座承史閣臣以下以次入侍於閣內中使請宣醖閣臣以下避席俯伏還侍食位少頃中使以酒盃進于　殿下前　殿下舉盞訖以盞授中使中使又以酒盃傳于閣臣以下承史及參筵諸臣以次飲訖將進盃掌琴瑟及絃歌奏樂如儀（進床及撤床時同）　中使進　御卓率屬宣閣臣以下盤掖屬宣承史及參筵諸臣盤諸臣先舉箸　殿下待諸臣舉箸始舉箸諸臣先食　殿下待諸臣食始　御餟少頃中使撤　殿下餟諸臣始撤餟（凡侍君食先食後已）訖中使進酒盃如上儀中使分饋外閣官及率屬吏胥監書院隸工人等

餟外閣官仍於立位坐而食率屬以下降至階下而食院隸工人出魚水門外分食（若不侍食只命宣醖）（班次儀節並做此儀）訖諸臣俯伏起立於席端　殿下命之退諸臣乃退閣臣以下出立於簷間西階上待　殿下還書香閣更升堂內曬書几宣醖若值曬書日用樂二琴二瑟工二（歌者）登階上鼓次在第二級階間如宣飰儀（樂節進盤時慢進初爵時令撤盤時令進完爵時唐交奏鄉）○〔宣醖儀〕政院以宣醖將下之意預爲知委於摛文院則院吏各通于六堂郎後設宣醖案於本院正廳近北南向又設堂郎柢

迎位於院門之外諸堂郎公服齊會本院承旨領宣醞將至俱出祇迎位遠望鞠躬以次前導〔郎廳在前直學次之提學在後〕入庭列立竢宣醞至鞠躬過則平身北向立承旨隨宣醞至廳執事者以宣醞置于案〔有賜物則賜物案在左宣醞案在右〕少退近東西向立諸堂郎鞠躬四拜興平身〔凡拜興皆執事者唱〕由西階陞詣案前北向立承旨稱有教諸堂郎跪承旨西向傳教云云諸堂郎俯伏興〔有賜物則承旨以賜物立授提學提學跪受以授從者俯伏興〕承旨在東諸堂郎在西立定工執琴瑟陞坐前楹外奏歌如儀〔樂儀見曲宴〕執事者設饌

卓承旨取盞受酒南向立授提學提學進俯伏跪執盞飲訖俯伏興以盞受酒跪進于承旨承旨飲訖各就位次進湯酒行七遍執事者收盞撤卓諸堂郎降立於庭承旨復立於西向位諸堂郎行四拜禮出

侍食

〔親臨宣飰儀〕曬書日至食時自內廚設飰及饌中使一人領之來候於西成門之外先是司巻設閣臣以下及承史參筵諸臣侍食位於閣內東西閣臣在東承史及參筵諸臣在西每等

異位外閣官內閣率屬分東西立於閣之東西階上并如儀時〔至 閣臣以下就西階下待 殿下出祇迎〕殿下出御座承史閣臣以下以次入侍於閣內中使詣宣飰閣臣以下避席俯伏還侍食位少頃中使以酒盃進于 殿下前 殿下舉盞訖以盞授中使中使又以酒盞傳于閣臣以下承史及參筵諸臣以次飲訖將進盃掌琴瑟歌者奏樂如儀〔進參時及撤床時同樂則二琴二瑟歌工二〕中使進 御食率屬宣閣臣以下盤援屬宣承史及參筵諸臣盤諸臣先舉匙 殿下待諸臣舉箸始舉 御匙諸臣

先食 殿下待諸臣食始 御饌少頃中使撤御卓諸臣始撤飰〔凡侍食君先食後己〕前訖中使進酒盃如上儀中使分饋外閣臣及率屬吏胥監書院隸工人等飰外閣官仍於其位坐而食率屬以下降至階下始食院隸工人出魚水門外分食訖諸臣俯伏起立席端 殿下命之退諸臣乃退閣臣以下出立於簷間西階上待 殿下還書香閣吏升堂內曬書如上儀

曲宴

宋史稱宴饗之設所以訓恭儉示慈惠也爲此

言者其知詩之教乎然宋有大宴次宴小宴凡三等而又有所謂曲宴則曲宴者必尤下於小宴矣太祖乾德三年七月詔翰林學士中書舍人泛舟後苑新池張樂宴飲太宗雍熙二年四月詔三館學士宴于後苑賞花釣魚張樂賜飲命羣臣賦詩習射則曲宴之始始於宴近臣也自是遇喜雪則曲宴觀刈穀則曲宴觀三聖御書於龍圖天章則曲宴及至其後乃或講論語徹章而曲宴則得無近於流連也乎我　朝立治規模實有唐風勤儉之遺意而獨於優禮集賢學士極其豊隆宣醞賜與殆無虗日而上巳重陽賜法樂珍餼命游郊外又於集賢學士中選年少有文學者賜暇湖堂乘馹出入粧二方舟以待宴遊內贍寺供酒掌樂院供樂其所優禮逈越前代故人才彬彬多由是出然豊極而過亦非長久之道故今當以我　朝宋朝兩制參酌節損定爲曲宴儀要使勞而不怨和而不流以馴致乎恭儉慈惠之詩教也其宴日則以上巳重陽觀書觀刈爲節而我　朝取其二宋朝取其二亦所以不忘　肅廟朝水澤節之扁

二十三

名也其宴樂則以二瑟四人歌鹿鳴四牡皇皇者華笙入奏南陔間歌周南諸篇皆磬鍾以節之蓋是樂也乃三代燕禮之所奏者君與臣下講道修政之至理寓焉故昔在　中宗初年金安國等建議理管求律之後詳定宴樂掃去繁音專以是樂爲其綱領已具儀節而終未之施行遂爲志士之慨恨然安知昭　志事正雅音之烈不有待於今日乎故今因宴樂附見于此而亦不必膠守一轍臨時唯　上所命

賡載

自　上臨幸奎章閣與諸臣分韻賡載則直閣待教之兼帶春秋者以綵箋奉寫　御製若書下御筆則直以御筆粧帖　並與諸臣所製粧弃一帖提學序之題其面曰奎章賡載帖別作櫃子盛于其中向後所粧皆如其制合成一秩藏之奎章閣以備千古勝事

燕射

燕射之名不見於儀禮而唯禮記疏曰獸帿燕射則張之者周禮梓人云張獸帿以息燕注云息者休農息老物也今以是考究燕射之義則

二十四

燕如子之燕居仲尼燕居之燕而當訓燕私不當訓燕飲故大射賓射則稱熊豹麋帿者取剛猛服四方之義也至於燕射則稱獸帿者取農務既休田獵禽獸以養燕息之時也司馬九帿晝許多禽獸於一帿之内中熊上虎下鹿左兎右雉東北鴈東南魚西北鶻西南猿恐亦取義於此而必以九爲節者天數九而禽獸皆是天産也前賢雖尋常游藝之間莫不依倣古禮取則天道者類如此矣今移之以爲燕射之用尤可以仰制作之　聖智高出百王也○〔燕射儀〕其日掖庭署設　御座於

二十五

拂雲亭　御射位於亭之階上南向又設侍射官拜位於階下北向將射位於階上南向近西差後執事官典儀贊儀及記矢史官拜位於侍射官拜位之後俱南向每等異位告矢武臣拜位於執事官之後又設執事官以下位於階間東西相對掌樂院陳鼓樂於前庭如常司射張九帿於亭之南去亭步設乏於帿左右各十步乏即周禮所謂容也以革爲之所以爲獲者之禦矢容言可以容身乏言矢矢匱乏不能去也鼓一金一於亭下少右楅五於亭下少左楅猶楅也所以承笴齊矢者兩端龍首中央蛇身相交又設鼓二金二及九帿之旗

各一於帿之左右去乏差前設鍾一架於書香閣兩階之間時至司射進書香閣　御座前俯伏跪啓有司既具射　殿下將御拂雲亭鳴鍾六聲　殿下將陞座樂作陞座樂止後　引儀引侍射官及告矢武臣以下耦以進至階下典儀曰四拜贊儀唱鞠躬四拜興平身侍射官以下鞠躬樂作四拜興平身樂止各就位司射令獲者執旌負帿旌即翿也通帛朱色畫雙龍於上以紅毛爲翿覆之所以象文德也　御射時獲則舉之焉倚旜帿中者欲其見帿深志於中也司弓矢二人以內侍爲之一人橫捧　御弓一人橫捧乘矢四矢象有事於四方也又一人取穤坫之決拾以奉之諸侍射者降階決拾執弓搢乘矢入就將射位侍射耦時稟旨臨　司射進當

二十六

御座前俯伏跪啓命獲者去帿俯伏興降復位告矢武臣高聲曰獲者去帿獲者與執旗鼓者齊聲應喏執鼓者擂鼓三通獲者亦擂鼓三通以應之負帿告矢武臣又高聲曰能得三虎鹿雉兔得二鴈魚鶻猿得一中則鼓不中則金獲一物則舉一旗獲熊及乘矢九旗獲者以下應喏如上執旗鼓者各以九物之畫舉旗鳴鼓者還至乏上　殿下將陞射位樂作陞射位後樂止司

弓矢者進弓矢(御矢每將發樂作發後樂止)獲則通九獸必
先建翿旜然後獲虎則舉畫虎旗鼓二聲獲鹿
則舉畫鹿旗鼓二聲獲兔則舉畫兔旗鼓二聲
獲雉則舉畫雉旗鼓二聲獲鴈則舉畫鴈旗鼓
一聲獲魚則舉畫魚旗鼓一聲獲鵰則舉畫鵰
旗鼓一聲獲猿則舉畫猿旗鼓一聲獲熊則九
旗盡舉鼓三聲告矢武臣觀其旗鼓以某矢某
中高聲告或有不中者御射勿鳴金以翿旜偃
于矢向之方而告矢武臣亦高聲告下曰留上
曰揚左曰左方右曰右方　御矢訖司弓矢者

二十七

跪受弓矢退復位　殿下將陞座(樂作)陞座後(樂止)
侍射者以耦陞進射席向　御座俯伏興向帿
立以次射之各以所獲之矢如前舉旗鳴鼓但
不得舉翿旜不中則鳴金射者向　御座前俯
伏興降復位告矢武臣取中矢加於楅衆耦以
次射畢(其四巡五巡臨時稟定)　司射書中者姓名及中數
熊三畫虎鹿雉兔二畫鵰猿鴈魚一畫合而計
之定其次第又書不中者姓名請承旨跪啓賞
中者罰不中者訖記矢史官告矢武臣分立東
西階上唱(東則中者西則不中者)　中者及不中者姓名中

者賞以物不中者罰以飲引儀引侍射諸臣以
耦降階就拜位典儀曰四拜贊儀唱鞠躬四拜
興平身侍射諸臣鞠躬(樂作)四拜興平身(樂止)司射
陞階向　御座前俯伏跪啓請去帿興告矢武
臣高聲曰去帿獲者與執旗鼓者齊聲應喏執
鼓者擂鼓三通獲者亦擂鼓三通以應之引儀
引侍射官以下以次出　殿下還內

幸院

宋朝幸秘書省只頒降手詔觀閱晉唐書畫三
代古器後賜宴于右文殿賦詩屬和還內賜與

二十八

而已　明朝太祖皇帝選士讀書於文華殿數
幸其所召宋濂與之講討文義或侍食或賜饌
宋明之事俱爲盛烈而其近實有效則　明勝
於宋矣惟我　列聖朝臨幸弘文館輒　命儒
臣進講宣醖而翌日弘文館進箋謝恩遂成
家法亦庶幾乎斟酌宋　明名實俱宜今當以
我　朝家法叅合宋　明之事約略定爲儀節
焉　大駕幸摛文院時掖庭署先設　御座於
本院本院堂郎具公服列立院門之外　大駕
至則鞠躬祗迎隨入院中　殿下陞座宣召入

侍則兩提學分左右進伏經筵之坐直提學直
閣待教進伏儒臣之坐横列　御座之南　殿
下命史臣取來某書　親讀幾板　命直學以
下各分讀幾板討論文義以及治道又或設疑
問難使待教記錄提學釐正編入閣中故事仍
即賜餕四人二瑟歌鹿鳴以下諸詩後合樂軒
架樂止賡載爲帖或刻石或入梓或活印以壽
其傳明日進箋謝恩

事實

奎章閣建置後雖世所稱博洽者亦未詳建置
之所以然與其考据源流丁酉四月行增廣文
科殿試　上臨軒策士呼寫　御題問奎章閣
本末有識之士至今莊誦　御題仰　聖學之
博厚高明昔漢帝親策董仲舒先儒以爲使對
者無以勝故漢之史臣如班固之徒特表出謹
載於漢書諸篇不敢闕略況此　御題以其文
章則典謨訓誥也以其嘉猷則虞夏唐宋也即
漢帝三策之題有不足比擬也乎今敢該載全
文於篇末以備太史之謹載蓋不特爲奎章閣
之考論事實也　王若曰奎章閣所以奉安

列聖之御製而並儲天下之圖書其規模制置
欲飾右文之治也虞有勑天之歌夏有祖訓之
書商有盤銘之作周有大訓之篇當時亦必有
藏弆之處而其無所傳何歟漢有麒麟天祿之
閣而建之於内禁唐有經史子集之藏而掌之
以宫人其沿革之得失可得聞歟魏文帝以王
象領秘書而俾掌皇覽之撰晋武帝以秘書入
中書而不廢著作之局其設施之大略可詳言
歟至宋而有龍圖閣天章閣寶文閣顯謨閣徽
猷閣敷文閣煥章閣華文閣寶謨閣寶章閣其
世代之先後建置之處所命名之精義皆可一
一歷指歟亦有學士直學士直閣待制等官其
資秩之高下掄選之格例責任之輕重亦可反
復討論歟以桃花文石爲流盃之所以功臣圖
像昭配烈之光者其制何如開天章而問時政
之闕除寶文而取魁甲之人者其意何居羣玉
册府見於何書龍圖老子稱於何人歟　皇明
之華盖殿文淵閣文華殿弘文閣與我朝奎章
閣之制同歟異歟大抵書以載道閣以藏書鋪
張　列朝之謨烈興起四方之文化此帝王之

先務而歷代之所重也是以芸章寶墨輝映於宇宙玉軸牙籤流布於終古上應奎壁文明之運而下啓士林彬郁之風非直爲一時觀瞻之美而惟我東方僻在海隅中國之文獻不傳偏邦之習俗且陋羅麗以來寂未聞治敎之盛及至　本朝式闡洪休典章文物燦然有述然禮樂之興必待百年制作之具亦有其時建閣藏書蓋至于今未遑矣惟我寡人新承丕緖思欲以顯謨烈振文化爲先務置奎章閣於禁中又置提學直提學直閣待敎等官一如宋朝故事

三十一

我東方禮樂之本其在斯乎是宜上行下效風俗丕變絃誦之聲洋洋於庠序之間譽髦之士濟濟於登庸之列而奈之何人才渺然學究未變棫樸作人之化尙未聞有成效之著可勝歎哉如欲使今之學者克體奎章導率之意遹追周家思皇之盛則其道何由咨爾諸生其各悉著于篇

戊戌秋　上命閣臣等編撰奎章閣志萬機之暇　書下條目凡八十七皆援据古今纖悉備具其中有九帿之目閣臣等疑五帿之五誤書以九遂以五帿釐政於篇目中編未及半　上命取入乙覽復　書下曰九帿卽是司馬光所製也其制甚好正合用之於燕射更考編入焉閣臣等猶未知其制見於何書一日　上命閣臣等明日入來翌朝閣臣等承命趍入春塘臺則九帿高張於壁水之東而　上已御觀豐閣臨觀禁苑水田之刈穫左議政徐命善以下十六人（左議政徐命善判府事徐命膺奎章閣提學蔡濟恭戶曹判書具允鈺吏曹判書李徽之守禦使洪樂性行都承旨洪國榮左承旨李亨逵右承旨李義翊左副承旨鄭民始右副承旨徐有防同副承旨李敬養兵曹參議李鎭銜記事官徐龍輔金勉柱假注書李兢淵同）

三十二

入侍於觀豐閣農民八十人持鎌刈禾積峙亭前或剥或打以斗以石既終　分賜在筵諸臣及奎章閣等處饋農民酒肴　命惠廳給粮宣諸臣以饌器用饁器餐用野餐酒用農酒　上與諸臣同御一器以示同甘苦之意比卒事親移玉趾殿座于壁水之西　命諸臣射獲九帿如儀盖欲令閣臣曉然知其制度儀節以編入於閣志也閣臣等躬見其事始瞭然於心目之間歸而將編射儀考見宋志則後苑觀稻仍以稻分賜諸臣在宋已有其例盖　聖學精博

雖尋常事爲之間莫不考据乃行而諸臣有未及知之者也自是每年穫稻之時輒用此例以爲常

己亥三月初六日 上將有事 皇壇而齋宿於摛文院 命提學徐命膺洪國榮直提學鄭民始直閣鄭志儉待教徐龍輔並入侍承史則右承旨洪檢記事官金勉柱李信祐假注書徐鼎修蓋閣志草本載 幸院儀而尚未得一有行焉故欲因此會踐其言也遂宣 內府珍饌以坐齋去法醞 上從容論治道問學以及編書之事臨退 命史官執筆呼寫七言律詩一篇曰文章餘事揀才賢每許都俞侍法筵牙軸縱横書載道氷啣端絜吏如仙龍圖美制還依舊鳳閣新榮豈讓前最喜官居天上近禁林深處管風烟閣臣攀 雲章出院門恍疑身在天上聆韶濩之音相與議曰此千古盛事不可不進箋謝恩也乃以越二日進箋謝恩其箋文曰奎章閣提學臣徐命膺等恭遇乾隆四十四年三月初六日伏蒙 聖明臨御本院進臣等於前席覃 恩波於內廚旣荷 宸章之頒宣復

侈身比之 錫賚事曠千古寵冠一時臣等不勝感激兢惶之忱謹奉箋稱謝者臣等誠惶誠恐稽首稽首上言伏以金鑾昵陪忝一代之榮選 玉趾親屈荷曠世之 殊恩三錫由心羣紳動色伏念臣等跡厠東觀官別西清 內閣邇班徒沾 雨露之澤 禁林深處長依 日月之華人慚摛文之才世稱聯武之寵仰瞻 奎章經始之制上有 雲漢昭回之光天開圖書之藏猗歟漢唐故事地寓羹墻之慕燦然堯舜遺謨誰料宣室之夜齋忽叨文華之晝訪寵賚屢煩於內府禮同家人 寶墨初頒於一堂 恩實大過荷百朋而須騰周雅攀四韻而誠切虞賡茲蓋伏遇 主上殿下郁郁乎文蕩蕩其德治則明禮樂儀物挽回三古之隆言必合典謨詩書遠紹千聖之統乃於賁餙升平之日遂蒙 臨幸晉接之私臣等敢不職思掣鈴才殫絺衮 列朝之謨訓俱在焉有守藏之譽 聖人之文章得聞庶效編書之悃 上親御宙合樓受箋訖 命進箋諸臣入侍於宙合樓復賜饌宣醞極歡而罷直提學俞彦鎬時在開城府任所故不得與焉

己亥秋　上以閣志所載奉書曬書燕射宣飯
宣醞等節一未行焉非言顧行行顧言之義乃
以九月二十五日　親行曬書禮於　奉謨堂
燕射禮於拂雲亭仍御奎章閣行宣飯宣醞其
儀註　上所親裁也侍射諸臣二十三人奎章閣提學徐命膺洪國榮直提學俞彥鎬鄭民始直閣金勉柱待教徐龍輔右承旨徐有防左副承旨李在學右副承旨沈念祖同副承旨南鶴聞藝文館檢閱李信祐鄭東浚注書李魷淵假注書徐鼎修兵曹判書洪樂性判敦寧府事具允鈺平安監司李徽之右參贊鄭光漢行副司直李義翊李亨逵吏曹參議李秉模兵曹參議洪樂彬弘文館校理柳孟養而命膺以病念祖勉柱以不能射並不應射侍衛諸臣六人行副司直李柱國安川君烓同知中樞府事鄭昌順徐有寧工曹判書鄭好仁兵曹參判金履素告矢武臣八人別軍職具純任律宣傳官金珠淵金益彬申應周吳毅常內乘趙麟逵鄭彥衡等如儀整
待於拂雲亭而左議政徐命善以藥院都提調
亦侍焉　上御朱襦親移玉趾升射位繹成之
樂作外直內正乘矢皆中五巡允十五中諸臣
以次各有中不中中者賜皐比弓矢有差不中
者罰以內藏舊銀盃射訖命諸臣侍飲於亭前
外閣鴻臚之屬皆與焉禮儀雍容恩光隆洽實
三代以後始有之盛舉也至夕閣臣等俱上箋
謝恩其箋文曰輔國崇祿大夫行判中樞府事

三十五

兼奎章閣提學臣徐命膺嘉善大夫行承政院
都承旨兼經筵參贊官春秋館修撰官藝文館
直提學尚瑞院正奎章閣提學臣洪國榮嘉義
大夫吏曹參判兼同知實錄成均館事奎章閣
直提學臣俞彥鎬嘉善大夫行承政院左承旨
兼經筵參贊官同知春秋館事奎章閣直提學
臣鄭民始禦侮將軍行龍驤衛副司果兼奎章
閣直閣校書館校理臣金勉柱通訓大夫行藝
文館奉教兼春秋館記事官奎章閣待教校書
館博士臣徐龍輔等恭遇乾隆四十四年九月
二十五日　聖謨奎閣觀德雲壇遂令臣等醉以
法醞沐以恩波臣等不勝歡欣感激之至謹奉
箋稱謝者臣命膺等誠惶誠恐稽首稽首上言
伏以府開羣玉獲覩昭漢之光官忝條氷幸與
需雲之席既飽以德不醉無歸伏念臣等愧非
通儒遭際休運五雲深處長守典謨之藏雙日
直中焉有討論之益仰惟　列朝灝噩之什爰
有每歲曝曬之規　聖謨並耀於秋陽開玉函
之秩秩曠禮允叶於吉日列劒佩之蹌蹌追繹
儀之載成申法醞之特賚恩逾三錫挹灝露於

三十六

金莖節值千秋泛餘香於菊觶異宋朝之曲宴無黃門紅袖之從魚法周家之射儀有卿士大夫之中鵠兹盖伏遇　主上殿下育材瀛館布德衢樽醅絪緼之太和鼓舞一世闡文明之至治搜羅百家遂令素餐之蹤亦沾黃封之賜臣等敢不殫心奉職濡首知榮華啣濫叨縱乏行秘書之譽恩波共沐庶追醉學士之歌臣等無任望天仰　聖激切屏營之至謹奉箋稱謝以聞

圖書在版編目（CIP）數據

域外漢籍珍本文庫.第1輯.史部/《域外漢籍珍本文庫》編纂出版委員會編.—重慶：西南師範大學出版社；北京：人民出版社，2008.10

ISBN 978-7-5621-4292-8

Ⅰ.域… Ⅱ.域… Ⅲ.古籍—善本—中國—叢書 Ⅳ.Z121.7

中國版本圖書館CIP數據核字(2008)第148538號

域外漢籍珍本文庫（第一輯）

史部（第1—5冊）

域外漢籍珍本文庫編纂出版委員會編

責任編輯：黃書元　周安平　劉春卉　李遠毅　盧渝寧　潘少平　陳鵬鳴　宗月霄　魚宏亮　趙　凱　徐林平　陳麗芳

責任校對：翟金明　范慧華　袁　飛　曾　艷　李　紅

版式設計：郭清梅　邵　輝

封面設計：郭青霞

出版發行：西南師範大學出版社

地址　重慶市北碚區天生路2號　郵政編碼　400715

http://www.xscbs.com

人民出版社

地址　北京市朝陽門內大街166號　郵政編碼　100706

http://www.peoplepress.net

經　　銷：新華書店

印　　刷：三河燕郊誠達印務有限公司

開　　本：880mm×1230mm　1/16

印　　張：308

版　　次：2008年10月第1版

印　　次：2008年10月第1次印刷

印　　數：500

書　　號：ISBN 978-7-5621-4292-8

定　　價：壹仟貳佰叁拾圓